國家社會科學基金項目　本書的出版，承蒙中國社會科學院出版基金資助

[清] 沈家本　撰
劉海年　韓延龍　等整理

社科學術文庫

LIBRARY OF ACADEMIC WORKS OF SOCIAL SCIENCES

沈家本未刻書集纂

下卷

（清）沈家本 撰

中国社会科学出版社

刑案删存

六卷

刑案删存　卷一

陝西司

刑部爲片行事。准吏部知照。烏魯木齊都統奏籌備鼓鑄工本，酌議推廣捐輸章程六條，遵旨覆奏一摺。於四月十五日奉硃批：『依議。惟單内第四條「其尋常緣事各員，似亦應量加推廣，准其全行捐免，不必拘定年限」等語，是否亦按照軍務、河工發遣情輕人員捐免成數上兑？再「全行捐免」一語，是否抵戍無論久暫，一捐即可釋回？欽此』。恭録知照到部。本部查烏魯木齊都統奏籌備鼓鑄工本章程，第四條廢員捐減年限，第六條遣户報捐贖罪，前經吏部將會稿送部覈覆。本部以捐輸銀數應歸户部辦理，當由本部覈議准駁，出具會語，片送貴部酌覈具奏等因。貴部以上届前都統賡推廣章程，係刑部覈議，准照所議成數，分別減免年分。户部未有會語，此次似可毋庸出具會語。知照前來。業經本部核議，將稿送回吏部會奏。兹奉硃批：『尋常緣事各員，是否亦按照軍務、河工發遣情輕人員捐免成數上兑等因。欽此』。查贖罪銀數章程，本係由貴部奏定。至咸豐五年，議覆前都統賡推廣章程，雖由本部覈議，准照所議成數，分別減免年分。惟彼時係由貴部主稿，會同本部辦理，竝非本部自行覆奏。現在欽奉硃批，自應仍會同貴部辦理。相應先行知照，希即聲覆過部，以便繕具奏稿，再行會畫可也。

會議載垣等罪名　直隸司　咸豐十一年　應議者犯罪

謹奏爲遵旨公同會議載垣等罪名，謹按律定擬，恭摺具奏，仰祈聖鑒事。咸豐十一年九月三十日奉上諭：『諭王公百官等，上年海疆不靖，京師戒嚴。總由在事之王大臣等籌畫乖方所致。載垣等復不能盡心和議，徒以誘獲英國使臣以塞已責，以致失信於各國。澱園被擾，我皇考巡幸熱河，實聖心萬不得已之苦衷也。嗣經總理各國事務衙門王大臣，將各國應辦事宜妥爲經理，都城内外静謐如常。皇考屢召王大臣議回鑾之旨。而載垣、端華、肅順朋比爲奸，總以外國情形反覆，力排衆論。皇考宵旰焦勞，更兼口外嚴寒，以致聖體違和。竟於本年七月十七日龍馭上賓。朕搶地呼天，五内如焚。追思載垣等從前朦蔽之罪，非朕一人痛恨，實天下臣民所痛恨者也。朕御極之初，即欲重治其罪。惟思伊等係顧命之臣，故暫時寬免，以觀後效。孰意八月十一日，朕召見載垣等八人，因御史董元醇敬陳管見一摺内稱：請皇太后暫時權理朝政，俟數年后朕能親裁庶政，再行歸政。又請於親王中簡派一二人，令其輔弼。又請在大臣中簡派一二人，充朕師傅之任。以上三端，深合朕意。雖我朝向無皇太后垂簾之儀，朕受皇考大行皇帝付託之重，惟以國計民生爲念，豈能拘守常例，此謂事貴從權。特面諭載垣等，著照所請傳旨。該王大臣奏對時，嘵嘵置辯，已無人臣之禮。擬旨時，又陽奉陰違，擅自改寫，作爲朕旨頒行。是誠何心？且載垣等每以不敢專擅爲詞。此非專擅之實迹乎？總由朕沖齡，皇太后不能深悉國事，任伊等欺朦。能盡欺天下乎？此皆伊等辜負皇考深恩。朕若再事姑容，何以仰對在天之靈？又何以服天下公論？載垣、端華、肅順著即解任。景壽、穆蔭、匡源、杜翰、焦佑瀛著退出軍機處。派恭親王會同大學士、六部九卿、翰詹、科道，將伊等應得之咎，分别輕重，按律秉公具奏。至皇太后應如何垂簾之儀，著一並會議具奏。特諭』。同日奉上諭：『前因載垣、端華、肅順等三人種種跋扈不臣，朕於熱河行宫命醇郡王奕譞繕就諭旨。將載垣等三人解任。兹於本日特旨召見恭親王，帶同大學士桂良、周祖培，軍機大臣、户部左侍郎文祥。乃載垣等肆言不應召見外臣，擅行攔阻。其肆無忌憚，何所底止？前旨僅於解任，實不足以蔽辜。著恭親王奕訢、桂良、周祖培、文祥，即行傳旨，將載垣、端華、肅順革去爵職拿問，交宗人府，會同大學士、九卿、翰詹、科道，嚴行議罪。欽此』。同日奉旨：『著派睿親王仁壽、醇郡王奕譞，將肅順即行拿問。酌派妥員押解來京，交宗人府聽候議罪。欽此』。十月初三日，奉上諭：『前因肅順跋扈不臣，招權納賄，種種悖謬，當經降旨將肅順革職。派睿親王仁壽、醇郡王奕譞，即將該革員交宗人府議罪。乃該革員接奉諭旨之后，咆哮狂肆，目無君上。悖逆情形，實堪發指。且該革員恭送梓宫，由熱河回京，輒敢私帶眷屬行走，尤屬法紀所不容。所有肅順家産，除熱河私寓，令春佑嚴密查抄外，其在京家産，著希拉布前往查抄。毋容稍有隱匿。欽此』。又十月初五日，軍機處交出議政王軍機大臣奉母后皇太后、聖母皇太后面諭：『著傳知會議王大臣載垣、端華、肅順各款。

大行皇帝面諭立皇太子，伊等即假傳諭旨，造作贊襄政務名目。自此後，諸事並不請旨，擅自主持，即兩宫面諭之事，亦敢違阻不行。御史董元醇條奏事件，召見載垣等面諭照行，伊等不服。膽敢面稱伊等贊襄皇上，不能聽太后之命。並言伊等請太后看摺，亦係多餘之事。當面咆哮，幾致驚嚇聖躬。含怒負氣，拂袖而出。其目無君上情形，不一而足。每於當面豫言，不能召見親王等。並時常暗用離間，肅順專款擅坐御位。進內廷當差，出入自由，目無法紀。擅用行宮內御用器物，把持一切事務。宮內傳取應用物件，肅順抗違不進，並聲稱有旨亦不能遵。諸如此類，不一而足。奉到拿問諭旨，膽敢肆意咆哮。並於恭送梓宮，携帶眷屬行走。肅順每自請分見兩宮，於召對時，詞氣之間，互有抑揚，意在構釁，居心尤屬叵則。欽此』。查刑部律載：『凡大逆，但共謀者，不分首從，皆凌遲處死。』又『詐傳詔旨，爲首斬監候；爲從者，杖一百、流三千里』。又宗人府例載：『自王以下及宗室，非叛逆重罪，不擬死刑，不監禁刑部』各等語。臣等公同會議，謹查載垣、端華、肅順三人。朋比爲奸，欺朦專擅，改寫諭旨，實屬悖逆狂謬。肅順平時出入宮門，肆行無忌。並敢離間構釁。又復擅坐御位。種種悖謬，已無人臣之禮。迨接奉諭旨時；咆哮狂肆，目無君上，悖逆情形，尤屬法所難容。載垣等身膺顧命，我皇上沖齡踐阼，未能同心襄贊，竟敢跋扈不臣。其罪大惡極，莫此爲甚。所有載垣、端華、肅順應得罪名，均應比照「大逆但共謀者不分首從，皆凌遲處死」律，擬凌遲處死。惟載垣、端華係宗室親王，於國家議貴、議親之典，較之肅順似應有所區別。謹一並聲明請旨，伏候欽定。景壽、穆蔭、匡源、杜翰、焦佑瀛隨聲附和，應即行革職。均照「詐傳詔旨，爲從者杖一百、流三千里」律，擬杖一百、流三千里。惟情節較重，俱應從重發往新疆效力贖罪，請旨定奪。所有臣等公同會議罪名緣由，謹恭摺具奏請旨。咸豐十一年十月初六日，內閣奉上諭：『宗人府會同大學士、六部、九卿、翰詹、科道等定擬載垣等罪名，請將載垣、端華、肅順照大逆律凌遲處死等因一摺。載垣、端華、肅順朋比爲奸，專擅跋扈，種種情形，均經明降諭旨，示知中外。至載垣、端華、肅順，於七日十七日皇考升遐，即以贊襄政務王大臣自居。實則我皇考彌留之際，但面諭載垣等立朕爲皇太子，並無令其贊襄政務之諭。載垣等乃造作贊襄名目，諸事並不請旨，擅自主持。即兩宮皇太后面諭之事，亦敢違阻不行。御史董元醇條奏皇太后垂簾等事宜，載垣等獨擅改諭旨，並於召對時，有伊等係贊襄朕躬，不能聽命於皇太后。伊等請皇太后看摺，亦係多餘之語。當面咆哮，目無君上，情形不一而足。且每言親王等不可召見，意存離間。此載垣、端華、肅順之罪狀也。肅順擅坐御位，於進內廷當差時出入自由，目無法紀，擅用行宮內御用器物，於傳取應用物件，抗違不遵。並自請分見兩宮皇太后，於召對時詞氣之間互有抑揚，意在構釁。此又肅順之罪狀也。一切罪狀，均經母后皇太后、聖母皇太后面諭，議政王、軍機大臣逐款開列，傳知會議王大臣等知悉。茲據該王大臣等按律擬罪，請將載垣、端華、肅順凌遲處死。當即召見議政王奕訢、軍機大臣、户部左侍郎文祥、右侍郎寶鋆、鴻臚寺少卿曹毓瑛、惠親王、惇親王奕誴、醇郡王奕譞、鐘郡王奕詥、孚郡王奕譓、睿親王仁壽、大學士賈楨、周祖培、刑部尚書綿森，面詢以載垣等罪名有無一綫可原。據該天大臣等僉稱：載垣、端華、肅順跋扈不臣，均屬罪大惡極，於國法無可寬宥。並無異辭。朕念載垣等均屬宗支，遽以身罹重罪，悉應棄市，能無淚下。惟載垣等前後一切專擅跋扈情形，實屬謀危社稷，是皆列祖列宗之罪人，非獨欺凌朕躬爲有罪也。在載垣等未嘗不自恃爲顧命大臣，縱使作惡多端，定邀寬宥。豈知贊襄政務，皇考並無此諭。若不重治其罪，何以仰副皇考付託之重，亦何以飭法紀而示萬世。即照該王大臣等所擬，均即凌遲處死，實屬情真罪當。惟國家本有議貴、議親之條，尚可量從末減。姑於萬無可貸之中，免其肆市。載垣、端華均著加恩賜令自盡，即派肅親王華豐、刑部尚書綿森，迅即前往宗人府空室，傳旨令其自盡。此爲國體起見，非朕之有私於載垣、端華也。至肅順之悖逆狂謬，較載垣等尤甚。極應凌遲處死，以伸國法而快人心。惟朕心究有所未忍。肅順著加恩改爲斬立決，即派睿親王仁壽、刑部右侍郎載齡，前往監視行刑，以爲大逆不道者戒。至景壽身爲國戚，緘默不言；穆蔭、匡源、杜翰、焦佑瀛，於載垣等竊奪政柄，不能力争，均屬辜恩溺職。穆蔭在軍機大臣上行走最久，班次在前，情節尤重。該王大臣等擬請將景壽、穆蔭、匡源、杜翰、焦佑瀛革職，發往新疆效力贖罪，均屬咎有應得。惟載垣等兇燄方張，受其箝制，均有難與争衡之勢。其不能振作，尚有可原。御前大臣景壽著即革職，加恩仍留公爵並額駙品級，免其發遣。兵部尚書穆蔭，著即革職，加恩改爲發往軍臺效力贖罪。吏部左侍郎匡源、署禮部右侍郎杜翰、太僕寺卿焦佑瀛，均著即行革職，加恩免其發遣。欽此。』

宗室佐領應得處分交兵部不會刑部 奉天司同治十年　應議者犯罪

爲片覆事。准宗人府片稱：『所有正黃旗宗室雙達冒領錢糧一案，茲准貴部擬覆，該佐領鐘霖議以笞三十，交部議處』等因。查此案，該佐領應得處分，應否貴部主稿，會同本府具奏，交部議處之處，應片行刑部，查照咨覆等因前來。查本部辦理職官罪應擬笞案件，無論奏結、咨結，均於援引律例科罪之後，聲明交與吏、兵等部，照例議處。此案係貴府自行訊辦之件，其佐領鐘霖應得笞三十罪名，究竟應罰俸若干，及是否准其抵銷？事隸兵部。如果應行奏結，亦應由貴府按照本部前次開送律文科斷，仍請旨交兵部照例議處，似毋庸由本部主稿，會同具奏。相應片覆貴府，酌核辦理可也。

御史奏請將宗室犯斬絞者送刑部收監議駁

應議者犯罪

宗人府謹奏，爲遵旨議奏事。光緒十五年九月二十九日，軍機處交出軍機大臣面奉諭旨：『御史文鬱奏宗室獲罪看辦宜有區別一摺，著該衙門議奏。欽此。』交出到臣衙門。臣等查該御史原奏内稱：久聞宗人府於獲罪宗室，向不分罪犯輕重。一經訪獲到案，概交該族長在本府看辦。即係現審處附近閒屋，四圍無墻，時有路人來往。罪輕者應無過慮，罪重者誰不畏法。難免乘此案之未定，及早脱逃。迨要犯遠颺，祇將看辦之官、巡守之役照例懲治，則犯罪之本人已逍遥法外矣。因思前歲再錫由空室處脱逃一案，拏獲后，經王大臣奏明，奉旨歸入刑部收監。祇以該犯情節重大，斷不拘於常例。是看辦宜有區別，早在聖明洞鑒之中。奴才輪查空室處之責，目覩情形，竊以爲既有成案（足）〔定〕法，似可查照加嚴。應請旨飭下宗人府妥議，凡獲罪宗室，如搶劫無首從之分，十惡無邀免之望，准情酌理，難逃斬絞之罪者，一經拏獲，毋庸俟審訊定罪，即援照再錫之案，另送刑部收監，以昭慎重。其宗室犯尋常罪名，照舊章辦理等語。查臣衙門現修則例，擬請俟后如有宗室犯斬、絞監候罪名，仍照同治年間奏定章程，即將該宗室解交盛京，牢固監禁。至宗室在外滋生事端，應行送府收管者，由本府當月官員，派令皂役及該族族學長在署中看管，不准自行出入。倘有收管之宗室，案情重大，或在署不遵約束，應咨取刑部鎖銬，將該宗室拘管，方爲嚴密。如未經定案之前，無論案情輕重，罪非定至圈禁者，不得率行送入空室，以明法律等因。於本年七月十七日具奏奉旨：『依議。欽此。』且查光緒十三年十月間，盛京將軍將臨決脱逃絞犯再錫拏獲，經臣衙門奏請，俟解到時，送交刑部，暫行監禁。因該犯係臨決脱逃，情罪重大，業已革去宗室頂戴，似與平人無異。係屬慎重要犯，一時權宜辦理。第本府定例：『宗室有過犯，或奪所屬人丁，或罰金不加鞭責。非重罪不擬死刑，不監禁刑部』等語，今該御史奏請宗室犯案，准情酌理，難逃斬絞之罪者，一經拏獲，毋庸俟審訊定罪，即援照再錫之案，另送刑部收監。雖係慎重監獄起見，而與臣衙門定例新章不符。臣等公同酌核：嗣后宗室在外滋事，送府收管者，仍遵奏定新章辦理。其該御史所奏之處，毋庸再議更張，以免紛歧。所有臣等遵旨議奏緣由，理合恭摺具奏請旨。於光緒十五年十一月初六日具奏。

本日奉旨：『依議。欽此』。相應咨行各該處查照可也。

查明張應參原案 江蘇司同治二年 職官有犯

謹奏爲查明臣部已革主事張應參犯事原案，恭摺覆奏事。同治二年六月十七日軍機處交片。議政王軍機大臣面奉諭旨：『前據劉長佑奏，私發諭帖、誆提監犯之鎮國公桂池府中管事官員張應參即張小魯一名。本日據宗人府奏，轉據桂池呈稱：張應參係已革刑部浙江司主事，並非該府管事官員。著刑部即行查明張應參即張小魯是否曾任該部主事，及因例案於何年斥革之處，迅即覆奏。欽此』。交出到部。臣等遵即飭查官册，張應參係直隸滄州人，由監生在順天捐輸主事。於道光二十六年七月簽分到部。旋經派在浙江司行走。咸豐四年，補授臣部督捕司主事。七年五月間，浙江司審辦劉大喊告董大將伊妻拐逃一案，臣部因該司員張應參審斷未協，派員覆訊，究出張應參同院居住之候選吏目金鏡等，教唆供詞，有牽涉張應參情事。據實嚴參，將張應參革職，歸案審訊。旋經訊明，張應參雖無串通舞弊知情受賄各重情，惟聽受金鏡囑託，將無干之顧青田傳案訊問，且於金鏡借案詐財，多方播弄。請旨將已革主事張應參即行發往軍臺效力贖罪。八年四月，據兵部咨，張應參於是年四月初三日在火器營捐銀贖罪，奉旨：『准其贖罪。欽此』。知照各在案。所有臣部已革主事張應參犯事革職獲罪各緣由，理合查明，恭摺覆奏，伏乞聖鑒。謹奏。

浙江司 光十二

查秋審官犯，每届年終，向由本部照例匯開清單，具奏一次。單内祇叙所犯事由、罪名、並監禁年分。及該官犯現在年歲，並不聲明應否准減，與常犯年例查辦減等者迥不相同。此等官犯，非欽奉特旨加恩，概不准擅擬減等。歷經遵辦在案。今元淋係已革雲騎尉，因用拳毆傷王阿巧身死，依鬥殺律絞候，情實六次未勾。光緒十一年年終，本部照例將各官犯匯開清單具奏，既未奉旨減等，自應將該官犯元淋仍入秋審辦理。該撫聲稱，係年例減等。單内並未指明是否毋庸減等之處，係屬誤會，應毋庸議。相應咨覆該撫可也。

應追贓贖各項遇赦援免　山東司咸豐元年　常赦所不原

查臣部辦理道光三十年正月二十六日恩詔事宜，所有臣部應追贓贖各項，除埋葬銀兩，並現犯免罪應行追贓各案，及應行給主之贓不准豁免外，其餘入官贓罰，變價收贖各案，均與豁免之例相符，奏請分別豁免等因。於三十年十二月十六日具奏，奉旨「依議。欽此。」欽遵在案。兹據山東巡撫將該省道光三十年分奉文行追及歷年承追未完贓贖，共銀九千二百三十二兩八錢四分四厘，題報到部。内除杜小蕘、狗子等贓銀三十三兩，現據該撫題報，無力完繳，俟臣部另行核覆外。已完銀六錢二分二厘五毫，未完銀九千一百九十九兩二錢二分一厘五毫。臣等查核册造數目，均屬相符。惟查三十年分行追之項，如係正月二十六日以后之案，已在赦后，仍應按例著追。至正月二十六日以前之案，並歷年承追未完贓贖等項，業經臣部奏准查辦，應令該撫查明，分别題請豁免。臣等未敢擅便。謹題請旨。

江蘇司　光緒十一年　常赦所不原

此件不足爲據。光緒十五年三月十六日大赦准免。據此，已獲逃軍高於崑應如該撫所咨辦理。該犯配逃，在同治十三年十一月十五日恩旨，並光緒元年正月二十日，暨七年五月十四，十一年正月初四等日恩詔旨以前，原犯係救父情切，戳傷大功兄至死，擬斬減軍，有關服制，情罪較重，應不准減免，止准免其逃罪，仍發原配安置。至此等免死減軍人犯，恭逢大赦，應否援免，向以原犯情罪爲斷。查毆傷期功尊長，因在十惡之内，是以條款載明不准援免。如謂致斃大功尊長，系釁起救親，不無可原。不知定案時業將情可原宥於夾簽内聲明，蒙恩免其立決。嗣由情實二次改緩，復逢恩旨減軍，已屬倖邀寬典。今該犯配逃，雖逢大赦，未便再准援免。所有該撫聲稱該犯戳傷大功尊長至死，系釁起救親情切，不無可原之處，應毋庸議。至承審遲延職名，事隸吏部雲雲。

浙江司　光十一　常赦所不原

查本年正月初四日，欽奉恩旨，查辦減等。其斬、絞人犯招解到院。在恩旨以后者不准查辦，以示限制。曾經通行在案。前據該撫題報，因姦殺死本夫斬決人犯施小戥、鬥殺擬絞人犯詹洸宜、羅灃折，擅殺擬絞人犯李朱海共四案，經本部查原揭聲叙限期，扣至本年三月限滿。未將係何年月日招解到司、到院之處分叙明晰。是否在恩旨以前，無從核辦。行令將以上各案，詳細查明招解到司、到院月日，聲叙報部。兹據該撫查明，詹洸宜、羅澧折、李朱海三案係本年正月十三、十五、初九等日解院，是到院日期已在恩旨以后，應照章毋庸查辦。其施小戳一犯，續據咨報病故。應各於本案叙明，另行題覆。至命案審限及府、州、司、院分限，定例纂嚴。原以杜遲延等弊。上年十月，恭逢皇太后五旬萬壽，禮部通行，停止刑鞫，係指慶典期内不得遽用刑訊而言，並非不准虛衷研訊案情。如謂訊案必須用刑，何以别省並未因此稽遲案件？明係辦案逾限，藉詞扣展，以致擅殺及鬥殺情輕，恭逢恩旨應行減等人犯，因招解在后，不得早邀曠典，殊非矜慎庶獄之道。嗣后審理命案，務須飭屬遵照例定限期，迅速審擬招解。除封印、犯病，解審程限仍照向章扣展外，其餘例無明文者不得藉詞扣展。以免稽延而符定制。相應咨覆該撫可也。

犯婦逢恩漏未查辦 湖廣司光緒十五年　常赦所不原

謹奏爲核覆外省擬絞犯婦漏未援赦，查明檢舉，據實具奏事。竊據湖北巡撫奎斌題：李應桂因姦獨自起意謀殺本夫王世才身死，奸婦（王）〔丁〕氏並不知情一案。該撫審將李應桂依奸夫起意殺死親夫斬例，擬斬立決。聲明業已在監病故，應毋庸議。（王）〔丁〕氏依奸夫自殺其夫，姦奸婦雖不知情絞律，擬絞監候，秋后處決。事犯到官，在光緒十一年正月初四日恩旨以前，招解在后，毋庸查辦等因，具題。當經臣部會同都察院、大理寺照擬核覆，於本年三月十三日題。十五日奉旨：『丁氏依擬應絞，著監候，秋后處決。餘依議。欽此。』欽遵在案。兹據承辦司員查明，該犯婦丁氏事犯係在本年二月初四、二月十七等日恩詔以前應行查辦之犯。漏未將本撤出，稟請檢舉更正。臣等復查核原案。（王）〔丁〕氏與李應桂將伊夫謀殺，事前並不知情。其事后查知，隱忍不首，亦因畏罪所致。恭逢本年二月初四、二月十七等日恩詔，應准援免。后再有犯，加一等治罪。恭候命下，臣部行文該撫遵照辦理。至臣部司員於應行援赦之案，漏未扣除。雖據自行檢舉，呈請更正，究屬疏忽。應請交吏部照例議處。（所有臣等查明檢舉緣由，謹恭摺具奏請旨。光緒十五年四月十三日奏。奉旨：『依議。欽此。』

再，查姦夫自殺其夫，奸婦不知情之案，向來恭逢大赦，如係事后知情隱匿，不准援免。此次條款自應遵照辦理。惟查本年二月十七日欽奉恩詔，除十惡不赦外，犯法婦人盡行赦免。較此次恩赦尤爲寬大。自應核其事犯前后，分別辦理。臣等公同酌議：所有奸夫自殺其夫，奸婦事后知情隱匿之案，事犯在二月十七日恩詔以前者，准予酌緩援免。若事犯在二月十七日恩詔以后，三月十六日恩赦以前者，仍照此次奏定章程，不准援免。如此分別核辦，庶足以昭畫一而免歧異。謹附片陳明具奏。光緒十五年二月十七日奏。奉旨：『知道了。欽此。』

再，前據步軍統領衙門奏，逞凶人犯吴四等交部定擬罪名一摺，經該衙門抄録原奏，將吴四、失汰送部。原奏內稱：吴四、朱汰均在欽工傭工。吴四因挾郭二辭工之嫌，起意罷工挾制。糾集多人，將郭二揪出拉走，並將木工杜全林、崔雙祥砍傷。朱汰因欲將在工匠役約出，齊行增價。專明吴四、朱汰若照尋常鬥犯律以軍徒，一經配逃，勢必來京暗地阻擾，於工作殊有關礙。擬將該犯等交部牢固監禁等語。經臣部會同都察院，大理寺審明，吴四起意罷工，並將杜全林等砍傷。朱汰因議增長工價，輒欲將在工匠役約出齊行，雖未率衆颺散誤差，究屬不法。訊非一釁相因，係各自起意，應各以爲首論。將吴四除在禁苑門內刃傷罪止擬流，輕罪不議外，應與朱汰均合依工匠不遵約束，逞刁挾制，因而率衆颺散，以致誤差爲首斬例，擬斬監候。聲明該犯等，究止欲行齊行，希圖增長工價，尚與率衆颺散以致誤差者有間。應酌入緩決，仍遵旨牢固監禁。並據奉宸苑咨稱，俟大工告竣，再行知照臣部發落。於光緒十三年六月初二日奏結在案。計自奏准監禁之日起，迄今已届二年。今該犯等恭逢本年三月十六日恩詔，所得斬候罪名，既經奏明酌入緩決，不在准援免之列，應否准予查辦，抑俟大工告竣后，再行核辦之處，相應奏明請旨定奪，恭候命下，臣部遵照辦理。謹附片具奏請旨。光緒十五年五月初三日奉旨：『候工程告竣后再行覈辦。欽此。』

再，內閣抄出黑龍江將軍依真唐阿奏，查明在戍已滿三年，暨已定年限效力贖罪人員，摘叙案由具陳一摺。光緒十五年六月二十三日奉硃批：『刑部議奏，片二件並發。欽此。』欽遵抄出到部。查本年二月十七、三月十六等日欽奉恩詔，各處效力贖罪廢員，已滿三年者，奏請酌量寬免。又三月十六日恭逢恩詔，查辦斬、絞、軍、流以下官、常各犯。經臣部先后奏咨，行令各省督撫、將軍、都統等，將在戍官犯全案犯罪事由造具清册，送部核辦。業因通行在案。今黑龍江將軍具奏，在戍廢員劉道宗等十八員，僅止摘叙案由，並未造具全案清册送部。臣部礙難核辦。相應請旨飭下黑龍江將軍，迅將在戍廢員劉道宗等全案犯罪事由，速即彙造册咨部。再由臣部核明情罪，擬定分别准免、不准免，繕具清單，請旨遵辦。謹附片具奏請旨。光緒十五年七月十一日奏。奉旨：『依議。欽此。』

常赦所不原

查劉侯氏、劉維清，係已革提督劉（孝）效忠妻、子。同治八年間，經前撫丁以劉效忠出言狂悖，並與水套匪徒往來交密，將劉效忠密拏正法，因其家屬人等均屬逆類，縱之恐貽后患。奏奉諭旨，將劉侯氏等一並牢固監禁等因在案。茲據該撫咨稱：劉侯氏在監患病，批飭取保醫治。恭逢歷次恩旨、詔，因係逆犯家屬，未經查辦。劉侯氏因年老病衰，誤會取保在外多年，係逢恩寬免。意謂伊子劉維清亦可釋放，冀養邁年，並圖准添砌前撫挾嫌陷害等情，遣抱京控。咨解回東，訊非有心誣告，將該犯婦酌照不應重律，擬杖八十，收贖。並以劉侯氏及其子劉維清，雖係逆犯劉效忠妻、子，奏明永遠監禁，未便曲予從寬，第劉維清監禁已逾二十年，則其少壯入獄，徒令白首含悲。且該犯屬等因親連累，與實犯叛逆不同。溯查光緒十五年三月十六日恭逢恩詔，查辦永遠監禁及未定罪名各犯，均已得邀曠典。該犯婦等未便獨令向隅。可否取保釋放，抑仍監禁之處，咨請部示等因。本部查例內監候待質人犯，俱係分別罪名，定有年限，今劉侯氏、劉維清係劉效忠妻、子，劉效忠當日暗與套匪往來，尚無謀叛顯迹。該犯婦等因親連累，並未定擬罪名，與實犯叛逆例應緣坐者不同，現又無可待質，且該家屬在監病斃者已有五名口。若將劉侯氏、劉維清終身羈禁，老死囹圄，情本可憫。惟係該前撫奏奉諭旨監禁之犯，又與尋常監候待質定有年限者不同。該撫以其監禁已逾二十年，可否將該犯婦等一並保釋，抑乃監禁，咨請部示。本部未便據咨率准。應由該撫將從前監禁、查辦各緣由詳晰聲叙，奏明辦理。相應咨覆該撫可也。

犯婦遇赦緩決已至三次

常赦所不原

查宮邵氏因誤碰傷伊夫宮小斗身死，依妻毆夫至死律，擬斬立決。奉旨改斬監候，秋審情實二次未勾，致入緩決。應逢恩旨、詔，不准減免。惟該犯婦恭逢光緒十五年二月十七日恩詔，因緩決未至三次，經本部奏明不准援免。並聲明此次各犯婦，已經改擬緩決未及三次者，似應推廣皇仁，俟緩決三次後，由各該省咨部核明，准予援免等因，奏准遵行在案。茲據該撫查明宮邵氏自光緒十四年改入緩決，核計至今，緩決已過三次。咨部核覆，應如所咨，將該犯婦准予援免。後再有犯加一等治罪。應令該撫即將該犯婦釋放，給與親屬領回。相應咨覆該撫，並付知秋審處可也。

爲片覆事。准户部會議，已革河南寶豐縣知縣項則周應追虧款，無力定繳。查明家産盡絶。原稿内稱：前據該革員遣抱具呈，前署正陽縣任内，虧短司庫正雜共銀二千六百四十七兩零。查抄寓所衣物，估價銀二十七兩零備抵。因家産盡絶，無力完繳，取結呈請豁免等因。惟查前於光緒十三年間，據河南巡撫咨稱：項則周因虧短銀兩，查抄監追，該革員於未經查抄之先，業已外出，分咨查拏。今該革員遣抱在部具呈，請豁行查。該撫覆稱據該革員投案，訊明寓所衣物已經查抄備抵。原籍實係家産盡絶，任所亦無資財隱寄。並訊明該革員出外措款，流落在外，亦無捏飾情弊，取結送部。核與豁免章程相符，應追銀兩，應准其豁免。至該革員於未經查抄之先，先期外出，現據自行投案一節。事先在光緒十五年三月十六日恩詔以前，應如何辦理之處，將原稿送部會議具奏等因前來。查已革知縣項則周虧短前署河南正陽縣任内司庫正雜各款銀兩，雖據該撫查明，家産盡絶。惟該革員虧短庫款數在一千兩以上，如係侵吞入己，按例罪應擬斬。且以奏參監追之員，於未經查抄之先，私行外出，延至數年。因聞恩詔，始行投回，尤屬有干例擬。究竟所虧銀兩，是否侵吞入己？抑係挪移，如何於查抄監追時先期外出，均未據該撫訊明，定擬罪名。恭逢恩詔，應否援免，亦無從核辦，本部礙難會議。除由本部行文河南巡撫，速飭審明該革員虧短庫款，並被參後私行外出避匿各情，按例定擬具奏外。相應將會稿送回貴部。俟該撫審擬到部時，再行會議可也。

徒犯呈請留養 貴州司咸豐九年　犯罪存留養親

查潘之棠充當内務府慎刑司書吏，於康作新呈控莊頭王得利加增租額一案，聽囑趕緊辦稿，許給大錢二百吊，審擬杖一百、徒三年、加枷號一箇月。奏結在案。兹據潘朱氏呈稱，守節二十餘年，僅有潘之棠一孫，家無次丁。如果屬實，自應准其查辦。應俟本部行文順天府，飭屬查明取結，送部詳核。爾即聽候查辦。此批。

禁卒失囚聲請留養成案 直隸司同治二年　犯罪存留養親

爲咨覆事。准都察院咨，禁卒失囚，聲請留養，有無辦過成案，本衙門無案可稽。其田五給周六送過牛肉，是否即係通信，自以丁拴兒供詞爲憑。查丁拴兒既經姚三告知周六要逃，當時曾否稟官究辦？嗣於田五冒名進監給送牛肉之時，又未向官人告知。其中有無通信别情？細查供詞内並未切實供明。又收管周六等犯之獄卒究係何人？於田五進監時，該獄卒因何漫無覺察？應查明原收獄卒姓名，並提田五等補行訊取確供，咨院查核。又原奏內稱：「刑部係封鎖衙門，司務有稽查之責，何以漫不查究」等語。該司務有無稽查門禁之責？應查明一並咨院查核。至司員余光倬，於馬錫碌一案，曾否屢遞説帖，求堂奉派同審？相應片行，希即逐一查明，聲覆過院，以憑核辦，幸勾遲延等因，咨行前來。查例載：『差役犯案，因公致罪，准查辦留養』等語。檢查道光二十九年直督奏，通州盜犯丁繼崗九名越獄案內，禁卒殷洪得依律擬徒三年。查辦留養，照擬核覆。奉旨：『依議欽此。』在案。此案田汶玉係值宿中門禁卒，與在監看守人犯者不同。逃犯非由中門而出，該禁卒追捕受傷，並臨時拏獲二犯。定案時，因其疏於防範，不能免罪，例無治罪專條。從前成案，有擬杖者、有擬徒者。今將田汶玉擬徒，本係從嚴辦理。據供親老丁單，核其情節，並無徇私之處。既非徇私，即屬因公。查照成案，應准留養，並非違例聲請。又例載：『搶竊拒捕等案，如正犯在逃未獲，將現獲之犯擬罪監禁。俟逸犯就獲質訊』等語。查田五送肉是否即係通信，自應向田五追問。據田五供稱：伊恐周六在監受餓，與送牛肉，並無通信的事等語。是送肉並非通信，田五業已供明。至丁拴兒係在監人犯，檢查原供，丁拴兒於周六等如何商量逃跑，尚稱並不知情。其田五之是否通信，更不能供指確切。惟周六在逃未獲，其田五究係一面之詞，未可遽信。是以將田五照例監候待質。奏奉諭旨：『改爲永遠監禁。俟緝獲周六，質明辦理等因，欽此。』欽遵在案。是田五之是否通信，係尚未斷結之案。必須緝獲周六質對，方可訊取確供。又例載：『在監斬絞人犯，尋常過犯，酌量嚴懲不儆』等語。丁拴兒係緣事擬斬永遠監禁之犯，經提牢派在北所頭監照料。其於上年十二月間，曾聞姚三告知，有周六要逃一語。未經禀官究辦。及田五冒名送肉，未向官人告知。均有應得之咎。惟本犯已係死罪，無可復加。是以按在監斬絞人犯尋常過犯例，先行責懲示儆。將來周六獲案，如訊有別情，仍應與田五一並監提究辦。又例載：『二罪俱發，從其重者論』等語。刑部每監額役禁卒四名，輪流值班，人犯進監即歸值日禁卒收管。上年十二月二十八日田五送肉時，看管周六等之禁卒，係張汶潰等。本年正月初九日失囚之禁卒，亦系張汶潰等。該禁卒等失囚之罪，應加重擬徒，其失察冒名之罪，僅止責懲革役，定案時將該禁卒等照失囚律擬徒。係照二罪俱發以重論之律辦理。向無既科重罪，更科輕罪之例。再，禁卒失囚，向來成案，均將值班主守之禁卒照律治罪，其原收禁卒，係人犯初次進監時，提牢廳派令帶犯收禁，以後並不在監專司看守。既無看守之責，向來成案，並不科罪。又例載：「在監人犯，有送飲食者，提牢驗明，禁子轉送。如有捏稱犯屬，入監舞弊，將未能查出之提牢、司獄，交部議處」等語，是與監犯送飲食，原爲例所不禁。司務有稽查署内大門之責，並無稽查監門之責。田五與監犯送肉，自係提牢、司獄專管。是以捏稱犯屬入監舞弊，例内載明，將提牢、司獄議處，而不及司務。自應將提牢、司獄開參，未便以例所未載之司務，一並參處。以上各情，均係查照例案辦現。

再，馬錫禄嗚冤一案，派審司員係馮春瀛、海容、富納、丁壽祺四員。余光倬係原問此案之員。此次馬錫禄呼冤，並未派余光倬覆審。向來派審案件，均由本部堂公同商派，該員何敢妄求。至呈遞説帖一節，余光倬係秋審處提調司員，上年朝審上班，馬錫禄嗚冤，本部堂向余光倬查問案情時，因此案頭緒紛繁，口述不能詳悉，曾令該員將馬錫禄交收鈔票各緣由，開寫畧節，呈堂閱看核辦。後因馬錫禄供詞狡展，復諭令該員等將當時原審還錢條各項情形，據實稟覆。均係該員分内應辦之事。此外該員並未自行呈遞説帖，相應片覆貴院，查核辦理可也。

江蘇司　犯罪存留養親

刑部謹奏，爲減等官犯查明留養事。竊臣部於光緒十二年十二月二十五日片奏，官犯趙汶篙等七名，可否准予減等等因。本月奉旨：『著准予減等。欽此。』查内開官犯楊溥即楊普一名，係太醫院吏目。因胡大向伊索欠口角，毆傷胡大身死，照鬥殺律擬絞監候。朝審擬入情實，四次未勾。兹既蒙恩減等，應發往新疆效力贖罪。檢查該犯原供，母老丁單，例准留養。當經牌行犯籍宛平縣，及死者原籍武邑縣，飭令查明去後。旋據該縣等申稱：楊溥之母陳氏，現年八十二歲，只生該犯一子，别無以次成丁。死者胡大並無應侍之親，取具犯母及隣佑等甘結，加具印結送部。臣等核與留養之例相符。係官犯，仍請旨定奪。如蒙恩准，即將楊浦枷責發落，追取埋葬銀二十兩，給付死者之家，以資營葬。惟該犯曾任職官，所得枷杖罪名，應照例准其納贖。所有查明官犯留養緣由，謹恭摺具奏請旨。

幼孩斃命　直隸司　光緒八年　老小廢疾收贖

查律載：『鬥毆殺人者，不問手足、他物、金刃，並絞監候。』又，例載：『十五歲以下被長欺侮，毆斃人命之案，死者年長凶犯四歲以上，而又理曲逞凶者，准援照丁乞三仔之例，聲明恭候欽定』各等語。又，雍正十年奉旨：『丁乞三仔年僅十四，與丁狗仔一處挑土。丁狗仔欺其年幼，令其挑運重筐，又將土塊擲打。丁乞三仔拾土回擲，適中丁狗仔小腹殞命。丁乞三仔情有可原，著從寬免死，照例減等發落等因。欽此。』欽遵在案。張有頭因向史棕征之侄史鈺厮索欠争鬧。史棕征趨護，用刀將該犯並伊母扎劃致傷，該犯奪刀將史棕征扎傷身死，自應按律問擬，應如該督所題，張有頭合依鬥毆殺人者，不問手足、他物、金刃並絞律，擬絞監候。惟查該犯年僅十五，已死史棕征年已三十五歲，長於凶犯四歲以上。死者因該犯向其侄索欠趨護，用刀將該犯並伊母扎劃致傷，實屬恃長欺凌，理曲逞凶。該犯刀由奪護，嚇扎適斃。核與丁乞三仔之案情相同。既據該督於疏内聲明，相應援例兩請，恭候欽定。倘蒙聖恩准其減等，臣部行文該督，將該犯減爲杖一百、流三千里，年未及歲，照律收贖，追取贖銀入官，並追埋葬銀二十兩，給付尸屬具領，以資營葬。該督疏稱云云。

無主贓物變價入官 山東司 咸豐九年 給没贓物

爲片覆事。步軍統領衙門片稱：拏獲志三等行竊案内無主贓物，作價辦理。前經片查，據覆片内稱：各直省辦理無主贓物造入贓變册内報銷，未將刑部歷年辦理竊盜無主贓物作何辦理聲明。應片行刑部詳細咨覆」等因。查本部現審案内，凡不應給主之贓，或移交户部内務府辦理，或交崇文門變價交送户部，其爲數無多者，均交坊變價，具文報部歸入年終贓罰彙題，即由本部送户部驗收。至强、竊盜贓，訊有事主者，由貴衙門及本部關傳給領。所有無主之贓，質訊確實，委係不能供出事主姓名、住址。例内載明：『强盜贓不足原失之數，將無主贓物賠補，餘剩者入官。』等語。其竊盜無主之贓，向有交坊變價成案，亦係歸入贓罰彙題，交户部驗收。相應片覆步軍統領衙門可也。

當鋪起贓於犯人名追價給主 直隸司 光緒三年 給没贓物

爲片覆事。准總理各國事務衙門片稱：查家人竊物在逃，將贓物典當。事主於報案後查獲當票，向當鋪起贓，應否給予典價之處，本衙門無從懸擬，應片行貴衙門，希即將此項律例，並辦過成案，開示明晰，即日聲覆本衙門，以憑核辦。並希將刑部則例一並送交一部，以備檢閲等因前來。查竊盜案内典當竊贓，本部例内止追原贓，其價於犯人名下追徵給主。歷經遵辦在案。相應抄録例文，並將律例壹部，計二十八本，一並片送貴衙門，查核辦理可也。

計開：

例載：諸色人典當收置竊贓，不知情者勿論，止追原贓，其價於犯人名下追徵給主。强盜門。

福建司 光十二 給没贓物

謹奏爲核議具奏事。内閣抄出閩浙總督楊昌濬片奏，已革臺灣道劉璈參追各款，限内全數完繳等因。光緒十二年八月初四日奉旨：『該部知道。欽此。』查原奏内稱：已革臺灣道劉璈參追各款，前據台州士民代繳湘平洋銀一萬兩。奏奉諭旨：『著准其在閩呈繳，即行解部等因，欽此。』轉行欽遵去後。兹據該革道劉璈禀稱：『奉參勒追各營空額繳署銀一萬一千六百五十四兩零，又扣存夫價銀四千五百三十二兩，又船價銀一萬零六千三兩零。統計應繳銀二萬六千二百四十九兩零。除原籍抄封資産，估變庫平銀一萬三千三百八十三兩零，又臺灣任所抄封銀物估變銀一千三百四十兩零，並臺州士民代繳湘平洋銀一萬兩。核計參追各款，尚不敷銀一千五百二十餘兩。現向親友挪借，呈繳庫平紋銀一千六百兩，有盈無絀。至臺州士民代繳一萬兩係湘平洋銀，應照閩中時價平補交。再，繳湘平銀一千二百三十一兩零，合成庫平紋銀一萬兩，禀懇察收轉解等情。查該革道劉璈參追名款，既於一年限内全數完繳，除原籍、任所抄産備抵各銀項，由湖南、福建各撫臣先后奏咨解部外，其在閩呈繳庫平紋銀一萬一千六百兩，現有委解京餉便員，已飭藩司詳咨措解，赴部投納。應請旨飭部核收，照例辦理。再，該革道劉璈前支統費一項，經部另案飭追。現據出具限結，於七月内一律清繳。俟款清病痊，即行起程等因，具奏前來。查例載：監守盜倉庫錢糧一千兩以上，擬斬監候。勒限一年追完。如限内全完，死罪減二等發落」等語。此案已革道劉璈，前在臺灣道任内，將所部各營空額繳入道署銀一萬一千六百五十四兩零，又夫價銀兩扣存帳户銀四千五百三十二兩，又於其子劉濟南招募船價浮冒銀一萬零六十三兩。訊係入已，依監守盜倉庫錢糧一千兩以上例，擬斬監候。現據該督奏稱：該革員應繳之款，除抄産備抵外，下短銀一萬一千六百兩，於一年限内全數完繳。核與減等之例相符，應請將劉璈於斬監候例上減二等，擬杖一百、徒三年。係職官，從重發往軍臺效力贖罪，仍恭候欽定。如蒙俞允，臣部行文該督，遵照辦理。至該革員所支項，係另案飭追，與此案罪名無涉，應由户部自行催繳。所有臣等照例定擬緣由，謹恭摺具奏請旨。光緒十二年八日十七日奏。奉旨：劉璈著減一等，發往黑龍江效力贖罪。欽此。』

貴州司光十二　犯罪事發在逃

查此案羅二聽從伊堂弟羅三，糾同老熊等共毆致傷李蚊芳、田三洸各身死。該犯在旁心中畏懼，並未下手。既據該撫咨稱：羅三等現均在逃未獲，又無屍親證佐指認，難保非該犯狡供避就。將羅二照共毆餘人律擬杖，照例監禁。俟緝獲羅三等到案，質訊明確，再行分別核辦。應如所咨辦理。惟以此等致斃彼造二命重案，已延擱數年之久，並未究出正凶，按律擬抵。若因該犯業准監禁待質，謂案已結，遂置之高閣。則凶犯無拏獲之日，二命無實抵之人，殊不足以懲凶惡而重刑章。應令該撫嚴飭該縣，上緊勒緝在逃名犯，務獲究辦。相應咨覆該撫可也。

直隸司光十三　犯罪事發在逃

查本部奏准減等章程，軍流犯在禁脱逃，加等擬絞。照原犯罪名加等減發等語。此案劉五原犯係聽從逸賊劉四結夥，二人，持械搶奪，例擬流三千里。復聽從逸犯韓五越獄脱逃，審依犯罪囚禁，結夥三人以上，越獄脱逃，原犯軍流律應加二等調發例，改爲絞監候，秋審時，爲從入於緩決。恭逢光緒十一年正月初四日恩旨，經本部奏准監禁二年，再行查辦。兹據該督咨報，該犯監禁二年期滿。自應遵照奏定減等條款辦理，按原犯滿流罪止加一等，應減發附近充軍。仍照奏定章程，凡係由流三千里加一等者，改發極邊足四千里充軍。據供，在逃之劉四搶奪爲首，韓五糾夥越獄爲首，係屬一面之詞，恐有避就。應如所咨，將劉五照例監候待質，俟限滿逃犯有無戈獲，再行分別辦理。相應咨覆該督可也。

陝西司光十一　徒流遷徙地方

爲片催事。據甘肅、新疆巡撫劉等奏，遵議改發秋審免死人犯到配安插詳細章程一摺。前經本部擬定奏稿，片送貴部會議。迄今一月有餘，未據送回。查稿内所議，直隸等七省秋審免死減等各犯，俱係早經減等。因議發新疆，暫行羈禁囹圄，聽候起解。人數既衆，必須迅速覆奏，俾應行發往之犯，免致久稽。相應片催貴部，迅將此稿會議送回。本部以便繕摺，定期會奏，幸勿再延可也。

陝西司　徒流遷徙地方

再，查前經臣部酌議，將直隸等七省秋審免死人犯僉同妻室、子女，發往新疆，助興屯政。歷次奏明在案。現值恩旨查辦減等，各省免死減軍、減流人犯，不一而足。凡有室家者，均應僉同發往。惟各犯到配種地，應如何安插布置，尚未據新疆撫臣將妥議章程奏到。若遽行將人犯發往，恐一時安置未能得所，轉費周章。相應請旨飭下新疆巡撫，迅即查照臣部原奏，飭屬詳議章程，妥速具奏，無任遲延，致失朝廷籌畫西陲至意。並請飭令直隸、山東、河南、山西、四川、陝西、甘肅各省督撫，現在單題、彙題稿內，遇有此次恩旨免死減軍、減流人犯，均即飭屬將各犯有無妻室、子女，取就確供，暫時停解。俟新疆奏報到日，即行分起發往，以免遲誤而昭慎重。再，臣部朝審此次所減各犯，俱照此一體辦理。謹附片奏聞請旨。光緒十一年二月初十日奉旨：『依議。欽此。』

山西司光十二　徒流遷徙地方

查新疆平靖以後，辦理屯墾需人。前經本部酌議，先將陝、甘、山西等七省秋審免死減等人犯發往助興屯政。因未據新疆將安插章程妥議具奏到部，是以奏明行令陝、甘等省，訊取各犯有無妻室、子女確供，暫行停解。嗣據新疆巡撫請將七省人犯陸續起解，並酌議詳細章程，經本部會同户部照擬核覆奏准，於上年十一月二十一日通行各該省在案。兹據該撫咨稱：歸化城等五廳州縣免死減等流犯褚荃虎、趙相洸、賈藍、周汰、張學兒、蔡三弟、高士偵七犯，該廳州縣漏未查照奏章，詳請照應流省分，將褚荃虎等分發湖南、江蘇、甘肅等省安置。現經查明係屬錯誤，並據該廳州縣自行檢舉，本應詳咨解回，以符奏章。惟查褚荃虎等早經起解，多已到配安置。若紛紛遞解回晋，不特長途跋涉，改滋拖累，兼恐疎脱堪虞。可否免其解回改發，以示矜恤，由該按察使詳請各部核覆等因。本部查褚荃虎等均係奏明秋審減等，應行僉同妻子發往新疆之犯，該撫並不查照遵辦，仍照尋常流犯定地發配，顯與奏定章程不符。如謂褚荃虎等業已到配，若再紛紛解回，轉發新疆，長途跋涉，恐滋拖累，亦應由該撫自行奏明辦理，不得僅以咨請部示完結。相應咨覆該撫可也。

山東司光十二　徒流人逃

查已獲逃徒孟繼芒，原犯係誣告人死罪未決，擬流加徒在配。恭逢光緒七年五月十四日恩詔，減爲總徒，兹中途脱逃被獲，照例加等，准徒五年。復逢十一年正月初四日恩旨，應准免其逃罪，仍照原減總徒四年遞回原籍充徒，餘如所咨辦理。惟查該犯孟繼芒於光緒九年正月押解中途脱逃，至二月初四日百日限内即被獲案。何以壓擱二年有餘，始行審擬咨部，以致應行解回原籍充徒之犯久羈囹圄，殊非慎重刑章之道。應令該撫查明此案因何延擱，並將承審遲延職名一並咨部核辦。仍通飭所屬，嗣後審辦案件，務各迅速依限審結，不得任意遲延，倘再有前項情弊，即行嚴參，以儆玩泄。至僉差不慎職名，應否免開，事隸吏部。該撫既經分咨，應聽吏部查議，仍知照吏部可也。

四川司光十二

查新疆平靖以後，辦理屯墾需人，經臣部議將免死減等人犯僉同妻室、子女發往助興屯政。嗣恭逢光緒十一年正月初四日恩旨，查辦減等，因各省准減人犯衆多，道途擁擠，防範難周。復經臣部議將陝、甘、山西、四川、直隸、山東、河南七省人犯先行發往。因未據新疆將安插章程妥議具奏到部，是以奏明行令陝、甘等省，訊取各犯有無妻室、子女確供，暫行停解。嗣據新疆巡撫請將七省人犯陸續起解，並酌議詳細章程，經臣部會同户部照議核覆奏准，通行各該省在案。旋據該前督以奉到查辦減等片奏内，雖有免死減等人犯陸續發往新疆，酌撥開屯之語。原文指明係爲調劑遣犯起見，自與尋常減軍、減流人犯無涉，仍應照例依限發配。並稱此項改發人犯，是否不論軍流罪名之輕重，均應加等改發新疆，抑係專指例發新疆改發四千里充軍之遣犯而言，其尋常軍流不在此例，咨部示覆。經臣部以免死減等人犯僉同妻子發往新疆定章，本意原欲爲地方實户口，並非爲各犯加罪名，亦與從前改發足四千里充軍各項遣犯規復舊制者迥不相同。該督並未詳繹奏請之意，率行臆斷，謂爲准減人犯加重改發。且將奏定發往新疆之犯仍照尋常軍流定置地方，紛紛起解，實屬顯違定章。應由該督自行奏明更正等因，咨覆去後。兹據該護督以此案前兼署臬司王祖源，係光緒十一年九月間詳蒙咨請部示，奉到部覆係在十二年二月。爲時有先後之不同，該前署司請示時，因准予減等各犯不敢淹禁，仍照前發配。其時新章未定，無從顯違。所有前發各犯，如應一律改發新疆，請敕部核明覆示，咨由配所自行起解，抑或因減等之犯此後正多，以前發配各犯，毋庸改發等因具奏。臣部等查該省免死准減人犯，係三月二十一日奏准，四月初二日行文，已在前次奏准改發及暫令停解之後。該省先經奉到部章，自應暫時停解，聽候示覆。該署臬司並不遵辦，輒照尋常軍流地方，先行發配辦理，已屬錯誤。迨經部駁，飭令自行奏明更正，又藉口奉到請示部文在後，無從顯違，尤屬飾詞强辦。本應查取職名，照例議處。惟該署司王祖源業經病故，應請免其置議。至此項前經發往各省之犯，計日諒早到配安置。若再紛紛解回，轉發新疆，不特長途跋涉，致滋拖累，兼恐疎脱堪虞。自應毋庸改發，以示體恤。嗣後免死減等人犯，應令該護督遵照奏定通行，改發新疆，不得稍有參差，以符定章。再，此摺於七月二十三日抄出到部，合並聲明。所有臣等核議緣由，謹恭摺具奏請。

陝西司 光十一 徒流遷徙地方

爲片覆事。准户部片稱云云等因前來。本部查，發遣新疆官犯，前據甘肅、新疆巡撫以可否仿照遣犯鉛鐵等廠，捐銀幣、捐衣物，酌定年限，准其分別爲民回籍之例，令其幫捐屯田經費，及捐銀贖罪。業經本部分別酌議，片送貴部會議在案。至此等官犯到戍後，並未捐贖，向係循例按照該官犯原犯罪名，分别在戍已滿三年、十年，由將軍都統具奏。如奉旨准其釋回，即令回旗、回籍。以次發遣新疆官犯，如未損贖，自應仍照定例，俟在戍當差年限期滿，由該撫等奏明辦理。今准片查，相應片覆貴部，查核辦理可也。

奉天司 徒流遷徙地方

查逆犯呂留良后裔呂晋來，因五世祖呂念先於緣坐發遣甯古塔後，幫助堂叔呂懿，兼違例捐監獲罪，改發黑龍江，給披甲人爲奴，係乾隆年間奉旨飭辦之件。該將軍聲請可否援例將呂晋來免其緣坐之處，本部未便據咨率覆。應令該將軍自行奏明辦理可也。

貴州司 徒流遷徙地方

查應發回城爲奴遣犯，於光緒十三年閏四月間，本部因此等人犯道路未通，暫行監禁。嗣又以無裨屯政，仍停發遣，勢必終老囹圄，殊堪矜憫。酌擬將應發回城爲奴内，用藥迷人已經得財，其餘爲從等項八條，均仿照免死强盗章程，自定案時起，監禁二十年，限滿后改發極邊烟瘴充軍，以足四千里爲限。到配鎖帶鐵桿、石礅二年等因，奏准通行在案。兹據湖北巡撫咨稱：截留貴州省應發新疆遣犯曾定洴、謝鼎山，均係用藥迷竊得財，爲從擬遣，應否遞回犯籍監禁限滿改發之處，咨部示覆等因。本部查曾定洴、謝鼎山，均係聽從用藥迷竊案内，擬發新疆爲奴。因截留尚未起解之犯。按照奏定章程，如定案監禁已逾二十年，應改發内地充軍。惟原咨並未叙明監禁年分，礙難核辦。應如該撫所咨，將曾定祥、謝鼎山遞回犯事貴州地方，飭令該撫查明該二犯，自定案時起，核計監禁已逾二十年，即照章改發。倘監禁尚未及二十年，應俟期滿后，再行核辦。相應咨覆該撫，並知照貴州巡撫可也。

徒流遷徙地方

查例載：『應發各省駐防給官員、兵丁爲奴之犯，仍由兵部核計該犯原籍及犯事地方道里，俱在四千里以外，均匀酌發』等語。此案唐氏因嫌其子媳閆氏平素不睦，出言頂撞，起意商同其子佶詳等，將閆氏用鐵火筷、烙鐵燒烙，致傷身死。依「姑謀殺子婦之案，若僅止出言頂撞，輒蓄意謀殺，情節凶殘顯著者，改發駐防，給官兵爲奴」例，擬改發駐防，給官兵爲奴。兹據該將軍以奉准部覆，並未指定發遣某地。咨部應發何省，示覆，遵飭起解等因。本部查發遣駐防人犯，例由兵部核計道里，均匀酌發，應由該督撫將軍等咨行兵部辦理。惟查該犯婦唐氏所擬發遣罪名，事犯在光緒十五年二月初四、十七，暨三月十六等日恩詔以前，係謀殺子婦，發駐防爲奴，釁起伊媳出言頂撞，無關十惡。自應准予援免。該將軍聲請定地起解之處，應毋庸議。仍令該將軍造具該犯婦情罪清册，迅速咨部。俟本部彙核具題後，再行遵照辦理可也。

雲南司光緒九年　官司襲廕

刑部查：滇省臨安府屬納樓土官普永年嫡派絶嗣，土族普保極等彼此圖襲，仇殺多年，致煩兵力。該督等請將土官改爲土舍，擇人分管。聲稱普保極等三名於投誠後復首鼠兩端，未便輕縱，請將該犯等發建水縣監禁十年，俟限滿，查看納樓地方情形，如能從此安静，再予省釋。若再有結黨仇殺情事，即將該犯等正法，以照炯戒。普應昌一犯，仍飭嚴行緝獲懲辦，以遏亂萌等語。係爲清弭争端，綏靖邊繳起見，應如所奏辦理。

戊午科場案應擬罪名直隸司　咸豐九年　貢舉非其人

爲片覆事。准欽派王大臣咨稱：平齡案内，經本王大臣具奏聲明，並無例案可稽。俟訊明時，將供招送部擬罪。查已革大學士柏葰等已經訊有確供，未便久懸。相應咨部，將各犯應得罪名，按例分别定擬，詳細注明，作速咨覆，以憑擬結。又欽派覆勘大臣勘出應行歸案訊辦試卷十二本。經本王大臣將該舉人韓宗文等九名，並該舉人之房師等一並傳案。現經訊明，應如何置議之處，無例可稽，一並咨部，分别定擬。至已回原籍之舉人吴心鑑等三名，未便紛紛提訊，致延時日。希查閲名單，一並定擬等因。查例載：『鄉試考試官、同考官，及應試舉子，有交通囑託、賄買關節等弊，問實斬決。』又，『隱匿公私過名，以圖選用，事發問罪。吏部門首枷號一箇月。未除受者，發附近充軍。』又，『旗人登臺賣藝，有玷旗籍，連子孫一並銷除旗檔，毋庸治罪』各等語。本部就現在送部供招有關罪名各犯，逐加查核。此案浦安，身任鄉試同考官，因李鶴齡代羅鴻繹遞送關節條子，入闈後見卷内字眼相符，隨即批薦。迨柏葰欲將此卷撤去，該革員因有情託，輒稱伊房中皿卷只此一本，囑靳祥轉懇柏葰取中。照例斬決。除羅鴻繹事後出給謝銀，浦安因事借用羅鴻繹銀兩，均係輕罪不議外。浦安、羅鴻繹應照「同考官及應試舉子交通囑託關節，問實斬決」例，均擬斬立決。李鶴齡慫恿羅鴻繹遞送關節，許以分房代爲留心，並爲訂正關節字眼，將條子向浦安轉送，經浦安呈薦中式，亦應比照同考官及應試舉子交通囑託關節例，擬斬立決。柏葰因靳祥轉述浦安房内只有中皿一卷，輒爲取中。供詞内浦安未向告知交通關節情事，實屬聽受囑託。查例内並無僅囑託，不知交通關節，作何分別治罪明文，向來亦未辦過似此成案。應否照交通囑託，賄買關節例定擬，應由貴王大臣就原訊情節酌核辦理。靳祥經浦安告以房中只有中皿一卷，聽從向柏葰懇求，經柏葰將羅鴻繹中式。應於柏葰罪名上量減一等，業經病故，應毋庸議。浦安事后借用羅鴻繹銀三百兩，李鶴齡詐騙及寄存羅鴻繹銀二百兩，均應照追入官。陳善即陳恭善，喬吉升即喬坤，均受雇在柏葰家服役。陳善報捐知縣，喬吉升報捐州吏目，均應比照「隱匿公私過名，以圖選用，未除授者發附近充軍」例，發附近充軍。仍先在吏部門首枷號一個月。平齡曾在票班登臺演唱，例不治罪，業經病故，係厢白旗包衣，毋庸銷除子孫旗檔。龍兆霖經羅鴻繹託爲致送李鶴齡銀兩，不知係屬酬謝款項，與事後受財説事過錢者不同，應與未送關節之李雨泉均毋庸議。至鄉試中式之韓宗文、亢懋庸、謝祖源、耿光祜、郭受昌、余汝偕、朱大淳、德生、景瀛，並鄉試同考官鄒石麟、涂覺綱、鐘綉、徐桐、何福咸，外簾官鮑應鳴，主考官朱鳳標等，查核原供，均係科場處分連已。回原籍之舉人吴心鑑、潘觀保、李汝廉，並單内開載之同考官竇珣、景其濬、周士炳等，應如何酌議之處，應由吏、禮二部分別辦理。相應片覆步軍統領衙門可也。

戊午科場案應擬罪名 直隸司 咸豐九年

爲片覆事。准欽派王大臣咨稱：考官、試子如有交通囑託關節，已經中式者，應如何科罪；雖經交通囑託關節，而未曾中式者，應如何科罪，查明例案聲覆等因。查例載：『鄉會試考試官、同考官，及應試舉子，有交通囑託、賄買關節等弊，問實斬決』等語。至雖經交通囑託關節，未曾中式，應如何科罪，例内並未詳細賅載，歷年亦無辦過成案。查交通囑託，未曾中式，係屬未成。本部向辦各項案件，如事尚未成，應照已成減等。倘已成者犯至斬、絞，未成者均係減爲滿流。如係職官，從重加擬遣戍。參觀例内有關考試各條，如指稱買求中式等項，誆騙及代倩槍手，均分別已成、未成科斷。其未成者，例應於本罪上減等科罪。今准咨查，相應片覆步軍統領衙門可也。

戊午科場案應擬罪名 直隸司 咸豐九年

爲片覆事。准欽派王大臣咨稱：戊午科場案内供認收關節條子之已革二品頂戴、左副都御史程庭桂，已革工部候補郎中程炳採，供認遞送關節條子，並代人致送關節條子之李旦華等七名應得罪名，本王大臣向無例案可稽。應抄録各親供，並胡升等供詞，咨部按律定擬，將各犯應得罪名，分別詳細注明咨覆等因。硃批：此例科場專條。查例載：『鄉試考試官及應試舉子，有交通囑託、賄買關節等弊，問硃批：自此以下俱不在科場例内。實斬決。』又，『聞拏投首之犯，於本罪上減一等科斷。』又，律載『犯人不自首，若得相容隱之親屬爲首，聽如罪人自首法。』硃批：凡自首者，謂案未出自舉者也。豈有追經查訊，自行交出爲自首者。各等語。又本年二月間，准欽派王大臣咨查，考官及應試舉子雖經交通囑託關節，未曾中式，應如何科罪。本部以未曾中式係屬未成，應照已成減等辦理。向辦各項案件，倘已成者犯至斬、絞，未成者均係減爲滿流等因，片覆在案。兹查案内現犯正、副榜中，並無中式，亦無挑取謄録之人。並未侵占中額，應照未成擬罪。就訊認情節，逐加查核。此案已革二品頂戴、左副都御史程庭桂，身任鄉試考官，入闈後於家人胡升送進書信，見係條子，並不即時舉發，輒因恐悞行中式，暫行收存。迨將中卷提出核對，並無條内字樣，即行燒毁。雖接條子，並未中卷。應於交通囑託關節斬罪上減一等，擬杖一百、流三千里，仍從重發往新疆效力贖罪。（硃批：若如此定案，是程炳採接受條子時，必寫信於伊父説明不中。父子交通，概予駢首，其亦何辭？）已革工部候補郎中程炳采，接收李旦華、王景麟、潘敦儼、熊元培等條子，轉送場内，未經中式。應於交通囑託關節斬罪上減等，擬流加遣。該革員於伊父入場後，輒敢接受條子，遞交伊父收存，情節較重。惟罪已至遣，無可復加，應從重發往新疆，充當苦差。遇赦不赦。硃批：既送關節，能預料其不中，何如守正不阿，免行此卑鄙之舉，不爲愈乎！身犯刑章，亦豈有先科其發覺，而自爲不致死之罪乎！已革工部候補郎中李旦華、恩貢生報捐國子監學正、學録王景麟、工部候補郎中謝森墀、附貢生熊元培、候選通判潘敦儼、已革刑部員外郎陳景彦、已革翰林院庶吉士潘祖同，或遞送關節條子，或代人致送，均未中式。謝森墀、陳景彦所遞條子俱未帶入場内，熊元培入場後未將條内字眼用入。惟均已遞送關節，即係交通囑託未成，應一並革職。於交通囑託關節斬罪上減一等，擬杖一百、流三千里。李旦華、王景麟、謝森墀均係職官，應從重發往新疆、效力贖罪。熊元培應革去附貢生，交順天府定地發配，到配折責安置。潘敦儼、陳景彦、潘祖同，於事發之後，經律得容隱之親屬詰出實情，將該員等送案，即與自首無異。均應於流罪上再減一等，擬杖一百、徒三年，仍從重發往軍臺，效力贖罪。胡升受雇在程庭桂宅内服役，聽從程炳采囑令，將條子帶進場内。應於程炳采遣罪上減一等，擬杖一百、徒三年，劄送順天府定地充徒，至配折責。拘役黄太、李貴接送書信，不知内有條子情事，均免置議。以上各罪名，均係按例照本部向辦章程核擬。相應片覆欽派王大臣，酌核辦理可也。

戊午科場案應擬罪名 直隸司 咸豐九年

爲片覆事。准欽派王大臣咨稱，准刑部片覆，戊午科場案内收受關節之已革二、品頂戴、左副都御史程庭桂，已革工部候補郎中程炳采，及遞送關節並代人致送關節之李旦華等七名，均照交通囑託關節、斬、罪上減等科斷。查所定罪名，是否律有專條，應於交通囑託，賄買關節斬罪上減等定擬之處，例内交通囑託有無分别已成、未成應行減等明文，詳細查明咨覆等因前來。查本年二月十五日，准欽派王大臣咨查，考官及應試舉子交通囑託關節，已經中式者，應如何科罪，雖經交通囑託關節，而未曾中式者，應如何科罪，查明例案聲覆等因。經本部將交通囑託關節本例抄送。聲明交通囑託關節，未曾中式，應如何科罪，例内並未詳悉賅載，歷年亦無辦過成案。惟查交通囑託、未曾中式，係屬未成。參觀例内有關考試各條，如指稱買求中式等項，誆騙及代倩槍手，均分别已成、未成科斷。其未成例應於本罪上減等科罪。向辦各項案件，如事倘未成，亦均係照已成減等。硃批：可見是各項案件，試問科場案内有此專條乎？倘已成者犯至斬絞，未成者均係減爲滿流等因，片覆在案。兹准欽派王大臣咨稱，收受關節之程庭桂、程炳采，及遞送並代送關節之李旦華等七名，是否律有專條，應於斬罪上減等，並例内有無分别已成、未成應行減等明文等語。查定例各條，倘已成、未成同一罪名，例文内應有『無論已成、未成』等字樣。如無此等字樣，未成者即不能與已成者同論。原因例文簡括，不能逐條詳悉載明。引例辦案，自應酌核案情，分别定擬。已成者照本例科斷，未成者照本例減等，此歷届題奏等案之成式，現辦各案通用之定章也。詳繹交通囑託關節例意，考官士子所以舞弊者，皆因中式起見。硃批　誠然。中式者自係已成，未中式者自係未成。硃批：未成者考官也。士子並傳遞之人皆在已成之列。已成、未成總以中與未中爲憑。查核程庭桂等九名親供，或收送關節，或代人遞送關節，均未中式。與業經濫厠科名，侵占中額者有間，似應照本例減等，與已經中式者有所區别，以接情法之平。硃批：不中即爲未成，是交通關節爲例所不禁。刑曹爲天下刑名總滙，不料詳定爰書，乃爲此不像話之語，是不因案情定案，直欲因案撰例。總緣習氣未化，友誼重而視國政爲輕。至例文未經賅載之處，前準咨查交通囑託關節，已、未中式各應如何科罪，業已詳晰聲覆。其應如何定罪之處，相應片覆欽派王大臣，酌核辦理可也。

戊午科場案諭旨直隸司　咸豐九年

咸豐九年二月十三日，皇上御勤政殿，召見惠親王綿，怡親王載，鄭親王端，軍機大臣彭、穆、匡、文，内務府大臣端、麟、文、存、文，尚書肅、金、陳、趙、許，諭曰：『本日據載等奏，會審科場案内已革大員並已革職員，定擬罪名，先行擬結一摺。朕詳加披覽，反覆審定，有不能不爲在廷諸臣明白宣示者。科場爲掄才大典，交通舞弊，定例綦嚴。自來典試大小諸臣，從無敢以身試法，輕犯刑章者。不意柏葰以一品大員，乃辜恩藐法至於如是。柏葰身任大學士，在内廷行走有年，曾任内務府大臣、軍機大臣，係科甲進身，豈不知科場定例。竟以家人求請，輒即撤換試卷。若使靳祥尚在，加以夾訊，何難盡情吐露。既有成憲可循，朕即不爲已甚，但就所供情節，詳加審核，情雖可原，法難寬宥，言念及此，不禁垂泪。柏葰着照王大臣所擬，即行處斬。派肅、趙前赴市曹，監視行刑。已革編修浦安，已革舉人羅鴻繹、已革主事李鶴齡，均著照例斬決，以昭炯戒。副官户部尚書朱鳳標，於柏葰撤换試卷，闈中並未查詢，出場後又不即行參奏。若照舊例辦理，知情徇隱即應治罪，即止於失察亦應研訊。惟閱其供詞，尚無知情情弊，諒朱鳳標亦不敢公然徇縱，著從寬即行革職。同考官降調編修鄒石麟，爲已革舉人平齡更改硃卷，實屬違例，着革職，永不叙用。其磨勘查出試卷應行查辦之舉人余汝偕等十二名，同考官徐桐、鐘秀、涂覺綱、何福咸，對讀官鮑應鳴應得處分，著交禮部，查照科場條例定擬具奏。至墨卷内更改『馬丞』字様，是否由外簾傳遞之處，著原派之監臨明白回奏。另片奏催未經到案之謝森墀、熊元培、李旦華等三名，著江蘇巡撫派員迅速解京，歸案審訊。嗣後科場大典，秉文衡者，皆當潔己虚懷，杜絶干請。應試士子亦各立品自愛，毋蹈覆轍。則朕此次執法嚴懲，正爲士林維持風氣，爾在廷諸臣，當能默喻朕衷也。餘依議。欽此。』

咸豐九年七月十七日，皇上御勤政殿，召見惠親王綿，怡親王載，鄭親王端，兵部尚書陳，軍機大臣穆、匡、文，諭曰：『上年順天鄉試，科場舞弊，經欽派王大臣審明定擬，於本年二月間降旨，將柏葰等分別懲辦。並宣示在廷諸臣，俾咸知朕意。本日據載垣等奏，科場案内審明已革大員並已革職員等定擬罪名一摺。科場爲掄才大典，考試官及應試舉子，有交通囑託，賄買關節等弊，問實斬決。定例綦嚴，不得以曾否取中分别已成、未成。此案已革工部候補郎中程炳采，於伊父程庭桂入闈後，竟敢公然接收關節條子，交家人胡升轉遞場内。即係交通囑託關節，情罪重大，豈能以已中、未中强爲區别。程炳採著照該王大臣所擬，即行處斬。已革二品頂戴、左副都御史程庭桂，身任考官，於伊子轉遞關節並不舉發，是其有心朦蔽已可概見。雖所收條子未經中式，而交已成，確有實據，即立予斬決，亦屬罪有應得。惟念伊子程炳採已身罹大辟，情殊可憫。若將伊再置重典，父子概予駢首，朕心實有不忍。程庭桂著加恩發往軍臺，效力贖罪。此係朕法外施仁，並非從死罪遞減，亦非因其接收關節未經中卷姑從末減也。其致送關節之謝森墀等，本應照科場專條治以死罪。惟與業經正法羅鴻繹等尚屬有間。工部候補郎中謝森墀、恩貢生報捐國子監學正、學録王景麟，均著革職。熊元培著革去附貢生，與已革候補郎中李旦華、已革候選通判潘敦儼、已革翰林院庶吉士潘祖同、已革刑部候補員外陳景彦，已於二月間加恩免其死罪，著照所擬，均著發往新疆，效力贖罪。李旦華之父，前任刑侍郎李清鳳在原籍病故，著該部查明李旦華如家有次丁，即於百日後起解。如家無次丁，著俟安葬伊父後，再行發遣。降調湖南布政使潘鐸，平日訓子無方，著交部議處。其應議之監臨、監試專司稽查及内簾執事各員，並搜檢王大臣，著禮部按照科場條例，據實查明各該員所司何事，應議之處，詳晰開列銜名具奏，再降諭旨。另片奏未能究出冒名之人，請旨議處等語。載垣、端華、金慶、陳孚恩，著交宗人府、吏部照例議處。至科場律例，本有專條。刑部所擬程庭桂等罪名，俱不在科場例内。輒將向辦各案已成、未成比擬，實屬不合。業於王大臣等摺内詳細批示。若照硃批給予處分，恐該堂官難當此重咎。著傳旨申飭。科場一案，前後所降諭旨，著即補入禮、刑二部則例，永遠遵行。不必俟修纂時續入。餘依議。將此通諭知之。欽此。』

科場案伏法大臣請旨昭雪 直隸司　咸豐十一年　貢舉非其人

刑部等衙門，謹奏爲遵旨會議科場舞弊原案，詳核案情，恭摺具奏，仰祈聖鑒事。咸豐十一年十二月初十日，奉上諭：『御史任兆堅奏，大臣伏法，情罪未明，請旨昭雪一摺。據稱已革大學士柏葰，老成謹慎，受恩兩朝。前因科場一案伏法，係載垣等意在攬權，多方羅織。其交關既無實跡，家人靳祥亦未有確供。傅會科條，妄擬定案。懇爲加恩昭雪等語。科場條例至爲慎重，如果主司舞弊營私，自應明正典刑。但亦必當贓證明確，罪當情真，方成信讞。若如所奏，柏葰一案全由載垣等深文周内，置柏葰於重典，籍以盗竊政柄，若日久不予昭雪，何以持刑憲之平。此案著禮刑兩部，會同將原案悉心確查，秉公詳議具奏。欽此。』臣等查科場一案，當欽派王大臣審出柏葰聽信家人靳祥，代爲浦安求中試卷情弊，即將柏葰等各供抄録，咨送刑部，按律定擬。經刑部以柏葰因靳祥轉述浦安房内只有中皿一卷，輒爲取中，實屬聽受囑託。查例内並無僅聽囑託，不知交通關節，作何分别治罪明文，亦未辦過似此成案。應否照交通囑託、賄買關節等弊之例定擬，應由該王大臣酌核辦理等因咨覆。旋經該王大臣以柏葰應得罪名，雖據刑部覆稱，例内並無僅聽囑託，不知交通關節，作何治罪明文，亦無辦過似此成案。惟該革員身係一品大員，聽受囑託，輒將羅鴻繹取中，實屬咎由自取，未便以刑部並無例案可稽，臣等妄議定擬。仍請比照交通囑託，賄買關節例，擬斬立決，伏候欽定等因。具奏，奉上諭：「柏葰身任大學士，且係科甲進身，豈不知科場定例。竟以家人求請，即撤换試卷。若使靳祥尚在，加以夾訊，何難盡情吐露。既有成憲可循，朕即不爲已甚，但就所供情節，詳加審核，情雖可原，法難寬宥，言念及此，不禁垂泪。柏葰著照王大臣所擬，即行處斬等因。欽此。」欽遵在案。兹據御史任兆堅奏稱，大臣伏法，情罪未明，請旨昭雪。奉上諭：「著禮、刑兩部，會同將原案悉心確查，秉公詳議具奏。」臣等檢查原案，公同詳加核議。即如柏葰所供，填草榜後，核對草底，誤將恭字十二號交還本房，因令靳祥去撤此卷。靳祥回來，替浦安説他房只有中皿一卷，求中他纔好。柏葰因中恭十二原是備中之卷，原批有『氣盛言宜，孟藝尤佳』字樣，因將草榜粘貼，撤去中光四號。嗣見浦安，伊問他房中皿中卷，係何號頭，隨答以恭十二號本是備卷，擬中副榜，今已中了正榜，浦安微露感情之意思等情節，亦均與浦安、靳祥所供相符。查柏葰雖不知浦安與羅鴻繹場前有交通關節情事，惟當靳祥代浦安求中試卷，並不詳究其故，輒聽信家人，將取中中光四號之卷撤换，中恭十二號羅鴻繹備卷補中。是柏葰取中羅鴻繹之卷，固由聽受浦安之囑託，亦因浦安求中之卷原批有『氣盛言宜，孟藝尤佳』字樣，本係備卷，因而撤换取中，其情誠有可原。惟柏葰身任大員，蒙文宗顯皇帝簡派鄉試考官，宜如何秉公取士，以期爲國求賢，無負委任。科場定例綦嚴，柏葰豈尚不知。乃因靳祥代浦安請託，撤换中卷。誠如先皇帝諭旨，情雖可原，法難寬宥。聖訓煌煌，久經垂示。該御史所奏昭雪之處，臣等未敢擅擬。再，此摺係刑部主稿，合並聲明。所有臣等會同核議原案緣由，謹恭摺具奏請旨。同治元年正月二十四日奉上諭：『前因御史任兆堅奏請將已革大學士柏葰情罪昭雪一摺。當經降旨，交禮、刑兩部，會同將原案悉心確查，秉公詳議。兹據該部將柏葰科場原案核議具奏。此案柏葰聽信家人靳祥之言，輒將浦安房内試卷取中，是其聽受囑託，罪無可辭。惟承辦此案之載垣、端華等，因刑部無僅聽囑託明文，輒稱妥議定擬，比照交通囑託，賄買關節之例，擬以斬立決。核其情節，尚不至此。總由載垣等與柏葰平日挾有私仇，欲因擅作威福。又竊窺皇考痛恨科場舞弊，明知必售其欺，竟以牽連朦混之詞，致柏葰身罹重辟。恭讀是日皇考文宗顯皇帝聖諭，有不禁垂淚之語，仰見皇考不爲已甚之心。今我兩宫皇太后政令維新，事事務從寬大平允。於柏葰正法一節，反覆思維，謂爲無罪實有不能。該御史所請昭雪情罪之處，未免措詞失當。惟念柏葰受恩兩朝，在内廷行走多年，平曰辦事亦尚勤慎。雖案已置之重典，亦推皇考法外之仁。柏葰之子候選員外郎鐘濂，即著該旗帶領引見。從前承審此案之王大臣，除載垣、端華均賜自盡，陳孚恩亦經另案發往新疆外。吏部尚書全慶，於載垣等定擬此案時，不能悉心核議，附和成讞，聯名入奏，實屬瞻徇。着交都察院議處，用示原情准法，一秉大公之至意。欽此。』

議覆科場條例

直隸司　同治元年　貢舉非其人

查例載：『鄉、會試考試官、同考官，及應試舉子，有交通囑託、賄買關節等弊，問實斬決。』又，咸豐九年七月十七日奉上諭：「上年順天鄉試，科場舞弊，經欽派王大臣審明定擬，於本年二月間降旨，將柏葰等分别懲辦。並宣示在廷諸臣，俾咸知朕意。本日據載垣等奏，科場案内審明已革大員並已革職員等定擬罪名一摺。科場爲掄才大典，考試官及應試舉子，有交通囑託、賄買關節等弊，問實斬決。定例綦嚴，不得以曾否取中分别已成、未成。此案已革工部候補郎中程炳採，於伊父程庭桂入闈後，竟敢公然接收關節條子，交家人胡升轉遞場内。即係交通囑託關節，情罪重大，豈能以已中、未中强爲區别。程炳採著照該王大臣所擬，即行處斬。已革二品頂戴、左副都御史程庭桂，身任考官，於伊子轉遞關節並不舉發，是其有心朦蔽已可概見。雖所收條子未經中式，而交通已成，確有實據，即立予斬決，亦屬罪有應得。惟念伊子程炳採已身罹大辟，情殊可憫。若將伊再置重典，父子概予駢首，朕心實有不忍。程庭桂著加恩發往軍臺，效力贖罪。此係朕法外施仁，並非從死罪遞減，亦非因其接收關節，未經中卷，姑從末減。其致送關節之謝森墀等，本應照科場專條治以死罪。惟與業經正法之羅鴻繹等尚屬有間。工部候補郎中謝森墀、恩貢生報捐國子監學正、學録王景麟，均著革職。熊元培著革去附貢生，與已革候補郎中李旦華、已革候選通判潘敦儼、已革翰院庶吉士潘祖同、已革刑部候補員外郎陳景彦，已於二月間加恩免其死罪。著照所擬，均著發往新疆，效力贖罪。至科場律例，本有專條。刑部所擬程庭桂等罪名，俱不在科場例内，輒將向辦各案以已成、未成比擬，實屬不合。著傳旨申飭。科場一案，前後所降諭旨，著即補入禮、刑二部則例，永遠遵行。不必俟修纂時續入等因，欽此。』欽遵在案。兹據給事中高延祐以科場一案，惟浦安、羅鴻繹、李鶴齡三人情真罪當，似與原例所載『交通囑託，賄買關節』八字一一着實。若柏葰未曾受賄，與浦安有間。程炳采則事屬未成，與李鶴齡有間。且以授受同罪而論，程炳采與李旦華、陳景彦等事同一律，乃李旦華等諸人竟得免罪，而程炳采與柏葰未蒙末減。總由原例簡渾。奏奉諭旨，著臣部將此條例文，分别情罪，詳細注明。臣等查，科場交通囑託、賄買關節，定例綦嚴。誠以考試爲掄才大典，考試各官自應正直無私，其應試舉子亦宜守法自愛。如有交通囑託、賄買關節情事，即應遵照欽奉諭旨，照例問擬，不得以曾否取中，分别已成、未成，强爲區别。並以科場一案，前後所降諭旨，補入禮、刑二部則例，永遠遵行。不必俟修纂時續入。聖諭煌煌，允宜遵守，未敢擅議更張。應請嗣後鄉，會試考試各官，及應試舉子，如有交通囑託，賄買關節等弊，問實，無論已、中未中，俱仍照例問擬斬決，以重科名而清弊源。且科場定例雖簡而嚴，全在辦案時酌核案情，持平定議，以昭平允。至案犯情節多端，即詳注斷難包括。若必分别注明，轉恐遷就附會，致滋流弊，殊失定例從嚴，辟以止辟之意。該給事中請將此例文分别情罪詳注之處，應毋庸議。再，此摺係刑部主稿，合併聲明。所有臣等會同詳核緣由，理合恭摺具奏請旨。

會議科場舞弊原案 直隸司　同治元年　貢舉非其人

刑部等衙門，謹奏爲遵旨會議科場舞弊原案，詳核案情，恭摺具奏，仰祈聖鑒事。咸豐十一年十二月初十日奉上諭：「御史任兆堅奏，大臣伏法，情罪未明，請旨昭雪一摺。據稱已革大學士柏葰，老成謹慎，受恩兩朝。前因科場一案伏法，係載垣等意在攬權，多方羅織，其交關既無實迹，家人靳祥亦未有確供。傅會科條，妄擬定案。懇爲加恩昭雪等語。科場條例至爲慎重，如果主司舞弊營私，自應明正典刑。但亦必當贓證明確，罪當情真，方成信讞。若如所奏，柏葰一案全由載垣等深文周内，置柏葰於重典，藉以盜竊政柄。若日久不予昭雪，何以持刑憲之平。此案著禮、刑兩部，會同將原案悉心確查，秉公詳議具奏。欽此。』臣等查科場一案，當欽派王大臣審出柏葰聽信家人靳祥，代爲浦安求中試卷情弊，即將柏葰等各供抄録，咨送刑部，按律定擬。經刑部以柏葰因靳祥轉述浦安房内只有中皿一卷，輒爲取中，實屬聽受囑託。查例内並無僅聽囑託，不知交通關節，作何分别治罪明文，亦未辦過似此成案。應否照交通囑託、賄買關節等弊之例定擬，應由該王大臣酌核辦理等因，咨覆。旋經該王大臣以柏葰應科罪名，雖據刑部覆稱，例内並無僅聽囑託，不知交通關節，作何治罪明文，亦無辦過似此成案。惟該革員身係一品大員，聽受囑託，輒將羅鴻繹取中。實係咎由自取，未便以刑部並無例案可稽，臣等妄議定擬。仍請比照交通囑託，賄買關節例擬斬立決，伏候欽定等因。具奏，奉上諭：柏葰身任大學士，且係科申進身，豈不知科場定例。竟以家人求請，輒即撤换試卷。若使靳祥尚在，加以夾訊，何難盡情吐露。既有成憲可循，朕即不爲已甚，但就所供情節，詳加審核，情雖可原，法難寬宥，言念及此，不禁垂淚。柏葰著照王大臣所擬，即行處斬等因。欽此。』欽遵在案。兹據御史任兆堅奏，大臣伏法，情罪未明，請旨昭雪。奉上諭：著禮、刑兩部，會同將原案悉心確查，秉公詳議具奏，臣等檢查原案，公同詳加核議。即如柏葰所供，填草榜後，核對草底，誤將恭字十二號交還本房，因令靳祥去撤此卷。靳祥回來，替浦安説他房只有中皿一卷，求中了他的纔好。柏葰因中恭十二原是備中之卷，原批有『氣盛言宜，孟藝尤佳』字樣，因將草榜粘貼，撤去中光四號。嗣見浦安，伊問他房中皿中卷係何號頭，隨答以中恭十二號本是備卷，擬中副榜，今已中了正榜。浦安微露感情之意思等情節，亦均與浦安、靳祥所供相符。查柏葰雖不知浦安與羅鴻繹場前有交通關節情事，惟當靳祥代浦安求中試卷，並不詳究其故，輒聽信家人，將取中中光四號之卷撤换，中恭十二號羅鴻繹備卷補中。是柏葰取中羅鴻繹之卷，固由聽受浦安之囑託，亦因浦安求中之卷原批有『氣盛言宜，孟藝尤佳』字樣，本係備卷，因而撤换取中，其情誠有可原。惟柏葰身任大員，蒙文宗顯皇帝簡派鄉試考官，宜如何秉公取士，以期爲國求賢，無負委任。科場定例綦嚴，柏葰豈尚不知？乃因靳祥代浦安請託，撤换中卷。誠如先皇帝諭旨，情雖可原，法雖寬宥。聖訓煌煌，久經垂亦。至該御史所奏昭雪之處，臣等未敢擅擬。再，此摺係刑部主稿，合並聲明。所有臣等會同核議原案緣由，謹恭摺具奏請旨，同治元年正月二十四月奉上諭：「前因御史任兆堅奏請將已革大學士柏葰情罪昭雪一摺。當經降者交禮、刑兩部，會同將原案悉心確查，秉公詳議。兹據該部將柏葰科場原案核議具奏。此案柏葰聽信家人靳祥之言，輒將浦安房内試卷取中，是其聽信囑託，罪無可辭。惟承辦此案之載垣、端華等，因刑部無僅聽囑託明文，輒稱妥議定擬，比照交通囑託、賄買關節之例，擬以斬立決。核其情節，尚不至此。總由載垣等與柏葰平日挾有私仇，欲因擅作威福。又竊窺皇考痛恨科場舞弊，明知必售其欺，竟以牽連矇混之詞，致柏葰身罹重辟，恭讀是日皇考文宗顯皇帝聖諭，有不禁垂淚之語，仰見皇考不爲已甚之心。今我兩宫皇太后政令維新，事事務從寬大平允。於柏葰正法一節，反覆思維，謂爲無罪實有不能。該御史所請昭雪情罪之處，未免措詞失當。惟念柏葰受恩兩朝，在内廷行走多年，平日辦事亦尚勤慎。雖案已置之重典，亦推皇考法外之仁。柏葰之子候選員外即濂，即著該旗帶領引見。從前承當此案之王大臣，除載垣、端華均賜自盡，陳孚恩亦經另案發往新疆外，吏部尚書全慶，於載垣等定擬此案時，不能悉心核議，附和成讞，聯名入奏，實屬瞻循。著交都察院議處，用示原情准法，一秉大公之至意。欽此。』

議覆給事中條奏造就真才以歸實學

貴州司　同治元年　講讀律令

謹奏爲遵旨妥議具奏事。同治元年二月二十四日，内閣奉上諭：『給事中吴蟬奏請造就真才悉歸實學一摺，著各該衙門妥議具奏。欽此。』欽遵抄出到部。臣等查該給事中原奏内稱：「事需才而欲幹濟。得真才必使造就歸實學。造就之法，如各部司員，除學習本部例案外，兼令講求近時要務，以備考試軍機御史之用」等語。查臣部各司司員，均有審理詞訟及覆核稿件、辦理秋審之責。引律所以斷獄，而執法尤貴衡情。無論斬絞罪名，關係綦重。即笞、杖、徒、流，亦必求其情真罪當，無枉無縱，方足以佐聖世祥刑之治。該司員等，若於律例全書未能融會貫通，了然心目，臨時何所折衷。故臣部司員，於講讀律令一事，實爲當務之急。近年捐納頻開，分部學習人員絡繹不絶。除正途出身，並由進士、舉人、生員捐納各員尚多可以造就外，惟由貢、監捐納之員，流品不一。臣等平時留心察看，並於三年報滿之時，當堂考試，責令講解律例，以定去留。其講不能明晰者，飭令再留本部學習三年。蓋於循例之中，仍寓核實之意，滿洲人員，以國語爲根本，故到部者先令分司學習，兼管繙譯事務。然後派在清漢檔房當差，以資歷練。其資格較深，而又當差勤謹，熟悉刑名者，滿員始令佩帶各司印鑰，兼派秋審處差使。漢員則自分部學習，以至奉留補缺，動輒十餘年。一切秋審案件，俱出其手，該司員等果能遇事留心，講求吏治，臣部爲刑名總匯，隨時隨事，可以擴其見聞，正不待上司爲之督責。惟念該司員等，或保送御史及軍機章京，或保列一等及截取到班記名外用，異日出爲方面，入爲卿貳，由此其選，國計民生，何時不宜留意。況值國家多事之秋，尤宜交相策勵，共濟時艱，應由臣等隨時諄飭該司員等，除練習本部例案外，復於近時一切要務，加意講求。庶幾人盡全才，事無偏廢，以仰副朝廷造就人才之至意。所有臣等妥議具奏緣由，伏乞聖鑒訓示。謹奏。

奏催奉省積案 奉天司　光緒九年　官文書稽程

謹奏爲奉省辦理命案，尚多逾限，請旨飭催，恭摺仰祈聖鑒事。內閣抄出奉天總督崇綺等奏，查明奉省未結新舊命案，請畫定界限，寬免從前遲延處分，勒限趕緊清理等因一摺。光緒九年五月初四日奉旨：『著照所請，該部知道。欽此。』查原奏內稱：命案內有旗民交涉，應歸盛京刑部審擬者，軍民命案業經按月報部者，亦有從前積案尚未通報者，大率事隔多年，官經數任，非犯供翻易不認，即尸親從而狡執。或曾經解勘審題，經部駁飭，或因情罪未協，由該上司駁審，統計例限早逾，必須俟傳到案證訊明之日，另扣限期，積案繁多。經前署總督崇厚等酌議清訟條規，嚴定功過章程，奏請寬免從前遲延處分，將光緒三年二月三十日以前之案免扣例限。荷蒙恩准後，經審結，奏交題咨正案三百數十起。此皆免扣例限，寬免處分，得以清理積案之明證。近年來衝要繁劇及民情刁惡之區，未免續有積壓。其易結者前已設法辦竣，所賸各案數多格外疑難，較前更形棘手。當經申明清訟條規，重定功過章程。每月除審辦新案外，必令兼辦舊案。惟新舊界限，自應先行奏定，以杜牽混而重責成。擬請截至光緒八年十二月底止以前，作爲舊案，無論年分遠近，均勒限一年趕辦，免其核扣例限，歷任遲延處分並請寬免。自九年正月起作爲新案，飭令依限解勘，毋得籍詞延宕。如此明定界限，寬其已往之愆。在各牧令身任地方，自必咸知感奮。即奴才等亦可分別期限，嚴行督催，庶不至再有稽延等因。具奏。臣等查州縣承審命盜等案，例限綦嚴。即間有因要證未獲不能定案者，亦應咨部展限，定例分晰甚明。光緒七年五月間，臣部因各省辦理多有遲逾，酌擬稽查章程，奏奉諭旨，飭會各省，嗣後命盜等案例應題咨之件，由該督撫等匯齊造册，按月報部，以憑查核。原以杜遲逾而免拖延起見。光緒三年間，據署盛京將軍崇厚等奏，奉省積案煩多，酌議清訟章程。請將光緒三年二月三十日以前之案，均令於半年內依限趕辦，免其聲明例限，歷任遲延處分悉予寬免。本係一時權宜變通之計，非可著爲常例。自奏准後，即應遵照奏定半年限期，迅速審辦完結。乃迄今四五年之久，題報命案尚多係光緒三年以前之案，屢經臣部隨案駁飭，並於本年五月間咨令查覆。今據該督等復請將光緒八年十二月以前作爲舊案，勒限一年趕辦，免扣例限，並請寬免歷任遲延處分。雖係爲清理積案起見，惟查光緒三年以前舊案尚未清結，將來勢必歸入光緒八年以前舊案，任意捏叙，其流弊何所底止？不特案犯拖累堪虞，抑且例定審限，及臣部奏定稽核章程，皆成虛設，殊非慎重刑章矜恤庶獄之道。相應請旨飭下奉天總督、盛京刑部侍郎，並奉天府尹，嚴飭所屬，將光緒三年以前及三年以後未結命案，分立清釐章程，勒限審結。不准將三年以前之案籠統作爲八年以前舊案，庶免牽混。再，此次該省奏請寬免處分，已屬破格，嗣後不得援以爲例。再者，遲逾捏飾情弊，該督即行從嚴參辦，以杜規避而挽積習。所有臣等奏催奉省積案緣由，理合恭摺具奏請旨。

官文書稽程

謹奏爲各省應行匯題事件，未能按限具題，謹申明定例，請旨飭催事。查例載『各省匯題事件，統限開印後兩月具題，如有遲延，刑部隨本查參，交部議處』等語。立法本極周密，歷經遵照辦理在案。無如近年以來，各省於一切匯題事件，並不按照例限具題。雖經臣部於每年開印後照例咨催，各省仍視爲具文。檢查本年各省應行匯題事件，除吉林、黑龍江、陝西、四川、福建、廣東、貴州等省，業經具題到部外，其餘奉天、直隸、江蘇、安徽、江西、浙江、湖廣、河南、山東、山西、廣西、雲南等省，已逾例限數月之久，尚未具題到部，殊屬不成事體。相應申明定例，請旨飭下各省督撫、將軍、都統，查照定例，將應行匯題各件，迅速逐款按照例定限期，分別題報到部，不得稍有遺漏遲延，以符定制。所有臣等申明定例奏催緣由，謹恭摺具奏請旨。光緒十五年七月十一日奏。奉旨：『依議。欽此。』

議覆御史條陳清釐例案 江蘇司　同治元年　照刷文卷

刑部謹奏爲遵旨清釐例案，以除積弊而慎刑章，恭摺具奏，仰祈聖鑒事。咸豐十一年十二月十一日，内閣奉上諭：『前因各部院衙門書吏營私舞弊，降旨令該堂官認真察訪，嚴拏懲辦。兹據御史富稼奏稱：在京大小各衙門，書吏暗將堂稿藏匿私寓，以致堂、司各官後來者無從得悉，惟吏是聽。請飭令全數交出，並請派員參酌稿案，纂入則例，餘均銷毀，各等語。各部院衙門稿案，應收存公所，豈容蠹吏藏匿私室，自應嚴行禁止。著各該堂官督飭司員，勒令全數交出。如敢於此次嚴諭之後，仍延不交出者，即將該書吏交刑部加等治罪。至各衙門近來辦理，往往舍例就案，遂至日久舊案紛歧，堂、司各官不能記憶，書吏得以上下其手，任意朦混。吏、兵、户、刑等部，此弊尤甚。即著各該衙門堂官，督飭司員，於近三年新纂、删改、增修各例，詳細酌定，務令字解句讀，不能牽混。如例有未備者，將舊案酌中核定，附入現行條例之後。其餘歧出之案，一並銷毀。庶事有稟承，例無遷就，以歸簡易而杜流弊。欽此。』欽遵於十八日抄出到部。臣等正在遵辦間，同治元年二月十三日，内閣奉上諭：『前因御史富稼奏，各衙門書吏暗將堂稿藏匿私寓，請飭交出，並請派員參酌稿案，纂入則例，餘均銷毀。當經降旨，著各衙門堂官督同司員，於近年新纂删改、增修各例，詳細酌定，並將舊案酌中核定，附入現行條例之後。共餘歧出之案，一概銷毀。兹據吏部奏稱，該部則例自上届修輯後，爲時未久。現擬將節次奉到諭旨，及内外臣之條奏，與該部奏定章程，録紀册檔。並將歷年承辦稿件，按照號簿，逐一檢出。除照例辦理者毋庸議外，其有例所未備，足與例相發明者，另立存案簿，以備檢查。其與例參差者，另立銷案簿，以後不得援引等語。即著照所議行。其各部院衙門，並著一體查照辦理。各該堂官務當督飭司員，認真稽核，實力奉行，使吏胥不得從中舞弊。毋得因循遷就，草率了事。並於所立簿册鈐蓋印信，以備修例之用。欽此。』查該御史原奏内稱「在京大小衙門，莫不有例。蠹吏把持，半在該衙門有更張改例之件，暗將堂稿藏匿私寓。堂、司各官時有陞調。後來者無從得悉，惟吏是聽。如宜已私，則呈例呈案。有事者被其欺案，各上司受其朦混，不堪屈指計也。仍有甚於此者，每届修纂年分，增删多隨蠹吏私心，致將原纂句中删改增易虚字，使之連斷成句，俗曰活例，曰順手。故一事同例，辦法不一，賄則是，不賄則非。請飭在京大小衙門。勒令書吏迅將私藏稿案全數交出，如仍私留，送部加等治罪。並請將近年新纂各條虚實文字，比照原纂舊本，詳細酌准修改，加刻圈句，務期一事有一定例，不可遷就。其例未備者，始有隨案奏准章程，附入條例之次」等語。臣等查，臣部十八司，除督捕一司專管旗下逃人，向不審理詞訟外，其餘十七司審辦現審，以及核覆各省題奏咨行案件，均由臣等遴選在部年久熟悉刑名之員，派充當印主稿，分股辦事。仍各互相覺察。一切稿件，向由該司員等親身承辦，書吏不過供奔走、任書寫而已。歷年稿案向存各司公所，挨次編列。每届年終，由該司司員請釐一次，其行文時，則又登記堂行簿，呈堂票畫，然後行文。間有年久霉爛不全之稿，尚有堂行簿可以互相較對。至各司遇有疑難案件，例所不能賅載者，均由該司員繕具説帖，呈堂批交律例館查案比核，即由該館隨時登記册檔，以備查考。其因時制宜酌重酌輕之案，向由律例館提調司員，悉心參酌擬稿，呈堂公同酌定，然後交司照繕，奏准通行在京問刑衙門及各直省，遵照辦理。此等新定章程，一經奏明奉旨，即與現行條例一律通行。律例館暨各司分類挨次登記册檔，隨時隨事，查核引用。至於辦理秋審比較實緩，以及恩赦減等，必須參酌成案，以期考核精詳。而全案供招散在各司，簡明畧節存在秋審處，且有號簿、有招册，該司員等幾於無日不查，無時不用，均非該書吏等所能藏匿。惟法禁於未然，弊生於不覺。該書吏等從不能高下其手，而藉端舞弊，遇事招摇，均在所不免，誠不可不防其漸。臣部爲執法衙門，天下刑名總匯，辦理刑名，全憑律例一書。律一定而不易，例因時而變通。有例者不用律，例所以補律之未備也。有新章者不用舊例，新章又所以窮舊例之變，而與時消息者也。故失出入，處分綦嚴。臣部歷來成案，暨一切新定章程，尚不致儼然與例相背，且新章一出，舊例已成虚設，中外不復引用。臣等細加查察，臣部尚無歧出之案。惟從前舊案有不可不備存者，如恩赦後復犯竊盜，再犯、三犯，必援舊案以定罪名，斬絞、遣軍、流徒人犯必留舊案以備查考。甚至有數十年以後被獲之犯，而牽涉在數十年以前之成案者，不可不備。臣等悉心參酌，現擬通飭律例館、秋審處，暨十八司司員，將道光年間以來存稿，按照號簿，分年挨查，依次編列。如有遺失，即照堂行薄抄録補入，以憑稽考。其遠年成案，並近年所定章程，曾經奏准通行者，另立簿册，照鈔存案，以備引用，毋得稍有遺漏參差。至並未奏准通行各案，一概不准引用，以杜弊混。務使例有一定，案無紛歧，書吏不得從中舞弊。仍由臣等隨時加意查訪，如有招摇撞騙、藏匿稿件等事，立即嚴拏懲辦，以期抑副聖主請諨誥誡之至意。再臣部律例全書，向來五年小修一次，十年大修一次。小修止就現定新例依類編入，大修則必將新纂、删改、增修各例詳細酌定，恭録進呈，重新鐫刻板片，刷印全書，頒發各省遵行。所需紙張、筆墨、飯食，以及招募供事、謄録、書手、刻工，所費不貲。今計自道光二十九年大修以後，迄今已逾十餘載。前因各省軍務未竣，報解飯銀寥寥，部庫經費支絀。現在各司辦理公事，一切開銷均尚未能放給，是以未能輕議開館興修。但歷年既久，條例加增，其從前舊例有與新例未符，以及輾轉比附，輕重參差，應删、應改之處，愈積愈多。且近年章程多有一事一案，情節較重，隨時懲創，加重問擬，臣部纂爲定例者，亦有舊例本重，而新例改從輕者。若不重加修輯，改歸畫一，何以便觀覽而慎刑章。容俟各省軍務稍輕，解到經費，但足資開館之用，即飭司員妥議章程。届時再行奏明請旨，開館興修。所有臣等遵旨清釐例案緣由，理合恭摺具奏，伏乞聖鑒訓示施行。謹奏。同治元年二月二十三日奏。本日奉旨：『依議。欽此。』

吉林黑龍江禁止墾荒奸民承攬地畝轉售漁利 奉天司 同治十二年 删 盗賣田宅

謹奏爲吉林、黑龍江山場荒地禁止開墾，酌議奸民承攬地畝，轉售漁利罪名，恭摺奏祈聖鑒事。同治十二年五月初八日，内閣奉上諭：『德英奏，縷陳東省地方情形，請及時整頓一摺。盛京爲根本重地，吉林、黑龍江實爲陪都藩離，自招墾荒地以來，藏奸匿匪，盗賊肆行。亟應及時整頓，以重邊防。吉林、黑龍江山場荒地，原爲旗丁游牧演獵之區。現在良莠雜處，往往有盗匪窩藏其間。雖經德英將呼蘭等處開墾之處奏請停止，而奸民土豪仍有承攬地畝，轉售漁利之事。著該省將軍再行認真嚴禁，並著該部明定章程，將訪獲鑽營地畝之攬頭，照依土豪惡棍例，從重懲辦。並將使費銀錢追出充公。其已經開墾之處，該將軍等務將户口編册，不時稽查，毋許容留外匪，以清盗源等因。欽此。』臣等遵即片行軍機處，將該將軍原奏抄録送部查原奏内稱：「竊維盛京爲我朝根本重地，而吉林、黑龍江兩省實爲陪京之藩離，應宜及時整頓，以爲思患預防之計。查吉、黑兩省山場荒地，原爲旗丁游牧演獵之區。自招民開墾以來，良莠雜處，旗民混聚，往往有盗匪窩藏其間。前經奴才奏請將本省呼蘭荒地停止開墾，又聞杜爾伯特蒙古有招墾之事，亦經奴才奏請禁止。惟有奸民土豪，仍在各處鑽營，希圖承攬地畝，轉售與人，以漁重利。擬請再行嚴禁，並飭部明定章程。嗣後訪獲鑽營地畝之攬頭，照依土豪惡棍例，從重懲辦。並將打點使費銀錢追出充公。其已經開墾之處，務將户口編册，不時稽查，毋許容留外來匪人。庶地方肅請，而民心不爲摇動」等因，具奏前來。查律載：『强占官民山場者，不計畝數，杖一百、流三千里。』又，例載：『凡租種山地棚民，同在本山有業之家公同畫押出租者，山主、棚民均免治罪外。若有將公共山場一家私招異籍之人，搭棚開墾者，即照子孫盗賣祖遺祀産至五十畝例，發邊遠充軍。不及五十畝者，減一等。租價入官。承租之人，不論山數多寡，照强占官民山場律，杖一百、流三千里，爲從並減一等。父兄、子弟同犯，仍照律罪坐尊長。族長、祠長失於查察，照不應重律科罪。至因召租承租釀成事體，致有搶奪殺傷者，仍各從其重者論』各等語。溯查此條例文，係嘉慶十二年間，户部會同臣部議覆安徽巡撫初彭齡奏，徽屬山主混召異籍之人，搭棚開墾，請照子孫盗賣祖遺祀産例，分別治罪摺内，聲明南省棚民所在多有，有犯即應照此治罪，奏准纂爲通例，遵行在案。又查道光十七年四月初七日奉上諭：『前據御史陶士霖奏，棚民開山種植，病農藏奸，請飭查禁一摺。當降旨著陶澍等嚴飭所屬各州縣嚴密管束。或寬予限期，令其漸回本鄉。其未經開墾之山，即嚴行查禁，毋令日久生弊，兹據該督等查明，棚民開山，其應行寬限回籍，驗查匪類，並嚴禁開墾，均已定有章程辦理，不致滋生事端。惟棚民來自遠方，資本無多。若無本境之人招引租留，豈能自行開墾。嗣後無論公山、私産，概不准其違例招租開墾。如有違犯，即查照舊定章程問擬重辦。其向無棚民地方，著責成該地方官嚴行禁止，年終出具並無棚民印結，通送查考，以昭核實。仍著該督等嚴飭所屬，認真稽查，隨時妥辦。如日久弊生，以致有名無實，惟該督等是問。欽此。』欽遵亦在案。兹據該將軍以吉林、黑龍江兩省山場荒地，原爲旗丁游牧演獵之區，自招民開墾以來，良莠雜處，旗民混聚，往往有盗匪窩藏其間。前經奏請將呼蘭等處荒地停止開墾，惟有奸民土豪，仍在各處鑽營，希圖承攬地畝，轉售與人，以漁重利。擬請再行嚴禁。奏奉諭旨，著臣部明定章程，將訪獲鑽營地畝之攬頭，照依土豪惡棍例，從重懲辦等因。臣等查，各省山場，私召異籍之人，搭棚開墾，例應將私召及承租之人照子孫盗賣祀産，及强占官民山場各律例，分别治罪。兹吉林、黑龍江兩省山場荒地爲旗丁游牧演獵之區，即係官場禁地。該將軍奏請停止開墾，原爲根本重地，免致窩藏盗匪起見。乃仍有奸民，希圖承承攬地畝，轉售漁利，自應查照强占官民山場律治罪。臣等公同酌議，嗣后吉林、黑龍江山場荒地，如有奸民土豪仍在各處鑽營，希圖承攬地畝，轉售與人，以漁重利者，一經訪獲，即照「强占官民山場，不計畝數，杖一百、流三千里」律懲辦。爲從及承買之人，並減一等。如因承攬轉售，别釀事端，仍各從其重者論。並將打點使費銀錢追出充公。其已經開墾之處，應由該將軍等責成地方官務將户口編册，不時稽查。仍於年終出具並無私墾印結，通送查考。倘有容留外來匪徒，一經查出，即行嚴參。如，此認真核辦，庶奸民知所敬畏，而地方可期肅清。如蒙俞允，臣部行文吉林、黑龍江將軍，一體遵照辦理，所有臣等酌議緣由，是否有當，謹恭摺具奏請旨。同治十二年八月二十七日奏，本日奉旨：『依議。欽此。』

將已婚之婦斷歸後許之家 湖廣司 光緒六年 删 男女婚姻

查婦人從一而終。該令先訊悉陳喜姑已與唐汶碌成婚，且據唐作楷呈出庚書屬實，斷令唐作楷領回，給其子唐汶碌完聚。何以汪本灼翻控後，復託於父尊母卑之説，率將陳喜姑改斷後許之汪宗謙爲婚，以致陳喜姑失節，唐汶碌纏訟不休？似此聽斷糊涂，殊出情理之外。該撫應從嚴懲警，以爲瀆獄謬妄者戒。唐汶碌京控案孫大人 光緒六年

夥搶婦女致斃一家三命以上 奉天司 光緒九年 强占良家妻女

查律載：『犯罪拒捕，殺所捕人者，斬監候』等語，此案徐奉伶因與張賀氏通奸，起急糾邀孫河等將張賀氏强搶。彙夜持械偕往，經氏伯張碌等趕出捕拏，輒與孫河、徐奉剛、李二逛蕩，各用夾把刀等械，將張碌、張幅，並張碌之妻張路氏及其幼女胖頭砍戳致傷，各身死。已死張碌、張幅身受各傷，係後被徐奉伶、孫河各用刀砍傷偏左、額門等處，即時倒地致斃。張路氏及幼女胖頭，係被徐奉剛等砍傷致斃。應以該犯等當其重罪。死雖一家四命，惟係各斃各命。張賀氏係曾經犯姦，並非良婦。徐奉伶意在搶奪，與預謀殺害者不同。第張碌等慘遭非命，究由徐奉伶首禍所致。孫河毆斃張幅一命，按毆死一家三命，爲從下手傷重至死例，罪止絞候。惟該犯聽糾幫搶奸婦，已屬有罪之人，自應從重各按本例本律問擬。應如該督等所題，聚衆毆死一家三命以上，不問共毆與否。罪應斬決之徐奉伶，業經在監服毒自盡；並拒捕毆斃張路氏等，罪應斬候之徐奉剛，已在途投井身死，均毋庸議外。孫河各依「犯罪拒捕，殺所捕人者，斬」律，擬斬監候，秋后處決。該督等疏稱郭榮、楊廣碌云云。張賀氏與徐奉伶通姦，致夫伯父母均死非命。該犯婦當時既不喊救，事後復行同逃。偏查律例，並無因姦致夫伯父母被人毆死，作何治罪明文。自應比例量減問擬。張賀氏除與徐奉伶通姦輕罪不議外，應比依「子犯姦盜，父母並未縱容，被人毆死者，絞立決例」上量減一等，擬杖一百、流三千里，從重實發駐防爲奴。事犯在恩詔以前，情節較重。且到官在後，應不准其援減云云等語。均應如該督等所題辦理。並令嚴緝逃犯李二逛蕩務獲究辦。

江蘇司 强占良家妻女

謹奏爲遵旨詳查具奏事。光緒十年七月初十日，軍機大臣面奉諭旨：「御史恩隆奏，江南宿遷縣人杜有明，控匪搶女，忽經身死一案，情節支離，疑竇甚多，請飭澈底根究等語。著刑部即將此案詳細查明具奏。欽此。」由軍機處抄録原奏，交出到部。臣等遵即檢查，此案於上年六月間，經大學士、前任兩江總督左奏稱「杜有明之女被柏鈺蠢糾邀吴荃樓、柏二黄、周潮先、高三、柏鈺山，並在逃之徐紹湖，共夥七人，各帶洋槍等械，夜抵杜有明家門首，點燃火把，推門進内，嚇禁聲張。柏鈺蠢等將杜女搶出帶走，由穆家瀧、劉廣芒輾轉賣與楊添瀧爲媳。報案勘訊，飭緝。

嗣杜有明同堂兄杜有方訪至楊添瀧家，遇見伊女，詢知係被不識姓名七人架搶，賣與穆家瀧，捏作婢女。又憑王二蝦説合，轉賣與楊添瀧之子楊椿沅爲妻等情。杜有明本欲帶女回家，因楊添瀧邀集親友勸允另立婚據，認爲姻親。杜有明與杜有方歸家，曾向伊子杜學之告知情由，並未有陳家保父子同搶之説。後有保舉守備蔡金臺及族弟蔡家贊，均與陳家保有嫌，唆使杜有明誣告陳家保父子搶架其女。蔡金臺囑其甥武鐘英代寫稟詞，呈控提訊，供詞各執。杜有明於訊後先歸，復經提傳質證。杜有明回家後，時稱此事實係受愚妄告，審實定須反坐。如果訴出實情，又恐連累他人，自亦不能免罪。時加愁悶，經杜學之勸解。詎杜有明因續奉提質，一時愁急莫釋，乘間自縊身死。蔡金臺又哄誘杜有明之女楊杜氏，替父伸冤，誣證陳家保將伊搶奪。陳家保旋即在監病故。拏獲柏鈺蠢等，審悉前情。該督等將柏鈺蠢依聚衆夥謀，於素無瓜葛之家入室搶奪婦女已成爲首例，擬斬立決。已革守備蔡金臺依「原告並未起意誣告，致被誣之人因禁身死者絞監候，爲從減一等」例擬流。聲稱蔡金臺身係武職，輒敢代捏搶架重情，轉交杜有明呈遞，以致杜有明畏罪自盡。並節次教串妄供，幾陷陳家保於重辟，以致無辜拖累，應從重發往新疆，充當苦差。武鐘英、穆家瀧等分别擬以軍徒等因。具奏。經臣部查核，情罪均屬相符，照擬核覆。當於去年七月十六日奏准，咨行該督等，遵照在案。茲越一年之久，復據該御史恩隆奏稱，此案情節支離，疑竇甚多，請飭澈底根究等因。奉旨交臣部詳查具奏。臣等查，搶奪杜有明室女，係柏鈺蠢等所爲，與陳家保無涉，有柏鈺蠢供詞可憑。誣控陳家保父子，係蔡金臺等教唆，非杜有明起意，有蔡金臺供詞足據。柏鈺蠢業經奉旨正法。其夥犯柏二黄、柏鈺山、周紹先、高山等均係著名匪徒，亦多於另案服辜。是搶奪婦女之罪人已得。至蔡金臺指使杜有明誣控陳家保搶奪伊女，始而致杜有明畏罪自盡，繼而又將陳家保在監拖斃。該省以蔡金臺堅供係在逃之蔡家贊起意，將該犯發遣新疆，實屬罪所應得，並無屈抑可言。案經提省迭次推鞫，似亦尚無疑竇。若如該御史所奏，再行覆加勘審，不特將在配人犯紛紛提回，從滋拖累。且楊杜氏以無辜女流，遠道傳質，更非矜全之道。況所稱『陳家保既訂爰書，單子鈺冤沉海底』等語，無論該省原辦並未將單子鈺牽扯在内，即陳家保亦何嘗訂有爰書。以臣等愚見，案已奉旨奏結，罪名又無關出入。該御史所請覆訊之處，應毋庸議。所有臣等詳查緣由，謹恭摺具奏請旨。光緒十年七月二十五日奉旨：『依議。欽此。』

强占良家妻女

除夥搶婦女已成，爲首罪應斬決之羅老三，輪奸良人婦女已成，罪應斬決之程泳金，均照章就地正法梟示，張開治、唐恒菖、曾興溷，依夥搶婦女已成爲從例，係被誘量減擬流，均照常鎖繫石礅，匯奏辦理外。查律載：『强姦者，絞監候』等語。此案黎逢春强奸良婦歐範氏已成。查該犯聽從已獲正法之羅老三投入江湖會，復聽從夥搶婦女，臨時患病不行，例無治罪明文。若照陝省會匪章程科斷，該犯罪止不拘年限鎖繫巨石。惟事後將歐范氏强行奸污，實屬淫惡難寬，自應按律問擬。應如該撫所題，黎逢春即黎老六除聽從入會，暨夥搶婦女，因病不行，輕罪不議外，合依「强姦者，絞監候」律，擬絞監候，秋后處決。

奏駁變通掣欠章程 福建司 同治九年 轉解官物

謹奏爲遵旨議奏事。内閣抄出倉場侍郎、宗室英元等奏，新定橋倉掣欠章程，稍有窒礙，請量爲變通，以利運務一摺。同治九年九月初二日，軍機大臣面奉諭旨：『倉場侍郎英元等奏，請變通新定橋倉掣欠章程一摺，著該部議奏。欽此。』臣等查，該侍郎原奏内稱竊查云云。以冀欠數日少，米數日多。伏乞飭部核議等因，具奏前來。查同治七年五月間，户部核議倉場奏運糧掣欠章程，原奏内稱：通壩轉運漕糧，自通州至大通橋，每米百石，定額准掣欠二斗，由經紀賠補。自橋至倉，每米百石，定額准掣欠二斗五升，由車户賠補。額内之掣欠，照收買餘米價值賠償。額外之掣欠，照市價加成賠償。查同治三、四、五等年，各倉呈報掣欠，米數尚少。及六年，各倉虧案迭出，年終呈報掣欠，遂迥非上三届可比。其數目浮於定額，不啻倍蓰。推原其故，三、四、五等年，經紀、車夫掩飾賠款，遂至開報掣欠，不能核實。六年分倉，方敗露，各監督身執其咎，遂相率多報掣欠。其弊相因，而至現時。經紀、車户歷年已久未扣之款，盈千累萬，皆成懸宕。即使再有增多，亦恬不爲怪。而各該監督等懲虧欠之累，難保不多報掣欠，希圖彌補舊虧。日前整頓掣欠之方，不慮其以多報少，惟慮其以少報多。此次倉場侍郎原奏請將橋欠責成抽查御史認真稽核，倉欠責成倉監督詳細掣。皆慮其以多報少，而於嚴防以少報多之處尚未周備。即原奏内謂：掣出欠大者，立將該船户代役送部治罪，或重責發州嚴訊，亦未明定欠數，仍恐有名無實。維正之供，如此暴殄，尚復成何事體？該經紀車户、駕掌、代役，斷非尋常罪名所能蔽辜，其應如何嚴定各役罪名，請飭下刑部，從嚴分別議定等因。經臣部查，漕運全書内載：『橋、倉各欠，每米百石逾額之數多至五斗者，經紀、車户照盗賣漕糧例治罪。』按刑例，漕糧過淮，盗賣行月糧米，罪止枷責。其偷竊漕糧，例係分别監守、常人，計數科罪，並無掣欠逾額作何加重科罪專條。因查漕糧掛欠，其運弁旗丁，均有治罪明文。惟係以通幫及一船糧米計算，與此項人等以一百石計算者不同。現當力加整頓之際，若不嚴定科條，竊恐該經紀人等恃有掣欠名目，不知悛改，仍蹈上年故轍，殊於運務大有關係。酌議，嗣後轉運漕糧、經紀、車户、剥船駕掌及名項代役，每米百石逾額不及五斗，照例免其責懲外。加逾額至五斗者，杖一百、枷號一個月，一石至二石，杖六十、徒一年；三石至四石，杖七十、徒一年半；五石至六石，杖八十、徒二年；七石至八石，杖九十、徒二年半；九石至十石以上者，杖一百、徒三年。如該經紀籌承運糧米千石内逾額至十石以上者，亦杖一百、徒三年；三十石以上者，杖一百、流二千里。五十石以上者，杖一百、流二千五百里；七十石以上者，杖一百、流三千里；九十石至一百石以上者，發附近充軍。一萬石内逾額至百石以上者，亦發附近充軍；三百石以上者，發近邊；五百石以上者，發邊遠；七百石以上者，發極邊足四千里；九百石以上者，發雲貴、兩廣烟瘴地方，各充軍；一千石以上者，發往新疆，酌撥種地當差。仍著落先行照數追賠，全完免罪，不完枷杖。人犯即照原擬發落。徒罪以上，照那移例，分別辦理。倘訊明有偷竊盗賣情事，仍照例從其重者論等因。奏准纂入例册，遵行在案。兹據該侍郎以近年橋、倉各欠，多由於沿途之狼瀰，宵小之偷漏，以及到橋、到倉抽掣時未盡周妥所致，尚非經紀、車户等敢於串通舞弊。該役等現尚出資雇覓巡役，嚴緝偷漏，藉防狼瀰。其爲恐其掣欠之多、已可概見，核其情節，亦不無可原。若每百石逾額掣欠至一石以上，遽行辦罪，原屬咎所應得。但該役等俱極困苦，查抄辦罪以後，應賠鉅款，竟歸無著。且經紀、車户等，若使頻年更换，不惟不成事體，更恐弊端倍出，措理尤難。擬請仍自七年爲始，凡運橋運倉米石，遇有逾額掣欠，無論多寡，但查係經紀、車户串通舞弊者，均即遵照新定掣欠章程辦罪。該管監督，照章議處。如查明掣欠内，並無經紀、車户串通舞弊情事，請免其治罪。仍令將掣欠應賠之款，遵照户部舊章，分別辦理。該管監督，免其議處等因。奏奉諭旨，著臣部議奏。臣等查，漕糧爲天庾正供，顆粒均應珍重。該經紀、車户、駕掌、代役等押運糧石，是專責，如果認真稽查，何致有虧短之弊。總緣漫不經心，以致沿途狼瀰，宵小偷漏。迨經抽掣短少，因向無治罪明文，僅責令賠補。該經紀、車户等恃有掣欠名目，紛紛效尤，遂致以少報多。其掣欠數目，竟浮於定額數倍。歷年已欠掣欠之款，盈千累萬，皆成懸宕。前據户部奏請，嚴定各役罪名。經臣部仿照旗丁運糧挂欠例，酌議經紀、車户、剥船駕掌及各項代役掣欠逾額專條，於嚴加懲創之中，仍寓區別辦理之意。原以使該經紀、車户等，實力奉行，認真稽查，庶不致再滔故轍。若如該侍郎所奏，掣欠逾額，查係經紀、車户串通舞弊，遵照新章辦理。如無前項情事，飭令賠款，免其治罪。殊不知經紀、車户等運糧，敢有串通舞弊情事，即屬偷盗。有犯，例應分別監守、常人，計數從重科罪。數至百石以上，即應論死。與掣欠逾額，核其欠數治罪追賠者，迥不相同。蓋掣欠本非竊盗入己，因伊押運之項致有虧短，即屬責無旁貸。是以核其欠數，科以應得之咎。但能依限完繳，即准免其治罪。是定立科罪之條，仍係速令賠償之意。原非一概從嚴辦理。如不問掣欠多寡，但令賠款，概免治罪，無論甫經纂定條例，未便朝令暮更。設如該經紀、車户人等拖欠累累，終未賠償，轉屬無法可施。且恐該役等明知並無罪名可科，益相率效尤，肆無忌憚，仍蹈昔年故轍，將應賠款項，任意拖延，殊於運務大有關繫。臣等再四商酌，嗣後轉運漕糧，經紀、車户等如有掣欠，應仍照臣部纂定條例，分別治罪責賠，以重倉儲。所有該侍郎請變通成例，免其治罪之處，應毋庸議。至該侍郎奏稱，該管監督免其處分及賠款，遵照舊章辦理之處，現據户部奏稱，掣欠處分均無更改，應毋庸與吏、刑等部會議，知照過部。臣部亦毋庸與吏、户二部會議，合並聲明。所有臣等核議緣由，謹恭摺具奏請旨。同治九年十月二十八日奏。本日奉旨：『依議。欽此。』

臣宗室英元、喬松年跪奏，爲新定橋、倉掣欠章程，稍有窒礙，請旨量爲變通，以利運務，恭摺奏祈聖鑒事。竊查同治七年，經户部議定運橋、運倉掣欠章程，並吏、刑二部議定坐糧廳、大通橋監督處分、經紀、車户等罪名。内開經紀、車户、剥船駕掌及各項代役，每米百石逾額不及五斗，照例免其責懲不議外。如逾額至五斗者，杖一百、枷號一個月；一石至二石，杖六十、徒一年；三石至四石，杖七十、徒一年半；五石至六石，杖八十、徒二年；七石至八石，杖九十、徒二年半；九石至十石以上者，杖一百、徒三年。如各經紀等承運糧米千石内逾額至十石以上者，亦杖一百、徒三年，三十石以上者，杖一百、流二千里；五十石以上者，杖一百流二千五百里；七十石以上者，杖一百、流三千里；九十石至一百石以上，發附近充軍；一萬石内逾額至百石以上者，亦發附近充軍；三百石以上者，發近邊；五百石以上者，發邊遠；七百石以上者，發極邊足四千里；九百石以上者，發往雲貴、兩廣烟瘴地方，各充軍；一千石以上者，發往新疆，酌撥種地當差。仍着落先行照數追賠，全完免罪。又橋、倉各欠每米百石，有逾額至一石以上者，將該監督照在京衙門失察書役犯贓，如係舞文弄法例，分別議處。如再復蹈上年故轍，掣欠及一成者，將該監督照在京衙門失察書役犯贓，如係舞文弄法例，加等議處。犯該杖、徒者降一級留任，犯該軍、流者降一級調用，犯該斬、絞者降二級調用，俱公罪；自行訪拏究辦者免議，知情故縱者革職，私罪等因。

各在案。現據該監督等將七年分運橋、倉各掣欠總數查明呈報，臣等以每百石究竟逾額若干細數，並未聲明，當令核算明確，再爲呈報。除將細數核定，另行辦理外。查近年橋、倉各欠，多由於沿途之狼瀧，宵小之偷漏，以及到橋、到倉抽掣時未盡周妥所致，尚非經紀、車户等敢於串通舞弊。該役等現尚有出資雇覓巡役，嚴緝偷漏，藉防狼瀧。其爲恐其掣欠之多已可概見，核其情節，亦不無可原。若每百石逾額掣欠至一石以上，遽行辦罪，原屬咎所應得。但該役俱極困苦，查抄辦罪以後，是應賠鉅款，竟歸無著。且經紀、車户等，若使頻年更换，不惟不成事體，更恐弊竇倍出，措理尤難。臣等受恩深重，斷不敢以輕致部議，市恩邀譽，而目擊掣肘情形，亦不敢不盡心圖維，致誤漕運。再三酌核，擬請仍自七年爲始，凡運橋、運倉糧石，遇有逾額掣欠，無論多寡，但查係經紀、車户串通舞弊者，均即遵照新定掣欠章程辦罪。該管監督，照章議處。如查明掣欠内，並無經紀、車户串通舞弊情事，免其治罪。仍令將掣欠應賠之款，遵照户部舊章，分別辦理。該管監督，免其議處。如此量爲變通，庶賠款不致終歸無著，而運務或可稍有裨益。如蒙俞允，應由臣等督飭坐糧廳、大通橋各倉監督等，於運米、收米各事宜，恪遵同治三年、七年臣衙門奏定章程，認真辦理，不准稍有弊混。並令嚴飭經紀、車户妥爲挽運，以冀欠數日少，米數日多，用副皇上慎重倉儲之至意。是否有當，伏乞聖鑒，飭部核議施行。再臣喬松年留通督運，未及呈遞膳牌，合並陳明。謹奏。同治九年九月初二日，軍機大臣面奉諭旨：『倉場侍郎英元等奏變通新定橋倉掣欠章程一摺，着該部議奏。欽此。』

福建司 光緒十年 轉解官物

刑部謹奏爲遵旨議奏事。據倉場侍郎興廉等奏，剥船户使水灌米，亟應嚴定罪名，該糧道亦宜酌定處分一摺。光緒十年閏五月初七日奉旨：『該部議奏。欽此。』據該侍郎原奏内稱：以江、浙海運糧米，自改辦逕運以來，承運承交，其責成全在該省糧道。由津至通，雖經糧道籤派夫役，隨同押運員董嚴密巡查，無如船户鬼蜮情形，舞弊是其慣技。天庾正供，豈容若輩任意暴殄。使水灌米，較之偷盗漕米，情節尤屬可惡。偷盗米者，不過短欠米數，獲案追臟，尚可抵補。使水灌米，既經偷漏於前，復敢毁傷於後。若非從嚴科罪，實恐難挽積習。惟是使水情弊亦有參差，或全船潮濕，風揚后米質尚堪食用，或數十石蒸熟，挑晾時米粒多成朽腐。應請飭下部臣，將船户使水一條，分別輕重情形，比較上年盗米之案，參酌刑章，從重議定，以儆將來。其船河一帶，由該糧道等勘定段落，添設委員，巡丁更夫，每遇米船晝行夜泊，委員等或乘小船往來梭織巡查，不准稍涉疏虞。倘到通米色驗有攙雜潮濕情弊，將押運員弁當即分別摘頂記過。至該糧道所呈條款，慎選船户，禁止槽坊，查拏地痞，均係爲整飭漕務，杜絶弊竇起見。除由臣等於開壩之先，嚴飭沿河該管地方官認真密訪查禁外。其楊村通判應有責成，並拏獲勾通船户使水之痞棍，如何一體治罪，請飭該部臣詳細妥議。並將江蘇、浙江糧道會議杜絶弊端章程繕具清單，奏奉諭旨，著臣部議奏。臣等查例載：『經紀、丁舵人等，將漕米用藥灌漲，冀圖偷竊。計灌漲之米不及六十石，杖一百，發附近充軍；六十石以上至一百石，實發雲貴、兩廣極邊烟瘴充軍；一百石以上，發新疆，給官兵爲奴。如將漕米用水灌漲不及一百石，杖一百、流二千里；一百石以上，實發雲貴、兩廣極邊咽瘴充軍。爲從均減一等。其用水灌漲之米，除尚堪食用外，所短之米，勒限四個月追賠。限内全完，減等發落；不完，加等治罪』等語。是船户人等，將漕米攙水舞弊之案，已特設專條。原以使水灌漲，希圖偷竊，究與實犯盗米情稍有間。例以用藥與用水，核計灌漲石數，分別科罪。在攙水灌米，其情節又較用藥者爲輕。故例内聲明，用水灌漲之米，除尚堪食用外，計所短之米，勒限追賠，限内全完，准予減等，立法已極周密。至地方痞棍，如敢勾通船户，使水舞弊，一經獲案，即應與船户核計石數，分別首從科罪，自無虞輕縱。若如該侍郎所奏，將船户使水一條，比較盗米例從重議定，設有用藥灌米之案，轉致無可復加。至例内祇言『冀圖偷竊』，而不言偷竊后始行灌水者，以其有盗竊漕糧之例在，自可從重懲辦，故不復及。總之，漕糧積弊日深，此等作奸犯科之徒，比比皆是。該管各員，如能認真巡察，有弊必究，有犯必懲，自足以儆奸欺而懲玩法。若徒以嚴立科條，冀挽積弊，恐於實際仍屬無裨。且與其懲創在已犯之后，莫若嚴防於未事之先，該糧道等所議杜絶弊端各條，即由此實力整頓，法在必行，則弊從源清，運務即可漸望起色，亦無須紛更成法也。所有該侍郎請將船户使水灌米從嚴定罪之處，應毋庸議。至該侍郎奏稱：『到通米色，驗有攙雜潮濕情弊，擬請仍予糧道以應得處分，第查向來河運弊端，糧道等處分，例有明文。自改辦海運，撥船户由津派撥，非南省糧道素所管轄。自津運通，與從前辦理河運情形微有不同。又該糧道章程内慎選船户，如有船名與人名不符，及革後改名者，嚴予該通判失察處分等語。吏部查定例，漕船抵通，兑交糧米，多攙糠粞、砂土得，押運官革職，私罪。該管糧道降一級調用，公罪。又，定例：各州縣衙門，如有白役分頂合夥，詭捏姓名，例提著役年日等弊，該管官知情者，降三級調用，私罪。失於覺察，照不裁革冗役例降二級調用，公罪。又，定例各衙門官員於本任内，已滿、已革書役如有更易姓名，改移籍貫承充。知情者革職，私罪。失於查察，照不行裁革冗役例降二級調用，公罪。接任官不行查出，降一級留任，公罪。若收用前任及隔屬已滿已革書役者，降一級調用，公罪。各等語。臣等查漕糧自改辦海運以來，撥船由津運通，雖船户非該糧道素所管轄，但漕糧是其專責。嗣后到通米色，如有攙雜潮濕等弊，將該糧道即照漕船抵通兑米，多攙糠粞砂土之例，議以降一級調用，公罪。至船户向歸楊村通判管理，倘有船户與人名不符，即將該通判按照白役詭捏姓名，倒提著役年月等弊，係知情者，降三級調用，私罪。係失察者，降二級調用，公罪。如係已革船户改名朦充，即照各衙門已革書役更易姓名承充，該通判知情者革職，私罪。失察者，降二級調用，公罪。如係接任官不行查出，降一級留任，公罪。若派用前官任内已革船户者，降一級調用，公罪。

永遠枷號天主教人犯 四川司 咸豐十年 禁止師巫邪術

查問擬永遠枷號俱係情罪較重之犯，雖枷示多年，並無疏枷免罪之例。兹據該署督以永遠枷號天主教人犯黄國棟，係拿朱榮、童鰲、西洋人徐鑒牧即李多林傳授天主教案内，該犯抗不改悔，情節較重，奉旨永遠枷號。於嘉慶二十年九月初六日枷號示衆。歷年奉准部覆，查取該犯黄國棟犯事原案，枷號日期，歸入年底匯奏，歷經造册詳咨在案。兹查該犯黄國棟枷號四十餘年，尚知守法，並無藉教爲惡，及招集遠鄉之人，勾結煽誘情事。核與和約免罪章程相符，可否疏枷免罪之處，咨部示覆等因。本部查黄國棟係傳授天主教案内，亢不改悔，情節較重，奉旨永遠枷號之犯。雖枷示四十余年，並無藉教爲惡，及招集遠鄉之人，勾結煽誘情事。其可否疏枷免罪之處，自應奏明請旨遵辦，本部未便據咨率覆。應令該署督自行酌量奏明辦理，相應咨覆該署督可也。

飭拏教匪 直隸司 光緒九年 禁止師巫邪術

謹奏爲畿輔教匪日多，請旨嚴行飭拏，以靖地方，由題改奏事。刑科抄出署理直隸總督、兩廣總督張樹聲題，吴橋縣拏獲教匪王九等傳習八封邪教，燒香念咒，傳徒惑衆等情一案。光緒九年二月初八日題，三月十四日奉旨：『三法司核擬具奏。欽此。』查原題内稱：緣王九又名王希荃即假郭五、郭二、張六即張中，分隸山東夏津、直隸吴橋等縣。王九打磨營生，郭二等莊農度日，均先未爲匪。王九與未獲之張五、周狗子並郭二等，均先不認識。郭二之弟郭五前因窩留教匪部四即高四被獲正法。部四前在郭五家窩藏時，遺有八卦教書兩本。郭五之妻郭曲氏因目不識字，並不知爲教書，亦未給人閱看。郭五死后，郭曲氏將書撩在文契匣內藏放。光緒四年間，王九逃荒外出。七年正月間，不記日期，走至該縣孫固祿莊，向周狗子賃房居住，給人打磨營生，常與周狗子彼此閑談。周狗子提及前有村人郭五窩留教匪被獲正法之事，並稱郭五之妻郭曲氏現在孀守。王九因無妻室，即向周狗子探明郭五生前所作事迹，捏稱伊係郭五借尸還魂，周狗子被惑信定。王九央允周狗子與郭曲氏送信往認，郭曲氏與夫兄郭二，帶子郭永頭因往查認。因向假郭五盤問郭五生前作事相符，信以爲真。當將假郭五認回姦宿同度，成爲夫婦。郭曲氏總未看破，與周狗子始終均不知假捏情事。假郭五仍赴各處打磨，時來時往。迨后假郭五與郭二在郭曲氏家查看文契，在匣內瞥見八卦教書兩本。假郭五料係郭五生前所藏，起急傳習。即稱學此書勸人行善，將來可以得道升天。糾允郭二、張六同兄張五一同習念，拜伊爲師。每夜四人在燈下講習，朔望在屋燒香磕頭念咒。郭二之弟郭三、張五之子張長亦間時在旁觀看，並未聽從講習。此外亦無隨同學習之人。八年七月間，經村人傳説假郭五係高四之子。假郭五聽聞心虛，意欲出外躲避。適有郭曲氏之戚藩狗子赴天津索帳，假郭五即捏稱亦欲赴天津販買洋布。是月十八日，携帶教書，腰掖洋槍，往找潘狗子搭伴同行。曾在潘狗子家留宿一夜，次早與潘狗子一同起身。因行走匆忙，致將教書遺落在潘狗子家炕後。嗣於二十二日，假郭五行至天津，在陳家溝地方暫住。潘狗子與假郭五分手，自往索欠。維時該縣訪聞查拏，並據地方張幅增等呈控，先后獲犯，起獲教書。郭二臨拏畏罪，即在郭曲氏家磨棚放火，意欲自盡，致延燒閑房兩間，並張五家場院往年麥秸兩垛。當經救熄，余未延燒。訊供提省審認不諱。將王九依例擬絞立決，先行刺字等因，具題前來。查例載：『凡傳習八卦邪教，習念荒涎不經咒語，傳徒惑衆者，爲首擬絞立決』等語。此案王九捏充窩留教匪已獲正法之郭五借尸還魂，冒認郭曲氏爲妻，並在其家找得八卦教書兩本，起意傳習，輒謂可以得道昇天，煽惑愚民，糾允郭二等隨同習念荒誕不經咒語，殊屬不法，自應按例問擬。應如該署督所題，王九又名王希荃，即假郭五，合依凡傳習八卦邪教，習念荒誕不經咒語，傳徒惑衆者爲首絞例，擬絞立決。該署督疏稱：郭二、張六拜王九爲師，隨同習念邪教咒語，即屬爲從，亦應按例問擬。郭二年僅五十六歲，除臨拏放火燒毀閑房輕罪不議外，合依爲從年未逾六十，改發回城，給大小伯克及力能管束之回子爲奴，左面刺『傳習邪教』四字，右面刺『外遣』二字，仍暫行監禁，俟新疆善后事竣，再行照例發往。張六即張中，年已六十，並未傳徒，合依被誘學習尚未傳徒而年逾六十以上者，改發雲貴、兩廣烟瘴地方充軍。仍以極邊足四千里爲限，至配杖一百，折責安置，左面刺『傳習邪教』，右面刺『烟瘴改發』各四字。此外，訊無隨同學習之人，亦無另犯爲匪不法情事，應毋庸議。郭曲氏聽信王九係伊夫郭五借尸還魂，將其認回姦宿，成爲夫婦，雖訊係不知假捏情事，第事屬荒誕，該氏輒聽信妄認，實屬無耻。自應仍科奸罪。郭曲氏合依軍民相姦者，奸婦枷號一個月，杖一百例，擬枷號一個月，杖一百。係犯奸之婦，杖決枷贖，追取贖銀入官。張長、郭三係教匪鄰居，第有父兄習教，律得容隱，未便科以知情不舉之罪。惟該犯等當該教匪習念教書之時，常往觀看，雖未聽從講習，究屬不應。張長、郭三均應照不應重律，擬杖八十，各折責發落。潘狗子訊無將王九知情容留同逃，應與年未及歲之郭永頭均免置議。地方張幅增與牌頭於信等，一經風聞，即行呈首，尚無不倶，亦均免其置議。郭二臨拏放火燒毁閑房麥稭，飭估追賠。教書銷毁等語。均應如該署督所題辦理。該署督又稱：案係該縣自行訪獲，失察處分應予免議等語。恭俟命下，臣部咨吏部照例辦理。惟查該省爲畿輔重地，近年傳習邪教案件層見叠出。而此案又與從前逆黨部四牽涉，郭曲氏之夫郭五因窩留部四正法。部四本係嘉慶年間教匪佘孽，至同治十年始行殄除，而其妻子漏網未獲。今王九原籍與部四同在山東，復在郭曲氏家演習邪教，道路傳言，王九係部四之子，或非無因。第既據該督查明，王九實非部四之子，且罪已至絞決，未便往復駁查，致稽時日。惟逸犯張五等在逃未獲，難保不另滋事端。應請旨飭下該督，嚴行查拏，務獲究辦。並統飭各屬時加密訪，遇有奸民容留外來教匪，即行拏辦，從重治罪，以警邪黨而遏亂萌。臣等爲慎重地方起見，以由題改奏，合並聲明。所有臣等核議緣由，謹恭摺具奏請旨。光緒九年五月十三日奏。奉旨：『王九著即處絞。余依議。欽此。』

河南司　禁止師巫邪術

謹奏爲遵旨詳查具奏事。光緒十年七月初九日，軍機大臣面奉諭旨：『有人奏，前河南汝寧府知府周冠，於光緒七年破獲王覺一教黨，張懷松、蕭澌儀、蘇天爵謀襲郡城一案。該省延擱過久，致使犯供狡展等語。著刑部即將此案詳細查明具奏。欽此。』臣等遵即詳查。此案該省並未報部，無憑悉其顛末。惟查原奏内有教匪蘇天爵等，與江南拏獲滋事匪黨王際泰等供詞相符，該省延擱未辦。迨奉旨緝拏教首王覺一之時，該省始行入奏等語。當即由軍機處將該省從前二次片奏抄出。一係該護撫成學於九年七月間奏稱：周冠訪獲教匪蕭澌儀等，提省委審，訊止聽從王覺一入教習誦歌決，均無謀爲不軌情事。一係該撫鹿傳霖於十年二月間奏稱：匪犯供詞與周冠原訊多不相符，飭調周冠來省會審。因其抗不遵調，糾參革職。各等因。臣等統加詳核，匪犯蕭瀏儀等業已供認係王覺一教黨，其有無謀襲郡城，該省尚審無確供。第查本年五月間，據兩江總督曾國荃具奏，續獲教匪王覺一之子王際泰等訊明正法一摺。其王際泰供招内有七年冬間，蘇天爵等在河南汝寧傳教，因聞連界之安徽亳州起有天主堂，欲糾人焚劫，乘機起事。王覺一以時候尚早之言，向阻不依。旋經府縣訪拏，王覺一逃往各處潛避等語。是周冠等拏獲蘇天爵等，訊有謀逆供情，不爲無因。即兩江總督亦萬無不移咨豫省之理。乃迄今已逾二年之久，該省尚未訊明奏結，未免遲延。玆既有人參奏，相應請旨飭下河南巡撫，督同臬司，迅速就現獲各犯，訊取確供，妥擬具奏。無任要案久稽，應俟覆奏到日，再行核辦。所有臣等詳查緣由，謹恭摺具奏請旨。光緒十年七月二十五日奉旨：『依議。欽此。』

河南司

禁止師巫邪術

該侍郎奏稱盛鴻喜云云等語，經臣部查核，盛鴻喜首告郭振青及蘇添爵等謀叛等情，如果所控虛誣，應按誣告叛逆例，分別已決、未決，問擬斬決、斬候，與誣告人死罪未決不同。今於斬監候罪上量減擬流，臣部檢查歷來成案，並無似此辦法。至郭振青迭向盛鴻喜告説，鄉間有吃齋人恐致鬧事，係屬實情。其被盛鴻喜首告，係被誣之人，律不坐罪。原奏將該犯於盛鴻喜流罪上減一等擬徒，亦未允協。當即片行該侍郎，將原審實在情形並因何定擬之處，詳細聲覆去后。玆據該侍郎覆稱：盛鴻喜首告郭振青等謀叛，當日再三研鞫，實係聞郭振青等妄言，懷疑出首，委非挾仇。質之郭振青，亦供稱實向盛鴻喜説過吃齋人欲要鬧事等語。是盛鴻喜之首告，本非無因，且所控多係教黨，與平空揑造情節，誣告平人叛逆者，迥不相同。即揑寫之請帖，亦未書明叛逆字樣，若遽擬以駢首，殊覺情輕法重。況南汝一帶民情强悍，習教之人甚衆，難保不别滋事端，全賴有人舉發，地方官易於查拏。若審明情節稍虛，即坐原告以死罪，恐以后無敢首告之人，轉致養癰貽患，是以將盛鴻喜酌照於誣告叛逆未決罪上減等擬流。至郭振青一犯，迭次向盛鴻喜述説吃齋人勾結混家子將要鬧事。查吃齋人多，尚屬實在情形，而勾結混家子鬧事等語則毫無確據。是盛鴻喜之誤控，全由該犯迭次妄言所致。及到省翻供后，又揑造與盛鴻喜有仇，肆行抵賴，堅不吐實，情尤狡詐。故即於盛鴻喜罪上減等擬徒等因，咨覆到部，係屬酌量情形科斷。可否將盛鴻喜減等擬流，郭振青於流罪上減等擬徒之處，恭候欽定。餘如所奏辦理。光緒十年十二月二十五日奉旨：『盛鴻喜著照擬減流。郭振青著照擬減徒。餘依議。欽此。』

爲片查事。內閣抄出欽差大臣孫、烏奏，審明習教人犯張懷松等，按例分別定擬一摺。光緒十年十一月二十四日奉旨：『刑部議奏。欽此。』抄出到部。本部查核原奏，張懷松等罪名尚與定例相符。惟盛鴻喜首告郭振青及蘇添爵等謀叛等情，如果所控虛誣，應按誣告叛逆例，分別已決、未決，問擬斬決、斬候，與誣告人死罪未決不同。今於斬監候罪上量減擬流，本部檢查歷來成案，並無似此辦法，未知有何依據。至郭振青迭向盛鴻喜告説鄉間有吃齋人，恐致鬧事，係屬實情。其被盛鴻喜首告，係被誣之人，律不坐罪。原奏將該犯於盛鴻喜流罪上減一等擬徒，亦未允協。相應片行貴部左堂孫、烏，希將以上二節原審實在情形，並因何定擬之處，詳細聲覆過部，以憑核辦可也。

隨同入一字道教 河南司 光緒十年 禁止師巫邪術

除習教謀逆罪不容誅之高勤、謝尚奇、殷五三犯，業經該撫於審明后先行正法梟示，毋庸議外。查例載：『傳習白陽、白蓮、八卦等邪教，習念荒誕不經咒語，拜師傳徒惑衆，爲從改發回城，給大小伯克及力能管束之回子爲奴』等語。此案喬百金、吴添朋、程明，隨同高勤入一字道教，得受違悖執照，冀圖免災，訊不知謀逆重情。吴添朋雖從王覺一爲師，傳授三極圖學庸解等書，查無違悖字句，均應仍照邪教爲從本例同擬。該撫未引例牌，僅將該犯等暫行監禁，殊未允協，應即更正。喬百金、吴添朋、程明，均合依傳習白陽、白蓮、八卦等邪教，習念荒誕不經咒語，拜師傳徒惑衆；爲從改發回城，給大小伯克及力能管束之回子爲奴例，俱擬發回城爲奴。仍照該撫所擬，將喬白金等暫行監禁，隨時察看，倘另有不法重情，即行從嚴懲辦。如監禁數年后，該處習教惡風已息，新疆能以安插遣犯，再行酌核發往。並令將曹丙之案速飭審擬奏報。至劉萬金下落，應向其子劉玉林嚴詰，設法緝獲究辦，以絶根株。該撫又稱此案云云。

叩閽人犯未取輸服供詞解回覆訊 陝西司 光緒五年 删 衝突儀仗

謹奏爲查明叩閽人犯原案，並未取具輸服供詞，仍請旨解交陝西巡撫訊明辦理，恭摺奏祈聖鑒事。竊據陝西民人王紹祖於本年三月二十一日，在通州道旁叩閽。奉旨：『交行在刑部嚴行審訊等因。欽此。』因途次無卷可稽，奏明將王紹祖解京交部，查核原案辦理。遵即檢齊卷宗，詳加覆核。緣王紹祖籍隸陝西富平縣，與同姓不宗之王士範及其弟王士憓鄰村居住。王紹祖娶康文安之次女康氏爲妾，生子五保平兒。王士憓亦娶康文安之長女爲妾，常至王紹祖家與王康氏閑坐談笑，素無避忌。同治十二年三月間，王康氏携子王保平兒歸住母家。王保平兒適患痘症，王紹祖之妻劉氏前往看視，值王士憓先在康家，遇見王劉氏，用言調戲。王劉氏負氣轉回，告知王紹祖，起意賺至其家，捉毆洩忿。先將王康氏母子接回，揚言是月二十六日前往閃州貿易。王士憓聞知，藉送痘方爲名，前赴王紹祖家探望。王紹祖潛避厦房，王士憓徑入王劉氏卧房，復向調戲。王劉氏喊罵，王紹祖聞喊走入，扭住王士憓發辮，用鐮刀背毆傷其偏右，大聲喊捕。經王士範聞知，央懇解放未允。王士範慮弟受虧，起意搶回。邀允族衆王自法等，將王士憓搶出放回。王紹祖不依，揪扭辱罵。王士範順用小刀戳傷其脊背，經王自法解勸各散。王士範先行報縣，差傳未到。四月初二日，王保平兒因痘夭殤。初五日，王紹祖、王士憓傷俱平復。保正王西宗等勸令王士範出錢二千文，和息銷案。王紹祖旋因思子怨憤，心生翻悔，以毆子斃命等情，繞赴山東衍聖公呈控，未准回籍。是年十月初二日，控縣集訊。該縣宋㹓先將王士憓薄責示懲，王紹祖不服。其時該縣正因開荒勸捐，以王士憓調奸肇釁，罰令其兄王士範捐銀一百五十兩，當堂呈繳，飭交鄉保郭修身等具領開荒。王康氏與王士憓時常閑坐談笑，有乖婦道，當官嫁賣，身價錢八千文，發充孤貧口糧，取結完案。王紹祖不服，迭控府司，均批縣訊。王紹祖不候覆審，復以吊拷凌辱，斃子行凶，及該縣勒罰王士範銀兩等情，赴京呈訴。是年八月二十七日，行至永定門外，因聞聖駕出郊，隨在道旁叩閽，拏交刑部。經臣部奏明，解交陝西巡撫查辦。旋據該撫審明，王紹祖因王士憓調奸伊妻王劉氏，將王士憓捆縛關禁。經王士範邀同族衆，前往搶回，控縣差傳未到，並不赴縣呈訴，得錢銷案。又以其子因痘夭殤，捏稱毆斃。繞赴山東呈控未准，始回控縣訊斷。不服上控，不候訊詳，復添砌情節，赴京於聖駕經由處所，在道旁叩閽。聲稱所控各情，應以毆斃其子爲重。如所控屬實，王士範罪應擬抵。今訊並無毆斃情事，取有其妾王康氏出具實係因痘身死甘結在案。雖犯供堅不承招，第既衆供確鑿，將王紹祖除按誣告人死罪未決，罪止滿流加徒輕罪不議外，依聖駕出郊衝突儀仗，妄行奏訴例，杖一百，發近邊充軍。事犯雖在同治十三年十一月十五日恩旨以前，惟係衝突儀杖擬軍，不准援減。復恭逢光緒元年正月二十日恩詔，應准援免。王士範等擬以徒杖，逢恩減免。並將審斷此案將，王康氏嫁賣身價充公錯誤，及因案擅罰王士範出銀作爲開懇公費，並未申奏有案之署富平縣知縣宋㹹交部議處等因。具奏，經臣部照擬核覆在案。兹王紹祖復以王士憓等姦妾斃子，予拷凌辱，地方官不與審理，及將伊妾當官嫁賣，心實不甘，起意來京復控。又憶及縣内段舉人炳林，因争水事被革，劉相公在藥鋪幫伙被殺，與此案俱是冤事。並陝西大旱，因彼二案與伊無干，是以分作二呈，寫就稿底，央人照謄，携帶來京。聞聖駕出郊，隨在道旁叩閽。奉旨交行在刑部嚴訊。奏明解京，查核原案辦理，覆訊該犯供與原呈大畧相同。臣等查，王紹祖於叩閽發回審結，恭逢恩詔免罪後，仍不輸服。於聖駕出郊之日，復行呈控。按照衝突儀杖，妄行奏訴例，應擬杖一百，發近邊充軍。係赦后復犯，應行加等治罪。惟查該犯原案所控知縣勒罰王士範銀兩一節，業已得實，不得謂之添砌。至其幼子毆斃一節，自當檢驗確實，何得僅憑已經嫁賣之妾王康氏甘結，遽信爲因痘身死。至該犯之妾王康氏本不應斷令當官嫁賣，審明後何以不給予領回完聚？且此案擬結，該撫係照衆供確鑿辦理，並未取有輸服供詞，以致該犯因子死妾無著落，屢控不依，殊不足以折服其心。相應請旨將王紹祖連原呈一並解交陝西巡撫，按照該犯所控，提集人證，秉公研訊，取具輸服供詞，不得稍涉迴護，以成信讞。至該犯牽列段舉人被革，及劉姓被殺各情，雖非該犯干己之事，亦應由該撫分别查辦。所有臣等查核原案，並請解回原籍查辦緣由，謹恭摺具奏請旨。

議覆給事中條奏失守員弁分别功罪 浙江司 同治元年

查律載：『守邊將帥被賊攻圍，不行固守而輒棄去，及守備不設，爲賊掩襲，因而失陷城寨者，斬監候。若不曾陷軍失城，被賊入境擄捉人民者，發邊遠充軍。州縣失守之案，專城武職，守土州縣，均照此律科罪。同城知府及捕盗官，比照被賊入境擄掠人民律擬軍。若無城池，賊入劫盗，隨即逃散，不係失陷者，止以失盗論。』又咸豐六年二日間，臣部會同軍機大臣議覆御史李鶴年條奏案内，欽奉上諭：『嗣后失守城池各員，仍著照本例定擬罪名。必實係遇賊接仗，身受重傷，或真能督率兵勇，隨同克復城池，情節實有可原者，方准奏明請旨。不得概以功過相抵爲詞，曲爲開脱等因，欽此。』嗣於咸豐九年七月，臣部因各省辦理失守城池案年定擬過輕，復經嚴定章程，擬請嗣後失守城池文武員弁，除訊係被圍日久，力不能支，及甫經抵任，未及設防，或賊過邊境，並未滋擾，應查照成案，酌量情節辦理外，其餘均遵照前奉諭旨，按本律本例擬罪。如曾接仗，身受重傷，及督兵克復城池，准叙明可原情節，並將應減罪名確切定擬，仍不得減至數等，以示限制等因，奏准通行各在案。茲據給事中高延祜以地方官失守城池，定例皆斬監候。細按情罪，迴各不同。約有數等最重者，莫如聞警先逃，棄城不守。查明後，當即按軍法斬決。其任事在半年以上，守御無備，賊至即陷者，當照例治罪。其或甫經到任，一切守御未遑布置，因而失守者，情有可原，罪當稍寬。若守至一月後始行失陷者，宜貸其罪，責令自效。若守至二三月之久，實因力窮援絕，因而失陷者，則其平日之得民心可知，並當免其置議。如此分別辦理，則不肖無可幸免，而能者皆思自效。請飭部分別功罪，詳細定擬等因。臣等查失守城池之案，定例綦嚴。誠以地方官有守土之責，必應竭力保御。倘有聞警先逃，棄城不守者，自當欽遵諭旨，按軍法嚴懲。嗣因失守員弁巧於趨避，賊至之先，藉稱出城堵御，賊去之後，又稱帶兵收復，該管上司受其蒙蔽，輒以功過相抵，奏請免議。復奏奉諭旨：必實係遇賊接仗，身受重傷；或真能督率兵勇，隨同克復城池，情節實有可原者，方准奏明請旨。不得概以功過相抵爲詞，曲爲開脱。聖訓煌煌，允宜遵守。至若失守城池文武員弁，訊係被圍日久，力不能支，及甫經抵任，未及設防，或賊過邊境，並未滋擾各情節，均應查照成案，酌量情節，分別辦理。臣部奏定章程，已極詳明，引斷無虞枉縱。所有該給事中請分別功罪，另擬章程之處，應毋庸議。再，該給事中奏稱，守土死事之臣，亦有數等。以堅守待援，城亡與亡者爲上，其次則平日素有循聲，臨難不肯苟免，又或甫經到任，見危授命。是皆英烈之心可矢天日，法當褒揚。此外，凡在任日久，不恤民事，賊至即陷，因而被殺者，更有棄城而逃，仍死於亂兵之中者，此皆一死不足塞責，豈得得濫邀恤典。大吏或憫其已死，概爲乞恩，請飭查明分別辦理等語。再，此案於咸豐十一年十二月二十七日抄出到部。係刑部主稿，合並聲明。所有臣等會同核議緣由，理合恭摺具奏請旨。

失陷城寨 江蘇司 咸豐九年 主將不固守

查律載：『守邊將帥被賊攻圍城寨，不行固守而輒棄去，及守備不設，爲賊掩襲，因而失陷城寨者，斬監候。』又，例載：『盜賊生發攻圍，不行固守，被賊攻陷城池，同城之捕盗官發邊遠充軍。』又咸豐六年二月，臣部會同軍機大臣議覆御史李鶴年條奏一摺，奉上諭：『嗣後失守城池各員，仍著照本例定擬罪名。必實係遇賊接仗，身受重傷，或真能督率兵勇，隨同克復城池，情節實有可原者，方准奏明請旨。不得概以功過相抵等詞，曲爲開脱等因。欽此。』欽遵在案。兹據該大臣以浦營失利后，皖逆大股來趨，加以天、長之賊，又由西北直撲揚州。衆皆數萬，以致儀、揚相繼失守。官軍尚遭挫衄，地方文武、兵勇尤稀，更難抵御。其自揚州府知府黄欽鼎、參將常海以下文武各官，均未擅離職守，且皆添募民勇，趕集人伕，築壘搭橋，隨同大軍，有力殺賊。旬余之内，將揚州、儀征兩城先后俱復。署儀征縣知縣楊鐘琛，勸集民伕，襄築營壘，體察各府縣營汛情形，功罪自可相抵。此次失守揚州、儀征，旋即隨同克復之署知府黄欽鼎、參將常海等，可否寬免失守處分，並免其查辦等因。臣等查，失守城池文武各員，例有應科之罪，未便免其查辦。此案揚州府知府黄欽鼎等，於城池失守，有無打仗受傷，抑或聞警先逃。該大臣未將供招送部，臣部難於核擬。至參將常海、署揚州衛守備張藴恩、城守營守備江偉勛、奇兵營游擊薩凌阿，是否均係揚州、儀征本管地面員弁，並何員係專城武職，何員係屬兼轄，亦未據詳細聲叙。當經咨查兵部，現據覆稱，常海、江偉勛、薩凌阿均未補授實缺等因，咨覆。是揚州、儀征失守時，究係何員專城、兼轄，該員等均係未補實缺之員，該部無案可稽，臣部礙難率覆。應令該督將揚州、儀征失守城池文武各員弁，取具供詞。並將武職各員，何員係專城武職，何員係屬兼轄，分晰聲明，定擬具奏，到日再行核覆。謹恭摺具奏請旨。

議駁守城章程

直隸司　同治二年

查律載：『守邊將帥被賊攻圍城寨，不行固守而輒棄去，因而失陷城寨者，斬監候。』又，例載：『盜賊生發攻圍，不行固守而輒棄去，除專城武職照本律擬斬監候外，其守土州縣，照守邊將帥失陷城寨律，擬斬監候。』又咸豐三年奏定章程：『嗣後遇有失守城池之案，如果實係兵餉充足之區，不克嬰城固守，先期逃散者，即援照岳州失守城案，將專城武職及守土州縣，均按例擬以斬候，請旨即行正法』等因，通行在案。又，律載：『臨敵已承調遣而延留觀望，不依期進兵策應，因而失誤軍機者，斬監候。』各等語。兹據該督奏稱：查直隸州縣各城形勢皆壯闊，城外房屋無多，賊勢仰攻，不敵官軍之俯擊。應請明定守城章程，使各府州縣有所倚據，而不致先期引遁，爲制賊之本。請練勇五千人，自成一軍，再爲馬隊二千人，各營兵挑存三千人，分途布置各府州縣，有警隨時抽調馳援。總以堅守一月爲限，一月後而兵不至者，准聽棄城，不加苛責。賊至即遁者斬。城守未逾月，不待援而棄城遁者，論罪等因，具奏。臣等查守城之法，不惟恃有堅城，而必恃有固志。如果士卒同心，各懷堅固不移之節，即被圍日久，而衆志成城，豈易傾陷。所以主將與守土州縣，不同守而輒棄去，律例均有治罪明文。誠欲使知憲典不可宥，而不敢棄城而遁也。茲該督奏稱，以堅守一月爲限，一月後而援兵不至者，准聽棄城，不加苛責。是名爲體恤士卒，實以啓士卒疏懈之心。此端一開，竊恐恇怯畏葸者咸藉口於援兵不至，必至棄城與賊。人人效尤，尚復成何事體。且限以一月即可，於一月前後月日捏飾具報，而審辦更可挪移日期，以爲開脱地步，流弊滋多。臣等公同商酌，遇有此等案件，自應將奉調救應而逗遛觀望之帶兵官弁等照律重治其罪。至實係守城日久，援兵不至，不得已而逃遁者，亦止可因其情有可原，於定案時按例量從末減。詎可明定一月限期，准聽棄城之條，致開僥幸苟免之路。雖成法原可酌量變通，而定例未便擅爲改易。該督所請准聽棄城，不加苛責之處，應毋庸議。至該督奏稱賊至不待援而棄城遁者論罪等語，自應按照律例及臣部奏定章程分別辦理。所有臣等議奏緣由，謹恭摺具奏請旨。

私販硝磺罪名 廣西司　咸豐元年　私藏應禁軍器

刑部等部謹奏，爲遵旨核議私販硝磺罪名，恭摺覆奏，仰祈聖鑒事。據署廣西巡撫周天爵奏一摺。查例載：『內地私販硫磺五千觔、焰硝一百觔以上者，杖一百、徒三年。如合成火藥，賣與鹽徒者，發近邊充軍。其銀匠、藥鋪需用硝磺，每次不許過十觔，令其呈明地方官，批限買完繳銷。違者，以私囤論。』又，『附近苗疆五百里以內，民人煎挖、窩囤、興販硝磺十觔以下，杖一百；十觔以上，杖六十徒一年；二十觔以上，按照五徒以次遞加，五十觔以上，杖一百、流二千里；八十觔以上，杖一百、流二千五百里；一百觔，杖一百、流三千里；百觔以上，照合成火藥賣與鹽徒例，發近邊充軍。若囤積未曾興販，減私販罪一等。焰硝每二觔作硫磺一觔科斷。其該地銀匠、藥鋪、染房需用硝磺，地方官照例給批，定限每次不得過五觔。違者治罪各等語。又，道光二十一年，臣部議覆江蘇省楊存瀧販買硝磺三千三百餘觔一案。據該撫稱：楊存瀧私販硝磺，訊止潛銷內地，並未接濟夷匪。惟當例禁森嚴之際，若照內地硝磺本例問擬滿徒，不足以示懲儆。請比照附近苗疆例，從重擬軍。經臣部照擬核覆，奏奉諭旨，允准在案。茲據該署撫奏請嚴定私造、私售火藥罪名等語，臣等悉心酌議，應請嗣後內地拏獲私販硝磺之犯，除合成火藥賣給鹽徒者，仍照舊例，不問觔數多寡，發近邊充軍外。若係違例煎挖、私販，並未合成火藥賣給鹽徒者，均從重照附近苗疆私販之例科斷。罪名既經加重，庶匪徒知所儆畏矣。如蒙俞允，臣部行文各省督撫等，一體遵照辦理，至該署撫奏稱：硝炭徧地皆有，無法可禁，應專禁硫磺等語。查定例均係硝磺同禁，並無專禁硫磺之條。自應遵照舊例，一體從嚴申禁。該署撫又稱：令各督撫轉飭州縣，於城市村鎮，無論藥料已合未合，先搜買浄盡，不准再行配造。出具切結，鄰佑亦各具保結。買盡之後，逾時再查。如蓄磺及合成礮藥者，必將店内他物入官，鄰佑不舉，一同重懲等語。查硫磺一項，不獨爲大器所需，即銀鋪、藥店、染房，均准呈官買用，由地方官給批定限，例有明文。今一概搜買浄盡，是使照例批買之鋪户，均致失業，亦非安良之道。況胥役藉此需索，鄰佑受其拖累，種種紛擾，誠如聖諭『查辦不善，久易滋弊。』且私販之絶，不主立法之煩苛，而在奉行之得力。如果地方官實心任事，於出産之地嚴其偷漏販買之人，力爲稽查，搜獲窩囤則盡法懲治，鋪户多買則立予究辦。斯有犯必懲，匪徒自知斂迹，似毋庸另議更張。該署撫又稱：一年定限之外，私藏硫磺合造槍藥，並私相買賣者，均行梟示等語。查私藏例禁之物，各有應科罪名，從無加至梟示之例。現在粵西等省盗風未息，良民守望相助，團練爲先。不得不以火器爲禦寇之具，即不得藉硫磺爲攻賊之資。設一經搜獲，立予斬梟，竊恐盗賊携帶硫磺，有司未必即能捕獲，而良民轉因買磺禦盗致罹重辟，殊非情法之平。該署撫所稱搜查硫磺，並勒限一年之外，再有私藏合藥私相買賣，一律梟示之處，應毋庸議。再，該署撫奏稱：地方官有能實力查買私造火藥及獲硫磺多勳者，宜破格弊勵等語。

所有臣等會同核議緣由，謹恭摺具奏請旨。

私販硝磺罪名 直隸司 咸豐三年

私藏應禁軍器

刑部謹奏，爲遵旨核議具奏事。咸豐三年七月十四日奉上諭：『給事中雷維翰奏請飭嚴拏私販硝磺，以防影射而杜接濟一摺。私販硝磺久干例禁，若如該給事中所奏，官役以採辦爲詞，恃有印文影射，即拏獲到官，亦可籍詞狡脱。甚至沿途售賣，各處土棍輾轉興販，接濟奸徒，弊端百出。關津渡口，兵役人等，往往得規包庇。是官役私販，較之民間尤難破案。亟應明定章程，嚴行懲辦。著直隸、山西各督撫，順天府府尹，於出産硝磺之處，認真查核，嚴切究辦。並著各直省督撫，一體查拏，毋稍徇隱。該給事中所擬章程，著該部核議具奏。欽此。』旋據工部以該給事中所奏，本境無販私之人，即賊匪無購買之處。擬請於委員起運時，出産處所地方官將給發文票，粘連鈐印，並注明經過州縣，委員官役各姓名，以便查驗。其防範較爲嚴密，應如所議辦理。並聲明其私販硝磺罪名，應由刑部妥議具奏等因。奏奉諭旨：『依議。欽此。』知照前來。查舊例載：『内地私販硫磺五十觔，焰硝一百觔以上，杖一百、徒三年。如合成火藥，賣與鹽徒者，發近邊充軍』等語。嗣於咸豐元年七月内，臣部議覆前署廣西巡撫周天爵條奏，將内地民人煎挖、窩囤興販硫磺數在五十觔以上者，加爲杖一百、流二千里；八十觔以上者，加爲杖一百、流二千五百里；一百觔者，加爲杖一百、流三千里；多至百觔以上者，發近邊充軍。焰硝每二觔作硫黄一觔科斷。如合成火藥，賣與鹽徒者，不問觔數多寡，發近邊充軍等語，纂輯爲例。此指各省匪徒私販硝磺治罪之通例也。至京城地方私販火藥之犯，本年六月内，據辦理巡防王大臣條奏，請將私造火藥百觔之上，即照私鑄銅錢例擬斬監候。不及百觔者，即發近邊充軍。經臣等查，火藥爲軍中需用之物。現當巡防喫緊之時，如受匪徒重貲，私爲代買火藥，雖不及百觔，亦應將爲首之犯擬斬監候。如無前項重情，私買火藥，爲首之犯不及百觔，發近邊充軍。百觔以上，加三等，發極邊烟瘴充軍等因，奏准遵辦在案。是京城地方以及各省，遇有私販硝磺之案，俱甫經定有加重治罪專條，立法極爲嚴備，辦理無慮疎縱，似毋庸再立科條，免致畸輕畸重之弊。惟外省均經辦理防堵，難免奸宄之徒不將火藥接濟逆賊。嗣後如有得匪徒重貲，私爲代買火藥，應即仿照京城巡防章程問擬。至官役人等，有時文影射夾帶情事，即計其夾帶斤數，照例加一等治罪。關津、渡口兵役人等，有得規包庇者，應與奏犯同罪計贓，重者以枉法從重論。如蒙諭允，臣部通行各省遵照辦理，以昭懲創。所有臣等核議緣由，謹恭摺具奏請旨。

議覆山東巡撫奏請嚴定私造販賣鳥槍洋槍罪名

私藏應禁軍器

查例載：『私造鳥槍，杖一百，枷號兩個月。每一件加一等，罪止杖一百、流三千里』等語。又，光緒元年，據署盛京將軍崇實奏請嚴定私販洋鎗、洋砲治罪專條。經總理各國事務衙門會同臣部酌議：嗣後販賣洋鎗，照私造鳥鎗例，枷號兩個月，杖一百。每一件加一等，罪止杖一百、流三千里。又十三年據御史慶祥奏，民間私藏洋鎗，請加等治罪一摺。復經臣部申明定章，請旨飭下京外各衙門，一體出示嚴禁。無論大小鋪户，俱不准售賣洋鎗。如再有私賣者，一經拏獲，即照私造鳥鎗及私藏例，按件加等治罪。先後奏准通行，各在案。玆據該撫以前次按准部咨，嗣後遇有强劫及竊盗臨時行强，並結夥十人以上之案，但有一人執鳥鎗，洋鎗在場者，不論曾否傷人，不分首從，均擬斬立決梟示等因，通行各省照辦。惟販賣私造鳥鎗、洋鎗者，應如何加等嚴懲，均未議及。是持鎗之盗，既予駢誅，而私造販賣之人，竟得逍遥事外，似無昭情法之平。請嚴定民間私造販賣鳥鎗、洋鎗各罪、名等因。奏奉諭旨，著臣部議奏。臣等查：私造鳥鎗，例有治罪明文。而洋鎗來自外洋，並非内地私造，故例内無須議及。而販賣鳥鎗、洋鎗，業於議覆盛京將軍案内聲明。私販鳥鎗向照私造例科斷，則私販洋鎗、亦應照私造鳥鎗例同科。是私造鳥鎗並私販洋鎗、鳥鎗罪名，定例及奏定章程，已極詳明。如果地方官均能實力奉行，有犯必懲，則牟利之徒自知儆畏。而賊匪執持鳥鎗、洋鎗之案，亦可日見稀少。若衹虛應故事，並不嚴拏懲辦，則根株不能盡絶。即使峻法嚴刑，亦屬虛懸而無用。嗣後此等案件，應由該撫嚴飭地方官認真查禁。有犯，按照定例及章程科斷，自無虞輕縱。所有該撫請將私販賣鳥鎗、洋鎗加等嚴懲之處，應毋庸議。該撫奏稱若輩行踪詭秘，非地方官嚴密查拏，亦不能令行禁止。請從嚴議定地方官失察處分等語。會吏、兵部。再，此摺於七月十六日抄出到部，係刑部主稿，合並聲明。所有臣等會同核議緣由，謹恭摺具奏請旨。光緒十七年十月二十三日奏。奉旨：『依議。欽此。』

吏部出語

吏部查定例：『民間私藏私造鳥鎗，州縣官不能收繳於先，及遇拒捕逞凶之案，又不能連械起獲，一年内失察私藏、私造一次者，州縣官降一級留任，該管府州罰俸一年；二次者，州縣官降一級調用，該管府州降一級留任。俱公罪』等語。是地方官失察私藏、私造鳥鎗，本有議處專例。今據刑部議定私販洋鎗照私造鳥鎗例同科，所有地方官失察私販洋鎗處分，自應比照失察私造鳥鎗之例辦理，毋庸再議專條。應請飭下各該督撫，嚴飭地方官實力查禁。如地方官奉行不力，即照失察鳥鎗之例，一律查參議處。

兵部出語

兵部查例載：『鳥鎗一項，除各省營汛操演，及奏明准留捍衛地方者，照舊存留外，其餘俱不准存留。令地方武職員弁實力稽察。如平時失察，能遇案查拏，連械起獲懲辦者，該管各官免其議處。』又，『民間私藏鳥鎗，地方官失於查拏，别經發覺，一年内失察一次者，該管官降一級留任，兼轄官罰俸一年；失察二次者，該管官降一級調用，兼轄官降一級留任。至近山濱海地方，必應存留鳥鎗守禦者，報明地方官，於槍械上鏨刻姓名編號，立册存案。倘不報官編號，私自收藏，地方官如能遇案查拏，連械起獲懲辦者，免其議處。失於查出，別經發覺者，將該管官罰俸一年』各等語。臣等復查民間私藏鳥鎗，地方武職失於查拏，例有議處專條。現據刑部議定私販洋鎗照私造鳥鎗同科，所有地方武職失察私販洋鎗處分，自應比照失察私藏鳥鎗之例辦理，毋庸另議專條。應請飭下各該督撫，嚴飭地方武職，實力查禁。如奉行不力，即照失察鳥鎗之例，一律查參，送部議處。

奏駁御史條陳明烟禁

湖廣司　同治九年　私出外境及違禁下海

謹奏爲遵旨議奏事。同治九年閏十月拾六日，内閣奉上諭：『御史劉瑞祺奏敬陳時務一摺，着該部議奏。欽此。』查御史陳奏各條，除通壽庫帑等款應由户部等衙門議奏外，其烟禁宜申明一條，臣部謹就該御史所奏，悉心核議。查原奏内稱：今日牢不可破之藴毒，莫如鴉片。從前例禁本嚴，自厘税收而禁弛矣。從前僅出西洋，自内地種而價廉害溥矣。以中國之地，爲西洋變以養人膏壤，植此害人孽根，殊堪痛恨。夫不能禁外之勿來，究可禁内之勿取。不能禁入之勿售，究可禁地之勿生。昔周公作酒誥，飲之罪至不赦。鴉片爲禍，視酒何如？值此濡染既深，自應挈領提綱，同效轉移之力。應請誥諭通行，專示以食之、種之二禁，自官吏兵丁始，官食煙，許同官揭之，立能罷其職；吏食則許官查之，立褫其役；兵丁食，則許將領查之，立除其糧。種之禁則由地方官訪查，犯者懲究，立將其地充公，並治族鄰以隱匿之咎。但使防範有年，藴毒自可漸解等語。查道光年間舊例：『凡軍民人等吸食鴉片烟，並栽種罌粟等花，收漿制造烟土，或熬膏售賣者，俱擬絞監候。其栽種罌粟等花，尚未收漿制造烟土、熬膏售賣者，分别首從，擬以軍流。』嗣於咸豐九年間，因上海議定税則，洋藥准其進口銷售，經步軍統領衙門奏明，准商民報税出賣，並酌擬售賣洋藥章程。聲明如有開館聚集者，問係官員、兵丁、太監人等，仍照舊例治罪。其售賣洋貨商人，仍不准在鋪内開館，招集閑人。如獲有此等匪人及商民聚集者，照開館聚賭例送部治罪等因，奏准咨行臣部，查照辦理。經臣部先後奏明，將新、舊各例參酌畫一。所有官員、兵丁、太監興販、收買、吸食洋藥，及旁人訐告洋藥案件等條，仍照各律例治罪。私開烟館，照賭博例治罪。在館吸烟之人，照違制律杖一百。其餘烟案舊例，均經删除等因，奏准纂入例册遵行。同治七年八月間，臣部尚書鄭於前署山西巡撫任内奏，請將栽種罌粟酌定科條一摺。經臣部以洋藥從前舊例，但經販賣、吸食，均應擬以絞候，故栽種罌粟等花罪名，亦分别已、未收漿售賣從而加重。今而洋藥既准商民人等報税出賣，即在館吸食之人亦罪止杖責，則栽種罌粟治罪舊例已在删除之列，自不便仍行引用。惟該署撫所奏，究屬有妨民食起見，當經會同户部，擬請自同治八年爲始，一概嚴禁栽種罌粟花等類。如違禁私自栽種者，即比照在館吸食鴉片烟，按違制律杖一百。若核其畝數過多，情節較重者，酌量加以枷號等因，奏准通行，各在案。是吸食與栽種各有治罪專條，辦理無虞輕縱。若如該御史所奏，官員、兵丁吸食僅止罷職除糧，且官食即許同官禀揭，不特與現行擬絞例文輕重懸殊，亦恐開挾嫌訐告之端。事屬窒礙難行，應毋庸議。並栽種罌粟等花，不過小民嗜利恒情，現經奏准，酌量擬以杖枷，已足示懲。且自栽種以至收割，閲時已久，其地又在曠野，連畦成畝，一望而知，尤屬衆目共觀，與别項作奸犯科行迹詭秘者絶不相同。地方各官，於此等情節，豈竟毫無聞見，如果認真稽查，實力奉行，即無難禁絶根株。若徒視法令爲具文，雖嚴定科條，亦不過虚應故事。空懸一治罪之文，轉爲地棍、衙蠹開需索包庇之門，似屬無裨實務。所有該御史奏請犯者將地充公，並治族鄰隱匿罪名之處，亦毋庸議。仍請旨飭下各省督撫、將軍、都統、府尹，按照臣部前奏通行，督飭所屬，實力奉行。庶不至有名無實，而錮習亦可漸返矣。所有臣等遵旨議奏緣由，謹恭摺具奏請旨。同治十年正月十八日奏，本日奉旨：『依議。欽此。』

四川司 光十二　衝突儀仗

查已革頭等布璊什里，因札薩克鎮國公烏凌阿病故無嗣，其母欲將烏陵阿之兄長子索特那木旺齊勒承繼。伊與塔布囊喝勒律等以索特那木旺濟勒私用假銀、搶奪婦女被控有案，聯名在盟長處呈遞。嗣聞索特那木旺濟勒襲爵，於光緒十一年十二月來京赴理藩院呈控，遞解回旗查辦，中途脱逃，復行叩閽。經本部以按照衝突儀杖例，已應擬軍，惟該塔布囊原呈内有控陳有禮等尅扣兵餉、擅賣倉糧、吞帳不發各情，奏明將布璊什里革去頭等塔布囊，解交該盟長，傳集被控人等質訊，據實查辦，如所控屬實，仍應治以衝突儀杖之罪。倘另有别情，即行從重定擬等因在案。兹據該盟長咨稱：布璊什里所控數款内，辦賑未放一節，查明屬實。惟連朱勒並未侵吞私出倉糧一節，係該公借出，接濟貧苦，並非陳有禮擅賣。至所派兵餉，係該扎薩克印官等經手收管，出入皆有擋可憑，陳有禮並無侵吞。又布璊什里另案被塔子溝司員衙門勘押，牽涉富金瑪哈什里等，及叩閽呈内錯寫年月。伊供殷七、張言等勾串一節，係屬錯寫，及聞言牽涉所致，均尚事出有因。現在布璊什里衝突儀仗擬軍之處，是否送京辦理，抑或送交何處，發往何省，並應賑借款未發，該公業已身故。伊母孀婦王祥委辦喪事，復遇荒年，全行補賑，可否擬准，或應如何辦理，咨部示覆等因。本部查已革塔布囊布瑺什里呈控陳有禮等尅扣兵餉、擅賣倉糧、賄串嚴押各款，既據該盟長查訊明確，均係事出有因，與平空誣告者不同，自應仍照原擬，依衝突儀仗例科斷。惟該塔布囊係屬官犯，且係奏交審辦之案，未便率行資結。應由該盟長呈明熱河都統，查照奏定章程，奏明將布瑺什里發往新疆，效力贖罪，毋庸送京辦理，以符定制。至已故公烏陵阿支借税銀，應賑未放。據稱其母孀婦王祥委辦喪事，後遇荒年，全行補賑。究竟用過支借税銀若干兩，曾否賑完，應令該盟長解查數目，報明熱河都統，一並奏明辦理。相應答覆卓索圖盟長可也。

四川司　衝突儀仗

查塔布囊布瑺什里叩閽一案，前經本部奏明，將布瑺什里革去頭等塔布囊，照衝突儀仗例擬軍。因該犯牽控陳有禮等尅扣兵餉、擅賣倉糧、吞賑不發各情，解交該盟長訊辦。嗣據該盟長咨稱：查明布瑺什里所控各情，惟辦賑未放一節屬實。其餘均係事出有因，與平控誣告者不同。自應仍照原擬，依衝突儀仗例擬軍。經本部以該塔布囊係屬官犯，且係奏交審辦之案，未便咨結，應該由盟長呈明熱河都統，查照奏定章程，將布瑺什里發往新疆，效力贖罪，毋庸送京辦理。至已故公烏凌阿支借税銀，應賑未放一節。並令該盟長詳查，報明熱河都統，一並奏明辦理等因在案。茲據該都統咨稱：該盟長僅將布瑺什里解案，並無原供。提訊布瑺什里，供稱，所控各節，均係實情。如誣，情甘認罪等語。除飭該盟長速將案内被證傳齊解審，並咨部將原案呈詞抄録咨覆，以憑核辦等因。查塔布囊布瑺什里叩閽妄訴，前經本部將該官犯依衝突儀仗擬軍，係屬照例辦理。其牽控陳有禮等各情，經本部奏明，將該官犯連原呈解交該盟長審辦。並非本部擬結之案，無憑抄録。茲准前因，應由該都統劄行卓索圖盟長，調取原呈核辦，相應咨覆該都統可也。

逆犯趙保承等罪名　江蘇司　同治三年　謀叛

爲片覆事。准欽差王大臣咨送，訊明逆犯趙保承即二喇嘛，並將供出之高二等，暨容留居住之常三喇嘛等供詞咨部，查照律例，定擬罪名等因。本部查律載：『謀叛但共謀者，不分首從皆斬。』又例載：『身犯兩項罪名，援引各律各例俱應斬決者，加擬梟示。』又律載：『知人犯罪事發，藏匿在家，不行捕告，及指引道路，送令隱匿者，減罪人罪一等。』又：『不應爲而爲，事理重者，杖八十。』各等語。此案趙保承，先與白凌阿搶劫得贜，按强盗不分首從律，罪應斬決。嗣被才寶善裹去，復聽從與官兵打仗，按謀叛律亦罪應斬決。二罪相等，從一科斷。趙保承即二喇嘛，合依謀叛但共謀者不分首從皆斬律，擬斬立決。係身犯兩項罪名，援引各律，皆俱應斬決，應照例加擬梟示。高二即孟克，雖不知趙保承謀叛情事，惟明知趙保承同白凌阿在各處騎馬搶劫，輒託扎瀣阿將其薦至府内傭工。迨趙保承聞拏辭散，復令跟人寫給信函，令其投往張家口葛瓦即謝姓傭工，扎瀣阿因高二囑託，將趙保承薦在府内喂馬。經高二將趙保承在口外同騎馬賊搶劫告知，彼此互相隱藏。高二即孟克、扎瀣阿均應照知人犯罪事發，藏匿在家，不行捕告，及指引道路，送令隱匿，減罪人罪一等律，於趙保承斬罪上各減一等，杖一百、流三千里。情節較重，應從重發往黑龍江安插。阿必達拉嗎聽從高二代寫蒙古字信一封，將趙保承薦往張家口葛瓦店内居住，應照不應重律杖八十，酌加枷號一個月。遜錐即常三喇嘛，容留趙保承在廟内居住，並不查明來歷，亦有不合，應照不應重律杖八十。餘犯並無罪名可科，其家屬緣坐之例另行録送。惟均係蒙古，應否會理藩院，應由貴王大臣酌核辦理可也。

查律載：『謀叛，妻妾子女給付功臣之家爲奴，財産入官。』又本部向辦成案，律應緣坐叛犯之妻妾子女，定律給付功臣之家爲奴者，均比照謀反例，其余律令緣坐。男犯發往新疆，給官兵爲奴，婦女發各省駐防，給官員兵丁爲奴。

謀叛更屬毫無疑義，聲明李顯謀雖經自盡，請旨仍戮屍梟示。匡世明即行正法，一並梟首示衆。並附片以李顯謀係屬在外游蕩爲匪，伊弟副貢生李成彬等尚能安分讀書，所有該犯親族人等，應請免其查辦等因，具奏前來。查例載：『閩、粵等省不法匪徒，潛謀糾結，復與天地會名目搶劫拒捕者，首犯與曾經糾人及情願入夥希圖搶劫之犯，擬斬立決』等語。又上年臣部奏定章程：『拏獲會匪，如訊係爲首開堂放飄，及領受飄布，展轉糾夥，散放多人；或在會中名目較大，充當元帥、軍師等名目，勾通教匪，煽惑擾害者，一經審實，即照章就地正法。傳首犯事地方，懸桿示衆』等因，奏准通行各省遵照在案。此案李顯謀即李洪，係因案正法已革提督李世忠之子。據湖北拏獲匪首高得華等，及獲案之洋人細崽徐春庭等供稱，長江各會匪頭目，皆奉李世忠之子李洪爲總頭目。欲爲父報仇，託匡世明等，轉託洋人購辦軍火，約期起事。各處咨電，匪供皆出一轍。其紅少爺之稱地虎之名，曾據該犯自行供認有案。現又據匡世明確切供明，李鴻爲李世忠親生次子。並將該犯出資商購軍火，圖謀不軌各節，歷歷供指。雖未取有李顯謀自認供詞，惟既據該督聲稱李洪即李顯謀爲此案巨魁，已屬確鑿有據。現經審訊明確，皆由李顯謀出資購辦，圖謀滋事，實屬罪不容誅。雖經自盡，仍應明正典刑。匡世明既係匪中頭目，又與李顯謀同惡相濟，亦屬法無可貸。應如該督所奏，請旨將李顯謀戮尸梟示。匡世明即行正法，一並梟首示衆。該督奏稱：徐春山、除春庭因係美生細崽，曾嗚率等欲圖串購軍火，邀令入會，情罪稍輕。將來緝獲曾嗚率等，尚須質訊，應請均行監禁備質。匡盛斌訊無爲匪情事，仍交湖北委員解回湖北，由湖廣督臣張之洞酌核辦理。李顯謀係收禁江甯府監，該檢校丁昌松於發交此等監禁重犯並不小心看管，致令服毒自盡，實屬疏於防範。除將丁昌松先行撤任，批示臬司，飭提刑禁人等審訊，照例詳辦。又附片奏稱：李顯謀查係時常出外，家業爲之蕩然。其諸弟均係異母，分炊而居。又准湖廣督臣張之洞電稱，李世忠之妻頗明大義等語。臣查光緒十七年六月間，欽奉諭旨，查辦會匪，解散脅徒。仰見聖恩寬大，予以自新。今李顯謀係屬在外游蕩爲匪，伊弟副貢生李成彬等，聞尚能安分讀書，核與裕寬等先復咨電相同。所有李顯謀親族人等，應請免其查辦，以別良莠等語，均應如所奏辦理。再，此案於三月二十五日交出到部，係刑部主稿，合並聲明。所有臣等會同速議緣由，謹恭摺具奏請旨。光緒十九年四月初六日奏，奉旨：『依議。欽此。』

偷竊行宮綢幔等物 直隸司 同治六年 刪 盜内府財物

查例載：『偷竊各省行宮乘輿服物，爲首者擬絞監候』等語。此案李連充當半壁店行宮内圍兵丁，輒因貧獨竊行宮内存放綢幔等物。既據該總兵訊有供詞，贓證確鑿，奏奉諭旨，著臣部查核案情，按律定擬具奏。自應照例問擬，李連應革去兵丁，銷除旗檔。合依偷竊各省行宮乘輿服物，爲首者擬絞監候例，擬絞監候，秋後處決。該總兵奏稱：外圍值班目兵李永喜，於巡查時曾見李連在東膳房墻下伏卧，從此根究，案因破獲。該目兵巡查似屬得力，應請免其置議。其内圍值宿兵丁，疎於覺察，應由奴才轉飭嚴懲等語，均應如該總兵所奏辦理。再，該總兵奏稱：署秋瀾村内圍千總李永和有典守之責，外圍淶水營經制外委王霖泉有巡邏之責，存物被竊，均有應得之處。但事前雖未能預防，事後尚知愧奮，於一月内訪獲賊犯。可否俟刑部奏結時，將該弁等應得處分量予寬減，出自聖恩等語。恭候命下，臣部移咨兵部照例辦理。再，此案於五月初九日抄出到部，合並聲明。所有臣等遵旨定擬具奏緣由，謹恭摺具奏請旨。

奏駁御史奏請監守盜完贓不准免罪

直隷司　同治五年　監守自盜倉庫錢糧

謹奏爲遵旨議奏事。同治五年五月二十六日内閣奉上諭：『御史佛爾國春奏，請將侵蝕餧養牛羊豆石之易州已革書吏魏佩汶等追贓不准免罪一摺，著刑部議奏，欽此。』欽遵抄出到部。臣等查該御史原奏内稱：竊據尚書宗室綿、侍郎毛奏，審明易州已革書吏魏佩汶等侵蝕餧養祭祀牛羊豆石一案。將該犯等比例分別擬以流徒，聲明勒限一年，完贓免罪等因。奉旨：『魏佩汶、魏沅利俱交該州照例監追，限滿有無完繳，分別辦理。欽此。』伏查例載：『監守盜倉庫錢糧入已，數在一百兩以下者，問擬准徒五年。其數在一百兩以上至三百三十兩，杖一百、流二千里。勒限一年，如限内全完，流徒以下免罪』等語，係指尋常監守自盗入已者而言。此案魏佩汶、魏沅利，經該州派管收支餧養牛羊豆石，明知係恭備祭祀，應薦牲牢口分，乃敢任意侵蝕，與尋常侵盗不同。且圈書魏成泰等侵蝕公項，於上年斥革，擬罪未及一年，復敢接踵效尤，更屬目無法紀。若予完贓免罪，殊不足以昭誠敬而戒將來。請飭下刑部，咨行直隷總督，俟該犯限内追繳全完，仍照例定地起解，不准寬免，以重祀典而儆效尤等語，自係爲慎重祀典起見。惟查本年四月間，欽差臣部尚書、宗室綿、吏部左侍郎毛，查辦奉恩輔國公純堪奏參擠奶人廣益稟控圈書尹順尅減牛羊口分一案。原奏内稱：據六圈書吏徐定保等供稱，禮部供用祭祀牛羊，每日餧養豆草，均由易州按日送交。餘剩豆草，年終例應繳還。易州核算報銷牛羊口分，雖有定數，而餧養必須增減得宜，方期肥壯。因而所領豆草，積有盈餘，變價存公，以備採買。黑牛菓品例價不敷，及雜項公用之費，曾於道光十六年，經前任守護陵寢大臣奕湘等立稿存案。上年圈書魏成泰等，因於支發公項外，均有侵蝕，斥革擬罪。伊等於七月接充圈書，正值中元大祭，辦公緊急，無款可籌，隨向易州草廠書吏魏佩汶指將來餘剩豆草，講定價值，預支錢文，均經回明本管官辦理。自上年七月至本年三月止，六圈共領豆六千二百六十石零。實餧豆一千八百七十餘石，內折給草廠豆二千三百九十石，下餘豆石，徐定保等自賣。內有託草廠散書魏沅利轉賣豆五百五十石，魏沅利按議定價值付給，從中侵用錢一百六十千。各圈書折給草廠者，均係照議定價值付給。其自行變賣者，報官入賬，均按與草廠議定價值開寫所餘錢文，伊等侵用，不敢回明本官。其支發公項，除津貼菓品外，其餘一切雜項，俱係因公使用。內中各有長墊錢文。並據魏佩汶供稱，伊與各圈書議價，每豆一石作價三千二百文及三千文不等，回稟本官，捏稱三千三四百文，每石伊從中侵用錢一二百及三百餘文不等，共計侵用京錢四百七十七千屬實。聲明魏佩汶、魏沅利俱充當易州書吏，派管收支豆草，即有監守之責，均應按例問擬。將魏佩汶革去書吏，照監守盜倉庫錢糧入已，一百兩以上至三百三十兩杖一百、流二千里例，擬杖一百、流二千里。魏沅利革去書吏，照一百兩以下至四十兩准徒五年例，擬杖一百，准徒五年。俱交該州照例監禁，限滿有無完繳，分別辦理。徐定保等充當各圈書吏，將盈餘豆草折價辦公，尚無尅減浮冒情弊。惟於豆石變價內，各有侵用錢文，應照監守盜例，計贓治罪。該犯等墊辦公項錢文，未經發給，核計扣底有餘，應照限內完贓例，免其治罪，仍革役等因，奏結在案。臣等查例載：『監守盜倉庫錢糧，數在一百兩以下至四十兩，照本例問擬准徒五年。其自一百兩以上至三百三十兩，杖一百、流二千里。勒限一年追完。如限內全完，流、徒以下免罪。若不完，再限一年。全完者減一等發落。如不完，流、徒以下即行發配。完贓減免之犯如再犯贓，俱在本罪上加一等治罪。』又，名例律載：『稱主守者，該管文案吏典專主掌其事，及守掌倉庫獄囚雜物之類，並爲主守』。各等語。詳繹律意，凡係經管官物，有管領典守之責者，皆謂之監守，所包者廣。律內既未指明何者爲尋常監守自盜，何者非尋常監守自盜，自未便强爲區分。蓋以贓定罪之案，所重在贓。故責令完贓，使公項不至無著。但能依限完繳，即准免罪，所以爲完贓者勸。此案已革易州書吏魏佩汶、魏沅利，係於餧養牛羊豆草盈餘變價存公項下侵用錢文。查此項錢文，係餘豆變價存公支發雜項公用之費。既與牛羊口分無干，即與祀典無涉。惟該犯等派管收支豆草，均有監守之責，尚書、宗室綿等將該犯等依監守盜分別問擬流徒，交該州監追，限滿有無完繳，分別辦理，係屬照例定擬。若如該御史所奏，完贓不准免罪，則該犯等明知完贓無益，勢必彼此觀望，不肯交贓，與公項殊無裨益。況完贓免罪之例，係指一年限内全完者而言。如一年不完，再限一年全完者，仍須減等發落，不在免罪之列。減免之犯，後再犯贓，又加一等治罪。定例非不足以示懲。尚書宗室綿等原奏，僅稱限滿分別有無完繳，照例辦理。是該犯等完贓之後，應仍照例計核是否一年限内，分別辦理，非不論限期完贓，一概准免罪也。再，此案與上年辦過圈書魏成泰等侵用公項錢文，完贓免罪之案，事同一律，亦未便辦理兩歧。魏佩汶、魏沅利應請仍照原擬，勒限監追，俟限滿有無完繳，分別辦理。儻完贓減免後，如再犯贓，應照例於本罪上加一等治罪，以示懲儆。該御史請將魏佩汶等追贓不准免罪之處，應毋庸議。再臣部尚書、宗室綿原辦此案，是以未經列銜。所有臣等核議緣由，是否有當，謹恭摺具奏請旨。

張琛案 奉天司　光緒三年　監守自盜倉庫錢糧

查律載：『監臨主守將係官錢糧私自借用者，以監守自盜論。』又，例載：『監守盜倉庫錢糧入已，數在一百兩以上至三百三十兩，杖一百、流三千里。』又，律載：『官吏非奉上司明文，因公科斂所屬財物者，雖不入已，杖六十。贓重者，坐贓論』。又：『官吏人等，非因枉法、不枉法之事而受財坐贓致罪，各主者通算折半科罪。六十兩，杖八十，五百兩，罪止杖一百、徒三年。』又：『官吏枉法受財者，計贓科斷。二十五兩，杖七十、徒一年半，四十五兩，杖一百、流二千里，八十兩，絞監候。』又，名例律載：『受人枉法贓，知人欲告而首還者，亦得減罪二等。』又，例載：『以財行求及説事過錢者，皆計所與之贓，與受財人同科。無禄人，各減一等。如有首從者，爲首者照例科斷，爲從無禄人聽減二等。』又，例載：『官民人等告訐之案，如敢妄揑干已情事聳准，及至提集人證審辦，仍係不干已事，無論所告虛實，先在犯事地方枷號三個月，滿日發近邊充軍。』又：『審辦案件，其有實在刁健，堅不承招者，如犯該徒罪以上，仍據衆證情狀，奏請欽定。』又，律載：『制書有違者，杖一百。』又：『二罪俱發，從重者論，各等者，從一科斷。』又：『不應爲而爲，事理重者，杖八十。』又，例載：『現任職官有犯屢次聚賭，及經旬累月開場者，發往烏魯木齊等處，効力贖罪。』又：『奉天、吉林二省，如有設局放頭，開場聚賭，經年累月，以致奸宄託迹，釀成重案，將設局開賭之犯，照棍徒擾害例科斷。』又：『兇惡棍徒，屢次主事，行兇擾害良人者，發極邊足四千里安置。』又：『拏獲花會案犯，地保、汛兵若有賄庇情事，即照爲首本犯一體問擬。』又，律載：『斷罪無正條，援引他律，比附定擬。』又，例載：『開場聚賭，經旬累月，其租給房屋之房主，照容留旗民開場聚賭定例，分別治罪。房屋入官。』又：『開場誘引賭博，經旬累月，聚集無賴，放頭抽頭者，初犯杖一百、徒三年。存留賭博之人，初犯杖八十、徒二年。』又：『賭博不分兵民，俱枷號兩個月，杖一百。偶然會聚，開場窩賭，及存留之人，抽頭無多者，各枷號三個月，杖一百。』又：『回民行竊，結夥在三人以上，但有一人執持兇器，俱不分首從，不計贓數、次數，改發雲貴、兩廣極邊烟瘴充軍。若結夥雖在三人以上，而俱徒手行竊者，於軍罪上減一等，杖一百、徒三年。』又：『盜牛殺者，枷號一個月，發附近充軍』各等語。此案降調協領國詳，因辦公積欠小租税項，未奉上司明文，輒放照收錢，並按餉籌捐。其派佐領春和放照捐錢六千餘千，復商同佐領倭什琿、魁亮、驍騎校春瑞請客，按餉捐錢一萬一千八百餘千，均補還官欠，並未入已，亦非誆騙。按因公科斂通算，折半計贓，已逾五百兩，罪應滿徒。該員與委員全忠會辦案件，由税錢項下開付公館糜費錢三百四十餘千，核銀一百七十兩，係屬監守私自借用。按監守盜倉庫錢糧入已，計贓一百兩以上，罪應擬流。係二罪俱發，自應從重問擬。應如該侍郎所奏，國詳除因公科斂錢文，罪止滿徒輕罪，及私借二千五百千，業已補還不議外。合依監守盜倉庫錢糧入已，一百兩以上，杖一百、流二千里例，擬杖一百流二千里。係職官，應革職，從重發往新疆。照奏定章程，改發黑龍江當差，仍照例勒限監追完款，分別減免。如逾限不完，即行發配。該侍郎奏稱：『佐領倭什琿、魁亮、驍騎校春瑞復聽從國祥，商議請客，捐錢一萬一千八百餘千，春瑞復聽從協領貴昌放照，斂錢二千餘千。春和聽從國祥放照，按張按餉收錢七千二百餘吊。各通算折半，核銀均數逾五百兩。應均依因公科斂坐贓致罪，通算折半科斷。五百兩，罪止杖一百、徒三年律，均係爲從，應減一等，各擬杖九十、徒二年半。驍騎校雙喜奉委，帶同委筆帖式滿昌查丈地畝，輒因攬頭王緒恐將地畝丈出浮多，浼陸海等向該員賄求免丈，過付期票錢二千五百吊，該員收錢二千吊，分給滿昌錢五十千，兵役等錢二百五十千，開付鋪賬錢二百千，係屬枉法。計贓雖已逾貫，惟既聞控首還，律得減二等問擬。雙喜除丈地催租，由佃户攤派糜費錢五百六十千，坐贓罪止杖六十、徒一年輕罪不議外。應依受人枉法贓，知人欲告而首還，亦得減罪二等律，於應得絞罪上減二等，擬杖一百、徒三年。同倭什琿、魁亮、春瑞、春和均係職官，應俱革職，往軍臺効力贖罪。委筆貼式滿昌，跟隨雙喜丈地，分受王緒錢五十千，核銀二十五兩，依枉法贓，應杖七十、徒一年半。既同雙喜聞控首還，律得減二等，於杖七十、徒一年半罪上減二等，擬杖一百，即行斥革，永不叙用。王緒於委員丈地時，恐丈出浮多，央人賄求免丈，按以財行求例，應與受財之雙喜同科。係無祿人，應與雙喜滿徒罪上減一等，擬杖九十、徒二年半，仍追贜入官。陸海、候得林聽從王緒央求，説事過錢，應照爲從無祿人聽減二等例，於雙喜滿徒罪上減二等，各擬杖八十、徒二年。防禦祥德丈地，受於焯堃等糜費錢二百五十餘千，核一百二十五兩零。應照官吏人等非因枉法、不枉法受財坐贜致罪，各主者通算折半，六十兩，杖八十律，擬杖八十。休致協領巴林保丈地，因口分無出，由佃户攤派糜費錢六十千，核銀三十兩，折半坐贜，僅應擬笞，係屬輕罪。應依因公科斂所屬財物，雖不入己，杖六十律，擬杖六十。同祥德均請交部議處。四品官王壽昌於奉派總丈地畝，輒因以前丈地行繩，致起争訟，擅自議定毋庸行繩，僅令佃户自報，雖亦報有浮多，究屬違制擅專。王壽昌除審辦石均兆等與雙喜互控案件，未能審出實情輕罪不議外。應依違制律，擬杖一百，請旨即行革職。已革佐領全忠，奉派查辦温廣成等控案，訊無受賄别情，其與協領國祥會辦案件，經國祥開付公館糜費錢三百四十餘千，按官吏人等受人之財，坐贜罪，應擬杖。惟該革員業因另案擬發軍臺，因追項未交，致未起解，應免再科，飭令趕緊交項起解，革員於焯堃、舉人金毓桂，各將報領荒地分劈另佃，内中雖有照原價多得錢文之處，詢訪各荒攬頭，多有如此辦法，似未便科以盜賣之罪。至該革員等餘賸荒地，有無浮多，未便據供核辦，應俟丈明辦理。惟該革員等因修理考棚籌捐，輒與協領國祥等籌捐補款，商同請客捐辦，雖係各捐各項，究屬不應。於焯堃、金毓桂應照不應重律，各擬杖八十。於焯堃折責發落，金毓桂係舉人，照例納贖等語，均應如侍郎所奏辦理。查倭什琿等事犯在同治十三年十一月十五日恩旨，並光緒元年正月二十日恩詔以前。雙喜係受人枉法贜，知人欲告首還，減等擬徒，在不准減免之列，應不准減免。倭什琿、魁亮、春瑞係因公科斂，坐贜折半，爲從減等擬徒，不在不准援免之列，與滿昌、祥德、巴林保、王壽昌所得杖罪，均准援免，俱係職官，恭候欽定。祥德、巴林保仍交部議處。王緒係以財行求，減等擬徒。陸海、候得林係聽從説事過錢，減等擬徒，均准援免。後再有犯，加一等治罪。於焯堃、金毓桂所得杖罪，亦准援免，金毓桂並免納贖。國祥、春和事犯在後，均毋庸查辦。再，該侍郎奏稱：原告石均兆云云，罪有應得，業俱身死，應毋庸議。仍請飭下刑部，就近將該副都統崇歡家丁劉洛三、姚洛二，及與張琛寫呈之劉姓傳案，分别究辦。張琛所控云云，獲日另結等語。查回民金獄詳糾邀楊得才，與逸犯李廣發，夥竊郭姓牛二條宰殺，照例應將爲首之金獄詳枷號一個月，發附近充軍，爲從之楊得才等減等擬徒。有例向不用律，該侍郎聲稱按盜牛而殺律，罪應滿徒，引斷殊未允協。惟檢查供招，該犯等所盜牛隻宰殺，係屬乳牛，與偷宰大牛有間。按向辦盜乳牛宰殺成案，應於軍罪上量減擬徒。既據該侍郎聲稱，該犯等另犯回民結夥三人以上，俱徒手行竊者，於軍罪上減一等，杖一百、徒三年例，各擬杖一百、徒三年。應如所奏辦理，仍盡盜年宰殺減等本法，枷號二十五日，而刺『竊盜二字。該侍郎聲稱於右臂刺字之處，應毋庸議。至前任副都統崇歡家丁劉洛三、姚洛二，經臣部咨行鑲黃旗滿洲都統，飭令該副都統交出。旋據該旗取具崇歡親供、聲稱家丁劉洛三、姚洛三俱係雇工，於上年十一月回京後已散去語。所有該副都統崇歡家丁劉洛三、姚洛二，及與張琛寫呈之劉姓，暨案内各逸犯，應令吉林將軍飭緝務獲究辦。餘均如所奏辦理。該侍郎又稱，暫革署佐領、防御依勒杭阿等承緝要犯戴成等，雖訊無賄縱捏飾情弊，惟於奉命後，並不嚴密查拏，輒先冒昧結稟，實屬緝捕不力。除依勒杭阿門中餘慶德等，因縱賭收錢另行擬辦外。應請旨將依青阿託克通額原參暫行革職處分，准予開復，仍交部議處。暫革佐領富成阿，經前任將軍穆圖善派同原告張琛前赴阿勒楚喀查訪賭局，業據稟明，查得屋内寶門尚在，並起出寶按一架，以先設有賭局形迹。及奴才提傳質訊，因其供詞閃爍，恐係意存翻異，奏請將該員暫行革審。兹復研訊，據供與原禀相符。詰以前情因何與原稟不同之處，聲稱因前次提審時，感受風寒，心神不定，原禀情節一時記憶不清，不敢扶同隱瞞等語。查該革員奉派查訪賭局，爲日不久，輒稱記憶不清，含混具供，致與原稟不符，雖非有心狡執，實屬辦事顢頇。應請開復暫行革職處分，仍交部議處。前任副都統崇歡係專閫二品大員，於家丁勾串屬員縱賭收錢毫無覺察，實難辭咎。應如何量予處分，恭候聖裁。委協領慶德，訊無知情縱賭收錢情事。惟去冬桂林等在街偷設賭局，該員奉派兼查街之衔，失於查拏，亦請交部議處等語。至防禦祥德，休致協領巴林保所得杖罪，恭逢恩詔，雖准援免，仍應交部議處。恭俟命下，臣部移咨兵部，照例辦理。再，此案於二月十七日抄出到部，因詳核例案，未能依限具奏，合並聲明。所有臣等核議緣由，謹恭摺具奏請旨。

陝西司　光十一　監守自盜倉庫錢糧

查例載：『監守盜倉庫錢糧一千兩以上者，擬斬監候。一年限内不完，再限一年。勒追全完者，死罪減一等發落』等語。此案已革同知文秀侵挪公款銀九千餘兩。該革員承辦支應，即係監守自盜。今已追交全完，係在二年限内，自應照例減等問擬。文秀合依監守盜倉庫錢糧一千兩以上斬監候，再限一年追完者，死罪減一等例，杖一百、流三千里。事犯到官，在光緒十一年正月初四日恩旨以前，係監守盜倉庫錢糧，二年限内全完，減等擬流，應准減爲杖一百、徒三年。係職官，應請發往軍臺効力贖罪。仍恭候欽定。再該大臣奏稱：查出離營委員花翎鹽運使銜候選知府周士適串通文秀私借公款銀八百兩，合夥開設生意，奏參革職追交。該革員業將私借公款銀八百兩分爲兩次如數繳清，歸於文秀虧空案内收款訖，應請一並結案。可否將已革花翎鹽運使銜候補知府周士適隨案開復原官等語。查周士適既據該大臣查明係私借公款，並非串通侵盜，業將借款如數繳清，似可開復原官。恭候命下，臣部移咨吏部照例辦理。

兵丁偷竊庫銀 山西司 光緒五年 常人盜倉庫錢糧

查例載：『竊匪穿穴壁封，竊盜庫銀得財，首犯數至一百兩以上者，擬絞監候。爲從一百兩以上，杖一百、流三千里。』又，律載：『主守倉庫應直不直，應宿不宿者，各笞四十。』注云：『不直宿而失盜，自有本律科罪。』又：『盜物出倉庫不覺者，守把之人減盜罪止杖一百』各等語。此案馬兵閻錦富，因向看守銀庫更兵劉如海借貸未給，劉如海讓伊搬在更房住宿，輒因貧起意，商允劉富山偷竊庫銀，乘劉如海出城未回，令劉富山從銀庫後墻挖孔趴進庫内，盜出大元寶三錠，小元寶十五錠，碎銀一包，共計重銀三百兩，各分一半。閻錦富復慮恐搜查，將大元寶三錠給劉富山出城埋藏。劉富山將小元寶兑换碎銀，被人窺破，報案獲犯，供悉前情。該大臣以科城軍營地方律例不全，未敢擅擬，請旨飭部查核定擬。臣等查，兵丁閻錦富起意商允劉富山盜取庫存銀兩，計重三百兩，各分銀一百兩以上，訊無監守之責，應各以常人盜論。既據該大臣研訊明確，自應按例問擬。閻錦富合依竊匪穿穴壁封，竊盜庫銀得財，首犯數至一百兩以上者，絞監候，秋後處決。劉富山合依爲從一百兩以上，杖一百、流三千里例，擬杖一百、流三千里，右面刺『盜官銀』三字，定地發配，至配折責安置。該大臣奏稱：看守銀庫值更兵劉如海雖訊無謀夥竊情事，惟於銀庫重地，竟敢託人照看，夜不歸營，以致庫銀被竊。按擅離職役律，罪僅擬笞。劉如海應革退馬兵，仍照盜物出庫，守把之人不覺者減盜罪二等，罪止杖一百律，擬杖一百，折責發落。其未起獲大元寶三錠，應令該大臣飭屬嚴密訪查務獲歸款。恭候命下，臣部行文該大臣，遵照辦理。再，此案於四月初七日抄出到部，合並聲明。所有臣等查核定擬罪名緣由，理合恭摺具奏請旨。

强盗贓迹未明 直隸司 同治四年 删 强盗

查例載：『鞫審强盗，必須贓證明確。如贓迹未明，招扳續緝，涉於疑似；或有續獲强盗，無自認口供，贓迹未明，夥盗已决無證者，俱引監候處决』等語。此案任有，聽從在逃之劉發等執持刀械，各騎馬匹，搶劫過客錢物。據該都統聲稱：此案首、夥各盗場未弋獲，又無事主報案。應如所咨，將任有比照强盗贓迹未明，招扳續緝，涉於疑似或續獲强盗，無自認口供，贓跡未明，夥盗已决無證者，俱引監候處决。俟緝獲首、夥各盗，並查傳事主到案，質訊明確，再行照例辦理。逸盗劉發等，應令該都統飭緝務獲究辦。再，該都統咨稱：如此案首夥盗犯始終無獲，將任有作何發落，一並核覆遵辦等語。查任有係因贓證未確，監候處决之犯。該都統自應速飭嚴緝逸犯，務獲究辦，毋得日久延宕，致令現犯久羈，案懸莫結。至案内之李寡婦，該都統僅稱容留分贓，並未聲明是否知情共謀。將該氏依窩藏例擬流，亦未允協。應令該都統再行研究確情，按律妥擬，到日再行核覆可也。

奉天搶奪之案 奉天司 光緒七年 删 白晝搶庫

奉天司：查例載：『奉天地方，匪徒科糾强奪，不論人數多寡，曾否傷人，執持鳥鎗搶奪者，不分首從，照響馬强盗例，擬斬立决，梟示』等語。兹據該署將軍以細核例意，重在執持鳥鎗。然執持鳥鎗，同起意爲首之犯，誠屬法無可貸，概擬斬梟，亦不爲重。若結夥不及十人，内有一人執持鳥鎗，將在場之夥犯亦同干斬梟，不特無所區別，且往往有執持鳥鎗之犯在逃未獲，夥犯到案供有執持鳥鎗之人。將執持尋常器械之夥犯，亦概照響馬强盗例問擬。揆諸情法，實未平允。蓋同一結夥持械搶奪，在他省聚衆不及十人，而數在三人以上者，尚分有無動手捆縛按捺，擬以斬决、發遣。獨奉省則但有一人執持鳥鎗，其餘夥犯不論持何器械，有無威嚇情事，均未能量邀末減，未免立法過重。可否將此條例文，量爲變通。嗣後奉省匪徒糾黨搶奪之案，或騎有馬匹，或執持鳥鎗、洋鎗，與爲首之犯，均照響馬强盗例，擬斬立决，梟示。其並未騎馬，執持尋常器械之夥犯，與夥衆搶奪，未經執持鳥鎗者，仍分別是否十人及三人以上，並有無倚强肆掠情形，均按照强奪本例，問擬斬决、發遣。如此則於創懲匪徒之中，仍寓明慎用刑之意。與其停止就地正法，尚多窒礙，莫若變通例文，而得所遵循等因。奏奉諭旨，著臣部議奏。臣等查，奉天搶奪案件，先於道光二十三年間，據盛京將軍宗室禧恩等奏請酌量加重問擬。經臣部議請：嗣後奉天地方遇有匪徒糾夥搶奪財物之案，如數在十人以上，或雖不及十人而人數已在三人以上，但經執持器械，倚强肆掠，兇暴衆著者，即照糧船水手搶奪之例，爲首依强盜律，擬斬立決；爲從俱實發雲貴、兩廣極邊烟瘴充軍等因，奏准遵行。尚較各省搶奪之例俱行加重。復據盛京將軍奕典奏：近來奉天結夥盜匪，不惟乘馬持械，並多執持鳥鎗，逞兇肆搶。較之執持弓矢軍械者尤爲兇暴。請嗣後奉天地方，凡遇匪徒糾夥搶奪之案，不論人數多寡，曾否傷人，但有一人執持鳥鎗者，即不分首從，照響馬强盜例，問擬斬決，梟示等因，奏奉諭旨允准。原因根本重地，匪徒敢於肆行無忌，故較之他省治罪特嚴。究係因時懲創，不爲永制。故同治九年修例時，經臣部聲明，倘數年後此風稍息，奏明仍復舊例辦理等因，纂入例册，遵行在案。本年七月間，御史胡隆洵請將盜劫之案，仍照舊例，分别首從辦理。經臣等查軍與以來，定有就地正法章程，各省相沿，供招或並不送部。是否難宥，抑或可原，臣部無從得知。奏請飭下各直省，體察情形，將夥衆持械强劫案件，仍照成例，分别題奏，不得先行正法。原冀漸復舊例。該署將軍所請，自亦爲詳核情罪起見。惟據稱奉省自剿平大股馬賊之後，伏莽尚多，值此邊陲未靖，盜劫之案層見叠出，不得不從嚴懲辦。就地正法章程，一時礙難停止。該省盜風尚未稍息，若因臣部有體察情形之奏，遽將奉天地方騎馬執持鳥鎗，糾夥搶奪匪徒，遷就從輕辦理，轉覺窒礙。臣等公同酌議：奉天地方，盜風既未稍息。其糾夥搶奪之案，應仍照同治九年定例辦理。所有該署將軍聲稱奉省匪徒糾夥搶奪，騎有馬匹，或執持鳥鎗、洋鎗，其並未騎馬，執持尋常器械之夥犯，均按照搶奪本例問擬之處，應毋庸議。仍令確查地方情形，俟盜風稍息，隨時奏明，仍復舊例辦理。再，此摺於九月二十日交到部，合並聲明。所有臣等核議緣由，理合恭摺具奏請旨。

議駁孫詒經條奏强盗罪名

河南司　同治五年　强盗

查律載：『强盗已行而但得財者，不分首從皆斬。』嗣於康熙五十四年欽奉諭旨：『凡强盗重案，著大學士會同三法司，將此内造意爲首及殺人者，於各本案内一二人正法，餘俱照例減等發遣。欽此。』雍正五年，經九卿遵旨會議：『嗣後盗案，將法所難宥，及情有可原者，分晰具題。』大學士會同三法司詳議，分别正法及發遣等因，於乾隆年間纂入例册遵行。迨咸豐二年間，臣部因京城地方盗風日熾，擬請『嗣後盗劫之案，一經審實，將法無可貸之犯，照律斬決，仍加梟示。』又，咸豐五年，據升任欽差工部右侍郎、宗室載齡奏强盗案件請從嚴辦理一摺。經王大臣會同臣部議請，『嗣後凡遇盗劫之案，仍依强盗已行但得財者，不分首從皆斬本律，俱擬斬決。其中把風、接贜等犯，雖未分贜，亦係同惡相濟，應照爲首之罪一律問擬，不得以情有可原量減，以昭炯戒。此外實在情有可原之犯，如年止十五歲以下，實係被人誘脅，隨行上盗者，仍照本例問擬。至尋常搶奪，人數無多，尚無兇惡情狀者，仍照本律本例辦理。如有聚衆持械，入室搶劫，威嚇事主，並在遠在野及江河湖港，但經聚衆，持軍器，倚强肆掠，兇暴衆著者，無論白晝、昏夜，均照强盗本律，不分首從，一概擬斬。其有實在被脅同行者，發黑龍江，給披甲人爲奴。』欽奉諭旨允准，通行各省，遵照在案。嗣於同治二年十一日間，據給事中王憲成條奏摺內，請將盗案内得財又傷人者，照新章從重，不論首從，一並斬決。如得財而未傷人，爲首依律斬決；爲從之犯，審係迫於饑寒，被人誘脅，在外瞭望接贜者，仍照舊例，分晰聲明辦理。經臣部以各省盗風未息，若朝廷開一寬大之典，宵小即萌一僥幸之念，謂夥犯得免駢首，不憚十百成羣，同惡相濟。將來到案時，皆藉口於在逃爲首，易啓開脱之漸，欲弭盗適以縱盗。議請『嗣後盗劫之案，仍照原定章程，依强盗不分首從律科斷』等因，奏奉諭旨：『依議。欽此。』通行在案。兹據國子監司業孫詒經奏稱：恭讀邸鈔，欽奉上諭，令刑部、順天府清理庶獄。臣聞弭災首在卹刑，治獄務求平法。夫改依本律嚴懲搶劫，爲近年盗案多也，顧自咸豐五年，以迄於今，行之已十餘年，而發盗案並不見少。可見弭盗之法，不在用法之嚴。伏思明火搶劫，顯干法紀，概予駢誅，原不爲過。乃列聖寬大之治，必分別首、從者，非以當時盗案尚少，可稍姑息也。蓋以盗劫之事，非首不行，嚴首盗之罪，使無敢造意爲盗者，又安得有從。且爲從而入室搜贜，則與首盗同科，爲從而僅把風接贜，則有發遣之罪，又何嘗不仁至義盡也。夫爲民立法，惟其平而已。法盡於此，而民猶不知畏，則當思民所以不畏法之故。而從欲峻法以懲之，究不足戢奸宄之萌，而聞刑部盗案，往往有無知小民，迫於饑寒，被誘入夥，實無兇惡情狀者。案情敗露，首惡在逃，此輩均罹法網。該堂司官未嘗不存哀矜惻怛之意，徒以格於成例，不敢重輕。請飭刑部，遇有尋常盗案，仍分別法無可貸，情有可原，改歸成例。至情有可原中，應如何酌量變通，以杜避就，並飭妥議具奏。欽奉諭旨，著臣部議奏。臣等查奏定强盗章程，原爲弭盗安良，縷靖地方起見。自應俟盗風稍息，再行奏明，仍復舊例辦理。現在京城盗劫之案，由各衙門奏請交部審辦者尚多。即各省盗案題奏到部者，亦復不少。可見盗風尚未能息，自未便遽行改歸舊例。臣等公同酌議，擬請『嗣後强盗案，仍照奏定章程，不分首從，一律問擬。如有實在情有可原，如年止十五歲以下，被脅隨行者，仍照本例問擬。』俟數年後查看情形，如果盜風稍息，再行奏明，仍復舊例辦理。該司請將尋常盜案改歸成例之處，應毋庸議。所有臣等遵旨議奏緣由，是否有當，謹恭摺具奏請旨。同治五年七月二十五日奏。奉旨：『依議。欽此。』

會議盜案章程 山東司 同治十二年 强盗

謹奏爲遵議盜案章程，請旨派王大臣會同妥議，以昭慎重，恭摺仰祈聖鑒事。同治十二年七月初二日，内閣奉上諭：『夏同善奏盜案刑例請仍復舊制一摺，著刑部議奏。欽此』。臣等查嚴定强盗章程，係於咸豐五年間，據升任工部右侍郎、宗室載齡奏請，欽奉硃諭：『著惠親王、恭親王、大學士、九卿等妥議具奏等因。欽此。』經王大臣議請嗣復盜劫之案，仍依强盗已行但得財者，不分首從皆斬本律，俱擬斬決。其中把風接贜等犯，雖未分贜，亦係同惡相濟，應照爲首之罪，一律問擬，不得以情有可原量減等因，奏准通行在案。嗣於同治八年，據調任工部右侍郎鮑源深奏稱：盜案原例，將法所難宥及情有可原者，分別正法、發遣，係列聖法外施仁之意。咸豐初年，粵寇猖獗，擾及畿輔，盜風因之肆張，京城明火之案叠出，故從嚴不分首從概擬重典，乃一時權宜之計。今髮、捻各匪一律蕩平，京城明火之案亦已漸少，請將盜案參酌律例，分別詳議罪名重輕等因。經臣部奏請欽派王大臣會議。欽奉諭旨：『著大學士、九卿，會同刑部妥議具奏等因，欽此。』旋據大學士等會議，以中外盜劫之案仍復不少，礙難遽行改歸舊例。所有盜劫之案，應仍照奏定章程，不分首從，一律問擬。俟數年後查看情形，如果盜風稍息，再行奏明，仍復舊例辦理等因，奏准亦在案。茲據侍郎夏同善奏稱强盗分爲法所難宥、情有可原者，豈故施法外之仁，誠以盜案從犯半皆饑寒所迫，抑或愚昧無知，雖入惡黨，而原情比擬，與首犯究有不同，故量爲末減，不忍概予駢誅。至咸豐年間，軍務煩興，盜風日熾，不得不猛以濟寬，故仍改依本律，此因時制宜之道。今天下以次肅清，盜風亦漸斂跡，視從前鮑源深請復舊制時情形，亦較然不同。覆奏摺内所謂俟數年後再行奏明辦理者，此其時矣。亦請將盜案刑例，仍照分別首從舊例辦理等因。臣等查强盗本律，原係不分首從皆斬。康熙五十四年欽奉諭旨：『凡强盗重案，著大學士會同三法司，將此内造意爲首及殺傷人者，於各本案内一二人正法，餘俱減等發遣』，於乾隆年間纂爲定例。盜劫案件，各該督撫嚴行究審，將法所難宥及情有可原者分晰於疏内聲明，大學士會同三法司詳議，將法所難宥者正法，情有可原者免死發遣新疆，給官兵爲奴。列聖深仁厚澤，恩施法外，自宜永昭遵守。咸豐年間，欽派王大臣將强盗案件奏明悉照本律，不分首從皆斬，不復以情有可原聲請。原因盗風日熾，不得不變通辦理。今自改例以後，將及二十年，各省軍務已經肅清，盗案較前漸少。該侍郎奏請仍歸舊例，係爲欽恤人命，規復祖制起見，所奏似屬可行。第强盗不分首從章程，係王大臣會議定擬。即議覆鮑源深摺内所稱俟數年後盗風稍息，奏明仍復舊例之語，亦係大學士、九卿會同臣部奏准。現在應否改歸舊制，臣部未敢遽行定議。自應仍請欽派王大臣等，會同臣部，悉心妥議，詳定章程，以昭慎重。所有臣等奏請緣由，謹恭摺具奏請旨。同治十二年八月初三日奏，本日奉上諭：『刑部奏遵議盗案章程，請派王大臣會議一摺，著派軍機大臣、大學士會同刑部妥議具奏。欽此。』

會議盗案章程 山東司 同治十二年

謹奏爲遵旨會議具奏事。同治十二年八月初三日，内閣奉上諭：『刑部奏遵議盗案章程，請派王大臣會議一摺，著派軍機大臣、大學士會同刑部妥議具奏。欽此。』復於初五日内閣奉上諭：『大理寺卿王榕吉奏，請將盗案仍照原律定擬一摺，著軍機大臣、大學士會同刑部歸入該部前奏遵議盗案章程摺，一併妥議具奏。欽此』。臣等議得：據兵部右侍郎夏同善奏稱，强盗分爲法所難宥、情有可原者，豈故施法外之仁，誠以盗案從犯，半皆饑寒所迫，抑或愚昧無知，雖入惡黨，而原情比擬，與首犯究有不同，故量爲末減，不忍概予駢誅。至咸豐年間，軍務煩興，盗風日熾，不得不猛以濟寬，故仍改依本律，因時制宜之道。今天下以次肅清，盗風亦漸斂跡，視從前鮑源深請復舊制時，情形亦較然不同。覆奏摺内所謂俟數年後再行奏明辦理者，此其時矣。請將盗案刑例，仍照分别首從舊例辦理。又據大理寺卿王榕吉奏稱：查原定刑律，强盗已行但得財者，不分首從皆斬。豈好爲嚴酷，正欲其有所畏而不敢犯，乃辟以止辟之義也。今雖軍務漸就平定，而伏莽尚多，未可以目前之安，視爲可從寬典。臣亦知網開三面，原屬好生之仁，然火烈民畏，勝於水懦民玩。使若輩果知强盗之有犯必誅，即知凡事可爲，而强盗斷不可爲。懲一而警百，豈非殺一人以生百人乎？使知凡人可從，而强盗萬不可從，爲强者少，即爲首亦少。從此大亂不作，其爲生全何可勝數。故生人而當謂之仁，殺人而當亦謂之仁。況現行之例，雖云强盗無分首從但得財者皆斬，其遇有情節可矜，像貌尚不甚兇者，地方亦每曲爲原宥，置諸不得財之例。犯人不認，即不復深究。各省盗案，題本所稱臨時畏懼不前，及忽而腹痛落後者，皆莫須有之事，不過借以貸其一死耳。好生之心，盡人皆有，惟既欲安良，必先除盜。臣爲預杜亂源起見，可否仍照原律定擬，切毋遽議更張，庶幾刑期無刑各等語。臣等查，刑部律載：『强盜已行而但得財者，不分首從皆斬。』嗣於康熙五十四年欽奉諭旨：『凡强盜重案，著大學士會同三法司，將此内造意爲首及殺傷人者，於本案内一二人正法，餘俱照例減等發遣。欽此。』雍正五年，經九卿遵旨定議，嗣後盜案，將法所難宥及情有可原者分晰具題，大學士會同三法司詳議，分别正法及發遣等，於乾隆八年纂入例册。二十六年，復經大學士會同刑部，議將夥盜曾經轉糾黨羽，持火執械，入室搜贓，並行劫已至二次等項，俱擬斬決，不得以情有可原聲請，續纂入例。較之從前例文，已經加嚴。迨咸豐二年間，刑部因京城地方盜風日熾，擬請嗣後盜劫之案，一經審實，將法無可貸之犯，照律斬決，仍加梟示。四年十一月間，據升任欽差工部右侍郎、宗室載齡等奏强盜案件，請從嚴辦理一摺。奉硃批：『此事朕早欲仍依本律辦理，尚未慮防弊之法。今載齡等既有此奏，著惠親王、恭親王奕訢、大學士、九卿等悉心妥議具奏。欽此。』經王大臣會同刑部議請，嗣後凡遇盜劫之案，仍依强盜已行但得財者，不分首從皆斬本律，俱擬斬決。其中把風接贓等犯，雖未分贓，亦係同惡相濟，應照爲首之罪，一律問擬，不得以情有可原量減，以昭炯戒。此外實在情有可原之犯，如年止十五歲以下，實係被人誘脅，隨行上盜者，仍照本例問擬。欽奉上諭：『立法貴乎因時，安良必先除暴莠。康熙、雍正年間辦理盜案，將法所難宥、情有可原之犯，分别正法、發遣。乾隆年間經大學士會同刑部，議將夥盜曾經轉糾黨羽等項，仍問擬斬決。參稽例意，原於法外施仁之中，仍寓除惡務盡之意。立法本極周詳，辦理無虞輕縱。無如地方官奉行不善，每辦一案，把風接贓之人，常倍於入室搜贓之盜。甚或將病故在逃之犯指爲法所難宥，緝獲之犯歸入情有可原。以致匪徒漏網，無怪盜風日熾。嗣後凡遇盜劫之案，著照王大臣所議，仍依强盜已行但得財者，不分首從皆斬本律，俱擬斬立決。其中把風接贓等犯，雖未分贓，亦係同惡相濟，著照爲首之罪，一律問擬。此外實在情有可原之犯，如年止十五歲以下，被人誘協隨行上盜者，仍照本例問擬。倘地方官仍蹈積習，或另設名目，巧爲開脱，一經發覺，即照諱盜例嚴行參辦等因。欽此。』欽遵通行各省，遵照在案。嗣於同治二年十一月間，據給事中王憲成條奏摺内，請將盜案内得財又傷人者，照新章從重，不論首從，一並斬決。如得財而未傷人，爲首者依律斬決。爲從之犯，審係迫於饑寒，被人誘脅，在外瞭望接贓者，仍照舊例，分晰聲明辦理。五年間，國子監司業孫詒經奏請將尋常盜案，仍分晰法無可貸、情有可原，改歸成例。經刑部以各省盜風未息，若朝廷開一寬大之典，宵小即萌一僥幸之念。謂夥犯得免駢首，不憚十百成群，同惡相濟。將來到案時，皆藉口於在逃爲首，易啓開脱之漸，欲弭盗適以縱盗。議請嗣後盗劫之案，仍照原定章程，依强盗不分首從律科斷。八年三月間，調任工部右侍郎鮑源深奏稱髪、捻各匪一律蕩平，雖盗風尚未盡息，而京城明火之案亦已漸少。請將盗劫之案，參酌律例，於法所雖宥及情有可原，仍分别詳議罪名重輕，奏定章程辦理。經大學士、九卿會議，以髪、捻各逆甫就蕩平，民業未復，中外盗劫之案仍復不少，礙難遽行改歸舊例。所有盗劫之案，應照奏定章程，不分首從，一律問擬等因，奏奉諭旨：『依議。欽此。』欽遵亦在案。兹先後欽奉諭旨，將侍郎夏同善及大理寺卿王榕吉所議盗案章程各摺件，一並交臣等會同妥議具奏。臣等查强盗爲閭閻之害，從前嚴定不分首從皆斬章程，原爲除暴安良，綏靖地方起見。兹據侍郎夏同善奏稱，盗案從犯半皆饑寒所迫，抑或愚昧無知，雖入惡黨，而原情比擬，與首犯究有不同。今天下以次肅清，盗風亦漸斂迹，請將盗案仍照分别首從舊例辦理。係爲欽恤人命，議覆祖制起見。惟思咸豐五年間，文宗顯皇帝從王大臣等之請，將强盗依原律辦理，本屬因時制宜，不得已之苦心。今京城盗風雖較前静謐，而各省盗案題奏到部者，仍復不少。大理寺卿王榕吉奏稱，軍務漸平，伏莽尚多，未可以目前之安視爲可從寬典，亦係救時實在情形。若遽改歸舊例，分别首從問擬，竊恐頑梗不率之徒，益將肆無顧忌，於除暴安良之道，殊有關繫。臣等統籌全局，公同商酌。以救目前時勢而論，似難遽行改復舊例，致滋輕縱。擬請嗣後仍將盗劫之案，不分首從，一律問擬。倘其中實在情有可原，如年在十五歲以下，被脅隨行等犯，仍照本例問擬。俟數年後查看情形，如果盗風稍息，再行奏明，擬復舊例。該侍郎請將盗案分别首從辦理之處，應毋庸議。再，此摺係刑部主稿，署刑部右侍郎夏同善係原奏條陳，例應迴避，是以未經列銜，合並聲明。所有臣等遵旨會議緣由，是否有當，謹恭摺具奏請旨。同治十二年十一月初八日奏，本日奉旨：『依議。欽此。』

山東司 光緒七年

奏爲遵旨議奏事。光緒七年七月二十日，内閣奉上諭：『御史胡隆洵奏請將盗案仍照舊例，分别首從辦理一摺，著刑部議奏。欽此。』臣等議得：據山東道監察御史胡隆洵奏稱，刑律强盗已行但得財者，不分首從皆斬。雍正五年，九卿遵旨議定盗劫之案，將法所難宥，情有可原者，分别正法及發遣。咸豐初年，逆氛竄擾，盗賊肆起。五年二月，欽奉諭旨，仍依本律，不分首從皆斬。同治年間，迭經給事中王憲成、升任司業孫詒經、侍郎鮑源深、夏同善等先後奏請復歸舊制。刑部議俟數年後察看情形，再行奏明辦理。在當時軍務雖已漸平，而盜風未能盡息。執法者因時制宜，不得不留重典以繩之。方今軍務肅清已久，百姓相率歸業，凡各直省興養立教諸政，無不次第舉行。是今日之天下，正國家培養元氣之時。復祖制而廣皇仁，此時不容緩矣。欲推恤刑之心，宜先復原情之律。夫劫盜夥犯，豈盡無良，或迫於饑寒，或被人誘脅，原其情節，實可哀矜。請將盜劫之案，於法所難宥、情有可原者，仍照分別首從舊例辦理等語。臣等查，刑律載『强盜但得財，不分首從皆斬』之文，乃懲治强盜本律，歷代未或改易。雍正五年，特命九卿定擬，將盜案内法所雖宥、情有可原者，分別正法及發遣等因，於乾隆八年纂入例册。雖强暴在所必誅，而列聖法外施仁之至意，未始不昭示於天下。咸豐初年，逆匪竄擾。經王大臣會同臣部奉旨議定，嗣後盜劫案件，仍依强盜本律，不分首從，俱擬斬決。其中把風接贓等犯，亦係同惡相濟，不得以情有可原量減，以昭炯戒。並議將京城盜劫重犯，加擬梟示立法。固不得謂不嚴，而例内猶著明數年後盜風稍息，仍舊辦理。是文宗顯皇帝於除惡務盡之中，亦未始不存寬以濟猛之意。茲該御史以軍務肅清已久，各省興養立教諸政，次第舉行，請將盜劫案内，法所難宥、情有可原者，仍照分別首從舊例辦理，奏奉諭旨，飭交臣部議奏。臣等查閲原奏，在該御史反復條陳，殷殷規復聖訓，自係因推廣皇仁起見。惟是欽恤爲懷，寬厚固仁人之意，而後先有序，良法必漸次乃行。查各省盜案，向例係由該地方官申詳該管上司，解省審勘，由該督撫分別題奏。將法所難宥及情有可原者，一一於疏内聲明。大學士會同三法司詳議，各該督撫俟奏准部覆，始行分別正法、發遣。其所以重民命而杜殘殺者，非不詳且盡也。乃軍興以來，因勦辦土匪，定有就地正法章程，從此各省相沿，即尋常盜案，亦不待審轉覆核，概行就地懲辦。題奏之件，十無一二，而成例遂成虚設。同治八年二月間，原任御史袁方城奏請盜案照例核辦。而原任大學士、直隸總督曾國藩仍奏請照章就地正法，並請令山東、河南一體照辦。十二年，原任御史鄭慶麟請將盜賊、土匪仍照舊例辦理等因，奏奉諭旨，飭交臣部，議請飭下各省，體察地方情形妥奏。旋據各該省先後以游勇、馬賊根株未盡，見奏均未便一時即復舊制。光緒五年十一月間，復經臣部查各省拏獲土匪强劫盜犯，有照例具題者，有聲稱照章就地正法者。並有尋常盜案，該州縣拏獲訊明後，徑行處決，隨後始行通詳上司，備録供招送部者。辦理紛歧，未能一律。奏請嗣後盜案，各按距省遠近，分別就地正法，並解省審勘等因，奏准通行在案。迄今數年之久，各直省就地正法案件，每歲猶不下數千百人。

其中法無可宥者固所必有，情有可原者亦難保必無。第各省既不按例題奏，而供招又或並不咨送。是否難宥，抑或可原？臣部無從得知，又復何從核辦？就令如該御史所奏，舉從前成例即予規復，亦屬空言無補。在該督撫，豈不知網開三面，係屬好生盛德。祇以盜風既未全息，即辦理不妨從嚴，今朝庭方開寬大之門，而疆臣仍作權宜之計。非特無此政體，亦恐窒礙難行。臣等公同商議；法貴去其太甚，事必急所當先。必欲復情有可原舊例，莫若將就地正法章程先行停止。相應請旨飭下各省督撫將軍、都統、府尹，體察地方情形，將夥衆持械强劫案件，仍照成例，解由該管上司覆勘，分別題奏請旨，不得先行正法。迅速妥議具奏，統俟臣部匯核辦理。如各省盜風一律稍息，正法可以暫遲，則分別法無可貸，情可原之例，亦可漸次舉行矣。再，盜案章程同係王大臣、大學士會同臣部核辦，應俟各直省具奏到日，再行奏請，合並聲明。所有臣等核議緣由，謹恭摺具奏請旨。光緒七年閏七月二十五日奏。本日奉旨：『依議。欽此。』

山東司 光緒十年　强盜

謹奏爲遵旨議奏事。光緒十年閏五月二十六日，内閣奉上諭：『御史鄭訓承奏情輕盜犯請飭部聲明舊例一摺，著刑部議奏。欽此。』據原奏内稱：伏查雍正五年，九卿遵旨議定尋常盜劫之案，分别法無可貸、情有可原兩項，纂入則例，歷久奉行。嗣因咸豐年間粤匪擾亂，部臣改定新章，引用律文，强盜已行但得財者，不分首從皆斬，舊例遂置不用。迭經臣工條奏，請復舊例，仍格不行。良以盜風未息，伏莽堪虞，不得已而姑用重典，非謂舊例之必不可復也。舊例情有可原三項，爲把風接贜、誘脅上盜、行劫僅止一次，皆改爲發遣。其中最可矜憫者，爲誘脅上盜。兇徒糾夥搶劫，因恐知情之人告發，裹脅同行，其人迫於威勢，勉强允從。迨經破案，一律駢誅。是起意爲首之盜犯，與懦弱畏勢並非甘心爲從之盜犯，衡情迥異，而科罪從同。此等案犯，情罪可矜。請將現審盜犯，及各省奏明盜犯，詳核其中情節，與舊例三項相符者，聲明請旨定奪，或可稍從末減等語。查人必目無法紀，而後敢成羣結夥，謀爲强盜。小則擾害閭閻，大即嘯聚數澤，横行劫掠，抗拒官兵。故歷代定律，不分首從，皆予駢誅。所以安良而遏亂萌者，意至深也。國朝雍正五年，始定有分別法無可貸、情有可原條例。實緣爾時海内承平，盜賊鮮少，各省强案每年不過數起，即稍從寬典，亦與時無害。迨日復一日，辦理愈寬，賊匪恃此爲狡飾，州縣藉口以開脱，遂釀成道光末年之亂。古人謂火烈民畏，水弱民玩，豈不信哉？咸豐年間，因而仍歸定律辦理。現在各省搶劫巨案層見迭出，地方捕務又多廢馳不講。盜匪漏網者甚衆，良民幾不聊生。嚴懲之不暇，又何能曲爲寬貸。在該御史慈祥爲懷，明知舊例不可遽復，而變其詞曰定案聲明，用意亦良厚矣。即臣等亦非不知好生爲仁政所先，多殺於陰騭有損。特以時局孔棘，奸宄思逞，曷取徒博寬大虛名，貽朝庭以實患。況救盜賊之性命，而破良民之身家，亦似寬而實非寬也。即以强盜各例而論，臨時不行者，例則分別問擬流遣，事後分贜者，例則分別問擬軍徒。即已經上盜者，或自行投首，或捕獲同伴解官，例亦無不予以量减，何嘗一概問擬斬決？若該御史所稱把風接贜及行劫一次、誘脅上盜三項，以强情論，實屬同惡相濟，以顯迹論，業已身爲不法，有何可厚而爲之聲明？且既已聲明，而仍謂爲遵守常憲，向來亦無此辦法。至該御史所稱三項中最可矜憫者爲誘脅上盜，殊不知此等賊匪均係以類相從，斷無稍知畏法之人，日與若輩爲伍，即賊匪亦斷不至將素不相涉者逼爲强暴劫掠之事。是以例内祇有十五歲以下被脅擬流之條，而在十五歲以上者，即爲被脅勉從，事非情理所應有，即爲律例所不載。去年太僕寺少卿鍾佩賢條奏，强盜被人誘脅一項，情罪較輕，經臣部會同都察院詳細奏駁。今該御史請將强盜舊例被人誘脅及行劫一次，把風接贜三項一並隨案聲明，更屬萬不可行，應毋庸議。若謂案情不齊，偶有實係始終被脅，如前年臣部核覆直隸王二一案，自可援照，量改爲斬候，亦無須更張成法。所有臣等核議緣由，謹恭摺具奏請旨。光緒十年七月十五日奏。奉旨：『依議。欽此。』

議駁捕役搶詐請照强盜例擬辦 奉天司 同治五年 强盜

查例載：『捕役及防守墩卡或承緝盜案汛兵，並各營兵丁爲盜，雖非造意爲首，均照造意爲首律，擬斬立決。如捕役、兵丁等起意爲首者，斬決，梟示；爲從者，仍擬斬決。其有情節重大，非尋常行劫可比者，該督撫仍酌量案情，分別梟示。其失察之該官，交部議處。如該官逼勒改供，或揑稱革役，該管上司不能查出，一並交部，照例議處。如捕役、兵丁分贜通賊，及與巨盜交結往來，奉差緝拏，走漏消息，及非伊承緝之案漏信脱逃者，不分曾否得財，均照本犯之罪治罪。』又，『强盜重案，交與印官審鞫，不許捕官私行審訊，番捕等役私拷取供。違者，捕官參處，番役等於本衙門首枷號一個月，杖一百，革役。如得財及誣陷無辜者，從重科罪。』又，『總甲、快手、應捕人等，指以巡捕勾攝爲由，毆打平人，搶奪財物者，除實犯死罪外，該徒罪以上，不分人多人少，若初犯一次，發邊遠充軍；再犯，發原搶奪地方枷號兩個月，照首發遣。』又，『捕役誣竊爲盜，拏到案日，該地方官驗明，並無拷逼情事，或該犯自行誣服，並有別故，例應收禁，因而監斃者，將誣拏之捕役杖一百、流三千里；其嚇詐逼認，因而致死，及致死二命者，俱照誣告致死律，擬絞監候。拷打致死者，照故殺律，擬斬監候。』又，『捕役人等，奉差緝賊，審非本案正盜，若其人素行不端，或曾經犯竊有案者，將捕役照誣良爲盜例減一等，杖一百，徒三年。至其人本係良民，掐稱踪跡可疑，素行不軌，妄行拏獲；及雖犯竊有案，已改惡爲善，確有實據，仍復妄拏；並所獲之人不論平人、竊盜，私行拷打，嚇詐財物，逼勒認盜；及所緝盜案已獲有正賊，因夥盜未獲，將該犯有竊案之人教供誣扳，濫竽充數等弊，俱照誣良爲盜例，分別強、竊治罪。』又，『將良民誣指爲竊，稱係寄賣賊贓，捉拏拷打，嚇詐財物；或以起贓爲由，沿房搜檢搶奪財物，淫辱婦女，除實犯死罪外，其餘不分首從，俱發邊遠充軍。若誣指良民爲強盜者，亦發邊遠充軍。其有前項拷詐等情，俱發極邊烟瘴充軍。』又，『各衙門差役逼斃人命之案，訊無詐贓情事，但經藉差倚勢陵虐嚇逼，致令忿迫輕生者，爲首杖一百、流三千里。其差役子侄親屬，私代辦公，逼斃人命，除訊係詐贓起釁，仍照蠹役詐贓斃命例一體問擬外。若非釁起詐贓，爲首實發雲貴、兩廣極邊烟瘴充軍。至差役有因索贓不遂，將奉官傳喚人犯私行羈押，拷打陵虐者，爲首枷號兩箇月，實發雲貴、兩廣極邊烟瘴充軍。其僅止私行羈押，並無拷打陵虐情事。爲首杖一百，徒三年，爲從各減一等。』又，『內外大小衙門蠹役，恐嚇索詐貧民者，計贓一兩以下者，杖一百；一兩至五兩，杖一百，加枷號一箇月；六兩至十兩，杖一百、徒三年；計贓在十兩以上者，發近邊充軍；至一百二十兩者，照枉法擬絞。爲從分贓，並減一等。其或索詐貧民，致令賣男鬻女者，十兩以下，亦照例充發，爲從分贓者，不計贓，並杖一百、徒三年。如有嚇詐致斃人命，不論贓數多寡，擬絞監候。若係拷打身死者，照故殺律擬斬監候，爲從並減一等。』又，咸豐五年臣部會議章程，聲明：『嗣後書差索詐得贓之案，但經致斃人命，不論贓數多寡，於絞候例上從重加擬絞決。若拷打致死，於斬例上從重加擬斬決。仍分別首從。』等因，奏准通行在案。兹據該將軍奏稱：據民婦官鄭氏喊控，吉林廳蠹役王溷率衆強搶，業經獲審實，照強盜已行例擬辦。兹查捕役持票搶詐之案，層見迭出，此等蠹役，每奉本官印票，即招集無賴多人，名爲白役，幫同下鄉，或搶或詐，名爲海捕，甚至夥衆手持刀槍，入室搜搶，或鎖拏無辜，非刑拷詐。種種兇暴，不一而足。萬一破案，即改爲奉票緝賊起贓，藉端訛詐，並非強搶。而問刑承審衙門，大都網開一面，以法外之仁爲心，僅以蠹役詐贓、藉端訛詐、捉人勒贖等例引斷。或地方官迴護處分，因而夤緣，或改爲革役，或捏寫假票，以致各項捕役，肆無忌憚。再加以假官之威，持官之票，恃爲護身之符，官兵不能查緝，事主不敢抗敵，較强盗之兇殘更惡。而破案時，反能僥脱重典。實非除惡安良整頓地方平允之道。請飭刑部，嗣後無論何項捕役，凡奉票緝捕者，或持槍刀率領多人，突入良家，或搶或詐，如贜證明白，俱請照響馬强盗强搶例審斷等因。奏奉諭旨，交臣部議奏。臣等查捕役爲盗，造意爲首者，罪應斬梟，爲從者斬決，較凡盗加嚴。例内已特設專條，引斷無虞輕縱。其鎖拏無辜，非刑拷詐，及誣指良民爲盗，例内亦有治罪明文。立法層層周密，辦理確可遵循。若如該將軍所奏，捕役奉官印票，招集無賴多人，幫同下鄉，或搶或詐，甚至夥衆持械入室搜搶，或鎖拏無辜，非刑拷詐。是名爲緝捕，實爲閭閻之害。該將軍奏請嚴定罪名，係爲除莠安良，綏靖地方起見。惟查律例乃天下大法，未可意爲輕重。執法者不在條例之繁多，而在辦理之核實。遇有此等案件，全在各該上司督飭承審官，認真嚴鞫究明實在情節，按照律例妥擬，自足以儆兇頑而懲衙蠹。如承審官曲爲開脱，避重就輕，或地方官迴獲處分，逼勒改供，捏稱革役，即照例嚴參，以换積習。總期法在必行，使兇徒咸知儆畏，以仰副朝廷明慎用刑之至意。所有該將軍請將捕役奉票緝捕，或搶或詐，照響馬强盗强搶例審斷之處，應毋庸議。再，此摺於七月初一日抄出到部，合並聲明。所有臣等核議緣由，謹恭摺具奏請旨。同治五年八月初三奏。本日奉旨：『依議。欽此。』

盗案聲叙參差 河南司　光緒九年　强盗

等語。查此案所叙勘語，首、夥各犯一共二十一人均供有姓名，内不識姓名者祇有一人。迨各犯至山坳，不識姓名之人已留彼看守行李。及抵事主門首，留黄大孜與劉得意在外把風接贜。檢查原揭另案正法之李老七供詞，與勘語無異。惟沈大頭烘供内，同夥二十一人，並未指明有劉得意，其同黄大痛孜把風接贜之犯，則稱係不識姓名之人。而夥盗黄大痛孜、張華險原供，當時糾夥人數，已供有劉得意姓名。其在外把風接贜二人，亦與沈大頭烘出一轍。是供勘所叙，劉得意與不識姓名一人把風接贜，互有參差，已屬不符。再查臨時畏懼不行，事後分贜，問擬流罪之徐春和原揭，已據司詳内聲明，在西平縣監病故。而題結時何以並不開除，仍稱定地發配安置，尤屬前後矛盾。此案雖無關罪名出入，惟究竟因何參差互異之處，令該撫查明聲叙，報部核辦。餘均應如所題辦理。仍令飭緝逸盗鄭二等，務獲究辦。該撫又稱此案云云。

强盗

查例載：『竊盗未經得財逃走，被事主追逐，拒捕殺人者，首犯擬斬監候。』又，『有關人命，如拒捕殺人等類情重之犯，脱逃二三年後就獲，依原犯斬監候改爲立決』各等語。又道光元年，臣部查辦大赦條款，議定章程，内稱：『有關人命應擬斬絞各犯，脱逃二三年後被獲，監候改爲立決之案，免其立決之罪，仍照原犯斬絞罪名，入於秋審辦理。』通行各省，遵照在案。此案范壁即范華、聽從在逃之張亭、夥竊事主張朋家。尚未得贜，張朋驚覺追捕。該犯行走落後被獲，輒因圖脱情急，用欽刀戳扎張朋致傷身死。自應按例問擬。應如該署督等所題，范壁即范華合依竊盗未經得財逃走，被事主追逐，拒捕殺人者，首犯斬監候例，擬斬監候，秋后處決。查該犯於同治七年五月初一日拒殺張朋身死，脱逃至十一年三月初六日始行獲案，已逾三年，例應改擬立決。惟事犯在光緒元年正月二十日恩詔以前，應照章程免其立決之罪，仍按原犯斬候罪名，入於秋審辦理。復逢十一年正月初四恩旨，暨十五年三月十六日恩詔，係因竊被追，拒殺事主擬斬，應不准減免。

山西司 光十二　强盗

查律載：『强盗已行但得財者，不分首從皆斬』等語。又光緒五年，臣部奏定章程：『夥盗供獲夥盗近逃所，於定案之前拏獲者，擬斬監候』等因，通行在案。此案李復潍即李家，聽從逸盗賈添心糾竊事主張龍章家。因被事主驚起喊捕，輒起意臨時行强，搜劫得贜。自應按律問擬。應如該撫所題，李復潍即李家合依强盗已行但得財者，不分首從皆斬律，擬斬立決。李女兒聽從臨時行强，在外接贜，律應斬決。惟該犯於到案後供出夥盗李復潍逃匿地方，得以拏獲。自應照奏定章程問擬。亦應如所題，李女兒合依夥盗供出夥盗，於定案前拏獲者，斬監候章程，擬斬監候，秋後處決。該犯等事犯到官，在光緒十一年正月初四日恩旨以前，李復潍係强盗罪干斬決，李女兒係夥盗供獲夥盗擬斬。且招解在後，均毋庸查辦。至李女兒既據訊明聽糾行强，時僅止在外接贜，並無入室搜劫各重情，核其情節，不無可原。應俟秋審時再行酌核辦理。未便於定案時預爲懸擬。所有該撫聲請分晰示覆之處，應毋庸議。該撫疏稱藺長有云云。

江蘇司光十二

查江蘇省匯奏拏獲盜犯酆玉堦等四案，共十三名。即據該撫訊明，將强盜殺人罪應斬決梟示之酆玉堦、王其勝、劉得莘、范西行、並糾夥强劫罪應斬決之董大篙、金阿四、王保按、張老小、伍得勝、夏得勝、李籌伸、劉髮仔批飭照章先行正法；謝有得業已在監病斃，均毋庸議外。該撫奏稱丁鈺紅聽從酆玉堦糾劫事主張鵬飛家，因別故不行，事後分贓，依例擬遣，改發足四千里充軍。王懷誼、史勝篙、盧今受等三犯，係聽從董大篙行劫萬成錢店。王懷誼供出首盜董大篙姓名，住址，將其拏獲，照夥盜供獲首盜例，擬遣改軍。史勝篙、盧金受照畏懼不行，事後分贓例擬流。該二犯尚有夥劫金匱縣事主一案，應歸彼案從重擬結。宗金濆、滕九，聽從逸犯張老五行劫張吳氏家得贓。宗金濆係事後畏罪，投向捕役告知夥犯姓名，帶同指獲，依例擬遣改軍。滕九係因病不行，亦未分贓。與事後知情分贓之鄧鈺停、王今棠均依例擬杖一百、徒三年等語。查丁鈺紅等均係盜案内罪應軍流等犯，必須查核案情是否相符，方昭詳慎。檢查原奏各犯，並無犯事年月，亦未叙明勘語，無從查核。既據該撫聲稱，將軍流以下各犯分別擬議緣由，分案咨部核辦。應俟該撫咨報到部時，再由臣部逐案詳核，另行咨覆。

江蘇司光十二　强盗

等語。再查此案事主吳立順被匪强劫，現獲盜犯王溯溎、潘四供明上盜情形，與事主原報相符，且贓經主領，自係正盜無疑。惟查所叙供勘，僅稱該犯王溯溎等，聽從在逃之王奮仔糾邀行劫，用鐵鑿撬門未開，即掮落門扇，一同進内，搜取衣物。事主驚起喊捕，該犯等携贓逃回。究竟如何入室倚强肆掠，且時在昏夜，是否持有燈火，並未將詳細情形聲叙，殊屬簡畧。嗣後審理此等强劫重案，務將上盜情形詳細叙入供勘，不得删减過甚，致涉草率，以慎刑章而符定制。餘均應如所題辦理。

江蘇司光緒十四年　强盗

查律載：『强盜已行但得財者，不分首從皆斬』等語。此案汪城溎，聽從逸犯謝其瀧等夥劫事主陳邦柱家得贓。

該犯在外把風，於謝其瀧放銃拒傷事主弟婦陳汪氏身死，並未在場目擊。且在嚴定新章以前，自應按律問擬。應如該撫所題，汪城淺合依强盗已行得財，不分首從皆斬律，擬斬立決。該撫疏稱，失察該犯爲匪之牌保，照例提責云云。奉薛大人批：此放銃轟斃事主之案，交館存記。

浙江司

除游勇叠次行劫，並殺死事主之張老五及羅得勝、胡友芳均經先行正法梟示，應毋庸議外。查律載：『强盗已行但得財者，不分首從皆斬。』又，奏定章程：强劫之案，但一人執持洋鎗在場者，不分首從，均擬斬立決，梟示等語。此案劉老四聽從行劫倪震倡家得贜。首、夥盗犯張老五等，各帶洋砲，並將事主轟斃。查洋砲與洋鎗無异。該犯劉老四隨同張老五等進内搜劫，即屬在場，照章應擬斬梟。該撫將劉老四僅擬斬決，係屬疎漏。劉老四即劉之懼合依强盗已行但得財者，不分首從皆斬律，擬斬立決，仍照奏定章程，加擬梟示。該撫疏稱，餘訊無同居親屬知情分贜情事，應毋庸議。該犯等在外爲匪，失察之犯兄，飭令移知犯籍，照例提責。原籍牌保無從覺察，應准免提。起贜給主，失贜照估追賠。逸犯張老九等飭緝，獲日另結。屍棺飭埋等語，均應如該撫所題辦理。仍令飭緝逸犯張老九等，務獲究報。

河南司

查李國柄錢鋪被劫一案，雖贜物未起獲，惟先後緝獲首、夥盗已至五名。如果隔别研訊其所供上盗情形與事主原報是否相符，不難得其實情，由此定讞。况既據張起供認將贜銀賣給恒源錢鋪，自有財簿可查，鋪夥可證。不得因鋪主回籍，懸案以待。乃該撫既據案情已有端睨，復以易銀之鋪主關傳需時，率請展限。顯係借詞延宕，俾强劫重犯日久稽誅，殊不足以肅刑章而懲兇盗。應令該撫嚴飭承審各員，迅即提犯研鞫，按律定擬，報部查核可也。

奉天司　强盗

查番理强盗重案，必順嚴究夥謀行劫確情，按律懲辦，不得任憑狡避供詞，遽照搶奪分别首從之例科斷，致涉開脱。此案王忠啓、劉泳詳與在逃之張保益，聽從未獲之郭洛邦子糾允出外搶奪，得財均分。由張保益家起身，分拏刀棒、扎槍、點燈時至崔家房屯不知字號小鋪。張保益跳墻進院，開啓大門，放進該犯等，闖入櫃屋。鋪中掌櫃人上前護贜，被郭洛邦子用刀砍傷。該犯等搜搶藍布三十來疋，現錢數十吊，靰鞡兩雙。携贜逃至半路，分劈各散。旋被官兵訪知，將王忠啓、劉泳詳先后拏獲，審供不諱。該督將王忠啓、劉泳詳依聚衆搶奪，數在三人以上，持械威嚇，並傷事主，爲從在場並未動手例，擬遣改軍等因咨部。本郭查聚衆搶奪，數在三人以上，持械威嚇並傷事主，分別首從科罪之例，係指在途、在野搶奪者而言。若黄夜聚衆入室，搜劫得贜，自應照强盗律不分首從擬斬。律例分晰甚明，引斷不容牽混。今王忠啟、劉泳詳聽從在逃之郭洛邦子起意搶奪，夥衆四人，點燈時闖入事主櫃屋，迨經該鋪掌櫃人出護，復敢持刀拒砍致傷，搜搶布疋錢物，即屬强盗得財。該犯等雖未幫同拒捕，惟既聽糾上盗，入室搜贜，亦屬同惡相濟，豈得因犯有搶奪之供，遽將入室强劫重案，竟與在途搶奪者相提並論。且事主係開設布鋪，雖不知字號名姓，第既供有住址，不難查傳。乃並未詳細確查，訊取供詞，辦理殊屬草率。該督於此等强劫重案，並不切實研鞫，輒憑該犯等含混供詞，率照結夥三人以上持械搶奪例擬遣，未免曲爲開脱。罪名出入攸關，本部確難率覆。應令該督再行提犯嚴鞫，務得確情，妥擬報部，到日再議可也。

强盗放火燒斃事主

强盗

查審理强盗放火燒斃事主重案，既經緝獲首盗，即應嚴行研究，按律懲辦，不得任聽狡避供詞，遽行監候待質，致啓開脱之漸。此案覃浸餘糾同龍及滚、韋及比，與在逃之柏壓旺、王結露、羅其冒分携洋鎗等械，夜至伊分居堂叔覃開元家行劫。該犯同龍及滚、韋及比在外等候，柏壓旺等點燃油捻，撞破竹壁，進内劫得衣物，遞交龍及滚等接收。柏壓旺復將點剩油捻燒燃房屋，覃開元之子覃及豹被燒殞命。該犯等携贜俵分各散。訪驗獲犯，覃浸餘、韋及比供未行劫，因龍及滚病重不能提質，當經咨展。龍及滚旋與韋及比先後在監病故。該撫以龍及滚聽從行劫得贜，携有洋鎗，應依强盗已行得財，不分首從律，擬斬立決。雖已監斃，仍應戮尸，梟示。聲明覃浸餘一犯，據龍及滚供指爲首在場，該犯堅不承認，是否狡供推卸，與韋及比應否戮尸之處，請俟緝獲逸盗柏壓旺等質明辦理等因咨部。本部查覃浸餘糾夥行劫，點燃房屋，燒斃事主，情形極爲兇暴，既經夥盗龍及滚到案稱係該犯爲首，所供上盗情形歷歷如繪，乃該犯堅不承認，明係因龍及滾等現已監斃，柏壓旺等在逃未獲，飾詞狡卸。承審之員，並不認真推究，任聽狡避供詞，遽欲將該犯監禁，俟緝獲盜柏壓旺等再行訊辦。設或柏壓旺等始終不能弋獲，勢必將此案置之高閣，致已獲首盜不能明正典刑，殊非嚴懲强暴之道。所有該撫咨稱首盜堅不承認，俟緝獲夥盜質訊辦理之處，本部礙難率覆。應令該撫速飭提犯研鞫，務得確情，妥擬報部，到日再議可也。

竊盜拒斃事主　强盗

刑部查例載：『竊盜棄財逃走，與未經得財逃走，被事主追逐拒捕；或夥賊携贜先遁，後逃之賊被追拒捕，及已經逃走，因見夥犯被獲，幫護拒捕，因而殺人者，首犯俱擬斬監候，爲從未經幫毆成傷者，杖一百、流三千里。』注云：『如逃走並未棄財，仍以毆時護贜格鬥論。』又，『竊盜雖離盜所，而臨時護贜格斗殺人者，爲首擬斬立決，爲從未經幫毆成傷者，發極邊足四千里充軍。』又，『盜牛五隻，枷號四十日，杖八十、徒二年。』又，名例律載：『共犯罪者以造意爲首，隨從者減一等。』各等語。此案索雲起意邀允什塔克板並索哩克克依二人，偷盜牲畜。行至中途，見有行旅人等，夜間同往，盜竊大牛三頭、小牛二頭逃走。後有俄商阿里木里業伏並烏量海二人追趕緝拏，索雲用木棍毆傷阿里木里業伏，將盜竊牛隻未給。走後有俄羅斯僱工烏梁海人具布達克來訪，給索雲香牛皮半張，布一塊，作爲賞項，將牛全數退給。旋經拘拏到案。詎阿里木里業伏因傷身死，同夥之什塔克板等並未在場同毆。該署將軍以索雲得財殺死人命，從而不加功者例應擬絞。惟該犯罪非盜所拒捕殺人可比，似與聞拏畏懼，先將前後原贜給回事主，情有可原，擬依斬監候，於律平允。從犯什塔克板、索哩克克依二名，雖同謀同行而未下手，事後又未俵分得財，擬依各杖一百等因具奏。臣等查竊盜拒捕殺人，例有斬決、斬候之分。其棄財與未得財逃走，被迫拒捕，或夥賊携贜先遁，後逃之賊被拒捕者，皆因其無贜可獲，故罪止斬候。若逃走並未棄財，臨時護贜格鬥，爲首者即應擬以斬決。至爲從之犯，謹止在場，並未幫毆者，如首犯罪應斬候，則從犯罪止滿流；如首犯罪應斬決，則從犯即應發極邊充軍。例内分晰甚明，引斷無虞牽混。今索雲糾邀什塔克板等，夥竊俄商阿里木里業伏，拒傷身死。如所竊牛隻已經夥犯牽携先逃，該犯即無贜可護。其將事主拒斃，擬以斬候，罪名尚無出入。如牛隻尚在該犯手内，輒行用棍拒捕，即屬臨時護贜格鬥，按例罪應斬決。是護贜一節，爲已離盜所者分别斷罪之界限。乃檢閱原供，但持棍毆打，將所竊牛隻未給，其是否臨時護贓，並未聲叙明晰。該署將軍遽稱罪非盜所殺人可比，將該犯問擬斬候，又未援引例牌，殊嫌含混。原奏復牽引得財殺人，從而不加功之例，謂該犯罪應擬絞。無論該犯係屬爲首，並非從犯得財案内不加功者是斬非絞，所引顯有錯誤。且圖財害命者必先已蓄意殺人，因竊斃命者乃臨時起意拒捕，兩例各不相蒙，不能混而爲一。原奏又稱將贓給主，情有可原。不知該犯所竊原贓係經貝布達克用香牛皮等物换回，與畏罪付還事主者不同，未便以自首論，免其所因之罪。至夥犯目擊，雖未幫同下手，應視爲首，罪名照爲從未經幫毆成傷例，分别擬以軍流。倘已牽牛先走，並不知拒捕情事，亦應無論分贓與否，照盜牛本例，計隻按爲從科罪。原奏於該犯等是否在場目擊，並未取具確供。輒謂其同謀同行而未下手，事後亦未分財。將該犯等擬以滿杖，引斷亦未允協。供詞既多草率，首從罪名，均核與例意不符，臣部礙難率覆。相應請旨飭下該將軍，再行提集犯證，研鞫確情，詳細聲叙明晰。按例妥擬具奏，到日再議。

竊盜放鎗拒捕　强盗

查奏定章程：『竊賊施放洋鎗拒捕，一經成傷，無論護贓護夥圖脱，及臨時事後，爲首並幫同放鎗拒捕之犯，皆擬斬候』等語。是此項火器拒捕成傷之犯，新章不復分别首從，與别項器械拒捕傷人，及僅止持鎗行竊並未傷人者迥不相同。未便因放鎗僅止一人，應坐在逃首犯之罪，遂將從犯率行議減，致失嚴定新章之意。前經本部於光緒十七年議覆該省具題高印聽從龐振聲行竊被追，喝令龐振聲用火槍傷張立森平復案内，聲明在案。此案李小葆夥同謝黑，至石梅林家行竊，因謝黑被石梅林揪住，喝令拒捕，聽從用洋鎗將石梅林放傷。自應照章問擬斬候，不得量從末減。所有聲請可否減軍之處，核與定章不符。惟現據該督續報，該犯在監病故，應毋庸議。此案正犯既已病故，並無餘犯罪名，毋庸具題。餘如原題辦理。並令飭緝逸賊謝黑，務獲究報。相應咨覆該督，並知照都察院，大理寺可也。

夥盜供獲首盜　四川司　同治十一年　强盗

查例載：『造意爲首之盜脱逃，如有夥盜供出逃匿所在確實地方，限一年之内緝獲。限内不獲，將各盜照律題結。如限内拏獲者，將供出之夥盜照例免死，實發雲貴、兩廣極邊烟瘴充軍，面刺『改遣』二字。若係例應免死減等之夥盜，供出首盜逃匿確實地方，即行拏獲者，改擬杖一百、流三千里』。等語。此條例文，係康熙年間纂定。推原定例之意，因各省審辦盜案未能緝獲盜首者頗多。僅就現獲各犯審擬完結，以致造意爲首之盜潛身脱逃，仍行兇惡，貽害生民。故特定立專條，以示嚴懲盜首，免致倖逃顯戮之意。惟查强盜案件，一經得財，律應不分首爲從，概擬斬决。康熙五十四年，始定有法所難宥及情有可原分别斬決、發遣之例。與此例相輔而行，並無窒礙。至咸豐四年間，據升任工部右侍郎、宗室載齡等奏，强盜原律凡得贓者不問首從皆斬。迨分别爲首從，續增情有可原例案，各省遇有盜案，大半歸入情有可原，甚至避重就輕，諱盜爲竊，以致盜賊充斥，擾害地方。請仍照本律，不問首從，一概擬斬等因。經欽派王大臣會同臣部，議請嗣後凡遇盜劫之案，仍依强盜已行但得財者，不分首從皆斬本律，俱擬斬決。其中把風接贓等犯，雖未分贓，亦係同惡相濟，應照爲首之罪一律問擬，不得以情有可原量減等因，奏准通行。同治九年，臣部修例時，將强盜情有可原免死發遣各條奏明刪除。並將此條及强盜捕獲他盜，及同伴解官投首，分别曾否傷人，並五日内外與眼線曾爲夥盜，將同伴指獲，分别減等科斷各例文修並一條，奏准遵行，各在案。兹據四川總督吴題報盜犯李娃聽從李油匠行竊龍汰相家，臨時行强，拒殺事主。並盜犯張邊花等聽糾行劫唐運尚家銀物，拒傷事主二案。查李娃聽從李油匠等行竊事主龍汰相家，於李油匠起意行强，隨同搜劫錢物，並無幫同拒殺事主情事。旋被緝獲，供出李油匠逃匿所在，將李油匠獲案。又張邊花聽從曹洪等行劫事主唐運尚家銀錢衣服，並無幫拒事主情事。張邊花被緝獲，供出曹洪逃匿處所獲案。該督將李娃、張邊花均依首盜脱逃，如有夥盜供出逃匿所在確實地方，一年限内拏獲者，將供出之夥盜照例免死，實發雲貴、兩廣極邊烟瘴充軍等因具題。臣等查强盜案件，從前僅將造意爲首及殺傷人者，於各本案内一二人正法，其餘均照情有可原例免死發遣。原係朝廷法外之仁，不忍概予誅戮，特從寬典。是首盜與夥盜既有斬決、發遣之分，故夥盜能將首盜逃匿地方供出，限内拏獲，亦得量爲末減，寬夥盜正所以嚴首惡也。今强盜案件，業經仍照本律，不分首從，概擬駢首。並將情有可原免死發遣各條例奏明刪除。即首、夥各盜果係抱贓自首，或捕獲他盜及同伴解官投首，亦必以曾否傷人，並事未發覺，或係聞拏投首，及在五日内外，分别減等，並不照舊例區别首從，定擬罪名。若夥犯業被拏獲，因係供出首盜逃匿處所，即予減等，似嫌輕縱。是以現行條例，將夥盜供出首盜逃匿地方，限内拏獲，與捕獲同伴解官投首修並爲一。此例即屬贅文，已在刪除之列，自不容復行引用。今李娃、張邊花均係聽糾行劫得贓，律應不分首從概擬駢誅之犯。雖獲案後，各將首盜逃匿地方供出，限内經官捕獲。惟該犯等既與抱贓自首，及捕同伴解官投首者，迥不相同。且首盗脱逃，本應向夥盗嚴究下落，跟踪捕獲，概擬重典，方足以懲兇暴。該督並不詳核例意，乃謂首盗逃匿地方，係該犯等供出，遽引業經删除之舊例，擬以充軍，核與定例不符。罪關生死出入，臣部未便率覆。應令該督詳核例案，另行妥擬具題，到日再議。

夥盗供出盗首 四川司 同治十三年 强盗

查例載：『造意爲首之盗脱逃，如有夥盗供出逃匿所在確實地方，限一年之内緝獲。限内不獲，將各盗照律題結。如限内拏獲者，將供出之夥盗照例免死。實發雲貴、兩廣極邊烟瘴充軍，面刺『改遣』二字。若係應免死減等之夥盗，供出首盗逃匿確實地方，即行拏獲者，改擬杖一百、流三千里』等語。溯查此條例文，係康熙年間纂定。推原定例之意，因各省審辦盗案，未能緝獲盗首者頗多。僅就現獲各犯審擬完結，以致造意爲首之盗潛身脱逃，仍行兇惡，損害生民。故特定立專條，以示嚴懲盗首，免致幸逃顯戮之意。惟查强盗案件，一經得財，律應不分首從，概擬斬決。康熙五十四年，始定有法所難宥及情有可原分别斬決、發遣之例。與此例相輔而行，並無窒礙。至咸豐四年間，據升任工部右侍郎、宗室載齡等奏，强盗原律凡得贓者不問首從皆斬。迨分别爲首爲從，續增情有可原例案，各省遇有盗案，大半歸入情有可原。甚至避重就輕，諱盗爲竊，以致盗賊充斥，擾害地方。請仍照本律，不問首從一概擬斬等因。經欽派王大臣會同臣部，議請嗣後凡遇盗劫之案，仍依强盗已行但得財者，不分首從皆斬本律，俱擬斬決。其中把風接贓等犯，雖未分贓，亦係同惡相濟，應照爲首之罪，一律問擬，不得以情有可原量減。此外實在情有可原之犯，如年止十五歲以下，實係被人誘脅隨行上盗者，仍照本例問擬。倘地方官仍蹈積習，或另設名目，曲意開脱，一經發覺，即照諱盗例嚴參等因，奏准遵行。嗣後凡辦理盗劫之案，除强盗自首例有正條外，此外情有可原各例，均不得復行援引。同治九年，臣部修例時，將强盗情有可原免死發遣各條例奏明删除。並開列强盗自首，與夥盗供出盗首逃匿地方，限内拏獲，及盗首傷人，逃後捕獲他盗，解官投首，並强盗行劫數家，止首一家各原例。謹將强盗自首仍照例分别曾否傷人，並事未發而自首，及聞拏投首，按照奏定章程，修改爲一條。强盗捕獲他盗及同伴解官投首，按照章程，分别曾否傷人，並五日内外，與眼線曾爲夥盗，將同伴指獲，並爲一條。奏准遵行，各在案。同治十三年十一月間，據江蘇巡撫咨稱，王阿葆聽從盧阿三等行劫事主蔡寶鈿家，隨同用石撞門，進内劫得衣飾錢物。前因王阿葆先被捕獲解縣，即將首犯盧阿三、從犯王阿張、周阿孔逃匿所在確實地方及押贓處所逐一供出。限内人贓並獲，將王阿葆依造意爲首之盗脱逃，如有夥盗供出逃匿所在確實地方，一年限内拏獲，將供出之夥盗免死，實發雲貴、兩廣極邊烟瘴充軍。經部以强盗案件業經仍照本律不分首從概擬駢首，將情有可原免死發遣各條例奏明删除。且現行例内已將夥盗供出首盗逃匿地方，限内拏獲，與同伴解官投首修爲一條。此例即屬贅文，亦在删除之例，不容復行引用，駁令詳核例案妥擬。遵查同治九年奉纂新例，係是年十一月二十五日接准部文頒發。王阿葆等先於是年十一月初五日行劫事主蔡寶鈿家，犯案即於是月十八日被獲解縣，將首犯盧阿三等逃匿所在確實地方及押贓處所逐一供出，限内人贓並獲。是其犯事及供出首盗，均在奉頒新例以前。舊例應免死實發雲貴、兩廣極邊烟瘴充軍。今新例已將此條删除，應照强盗本律，不分首從皆斬。是新例重而舊例輕，事犯在未奉部文頒發之前，仍照舊例辦理，核與律注及奉部通行相符。並援引同治七年直隸靈壽縣獲賊賈效子糾竊，臨時行强案内夥犯相億兒等供出首盗賈效子逃匿所在，一年限内緝獲，將相億兒等照例免死擬軍之案聲明。相億兒等之犯事，亦在咸豐四年嚴定强盗章程以後，核與此案情事不同，將王阿葆仍照原擬減軍等因咨部。經臣部查王阿葆聽糾行劫得贓，律應不分首從概擬駢誅之犯，雖該犯獲案後將首夥各盗逃匿地方及押贓處所供出，限内人贓並獲。惟與抱贓自首及捕獲同伴解官投首者迥不相同等。據該撫查明，王阿葆犯事及供出首盗，均在奉頒新例以前，且與直隸省辦過相億兒等成案相符，自應照舊例科斷。該撫將王阿葆照夥盗供出盗首逃匿確實地方，限内拏獲免死例，實發雲貴、兩廣極邊烟瘴充軍，應如所咨辦理。並酌議嗣後强盗案件，如夥盗被獲，供出盗首逃匿確實地方，限内拏獲，在奉到同治九年修改新例以前，仍照舊例擬軍。若拏獲夥盗，雖經供獲首盗逃匿地方，限内拏獲，核其犯事及供出日期，在奉到修改新例以後，即照新例，依强盗不分首從律科斷，通行各省照辦，亦在案。兹據該督以同治九年部頒新例，將强盗免死減遣之例删除二條，夥盗供出首盗逃匿地方，限内拏獲免死擬軍一條並不在删除之例。該犯李娃、張邊花均係聽從行劫得贓，供出首盗逃匿地方，於兩個月將首犯拏獲，將李娃、張邊花均依例免死減軍。奉駁前因。查同治九年修改新例，内載：未傷人首夥各盗，聞拏投首，實發雲、貴兩廣極邊烟瘴充軍。核與夥盗供出首盗逃匿地方，一年限内拏獲，將供出之夥盗免死減軍之例，罪名相同。在聞拏投首之犯，不過有悔懼之心，而於盗案之消長無關輕重。在供出首盗之夥盗，不特有悔懼之心，且能使首盗弋獲，立正刑章，不致倖逃法網，實於除暴安良大有裨益。是其心既有可原，其功亦足以贖其死罪。且盗賊之横行，皆由於盜首之指揮。誠以盜首性情，大都狡獪不良，推魯每被其引誘；兇暴過衆，懦弱每被其脅從。被誘脅之徒，習案既深，心性俱迷，畏盜首之心甚於畏國法，愛盜首之心甚於愛身家。非真有悔懼之心，斷不肯將盜首逃匿地方據實供明，與若輩爲仇，互證參觀。供出盜首之夥盜，較之聞拏投首之盜犯，情更可原。聞拏投首之犯，既准減軍，供出盜首之夥盜更應減軍，可以隅反。今刑部以强盜案件業經仍照本律，不分首從概擬駢首，並將情有可原免死發遣各條奏明刪除。若夥犯被獲，因係供出首盜逃匿處所，即予減等，似嫌輕縱等語。查情有可原免死發遣各條，係指强盜案内接贓把風兩項人犯而言。接贓把風之犯，核與夥犯供出首盜逃匿處所者，情節迥不相同，似難相提並論。查咸豐四年以前，有接贓把風免死減遣之例。川省歷辦盜案，接贓把風者十居其五。推原其故，因接贓把風可以免死，盜犯知有此例，無不串供避就。且黑夜行劫，倉猝之間，事主既不能辯認，鄰佑亦無質證。執法者不得不據供定擬，免死減遣。至夥盜供出首盜逃匿地方，必須確指其人，又須拏獲首盜自認不諱，方能免死減軍。此向年接贓把風之案所以層見迭出，夥盜供出盜首逃匿地方，將盜首拏獲者，所以百無一二也。是接贓把風者倘恍無憑，供出盜首者確有依據，其不可同日而語明矣。復查同治九年修並新例，内載：『拏獲盜犯之眼線，如曾爲夥盜，悔罪將同伴指獲，如在五日以外，擬斬監候；如五日以内指獲同伴者，照强盜免死減等例，發遣新疆，給官員爲奴』等語。查夥盜指獲同伴，並非指獲首盜，尚應分別五日内外，或量減斬候，或免死減遣。則夥盜供出盜首逃匿實在地方，將盜首拏獲，俾得殲厥臣魁。首惡不能倖脱，因而解散黨與，免致貽害生民，實足以戢盜風而安閭里。核與僅止指獲同伴者功效較鉅，其擬罪自應較輕，以示區別。況此例本未刪除，似可仍舊援引，應請仍照原擬辦理等因，具題。臣等查强盜案件，從前僅將造意爲首及殺傷人者，於各本案内一二人正法，其餘均照情有可原例免死發遣。原係朝廷法外之仁，不忍概予誅戮，特從寛典。是首盜與夥盜既有斬決、發遣之分，故夥盜能將首盜逃匿地方供出，限内拏獲，亦得量爲末減，本係與情有可原之例相輔而行。今强盜案件業經仍照本律，不分首從概擬駢首。並將情有可原免死發遣各條例奏明刪除。即首、夥各盜果係抱贓自首，或捕獲他盜及同伴解官投首，亦必以曾否傷人，並事未發覺，或係聞拏投首，及在五日内外分別減等，並不照舊例區別首從定擬罪名。若夥犯係被拏獲，始行供出首盜逃匿處所，遽行減等，核與强盜事未發自首，及聞拏投首，有悔過畏法之心者迥異。是以現行例内，將夥盜供出首盜逃匿地方，限内拏獲，與捕獲同伴解官投首修並爲一。歷次修改、修並各條例，俱係遵照新改之例科斷。其原例即屬贅文，已在刪除之例。必實犯在頒行新例以前，方可照舊例科斷。若事犯在修改新例以後，即不得復引舊例，致涉歧異。今李娃、張邊花均係聽糾行劫得贜，事發後或隔數月、或一月有餘，被獲致案，始各將首盜逃匿地方供出，限內經官捕獲。既與抱贜自首及捕獲同伴解官投首者不同，且首盜脱逃，本應向夥盜嚴究下落，跟踪捕獲，概擬重典，方足以懲兇暴。乃謂强盜免死減遣之例，僅止删除二條。其於夥盜供出首盜逃匿地方，限內拏獲之例，業與捕獲同伴解官投首修並爲一，並未詳細參核。率稱此條不在删除之列，殊屬臆斷。且現行例內，强盜無分首從，修改條內，强盜事未發自首，及聞拏投首，又首、夥各盜抱贜自首，或捕獲他盜及同伴解官投首，分别曾否傷人，並五日內外與眼線曾爲夥盜，將同伴指獲，得以減等之例，均係指自首者而言。若夥盜係拏獲，因供出首盜逃匿地方，限內拏獲，豈得與自首減等之例相提並論。且此例既經修並，其原例已在删除之例，尤不應引用。乃謂供出盜首之夥盜，較之聞拏投首之盜犯，及夥盜捕獲同伴者情更可原，並牽列業經删除盜案接贜把風情有可原之例，比較輕重，殊失嚴懲强盜之本意。該督於此等强劫重案，並不詳核例意，遽引業經删除之舊例，擬以充軍，核與定例不符。臣部仍難率覆。惟該犯等事犯是否在同治九年頒行新例以前，未據詳細聲叙，無從懸揣。應令該督再行詳核例案，查照通行，分别妥擬具題，到日再議。

供獲首盜 直隸司　光緒三年　强盜

查例載：『造意爲首之盜脱逃，如有夥盜供出逃匿所在確實地方，限一年之內緝獲。限內不獲，將各盜照律題結。如限內拏獲者，將供出之夥盜照例免死，實發雲貴、兩廣極邊烟瘴充軍，面刺『改遣』二字。若係例應免死減等之夥盜，供出首盜逃匿確實地方，即行拏獲者，改擬杖一百、流三千里』等語。此條例文，係康熙年間纂定。推原定例之意，因各省審辦盜案未能緝獲盜首者頗多。僅就現獲各犯審擬完結，以致造意爲首之盜潛身脱逃，仍行兇惡，貽害生民。故特定立專條，以示嚴懲盜首，免致倖逃顯戮之意。惟查强盜案件，一經得財，律應不分首從，概擬斬決。康熙五十四年間，據升任工部右侍郎、宗室載齡等奏，强盜原律，凡得贜者不問首從皆斬。迨分别爲首爲從，續增情有可原例案，至避重就輕，諱盜爲竊，以致盜賊充斥，擾害地方。請仍照本律，不問首從一概擬斬等因。經欽派王大臣會同臣部議請：嗣後凡遇盜劫之案，仍依强盜已行但得贜者，不分首從皆斬本律，俱擬斬決。其中把風接贜等犯，雖未分贜，亦係同惡相濟，應照爲首之罪，一律問擬，不得以情有可原量減。等因奏准通行。同治九年臣部修例時，將强盜情有可原免死發遣各條奏明删除。並將此條，及强盜捕獲他盜同伴解官投首，分别曾否傷人，並五日内外，與眼線曾爲夥盜，將同伴指獲，分别減等科斷各例文修並一條。奏准通行各在案。兹據該督題報，盜犯李滻聽從舒標等迭劫事主黄振岳等鋪三案，均在外把風。旋被緝獲，即供出盜首舒標，並夥盜舒起、舒士發、高狗四名年貌住址，限内先後獲案正法梟示。又隨同捕役緝獲船户劉萬有一名。該督將李滻依造意爲首之盜脱逃，夥盜供出所在地方，限内拏獲，將供出之夥盜照例免死，實發雲、貴、兩廣極邊烟瘴充軍。劉萬有依强盜窩主知情存留三人以上例，擬遣加枷等因具題。臣等查强盜案件，從前僅將造意爲首及殺傷人者，於各本案内一二人正法，其餘均照情有可原例，免死擬發遣。原係朝廷法外之仁，不忍概予誅戮，特從寬典。是首盜與夥盜既有斬決發遣之分，故夥盜能將首盜逃匿地方供出，限内拏獲，亦得量爲末減。寬夥盜，正所以嚴首惡也。今强盜案件，業經仍照本律，不分首從概擬斬首，並將情有可原免死發遣各條例奏明删除。即首、夥各盜果係投贓自首，或捕獲他盜及同伴解官投首，亦必以曾否傷人，並事未發覺，或係聞拏投首，及在五日内外，分别減等，並不照舊例區别首從，定擬罪名。若夥犯業被拏獲，因係供出首盜逃匿處所，即予減等，似嫌輕縱。是以現行條例將夥盜供出首盜逃匿地方，限内拏獲，與捕獲同伴解官投首修並爲一。此例即屬贅文，已在删除之列，自不容復行引用。今李滻係聽糾迭劫得贓，律應不分首從概擬駢誅之犯。雖獲案後將首夥各盜年貌住址供出，限内經官人贓爲獲。惟與投贓自首及捕獲同伴解官投首者迥不相同。且首盜脱逃，本應向夥盜嚴究下落，跟踪捕獲，概擬重典，方足以懲兇暴。該督並不詳核例意，乃謂首盜逃匿地方，係該犯供出，遽引業經删除之舊例，擬以充軍，核與定例不符。罪關生死出入，臣部未便率覆。應令該督詳核例案，另行妥擬具題，到日再議。該督又稱劉萬有云云，獲日另結等語，應如所題辦理。

四人徒手搶奪 删

爲片覆事。准理藩院片送黑龍江將軍咨，搶奪馬匹衣物賊犯鄂爾那斯塔等擬斬，會稿送議前來。查此案，前據該將軍將鄂爾那斯塔等比照刑例，搶奪數在三人以上，持械威嚇，捆縛按捺，並傷事主，照强盜律擬以斬決。格吉爾圖依蒙古例擬遣。聲明該犯等捆縛事主並無拒傷威嚇，應作何定擬，聽候部議等因咨部。經本部查核，案情未確。其間有無別情，抑係看馬工人陳得才等勾同夥竊，事後另有裝點揑飾情事，究竟是搶是竊，未據確切訊明。至鄂爾那斯塔等是否均係蒙古民人，亦未據分晰叙明。駁令詳究妥擬去後。現據該將軍咨稱：遵駁覆審，委無勾同夥竊等情。並查明該犯等均係蒙古。鄂爾那斯塔起意糾約格吉爾圖等偷竊馬匹。因看馬之工人陳得才等未經睡歇，無從偷竊。將事主捆縛，由圈内趕出馬匹，並携取衣物。雖未持械威嚇毆傷情事，惟搶奪人數已在三人以上。將鄂爾那斯塔、都爾伯岱丁什那，可否仍照搶奪數在三人以上，持械威嚇，捆縛按捺，並傷事主，照强盜律擬以斬決；格吉爾圖擬以革去臺吉職銜，枷號兩個月，發往烏魯木齊，充當苦差。或照搶奪不及十人，俱係徒手例，將首犯鄂爾那斯塔擬以杖一百、流三千里；從犯格吉爾圖擬以杖一百、徒三年，係屬臺吉，仍照蒙古例，行竊爲匪，革去臺吉職銜，作爲平人。咨部示覆等因，前來。經本部查，結夥三人以上，搶奪捆綁事主，爲首及在場動手之犯，均照强盜律擬斬之例，係指持械搶掠拒捕者而言。該犯鄂爾那斯塔糾邀格吉爾圖等共夥四人，徒手將看馬工人陳得才等捆縛，搶取馬匹等物。既未持械，即與搶奪拒捕傷人無異。自應照搶奪傷人未死，傷非金刃，傷輕平復例，分別首從，擬以軍徒。行令該將軍，另行妥擬。相應將原稿送回貴院，俟該省咨報到部時，再行會同核覆可也。

搶奪洋藥 湖廣司 光緒五年 删

查例載：『搶奪之案，聚衆不及十人，數在三人以上，但經持械威嚇，及捆縛按捺，並傷事主者，爲首及在場動手之犯，照强盜律擬斬立決。爲從在場並未動手者，均發遣新疆，給官兵爲奴。』又：『搶奪洋藥，如係漏税之物，於本罪上酌減一等』各等語。又：同治八年直隸總督咨稱：搶奪之案，僅止隨同在場，並未動手之犯，均發遣爲奴。『動手』二字，是否專指幫同捆按拒毆，抑係兼指搜贓而言，咨部示覆。經臣部以爲從並未動手之犯，係指並未幫同捆按拒毆者而言。其無前項重情，僅止隨同幫搶贓物者，即照爲從問擬發遣。通行照辦，亦在案。此案范成茀起意邀允陸根仔、藍燕奴，並在逃之鄧麻古、蕭日江、鐘年古、郭英全，搶奪過客漏税洋藥。同夥七人，隱身樹林。適有李萬春、李富娣、李貴生、李連姐，由廣東夥販洋藥，來湘發賣，希圖偷漏韶州關税，並湖南省入境釐金。各自挑運繞道，在彼經過。范成茀瞥見，知係漏税洋藥。喝令陸根仔扳刀上前攔搶，自與藍燕奴施放洋槍恐嚇，鄧麻古等擲石助勢。李萬春等畏懼，棄擔逃跑。范成茀等一齊趕攏，搶得漏税洋藥，携贓逃逸。旋將首犯范成茀，並夥犯陸根仔、藍燕奴獲案。該撫以范成茀糾夥七人，持械威嚇事主李萬春等，搶得洋藥。藍燕奴、陸根仔俱聽糾同往，在場動手。將范成茀、陸根仔、藍燕奴均依搶奪聚衆三人以上，持械威嚇事主，爲首及在場動手之犯，照强盜律擬斬立決。聲明所搶洋藥，驗係漏税之物，應照例酌減一等，各杖一百，流三千里。范成茀業已在監病故，應毋庸議等因，具題。臣等查，聚衆三人以上搶奪之案，持械威嚇，及捆縛按捺，並傷事主，照强盜律擬斬立決之例，係指爲首及在場動手傷人者而言。若係爲從，僅止隨同持械威嚇，並未幫同捆按，拒毆傷人，例止發遣爲奴。定例各有指歸，引斷無虞牽混。今范成茀糾夥七人，持械威嚇事主李萬春等，搶得洋藥。該撫將范成茀依搶奪聚衆三人以上，持械威嚇事主，爲首照强盜律，擬斬立決。核與定例相符。惟陸根仔等係聽糾同往，陸根仔雖拔刀攔搶，藍燕奴亦施放洋槍恐嚇，第事主李萬春等並未受傷，核與動手捆縛按捺傷人者不同。自應照爲從問擬發遣。遽將該犯等與首犯范成茀同科，引斷殊未允協。該犯等所搶洋藥，驗係漏税之物，應照例各於本罪上酌減問擬。范成茀應於搶奪聚衆三人以上，持械威嚇事主，爲首照强盜擬斬律，量減一等，罪應滿流。第究係由斬決律上酌減，未便與尋常斬絞人犯一體減等擬流。應將范成茀照向辦成案，於斬決罪上減發新疆，給官兵爲奴。陸根仔、藍燕奴，均改於搶奪聚衆三人以上爲從，在場並未動手者，發遣新疆給官兵爲奴例上酌減一等，各擬杖一百、徒三年。范成茀業已在監病故，應與訊無凌虐之禁卒，均毋庸議。陸根仔、藍燕奴至配折責拘役。該撫疏稱陳玉清云云。

聽從夥搶隨同拒捕 安徽司 光緒十二年 可刪 白晝搶奪

安撫題：蒙城縣拏獲首、夥匪犯王得盛等持械搶奪過客汪德瑞得贜，拒捕蔣金蘭等平復，並夥犯徐金虧被格身死一案。緣王得盛、陳淵、張第春，於光緒十一年三月二十八，在河南省與素識之徐金虧遇道貧難，商同至安徽六安州茶市傭工。四月初九日傍晚，行抵該縣於家店地方，盤費用盡，適遇過客汪德瑞携帶皮箱行李，乘車經過。王得盛料有銀錢，起意糾搶，得贜分用，均各允從。即分執洋鎗、銅鞭、尖刀，一共四人，由小路趕上，齊前攔往車輛。汪德瑞下車喊捕，被王得盛、徐金虧各向空放洋槍嚇避。與陳淵、張第春打開車上皮箱，搶得衣物銀兩，分携逃至避處，欲點贜俵分。事主投保，邀同村衆，追及圍捕。王得盛、徐金虧各放洋槍抵拒，轟傷民人蔣金蘭右腿，並李懷思左肩甲等處。陳淵、張第春亦分用刀鞭隨同拒捕。經該縣緝案兵役聞風踵至，合力圍拏，將徐金虧格傷殞命，並將王得盛等拏獲。報驗訊詳，各供前情不諱。將王得盛等依例擬較立决，照例刺字。並聲明夥犯徐金虧已被格殺等因，具題前來。除聽糾持械搶奪，威嚇事主，罪應斬决之徐金虧已被格殺，應毋庸議外。查例載：『搶奪之案，聚衆三人以上，但經持械，威嚇事主者，爲首及在場動手之犯，照强盗律擬斬立决。』等語。此案王得盛糾夥持械，攔搶過客汪德瑞財物，放鎗嚇避事主，並拒傷民人蔣金蘭、李懷思平復。陳淵、張第春聽糾搶奪，齊前威嚇搜贜，隨同拒捕，均屬不法。自應按例問擬。應如該撫所題，王得盛、陳淵、張第春均合依搶奪聚衆三人以上，持械威嚇事主，爲首及在場動手之犯，照强盗擬斬例，各擬斬立決。該撫疏稱，餘訊無另犯窩夥搶劫别案，及同居親屬分贜，牌保得規包庇情事，應與各犯在外爲匪，無從覺查之原籍牌保，均免罪議。兵役人等格傷拒捕之徐金虧身死，律得勿論。民人李懷思、蔣金蘭傷均平復，亦毋庸議。屍棺飭理，獲贜給主領回等語。均應如該撫所題辦理。

山西司 光十二 可刪 竊盗

爲片查事。前准理藩院會題，科布多參贊大臣咨，喇嘛丹弼章禪偷竊財物一案，將丹弼章禪依蒙古例偷竊銀物一百二十兩以上，首犯擬絞監候，秋審時擬以緩決。該喇嘛被獲後在押脱逃，旋即拏獲。應否加等，經本部以按照刑律應行加等，惟罪已至絞，無可復加，仍照例擬絞監候，入於秋審辦理。恭逢光緒十一年正月初四日恩旨，不准援減，經貴院會同本部題結在案。現值核辦秋審，本部覆查該犯丹弼章禪原供，於同治十年來至庫倫地方。四月十一日行竊犯案，五月十二日在押脱逃，旋即拏獲，如該犯所供犯竊月日，即係同治十年，是事犯尚在同治十一年正月初四日恩旨，並光緒元年正月二十日恩詔以前，均在應行查辦之列。原稿並未聲叙，罪名出入甚鉅。相應片行貴院查照，迅即飛咨科布多大臣，將丹弼章禪犯事年月，詳細聲叙明晰，作速咨報，以憑核辦。案關秋讞大典，幸勿遲延可也。

再，科布多絞犯喇嘛丹弼章禪一起，係行竊韓奇珍銀物，計贓逾貫，在押脱逃被獲。經理藩院會同臣部，將該犯依蒙古例擬絞監候。恭逢光緒十一年正月初四日恩旨，不准援減，題結在案。現值核辦秋審。覆查該犯原供，於同治十年來至庫倫地方。四月十一日行竊盜犯案，五月十二日在押脱逃，旋即拏獲。如該犯所供犯竊月日，即係同治十年，是事犯尚在光緒元年正月二十日恩詔以前。該犯係蒙古行竊逾貫，復在押脱逃被獲，不准援免。應照奏定章程，減發雲、貴、兩廣烟瘴地方驛站當差。惟原稿並未叙明，罪名出入攸關。臣部礙難懸擬。應將該犯於秋審本内暫行扣除，請旨飭下理藩院，飛咨科布多大臣，將丹弼章禪犯事年月，詳細聲叙明晰，作速咨報，以憑核辦。謹附片具奏。光緒十二年八月初九日奏奉旨：『依議。欽此。』

捉人勒贖駁案 奉天司 同治十一年 恐嚇取財

查例載：『捉人勒贖之案，除用强擄捉，脅逼上盗，應依强盗律斬決；或被捉之人因病身死，應依威力制縛及主使各本律本例擬絞外。如有將被捉之人拒傷身死，或於擄拐后謀、故、毆殺者，首犯俱擬斬立決；爲從謀殺加功者，擬絞監候；不加功者實發雲貴、兩廣極邊烟瘴充軍。若係拒殺、毆殺，爲從幫毆，如刃傷及手足、他物至折傷以上者，俱擬絞監候傷非金刃又非折傷者，發新疆給官兵爲奴；未經幫毆成傷者，實發雲貴、兩廣極邊烟瘴充軍。如有將被捉之人任意凌虐，或雖無凌虐而致被捉之人情急自盡者，爲首之犯，俱照苗人伏草捉人，横加枷肘例，擬斬監候；爲從幫同凌虐，及雖無凌虐而助勢逼勒，致令自盡者，俱發遣新疆，給官兵爲奴。若僅止聽從擄捉，關禁勒贖，尚無助勢逼勒情事，均實發雲貴、兩廣極邊烟瘴充軍。至審無凌虐重情，止圖獲利，關禁勒贖，爲首亦發新疆，給官兵爲奴。爲從之犯俱發極邊足四千里充軍。』等語。此擄捉勒贖，分别情節輕重治罪之通例。又例載：『廣東、廣西二省捉人勒贖之案，如審無凌虐重情，止圖獲利，關禁勒贖，得贜數在一百二十兩以上者，首犯照搶奪滿貫例擬絞監候，從犯仍發極邊足四千里充軍。』此廣東、廣西二省計贓科罪之專條。溯查此等案件，惟廣東等省爲最甚。嘉慶年間纂定條例，係專爲廣東、福建兩省而設。其餘各省，均比照棍徒擾害例，分別首從，問擬軍徒。嗣於道光二十四年，據四川總督奏請嚴定匪徒擄人勒贖罪名。經本部議照廣東、福建二省之例科斷，並將此條改爲各省通例。至二十五年兩廣總督奏請將擄人勒贖，被捉三人以上，及捉人三次以上等項各罪名，從嚴懲創，經本部照議覆准。咸豐三年間，廣西巡撫以近年匪徒充斥，捉人勒贖之案層見叠出，若非嚴立科條，無以戢奸禁暴，請照廣東省專例畫一辦理。經本部議如所奏，以昭懲創。至捉人勒贖，審無凌虐重情，止圖關禁勒贖之案，如計贓數至一百二十兩以上者，亦應如所奏，將爲首之犯照搶奪滿貫例擬絞監候，爲從各犯仍照例擬軍等因，奏准。同治九年修例時，經本部因廣西省捉人勒贖各案，俱經奏明照廣東省之例畫一辦理，今廣西省關禁勒贖之案，計贓數至一百二十兩以上之首犯，即照搶奪滿貫例擬絞。廣東省遇有此等案件，亦應照此一律問擬。自應纂爲廣東、廣西兩省專例，以資引用等因，奏准遵行，各在案。此案藍汶義與張佩成等，均係吉林廳民。藍汶義因小河臺邊口一帶有人巡查稅務，聞稱係屬假冒，起意訛詐錢財。向張佩成並張汶保等告知情由，商允綁拏勒索錢文分使。復邀允鄭奎順等共二十餘人，分持札槍繩棒，齊抵小河臺地方，綁縛委官全保、民人李士清二人，帶至客店内。藍汶義等向全保等逼令花錢贖回，並稱如不給錢，定不甘休。全保等害怕，給付現錢五百吊，帖錢二百吊。藍汶義等將全保、李士清放回。嗣張佩成起意，向藍汶義商説，馬家頭臺又有假充官人巡查稅條，伊欲邀人綁縛詐錢。藍汶義應允。隨同張佩成，帶領鄭廣等，行至該處店内。張佩成等尋覓查稅人未見，將開店之馬在爽並其工人李福綁縛帶回嚇逼。詐得現錢三百三十八吊，帖錢一百六十二吊。將馬在爽二人放回。該將軍以兩案計贓均在一百二十兩以上，藍汶義與張佩成各爲首一次，每次綁縛均止二人，訊無凌虐重情。將藍汶義、張佩成均比照廣東、廣西二省捉人勒贖之案，審無凌虐重情，止圖獲利，關禁勒贖，得贓數至一百二十兩以上。首犯照搶奪滿貫例，各擬絞監候。鄭奎順等照爲從擬軍等因，咨部。本部查捉人勒贖之例，從前僅係廣東、福建兩省專條。其余各省，因非通例，雖擄捉後有凌虐重情，仍止按棍徒擾害例，分別首從，擬以軍徒。迨因各省匪徒充斥，纂爲通例，已較從前加嚴，自足以示懲創。至審無凌虐重情，止圖關禁勒贖，計贓數至一百二十兩以上，照搶奪滿貫擬絞之例，係專指廣東、廣西二省而言。原以該二省捉人勒贖之案，甲於天下，其風較各省爲甚，故治罪亦較各省加嚴。本部於同治九年修例時，既未將此條纂爲通例，他省即不得率行牽引，以致罪有出入。

今藍汶義、張佩成起意糾夥，各綁縛二人勒贖，詐得錢文，雖計贓逾貫，惟係恐嚇之贓，律應准竊盜論，罪止滿流。該犯等本罪已應發遣，即屬無可復加。該將軍如果究出該犯等實有任意凌虐情事，即將該犯等均擬重辟，亦屬咎有應得。既據聲明並無凌虐重情，自應將該犯發遣爲奴，以符例意，該將軍舍本例於不問，遽將該犯等比照廣東、廣西二省捉人勒贖，審無凌虐重情，圖利關禁勒贖，得贓數至一百二十兩以上，照搶奪滿貫例擬絞監候，引斷殊未允協。罪關生死出入。本部未使率覆。應令該將軍再行研訊該犯等有無凌虐確情，詳覆例案，妥擬報部，到日再議。

御史奏參尹立常控告楊遐齡案

四川司　同治三年

詐欺官私取財

謹奏爲遵旨查明具奏事。同治二年十二月二十六日，內閣奉上諭：『御史劉其年奏刑部定擬尹立常控告楊遐齡一案，未能持平等語，著刑部查明具奏。欽此。』欽遵於二十八日抄出到部。查該御史原奏內稱：上年正月間，刑部定擬尹立常控告楊遐齡一案。楊遐齡既照詐欺取財律擬罪，孫若霖亦因侵用銀兩，係書吏加等問擬。而尹立常曾代周姓等託辦捐項，所得銀數亦在百兩之上，僅予革職，未免同罪異科。且無辜之張姓，遽憑尹立常疑似之言，遂濫刑至死，尤覺駭人聽聞等因。奏奉諭旨：令臣部查明具奏。臣等查，詐欺取財之律，總以入己贓數之多寡，定罪名之輕重。若各犯所得贓數各別，自應各計入己之數科斷。案情既有分歧，即審擬斷難一致。查上年正月間，臣部審辦光禄寺署正尹立常稟控工部主事楊遐齡蒙捐舞弊一案。楊遐齡因吕維翰告以滄州團練捐輸多不願請奬，該革員希圖從中漁利。商同吕維翰，將孫若霖記在軍營報捐之劉立璡等在滄州捐輸内撥請移奬，私自侵用捐生銀五百七十六兩。孫若霖侵用九十六兩。俱照詐欺取財律，分別擬以流徒，係職官書吏，是以加等定擬。至尹立常代周仁壽等二名，託楊遐齡在滄州撥捐封典，楊遐齡爲伊算銀一百七十六兩交尹立常，扣帳銀一百十六兩，餘銀六十兩，俟交照時清算。是尹立常所得一百十六兩，係收欠帳，並非贓私。尹立常爲周仁壽算銀二百零六兩，爲伊鋪得銀三十兩，按多得之贓實止三十兩。以一主爲重，在十兩以上准竊盜贓論罪，應杖七十。雖自首告，惟係職官，仍從重照違制律擬杖一百，奏請革職。是該員經手託辦捐項，雖數至百兩之多，惟入己僅止三十兩，與楊遐齡、孫若霖各入己贓數既相懸殊，則科罪即有區制。此案情罪均屬相當，辦理並無歧異。不知該御史未經查明，何以統同置議。至案内之張芷園，因孫若霖供稱伊在楊遐齡家與張芷園會遇，張芷園常與楊遐齡談論滄州移奬情事。楊遐齡亦供稱曾託張芷園在户部捐納房探聽信息。嗣張芷園告以直隸總督已經具奏到部，聞户部有奏駮不准等語。是張芷園即係應行訊問之犯，何得謂爲無辜。旋即因該犯在監患病，於正月二十八日交坊取保。至二月二十一日，據報病故。計交坊時已閱二十餘日，並無濫刑致死。已據該坊呈報有案。該御史所稱遽憑尹立常疑似之言，遂濫刑致死，未知何所據而云然。除將原稿暨坊詳，封送軍機處備查外，所有臣等遵旨查明具奏緣由，理合恭折覆奏，伏乞聖鑒。謹奏。

陝 光十五　可删　詐欺官私取財

再，内閣抄出兩廣總督張之洞片奏，查明即補知府劉保林，並無屬託打點保案，亦未被沈錫璋撞騙銀兩等因。光緒十五年六月初八日，奉硃批：『刑部知道。欽此。』欽遵抄出到部。臣等查此案沈錫璋即沈梅卿與廣東即補知府劉保林素相認識。光緒十三年冬間，勘界保案到部時，劉保林曾給沈錫璋信函，稱説已保知府。沈錫璋隨囑樊子清到吏部科房，查得劉保林保案已經議准，起意誆騙銀兩，捏稱保案伊託人代爲辦妥，寫信向劉保林索取酬謝。因劉保林久無回信，復寄信催討。被提督馮子材奏參，交部審訊。經臣部將沈錫璋即沈梅卿依誆騙未成，議有定數，財未接受，徒三年罪上量加一等，擬杖一百、流二千里。至劉保林有無囑託打點保案別情，據沈錫璋一面之詞，尚難憑信。將沈錫璋暫行監禁，請飭廣東督撫臣，就近傳集劉保林訊明覆奏等因。奏准咨行去後。兹據該督奏稱，飭委藩、臬兩司，訊據劉保林呈遞親供稱，與沈錫璋從前曾通信函，僅止尋常問候。嗣接沈錫璋來函，聲稱保案核准，係伊託人辦妥，索銀三百兩。因事屬賄託，有干例禁，不便函覆，並未受騙寄銀。迨後復接函催，當將原信呈提督馮子材閱看，委無囑託沈錫璋打點保案情事。核與沈錫璋所供劉保林來函僅止通候，並未囑託，迨經起意撞騙，寄函索謝，劉保林久無回信等語，適相託合。如果劉保林曾經函託，沈錫璋豈不據實供明，何肯代爲之隱？是劉保林親供所陳各節，尚屬可信等情。臣等查此案既據該督查訊明確，劉保林並未函託沈錫璋打點保案，亦未被騙銀兩。核與沈錫璋原供尚屬相符。應毋庸議。沈錫璋即沈梅卿自應仍照臣部原擬，杖一百、流二千里。仍於吏部門首枷號兩箇月，惟該犯事犯在光緒十五年三月十六日恩詔以前，係誆騙未得財加等擬流，不在不准援免之列，應准援免，並免枷號。後再有犯，加一等治罪。謹附片具奏請旨等因。光緒十五年七月二十七日具奏，奉旨：『沈錫璋不准援免。餘依議。欽此。』

略誘人口出洋 廣東司 光緒元年議奏 可刪

查同治三年間，前任廣東總督毛鴻賓等奏稱：廣東近年略賣人口出洋，永無下落。其事較之誘拐子女爲加慘，其情較之人口出境爲倍重，請嚴定罪名等語。經臣部會同總理各國事務衙門，議請嗣後内地奸民，及在洋行充當通事買辦，設計誘騙愚民，雇與洋人承工，其受雇之人並非情甘出口，因被拐賣威逼，致父子兄弟離散者，不論所拐係男婦子女及良人奴婢，已賣未賣、曾否上船出洋，及有無藉洋人爲護符，但係誘拐已成，爲首斬立決。爲從絞立決。該地方官獲犯審實，一面按約照會外國領事官，將被拐之人立即釋放送回，一面録取犯供解審。該督撫提勘後，先行正法。按三箇月匯奏一次，仍逐案備招咨部。其華民情甘出口，在英、法等國所屬各處承工者，仍准其立約，赴通商各口下船，毫無禁阻等因。奏准纂入例册遵行。嗣於同治十三年間，據前任兩廣督臣瑞麟等以奏定前例之時，原爲被拐之華民並非情甘出口而設。若華民情甘出口，係由匪人和誘帶引出洋，亦非赴英、法等國所屬各處承工，則出口之人既出自情甘，而和誘之罪宜略爲區別。若照並非情甘出口之例，概擬駢誅，未免情輕法重。請將和誘華民出洋，雇與洋人承工，但係誘拐已成，被誘之人實係情甘出口，即照和誘知情例，分別首從，擬以軍徒。經臣部會同總理各國事務衙門查，華民情甘出口，被匪人引誘出洋，例無治罪明文。惟查將人口出境，律應擬以繯首。即貴州流棍，和同誘拐民苗，往四川販賣，例應分别首從擬以絞流，不與尋常和誘並論。則引誘華民出洋之案，亦未便照尋常和誘一體定斷。酌議嗣後誘拐人口出洋，無論已成、未成，被誘之人如非情甘出口者，仍照定例。爲首斬立決，爲從絞立決。若和誘華民出洋，雇與洋人承工，不分男女良賤、已賣未賣、曾否上船，但係誘拐已成，被誘之人實係情甘出口者，即照將人口出境絞監候律，將爲首者擬絞監候，爲從杖一百、流三千里。至被誘之人，按擬雖應擬徒，惟據該督聲稱，情甘出口之人，無非往外洋貿易。其被匪徒引誘，情節不無可原。應如所奏，請免置議等因，奏准。本年正月間。據廣東巡撫張奏稱：誘拐出洋之案，近漸稀少。擬請毋庸先行正法，仍循定例，由司覆訊解勘具題，俟部覆到日，再行辦理等因。奉旨：『刑部知道。欽此。』遵各在案。茲據該前督英翰以近日澳門西洋人專引内地奸徒以販賣人口爲業，一經開招，必將藉端影射，逞其故智。查被拐人口出洋後，所受凌虐，人不忍聞。此等匪徒，實較之劫盗聚衆殺擄尤堪髮指。粤省以前拐販案件，悉照新章就地正法。係經瑞麟、蔣益澧奏定有案。誠以立法不憚從嚴，杜弊必期經久。與其博寬大之名而轉輕民命，莫若褫奸民之魄而明示典型。定章本極嚴密，嗣經張兆棟以拐匪稍知斂迹，於去歲冬間將此項章程，稱改歸舊制辦理。省局所訊拐販之案，大半以被拐者情甘出口成讞，皆得量從末減。今值遠人開辦伊始，奸民勾結堪虞。可否仰懇飭下新任督臣劉坤一，體案情形，悉心酌核，仍照新定章程，隨時就地懲辦等因。奏奉諭旨，交臣等議奏。臣等查廣東地方略誘人口出洋，被誘之人並非情甘出口，例應分別首從，擬以斬、絞立決。該督撫提勘後，先行正法。按三個月匯奏一次。原以此等奸徒，設計逼騙內地民人出洋牟利，情節實屬兇惡。故特嚴立科條，用昭懲創。嗣因華民情甘出口，被匪人引誘案件，與並非情甘出口之例情節迥異，若照例概擬駢誅，未免情輕法重。據該撫奏請，比照和誘之情例擬以軍徒。復經臣等會同酌議，將人口出境律，分別首從，擬以絞候滿流，本係衡情區別。本年該撫以誘拐出洋之案漸少，奏請毋庸先行正法，仍循定例解勘。係爲慎重民命起見。今該前督英翰以現值遠人開辦伊始，奸民勾結堪虞，請仍照新定章程，隨時就地懲辦。事關變通成例，臣等未使懸擬。相應請旨飭下新任兩廣督臣，體察情形，悉心酌核，應如何定擬，妥議章程，奏明辦理。以昭慎重而免枉縱。所有臣等遵旨議奏緣由，是否有當，謹會同恭折具奏請旨。

發掘大員墳冢從犯酌量加等 安徽司　咸豐元年　可刪　發冢

查審理案件，必須研訊確情，按律定擬，方足以成信讞。此案郭安培等，先未爲匪。原任東河總督朱襄墳地，交李行才、郭邦翰看管，言明山内柴薪聽李行才等砍伐，每年給租銀四錢，並非計工授食，亦無主僕名分。嗣郭安發等與郭安培遇道貧難。郭安培傳聞朱襄墳内葬有金銀，起意商允郭安發等發冢得贓分用。並因李行才、郭邦翰係看墳之人，須邀入夥，往向告知。李行才等貪利允從，一共五人，行至墳前，撬開棺門磚塊。李行才用鐵鍬撬起棺木，郭邦翰將木棍横插棺底，郭安培等將棺拖出棺外，撬開棺蓋。郭安培先將屍口所含金錢挐出；復將屍身翻側，摸取銀錢；挐出朝帽，取下朝頂；並將兩手所握如意香盒一並取下，脱取屍足靴隻裝盛，將贓携回而散。該撫將郭安培依律擬絞監候。聲明恭逢恩赦，不准援免，酌入秋審緩決。李行才等分別擬軍等因，具題。臣等查雇工發掘家長墳冢，與並無主僕名分之看墳人發掘墳冢，罪名輕重懸殊。總須訊取確供，方可無虞枉縱。該犯李行才、郭邦翰既爲朱襄看守墳墓，所稱並無名分之處，殊難憑信。且檢閲原招，該犯等撬開棺蓋後，先將屍口所含金錢取出，復將屍身翻側，摸取銀錢，又拏出所帶朝帽，託起屍頭，拏取朝珠，並將所握之如意香盒一並取下，脱取靴隻裝盛。是該犯等將朱襄附身、附棺之物，全行盜取，更難保無殘毀屍身情事。再查發塚開棺見屍擬絞監候之犯，恭逢恩赦，改入緩決，係指發掘常人墳塚而言。若明知大員墳塚，膽敢發掘，則其目無法紀，非尋常發塚之案可比，未便一律改入緩決。即爲從擬軍之犯，亦應於發掘常人墳塚上酌量加等問擬，庶足以示等差而懲兇暴。此案犯供既多狡展，引斷亦未允協。臣部礙難率覆。應令該撫提犯研鞫，另行妥擬，到日再議。

又片底，謹奏爲核覆外省審擬發掘大員墳塚，開棺見屍之案，情罪未協，謹由題改奏，請旨飭令另行審擬，以懲不法事。據護理安徽巡撫蔣題蕪湖縣匪犯郭安培等，盜發故員朱襄墳塚一案，咸豐元年　月　日奉旨。嗣據該撫提訊李行才等，僅止爲朱襄看管墳塚，並無主僕名分。將首犯郭安培擬絞，聲明業已病故。爲從之李行才等加等擬遣等因，經臣部照擬核覆奏結。

發塚開棺見屍五次 江西司 咸豐二年 發塚

刑部等衙門，謹奏爲疊次發掘墳塚，開棺見屍之犯，情節較重，由題改奏，請旨即行正法，以昭炯戒事。據署理江西巡撫王題賊犯梁細仔等發掘譚氏等墳塚，開棺見屍一案。咸豐元年十二月初七日題。二年四月十九日奉旨：『三法司核擬具奏。欽此。』除開棺見屍爲從三次，罪應擬絞之梁黑仔，及爲從二次，罪應擬軍之業洸任均經續報病故，應毋庸議外。查律載：『發掘他人墳塚，開棺見屍者，絞監候。』又，例載：『發掘常人墳冢，開棺見屍，爲從三次，及三次以外，照竊盜之犯律擬絞監候』各等語。此案梁細仔起意，糾同梁黑仔，發掘同姓不宗之梁譚氏等墳塚，開棺見屍五次，見棺鑿孔行竊十二次，計贜均在一兩上下。該署撫以見屍五次，例無加重明文，將梁細仔仍依律擬絞監候等因具題。臣等查，發掘他人墳塚，開棺見屍多次之犯，例内雖無加重明文，惟聽從發塚，開棺見屍三次，按例即應絞候。則爲首之犯開棺見屍五次，若仍擬以絞候，不特與從犯罪名無所區别，且核與見屍僅止一次之首犯轉覺情重法輕。溯查道光十三年，原任烏魯木齊都統成格奏，賊犯於進忠發掘富克金等墳塚，開棺見屍至五次之多，實屬殘忍已極。將於進忠依律擬絞，酌擬立決等因具奏，奉旨：『於進忠著即處絞。欽此。』欽遵在案。今梁細仔糾夥發塚，開棺見屍五次，又見棺鑿孔行竊十二次。較之於進忠一案，情節尤爲殘忍。自應加擬立決，以懲兇惡。若仍由臣部改擬具題，反得倖稽時日。謹由題改奏，請將梁細仔一犯照發掘他人墳塚開棺見屍律，擬絞監候，請旨即行正法，以昭炯戒。從犯鄒汶通亦應如所題，照開棺見屍爲從二次，實發烟瘴充軍例，實發烟瘴充軍。仍照奏定章程，以極邊足四千里爲限。事犯雖在咸豐二年四月初三日恩詔以前，情節較重，不准援減。餘如所題完結。

圖財害命照覆直隸司　同治十二年

爲片覆事。准理藩院片稱：『前准刑部駁查西林果勒盟長呈報圖産群毆斃命一案，原文未將該犯雲丹等如何圖謀之處詳細聲敘。其雲丹與達瓦役使之蒙婦巴特瑪和好來往，達瓦屢向雲丹嚷駡，並將巴特瑪時常責打。因而雲丹起意商同將達瓦致死，似有因奸挾嫌謀命情事。至蒙婦巴特瑪在達瓦家暫行役使，其有無主僕名分，亦未聲明。案情未確，罪名礙難懸擬。將例文開列，轉飭該盟長再行嚴鞫確情，按例妥擬具報等因。當經劄行該盟長去後。兹據覆稱，訊明雲丹因與巴特瑪情意相投，時常至達瓦家内游行。達瓦與雲丹不時嚷鬧，並將巴特瑪毆打。雲丹起意將達瓦打殺，與巴特瑪及其子濟爾噶勒商允圖謀達瓦家産。雲丹同濟爾噶勒各持木棍，將達瓦毆死，並將達瓦馬匹、烟袋等物拏去等語。並聲明濟爾噶勒業經在監病故，應毋庸議。其首犯雲丹與犯婦巴特瑪奸情敗露，圖謀達瓦家産，及將馬匹等物入已。雲丹即應照圖財殺人得財者問擬。犯婦巴特瑪即應照爲從同謀加功未得財者問擬。該犯婦在達瓦家役使，並無主僕名分，應按刑例科罪等因，呈報。此案應如何科定罪名之處，希即咨覆，以便會題前來。本部查雲丹因與巴特瑪奸情敗露，起意商允巴特瑪等，將達瓦殺死，圖謀達瓦家産。雲丹用木棍將達瓦毆打，巴特瑪幫助按壓，致將達瓦毆斃。巴特瑪在達瓦家役使，既無主僕名分，雲丹與巴特瑪均應以凡論。雲丹謀殺人造意，與圖財害命殺人未得財，均應擬以斬候。自應從一科斷，將雲丹照圖財害命殺人未得財例，擬斬監候。巴特瑪依圖財害命未得財，殺人從而加功例絞監候。惟查該盟長前訊供詞，雲丹係注意圖謀達瓦家産，殺死後並未得財。此次雲丹所供將達瓦毆死，並將達瓦馬匹烟袋等物拏去，如係殺人後乘便攫取，與事前見有馬匹等物，蓄意圖取，殺死其命者不同，自應仍照本律問擬，不得與圖財害命並論。究竟馬匹是否即係該犯圖謀之物，本部無從懸揣。相應抄録各例文，片覆貴院酌核辦理可也。

計開：

例載：『凡謀財害命，得財而未死人命者，首犯與從而加功者，均擬斬立決。未得財殺人，爲首者擬斬監候，從而加功者擬絞監候。』

又，例載：『凡圖財害命照律擬斬立決外，其有因他事殺人後，偶見財物因而取去者，必審其行兇挾何讎隙，有何證據。果係初無圖財之心，殺人後，見有隨身衣物銀錢，乘便取去者，所得之財倍追給主，仍各依本律科斷。』

朱永康案 山東司　光緒五年　謀殺人

謹奏爲遵旨妥議案情，合詞聲請，仰祈聖鑒事。光緒五年閏三月二十三日，内閣奉上諭：『前據廣壽、錢寶廉訊明山東委員高文保被殺一案，定擬具奏。當經降旨依擬，將同謀縱兇潛逃之署嶧縣知縣朱永康，發往黑龍江，充當苦差。其因朱寶森未獲，仍請監候待質各節，均照所擬辦理。兹據給事中王昕奏朱永康係造意之犯，不科以謀殺之罪，元惡輕縱。請將該犯立正典刑，並將高文保破格賜恤等語。著大學士會同刑部妥議具奏。欽此。』當經臣等遴派侍讀司員，檢齊全案卷宗，公同查閲已革知縣朱永康原供，因公借貸典商劉得淵錢一千二百千文，又兩次强借該商銀九百兩，被控後，經知府委員高文保等來縣守提管帳之伊侄朱保森及門丁路耀之。伊用言支吾，並赴府懇求免解未准。嗣因高文保定欲將朱寶森提解到府，伊許給銀兩，被其拒絶。致朱寶森氣忿起意，將高文保誆至城外殺死，捏報因瘋自戕。暗向伊告知，伊當即應允。事後假意派差查找，並將謀情與幕友張贊卿密商。復許給委員李樹堅補捐花樣，會銜捏禀。又恐走漏風聲，將委員等扣留署内。因緝兇緊急，資給朱寶森、趙聾子，致令逃避。實止同謀未行，並無造意情事。屍胞兄高仁保原供，聞係朱寶森畏提，央免不允，氣忿起意，將高文保謀殺身死。已獲加功之趙孟財原供亦稱，係夥同趙聾子、馬振青、吴進得，聽從朱寶森下手將高文保謀殺屬實。復查尚書廣壽等原奏内稱，將趙孟財依謀殺加功律擬絞監候。朱永康之同謀未行，因公科斂，均罪止擬徒，已歸輕罪不議。其强借計贜及知情資給隱匿罪人，均應滿流。依律從一科斷。係官犯，從重擬以發往黑龍江，充當苦差。復以該犯供稱並非造意。恐係因朱寶森等在逃，恃無質證，有心避就，請將該犯朱永康監候待質。並以高文保守正不阿，因公被害情尤可憫。請旨照銜從優議恤等因。奏奉諭旨，均照所擬辦理。並將巡檢高文保照請議恤在案。兹據給事中王昕奏，此案元惡罪名輕縱，並援引成案，請將朱永康立正典刑，高文保破格賜恤等因，具奏，奉旨交大學士會同刑部妥議具奏。仰見我皇上慎重刑章之至意。查列載：『審擬罪名，不得用從重加等及加數等字樣。或實在案情重大，罪浮於法，仍按本律例擬罪，於疏內聲明，恭候聖裁』等語。臣等查此案謀殺重大案件，總應以是否造意，是否加功爲斷。此案朱永康於謀殺委員高文保一節，據供朱寶森造意，向伊告知，伊即允從。事後捏稟高文保自戕，復又縱令朱寶森等潛逃。趙孟財供内稱，係聽從朱寶森謀殺高文保屬實。屍胞兄高仁保供内亦稱，聞係朱寶森畏提，央免不允，氣忿起意。均無異詞。經該尚書等訊明，該犯係屬同謀。縱兇潛逃，擬以從重發往黑龍江，充當苦差。而該給事中奏稱：身爲縣令者朱永康，藉事貪贓者朱永康，抗不遵提解交人證者朱永康。朱寶森雖係經手過財之人，於分爲卑幼，於事爲聽從。若非朱永康從中主使，焉敢背其尊長而致人於死。又朱永康既知高文保被殺，何故捏稟自戕，既知朱寶森爲殺人正兇，何難立時拏獲。由此以推，殺有使之殺者，逃有使之逃者，造意首犯，非朱永康而誰？又援引成案，請明正典刑，各等語。臣等公同會議，僉以爲造意一層，非取有確供詞，不能懸斷。而所供情節確有可憑。查朱永康身爲縣令，屢次强借所借商民銀兩，已屬貪婪不法。被控後，委員提犯，復敢賄求免解。迨經高文保正言拒絕，伊侄朱寶森即以誆至城外殺死，捏報因病自戕等情，暗向告知。伊立時聽從，並不阻止。旋復假意派差查找。又以謀情與幕友密商，復許給委員李樹堅代爲補捐花樣，一同捏稟。又恐走漏風聲，將委員等扣留署內。嗣因緝兇緊急，又給予朱寶森銀兩，同趙聾子等一並縱令逃逸。就該犯所供各情節而論，事前則密謀詭計逐一知情，事後則兇手要證全行脱縱，知法犯法，百喙難辭。况被殺者即係查提控案之人。是該犯先有圖脱己罪之意，其居心實不可問。此等兇狡之徒，即使明正典刑，亦復何所顧惜。惟查例載，審擬罪名，不得用從重加等及加數等字樣。臣等欽奉特旨，衡情斷獄。因不敢拘泥本律，亦不敢擅定罪名，惟有遵照定例，聲明朱永康一犯情節重大，罪浮於法。可否改爲斬監候之處，恭候聖裁。至該尚書廣等原擬將朱永康發往黑龍江，充當苦差，又以該犯供稱並非造意，恐係因朱寶森等在逃，恃無質證，百心避就，將該犯朱永康監候待質之處，係屬按照本律辦理。惟查該犯所供前後各情節，實屬罪浮於法，似應遵例請旨定奪。尚書等漏未聲叙，應否交部議處，恭候叙定。再，該給事中所引李毓昌被害成案。臣等公同會議，嶧縣一案，朱寶森係以金刃殺人，不同藥毒，其兇悍情形，固甚於山陽之王伸漢。然查山陽成案，係因冒銷贓銀數逾巨萬，且王伸漢已供認授意謀殺。旋又奉特旨加等治罪。前後情形，似與此案稍有不同。再，巡檢高文保係知府委員，與朝臣奉命出差者自有區別，不得以制使論。至於褒忠曠典，出自特恩，巡檢高文保應如何加恤之處，伏候諭旨遵行。所有臣等遵旨妥議案情，聲明請旨緣由，謹合詞恭折具奏。伏乞皇太后皇上訓示遵行。再，此折係内閣主稿，刑部左侍郎錢係原派大臣，例應迴避，是以未能列銜，合並聲明。謹奏請旨。光緒五年四月二十六日奉上諭：『前據給事中王昕奏山東委員高文保被殺一案，元惡輕縱，請將朱永康立正典刑各節。當交大學士會同刑部妥議具奏。兹據奏稱，朱永康身爲縣令，屢次强借商民銀兩，已屬貪婪不法。迨委員高文保提犯，伊侄朱寶森以誘殺捏報等情告知，朱永康立時聽從，並不阻止。又以謀情與幕友密商，許給委員李樹堅捐項，一同捏稟。嗣因緝兇緊急，給予朱寶森銀兩，同趙聾子一並縱令逃逸。就該犯所供各情節而論，事前則詭計逐一知情，事後則兇手要證全行縱脱。且被殺者即係查提控案之人。是該犯先有圖脱已罪之意，居心實不可問。可否改爲斬監候等語。詳加披覽，王昕所援李毓昌被害成案，情形固有不同，而朱永康情節重大，實屬罪浮於法。著即改爲斬監候，歸於本年秋審辦理。廣壽等原奏將朱永康發往黑龍江各節，既按照本律定擬，即著毋庸置議。理問銜巡檢高文保，業經降旨，照銜從優議恤，著加恩照四品官賜卹，該部知道。欽此。』

喇嘛圖財害命山西司　光緒九年　謀殺人

刑部查刑例載：『圖財害命，得財而殺死人命者，首犯擬斬立決』等語。此案喇嘛楚勒特木因見同行民人烏朗岱趕有牛隻車輛物件，起意商允喇嘛青嚕布將烏朗岱害死，分其牲口財物。嗣又路遇民人賴巴子乘騎馬匹，帶有羊肉等物同行。楚勒特木向青嚕布聲稱，烏朗岱已有賴巴子同伴，難以下手。青嚕布又起意商允楚勒特木約後夜伺烏朗岱等睡熟時，一齊下手打死。是夜楚勒特木與青嚕布各用車輪、木榔頭將烏朗岱、賴巴子毆傷，均各身死。俵分牛馬財物。查烏朗岱訊係楚勒特木起意謀斃，賴巴子訊係青嚕布起意謀斃。自應各以爲首論，方與案情相符。該大臣既將該犯等照圖財殺人爲首問擬斬決，復援從而加功之例。雖首從罪名同一擬斬，並無出入，引例究未允協，應即更正。楚勒特木之兄薩木丹，雖於事未發之先赴旗首報，惟並未將贓物首還，未便免其所因之罪，仍應按例問擬。楚勒特木、青嚕布均合依圖財害命，得財殺死人命，首犯斬立決例，各擬斬立決。

貴州司　可刪　殺死姦夫

查例載：『姦夫起意殺死親夫，擬斬立決。』又：『因姦謀殺本夫之案，其爲從加功之人，若係平人，照凡人謀殺加功律擬絞監候。』又，律載：『姦夫自殺其夫者，姦婦雖不知情，亦絞監候』。各等語。此案陳玉和因與韋盧氏通姦，被本夫韋喬生撞破禁絶，心懷忿恨，起意邀同盧阿洝等將韋喬生謀殺身死，事後復起意棄屍滅跡，自應按例問擬。應如該撫所題：陳玉和除棄屍不失輕罪不議外，合依姦夫起意殺死親夫，斬立決例，擬斬立決。盧阿洝貪利聽從謀殺下手加功；韋盧氏與陳玉和通姦，經本夫撞破禁絶往來，即向力拒，其韋喬生被陳玉和等謀斃，該犯婦訊無知情同謀情事。自應各按本律例問擬，亦應如所題，盧阿洝合依因姦謀殺本夫之案，其爲從加功之人，若係平人，照凡人謀殺加功擬絞例，擬絞監候；韋盧氏合依姦夫自殺其夫，姦婦雖不知情，絞律，擬絞監候，與盧阿洝俱秋後處決。該犯等事犯在光緒十一年正月初四恩旨以前，到官在後，均毋庸查辦。

奉天司　光緒十二年　謀殺人

查律載：『謀殺人造意者，斬監候。』等語。此案陳兆詳因挾孟成虎指控責釋之嫌，嗣與途遇，起意將其致死洩忿，輒用尖刀將孟成虎砍傷身死。核其情節，係挾嫌蓄意謀殺，與因争鬥臨時起意砍殺者不同，自應仍按謀殺本律問擬。該督等將該犯照故殺律擬斬，罪名雖無出入，引斷究未允協，應即更正。陳兆詳應改依謀殺人造意者，斬律，擬斬監候，秋後處決。事犯到官在光緒十一年正月初四日恩旨以前，招解在後，毋庸查辦。該督等疏稱云云。

奉天司　光緒十七年　可刪　殺一家三人

此案申得禮因王漢武挾被索欠毆打之嫌，糾邀王漢汶等登門辱駡，該犯輒敢邀同申得智等，將王漢武、王漢汶、王才、王泩、王榮共毆致傷身死。内王漢武、王漢汶、王才係屬一家三命，訊係申得禮起意糾毆爲首，應以率先聚衆論。應如所咨，申得禮合依聚衆共毆，致死一家三命，將率先聚衆之人斬例，擬斬立決。申得智聽從幫毆，用刀砍傷王漢武等左額角連右太陽等處，係屬致命重傷，按例應以該犯擬抵。亦應如所咨，申得智合依爲從下手傷重至死者，絞例擬絞監候。該犯等事犯在光緒十五年三月十六日恩詔以前，申得禮係率衆共毆致斃一家三命，罪應斬決，毋庸查辦。申得智係爲從下手傷重至死擬絞，應不准其援免，仍照奏定章程，酌入秋審緩決辦理。

逆案緣坐人犯體弱難閹割 福建司 同治十一年 可刪 殺一家三人

爲片覆事。准內務府片稱，前於同治五年五月間，准刑部片稱，據福建巡撫咨送逆首張雲從之子張潮嬉，解部轉交內務府閹割後發遣一案。查該犯於解到時，年已二十三歲。當經本府飭傳會計司刀兒匠查驗，該犯氣體虛弱、腎物偏大，恐爲閹割致死。應俟調理痊壯，再行辦理。嗣於每年春、秋兩季查驗該犯，總未痊愈，礙難閹割。茲據刀兒匠結稱，該犯年已二十九歲，一時恐難就痊等情。應片行查照辦理等因，前來。查張潮嬉係反逆案內子孫，不知謀逆情事。例應解京閹割後發遣之犯。雖准貴府片稱，飭驗該犯氣體虛弱，歷年總未痊愈，礙難閹割。該犯年已二十九歲，一時恐難就痊。惟查本部例內載明：無論已未成丁，均應閹割，並無另有辦理明文，亦無辦過似此免其閹割成案。應由貴府自行酌核辦理。相應片覆貴府可也。

故殺 江西司 光緒十年 鬥毆及故殺人

查律載：『故殺者，斬監候。』又：『鬥毆殺人者，不問手足、他物、金刃，並絞監候。』又，『謀殺人從而加功者，絞監候；不加功者，杖一百、流三千里。』又，例載：『挾讎放火燒毀房屋，未傷人爲從者，發近邊充軍。』又，『强割田禾，依搶奪科之。』又，『搶奪贓至一百二十兩以上，仍照竊盜滿貫律，擬絞監候。』又，名例律載：『二罪發，以重者論。』又：『斷罪無正條，援引他律，比附定擬。』又，例載：『內外問刑衙門審辦案件，其有實在刁健，堅不承招者，犯該徒罪以上，仍具衆證情狀，奏請定奪』各等語。此案邱葆仔，因在逃之胡歌三圖用首事張颺謨等平糶積價錢未遂，聽糾往捉張颺謨等未遇，將其雇工魯決水等扭交胡歌三割去髮辮。並於胡歌三設局强收租穀，在局幫同記賬。復聽糾燒毀張颺謨家房屋各節，罪止軍流。惟與首士夏雲路遇爭毆，輒頓起殺機，用木擔鐵頭將夏雲毆傷立時身死，實屬故殺。涂蔥俚聽從胡歌三强收租穀，在局幫同記帳，迨路遇夏雲佃户胡德基提及前事，斥詈爭歐，致傷胡得基身死，應從重照鬥殺科罪。李倌俚聽從胡歌三糾往燒毀張颺謨家房屋，並聽從移屍，藉屍搶得衣物，計贓六兩零，均屬輕罪。其聽從在逃之胡烏皮謀殺章尉霖身死，下手加功，應從重科斷。自應各按本律問擬。均應如該撫所奏，除鬥毆殺人，並聽從謀殺下手加功，罪應擬絞監候之涂蒽俚、李倌俚俱已在監病故，應毋庸議外。邱葆仔合依故殺者斬監候律，擬斬監候，秋後處決。該撫奏稱支艾俚云云，以杜後釁。郭坤生傷已平復。乘火搶奪之不知姓名人，並藉屍搶物之支姓不知名五人，及銃斃放火罪人之崔恒俚等，均緝獲另緝等語。均應如所奏辦理。並令嚴緝在逃兇犯胡歌三等務獲究辦，不得以查拏無踪空言支飾。該撫又稱涂蒽俚云云。

陝西司 光緒十一年　鬥毆及故殺人

查律載：『鬥毆殺人者，不問手足、他物、金刃，並絞監候。又，新疆奏定變通命案章程：照律擬絞監候，應入緩決者，監禁四年，限滿杖責一百，保釋』各等語。此案劉得徵因與童敏忠餧猪口角，被毆情急，輒用拳脚毆踢致傷童敏忠，越日身死，自應按律問擬。應如該將軍所奏，劉得徵合依鬥毆殺人者，不問手足、他物、金刃並絞律，擬監候。該犯事犯到官，在光緒十一年正月初四日恩旨以前。核其情節，死先逞兇，傷係手足，應入緩決，例得減流。惟係在新疆地方犯事，仍照變通章程監禁四年，限滿杖責保釋。該將軍奉稱童敏忠云云。

河南司 光緒十二年　鬥毆及故殺人

查律載：『鬥毆殺人者，不問手足、他物、金刃，並絞監候』等語。此案高鈺登因杜紹玉斥其撐渡遲慢，口角爭吵。該犯喝令高會明等追毆，致杜紹玉情急鳧水被淹身死。死由於溺，溺由於追，罪坐所由，自應將高鈺登照鬥殺問擬。應如該護撫所題，高鈺登合依鬥毆殺人者，不問手足，他物，金刃並絞律，擬絞監候，秋後處決。事犯到官，在光緒十一年正月初四日恩旨以前，招解在後，毋庸查辦。據供親老丁單，是否屬實，應令該護撫俟秋審時照例查明，取結報部核辦。該護撫疏稱高會明、高寅云云。

臺灣械鬥讎殺 福建司　光緒元年　删　鬥毆及故殺人

刑部查例載：『福建等省糾衆互毆之案，除尋常兵毆、謀毆，雖人數衆多，並非械鬥，及臺灣械鬥之案，仍各照監例辦理外。如審係預先斂費約期械鬥讎殺，糾衆至一二十人以上，致斃彼造四命以上者，主謀糾鬥之首犯擬絞立決；三十人以上，致斃彼造四命以上，或不及三十人而致斃彼造十命以上，首犯擬斬立決；四十人以上，致斃彼造十命以上，或不及四十人而致斃彼造二十命以上，首犯擬斬立決，梟示。如所糾人數雖多，致斃彼造一命者，首犯發極邊足四千里充軍；二命者，實發雲貴、兩廣極邊烟瘴充軍；三命者，發遣新疆，給官兵爲奴。若致斃彼造一家二三命，主謀糾鬥之首犯例應分别問擬斬、絞立決者，各從其重者論；其隨從下手，傷重致死，應行擬抵，均各依本律例擬抵。傷人及未傷人者，亦各按本律例分别治罪。至彼造倉猝邀人抵御，並非有心械鬥者，仍照共毆本例科罪。地方官不將主謀首犯審出究辦，及有心迴護，將械鬥之案分案辦理，該督撫嚴參，照官司出入人罪例議處治罪』等語。兹據該大臣請將福建巡撫駐扎臺灣地方，係爲專責成起見。惟查從前臺灣械鬥案件，曾於乾隆五十三年籌辦臺灣善後事宜摺内奏准，將糾衆十人以上，致死一二命之首犯，照原例斬決。聲明俟兩年後咸知畏法，照舊辦理。迨道光二年，福建省請將械鬥案件從嚴懲辦摺内，臺灣仍循舊例辦理。推原例意，係因界連番境，不與内地同科。今臺灣既改設巡撫，鎮攝，一切規模，均與内地無異，所有臺灣械鬥讎殺之案，自應即照福建省專例嚴辦。其開荒設官後，命盜案件應由該撫查照律例分别科斷，以昭畫一。

臺灣徒犯就臺屬互相匀配安置 福建司　光緒十年　刪　徒流遷徙地方

查例載：『臺灣流寓之人，犯該徒罪以上，一概押回原籍治罪，不許再行越度』等語。兹據該撫以臺灣孤懸海外，流寓之人，游手好閒，是以有犯徒罪，即須押回原藉，以免逗留生事。邇來臺地生聚寖繁，俱成土著，田園廬墓，户籍可稽，詞訟日多，與内地情形無異。且經分設臺灣、臺北兩府，各縣相距多在五百里以外。請嗣後該兩府屬徒罪人犯，即由司詳請，就臺互相匀配安置，自係爲矜恤罪囚，免致羈延起見。第事關變通成例，本部未便據咨率覆。應令該撫奏明請旨遵辦，以昭慎重。相應咨覆該撫可也。

福建司 光緒十二年　鬥毆

再，廣東械鬥之案，現據該督撫極力整頓，設法查拏，以冀挽回頹風，辦理尚屬認真。惟查福建省與廣東地界毗連，同爲海疆要區，械鬥之風，亦彼此相等。故例内著明械鬥條件，均以該省與廣東相提並論。乃近十數年來，從未見該省辦過一案，具題到部。推原其故，總由承審各員狃於錮習，遇有械鬥仇殺多命案件，始而畏難苟安，不肯究辦，繼則規避處分，分案銷彌。以致死者含冤，生者漏網，定例竟成虚設，已失核實辦公之道。况現值兵燹之餘，元氣雕殘，易滋伏莽。若再任其私鬥，必成巨患。相應請旨飭下閩浙總督，督同臬司，嚴飭所屬州縣，各就地方情形，於械鬥案件迅速推究，將主謀糾鬥下手斃命正兇，嚴行懲辦。不得仍蹈分案錮習，遷就完結。庶兇徒知儆，息濱海之惡風，良善相安，昭嚴疆之静謐。臣等爲綏靖地方起見，謹附片具奏。光緒十二年四月初五日奉旨『依議。欽此。』

鬥毆及故殺人

查律載：『故殺人者，斬監候』等語。此案朱徐氏因張美兒私用錢文，向斥不服，與朱紅兒共毆致傷後，復因張美兒牽駡祖先，該氏頓起殺機，用皮鞭木柄將其毆傷身死，實屬故殺。已死張美兒係該氏小功堂妹張徐氏之女，直親無服，自應仍按凡人故殺本律問擬。應如該都統所咨，朱徐氏合依故，殺者斬律，擬斬監候。事犯在光緒十五年二月初四及十七等日恩詔以前，係故殺幼女擬斬，無關十惡，應准援免。後再有犯，加一等治罪。該都統咨稱朱紅兒云云。

鬥毆及故殺人

查律載：『鬥毆殺人者，不問手足、他物、金刃，並絞監候』等語。此案張泳青因李思温向伊索欠，央緩不允，彼此争毆輒用鐮刀等械，扎毆李思温致傷，越日身死，自應按律問擬。應如該督所題，張泳青合依鬥毆殺人者，不問手足、他物、金刃，並絞律，擬絞監候。事犯在光緒十五年三月十六日恩詔以前，係故折人肢體成廢，致令斃命，情節較兇，應按奏定章程，准免其鬥毆殺之絞罪，照兇徒忿争砍折人肢體例，發近邊充軍，定地發配。至配杖一百，折責安置。仍追埋葬銀二十兩，給付屍親具領，以資營葬。該督疏稱李思温云云。

查例載：『凡被參革職訊問之員，審係無辜，即以開復定擬。』等語。此案户部員外郎彭廣璞，因錢貨被挖，所欠錢文前已交清。祇以捏寫帳目，與綁吊宗室各情，未經到案質明，奏請革職，勒傳質究。現據來省投案訊明，捏寫帳目及欲將恒泰綁吊，均係該鋪昔存今故之執事人曹治所爲，該革員並未在場，實不知情，即日久未能到案，亦委因患病所致。審係無辜。自應如該督所奏，將員外郎彭廣璞原參革職之案，照例准其開復。如蒙允准，臣部移咨吏部，遵照辦理。該督奏稱宗室恒泰呈控彭廣璞將伊綁吊一節，控詞失實，本干例擬，惟係疑出有因，且事在恩赦以前，應請免議等語，應如所奏辦理。再，此案於光緒十七年十一月二十二日抄出到部，合並聲明。所有臣等議奏緣由，謹恭摺具奏請旨。

查律載：『故殺者，斬監候』等語。此案全靖因挾佐領奇臣革退馬甲之嫌，途遇其子昆詳，觸起前嫌，輒拔刀向昆詳狠戳，致傷其小腹等處身死，實屬故殺，自應按律問擬。應如該將軍所題，全靖合依故殺者斬律，擬斬監候，秋後處決。該將軍疏稱，見證全陞救護不及，應毋庸議。屍棺飭屬領埋等語，應如該將軍所題辦理。

陝西司　威逼人致死

查例載：『强姦犯姦婦女未成，將本婦立時殺死者，擬斬監候，秋審入於情實。』又，『軍民相姦者，姦夫、姦婦各枷號一個月，杖一百』各等語。又，光緒十二年臣部奏定章程：新疆尋常命案，問擬斬絞監候應入情實之犯，俟奉准部覆後再行處決』等因，遵照在案。此案於素普查知買買提尼牙子與沙來比比通姦，該犯亦欲與其姦好，因沙來比比不從，輒起意將沙來比比殺死，自應照例問擬。應如該撫所奏，於素普合依强姦犯姦婦女未成，將本婦立時殺死者斬例，擬斬監候。核其情節，强姦犯姦婦女未成，立斃其命，秋審應入情實。應照該省奏定章程，請旨即行正法。該撫奏稱姦夫買買提尼牙子云云等因。光緒十三年九月二十一日奏，奉旨『於素普著即處斬，餘依議。欽此。』

奉天司　威逼人致死

查光緒十年五月間，臣部因圖姦、調姦拒捕殺人案件例無治罪專條，酌擬嗣後圖姦、調姦未成罪人殺死本婦，及拒捕殺死其夫與父母，並有服親屬，無論立時及越數日，俱照犯罪拒捕殺所捕人律，擬斬監候等因，奏准通行在案。此案郭湝急因向郭蔣氏調姦不從，慮其告知本夫，用刀砍傷蔣氏身死。查蔣氏係該犯無服族兄郭汶升之妻，應同凡論。自應照奏定章程問擬。該督將郭湝急比照强姦未成將本婦立時殺死例，擬以斬決，係屬錯誤，應即更正。郭湝急合依圖姦、調姦未成罪人殺死罪婦，無論立時及越數日，俱照犯罪拒捕殺所捕人斬監候律，擬斬監候。事犯到官在光緒十一年正月初四日恩旨以前，係圖姦殺死本婦擬斬，毋庸查辦。該督疏稱，冷段氏訊係趕救不及，應與年幼無知之郭令子均毋庸議，無干省釋。屍棺飭埋等語。均應如所題辦理。該督又稱郭蔣氏拒姦不從，致遭慘斃，詢屬貞節可風，應請旌表，以慰幽魂等語。

鬥殺改擬 奉天司 光緒六年

查律載：『鬥毆殺人者，不問手足、他物、金刃，並絞監候』等語。此案德爾吉春先借與王新選等鐵鍋等物，開設吃食鋪。嗣王新選因該犯屢次賒欠，不肯再賒，彼此互罵奔毆。經王新選之兄王濱陶勸阻，推送門外，將門關閉。該犯怒罵，因王新選在屋回詈，踹門入室。王新選撲毆，該犯抽用身佩尖刀，戳扎王新選左脅，越日身死。前據該將軍將德爾吉春依故殺律擬斬監候等因，咨部。經臣部查核，情罪未符，駁令嚴鞫確情妥擬去後。茲據該將軍遵駁覆訊，該犯委無致死王新選之心，改依鬥殺律科斷。臣等詳加查核，既據該將軍覆訊明確，情罪尚屬相符。應如所咨，德爾吉春合依鬥毆殺人者，不問手足、他物、金刃，並擬絞律，擬絞監候，秋後處決。

奉天司 光十一

查張賀氏因與陳崔氏口角爭鬧，與伊夫張富共毆陳崔氏身死。前據該將軍以陳崔氏身受各傷，惟後被張富用木靶壓傷咽喉爲重，應以擬抵。聲明張富於訊供之先，在監病斃，應毋庸議。將張賀氏依共毆餘人律擬杖等因，咨部。經本部查核案情未確，駁令再行嚴訊妥擬去後。茲據該將軍遵駁覆訊，張賀氏係憑媒招贅張富爲夫，並非苟合。其陳崔氏食氣嗓之傷，定係被張富用木靶橫壓所致。應以張富擬抵。將張賀氏仍照原擬，依共毆餘人律擬杖。本部查核情罪尚屬相符，應如所咨辦理。該犯事犯到官在光緒十一年正月初四日恩旨以前，所得杖罪，應准援免，並免收贖。餘如所咨完結，相應咨覆該將軍可也。

誤殺照覆 山西司 同治十三年

查律載：『因爭鬥而誤殺旁人者，以鬥殺論。』又：『鬥毆殺人者，不問手足、他物、金刃，並絞監候』各等語。此案阿木察布係由烏里雅蘇臺凱撤回營兵丁，先到該臺，因無有烏拉，牲畜疲瘦，又在昏黑之際，一時着急，用馬鞭誤將有病之烏拉齊塔巴哈占額顱打傷，越日殞命。前據該大臣以此案例無專條，咨請部示。經臣部查阿木察布如因衆烏拉齊嗔，斥未備烏拉牲畜，彼此分争，該犯用鞭向烏拉齊毆打，致將塔巴哈占毆傷身死，自應將阿木察布照鬥殺律擬絞。倘阿木察布與衆烏拉齊争吵時，塔巴哈占僅止隨同站立，並未與之分争，致被阿木察布用鞭誤打致斃，應照因争鬥而誤殺旁人，以鬥殺律擬絞候。惟查此案並未將阿木察布與烏拉齊如何争鬥，及誤打情形詳細訊明，無從懸斷。行令該大臣嚴訊確供，核其情節，按律妥擬去後。兹據該大臣咨稱，派員提犯嚴訊，據阿木察布供稱，委因向衆烏拉齊催問駝馬争吵，用馬鞭毆打，衆烏拉齊走散，時值昏夜，致將患病行走落後並未争角之烏拉齊塔巴哈占誤打一鞭，因傷越日身死等供。並聲稱，科布多囊稱軍營，例案無多，且值防剿吃緊，軍務繁冗之際，誠恐比引失當，出入攸關，未便擅擬，咨部查核等因。臣等詳加查核，供詞既據該大臣覆訊明確，塔巴哈占之死，由於該犯阿木察布與衆烏拉齊争鬥誤殺，自應照律問擬。阿木察布合依因鬥毆而誤殺旁人者，以斗殺論、鬥毆殺人者，不問手足、他物、金刃，並絞律，擬絞監候，秋後處決。該大臣咨稱，兵丁扎蕃圖訊係無干，應即咨交該營管束等語。應如所咨辦理。

威力主使照復 山東司 光緒三年 威力制縛人

查律載：『威力制縛人，拷打致死者，絞監候。若以威力主使人毆打致死者，主使之人爲首，下手之人爲從論，減主使一等』等語。此案丁振義因郇立先續向賒酒不允，拾石砸毁酒缸，該犯將郇立先推跌捆縛。因其辱駡，令郇計等砍挖致傷郇立先身死。前據該撫將丁振義依威力主使人毆打致死律，擬絞監候。郇計等依下手之人減一等，仍按服制遞減擬徒等因，具題。經臣部查核案情未確，駁令嚴鞫妥擬去後。兹據該撫遵駁逐層研究，並訊取案證人等，衆供僉同，委無别情，將丁振義仍照原擬具題。臣等詳加查核，既據該撫覆訊明確，情罪尚屬允協。應如所題，丁振義除埋屍不失輕罪不議外，合依威力主使人毆打致死，以主使之人爲首，絞律，擬絞監候。事犯到官，在同治十三年十一月十五日恩旨以前，係威力主使毆人致死擬絞，釁起理直，死者恃强逞兇，秋審應入緩決。惟喝令挖瞎兩眼成篤，傷情較重，未便即予減等，應監禁二年，再行減等。復逢光緒元年正月二十日恩詔，所得絞罪應准援免釋放。後再有犯，加一等治罪。仍追埋葬銀二十兩，給付屍親具領，以資營葬。該撫疏稱郇計云云等語。查逸犯丁振標事在恩詔以前，罪止擬杖，應予援免，並免緝拏。餘均如該撫所題辦理。

浙江司 光緒九年 妻妾與夫親屬相毆

爲片覆事。准都察院片稱，刑部片覆葉小通一案等因前來。應片行貴都，即將辦過似此成案，檢查數件，送院以憑查等因。本部查，弟毆兄妻至死，並毆殺期親弟侄，律例各有治罪專例，無各斃各命，因死係期服卑幼一家三命，加重明文。且核擬罪名，均係查照律例科斷，向不引案。既准貴院片查辦過成案，相應抄録成案五件，片覆貴院查核可也。

計開：

嘉慶十二年 四川省案

查殺一家二命，一故，一鬥，擬斬立決之例，係指殺死平人或各居親屬而言。如同居親屬，查係夫妻、父母、子女至親，自應仍以一家論。若故殺胞弟，又毆死兄妻，死者雖係一家，而究非至親。且該犯與死者亦屬一家，即不得以殺他人一家二命論。此案孫紹吉故殺胞弟孫紹裔，又殺死弟妻，方可照例擬斬。今該犯係戳死兄妻孫李氏，該督以此案一故一鬥，按律均應絞候。二罪相等，從一科斷，將孫紹吉依故殺期親弟妹例，擬絞監候。查核與例相符。似可照覆。

嘉慶十七年

川督咨田潮魁砍死胞侄田昌倫、侄孫田二娃一案。查律載：『伯叔毆殺侄並侄孫者，杖一百、徒三年；故殺者，杖一百、流二千里。』又，『毆殺同堂大功弟妹、小功堂侄、緦麻侄孫者，杖一百、流三千里；故殺者，絞監候。』又例載：『殺死功服緦麻卑幼一家非死罪二命者，問擬絞決。奏請定奪』各等語。是殺死功緦卑幼一家二命，擬絞立決之例，係指有心慘殺者而言。蓋故殺功緦卑幼一命已應絞候，故殺二命，是以加至絞決。至故殺期親卑幼罪止擬流，與功緦罪分生死，例内既係注明功緦卑幼，則二命内有一期親卑幼，即不在擬絞立決之例。此案田潮魁因向胞侄田昌倫借米不遂，將田昌倫故殺身死。復因田昌倫之子田二娃將其拉住，該犯又用斧嚇砍，致傷其偏左，越十九日殞命。查田潮魁致死田昌倫、田二娃二命，係一故一鬥，並非均係故殺，且一係該犯胞侄，一係侄孫，與故殺功緦卑幼一家二命應擬絞決不同。該省以該犯致死侄孫田二娃律止滿徒，其砍殺胞侄田昌倫罪應擬流，從其重者論，將該犯依故殺侄律，擬杖一百、流二千里，與例相符，應請照覆。

道光九年

廣東撫題葉紹山因胞侄葉兆魁、葉超揚占耕祖遺公田，經該犯投衆理處，始行退出輪耕。嗣葉兆魁等工人竊挖該田芋子。該犯疑其復圖覆占，使令行竊，隨糾衆前往，勒令將工人交出送究。致相争毆。該犯當場主令胞侄葉惟一、葉輕一幫毆，致將葉兆魁、葉超揚毆傷身死。應將主使之犯，按服制以毆殺爲首論。例無毆死胞侄一家二命治罪明文，應仍從一科斷，將葉紹山依期親叔毆殺侄律，杖一百、徒三年。

光緒六年

盛京刑部題張得會等扎傷小功堂弟張得長等身死一案。此案張得會，因伊弟張得舉與緦麻堂侄張振、張玥用錢擲坑玩耍，張振輸錢狡賴未給，張得舉不依嚷駡，被張振揪扭抓傷。勸散後村斥張得舉之非，往向張振祖父張慶服禮。張得舉因被張振揪扭抓傷，心懷不甘，糾邀二胞兄張得伸、胞弟張得文、張得秀，尋向張振評理。張振、張玥同其父張得長等出詈，張得舉用撲刀鎗扎傷張振左後肋透内。張玥上前幫護，被張得秀奪獲，張得伸撲鎗扎傷其胸膛透内。均各倒地。張得會聞鬧出向喝阻不聽，張德長被張得伸、張得舉、張得文、張得秀各用木棒、撲刀槍毆扎致傷。張得會攔勸，疑護被詈，用斷折鐵槍扎傷張得長右乳透内倒地。張得長、張振、張玥均各身死。該侍郎以已死張得長等雖屬一家，第係共毆致斃，或係各斃各命，委無倚恃尊長，預謀糾毆，及謀故並代認重傷等情。並聲稱已死張得長身受各傷，惟後被小功堂兄張得會用鐵鎗扎傷右乳透内爲重。張振係被緦麻堂叔張得舉扎斃。張玥係被在逃之緦麻堂叔張得秀扎斃。將張得會依本宗尊長毆小功卑幼至死者，絞律，擬絞監候。張得舉除用撲刀鎗扎傷小功堂弟張得長減等擬徒輕罪不議外，依本宗尊長毆緦麻卑幼至死者，絞律，擬絞監候等因，具題。經本部照擬會核題覆在案。

光緒七年

川督題高沅幅等共毆何結舜等身死一案。此案高沅幅因何結舜私煎硫磺，帶同團丁楊幗珩等前往捉拏，不服争角，與楊裕蒿將其共毆致傷身死。何結舜私煎硫磺，數在二十觔以上，罪應擬徒。該犯充當團首，奉官諭令往拏，即有應捕之責。因何結舜不服查拏，將其砍傷斃命，實屬擅殺。至何結舜之子何萬從及其妻何廖氏攏護，被楊幗珩與在逃之李徐青仔砍戳致傷，各身死。楊幗珩與李徐青仔雖係團丁，何萬從、何廖氏均非應拏之人。楊幗珩等將其砍戳至斃，自應仍照凡鬥問擬。死雖父子夫婦一家三命，係各斃各命，應各科各罪。除致斃何萬從罪應擬絞之楊幗珩業已病故，致斃何廖氏罪應絞候之李徐青仔在逃未獲外，高沅幅合依罪人不拒捕而擅殺者，以鬥殺論，共毆人致死，下手致命傷重者，絞律，擬絞監候。經本部照擬會核題覆在案。

都察院簽商三案彙奏請駁 浙江司 光緒九年

奏爲由題改奏，請旨遵行事。刑部抄出前護理浙江巡撫布政使德聲題葉小通等戳傷兄妻葉盛氏等身死一案。此案葉汶鈺，因胞姪葉泳詳與其父葉汶通挾嫌放火，燒毀伊家房屋，控究。葉泳詳等逃逸後，潛回家内，葉汶鈺查知，欲行送究，同伊弟葉汶沅前往捉拏。葉汶通、葉泳詳不依，持刀向砍。葉汶鈺奪刀戳傷葉泳詳肚腹，並帶劃傷左肋倒地。葉汶沅畏兇逃出門外，葉汶通持刀追及，葉汶沅轉身奪刀，亦將葉汶通肚腹、左肋戳傷劃致傷倒地。葉汶鈺將刀擲地，與葉汶沅先後逃跑。葉汶通之妻葉盛氏拾刀哭罵追趕，適葉汶鈺胞弟葉小通自外回歸撞遇，葉盛氏斥其同夥，上前撲砍。葉小通奪刀過手，轉身欲逃，葉盛氏扭住發辮拼命，葉小通掙扎不脱，情急用刀嚇戳，適傷其胸膛。葉汶通、葉汶詳、葉盛氏旋各殞命。該護撫將葉小通依弟毆兄妻致死依凡人論，鬥殺者絞律，擬絞監候。葉汶鈺依期親伯叔毆殺姪律，擬杖一百、徒三年。聲明葉汶沅在逃，獲日另結。又據江西巡撫潘蔚題郭加受因姦拒捕，殺死本夫游仕老一案。此案郭加受因與游仕老之妻游聶氏通姦，後被游仕老撞見逃走。游仕老向游聶氏盤出姦情責打，禁絶往來。嗣郭加受復往續舊，走入堂屋，游仕老瞥見喝拏，郭加受逃跑，游仕老追趕。郭加受逃至門外，游仕老趕上，抓住郭加受衣袖喊捕。郭加受掙扎不脱，起意拒捕，拾起石塊，毆傷游仕老右太陽並偏左倒地。時游聶氏在房睡歇，聞鬧携燈出看，並經鄰婦黃陳氏踵至問明。游仕老移時殞命。游聶氏哭泣不依。郭加受向游聶氏嚇稱，如敢聲張，定行一並殺死。游聶氏畏懼不敢出聲，黃陳氏亦恐畏累走回。郭加受起意移屍裝吊，逼令游聶氏幫同移屍，揑作自縊形狀，雇人殮埋。經屍兄游仕汰聞信往看，游聶氏哭訴前情，投保報驗獲犯。該撫將郭加受依犯姦逞兇拒捕，依罪人拒捕科斷例，犯罪拒捕殺所捕人律斬監候。並聲稱游聶氏於姦夫郭加受拒捕致死伊夫時，並未在場。其裝同裝吊，亦爲姦夫嚇逼所致。且事後告知屍兄報驗破案。照例止科姦罪，依軍民相姦例，擬以枷杖。又據江西巡撫潘蔚題，廖怔求聽從掘墳，取骸勒贖一案。此案廖怔求聽從在逃族人廖怔有並廖怔標，發掘廖明良祖墳，取骸勒贖。同夥三人，偕抵山上，廖怔有令廖怔求在路口瞭望，廖怔有與廖怔標扳倒墳前碑石，點燃油撚，用鋤掘開墳前泥土。墳內棺木霉爛無存，摸取骸骨，裝入糞箕，挑出路口，向廖怔求，告知前情。將骸骨挑至廖怔有屋後，掘坑埋藏，避匿勒贖。旋經廖明良等查知，報縣差拏。廖明良等恐廖怔有等毀棄祖骸，出錢三十千，託人贖回。該撫以廖怔求聽從掘墳，取骸勒贖，殊屬不法，照發塚開棺見屍爲從例，擬絞監候。聲明供係在逃之廖怔有起意爲首，旁無質證，惟罪已至絞，照例毋庸待質各等因。具題，均奉旨：『三法司核擬具奏。欽此。』經臣部查核，各案研擬罪名，均與律例相符，可以照覆。當將各原稿先後片送都察院會畫去後。旋准該院粘簽聲稱，葉小通一案，例載：『殺死一家三命，分均卑幼，內有一人按服制律應同凡論者，斬決，梟示。如謀占財產，圖襲官職，殺期服卑幼一家三人者，斬決。』又：『聚衆共毆，原無必殺之心，而毆死一家三命及三命以上者，將率先聚衆之人，不問共毆與否，擬斬立決』等語。雖無期服尊長，卑幼聚衆共毆，毆死期親一家三命，各斃各命，爲首者作何治罪專條，而似此禍起蕭墻，至親骨肉白刃尋仇，將弟姪及嫂同時慘殺，實屬人倫奇變，未便斷以常科。且原讞各斃各命，亦甚支離。又，郭加受一案，粘簽內稱，游聶氏於伊夫被郭加受拒捕毆傷，已經倒地之後，始行携燈出看。經郭加受嚇禁不即喊叫，反從而移屍裝吊。是致死時雖不在場，移屍時因已在場。況當時即受姦夫嚇逼，次日殮埋，白晝人多，何不哭訴。所稱事後泣訴屍兄，事隔多日，不得以即行首告論，似應駁令改照姦婦不知情律擬絞。又，廖怔求一案，粘簽內稱，例載：『開棺見屍，爲從絞候。在外瞭望者，緩決三次減流。』又，『起棺勒贖，僅止瞭望者，發新疆、給官兵爲奴。』名則絞候重而新疆輕，實則減流輕而新疆重。似應援『起棺勒贖僅止瞭望』正條，擬發新疆爲奴。首犯未獲，監候待質。各等因。經臣部查浙省葉小通一案，例載：『殺死一家三命，分均卑幼，內有一人按服制律應同凡論者，斬決，梟示。如謀占財產，圖襲官職，殺期服卑幼一家三命者，斬決』等語。此二條均係指謀故殺期服卑幼而言，若係毆殺，即與此例不符。至聚衆共毆，原無必殺之心。而毆死一家三命及三命以上者，將率先聚衆之人不問共毆與否擬斬立決之例，係指凡人而言。服制之案，自不得相提並論。且葉汶通與葉泳詳父子係挾嫌放火罪人，在平人無論謀故，律得均照擅殺定擬，尚不得以一家三命論。何況死係期服卑幼，豈科罪轉較平人加嚴？若徒執無關緊要情節，駁令該督再行覆審，轉致稽延時日。至江西省郭加受、廖怔求二案。簽商各節，固係從嚴之意。惟該省既係按例科斷，似可照覆。先後片覆，各在案。茲復准該院以葉汶鈺等兩刀殺死三命，均係奪自死者之手，情同裝點。游聶氏、廖怔求二犯律擬雖符，情罪未協。反覆推求，疑端未釋，咨部查照前次簽商，仍行詳核駁審改定等因。臣等覆加查核，葉泳詳父子放火燒毀葉汶鈺房屋，先經控縣勘明有案，則起釁自非捏飾。即謂案內奪刀各情未免裝點，究與罪名無關。游聶氏事先未與姦夫見面，事後告知夫兄破案，俾夫冤得雪。其幫同移屍，供係姦夫嚇逼所致，似尚可信。廖怔求即照開棺見屍爲從問擬，三次緩決後，即遇查辦減等，向係減極邊烟瘴充軍，與現在新疆爲奴人犯所改罪名相等，並無減流章程，詎能舍死罪不論，預恐將來減流特問遣罪。此臣部照覆不駁之實情也。第此等命盜等案，例應三法司會畫具題。該院既再三商令駁審，臣部亦未便過執。且該院此次簽商内有：東南各省燹後，刑名不甚講究。能吏武斷，劣幕空疏，不免移情就律。若一一如題照覆，恐外重内輕之弊滋深』等語。所見甚切時弊。可否就該院簽商各情，請旨飭下浙江、江西巡撫再行詳訊之處，恭候聖裁。所有臣等由題改奏緣由，謹恭摺具奏。光緒九年七月二十九日奏。奉旨：『依議。欽此。』

奉天司 光緒九年　可刪　毆大功以下尊長

查律載：『外姻尊長毆緦麻卑幼至死者，絞監候』等語。此案倪剩休因姑表弟夏尚汶爲伊姪倪臈柱央説同居未允，致相争毆，輒用夾把刀將夏尚汶砍傷身死。前據該府尹將倪剩休依外姻尊長毆緦麻卑幼至死律擬絞等因，具題。經臣部檢閲原驗屍單，已死夏尚汶係年五十一歲，查核倪剩休原供又係年四十八歲。是死者年齒較該犯爲長，該犯與夏尚汶係姑表弟兄，服屬緦麻，即係該犯表兄，律應擬斬。該府尹將該犯照外姻尊長毆緦麻卑幼至死律擬絞，顯係錯誤，駁令詳查妥擬去後。茲據該府尹查明，原案已死夏尚汶實年四十一歲，係繕本時誤寫，委係倪剩休表弟，服屬緦麻卑幼，據實更正，仍照原擬等因。臣等覆核，罪名尚屬相符。應如該府尹所題，倪剩休合依外姻尊長毆緦麻卑幼至死者擬絞監候，秋後處決。該府尹疏稱夏尚汶云云等語，均應如所題辦理。該府尹又稱，原擬罪名雖無錯誤，惟繕寫題本時，將死者四十一歲誤寫五十一歲，未能當時查出，究屬錯誤。查題本錯誤，督撫應罰俸一個月。凡題咨案件，向由府尹衙門主稿，兼尹會銜。應請飭部照例議處等語。恭俟命下，臣部移咨吏，部照例辦理。

刑案删存卷五

園户在船塢地方與太監分争 山西司 咸豐十年 宫内忿争

爲片覆事。准軍機處交片，内稱：前經奉旨，派軍機大臣會同内務府大臣，審訊太監張府私藏腰刀一案。現將人犯審明，應即擬結。除太監張府等罪名，照内務府慎刑司例案擬結外。其園户劉五等有無罪名，本處無憑核辦。相應抄録供詞，希詳細核擬，咨送圓明園軍機處。等因前來。本部兹就各供詳加查明，酌定罪名。惟案内情節輕重，本部無從周知。是否允協之處，相應開列清單，片覆貴處，酌核辦理可也。

計開：

園户劉五，即舒成

園户王庫兒，即成祥

據供均在長春園船塢當差，因與本處太監張府分争不睦，欲在路上截毆。若比照於宫内分争律，罪止擬笞。擬酌照不應重律。

查律載：『凡於宫内忿争者，笞五十。』又，不應得爲而爲之事理重者，杖八十。』

任三，即任安

許六，即許旺

據供，案内腰刀係太監張府之物。查腰刀並非例禁軍器。惟張府係船塢當差太監，輒任其將腰刀寄放携取，雖不知作何使用，未便竟予免議。擬比照私有應禁軍器律。

查律載：『民間私有應禁軍器者，一件，杖八十。』

許王氏

查律載：『一家人共犯，止坐尊長。』注云：『如婦人尊長與男夫同犯，雖婦人爲首，仍獨坐男夫。』

革員不候查辦遣抱京控福建同治三年　越訴

片奏。再，前據福建巡撫徐奏，閩省捐務積弊案内應追應賠銀兩，查明已、未完清各官吏，開單具奏一折。欽奉諭旨：『已革知府陳謙恩不候查辦，輒遣抱告，赴京瀆控，有應得之罪。雖賠項業已繳完，仍著該部將陳謙恩應得罪名核擬具奏等因。欽此。』經臣等以已革知府陳謙恩不候查辦，輒遣抱告，赴京瀆控，按照官吏人等被人奏告，未經督撫審結，赴京奏訴，希圖延宕拖累例，應仍治以誣告之罪。惟該革員原控呈詞，與原訊供情，有無誣告之處，罪名重輕，無憑懸揣。請飭令該撫將陳謙恩誣告情由，迅即咨覆臣部，以憑照例科罪等因。具奏，奉旨：『依議。欽此。』欽遵行文去後，茲據該撫咨稱，確查該革員陳謙恩經征税厘及籌墊各款，尚係核實。即商欠尾款以申水補平貼息等項，亦屬實情，並無假名侵剋情弊。但司庫收款，總以銀兩到庫爲憑。司庫未經兑收，及未曾支收歸款者，仍作征收未解論。該革員經手各銀兩，並不隨時解報，逐款清厘。其永昌茶税行借款，訊係轉向生昌洋行借貸，當時亦未據詳明，以致貼息可疑。旋經分别呈請支收賠繳清款辦理，究有不合。至該員因被參案内有『侵剋』字樣，懼罹重咎，事關切已，情殷剖實，並非朦隱牽累、架砌誣人。核之控告與原訊供情，委無誣告情事。業經革職，永不叙用，已足示懲，應請免其治罪。其姚鏡圖拜壽一節，詰無往祝狎飲等事。原送親供，訊因委員魯繼周傳諭不明，以致誤會，匆促具送，並非委員勒改。魯繼周業已病故，均毋庸議。案經訊明，抱告劉斌免提質，咨部察核辦理等因。臣等查已革知府陳謙恩，前因欠解厘捐等項銀兩，被參革職追賠，不候查辦，遣抱赴京具控。如有誣告情節，自應照例治罪。惟據該撫咨稱查明該革員因被參案内有『侵剋』字樣，懼罹重咎，事關切已，情殷剖實，並非架砌誣人，核之原訊供情，委無誣告情事。其姚鏡圖拜壽一節，詰無往祝狎飲等事。訊因委員魯繼周傳諭不明，以致誤會，並非勒改。魯繼周業已病故，均毋庸議等語。應如該撫所咨，陳謙恩應遵前奉諭旨，革職，永不叙用。至該革員遣抱赴京呈控，據該持咨稱，訊明該革員懼罹重咎，情殷剖實，並無誣控，應免治罪。惟係職官，仍恭候欽定。餘如所咨辦理。所有革員不候查辦，遣抱赴京控訴，查無誣告情節緣由，謹附片具奏請旨。

安徽省京控搶殺等案在捻逆未平以前立案不行安徽司　同治八年　越訴

查安徽省捻逆未平以前，其從先爲匪各犯，原不免有焚掠擾害情事。惟既經投誠遣散，且業經欽奉諭旨，一概准予自新，即屬無罪之人。若復牽涉既往，任意株連，勢必讎殺相尋，攻訐不已。此風伊於胡底，殊非所以安反側而懲刁健。既據該撫奏請酌量分别辦理，係爲綏靖地方，杜絶訟端起見。臣等公同酌議，應如所奏。嗣後安徽省如有京控搶殺等情，在同治四年以前者，無論虛實，一概立案不行。其在四年捻逆蕩平以後新事，並所控真正命盗案件，確有證據者，仍照定例遵行。如此量爲變通，庶自新者俾得溥沐皇仁，而刁玩者亦皆無從挾制。如蒙俞允，臣部行文該撫，遵照辦理。再，此案於正月十九日抄出到部，合併聲明。所有臣等核議緣由，謹恭折具奏請旨。

被劾人員告訐山西司　光緒元年　越訴

刑部查例載：『曾經考察考覈被劾人員，若懷挾私忿，摭拾察覈官員别項贓私，不干己事，奏告以圖報復者，不分現任、去任文武官，俱革職爲民。已革者問罪。奏告情詞，不問虛實，立案不行。』又，『官民人等告訐之案，察其事不干己，顯係騙詐不遂，或因懷挾私讎，以圖報復者，内外問刑衙門，不問虛實，俱立案不行。若呈内臚列多款，或涉訟後復告舉他事，但擇其切已者，准爲審理。其不係干己事情，亦俱立案不行。仍各將該原告照違制律，杖一百，再加枷號一個月。係官革職，已革者與民一例辦理。』又，『屬員已知上司訪揭題參，即摭砌款蹟，揑詞誣揭部科者，該部科查參，將該員解任。令該督撫確審，係誣揭者，革職。一事審虛，即行反坐。於誣告加等例上再加一等治罪。如被參本罪重於誣告罪者，亦於被參本罪上加一等治罪』各等語。兹據山西巡撫鮑以被劾人員誣揭訴告，例有分别革職問罪及加等治罪各條。惟並未摭款誣告，僅以被劾不公，及事無佐據，嘵嘵呈訴者，例内並無作何治罪明文，請明定治罪專條等因具奏。臣等查被劾人員，若本無屈抑，輒以不干已事，牽列被劾不公等情訐告，即係懷挾私忿，藉圖報復。定例：『官民人等告訐之案，察係事不干已，將該原告照違制律擬杖加枷。』被劾人員告訐，即已包括在内，有犯自應查照科斷。如被劾人員，有摭砌款蹟，揑詞揭告，一事審虛，應於誣告常人加等例上再加一等科罪。定例已極詳明，全在司讞者臨時酌核情節，分别定擬。自足以懲刁狡，而遏訟風。似不必另設科條，致形煩瑣。所有該撫請明定治罪專條之處，應毋庸議。

湖廣司 光緒九年　越訴

查律載：『不應爲而爲，事理重者，杖八十』等語。此案李貴於伊無服族兄李滿遣令作抱京控。訊由外貿甫歸，不知案情，且係迫於族兄之命，所控各情，亦均未指實贓證，無憑反坐。惟不察明虛實，輒行冒昧具控，自應酌量問擬。應如該署撫所奏，李貴應酌照不應重律，擬杖八十。事犯到官在光緒七年五月十四日恩詔以前，所得杖罪應予援免。至李滿原案，係在崔氏家傭工，並無主僕名分。嗣見崔氏獨自赴厠，趕向調戲，用手攔抱，崔氏喊嚷跑避。經其夫兄妻羅氏聽聞趨視，李滿逃避。崔氏氣忿莫遏，取刀自抹咽喉身死。將李滿審依但經調戲本婦羞忿自盡例，擬絞監候，應入光緒五年秋審情實之犯。該犯畏死情急，遂捏崔氏係被崔聘臣等逼脅改嫁，感遇邪祟，自萌短見。該犯是日與楊一同房住宿，實未調戲。並捏砌丁胥賄串舞弊各情，繕就呈狀，遣令族弟李貴作抱來京，赴都察院具控。於光緒五年六月奏奉諭旨，交該省巡撫，督同臬司審辦。旋據該撫奏明，於秋審册内，暫行扣除。該臬司既經迭次提犯，與屍親人等訊明所控各情，均係希圖翻案緩死，並無冤抑，自可無庸查傳案證質訊。亟應速行審辦，俾例應勾決之犯，不致久稽戮。乃任聽案犯有曾與楊一同房住宿之語，因楊一未到，不肯輸服。勒差關傳，延擱四年之久，直至犯已病故。後如以勒傳楊一到案，含糊入奏，尚復成何政體。且以情實之犯，瘐斃在獄，未能明正典刑，其何以懲淫兇而維風化。該臬司於奉交審要案，未能迅速審結，任意遲延，致犯瘐斃，實屬咎無可辭。相應請旨，交吏部查取職名，照例議處，以警玩泄而重刑章。所有臣等核議緣由，謹恭折具奏請旨。

浙江司 京控光緒十年　越訴

查程方元等均係湖北客民，來浙認墾荒地。前因强賓壓土，恃衆橫行，致被土民仇殺燒搶。業經該撫將滋事各犯分別懲辦在案。今該原告等復以前案添砌情節，赴京具控。既據該撫查明，程方元所控各節，均屬子虛。其牽連紳士，志在詆索。誣告官長，意在挾制。該原告逞刁妄控，本應照例坐誣。第念異地小民，遠來耕種，無非爲謀口食起見，若竟繩之以法，情亦堪憐。應請免予究辦，與前控之陳復與等一並遞籍管束，不准再出生事等因咨部。係屬從寬酌量科斷，應如所咨辦理。惟該省此等土客滋事案件甚多，嗣後務須認真嚴究，分别懲辦。倘有逞刁妄控，一經訊係虚誣，即應照例坐罪，不得稍涉含混。庶足以懲刁健而息訟端。相應咨覆該撫，並知照都察院可也。

廣東司 光十二 越訴

查陳克新等京控各節，既據該督查明，陽江客民於同治年間匯入恩開客民大股内，給資遣散。所有現在查出隱占客産，勘估變價，以之抵充。前次籌發遣散資本，尚不敷甚多，定無餘銀可還。客民陳克新等控出有因，聲請免議，均應如所咨辦理。總之，客民已經遣散，自未便准其復回，致滋事端。亦須將土民隱佔之産，勘查清楚，盡數歸公，庶足折服客民之心。彼既無可藉口，則訟端自息。至恩平客民馮玉聲京控一案，與此案情事略同。前據該督咨稱，客産尚未查清。應飭屬趕緊辦理，具文報部，以憑查核。相應咨覆該督可也。

詞訟訊結後原被告抗不遵斷 奉天司 同治十年 告狀不受理

爲片覆事。准宗人府片稱：查凡遇有詞訟案件，業經訊斷明確擬結後，該原、被告内有抗不遵斷者，應作何科之處，本府例無專條，亦無成案，應片查貴部查明。或抑有專條，抑有辦過成案，聲覆過府，以憑核辦等因前來。本部查，詞訟案件，訊明擬結後，原、被抗不遵斷，例無作何科罪明文，亦無辦過此等成案。惟查審理詞訟案件，必須取具兩造輸服供詞，方可按照科斷。迨已經訊明擬結，仍復抗不遵斷，即屬翻異原供。是否應行再爲詳審，以服其心，抑或即照原擬科斷之處，自應核其本案情節，分别辦理。如訊明實係逞刁，嘵嘵致辨［置辯］，即核其案情輕重，酌量科以不應。相應片覆貴府，查照酌核辦理可也。

貢生赴典史衙門報竊致傳訊之人受刑斃命 四川司 同治十二年 誣告

據此，除罪應擬流之傳瀼，既據該督咨稱，已在保店病故。驗訊保户人等，並無凌虐情事，應毋庸議外。查已革拔貢生蕭欽被竊銀兩，赴典史衙門呈報。因失銀在頃刻之間，心疑雇工偷竊，懇求該典史先傳雇工楊三娃等查訊。並未具呈指名係楊三娃偷竊，與實在誣告不同。至楊三娃之父楊會瀧是日來過該革生家一次，形迹本屬可疑。且係由該典史自行傳訊，楊會瀧供詞忽認忽翻，受刑斃命，尤非該革生意料所及，亦與誣良爲竊之例不符。即謂該革生催緝贜賊，並不照例具呈，直入署內。亦係該典史因該革生係屬紳董，且係被竊事主，邀入花廳坐談，迥非刁徒可比，又與因別事直入衙門，挾制官吏者不同。惟該典史將楊會瀧帶至審問，該革生未即引身退出，實屬不知檢束，自應科以違制之罪。該督以該革生藐視官長，目無法紀，比照刁徒直入衙門，挾制官吏，發近邊充軍例上酌減擬徒引斷，殊未允協，應即更正。蕭欽應改依違制律杖一百。該革生先因殺姦擬徒，遇赦援免。現復犯法，應加一等，擬六十、徒一年。事犯到官在同治十一年正月初四日恩旨以前，所得徒罪，應准減爲杖一百。該革生所捐提舉銜候選通判，業已咨革，照例免其發落。該督將該革生比例酌減滿徒，加等擬流之處，應毋庸議。餘如所咨辦理。至議處云云。

委員逼取通番叛逆供詞 四川司 光緒元年 誣告

查審理案件，必須詳訊確供，按照供詞妥叙勘語，方昭核實。況勘從供出，而罪由勘定。若緊要之犯並未取供，豈得僅憑案證含混供詞，遽請定擬罪名，致滋枉縱。兹據該大臣奏稱：署西藏游擊李鳴仕，與前駐藏夷情恩承署西藏糧務、已革通判王來儀，奉派會審革弁沈忠仁，同番民浪仔轄互毆滋訟之案，與番官意見不合，各懷疑慮，未能妥議。適李鳴仕挐辦修鎗失火番民，以致番衆藉端齊赴辦事大臣衙門聯名具控，鬨堂塞署，撤去烏拉。檢閱達賴喇嘛譯咨，裁撤烏拉，皆由李鳴仕任性妄爲，不洽輿情所致。嗣經該革員王來儀等會同噶布倫總堪布等覆審，分别責革擬結，批准立案。詎已革營兵吴天泰、馬榮清不知悔過，聽從隊目陳廣文、葉文典唆使，於秋祀蕭曹廟之時，在廟外赤身持刀，聲明遞呈邀恩。經李鳴仕與因公來藏都司薛尚品帶入廟内，以致殺傷兵民而逃。王來儀派人嚴挐未獲，復請添兵協緝。前大臣恩麟，檄委糧務何炳曦，與薛尚品、李鳴仕會同審辦。薛尚品在私寓先提張廷揚，遽用木輴非刑，加以火繩烙身，逼取王來儀私通外番之供。張廷揚遍體受傷，畏刑成招。後唤吴天泰等朦朧訊問，未究赤身遞呈，持刀傷人情事。據供會詳，擬請賞還吴天泰、馬榮清名糧，各棍責四十，發汛當差。淹禁寓所三月，始令起程。張廷揚降爲守兵。值前幫辦大臣德泰巡閲回藏，會同恩麟提審。張廷揚翻供。並准四川督臣兩次來咨，據前管西藏糧務、候補同知糜鴻銓禀揭，王來儀勒索唐古忒銀兩，與叛逆無異。復據薛尚品、李鳴仕聯銜禀控王來儀各款，咨藏查辦。恩麟、德泰復親提質訊漢、番員弁，各具切結，未能了息。覆訊李鳴仕、陳廣文、葉文典，先期串囑吴天泰等，當堂大聲抵觸，擲帽鬨堂而散。薛尚品主使馬榮清等，搶奪王來儀騾馬。迨薛尚品飭回後藏，添派糧務周長齡會同何炳曦、李鳴仕復審。李鳴仕在寓所提高升童、文瑞等，先用木轎非刑，逼勒成招王來儀通番叛逆，牽連噶布倫四品中譯，並教令蔡福貴誣叛。王來儀出銀八百兩，囑蔡國棟作會謀叛書識，尚榮迭次代寫招草。連訊八日，概屬刑求。西藏糧務周長齡知情絢隱，單銜捏詳擬辦，前駐藏大臣恩麟據詳奏請革審。何炳曦因會審供詞不實，禀請檢舉改正。以上各情，或自行供吐，或被人質證，確鑿可憑，毫無疑竇。西藏毗連諸夷，易起邊釁。若不從嚴參辦，何以肅外番而儆殘酷。惟駐藏衙門鮮知律例，誠恐援引情罪未當。請飭部分别定擬等因，具奏。臣等查，此案先據前駐藏大臣恩麟，以后藏糧務、試用通判王來儀侵挪庫項，盤剥防兵，奏參革審。續經查明，該革員有私通外番，結盟滋事等情，奏請查辦。並據前管西藏糧務、候補同知麋鴻銓在川禀揭，王來儀勒索唐古忒銀兩，與叛逆無異。復據後藏都司薛尚品、署前藏游擊李鳴仕亦聯銜禀控王來儀各款。現據該大臣查明，原審供詞不符，並據隨同會審之委員何炳曦禀請檢舉改正，派員覆審。實係都司薛尚品、署游擊李鳴仕私提兵丁張廷揚，遽用非刑，逼取王來儀通番叛逆。衆供僉同，委無串唆情事等語。如果所訊屬實，是薛尚品等始而擅用非刑，私拷兵丁張廷揚，逼令誣執王來儀私通外番，及賄囑作會謀叛。繼復禀控王來儀各款，案關誣告叛逆，情罪重大，自應研訊誣告之犯，究意是否挾嫌，抑或另有起釁情節，取據確切供詞，詳叙勘語，以憑按照律例定擬罪名。乃檢查供招，緊要正犯薛尚品等均未取供。其所叙勘語，前後殊多轇轕。臣部無從懸揣定擬。惟據該大臣聲稱，李鳴仕等於冒領軍餉案內，經前大臣承繼等奏參革職，交四川督臣查追。薛尚品等亦係在案人證，均應解川審辦。是此案要犯，既在川省，非質訊明確，取具供詞，不足以折服其心。相應請旨飭下四川總督，迅即提集全案卷宗、人證，再行覆審明確，按例定擬具奏，以昭慎重而成信讞。

參員訐告上司　江西司　咸豐元年　誣告

查例載：『被劾人員懷挾私忿，摭拾别項贓私，不干己事，奏告以圖報復者，不問虛實，立案不行』等語。又，道光十六年奉上諭：『嗣後凡計典被劾，及一切緣事被劾人員，除所告之事即後被劾之事，准其呈明辦理外。其有被劾之後，摭拾察覈官員别項款蹟，控告以圖報復者，仍照實例，不問虛實，立案不行。即所控之事關係重大，不容寢置，該督撫亦止可於立案不行後，嚴密查訪，另行究辦。毋得同時參處，致啓挾制瞻徇之漸等因。欽此。』臣等恭繹諭旨及原定例文，誠以被劾之員，因已被參劾，往往藉端攻訐，反噬逞刁。或希圖傾陷，或訛索銀兩。種種陋習，實難保其必無。是以立案不行之例，疊奉諭旨，遵行在案。惟所訐之事，間亦有關係重大，不得不澈底根究，以肅官常。仍令該督撫於立案不行後，嚴密查訪，另行究辦。即近日都察院具奏被劾之湖北漢陽縣巡檢潘箴呈控一案，亦經欽奉上諭，交與該撫親提審訊。該御史所奏參員挾嫌控告，如實有情節可疑，必須查辦，隨時酌量降旨之處，現在即係如此辦理。至所稱嗣後内外問刑衙門，遇有官員被參後牽拉上司別款控告者，一面立案不行，照例分別治罪，一面摘叙案情，咨明軍機處，每届年終，由軍機處匯開清單，恭呈御覽等語。係爲嚴禁挾嫌訐告起見。惟查内外問刑衙門接受控案，其事屬微細者，向俱分別咨題完結。如有干涉上司，事關重大，俱應即行奏聞，方可隨時查辦。若由軍機處年終匯奏，則時閲一年之久，案牘多已擬結，官員大率改調，訐告者難保不任意訛索，被控者難保不多方消弭。恐刁風未能寢息，而上司之迴護愈多，自不如仍照舊章辦理。該御史所奏，應毋庸議。所有臣等議奏緣由，是否有當，理合恭摺具奏請旨。

驍騎校呈控佐領不准衆軍卸米一案 直隸司 咸豐十年 誣告

爲片覆事。准宗人府片稱：所有鑲黄旗驍騎校阿克達春呈控已革佐領奎福不准衆軍卸米等情一案，現已訊明，應將全案供招抄録送部，將應科罪條例，並案内衆供確鑿，而該犯始終抵賴，及屬員控告上司，起滅自由，均應科何項罪名，詳細查核，分晰開單，一並聲覆過府，以憑核辦等因前來。本部查屬員控告上司，起滅自由，例内並無作何治罪明文。兹就送到各犯供詞，將應用例文，並衆供確鑿，及屬員誣揭上司各條例，另開清單。其情節間有輕重，應照例文酌量從重減輕之處，相應片覆貴府，自行酌核辦理可也。

計開：

已革參領吉瑞

已革參領松瑞

已革幫辦印務參領瑞禧

已革幫辦印務參領祥慶

已革參領奎福
印務章京瑞柏
常順
驍騎校慶舒
玉和
文明
德克津布
國紳
領催松林

查律載：『凡倉庫出納官物，當出陳物而出新物，則價有多餘，計所多餘之價坐贓論。』又，『坐贓致罪，五百兩止，杖一百、徒三年。』又，『管軍官吏，冒支軍糧入己者，計所冒支之贓，准竊盜論。』注云：『取之於軍，非取之於官也，故止准竊盜論。』又，『凡官物當應給付與人，已出倉庫而未給付，均爲官物。但有人守掌在官，若有侵欺借貸，並計入已贜，以監守自盜論。』又，例載：『監守盜倉庫錢糧入已，數在一百兩以下至四十兩者，仍照本律問擬，准徒五年。其自一百兩以上至三百三十兩，杖一百、流二千里；至六百六十兩，杖一百、流二千五百里；至一千兩，杖一百、流三千里；一千兩以上，擬斬監候。勒限一年追完。限内全完，死罪減二等發落，流、徒以下免罪。若不完，再限一年，勒追全完者，死罪及流、徒以下，各減一等發落；如不完，流、徒以下即行發配，死罪人犯監禁。均再限一年，著落犯人妻及未分家之子追賠。三年限外不完，死罪人犯永遠監禁。全完者，奏明請旨，均照二年全完減罪一等之例辦理。

林三，即林鳳先

例無作何治罪明文。檢查辦過成案，有已革萬安倉花户許九等夥開米局，收買旗員俸票三百餘張，與把持行市，專取其利無異。據供每米一石，得餘利京錢二百餘文，通算已在一百二十兩以上。許九比照把持行市，專取其利，若已得利，計贜准許竊盜論，罪止滿流律，擬杖一百、流三千里等因在案。

二等護衛志格

四品典儀恒順

六品包衣達存興

均託玉昆代賣米票，例無作何治罪明文。檢查辦過成案，已革萬安倉花户許九等收買旗員俸票案内聲明：旗員價賣俸票，相習成風，應行文各旗，每届領俸之時，務令各該員專人赴倉支領。毋許賣米，致干功令等因在案。似應比照違制律，杖一百。

李二，即李福

查律載：『官吏人等，非因事受財坐贓，折半科罪。一兩之上至一十兩，笞三十。

廣義

律載：『諸色人等，曲法囑託公事者，笞五十。』

趙三，即趙雲鵬

律載：『私和公事，減犯人罪二等，罪止笞五十。』

副參領文桂

印務章京兼公中佐領瑞慶

奉派訊問阿克達春等，未能訊出實情。刑律内並無明文。

驍騎校阿克達春。

屬員控告上司，起滅自由，例無作何治罪明文。

屬員誣揭上司條例

查例載：直省各上司，有恃勢抑勒者，許屬員詳報督撫題參。若督撫徇庇不參，或自行抑勒者，准其直揭部科，奏請定奪。審實，將該上司分別議處。若屬員已知上司訪揭題參，即摭砌款迹，捏詞誣揭部科者，該部科查參，將該員解任，令該督撫確審。係誣揭者，革職。一事審虚，即行反坐，於誣告加等例上再加一等治罪。

衆供確鑿條例

查例載：『内外問刑衙門，審辦案件，鞫獄官詳别訊問，務得輸服供詞，毋得節引衆證明白，即同獄成之律，遽請定案。其有實在刁健堅不成招者，如犯該徒罪以上，仍具衆證情狀，奏請定奪。』

誣輕爲重 奉天司　同治十年　誣告

查律載：『誣告人死罪，未決者，杖一百、流三千里，加徒役三年。若誣輕爲重至死罪，未決者，止杖一百、流三千里，不加役。』又，例載：『婦女挾嫌翻控之案，實係誣虚，罪應軍流以上，免其實發駐防爲奴，監禁三年。限滿由有獄、管獄各官察看情形，實知改悔，據實結報，即予釋放』各等語。此案張王氏因伊夫張翰弟兄曾將房租賣與興奎，找價不遂，砌詞迭控。前據該府尹等將張王氏照申訴不實律擬杖，並將懷疑具控之已革員外郎銜内閣中書興奎請開復原官，仍交部照例議處等因，具奏。經臣部查，申訴不實之律，係專指迎車駕、擊登聞鼓者而言。此外不得節删牽引，業經奏明通行。該氏迭次砌詞，逞刁翻控，既經訊屬子虚，自應查照虚誣刁控各情，按例懲辦。至興奎呈出各契，並無投税，律應擬笞，並追半價入官。該府尹僅令補税，亦屬錯誤，奏明駁令妥擬去後。旋據該府尹審明覆奏，請將未經投税之興奎開復原官，仍交部照例議處。聲明張王氏在逃未獲，奏請嚴拏等因。奉上諭：『前因瑞聯等審擬已革旗員興奎與民婦張王氏互控一案，經刑部核議，以引斷未協駁斥。當經降旨允准。兹據瑞聯等審明覆奏，此案已革員外郎銜内閣中書興奎並無捏契霸産情事。其京控各節，因參後懷疑所致。惟呈出契紙，未經投税，亦有應得之咎。興奎開復原官，仍交部照例議處。張王氏因契賣房租找價不遂，砌詞蔓訟，雖與平空訛詐不同，究屬刁健，著照部駁各情，按律懲辦。現在逃未獲，難保不潛匿在京。著步軍統領衙門、順天府、五城，將張王氏一體嚴拏，解回奉天歸案懲辦。餘著照所議辦理。該衙門知道。欽此。』欽遵在案。該氏於潛逃後，復來赴都察院翻控。經該衙門奏明，解回歸案審辦。兹據該府尹奏稱，張王氏屢控興奎捏契霸産，與伊夫張翰等涉訟，以致伊夫張翰與兄張甲在店、在押病故，釀斃二命。如果屬實，興奎應照誣先人因而致死例擬絞。今審明興奎罪止擬笞，係屬誣輕爲重。惟所誣罪名已應論死，自應照律反坐。該府尹將該氏照誣告人死罪未決，擬流加徒之處，尚未允協，應即更正。張王氏合依誣告人，若誣輕爲重，至死罪未決者，杖一百、流三千里例，擬杖一百、流三千里。仍照云云。

王景殿命案 奉天司 光緒四年 檢驗屍首不以實

片奏。再，内閣鈔出黑龍江將軍豐紳等奏調官仵檢驗，屍親堅不出具蒸檢甘結，是否仍按白僵，抑或蒸骨檢驗一摺。光緒四年正月二十三日奉旨：『刑部議奏。欽此。』臣等查閱案情，正擬核覆具奏間，二月二十六日奉上諭：『前據豐紳等奏，遵調盛京刑部司員，帶領仵作，來黑龍江覆驗監生王景殿京控命案。該屍親堅不出具蒸檢甘結，請飭部核議，已諭令刑部議奏。兹據都察院奏，黑龍江職員王方廉，復以盛京派來主事錫章，於開棺覆驗時，尸身並未潰爛，勒令出具蒸檢甘結，多方挑剔，意圖消弭，請交吉林將軍提驗等詞，赴該衙門呈訴。著銘安將此案人證、卷宗並屍棺提至吉林，詳細覆驗，嚴訊確情，定擬具奏。刑部於議覆豐紳等前奏後，即咨行吉林將軍，查照辦理。原告王方廉，該部照例解往吉林備質。欽此。』臣等查此案王景殿因胞兄王景順與佃民崔振幅争執荒段，自縊身死。經委員初驗，辨無傷痕，取具甘結。該屍親於領屍後，赴京翻控。迨經委員覆驗王景順屍身，仍無别傷，委係自縊身死。王景殿於具結解赴歸案後，輒又潛逃，赴京翻控。經黑龍江將軍奏明，調員覆驗。是否仍按白僵，抑或蒸骨檢驗，以杜屍親狡執等情。查屍身腐爛，及相驗不明，固以檢骨爲憑。第命案至於檢骨，其傷痕之有無隱現，辨晰更極微茫，必須取有屍親、隣證輸服供情，以憑核辦。究竟已死王景順係被何人毆傷致斃，是否取有確供，屍棺封條因何損壞，裹屍布單因何更易，其間有無情弊，尤復切實根究。其應如何檢驗之處，臣部無憑懸揣。相應咨行吉林將軍，遵旨查照辦理。仍咨行黑龍江將軍，案内人證解往吉林備質。所有臣等核議緣内，謹附片具奏。光緒四年三月初四日奏。本日奉旨：『依議。欽此。』

誤執傷痕致屍遭蒸檢 奉天司 光緒五年 誣告

查例載：『卑幼誣告，致蒸檢尊長之屍，若並非挾讎，止以誤執傷痕，告官蒸檢者，照誣告人死罪未決律定擬。』又，律載：『誣告人死罪，未決者，杖一百、流三千里，加徒役三年。』又，『一家共犯，止坐尊長。』又，例載：『盜未埋屍柩，開棺見屍，爲首一次，發邊遠充軍；爲從一次，仍照雜犯總徒四年。』又，律載：『仵作受財，故檢驗不實，以故入人罪論。』注云：『其餘不知情者，仍以失入人罪論。』又，『故入人罪，全入者以全罪論，失於入者，減三等。因未決，各聽減一等。』又，『有事以財行求，得枉法，所枉重者，從重論。』又，『威逼人致死，杖一百。官吏非因公務威逼平民致死，罪同。追葬埋銀十兩。』又，『斷罪無正條，引律比附，加減定擬。』又，『不應爲而爲，笞四十。事理重者，杖八十』各等語。此案王景殿因伊兄王景順被崔振幅勾串另案丈地委員私丈控争荒段，斷給崔振幅管業，以致懷忿莫釋，自縊身死，叠次赴京捏控，核其誣誤控謀命，受賄匿傷各重情，均係誣告。罪應杖流加徒。即其控告伊兄王景順屍身有傷，致遭蒸檢，訊係懷疑（誣）〔誤〕執，志切鳴冤，並非挾讎誣告。與誣告人死罪，同係二罪相等，應從一科斷。應如該將軍所奏，王景殿除隨同伊父王太安開棺檢視，止坐尊長，及誣告各輕罪不議外，合依誤執傷痕，告官蒸檢者，照誣告人死罪未決定擬例，擬杖一百、流三千里，加徒役三年。』該將軍奏稱，已革翰林院侍讀銜王方廉云云。查杖擬斷等語。查王榮高、禿子，係比照盜棺例，分別首從，擬以軍徒，均准免其刺字。於英林係賄仵捏報，故入人死罪未決，擬流，所供母老丁單，情節較重，應不准留養。至託善等，事犯均在光緒元年正月二十日恩詔以前。託善係七品屯官，聽囑私丈控争荒地，鞭責威嚇，率行判斷，致釀命案，照威逼人致死律上從重發往軍臺效力贖罪，情節較重，應不准援免。崔振幅所得枷杖各罪，應准援免。該將軍聲稱託善到官在後，毋庸查辦之處，核與向章不符，應毋庸議。餘均應如所奏辦理。

誣告 山西司　光緒八年　誣告

查律載：『誣告人死罪，未決者，杖一百、流三千里，加徒役三年。』又，『官司故入人罪，全入者以全罪論；若失於入者，減三等。以吏典爲首，首領官減吏典一等。因未決者，聽減一等。』又，例載：『承審官草率定案，證據無憑，枉坐人罪者，革職。』又，例載：『官吏受財者，計贓科斷。不枉法贓，折半科罪。三十兩，杖九十，五十兩，杖六十、徒一年。』又，例載：『以財行求者，計所與之贓，與受財人同科。有祿人概不減等。』又，律載：『出使人於所差出處受饋送者，與監臨官吏罪同。』又，『監臨官吏接受所部内饋送土宜禮物，受者笞四十，與者減一等。若因事在官而受者，計贓以不枉法論。不枉法贓，各主事者通算，折半科罪。七十兩，杖八十、徒二年。』又，例載：『因事受財入已，審明不枉法贓，一年限内全完，流徒以下免罪』各等語。此案臺吉額爾德呢瓦齊爾於光緒三年間，因欲隨同喇嘛巴保往五臺山磕頭，被臺吉定德爾、喇嘛黨薊隆扎布阻擋。挾嫌欲將定德爾等訛賴。捏造黨薊隆扎布稱説，貝子車登端多布多爾濟三年内生灾，定德爾稱説貝子之子旺沁多爾濟長成不立等情，在貝子前呈訴，交官查辦。至四年間，該貝子之子旺沁多爾濟病故，該貝子屬下章蓋巴圖爾等聽聞往見該貝子染患重病，更生疑惑。復赴該旗印務處呈報，經圖薩拉克齊三畢拉諾爾布嚴刑訊問，黨薊隆扎布、定德爾畏刑，供出那木濟拉扎布起意聚集喇嘛達凌奇拉、呼丹巴洛堆僧格等，串通念誦黑經，將該貝子之子旺沁多爾濟咒詛致斃。取具案犯供詞，呈送該盟長，添派圖薩拉克齊博克那遜、臺吉圖布敦研訊，與原供相符。解送烏城審辦，派令理藩院章京福厚、幫辦章京普祥德源覆訊無異。惟那木濟拉扎布供不吐實，奏請解職歸案審訊。嗣據該章京福厚等將案犯供詞呈請飭提。經該將軍親訊各犯，均翻供不認。並聞該章京等有收受銀兩馬匹之事，奏請交部議處。經吏、兵等部將福厚等議以革職提問，當將案犯駁回。兹據該盟長訊明，原係臺吉額爾德呢瓦齊爾誣造傳言，章蓋巴圖爾在本旗札薩拉克誣告，前任圖薩克齊三畢拉諾爾布妄審取具供結。聲明喇嘛黨薊隆扎布等均係被誣妄認，並無咒詛情事。該將軍以誣造、誣告、妄審各員，均屬咎有應得。至案内收受銀兩之承辦、幫辦章京福厚等，審據該旗已革扎奇魯克齊棍布扎布差護衛扎敦巴送過福厚銀一百兩，係因案犯到烏，求將收禁，免致疎脱。其已革副將軍公車登端多布多爾濟，並已革圖薩拉克齊三畢拉諾爾布各送過福厚、普祥德源銀兩、馬匹、哈達，係路費並賀年及升階賀禮。雖無別情，均難辭咎。並聲稱此等重案，該承辦並不訊究虛實，竟率録原供，呈請堂訊，定案草率，咎亦難辭。第事尚未決，又在光緒七年五月十四日恩詔以前，自應從減，分别擬議。惟烏城例案不齊，未敢草率定擬，請旨飭下各該衙門擬議等因，具奏。臣查臺吉額爾德呢瓦齊爾因挾臺吉定德爾、喇嘛黨薊隆扎布阻伊欲往五臺山磕頭之嫌，起意訛賴。輒捏造定德爾、黨薊隆扎布曾言貝子車登端多布多爾濟三年内生災，並貝子之子旺沁多爾濟長成不立等情，在貝子前呈訴。該貝子聽信，送官審辦。致定德爾等畏刑誣服。如果所禀屬實，定德爾等應照造魘魅符書咒詛欲以殺人以謀殺律，罪應擬斬。今審係虚誣，自應照律反坐。額爾德呢瓦齊爾合依誣告人死罪，未決者，杖一百、流三千里，加徒役三年律，擬杖一百、流三千里，於配所加徒役三年。係臺吉，理藩院查蒙古例載：『凡蒙古人犯罪，照刑例擬以笞杖者，各照數鞭責。擬以軍流徒者，免其發遣，分别枷號。徒一年者，枷號二十日，每等遞加五日。流二千里者，枷號五十日，每等亦遞加五日』等語。今此額爾德呢瓦齊爾既經照例擬以杖一百、流三千里，加徒役三年，應請將該臺吉額爾德呢瓦齊爾革去臺吉，照蒙古例折枷號六十日，再加枷號四十日，鞭一百發落。已革圖薩拉克齊四等臺吉三畢拉諾爾布於額爾德呢瓦齊爾呈告臺吉定德爾等咒詛貝子之子致斃重案，並不虛衷研鞫，輒以無據之詞，刑逼定德爾等誣服，以致牽累多人，率行録供呈報。雖無授意情事，咎亦難辭。若僅照草率定案，證據無憑，枉坐人罪例，擬以革職，殊嫌輕縱。該革員餽送承審章京福厚等禮物，業經部議革職。其福厚接受有事人餽送，律應以不枉法論。該革員僅系餽送賀禮，並非以財行求，應與受財人徒一年例上減等，罪止擬杖。自應仍照失入本律問擬，三畢拉諾爾布合依斷罪失入減三等，首領官減吏典一等，因未決聽減一等，統減五等，擬杖七十、徒一年半。係已革圖薩拉克齊、四等臺吉，應照蒙古例將三畢拉諾爾布革去臺吉，折枷號二十五日，鞭七十發落。章京福厚、幫辦章京普祥德源，委審要案，未能澈底根究，牽録原供，呈請堂訊，均應依承審官草率定案，證據無憑，枉坐人罪例，各擬以革職。普祥德源收受三畢拉諾爾布餽送哈達各一塊，銀各五十兩，係升階賀禮，按不枉法贓折辦科罪，三十兩罪止杖九十，業經部議革職，應毋庸議。福厚得受棍布札布銀一百兩，係因案犯到烏，求將收禁，免致疎脱。彼時案情並未審實，於法尚無所枉，按不枉法贓折半，五十兩罪止杖六十、徒一年。惟該革員先後得受已革副將軍公車登端多布多爾濟並三畢拉諾爾布銀一百五十兩，馬一匹，哈達一塊。雖係送與路費，並升階賀禮，究係因事餽送，折半計贓七十餘兩，自應按律問擬。福厚合依出使人於所差去處受餽送者，與監臨官吏罪同、監臨官吏按受所部内餽送，若因事受者，計贓以不枉法論、不枉法贓七十兩，杖八十、徒二年律，擬杖八十、徒二年。所得贓銀，照例勒限一年著追，限滿能否完繳，再行分別辦理。已革扎奇魯克齊棍布扎布因案犯到烏，恐致疏脱，向福厚賄求收禁，計贓折半五十兩，合依以財行求，計所與贓，與受財人同科，有禄人概不減等例，擬杖六十、徒一年。俟福厚一年限滿能否完贓，再行核辦。額爾德呢瓦齊爾等事犯到官在光緒七年五月十四日恩詔以前，額爾德呢瓦齊爾係挾嫌誣告反坐擬流加徒，三畢拉諾爾布係失失人罪減等擬徒，均不准援減。福厚係受不枉法贓擬徒，棍布扎布係以財行求與受財人同科，應俟福厚能否完贓，再行核辦。已革副將軍公車登端多爾濟，於臺吉額爾德呢瓦齊爾挾嫌誣捏臺吉定德爾等將伊父子咒詛，送官審辦。訊不知誣告情事，惟餽送承辦章京福厚銀五十兩，馬一匹，訊係送與路費並賀年禮物，並非以財行求。應於受財人福厚不枉法贓三十兩杖九十罪上減一等，杖八十。業經該將軍奏參，經部議以革去職任，應毋庸議。圖隆拉克齊博克那遜、臺吉圖布敦派審要案，依附原供，未能究出實情。雖經解送烏城審辦，咎亦難辭。除圖布敦業已病故外，博克那遜應請旨交理藩院議處。章蓋巴圖爾等因臺吉額爾德呢瓦齊爾言稱臺吉定德爾等咒詛貝子父子，呈報貝子送官後，聞知貝子之子旺沁多爾濟病故，前往看視，追見該貝子染病，心疑赴該旗呈報，與挾嫌誣告者不同。應與訊無念誦黑經，咒詛貝子父子情事之喇嘛黨薊隆札布、臺吉定德爾、圖隆拉克齊那木濟拉札布、黑人巴圖瓦齊爾、喇嘛巴保丹巴、達凌奇拉、虎洛堆僧格，均毋庸議。至該將軍請將解職之圖薩拉克齊臺吉那木濟拉扎布可否開復解職處分之處，自應准如所請。再，此案係刑部主稿，合併聲明。所有臣等會同擬議緣由，理合恭摺具奏請旨。光緒八年二月二十九日奏。奉旨：依議。欽此。』

誣告

以上各節，經該府等迭次提集犯證，研審明確，案無遁飾，議擬轉詳，覆核無異。聲明張祖茂等委係平人，並非佘運善被劫盜犯。而佘運善於告官呈內，亦實係指明張祖茂等爲盜，並非僅叙情節可疑，請官查究。前以該犯指控平人爲盜，誣告到官，致斃張祖茂父子一家二命，情節較重，罪坐所由，未取原情量減。兹奉部議，衡情酌核。該犯究係事主，因疑而誣，尚與挾嫌圖詐者稍有區別。惟定例別無恰合專條，佘運善應否即照誣告人因而致死絞候例上量減擬流，聽候部議等因，具奏前來。查例載：『誣告人因而致死，被誣之人委係平人，及因拷禁身死者，擬絞監候。或將案外之人拖累拷禁致死一二人者，亦擬絞監候。』又，律載：『決不如法，因而致死者，杖一百。行杖之人減一等』各等語。此案佘運善因被盜劫，追捕無獲，於附近河岸拾獲贓布，疑係在彼泊船販賣柴薪之張祖茂等行劫。迨邀同團鄰查問爭鬧，復揑稱在船上搜獲贓布，將張祖茂等一並捉獲送縣，致該縣將張祖茂、張明發父子拷訊斃命。前據該督等將佘運善依誣告委係平人，因拷禁身死，或將案外之人拷禁致死一二人者，絞例，擬絞監候。聲明已革公安縣知縣孫汝言，雖不知佘運善誣告情由，依法拷訊，惟不能虛衷研鞫，輒事刑求，以致張祖茂、張明發父子二人均因杖傷身死，實非尋常草率可比，應從重發往軍臺效力贖罪等因，具奏。經臣部以誣指平人爲盜，致死一家二命之案，情罪綦重。若死者是良是盜並未確切訊明，全案情復多疑竇，未便輕率定案，駁令再行嚴鞫妥擬去後。兹據該督等遵駁覆訊，張祖茂等實係販柴商民。佘運善被劫雖在黑夜，迨至河邊拾獲贓布，業已天明。張祖茂等如有爲盜情事，必已開船逃逸，斷無夜間行劫，天明尚在附近停泊，坐待事主搜捕之理。其爲是良非盜，尤爲可信。船户胡金萬因往別處討帳，故未在船。水手張洪順等是夜上岸未回，係因前往附近探親，並添雇纖夫。如該水手等有夥同行劫情事，必已各自逃匿。今於張祖茂等被獲之後，往向胡金萬先述情由，其無夥謀行劫可知。段賜中等原供，伊等到縣拷訊，初不承認，後因受刑不起，妄認聽從張祖茂等行劫，臨時未經同行。是段賜中等係因刑逼，始行妄供，並非一經到案，即行供認。屍妻張李氏因伊夫等係團總趙琳邦等一同送縣，是以疑其誣拏，一併指控。其實縣呈內，僅佘運善一人出名。佘運善亦供認張祖茂等實由該犯央允團總等扭捉送縣，並非該團總等誣拏。惟詰以該犯，既稱與張祖茂等並無挾嫌圖詐情事，何以藉端誣告，陷人重罪。據該犯心疑張祖茂等爲盜，邀同團鄰前往追問，因張祖茂等不服，與之爭鬭。該犯先本懷疑，又忿張祖茂等狡賴，遂捏稱贓布在船内搜獲，指爲盜犯送縣，致該縣將張祖茂、張明發父子拷訊斃命。張祖茂等委係平人，並非佘運善被劫盜犯。佘運善先官呈内指明張祖茂等爲盜，並非僅叙情節可疑，請官查究。前以該犯指控平人爲盜，誣告到官，致斃張祖茂父子一家二命，情節較重，罪坐所由，未敢原情量減。惟該犯究係事主，因疑而誣，尚與挾嫌圖詐者稍有區別。佘運善應否量減擬流，聽候部議等語。臣等查誣告人因而致死之案，固應究明有無挾嫌圖詐等情，分别科斷。如死者確係平人，誣控又係出於有心，似不得以並非挾嫌圖詐曲爲寬貸，致失情法之平。今該犯佘運善因被盜劫受傷，見張祖茂等灣船在坡，具控到官，尚可云事出有因。迨經張祖茂告知販柴情由，不服爭鬭，輒以在途拾獲之贓布，捏稱在船搜出，送縣誣控。其呈内指張爲被劫正盜，並非僅叙情節可疑，請官查究。核與懷疑誣控者不同。案關父子一家二命無辜拷斃，罪坐所由，似難貸其繯首之條。如謂該犯情節究有可原，祇應於秋審時稍示區别，定案時未便遽予量減，致滋輕縱。既據該督等覆訊明確，自應仍照本例科斷。佘運善合依誣告委係平人，因拷禁身死，或將案外之人拷禁致死一二人者，絞例，擬絞監候。事犯在光緒十五年三月十六日恩詔以前，係誣告致斃父子一家二命擬絞，應不准援免。惟該犯究係被劫事主，因疑而誣，與挾嫌圖詐者尚屬有間，應酌量入於秋審緩決辦理。至已革公安縣知縣孫汝言，於佘運善扭送張祖茂等到案，並不詳察鞫審，輒聽一面之詞，迭責拷訊，致張祖茂父子同時斃命。前經臣部因該督等既謂該縣審問此案時，係依法行杖，委無非法毆打情事。復謂其輒事刑求，從重擬發軍臺。是以依法決打之案，科以非刑斃命之條，駁令覆訊。兹既據照律更正，應如該督等所奏。孫汝言應依決不如法，因而致死，杖一百律，擬杖一百。雖事在恩詔以前，業經奏參革職，應毋庸再議。該督等奏稱差役王復汰云云。

桂永氏案看語　干名犯義

查桂永氏因伊夫桂成託令竇環爲伊覓主傭工，被竇環等誘拐價賣。該氏事後查知，心懷不甘，輒於喊告竇環時，心疑伊夫知情，牽連妄訴，實屬有關名分。至桂成服毒自盡，訊因病重，自願畢命，與該氏控告無涉。自應仍按本律問擬。桂永氏合依妻告夫，但誣告者，絞律，擬絞立決。惟該氏懷疑究屬有因，且係控告竇環，將伊夫牽涉在内，與有心誣告夫者有間，其情不無可原。應否將該氏量減爲絞監候，秋後處決，仍恭候欽定。竇環將桂永氏誘拐價賣云云。

陝西司　誣告

僅奏爲遵旨議奏事。光緒十三年六月十二日，軍機處交出本日軍機大臣面奉諭旨：御史文鬱奏，刑官審辦誣告，罪坐較輕，請飭恪遵成憲，從重定擬一摺，著刑部議奏。欽此。』臣等遵查該御史原奏，内稱：竊惟人心之險詐，爲意料所不及。每有狡黠之徒，覬覦殷實之家，捏造謊詞，希圖擾害。稍有不遂，即藉事誣扳，株連拖累，以洩其忿。問刑者允宜面面追求，明察其奸，即重治其罪，以安善良。恭讀乾隆六年五月諭旨：『嗣後州縣審理詞訟，凡理屈而駕詞誣告者，必按律加等治罪。若故行寬縱，經該上司查出，以罷軟論。』聖訓煌煌，理宜永遠法守。乃近來刑官審辦誣告，往往以原告到案，即據實供吐，尚非始終狡執等詞，曲爲開脱。是害人者一到官而了事，而被誣者業已久繫囹圄，傾家敗産矣。誣控之陰險，若問得實，宜如何重治其罪，應請飭下京外問刑衙門，凡遇審實誣奸之案，不得稍有寬縱。即遵照乾隆六年聖旨，按律加等治罪，先將該犯枷號示衆。如地方官仍敢狃於積習，故行寬縱，經人奏參，即以罷軟論，立予罷斥等因。經刑部查，誣告之案，一經審虚，即按所誣罪名，分別加等科斷。若至死罪，所誣之人已決者，依本絞斬反坐；未決者，杖流加徒。定律本極嚴明。惟是此等奸詐之徒，捏詞謊告，非素挾嫌仇，即藉端訛詐，懦弱者被其傾陷，蕩産破家，殊爲風俗人心之害。前於同治九年間，刑部因外省審辦京控案件大半調停了事，既不審實，又不辦誣，或以爲控出有因，或以爲懷疑所致。至無可解説，則又以到案即行供明爲詞。每遇審虚之案，類皆牽引。越訴律内，迎車駕及擊登聞鼓申訴不實，律坐原告以滿杖罪名，藉以定案。當經議請，嗣後遇有京控交審案件，審實則屈必爲伸，審虚則誣必加等。不得節引申訴不實律，遷就完結等因，奏准通行在案。乃近年來各省審辦誣告之案，其審虚照律加等定罪者，固所時有，而曲意開脱者，仍屬不少。屢經刑部駁令覆審，終未能盡除積習，以致冤抑者無由昭雪，刁健者得肆譸張，殊與吏治民風大有關係。該御史所奏，係爲申明定律，嚴戢刁風起見，相應請旨飭下各省督撫、將軍、都統、府尹，嗣後遇有控告之案，無論奏咨，均應秉公核辦。一經審係虛誣，即按律加等治罪。不准以事出有因及懷疑以致，暨原告到案，即行據實供明，尚非始終狡執等詞，曲爲開脱。倘地方官仍有狃於積習含混定結者，該督撫即行嚴參，交部議處，庶足以警因循，而誣奸之風亦可稍息矣。如蒙俞允，臣部行文京外問刑衙門，一體遵照辦理。至誣告例内，雖有酌加枷號各條，然定例自有專屬，隨案引用，不容牽混，並非一切誣告之案，概予加枷。且所誣之罪應加枷者，定例尚得免其枷號。該御史請將誣告之犯先行枷號示衆之處，應毋庸議。所有臣等遵旨議奏緣由，謹恭摺具奏請旨。光緒十三年七月二十日奏，奉旨：『依議。欽此。』

喇嘛嘉本磋岔争案内官吏罪名 浙江司 咸豐九年 官吏受財

爲片覆事。准欽派王大臣片送，會審已革扎薩克達喇嘛嘉本磋等岔争案内，究出理藩院司員書吏等聽情受贜等情一案。將訊明以財行求之喇嘛伊什未魯布，行求爲從之索特巴，行求爲從，復説事過錢，分受銀兩，之羅布桑西拉布，説事過錢分受銀兩復指官誆騙之書吏陳鑾、包廷珍，並指官誆騙之已革三等侍衛、宗室長吉，聽情受贜之已革主事康潔，已革郎中哈豐阿，書吏張瀾，聽從説事過錢之馬滕霄，及寄存銀兩之董禮，已革扎薩克達喇嘛嘉木磋等各供詞，抄録咨部，詳查例案，定擬罪名等因前來。查此係欽派王大臣會審之件，案内情節重輕，是否與例文吻合，本部未能周知。兹就各犯供詞，將應用例文另開清單。其情節間有重輕，應照例文酌量從重減輕之處，相應片覆貴王大臣，自行酌核辦理可也。

計開：

伊什未魯布

查律載：『官吏因事受財，無禄人不枉法贜一百二十兩以上，罪止杖一百、流三千里。』又，例載：『以財行求，審實計所與之贜，與受財人同科。無禄人減一等。』

索特巴

查律載：『官吏因事受財，無禄人不枉法贜一百二十兩以上，罪止杖一百、流三千里。』又，例載：『以財行求，爲從無禄人聽減人二等。』

羅布桑西拉布

查例載：『行求爲從及説事過錢之人，無禄人聽減二等。』又，律載：『過錢而又受錢，計贜從重論。無禄人不枉法贜一百二十兩以上，罪止杖一百、流三千里。』又，例載：『官吏因事受財入已，審明不枉法贜，果於一年限内全完，流徒以下免罪。若不完，再限一年勒追。全完者，流徒以下減一等發落。如不完，流徒以下即行發配。』

陳鑒

包廷珍

查律載：『説事過錢而又受錢，計贜從重論。無禄人不枉法贜一百二十兩以上，罪止杖一百、流三千里。』又，例載：『官吏因事受財入已，審明不枉法贜，果於一年限内全完，流徒以下免罪。若不完，再限一年勒追。全完者，流徒以下減一等發落。如不完，流徒以下即行發配。』又，律載：『二罪以上俱發，以重者論。』又，例載：『指稱大小官員名頭，誆騙財物，計贜犯該徒罪以上者，不分首從，發近邊充軍。情重者，仍枷號兩個月發遣。』

已革三等侍衛宗室長吉

查例載：『指稱大小官員名頭，誆騙財物，計贜犯該徒罪以上，不分首從，發近邊充軍。情重者，仍枷號兩個月發遣。』係宗室。

已革主事廉潔

已革郎中哈豐阿

查律載：『官吏因事受財，有禄人不枉法贓，各主者通算，折半科罪。一百二十兩以上，絞監候。』又，例載：『官吏因事受財入已，審明不枉法贓，果於一年限内全完，死罪減二等發落。若不完，再限一年勒追。全完者，死罪減一等發落。如不完，死罪人犯監禁，再限一年著追。三年限外不完，死罪人犯永遠監禁。全完者，奏明請旨，均照二年全完減罪一等之例辦理。』

馬騰霄

查律載：『説事過錢而又受錢，計贓從重論。無禄人不枉法贓，折半科罪，二十兩杖八十。』又，『官吏因事受財，無禄人不枉法贓一百二十兩以上，罪止杖一百、流三千里。』又，例載：『説事過錢，計所與之贓，與受財人同科。爲從無禄人聽減二等。』又，『官吏因事受財入已，審明不枉法贓，果於一年限内全完，流徒以下免罪。若不完，再限一年勒追，全完者，流徒以下減一等發落。如不完，流徒以下即行發配。』

張瀾

查律載：『官吏因事受財，無禄人不枉法贓一百二十兩以上，罪止杖一百、流三千里。』又，例載：『官吏因事受財入已，審明不枉法贓，果於一年限内全完，流徒以下免罪。若不完，再限一年勒追。全完者，流徒以下減一等發落。如不完，流徒以下即行發配。』

董禮

嘉木磋

例無治罪明文。

嘉木磋案二次片覆 浙江司 咸豐九年

爲片覆事。准欽派王大臣片查，現審已革扎薩克達喇嘛嘉木磋等忿争案内，究出職官書吏得贜一案。前據刑部將各犯應得罪名律條片覆。查案内已革三等侍衛、宗室長吉，照律發近邊充軍，情重者，仍枷號兩個月等語。惟該宗室詐騙一節，似應另科罪名。並案内得贜之人，究竟是否枉法，及何贜始爲枉法之處，詳查聲覆等因前來。查官吏受財律載枉法贜注云：『謂受有事人財，而曲法處斷者。』又，不枉法贜注云：『雖受有事人財，判斷不爲曲法者』等語。此案章嘉佛進京一事，查核各供，有與陳案相符，援案具奏，及奉旨准其來京等語。至路引亦係照例應行發給。是以抄録不枉法贜律文片覆。再，指稱大小官員名頭誆騙財物一條，已有詐騙在内，且係指官撞騙之專例。至宗室詐騙，刑律並無明文。兹准貴王大臣片查，相應將枉法贜及詐騙律文抄録咨覆。是否按枉法及詐騙分别科罪，仍由貴王大臣照原訊情節，自行酌核辦理可也。

計開律文

查律載：『枉法贜，有禄人八十兩，絞監候。無禄人，五十兩，杖一百、流二千五百里；一百二十兩，絞監候。』

查律載：『詐欺官私取財，及誆賺局騙人財者，計贜准竊盜論。』又，『竊盜贜一百二十兩以上，絞監候。』又，『稱准者，罪止杖一百、流三千里。』

嘉木磋案三次片覆 浙江司咸豐九年

爲片覆事。准欽派王大臣片稱：審辦喇嘛嘉木磋等忿争一案，現已訊取供詞，應照例擬罪。本王大臣並無例案可稽，抄録各犯供單，咨部按名科罪。其有無罪可科者，於文内聲明。至念經咒人及屬員撕辱長官，被呈後復列款訐告，希圖抵賴。均應作何治罪，一並詳細查明，咨覆内務府慎刑司等因前來。查此係欽派王大臣會審之件，案内情節重輕，是否與例文吻合，本部未能周知。兹就各犯供詞，並片查各條，將應用例文，另開清單。其情節間有重輕，應照例文量從加減之處，即由貴王大臣自行酌核辦理。相應片覆，希即查照可也。

計開：

德勒克色楞

查律載：『官吏聽許財物，雖未接受，事若枉者，准枉法論；事不枉者，准不枉法論，各減受財一等。』註云：『凡律稱准者，至死減一等。雖滿數，亦罪止杖一百、流三千里。此條既稱准枉法論，又稱減一等。假如聽許准枉法贓，滿數至死減一等，杖一百、流三千里。又減一等，杖一百、徒三年。』又，例載：『聽許財物，若甫經口許，贓無確據，不得概行議追。如所許財物封貯他處，或寫立議單文券，或交與説事之人，應向許財之人追取入官。若本犯有應得之罪，仍照律科斷。如所犯本輕，或本無罪，但許財營求者，止問不應重律。其許過若干，實交若干者，應分别已受、未受數目計贓，並所犯情罪，從重科斷。已交之贓，在受財人名下著追。未交之財，仍向許財人名下著追。』又，律載：『不應得爲而爲之事理重者，杖八十。』係蒙古。

噶爾畢

宋累

查律載：『選魘魅符書，咒詛欲以害人者，以謀殺已行未傷論。』又，『謀殺人，謀而已行，未曾傷人，爲從同謀同行，各杖一百。』噶爾畢、宋累均係蒙古。

圖克濟扎布

康喜即康七

查律載：『以財行求及説事過錢，計所與之贜，與受財人同科。其行求説事過錢之人，如有首從者，爲從有禄人聽減一等，無禄人聽減二等。』

秦瑛得

查律載：『獄卒容縱外人入獄，及與囚傳通言語，走泄事情，於囚罪無增減者，笞五十。』又，『官吏人等，非因事而受財坐贜，折半科罪，一兩至十兩笞三十。』

扎噶拉

查供詞：隨同阿木呢固爾通巴念經，不知咒人情事。惟阿木呢固爾通巴念經咒人，所設供獻俱與尋常不同，該犯豈得諉爲不知。應否仍照爲從同行律擬杖一百之處，應酌量辦理。

抗噶拉

查該犯係服役之人，供認念經咒人時，曾執神箭向空摇晃，應照爲從同行律擬杖一百。係蒙古。

那木喀呼圖克圖

查供詞，並不知念經咒人情事，無罪可科。

羅布桑西拉布

查供詞，於念經咒人一事係聽聞傳説，無罪可科。

堪布喇嘛那木吉勒扎拉參

查供詞，因聽聞傳言阿木呢固爾通巴等念經咒人，恐耽干係，遣人進京送信。事出有因。無罪可科。

嘉木磋

查供詞所述，無罪可科。

達里即王二

查該犯供係服役之人，於念經咒人及説事過錢各事，皆不知情。無罪可科。

念經咒人

查律載：『造魘魅符書，咒詛欲以殺人者，以謀殺已行未傷論。欲止令人疾苦，無殺人之心者，減謀殺已行未傷二等。』又，『謀殺人，謀而已行未傷人，造意爲首者杖一百、徒三年。爲從同謀同行，各杖一百』等語。詳譯律意，咒詛欲以殺人者，爲首罪應滿徒。欲止令人疾苦，無殺人之心者，爲首應於滿徒罪上減二等，擬以杖八十、徒二年。

屬員撕辱長官

查律載：『所統屬員毆傷長官者，各減吏卒毆傷長官二等。』又，『吏卒毆本部五品以上長官，杖一百、徒三年。若毆六品以下長官，各減五品以上罪三等』等語。詳譯律意，屬員毆長官，應按其長官品級，分别定斷。如係五品以上長官，屬員將其毆辱，應於吏卒滿徒罪上減二等，擬杖八十、徒二年。如係六品以下長官，吏卒毆之，減滿徒三等，應杖七十、徒一年半。屬員毆之，應再減二等，擬杖一百。

被呈后列款訐告

查例載：『屬員已知上司訪揭題參，即摭砌款蹟，捏詞誣揭部科者，該部科將該員解任。如審係誣揭，將該員革職。一事審虛，即行反坐。於誣告加等例上再加一等治罪。如被參本罪重於誣告罪者，亦於被參本罪加一等治罪。』又，律載：『誣告人笞罪，加所誣罪二等。流徒杖罪，加所誣罪三等。各罪止杖一百、流三千里。』

臺吉收受餽送銀兩奉天司　同治五年　官吏受財

查刑律載：『監臨官吏接受所部内餽送土宜禮物，受者笞四十，與者減一等。若因事在官而受者，計贓以不枉法論。』又，『不枉法贓，各主者通算，折半科罪，一兩至一十兩，杖七十；四十兩，杖一百。』又，『官吏因不枉法受財者，計贓科斷。無禄人各減一等，官追奪除名。説事過錢者，有禄人減受錢一等，無禄人減二等。』各等語。兹准貴院，以協理臺吉察克都爾扎布、巴特瑪林信，奉派清查年老人等年歲，多有不符。復於該旗所屬章京色克圖呈送銀八十兩，及青騾一頭，作價銀二十兩，均各收受。此項銀八十兩，係由扎蘭布濟特章京依德格土過付，並送給跟隨察克都爾扎布之扎蘭經温銀九兩。該員等應得罪名，蒙古例内並無作何辦理專條。片查刑部，查明見覆，以憑核辦等因。本部查協理臺吉察克都爾扎布等奉派清查年老人等年歲，收受所屬章京餽送銀兩、騾頭，即屬因事受財，應以不枉法贓科斷。協理臺吉察克都爾扎布得受銀八十兩折半四十兩，律應杖一百。協理臺吉巴特瑪林信得受騾一頭，估價銀二十兩，折半一十兩，律應杖七十。其跟隨該臺吉之扎蘭經温得受銀九兩，折半四兩五錢，亦律應杖七十。至過付之批蘭布濟特章京依德格土及與錢人，律應於受錢人察克都爾扎布滿杖罪上減一等科斷。相應片覆貴院，自行酌核辦理可也。

洋藥案件照新章河南司　咸豐九年　賭博

刑部謹奏爲覆議洋藥案件，應照新章一律查辦，恭摺奏祈聖鑒事。内閣抄出河南道監察御史王憲成奏，洋藥現准出售，罪名新舊懸殊，請飭部查辦一摺。咸豐九年三月十二日奏，硃批：『刑部妥議具奏。欽此。』查該御史原奏內稱：洋藥現經步軍統領衙門奏明，准令商民售賣。如有開館聚集者，問係官員、兵丁、太監人等，按照舊例治罪。又，私售藏奸聚集者，照聚賭治罪。於二月初二日出示曉諭，一月以後概准民間買用。其事犯在前者，仍照舊例辦理。詳繹現議章程，自三月初二日以後，如非開館聚集，概應免罪。而犯在定限以前，仍干例擬。是同一洋藥，買食於後者既已寬典獲邀，而買食於前者仍應問擬繯首，似不定昭刑法之平。查刑部歷年現審烟案人犯，已結者現有三起，人犯十三名，未結者尚有十六起。其各直省烟案人犯，想亦不少。內中問擬絞候者，緩決以後方准減等。現因未經議及，仍繫囹圄，情實可憫。請飭部將新舊買食洋藥案件，酌歸一律辦理。凡已結未結各案，悉予查辦。其從前定擬絞候軍流及由絞減流人犯，應如何酌量寬免之處，妥議章程，通行各直省督撫遵辦，以寬累繫而迓和甘等因，具奏前來。查名例律載：『律自頒降日爲始，若犯在已前者，並依新律擬斷。』注云：『如事犯在未經定例之先，仍依律及已行之例定擬。若例應輕者，照新例遵行』等語。洋藥一項，從前定例本嚴，平民人等但經吸食，即應問擬絞候。現經步軍統領衙門奏定章程，准售賣洋貨商人報税出賣，仍不准在鋪內開館招集閑人，亦不准别項鋪面住户私售，有犯者，照開局聚賭例辦理。並出示曉諭，自本年二月初二日起，予限一個月。倘在一月限內獲有前項案件，仍照舊章辦理。誠以此等案犯，事犯在未經寬禁以前，是以仍照舊章，係爲慎重刑名起見。惟洋藥新例係屬由重改輕，凡事犯在前者，律注內本指明照新例遵行。況同一洋藥，買食於後者既經聽從民便買食，於前者或減等後流徙遠方，或緩決後依然羈禁，彼此相較，未免向隅。至售賣洋藥之人，業經督理崇文門商税事務衙門奏准，寬其既往。如有陳存之洋藥，限期報税，免其究辦。則舊案與販洋藥各犯，自應一體查辦，以示持平。臣等公同酌議，所有臣部現審洋藥案件，除受賄包庇各犯，係計贓定罪，無庸查辦外。其餘事犯在前，已結、未結定擬絞候軍流，及由絞減流，在配在途，並監候待質各犯，概予寬免。如原案係招集多人聚至五名以上者，仍照該衙門奏定章程，按賭博例枷杖完結。其各直省洋藥案件，應令各督撫詳細查明，一體辦理。如有脱逃未獲者，並免緝拏。其官員、兵丁、太監人等買用洋藥，無論犯事在奏准章程前後，均照舊章辦理。仍按照定例，不准訛詐、栽贓、誣賴、訐告，以杜弊端。如有此項人犯，應即不問虛實，立案不行。至閑散宗室、覺羅，並非職官，倘有販賣洋藥及吸食等情，應如何辦理之處，步軍統領衙門原奏未經議及。現在應否查辦，應由宗人府酌核辦理。如蒙諭允，臣部即將朝審及已結未起解各犯查明，繕列清單。恭呈御覽。並通行直省各督撫、將軍、都統、府尹，及在京問刑衙門，一體遵行。咸豐九年三月二十二日奏。本日奉旨：『依議。欽此。』

洋藥私行開館　山東司　咸豐九年　賭博

步軍統領衙門。爲知照事。本衙門具奏爲酌擬售賣洋藥，出示曉諭，恭摺奏聞事。竊惟上海議定税利洋藥一摺，准其進口銷售，收納税課，則此項貨物，由商賈販運來京者固所不免。惟京師爲輦轂重地，誠恐不肖匪徒私行開館，招聚多人，以致滋生事端，及官役人等藉端需索，轉增擾累，均不可不嚴定辦法，以示限制。查洋藥入藥材，自應准其出售。如有開館聚集者，問係官員、兵丁、太監人等，按照舊例治罪。再洋藥一項，向係影射洋貨，販運入京。嗣後售賣洋貨商人，由崇文門報税後出賣，仍不准在鋪内開館招聚閑人。如有偷漏私銷者，查出照例加倍罰税。其餘别項鋪面住户，一概不准私售、轉賣、寄存，以杜偷開局館，影射藏奸。如獲有此等匪徒及商民聚集者，照開局聚賭之例，送部治罪，房間一概入官。所有奴才等因，京師地面理宜慎重，酌擬出示曉諭，並聲明咨行刑部查照辦理之處，爲此恭摺奏聞。謹奏。咸豐九年正月二十日具奏，『奉旨：依議。欽此。』

貴州司　光緒九年　賭博

謹奏爲遵旨議奏事。光緒九年七月二十四日，内閣奉上諭：『御史劉恩溥奏京城旗民婦女開設烟館賭局等情。蘇州、上海、杭州等處亦有婦女開設烟館拐販情事。請將犯罪婦女量予監禁等語。著刑部妥議章程具奏。欽此。』據該御史原奏内稱：京城内外旗民各婦女之不安本分者，或開設烟館賭局，窩藏賊匪；或開設小押，放帳盤剥貧民。甚有恃婦逞刁，擇肥而噬。被其害者，茹恨吞聲，不知凡幾，不止如已革給事中張觀准案内之德蘇氏一名已也。又如蘇州、杭州、上海等處惡婦，開設臺基，藏垢納污，傷風敗俗。更有花烟館，櫛比林立。俗所謂『白螞蟻』者，爲之拐販良家婦女，明目張膽，直不知人間有羞耻事。地方官雖亦空文誥誡，而該匪等肆無忌憚，若罔聞知。此誠世道之憂矣。伏查本年四月間，升任湖南巡撫卞寶第奏故殺童養子婦一案内稱：婦人照例收贖，雖有治罪之名，並無治罪之實，以致毫無畏忌。請酌予監禁數年，挽回頹俗。擬請推廣此例，凡有干涉前項情事者，查其所犯案之輕重，量予監禁一二年，以示懲創，而儆效尤。請飭交刑部，妥議章程具奏。臣等查，婦女犯罪，酌加監禁，現行例内只有挾嫌翻控及因盜致縱容父母自盡，罪應烟瘴充軍者。兩條，以外犯尋常軍流徒罪，一概准予收贖。原以婦女以名節爲重，其情罪重大，固未便煦煦爲仁，如情節稍輕，亦未便過事苛刻，致失矜全廉恥之義。即本年臣部議覆湖南巡撫卞寶第奏故殺子婦有酌予監禁一二年章程，亦係專爲殘殺媳命，無復倫理，而其罪又應擬流者嚴加懲創，並非將徒罪以下之犯概行監禁，以致漫無區別也。兹據該御史劉恩溥奏稱京城内外旗民婦女開設烟館賭局等項，請量予監禁等語，自係爲嚴懲惡婦起見。惟查開設烟館賭局，輕則不過枷杖，重亦罪止擬徒，與例内所載監禁各項情節重大者迥不相同，未可相提並論。况京城姦媒有犯誘奸、誘拐，罪應擬徒，例仍准其照例收贖。則京城開設烟館之案，不應反較奸媒辦理加嚴。若如該御史所奏，紛紛監禁，無論與定例顯相抵牾，且犯尋常軍流等罪均准收贖，而犯此等罪名概予監禁，輕重亦覺倒置。如謂該婦女窩藏賊匪，逞刁噬肥，種種兇惡，不一而足，犯案到官後，臣部正可隨時懲辦，按例從重實發，歷經辦理有案，又豈止監禁所能蔽辜耶？總之，此等案件，全在查禁之核實，不在罪名之嚴峻。地方官果能認真查拏，有犯必懲，匪徒自知斂跡。否則縱立監禁名目，恐亦未必盡除根株也。該御史所請京城婦女犯開設烟館賭局等項，量予監禁之處，應毋庸議。至所稱蘇州、杭州、上海等處惡婦開設花烟館，拐誘良家婦女，明目張膽，肆無忌憚等語，固係人心風俗之害。第查近年以來，臣部核覆該省稿件，從未見辦過一案，究係如何情形，臣部無從周知，更未便懸定科條。相應請旨飭下江蘇、浙江各巡撫，詳晰查明具奏，再由臣部酌核辦理。所有臣等遵旨妥議緣由，謹恭摺具奏請旨。

山東司　賭博

呈爲咨覆事。據山東巡撫張咨稱：訪獲制造賭具已成人犯王風，並制造賭具未成人犯盧二、吳四各一案。緣王風籍隸東平州，盧二籍隸汶上縣，均木匠生理。吳四籍曲阜縣，裱糊匠生理。王風等因生意淡薄，各自起意造賣賭具漁利。王風做成寶盒二副，寶心二塊，點染顔色，尚未售賣。盧二做成寶盒連寶子一副；吳四刻成牌板一塊，刷印裱背，剪裁成副，均尚未點染顔色。即經先後訪獲，解省審供不諱。將王風依例擬軍，盧二、吳四擬徒。俱聲明親老丁單等因前來。查前因該省咨報拏獲制造賭具之案，層見迭出，類皆案犯病故，虛擬罪名，並無一名實行發配，徒爲該州縣請議叙、抵處分地步。經本部行令該撫，必須獲犯招解到省，訊明屬實，方准咨部在案。兹據該撫以王風制造寶盒已成未賣，比依造賣紙牌骰子爲首例，擬發邊遠充軍。盧二、吴四制造寶盒紙牌未成，照例於軍罪上減一等，各擬杖一百、徒三年。王風等均供親老丁單，取結聲請留養。並將應叙應議文武各職名咨部。本部查，各案犯既據咨稱業已解省訊明，並取結送部，姑准如所咨辦理。惟查王風等均經枷責留養，仍屬虚擬罪名，並不實發，與從前辦法不甚懸殊，恐各該州縣仍不免有虚揑情弊。應令該撫嗣後凡拏獲制造賭具案犯解省，務須督飭臬司親提詳鞫，實係親老丁單，方准據情聲請。不得率憑州縣詳文，遽行咨部，俾昭核實。至應叙應議文武各職名，事隸吏、兵二部，該撫既經分咨，應聽吏、兵二部查議。仍知照吏部、兵部可也。

閩省清理積案 福建司 光緒三年 盜賊捕限

查例載：『審理各省案件，尋常命案限六個月，盜劫及情重命案，欽部事件，並搶奪、發掘墳墓一切雜案，俱定限四個月。其限六個月者，州縣三個月解府州，府州一個月解司，司一個月解督撫，督撫一個月咨題。限四個月者，州縣兩個月解府州，府州二十日解司，司二十日解督撫，督撫二十日咨題。如案內正犯及要證未獲，情事未得確實者，題明展限。按察使自理事件，限一個月完結。府州縣自理事件，俱限二十日審結。上司批審事件，限一個月審報。若隔屬提人及行查者，以文到日起限，如有遲延情弊，該督撫查參。若該督撫將遲延各官徇情不行題參，察出一並交部議處。』又，例載：『福建省搶竊匪徒，除罪應軍流以上者，仍按本律本例定擬外。如罪應擬徒之犯，應刺字者，先行刺字，毋庸解配，在籍鎖帶鐵桿、石礅五年；罪應擬杖者，亦鎖帶鐵桿、石墩三年。限滿開釋。如開放後復行犯案，罪止擬徒者，即於鎖帶鐵桿、石墩年限上遞加二年。若犯案三次者，即按例從重問擬』。又，例載：『人命搶竊等案，正犯在逃未獲，案内牽連餘犯，審係無干，即行省釋，不准濫行監候待質。若現獲之犯稱逃者爲首，如現獲多於逸犯，供證確鑿，以及逸犯雖多，而現獲之係先後拏獲，或雖同時並獲，經隔别研訊，實係逃者爲首，或事主、屍親、旁人指正有據者，即按律先決徒罪，毋庸監候待質。若案内人數衆多，僅獲一二名，無事主、屍親、證佐指認者，將現獲之犯，按例擬罪監候，俟逸犯就獲後，質訊明確，定地起解。倘正犯日久無獲，爲從監候待質人犯，如原擬遣軍流罪已過十年，徒罪已過五年，杖罪已過三年，並未擬定罪名之人已過二年者，該督撫陸續查明，咨部核覆。應遣軍流徒者，照原擬罪名，即行發配，應杖罪及並未擬定罪名之人，取具的保釋放在外，俟緝獲正犯之日，再行質審』各等語。兹據該署督等奏稱，閩省吏治因循成習，積案累累，未定罪犯及牽連人證禁押既久，動致拖斃。前經查明，匿報詞訟各廳縣，兩次匯奏，摘頂勒限清結，並擇其尤爲玩泄者，奏參革職查辦。半年以來，統計辦結新、舊監犯五百三十二名。各州縣押犯已結釋放一千二百四十六名。現計通省未定案監犯尚有二百九十餘名，押犯尚有六百二十餘名。實緣歷年接替，先後參差。或因尋緝正兇有購線之費，研鞫定案有招解之費，一經隔任，罕肯代爲擔當。雖承緝例有處分，亦已無可加重。該犯既狡轉不承，本官亦躊躇候代。任復一任，年復一年，欲辦不能，欲釋不可，遂至積重難返，陳陳相因。目下可辦者均已辦釋，未辦者皆窒礙難行，無從措手。如照例悉予推究處分，直須官舍爲空。倘再不設法整頓，坐使羈囚對泣，不至疲斃不止。自宜寬其既往，准予暫行變通辦理，以期圜扉一清。擬請將光緒元年以前積壓各件，如係遲延有因，邀免扣計限期，應招解者即行招解，並由司酌量籌給解費，以免瘠區藉口賠累。其事在赦前罪應援免者，由該管道府就近勘明，詳結釋放。至搶竊等案人犯，無贜無證，訊係誤拏者，即立予省釋。或先有證佐，後復狡翻，以及開設花會，書差詐擾、教唆詞訟、擄人勒贖，一切爲害閭閻、情節可惡而供證未明。此等桀黠之徒，若一律准予釋放，非變爲盜賊，即流入異端。擬請援照搶竊鎖礅之例，分別酌定年限，鎖繫石礅，以示懲創，而免羈禁。至牽涉命案及一切雜案人犯，或供情狡展，或證佐未齊，因而延宕不結者，比比皆是。擬請援照正犯在逃，餘犯監候待質之例，如各犯禁押年月已逾例限，即照現供定擬發落，倘未滿限，則扣計何時屆滿，如逃犯無獲，再行擬結。其餘詞訟細故，一切干連人證，立即訊斷釋放。並由司遴委明幹之員，携帶先前吊到各案卷，與之講求明晰。如臨審情節互異，准其禀明，候示辦理，不致墨守成見。分投馳赴各屬，會同廳縣，統限年內一併查辦清結。倘即委各員，取再泄沓從事，逾限不結，即行嚴參。其能勘斷明迷，情法持平，一洗積習者，並准酌量給獎，以昭激勸。至此後新收之案，仍各照定例辦理，不得再有積壓，仍蹈前愆。倘尚有私押匿報等弊，即當從嚴參處等因，具奏。係爲慎重民命，清釐積牘起見，應如所奏辦理。嗣後新收各案，務當督飭所屬，遵照例定限期，迅速審結。倘查有因循積壓，拖累無辜等情，即由該督等從嚴參處，庶足以肅吏治而挽積習。如蒙俞允，臣部行文該督等遵照辦理。

熱河清釐積案 直隸司 光緒五年 盜賊捕限

查例載：『各省審理案件，尋常命案限六個月，盜劫及情重命案，欽部事件，並搶奪、發掘墳墓一切雜案，俱定限四個月。其限六個月者，州縣三個月解府州，府州一個月解司，司一個月解督撫，督撫一個月咨題。限四個月者，州縣兩個月解府州，府州二十日解司，司二十日解督撫，督撫二十日咨題。如案內正犯及要證未獲，情事未得確實者，題明展限。按察使自理事件，限一個月完結。府州縣自理事件，俱限二十日審結。上司批審事件，限一個月審報。若隔屬提人及行查者，以文到日起限，如有遲延情弊，該督撫察參。若該督撫將遲延各官徇情不行題參，察出一並交部議處』等語。兹據該都統奏稱，前因熱河各屬積案太多，奏明設局清釐。現議定以二年爲限，將以前積案一律清釐。謹擬章程六條：一曰劃清新陳。擬以十月二十四日具奏之前爲陳案，現已督飭局員，按照月報册籍，逐案清查，某案應提郡審訊，某案應委員會審，某案應催令詳結，某案應照例查銷，分爲四項，勒以期限上緊清完具奏。之後者爲新案。應令道府申明舊章，轉飭各屬，依限完結。倘敢仍蹈故轍，任意積壓，除將玩誤之員隨時嚴參外，仍將道府照督催不力，奏請議處。一曰嚴立限期。清理積案，擬自奏定之日爲始，飭令一府六州縣，各將陳案每月詳結三起，准多不准少。其有疑難重大之案，或派委員，前往會訊，或札提來郡，督飭局員審辦。會訊者，歸入每月三起數内核算，其提審之案，聽斷較難，限局員以每月二起，亦准多不准少。查各屬積案，最多者平泉州一百三十四起。如此勒限辦理，統計兩年之内，可期一律通完等語。以上兩條，臣等詳加查核，係爲清理積牘，免致拖延起見，應如所奏辦理。嗣後新收各案，務當督飭所屬，遵照例定期限，迅速審結。倘查有仍蹈故轍，任意積壓，拖累無辜等情，即由該都統從嚴參處，庶足以肅吏治而挽積習。又查清單内開一曰誣告從寬。查誣告反坐，律有明文，而凡到堂即行供明，並不始終狡執者，皆得原情減免。今多年未結之案，若必按律反坐，轉恐原告畏罪不吐實情，使案以疑而終懸，被誣者始終受其拖累。今擬於奏明後，出示曉諭，限於一月之内，准原告將誣告實情到官自首，官於問明後，即行取結銷案，誣告之罪即予免坐。其逾限不首者，仍查照律例懲辦，不在免坐之數等語。臣等查控告之案，一經審係虚誣，即應照律反坐。原以刁健之徒誣陷良善，致使無辜被累，貽害身家，是以審明後，將誣告之人加等問擬，嚴誣告之罪，正以清誣告之源也。各省遇有此等案件，如果認真辦理，無稍遷就，虚實不難剖明，訟獄自然止息。伏查近年以來，外省審辦案件，及京控上控各案，將原告照誣告辦理者，十不得一。大半皆係調停了事，既不審實，又不辦誣。或以爲控出有因，或以爲懷疑所致，至無可解説，則又以到案即行供明爲詞，曲爲原減。皆因問官將實作虚，無以服原告之心而杜其口，懼其復控，不肯援誣告加等治罪之條，僅擬杖責，藉以完案。寃抑者無由昭雪，刁健者得肆譸張。不特有失律意，且使誣告加等及告重事不實等條皆成虚設。曾經臣部於同治九年間奏明，嗣後遇有京控交審案件，務當秉公核辦，審實則屈必爲伸，審虚則誣必加等。如情節或有可原，不妨酌減定擬，不得遷就完結等因。通行各省，遵辦在案。誠以誣告之案，居心最爲險惡。全在承審之員虚衷研鞫，認真懲辦，以警將來。即所控情節實有可原，或於未經提審之先據實首悔，原可量從末減。若謂案延多年，慮原告畏罪不吐實情，曲爲調停，竟予免坐，則無辜被誣者蕩産破家，身受拖累之苦，而刁健者一經自首，轉得安然無事，殊不足以示情法之平。即因清釐積案，將誣告之案限於一月内，准原告將誣告實情到官自首，係爲酌量變通起見，祗應將首悔之犯，比照自首例，量予減等，已屬從寬。該都統請將誣告之罪免坐之處，應毋庸議。又清單内稱一曰酌量減等。查罪犯逢恩減等，刑部原有定章。現在所積之案，情形各有不同。其中犯人慮問重罪，堅不吐實，或忽認忽翻，以致不能定讞者，正復不少。若能寬其一綫之路，俾知吐實之後，罪名得輕，自必樂於速結，不致仍前狡執。囹圄之苦，已越多年，稍予從輕，亦尚情平理順。今擬將積案各犯，除罪關重大，向不查辦減等者，仍照律例定擬外。其有案情罪名與減等之例相符者，隨時咨明刑部，照章予以減等。俾陳案完結有期，干證免受拖累等語。臣等查，罪犯逢恩減等，皆係出自曠典，總以所犯是否在詔前爲斷。凡事犯到官在同治十三年十一月十五日恩旨，暨光緒元年正月二十日恩詔以前，查核所犯情罪，係在應准免減條款之列者，均得准予減免。若事犯到官在恩旨並恩詔以後者，概不准查辦。歷經遵循辦理。今該省積案内，如果有事犯在赦前者，應令該都統查照條款，分別核辦。不得因犯供狡執，難於速結，率將赦後犯事各犯，遽行減等，致與向章不符。恭俟命下，臣部行文該統遵照辦理。再，該統清單内所稱明定功過，以嚴考核，及酌予懲勸，有過分别撤任參處，有功酌量奏請奬叙，或請給升銜二條。再，此案於光緒四年十二月十九日抄出到部，係刑部主稿，合並聲明。所有臣等會同核議緣由，謹恭摺具奏請旨。

廣東省舊案免扣審限

盜賊捕限

查例載：『各省審理案件，尋常命案限六個月；盜劫及情重命案，欽部事件，並搶奪、發掘墳墓一切雜案，俱定限四個月。其限六個月者，州縣三個月解府州，府州一個月解司，司一個月解督撫，督撫一個月咨題。限四個月者，州縣兩個月解府州，府州二十日解司，司二十日解督撫，督撫二十日咨題。如案内正犯及要證未獲，情事未得確實者，題明展限。按察使自理事件，限一個月完結。府州縣自理事件，俱限二十日審結。上司批審事件，限一個月審報。若隔屬提人及行查者，以文到日起限，如有遲延情弊，該督撫察參。若該督撫將遲延各官徇情不行題參，察出一並交部議處』等語。又，光緒三年間，據署閩浙總督文煜等奏，閩省積案累累，請將光緒元年以前積壓各件，如係遲延有因，邀免扣計限期，分别查辦清結等因。經臣部議如所請，奏准遵行在案。兹據該督等以粵省民俗强悍，訟獄繁多，迭經嚴飭趕緊清理，並由臬司遴委幹員，分赴各屬，隨時幫同審訊，年來詳辦新、舊各案不下二百餘起。其由各營獲解盗劫案犯，以及土匪游勇，情罪較重者，訊明節經照章奏報。惟各州縣命盗雜案未據辦結者，尚復不少。推原其故，皆由粵東地居濱海，界連港、澳，各項罪犯類多藉以逋逃，緝拏非易。應訊人證，間有出洋貿易，傳唤爲難。因而已獲之犯，或畏罪不認，或挾嫌誣扳，或正犯未獲，推諉狡避，或案疑似，務須待質者，固不可草率定讞，致滋枉縱。及至在逃在洋犯證拘傳到案，提同訊明，必需時日，鮮不已逾審限。承審者既畏例議，不敢照常解勘，接審者亦多瞻顧。是以相率因循，積案累累。若不亟爲變通，設法清釐，勢必重囚倖逃顯戮，輕囚皆斃囹圄。再四籌商，各案遲延實出有因。查福建前因舊案積壓，經該督撫奏准，免計審限。近聞陸續清理，已著成效。粵省情事相同，請將光緒十九年正月以前舊案，免扣審限，督同臬司，勒限審擬詳辦，倘再逾延，即行據實嚴參等因，具奏。係爲慎重民命，清釐積牘起見，應如所奏辦理。嗣後新收各案，務當督飭所屬，遵照例定限期，迅速審結。倘查有因循積壓，拖累無辜等情，即由該督等從嚴參處，庶足以肅吏治而挽積習。如蒙俞允，臣部行文該督等遵照辦理。再，此摺於七月十五日抄出到部，合並聲明。所有臣等核議緣由，謹恭摺具奏請旨。光緒十九年八月二十二日奏，奉旨『依議，欽此。』

軍流各犯脱逃在犯事地方嚴行禁錮 直隸司 光緒十年 徒流人逃

查光緒九年本部奏定京城棍徒擾害章程：『拏獲軍流徒逃各犯，如係積慣竊賊，案情較重，或係著名匪棍，以及迭次脱逃者，由刑部定案時，解交直隸總督，轉發府縣，嚴行禁錮，毋任復出滋事。』又，光緒十二年議覆直隸總督變通天津鍋夥匪徒發配潛逃章程：『嗣後天津鍋夥聚衆擾害，罪應軍徒各犯，於審明咨結後，分撥直屬州縣，嚴行禁錮。俟數年後，果知改悔，仍行發配』等因。先後奏准遵行，各在案。兹據該督以永平府知府福謙呈稱，近年各省咨緝軍流及本省報逃各犯，層見迭出，稽其原案，非搶奪改軍，即因竊擬流。賊情本已狡黠，有司又多曲原。犯事之初，既已多方避就，結案之後，又復隨處脱逃。即幸而拏獲，加等調發，往往未及到配，又報途逃。至再至三，毫無顧忌。甚或挾嫌報復，傷害捕人。總緣逃罪加不致死，情雖可惡，而法有所窮。擬請嗣後拏獲遣軍流各犯，如係積慣竊賊，或著名匪棍，以及迭次脱逃，並拏獲時有逞兇拒捕者，除逃罪例應正法，並另犯死罪，及本應監候待質各犯，仍照定例辦理外。其有罪止調發，及仍發原配各犯，於審明咨結後，仍由犯事地方，嚴行禁錮。自原案奉准部覆之日起，監禁十年。察其筋力衰頹，或性情改悔，再行詳請，給文發配。此等人犯，如一縣已有三名，詳明分撥他屬監禁。同案不准並羈，外府一體匀撥。詳經該督咨部核覆等因。本部詳加查核，所擬各節，係爲嚴懲匪犯，免致脱逃滋事起見。惟事關變通章程，本部未便據咨率覆。應令該督奏明辦理，相應咨覆該督可也。

御史奏販賣鴉片烟土人犯罪名錯誤 浙江司 咸豐四年 官司出入人罪

謹奏爲遵旨查明具奏事。據浙江道御史韓錦雲奏，販賣鴉片烟土擬絞人犯，罪名錯誤，應請更正一折。咸豐四年八月二十八日奉硃批：『刑部查明。具奏，欽此。』查該御史奏稱：該犯果二立興販烟土，尚未賣出，應照收買烟土，尚未售賣例擬軍。原擬罪名錯誤，相應請旨飭部更正等因。臣等遵查上年九月間，臣部浙江司審辦販賣鴉片烟土人犯果二立一案。將該犯依興販鴉片烟土，不分首從例擬絞監候。具奏，奉旨：『依議。欽此。』至本年七月間，臣部辦理朝審，飭令各司詳核案情。據該司司員稟稱：此案果二立先經受雇，與在逃之路五販賣烟土一次後，復與路五夥同興販烟土十七包，來京售賣，當被拏獲。雖據供未及賣出，唯訊係興販圖利，是以將該犯照例擬以絞候。現查從前並無分別未及賣出成案，而收買烟土例内，載有尚未售賣者，首犯擬軍。該犯果二立究竟應依興販圖利例擬絞，抑或照收買尚未售賣例擬軍，應請核定等語。臣等詳繹例意，車載船運，往來貿易者，謂之興販。故但經興販，即予絞候。零星購買，積聚無多者，謂之收買。故未及售賣，僅止擬軍。該犯果二立先經隨同路五販賣烟土一次，復與路五夥販烟土至十七包之多。自應照興販圖利，不分首從擬以絞候，酌入秋審緩決。唯既經該司員稟稱，查無興販烟土未及賣出成案，而收買烟土，尚未售賣，又有擬軍之例。罪關出入，不厭詳求。臣等於八月初三日覆片，奏請果二立一犯可否比照收買烟土尚未售賣例量減擬軍，抑仍照興販圖利正條擬絞，酌入緩決等因。奉折批：『果二立著仍依例擬絞，酌入緩決。欽此。』欽遵在案。玆奉諭旨飭臣部查明具奏，理合恭摺奏聞，伏祈聖鑒。謹奏。

陝西司 光緒九年

再，邇來外省辦理刑名，積習相沿，皆係聽從劣幕，删改供招，移情就案，冀免駁斥。歷經臣部於議覆御史何桂芳、光禄寺少卿延茂各摺内奏奉諭旨，通飭各省在案。現在查閲陝西相元杰命案卷宗，其支離荒謬，更非情理所可測。原驗屍身，本係俱赤，具詳時則添衣履。所訊兇犯，本係兩人，具題時捏而爲一。以及原告見證起釁各情，到部揭帖，無一屬實。若非欽差尚書認真查出，臣部雖經駁斥，何由知其顛倒錯亂至於此極。是臣部所核之稿，與外省所辦之案迥判兩途。使憑此情形分别秋審實緩，則以元惡而漏網，以無辜而沉冤者，一年不知凡幾。似此日復一是日，行見獄訟煩亂，民命傷殘。怨咨之氣聚而成沴，甚非所以保護國脉感召天和也。相應再行請旨，飭下各省督撫，嗣後題咨命案，務須遵照臣部今年三月二十四日通行，將初次供招全行載入。即使解省後，犯有翻異，亦將所以翻異之處另册報部，以備查核。該臬司如有借簡招之名，删易供詞，致令實情隱滅者，臣部即指名嚴參，以仰副皇太后、皇上慎重庶獄至意。謹附片奏聞請旨。光緒九年十月二十六日奏，奉旨：『依議。欽此。』

已故大臣之子代父鳴冤 奉天司 辯明冤枉

謹奏爲遵旨核議具奏事。同治四年閏五月初十日，奉上諭：『都察院奏，已革馬蘭鎮總兵慶錫等代父鳴冤，懇請昭雪等詞，赴該衙門呈訴。據稱故父耆英於咸豐八年間，派往天津辦理事件，桂良等奏令回京。行至中途，經惠親王等奏參，奉旨嚴訊。又經王大臣會議具奏，酌擬定爲絞候。詎肅順一人單銜具奏，請即正法，傳奉諭旨，賜令自盡。實由肅順一人妄奏所致，請代奏昭雪等語。著刑部核議具奏。欽此。』臣等查咸豐八年五月初五日，惠親王等奏參耆英辦理夷務，擅自回京，請將訊明後，即行正法一摺。奉硃諭：『耆英經朕棄瑕録用，委任辦理夷務，乃畏葸無能，大局未定，不候旨擅自回京。不惟辜負朕恩，亦無顔以對天下，實屬自速其死。著押解來京，交巡防王大臣，會同宗人府、刑部，嚴訊具奏等因。欽此。』旋經訊取耆英大概情形具奏，奉硃批：『著恭親王奕訢、醇郡王奕譞，會同大學士、六部、九卿秉公定擬具奏等因，欽此。』經恭親王等會同詳閲親供，以耆英本係獲咎之員，蒙恩棄瑕録用，宜如何激發天良，力圖報效。雖據供稱，回京係爲面陳機宜，且經桂良等另片奏明，並非藉詞脱卸。第不候諭旨，即行起程，其冒昧糊涂，殊出情理之外。誠如聖諭，實屬自速其死。惟該員究非統兵將帥，且回京係恐撫局決裂，與無故擅離者亦覺有間。編查律例，並無大員奉使擅自回京，作何治罪專條，未便僅照奉制書，故違不行，及官吏擅離職役，避難在逃，並事已奏，不待回報而輒施行各律科罪，致滋輕縱。臣等公同酌議，請將耆英於惠親王等所擬即行正法罪上量予末減，定爲絞監候，入於情實辦理等因，具奏。又據肅順因意見不合，奏請即行正法，奏硃諭：『前據惠親王等奏請將耆英照軍法從事，因命解京嚴訊。嗣訊具供詞，復令恭親王奕訢等秉公定擬。兹據奏稱，耆英不候諭旨，糊涂冒昧，酌擬爲絞監候，朝審時入於情實，所擬尚無不協。惟其聲叙獲咎之由，殊非誅心之論。不得不明白宣示，耆英以負罪之員，復加擢用，原冀其收效桑榆，於事有濟。況該員陛辭時面奏「力任其難，看奴才造化。若何，」似非昧良昏憒者，且於四月二十七日抵津後，即有寄諭，令其不必與桂良等附合，稍涉拘泥，俾其自展謨謀，作爲第二步辦法。朕用耆英不可謂不專，保全之恩不可謂不厚。及桂良等奏請令該員回京，朕料耆英斷無不知之理。尚恐稍掣其肘，寄諭仍留津自酌辦法。耆英苟有天良，能無汗流浹背乎？詎該員拜摺後，即擅自回京，藉稱面陳機要，試問果有面陳，曷不單銜密奏？又云難於形諸筆墨，何以接奉留津之旨，又匆匆具摺？試問摺供之外，尚有何機乎？屢次瑣瀆，不過爲一首領計。況該員供摺内，非書無可採之話。未深悉底藴者，尚覺情輕法重。不知所説辦法，朕與諸臣早經議及。況出諸他人則可，出諸耆英之口則不可。何則？蓋耆英乃局中之人，既有所見，自可施爲。豈有同辦一事，不能補救於事前，徒有成説於事後？若謂該夷所忌，懲辦正墮詭謀，蓋耆英藉兹自白乃心，不徒盡滌前愆，且欲諉過於人，居心尤不可問。自料擅離差次，議止罷斥，正遂其身謀優游於家。久蒙知遇，忍出此耶？且跡其心，匪特此也。同桂良、花沙納商允照會，相對泣於窗下，朝不知夕死，不聞其恪遵前旨，另設良圖。迨去津時，與花沙納云，恐此去人心惶惑。作爲因差暫離津郡，抵通接奉寄諭，又不聞趕緊折回，抽身惟恐不速，等朕旨於弁髦。處處巧詐，有意期罔。即立與駢誅，百喙奚辭？惟惠親王等原參未免過重，即肅順所奏仍擬正法亦未爲是。朕之交議，正因其罪重，欲廷臣衡情酌斷，暴白於衆。若仍予正法，何必解京，又何必定擬？且謂其苟延歲月，倘以病亡獲保首領，比擬更屬不偏。此乃盜案内斷語，難妄加諸耆英。朕數日詳酌，欲貸其一死，實不可得。即照奕〔訢〕等所擬，朝審時必予勾決。尤覺不忍棄之於市。不得已思盡情法兩全之道，著派左宗正仁壽、左宗人綿勳，刑部尚書麟魁，迅即前往宗人府，令耆英看朕硃諭，傳旨令伊自盡，以示朕飭紀加恩之至意。欽此。』欽遵在案。兹據已革馬蘭鎮總兵慶錫等以代父鳴冤，懇請昭雪等詞，赴都察院呈訴。經該衙門奏奉諭旨，著臣部核議具奏。臣等檢查原案，耆英因辦理事務獲咎，先經惠親王奏參即行正法，嗣經恭親王等遵旨定擬，量予末減，定爲絞監候，入於情實。肅順因意見不合，仍請即行正法。查肅順原奏所稱苟延歲月，倘以病亡獲保首領等語，措辭不倫，業經欽奉硃諭斥駮。伏思文宗顯皇帝飭紀加恩，不忍棄之於市，思盡情法兩全之道，賜令耆英自盡。聖訓煌煌，久經垂示。所有慶錫等代父懇請昭雪之處，臣等未敢擅議。再，此案於閏五月初十日交出到部，合並聲明。謹恭摺具奏請旨。同治四年閏五月二十五日，内閣奉上諭：『前因都察院奏，已革馬蘭鎮總兵慶錫等爲伊故父耆英鳴冤，死由肅順激怒妄奏，請代奏昭雪一摺。當經降旨，交刑部核議具奏。兹據該部奏稱，耆英因事獲咎，先經惠親王等奏參正法。嗣經恭親王、醇親王會同大學士、六部、九卿遵旨定擬，量予末減，定爲絞監候，入於情實。肅順因意見不合，仍請即行正法。文宗顯皇帝飭紀加恩，不忍棄之於市，賜令耆英自盡。聖訓煌煌，久經垂示。所有慶錫等代父懇請昭雪之處，臣部未敢擅議等語。此案耆英以獲咎大員，經文宗顯皇帝棄瑕録用，宜如何激發天良，力圖報效。稱乃因桂良奏請令該員回京。耆英不候諭旨，擅自折回，冒昧糊涂，實屬自速其死。我文宗顯皇帝博採衆議，權衡至當，僅予賜死，恩盡情法兩全之道。所有慶錫等呈請代父鳴冤，懇恩昭雪之處，業據刑部查明原案覆奏，著毋庸議。惟肅順因意見不合，輒單銜奏請即行正法。原奏内稱苟延歲月，倘以病亡獲保首領等語，措辭不倫。肅順當時無非欲藉以攬權立威，使朝臣莫敢誰何，以遂其罔上行私之計，業經欽奏硃諭駮斥，肅順亦因另案正法。肅順之子，著不准其出仕，以昭炯戒，欽此。』

皖省應入秋審人犯奏歸舊制

安徽司　同治六年　有司決囚等第

將黃玉柱依例擬絞監候，聲明此等案犯向來秋審應入情實。惟因僅止語言調戲，歷奉恩旨免勾，改入緩決。現在變通章程，緩決人犯，案定即減等擬流。該犯黃玉柱請俟奉旨改緩決後，即行照章定地解配等因，具奏前來。查語言調戲，致本婦羞忿自盡之案，向由各該督撫循例具題，臣部會同法司核擬題覆，並不專摺具奏。嗣於咸豐六年，因安徽省辦理軍務，經該撫奏請將命盗等案變通章程，量爲酌改。凡決不待時，並應入秋審情實各犯，飭令各州縣訊明通詳，一面覆訊議擬，分別就近解道、解府、解州提勘，備招送司核明。如情真罪當，由司詳院覆核批准後，就地正法。其斬絞監候，秋審時雖應入實，例得免勾，並應入緩決、可矜各犯，由各屬通詳議擬，解赴道府州提勘，備招送司核明詳院，即將該犯應減何罪，定地飭知解配，概免解勘。摘叙案由具奏，仍將全案供招咨部查核等因。奏准，歷經遵辦在案。此案黄玉柱圖姦黄梁氏，夤夜前往喚門，用言語調戲，致氏羞忿自縊身死。該犯與黄梁氏同族無服，應同凡論。該撫將黄玉柱依但經調戲，本婦羞忿自盡者，擬絞監候例，擬絞監候，秋審處決。查核情罪尚屬允協，應如所奏辦理，該撫奏請將該犯減等發配，固係按照向章辦理。惟查邇時該省變通章程，係因軍務吃緊，將斬絞各犯應入情實者即行正法，緩決等即行減等發配，係爲清理囹圄，免致被賊劫放起見。原屬一時權宜之計，並非歷久遵循。從前直隸、河南、山東等省，亦因軍務未竣，奏請酌議變通，旋因地方漸就肅清，即行改復舊例。現在該省軍務早經肅清，自應仍歸舊例辦理。臣等前於本年十月間核議該省匯奏摺内，聲明飭令該撫查看各屬地方情形，是否應行改歸舊例之處，專摺奏明，再行分別辦理，迄今未據該撫奏明。伏查各省斬絞人犯，除例應立決者，經臣部題覆後即行正法外，其應入秋審辦理之犯，各該督撫詳核情節輕重，分別實緩，定擬具題。臣部悉心酌核，擬於堂議後，仍會同九卿，詹事等官覆加查核，始行具題。原以人命至重，不容掉以輕心。其有情節介在疑似者，尤須參核例案，詳細酌核，以昭慎重。且同一負罪人犯，在各省均入秋審核辦，而安徽一省則隨案完結，無論彼此輕重，大相懸殊。設遇有供情支離，及引斷未協，應行駁審之案，其已經發配者，無難再事研求。而已經正法者，必至無從更正，殊非慎重人命之道。總之，制貴因時，不必拘泥於成例；而法期無弊，尤當慎重夫刑章。既於軍務吃緊之際，不妨暫爲變通；則當閤境肅清之時，即應仍歸舊制。臣等公同酌議，相應請旨飭下安徽巡撫。嗣後斬絞及軍流等罪人犯，俱按照舊例，分別題奏咨申，俟部核覆後，再行遵照辦理，毋庸總宜先行正法、起解，以歸畫一而昭平允。其有辦結在此次奉旨以前者，仍照向章，匯案具奏。如業諭允，臣部行文該撫，將黄玉柱牢固監禁，歸入秋審辦理。所有該撫奏請將黄玉柱隨案減等發配之處，應毋庸議。再，該撫奏稱黄梁氏守正不污，捐軀明志，實屬節烈可嘉，相應附請旌表，以雅風化等語。再，此案於十二月初五日抄出到部，係刑部主稿，合並聲明。所有臣等會同核議緣，由是否有當，謹恭折具奏請旨。

新疆有罪人犯 陝西司 有司決囚等第

查律載：『謀殺人造意者，斬監候』等語。此案馬牲異因挾陳彰屢次不容伊在鋪傭工之嫌，輒起意致死洩忿。乘陳彰酣睡，用鐵斧將其迭砍致傷身死。自應按律問擬。應如該將軍所奏，馬牲異合依謀殺人造意者，斬律，擬斬監候。事犯招解在光緒十一年正月初四日恩旨以前，係謀殺人擬斬，秋審應入情實，應不准其援減。該將軍奏稱，石萬春，顔炳章，陳保兒等訊無知情同謀情事，應毋庸議，無干省釋等語，均應如所奏辦理。再，該將軍聲稱，應否將馬牲異照變通章程，斬絞監候應入情實者就地正法之處，未便擅擬等語。臣等查問擬斬監候重犯，例應解勘，由各撫親提研訊，分别題奏，入於秋審辦理。前據督辦新疆軍務大臣劉錦棠以新疆軍務初定，奏定變通命盗等案章程，將應擬凌遲斬絞立决，並監候應入情實者，照律擬罪，詳請就地正法，應梟示者仍梟首示衆；擬斬絞監候應入緩决者，斬罪監禁五年，絞罪監禁四年，限滿均杖責一百，保釋，原係一時權宜之計。現在新疆平靖已久，業經改立行省，南、北兩路分設道廳州縣，一切規模俱定。凡命盗等案，問擬斬絞立决，及監候各犯，亦應改復舊制。若仍照變通章程，將應入情實者定案即行正法，已與立决無别。至緩决各犯，監禁數年，限滿即便保釋，亦未免太輕。在軍務甫定之時，事屬創始，不能不酌量變通，究未可視爲故常。且本年恭逢恩旨，秋朝審情實各犯，俱停其勾决，自未便將尋常謀殺問擬斬候，應入下年秋審情實人犯，遽行加重辦理，致涉偏枯。應將該犯馬牲異歸於伊犁同知衙門監禁，入於明年秋審辦理。所有該將軍聲稱應否照變通章程，就地正法之處，應毋庸議。嗣後新疆命盗等案，問擬凌遲斬絞立决及監候各犯，應令該撫等照例定擬罪名，俱專摺奏明請旨。俟奉准部覆後，將應行立决人犯，再行處决；應入情實緩决各犯，歸入秋審辦理。其罪應遣軍流徒各犯，即於南、北兩路互相調發。無得一意專歸簡便，遽照變通章程，僅擬繫桿折枷完結，致與定例不符。且現據該撫等奏請將鎮迪道加按察使銜，全疆刑名統歸該道員總核詳轉，並將距省窵遠一切斬絞及命案内量減軍流人犯，量爲變通，由該管巡道核轉。設案情不確，即由該巡提省問擬，統咨鎮迪道核定。無非爲慎重刑部章起見。則應行斬絞立决監候及遣軍流徒各犯，更未便仍從簡率。相應請旨飭下新疆巡撫，會同伊犁將軍、陝甘總督、烏魯木齊都統，迅將問擬斬絞監候應入秋審及遣軍以下應行發配一切事宜，妥議詳細章程，奏明規復舊制，以仰副朝廷明慎用刑，整飭綱紀之至意。所有臣等核議緣由，謹恭摺具奏請旨。

陝西司 有司决囚等第

惟查新疆一帶奏定命案章程，應入秋審緩决人犯，俱係隨本減流，於南、北兩路互相調發，伊犁似未便辦理兩歧。今達西春之妻因姦致夫被殺，並不知情。雖係旗人在伊犁地方犯事，與民人不同。第核其情節，該犯婦尚無戀姦忘仇情事，秋審應入緩決。應否照章即行減流收贖，抑仍歸入秋審辦理之處，該將軍並未聲叙明晰。相應請旨飭下伊犁將軍，酌量情形，妥擬具奏。至犯婦達西春之妻係何姓氏，亦未叙明，應令一並查明具奏。光緒十四年三月二十七日奏，奉旨：『依議。欽此。』

新疆鬥殺案刃傷要害奇重 有司決囚等第

查律載『鬥殺人者，不問手足、他物、金刃，並絞監候。』等語。此案趙發浬因馬潘舌子索債，口角揪扭，用刀將其戳傷。並因互扭倒地，趙發浬手持刀尖向上，馬潘舌子仰跌勢猛，撲壓趙發浬身上，致刀尖戳傷其項頸，穿破食氣嗓身死，自應按律問擬，應如該撫所奏，趙發浬合依鬥殺人者，不問手足、他物、金刃，並絞律，擬絞監候。核其情節，雖係刃傷要害奇重。惟該犯與死者互扭倒地，該犯手持刀尖向上，死者仰跌勢猛，以致倉猝戳斃，與逞兇覿面直刺要害者不同，秋審應入緩決。應將該犯照該省變通章程，入緩之犯，一體減流，於南、北兩路互相調發，勻撥地畝，責令耕種開屯。該撫奏稱禹月堂云云。光緒十九年正月二十四日奏，奉旨：『依議。欽此。』

山西司 有司決囚等第

謹奏爲查明絞犯犯事年月，仍入秋審辦理，恭摺仰祈聖鑒事。竊臣部核辦光緒十二年秋審内有秋布多絞犯喇嘛丹畢章禪一起，係行竊鞥奇珍銀物，計贜逾貫，在押脱逃被獲，經理藩院會同臣部，將該犯依蒙古例擬絞監候。恭逢光緒十一年正月初四日恩旨，不准援減。覆查該犯原供，同治十年，來至庫倫，四月十一日行竊犯案。如所供行竊日月係同治十年，是事犯在光緒元年正月二十日恩詔以前，照章應減發四省烟瘴地方驛站當差。惟原稿並未叙明。罪名出入攸關，將該犯於秋審本内暫行扣除，附片奏請飭下理藩院飛咨科布多大臣詳查聲復去後。兹據該大臣覆稱，查丹畢章禪原供内稱，同治十年在庫倫地方游食，光緒九年四月十一日行竊鞥奇珍財物案，五月十二日在押脱逃被獲。該駐班公等逞送供招時，漏未注寫光緒九年字樣。現復提犯研訊，實係光緒九年犯事，核與事主報竊失單年月相符。應將漏寫年月，駐班公等分别罰懲等因，咨由理藩院知照到部。臣等查喇嘛丹畢章禪行竊犯案年月，既經科布多大臣查明，委係光緒九年，核與事主報竊年月相符。是該犯事犯在光緒元年正月二十日恩詔以後，自不在查辦之列。應將該犯仍入於本年秋審辦理。漏寫年月駐班公等，應由理藩院照例議處。所有臣等查明辦理緣由，謹恭摺具奏請旨。

朱鎖幅 道光二十五年　廣東七本

歐斃降服緦尊，致伊母自盡，情節不好。惟釁起護母，他物一傷適斃。至伊母自盡，係由牧牛肇釁，慮恐拖累所致，與氣忿輕生者不同，稍有可原。記緩〔核〕。　照緩

此起已見斃命後，致父母愁急自盡，歸入彼門，酌，似可删。

王廣驥 湖四本　同九年

致斃緦兄，鐵器十一傷，一致命，一骨斷，一骨損。情傷均重。雖身先受傷，械係奪獲，傷由抵禦情急所致，重傷均在肢體不致命處所，且均在倒地以前，似難率緩（記候核）。　脱逃

可删

再查光緒十一年正月初四日欽奉恩旨，查辦斬絞以下減等，經大學士會同刑部，擬定准減、不准減條款，並申明歷辦斬絞減等章程，向以招解到督撫衙門定案在先爲斷。當經奏准通行。嗣因各省題報人命案件扣限藉納，並未將何日招解到院之處聲叙明晰。若逐案駁查，往返時日，致各犯不獲早邀寬典。是以隨案題明，令各省督撫詳查，將准減各犯招解到院，在恩旨以前者即行減流。如招解在後，不准減等，入於秋審辦理等因，各在案。現屆辦理明年秋審之期，所有前往行查各案，迄今未擬聲覆。臣部無憑核辦。事關秋讞大典，未便久延。相應請旨飭下各省督撫，迅即查明。前經臣部題准行查各案，除招解在後，不准減等應入秋審犯，詳細聲明。務於本年封印前作速咨覆，以憑核辦等因。光緒十一年十月初九日奏。奉旨：『依議。欽此。』

五城相驗 浙江司　檢驗屍傷不以實

准南城察院移稱，明定相驗章程，通行五城，畫一辦理等因。查例載：『内城正身旗人及香山等處各營房旗人，

遇有命案，令本家稟報該佐領，逞報刑部相驗。街道命案，無論旗民，令步軍校呈報步軍統領衙門，一面咨明刑部，一面飛行五城兵馬司指揮，星往相驗，逞報刑部。其外城地方人命，亦無論旗民，俱令總甲呈報該城指揮，該城指揮即速相驗，呈報該城御史，轉報刑部、都察院。若係旗人，並報該旗』等語。是内城正身旗人及香山等處各營房旗人，遇有命案，由本部相驗。街道命案及外城地方人民，俱令五城指揮相驗。定例分晰甚明，歷經遵照辦理，從無歧誤，自無庸另定章程。嗣後内城正身旗人及各營房旗人命案，遵照定例，由本部司員相驗。其街道及外城地方旗人命案，仍歸五城指揮相驗。相應傳知本部各司，並移會五城察院，轉飭各該指揮，遵照定例辦理可也。

檢驗不實 浙江司 光緒五年

查已死周阿標，先與曹冬狗争吵，經隣人洪觀戴等拉勸互詈，被蕭八細用鐵槌毆傷。迨後彭和長往探周阿標，託其向洪觀戴等索勒養傷錢文不允。彭和長因周阿標有『傷痛難忍，不如尋死』之言，輒私買烟土，和入粉干碗内，與周阿標吞食。當時經同寓之邢金常灌救嘔吐，毒已解去，越日因傷殞命。既據該撫咨稱：訊明彭和長起意將周阿標謀毒，希圖索詐，應照謀殺人傷而不死造意絞律，擬絞監候，業已在押病故。並究出周阿標係被蕭八細用鐵槌毆斃，飭拏無獲等因，咨部。惟查安吉縣仵作曹祥驗報周阿標屍身有毒無傷，長興縣仵作孫貴驗報周阿標屍身有傷無毒，先後相驗不符。第彭和長謀毒周阿標而不死，核與蕭八細將周阿標毆斃，罪名均無甚懸殊。自應將該仵作等照檢驗不實律科罪。該撫並未按律問擬，均照不應重律杖八十，引斷未協，應即更正。仵作曹祥、孫貴均照仵作檢驗不實律，各擬杖八十，餘如所咨辦理。並令飭緝逃犯蕭八細，務獲究辦。相應咨覆該撫，並知照都察院可也。

織造請將朦弊之書吏充軍十年奏駁 浙江司 同治七年 删 斷罪不當徒流遷徙地方

謹奏爲核議具奏事。内閣抄出杭州織造德生奏，整頓織務，將朦弊之書吏孫錦等發黑龍江充軍十年等因一摺。同治七年十月初二日奉旨：『著照所請，該部知道。欽此。』欽遵抄出到部。查原奏内稱『竊奴才於上年查明前任織造福善虧短庫款機張等項。業已查明，福善應行賠補機一百十張，如數賠補，查驗機張數均符合，當即取具書吏甘結，呈稱足能應織。因查工部由四年傳辦誥敕制帛、駕衣綵紬等項，曾經工部屢次迭催，實因藩庫撥款維艱，未能如數辦齊。工部又飛催，無如藩庫撥款，甚難敷用。即遵照部文，設法籌辦，謹擬暫由申餘辦公項下借款無多，而又督飭書吏先行墊款，趕辦綵紬各項活計，例應在賠補神帛等機張内開織。其所賠補機一百十張，全行不能應織，實有機張之名，而無機張之用。當即傳集各書吏，訊飭因何賠補不堪用之機張。據書吏李廷溥、趙復初聲稱，因孫錦、朱乃昌應交賠補機張銀兩未能繳出，該書吏孫錦、朱乃昌顯係有心欺矇。奴才當即嚴飭各書吏，飭行更換成造堅固機一百十張。今已如數更换，賠補齊全，查驗均能應織。且查近年杭州織務廢弛日久，因書吏種種欺矇舞弊，膽大妄爲。若不將書吏嚴加重究，何以革除弊端。相應請旨將書吏孫錦、朱乃昌、李廷溥、趙復初等發往黑龍江充軍十年等因具奏。臣等查，應擬充軍人犯，自附近以至極邊烟瘴，例分五等，俱係定地發配，永遠充軍，並無年限可言，至黑龍江係屬外遣，罪在充軍以上，或係種地當差，或係給官兵爲奴，亦無年限。此案據該織造奏稱，書吏孫錦等賠補機一百十張，查驗不堪應用，飭令另行如數更换賠補。因查訊係由該書吏等應交賠補機張銀兩未能繳出所致，請將該書吏等重究。雖係爲整頓織務，嚴懲姦蠹起見。惟該織造並未將該書吏等賠補機張舞弊，究竟是侵是那，及如何欺矇作弊，訊取確供，亦未援引律例，率將該犯等擬發黑龍江，而又聲明發往充軍十年，種種歧誤，實與定例不符。臣部辦理殊多窒礙，相應請旨飭下浙江巡撫，會同該織造，將該書吏孫錦等欺矇舞弊之處，訊取確切供詞，或應擬軍，或應擬遣，按照律例議罪具奏，以成信讞而重刑章。所有臣等查明辦理緣由，是否有當，恭摺具奏請旨。同治七年十一月二十日奏，本日奉旨：『依議。欽此。』

山西司

前掌印郎中，現奉天司掌印阿克敦主稿，候補主事張聞錦等謹呈爲自行檢舉，呈請更正事。竊職等於光緒十一年五月間承審步軍統領衙門咨送賈黑子復竊一案。訊據賈黑子供稱先於光緒三年九月偷竊烟袋，被獲詳城刺臂。四年十一月，復竊得眼鏡等物，被獲送部刺面。至十一年五月，又竊得過路人靴掖等物，被獲送部等語。經職等按照竊盜三犯，銀不及十兩，錢不及十千例，擬以杖一百、流三千里。辦稿呈堂標畫，將該犯劄交順天府尹，定發陝西鄜州在案。兹復配逃來京，由步軍統領衙門拏獲，送部歸案訊辦。職等詳核原案，該犯雖係竊盜三犯，例應擬流。惟查初竊、復竊均論決在光緒十一年正月初四日恩旨以前，應援照恭逢恩赦，准免並計一次，仍按再犯科斷。職等彼時誤會減等章程，以該犯罪至滿流，應不准援減，亦不得援照恩赦，免其並計。一時疏忽，致漏叙恩旨，未將該犯准免並計一次。兹經查出，不敢迴護。謹據實自行檢舉，呈請將擬更正。伏乞中堂大人核奪施行，謹呈。

親政句到事宜 秋審處　可删

再，向來秋審朝審情實人犯，臣部於九卿議定後，繕寫黄册，按省分遠近與題本分次賫送内閣，恭呈御覽。其有情節稍輕者，如服制官犯等項、及常犯内語言調戲致婦女羞忿自盡，謀故殺案内死近罪人，火器斃命，或係救親情切，或釁起疑賊，或抵格誤碰，一切情稍可原之類，均於黄册出語内聲明。有奉旨仍行勾決者，亦有蒙恩免勾者，均出自聖裁。其可否寬免之處，並不粘籤聲叙。同治二年六月間，恭進咸豐十年、十一年並同治元年秋審黄册。經軍機大臣面奉諭旨：『著議政王、軍機大臣、大學士，會同刑部，逐起詳核，粘籤進呈。欽此。』遵於是年爲始，凡秋審、朝審情實人犯，均經臣部將難以寬免及可以寬免各情節，會同軍機大臣、大學士詳加參核，擬定勘語，於黄册内粘籤聲叙。歷經遵辦在案。去年十月間，軍機大臣、大學士、六部、九卿，會議皇上親政典禮内一條云：每年勾到事宜，擬請照例舉行，由該衙門按時題請奏准，亦在案。現在皇上親總大政，一切均復舊制。所有本年應行勾到情實人犯，自應遵照舊章辦理。可否於黄册内毋庸再行粘籤聲明之處，臣等未敢擅便。謹附片奏明請旨。同治十二年五月十一日奏，本日奉旨：『著毋庸粘籤。欽此。』

秋審處

刑部郭爲片覆事。准内閣典籍廳移會，所有遵旨會議親政事宜，及應復舊制，一切應行酌改章程，即移送本閣，以便彙齊辦稿等因。查刑部應復舊制之處，祇有進呈秋朝審情實人犯黄册，及勾決重囚二層。向來秋朝審情實人犯，刑部於九卿議定後，繕寫黄册，按省分遠近與題本分次賫送内閣，恭呈御覽。其有情節稍輕者，均於黄册出語内聲明。有奉旨仍行勾決者，亦有蒙恩免勾者，均係出自聖裁。其可否寬免之處，並不粘籤聲叙。自同治二年六月間恭進咸豐十年、十一年並同治元年三次秋審黄册，經恭親王軍機大臣面奉諭旨：『著軍機大臣、大學士會同刑部逐起詳核，粘籤進呈。欽此。』欽遵於是年爲始，凡秋朝審情實人犯，均經刑部將難以寬免及可以寬免各情節，會同軍機大臣、大學士詳加參核，擬定勘語，於黃册内逐起粘籤聲叙，歷經遵辦在案。至勾決京外重囚，向由欽天監奏定日期，各道御史奏勾到本，皇帝素服御懋勤殿，大學士、軍機大臣、内閣學士、刑部堂官，及起居注官，祇候召入。滿學士一人，將册内各犯人名按起宣講，皇帝閲看黃册，酌定降旨。漢大學士一人，秉筆勾漢字本。勾訖，進御覆閲，捧本以出。内閣照漢字本勾清字本，繕籤進呈，由各該御史賫送刑部，行文各省遵辦。同治二年間，大學士等以皇上尚在衝齡，奏請變通勾到章程，酌議皇太后、皇上先期於黃册内將免勾、應勾之犯用硃筆核定，届期發交軍機處，由軍機王大臣面交大學士公同核對，按册照勾等因。奏准遵行，亦在案。今欽奉懿旨，會議應行事宜，擬請皇上明年親政後，所有勾到事宜，自應仍復舊制。黃册内亦無庸粘籤聲明某犯可以寬免，某犯難以寬免字樣。其有情稍可原，向俱蒙恩寬免者，祇於出語内照常聲叙，以冀恩出自上。謹開列本部應復舊制事宜，仍候公同商酌，請旨遵行。相應開列本部應復舊制事宜，片覆内閣查照辦理可也。

御史條奏刑部當月官收禁現審人犯與提牢官會辦窒礙難行

山東司　咸豐元年　刑部事宜

謹奏爲遵旨察核具奏事。咸豐元年十月十六日，奉上諭：『御史宗稷辰奏，刑部當月官收禁現審人犯，請與提牢官會商酌辦等語。有無窒礙之處，著刑部察核具奏。欽此。』遵查該御史原奏内稱：刑部當月人員，遇有步軍統領衙門與五城送部案犯及干連人等，憑該司員定其當收與否，分別收監差帶，以待次日分司歸入現審。近聞刑部十七司多至一百餘員，輪轉當月。其中恐有初任少年，不知輕重，遇有送部之人，全行收禁。濫收一夜，平民之受累已多。議將當月收人之例，改爲與提牢官會同察收等語。伏查臣部當月司員係十八司輪流充當，每日滿、漢二員，收受公文及送到現審人犯，分別取保收禁，俟次日呈堂分簽。遇有各旗呈報命案，亦於次日前往相驗。舊制相沿已久，從無貽誤。至提牢廳滿、漢二員，專司稽查南、北兩監，管理司獄禁卒一切事務，例應常川在提牢廳辦事住宿。職事向有專司，未便責令兼顧。且查當月司係在臣部大門之内，提牢廳則在北監柵欄門内。監獄重地，關防綦嚴。向來各司司員，不准無故到提牢廳行走，提牢官亦應常在該廳，不得擅離。今若改令彼此會同收犯，倘使提牢官出而與月官會商，則徒爲越俎代庖之舉，轉多顧此失彼之虞。若令當月官帶同人犯前往提牢廳會商，則當月司既無人稽察，而監獄重地，擁擠多人，尤恐別滋流弊。況查當月官尚有相驗之責，較之收犯，所繫尤重，勢不能令提牢官舍監獄而會同相驗也明矣。國家設官分職，各有攸司，不能責以兼顧。該御史所奏，似屬窒礙難行，應毋庸議。惟現在臣部十八司司員人數較多，不免有初任生手，自應酌爲遴派，輪流當月，以昭慎重。應由臣部自行酌量辦理。至該御史奏稱當月官濫收人犯，萬一倉卒，致有事端，故禁之愆，甚於誤禁。律載『故禁平人，提牢官知而不舉，與之同罪』等語。臣等查刑律內，囚應禁而不禁，與故禁故勘平人分列二條。囚應禁而不禁一條，係指犯罪到官之囚而言。故禁故勘平人一條則指平空無事之人，亦無名字在官，而官吏挾仇故禁者而言。律言本自判然，援引不容牽混。今臣部當月官所收人犯，均係犯案到官之人，與並無名字之平人不同。倘有收禁輕重失宜之處，應照囚應禁而不禁及不應禁而禁律辦理。該御史指爲故禁平人，並稱責令提牢舉發之處，係屬誤會律意，亦毋庸議。所有臣等察核緣由，理合恭摺具奏請旨。

御史朱潮請除刑部積弊及上控案件不得交原審官各摺片覆奏 山西司 同治元年 刑部事宜

刑部謹奏爲遵旨議奏事。內閣抄出，咸豐十一年十二月二十四日奉上諭：『御史朱潮奏，請除刑部積弊，嚴禁牽累無辜，及上控案件不得仍交原審官各摺片，均著刑部議奏。欽此。』臣等遵查該御史原奏內稱：刑部總管獄囚者名曰牢頭，幫同看守者名曰所頭。牢頭半係重辟罪犯充當，是役稱爲掌櫃，摻縱在手；或索詐不遂，或受人賄託，輒置人於死。其斃犯之法，用紙糊面，以水噴之，氣悶而絕，捏報病故，全無傷痕，無憑相驗，其殘忍如此。所頭相助爲虐，占公地爲私缺，父兄子弟盤踞其中。每一犯至，勒索重賄，晝則形同炮烙，夜則雜處廁溷。聞近日有一犯到司審訊，泣求賜凉水一盃，云已五日不得勺飲。至於官犯，講費動輒數千金。既得賂，雖娼妓優伶，亦可改裝私入禁地，以供官犯之歡娛。種種不法，莫可殫述。如遇提牢廳認真查辦，則三五日內，必私放重犯逃走。官得革職處分而去，牢頭、所頭雖同責革，而私缺自在，其親屬充當，依然無恙也。以致提牢等官，自保功名，畏之如虎，不敢訓飭。每晚虛應故事，按册點名，絕不知所點爲何人。官爲役制，至於如斯。黑海幽關，沉冤誰訴？如此重大情弊，刑部堂、司無不全知，俱以法難禁止，無可如何。聖世祥刑，豈宜有此？求所以祛其積弊者，竊擬兩條：一則不用兇惡之徒，除造飯打更仍需禁卒外，牢頭、所頭概行斥逐，私缺名目永遠禁革。查刑部十八司，每日派兩司謹慎隸卒，分給南、北，管束罪犯，輪流值日。一經交代，不許擅入，俱由提牢、司獄督責稽查。日日更換則權輕，權輕則不致久踞爲姦，此以絕其把持也。一則獄中失事，除謀害斃命者照例抵罪外，其有脱逃等情，將是日管事隸卒嚴刑熬訊。

果係作弊私放，即以逃犯之罪罪之，遇赦不赦。各司照簽差不慎之例，亦予參處，以絶其傾害也。應請旨飭部妥議章程，毋涉迴獲，剔除夙弊，以慎重人命等因。臣等查例載：『斬絞人犯在監年久，自號牢頭，串通禁卒，挾制同囚，嚇詐財物，恣意凌虐，審實依原犯罪名，擬以立決。』又，『獄卒有受罪人仇家賄屬，謀死本犯者，依謀殺人首從律治罪。』又，『犯人出監之日，提牢官、司獄細加查問，如有禁卒凌虐需索者，計贜治罪。』又，『監犯患病，醫生呈報救治，提牢官回堂移會查監御史，即日赴部查驗。如有監斃人犯，均移會查監御史，率領指揮一員，限一日内赴部相驗。倘有凌虐罪囚情事，嚴參究辦。』又，『牢獄繫囚，鎖扭常須洗滌，蓆薦常須鋪置。冬設暖床，夏備凉漿，病給醫藥，獄官預備，申明關給，毋致缺誤。』又，『刑部在監現審人犯，除未結各案，及監禁待質各犯，均不准親屬探視外，其已結各案，許令犯人父母、兄弟、妻子一月兩次入視，提牢各官定立號簿，逐一登記查察。如有捏稱犯屬，入監教供舞弊，嚴拏究辦。』又，律載：『受財故縱，與囚同罪，贜重者計贜以枉法從重論。』又，『獄囚應鎖扭而不用鎖扭者，司獄、提牢官受財而故爲操縱輕重，並計贜以枉法從重論。』又，『獄卒凌虐罪囚，司獄、提牢官知而不舉者，與同罪。』又，洗冤録載：『外物壓塞口鼻，出氣不得，以致身死者，眼開睛突，口、鼻内流出清血水，滿面血癮赤黑色；糞門突出，便溺污衣。或衣服濕紙搭口鼻死，則腹乾脹』各等語。查臣部南、北兩監，額設司獄官督率禁卒，晝夜防守。滿、漢提牢督理稽查，凡凌虐罪囚，例有明禁。臣部歷來查禁綦嚴，監獄之内，夏施冰水，冬設蘿蔔姜湯。臣等並於例給冬衣、囚衣之外，每年率同司員捐廉，添置棉衣、藥餌等項，預備散放。所稱五日不得勺飲之處，未免傳聞之過。已經結案人犯，例准親人入監看視。提牢官隨時查察，如有娼優改裝擅入，豈能掩入耳目？監斃人犯，向由查監御史，帶同指揮，親至監所相驗。相驗之法，洗冤録所載極詳，並無濕紙糊面，無憑相驗之説。臣部南、北兩監陸續收禁人犯衆多，防範稍疏，即慮滋生事端。該禁卒等因恐照顧不及，是以令秋後人犯幫同看守現審監犯，原爲例所不禁。至各司司員均有承辦事件，額設皂隸，每司不過數名。若派往看守監犯，無論皂隸人數未能敷用，且此輩小人唯利是圖，作姦犯科，無弊不作，又安知其以彼易此，必不舞弊？輪流值日，尤屬窒礙難行。監犯脱逃，獄卒受財故縱，按例與囚同罪。其贜重者，以枉法從重論，枉法贜八十兩，即應實絞。舊例本不爲輕，毋可再議加重。總之，定例層層周密，立法處處精詳，所慮奉行不力，日久弊生。嗣後似應責成提牢、司獄各官，遵照舊例，實力稽查，如有前項情弊，立即據實回堂，嚴拏究辦。如提牢官等知而不舉，照律與同罪。受財者，計贜以枉法從重論。或失於查察，別經發覺，嚴行參處。總期有犯必懲，以安囹圄而肅法紀。該御史所請另議章程之處，應毋庸議。又原奏内稱聞外省臬司提審案件，株連極衆。發交首縣看管，每處瘐死不下數百人。保定刑名尤繁，且至七八百人。大吏不知，本官不問。案内之正犯，或事雪而生還；在押之平民，多銜哀而畢命。此等或屍親領回，或瘞埋異地，無傷可驗，無冤可鳴，絶少告發，不干參處，遂相與習而忘之。伏思國家每歲大辟不過數百起，而無辜拖斃，合各省計之，奚啻萬數？人命至重，殊可矜憫，此其弊一。在臬司審斷不速，積壓過多，一在州縣解犯不齊，動淹歲月；一在人無責成，事無考核。請旨飭各省臬司清釐案件，隨到隨結。凡解省人犯，無故稽遲，逾限一月不齊者，立予參核。此等人證到省，責令該管官造具清册，開除實在，新舊必登。衣糧醫藥，嚴禁吏役尅扣。如有拖斃，立詳院司，年終督撫核計多寡，以定功過等因。臣等查例載：『各省州縣將每月自理事件作何審斷完結，按月造册，申送該府、道、司、撫、督查考。其有隱漏裝飾，按其輕重，記過題參。』又，『州縣自行審理事件，責成該管巡道，巡歷所至，即提號簿逐一稽核。如有未完，勒限催審。一面移司報院，仍令該州縣造册報銷。如有遲延，即行揭參。』又，『巡道查核州縣詞訟號簿，如有告到未完之案，號簿未經造入，即係州縣任意遷延，先提書吏責處，並將州縣揭報嚴參。』又，『直隸各省審理案件，尋常命案限六個月；盜劫及情重命案，欽部事件，並一切雜案，俱定限四個月。其限六個月者，州縣三個月解府州，府州一個月解司，司一個月解督撫，督撫一個月咨題。限四個月者，州縣兩個月解府州，府州二十日解司，司二十日解督撫，督撫二十日咨題。如案内正犯及要證未獲，情事未得確實者，題明展限。按察司自理事件，限一個月完結。府州縣自理事件，俱限二十日審結。如有遲延，該督撫察參。』又，『各直省府廳州縣，凡有監獄之責者，除照向例設立循環簿，填注每日出入監犯姓名，申送上司查閲外，並令將監禁人犯，無論新收、舊管，逐名開載，填注犯案事由，監禁年月，及現在作何審斷之處，造具清册，按月申送該管守巡道，認真查核。如有濫禁淹禁情弊，即將有獄官隨時參處，並令該道每季將府廳州縣所報監犯清册，彙送督撫臬司查核』各等語。是各省州縣自理事件，例應按月册報該管上司查考。其有未完詞訟，則應責成該管巡道隨時稽核，分別勒限催審。倘有遲延淹禁等弊，揭參。立法極爲周密，全在各該上司嚴飭屬吏實力奉行，自不致有宕延之弊。若如該御史所奏，外省案件積壓過多，拖斃株連極衆，殊非省刑恤民之道。相應申明舊例，請旨飭下各直省督撫，嚴飭所屬，遵照定例，隨時稽核，以清獄訟而重民命。又，原奏内稱：聞各省上控案件，大吏多發交原官覆審。本官逞忿怒之私，逼認誣告。銜役供爪牙之用，一味刑求。其肯自認前非，伸冤理枉者，絕無有也。夫覆加凌虐，民命之摧折堪虞，即果係刁誣健訟之心思不服，訐告日繁，未必不由於此。請旨諭各省督撫，嚴飭臬司、道府，遇有上控之案，無論大小事件，斷不准仍發原審官，著爲定例等因。臣等查例載：『各省上控之件，如在督撫處具控，即發交司道審辦；或距省較遠，即發交該管守巡道審辦，如在司道處具控，即分别發交本屬知府，或鄰近府州縣審辦。如在府州處縣控，即由該府州親提審辦。概不准復交原審官，並會同原問官辦理。其有委審之後，復經上控者，即令各上司親提研鞫，不得復行委審。倘有應親提而委審，或應親提委審，而發交原問衙門者，即令該督撫指名嚴參。其所委之員，若有瞻徇聽囑等弊，亦即嚴參治罪』等語。是上控案件，分别親提委審，不准發交原問官覆審，例内已有明文，立法極爲周詳。該御史請著爲定例之處，亦毋庸議。所有臣等核議緣由，理合恭摺具奏請旨。

議覆御史條奏删例文禁陋習二條 山西司 同治二年 刑部事宜

刑部謹奏爲遵旨議奏事。内閣抄出山西道監察御史聯斌奏敬陳管見一摺。同治二年六月二十八日奉上諭：『御史聯斌奏，敬陳删例文、革陋習、禁流弊、整步營管見四條等語。著該衙門議奏。欽此。』除革陋習、整步營各條應由吏部等衙門核議具奏外，臣等謹將該御史所奏各條悉心核議，恭呈御覽。

一、原奏内稱六部之例文宜删也。夫官事必期有當，與其紛而滋擾，曷若簡而易明。竊見部中遇有應辦事件，堂官必交本司之掌印主稿。而掌印主稿官事甚明者，亦不過知例之一二，勢不得不假以書吏之手。而例中從重從輕，往往有涉於兩歧者，此皆書吏營私之地，而掌印主稿不知也。其餘司員等不過供奔走耳，至官事則無從置喙。第思今日之司官，或即爲異日之掌印主稿。例文浩繁，固難責以偏曉，誠使歸於簡易，尤覺易於考查。凡有無關輕重，與夫事之兩歧者，務期删除，全歸一是。即令各司員、筆貼式等勤加學習，堂官仍不時考察。其有留心官事，例案明晰者，分别存記。至於官事日久茫然，不妨薄懲。久之，則書吏無從弄權，而部務更有起色等語。臣部審辦現審以及核覆各省題奏咨行案件，均由臣等遴選在部年久、熟悉刑名之員，派充掌印主稿，分股辦事。一切稿件，均由該司員等手定，在書吏不過供奔走任書寫而已。遇有情罪未協，及例所不能賅載之案，均由該司員，繕具説帖，呈堂批交律例館司員查案比核，悉心酌擬，呈堂公同閲定。再，臣部爲刑名總匯之區，辦理案件，全憑律例。凡遠年成案及並未奏准通行各案，概不准引用，原以杜混淆而免歧異。現在臣部奏明開館纂修條例，其從前舊例，有與新章未符者，均應重加刪改。俟修輯成書，引斷自無虞牽混。臣等仍當督飭司員，認真講求例案，悉心詳核，總期持平允協，毋任吏胥從中舞弊，高下其手，以期仰副聖主明慎用刑之至意。

一、原奏内稱刑部之流弊宜禁也。夫狴犴重地，理宜嚴密慎重。禁卒、牢頭雜色人等，每遇人犯，必揣其肥瘠，多方勒索。錢少者則任意刁難，錢多者雖要犯亦可寬其刑具。賣法養姦，莫此爲甚。果能嚴密不時訪查，遇有此等事，不妨重懲之以示儆，則胥吏自可稍戢等語。臣等查禁卒勒索刁難，及受賄鬆刑，定例綦嚴。前據御史胡慶源條奏請嚴定禁卒罪名，並於周六反獄案内欽奉諭旨，著臣部加等治罪。經臣部議請，嗣後刑部監獄滋事，該禁卒等仍照定律，分别有無受財故縱治罪。除死罪無可再加外，其餘罪名，於應得本罪上酌加一等治罪。流罪以上，仍先於刑部門口枷號兩個月；徒罪以下，枷號一個月。如訊有挾嫌設法陷害本官情事，即照惡棍設法詐官，實在光棍擬斬例，分别首從，從嚴懲辦等因。奏准遵行在案。是禁卒人等有犯，骫法營私，業經奏明，於本例應得罪名上從嚴加等科罪，自無虞輕縱。兹據該御史奏請嚴禁流弊，重懲示警等語。嗣後臣等仍督飭提牢等官，實力稽查，有犯必懲。總期令行禁止，弊絶風清，以仰副朝廷矜恤庶獄之至意。

以上二條，臣等公同酌議，是否有當，伏乞皇太后、皇上聖鑒。再，此案於七月初九日抄出到部，片行吏部，聽候會議。旋經吏部於八月十五日片覆自行具奏，是以稍遲，合並聲明。謹恭摺具奏請旨。

山東司　刑部事宜

謹奏爲查明南北、兩監尚無需索凌虐情弊，仍遵旨嚴禁，恭摺奏祈聖鑒事。光緒十三年五月初十日，軍機處交出本日軍機大臣面奉諭旨：『御史慶祥片奏，請禁獄卒索賄凌虐罪囚，著該部堂官，督飭司員，嚴行查禁。欽此。』臣等遵查該御史片奏内稱：獄卒索賄凌虐罪囚，例禁綦嚴。前步軍統領順天府各衙門有設立班館諸弊，均經禁革在案。惟刑部編牀一弊，歷久未除。所謂編牀者，即榧牀之類也。如一牀只容五人，必使之容數十人，愈增愈緊，手足不能轉移，形同木偶。柔懦者重資賄免，强項者即出而首告。而無人爲之證佐，亦遂俯首無詞。是人一收禁，身既罹於法，家復歸於敗也。查提牢等官，有獄卒每晚呈遞牀單一事，果能矜恤罪囚，嚴密稽察，何難禁革其弊端。而玩泄性成，甘爲吏役所欺而不覺。請飭刑部堂官、轉飭提牢等官，振刷精神，於獄卒呈遞牀單之時，親赴獄中查驗，某牀人犯若干名，分晰不置，不准攙越。並於犯人提審之時，細加查詢，苟有需索凌虐情弊，准其面禀，無論有無證佐，見其手足拘攣者，即將該禁卒從重治罪，贓重者計贓科罪。倘復仍前聾聵，别經發覺，並將該管官照縱容例嚴行議處等語。查臣部南、北兩監，每監各分四屋，俱五楹，本屬寬敞。北監另置女監，自爲一屋。每屋各設牀四張，以宿應收人犯。各牀鋪板長一丈四尺至二文一尺不等，寬皆六尺。從前咸豐、同治年間，在監人數多至四五百名，或不免有擁擠之患。近年現審案件，經臣等迭次督催，迅速審結，干連人犯不准多收，現在南、北兩監秋後並待質及現審人犯，不過二百數十名上下。每屋只收二三十名，每牀祇容五六人或七八人不等，睡宿尚屬寬舒。提牢司員均遵照向章，嚴飭禁役人等，每夜將囚犯分配匀稱，按牀睡宿，不准任意多寡。並於收封之前，飭令開呈牀單。該司員仍於夜深時，乘其不備，親自起封抽查。如有與原單不符者，即將當值禁役從重懲辦。並於每日兩次放飯及犯人出監之時，細加查問該囚犯等，果有屈抑，即可向提牢官當面申訴。且南、北兩監設有司獄八員，每夜在監内輪流值宿，與各監囚犯密邇聲息，尤爲相通。如禁卒人等有凌虐需索等弊，不難立時舉發。照例治罪辦理，已極周密。臣等復隨時嚴飭該司員等認真稽查，不得稍涉鬆懈。該御史所稱需索凌虐以及編牀名目，近年尚無此等弊端，該司員等亦皆知勤慎當差，並不至蹈玩泄之習。惟是禁卒人等因緣爲姦，乃其慣技，偶疏防範，營私骫法，弊即叢生。應由臣等諄飭提牢、司獄各員，振刷精神，遵照向章，嚴密查察。如實有獄卒索賄凌虐罪囚等弊，即行按例從嚴懲辦。倘該管官失於稽察，或别經發覺，或由臣等查出，即行照例參處，以副朝廷矜慎庶獄至意。所有臣等遵旨查禁緣由，謹恭摺具奏。光緒十三年六月初十日奏，奉旨：『依議。欽此。』

京師巡防章程 山東司 咸豐三年

刑部謹奏爲查照巡防章程，參稽臣部律例，分晰酌核，請旨遵行事。准辦理巡防事宜王大臣，將奏擬稽查章程條款知照到部。臣等竊思京畿爲根本重地。立法固貴因時，而臣部係總匯刑名，斷罪尤期允當。查該王大臣等所奏各款，一切鋤姦禁暴，固已因時制宜，斟酌盡善。唯其中所擬罪名，尚有首從未分，似重反輕者。必須酌量分晰，庶與現行律例並行不悖。臣等悉心商酌，除嚴查姦細各條，均應遵照該王大臣等所奏辦理外，其私造火器火藥，編造謡言，並窩娼聚賭，及運米出城各罪名，仍應參稽律例，分晰酌核。謹繕具清單，恭呈御覽。

一、原奏内稱私造火器十件以上、火藥百斤以上，即照私鑄銅錢例擬斬。如火器不及十件、火藥不及百斤，即發近邊充軍。』等語。臣等查例載：『私鑄礮位、抬槍者，罪應斬決。其私造鳥鎗者，罪止杖一百、流三千里。至造成火藥，賣與鹽徒，不分斤數多寡，發近邊充軍。唯巡防喫緊之時，火器、火藥爲軍中需用之物，除礮位、抬槍罪至斬決，無可復加外，其餘火器雖不及十件，火藥雖不及百斤，如受匪徒重資，私自代爲制造，亦應照該王大臣等所擬，將爲首之犯照私鑄銅錢例，擬以斬候。如無前項重情，造賣火藥，爲首之犯，不及百斤者，發近邊充軍；百斤以上、加三等，發極邊烟瘴充軍。造賣火器之首犯，罪至滿流者，亦加三等發邊遠充軍，以示懲儆。』

一、原奏内稱：議論是非，妄造謠言，以及編造歌詞，假捏圖讖等項者，嚴拏插箭游示，仍發近邊充軍等語。臣等查例載：『妄布邪言，煽惑人心者，爲首斬決，爲從斬候。若造讖緯妖書妖言，惑不及衆者，改發回城爲奴。』是妄布邪言及捏造讖緯之犯，例内已有擬斬爲奴罪名。况當此巡防喫緊之時，此等匪徒，尤宜重懲。嗣後如有妄布邪言，捏造讖緯，一經拏獲，即訊明有無惑衆。按例分別擬以駢首、爲奴。若僅擬充軍，尚覺輕縱。其止係議論是非，編造歌詞，尚無悖逆語句，未經煽惑人心者，即按各本例，從重照臣部奏定章程，加三等問擬。仍照該王大臣等所奏，插箭游示，以昭炯戒。

一、原奏内稱：窩娼窩賭，最易藏姦，一經發覺，將犯姦犯賭之人，加重遣戍等語。臣等查例載：『窩娼窩賭之犯，應按其初犯、再犯，分別問擬徒流。其宿娼同賭之人，罪止枷杖。』唯娼賭之家，聚集無賴，姦宄最易潛踪。自應從嚴懲辦。嗣後窩娼窩賭之家，拏獲宿娼同賭之人，如查係姦細，應即予以駢首。並將知情窩留之犯，悉與本犯同科。如無前項重情，除偶然聚賭，及偶然存留賣姦，仍各照本例酌量加重問擬外。其窩賭窩娼月日經久之犯，即應照該王大臣等所擬，加重遣戍。至宿娼同賭之犯，仍各按本例，酌量加重問擬，以示區别。

一、原奏内稱：姦商販米石出城，一經拏獲，枷號兩個月。數至十石者，從重發遣等語。臣等查例載：『私運粗米出城，一石以上，杖一百，枷號一個月；十石以上，杖一百，枷號兩個月。以次遞加，至千石以上，始發極邊充軍。』惟京城爲賈商輳集之地，米石乃兵民食用所關，豈容姦商販運，囤積居奇。應照該王大臣等所奏，但經販運，數在十石以下者，枷號兩個月；十石以上，即從重發遣。至於鄉村窮民，僅將細米買回食用，數在一石以下者，免其科罪。一石以上者，仍各按本例擬罪，臨時酌量加重辦理。以上各條，臣等參稽律例，酌核罪名，於從嚴懲辦之中，仍寓慎重刑章之道，亦與該王大臣等奏准章程並行不悖。俟巡防事竣時，再行酌復舊例辦理。是否有當，伏祈訓示遵行。謹奏請旨。

廣東司　光緒二年

謹奏爲遵旨議奏事。光緒二年十月初一日，内閣奉上諭：『御史鄧慶麟奏請申明律例，以重刑獄一摺，著刑部議奏。欽此。』臣等謹就該御史陳奏各條，悉心核議。查原奏内稱：各省官弁因案獲罪，應發軍臺及黑龍江等處，例應於定案後，接到部覆，即應按限起解。近來各省已結之案，其官弁中擬定發遣者，往往遲格不行，任意逗留，竟至數年延不起解。並有犯罪後，復在他處別滋事端，殊屬有違定例。應請飭下刑部，查明凡擬定發遣官弁未起解者，行令該省，嚴飭依限起解，毋得任意遲延，以符定例等語。臣等查例載：『外省發遣官犯，及發往軍臺效力贖罪廢員，於文到之日，均限一個月即行起解，勿得任其逗遛。各該督撫將各犯起解月日，專咨報部，如有遲逾，即行指參。倘實因患病逾限，不能起解者，地方官驗看屬實，加具並無揑飾印、甘各結，詳明督撫，起限亦不得過兩個月。該督撫亦即，咨部查核，如有假揑及逾限不行起解者，別經發覺，將該州縣及失察之各上司，分別交部議處。』等語。是官弁犯該發遣及應發軍臺效力贖罪者，一經奉到部文，均應依限起解，不得任其逗遛。如有遲逾，即行指參。即實因患病，亦須地方官驗明取結，申詳都撫咨部查核，定例已極嚴明。若如該御史所奏，近來各省官弁中擬定發遣已結之案，往往遲格不行，任意逗遛，竟至數年延不起解，並有犯罪後，復往他處別滋事端，顯違定例。自應申明定章，請旨飭下各省督撫，查明發遣官弁已奉部覆尚未起解者，催令依限起解，仍專案報部查核。如有遲逾及無故任意逗遛等情，即行指參。庶足以儆效尤，而刑章益昭嚴肅矣。又，原奏内稱：近年各省上控之案甚多，其刁健慣訟，砌詞呈控，希圖翻案者固屬不少，而其中實有冤抑者亦難保必無。外省於京控之案，往往仍派原審之員會同覆審，其在本省控告者，竟或仍發回本州縣覆審。設其中果有冤抑，於始既審擬未當，至覆審時又安能盡得其情？抑豈肯自翻其案？勢必多方回獲，仍照原審擬結。近如四川東鄉、浙江命案，其所以難成信讞者，未嘗不由此弊。況上控之案，如所控全虛，例有坐誣之罪。乃外省於發審奏結，又往往以懷疑有因等語，爲原告開脱。此所以控案日多，而真有含冤莫伸轉難辦也。應請飭下刑部，通行各省，凡上控之案，於覆審時，不准仍派原審之員。如果所控不實，照例治以應得之罪等語。臣等查例載：『各省督撫奉旨發交審辦，以及民人控告官員各案，俱令親行確審，不得僅委屬員承審。其餘上控之件，原問各官，有抑勒畫供並書役詐贓舞弊情事，即發交司道審辦，概不准復交原問官，並會同原部官辦理。倘有應親提而委審，或應親提委審而發交原問官衙門者，嚴參交部照例議處』等語。定例本極周密，各省督撫如果認真辦理，獄訟自然止息，何止赴京控訴之案層見迭出。其中逞刁健訟者固不乏人，而實在負屈含冤者亦所不免。總由該地方官於詞訟要件，漫不經心，任意積壓，姦胥蠹役因之從中作弊，刁難勒索，無所不至。一經上控，仍復發交原問州縣審辦，該州縣自顧考成，每多迴護，不爲伸理。小民冤抑莫伸，不得不來京呼籲。迨發回本省後，承審之員，率多意存消弭。於原告所控各情審者十不得一，而又不能遽坐以誣告之罪。往往曲爲調停，非以爲事出有因，即以爲懷疑誤控，僅擬杖責，遷就完案，以致獄訟滋多，實由於此。該御史所奏係爲慎重刑獄起見，相應請旨飭下各省督撫、將軍、都統、府尹，於民人上控之案，核其情節之輕重，分別親提發審，認真懲辦。倘有違例仍發原問官辦理情事，即行嚴參，照例議處。其京控交審案件，無論奏咨，均應親提審辦。實則立予昭雪，虛亦按例坐誣，無得含混了結，致涉遷就。庶冤抑不至莫伸，而刁風亦可稍息矣。又，原奏内稱：軍營官弁人等，如有犯罪，察其祖孫、父子有陣亡者，在内由刑部，在外由督撫，於取供定案後，查明確實事迹，叙入秋審本内，恭候欽定等語。是朝廷立法於罰罪之中，仍寓宥功之意。如本年外省奏結者，陝西之游擊黄啓祥、兩江之總兵詹啓綸，不止一案，是近來軍營武弁因案獲罪者尤多。其有犯死罪者，查其祖孫、父子有陣亡者，亦應照例查辦。應請飭下刑部，查明凡係例准聲叙者，覆加詳核，察其有無確實事蹟，悉照定例辦理等語。臣等查例載：『滿洲、蒙古、漢軍、緑營官員軍民人等，有犯死罪，除十惡，侵盗錢糧、枉法不枉法贓、强盗、放火發塚、詐僞、故出入人罪、謀故殺各項重罪外，其尋常鬥毆，及非常赦所不原各項死罪。察有父祖、子孫陣亡者，在内由刑部，在外由該督撫，於取供定罪後，即移咨八旗、兵部，查取確實簡明事蹟，聲叙入本，於秋審時恭候欽定』等語。是官弁人等犯死罪，如查有父祖、子孫陣亡者，查取確實事蹟，例准聲叙入本，於秋審時恭候欽定。向蒙恩施，原係朝廷宥功之意。該御史所奏係屬申明定例，相應請旨，飭下各省督撫，查明官弁人等犯死罪，如有父祖、子孫陣亡，例准聲叙者，詳查有無確實事迹，隨本聲叙，以符定例。又原奏内稱：秋審常犯緩實擬議未當，宜嚴定處分定例。各省應入秋審常犯，由各省分別擬定緩決情實，將招册送部後，經法司詳加核勘。其原擬情實，由部改入緩決，或原擬緩決，由部改入情實者，則每屆有之。聞本年即有數起。夫緩實所分，即人命生死所係，其承辦錯誤之員，若照常例查參，殊不足以昭鄭重。應如何嚴定處分之處，應請飭下刑部，妥爲核議，以昭慎重等語。臣等查各省辦理秋審定例，督撫將重犯審擬情實、緩決可矜具題，臣部會同九卿、詹事等官詳核，請旨定奪。至各省承辦實緩錯誤，失出失入，係歸處分則例。當經臣等行查吏部，應否仍照定章辦理。旋准覆稱：業於咸豐九年，惠親王等會同吏部酌加處分，奏准遵行，抄録會議定章，片覆前來。查定章内開：『各省秋審人犯，原擬緩決，經刑部改入情實，或奉旨派員核議更改，及由覆勘朝審之員奏駁更正者，其應議處分，就各該省秋審案數合並計算。以五十起至二百五十起爲限。五十起内失出一案至五案，均降一級調用；至十案，均降二級調用，以次遞加。一百起内失出二案至五案，均降一級調用；至十案，均降二級調用，以次遞加。一案免議。一百五十起内，失出三案至五案，均降一級調用；至十案，均降二級調用，以次遞加。二案以下免議。二百起内，失出四案至五案，均降一級調用；至十案，均降二級調用，以次遞加。三案以下免議。二百五十起失出五案，均降一級調用；至十案，均降二級調用，以次遞加。四案以下免議。至二百五十起以外，即毋庸分别起數，統按五案降一級調用，十案降二級調用之例核辦。以上處分，係失出加級紀録，准其抵銷。其無抵銷，應降一級調用，改爲降一級留任，六年無過，方准開復。應降二級調用以外者，即行實降，仍照例聲明請旨。』又，『各省秋審人犯，原擬情實，經刑部改爲緩決，或奉特旨派員核議更正，及由覆勘朝審之員奏駁更正者，除一案二案仍照舊例辦理外。至三案應降三級調用者，即議以降四級調用。四案，即議以降五級調用，均不准抵銷。五案以上，議以革任，仍照例聲明請旨』等語。是各省辦理秋審實緩錯誤，失出失入之案，即准吏部咨稱，業經王大臣會同酌議章程，視起數之多寡，定處分之重輕，奏准遵行在案。定章已極嚴明，辦理無虞輕縱。自應仍遵會議定章辦理，毋庸另議。該御史請嚴定處分之處，應毋庸議。所有臣等遵議緣由，是否有當，謹恭摺具奏請旨。

駁稿彙存

長隨詐贓擬絞查辦留養陝西司

甯夏將軍咨絞犯胡玉幅查辦留養一案。

查定例『蠹役詐贓十兩以上，罪應近邊充軍者，不準聲請留養』。至長隨嚇詐得財，既照蠹役詐贓例治罪，則留養亦應比依核辦。此案胡玉幅充當已革甯夏部郎祥陞門丁，因隨同巡查，詐索袁有慶等贓銀一百九十餘兩，審依長隨嚇詐得財，照蠹役恐嚇索詐計贓至一百二十兩者枉法擬絞監候。迭奉恩詣詔不准援免，核其情罪，較之蠹役詐贓僅擬充軍者更重，蠹役擬軍之犯尚不準聲請留養，該犯罪至絞候尤與留養之例不符。該將軍請將胡玉幅查辦留養之處，應毋庸議，相應咨覆該將軍可也。光緒八年。

此稿照辦。

妾毆正妻逢恩不免奉天司

盛尹題賈松年致傷伊妻王氏身死一案。

查律載『夫毆妻至死者絞監候』等語。此案賈松年因令其妻賈王氏向母家借錢不允，致相爭毆，輒將賈王氏毆扎致傷身死，自應按律問擬，應如該督所題。賈松年合依夫毆妻至死者絞律擬絞監候，秋後處決。

該督疏稱：『賈宋氏被賈松年嚇令揿按，並未幫毆，且係畏懼勉從，與共毆不同，應酌照不應重律擬杖八十，事犯到官在光緒七年五月十四日恩詔以前，所得杖罪請援免，並免收贖』等語。查共毆案内，餘人但係幫同揿按，即應照杖一百律擬杖一百，況妾毆正妻名分攸關，應仍按律問擬。賈宋氏應改依妾毆正妻加妻毆夫罪一等律，於妻毆夫杖一百律上加一等，杖六十、徒一年。事犯雖在光緒七年五月十四日恩詔以前，係妾毆正妻有關十惡之條，應不准其援免，仍依例杖罪的決，餘罪收贖。該督將該犯婦照不應重律聲請援免，並免收贖之處，應毋庸議。該督又稱云云。光緒九年八月。賈松年續報病故。

此稿交館照辦。

按：館上改『仍依例杖罪的決，餘罪收贖』句爲『仍照例收贖。』然按例文，杖罪應的決。

館友王藝菴續將『有關十惡之條』句删去，謂：『妾毆正妻不在十惡條款之内』。查道光元年四月初七日恩詔奏定軍流不准減等條款内開情罪重大及有關十惡者七十五條，第六條係妻妾毆傷夫，妾毆傷正妻，罪在徒流以上者。是妾毆正妻，並非不在十惡條款之内。王君删去此句，未爲是也。儀禮喪服：『妻爲女君』。傳曰：『何以期也，妾之事女君與婦之事舅姑等』。毆夫之父母在十惡惡逆之列，則妾毆正妻亦可以類而推。

故殺 奉天司

奉尹題吴得亮故殺吴伸荒身死一案。

查審理命案，務得致死實在根由，按律定擬，方足以成信讞。此案吴得亮與已死吴伸荒同姓認識，吴伸荒給伊作夥，時相往來，吴伸荒之妻吴崔氏習見不避。光緒七年七月間，吴得亮與吴崔氏乘隙通姦，吴伸荒並未知情。後因吴伸荒病卧，無人照料，留吴得亮在家暫住。十一月初三日，吴崔氏出外撿柴，梁挺化前往探望，見吴伸荒頭枕炕沿躺卧，吴得亮在旁陪坐，梁挺化閒談一會，因天氣寒冷，順取鐵斧在炕前劈柴引火，不期斧柄脱落，劃傷吴伸荒顖門，吴伸荒嗔駡吴得亮不將斧柄修好，吴得亮分辯，吴伸荒即欲將其攆逐。吴得亮因服侍其病並未見情，反欲攆逐，一時氣忿，起意將其致死，即用鐵斧向其顖門近右砍傷，又掉轉斧背狠毆，登時殞命。吴崔氏回歸，見其夫身死，哭駡不依，當欲告官。吴得亮用言挾制嚇阻，即將屍棺斂，央允梁挺化幫同擡至山坡私埋，一同逃逸。該督將吴得亮依故殺擬斬，梁挺化依刃傷人律擬徒，照過失傷律收贖等因具題。

臣等查吴伸荒既爲吴得亮作夥，吴得亮前往吴伸荒家照料，自非傭工可比，則斧柄之未曾修好，本非吴得亮分内之事，何以吴伸荒遽向嗔駡，並欲攆逐，殊非情理所有。即謂當日起釁，真由斧柄脱落劃傷致相口角，在吴伸荒爲受傷氣忿，而在吴得亮實非深仇積恨，又無受辱難堪及慮恐報復情事，何至頓起殺機，遂欲將其致死？恐係吴得亮與吴崔氏通姦，被吴伸荒窺破姦情，斥駡攆逐。吴得亮欺吴伸荒病卧，乘吴崔氏外出，遽將其砍毆斃命，謂非釁起因姦，殊難憑信。至梁挺化係吴伸荒親戚，前來看望，何以當吴伸荒斥駡吴得亮之時，既不從旁勸解，吴得亮砍毆吴伸荒之時，亦不上前攔阻，吴崔氏哭駡之時，復不幫同鳴官，反聽從吴得亮私埋，實屬可疑。雖據原供稱：『連忙拉勸，吴伸荒已氣絶身死，』然吴伸荒果與吴得亮口角，爲時必非俄頃，且據吴得亮供稱：『拏斧砍了一下，又掉轉斧背很毆一下，』是先砍一傷，猶可云倉猝未防，而後此掉轉斧背之際，豈得雲攔阻不及？梁挺化既認有斧劃一傷，即難保無同謀幫毆情事。到案後捏飾情節，希圖卸罪。該督將梁挺化擬徒，照過失傷律收贖。查原供稱：『吴伸荒頭枕炕沿躺卧，梁挺化即在炕前劈柴。』相離切近，此豈耳目所不及，思慮所不到者，亦與過失傷之律不符。吴崔氏於其夫身死時，閲四月之久，雖曾給伊姪吴中海送信，究未報官，亦難免無知情私和情事。案情既未真確，罪名亦未允協，臣部礙難率复，應令該督另委賢員，研鞫確情，按律妥擬具題，到日再議八月。

此稿照繕。

用强毆打致令自盡 奉天司

黑龍江將軍咨蒙庫珠爾克毆辱倭勒氏致令羞忿自縊身死一案。

查例載：『因事用强毆打，威逼人致死致命而非重傷，杖一百、徒三年』等語。此案蒙庫珠爾克因借用德克濟布之妻倭勒氏火爐，倭勒氏取回，蒙庫珠爾克向索不給，負氣奪爐摔壞，倭勒氏不依，蒙庫珠爾克用火棍毆傷其顖門偏左，倭勒氏撲抓，蒙庫珠爾克揪住倭勒氏髮辮，用手毆傷其嘴臉，並將其梳頭匣摔壞，倭勒氏拾鞋擲毆，蒙庫珠爾克復用鞋將其狠毆，並聲詈攆逐，不容居住，經倭勒氏之姑謝氏勸息。蒙庫珠爾克出門回家，復捏稱往尋德克濟布，歸時定將倭勒氏治死洩忿等詞，向倭勒氏威嚇，詎倭勒氏羞忿莫釋，於是夜投繯殞命。該將軍將蒙庫爾克依因事與婦女口角，彼此駡詈，婦女一聞穢語氣忿輕生者，杖一百、流三千里例，擬杖一百、流三千里等因咨部。

奉部查：婦女一聞穢語氣忿輕生之例，應以當場有無穢語爲斷。檢閲此案犯供暨屍親人等各供，均無蒙庫珠爾克穢語村辱情事，殊與所擬之例不符，自應仍依用强毆打威逼致死科斷。惟蒙庫珠爾克因不借火爐細故，輒將倭勒氏迭毆多傷，捏詞威嚇，致令氣忿自縊身死，實屬情兇勢惡，且死係婦女，應酌量加等問擬。蒙庫珠克應革去養育兵，銷除旗檔，改依因事用强毆打，威逼人致死致命而非重傷，杖一百、徒三年例上量加一等，擬杖一百、流二千里，不准折枷，實行發配，折責安置，仍依律追埋葬銀兩給屍夫具領。該將軍所請依例問擬滿流之處，應毋庸議，餘均應如該將軍所咨辦理，仍令照例彙題，相應咨覆該將軍可也。十一月。

此稿交館未用，照該將軍所擬咨覆，館尾不録，館意係酌量辦理。

軍犯配逃奉天司

陝撫咨軍犯袁茂等配逃一案。

本部查楊幅一犯，本罪係發遣新疆爲奴，改發極邊足四千里充軍，到配後加枷號六箇月，在途脱逃，後復犯徒罪，依例遞回發遣處，用重枷枷號三個月鞭一百。乃該犯到配後復敢脱逃，實屬不知安分。惟本罪已至發遣爲奴，無可復加，自應酌量加枷問擬。楊幅仍應照例遞回原配，再用重枷枷號三箇月鞭一百。前犯枷號未滿脱逃，仍應補枷足數。該撫所稱本罪已至極邊，依加等調發例改發烟瘴之處，係屬錯誤，應毋庸議。袁茂、滿昌、祖與才、嘎力底等，均應如所咨辦理。十一月。

此稿照議。

毆傷賊犯正餘限外身死奉天司

盛刑咨吴黄小毆死賊犯楊得詳正餘限外身死一案。

查例載：『事主因賊犯黑夜偷竊有人看守器物，登時追捕，毆打至死者，不問是否已離盗所，捕者人數多寡，賊犯小未得財，俱杖一百、徒三年』，又載：『事主毆傷賊犯至折傷以上者，無論登時、事後，概予勿論』各等語。此案吴黄小雇給金天相家傭工，在場園住宿，光緒七年六月二十五日半夜時，聞有賊人行竊秫稭，持刀出捕，用刀砍劃數下，賊人脚踢，吴黄小復用刀向其骽上亂砍，喊跌倒地。點燈查看，認係旗人楊得詳，其左耳輪、右手指、左腋䏶、左右膝俱被砍劃致傷，並右手指、左右膝俱至骨損。當將楊得詳扶回，調治未痊，至八月初十日因傷身死。

查楊得詳偷竊金天相家秫稭，係屬罪人，吴黄小係金天相家雇工，與事主無異，即有應捕之責，其將楊得詳砍劃致傷，越七十五日因傷身死，已在破骨傷保辜正餘限外，例内並無毆傷竊賊正餘限外身死作何科斷明文，惟鬬毆之案，傷至骨損正餘限外身死者，例得只科傷罪，則事主毆傷竊賊至正餘限身死，亦應論傷科斷。該侍郎將吴黄小依毆死賊犯例問擬滿徒，是以毆傷竊賊正餘限外身死之案援引登時毆死賊犯之條，係屬錯誤，應即更正。吴黄小合改依事主毆傷賊犯至折傷以上者，無論登時、事後，概予勿論例擬以勿論，餘應如所咨辦理，相應咨覆盛京侍郎可也。十年三月。

此稿與郭存甫商定，交館核，照繕。

毆死拒捕罪人奉天司

奉尹咨初自瀠擅殺於汶身死一案。

查律載：『罪人持仗拒捕，捕者格殺之勿論』等語。此案初自瀠因於汶與其母楊氏通姦，該犯向其母勸説，楊氏愧悔，立意拒絶。於汶常往求姦，纏繞不休，楊氏即與初自瀠搬往別村居住。嗣於汶又找至楊氏家，欲與楊氏續舊，楊氏不允吵嚷。初自瀠趨至，即向斥詈，於汶不服，揪住初自瀠髮辮揿按，初自瀠用力挣脱，致被揪落髮辮一綹。於汶持刀奔砍，初自瀠順拾木棒將刀格落，疊毆傷其左右臁肕。於汶拾刀，初自瀠棄棒，將刀搶獲，於汶奪刀，初自瀠用刀砍傷其左右手腕，於汶撞頭拚命，初自瀠又砍傷其腦後倒地，次日殞命。核其情節，於汶與楊氏通姦，於楊氏悔過拒絶後，復往圖姦，係屬罪人。當初自瀠忿激斥詈，輒敢將初自瀠髮辮揪落一綹，並用刀奔砍，即屬持仗拒捕。初自瀠因其逞兇，用刀棒將其毆砍致傷身死，亦與格殺無異。該督等將該犯比依夜無故入人家已就拘執而擅殺律擬以滿徒，未爲允協，應即更正。初自瀠應改依罪人持仗拒捕，捕者格殺之勿論律，予以勿論。初，楊氏先與於汶通姦，本干律擬，惟業已悔過拒絶，供證確鑿，且事在赦前，應從寬免其置議，餘如所咨辦理。四月。

此案該省將初自瀠擬徒，楊氏仍科姦罪，援恩詔援免。此稿擬就後，因罪已援免，仍照覆未用，今存之。

流犯配逃復犯徒罪奉天司

黑龍江將軍咨流犯賽寧保脱逃後復犯盜牛五隻以上一案。

查例載：『原犯實犯死罪免死減軍人犯逃後爲匪，罪應徒流以上者，於逃罪加等調發本例上再加一等改發，』又載：『軍犯中途脱逃，係極邊烟瘴脱逃者，改發新疆，酌撥種地當差』各等語。此案得勒格爾先因行竊犯案，越獄被獲擬絞，秋審緩決三次，減發烟瘴充軍，中途脱逃，復起意糾夥竊牛九隻，依盜牛五隻以上例罪應滿徒，自應按免死減軍人犯逃後復犯徒罪之例問擬。該將軍將該犯依改發極邊烟瘴充軍之竊盜復犯徒罪例仍發原配，枷號一年，係屬錯誤，應即更正。得勒格爾即賽甯保應改依免死減軍人犯逃後爲匪罪應徒流以上者，於逃罪加等調發本例上再加一等改發例，於改發新疆當差罪上再加一等。惟罪至外遣，無可復加，應將該犯擬改發新疆，酌撥種地當差，酌加枷號三箇月，仍照例改發極邊足四千里充軍，係當差人犯到配後加枷號三個月，共加枷號六個月，滿日照例安置，餘如所咨辦理，仍令照例彙題，相應咨覆該將軍可也。四月。

此稿交館核，未用。

按：館尾云現在新疆未能發往此等人犯，仍止改發內地充軍，若照例酌加枷號六個月，較在配軍犯復竊犯該徒罪枷號一年者科罪反輕，殊不足以示儆。該將軍所擬係屬酌量科斷，應如所咨辦理。

按：新疆人犯改發內地，乃是權宜之制。此項人犯若再犯罪，即應照遣犯問擬。蓋遣罪之名終不可没也，如館尾是竟將遣罪删除矣，恐與例意不符。遣重於軍，枷號之日期雖少，而罪名至無可復加，豈得云科罪反輕乎！

遣犯配逃復竊奉天司

黑龍江將軍咨遣犯賀九配逃復竊一案。

查例載：『尋常發遣人犯在配脱逃後爲匪罪止杖笞者，遞回發遣處，枷號兩個月鞭一百』等語。此案賀九先因屢竊，依積匪猾賊例擬軍，復配逃被獲，按照奏定章程改發黑龍江安插，兹復在配脱逃行竊，計贜在十兩以上，罪應杖七十，自應按遣犯逃後爲匪之例問擬。該將軍等將該犯依烟瘴人犯脱逃例改發新疆，係屬錯誤，應即更正。賀九應改依尋常發遣人犯在配脱逃後爲匪，罪止杖笞者，遞回發遣處，枷號兩箇月例，擬遞回發遣處，枷號兩個月鞭一百，枷滿日照舊安插云云。四月。

照繕。

流犯配逃奉天司

黑龍江將軍咨流犯幅荃在配脱逃一案。

查例載：『尋常案内流三千里人犯在配脱逃被獲者，改發附近充軍』等語。此案幅荃先犯竊贜滿貫爲從，擬以滿流，配逃被獲，應按流犯脱逃問擬。該將軍將該犯依發遣人犯脱逃被獲例，遞回發遣處，枷號三個月，係屬錯誤，應即更正。幅荃即稜扇應改依尋常流三千里人犯在配脱逃被獲者改發附近充軍例，擬改發附近充軍，就現配地方計程發配，仍按流犯初次脱逃例枷號一個月云云。

照繕。

謀殺誤擬鬥殺 奉天司

奉尹題陳泳生砍傷劉玩仁身死一案。

查審理命案，必須研究當場致死確情，按律定擬，方無枉縱。此案陳泳生先因與顧蕭氏通姦，被本夫顧二捆獲，經人調釋。光緒八年二月間，陳泳生赴集售賣烟土，與劉玩仁及劉玩鋒撞遇。因劉玩鋒欲賒烟土不允，强行奪去，當向不依。劉玩仁等趕攏，揪住嚇稱：『伊嘗姦占人妻，定欲送究』經馬銀匠趨勸，代擔錢二十四千完事。陳泳生借得烟土六兩，付馬銀匠轉交，馬銀匠將烟土變錢花用。劉玩仁等追問，馬銀匠不肯退還。劉玩仁等令陳泳生再給，陳泳生無奈，許俟遲日交錢。劉玩仁屢往催索，陳泳生避匿不見。十二月三十日，陳泳生因思劉玩仁逼索兇横，一時忿激，携帶尖刀，往尋拚命，行至中途，撞遇劉玩仁迎面走來，陳泳生趕攏，用刀砍傷其顖額顱，劉玩仁逃跑，陳泳生復用刀連砍傷其右太陽髮際、項頸、左右 肘，並戳傷其脊背。劉玩仁轉身奪刀，陳泳生又用刀連砍傷其左脇、肚腹等處，倒地立時殞命。該督等將陳泳生依鬭殺律擬絞等因具題。

臣等詳核供招，陳泳生因劉玩仁挾制詐索之嫌，忿激携刀往向拚命，中途與劉玩仁撞遇，並未交言，即乘其不防用刀狠砍，傷其頭面致命，劉玩仁業已逃跑，復追向連砍，致傷其左脇、肚腹等處身死，傷至十餘處之多，重至骨損透内腸出，情極兇很，顯係有心謀害，與鬭殺情形迥不相符。至陳泳生與顧蕭氏通姦，本屬有干例擬，劉玩仁向伊訛索，訊係藉端挾詐，不得以罪人論。該督等既聲稱陳泳生並未付錢，與實在受害者不同，未便照擅殺科斷，乃略其謀害情節，遽照鬭殺定擬，殊未允協，罪名斬絞出入攸關，臣部礙難率覆，應令該督等再行研究確情，按律妥擬具題，到日再議。六月初十。

照繕。

十一年該省遵駁更正，改照謀殺律擬斬。

聚衆夥謀搶奪婦女已成聞拏投首奉天司

奉督題楊得菁强搶范戴氏已成一案。

查例載：『聚衆夥謀於素無瓜葛之家，入室搶奪婦女已成，爲首斬立決，』又『聞拏投首於本罪上減一等科斷，』又『未傷人之首盜，聞拏投首，實發雲貴、兩廣極邊烟瘴充軍』各等語。此案楊得菁欲娶戴維理之女爲妻，媒説不允，嗣聞戴維理將女嫁與范振苓爲妻，心懷不甘，起意糾同蕭起朋等强搶范戴氏已成，尚未姦污，旋即放回，按聚衆夥謀搶奪婦女已成之例，楊得菁罪應斬決。今該犯聞拏投首，自應減等科斷。惟查向來辦理搶奪婦女已成聞拏投首之案，俱係將爲首之犯比照未傷人之首盜聞拏投首例減等擬軍。該督等將楊得菁於斬罪上減一等，擬以杖一百、流三千里，尚未允協，應即更正。楊得菁應改比依未傷人之首盜聞拏投首例擬實發雲貴、兩廣極邊烟瘴充軍，仍以極邊足四千里爲限，係自首比例減等應免刺字。該犯事犯到官在光緒七年五月十四日恩詔以前，核其情罪，在條款不准援減之列，應不准其援減。據供嗣父年逾七旬，係聚衆搶奪婦女已成首犯聞拏投首，情節較重，應毋庸查辦留養。七月。

照繕。

差役釀命奉天司

黑龍江將軍咨差役王斌等妄拏楊繼幅致令在店身死一案。

查審理差役釀命之案，必研究死者實在身死根由，分别首從，按例妥擬，不得率據案犯串捏供詞遽行定讞，致滋輕縱。此案王斌充當散役，光緒五年十月二十八日，王斌奉票傳唤未納大租之夏文成，適總役劉發帶無名竊賊舊票一張，商允王斌一同出外，途遇劉發素好之叢幅，留在伊家住宿。次日，王斌等趕車仍赴外屯。十一月二十七日，王斌等因未拏獲賊匪回歸，復至叢幅家住宿。叢幅向劉發商説，有屯南居住之楊繼幅，早年在徐四閣王手下爲匪，叫劉發將其拏獲，詐索錢財分用，劉發允從。次日，劉發帶領王斌等到楊繼幅家，將楊繼幅拏住，用鎖鍊拴在馬脖上帶到李家店斟問，並無爲匪不法。至二更時，楊繼幅偶患病證，敷治未效，至二十九日夜因病身死，嗚地送案，劉發旋在押病故。正在提訊問，於光緒九年四月十五日，據屍子楊國經呈稱：劉發誤將伊父拏去，因病身死。嗣經詢明，妄拏伊父僅止劉發一人，王斌、叢幅雖同店住宿，不與相干，懇恩省釋。該將軍將劉發依例擬流，業已病故，應毋庸議，王斌、叢幅擬杖等因咨部。

本部詳核案情，王斌奉票所傳係屬租户，並非罪犯。劉發所持係屬舊票，既非當時新給，即無應緝之人，乃無端結伴，多人外出。據李廣幅報稱：『同時到店尚有皂役王彦、李才、白寶玉三名。』叢幅亦供：『有李才在内。』其爲蠹役結黨横行，擾害鄉里，已屬顯然。至楊繼幅務農爲業，本屬安分良民，劉發等輒聽信叢幅之言，鎖拏至店，致楊繼幅在店身死。據李廣幅初報云『不知因何身死』，如果死由於病，何必含糊其詞？查所驗楊繼幅屍身，有髮辮脱落、下部潰爛情形。無論時值隆冬，屍身不至遽壞，且亦無全屍未壞髮辮遽已脱落、下部遽已潰爛之理，難保無逼勒、陵虐及生前受傷事後捏報情事。即就現訊供詞而論，據叢幅供稱：『王斌們向伊告説虧欠車脚店錢，囑伊想法句串詐索錢財抵補，』是王斌等先行起意。據王斌、劉發供稱：『是叢幅起意。』李廣幅原報亦稱『有原告叢幅一名。』所供甚不畫一，而王斌等倚差詐索，平空擾害，叢幅誣良爲盜，貪圖分肥，則已供認不諱。乃屍子楊國經初供謂『叢幅句串衙役五六人將伊父拏去，』嗣又稱『妄拏伊父僅止劉發一人，不與王斌、叢幅等相干。』揆其前後供詞歧異，明係因劉發業已病故，賄串捏供，希圖推卸。承審之員於此等差役釀命之案並不迅切根究，嚴行懲辦，延閣五六年之久，直待劉發瘐斃，始將王斌等從寬杖釋，含混了結，殊不足以成信讞。案情既未確鑿，罪名出入攸關，本部礙難率复，應令該將軍再行提犯，嚴鞫確情，並嚴緝逸犯王彦等，務獲訊究，妥擬報部，到日再議可也。七月。

此案館擬不駁。薛堂云：『駁得甚好，即批照繕。』嗣據該將軍以店主克順業已病故，叢幅另案斬梟，皂役王彦、李才、白寶玉均各潛逃，王斌背保遠颺，現無下落，並無可訊之人等因咨部，經部飭令嚴緝，獲日訊明在案。

謀殺二命非一家 奉天司

黑龍江將軍咨施才謀殺白銀、吕萬良各身死一案。

查律載：『謀殺人造意者斬監候』等語。此案施才在吴悦家傭工，因酒醉復行飲酒，經白銀、吕萬良、張俊洪等攔阻，不服口角，勸息後復心生忿恨，起意謀殺，輒用鍘刀將白銀、吕萬良、張俊洪同時砍傷，白銀、吕萬良均立時身死。查白銀係吴悦親戚，爲村人放馬，吕萬良與吴悦素識，偶作零工活計，均不在吴悦家傭工，即非同主雇工可比。白銀、吕萬良亦非一家，施才謀殺白銀、吕萬良各身死，應從一科斷，按謀殺本律定擬。該將軍將施才比照謀殺同主雇工二命又非一家例問擬斬候，罪名雖無出入，引斷究未允協，應即更正。施才除謀殺張俊洪傷而未死，輕罪不議外，合依謀殺人造意者斬監候律擬斬監候，秋後處決。八月。

交館核，照辦。

因瘋毆死妻及子女二命小功姪一命奉天司

黑龍江將軍咨宋得發因瘋砍傷伊妻劉氏身死一案。

查律載：『夫毆妻至死者絞監候』等語。此案宋得發因瘋用刀砍傷伊妻劉氏並伊子七兒、伊女閨女兒及小功堂姪當柱子各身死，訊係陡患瘋迷所致，旋經痊愈，到案供吐明晰，取有屍親切實甘結，應以鬭殺科斷，其致死子女二命，律止擬杖，即致死小功堂姪一命，亦止擬流，皆係輕罪，自應從重，按夫毆妻至死本律問擬。至家長殺期親奴僕一家三人者絞例，係專指殺死期親之奴僕而言，該將軍將宋得發比例擬絞罪名，雖無出入，引斷殊未允協，應即更正。宋得發應改依夫毆妻至死者絞律擬絞監候，秋後處決云云。九月。

交館核，照辦。

竊賊三次盜一家財奉天司

黑龍江咨雷幅偷竊一案。

查律載：『竊盜已行，但得財以一主爲重，並贓論罪。』輯注云：『二次盜一家，從一科斷』等語。律内所云並贓論罪，律注明指數人共盜一家財而言，若一人數次盜一家財，律内並無並計明文。輯注云從一科斷，是從一次贓多者科罪，意義甚明。此案雷幅行竊萬成店衣物三次，係隔數日或月餘不等，與同時行竊者不同，自應以贓多一次爲重，從一科斷。該將軍將該犯三次所竊一家贓物並計，依竊盜贓五十兩擬徒，殊未允協，本部未便率覆，應令該將軍再行訊取供詞，分別贓數，另行按律妥擬咨部，到日再議可也。七月二十六日。

交館核，照辦。

次年該省遵駁更正。

姦緦麻以上親之妻 奉天司

盛刑咨周中存因伊妻吴氏與緦麻表弟張洪居通姦將吴氏砍傷身死一案。

本部查例載『姦緦麻以上親之妻，姦夫發附近充軍。』又『本夫姦所獲姦，非登時將姦婦殺死，姦夫到官供認不諱，確有實據者，將姦夫擬杖一百、流三千里，本夫杖一百。』又例載『旗人犯親屬相姦者，銷除本身旗檔，照民人一體辦理，不准折枷』各等語。此案張洪居與緦麻表弟之妻周吴氏通姦，至周吴氏被本夫周中存非登時殺死。按姦夫擬抵之例，罪止滿流，自應從重，按親屬相姦問擬。張洪居合依姦緦麻以上親之妻，姦夫發附近充軍例，擬杖一百發附近充軍，係旗人應銷除旗檔，照例發配，折責安置，餘如所咨辦理。八月。

交館核過。

故殺案情不確犯已病故 奉天司

黑龍江將軍咨張信故殺李馬子身死旋在監病故一案。

本部查：此案張信因向李馬子嗔斥，李馬子挾恨乘伊睡熟用刀砍傷，張信奪刀將李馬子砍傷身死，似屬尋常鬭殺之案，張信既未取有臨時起意故殺確切供詞，即難以故殺科斷。王玉倉事後幫同移屍，罪有應得，第當時並未在場，案非共毆，亦不得謂之餘人。該將軍將張信依故殺律擬斬，王玉倉依餘人律杖一百之處，引斷既未允協，且全案情節亦甚支離，恐尚有不實不盡。惟張信、王玉倉業已先後在押、在監病斃，其餘人證未便再行紛紛提質，致滋拖累，應如所咨完結。

再查審理詞訟，必須全案人犯供詞一一吻合，按律定擬，罪名方無出入。乃該省咨部案件，往往供詞出語錯雜不符。或一案數人而供詞各異，或一人數供而前後兩歧，或正犯確切情節不叙入正犯供内而雜見於餘犯供詞，或全案緊要關鍵不詳細叙入供詞而散見於供後。出語種種，後先歧異，彼此參差，以致擬議遂多率就，罪名未能悉協。本部隨案覆核，除供詞小有不同而罪名尚無出入者，即照所咨辦理外，其有疑竇百出，情節支離者，歷經駁令再行審擬，或情節尚屬可信止係罪名稍有出入者，亦即就案更正。然往反駁詰，已不免遲逾拕累之虞，况止就原叙供詞酌量核覆，尤恐其中遷就完結，或多情罪未符，致滋枉縱。即如此案事閲八九年，供詞始終未能畫一，及至正犯病斃，無可審訊，始行含糊咨結。若再因仍積習，遇案顢頇定擬，殊非慎重刑章之道。應令該將軍嚴飭承審之員，嗣後審理詞訟，務令虚衷研鞫，悉心擬議，俾全案人犯供詞一一吻合，其正犯確切情節及全案緊要關鍵詳細叙入供内，其供後勘語亦必與供詞一一相符，毋任彼此参差，後先歧異，庶足成信讞而照核實，相應咨行該將軍可也。九月。

文館將中間一段删去，館尾另録。

薛堂言：『該省來文尚是本來面目，若矯枉過正，轉成通套，亦未必得真情也。』

增生咆哮公堂奉天司

黑龍江將軍咨增生王濤涵阻擾公事一案。

查律載『吏卒罵本部五品以上官杖一百，』又例載『兇惡棍徒屢次生事行兇，無故擾害良人，人所共知，確有實據者，發極邊足四千里安置。如並無兇惡實迹，偶然挾詐逞兇者，仍照所犯之罪本律本例定擬，不得引此例』各等語。是問擬兇惡棍徒，罪名必須確有兇惡擾害實據者，方合例意，若止係偶然逞兇，並無兇惡實迹，即不得濫行引擬，致令情罪不符。此案增生王濤涵在鄉教讀，因門人劉仁山等與人口角分争，拏住二人，送往書房，王濤涵迫令二人下跪斟問，二人稱係遞送緊要公文兵丹，王濤涵索看公文上書調兵剿匪等情，始將二人放行。經該營將王濤涵等傳聞該到營審問，具結從寬完案。嗣王濤涵傳聞該營將伊功名革除，因此氣忿，手持木棍，闖入營務處公堂，咆哮辱罵，拏獲送案。該將軍將王濤涵革去增生，依兇惡棍徒例擬軍等因咨部。

本部詳核案情，王濤涵以近七旬老儒，平日並無不安本分擾害閭閻情事，第因伊門人與兵丹分争，拏住盤詰，迨見公文緊要，即時放行，實與藐法者有間。至所稱私設公堂等情，亦係該兵等一面之詞。該營將王濤涵等傳案，訊問完案，自屬從嚴辦理。後王濤涵因誤聽傳言衣頂被革，一時氣忿，持棍至營務處公堂咆哮辱罵，既未毆傷兵役，亦未打毀器物，僅係偶然逞兇，並無實在兇惡實跡。若竟照兇惡棍徒問擬軍罪，法重情輕，殊未允協。惟該生向營員辱罵，雖非本管長官可比，究屬咎有應得，自應酌量比律問擬，王濤涵應比依吏卒罵本部五品以上長官杖一百律擬杖一百，業已咨部斥革，所得杖罪免其發落。該將軍將該生依兇惡棍徒例擬軍之處，應毋庸議。逸犯劉仁山等與兵丁口角分爭，無罪可科，且先已完案，應免飭緝，相應知照禮部，並咨覆該將軍可也。十月。

次年，該省遵駁更正。

交館，館上議駁，駁尾另録。

薛堂云：『該省所辦罪名太重，未便遽行更正，故議駁。』

踏傷身死有鐵器烙傷 奉天司

吉林將軍咨於守信踏傷柳文化身死一案。

查審理命案必須研究致死確切根由，按律定擬，方無枉縱。此案於守信因柳文化至伊門前井内汲水未得，出言譏誚，並將柳罐摔棄，於守信向斥，柳文化嚷駡，闖進屋内喝水。於守信趕向不依，柳文化出屋分辯混駡，並用手撲打。於守信用木杈杆毆傷其左肩甲，柳文化抓住杈杆拉奪，於守信用力推搡，柳文化側跌倒地，抓住杈杆滚駡，於守信用脚連踏傷其左脇等處，柳文化鬆手，適於守信工人趙姓聞鬧趕回，查看柳文化僅有氣息，擡入屋内炕上，撅救多時未甦。趙姓言：『恐柳文化患緊寒之證，烙盪或可轉氣過來。』當將柳文化衣服解開，用鐵火筷、爐條燒熱烙燙，致烙傷其顖門、咽喉等處，查看柳文化業已殞命。趙姓起意棄屍，與於守信將柳文化屍身衣服扣好，拕棄道上，報驗審供不諱，該將軍將於守信依鬬殺律擬絞等因咨部。

本部詳核案情，於守信與柳文化爭毆，推搡倒地，用脚踏傷其左脇等處，如果柳文化微有氣息，撅救多時未甦，其爲身受重傷可知，何以尚疑係緊寒病證，輒行烙燙？况用鐵器烙燙治病之法，既所罕聞，即謂鄉愚無知，妄加施治，而烙燙數處不效，亦即歇手。乃查柳文化身受烙傷至十餘處之多，排連三四寸至一尺餘不等，色皆焦黑，多半在顖門、咽喉、肚腹、兩乳、心坎等致命部位，情形極爲慘忍，豈有因病施治而烙傷如是之多且重者？檢閲原驗屍格，顖門等處聲明係死後烙傷，而右臂膊烙傷獨未注明死後，是原驗已有參差，且洗冤録所稱：『焦黑爲死後燒傷，』各家舊説已云未可據爲定論，則柳文化所受烙傷是否皆在死後，抑或半在生前，正須細心推究。又查屍格，擦、碰傷共三十八處，其頭面、手腕等處尚可云倒地滚駡及棄屍拕拉所致，若脊背等處各傷，則柳文化屍身棉衣袴均經穿好，何至拖拉傷復至二十餘處之多？種種情節，均難憑信，難保非别有起釁情由及因柳文化迭向辱駡，臨時氣忿，起意致死，喝令趙姓幫同烙燙情事。到案後，因趙姓在逃，無可對質，捏供避就，案情既未確鑿，罪名斬絞出入攸關，本部確難率覆，應令該將軍再行嚴飭承審之員，悉心研鞫，並飭嚴緝逸犯趙姓，務獲到案，質訊明確，按律妥擬，到日再議可也。十月二十四日。

交館，館上增改，改尾另録。

推跌痰壅氣閉身死 奉天司

黑龍江將軍咨胡才推跌高珍致令痰壅氣絶身死一案。

查審理人命重案，必須研鞫致死確情，按律懲辦，况案關差役斃命，尤不得稍事顢頇，致滋輕縱。此案差役胡才奉票拘傳趙有志控案内之被告畢廣得及原告之子趙才，先到畢廣得家住宿，次日往傳趙才，適趙才外出未遇，向鄰人高珍探問下落，高珍不服詢問，胡才向高珍揪扭，拉到前屋，推在車上，聲言帶官責辦，行走幾步，其氣色不好，復從車上拉下倒地，致令高珍痰壅氣絶身死。該將軍將胡才依例量減擬流等因咨部。

本部詳核案情：該犯胡才奉票所傳係原告之子，初非别項人犯不易拘喚者可比，乃因外出未遇，輒向毫無干涉之高珍根究下落，復因高珍不服盤詰，遽欲帶官責辦，其爲藉端索詐已屬顯然，且以近七旬老人，先將其揪扭出屋，推在車上，又從車上拉至地下，倒地移時殞命，迹其任意欺凌，情節甚爲兇惡。檢查原咨屍格，高珍屍身有腦後血癊瘢殼道糞污情形，且於晌午時被拉倒地，至未刻即行身死，是高珍死由推跌毫無疑義。在尋常鬬毆案内，亦應按律擬抵，况以蠹役妄拏無辜，致斃人命，豈得稍從寬減？乃該將軍率以並無索詐重情，將胡才於蠹役索詐斃命絞決例上量減擬流，殊屬輕縱，案情既未確實，罪名生死出入攸關，本部礙難率覆，應令該將軍再行提犯，研究實情，按律妥擬報部，到日再議可也。十一月。

交館照繕。

次年，該省遵駁更正，改照鬬殺律擬絞。

共毆正兇病故奉天司

黑龍江將軍咨張富等共毆陳崔氏身死並張富在監病斃一案。

查人命重案，務須於兇犯就獲即訊取確切供詞，按律妥擬，方成信讞，不得任意遲逾，含糊了結，致多枉縱。此案張富與張賀氏合夥共爨，張賀氏有女丫頭年十七歲，許給陳崔氏爲媳，尚未過門。光緒七年十一月十二日，張賀氏同張富乘車赴陳崔氏家，找房在彼住宿，張富車馬二匹賊竊去，徧尋無蹤，張富先行回去。十四日，陳崔氏將張賀氏送回，即在張賀氏家住宿，商量接丫頭過門童養，張賀氏未允，陳崔氏亦即無語。張富提起丢馬之事，疑是陳崔氏作成圈套，向其追問，陳崔氏答以不知。張富混駡，陳崔氏亦未言語。張賀氏幫同追問，陳崔氏氣忿駡鬧，並將家具摔壞，張賀氏拾棍連毆，傷其額頸，陳崔氏潑鬧，連張富辱駡，張富用鐵庫木靶毆傷其眉角眼角，陳崔氏拚命，張富將其推跌，仰卧地上，陳崔氏欲起，張富用脚踢傷其右顴骨，並騎坐身上，陳崔氏辱駡不休，張富用木靶將其咽喉横壓良久，陳崔氏當即氣絶殞命。張富起意，商同張賀氏棄屍井中。報驗獲犯解案，正在提訊間，張富於八年十月初三日在監因病身死。該將軍聲明：陳崔氏應以張富擬抵，業已監斃，應毋庸議，張賀氏依共毆餘人擬杖收贖等因咨部。

本部詳核案情，該犯張富與張賀氏並無戚誼，何以合夥共爨？據鄉約原報及委員詣驗，皆稱爲張賀氏家，張富又别無親屬，則張賀氏之於張富其爲苟合容留已可概見。至張賀氏與張富同至陳崔氏家住宿，馬匹被竊，本與陳崔氏無干，張富當時亦未詰問，其初不疑及陳崔氏可知，迨陳崔氏送張賀氏回家，並向商接年已十七之媳過門，張賀氏托詞未允，陳崔氏並無他言，何以張富忽疑丢馬之事係陳崔氏做成圈套，遽向追問，並出言混駡，張賀氏亦幫同追問？種種情節支離，難保非别有起釁根由及因姦謀害情事，况所稱張賀氏先用棍連毆，張富後用鐵庫木靶將其毆傷，推跌倒地，復用木靶壓傷其咽喉身死。此等情形，但據張賀氏一面之詞，張富既未取供即行病斃，究竟當場是否二人一同下手，孰先孰後，豈得任令現犯捏詞狡避，不復逐細推詳。且此案於七年十一月十五日呈報獲犯解案，張富於八年十月初三日病斃，相去幾及一年，乃云正在提訊間張富患病身死，並未取有隻字供詞，是承審之員於此等人命重案始則延閣不辦，繼則顢頇了事，殊不足以成信讞。案情既未確鑿，本部礙難率覆，應令該將軍再行提犯，嚴訊確情，妥擬報部，到日再議可也。十一月。

交館照繕。

毆死童養媳 奉天司

盛刑咨王吴氏毆死童養子媳梅二妞一案。

查律載：『非理毆子婦至死者杖一百、徒三年』等語。此案王吴氏因童養子媳梅二妞逃走，找回管教，毆戳致傷身死，自應按律問擬，王吴氏應依非理毆子婦至死者杖一百、徒三年律，擬杖一百、徒三年。該犯婦事犯到官在光緒七年五月十四日恩詔以前，所得徒罪應准減爲杖一百，照例收贖。至光緒九年本部奏定故殺童養幼媳酌予監禁章程，係專指逞忿故殺情節殘忍者而言，與此案之釁起管教邂逅致死者不符。該侍郎所請或照新章擬流監禁之處，應毋庸議。王九成聽從棄屍，罪有應得，事犯雖在恩詔以前，仍應緝拏，相應咨覆該侍郎可也。十一月二十二日。

交館核過。

和誘同逃係姦婦起意 奉天司

盛刑咨馬得湰聽從鄭金格姦拐同逃一案。

此案馬得湰與鄭金格通姦受孕，鄭金格恐生産丢臉，起意商允馬得湰逃走，並非馬得湰方略誘拐。遍查律例，並無婦女因姦懷孕起意商令姦夫逃走作何治罪專條，若遽將馬得湰照和誘知情例擬軍，與實在誘拐爲首者漫無區別，應照斷罪無正條者比附加減定擬，馬得湰應比照姦夫誘拐姦婦之案，依和誘知情爲首擬軍例上減一等，擬杖一百、徒三年。鄭金格起意逃走，係犯姦之女例無爲首之文，應比照姦婦減等滿徒罪上酌加一等，擬杖一百、流二千里，仍將姦生之女責付姦夫馬得湰收養，婦女離異歸宗等因咨達前來。

本部查辦理姦拐之案，向例以姦夫爲首，不容任意加減致與例意不符。此案馬得湰與鄭金格通姦，鄭金格受孕，起意逃走，與馬得湰商定逃往各處避匿，雖非馬得湰設略誘拐，惟既經鄭金格與之商定，自應仍以馬得湰爲首，按照本例問擬。該侍郎將馬得湰減等擬徒，鄭金格加等擬流之處，係屬錯誤，應即更正。馬得湰應改依誘拐婦女和誘知情爲首擬軍例，擬發極邊足四千里充軍。鄭金格應改依誘之人減等擬徒例，擬杖一百、徒三年。該犯等事犯到官在光緒十一年正月初四日恩旨以前，馬得溎係和誘知情擬軍，應准減爲杖一百、徒三年。鄭金格係被誘之人擬徒，應准減爲杖一百，係犯姦之女照例的決，餘如所咨辦理，相應咨覆該侍郎可也。十一年十月二十一日。

交館核，照辦。

爲盗引路未分贓 奉天司

奉尹咨劉得泉爲盗引路事後不分贓一案。

查例載『强盗引線，盗首先已立意欲劫某家，僅止聽從引路者，仍照例以從盗論罪。』又『共謀爲强盗夥犯，臨時因別故不行，事後不分贓者，杖一百、徒三年』各等語。此案劉得泉因與素識之劉才及程洛疙瘩等會遇，向伊探問薛萬祥家有無錢財，該犯答以有錢，程洛疙瘩聲稱欲往薛家搶劫，因不認識大門，央伊指引，即同至薛萬祥家門首踮看一會，該犯當即回家。是夜，劉才與程洛疙瘩等同夥十三人，各持洋鎗刀械偕至薛萬祥家，踹門入室，放鎗威嚇，並將事主捆縛踢傷，搶得衣飾等物逃逸。維時該犯在家寢息，並不知情，旋被獲案。該督等將該犯依窩線不上盗得贓例，擬發新疆爲奴等因咨部。

本部查：該犯劉得泉於劉才等圖劫薛萬祥家，輒敢聽從指引送路，即與强盗引線無異，惟該犯並未窩留，劉才等在家亦無造意同行分贓情事，與窩線之應照强盗窩主問擬者不同，應照例以從盗論，依夥犯臨時不行又不分贓科斷。該督等將該犯依窩線不上盗又未得財問擬外遣之處，引斷殊未允協，應即更正。劉得泉應改依夥犯臨時因別故不行事後不分贓者杖一百、徒三年例，擬杖一百、徒三年，面刺『盗線』二字。事犯到官在光緒十一年正月初四日恩旨以前，係盗線照從盗論罪擬徒，應不准援減，即行定地發配，折責拘役，餘如云云。

火器殺人從犯監故 奉天司

奉督咨劉仁儒鎗傷何永中身死一案。

查例載『共毆案內下手應擬絞抵人犯，果於未經到官之前遇有原謀及共毆餘人內毆有致死重傷之人，到官以後未結之前監斃在獄者，准其抵命，將下手應絞之人減等擬流，』又『共毆之案，除致斃一二命遇有助毆傷重之餘人監斃在獄，仍照例准其抵命，將下手應絞之犯減等擬流外，其餘謀故殺人、火器殺人、威力主使制縛並有關尊長尊屬服制之案，悉照本律本例擬抵，不得率請減等』各等語。是餘人病故准其抵命，將正犯減流，係專指共毆案内下手應絞之人而言，若係火器殺人等項，即有助毆傷重之餘人監斃在獄，仍應照例擬抵，不得率請減等，例文分晰甚明，援引不容牽混。

此案劉仁儒因與汪明遠等争奪山場涉訟，何永申及汪明遠等赴山砍柴，劉仁儒邀同劉均儒等前往攔阻，致相争毆。劉仁儒被何士平扎傷偏右，何永申趕向撲砍，劉仁儒情急用火鎗嚇放，致傷其右太陽，劉均儒亦用槍扎傷其左胳膊連左腋胑，倒地殞命。報驗訊解，劉均儒於到官後在監病故，該督等將劉仁儒比例減等擬流等因具題。

臣等查劉仁儒槍傷何永申右太陽，重至透内骨損，即無劉均儒用槍扎傷，亦斷無不死之理。是劉仁儒應照故殺律擬斬，與共毆案内下手應絞者不同。例内指明謀故殺人、火器殺人等項，遇有助毆傷重之餘人監斃在獄，不得率請減等，則今劉均儒之在監病故，自不應將劉仁儒率予減流。該督待將該犯比照共毆案内餘人病故，將下手應絞之人減等擬流例，遽寬其駢首之罪，核與定例不符。罪名生死出入攸關，臣部礙難率覆，應令該督等再行詳繹例意，妥擬具題，到日再議。丙戌正月。

交館核，照繕。

謀殺誤擬故殺奉天司

奉督題陳兆詳謀殺孟成虎身死一案。

查律載『謀殺人造意者斬監候』等語。此案陳兆詳因挾孟成虎指控責釋之嫌，屢思報復未遇。嗣該犯見孟成虎在鋪買貨，即喊令出外，該犯前行，孟成虎尾隨至街，該犯拔刀轉身砍戳，致傷其右肩胛、右脇倒地，越日身死。該督等將該犯依故殺律擬具題。

臣等詳核案情：該犯陳兆詳與孟成虎挾嫌，屢圖報復，是早有謀殺之心，迨與孟成虎相遇，將其從鋪内喚出，並未一言理論，即乘其不防用刀很戳，傷其致命倒地。其爲蓄意謀害，情節顯然。當場既無口角争鬭情形，核與臨時起意故殺之律意不相符合，且檢查該犯原供，亦稱懷挾私仇，砍戳致死，自應按謀殺問擬。該督等將該犯依故殺律擬斬，罪名雖無出入，引斷究未允協，應即更正。陳兆祥應改依謀殺人造意者斬監候律，擬斬監候，秋後處決。該犯事犯在光緒十一年正月初四日恩旨以前，係謀殺擬斬，且招解在後，毋庸查辦云云。

交館。另擬更正尾。

竊匪賄通委官逼斃無辜 奉天司

黑龍江將軍咨張瀰行竊馬匹等情一案。

查審理人命案件，必准其情罪確切科斷，況案關竊匪賄通官吏逼斃無辜，尤應從嚴懲辦，不得草率定讞，致滋輕縱。此案張瀰借用蒙古伯勒申帶駒騾馬倒斃無償，起意偷竊站丁王禎牧馬三匹抵還伯勒申馬債，並未告知竊情。王禎於失馬後，託素識之張大船代爲尋找。嗣張大船見伯勒申牧馬群内有馬三匹與王禎毛色相似，隨向王禎告知，王禎令張兆羣等前往認得騾馬一匹，牽回報官。張瀰聞知，恐被訊出竊情，暗向委官領催趙有明告知竊情，求其袒護，並許酬謝錢文，趙有明允許。張瀰復央允伊戚陳奪奎，求其代爲應承係伊家之馬，借給還債。當經趙有明傳訊案證，因王禎往路記衙門投案，嗔其驀越本管，並因受張瀰賄囑，威嚇王禎冒認馬匹，疊次杖責看押。王禎之父王大小至署聲訴，亦被趙有明杖責。迨該站署筆帖式烏爾袞泰到站，趙有明向烏爾袞泰揑稱案已訊明，馬係陳奪奎借給張瀰之物，王禎冒認，張兆羣幫同找馬不實。烏爾袞泰集訊，王禎堅供如前。趙有明聳令將王禎、王大小、張兆羣及王禎之子王五十分別杖責，並究出張大船給王禎送信傳案訊問，趙有明嗔其送信不實，烏爾袞泰將張大船杖責，旋將馬匹給陳奪奎，王禎不依，烏爾袞泰以張大船送信不實，令出馬一匹賠還王禎，張大船不允，烏爾袞泰以爲抗斷，將張大船杖責二十、掌責六十看押，張大船氣忿，乘間吞服洋烟，毒發殞命。該將軍將張瀰依偷牛三隻枷杖罪上加等擬徒加枷，陳奪奎照證佐不言實情故行誣證減罪人罪二等律擬以枷杖，烏爾袞泰照威逼人致死律擬杖，並聲明趙有明在監病故等因咨部。

查張瀰因偷竊馬匹被事主王禎認回報官，輒行賄囑委官趙有明反誣王禎冒認，致送信之張大船被責看押服毒自盡。張大船雖非該犯指出，惟既向委官賄囑，核與誣告人將案外之人拷禁致死者何異？即謂該犯並未先行控告，或可稍從末減，亦豈得僅科以竊馬加等之條？且既以陳奪奎故行誣證照罪人罪減等科罪，而置張瀰賄囑反誣之罪於不問，尤屬自相予盾。至烏爾袞泰初次集訊，尚可云誤聽趙有明一面之詞，何以王禎堅供不移，仍不虛心研鞫，杖責至於再三，且逼令張大船賠馬？難保無知情故勘情事。況張大船係被責後氣忿自盡，與威逼人致死本律亦不相符，案關竊匪賄囑委官逼斃無辜，引斷既未允協，罪名出入攸關，本部礙難率復，應令該將軍再行提犯，研究確情，詳核例案，妥擬報官，到日再議可也。光緒十四年六月。

竊盜鎗斃捕人 直隸司

直督咨張大葆仔聽從因竊拒捕鎗斃捕人王黑仔身死一案。

查審理案件，向貴詳核初供，至盜案内夥盜數目，尤以初供爲確，況案關拒捕殺人，正犯業已成招，詎得以初供無名之犯續獲到案，致令犯供翻易，倖逃法網？此案於行起意行竊，糾允井合意、蘇二牛、白得會、李萬得、劉中、梁鈺振等同夥七人，於行身帶洋鎗，餘人持械、徒手不等，偕至事主劉紹興家，撥門入室，竊得錢文，携至村外，留梁鈺振看守。於行等折回，復竊得衣服幾包，經事主之妻驚覺喊捕，鄰人王黑仔與其叔王二小聞喊接應，井合意等携贜逃走，王黑仔等追捕，於行落後，用洋鎗放傷王黑仔右臀殞命。報驗差緝，將井合意、白得會、蘇二牛獲案。前據該督將井合意等三犯依例擬徒監候待質等因咨准部覆在案。兹據該督咨稱，續獲首犯於行質明供認定罪解勘後，適該縣究出另案人犯張大葆仔，自認用鎗放傷王黑仔身死屬實，詳情更正，張大葆仔旋即在監病故。將於行等照夥竊持械分别擬徒等因咨部。

本部詳核案情：該犯於行糾夥七人持械行竊，復用洋鎗拒斃捕人，情形極爲兇暴。井合意等初到案時僉供於行身帶洋鎗，如出一口，雖於於行如何拒捕之處並未目覩，而王黑仔既係被鎗放傷身死，其爲於行落後拒捕可知。於行到案之時，始猶狡展，一經提同井合意等暨原拏捕役歷次質訊，即俯首承認，亦無異辭。是於行之拒捕殺人供證明確，本無疑義。至張大葆仔一犯，不特井合意等初供同夥止有七人，並無張大葆仔在内，即於行亦無一語供及，如果原夥實有張大葆仔其人，實係張大葆子放鎗拒捕，在井合意等尚可云與張大葆仔交厚，不肯説出，何以於行甘心自認重罪，亦竟諱匿不言？檢閲縣詳稱於另案張大葆仔究出實情。可見張大葆仔係另案人犯，本與此案無涉。乃於於行定罪解勘之後，忽云續獲張大葆仔一犯，訊係此案拒捕殺人正兇，詳請更正。計其時於行解勘在府，何以知張大葆仔拏獲到縣，遽爾翻供，求與質對，此中謂無串揑情事，其誰信之？況現訊供詞與初供歧異之處甚多，而以於行當日所持係木棒並非洋鎗一節，爲此案最要關鍵。第井合意等初次所供某人持某械、某人徒手均一一符合，何獨於爲首之於行轉有錯誤？於行到案之初，方圖避重就輕，何亦無一言剖辯，竟肯供認用鎗拒捕？今於行於翻供之後，始力辯當日所持實係木棒，並非洋鎗，衆犯之供亦隨同改易，顯係因有張大葆仔到案，狡詞避就，殊難憑信。張大葆仔既係初供内無名之犯，定例不許續報，又未經解勘即在監病斃，今將重罪全諉諸張大葆仔一犯，而於初招已定之於行曲爲開脱，轉令得逃重辟，致竊盜拒捕鎗斃捕人重案無一明正典刑之人，何以懲强暴而安良善？案情既未確鑿，罪名出入攸關，本部礙難率覆，應令該督再行提犯，嚴切根究，詳核初供，按律定擬報部，到日再議可也。三月。

監犯瘐斃奉天司

奉督題監斃人犯一案。

查罪犯囚禁在獄，理宜加意矜恤，定例有管獄各官於人犯監斃應分別公罪私罪予以處分，而獄卒人等，如有非理陵虐、剋減衣糧各情弊，尤干例禁。原以輕罪人犯固不可令其横死獄中，即重罪人犯當死於法，亦不當死於非法。重人命，即以慎法紀也。今該督等題報：光緒十三年分，該省刑部及各屬監斃斬、絞、軍流名犯二十餘名口，十四年正月至九月又陸續咨報監斃斬、絞人犯二十七八名，軍、流、徒犯十餘名，至未定罪名及因人連累等犯復近十名，其未經報部者尚不知凡幾。雖據聲明各犯實係因病身死，然使竟無别項情弊，何至纍纍瘐死者如此之多？誠恐該管各官玩視民命，漫不經心，冬則饑寒交迫，夏則穢濁薰蒸，均坐視而不爲之，致使罪有應誅之犯，不能明正典刑，無辜被累之民，反致冤填牢户，尚復成何事體？甚至獄卒人等非法拘押，陵虐多方，應給衣糧任意剋剥，種種弊端不勝枚舉，遂使□□□□。應令該督等申明定例，嚴飭有獄管獄各官，實心經理，嚴行查察，毋使羈禁之犯困苦無告，死於非命。如有非理陵虐，剋減衣糧各情弊，照例懲辦，不得稍存回護，並嚴定各屬功過章程，以昭懲勸。倘有知情故縱，以及知而不舉失於覺察各情，即行照例分别參處，以重刑章而挽積習。

疏脱斬犯奉天司

奉督咨長解齊桂林等疏脱斬犯一案。

據此齊桂林、高幅應如所咨擬徒，業已在押病故，應與訊無陵弊之看役人等，均毋庸議。斬犯施才於解勘途逃，被獲後羈禁病斃，驗無別故，刑禁人等並無陵虐情弊，亦毋庸議。至協同押解之營兵，例有應得罪名，該將軍並未聲叙明晰，實屬疏漏，仍應令該將軍將該營兵等按例定擬，報部核辦。再查例載『解審罪應凌遲斬絞立決監候重犯，中途脱逃，僉差不慎之長解官及撥兵添差護解之地方文武各官，俱照吏部定例，分別議以降留、降調、革職，並革職留任，限一年緝拏，限内拏獲，題請開復』等語，是疏脱斬絞重犯，例定處分綦嚴。今此案斬犯施才係已入光緒十一年秋審情實停勾重犯，既於是年三月十二日解勘中途脱逃，迥非尋常疏忽可比，即應將僉差不慎各職名題參勒緝，以符定例。乃該將軍並未將該犯脱逃之處即時專案報部，亦未將應議各職名開參。迨十二年二月十三日，將該犯施才拏獲，旋在監病故，仍未審擬報部，僅於秋審後尾内聲明病故扣除。延至一年有餘，該長解齊桂林、高幅先後在押病故，始行虚擬罪名，含糊完結。似此顢頇從事，大非核實辦公之道，亟應申明例文，行令該將軍嗣後辦理此等案件，務須遵照定例，妥擬報部，毋得視爲具文，相應咨覆該將軍可也。

變通軍流徒犯辦法説帖

奉堂諭『近來軍、流、徒犯脱逃之案日益加多，各司核辦各該省稿件自必洞悉情形，究應如何設法整頓及可否量爲變通之處，即各抒所見』等因。

職維軍、流、徒脱逃之犯緝獲到案，輒供因配所貧苦難度，如出一轍，其中固多積猾之徒，不思安分，相率逃亡，而實因謀生無資，不能度日者，亦居其半。大抵東南諸省謀生較易，則脱逃者較少，西北諸省謀生較難，則脱逃者較多，此其明驗也。查向例：軍、流、徒犯到配各有專管、兼轄之官，俱令每月點卯二次，並造具年貌籍貫文册稽查，其脱逃者本犯及主守者各有應得之罪，專管、兼轄之官亦各按名數有應得處分。至於徒犯拘役，本有應給口糧。又例載：『軍、流等犯年逾六十及篤疾不能謀生者，給與孤貧口糧。其少壯軍、流各犯，實係貧窮又無手藝者，初到配所，照孤貧給與口糧，以一年爲止。各州、縣有驛遞之處，一切應用人夫，酌派軍、流少壯中無資財手藝之犯充當，給與應得工食。無驛遞之州、縣，公用夫役均令一體充當，逐日給與工價』等語，是於嚴行管束之中，仍寓曲示矜恤之意，定例本極周密，不待更張。無如法久弊生，管束固屬虚文，而應給口糧則剋扣侵吞，盡歸中飽。在該犯等身罹罪辟，自應安分在配。然異鄉遠戍，生計毫無，而欲其甘心槁餓，不思逃遁，亦勢之所不能。

今欲設法整頓，亦惟有申明舊章，飭令各督、撫轉飭各州、縣，將所有安置軍、流、徒犯嚴加管束，除稍有資財及有手藝自能謀生者毋須給與口糧外，其貧窮之犯務將例給口糧核實散放。遇有應用夫役，酌撥各犯充當，實給工價，無任吏胥從中侵蝕。各犯等既供役使則可以安身，既得工食則可以糊口，庶幾脱逃由此日少，整頓之法如此而已。若欲嚴定脱逃罪名，則即徒、流、軍以次遞加，罪不至死，不過配所略分遠近，而脱逃者如故。即欲嚴定管轄之處分及主守之罪名，亦徒事紛更而絶少裨益，且恐隱匿諱飾，上下相蒙，有嚴刻之名，而終無整頓之實也。

變通之法，軍、流與徒微有不同。竊查新疆地方幅員遼闊，屯作耕種在在需人，是以乾隆年間於内地軍、流人犯酌其情重者，節次奏明發往。迨道光、咸豐年間，因新疆遣犯擁擠，歷將情罪稍輕人犯改發内地。同治年間，又因新疆道路不通，將例内應發新疆烏魯木齊等處者，俱改發内地。條例内聲明，俟新疆道路疏通，再行查明，分別核辦。此本權宜之計，未著爲定例也。現在新疆肅清已久，而兵燹之後，土曠人稀，南北各城興辦屯田，疏濬水渠，安設軍站，需用人夫孔多。應請將從前應發新疆而改發内地之犯，酌量情節輕重，改歸舊例，撥往種地當差。蓋分隸各營，馭以軍伍，則較州、縣之約束爲易，其便一。責以力作，則不至游手好閒，出外滋事，其便二。給以衣食，則無凍餒之患，可以安心供役，其便三。伊犁、烏魯木齊一帶，泉甘土沃，耕稼最宜，從前興治屯田，亂後必多荒廢，工作之人多，則墾闢亦多，其便四。新疆多一有用之少壯，即内地少一無業之游民，其便五。又例載：『滿洲、古蒙、漢軍發往新疆人犯，於例定年限内，果能改過安分，即編入本地丁册，挑補駐防兵丁及緑營食糧當差民人爲奴。遣犯在配安分已逾十年者，令永遠種地當差。遣犯果能悔過悛改，定限五年，編入該處民户册内，給地耕種納糧』等語。是各犯等遷善自新，即有可食之糧，可耕之地。苟能各安本分，保其身家，將來户口繁滋，實於邊地有益，其便六。且係規復舊章，並非更定新例，揆之事理，似無窒礙，此軍、流之可量爲變通者也。

徒罪人犯，向例發驛擺站拘役。嗣於乾隆五十三年，雲南巡撫奏准不拘有驛無驛，均匀酌配，纂入條例。是徒犯已無擺站之責，空存拘役之文。若遵照舊制悉撥驛遞當差，既不使游蕩無歸，亦不使生計無出，此亦變通之一法也。果使實力奉行，悉心經理，則整頓既不等具文，而變通亦不滋流弊，是在任事者之得其人矣。職管窺所及，是否有當，謹繕具説帖，恭候鈞定。

奏讞彙存

刑部謹奏，爲審明僞造印信公文案内官犯，分别按例定擬，恭摺奏聞仰祈聖鑒事。

據鑲紅旗漢軍都統衙門奏送假捏公文、私雕印信人犯貴珍等交部審辦一案。

光緒十五年四月十九日，奉上諭：領催貴珍、承愷閑散，英霈著交刑部嚴行審訊；參領萬桂、佐領佟澤沛，均著先行解任，同筆帖式廣福一並聽候傳質等因。欽此。

當經遴派司員傳訊萬桂、佟澤沛、廣福，車都尉榮寬等供詞閃爍，奏請先行革職，以便嚴訊等因。

五月十九日，奉旨：依議。欽此。

臣等復督飭司員嚴加研鞫，緣萬桂係鑲紅旗漢軍印務參領兼充鎗營營總，佟澤沛係三等侍衛鑲紅旗漢軍世管佐領兼二等輕車都尉世職，榮寬係護軍參領銜步軍協尉，慶增即楊四，係户部筆帖式，廣福係鑲紅旗漢軍印務筆帖式，佟澤沛係萬桂妻弟，與榮寬、慶增及在逃之民人陸三即陸芳、護軍明秀即明二，均互相認識。

光緒十四年八月間，該旗充當庫兵之增福年滿撤回，户部三庫衙門，應行文各旗，咨取庫兵。九月初間，佟澤沛赴三庫，支領銀兩，榮寬亦赴庫，關領錢糧，彼此會遇閑談。榮寬提説：增福庫差報滿，本旗要挑送庫兵。佟澤沛答稱：萬桂曾經説過前次增福送差，伊未得著謝儀，將來三庫如再咨取庫兵，伊欲以無人可送等情咨覆。榮寬答稱：送庫兵事伊能辦理，如庫上文書到旗，須託萬桂不要駁回。佟澤沛隨至萬桂家告知萬桂。稱：俟文書來時再説。適佟澤沛之慼領催吴祥即長泉，欲爲其子毓森保送庫差，稔知陸三與三庫書辦熟識，往找陸三託令至三庫商辦咨取庫兵文書。陸三隨邀同明秀找向三庫經承龔祝臣即龔錫光商説，龔祝臣允爲辦理，言明使費，俟庫兵保送到庫認差後，分年送給。吴祥又找向佟澤沛央令往向萬桂托情，佟澤沛復至萬桂家内訴述吴祥已托陸三等辦妥文書情由，懇爲關照，將來事成自有酬謝，萬桂應允，即托佟澤沛代爲招呼，如有願送庫兵之人，都由佟澤沛酌定。復稱：榮寬熟悉保送庫兵一切情形，必須伊出來幫忙，方能妥協。佟澤沛又找向榮寬商允將來保送庫兵，由榮寬幫同辦理。

十一月十三日，廣福在該旗印房值班，三庫衙門送到咨催挑送庫兵文書，廣福接收見係印文給與印板回頭，是晚即持送萬桂宅内詢問是否辦理，萬桂令即畫事打到，廣福持回粘連看單，仍送至萬桂宅中，萬桂留下，十四日早，萬桂約同參領施寶成持取三庫來文回明本旗都統，經都統飭令，由鎗營挑送。萬桂當傳齊鎗營内閑散養育兵，於十八日，會同施寶成等，在旗署小哨，挑取願送之毓森等十五名，領催承愷之子英霈，亦在挑取之列。

是晚，萬桂、佟澤沛、榮寬約在鴻慶堂飯館見面，萬桂將挑取名單給佟澤沛等瞧看，佟澤沛用單另行謄寫，榮寬向萬桂説明將來保送之人令給萬桂酬謝有伊承管，當各回家。

二十五日，佟澤沛邀同榮寬並願送之十五家在鴻慶堂會齊，陸三、明秀、慶增亦先后前往。佟澤沛等向大衆聲言：此番挑送庫兵，不准倩人代替，每人均須出具連名保結，所有旗上庫下兩邊花銷約須銀二千兩，將來何人保送？何人承認？所有旗下事歸佟澤沛料理，外事歸榮寬料理。陸三亦向大衆聲言庫上文書是伊承辦，承愷等均在場聽見，慶增復代衆人書寫保結，言明將來挑不上者，按月幫給銀兩。旋各走散。

至十五年三月初五日，本旗都統在旗署公同考驗並行文步軍統領衙門派兵彈壓，榮寬前往照料，當經都統簽選得英霈一名，堪以保送，飭令造具册，結咨送三庫認差。榮寬當將英霈用車拉至伊家居住，復經明秀拉往家内，佟澤霈復帶同承愷、英霈至榮寬家内，榮寬告稱：『認差之後，即有一切花銷，伊將房契借給轉押銀兩應用寫就字據三張，令承愷同英霈畫押，借字内未填銀數，言俟認差後，用銀多少，再行填入。承愷因伊子業已挑送，無奈應允，旋即回家。

隨後吴祥往找承愷，言庫上文書係伊爲伊子託陸三辦來，今伊子未曾挑取，所有辦文花費，令承愷承認，承愷不允，與吴祥争吵，吴祥亦即走回。

十五日，該旗辦齊咨文册結，由領催貴珍帶同承愷至佐領英奎處領出，承愷送給佟澤沛、榮寬看過，榮寬將文書交明秀赴三庫衙門投遞，明秀找見三庫書辦交給文書並託令趕緊辦妥，好令英霈認差，因庫上書辦向索使費，須先給現銀四百兩，明秀回向榮寬告知，榮寬允俟英霈認差後再給，明秀又往庫上商量未曾説妥。旋經三庫衙門查得：該旗尚未輪值挑送庫兵之期，該衙門並未向該旗咨取庫兵，將册結咨送回旗。該旗以三庫衙門前後兩文所用印信大小顔色篆文參差，將咨催原文移送三庫查驗，核與該衙門印信不符，飭令萬桂等確查文書來歷，擬將收文之廣福送部根究，廣福因文書來歷可疑，恐干重咎，即以當日所收係屬白文等情在該旗遞呈，經該旗都統以情節支離，萬桂等恐有舞蔽營私情事，奏送到部，復經臣部奏請革職並以此件僞文係陸三同明秀由三庫辦來，該旗保送文書又係明秀前往投遞，是陸三、明秀實爲此案緊［要］人犯，非嚴緝到案，不能水落石出，飭坊密拿陸三並行文廂紅旗滿洲將明秀送審。

旋據該坊報稱陸三業已聞風遠颺，並據該旗咨稱明秀，因病失迷逃走，復經行文步軍統領衙門一體嚴拿日久，迄未獲案。

萬桂等恃係職官，供詞諸多狡展，互相諉卸，叠經嚴行究詰、加以熬審，始據供悉前情。

臣等尚恐所供不實不盡，難保非勾通僞造印文，因陸三、明秀未經到案，捏詞狡飾。提集各犯，詰以三庫並未向該旗咨取庫兵，今忽來文咨催，其中顯有情弊。萬桂當差年久，豈得諉爲不知？佟澤沛既爲吴祥説情，榮寛又於事前向佟澤沛商辦此事，所有捏造情節，豈得全行狡賴？

據萬桂供稱：伊朦混回堂，意止希圖酬謝。佟澤沛、榮寛供稱：伊等亦止圖從中分肥，文書實係陸三、明秀向龔祝臣手内辦出，龔祝臣如何捏造，等均不知底細各等語。

復檢齊三庫前後咨文與僞文詳細比對，印文雖不相符合，而文内式樣，以及紙張顔色、尺寸、大小均屬相符，確非旗下人等僞造。

既據佟澤沛、榮寛、承愷僉稱，係陸三、明秀託三庫經承龔祝臣所辦供詞一轍，吴祥又曾向承愷索討辦文花費，是此件僞文，其爲龔祝臣捏造圖騙銀兩已無疑義。惟龔祝臣又名龔錫光，業於本年正月間，經臣部於庫兵立壽案内飭拏，全家逃匿迄未獲，案飭傳吴詳即長泉，據報病故無從提質。

至廣福呈内所稱原係白文一節，檢查該都統原奏聲明萬桂等回堂時，係是印文傳到。施寶成供稱：當日與萬桂一同回堂，伊曾看過，實係印文，並非白文。研訊廣福供詞亦稱：當日所收本是印文，是以伊給予印板回頭。詰以既是印文，因何在旗遞呈稱是白文？

復據廣福供稱：伊因僞造印文罪名甚重，文書係伊驗收，恐怕連累問罪，是以捏稱白文，希圖避就傳訊。驍騎校金增、外郎張玉、李金梁僉稱：伊等因與廣福同辦一事，廣福稱是白文，伊等亦只好隨同附和，其實原係印文不敢狡執各等語。

是僞文原來有印，並非萬桂等僞造，亦尚可信。

又廣福呈稱：萬桂曾向伊説：到刑部後一切打點，萬桂一人承管。

據萬桂供稱：本部欲將廣福送部，伊念廣福寒苦，情願照應一切，並無托人打點之語。質之傳到之參領於珊供亦相符，案已訊出實情，未便因陸三、明秀等久未弋獲，致令懸宕，應先擬結。

查例載：僞造諸衙門印信誆騙財物爲數無多者，杖一百、流三千里，爲從及知情行用者，各減一等等語。

此案已革參領萬桂明知三庫並無咨取庫兵文書，咨催僞文，係吴祥托陸三等所辦，輒受人請託，朦混回堂挑送庫兵，希圖事後酬謝。已革侍衛佟澤沛、已革協尉榮寬俱知咨催挑送庫兵僞文係陸三、明秀與龔祝臣通同舞弊，輒行勾串説合，希圖從中分配，雖均不知龔祝臣如何僞造情形，惟業已挑選送庫認差，覈與知情行用無異。

查此案印文如係龔祝臣僞造自屬不法，弟贜未入手，按誆騙爲數無多例，罪應擬流，萬桂等僅止知情行用，自應按例減等問擬。萬桂、佟澤沛、榮寬均合依僞造諸衙門印信誆騙財物爲數無多，杖一百、流三千里。知情行用者，減一等，例於滿流上減一等，擬杖一百、徒三年，應徒重發往軍臺效力贖罪。

陝西司光緒十五年

呈爲彙題事。准管理户部三庫事務衙門咨送已革庫兵立壽送部審辦一案。隨訊，據立壽即逢三供云云，崔玉光供云云，程亮供云云，趙城璧供云云，各等供。

查例載：各衙門書辦，或因有疾，或因不諳文移退役之後，倘有更名重役者，杖一百。又，書吏舞文作弊，其知情不首之經承，照本犯減罪一等發落。又，律載：斷罪無正條，引律所附，加減定擬各等語。

此案立壽即逢三係厢白旗漢軍毓文佐領下養育兵，光緒十三年五月間，經本旗將伊保送户部充當庫兵差使，與在逃之三庫檔房正經承龔錫光暨到案之副經承崔玉光素相熟識，三庫檔房收發文移，向係龔錫光經手，上年五月間，立壽赴内庫當差，有已革太監劉壽喜等將伊攔搶，經景運門值班大臣稟明，送部簽分江蘇司審辦，旋經訊，經將立壽依不應律擬杖八十並革退庫兵差使。於六月二十三日具稟。

二十四日，該習書吏趙城璧當堂行文取有户部三庫事務衙門諮文一角，係莫吉戈、程亮送至該衙門科房，取有回頭執照，其時立壽聽人傳説，伊庫兵差使已被革退，因未見明文，找向崔玉光打聽，刑部有無咨文過來。崔玉光答稱：未見。立壽央懇崔玉光，如有文書來時給伊招呼。崔玉光覆稱：此事伊不能作主，必須託龔錫光方能辦理。旋各走散。立壽復找向龔錫光央懇設法。龔錫光回稱：祇好暫且浮當，再想別法辦理。

嗣後，崔玉光見立壽照常當差，科房内並未看見刑部來文，向龔錫光查問。龔錫光聲稱：此事既不應伊經手，何須打聽？崔玉光復找向立壽查詢。立壽告稱：已托龔錫光辦好，求其不必斟問。

崔玉光因關係情面未曾舉發，後於八月十六日，立壽封銀十兩送給龔錫光作爲謝禮，龔錫光嫌少未收，並稱俟到年底再説。十一月間，龔錫光曾找過立壽兩次，均未遇見。至十二月初間，經新任庫官查明立壽被劉壽喜揪扭一案久未結，據刑部辦結咨文片查本部，經本部將前案未結緣由，片覆去後，即經該衙門查出舞弊情由，將立壽咨送到部，訊悉前情嚴詰，立壽供認實因聞庫兵被革，託龔錫光設法朦混當差，圖得飯銀屬實。至龔錫光如何舞弊伊不知底細，事後曾送謝銀十兩亦未收受，委無事前許給銀兩，暨起意棄毁文書情事。

訊之崔玉光供稱：立壽向伊央懇，伊曾推辭，至龔錫光如何設法朦混，伊委不知情，刑部前案辦結咨文，伊在科房内始終未曾看見，想已被龔錫光棄毁等語。

當經叠次片傳龔錫光，旋據該衙門覆稱業已全家逃逸，顯係情虚畏罪，飭緝弋獲無期，應先擬結。

查立壽充當庫兵因事犯案革退，輒敢央允經承龔錫光代伊設法朦混當差，照常關領飯銀，雖事前並未許給財物，事後送銀未收，贓亦甚微，惟希圖朦混當差，致龔錫光將原案咨文棄毁，較之書辦有疾，乃不諳文移退役後更名重役者情節爲重，例内别無治罪專條，應比例加等問擬。

立壽應革去養育兵，比依部院衙門書辦退役後更名重役者杖一百例上，酌加一等，擬杖六十、徒一年，係旗人照例折枷，俟枷滿日，鞭責發落。該犯自上年革退庫兵之後朦混領過飯銀，應由總理三庫事務衙門查明，照數著追。

崔玉光充當三庫檔房副經承，向不經手收發文書，其於立壽央爲招呼並未應，許龔錫光爲立壽設法朦混亦無通同舞弊情事。惟既知龔錫光等朦混舞弊，因關係情面未曾舉發，亦屬罪有應得。

查龔錫光如何朦混舞弊，崔玉光雖不知詳細，惟立壽原案辦結咨文既經送交該衙門科房亦有回片，乃崔玉光同在科房始終未見其爲業，被龔錫光棄毁已無疑義。現在龔錫光全家逃逸，是其畏罪遠颺，情節顯然。龔錫光事前並未得過財物，事後經立壽送銀並十兩亦未收受，計贓無多，將來緝獲到案，應於棄毁文書，杖一百律上，按知法犯法例加等問擬杖六十、徒一年。崔玉光知情不首，應即照例減等發落，崔玉光合依書吏舞文知情不首之經承，照本犯罪減一等例，於龔錫光應得杖六十、徒一年罪上減一等，擬杖一百折責革役。本部書吏趙城璧於應行文件並無遺漏，莫吉戈、程亮投送文書亦無延閣情事，應毋庸議。逸犯龔錫光飭緝獲日另結。除人犯先行發落並付知浙江司照例彙題外，相應知三庫事務衙門並廂白旗漢軍都統可也。

事犯在光緒十五〔年〕十六日恩詔以前，按照臣部奏定章程應在准免之列，惟均係職官，仍恭候欽定。

該革員等供係龔祝臣爲首衆證僉同，應請毋庸監候，待質已革筆帖式廣福在旗呈訴，因文書來歷可疑，恐被萬桂連累並非有心陷害，且萬桂係同案有干列議之人，不得以誣告論。惟以所收印文輒稱白文實屬揑飾，筆帖式慶增於佟澤沛等商辦庫兵一事，輒往幫同照料代寫保結，均不知佟澤沛等舞弊情由，究屬咎有應得。廣福、慶增均合依不應爲而爲事理，重者，杖八十律，各擬杖八十，廣福業已革職，應毋庸議。慶增係職官，應請旨交部照例議處。驍騎校金增、外郎張玉、李金梁於廣福揑供白文隨同附和亦屬不合，金增、張玉、李金梁均合依不應輕笞四十律，各擬笞四十，事犯亦在赦前所得笞罪，均予援免。領催貴珍僅止帶同承愷領取本旗咨文，領催承愷於伊子保送庫差並無串通舞弊情事，閑散英霈挑送庫兵，係本旗都統公同識制並無不合，均無庸議。吴詳爲伊子營求挑送庫兵，殊干例禁議，業已病故，亦無庸議。餘屬無干，概行省釋。逸犯龔祝臣即龔錫光、陸三、明秀，應請旨飭下步軍統領衙門、順天府、五城一體嚴拏，務獲究辦。佟澤沛所襲二等輕車都尉兼世管佐領，應如何承襲之處事隸兵部，恭候命下臣部，移知兵部，照例辦理。

所有交審要案訊明定擬緣由，謹恭摺具奏。請旨。

奏爲交審要案，現訊供情恐有不實，請旨飭查，以憑訊辦。恭摺奏祈聖鑒事。

光緒十六年十一月二十八日，承准軍機大臣字寄。

奏上諭：前據敬信等覆奏，查辦御史德蔭奏參吉林紳董一案，訊出湯連魁等賄囑參摺贓據，請飭刑部提犯訊究並將全案供招送部查覈，當經諭令長順將湯連魁、蔣儒、沈學曾、于芳懷、龐姓即龐維翰等五名，迅解刑部歸案審辦。兹據長順奏，遵將湯連魁等五犯，派員解部等語。著刑部即將解到各犯嚴行審訊，務得確情，以期水落石出等因。欽此。旋於十二月初五日，由吉林將軍長順將湯連魁等五名解送到部，經臣部於初七日附片奏聞。奏旨：知道了。欽此。查閲敬信等原奏内稱：於蔭霖呈訴開設燒當之臨榆縣刁生湯連魁，捐糧抬價，委員查出禀請斥革，蔣儒閉糶揹價認罰充糶，有沈學曾作保，嗣沈學曾到於芳懷家聲言蔣儒來信，湯連魁由京賄買言官恭奏所保各款一概不出，又向宣佐寬稱言蔣儒之錢不出，學曾捐錢亦須倒回一節。

提訊湯連魁、蔣儒狡不承認，復查于芳懷呈內有龐姓控告湯連魁挾公櫃銀兩進京打點官司一語。添傳龐姓即龐維翰供稱：十五年冬，湯連魁與連號萬盛當執事人党儒林鋪夥連寶忠串通盜銀，不知作何使用？并耳聞臘月內，湯連魁從奉天仁昌金店匯去北京銀一千一百兩，當經飛咨盛京將軍派員確查，旋據覆稱：密飭營務處往仁昌金店調閱匯帳有光緒十五年臘月初十日，由吉林新城萬盛當託奉天廣麗生錢鋪，交仁昌金店匯京銀一千一百兩交京都玉發合一款。查閱廣麗生鋪帳相符等因。劄飭吉林府查傳党儒林、連寶忠，據報脱逃，復查萬盛當匯款，係十五年十二月初十日，由奉天匯京，御史德蔭係十二月二十三日具奏，相距已不甚遠。

又據永平府稟報湯連魁於十二月三十日潛回原籍，按由京回籍計程七日之期覈算，又適與該御史十二月二十三日奏參日期暗合，謂無賄囑交通，何以如此巧值？飭向湯連魁嚴詰，該犯無可置辯，僅以何人過付之言藉詞抵賴，顯係恃無質證狡供不認。惟該犯匯銀至京究竟過交何人？如何賄囑？所有經手過付之人均遠在京都，自應迅速提解刑部就近傳集質訊等語。案關賄通言官，查有贓據情節較重，當經遴派司員提集解到各犯，逐加研詰。

據蔣儒、沈學曾供稱：十五年，該處辦理平糶，蔣儒因措抬糧價，認罰錢文，看押嚴追，央沈學曾担承保出，具限完交。十六年正月間，蔣儒到沈學曾家內，沈學曾催問前項罰款，致相爭論，沈學曾之兄在旁解勸并留蔣儒喫飯，沈學曾談及前在四合城聽人傳説湯連魁去年逃走現在回來，想是進京告狀。蔣儒回説：總未與湯連魁見面，也許他進京告狀，他是被拏之人，如未告狀，豈敢自行投案？如果湯連魁實有告狀之事，伊等應交之款均可從緩。

于芳懷供稱：沈學曾曾向伊説：聽聞湯連魁在京花銀找人，將文會紳士參了數款。龐維翰供稱：伊與湯連魁合夥開設燒當各鋪，所開之萬盛當辦貨人連寶忠是湯連魁親戚，各鋪內有歸還奉天商人欠項，俱係連寶忠於每年冬天前往帶便辦貨。十五年，帳內有連寶忠在奉天置買布匹一項，約值銀六七百兩，又有現銀二百餘兩，均無著落。伊向連寶忠追問，連寶忠説是湯連魁使用，問之湯連魁，又説連寶忠知道短銀情由，並聞萬盛當有由奉天仁昌金店匯京銀兩，心疑是湯連魁將此項銀兩進京打點官司各等語。

詳核各犯所供雖與于蔭霖原呈稍有參差，而湯連魁蹤迹可疑，原呈謂其賄買參摺，恐非盡屬無因，飭提湯連魁嚴行拷訊，據供伊因案被拏逃回原籍躲避並未來京。嗣接吉林鋪夥來信聲稱：龐維翰在鋪攪鬧，囑伊迅速前往，伊行至奉天曾與連寶忠見面，未及查算帳目，即行前赴吉林等語。

至詰以賄買參摺一節，該犯堅不承認，即匯京銀兩亦一味諉爲不知，自係因别無確切證據，希圖抵賴，當以案證。龐維翰等尚多依稀仿髣髴之詞，難令折服。惟匯京銀兩確有可憑，亟應從此根究，隨飭坊提取仁昌金店匯銀帳簿細心檢閱，内有十五年十二月初九日，奉天萬盛當匯京銀一千一百兩交裕發合李掌櫃收取一款，此外，並無交玉發金匯銀帳。

據傳訊該鋪夥徐善庭稱：係素識之裕發合烟局掌櫃人李振宇經手匯兑。傳訊李振宇稱：係同鄉人趙金暘託伊所匯。提集李振宇、趙金暘互相質訊，據供俱籍隸樂亭縣，李振宇向在京城，裕發合連號之慶發合管事趙金暘向在吉林伯都訥廳興發合雜貨鋪幫夥，與已故之順天人劉俊同盟至好。光緒八年，趙金暘與劉俊並龐維翰所開之公興隆及蘇姓等各出資本合夥開設公興長雜貨鋪生理。

嗣劉俊患病託趙金暘照應妻子，旋即病故。十四年冬間，劉俊之妻王氏送柩回京，將積存銀兩交趙金暘寄存並將買賣股分及所置地畝託趙金暘照管，趙金暘旋將所存銀兩及鋪内花利等項，代爲湊集銀一千一百兩，稔知萬盛當每年冬間，有人赴奉天辦貨，將銀交萬盛當鋪東白尚皦、鋪夥郭老景手内，託其帶至奉天暫存號内，俟要用時匯京。十五年四月間，趙金暘來京到劉王氏家看望，並向告知湊集銀一千一百兩寄存萬盛當鋪。劉王氏因欲還帳並買置房地，囑將銀兩匯京，趙金暘應允，旋於回籍，後給白尚皦等寫信，囑將存銀匯京。嗣接白尚皦等回信，言俟冬天帶至奉天交仁昌金店匯兑。十一月間，趙金暘由籍來京向劉王氏告知匯銀情由，隨找向李振宇託爲匯兑。十二月初九日，李振宇至仁昌金店講明由奉天萬盛當交元寶銀一千一百兩在京付松江銀，仁昌打電報至奉天照問。旋接回電稱：萬盛當銀收到，當即通知李振宇前往將銀交趙金暘兑取，趙金暘送到劉王氏收存。劉王氏將銀還帳並置買房地使用。趙金暘旋即回籍。十六年十一月，復有事來京，致被李振宇指傳到案各等語。

傳訊劉王氏所供相符。質之龐維翰據稱：趙金暘係伊連號公興長東夥，劉姓係順天人，跟官來至吉林，置有地畝，後來病故，其眷口於十四年冬間，由吉林起身回京均係實有其事。至仁昌所匯之款是否實係劉姓銀兩，抑係湯連魁匯來，伊亦不能指實等語。

臣等查此案情節以仁昌一款是否係湯連魁匯兑爲緊要關鍵，今據李振宇等所供各情如果屬實，則此款自有著落，與湯連魁不相干涉。惟湯連魁因案脱逃在籍躲避半年有餘，何以御史參摺甫上，即行自籍起程前往投到？若預知有查辦之舉，挺身赴質以圖翻案，萬盛當前赴奉天還帳並辦貨銀兩俱交連寳忠等經理，何以所辦布匹該鋪未曾收到，所帶現銀亦有虧短？且湯連魁曾到奉天與連寳忠見面，連寳忠苟無情弊，何以聞拏遠颺？揆其情形，難保非湯連魁與連寳忠句串將公櫃銀兩私自匯京使用，趙金暘代劉姓湊集銀兩，既係有事進京，何以不親身携帶而必寄存萬盛當内？且伊進京係爲看望劉王氏交付存款而來，既將存款交清，回籍將及一年，何以並不前往吉林生理，無故復行來京又適在參案奏結之後，提京各犯將到之先，巧值如此？若預知事須傳質在此静候以便完案，更難保非湯連魁實有賄買參摺之事，因匯銀一節無可彌縫，串通案外之人前來承認，以爲狡卸地步，若不將匯銀根由飭查明確，難期水落石出。

相應請旨飭下盛京各該吉林將軍，分别查明萬盛當於十五年冬間，交奉天仁昌金店匯京銀兩究係何人所匯？該鋪鋪東白尚皦、鋪夥郭老景有無爲趙金暘寄存銀兩，由奉天匯京之事？該鋪當日匯兑係何人經手交付廣麗生錢鋪轉交仁昌金店？有無湯連魁暗中主使情事？取具確切供詞並連寳忠、党儒林現在有無拏獲，一並迅速報部，以憑訊辦。

至御史德蔭雖訊無受賄賣摺證據，惟所參吉林紳董侵吞公款各節，係屬傳自何人？是否别人摺稿倩伊出名呈遞，亦應請旨飭下都察院傳到該御史，取具切實親供咨部備核。

所有交審要案，奏請飭查緣由，謹恭摺具奏。請旨。奏爲賄買參摺人犯，贓據未確，要證在逃，按例酌量定擬，仍監候待質，恭摺具奏，仰祈聖鑒事。

光緒十六年十一月二十八日，承准軍機大臣字寄。

奉上諭：前據敬信等覆奏查辦御史德蔭奏參吉林紳董一摺，訊出湯連魁等賄囑參摺贓據，請飭刑部提犯訊究，當經諭令長順將湯連魁、蔣儒、沈學曾、于芳懷、龐姓即龐維翰等五名，迅解刑部歸案審辦。兹據長順奏，遵將湯連魁等五名，派員解部等語。著刑部即將解到各犯嚴行審訊，務得確情等因。欽此。

旋由吉林將軍將湯連魁等五名解送到部，臣等遴派司員集犯研訊。

據湯連魁供稱：伊係直隸臨榆縣生員，向在吉林伯都訥廳新城地方與龐維翰等開設萬盛當等字號。光緒十四年，該處辦理平糶，十五年間，伊因糶糧不足，被委員查出差傳，遂於五月間，逃回原籍，經吉林將軍將伊生員咨革差拏甚緊，伊復至撫寧縣母舅家藏匿。十二月三十日，時届年節差拏稍鬆，伊回家度歲，適接吉林鋪夥來信言龐維翰在鋪攪鬧，伊於十六年正月初八日由籍動身，十七日行至奉天，與連寶忠見面，住了一夜，即赴新城。遇見龐維翰向伊稱説：查出瀋陽買貨帳内有連寶忠買布十六卷，約值銀六七百兩，未見發回。又，現銀約虧短二百余兩。伊回稱：連寶忠知道短銀情由。龐維翰隨以伊將公櫃銀兩進京打點官司，赴將軍衙門控告等語。

復按照敬信等原奏内所稱：沈學曾到于芳懷家聲言蔣儒來信，湯連魁由京賄買言官參奏龐維翰，供出十五年冬，湯連魁與連號萬盛當執事人党儒林鋪夥連寶忠串通盜銀不知作何使用。聞湯連魁從奉天仁昌金店匯銀進京，並查出奉天仁昌金店確有光緒十五年臘月初十日，萬盛當託奉天廣麗生錢鋪由該店匯交京都玉發合銀一千一百兩各節。向該犯不獨賄買參摺，該犯堅不承認，即仁昌一款係何人所匯？作何使用？亦一味諉爲不知。提訊。

龐維翰稱：因公帳銀兩短少，疑係湯連魁私自匯京。

蔣儒供稱：伊因揹抬糧價，議罰錢文，送官押追，經沈學曾具結保出，嗣聞湯連魁告了狀，伊不願交。至湯連魁如何點官司？蔣儒與沈學曾、于芳懷昀稱：得自傳聞，不能確切指實。

飭提京城仁昌金店匯銀帳簿，查有萬盛當匯京銀一千一百兩，交裕發合李掌櫃一款。傳到該鋪夥徐善庭及裕發合烟局掌櫃人李振宇並李振宇供出之趙景暘、劉王氏，互相質訊。據稱：李振宇向在裕發合分局慶發合管事。趙景暘向在吉林伯都訥廳給人幫夥，與李振宇同縣認識。劉王氏係順天人劉俊之妻，劉俊跟官來至吉林，與趙景暘同盟至好。光緒八年，趙景暘與劉俊並龐維翰所開之公興隆號及蘇姓等，各出資本合夥開設公興長雜貨雜鋪生理。嗣劉俊患病託趙景暘照應妻子，旋即物故。劉王氏送柩回京，將積存銀兩交趙景暘代爲收存，並將買賣股分及在吉林所置地畝託趙景暘照管，趙景暘旋將所存銀兩及鋪内花利地租等項，代爲凑集銀一千一百兩，稔知萬盛當每年冬間，有人赴奉天辦貨，將銀交萬盛當鋪東白尚皦鋪夥郭老景手内，託其帶至奉天暫存銀號，俟劉王氏要用時再行匯京。十五年四月間，趙景暘來京至劉王氏家看望，並向告知凑得銀兩寄存情由，劉王氏因欲還帳並買房地，囑將銀兩匯京，趙景暘有事回籍，當給白尚皦等寫信，旋接白尚皦等回信，言俟冬天帶至奉天交仁昌金店匯兑。十一月間，趙景暘來京找向李振宇托令匯銀。十二月初九日，李振宇至仁昌金店匯兑，言明由奉天仁昌號收萬盛當元寶銀一千一百兩，在京交松江銀不出兑費，仁昌打電報至奉天號内照問。電稱：萬盛當銀已收到。十二日，仁昌通知李振宇前往將銀交趙景暘如數兑取，趙景暘送交劉王氏收存，劉王氏將銀還帳及置買房地使用。

質之龐維翰亦稱：劉俊實有其人，後來病故，其眷口回京實有其事各等語。

當經臣等以萬盛當一款是否係湯連魁所匯爲此案緊要關鍵，就現訊供情而論，似匯兑銀兩與言官參奏無干，若不將匯銀根由飭查明確，難期水落石出。請飭下

盛京、吉林各該將軍分别查明萬盛當銀兩究係何人所匯？白尚皦等曾否爲趙景暘寄存銀兩，由奉天匯京廣麗生錢鋪轉交仁昌金店，有無湯連魁暗中主使情事。取具確切供詞，並請由都察院飭傳御史德蔭，將所參吉林紳董侵吞公款各節係屬傳自何人？是否别人擬就摺稿倩伊出名呈遞，取具親供，咨備［查］覈等因。

於十七年三月初七日，具奏奉旨：依議。欽此。

嗣于四月初六日，據盛京將軍覆稱：飭傳仁昌金店廣麗生錢鋪執事人高仰山、韓向庭，據供：光緒十五年十二月初一日，永盛店内寓萬盛當執事人連寶忠至廣麗生告稱：有賣貨銀一千一百兩存在該號，初九日，仁昌接京號來電，令向萬盛當收銀一千一百兩，當向萬盛當詢問。初十日，萬盛當著人知會廣麗生，將所存銀兩抹交仁昌，仁昌遂即收帳電覆京號。後接京號來信，説是前收萬盛當銀兩係交玉發合注明帳上。

復于六月初九日，據吉林將軍覆稱：委員親至新城萬盛當將白尚皦傳獲查詢，郭洛景已於十五年九月間，回山西原籍，現在執事人曹希彦與郭洛景同係經手盡知櫃事。據白尚皦、曹希彦僉稱：十四年冬間，有夥開公興長之趙景暘，託交伊等鋪内寄存故友劉俊之妻劉王氏現銀一千一百兩，囑俟該櫃赴奉辦貨妥便轉爲帶付奉天代存銀號。伊等應允，將銀收存。迨後趙景暘回籍。伊等因乏妥便，前銀存放未寄。至十五年六月，趙景暘來信催問，伊等始於九月間，遣鋪夥連寶忠赴奉辦貨之便，將前存原銀帶去，及至奉天，連寶忠旋即接趙景暘由京電信，託將此項就近交付奉天仁昌金店匯京，連寶忠隨將前銀如數由廣麗生錢鋪轉交仁昌金店匯去。

並據都察院取具御史德蔭親供内稱：該御史奏參吉林紳董侵吞公款一片，係於十五年三月，會試在西磚門監試，至初十日放場起更時，有接場之衣冠數人，在貢院階下紛紛議論，是以奏請飭查。

此摺寫作俱係本人，實係風聞，因公起見，詰以該御史，既於三月間聞人議論，何以遲至十二月間始行具奏？據稱：伊於會試出榜後，旋即患病復叠次，派當場差，至十月間，始得進署辦公，迨十二月間，訪聞各省釐金報部諸多不實，恐有委員書吏句串舞弊情事，憶及所聞吉林徵收貨捐各節，因此附片具奏各等因。先後咨覆到部，復提各犯

四面環質，堅供如前。

臣等查吉林萬盛當由奉天仁昌金店匯京銀兩，係原奏所指爲賄買參摺贜據，如果湯連魁暗中主使，其蹤迹必可推尋，今奉天、吉林兩處查覆匯銀根由，確係趙景暘代劉王氏湊集寄存萬盛當內，由白尚皦等覓便帶至奉天匯兑來京，覈與趙景暘、劉氏等。到案所供數目、日期均相吻合，並據劉王氏將所買房地契紙送案呈驗，是此項銀兩何人經手，何人匯兑，何人使用，源委均極分明。其非湯連魁所匯之款，已屬毫無疑義，則與言官參摺更屬不相干涉，自未便以影響之事仍復刑求。惟是湯連魁一犯，先因與同夥鋪東不和在吉林各衙門叠次控告，纏訟不休，檢閲原卷該省曾經派員密查，據委員等以該犯於夥開各鋪同夥不遂所欲，動輒砌詞刁控，衆夥畏其强横受其挾制，迹類土豪、形同訟棍等詞，禀覆其不安本分可以概見。原卷内又稱：該廳集捐辦糶湯連魁所開萬和湧燒當虧糧六百餘石，其連號公興隆小米半雜穀　，饑民紛紛環訴口稱。湯連魁揹糧擡價勢將釀成事端，差傳潛逃嚴緝在案，是其阻撓賑務，亦屬罪有應得。且委員傳訊則回籍躲藏，參摺甫陳即赴案投到，迹其形踪詭祕終屬可疑。又，湯連魁逃後曾在奉天與連寶忠見面，如果毫無情弊，何以連寶忠及党儒林聞風遠颺，迄今並未到案？原奏内又有湯連魁鋪夥朱占鰲稱：湯連魁曾告京狀，朱占鰲亦在逃未獲，誠恐仁昌一款雖與湯連魁無涉，而湯連魁素來健訟，或另有攜公櫃銀兩來京打點官司情事，自非連寶忠等到案質明不足以成信讞。現在連寶忠等弋獲無期，要案未便久懸，應即先行擬結。查例載積慣訟棍，發雲貴、兩廣極邊烟瘴充軍。又，律載：斷罪無正條，援引他律比附另減定擬。又，律載：不應爲而爲，事理重者，杖八十各等語。此案已革生員湯連魁因與同夥鋪東不和，動輒砌詞刁控，迨以揹糧抬價阻撓糶務，幾至釀成事端，被委員查出，差傳潛逃回籍，一聞御史參奏，即具呈投審，希圖翻案，雖與積慣訟棍有間，實屬刁狡健訟，自應酌量問擬，湯連魁合於積慣訟棍，發雲貴、兩廣極邊烟瘴充軍例上量減一等，擬杖一百、徒三年。

該犯供無串通連寶忠等將公櫃銀兩來京打點官司情事，連寶忠等均尚在逃，恐有避就，應照例監候待質。蔣儒雖訊無與湯連魁構陷朋謀情事，惟虧糶認罰業經具結，輒思翻悔不交亦屬非是，蔣儒合依不應重杖八十律，擬杖八十，折責發落。

龐維翰、于芳懷所控湯連魁各節，沈學曾傳説湯連魁進京告狀，均屬事出有因，李振宇、趙景暘經手匯銀並非此案贜款，應與訊無不合之劉王氏、徐善庭均毋庸議。

湯連魁尚有與龐維翰等因同夥鋪帳在吉林互控之案，應將該犯等連一切卷宗帳簿解回吉林，俟控案訊結後，將湯連魁即在吉林監禁。仍俟限滿後逸犯寶忠等有無弋獲，再行分別辦理。

御史德蔭奏參吉林紳董據稱係風聞，因公起見雖參摺甫上，湯連魁即赴案投審，情形頗覺可疑，第查無受賄賣摺確據，無從坐罪，仍請旨飭下都察院堂官隨時察看，如有別項劣跡，據實糾參。所有交審要擬結緣由，謹恭摺具奏。

請旨。

宗人府等衙門謹奏，爲會同審明棍徒聚衆持械傷人，到官後復脱逃被獲，照例定擬。恭摺具奏。仰祈聖鑒事。

光緒十七年九月初七日，准軍機大臣字寄。面奉諭旨：有人奏匪棍糾衆搶劫銀庫兵丁，著刑部嚴行訊辦等因。欽此。

並將原奏抄録送部。據原奏内稱：本年七月二十八日，庫兵差竣出署，行至六步口地方，遇衆數百人，均黄布纏頭，各執洋鎗刀矛傷人一名，請飭嚴究匪党姓名，拏獲治罪等語。經臣部查先於八月十四日，准步軍統領衙門咨送松子即松琇將宗室玉然毆砍致傷一案，核其月日、地方，與原奏所稱相符，當將松子供出之夥党馬倉兒等，請飭嚴拏，務獲究辦。並於議覆左庶子宗室恩景奏請嚴定搶劫庫兵罪名，摺内聲明此案逸犯日久未獲，應就現犯嚴行審訊各等因。先後具奏。

奉旨：依議。欽此。

遵即督飭司員會同宗人府詳加研鞫，緣松子即松琇係正紅旗漢軍恒祥佐領下馬甲，與厢紅旗英茂佐領下閒散宗室玉然及充當户部三庫衙門之庫兵沈四即沈錫龍均素相認識，松子曾向沈錫龍借貸錢文未允，挾有嫌隙。光緒十七年七月二十七日，松子起意復向沈錫龍借錢，如仍不允，即將其毆打洩忿。稔知沈錫龍上庫，轉回必由六步口地方經過，隨邀允在逃之馬倉兒、馬保兒、郝姓、方四等四人於二十八日午後，由松子家會齊起身，馬倉兒等各携刀棍前行，復在中途轉邀不識姓名三人幫助，松子素患腿疾，獨自徒手行走落後，馬倉兒等行至六步口地方等候沈錫龍未遇，適宗室玉然坐車至彼，見有六七人攔路擁擠，喊令讓道，馬倉兒等不依，玉然下車理斥，彼此口角，馬倉兒等各用刀棍毆砍致傷玉然頂心連偏右、右胳膊、右手腕、左手背連手指、右胯、右膝、右臁肕、右脚腕。玉然車夫王二即王懷林向前攔阻，亦被毆砍致傷左腿、左膝、左連肕、右脚腕、右手背、腦後偏右、右手腕、脊背偏左脊、膂、腰眼，並將馬匹扎傷。玉然等係被何人致傷何處？均未看清。馬倉兒等逃逸，車輛亦被拉走，松子隨後趕至，見玉然、王懷林均已受傷，玉然訴説係因争道被不識姓名人毆傷情由，松子當將糾約馬倉兒等找尋沈錫龍實情説明，玉然始知被馬倉兒等毆傷，松子隨將玉然勸至伊家内，央懇調治傷痕息事，玉然不允，松子即將玉然送至官廳稟報，該廳官役押解松子送案，行至中途畏懼，乘間脱逃。經玉然素好之宗室寶隆赴步軍統領衙門呈控，旋將松子訪獲，連給松子看家之祺順並僕婦王英氏等一並解經步軍統領衙門，咨送到部，會同審悉前情。

臣等以近來匪徒聚衆兇毆之案，其牽涉庫兵者層見迭出，非因搶奪庫兵意圖訛索，即係保獲庫兵遇事行兇。今松子既與庫兵沈錫龍相熟，又有借貸未遂之嫌，則其糾衆往尋，安知非意在搶人、索詐財物？且原奏内有伊等首纏黄布之事，如果屬實，其情勢兇横，非尋常鬥毆可比，宗室玉然既與松子認識，又被松子所糾之人毆傷，亦難保非平日保護庫兵，探知松子等欲向庫兵尋毆，挺身前往架護。復飭向該犯等嚴行推究。

據松子供：委因沈錫龍素有交誼，乃不肯借給錢文，是以糾人往尋，本意仍在借貸，並非搶劫，玉然雖亦相識，向無仇隙，衹以是日行走落後，致伊所糾之馬倉兒等與玉然口角争毆。玉然初非伊所欲毆之人，伊等亦未首纏黄布，若有其事，被傷之人當場目睹，豈肯代爲隱瞞？質之玉然及沈錫龍供亦相符。

並據玉然供稱：沈錫龍伊不認識，平日並無往來，松子等往尋沈錫龍，伊初不知道，是日實係偶然相值，平時亦别無保護庫兵情事，加以刑嚇，矢口不移。

復查松子等之於庫兵既未經相遇，其是否意在搶劫，形迹未露，即係無憑究詰，就令謀搶屬實，事尚未成，罪名亦不能比棍徒加重，無關避就。至玉然業將松子供指辦罪，如果玉然曾經保護庫兵，松子亦焉有不據實供明，以圖抵制之理。現在逸犯馬倉兒等迭次嚴拿，迄未弋獲，飭驗玉然及王二傷痕均已平復，要案未便久懸，應即擬結。

查臣部奏定章程，京城棍徒聚衆持械混毆，逞兇傷人之案，即照棍徒擾害例，不分首從均發極邊足四千里充軍。又京城不法棍徒情節較重之案，隨案聲明到配後，於配所監禁俟十年後，察看情形如實，知改悔再予查辦。又例載罪人事發，已經到官，脱逃之犯被獲時，照本律加二等各等語。

此案松子即松琇因挾庫兵沈錫龍借貸不遂之嫌，糾邀在逃之馬倉兒等尋毆未遇，致馬倉兒等與宗室玉然争道口角，將玉然及車夫王二毆砍致傷，該犯雖未在場下手，玉然亦非其所欲毆之人，惟在京城地面輒敢糾集多人持械尋毆，以致夥犯逞兇傷人，實屬目無法紀，且於到官後中途脱逃，自應照例加等問擬。松子即松琇應革退馬甲、銷除本身旗檔，於奏定章程京城棍徒聚衆持械混毆逞兇傷人，不分首從發極邊足四千里充軍罪上加逃罪二等，擬發新疆酌撥種地當差，照例改發極邊四千里充軍，加枷號三個月，即咨送兵部定地發配。係情節較重之案，仍於到配枷號後在配所監禁，俟限滿時再行覈辦。宗室玉然及王二即王懷林傷已平復，應與訊無不合之宗室寶隆及庫兵沈四即沈錫龍並祺順、王英氏等均毋庸議，疏脱松子之官兵應由該衙門自行懲辦，逸犯馬倉兒、馬保兒、郝姓方四暨不識名三人，應請旨飭下步軍統領衙門、順天府五城御史一體嚴拏，務獲究辦。

再，此案係刑部主稿合並聲明，所有臣等會同審明定擬緣由，謹恭摺具奏。請旨。光緒十八年二月初三日奏。

奉旨：依議。欽此。

謹奏爲審明已革命婦氣忿自盡並無別故，屍親供詞狡展，現就衆證供情先行斷結，恭摺奏祈聖鑒事。據都察院奏送命婦慶那氏攪擾衙署請交部審訊一案，前經該衙門以正藍旗滿洲原任禮部侍郎慶麟之妻慶那氏，違例不用抱告親遞詞呈，再三開導不服勸諭，倚恃命婦咆哮公堂、辱詈官長，請將慶那氏追奪誥軸，交部治罪等因。光緒十九年三月初八日具奏。

奉旨：依議。欽此。

由該衙門抄録原奏咨送到部，臣部正在傳訊。

間復據厢白旗漢軍都統報稱：『慶那氏居住東總布胡同』於三月十二日，在東總布胡同自住正房服毒身死。經臣部司員帶領刑仵穩婆並傳到屍父富寬眼同驗明慶那氏屍身，委係無傷服洋藥毒身死，胸前貼有字帖一紙，當將相驗情形，於三月十九日具奏。

奉旨：知道了。欽此。

旋據富寬以伊女係被前任

盛京將軍慶裕及工部員外郎端方、郎中惠迪等凌逼傷命等情，赴部呈訴並附慶那氏呈詞一紙，臣等當即遴派司員調集人證、卷宗詳細推究。

卷查：此案先於光緒十八年四月間，步軍統領衙門據慶那氏呈稱伊所住之東總布胡同房屋原係伊故夫慶麟之妹夫慶裕所置，欲送伊夫居住，伊夫三讓而後受，言明房價零星陸續歸付，不給房租並不知作價數目，伊夫歸過銀八百兩，伊歸過銀五百兩，伊夫故後伊又將車馬衣服交給折作房價。不意慶裕聽信人言中道反悔，使出同院居住之明碩無故攪擾交地，面送究有案，旋又將伊院内房間憑志昌説合租給惠迪居住，後惠迪聲言此房業已買妥，令伊搬家，因此口角，經端方給伊等説合，大半偏袒勒令之言，以致又分争起來，惠迪喝令家人將伊踢打，伊赴案呈告，回家惠迪又喝令家人用木棍將伊身上毆打。

並據工部郎中覺羅惠迪遣抱呈稱：伊租賃慶那氏院内房間居住，後慶裕遣人取討房租，始知此房係慶裕産業。因端方係慶那氏親戚，託令向慶那氏詢問此房歸何宅取租？慶那氏自知盗租，不容分説向伊並端姓撕鬧，富寬手持弓箭向伊住屋房内直射，從廚役腦後射過，並欲放火焚燒，請拘傳富寬到案嚴訊各等情，互相呈控。該衙門以供詞各執，未經訊結。

慶那氏復以前情並添入車馬、衣服等項歸慶裕之子手中，惠迪是伊夫門生，將伊控告敢爲犯上之事，慶裕之案雖係銀錢細故，然隙由此起，懇乞究其主使緣由，並飭慶裕將先夫歸還銀兩、拏去車馬、衣服交伊領回，伊即謄房，端方雖非起隙之人，倚執擅毆命婦亦乞嚴究等語，赴都察院呈訴，劄交北城御史秉公訊斷。

至八月初三日，慶那氏復赴官廳喊告，稱：惠迪是日在聚豐堂做壽，伊備禮隨祝，半夜客散，一路回家，伊同惠迪岳母同坐一車，伊僕婦趙氏與惠迪之妾同坐一車，不料惠迪之妾將趙氏踢在地下，車夫用鞭將趙氏抽打，伊即下車，他們坐車全行逃跑，伊回至聚豐堂令鋪内人將惠迪找回，鋪内掌櫃人鄒松泉不管等情，由步軍統領衙門傳訊。鄒松泉供稱是日子時，惠迪宅同慶那氏散去隨即關門，不料慶那氏又來叫門稱説：惠姓分路逃跑，令伊等找人，伊等因不知底裡，是以未允等語。

該衙門旋即移送北城歸案，當經該城集訊，慶裕等俱遣抱告遞呈。據慶裕呈稱：伊於光緒四年，自置總布胡同住房一所，因妻兄慶麟家計清苦，將裏院借伊居住，外院借與表兄國昌、國興等分住。迨慶麟與國昌等先後物故，復因慶那氏及國昌之妻均係孀居貧難，照舊借住，伊歷任巡撫、將軍，每年幫給慶麟銀壹百兩，慶麟病故幫銀二百兩，後每年幫慶麟之妻五十兩，伊回京並未令其搬遷，每節幫錢一百吊文。十七年五月間，因國興之子明碩等小有冒犯慶那氏，送交步軍統領衙門誣以句人搶奪，訊無其事。伊因慶那氏將伊母黨親戚誣賴送官，因此函致慶那氏令其謄房並令明碩等一併騰房，慶那氏覆函勢甚狡賴，前因慶麟病故，伊幫給銀兩，慶那氏無可報答，將瞎馬一匹、老騾車一輛送給伊子，並送伊遺念單蟒袍、草狐馬褂，聲言均要原物送還方能騰房，否則要銀五百兩，因其訛賴太甚，正欲控告，伊婿端方函阻，從此並未過問。孰意慶那氏肆行無忌，復將裏院上房盜租與惠迪居住。

端方呈稱：慶那氏與慶裕因房産細故稍有違言，伊好意爲之調處，該氏初尚寒暄，令伊升冠，談及房産之事，始則支吾，繼且不遜，與之剖辯，即撒潑撕鬧，左手揪住伊褂領，右手抓傷面皮，惠迪聞聲趨勸，右手指被齩傷，伊扎掙而出，該氏竟將頂帽扣留。著人往索，稱：須用銀贖回，經人調處始則允從，繼忽翻異各等語。

惠迪呈詞與初次大略相同，並聲言事經有人説合，令慶、端兩家及伊於四月二十九日爲之陪禮謝罪。慶那氏亦稱一天雲霧散。詎料慶那氏先後在都察院以門生毆辱師母等情控告，伊胞弟在崇正義學從過慶麟學習繙譯，因此稱爲師母，伊與慶那氏從無往來，故租房係用中人，若係嫡親師生何用中人關説等語。與慶那氏所控各執一詞，屢飭調處日久未完。

該城當以兩造均係在旗職官，礙難傳質，咨送刑部訊辦。臣部以所控係房産細故，毆打空言無罪可科，例不收審，送回北城，該城復移送本旗辦理。該旗以慶那氏所控非本旗人員礙難傳喚，飭令佐領向該氏開導，令其息訟，未允，後屢傳不到，又在都察院續控，此慶那氏與慶裕等涉訟之原委也。

復查慶那氏所遺字帖雖有搓揉損破情形，其可辨識成句者，有除鄙貪贜妄奏革去命婦，慶裕欺凌孤寡，端方毆辱命婦，惠迪呈送師母等語。又有二子騙車馬、衣服一句，二字下騙字下，各有一字不可辨認，檢查富寬此次代遞之慶那氏呈詞内有車馬、衣服統交慶裕之子二福子收執，及二福子誆騙財物之語，以此推之二字下當是福字，騙字下或是去字，意謂車馬、衣服係被二福子騙去，與呈内之語符合。至呈内其餘情節與原案大致相同，當即飭傳富寬及屍夫堂弟保齡訊。

據富寬供稱：伊係厢白旗滿洲松瑞佐領下炮甲，慶那氏係伊女於去年因房産與慶裕涉訟拖累一年之久，今年三月間，伊女赴都察院呈訴，經都察院奏參，將命婦革去，伊女因訟事不能遂意，及被革去命婦心懷鬱忿，曾向我説無顔見人，我未曾理會。十二日，伊女令伊出門有事，至晚回家見伊女已服毒自盡。

據保齡供稱：慶麟係伊同祖堂兄，那氏係慶麟繼妻，分居各度。慶麟故後，那氏即不許伊等上門，以後並未曾來往，那氏因何自盡？伊在南苑當差，先不知道，本旗傳伊赴案，伊才知道的。至那氏自盡緣由，伊向街鄰訪問，委因在都察院罵鬧，致被參革，一時氣忿所致，並無別的緣故。慶麟本有二子俱已早故，現在別無至近親屬各等語。詰以那氏字帖所稱各節，及字帖何人所寫？保齡概不知情。

富寬則忽稱：伊女與慶裕從前情誼本好，曾將車馬送與慶裕之子，後來慶裕欲令搬家，是以又向索還。忽稱：慶裕倚仗勢力欺侮伊女，拏去車馬、衣服不還。忽稱：伊女並不能書，亦不識字，以前呈詞皆係倩不知姓名算命先生代寫字帖，想亦是找人寫的。忽稱：伊女滿、漢文字皆通，而字帖是否伊女自己所寫，則又稱伊不知道。供詞反覆，語多狡展。至詰以徐郙如何貪贓妄奏，則不能置一詞。但稱：伊女不敢告都察院堂官。

至伊女呈詞所稱之二福子係慶裕之第二子等供。飭傳慶裕等及慶裕之子呈遞親供與原案情詞不相出入。並據慶裕呈稱：伊於十七年六月，因慶那氏誣控明碩，寫信論理，直至十八年五月，慶那氏帶領城役到宅傳人始行見面，此後並未謀面，伊指未往慶那氏家去過，從何欺凌？

端方呈稱：該氏誣告毆打一節，若果屬實，時城坊豈有不驗明傷痕之理。且該氏在城並未呈請驗傷，其爲砌詞圖賴無疑。

惠迪呈稱：伊將富寬呈控後，慶那氏父女商議揑稱惠迪是其先夫門生，在都察院砌詞控告，發交北城訊辦，伊呈請搬家，慶那氏嚴行拘禁，直至八月始得設法脱身，家具木器皆被劫留。並據慶裕之子吏部筆帖式堃厚呈稱：母舅慶麟病故時，慶那氏無力殯殮，曾幫銀二百兩，慶那氏無可報答，將車馬送給，當時再三推辭，慶那氏一定要送，並云：此係汝毋舅遺物，給你作個遺念便了，絕無歹意，伊不得已勉强收留各等語。

臣等查慶那氏原案所控不過房産細故、口角微嫌，今字帖内稱有欺凌毆辱等項重情，自應切實根究，惟該氏業已身故，母從質問，屍父富寬曾爲該氏在北城作抱，自應知其原委，乃一味恃老逞刁，語多支離脱節，其稍露真情者，則又任意反覆狡賴不認，未可遽以理喻。茲就原案逐節推求，與慶那氏字帖互相印證，語多出於忿懟，並無證據可憑，如所稱慶裕欺凌孤寡及二福子騙去車馬、衣服一節。

查此案起釁之由，實因慶那氏居住慶裕房屋，慶裕欲令搬家而起，所謂欺凌殆即指此。惟據到案人證供詞而論，慶裕房屋借給慶麟夫婦居住已十餘年之久，復時常幫給銀錢，兩家親情素好，第因慶那氏將同院居住之明碩等妄行控告，慶裕始欲令慶那氏與明碩等一齊搬家，慶那氏因慶裕欲令搬家，于是起意索還房價及車馬、衣服事固相因，而實由慶那氏之無端肇衅。

現據保齡供稱：慶麟家道素不寬裕，身歿之時棺斂費用皆係親友幫給等語。慶麟之清苦如此，身前安得有千數百金之巨款可以給人，自來置買房産，必先議定價值、明立文契，又必有中保之人，今慶那氏所住之房，據云不收房租，零星歸還房價已非尋常所有，况既未立契又無中人，慶那氏初供亦稱伊不知作價數目，以千數百金之巨款，竟無片紙只字之收據，質之富寬亦謂慶麟有無銀兩給與慶裕伊不知底細，是即零星歸還房價之詞，指屬毫無證據。

至車馬、衣服據慶裕等謂係慶那氏送給之物，以贈遺爲酬謝，指親串中常有之事，慶那氏叠次呈詞，亦但稱折作房價業無誆騙之語。訊之保齡，據云：所有車馬聽説因餧養不起，送給慶宅。富寬亦云：從前原係情願送給，惟富寬代伊女所遞呈内始有二福子誆騙財物一語，與字帖所言隱隱相對，是則所云誆騙顯係事後誣賴之詞。夫慶那氏之謂慶裕欺凌孤寡者，以其欲令騰房又不還房價及車馬、衣服也。今房價既涉子虚，車馬、衣服又非誆騙，即令其搬家亦慶那氏先自肇衅，是慶裕之尚無欺凌情事已不辯而自明，慶裕之子並非誆騙財物亦尚可信。

又如所稱端方毆辱命婦一節，據端方呈内稱：慶那氏將伊臉面抓傷，惠迪趨勸亦被咬傷右手，是當日口角分爭實有其事。弟查慶那氏初次供詞：但言惠迪兩次喝令家人將伊踢打並未波及端方，其二次呈内有端方毆辱命婦之語，然亦不言如何毆傷及毆傷何處。即惠迪之喝令踢打，亦止係空言，迨被參送部忽有揪落頭髮之供。屍場相驗，富寬指稱左額角頭髮揪落，當飭仵作詳細查驗，並無揪擄情形，取結附卷。向來毆人以傷爲憑，慶那氏如果兩次被衆人踢打，其傷必不能輕，何以在步軍統領衙門呈控及北城傳訊之時，均未呈請驗傷？所稱揪落頭髮，又經驗無其事，則毆辱之有無，殊難憑言。且據惠迪呈稱：事經説合，伊等皆爲慶那氏陪禮謝罪，其在聚豐堂做壽，慶那氏曾備禮往祝，可爲前事業已寢息之明證，且閲時將及一年之久，亦屬無從追究。

又如惠迪呈送師母一節，據惠迪所稱伊弟曾從慶麟學過繙譯，因此稱爲師母，伊與慶那氏從無往來，若係嫡親師生，租房何用中人關説之語。

復檢查慶那氏初次呈詞並未言惠迪係伊夫門生，二次呈内始添入惠迪係伊夫門生，敢於犯上等句。其催呈内忽又稱惠迪爲惠全，是慶那氏與惠迪從先並不熟識，所謂非嫡親門生，似非虚飾，且惠迪係因富寬向伊住房放箭，故爾控告。其呈内被告止列富寬一人，當經將原呈調驗屬實。是呈送師母一節亦係揑詞聳聽。以上各節皆就原案推求，而絶無證據者也。

至徐郙貪贜妄奏一節，牽涉原參大員，尤應根究。惟貪贜必有實據，方可追求。今慶那氏以二品命婦，因呈詞未收，在都察院大堂辱詈官長，致被奏參，不得謂之寃抑。且都察院堂官合詞具奏，亦非出於徐郙一人，如果慶那氏被參寃抑，何以富寬訴呈祇及慶裕諸人，而於伊女牽涉徐郙之詞僅稱不敢控告？是此一節不特毫無確據，即富寬亦不能平空誣指。其爲慶那氏被參氣忿之言顯然可見。

當因富寬供詞支離，片行厢白旗滿洲，飭傳慶那氏胞弟常春訊問，總未到案。富寬忽來遞呈言：伊子常春被他們擄去不知下落。詰以何人擄去？又稱：不知確實，不敢妄説。訊據厢白旗領催慶明供稱：富寬向伊言常春不知去向，告以刑部傳唤，富寬總不肯説出常春下落，恐係富寬隱藏等語。查常春亦係屍親，例得傳訊，富寬不肯交出，轉稱被人擄去，又不能説出被擄實據，顯係有意刁難。富寬年逾七十，又係屍親，例不拷訊，現在慶那氏字帖所訴各節，既經推究明白，未便因富寬不能取供，致案久懸，應即擬結。

查例載凡制書有取施行而違者，杖一百等語。此案慶那氏係二品命婦，以房産細故、口角微嫌，纏訟不休，輒違例不遣抱告親，自遞呈已屬不知自重，復敢于法司大堂辱詈官長，實屬有違定制，難該氏身故並無自認供詞，惟衆目昭彰不可掩飾，按例應擬滿杖，業經都察院奏，參追奪誥軸。

奉旨：允准。

並據正藍旗滿洲都統片稱：慶那氏原未領有誥敕，無可著追。其服毒身死，訊因訟事不能遂意，反被參革，鬱忿自盡，與人無尤，應無庸議。都察院左都御史徐郙因慶那氏咆哮公堂，與同官合詞具摺奏參，並無寃抑，慶那氏所訴貪贜妄奏毫無證佐可尋，自係氣忿反噬之詞，前任盛京將軍慶裕將房借給慶那氏居住並時常幫助，尚非不顧親誼，迨因慶那氏誣控明碩等，始令搬家，事出有因，亦不得謂之欺凌。工部員外郎端方爲兩家調處，意在息事。所稱：毆辱命婦無傷可驗，即係空言。工部郎中惠迪訊非慶麟門生，其因富寬向伊住房放箭，赴步軍統領衙門指名呈告，未將慶那氏指控在内，吏部筆帖式堃厚所得慶麟車馬，係慶那氏送給並非誆騙，應均毋庸置議。富寬因惠迪與伊女口角，無故向惠迪住房放箭，本干例議，惟到案不肯承認，且事經寢息，亦應免其置議。餘屬無干，免傳省累。屍棺飭埋慶那氏，房屋應由慶裕自行清理，所有已革命婦氣忿自盡訊明，擬結緣由，謹恭摺具奏。請旨。

謹奏爲交審要案，訊無情弊，就案擬結，恭摺奏祈聖鑒事。准。

軍機大臣交出光緒十八年五月二十日，奉諭旨：管理三庫大臣麟書等奏：祁世長家丁邢順呈出銀錁一錠，據稱在銀庫大堂外拾得等語。此案情節支離，難保非庫兵等勾串舞弊，著刑部提集庫兵、茶役等嚴行審訊，並傳提邢順到案備質，以期水落石出。欽此。

並將原奏抄録到部，旋據户部三庫衙門將庫兵德安、茶役李珣、李福有、丁源四名送交前來。

臣等查閱原奏内稱：該衙門於四月十四日，會同王大臣逐日赴銀庫盤查，祁世長于二十六日回寓後，經家丁邢順呈出黄布包一個，内有十兩銀錁一錠，稱係在銀庫大堂門外土堆浚檢拾，不敢隱匿。再三問詰，據稱係在茶役所抬水桶内漏出，當即拾起。

伏查庫内應用物件，向係庫兵、茶役在庫門内外接遞，該家丁所拾銀錠，難保非庫兵、茶役等勾串作弊，當飭司員公同嚴詰兩旬以來，堅不承認，請交刑部嚴行審訊等語。當即遴派司員提集庫兵、茶役等嚴行研鞫。

據李珣供稱：伊係武清縣人充當户部銀庫、茶役，與祁宅家丁邢順認識，本年四月，伊輪應接充庫上茶役，於十九日，由家起身時，有該村藥王廟會需用紗燈等物，經會首託伊到京代買，價銀隨後帶交，伊到京將紗燈買定。二十二日，即赴銀庫認差。二十四日，有伊同鄉王二前往交給黄布包銀錁一錠。稱：係該村會首託令帶來，伊將銀包接過手内，適庫内呼唤要水並叫倒茶，伊到庫門口，一手提取水桶、一手携取茶盌，走至大堂門外土堆後，伊放下水桶，將銀包裝入身帶褡褳内，匆忙之際未及裝好，不期銀包溜出，由桶邊掉落地上，伊先未知覺，即赴茶房倒茶，王二又催伊趕將各物買齊送交，當即回去，伊隨倒茶遞送庫内，回頭去取水桶，想取銀包，用手摸取不見，料係失落，聽聞刑順有檢拾銀包之事往找，刑順已跟隨主人散署。以後刑順未曾來署，我托人往找未遇，即經刑順禀明主人，將伊奏送到部。

並據李福有、丁源供稱：庫上水桶伊等每日輪流遞送，是日係李珣遞送，其如何將銀包掉落，致被刑順拾獲，伊等均未看見。

德安供稱：庫上遞送物件向係茶役送至庫門外，伊等在庫門内接取向不准交接一語。每逢盤庫日期，伊等於辰刻進庫，直至午後事畢方能出來，更無從與茶役勾串作弊。

傳訊邢順供稱：伊于四月二十四日，跟隨伊主上庫，伊主進庫後伊在大堂門外等候，到已飯時，看見茶役由内出來，一手提取水桶，一手携取茶盌，走至土堆後，將桶放下即赴茶房倒茶，我見水桶旁似有物件，上前拾起，係黄布包一個，内有銀錁一錠，當即携走，後來慮恐銀錁或是官物，不敢隱瞞，隨于二十六日，在伊主前呈出，稱係在銀庫大堂門外拾獲各等供。

臣等查李珣等供雖彼此不甚參差，惟原奏稱銀錁自桶漏出，如果屬實，則此桶既曾進庫，此銀亦爲庫内之物，非庫兵與茶役勾串偷盜何自而來？然祇是尋常水桶，亦不能明目張膽將銀安放，必須桶底做有夾層方能藏匿，是此桶實有形迹可以追求，當飭行文三庫衙門，將水桶並銀錁等物調取到部提驗。銀錁係用小黄布包裹，黄布並非庫内所有之物，水桶則與尋常擔水所用者不異，桶底並無夾層可以藏放銀兩之處。尚恐調到之桶或非庫上原物，提集李珣等當堂識認，皆稱係屬原物。庫上亦祇此一桶，並無其二。且此案本係管庫大臣，恐有弊端，奏交訊辦。桶底如有夾層，正可從此根究，豈容庫兵等事後抵换，致弊端無從透露？揆諸原奏之意，當不出此。復思庫兵等如果偷銀必不止此一錠銀，果自桶底漏出，必至掉落滿地，人人看見，其時跟隨王大臣之人役甚夥，即跟隨祁世長亦不止邢順一人，邢順既曾拾銀，斷無他人不一同檢拾之理，原奏雖未及此，或亦事之所有傳到邢順飭令，逐層指證。

據邢順稱：當日李珣提桶出來並未見桶内盛有物件，因銀包在桶旁拾獲，疑係桶内漏出，其實並未看真，此一錠外並未見有銀錁，亦未見他人同時拾獲銀兩等語。至李珣所供，亦恐不實不盡，復以銀錁果係伊代人買物之件，既已接到手内，何以不即時收藏？既稱裝入褡褳，何至復行溜出掉落，又適在水桶之旁？如此巧值，向伊再三究詰。

據李珣稱：伊從王二手内甫經將銀接過，即聞庫内呼唤，其時李福有等均不在旁恐誤差使，是以未及收藏，趕即前往，迨行至土堆旁，意欲放下水桶將銀裝好，再往取茶，不意褡褳破損，以致銀包漏出等語。

臣等查此案情節，總以邢順所拾銀錁，是否官物爲緊要關鍵，如果銀係官物，則庫兵人等勾串偷盜情節甚重，亟應從嚴究辦，乃邢順之外並無一人拾銀，豈皆毫無見聞不肯舉發？即庫中果有此事，則當日之偷盜正恐不止此數，銀庫甫經盤竣，何以不聞有短少之事？至庫兵勾串庫上人役通同舞弊，誠難保其必無。第此時正值盤庫，欽派王大臣暨管庫大臣皆親身監臨眼同盤驗，豈容伊等絲毫弊混！伊等即欲作弊，亦無所施其伎倆，況隨帶司員下及跟從轎夫人等人數衆多、耳目昭著，伊等雖愚，必不肯于此時公然偷盗自取敗露。

在管庫大臣因係自已跟役，於銀庫重地忽有檢拾銀兩之事，跡涉可疑，不得不詳細推求，以昭慎重。先經管庫司員嚴究兩旬有餘，迄無端倪，追送部以後，臣等復督飭司員嚴行拷問該庫兵、茶役等，皆極口呼冤，僉供並無勾串舞弊情事。

現據李珣供稱：此銀係伊同鄉廟會款項，向用黃布包裹。邢順供稱：伊祇拾得銀錁一錠並未見別有銀錁同時被人拾取，是黃布非庫上包銀之件，彼時更無另有拾銀之人，查驗桶底並無夾帶，則此銀錁並非官物尚屬可信。且此外本無佐證，又無別項形跡可以推尋，未便過事刑求，致涉冤濫，應即就案擬結。查茶役李珣因代人買物寄交銀錁，適值差使匆忙不及收藏，以致失落桶旁被邢順檢拾銀錁，訊非管物並非由桶内漏出，其中尚無弊竇。李福有、丁源均訊不知情，庫兵德安亦無與李珣等勾串舞弊情事。家丁邢順拾獲銀錁，恐是官物，不敢隱瞞，旋即呈出，尚無不合，應請均無庸議。水桶等物送回三庫衙門，案已訊明，未到人證，免傳省累。仍請飭下管庫大臣認真稽察，倘庫兵人等果有勾串舞弊情事，贓證確實，隨時奏明辦理。所有交審案件，訊明擬結緣由，謹恭摺具奏。請旨。

壓綫編

余承乏西曹，癸未捷南宫後，始留心亭疑奏讞之學，公餘討論，不敢自菲薄。雪堂友人不以爲非，當簿書叢積之時，嘗以奏牘來相諈諉，爲之擬稿，積久遂得若干篇，彙而存之，亦足以備稽考。秦仲明貧女詩云：『每恨年年壓金線，爲他人作嫁衣裳』。此亦壓線之類也，因以二字題其端。光緒己丑家本自記。

議駁御史條陳私藏洋鎗及洋鎗傷人罪名 律例館

奏爲遵旨議奏事。

光緒十三年五月初十日，軍機處交出本日軍機大臣面奉諭旨：『御史慶祥奏：「民間私藏洋鎗加等治罪，並嚴定洋鎗傷人罪名」等語，著刑部議奏等因。欽此。』臣等遵查該御史原奏内稱：『洋鎗爲害甚於鳥鎗，鳥鎗之例不准民家私藏，蓋以近於軍器而又易於傷人。若洋鎗則購自外洋，尤爲軍中利器，其製造纖巧，適用便捷，有非意料所及而即能傷人者。本年四月間，西城羅兒胡同有在街用洋鎗轟死高姓一案。東城裱背胡同有夥盗手持洋鎗轟傷步軍校一案。犯均無獲。似此傷人層見疊出，若非嚴行禁止，何以除强暴而安善良。請飭下步軍統領、順天府、五城御史一體出示嚴禁，無論大小鋪户，俱不准售賣，民間前有私藏者，許令納官，免其治罪。如有私賣私藏者，一經拏獲，即照私藏鳥鎗例加等治罪，並請飭下刑部，嗣後辦理洋鎗傷人之案，已死者照謀殺論，已傷者照謀殺人傷而未死論等因。』奏奉諭旨，著臣部議奏。

臣等查洋鎗來自外洋，姦民牟利私販，以致民間到處皆有，匪徒輒持以殺傷人命，爲害匪細。前於光緒元年，據署盛京將軍崇實奏請，嚴定私販洋鎗治罪專條，經總理各國事務衙門會同臣部，以内地鳥鎗例有私造罪名，並無私販鳥鎗作何治罪明文，有犯向照私造例科斷，則私販洋鎗亦應與内地私造鳥鎗例同科酌議。嗣後販賣洋鎗，照私造鳥鎗例枷號兩個月杖一百，每一件加一等，罪止杖一百、個流三千里。是私販洋鎗罪名，定章已極詳明。

茲據該御史奏請嚴禁治罪，係爲綏靖輦轂地方起見，應如所奏，再行申明定章，請旨飭下步軍統領衙門、順天府府尹、五城御史一體出示嚴禁，無論大小鋪户，俱不准售賣洋鎗。凡民間私賣私藏者，一經拏獲，即照奏定章程，按私造鳥鎗及私藏例治罪。如此，則根株可期盡絶，洋鎗殺人之案自可曰見稀少矣。

至該御史請將洋鎗殺傷人照謀殺已死已傷擬罪，查洋鎗製造纖巧，較鳥鎗固尤爲便捷而易於殺人，則仍與鳥鎗相同定例。因爭鬭擅將鳥鎗、竹銃施放殺人者，以故殺論擬斬；傷人者，旗人發寧古塔等處，民人發雲貴、兩廣烟瘴少輕地方充軍。近年洋鎗殺傷人之案均照鳥鎗科罪，推原例意，誠以兇徒以易於殺人之具，爭鬭時輒敢向人施放，雖與先期造意謀命不同，實與臨時有心欲殺無異，故一經殺人，即照故殺擬斬，傷人之犯，亦分別旗、民問擬遣軍，較之其餘器械殺傷人及故折人肢體，剜瞎人眼睛，全抉人耳鼻口唇者，治罪均嚴，辦理已無虞輕縱。若如該御史所奏，改照謀殺定擬，是以臨時爭鬭倉猝傷人之案，牽引陰謀詭計蓄意殺人之條，不惟與律意不符，且同一火器殺人，於鳥鎗之外又分出洋鎗辦理，亦涉紛歧。

至賊盜持執洋鎗搶劫拒捕等案件，臣部於本年四月間業經奏定新章：『凡强劫及竊盜、臨時行强並結夥十人以上搶奪，但有一人執持洋鎗者，不論曾否傷人，不分首從，均擬斬立決梟示，係從犯擬斬立決，傷人者仍加梟示。』若竊賊施放洋鎗拒捕成傷，爲首並幫同放鎗之犯皆擬斬監候，殺人者俱擬斬立決梟示，罪名已較謀殺加重。該御史請將洋鎗傷人照謀殺已死已傷論之處，應毋庸議。

惟臣等更有請者，近來各省糾衆互毆致斃多命及聚衆共毆致死一家三命以上之案，爲從下手傷重各犯，係屬鳥鎗、洋鎗殺人亦復不少。各該省有即照鳥鎗殺人問擬斬候者，亦有仍照下手傷重問擬絞候者，雖經臣部隨案更正辦理，仍多參差。臣等公同酌議，應請嗣後糾衆互毆致斃多命及聚衆共毆致死一家三命及三命以上各案內，爲從下手傷重至死者，如係火器殺人，均照故殺律問擬斬候，俾示懲儆，而昭畫一。如蒙俞允，臣部通行各直省督撫、將軍、都統、府尹一體遵照辦理。所有臣等遵旨議奏緣由，謹恭摺具奏請旨。六月初十日奏。

議覆御史奏請查禁本部獄卒索賄凌虐罪囚 律例館

奏爲查明南北兩監尚無需索凌虐情弊，仍遵旨嚴禁，恭摺奏祈聖鑒事。

光緒十三年五月初十日，軍機處交出本日軍機大臣面奉諭旨：『御史慶祥片奏：「請禁獄卒索賄凌虐罪囚。」著該部堂官督飭司員嚴行查禁。欽此。』臣等遵查該御史片奏內稱：『獄卒索賄凌虐罪囚，例禁綦嚴，前步軍統領、順天府各衙門有設立班館諸弊，均經禁革在案。惟刑部編牀一弊，歷久未除。所謂編牀者，即桎牀之類也。如一牀只容五人，必使之容十數人，愈增愈多，手足不能轉移，形同木偶。柔懦者重資賄免，强項者即出而首告，而無人爲之證佐，亦遂俯首而無詞。是人一收禁，身既羅於法，家復歸於敗也。查提牢等官，有獄卒每晚呈遞牀單一事，果能矜恤罪囚，嚴密稽察，何難禁革其弊端，而玩泄性成甘，爲吏役所欺而不覺。請飭刑部堂官轉飭提牢等官，振刷精神，於獄卒呈遞牀單之時，親赴獄中查驗人犯若干名，分析布置，不准攙越，並於犯人提審之時細加查詢，苟有需索凌虐情弊，准其面稟，無論有無證佐，見其手足拘攣者，即將該禁卒從重治罪，贓重者計贓科罪，尚復仍爲聾聵，別經發覺，並將管官照縱容例嚴行議處』等語。

查臣部南北兩監，每監各分四屋，屋俱五楹，本屬寬敞。北監另置女監，自爲一屋。每屋各設牀四張，以宿應收人犯。各牀鋪板，廣一丈四尺至二丈一尺不等，寬皆六尺。從前咸豐、同治年間，在監人數多至四五百名，或不免擁擠之患。近年現審案件，經臣等迭次督催，迅速審結，干連人犯不准多收，現在南北兩監秋後並待質及現審人犯不過二百數十名，每屋祗收二三十名，每牀亦祗容五六人或七八人住宿，尚屬寬舒。提牢司員遵照向章，嚴飭禁役人等，每夜將囚犯分配勻稱，不准任意多寡，並於收封之前開呈牀單，該司員仍於夜深乘其不備親自啓封抽查，如有與原單不符者，將當值禁役從重懲辦，並於每日兩次放飯及犯人出監之時細加查問，該囚犯等果有屈抑，即可向提牢當面申訴，且南北兩監設有司獄八員，每夜在監內輪流值宿，與各囚犯密邇，聲息尤爲相通，如禁卒人等有凌虐需索等弊，不難立時舉發，照例治罪辦理，已極嚴密，臣等復隨時嚴飭該司員等認真稽查，不得稍涉鬆懈。該御史所稱索賄凌虐以及編牀名目，近年尚無此等弊端，該司員等亦皆知勤慎當差，並不至蹈玩泄之習。惟是禁役人等因緣爲姦乃其慣技，偶疏防範，營私骩法，弊即叢生，應由臣等讁飭提牢司獄各員，振刷精神，遵照向章，嚴密查察，如實有獄卒需索凌虐罪囚等弊，即行按例從嚴懲辦，倘該管官失於稽察，別經發覺或由臣等查出，即行照例參處，以副朝廷矜慎庶獄至意，所有臣等遵旨查禁緣由，謹恭摺具奏請旨。六月初十日奏。

議覆御史請申明誣告罪名 律例館

奏爲遵旨議奏事。

光緒十三年六月十二日，軍機處交出本日軍機大臣面奉諭旨：『御史文郁奏刑官審辦誣告坐罪較輕請飭恪遵成憲從重定擬一摺，著刑部議奏。欽此。』臣等遵查該御史原奏內稱：『竊惟人心之險詐，爲意料所不及，每有狡黠之徒覬覦殷實之家，揑造謊詞，希圖擾害，稍有不遂，即藉事誣扳株連拕累，以洩其忿，問刑者允宜面面追求，明察其姦，即重治其罪，以安善良。恭讀乾隆六年五月諭旨：「嗣後州縣審理詞訟，凡理屈而駕詞誣告者，必按律加等治罪，若故行寬縱，經上司查出，以罷輭論。」聖訓煌煌，理宜永遠法守，乃近來刑官審辦誣告，往往以「原告到案即據實供吐，尚非始終狡執」等詞曲爲開脱，是害人者一到官而了事，而被誣者業已久繫囹圄，傾家敗産矣。誣告之陰險，若問得實，宜如何重治其罪，應請飭下京外問刑衙門，凡遇審實誣訐之案，不得稍有寬縱，即遵照乾隆六年聖旨，按律加等治罪，先將該犯枷號示衆，如地方官仍敢狃於積習，故行寬縱，經人參奏，即以罷輭論，立予罷斥等因。』奏奉諭旨，著臣部議奏。

臣等查誣告之案，一經審虛，即按所誣罪名分別加等科斷。若至死罪，所誣之人已決者，依本絞、斬反坐，未決者杖流加徒。定律本極嚴明。惟是此等姦詐之徒，揑詞謊告，非素挾嫌仇，即藉端訛詐，懦弱者被其傾陷，蕩産破家，殊爲風俗人心之害。前於同治九年間，臣部因外省審辦京控案件，大半調停了事，既不審實，又不辦誣，或以爲控出有因，或以爲懷疑所致，至無可解説，又以到案即行供明爲詞，每遇審虛之案，類皆牽引越訴律内迎車駕及擊登聞鼓，申訴不實律坐原告，以滿杖罪名藉以完案。當經議請：「嗣後遇有京控交審案件，審實則屈必爲伸，審虛則誣必加等，不得節引申訴不實律遷就完結等因。」奏准通行在案。乃近年以來，各省審辦誣告之案，其審虛照律加等定罪者固所時有，而曲意開脱者仍復不少，屢經臣部駁令覆審，終未能盡除積習，以致冤抑者無由昭雪，刁健者得肆譸張，殊與吏治民風大有關繫，該御史所奏，係爲申明定律，嚴戢刁風起見，相應請旨飭下各省督撫、將軍、都統、府尹，嗣後遇有控告之案，無論奏咨，均應秉公核辦，一經審係虛誣，即按律加等治罪，不准以『事出有因』及『懷疑所致』，暨『原告到案即行據實供明，尚非始終狡執』等詞曲爲開脱。倘地方官仍有狃於積習，含混完結者，該督撫即行嚴參，交部議處，庶足以警因循，而誣訐之風亦可稍息矣。如蒙俞允，臣部行文京外問刑衙門，一體遵照辦理。至誣告例内雖有酌加枷號各條，然定例自有專屬，隨案引用不容牽混，並非一切誣告之案概予加枷，且所誣之罪應加枷者，定例尚得免其枷號。該御史請將誣告之犯先行枷號示衆之處，應毋庸議。所有臣等遵旨議奏緣由，謹恭摺具奏請旨。七月十六日奏。

議覆陝西奏請嚴定簽匪會匪罪名律例館

奉爲遵旨議奏事。

内閣抄出陝西巡撫葉伯英奏陝西南山各屬匪徒充斥恐釀巨患擬請分別從嚴懲辦一摺，光緒十三年八月十二日奉硃批：『刑部議奏。欽此。』

該臣等議得，據陝西巡撫葉伯英奏稱：『竊查陝省南山、興漢兩府及商州所屬，界連川、隴、楚、豫，山深林密，路徑分歧，向爲匪徒出没之區，歷年雖整頓團練保甲，飭令地方官會營拏辦，乃此拏彼竄，迄未盡絶根株。其平原及北山各屬，又因連年墾荒，各省客民紛至沓來，且新疆軍務肅清，各營告假遣勇，往來不絶，難免匪徒溷跡。而南山五方雜處，民情浮動，尤易誘惑，故莠民之多，更復甲於通省。查紅黑簽匪名目，由來已久，其始不過佩帶刀械，三五成羣，掏摸綹竊，晝爲紅簽，夜爲黑簽，尚不至大爲民害。自軍興以來，散勇游民，隨處麕聚，往往私立山堂口號，結拜訂盟，會匪之風日熾，而簽匪遂有與會匪勾結者，亦有既爲簽匪復爲會匪者，彼此效尤，無惡不作。其公然剽奪、報仇、殺人、倡亂、謀逆，亦與會匪行徑相似。現查漢中、興安、商州各府州，匪徒平日結黨連群，游行無定，小則綹竊丢包，大則劫財傷人，估訛財物，姦占婦女，習以爲常。差役往拏，紛然獸散，並有逞兇拒捕之時。如同類相仇，則糾衆稱戈，儼同臨敵。如衆匪忤意，則割筋斷掌，戕以亂刀。每遇會集場期，糾結動以百計，鄉民恐其黨與衆多，尋仇報復，受害不鉅，即隱忍不言。約保人等希圖無事，不與爲難，甚至送給錢米，令其他去。種種兇横，毫無忌憚。當茲各省安謐，陝省年穀屢豐，地方無事，該匪等竄匿山澤，勾誘貧民，隨處滋擾，尚不過意在得財，爲苟延旦夕之計，誠恐勾誘愈久，黨與日多，難保不造謀倡亂，支蔓難圖。昔年粤省、黔省之亂，往事可徵。且近年川省大竹、大邑二縣，攻城焚掠，起事皆由簽匪。閩、浙、湘、粤等省，會匪又屢謀肆逆，幸皆先事破獲。陝省居天下上游，南北二山爲關中屏蔽，豈容此等醜類貽害地方。從前辦理匪案，拏獲訊實不過誅其首要數人，其餘鎖縶羈押，限滿釋放，故態復萌。迨拏獲覆訊，供詞無不狡展，是否著名積匪，前在他處曾否犯案，往往無從究詰，姑從寬貸。檢查光緒七年刑部奏定章程，各省盜案如實係土匪、馬賊、會匪、游勇，案情重大並情同叛逆之犯，暫准就地正法。至會匪、簽匪起意糾夥結拜，爲害地方，陝省歷年拏獲，雖均援照前章懲辦，第部章語係渾括，若非明定專條，辦理終鮮依據，且非懸以厲禁，嚴懲怙惡，不足以鋤頑梗而儆愚蒙。至爲從罪不至死，情節較輕被誘被脅爲從之犯，歷年亦因無定章，或照例擬以軍流，或酌量鎖繫鐵桿石礅，或枷杖遞籍管束，辦理殊不畫一。其罪擬軍流之犯，均需解往他處安置，不特非就地懲辦，不能使衆目共覩，咸知儆懼。且近來該匪等蔓延各省，彼此消息暗通，多相聯絡，其解審發配，長途轉解，劫奪免脱，在在堪虞。即使到配安置，地方官防範稍疏，仍不免在配誘惑，到處滋擾，殊無以消其桀驁之氣，轉生其玩法之心。定例：「閩、粤各省不法匪徒潛謀糾結，復興天地會名目，搶劫拒捕者，首犯與曾經糾人及情願入夥希圖搶劫之犯，俱擬斬立決。」又，咸豐五年陝省奏定章程：「嗣後拏獲刀匪、綹匪，其罪犯軍流，均於應得本罪上加一等定擬。至罪應擬徒之犯，毋庸解配，在籍以大鍊鎖繫巨石五年，罪應枷杖者，鎖繫巨石三年，限滿果能悔罪自新，或有親族保領，地方官查實，隨時開釋。倘釋放後復犯，即鎖繫巨石，不拘限期。」各等語。今陝省會匪、簽匪種種兇暴情形，核與從前閩、粤等省天地會匪徒糾約勾結爲害地方情形正復相類。前奉部章會匪等項情同叛逆，原許就地正法。兹悉心酌議，擬請嗣後陝省簽匪、會匪起意爲首糾結入夥至數十百人之多，情同叛逆，及搶劫拒捕、互相仇殺、搶奪姦拐婦女，暨令夥黨在外丢包訛詐，坐地分贓，並爲從曾經糾結數十百人情願入夥，希圖搶劫之犯，該州縣拏獲訊明，録供禀報，查核案情，批飭該管道府提訊，或派委道府前往審明，果係供證確鑿，罪惡昭著，即行就地正法，傳首犯事地方，懸竿示衆。仍照章按年彙奏一次。其甫經起意糾結人數無多，又僅止綹竊，並無搶奪等項重情，首從各犯及被誘被脅各犯，俱按其所犯情罪，分別以大鍊鎖繫巨石，罪應軍流者鎖繫不拘年限。如原犯軍罪，鎖繫已過十年以外，流罪已過八年以外，察其果能悔過自新，並未滋事，又有地方公正紳耆親族人等保領者，取具切結，准其釋放。如不能改悔，又無紳耆人等保領，即永遠鎖繫。其罪應擬徒者鎖繫巨石五年，罪應枷杖者鎖繫巨石三年，限滿有親族保領，亦准釋放。以上鎖繫各犯，均於案結時於右面分別深刺簽匪、會匪字樣。其係游蕩未久，尚可望其自新者，酌於右小臂刺字。若釋放後復敢結黨滋事，或於鎖繫限内潛逃，是真甘心爲匪，怙惡不悛，原犯軍流者拏獲正法，原犯徒罪以下罪名較輕，亦未便遽置重典，拏獲遞加鎖繫二年，並刺明再犯字樣。如再不知改悔，仍復勾結爲害，三犯拏獲，即行正法。地方官每辦一案，仍復報明查核，按季彙報，如此嚴定科條，庶匪徒知所忌憚，消患未萌，良善亦獲安全等因。』奏奉諭旨，交臣部議奏。

臣等查直省無藉匪徒，糾結夥黨，私立會名，訛詐善良，搶劫財物，種種不法，大爲閭閻之害，故定例：『閩、粵等省匪徒，潛謀糾結，復興天地會名目，搶劫拒捕者，首犯［與］曾經糾人及情願入夥希圖搶劫之犯，俱擬斬決。』又，光緒八年臣部議定章程：『會匪一項，與土匪、馬賊、游勇案情重，形同叛逆之犯，均准就地正法。』誠以此等莠民聚衆滋事，若不從嚴懲治，必至肆無忌憚，滋蔓難圖，姑息適以養姦，立法不嫌過峻。況近年以來，各省會匪、齊匪、哥老會以及撤勇散練，到處蠢動，寔繁有徒。關中居天下上游，南北二山爲昔年教匪煽亂之所，路徑叢雜，最易藏姦，如果與外匪暗相勾結，尤爲地方巨患，自應立置重典，以儆兇頑。若其中情節較輕之犯，前於咸豐五年議定章程：『陝西省拏獲刀匪、綹匪，其罪犯軍流，均於本罪上加一等，先行枷號兩個月。徒罪在籍鎖繫巨石五年，杖罪鎖繫巨石三年，期滿悔罪，保領開釋。倘釋放後復犯，鎖繫巨石不拘限期等因。』纂入例册遵行，本係就地懲創之意，仍可查照，酌量援擬。

茲據該撫以『陝省紅黑簽匪，名目由來已久，自軍興以來，散勇游民，隨交麕聚，往往私立山堂口號，結拜訂盟，會匪日熾，而簽匪遂有與會匪勾結者，亦有既爲簽匪復爲會匪者，彼此效尤，無惡不作。其宰鷄滴血，傳授口訣，綽號排行，竟與會匪無二。其公然剽奪、報仇、殺人、倡亂、謀逆，亦與會匪行徑相似。若非明定專條，懸以厲禁，嚴懲怙惡，不足以鋤頑梗而儆愚蒙。至爲從罪不至死，情節較輕被誘被脅之犯，歷年因無定章，或照例擬軍流，或酌量鎖繫鐵桿石礅，或枷杖遞籍管束，辦理殊不畫一。其罪擬軍流之犯，均須解往他處安置，並非就地懲辦，不能使衆目共覩，咸知儆懼。且近年該匪等蔓延各省，彼此消息暗通，多相聯絡，其解審發配，長途轉解，劫奪免脱，在在堪虞。即使到配安置，地方官防範稍疏，仍不免在配誘惑，到處滋擾，請變通舊制，嚴定科條，並照就地正法章程辦理等因。』具奏，係爲嚴懲匪類，預遏亂萌起見。臣等公同酌議，應如該撫所奏。嗣後陝西省簽匪、會匪起意爲首糾結入夥至數十百人之多，情同叛逆，及搶劫拒捕、互相仇殺、搶奪姦拐婦女，暨令夥黨在外丢包訛詐，坐地分贓，並爲從曾經糾結數十百人情願入夥，希圖搶劫之犯，該州縣拏獲訊明，録供稟報，或由該管道府提訊，或派委道府前往審明確實，即行就地正法，傳首犯事地方，懸桿示衆。仍照章按季彙奏一次。其甫經起意糾結人數無多，又僅止綹竊，並無搶奪等項重情，首從各犯及被誘被脅各犯，俱按其所犯情罪，分别以大鏈鎖繫巨石，罪應軍流者不拘年限。如軍犯已過十年，流犯已過八年，果能悔罪自新，並未滋事，又有地方公正紳耆親族人等保領者，取具切結，准其釋放。如不能改悔，又無人保領，即永遠鎖繫。罪應擬徒者鎖繫巨石五年，罪應枷杖者鎖繫巨石三年，限滿有親族保領，亦准釋放。若釋放後復敢結黨滋事，或於鎖繫限内潛逃，原犯軍流者拏獲即行正法，原犯徒罪以下拏獲遞加鎖繫二年。如再不知改悔，仍復勾結爲害，三犯拏獲即行正法。地方官每辦一案，仍報明查核，按季彙報。至該撫所稱：『鎖繫限滿釋放之犯，故態復萌，迨經拏獲，是否著名稱匪，他處曾否犯案，無從究詰，聲明分別刺字等因。』亦應酌定章程，擬請此項鎖繫各犯，徒罪以上各於右面分別深刺簽匪、會匪字樣，杖罪以下於右小臂刺字。其有再犯者，徒罪以下各於左面再行刺字。如此嚴定科條，應匪徒知所儆惕，於消患未萌之道所裨實非淺鮮。如蒙俞允，臣部行文該撫，並陝甘總督遵照辦理云云。

議覆陝撫奏請强盗窩主等項暫行就地正法　律例館

奏爲遵旨議奏事。

内閣抄出陝西巡撫葉伯英奏請將强盗窩主等案爲首之犯暫行就地正法一片，光緒十三年八月十二日奉硃批：『刑部議奏。欽此。』

該臣等議得，據陝西巡撫葉伯英奏稱：『陝省前因盗風日熾，經前撫臣邊寶泉奏請將情重盗案及平空搶奪婦女已成、殺傷事主各犯，暫行就地正法，經刑部議覆，奏奉諭旨允准，欽遵在案。竊思當日嚴定章程，原欲火烈民畏，或可漸息澆風。乃自定章以後，歷年拏獲情重各犯，雖均照章懲辦，而强暴尚未洗心，地方仍不安靖。且失事後，往往賊遁贓消，日久無獲。查陝省搶劫匪徒，惟各處告假遣勇暨甘肅安插回民多有馬匹，其持械連騎，到處搶奪，得財瞬息遠颺他處，頗與山東等處馬賊相似。此外多係鄰省種地客户，本地無業游民，該匪等既無馬匹，又鮮栖止之所，劫得財物必須僻處收藏，搶獲婦女更難掩人耳目，若非有勾引容留之人，何至地方常有失事案件破獲爲難。蓋緣有等無賴之徒爲盗賊之窩主，平日或潛匿場市，或居住偏僻，交結匪類，來往容留，代爲探聽封厚之家，暗通消息，作線引導，劫得財物，坐地分贓，當時則爲之收藏，事後復爲之銷賣，及至事發，早已縱令遠颺。又有興販等户，房屋極爲幽僻，甚至開挖窑窨，行踪詭祕，夥黨衆多，凡匪徒搶奪婦女，交與藏頓，强者則關禁哄誘，弱者則恐嚇欺凌，務使婦女親屬無從探聽尋覓，迨日久事寢，非販往他處嫁賣，即用强逼勒賣姦，種種不法，實屬罪不容誅。在匪徒恃窩頓爲巢穴，窩頓藉匪徒爲爪牙，明謀勾結，狼狽爲姦，大爲地方之害。今欲整頓地方，須以嚴辦盗匪爲先，而欲清盗源，尤以重懲窩頓爲要。查律載：强盗窩主造意，身雖不行，但分贜者斬。又例載：夥衆開窑，誘取婦人子女藏匿勒賣，事發，爲首照光棍例擬斬立決。又窩引川販，果有指引、捆拐、藏匿、遞賣確據者，審實，照開窑爲首例同川販，首犯皆斬立決等語。是窩主頓户，律例本有嚴辦之條。陝省盗案及搶奪婦女、殺人皆係照章就地懲辦，其窩家頓户核與搶劫之犯事異情同。近年湖北、山西各省奏定章程，窩家頓户均請照章懲辦。陝省與該二省壤地相接，風氣亦復無殊，似應一律辦理，以示懲創。擬請嗣後强盗窩户造意分贜，及頓户興販誘取婦女，藏匿勒賣，爲首之犯，州縣拏獲，訊供禀報，即遵照歷定章程批飭，解歸該管道府覆訊，或派員前往會審，果係供證確鑿，罪無可疑，並准暫行就地正法，仍按季彙奏，俟數年後此風稍息，再復舊制等因。』具奏前來。

查光緒八年四月，臣部奏定暫准就地正法，祇係土匪、馬賊、會匪、游勇案情重大及形同叛逆各犯，其餘情重盗案及搶奪婦女殺傷事主等項，係於十年九月據前山西巡撫邊寶泉以該省盗風日熾，奏請暫行就地正法，經臣部奏准遵行，而窩家頓户則未經議及。惟先於光緒九年正月，臣部議覆前山西巡撫張之洞奏請將山西省情重盗案及窩線分贜至二次者亦准就地正法摺内，以情重盗案及窩線分贜等項不外。臣部前奏『案情重大』一語，應由該撫酌量核辦，毋庸另立專條等因。又於十年十二月，據前署湖廣總督卞寶第奏請，將湖北省囤户興販誘取婦女勒賣，照强盗例斬決，就地正法。亦經臣部議准各在案。是窩家頓户原有酌量從嚴懲辦章程。

兹據該撫以『陝省情重盗案及搶奪婦女、殺傷事主各犯，雖經奏明照章懲辦，而强暴並未洗心，地方仍不安靖。查陝省搶劫匪徒，惟各處遣勇暨甘肅安插回民多有馬匹，持械連騎，到處搶奪，瞬息遠颺。此外多係鄰省種地客户，本地無業游民，該匪等既無馬匹，又鮮栖止之所，劫得財物必須僻處收藏，搶獲婦女更難掩人耳目，緣有無賴之徒爲盗賊窩主，或潛匿場市，或居住偏僻，交結匪類，來往容留，代爲探聽封厚之家，暗通消息，作線引導，劫得財物，坐地分贜，爲之收藏銷賣，及至事發，早已縱令遠颺。又有興販等户，房屋極爲幽僻，甚至開挖窑窨，行踪詭祕，夥黨衆多，凡匪徒搶奪婦女，交與藏頓。强者關禁哄誘，弱者恐嚇欺凌，婦女親屬無從探視尋覓，迨日久事寢，非販往他處嫁賣，即用强逼勒賣姦，種種不法，大爲地方之害，請照湖北、山西等省章程：窩家頓户均准暫行就地正法等因。』具奏，係爲清理盗源、綏靖閭閻起見，應如該撫所奏。嗣後陝西省强盗窩主造意分贜，及頓户興販誘取婦女，藏匿勒賣，爲首之犯均准暫行按照就地正法章程辦理，俟數年後此風稍息，再復舊制，庶匪徒知所儆懼，而搶劫之風可期盡絶根株矣。如蒙俞允，臣部行文該撫並陝甘總督照辦理云云。

夥盗供獲首盗 江蘇司

蘇撫咨劉潤等糾劫事主陸恒義家得贜拒傷事主平復一案。

查審理强劫重案，必須嚴究確情，按律懲辦，庶足以戢盗匪而靖地方，不得任憑盗犯狡避供詞，遷就完結，致滋輕縱。此案劉潤稔知事主陸恒義家道殷實，起意糾允陳二、王潰、叢潤、劉連並在逃之倪喬淉、孫順濵、吴單騙子、湯禾尚前往行劫，持械、徒手不等，一共九人，乘坐倪喬淉船隻，駛至半路，將船旁岸。叢潤因與事主認識，同劉連看船。劉潤等上岸，三更時偕抵陸恒義家門首，陳二、王潰、湯禾尚在外接贜，劉潤、倪喬淉、孫順濵、吴單騙子踢門進内，陸恒義與夥計徐宏起捕，均被劉潤用刀戳傷，劫得銀洋、衣飾，一同逃回船上，駛至僻處，點贜俵分，劉連未肯收受贜物，各散。報勘飭緝，將陳二、王潰、劉連獲案，陳二、王潰供出首盗劉潤藏匿處所，與夥犯叢潤一並拏獲，訊供不諱。該撫將劉潤依律擬斬立決，陳二、王潰遵照通行擬遣改軍，叢潤、劉連依臨時因別故不行，分別已、未分贜擬以遣徒，聲明劉潤、劉連業已病故等因，咨部。

本部查：夥盗供獲首盗改遣章程，係以盗攻盗之意，非爲行劫者啓趨避之途，亦非爲承審者開脱之計也。陳二、王潰等聽從劉潤行劫，檢查各犯供詞，分贜後將未分餘贜携往江南變賣，陳二、王潰亦逃往各處躲避，並未再與劉潤見面，何由知其在永樂橋孤廟藏匿？即謂劉潤夥劫之先，曾在該廟住過，核其行劫至破案之日，相距已一月有餘，孤廟非可以久存之地，劉潤自必得贜遠颺，豈能仍在該處坐以待縛？殊非情理所有。劉連係劉潤胞弟，應知劉潤逃匿處所，劉連既與王二等同日被獲，何以獨未供出？是供獲首盗不歸之於不上盗之犯，而歸之於上盗之犯，有意開脱更屬顯然。且此案首夥九人，現獲五犯，凡入室搜贜均諉諸在逃各賊，爲首糾劫拒傷事主則坐一病故之劉潤，其餘各犯或稱供獲首盗，或稱別故不行，概從寬典，遷就了結，遂使强劫重犯無一明正刑典，其何以懲强暴而安善良？案情既未確鑿，罪名出入攸關，本部礙難率覆，應令該撫再行提犯研鞫，務得確情，仍嚴緝逸犯倪喬淉等，務獲質訊明確，妥擬具題，到日再議可也。光緒十二年十二月。

臨時行强案内夥犯在外瞭望奉天司

盛刑咨陳廣英聽從楊奉山行竊楊奉山臨時行强陳廣英事後分贓一案。

查審理糾夥行竊臨時行强重案，必須嚴究上盗確情，按律懲辦，不得任憑狡避供詞，含混定讞，致滋輕縱。此案陳廣英與已獲之高巴彦，並在逃之周文興、邢得勝、高進財、劉洛汰也及不知姓名一人，聽從已獲之楊奉山糾邀行竊，劉洛汰也執持捻刀，餘俱徒手，同夥八人，夜至事主王汶寬家，撥開栅門，陳廣英在外瞭望，楊奉山等内進。王汶寬之父王來榮聽聞起捕，被楊奉山等拒傷事主，搶得錢文、首飾，一同背至周文興家。陳廣英分得羊皮馬褂一件，現錢二十千。其餘贓物，楊奉山等分去。並未告知何人拒傷事主。陳廣英旋被拏獲，訊供不諱。嗣將楊奉山、高巴彦獲案，供詞狡執，先後在押病故。該侍郎以陳廣英聽從糾竊，在外看人，其於楊奉山等臨時行强拒傷事主，訊不知情，僅於事後分贓，如將陳廣英依不分首從律擬斬，似覺過重，若照尋常竊盗三人以上爲從擬徒，又未免輕縱，應於楊奉山斬減一等擬流，右小臂膊刺竊盗字。恭逢兩次恩旨，應准累減爲杖一百等因咨部。

本部查核案情，該犯陳廣英聽從楊奉山行竊，結夥八人，持有刀械，情形已極兇暴，該犯一人在外瞭望，餘俱入室搜劫贓物，拒傷事主，謂非預謀强劫，殊難憑信，即謂實係臨時行强，該犯在門外看人，相距事主住房不過咫尺，豈有並未聽聞之理。况楊奉山等劫出衣飾，該犯幫同背至周文興家分受贓物，是其把風接贓，同惡相濟，情節顯然。且此案於光緒二年十二月犯事，既將該犯及楊奉山、高巴彦弋獲，亟應提同質訊明確，早正刑典，以昭懲創。乃高巴彦一犯並未取有隻字供詞，楊奉山供亦閃鑠，延擱十年之久，直至高巴彦、楊奉山先後瘐斃，始據該犯狡避供詞，含糊完結。如謂該犯實係不知强情，自應仍照竊盗問擬。如謂該犯事後分贓，應照知强盗後分贓科斷，均不得於律外從嚴。若夥犯臨時行强，該犯聽聞並未畏懼走避，即屬在外把風，同惡相濟，應照律不分首從問罪，不得曲爲開脱。乃該侍郎既以强盗得財科罪爲過重，復以竊盗科罪爲太輕，衡情擬以滿流，未免進退失據。又以刺面之犯而擬以刺臂，以不准減之犯而擬以累減，實屬種種錯謬。案情既未確鑿，罪名出入攸關，本部礙難率覆，應令該侍郎再行提犯研鞫，並嚴緝在逃各犯，務獲質訊明確，妥擬報部，到日再議可也。光緒十三年正月二十五。

聽從聚衆搶奪在場動手直隸司

熱河咨賊犯馮才聽糾持械搶奪得贓一案。

查審理聚衆搶奪之案，其在場持械威嚇夥犯，亟應按例嚴懲，不得曲爲開脱，僅照搶奪爲從擬遣，致滋輕縱。此案馮才與病故之白泳平、董萬林、高和、載泳瀜、劉萬幅，在逃之楊幅山，聽從劉得財糾邀搶奪，分携刀械，同夥八人，偕至中途，適周坤牽驢至彼，馮才等上前攔住，持械威嚇，周坤畏懼走避，馮才等搶得驢頭、被褥等物逃逸，將贓賣錢俵分。嗣劉得財復邀允馮才並高和、董萬林、白泳平、劉萬幅搶奪，同夥六人，携帶原械，路遇王有趕驢馱載羊皮等物走至，馮才等上前攔住，王有走避，馮才等搶得驢頭、羊皮、錢文交給劉得財賣錢再分各散。先後獲犯，劉萬幅等在押、在監病故，將馮才依搶奪聚衆持械爲從在場未動手例，擬遣改軍等因咨部。

本部詳核案情，該犯馮才聽從劉得財等結夥八人，持械搶奪，遇見事主牽驢走至，該犯與馮得財等一同上前攔住，持械威嚇，搶得財物。既據該犯到案供認，究詰不移，質之劉得才等各犯供詞暨事主呈報情形，均相符合，是該犯實係在場動手之犯，迥非僅止幫搶贓物者可比，自應依聚衆搶奪在場動手照强盗律斬決之例問擬，方足以昭炯戒，乃率照爲從並未動手者擬遣，顯與定例不符。該省盗風最熾，搶案層見迭出，向來積習相沿，往往意存寬縱，歷經本部隨案駁飭，並將例文内持械威嚇及捆縛捺按並傷事主三項，有一於此皆屬動手之處，分析剖示各在案。今此案首夥八人，已獲七犯，承審之員仍不能迅速審擬，按例懲辦，延至二年有餘，首夥各犯先後瘐斃，始將馮才一犯含混完結，致聚衆搶奪重案，無一明正刑典之人，何以除强暴而安良善？罪名出入攸關，本部礙難率覆，應令該都統再行詳核案情例意，妥擬報部，到日再議可也。

結夥三人搶奪在場用洋鎗嚇唬直隸司

直督咨張萬順夥搶一案。

查審理聚衆搶奪之案，其在場動手之犯，即應研訊明確，從嚴懲辦，不得含糊引斷，致與定例不符。此案張萬順聽從在逃之薛洛二糾同張洛四搶奪，共夥三人，各持洋鎗，偕至中途，適賈虎賢等背負行李至彼，張萬順等上前攔住，用洋鎗嚇唬，搶得錢衣等物逃至漫地俵分各散，旋經事主將張萬順認獲。該督將張萬順依聚衆持械搶奪爲從例擬遣改軍，監候待質等因咨部。

本部查：聚衆三人以上搶奪爲從之犯，以動手、未動手爲斬決、發遣之區別。例内『在場動手』字，即指上文持械威嚇及捆縛按捺並傷事主三項而言，有一于此，即爲動手。至在場並未動手，係專指幫搶財物者而言。例文分析甚明，援引豈容含混。今張萬順聽從搶奪，經事主指認獲案，既據供認伊與薛洛二等攔住事主，用鎗嚇唬，即屬在場動手，與僅止幫搶贜物者不同，乃竟删節例文牽就定擬，以在場動手之犯牽引爲從擬遣之條，殊失立法本意。至該犯供係逃者爲首，已難保非避就之詞，且未將事主一共幾人，該犯等如何攔搶，及各自用鎗威嚇之處，詳細聲明，遽將該犯擬遣，待質辦理，亦屬草率。案情既有未確，引斷尤未允協，罪名出入攸關，本部礙難率覆，應令該督再行提犯，研鞫確供，詳繹例意，妥擬報部，到日再議可也。二月。

竊盜拒捕刃傷事主奉天司

黑龍江將軍咨豐紳布因竊拒傷事主平復一案。

查審理賊盜案件，如先得贜而後拒傷事主，是爲臨時拒捕。若先逞兇拒捕而後搜贜，即屬臨時行强。律例本有區分，引斷不容牽混。此案豐仲布探知三合店掌櫃孟三瞞進城，起意邀允王存憘、幅興會齊起身，適黃雙玉走去查問，豐仲布等捏稱前去偷瓜，黃雙玉情願隨行。豐仲布等因瞞黃雙玉，將腰刀藏在袋内，夜抵該店門首，令黃雙玉在外瞭望，豐仲布等三人越障進院，取刀挖墻，孟三瞞之兄孟二瞞走至嚇問，並持棒奔毆豐仲布，月下認明，恐其捕拏，用刀砍傷其額顱，孟二瞞喊捕，豐仲布又砍傷其右太陽倒地。豐仲布與王存憘等進屋，月光下見炕卧一人驚醒欲起，恐被認獲，舉刀砍傷其顋門等處，昏迷不動時，幅興用刀劈開櫃蓋，與王存憘用口袋裝現錢二十餘吊，因聞孟二瞞在外喊嚷，一同携贜闖出，見黃雙玉業經走避，趕回告知拒捕情由，分給錢三吊八十文，黃雙玉令交王存憘寄存，稱俟日後買布，各散。報勘審供，並究出豐仲布等另犯行竊十二次等情不諱。該將軍將豐紳布依竊盜臨時拒捕刃傷人未死首犯斬例擬斬監候，幅興、王存憘按爲從例從重擬軍等因咨部。

本部詳核案情，該犯豐仲布探知孟三瞞不在店中，糾邀王存憘等持械前往，若止商謀行竊，則黃雙玉既願隨行，正可告知實情，何以轉向隱瞞，將刀藏匿，復令在門外瞭望，供情甚屬支離，難保無預謀情事。況一經進院，事主孟二瞞嚇問奔毆，如果心生畏懼，恐被捕拏，即應脱身逃走，乃始而挺身格鬭，用刀將孟二瞞叠砍倒地，復將店客周幅刀砍多傷，昏迷不動。是該犯等逞兇拒捕在先，搜贜在後。即使本係共謀爲竊，亦屬臨時行强，與被揪、被扭、護夥、護贜因而拒捕者迥不相同。至王存憘等既係一同携刀進院，當豐仲布先後砍傷二人，斷無袖手旁觀不向幫毆之理。謂孟二瞞等身受各傷均係豐仲布一人所砍，殊難憑信。即就現訊供情而論，該犯等目擊豐仲布砍倒二人，猶敢上前劈櫃搜贜，肆無顧忌，亦屬同惡相濟。承審之員於此等結夥拒傷事主强劫得贜重案，並不認真研究，按律嚴懲，率照竊盗臨時拒捕例分别首從科斷，其何以懲强暴而安善良？案情既未確鑿，引斷亦未允協，罪名出入攸關，本部礙難率復，應令該將軍再行提集犯證，研鞫確情，詳核例案，妥擬具題，到日再議。至另案糾夥持械行竊小功卑幼之連陞阿，應如所咨擬徒，即先行發落可也。五月。

奪犯傷差奉天司

奉尹題勇丁祁得勝等拒傷差役鍾朋雲平復一案。

查審理奪犯傷差之案，必須嚴究聚衆打奪確情，按律懲辦，不得任聽狡避供詞，率行量減，致滋輕縱。此案祁得勝並楊利生暨在逃之于得海、吕寶山、王起雲、宋萬盛均在營充當勇丁，與番役鍾朋雲、温得清、孫才、陳喜增先不認識。該營奉派修築省垣邊城土墻，晌午息工時，祁得勝等在茶館喝茶，適鍾朋雲等訪獲賭匪周國詳等十七名，押帶進城，路經茶館門首。祁得勝見有素識革勇姚宗詳在内，詢知情由，央令釋放，鍾朋雲不允，致相駡詈。鐘朋雲等向毆，祁得勝情急，用身帶鐵抹板回毆，致傷鐘朋雲顖門。楊利生等聞鬧出看，各拏器械趕向幫護，將温得清、孫才、陳喜增等毆傷。因人多手雜，楊利生等毆傷何人，均記憶不清。惟時姚宗詳與同夥賭匪乘隙潛逃，僅止周國詳四人未經逃走。鍾朋雲等上前圍捕，于得海等逃跑，將祁得勝、楊利生等拏獲，審供不諱。該督等以該犯僅止央求釋放，並非起意打奪，其與差爭毆係屬衅起口角，核與有心糾衆奪犯毆差者有别，將祁得勝於聚衆中途奪犯傷差首犯絞候例上量減擬流，楊利生擬徒等因具題。

本部詳核案情，鍾朋雲等訪獲賭匪，押帶進城，係屬應行拘捕，與該犯祁得勝毫無干涉，乃因素識之姚宗詳在內，欲令釋放，已屬多事。復因鍾朋雲不允，持械將其毆傷，其爲倚恃勇丁，糾衆閧鬧，情節顯然。且楊利生等均在茶館喝茶，鍾朋雲等押犯經過，並不知所押者何人，祁得勝與之争吵，亦不知所爲者何事，既見彼此争毆，盡可出向勸解，斷無不問其起衅情由，輒行幫毆之理。若非預先糾邀，何至争毆之時，不約而同一齊動手毆傷番役四名，以致姚宗詳等乘隙脱逃？明繫該犯等聞知姚宗詳被獲，糾同夥黨在途等候，奪犯毆差，謂其邂逅相遇，殊難憑信。承審之員並不詳細推究，按律懲辦，率憑狡避供詞，遽將該犯等量減流徒，未免意存開脱。此案正犯雖已病故，餘犯罪名出入攸關，本部礙難率覆，應令該督等再行提犯嚴鞫，務得確情，妥擬具題，到日再議。七月。

活埋小功堂姪 四川司

川督咨部駁唐陳氏活埋小功堂姪唐增甚身死一案。

查活埋功服卑幼斃命之案，情節較慘，必須嚴究商謀致死確情，况案經駁審，尤應詳細推求，期得真情，庶無枉縱。若案情尚多支離，並未虛衷研訊，率據含混供詞，遽行援案咨請部示，殊非慎重刑章之道。此案唐陳氏係已故唐本繩之妻，唐增甚係唐本繩同祖堂姪，因父母俱故，向依唐陳氏度活，素不務正，時拏唐陳氏錢物，在外游蕩。唐陳氏屢教不改，迨後曾犯竊案，被責釋回。嗣又兩次復竊汪大興、劉洪興家衣物，唐陳氏賠給汪大興錢文，並向劉洪興服禮寢息。唐陳氏投憑夫族姪唐林宇等，在家祠將唐增甚誡斥，唐增甚不服頂撞，唐陳氏令唐林宇等將唐增甚拉往送究。唐增甚睡地叫駡，不肯起行，並説以後仍欲作賊扳害。唐陳氏忿激，聲稱唐增甚迭次行竊，玷辱祖宗，不如將其活埋致死，免日後被人恥笑，令唐林宇等幫同捆縛，唐林宇等應允，找取繩索，將唐增甚手足捆住，擡至祠旁業地，挖坑將其掀入坑内，用土掩埋各散。施經訪驗訊詳。

前據該督以唐增甚係唐陳氏故夫小功服堂姪，將唐陳氏依期親以下有服尊長殺死罪不至死之卑幼，果係積慣匪徒，怙惡不悛，尊長因玷辱祖宗起見，忿激致斃者，無論謀故，爲首之尊長按毆殺卑幼本律減一等例，於妻毆夫卑幼至死絞律上減一等擬流，係婦女照律收贖等因咨部。經本部恐有起衅别故，引斷亦未允脅，駁令另行研訊妥擬。

去後，兹據該督遵駁提犯覆訊，委無起衅别故，並聲稱：『定例尊長擅殺卑幼，祇以卑幼罪之至死、不至死爲減罪之等差，而尊長之應否議減，則就死者之有無至親服屬爲斷，並未議及尊長之妻不得援引此例。如因毆死卑幼不得與夫同科流罪，擅殺卑幼亦不得與夫一例議減，則夫得因卑幼有罪而減徒，妻不問卑幼有罪、無罪一例擬以絞抵，不特撲之情法似未持平。檢查川省羅賴氏及許楊氏兩案，一因卑幼罪犯應死照擅殺擬杖，一因卑幼罪不至死照本罪減科，均奉部先後照覆，核與唐陳氏情事相同。惟前詳未將唐增甚並無至親服屬及該氏委無挾私別情於勘語內確切聲敘，以致不甚明晰。茲奉部指飭，復逐加確核。若照本律擬絞，死者究係爲匪，有玷祖宗之人。若照擅殺議減，例內究無妻毆死夫之有罪卑幼與夫同科之議。律例既無明文，應否改擬絞候，抑或仍照擅殺卑幼本例減等，咨請部示等因。』

本部查此案：前因已死唐增甚係唐陳氏故夫小功堂姪，並非本宗一脉之親，與尊長擅殺有罪卑幼按服制減等之例不相符合，且該氏因唐增甚行竊村人衣物，於賠錢服禮寢息後，業經送交家祠誡責，即死者不服頂撞，並稱日後扳害，亦屬無據空言。乃該氏輒主令活埋斃命，慘忍已極。況唐林宇等當唐陳氏商令謀命，並不極力勸阻，均俯首聽從，恐係另有起衅別故，由唐林宇等主令謀斃情事，是以駁令覆審。該督於奉駁後，於唐林宇等有無主令謀斃暨起衅有無別故，並未嚴切根究，訊取各該犯確供，僅據聲稱：『唐陳氏供稱，唐林宇等雖充當祠首，究係族孫，該氏飭令幫同下手，聲厲色變，忿不可遏，亦與威制無異。且唐林宇等均因唐增甚竊不法，玷辱祖宗，同切公忿，是以喝令活埋，均各應允』等語，已屬含糊。即就所供而論，既云唐林宇等同切公忿，其非出於唐陳氏一人之意可知，乃又云該氏聲厲色變，與威制無異，情詞矛盾，顯有不實不盡。況唐林宇等充當祠首，於唐陳氏投往，將唐增甚誡責，必非不能主張，乃以慘殺重情，俱無一言勸阻，輒即一齊下手，實難保無主令謀斃情事。唐林宇等均係唐增甚無服卑幼，如果有同謀慘殺重情，即係爲玷辱祖宗起見，核與擅殺卑幼之例尤不相符，罪名出入甚鉅，豈可草率定讞，致啓同族殘殺之風？至定律『妻毆夫卑屬至死，不得與夫同科』，固係指尋常毆斃而言，而例內既無妻毆死夫之有罪卑幼與夫同科明文，不得因其自幼相依，遂舍本律而强爲比附。即謂死係有罪卑幼，與毆死無辜之卑幼究有區別，亦祇可俟秋審時酌量辦理，未便遽議從輕。若所引羅賴氏、許楊氏二案，係本部隨時照覆之件，且一係因夫之小功堂姪屢竊不法，玷辱祖宗，並挾嫌放火，燒燬房屋，係屬罪犯應死；一繫因夫之胞姪屢竊不法，玷辱祖宗，主使伊子功兄死者大及死者胞兄將其活埋致斃，下手之犯俱係死者尊長，與唐陳氏主使之唐林宇等俱係無服卑功，又係死者無服卑幼者迥不相同，未可援以爲證。案情既未研訊明確，輒行援案請示本部，仍難率覆，應令該督再行提犯，嚴鞫確情，按律妥擬報部，到日再議可也。十四年正月

雪堂公牘

謹奏爲子婦過失殺姑案件，聲明例案，再行請旨事。刑科抄出山東巡撫張曜題邵劉氏誤毒嗣姑紀氏身死一案，云云。該撫將邵劉氏依子婦過失殺夫之母者絞例擬絞立決，聲明該氏情有可原等因，具題。經臣部會同都察院、大理寺，核其情節與夾簽之例相符，照例夾簽請旨，於十二月十七日題，十九日奉旨：劉氏著即處絞，餘依議。欽此。臣等查，子婦過失殺翁姑之案，律應擬流，道光年間雖定有絞決之例，而仍准夾簽改擬絞候，秋審時向俱免勾，歷經遵照辦理在案。此案，邵劉氏誤將毒米煎湯，與嗣姑邵紀氏飲用，致毒發，越日殞命。核其情節，實係耳目所不及，思慮所不到，與夾簽改擬絞候之例及歷辦成案均屬相符，可否仍照原擬，將劉氏改爲絞監候，恭逢恩詔，酌入秋審緩決，仍不准援免之處，相應聲明例案，再行請旨。光緒十五年十二月二十五日奏。奉旨：邵劉氏著改爲絞監候，餘依議。欽此。

謹奏爲旗民詞訟必須罪在徒流以上，方准送部審辦，謹申明定例，恭摺奏祈聖鑒事。竊查，嘉慶十八年四月二十四日奉上諭：御史夏修恕奏請清釐刑獄，以省拖累一摺，所奏洵合事宜。國家明刑弼教，意本期於無刑，有罪者不容輕縱，無罪者尤不可株累。刑部雖總理讞獄，然案情輕重，罪名大小，辦理自有等差。近日五城及步軍統領衙門於尋常訟案罪止杖笞以下者，往往不察事理，概以送部了事，以致刑部現審之案日積日多，不能速爲斷結。迨至逐案審理，其事甚細，而到案之人久羈縲紲，隸徒中飽，貲産蕩然。又或查拏案犯，不辨真僞，輒請交部嚴鞫，及訊明無辜被累，而正犯轉得遠颺。紛紛株繫，桎梏相望，皆足上干天和。着刑部詳查定例，並酌定條款。凡輕罪細故，可由五城及步軍統領衙門審結者，俱令自行擬結。其應送部而不送部，固當照例參處。如不應送部而率意送部者，刑部將原案駁回，並將該衙門參奏請旨。等因。欽此。當經奏定：嗣後，五城及步軍統領衙門審理案件，如户婚田土錢債細事，並拏獲竊盗、鬥毆、賭博及一切尋常訟案，審明罪止枷杖笞責者，照例自行完結。其旗民詞訟，各該衙門均先詳審確情，如應得罪名在徒流以上者，方准送部審辦，不得以情介疑似，濫行送部。若將不應送部之案率意送部者，刑部將原案駁回，仍據實奏參。如例應送部之案而自行審結，亦即查參核辦。至查拏要犯，必須贓證確鑿，方可分別奏咨，交部審鞫。若將案外無辜之人率行拏送，一經刑部審明並非正犯，即將該管官員參奏，番捕人等照例治罪。纂入例册，遵行在案。臣等恭繹聖訓，原以朝廷設官分職，各有專司，臣部爲刑名總匯之區，每年核覆外省案件總不下數千及萬餘起，而杖笞以下並不咨部。京外事同一例，若將尋常詞訟紛紛送部，必至日積日多，不能迅速清結，誠有如聖訓所云者。故特定立此例，所以清庶獄，省株繫也。乃近年以來，五城及步軍統領各衙門，不問案情輕重，罪名大小，每以例無刑訊爲詞，送部審辦，往往所控情節甚重，一經推問，不過户婚田土錢債細故，無罪可科，經臣部咨回原送衙門，或發交大興、宛平兩縣審訊。其餘鬥毆、賭博等項，亦罪止枷杖笞責。而平民之無故株連，實勢所不能免，吏役之從中需索，亦難保其必無。甚或微詞詿誤而蕩産傾家，片牒拘傳而挾私陷害，良懦者被累不堪，刁惡者愈覺得計，種種流弊，不可勝言。自應申明定例，俾昭遵守。臣等公同酌議，嗣後五城及步軍統領衙門審理案件，如户婚田土錢債細故，並拏獲竊盜、鬥毆、賭博以及一切尋常案件，審明罪止枷杖笞責者，照例自行完結。其旗民詞訟，各該衙門均先詳審確情，如應得罪名在徒流以上者，方准送部審辦，不得以情介疑似，濫行送部。倘不先行詳審確情，不問罪名輕重，概行交部審辦，臣部即照例駁回。庶案牘不致紛歧，而無辜者亦免拖累矣。恭俟命下，臣部即咨行五城及步軍統領衙門，一體遵照辦理。所有臣等擬請申明定例緣由，謹恭摺具奏請旨。光緒十八年十二月　日奉
旨：依議。

刁徒嚇詐逼命 奉天司　光緒十四年九月

奉尹題，龔漢臣訛詐邵維得，致令愁急自縊身死一案。查，審理訛詐釀命之案，必須嚴究確情，按例懲辦，以儆刁惡，不得曲爲開脱，率議減等，致滋輕縱。此案，已革營兵龔漢臣，籍隸湖南，來至該廳，與邵維得素未謀面。邵維得同王萬成趕車至孫士發店内，王萬成向買谷草未成，孫士發見邵維得車上有草兩捆，疑係偷竊，查問，邵維得不依，彼此争吵。適龔漢臣路遇查詢，孫士發即以邵維得竊草之言向告。龔漢臣起意訛詐，將邵維得吊在該店梁上，嚇稱送官究辦。邵維得不服混罵，龔漢臣用木棒毆傷其顖門。王萬成邀入説合，令邵維得認罰東錢一百吊，龔漢臣應允，將邵維得放下，扣留孫士發店内，令王萬成回家向邵維得之父告知，趕緊辦錢。後邵維得因未見王萬成辦錢回店，一時愁急，潛至該店後院，用褲帶自縊殞命。孫士發瞥見，慮恐報官受累，將尸背至善佛寺後院，用原縊褲帶挂在樹上。經鄉約查知，報驗訊詳。該督等以龔漢臣藉端嚇詐，事出有因，若一律擬以繯首，似與無端肇釁，平空訛詐者無所區别，將龔漢臣依刁徒平空訛詐，致被詐之人自盡絞候例上量減滿流，係革兵加等擬軍，等因具題。臣等查，刁徒嚇詐逼命，定例綦嚴，必死者實係作奸犯罪，有干例議，方以事出有因，分别首從，減擬流徒。若兇犯所藉之事

在死者無罪可科，即屬無端肇釁，仍應照例問擬，不得率行量減。今該犯龔漢臣與邵維得暨孫士發均不認識，孫士發偶然疑竊，向邵維得查問爭吵，在邵維得既非有干例議之人，其事又與該犯毫無干涉，乃該犯一經聞知，即起意訛詐，將邵維得拏獲吊拷嚇逼，與平空訛詐者有何區別，而必曲爲之詞。况詳核案情，該犯不過外來流民，非若兵役、土豪，素爲鄉里所畏，邵維得等又係同伴二人，勢非不敵，使非另有同伙，其情勢又實在兇惡，何以邵維得甘受吊拷，王萬成勸給錢文，皆不敢抗拒，一至於此。自來捆縛吊拷之事亦非一人所能爲，謂無在場幫同下手之人，殊難憑信。至孫士發，先未查明該店谷草有無丢失，遽行疑竊查詢，尚可云一時冒昧，迨龔漢臣以素不相識路過之人，在伊店内將死者捆毆嚇詐，豈不慮及受累，何以任聽所爲，竟無一言勸阻。龔漢臣將死者扣留在店，何以毫無推諉，死者自盡後移屍裝縊，又何以獨自起意，不待龔漢臣相幫。種種情節可疑，謂非幫同訛詐，顯係捏詞支飾。且王萬成係與邵維得同伴趕車，既經説合出錢，龔漢臣盡可將車馬扣留作抵，放令死者自行回家措錢，何以必須將其關禁店内，只令王萬成前去帶信。若非死者自恃理直，始終不肯認罰，即係該犯等思向死者之父恫嚇，以爲勒贖之計。王萬成既往辦錢，甫經兩日，何以死者迫不及待，即行愁急自盡，更難保非該犯等復有逼迫捆毆，以致斃命，事後假裝自縊情事。承審之員於此等訛詐逼命重案並不詳細推鞫，任聽狡飾供詞，率行定案，後謂係事出有因，將該犯量減滿流，復按已革兵丁加等擬軍，名爲加重，實則從輕，殊不足以成信讞。案情既涉支離，引斷亦未允協，罪名出入攸關，臣部礙難率覆。應令該督等再行提集犯證，嚴鞫確情，按例妥擬具題，到日再議。

新疆効力官犯應俟期滿釋回 陝西司　光緒十四年十月

查例載，發遣新疆効力官犯，如原犯軍流，從前加重改發者，定限十年，期滿該將軍等遵例奏聞，如蒙允准，即令各回旗籍等語。此案，已革休致驍騎校張榮升因在家聚賭，發烏魯木齊効力贖罪。又已革候補通判趙清韶因解餉進京，由都察院條陳管見，發往軍臺効力，復在配遣逃，赴部控告同臺廢員，改發新疆充當苦差。兹據該撫以該革員等於光緒十年正月、四月先後到配，迄今四、五年，各安配所，頗知愧奮，節派令隨同官兵在精河、西湖一帶防守，深爲得力，核與辦過廢員武鳳等釋回成案相符，懇恩飭部將張榮升等核議減釋，奏，奉諭旨交臣部議奏。臣等查，在戍廢員由軍流改發者，應俟十年限滿，始准奏請釋回。如到戍未滿十年，不得遽請減釋，致涉冒濫。今廢員張榮升，原犯係職官開場聚賭，趙清韶原犯係條陳管見，發往軍臺効力，復在配遣逃，赴部控告同臺廢員，均發遣新疆効力當差。該廢員等在配恭逢光緒十一年正月初四日恩旨，情節較重，均在不准援減之列。雖據該撫奏稱該廢員等在戍出力，惟該廢員等到戍均未滿十年，核與定例不符，臣部未便率准減釋。應令仍俟十年期滿後再行照例奏請，以符定制。至所引武鳳等成案，在光緒七年赦款內，本係准予查辦，故經臣部隨案核覆，奏準釋回，與此案亦不相同，未可援以爲據。所有該撫聲請將該廢員張榮升等減釋之處，應毋庸議。所有臣等核議緣由。云云。

京控牽涉地方官　江西司　光緒十四年十月

江撫咨，部駁温敷陳京控温運行等挾嫌糾搶並温論泉聽從温時擁謀殺温敷陳身死並未加功、温時擁在監病故一案。查此案，前因温敷陳被族叔温運行糾允族人温惟敬、温倕汶、温論泉、温懙芒等攔搶箱隻控州，將温懙芒拏獲，經温懙芒妻弟黃剛烈保領，温懙芒在保逃走，報緝無獲。温敷陳之子温樹芳與族人温懙蘭等路遇口角，被温懙蘭邀同族人温時擁等追至家内，打毀門壁衣物。温敷陳托素好候選教職曾穆代爲清結帳目，應找銀錢未經寄結，乃信知温敷陳勸令息訟。温敷陳懷疑莫釋，遂以温運行等串匪結盟，逞凶釀禍，並牽砌黃剛烈交結官府，曾穆勸賄勒謝等情，來京赴步軍統領衙門呈控。解回訊辦。經該撫將温運行、温惟敬等暨曾穆、温敷陳分別按律擬杖，聲明温運行等均已病故，温惟敬等事犯均在赦前，俱予寬免，曾穆、温敷陳並免納贖等因咨部。經本部以案情未確，駁令再行研訊妥擬去後。兹據該撫咨稱，此案接奉部駁，正在提訊間，旋據該州□報，温時擁因挾温敷陳牽控之嫌，糾同温論泉、温懙芒等將其謀殺身死，報驗訊詳，當即遵照部駁，逐層覆訊。温懙芒被獲看管，因病經黃剛烈保領醫治，在保脫逃，黃剛烈即報州飭拏，並無與官府交結及賄托情事。温敷陳所控情節，惟温運行等搶奪得實，其餘均出懷疑，因未經定案，具結呈首，是以酌擬杖罪。即各犯罪名，亦係按律科斷。其在保、在管病故，委係患病所致，尚非延擱遷就完結，承審各員職名，應請邀免開送。前任知州韓懿章並無與曾穆勾結往來説合納賄情事，曾穆業經另案斥革，且已病故，韓懿章原審並不速爲辦結，致滋拖累，已經另案革職，均毋庸議。並聲明温時擁聽從打毀温敷陳家門壁衣物，應按棄毀人器物律准竊盜論。温論泉、温懙芒聽從搶奪族人温敷陳箱隻，應按親屬相盗依恐嚇取財準竊盜論，温懙芒並加逃罪二等，均罪止擬杖。惟該犯等謀殺温敷陳身死，温時擁起意，温論泉等從而不加功，將温時擁依謀殺人造意斬律擬斬監候，温論泉、温愌芢均依從而不加功律擬流。温時擁、温愌芢均已在監病故，應毋庸議。温惟敬等仍照原擬。等因咨部。本部詳加查核，情罪當屬相符，除罪應斬候之温時擁，並罪應擬流之温愌芢均已病故，應毋庸議外，温論泉等均應如所咨辦理。仍令照例匯題。逸犯温惟準等應令該撫飭緝，務獲究辦。至管獄官職名，事隸吏部，該撫既經分咨，應聽吏部查議。仍知照吏部並提督衙門可也。

致斃姦霸伊妻並强拉抵欠之人奉天司　光緒十四年十月

盛刑題，田淮致傷張彬身死一案。查，審理人命案件，必須嚴究起釁致死確情，況死者如果罪有應得，與尋常爭鬥致斃平人者不同，尤應詳細推求，按例妥擬，豈得稍涉含混，致案情與律意不符。此案，田淮輸欠張彬賭錢一百九十二千文未給，張彬至田淮家索欠，見田淮外出，向田淮之妻魏氏嚇逼成姦，屢次霸住。田淮畏凶，不敢較論。經村人説合，令田淮還錢四十千文完事。田淮恐被再攬，全家搬至伊堂兄田發家居住。張彬復尋向田淮討要前欠，田淮分辯，張彬不依，致相争鬧。經田發等將張彬勸走。次日張彬執持捻刀槍，找向田淮逼索，聲稱無錢非將魏氏作抵不可，即强拉魏氏出外。魏氏喊救，田淮情急，持桿追趕，張彬用槍撲扎，田淮用桿將槍頭格落，張彬用槍桿毆打，田淮棄杆，拾起槍頭連扎傷其左腿等處，復用脚踢傷其下部，倒地殞命。報驗審供不諱。該督等將田淮依鬥殺律擬絞監候等因具題。臣等查，田淮因張彬藉討賭欠，姦霸伊妻，並於還錢寢息後復尋往索討争鬧，欲將伊妻作抵，强行拉走。如果案情屬實，死係有罪之人，該犯將其致斃，自與致斃平人不同，應按擅殺科斷。惟該犯不過該欠張彬賭錢，何以伊妻被其姦霸，並無忿激之情。該犯既已甘心隱忍，與村人有何干涉，乃相與爲之説合，其説合者皆係何人，亦未取具確切供狀。且該犯已還錢移家遠避，何以張彬仍找向索欠，欲强拉伊妻作抵。是其所供謹係該犯一面之詞，難保非另有起釁别情，事後捏詞支飾。承審之員並不詳細推究致死確情，率據含混供詞，遽照鬥殺定擬。案情既未確鑿，引斷亦未允協，臣部礙難率覆。應令該督等再行提犯嚴鞫，務得確情，詳核例案，妥擬具題，到日再議。

聚衆搶奪婦女首犯聞拏投首從犯於搶出後幫同擁護奉天司　光緒十四年十二月

奉尹題，董振得糾邀劉大等强搶吕張氏已成，劉大等拒傷氏翁吕得富身死，董振得聞拏投首一案。查，審理聚衆搶奪婦女拒捕殺人之案，必須嚴究首夥下手致死確情，按例懲辦，不得任憑案犯狡避供詞，將重情曲爲諉卸。其幫同搶奪之犯尤不得率行量減，致滋輕縱。此案，董振得因吕得富之媳係張自永之女，先經伊母説給該犯爲妻，向張自永議允。董振得旋即外出，未經央媒行聘。嗣張自永因事隔數年並無信息，將張氏憑媒許與吕得富之子吕長廣爲婚。董振得回歸，查知氣忿，即以張自永賴婚另許等詞赴廳捏控。經該廳訊明董振得並無媒證婚書，將張氏斷歸吕長廣爲婚完案。吕長廣即將張氏迎娶過門。董振得起意强搶，邀允表兄劉大及李士發相幫，並央允張進學，俟搶出張氏後在其家寄住數日。劉大向胞弟劉二告知前情，邀同幫搶，劉二不允，劉大以劉二毫無戚誼之情向斥，劉二亦即允從。劉大復添邀於姓，與劉二、李士發先後夜至董振得家會齊。同夥五人，分持槍械起身。劉二心生畏懼，行走落後。更餘時，董振得等至吕得富家門首，尚未關門，即與劉大等一齊擁進院内。吕得富、吕長廣聞聲出屋喊捕，因人衆勢猛，攔擋不住，董振得乘勢入室將張氏搶抱出院。張氏哭駡掙扎，被董振得嚇禁聲張。吕長廣趕上，用刀砍傷董振得右肩胛，於姓趨護，董振得負痛抱張氏至大門外，與劉二撞遇。董振得因被砍傷，邀同劉二幫擁張氏逃走。劉大、李士發被吕得富戳毆，各用槍刀拒捕，將吕得富放砍致傷，因槍上火星遺在草堆，以致火起，延燒房屋，追向董振得等告知，各散。時吕長廣向董振得追趕，聞槍聲折回，見吕得富業已受傷卧地。房屋霎時火起，當經鄰佑等趨至幫同將火救滅，吕得富越日殞命。報驗差緝。董振得同劉二將張氏擁至張進學家藏匿，次日劉二回歸。董振得聞拏，帶同張氏投首。先後將劉二等緝獲，訊供不諱。該督等以董振得糾邀逸犯劉大等强搶張氏已成，惟劉大等拒捕殺人之際，該犯已先逃逸，並未在場，后聞拏投首，尚有悔悟之心，張氏亦未被姦污，將董振得比依未傷人之首盗聞拏投首例擬軍，劉二聽從幫搶，畏懼落後，僅於董振得搶出張氏後擁護同逃，並未入室同搶，於夥搶婦女已成爲從絞罪上量減擬流。並稱董振得據供拒捕殺人並未在場，質之尸子吕長廣，供亦相同，毋虞避就，無庸監候待質等因具題。臣等詳核案情，該犯董振得糾邀逸犯劉大等同夥五人，分持火槍等械强搶張氏已成，拒傷氏翁吕得富身死並遺火延燒房屋，情形極爲兇暴。當該犯等闖門進院之時，吕得富父子出屋喊拏，若非該犯喝令拒捕，何以夥犯不約而同，刀槍並舉，立將吕得富致斃。乃謂吕得富身受各傷均係逸犯劉大、李士發二人下手，該犯業已先逃，並無在場幫毆情事，其爲飾詞推卸，已屬顯然。且該犯起意在於搶人，因慮一人難敵，始邀衆人幫搶，乃謂臨搶之時僅止該犯一人入室，夥犯均未相幫，於姓之趕攏幫護，係在院内，劉二之幫擁張氏，係在門外，種種情節，皆難憑信。如謂尸子吕長廣在場目擊，則時當昏夜，倉猝之間，人衆勢猛，該犯之曾否喝令，亦未必能聽聞，即何人入室，何人拒捕，亦未必能細認，豈得遽以串揑之詞曲爲寬解。至劉二一犯，聽從同往，如果有畏懼之心，則當同行落後之時，自必乘空逃避，何以仍至呂得富門首，董振得將張氏搶出之後，又何以仍敢幫同擁護至張進學家藏匿，次日始行回歸。是無論該犯曾否入室，或本係在外看人，即就現供情形而論，即經聽從擁護搶出之婦，即屬幫同架拉，迥非被逼勉從及畏懼不行者。所比例内爲從者皆絞之文，原統指入室幫搶及在外看人或搶出後幫同架拉而言，豈得以並未入室同搶，遂可曲爲末減，致與定例不符。承審之員於此等夥搶婦女已成，拒斃捕人重案，並不認真推究，率憑狡避供詞，將拒捕殺人重情皆諉諸在逃之犯，並將同謀搶奪、幫同擁護藏匿之犯，謂係並未入室同搶，遽行量減擬流，致本婦之翁慘遭非命，竟無一人實抵，何以伸冤憤而懲兇暴。案情既未確鑿，罪名出入攸關，臣部礙難率覆。應令該督等再行提犯研鞫，並嚴拏逃犯劉大等，務獲質訊明確，妥擬具題，到日再議。

營兵緝拏罪犯放槍誤殺旁人並踏傷幼女身死 奉天司 光緒十四年十二月

奉督咨，營兵孫平等追拏逸犯王正顯，誤傷民人劉延會、劉延文各身死，並譚泳升踏傷幼女劉小丫頭抽風身死一案。查，審理過失殺人之案，必係例準比律科斷，及實係耳目所不及，思慮所不到者，方可援照定擬。若核其情節與例意稍有未符，即未便率行牽引。况案關慘斃一家三命，豈得遽議比律收贖，致滋輕縱。此案，孫平、宋金起、譚泳升均充營兵，該營哨長劉貫均奉札訪拏蘇泳順聚衆槍斃多命案内逃犯王正顯等送部審辦。旋經訪得王正顯回家藏匿，即令孫平、宋金起、譚泳升、曹泳慶、田永勝同去堵拏。分攜槍刀，乘夜起身，天將明時行至王正顯家。撞門進屋，搜查無獲。因見後門開啓，知已脱逃，即跟踪追捕。王正顯在前狂奔，劉貫均帶領孫平等尾追至劉慶苓家墻外，詢知有一人跳入墻内，劉貫均亦即越墻而進，孫平等由大門擁進。王正顯拒捕，將劉貫均毆傷倒地。孫平、宋金起瞥見情急，各用洋槍向王正顯施放。詎王正顯乘間逃逸，將劉延會、延文誤放傷倒地身死。維時譚泳升因王正顯倏忽不見，疑其在屋藏躲，進去搜查。劉姓婦女驚慌出屋，將劉延會幼女劉小丫頭掉在地上，譚泳升直前闖入，並未留神，以至踏傷劉小丫頭左腿。經哨官楊瑞泳踵至，詢悉前情，屍叔劉慶苓報驗劉小丫頭亦即抽風殞命。復驗訊，供不諱。該督等以孫平、宋金起因哨長劉貫均被逃犯王正顯拒傷倒地，瞥見情急，放槍格鬥，以至誤傷劉延會、劉延文各身死。該犯等各放一槍，誤傷二命，係各斃各命，應各科各罪。例無兵丁捕拏罪犯誤斃無干之人作何治罪明文，惟兵丁亦係緝兇禁暴之人，且該犯等因哨長被拒倒地，情急點槍，正與捕役與賊格鬥誤殺無干之人應照過失殺問擬者情事相同。譚泳升進屋搜拏逃犯，致將幼女劉小丫頭踢傷身死，出自該犯意料之外，亦與過失殺耳目所不及、思慮所不到之律注相符。將孫平、宋金起、譚泳升均依過失殺人准鬥殺罪收贖等因。咨部。

本部查，捕役拏賊格鬥致斃無干照過失殺收贖之例，係指賊人不服拘拏，持仗拒捕，捕者與之格鬥，因而誤斃旁人者而言。蓋捕役拏賊格鬥，情勢危急，如將賊格殺，律得勿論，致不幸而誤斃無干，例亦原其危急之情，准照過失殺收贖。是收贖之法即從勿論律中權衡而出，例意似寬實嚴。若並非與賊格鬥，則致斃賊人當應照擅殺以鬥殺論律擬絞，斷無誤斃無干反得照過失殺收贖之理。今孫平等以營兵訪拏命案逸犯，與捕役拏賊既不相同，王正顯又未向該犯等拒捕，毫無格鬥，該犯等將劉延文等□□，如酌照火器捕賊□□案件辦法，亦應比依誤殺旁人以鬥殺論之律問擬，乃遽按捕役與賊格鬥誤殺無干之條，照過失殺律收贖，顯與定例不符。且詳核案情，劉慶苓家僅止草屋五間，土築院墻，木栅爲門，並非重門鬥壁，易於藏奸者可比。王正顯一人逃入院内，該犯孫平等共有五人，各持器械，既經跟追踵至，自不難立時拏獲。乃當擁進大門之時，劉貫均雖已受傷倒地，王正顯尚未逃走，何以並不趕攏幫護，協力擒拏，遽用洋槍施放，致王正顯仍逃避無踪，而無干之劉延文、劉延會兄弟二人反被擊傷慘斃。况其時該犯等已堵住大門，王正顯果從何處逃逸，何以倏然不見，踪迹如此之飄忽，何無一人跟踪追趕，反朝向屋内搜尋。種種含混支離，難保非該犯等藉名滋擾，與劉延文等互相鬥毆，擊斃其命。事後捏詞狡飾，希圖免罪。復檢查蘇泳順一案原奏供招，當時到案各犯俱未供有王正顯之名，則王正顯是否蘇泳順案内逸犯，初無根據，何以該督等原諮遽認王正顯係奏明奉準部覆緝拏之犯。在王正顯之應拏與否既涉含混，則該犯等倚勢妄拏，致一家兄弟二命無辜慘死，其罪更無可逭。至譚泳升一犯，與孫平等一同進門，其時天色已明，王正顯之乘間逃逸，豈得諉爲未見，何以復疑在屋躲避，闖入搜拏。劉小丫頭之掉在地上，必有啼哭之聲，豈竟毫無聽聞，何以並不留神，將其踏傷，抽風斃命。核與耳目所不及，思慮所不到者大相徑庭。觀於劉姓婦女之驚慌出屋，至於掉落幼女，不及携抱，則該犯等之倚勢行兇，已可概見。承審之員於此等致斃一家三命重案，並不詳細推究致死確情，率憑狡避供詞，均照過失殺律含混定擬，殊不足以成信讞。案情既未確鑿，引斷亦未允協，罪名出入攸關，本部礙難率覆。應令該督等再行提犯，嚴鞫確情，詳核例案，妥擬報部，到日再議可也。

調姦罪人事后戳斃本婦有服親屬光緒十六年二月　奉天司

盛刑題，英甸起戳傷王普雲身死一案。查，審理人命案件，必須嚴究起釁致死確情，况案關罪人拒殺捕人，情罪綦重，尤應詳細推鞫。果係供勘符合，方可按律科斷，不得率據含混供詞，遽行定讞，致案情與律意不符。此案，英甸起與王普雲□□無嫌，馬伍氏係王普雲之母王伍氏胞妹。光緒十四年八月間，英甸起至馬伍氏家，見馬獨處，即向調姦，馬伍氏嚷駡，英甸起走回。以后屢向調戲，馬伍氏總未允從，旋至王伍氏家躲避。王普雲聞知前情，因此挾嫌。嗣英甸起有馬匹欲賣，九月十八，王普雲信知英甸起將馬牽至其家瞧看，硬説不好，令伊牽回。英甸起分辯，王普雲乘英甸起不防，用洋槍放傷偏右等處倒地，復用槍筒尖刀毆戳傷左手腕等處，並牽駡伊祖先，仍欲砍戳。英甸起情急，掙扎起身，拔刀向王普雲嚇戳，致傷其胸膛倒地，移時殞命。獲犯報驗，審供不諱。該督等以英甸起屢向馬伍氏調姦未成，本屬罪人，馬伍氏係王普雲姨母，服屬小功，例許捉姦，王普雲聽聞挾忿，假稱買馬，將英甸起誆至，用洋槍等械放毆至傷，英甸起用刀戳傷王普雲身死，將英甸起依罪人拒捕殺所捕人律擬斬監候等因具題。臣等查，英甸起調姦馬伍氏未成，實屬罪人，王普雲爲馬伍氏兩姨外甥，係有服親屬，例許捉姦。如果王普雲激於義忿，起意捕拏，致被英甸起戳傷斃命，固應將英甸起照罪人拒捕殺人律定擬。惟詳核供招，王普雲於英甸起屢向馬伍氏調姦既已聽聞□□，何以並未立時往找英甸起不依，迨事隔多日，忽以英甸起欲賣，信知英甸起牽往瞧看。即謂係假稱買馬誆至家中，則一經與之見面，自必忿不可遏，非立時毆詈交加，亦當正言理斥，何以調姦之事始終無一言提及，但稱馬匹不好，令伊牽回，致相口角。况屍屬人等供内於王普雲買馬緣由俱未聲叙明晰，是當場致死情形，據案犯供招係買馬争鬬起釁，與調姦情事無涉而看，語内所稱假稱買馬將英甸起誆至等詞，衹係憑空臆度，並無確切證據，豈足以成信讞。供勘既涉歧異，罪名出入攸關，臣部礙難率覆。應令該督等再行提集犯證，嚴訊致死確情，究係因何起釁，取具詳細供詞，妥擬具題，到日再議。

晉書五行刑法二志校語

一卷

五行志

五行志上

此目下鍾本有服妖、鷄禍、青祥、金〔沴〕〔水〕〔木〕四子目，它本無。按：此卷所録不僅四事，無者是。

『昔伏羲氏繼天而王』至『以傳春秋』。按：此段全本漢志，文小有異同。漢志『傳』作『傅』，師古曰：『傅讀曰附，謂比附其事。』『傳』字誤。

『經曰五行』至『是爲（木）不〔曲〕直』。按：此三段全録漢志，『三驅（三）〔之〕制』句上，漢志有『田狩有』三字。

『劉歆説上陽施』至『故得雨而冰』。全録漢志。

『一説以木冰』至『之象』。亦本漢志。

『傳曰棄法律』至『是爲火不炎上』。全録漢志。

『傳曰治宫室』至『是爲稼穡不成』。全録漢志。『王者』，閣本誤『至者』。『亡水旱』，『亡』當作『有』，漢志亦作『亡』。

『劉向』至『稼穡不成』。録漢志。

『傳曰好戰攻』至『是爲金不從革』。全録漢志。『工治』，閣本誤『土治』。

『劉歆』至『白祥』。録漢志。

『傳曰簡宗廟』至『故大水也』。全録漢志，末二行文稍異。『厥大水，水殺人』，『大』當從漢志作『災』。厥水，水流殺人也。『厥』下漢志有『災』字。

十七年六月甲寅，濤水入石頭。閣本『十』上衍『八』。

『經曰庶用五事』至『不得獨異』。全録漢志。漢志『庶用』作『羞用』。

『庶徵恒雨』至『以爲大水』。録漢志。

『劉歆説此時雨』至『逆弑之禍將成也』。説本漢志。

服妖。閣本有此目一行，鍾本無。

鷄⿰歹咼。閣本有此目一行，鍾本無。『⿰歹咼』説文：『屰惡驚詞也。從⿰歹咼聲，讀若楚人名多夥』。何超音義『⿰歹咼』『禍』同。

青祥。閣本有此目一行，鍾本無。

『金沴水』。閣本有此〔目〕一行，鍾本無。

『將討桓玄』。『討』，鍾本誤『附』。

五行志中

『傳曰言之不從』至『故爲毛蟲』。全録漢志。

故其咎僭差也。『差』，官本誤，南監本、閣本、鍾本皆不誤。按：依漢志『僭』，下當重一『僭』字。

『於是統〔微〕政逸』。『逸』下官本有『去』字，閣本、鍾本無。

『能以響言者，〔言〕於此而聞於彼』。官本、閣本、鍾本同。北監本無『以響言者』四字，又無『而』字。

『備九錫，封三十郡』。官本、閣本同，南監本、鍾本『三』作『二』。

『而元帝末年』。『元』，官本、鍾本同，閣本作『先』。校云：周本作「先」。

始徙司馬道子。官本、閣本同。閣本注云一作「從」，鍾本『從』。校云：餘本並作「從」。按：作『徙』是。

安帝遜位。官本『安帝』，閣本、鍾本『安』誤『永』。校云：各本誤『永』。

『庶徵恒陽』至『爲火所傷』。全録漢志。『恒陽』閣本、鍾本同，官本作『暘』。校云：各本作『陽』。按：漢志作『陽』。

欲德不用。『欲』，閣本、鍾本同，官本作『厥』。校云：各〔本〕作『欲』，下『齊王』一條同。按：漢志作『欲』，孟康曰：『欲得賢者而不用，人君徒張此意』。

厥灾荒，旱也。漢志『荒』下重一『荒』字。

因四際。『四際』，漢志『而除』。

近厥德不用之謂。『厥』，各本同。按：前二條『厥』作『欲』，與漢志合，此條各本皆誤。

入殿簡選。『殿』，官本『朝』。校云：各本作『殿』。

欲德不用，上下皆蔽。『欲』，官本『厥』。校云：各本作『欲』。

川谷竝竭。『竝』閣本、鍾本同，官本『竝』。校云：『竝』北監本同，餘作『竝』。

詩妖。官本、閣本皆有此目一行，鍾本無。

皆如童謡之言焉。『焉』，官誤『爲』。校云：『爲』，南監本作『焉』不誤。

元帝懦，校云：『懦』，音義作『愞』。

後如謡言。鍾本無『言』字。

言得志也。校云：『言』周本、鍾本、監本誤『京』。

毛蟲之孽。官本、閣本同，鍾〔本〕無。

乏四科之實。官本、閣本同。閣〔本〕云：注一無「乏」字。校云：周本、鍾本、監本無『乏』字。

犬猧』，官本、閣本同，鍾本無。

地（申）〔中〕聞犬子聲。鍾本『聞』誤『無』。

白眚白祥。官本、閣本同、鍾本無。

陽羨縣離黑山。『羨』，官本誤『美』。校云：南監本作『羨』不誤。

邊戍仍遷。『戍』，閣本、鍾本誤『成』。

北歸關洛。校云：北監本『關』作『河』。

木沴金。官本、閣本同，鍾本無。

檛受符吏石彪頭。『吏』，閣本、鍾本無。校云：『吏』字各本無。

『傳曰視之不明』至『盡六日也』。全録漢志。

其極病疾也。漢志無『病』字，疑衍。

草妖此子目官本、閣本同，鍾本無。後卷悉同，不復出。

其之會。『其』官本『期』。校云：各本作『其』。按：觀下文，『其』字是。

於工黄狗家生。官本『生』字在『於』上。校云：各本『生』字在『家』字下。

哀帝興寧三年。官『三』作『二』。校云：各本作『三』。

魏武王薨。『王』，官本、閣本、鍾本同。校云：『王』字監本同，疑『帝』字之誤。

其年，明帝崩。閣本、鍾本同，官本作『其明年帝崩』。校云：周本、南監本作『其年，明帝崩』，北監本同官本。

泗水相類矣。『相』，閣本『粗』，校云：周本作『粗』。

鵲墮東館。官本無『鵲』字，閣本、鍾本有。校云：南監本有『鵲』字。

果不得其死。閣本、鍾本同，官本作『果不得免』。校云：各本作『果不得其死』。

鵲之彊彊。閣本、鍾本同，官本『鵙』作『疆』。校云：作『疆』誤，應不從『土』。南監本不誤。

尋而倫滅。閣本、鍾本同，官本『滅』作『誅』。校云：『誅』北監本同，餘同『滅』。

此殆與魏景初同占。閣本、鍾本同，官本脱『初』字。校云：北監本同官本，南監本不脱。

赤雪二頃。『頃』，官本誤『項』。

殺齊盡王日。『日』，閣本誤『曰』，官本、鍾本不誤。校云：各本誤『曰』

五行〔志〕下

『傳曰聽之不聽』至『厥咎聾』。全録漢志。

『京房易傳曰興兵妄誅』至『反在草下』録漢志。

賢聖遭害。閣本、鍾本同，官脱『遭』字。校云：南監有。按：漢志有。

武帝泰始六年冬。『泰』，官誤『太』。校云：監本不誤。

汲郡、廣平、陳留、滎陽雨雹。官本考證、監本「郡」誤「縣」，「滎」誤「榮」。按：閣本、鍾本不誤。
秦、雍二州隕霜，殺稼也。「二」閣本、鍾本同，官誤「三」。校云：南監「二」。
雷震。此子目一行，官本、閣本同，鍾本無。此卷二首亦未分載各目。
時劉載僭號平陽。「載」，閣本、鍾本同，官本「聰」。校云：各本作「載」。
面逕三尺所。「所」，官「許」。
京房易妖曰。官本、鍾本同，閣本「妖」作「傳」，下注：「一作妖」。
是年王敦並領荆州。「是」，閣本注一作「去」。官本考證：「『是』，宋本作『去』。」按：王敦並領荆州，通鑑在二年，「是」字是。
集堂〔邑〕縣界，害苗稼。「苗」，官「禾」。校云：南監「苗」。
「傳曰思心之不容」至「謂螟　之屬也」。全録漢志。
思心之不容。「容」，漢志作「睿」。説文：「睿，深通川也。私閏切。」段玉裁云：「深之使通睿焉。叡、睿音義皆相近，故今文洪範曰：思心曰睿。睿作聖。」按：據段説，則此志當從今文作「睿」。觀後嘉平元年條，有「思心不睿」之文，乃古文，亦可見字不作「容」之證。後文稱「不睿」者甚多。
庶徵恒風。此子目鍾本無，下並同。
「京房易傳曰衆逆同志」至「地變赤，雨殺人」。録漢志。
「京房易傳曰臣安禄」至「蟲〔食心〕」録漢志。
兹謂有知。官本作「不知」。考證臣龍官按：「易傳作『不知』，〔今〕今本俱訛作『有知』。今從原文改正。」
按：京房易傳一段本漢志，漢志作「不知」。
「劉向曰地震」至「於是有地震」。録漢志。
「京房易傳臣事雖正」至「涌水出」。録漢志。
厥震揺政官。「官」，官本「宫」。校云：北監本同，各本作「官」。按：漢志作「宫」。
是時曹爽專政，遷太后於永寧宫，太后與帝相泣而別。魏志〔明〕元郭皇后〔傳〕「明帝即位，甚見愛幸，拜爲夫人。帝疾困，遂立爲皇后。齊王即位，尊后爲皇太后，稱永寧宫。值三主幼（將）〔弱〕，宰輔統政，與奪大事，皆先咨啓于太后而後施行。毌丘儉、鍾會等作亂，咸假其命而以爲（亂）〔辭〕焉。」據此，則當時稱永寧宫乃尊崇，非遷也。司馬懿表奏爽罪，亦不及遷宫之事。惟爽傳注引魏略，稱丁謐奏使郭太后出居别宫，豈時曾有此奏而歸獄于爽耶？抑傳聞之異耶？

五年正月朔壬辰，京師地震。校云：『朔』字應在『壬辰』下。

八月，京兆地震。『八』，閣本、鍾本同，官本『九』。校云：『九月』北監同，南監作『八月』。

十年三月戊寅，地震。官本『年』、『三』兩字誤倒。（據）〔校〕云：監本不倒。

升平五年二月，南掖門。此條之前當有子目一行，曰『金木水火土』。

『京房易傳曰小人剥廬』至『弱勝强』。録漢志。

『傳曰皇之不極』至『不得復爲痾云』。全録漢志。

人君貌言視聽思心。閣本注云：「一無『心』字。」官本、鍾本無『心』字。

則有篡弑之禍。官本『禍』，閣本、鍾本『碢』。

王師敗績于貿戎。『貿』，官『貿』，漢志作『貿』，與公羊同。

嘗閑一馬於門内。官本、閣本同，鍾本『閇』，蓋傳刻脱去左一點也。校云：南監作『闌』，周本、北監作『閇』。

龍貴象而困井中。『困』，鍾本『囚』。校云：各本作『囚』。按：漢志作『困』。

枹罕令嚴根妓。『枹』官誤『抱』。校云：監本亦誤從『扌』。

門候受辭。『候』，官誤『侯』。校云：南監本『侯』，周本『候』。

刑法志

貌攸兮。『肖』閣本作『省』。

念室（復）〔後〕刑。『念』，官『合』。校云：各〔本〕作『念』。按：初學記「獄」下引博物志：「夏曰念室。」禮記表記：夏道尊命。先祿而後威，先賞而後罰。」「念室後刑」，義當如此。『合』字誤。説文：「念」，常思也。謂之念室者，居此室中常思己之罪愆，改行爲善也。

梁統乃上疏曰。梁統、陳寵父子、應劭、孔融之事並見後漢書本傳，文與此文有異同，當所據非范書也。

傅奏如左。『傅』，後漢書注：『傅，音附。』官本不誤，閣本、鍾本誤『傳』。校云：南監『傳』誤。

千五百耐（罰）〔罪〕。『千五百』下，閣本、鍾本衍「七」字。官本考證：監本『千五百』下衍「七」字。今以上『四百一十』及下『七十九』核之，則此當作『千五百』，乃合千九百八十九之數也，故删去。」按：後漢書陳寵傳無「七」字。

寵子思後復爲尚書。『思』，鍾本『忠』是也。寵子無名『思』者，此當以『寵子忠』爲句，作『思』者誤。校云：餘誤『思』非是。

奏上三十三條。官本作『三十二』，後〔漢〕書忠傳作『二十三』。

以爲漢議。『議』，後書應劭傳作『儀』。

吏端刑清政簡，一無過失。官本無『吏端』二字。後書孔融傳作『吏端刑清政無過失』。

達如子正。『正』，官『政』。

陳湯之都賴。按：『都賴』，支水名，見陳湯傳。

『時有大女劉朱，撾子婦酷暴，前後三婦自殺，論朱，朱減死輸作尚方。』『朱減死』之『朱』字，閣本作『未』，官本無。校云：「論朱」下各本復一「朱」字。

因是下怨毒殺人減死之令。通考：按所謂怨毒殺人者，蓋行兇之人遭被殺之人苦毒，故不勝其怨憤，起而殺之。今劉朱之事，史不言子婦有悖逆其姑之迹，則非怨毒殺人。要之，姑撾其婦，婦因撾而自殺，非姑手殺之，則可以免死。但以爲怨毒，則史文不明，未見其可坐以此律耳。」按：姑殺子婦，唐律無死罪，况三婦皆自殺耶？豈漢律姑之於婦以凡人論耶？即凡人致人自殺，亦不得論死。史文不明，不可得而詳也。因朱減死而定怨毒殺人之令，恐當爲今律威逼人致死之法方與此文相合。若如通考所言，則史文更難通矣。

男聽以罰金。通典、通考「罰」下有「代」字。按：「代」字當據二書補。上言改罰金之令，此句言無金者得以罰代也。

婦人加笞還從鞭督之例，以其（刑）〔形〕體裸露故也。按：鞭督之例未詳，疑笞者必裸體，鞭督者以罰金代笞也。隋志言梁、陳刑法亦有鞭督之文，而其制亦未詳也。

故著網、捕二篇。『網』，官本、閣本、鍾本作『網』，通典、通考並引作『網』。按：唐六典、玉海六十五、通志、御覽六百三十八並引作『囚、捕』。本志下文亦引囚律，『網』當爲『囚』之誤『綱』又『網』之誤。當據以訂正。

又以其律具其加減。按：『其律』當作『具律』。玉海六十五引此文注云：「具律，今之名例律也。」

蕭何定律，除參夷連坐之罪，增部主見知之條，益事律興、廐、户三篇。按：漢書刑法志：「孝武即位，姦軌不勝，於是招進張湯、趙禹之屬，條定法令，作見知故縱、監臨部主之法。」此志後文云張湯、趙禹始作監臨部主、見知故縱之例」，即本漢志也。惟史記始皇紀云「吏見知不舉者，與同罪」，是此法實創自秦，非湯、禹所作。此云『增』字，謂蕭何除之而湯、禹復增之也。『參夷』除於孝惠，『連坐』除於孝文，紀、志並有明文，此處將除『參夷』二句接于「定律」之下，而又接以『益事律』一句，一似此除之增之並爲蕭何之事，實屬錯誤。

益事律興、廐、户三篇。按：『興、廐、户三篇』並事律也。校云：『興』，北監本同，鍾本作『與』，『與』乃『興』之譌。

率皆（集）類（集）爲篇。官本無『率皆』二字。校云：各本有。

實相（探）〔採〕入（探）〔「採」〕，通志作『探』。

盜律有賊傷之例。按：若今律之强盜殺人、搶奪竊盜拒捕殺人之類是也。

賊律有盜章之文。按：若今律之謀殺人因而得財之類是也。

廐律有逮捕之事。『捕』，官誤『逋』。校云：北監同，官、南監作『捕』不誤。

叔孫宣。通志作『孫叔宣』。

百姓之所懸命。『懸』，通志『系』。

如廷尉吏范洪受囚絹二丈，附輕法論之，獄吏劉象受屬偏考囚張茂物故，附重法論之。洪、象雖皆棄市，而輕枉者相繼。按：此二獄劉重范輕情事顯然。劉枉法考囚至死，罪無可逭。范如不枉法，依今法尚不至死。史文不具，難以定也。

時議百餘人。通考『議』下有『者』字，當校補。

删約舊科。按：〔後〕漢書安帝紀：元初五年七月丙子，詔曰：『舊令制度，各有科品。』濟南王康傳：『國傅何敞諫：「輿馬臺隸，應爲科品」』。劉昤傳：『依科品没入之』。然則科者，律令中之科條也。觀後文律中有科，令中亦有科。若今時有律又有例也。

廄律有告反逮受。玉海『逮』作『訊』。本志後文作『告後逮驗』。

囚律有繫囚、鞫獄、斷獄之法。『鞫』，鍾本不誤，官本、閣本誤『鞠』。校云：金云當作『鞫』，各本俱誤。

故分爲繫訊、斷獄律。玉海『訊』作『逮』。通典、通考作『訊』。

盗律有受所監受財枉法。通典、玉海引『監』下有『臨』，通考無。按：漢書景〔帝〕紀元年詔曰：『吏受所監臨以飲食免重，受財物賤買貴賣論輕。廷尉與丞相更議著令。』廷尉信謹與丞相議曰：「吏及諸有秩受其官屬所監、所治、所行、所將，其與飲食計償費，勿論。它物若買故賤，賣故貴（者），皆坐臧爲盗，没入臧縣官。吏遷徙免罷，受其故官屬所將監治送財物，奪爵爲士伍，免之。』」據廷尉所議，漢律『監』下當無『臨』字，通典、玉海所引或以意增也。唐律尚有『所監』之文，當承古律之舊。

具律有出賣呈。史記始皇紀：『上至以衡石量書，日夜有呈，不中呈不得休息。』正義：『有程期，不滿不休息。』按：『呈』與『程』通。文選魏都賦『明宵有程』注：『程與呈通。』樊安碑『作呈作「式」』，冀州從事郭君碑『先民有呈』，『程』作『呈』。漢書江都易王非傳：『程者，作之課也。』此律之出賣呈，蓋謂出賣之課也。

漢氏施行有小愆之反不如令。『之反』，通典作『之及』，通考作『乏反』。按：此文當據通典校云。下文云『輒劾以不承用詔書乏軍要斬，又減以丁酉詔書』，緣是『小愆乏及不如令』，若竟以乏軍及不承用詔書論，未免太重，故丁酉詔書得論減也。

故别爲之留律。按：『之』當作『乏』。『乏』者，『乏軍之事』。『留』者，『不承用詔書』等事也。

及科令者。官本、閣本同。『令者』，鍾本作『令首』。校云：周本、監本作『令首』。按：此是以周本、監本爲是。『科令首』者，謂科令之首條也。

以爲驚事律。『驚』，通典、通考作『警』，通典則上文驚事亦作『警』。按：『驚』是。

以呈黄金爲價。『價』，通典』『償』。按：下文云償賊律，則此文以『償』字爲是。

就故五篇。『就故』，官本誤『故就』，閣本、鍾本不誤。校云：周本作『就故』。

或汙潴。『汙』，官誤『汗』。校云：南監本亦誤『汗』。

或梟葅』，『葅』各本同。校云：音義作『菹』。按：説文有『菹』無葅』。

賊□殺人，以劾而亡。『劾』，官本、閣本同，鍾本作『劫』，通典作『劾』，通考作『劫』。按：説文：『劾，法有罪也。』廣韵：『推窮罪人也。』甫推窮而逃亡，是國法未伸者，故聽子弟得追殺之。下文云『會赦及過誤相殺，不得報讎』，『會赦』與『以劾』相對，是國法已伸者，故不得報讎。若作『劫』字。誤『劫奪而逃亡，義亦可通，而與下文不相貫通矣，應以『劾』字爲是。

歐兄姊。『歐』各本皆同。按：『歐擊』，字當從『殳』，各本皆誤從『欠』。通典、通考所引皆同，通考並注云『一口反』，是宋本已作『歐』矣。

乞鞠之制。『鞠』當作『鞫』，各本皆誤。『鞫』，説文作「（𥷚）〔𥷚〕」，窮理罪人也，從卒人言，竹聲。隸作鞫。

令與太傅鄭冲。校云：洪校本云：『此皆受禪後官階。』

潁（州）〔川〕太守周權。『權』下閣本注云：一作『雄』。通典引作『雄』，賈充傳亦作『雄』。

都尉成公綏。『都』上閣本有『騎』字，注云：『一無「騎」字。』賈充傳有『騎』字。按：職官志武帝以宗室外戚爲奉車、駙馬、騎三都尉。元帝爲晋王，以參軍爲奉車都尉，掾屬爲駙馬都尉，行參軍舍人爲騎都尉。後罷奉車、騎二都尉。太僕統典農、典虞都尉、左右中典牧都尉。是晋時無單稱都尉之官也。成公綏傳：張華薦之太常，徵爲博士。歷秘書郎，轉丞，遷中書郎。』文選李善注引臧榮緒晋書，亦稱仕至中書郎，不言爲騎都尉。綏，文士，既無爲騎都尉之理，武帝以宗室爲騎都尉，則晋初亦無他人爲騎都尉之事。御覽六百三十七作「散騎都尉」，晋志無此官名，恐亦非也。充傳成公綏下尚有荀煇之名，此志下文言某某等十四人，而自鄭冲以下止十三人，是脱去荀煇一人，疑騎〔都〕尉乃荀煇之官，而綴之官名脱去，遂增疑竇。玉海六十五：賈充所定新律既頒於天下，百姓便之，又有荀煇同典正其事。據此可見，當時定律之人荀煇實爲巨擘。隋書經籍志魏散騎常侍荀煇注周易十三卷，是煇官爲散騎常侍，故御覽訛作散騎都尉。魏志荀彧傳注引荀氏家傳彧，第四兄諶，諶〔子〕閎，閎從孫煇，字景文，太子中庶，子亦知名，與賈充共定音律，又作易集解，即其人也，惟『煇』字誤爲『惲』。煇既爲閎之從孫，即爲彧及諶之從曾孫也。彧子名惲，爲其祖行，豈有同名之理。當據充傳及隋志以定彼注也。

改舊律爲刑名、法例。通典、通考、玉海所引同。按：唐律疏議云：「晉於魏刑名律中分爲法例律。」此句文不明顯，疑有譌奪。

辨囚律爲告劾、繫訊、斷獄。按：『辨』，分也。

六百二十條。唐六典作一千五百三十條，殆具後有所增益歟？

去捕亡、亡没爲官奴婢之制。玉海引『亡』字不重。

泰始三年。事畢，表上至『四年正月，大赦天下，乃頒新律』。玉海引，『正月』下有『戊子』二字。武紀四年春正月，（景）〔丙〕戌律令成，封爵賜帛各有差。（玉海）〔御覽〕六百三十七：晉朝雜事曰：泰始四年歲在戊子，正月二十日晉律成。按：雜事所言與紀合，通典從紀，在四年。而志稱「三年」者，事畢在三年，表上在四年也。玉海引大赦在戊子日，亦與紀合。

明法據張裴。玉海引志同，通考引作「聚」。隋書（藝文）〔經籍〕志：漢晉律序注一卷，晉僮長張斐撰。雜律解二十一卷，張斐撰。」唐書藝文志：張斐律解二十卷。按：玉海引晉志作『裴』，而引隋、唐志作『斐』，皆與今本同。玉海又引齊史亦稱晉張斐、杜預等共注律。『裴』、『斐』二字未詳孰是。『聚』或『裴』之誤也。

名例齊其制。通典、通考引『制』上有『法』字。

意以爲然謂之失。通典一百六十三引『意』下有『不』字。

不意誤犯謂之過失。三通引並無『失』字。

生罪不過十四等，死刑不過三。唐六典：晉刑名之制，大辟之罪有三：一曰梟，二曰斬，三曰棄市。髡刑有四：一曰髡鉗五歲刑笞二百，二曰四歲刑，三曰三歲刑，四曰二歲刑。贖死罪金二斤，贖五歲刑金一斤十二兩，三歲、二歲以四兩爲差。又有褋抵罪，罰金十二兩、八兩、四兩、二兩、一兩之差。按：據此則生刑十四等者，髡四、贖五、褋抵罪五也。魏制完刑以下，凡三十等，晉律删去强半矣。

徒加不過六。劉頌疏言：『諸重犯亡者，加作一歲。』則五歲刑加作一年爲六年，過此不得再加也。

刑等不過一歲。以一歲爲一等也，晉無一歲刑。

金等不過四兩。此就贖罰言之，以四兩分等差也。褋抵罪有二兩、一兩者，乃其少數。

此八者，以威勢。上文（抵）〔衹〕六事，『八』乃『六』之譌。

喜怒憂懽。「懽」，通典、通考作『懼』。

姦真猛弱。『真』，通典、通考作『貞』。

主得謁殺之。『謁』通典、通考作『喝』。

或化略不循常。『略不』，通典、通考作『俗以』。

皆所以臨時觀釁，使用法執詮者。『使』，官本如是，閣本、鍾本作『者』。校云：各本作『者』。

化而財之謂之格。通典、通考作『推而行之謂之通，舉而措之謂之格』。『財』，官本作『裁』。

刑殺者似冬震曜之象。『似』，通典、通考作『是』。以下句『是春陽』例之，當作『是』。

髡罪者似秋彫落之變。通典『似』作『是』，與上句一例。通考亦作『似』。

法律之義焉。『焉』，通典、通考作『也』。

今死刑重。『今』，官本『令』。校云：今周本、北監本同，南監本作『今』。

又令徒富者。『令』，通考『今』。

其志亡思盜。『亡』，閣本作『士』。注云：一作『亡』。鍾本作『士』。通考引作『亡』。

議者曰囚不可不赦。官本、鍾本同，閣本無下『不』字，當是奪字。

且爲惡者隨發被刑。『刑』，官本、閣本、方本同，鍾本誤『行』。

非徒不積。『非』，閣本、鍾本『之』。校云：監本、周本作『之』。

『太常荀寓』，『寓』，官本、閣本、方本同，鍾本『寓』。

每思盡善。官本『每』下有『思』，閣本、鍾本無。校云：周本、監本無。

何則？夫法者。『夫』，閣本、鍾本『失』，方本『先』。校云：監本作『失』，周本作『先』，並誤。

『則很而行之。』『很』，官『依』，通考『得』，閣本、鍾本、方本皆作『很』。校云：南監本作『得』，周本、北監本作『很』。玉篇『很』，户懇切，戾也，本作『很』。按：據玉篇，『很』乃『很』之别體也。吴語：『今王將很天而伐齊。』注：『很，違也。』説文：「很，『不聽從也。一曰行難也，一曰〔盭〕也。』」上文言『雖不厭情，苟入於文』，言「不厭情」，亦違情而行之也，與下文『忍違情不厭聽之斷』句相應。若作『依』字，神理全失。玩官本，似初亦作『很』，後剜改作『依』，未知所據何本。

又律法斷罪，皆當以法律令正文，若無正文，依附名例斷之，其正文名例所不及，皆勿論。此與唐趙冬曦之議相合，可見當時律無正條，亦用比附之法以斷罪也。

唯當奉用律令。『當』，官本、鍾本、方本作『常』，通考引作『當』。

常隨輕重意。官本、鍾本、方本作同。閣本『隨輕重意』作『輕重隨意』，下注云：「一作『隨輕重意』。」通考引作『輕重隨意』。

今法素定。『今』，官『令』。

應復出法駁案。『法』，鍾本『去』。校云：『法』，周本、監本誤『去』。

『禮以崇善』至『最爲周備』。通典、通志删志此段，蓋繁文也。

故禮有常典。官本、鍾本脱『常』字。校云：南監本有。

人知惡而無邪心。『知』，官誤『之』。校云：南監作『知』。

競作厲命。『厲』，閣本、鍾本同，官本、方本作『屬』。校云：『屬』，南監本作『厲』，周本、北監同此。

則加之以刑。閣本『加』下云「一作『刖』」，官本、鍾本作『刖』。

然人者冥也。『人』，通考『甿』。

刑者甿爲惡之永痛。『詠』，通考『誡』。

顯（誠）〔誡〕以懲愚。官本、閣本同。閣本『誠』，下注云「一作『誡』」。鍾本『誡』。通考『顯誡』作

『明誠』。

畏重之常人。官本、閣本同。通考引亦有『重』字，鍾本、方本脱。

反爲犯輕而致囚。『囚』，通考『困』。

兆庶易威之日。『威』，通考『感』。按：『感』字是。

明史瑣言

太祖紀一

陳埜先水軍帥康茂才以數萬衆攻城。太祖遣徐達、鄧愈、湯和逆戰，別將潛其後，夾擊之，擒埜先。按：上「言陳埜先水軍帥康茂才」云云，似茂才一人來攻，此下何又言「擒埜先」耶？明史稿「水軍帥」三字作「與其將」，較明。

憲宗一

成化四年壬戌，毛里孩犯遼東，指揮胡珍戰没。十二月己酉，遼東總兵官趙勝奏：「十一月初六日，虜賊千餘攻指揮傅斌營，指揮胡珍率軍來援，被賊射死。」毛里孩犯延綏，都指揮僉事許寧擊敗之。按：文語重複，且與前後書說不一例，疑「遼東」至「射死」三十六字爲衍文。史稿「己酉」下即接「毛里孩犯延綏」云云，上文無壬戌犯遼東一事。韃靼傳同此書。韃靼傳是年亦僅言犯延綏，不言犯遼東也。

神宗一

二十四年五月戊辰，河套部敵犯甘肅。按：「敵」字疑衍文。

莊烈帝一

祖大壽，殺副將何可剛。列傳作「可綱」，史稿亦作『綱』，此蓋僞。

志 天文

〔正統〕十一年，監宦言：「簡儀未刻度數」 按：史稿『宦』作『臣』。

禮四 先師孔子

凡學別立一祠，中叔梁紇。「中」下史稿有『祀』字，此脱。

選舉一

又擇年少舉人趙惟一等及貢生董昶等。史稿無「少」等字。

又因「諫官」關賢奏。關，史稿作「閔」。

不能有成，積重之勢然也　史稿作「不能嶄露頭角也」。

選副榜舉人龍文等二十四人，送監進［學］。翰林院。史稿無「舉人龍文等」五字及「進學」二字。

「十九年令歲貢照洪武」至「洪武二十五年例」　史稿無。

舉人坐監，又每多時。多，史稿作「後」。按：史稿是。舉人不願入監，故每後時也。

「仁宗初政」至「故不授官」。史稿作「仁宗初政，中軍都督府奏監生七人吏事勤慎，請注選授官。時給事中多缺，諸生覬得之。帝知其意，不許授官，仍令入學，由科舉以進。他歷事者，多不願還監。通政司乃奏，六科辦事監生滿日，例該還監，乃願就科辦事」云。

選舉二

「其試士之法」至「試士」。史稿無『試士之』三字。按：下有『試士字』三字，可省。

「初九日爲第一場」至「時務策五道」。史稿無「初設科舉」至「科舉定式」一段。「第一場」下接「試四書義三道」云云，「又三日」作「十二日」，「第二場」下接「試論一道」云。第二個「又三日」作「十五日」，第三場下接「試經史」云云。無後「初場」、「二場」、「三場」字。

會試，禮部官監試二人，在内御史，在外按察司官。史稿文同。按：會試在内，何以有在外按察司官？未詳。疑有誤。

明年會試，取中一百二十名。史稿「會試」下有「命禮部尚書陶凱並翰林院學士潘庭堅爲主考官」二十一字，「取中」下有「俞友仁等」四字。

「廷試，擢一甲進士丁顯等爲翰林院修撰」至「檢討」。史稿作「廷試擢丁顯、練子寧、花綸爲一甲，授修撰編修。」

「洪武十七年詔不拘額數」至「漸增」。史稿作「以漸爲增」四字。

皆臨期奏請定奪。史稿無此七字。

非私請也。史稿此下有「取士若不以文考官，將何所據？北方，中土人才所生，古大聖賢皆非南人，即以今言，如靖遠伯王驥，左都御史王翺、王文，皆永樂間不分南北所取進士，豈可預謂北無其人」六十六字。

成化二十二年，萬安當國。史稿作「二十年」。

弘治二年復從舊制。史稿「復」上有「〔黎淳〕爲禮部尚書，論積之失」十一字。

初制，兩京〔鄉試〕主考。史稿「初制」下有「會試及」三字。

其後有司徇私。史稿此上有「而會試及兩京同考官亦皆取教職。五年，從禮部尚書胡濙奏，會試同考官〔後〕亦止用翰林，部曹爲直省分考」四十二字，無「其後」二字。

「初，兩京房考」至「不遺京官」。上文言用張璁言，主試皆遣京官，而此又言不遺，前後牴牾，疑有脱誤。史稿「初，兩京房考亦皆取教職，至是命」十（一）〔三〕字，作「直隸五經房考」六字。「不遺京官」下有「至二十四年，給事中胡〔叔〕廉、鄭大同復訴教職權輕之弊，請視兩京例以京官主考。竟不果從」三十六字。

「初制，會試同考」至「禮記各二」。史稿作「初制，會試同考分十七房：詩五，易、書各四，春秋、禮記各二」二十二字。

會試同考，例用講讀十一人。史稿此下有「給事中三人，部曹三人」九字。

「洪武初，賜諸進士宴」至「爲令」。史稿在後「林震亦無所表見也」下，宣德五年作「是年」。按：論又史稿爲長。

禮部郎中高桂論劾舉人李鴻等，並及衡　史稿作「禮部郎中高桂論劾舉人鄭國望等，言李鴻服中用一「囟」字，是人以生女爲囟，豈宜入文字中」。

「吴江沈同和」至『謫戍』。史稿此下有「時人以爲斷么絶六，又以其年丙辰謂羣龍無首云」二十字。

錢千秋〔卷〕七篇大結，跡涉關節。史稿作「錢千秋七篇大結尾分置，一朝平步上青天」〔十〕七字。

蕭時中第一。史稿此下有「十六年戊戌，廷試，李馬第一，特賜名「騏騏」，閩之長樂人。閩人相傳即十年壬辰狀元馬鐸同母弟也。母有身而嫁於李，故初名馬，以示不忘父姓云。二十二年甲辰，内閣擬孫日恭第一，邢寬第三。帝以「日」、「恭」二字相合成文則爲「暴」字，曰「孫暴」不如邢寬，易寬第一，日恭第三，用朱書填榜以示三天。洪熙元年，仁宗與楊士奇定南北分卷之法，於卷面各書南北字以爲識，後遂遵行」百四十三字。

户部侍郎余亨。史稿作「佘亨」。

選舉三

「賢良欒世英」至「金思存爲參議」。史稿「欒世英」作「欒世榮」，「聶士舉」作「耳士葉」，無「儒士張璲、王廉、李好誠，文學宋亮，儒士鄒孔麟、王德常、黄桐生，賢良余應舉、馬衛」。「參議」下有「其鄒伯誠等十一人、蕭禮敬等二十五人俱爲參政，參議朱源等二十一人俱爲副使僉事」三十五字。

亦不限南北也　史稿無。諸志多本史稿，而選舉志則全襲其文，其間增删無多。今考其同矣，於此當時筆削之迹，可以得其大凡矣。史稿科目一、學校二，此首學校，科目次之。

食貨四　鹽法

有明鹽法，莫善於開中　定中鹽例。按：中當之聲也。

食貨五　錢鈔

海貤　按：字典貝部未收『貤』，未詳其義。

河渠一 黄河上

三年，以河患，從靈州千户所於城東。按：史稿無。靈州在河之上流，從古罕聞河患。

河渠三 運河上

「諸泉所匯爲湖」至「曰張王」。此文與史稿同。史稿别有湖志，按文曰：「云南旺東西二湖，周百五十餘里，運渠貫其中。北曰馬蹋，南曰蜀山。」似南旺東西二湖即名馬蹋、蜀山者，不足「其浸十五」之數。史稿湖志云：「南旺屬濟寧，周百五十餘里，漕渠貫其中，遂分東西。東湖汶水東北入，又界爲二：北馬踏湖，南蜀山湖，俱屬汶。」上文較明析。又云馬蹋下爲伍莊坡湖，而不言蘇魯亦與此矣。伍莊坡、馬場屬濟寧，南場屬□臺，安山屬東平。昭陽大小湖北屬滕，南屬沛，武家屬汶，上赤山、微山，吕孟、張王屬徐州。諸湖外又有周湖、汪湖、柳湖屬邳州，駱馬、茅茨、黄墩、侍邱、含基、埠子屬宿遷，大莊崔鎮屬桃源，杜村萬家屬清河，皆入漕河。又有管家、白馬、汜光、即寶應。界首一名津。屬寶應，康濟屬高郵，邵伯屬江都。均見史稿湖志。

兵志

史稿云：明初北邊地，東起鴨緑，西抵嘉峪關，中包大寧、開平、東勝。而嘉峪之外，置哈密爲屬國，延袤萬里，設兵鎮戍，聯絡其間。成祖都北平，扆山負海，憑塞爲險。自棄大寧於兀良哈，宣、遼間隔，京師屏蔽漸薄。已而興和廢，開平孤峙難守，乃遷衛於獨石。而東勝亦内移，宣、大、延綏，皆當敵衝。久之河套淪棄，寧夏、固原邊患日急。哈密入於吐魯番，關外即絶域矣。於是分地設鎮，凡爲邊者九，曰遼東、薊州、宣府、大同、延綏、寧夏、甘肅、太原、固原。薊州畿地，密邇京師。而居庸關者，京師之北門也，隸於昌平。昌平、薊州，初皆不設鎮。薊之稱鎮，自嘉靖二十七年，昌之稱鎮，自嘉靖三十九年，後總名薊鎮云。居庸左轉爲漁陽、盧龍。當山海之交有關曰山海關，外爲遼陽鎮，孤懸千里，三面臨邊，一面阻海，惟山海關一綫内通。前代俱郡縣其地，明改置衛所。居庸右循西山，西北皆塞外，西南於帶名城數十，古燕、趙郊也。其邊鎮曰宣府、大同。宣府設衛開平，東接大寧，西聯獨石，而開平、興和、萬全爲要地。永樂中，開平徙獨石，宣府遂稱重鎮。大同川野平曠，故寇擾特甚。西則平虜、威遠，中到右衛、水口，皆敵南窺應朔之路。東則天城、陽和，爲入順聖諸川之衝。而平虜西連老營堡，與偏頭關近。套部南行，首涉其境，故大同頗難守。居庸之北，舊松林百餘里，中有間道，騎行可一人，即元札八兒導兵南入處。紫荆、倒馬二關扼焉，而重兵鎮保定，以衛京師。復右轉爲雁門、寧武、偏頭三關，隸山西鎮，東插代郡，外斷雲中，内經太原北境，西盡雍河，而雁門絶險。太原省會地，然北直陰山之關大同，内外扼塞，故亦稱邊。自偏頭逾河稍南爲陝西。陝有三邊四鎮，三邊者，陝西、榆林、甘肅三巡撫所轄；四鎮者，延綏、寧夏、固原、甘肅也。榆林舊治綏德，守在東勝。後東勝内遷失險，而延綏徙榆林。由黄甫川西至定邊營千二百餘里，墩堡勾連，横截套口，西絡寧、固二鎮，土風勁悍，將勇士力，北人呼爲槖駝城塹。按：「榆林舊治」至此一段，史〔稿〕在後「十二年兵部侍〔郎〕滕昭」云云之前，文小變。「槖駝城」下無「塹」字。寧夏西北，即賀蘭山也。東南阻河，内有漢、唐二渠，險固饒沃，守在花馬池，包固原其中。固原州者，故開成縣，自失河套，鳴鏑内馳，乃升縣爲州，與寧夏相唇齒，以固、靖、甘、蘭四衛隸之。其自賀蘭又西至鎮番，極於甘肅，皆古邊徼地。明置甘州五衛於張掖，肅州衛於酒泉，凉州衛於武威，西寧衛於湟中。又置山丹、永昌、鎮番、莊浪四衛，列鎮河外，薄於沙磧。而肅州西七十里爲嘉峪關，左右羌戎，尤稱斗絶。此皆自京西右轉循西以爲徼者也。西南要害地，亞於九邊，自蘭州南接洮、岷、階、文界，西接四川，皆吐魯蕃所出没。又西南爲雲南，又西爲貴州，又東南轉爲嶺裏，中包湘、楚，跨百越、粤、左右江，諸蠻獠之屬，窟宅其中，而鄖陽、兩廣、南贛爲重鎮。九邊楚、粤、滇、黔，形勢各别，皆繚以城堡，劃以鎮戍，充以兵食，統以大帥，副以偏裨，轄以監司，鎮以巡撫，聯以總督，此其設險固圉之大略也。按：此段總挈明代邊防，瞭如指掌，修史時不知何以删之。傳末附楚、粤、滇、黔，故此段末亦略及之，今史則以明代邊防多在西北，故楚、粤、滇、黔不及專。

「初太祖時」至「邊軍遂日困」。按：此事已詳食貨志鹽法，此處復叙，可删。

「宣、大巡撫都御史李儀」至「都指揮」。按：東路陽和、高山、天城、鎮虜四衛，西路大同左右、雲州、玉林、朔州五衛迤北關頭、猫兒莊等處，史稿詳之。

刑法一

徇私滅公，戾日滋。史稿作「罪戾日滋」，疑此脱『罪』字。

建文帝即位。按：宜稱惠帝。此仍史稿原文而未改者。

刑法二

太祖曰：『不然』。按：上文皆稱『帝曰』，此獨稱『太祖曰』，未免兩岐。

藝文一 詩類

按：楊貞一詩音辨正若干卷，頗拾本傳之遺，今尚有行本，不知此何以遺之？

藝文二 雜史

震澤長語。按：此書陸紀及國事，然皆泛論，非紀傳體也。中間頗雜以經史、詩文雜注，附之於此，似爲未合。

藝文三 小説家

商濬稗海。按：此似應入類書類。

諸王世表一

保安恭懿王秉桟，因王父冒封，例不再襲除　「王父」之『王』字，衍文。

諸王世表三

唐聿鍵僭號隆武。聿鐭僭號紹武。按：二『僭』字可商。聿鍵傳稱號隆武，無『僭』字，頗爲允當。明諸宗人抗拒王師，不自量力。然其崎嶇閩、粵，皆爲興復明室計，事之不濟，天也。似不當以成敗論人。

諸王世表五

桂由榔僭號永曆。説同上。

功臣世表外戚恩澤〔侯〕表

二表史稿所無，修史時增入者也。竊謂明之外戚不得干與政事，表不立亦可。二表叙文□意近排，何與諸志表稍不同？

列傳

后妃成祖仁孝〔徐〕皇后「言南北每年戰鬥」。史稿『言』上有『嘗』字。

列傳 諸王傳

興宗〔孝康皇帝〕「又指道旁荆楚曰古」至「兒念之」。此又見刑法志，當去其一。

太祖諸子之唐王聿鍵。史稿福、唐、桂三王别立一傳，叙次頗詳，似爲得體。此附於本支之後，轉失其實矣。史臣意在專崇興朝，而於孝子仁孫、忠臣義士之苦衷，未能一表揚之也。

成祖諸子高煦「高煦及諸子相繼死」。史稿云：帝一日頗注視高煦，左右止之不聽。及至熟視久之，高煦出不意，伸一足勾帝僕地，左右亟扶起。乃命壯士舁銅缸覆之，缸約重三百斤，高煦項負之。輒勢，帝命積炭缸上燃之，逾時火熾銅鎔，高煦死。諸子皆死。」

懷獻太子「於是滃等」至「左鼎」。備列銜名，似可不必。

「詔曰天佑下民」至「萬年」。四六句，似與史傳體不合，此新唐書所以不載諸詔也。

福王由崧。説見唐王傳。

僞號弘光。「僞」字合依唐王聿鍵傳刪。

桂王由榔僞號永曆。説見前。

韓林兒　「初，太祖駐和陽」至「以令軍中」。事已詳本紀，此似可略。

馮勝　「誥詞謂勝」至「甚至」。史稿無此數語，似可不增。

陳修　「其後部制屢創」至「大略也」。此段似宜入志。

姚廣孝傳中「建文帝」皆宜改「惠帝」。

解縉聽之於不義，則又何取夫節義哉？此風化之所由也。史稿「聽」作「駈」，「由」下有「失」字。

楊榮曾孫旦「累擢」至「户部侍郎」。『索』字譌。

金忠。忠似宜附姚廣孝傳末，厠之郁新諸人之列，不甚合也。

嚴震直、張紞、王鈍。三人似不當厠之鄭賜、吕震之列。史稿鈍附於紞，與震直在郁新、趙玒之前。

李彬「農已林」。史稿「已」作「巴」。

張輔等。史稿厠李慶，於此「交事」始備。此書慶傳於郁新諸人中，豈以慶至交即本在中朝事爲多乎？

金純。史稿附宋禮後。

郭進。史稿附蹇義。

劉實孫丙自有傳。據此是丙乃實孫也。史稿孫丙傳列於實之次，又似孫姓丙名，未詳孰是。

尹昌隆。昌隆以忤吕震死，非死於直諫也。冠於耿通諸人之首，未爲允當。史稿附昌隆於解縉傳末。縉之死，亦以忤權貴也。

葉禎　「子公榮殲焉」。殲，盡也，公榮一人不合言「殲」。

魯鑑　「西大同人」　史稱「同」作「通」。

薛蕙　「天子大怒」。「天子」似宜作「帝」。

翟鑾、李時、顧鼎臣。史稿附翟、顧於時。三子者，皆容悦之臣，時務勝，鑾尤劣，與費宏等同列一傳，得不有愧乎！袁煒附於嚴訥，以青詞也。殷士儋附於趙貞吉，以爲高拱所擠也，其人則不相類。史稿附士儋於拱。高儀，史稿附於高拱，然儀頗能正，無可議者，視翟鑾等有天淵之別。

范鏓　「開連口」。史稿「開」作「升」。

張邦奇、韓邦奇。史稿在儒林傳。

陸粲　「爭張福達獄」。「達」字衍。

陸粲等贊語，以張、李二獄爲主。而解一貫、張録、陸粲、劉希簡、邵經邦、劉世揚、趙漢、魏良弼、葉洪、秦鼇皆忤璁、萼者，此與二獄無與也。邵經邦，史稿與王思、張原等同傳。

劉應秋　「子同升」。史稿云唐王贈爲東閣大學士，謚文忠。

羅喻義。史稿云福王時謚文介。

姚希孟。史稿云福王時贈禮部右侍郎，謚文毅。

郝杰　「兵部置寧罪不議」。史稿「兵部」下有「尚書王一鶚」五字，宜增。

張學顔　「趙完懼」。史稿無「趙」字，可删。

贈少保。史稿下有「是瞻晉江人，終南京户部主事」十數字。

徐貞明　滹沱發源於（太）〔泰〕戲。「泰戲」，史稿作「秦戲」。

梁夢龍　「復移繼光駐一片石」　此仍史稿原文也。然史稿上文「總督薊、遼軍務」下有「戚繼光、李成梁皆宿將有功，目無文法吏，以夢龍、居正所暱也，畏之獨攬，其約束」三十一字。此既删去，則「繼光」上應加「戚」字。

劾夢龍浼徐爵賄保。「保」上應加「馮」字，此亦仍史稿文也。史稿「居正歿」下云「張四維爲政，工部尚書曾省吾、吏部侍郎王篆，慮四維逐己，乃行金馮保，從容言四維短，因定計欲逐吏部尚書王國光代以省吾，逐左都御史陳炌代以篆。未幾，御史楊寅秋劾罷國光，保欲代以夢龍。篆不敢違，廷推首列之。省吾至與篆相詬，夢龍遂遷吏部尚書」一段，此約百言之。

顧憲成　「崇禎立」。「崇禎」宜改「思宗」。

羅〔盧〕洪春『御史范儁』至「相類」。此處可以『御史范儁，主事董基、員外郎王就學皆以諫罷去，與洪春陳相類』二十五字括之，省三十三字。

陸夢龍　明日會訊，士相、永嘉、會禎、夢龍、梅、之宷及鄒紹先凡七人。　上文『張差獄起』四字，史稿作『四十三年五月四日，張差挺擊東宫内侍，署印侍郎張問達令郎中胡士相、員外郎趙會禎、勞永嘉鞫之。時巡城御史劉廷元主風癲，而士相等亦第云：差收積薪草爲李自强、李萬倉等所燬，差憤赴朝聲冤，行至東門，遇一人謂持梃入可當冤狀，遂誤入東宫』九十餘字。故此處士相、永嘉、會禎皆不稱姓，此既删去，應於上文『時郎中胡士相』下增『員外郎趙會禎，勞永嘉』九字。

滿朝薦大學士向高。「向高」上應添「葉」一字。

沈儆炌　子允培禮科都給事中。史稿此有「福王時爲祖父請謚，詔謚子木恭靖，儆炌襄敏。

周炳謨　「謚文簡」。史稿作「文安」。

楊嗣昌　「武陵人」。似應云總督鶴子也。史稿與鶴同傳。

吴甡　史稿附蔣德璟後，此與嗣昌似不甚類。

劉之鳳　「計崇禎朝刑部」至「並降」。此一段已見喬允升傳後，重出應删。史稿無。

許譽卿　「帝仍不問，譽卿曰」。「曰」上史稿有「又上言」三字。

毛羽健　「羽健曰」。「曰」上史稿有「偕同官李長春、田時震上陳」十一字。

楊鶴　「巡按李應期與承疇計誅左掛等綏德，五十七人皆死」。「綏德」上似應添「於」字方明。史稿作「巡按李應期與承疇、文焕計，命游擊左光先、守備白邦正就綏德誅之，左掛等五十七人皆死」。

賀逢聖　「遂投墩子湖死也」。『也』字疑衍。

湯紹恩　「初，紹恩之生也」至「果驗」　此近附會，似可删。

張淳　「凡赴控者」至「包拯也」。上言「鄉民裹飯一包即可畢訟，因呼爲張一包」，下文又言「謂其敏斷如包拯也」，語近兩岐。「謂其敏斷如包拯也」八字似可删。

張焜芳。史稿「福王時太常少卿予祭葬」在「赴井死」下。

關永傑　「與儕輩游」至「自喜」。事涉夢幻，可删。

孝儀傳序　「弘治間懷遠徐本忠」。史稿『徐』作『許』。

周琬　「十七年，左都御史詹徽」至「其議」。事已詳刑法志，此可删。

沈德四　「徐佛保等」。徐佛保事蹟附見於此，則前總序中可删。

陳公　「略曰」以下。此節録碑文似太冗。史當記實，事蹟涉誕，存其略可矣。「臣濂」以下云，尤與史體有礙。

外戚周奎。傳末史稿云　「自成去，奎降於我大清」。

列女二邵氏　奎所差推官在坐。「奎」上脱「應」字。

四川土司二播州宣慰司「壓海龍囤賊所倚」至「逾者」。史稿「海龍囤」下有「而壘海龍囤」五字，似應增。

貴州土司　「安順二十年詔徵普定、安順等州六長官赴京」。史稿此下有「普旦入朝」四字，故下云「旦詔軍門降」，今删之，則下「旦」字無根。

西域二罕東衛　「三剌爲書」。史稿「三」上有「僧」字。

楊憲。史稿與李善長、汪廣洋同傳，此闕，似宜補。楊憲字希武，陽曲人，少從父官江南，遂家焉。太祖克集慶，憲進謁，與語悦之，留居幕府。嘗使張士誠，被留踰年，還除博士諮議，擢江南行省都事。軍國事文案填委憲，裁决如流，帝益親信。久之，出爲浙東行省郎中。復往諭方國珍，國珍以慶元、温、台三郡來附，還奏稱旨。饒州降，命偕理問穆燮總理軍務，盜江爵引陳友諒將張定邊等陷其城。燮遇害，憲走還，太祖宥不罪，尋進按察使，遷中書省參議。又出爲江西行省參政，召爲司農卿。時浙西經亂新附，民未復業，憲獨以地膏腴，民多蓄積，畝加爲二倍增其賦額，既定，遂不能減，民怨苦刺骨。未幾，參政中書省。洪武元年冬，改御史中丞。帝愛憲，方欲相之，憲乃數短李善長於帝前。胡惟庸語善長曰：「憲爲相，我輩淮人不得爲大官矣！」由是兩人深忌憲。憲每勸帝行督責之政，奉詔定律令，帝欲寬連坐法，憲曰：「刑罰世輕世重，元政姑息，民輕犯法。非重治之，則犯者益衆。」帝亦不謂然。明年，出爲山西參政。其秋，召爲中書右丞，三年，遷左丞。憲美姿容，有才辯，深刻多忌。事帝久，能逆知帝意，又熟於典故，故謂人莫若（已）〔己〕。多紛更省中事，罷舊吏，偏置所私。書押用「一統山河」四字，人莫解其意。翰林編修陳桱賀同書押，貴甚，憲悦，擢桱待制。驕恣多此類，同列無敢與抗。惟張昺多材藝，見重於帝，憲忌之而繆與相結。杲仕元爲户部尚書，以使事航海至帝，留爲參知政事，而其心不忘元。又聞元主謬得杲死，嘉其徇義，贈官賜謚，録用其子，益媿。謂憲善己也，間語憲曰：『杲元臣，妻子在北，存亡未可問。』泣下久之。憲陽爲歎息，會杲嘗寓書其子，憲問杲病，入卧内獲其書稿，遂奏杲欲叛。杲既誅，憲益無所憚。丞相汪廣洋，庸懦不敢違憲意，位憲上。憲深惡之，嗾御史劉炳等劾罷還鄉。銜不已，嗾再奏徙海南。又教炳劾刑部侍郎左安禮等八人。帝覺其誣，下炳獄。知爲憲所使，於是善長劾憲排陷大臣，恣爲奸。初，皇太子嘗召憲，憲不即至。帝怒，至是窮竟其罪，遂伏誅。弟希聖，帝爲吴王時用爲中書省參議，與同官李飲冰頗弄權不法。善長奏之，帝刑二人，飲冰死，希聖安置淮安。明初，置中書省，其丞相平章政事，率多勳臣爲之，左右丞自楊憲外，皆别見其爲參知政事者，有蔡哲、傅瓛，哲嘗奉使明昇挾畫史與俱圖其山川阨塞以獻。瓛奉詔定律令，爲議律官。其他事蹟皆不著。

他如金問、附解縉。陳山、張瑛、附楊士奇。蔣廷瓚、附劉季篪。王佐、附茹瑺。尹旻、戴縉、附李裕。馬榮等、附韓觀。方政、陳鉞、附王越。周文襄、附陳祚。王士嘉、附馬謹。梁棨、附賈銓。曾鼎、高澤、附黄澤。陳汝言、附徐有貞。唐珣、附鄧廷瓚。朱驥、牟斌、徐廷璋、附余子俊。李應禎、袁發祥、附高瑶。王雲鳳、倫文叙、唐皋、附陸深。劉璣、才寬、文貴。寧杲、張子麟、李燧、汪鋐、張瓚、史道、胡守中、吕本、吴鵬、歐陽必進。楊順、宿進、附羅僑。萬表、劉漢、王邦直、張達、張世忠等。王相、李淶、殷尚質、陳鳳、楊照、王治道、趙岢、郭琥。胡鎮、劉陽、季本、附王守仁。潘希曾、郭希顔、附董傳策。鄭世威、薛三才、弟三省。曾省吾、附梁夢龍。石星、宋應昌、顧養謙、孫鑛、邢玠。喬應甲、徐兆魁。劉廷元、劉光信、姚崇文、方詩教、趙興邦、官應震、莫亮嗣。楊所修、陳爾翼、任紹吉。楊維垣、王象乾、王永光、張捷、魏雲中、張宗衡諸人，史稿皆載，或專或附。而此並無之，其事蹟雜見他人傳中者，可以不立傳。其關係大政事若楊憲者，仍宜立傳，以具事之首尾。

古今官名異同考 一卷

名同而實異者

三公

周三公：太師、太傅、太保。漢初承秦，置丞相。史記曰：「公孫弘以春秋白衣爲天子三公。」蓋丞相所任，即古三公之事，故云然也。成帝綏和元年，因御史大夫何武言，建三公官，以王根爲大司馬，以武爲大司空，皆增奉如丞相，以備三公。哀帝建平二年罷三公官，元壽二年（正）〔五月〕三公分職，曰大司馬，即太尉。曰大司徒，丞相更名。曰大司空。御史大夫更名。王莽因之。世祖即位初，仍其舊。建武二十七年，大司馬改爲太尉，大司徒、大司空去「大」。獻帝建安十三年，曹操自爲丞相，罷三公官。魏初，復以太尉、司徒、司空爲三公。晉因之。然皆無事，不與朝政。宋、齊、梁、陳諸公並建，不定三公之名。後魏、北齊以迄隋、唐、宋、遼、金，皆同東漢。後周及元、明同周。

九卿

夏九卿，昏義：『天子立六官、三公、九卿、二十七大夫、八十一元士。』鄭注：「三公以下百二十人，似夏時。」正義以無正文，故稱似也。殷九卿，杜氏通典引伊尹曰：「三公調陰陽，九卿通寒暑。」周九卿。少師、少傅、少保、冢宰、司徒、宗伯、司馬、司寇、司空。考工記：『外有九室九卿朝。』鄭注：「六卿三孤爲九卿。」疏云：「孤同卿數者，以命數同故也，又九卿治之。」鄭注：「三孤佐三公論道，六卿治六官之屬。」漢書百官志亦以周之三少爲孤卿，與六卿爲九。〔後〕漢九卿：太常、光祿勳、衛尉、太僕、廷尉、大鴻臚、宗正、大司農、少府。通典云：謂之九寺。元魏以太常、光祿勳、衛尉三卿列從第一品下，太僕、廷尉、大鴻臚、宗正、大司農、少府六卿列第二品上。北齊太常、光祿、衛尉、宗正、太僕、大理、〔大鴻〕臚、司農、太府爲九寺，置卿。有大理、太府，無廷尉、少府。隋、唐同。

大學士

唐中宗景龍二年，置修文館大學士。四人。開元十三年，改麗正修書院爲集賢殿書院，以張説爲大學士知院事。説讓「大」字，詔許之。自是每以宰相一人知院事。〔肅〕宗至德（二）年，置集賢院大學士，德宗貞元四年罷。〔宗〕〔宋〕皇祐元年，詔置觀文殿大學士寵待舊相，須曾任宰相乃得除授。時賈昌朝由使相右僕射觀文殿大學士判尚書都省，觀文殿有大學士自此始。三年，詔班在觀文殿學士之前，六尚書之上。真宗景德二年，置資政殿大學士，以王欽若爲之，班文明殿學士之下，翰林學士承旨之上。時欽若罷參政。政和三年置宣和殿大學士，宣和元年改爲保和。遼有崇文館大學士。太祖時韓延徽爲之。元集賢院秩從二品，掌提調學校，徵求隱逸，召集賢良。至元二十二年置大學士三員，二十四年置院使一員，正二品。大學士二員，從二品。奎章閣大學士。正二品，進經史，考帝王之治。成宗元貞元年以昭文大學士與中書省事。明殿閣大學士六：中極殿、舊名華蓋。建極殿、舊名謹身。文華殿、武英殿、文淵閣、東閣，竝正五品，掌獻可替否，奉陳規誨，點檢題來票，批擬、批答。〔明〕初洪武十五年，仿宋制，置殿閣大學士，以備顧問。成祖時，〔始〕參預機務。自三楊入閣，乃以少師尚書兼大學士，官〔尊〕于六卿，而口銜天憲。自是無丞相之名，而有丞相之實矣。故中外皆稱之曰宰相。嘉靖以後，朝位班次俱列六部之上。又詹事府置左右春坊大學士。

太宰

曲禮：「天子建天官，克六大，太宰列其首。」鄭注以爲殷制。周太宰爲六卿〔之首〕，亦曰冢宰。晋初，依周置三公，太師居首，以景帝名師置太宰以代之，非復周時冢宰之任。

大司馬

周大司馬，六卿夏官。掌邦政。楚有大司馬景舍，項羽以曹無咎、周殷竝爲大司馬。漢初，丁復爲大司馬。元狩四年初，罷太尉，置大司馬，以冠將軍之號。冠者加於其上，爲一官也。大將軍、驃騎將軍皆有大司馬之號。成帝綏和元年，大司馬初置官屬，〔棣比〕丞相，去將軍，蓋以大司馬爲三公矣。哀帝元壽二年，正三公職分，大司馬位在司徒上。魏、晋大司馬與太尉、大將軍各自爲官，位在三司上。吴有左右大司馬。魏書二大與三師竝列第一品上，三公列第一品中。後魏、北齊與大將軍爲二大，位三師下，三公上。後周以爲夏官，謂之大司馬卿。自隋而無。宋書百官志云：「堯時棄爲后稷，兼掌司馬。」按尚書中侯曰：「稷爲大司〔馬〕，舜爲太尉。」宋書所云當據緯書爲説，不足據也。春秋運斗樞曰：「黄帝坐，元滬與大司馬容光臨觀鳳銜圖。置黄帝前。」

大司徒

周大司徒、六卿地官。掌邦教。漢哀帝元壽二年，丞相改名大司徒，則爲三公矣。世祖因之，建武二十七年去「大」。後周以司徒爲地官，謂之大司徒卿。

大司空

周大司空、六卿冬官。掌部事。漢成帝綏和元年，始更名御史大夫曰大司空，比丞相，則爲三公官矣。後漢初因之，建武二十七年去「大」。後周爲冬官，謂之大司空卿。

宗伯

周宗伯春官。六卿。官曰大宗伯、小宗伯。漢宗伯本名宗正，〔平〕帝元始四年更名，秩中二千石，掌親屬。後漢仍名宗正。後周有春官，大宗伯卿。

司直

漢丞相〔屬官〕。武帝元狩五年初置司直，秩比二千石，掌佐丞相，舉不法。光武以武帝故事，司徒置司直，〔助〕司徒督録諸州，建武十八年省。建安八年復置司直，不屬司徒，掌督中都官，不領諸州。九年，詔司直比司隸校尉，坐同席在上。晉書云『劉隗爲丞相司直，』是晉亦有此官而志未載。後魏永安二年，置司直十人，視五品，隸廷尉，不署曹事，惟覆理御史檢劾事。隋大理寺有司直十人，後魏有五局司直。唐東宮官有司直二人，正七品上。掌糾劾宮僚。金大理寺有司直四員，正七品，掌參按疑獄被詳法狀。舊有契丹司直一員，明昌二年罷。元有蒙古翰林院司直。

長史

漢丞相有兩長史，張陽傳云三長史。師古云：「兼有守者非正員。」蓋衆史之長也，職無不監。成帝置大司馬、大司空，並有長史、前後左右將軍。漢不常置有長史，哀帝元壽二年，御史中丞更名御史長史。東漢太傅、太尉、司徒、司空、大將軍並有長史，建〔武〕十二年改護軍爲中護軍，領置長史。公及開府位從公者，皆置長史。太宰、太傅、太保、太尉、司徒、司空、大司馬、大將軍。司徒加置左右長史，驃騎以下及諸大將軍不開府非持節都督者，四征鎮安平加大將軍不開府持節都督者，三品將軍秩中二千石者，左右衛將軍並置長史。秩千石。漢郡守有長史，掌兵馬。秩六百石。後漢郡置丞郡，當邊戍者，丞爲長史。郡國之相有長史。唐有左右衛長史，從六品；太子左右率府長史，正七品；王府長史，從四品上有行軍長史、諸州長史。宋有大都督府長史。

司馬

周大司馬，見前。其屬官有小司馬、中大夫二人。軍司馬、下大夫四人。輿司馬、上士八人。行司馬、中士十六人。兩司馬、中士二十五人爲兩。都司馬，每都上士二人，中士四人，下士八人。家司馬。亦如都司馬。管子曰：「涼風至，白露下，天子命左右司馬全組田，勵士衆，齊職官。」儀曰：顓頊以司馬主火，堯命義和爲司馬夏官也。虞夏二代以司馬夏官，棄居其職。按：二書所言不可考。漢衛尉屬官有公車司馬、今掌殿司馬門，夜徼宮中。諸屯衛司馬。中尉屬官有司馬城門校尉，掌京師城門。屯兵有司馬，八屯各有司馬。八校尉，中壘、屯騎、越騎、步兵、長水、胡騎、射聲、虎賁。皆有司馬。秩比六百石。東漢大將軍屬有司馬一人，千石，主兵。又有軍司馬一人，比千石。又有軍假司馬爲副〔貳〕，其別營領屬爲別〔部〕司馬。其餘將軍亦有司馬，度遼將軍有司馬二人，六〔百〕石。宮掖門每門司馬一人，比千石。南宮南屯司馬，主平城門。宮門蒼龍司馬，主東門。元武司馬，主元武門。北屯司馬，主北門。北宮朱爵司馬，主南掖門。東明司馬，主東門。朔平司馬，主北門。凡居宮中者，皆有口籍於門之所屬。宮名兩字，爲鋏印文符，案省符乃入之。城門校尉屬有司馬一人，千石。（八）〔六〕校尉司馬。無中壘、虎賁。千石。建安時，中護軍、中領軍有司馬。晉時與長史同。魏司馬昭爲相國，置司馬。晉又有五校〔尉〕司馬、又殿中宿衛，置前驅、由〔基、强弩〕（王）〔三〕部司馬。陳時有皇子皇弟府司馬，千石。扳司馬。不言秩。嗣王府、皇弟皇子之庶子府司馬，八百石。板司馬。不言秩。蕃王府司馬，六百石。板司馬，不言秩。庶姓持節府司馬，六百石。板司馬。不言秩。以上長史並同。左右衛司馬。不言秩。後魏有虎賁司馬、戟楯虎賁司馬、募員虎賁司馬、高車虎賁司馬。正統四年置殿中司馬二百人，員外司馬三百人。唐王府官有司馬一人，從四品下。外官有行軍司馬，掌弼戎政。上州置司馬一人，從五品下。下州置司馬一人。從六品上。宋有大都督府左右司馬，親王府有長史，有其官而不嘗除。長史同。

司寇

周司寇，六卿。秋官。漢承秦，置護軍都尉。哀帝元壽元年，更正司寇。宋司寇參軍，掌獄訟切鞫之事，諸州皆置，後改爲司理。

舍人

晉初中書置舍人十人，江左謂之通事舍人，掌呈奏案章。東漢太子少傅屬有太子舍人，二百石。更直宿衛。西漢亦有，晁錯爲之。晉太子官有中舍人，以舍人才學美者爲之，與中庶（乎）〔子〕共掌文翰。隋太子典書房置通事舍人八人，門下坊置內舍人，四人。監殿舍人。四人。煬帝改太子舍人爲管記舍人，改通事舍人爲宣令舍人。唐中書省別有起居舍人，掌修記，言之史館，制誥德書。從六品上。東宮官有導客舍人，六人。公主邑有舍人二人，親王國有舍人四人。明制，中書科中書舍人二十員，從七品。直文華殿東房中書舍人，直武英殿西房中書舍人，內閣誥勑房中書舍人，制勑房中書舍人。並從七品，無定員。中書科舍人掌書寫誥勑、制詔、銀册、鐵券等事。文華殿舍人掌奉旨書寫書籍。武英殿舍人掌奉旨篆寫册（室）〔寶〕圖書、册頁。誥勑房舍人掌書辦文官誥敕，番譯敕書並外國文書、揭帖，兵部紀功，勘合底簿。制敕房〔舍人〕掌書辦制敕、詔書、誥命、册表、室文、玉牒、講章、碑額、題奏、揭帖一應機密文書，〔各王府敕符底簿〕。洪武七年初設直省舍人，從八品。隸中書省。九年爲中書舍人。改正七品。又改從七品。

學士

北齊有文林館學士，後周有麟趾殿學士，皆掌著述。

唐太宗在藩府時，秦府學士十八人。文學館學士。武德四年（年）置修文館於門下省。九年改曰弘文館，妙簡〔賢〕良爲學士，掌詳正圖籍，教授生徒，朝廷制度沿革、禮儀輕重皆參議。五品以上曰學士，六品以上曰直學士。儀鳳中置詳正學士，後罷。開元五年，於乾元殿置乾元院。六年更號麗正修書院，改修書官爲麗正殿學士。十一年置麗正殿修書學士。十三年與學士張説等宴於集仙殿，改殿名曰集賢，改麗正修書院爲集賢殿書院。五品以上爲學士，六品以上爲直學士。宰相一人爲學士知院事，掌刊緝經籍，凡圖書遺逸、賢才隱滯，則承旨以求之。玄宗嘗選耆儒，〔日一〕人侍讀，以質史籍疑義，至是置集賢院侍講學士、侍讀直學士。至德二年，置大學士。貞觀十三年，東宮官置崇賢館，上元二年改曰崇文，有學士、直學士，皆無常員。學士之職，本以文學言語被顧問，出入侍從，因得參謀議納，其禮尤寵。而翰林院者，待詔之所也。唐制，乘輿所在，必有文詞經學之士，下至卜醫伎術之流，皆直於別院，以備宴見。而文書詔令，則中書舍人掌之。自太宗時，名儒學士，時〔時〕召以草制，然猶未有名號。乾封以後，始號北門學士。召文士元萬頃、范復永等。草諸文詞，常於北門候進（止）〔上〕。玄宗初，翰林待詔以張説、陸堅、張九齡等爲之，掌四方表疏批答，應和文章。既而以中書文書壅滯，乃選文學之士，號翰林供奉，與集賢院學士分掌制詔書敕。開元二十六年，改翰林供奉爲學士，別置學士院，專掌内命。其後選用益重，而禮遇益親，至號爲内相。憲宗時，又置學士承旨，又習蓺館本，名内文學館，選宮人有儒學者一人爲學士，教習宮人。宋翰林學士院有翰林學士、承旨翰林學士。咸平二年，置翰林侍讀學士、翰林侍講學士。殿閣學士，則有觀文殿、資政殿、端明殿、後改文明，又改紫宸，建炎中爲延康。龍圖閣、天章閣、寶文閣、顯謨閣、徽猷閣、敷文閣、煥章閣、華文閣、寶謨閣、寶章閣、顯文閣，諸閣皆有直學士，惟天章閣曾置侍講學士。又秘閣於元祐二年置集賢院學士。遼別有史館學士、宣政殿學士、觀書殿學士、昭文館直學士、乾文閣學士。金別有翰林直學士。元別有蒙古翰林院學士、侍讀學士、侍講學士、直學士，集賢院同。梁初秘書省置撰史學士。沈峻傳補西省學士，撰録裴松之三國志注。正始中，詔議圜丘，普延學士，是曹魏時已有學士稱。宋泰始六年立總明觀，置儒元文史學士各十人。齊永明三年，〔置〕總明觀，於王儉宅開學士館，以總明四部書（克）〔克〕之。齊高帝詔東觀學士，撰史林三十篇。永明中置新舊學士十人，修五禮。又竟陵王子良集學士，抄五經百家。梁武時沈約等又請五禮各置舊學士一人，人各舉學士二人相助，又命庾肩吾、劉孝威等十人爲高齋學士。簡文爲太〔子〕，又開文德省，置學士劉孝標，撰類苑。梁武又命諸學士撰華林編略以高之。陳武帝亦詔依前置西省學士。其他散見南、北史各傳者，如盧荔、張譏爲士林館學士，蔡異、紀少瑜、庾信爲東宮學士，傅縡、顧野王、阮卓爲撰史學士，沈峻、孔子袪爲西省學士，陸琰、沈不害爲嘉德殿學士，岑之敬爲壽〔昌〕殿學士，阮卓又爲德散殿學士。其時所謂學士者，無定員，無定品。隋書柳（䛒）〔辯〕傳：『晉王廣招引（文）〔才〕學之士百餘人充學士，以師友處之。』於時諸王皆有學士，晉王廣以庾自直爲學士，秦王俊以潘徽爲學士，此藩王得置學士也。韋孝寬傳：『孝寬雖在軍中，篤意文史，末年患眼，猶令學士讀而聽之。』是節（師）〔帥〕亦得置學士也。隋文帝令段文操督祕書省學士，文操性剛嚴，學士頗有儒雅，文操輒鞭撻之，前後或至千數，則學士且不免撻矣！蓋其時所謂學士，不過如文人云爾。

侍讀

南史到洽與陸倕對掌東宮管〔記〕，俄兼侍讀。陳天嘉中，詔顧越傳東宮〔侍〕讀，尋遷羽林監，侍讀如故。又紅泌爲永康王侍讀，傅昭爲南郡王侍讀。北史周文帝以薛慎爲宜都公侍讀。此唐以前侍讀之官。唐開元三年九月置侍讀官，時以太常卿馬懷素爲左散騎常侍，與右散騎常侍褚無量更日侍讀，聽肩輿乘馬於宮中。後又置侍讀直學士。又陸質爲太子侍讀。順宗爲太子，歸崇敬、與登父子侍讀，及即位，又爲皇太子諸王侍讀。宋有翰林侍讀，無定員。太子侍讀，一人。明始定翰林院侍讀二人。正六品，掌講讀經史。

侍講

東漢桓榮薦門下生侍講，乃聽榮出。桓郁以少府再入侍講。黃瓊以選入侍講禁中，此侍講之始也。唐高宗爲晉王，詔蕭德言受經講業，及升春宮，仍兼侍講。舊唐書：丁公著充皇太子、諸王侍講。宋翰林侍講，無常員。太子侍講一人。明置翰林院侍講二人。同侍讀。

修撰

唐初，令狐德棻請修近代史，遂命修撰，修撰之名始此。唐置史館修撰四人，掌修國史。貞觀初，置史館于門下省，以它官兼領，或卑位有才者亦以直館〔稱〕，以宰相涖修撰。元和六年，宰相裴垍奏：登朝官領史館職者，並爲修撰，未登朝官入館者，並爲直館修撰，以一人官高者判館事。又集賢殿書院有修撰官，（無常員，以官人兼之。）太常寺有禮院修撰官一人。宋初有集賢殿修撰，政和六年始置集英殿修撰，右文殿修撰，祕閣修撰，（集英修撰，中興以後以寵六曹權侍郎，補外者下待制一等。）宋從唐制，史館有修撰。大中詳符九年，以刑部郎中高紳爲史館修撰，不令修纂，止命權判。吏部銓自是領修撰者，須兩省五品以上方掌修撰。元祐中，就門下省置局，號國史院，置修撰官。紹興修（徵）〔徽〕宗實録，詔以實録院爲名，仍以宰臣提舉，以（管）〔官〕充修撰、同修撰。遼國史院有史館修撰，是〔道〕宗以前修撰不屬於翰林也。金始有翰林修撰，（從六品。）掌與待制同。（詞命文字。）元翰林兼國史院修撰三員，蒙古翰林院修撰二員，集賢院修撰一員。（從六品。）張起岩以進〔士〕首選，特旨改集賢修撰，此爲狀元授修撰之始。明史官，自洪武十四年置修撰三人，其後由一甲進士除授，往往溢額，無定員。嘉靖八年後定修撰三人。

編修

宋樞密院有編修官，隨事置，無定員。國史館有編修官。合璧事類曰：太平興國八年，以楊文舉爲國子監丞、史館編修。乾興元年，判館李淮，修撰宋綬言，修撰官只二人，望擇館閣官二員充編修，遂詔集賢校理王舉政、館閣校勘李淑同共編修。紹興二十八年，復置國史院，以宰（注）〔臣〕監修，侍從官兼同修，餘官充編修。金國史院編修官，正八品。元翰林兼國史院有編修官十員，蓋元並國史於翰林，而編修遂爲翰林之屬。明史官自洪武十四年置編修四人，（正七品，檢討同。）其後由一甲進士除授，及庶吉士留館授職，無定員。嘉靖八年復定編修六人，（檢討同。）皆從吏部推補，如諸司例。然未幾，即以侍從人少，詔採方正有學者以充其選，因改御史胡經、員外郎陳束、主事唐順之等七人爲編修。以後仍循舊例，由庶吉士除授，卒無定額。崇貞七年，又考選推官知縣爲編檢討，蓋亦創舉，非常制也。永樂二年始定翰林院庶吉士，選進士爲之，三年試之，留者二，曰爲編修。三甲爲檢討。

檢討

唐集賢殿書院有檢討官王彥威，以淹識典禮，由太常卿特令補檢討。又太常寺有禮院檢討官一人。宋國史院、實録院檢討官，並以他官兼領。金國史院無檢討，太常寺有檢討二員。從九品。元太常有奉禮兼檢討一員。從八品。明檢討。見編修條下。

尚書

秦時，少府遣四人立殿中，主發書，故謂之尚書，尚猶主也。漢承秦制，及武帝遊宴後庭，始用宦者主中書，以司馬遷爲之，中間遂罷其官，以爲中書之職。至成帝建始四年，罷中書宦者。初置尚書員六百石。五人，一人爲僕射，四人分爲四曹。漢舊儀曰：『初置五曹，有三公曹，主斷獄。』蔡質漢儀曰：『典天下歲盡集課事。三公尚書二人，典三公文書。吏曹尚書，典選舉齋禮，屬三公曹。』常侍曹尚書，主公卿事。曹質曰：「主常侍黄門御史事，世祖改曰吏曹。」二千石曹尚書，主郡國二千石事。蔡質曰：「掌中郎官，水火、盜賊，辭訟、罪眚。」民曹尚書，主吏上書事。蔡質曰：「典繕治功作、監池、苑囿、盜賊事。」〔主客〕曹尚書，主外國夷狄事。世祖承遵後，分二千石曹，又分客曹爲南主客曹、北主客曹，凡六曹。晋書云成帝又置三公曹，是爲五曹。後漢以三公曹〔改〕常侍曹，〔爲〕吏部曹、民曹、客曹、二千石〔曹〕、中都官曹，曹質所言後漢事。合爲六曹。與後漢書所言略異。晉書所言本於應劭漢官，宋書謂是漢末曹名，故與光武時異。漢初，尚書通掌圖書、祕記、奏章之事，及封奏宣示內外而已，其任猶輕。至後漢則出納王命，賦布也。政四海。續漢書百官志：中（尚）宫尚書五人，六百石。宦者，主中文書，屬大長秋。蕭望之云：「尚書，百官之本。」李固上書云：「陛下有尚書，猶天有北斗。斗爲天喉舌，尚書爲陛下喉舌。」荀綽云：「尚書是謂文昌天府，蓋政令之所由出，遠近禀仰也。」漢初，尚書雖有曹名，不以爲號。靈帝以侍中梁鵠爲選部尚書，於是始見曹名。魏改選部爲吏部，又有左民、客曹、五兵、度支，凡五曹。然魏置中書省以掌機衡，而尚書之權漸減。晉置吏部、三公、客曹、駕部、屯田、度支六曹。無五兵。太康中，有吏部、殿中、五兵、甲曹、度支、左民，爲六曹。無駕部、三公、客曹。惠帝世又有右民，尚書止於六曹，不知此時省何曹也。東晉有吏部、祠部、五兵、左民、度支五尚書。宋高祖初，又增都官尚書，若有右僕射，則不置祠部。

梁置吏部、祠部、度支、左户、都官、五兵六尚書。又有起部尚書，營宗廟宫室，則權置之。事〔峻〕則省，以其事分屬都官、左户二尚書。自魏晋重中書之官，居喉舌之任，則尚書之職，稍以疎遠。至梁、陳，〔軍〕國機要，悉在中書；獻納之任，又歸門下，尚書但聽命受事而已。元魏興安二年，置右士尚書。後魏初，有殿、掌殿内兵馬倉庫。樂部、掌伎樂及角使、五伯。駕部、掌中馬驢騾。南部、掌南邊州郡。北部掌北邊州郡。五尚書。後有吏部、初曰選部。兵部、都官、度支、七兵、祠部、民曹等尚書，又有金部、〔倉〕部、虞曹、儀曹、右民、宰官、元禔爲宰官尚書。都牧、元禎爲都牧尚書。牧曹、右曹、太倉、太官、禮曹、神都、儀同曹等尚書。金部以下，有其名不詳職事。後齊六尚書分統列曹，吏部統吏部、掌褒崇選補等事。考功、掌考第及秀孝貢士等事。主爵掌封爵等事。三曹。殿中統殿中、掌駕行百官、留守、名帳、宫殿、禁衛、供御衣倉等事。儀曹、掌吉凶禮制事。三公、掌五時讀時令、諸曹四帳、斷罪赦日、建金離等事。駕部掌車輿、中馬、厩牧等事。四曹。祠部統祠部、掌祠部醫藥、死喪、贈賜等事。虞曹、掌地圖、山川遠近、園囿、田獵、殽膳雜味等事。屯田、掌籍田、諸州屯田等事。起部、掌諸興造、工匠等事。四曹。祠部無尚書則右僕射。五兵統左中兵、掌諸督（苦）〔告〕身、諸宿衛官等事。右中兵、掌畿内丁帳事、力蕃兵等事。左外兵、掌河南及潼關以東諸州丁帳及發召征兵等事。右外兵、掌河北及潼關以西諸州，所典與左外同。都兵掌鼓吹、太樂、雜户等事。五曹。都官統都官、掌畿内非違得失事。二千石、掌畿外得失等事。比部、掌詔書律令句檢等事。水部、掌舟船津梁公私水事。膳部掌〔外〕官百司禮食肴饌等事。五曹。度支統度支、掌計會，凡軍國損益事，役糧廪等事。倉部、掌諸倉帳出入等事。左户、掌天下計帳户籍等事。右户、掌天下公私田宅租調等事。金部掌權衡量度，内外諸庫藏文帳等事。庫掌凡是戎杖器用所須事。六曹，凡二十八曹。後周無尚書。隋置吏部、禮部、兵部、都官、度支、工部六曹尚書。煬帝改吏部爲選部，户部爲民部，禮部爲儀曹，兵部爲兵曹，刑部爲憲部，工部爲起部。唐承隋制，尚書省事無不總，其屬六尚書：吏部、掌文選、勳封、考課之政，以三銓之法官天下之人材。户部、掌户口、土田、賦役、貢獻、蠲免、優復、婚姻、繼嗣之事。禮部、掌禮儀、祭享、貢舉之政。兵部、掌武選、地圖、車甲、馬械之政。刑部、掌律令、刑法、徒隷、按覆、讞禁之政。工部，掌山澤、屯田、工匠諸司廨紙筆墨之事。皆正三品，分曹共理，而天下之事盡矣。宋初鑒藩鎮之弊，以尚書郎曹出領外寄，尚書、侍郎、郎中、員外郎皆爲空官，往往他官兼領。元豐官制行，始以六曹尚書、侍郎爲長貳，元祐初置權尚書。遼太祖嘗置左右尚書。明洪武元年始置六部尚書，正三品，仍屬中書省。十三年鑒丞相胡惟庸等壅蔽，革中書省。於是中書之政分於六部，陞尚書爲正二品，雖並稱政府，而名位不極，事權不專，天子之威福無下移。盖隱然周世六官之職，而獨冢宰不制國用，司徒不掌邦教，以此小異耳。宏正以還，内閣日益重，而六尚書日益輕。然老臣勳業稍重，加三孤、東宮三師，若吏兵之長，猶能與之抗。至分宜之得政，江陵之當國，則部臣唯唯聽矣。

尚書令

尚書令，秦官，漢因之。千石。武帝用宦者，成帝更用士人，掌凡選署及奏下尚書文書衆事。後漢衆務悉歸尚書〔令〕，秩增至二千石。三公但受成事而已，朝會與司隸校尉、御史中丞皆專席而坐，京師號曰「三獨座」。魏、晉以下任總機衡，事無大小，咸歸令僕。漢隸少府，魏、晉以後改歸臺閣，則不復隸矣。梁立尚書省署令一人，掌出納王命，敷奏萬機。秩中二千石，至陳加品至第一。

後魏、北齊掌彈糾見事，與御史中丞更相廉察。隋尚書省，事無不總，令一人。唐因隋制，尚書令正二品。與侍中、中書令共識國政，實宰相職也。其後，以太宗（堂）〔嘗〕爲之，臣下避，不敢居其職。廣德元年，代宗以親（矣）〔王〕有大勳，特拜尚書令。

僕射

僕射，秦官，漢因之，自侍中、尚書、博士郎皆有之。古者重武官，有主射以督課，古者重武官，以善射者掌政事，故曰僕射。僕射者，僕役於射也。軍屯吏、騶、宰、永巷宫人皆有，取其領事之號。軍屯吏則曰軍屯僕射，永巷則曰永巷僕射。凡此諸官皆有僕射，隋所領之事以爲號。若謁者僕射、其秩比千石，期門同。期門僕射，皆屬郎中令。又中書謁者、武帝置，成帝罷。黄門、鉤質、尚方、御府、永巷内者，宦者七官，令、丞、諸僕射、署長、中黄門皆屬少府。成帝建始元初，置尚書五人，以一人爲僕射，一人六百石。宦者主中黄門冗從，〔入〕則宿衛，出則騎從。又中官黄〔門〕冗從僕射一人，六百石。宦者主中黄門冗從，屬大長秋，屬少府。

晉志曰侍中秦、漢俱無定員，以功高者一人爲僕射。後漢志云侍中本有僕射一人，中興轉爲祭酒，或置或否。獻帝建安四年，以榮劭爲尚書左僕射，衛〔臻〕爲右僕射，僕射分左右自此始。魏謁者僕射掌大拜授及百官班次，統謁者十人。宋書「五尚書、二僕射、一（人）〔令〕，謂之八坐。」僕射與尚書分領諸曹，左僕射領殿中主客二曹，右僕射領祠部、儀曹二曹。右僕射不常置，以祠部尚書領之，有右僕射則不置祠部尚書。又冗從僕射列虎賁中郎將之後，〔上〕林監之前。魏因漢中黄門冗從僕射，而置非其職也，宋因之。梁旅賁中郎將、冗從僕射各一人，謂之二將。六百石。又有太子冗從僕射。後齊尚書省僕射職爲執法，置二，則爲左右僕射，左糾彈，而右否。隋文帝開皇三年，詔左右僕射從二品，左掌判吏、禮、兵三尚書，御史糾不當（此）〔者〕兼糾彈（三）〔之〕。右掌判都官、度支、工部三尚書，又知用度。唐初因隋制，後以太宗嘗爲尚書令，臣下避不敢居其職，由是僕射爲尚書省長官，與侍中、中書令號爲宰相。其品位既崇，不欲輕以授人，故常以他官居宰相職，而假以他名。如參議朝政、參知政事之類。左右僕〔射〕各一人，從二品，掌統理六官，爲令之貳，令闕則總省事，劾御史糾不當者。開元以後，爲有爲僕射不兼宰相者。

尚書丞

尚書丞，秦官，一人屬少府。漢因之。成帝建始四年，置丞四人。後漢光武減其二人，置左右丞，各一人，四百石。掌録文書期會。左丞，主吏民章報及騶伯史。蔡質曰：「總典臺中紀綱，無所不統。」右丞，假署印綬及紙筆墨諸財用庫藏。蔡質曰：「右丞與僕射對掌授廩假錢穀，與左丞無所不統。」晉左丞主臺内禁令，宗廟祠祀，朝儀禮制，選用署吏，（急）〔給〕假。右丞掌臺内庫藏廬舍，凡諸器用之物，及〔廩振人租布〕，刑獄兵器，督録遠道文書，章表奏事。宋因之，而右丞亦主錢穀。自齊迄陳，所主微別，而大略不殊。梁加秩六百石。後魏、北齊左丞爲上階，右丞爲下階。北齊左丞掌吏部等十七曹，並糾彈見事，又主管轄臺中，有違失者，兼糾駁之。右丞掌駕部十一曹，亦管轄臺中，又主凡諸用度雜物脂燈筆墨幃帳，唯不糾彈。隋左右丞掌分尚書，諸司糾駁。唐因隋制，左丞一人，正四品上；右丞一人，正四品下，掌辨六官之儀，糾正〔省〕内，劾御史〔舉〕不當者。吏部、户部、禮部，左丞總焉；兵部、刑部、工部，右丞總焉。宋左右丞，掌參議大政，通治省事，以貳令、僕射之職。僕射輪日當〔筆〕，遇假故，則以丞權當〔筆〕、知印。舊（斑）〔班〕六曹尚書〔下〕，官制行，升其秩爲執政。元豐五年，詔左右僕射、丞合治省事。金左右丞各一員，正二品，爲執政官，貳宰相。元左右丞職與金同，而屬於中書。明部設左右丞，係中書省，後革中書省，並左右丞不設。

郎

尚書郎，西漢置四人，分掌尚書事。一人主匈奴單於營部，一人主〔羌〕夷吏民，一人主户口墾田，一人主財帛委輸。及光武，分尚書爲六曹，每一尚書領六郎，凡三十六郎焉。後漢志稱侍郎。郎主作文書起草，更直五日於建禮門内。尚書〔郎〕初從三四者郎選詣尚書臺試，每一郎缺則試五人，先試牋奏。初入臺稱守尚書郎，中歲滿稱尚書郎，三年稱侍郎。郎中、侍郎之名猶因本號。客曹郎主治羌、胡事，劇遷二千石或刺史，其公遷爲縣令。鄭宏爲僕射，以臺職任尊而掌薄，人無樂者，諸吏郎補二千石自此始也。劉向傳爲輦郎。服虔曰：「輦郎，如今引御輦郎也」。魏自黄初改祕書爲中書，置通事郎，掌詔書，即今中書舍人之任。次黄門郎。黄門郎已署事，通事郎乃署名。已署，奏以入，爲帝省讀書可。而尚書有二十三郎，殿中、吏部、駕部、金部、虞曹、比部、南主客、祠部、度支、庫部、農部、水部、儀曹、三公、倉部、民曹、二千石、中兵、外兵、都兵、別兵、考功、定課。定課，宋志作定科。非復漢時職任。青龍三年，尚書令陳矯奏置（郡）〔都〕官、騎兵，合凡二十五郎。每一郎缺，試諸孝廉能結文案者（平）〔五〕人，謹封奏其姓名以補之。晉郎選清美，號〔爲〕大臣之副。武帝罷農部、定課，考功，置直事、殿中、祠部、儀曹、吏部、三公、比部、金部、倉部、度支部、〔都〕官、（三）〔二〕千石、左民、右民、虞曹、屯田、起部、水部、左右主客、駕部、車部、庫部、左右中兵、左右外兵、別兵、都騎兵、左右士、北主客、南主客，爲三十四曹郎。後又置運曹，凡三十五曹，置郎二十三人，更相統攝。賈充改定律令，以裴楷爲定科郎。或爲三十六曹。晉裴秀以尚書三十六曹統事，準例不明，〔難〕使諸郎任職，未及奏而薨。江左無直事、右民、屯田、車部、別兵、都兵、騎兵、左士、右士、運曹十曹郎，而主客、中兵，各置一郎而已，所餘十七曹也。按：此據宋書語，微誤。計上所無者，止十四曹，則當云所餘二十一曹。康、穆以後，又無虞曹、二千石，但有殿中、祠部、吏部、儀曹、三公、比部、（全）〔金〕部、倉部、度支、都官、左民、起部、水部、主客、駕部、庫部、中兵、外兵十八曹郎，後又省主客、起部、水部，餘十五曹。桓元僭位，改都官爲賊曹。宋高祖時，有十九曹。增騎兵、主客、起部、水部。元嘉十八年增删定郎，在左民上，即魏之定科。三十年又置功論郎。都官下，删定上。太宗世，省騎兵，凡（二）十（二）曹郎。以三公、比部主法制，度支主算，都官主軍事、刑獄，餘曹所掌各如其名。齊依元嘉制。梁增殿中、虞曹、屯田，爲二十三曹。此句據通典，以隋志考之，所增者屯田、虞曹、騎兵，通典之言誤。左民，梁曰左户。陳有二十一曹。省梁二曹，不知何曹。後魏有三十六曹，天興二年分尚書三十六曹及諸外署，凡置三百六十曹，令大夫主之。史闕其名。北齊二十八曹，詳尚書條下。隋六曹二十四司，凡領侍郎三十六人。煬帝即位，置侍郎以貳尚書，改諸司侍郎曰郎，吏部爲選部郎、户部爲民部郎、禮部爲儀曹郎、兵部爲兵曹郎、刑部爲憲部郎、工部爲起部郎，以異〔前〕。唐改隋諸司六侍郎之名，又置都司郎各一人，〔掌〕都司之職，後又改主客郎爲司蕃務郎一人，同員外之職。此據隋志。通典云初置左右司郎二人，同諸曹，從五品掌。又置承郎爲郎中，隋諱中，故直稱郎。自後無單以郎稱者矣。初學記云：「西漢言郎者多非尚書郎，惟田蚡少爲諸曹郎是也。其文帝世，馮唐爲郎中署長，直不疑盜同舍郎金。武帝世，顔駟爲郎，三世不遷。成帝時，揚雄爲侍郎。及諸言以貲爲郎，父任爲郎，皆三署郎。至東漢猶難分，有尚書及曹名冠首者，即尚書郎。直言爲郎，亦三署郎，魏以後即無。三署郎。」掌守門户，出充車騎。有議郎、中郎、侍郎、郎中，皆無員，多至千人。漢書惠紀「外郎」，蘇林以爲散郎。』何義門謂對在中省而言，非員外之散郎也。後世散郎稱外郎者，乃借舊名。漢舊儀曰：『高后選孝悌爲郎，宿吏二千石以上，視事滿二年，得任其同産子爲郎。』三署郎，後漢之制，郡國舉孝廉以補之，年五十以上屬五官，其次分屬左右署。有行應四科者，歲舉茂才二人，又上廉吏六人爲長理劇，隨缺多少。萬户以上爲劇縣，其缺少者不選。公府亦然。故明帝時館陶公〔主〕（重）爲子求郎，帝不許，曰：「夫郎官，上應列宿，出宰百里，苟非其人，人受其殃。」後漢桓、靈間，三置見郎七百餘人，而郡國（討史）〔討史〕多留拜爲郎。太尉楊秉上疏諫曰：先王建國，順天置官，太微積星，名爲郎位，〔入奉〕宿衛，出牧百姓。云云。案：自近代皆謂郎官上應列宿，出宰百里，爲尚書郎故事。凡夫天文有武賁郎位等星，皆在太微帝坐之後，爲翊衛之象，則應劭、楊秉所言三署郎是也。而世人謂之尚書郎，則誤矣。徵其失也，蓋自梁陶藻職官要録以漢三署郎故事通爲尚書郎，循名〔失〕實。疑誤後代。通典。舊有郎中將右騎，光武中興悉省。晉議郎遷爲太守，亦有郎中等官。其後雖有中郎將等官，而無三署郎矣。

按：漢時有以父任爲郎，如張安世、劉向、陳元、耿來是也。有以良家子選爲郎者，如馮奉世、〔韓〕延壽是也。以射策田科爲郎者，王嘉、馬宮、何武是也。以貲爲郎，張釋之、司馬相如是也。以孝廉爲郎者，蓋寬饒是也。以獻策上書爲郎者，婁敬、主父偃是也。以孝著爲郎者，馮唐也。以奏賦爲郎者，楊雄是也。上書自陳拜爲郎，牧皋是也。上（疎）〔疏〕獻書拜爲郎者，賈逵是也。以尚書教授數講御前，以論難當，老除爲郎者，張酺是也。以卒伍從軍由是爲郎者，鄭吉是也。又如趙充國以假司馬從擊匈奴，潰陣身被二十餘創，詔詣行在所，拜爲中郎；傅介子以駿馬監使大宛，還到龜茲，率吏士共誅匈奴使者。還，奏拜爲中郎，皆三署郎也。三署郎，亦稱光禄郎，後漢書：『周興爲郎中，少有名譽，尚書陳忠上疏薦興：竊見光禄郎周興，孝友之行，著於閨門，屬父著辭，有可觀采。詔乃拜興爲尚書郎。』令史久次亦得爲郎。三輔決録：『丁（甘）〔邯〕〔以〕孝廉爲郎，故侍郎以令〔令〕史久次補之。世祖改用孝廉，邯稱病不就。詔問：病差，爲郎否？對曰：臣不病，恥以孝廉爲令史職。世祖怒，秋之詔問：『欲爲刑否？邯曰：能殺臣者陛下，不能爲郎者臣。詔遣〔出〕竟不拜郎。』

武帝建元三年，初置期門，掌執兵〔送〕從。平帝元始元年，更名虎賁郎。太初元年置羽林，掌送從，次期

〔門〕，初名建章營騎，後更名羽林騎。宣帝令中郎將騎都尉監羽林，謂之羽林中郎將，領郎百人，蔡質漢儀曰百二十八人。謂之羽林郎。常選漢陽、隴西、安定、北地、上郡、西河凡六郡良家〔子〕補。本武臣便馬從獵，遠宿殿陛岩下室中，故號巖郎。荀倬晋書百官表注曰：『言其嚴屬整鋭。』案：此則爲嚴郎，與志不同。通典同，言其御侮岩除之下。後漢志：『羽林郎比三百石。』出補三百石丞尉。虎賁、羽林，亦屬光禄勳。以上三署郎。後漢志：『大鴻臚屬有治禮郎四十七人，東觀書曰：『主齋祠儐贊九賓。』盧植禮注：『大行郎亦如謁者兼〔舉〕形兒。大行主之。少府屬有黄門侍郎，六百石，無員，掌侍從左右。給事中，關通中外。亦稱黄門郎。』漢舊儀：『黄門郎屬黄門令，日暮入，對（封）〔青〕瑣門拜，名曰夕郎。』此即秦及前漢給事黄門之職。後漢於東（現）〔觀〕置校書郎。馬融傳曰：『拜校書郎中，詣東觀典校祕書。』章恒注曰：『謝承及續漢書並云爲校書郎。』又拜郎中，竇章傳亦稱入東觀爲校書郎。魏於中書置〔通〕事郎。晉改爲中書侍郎，故亦稱中書郎。魏明帝太和中置著作郎，隸中書省。晋元康二年，改隸祕書省，著作郎一人，謂之大著作郎，專掌（世）〔史〕任。又置佐著作郎八人。宋爲祕書郎，四人。梁亦爲祕書郎，六百石。祕書著作佐郎。四百石。祕書郎，魏武置秩四百石，初曰祕書郎中，至宋除『中』字，北齊又加『中』字，隋又除『中』字。蜀志郤正傳爲秘書吏，轉爲（人）〔令〕史遷郎。元魏官品亦有羽林郎，從五品中。虎賁郎。從六品上。其從五品上有協律郎，從五品中有奉乘郎，從五品下有辨章郎、翼馭高車羽林郎、瞻人郎、方者郎，六品上有主書郎，從六品上有主事郎、掌璽郎、掌服郎、掌筵郎、集書校書郎、祕書校書郎、祕書鍾律郎，從六品中有方舞郎，從六品下有治禮郎，七品上有司事郎，七品下有符史郎，從七品上有直事郎，九品中有祀官齋郎。隋太常寺有協律郎、文奉禮郎四人。開皇六年，又別置朝議、通議、朝請、朝散、給事、承奉、儒林、文林等八郎散官，番直，常出使監檢。煬帝三年後，又置秘書佐郎四人，從六品。以貳郎之職。置儒林郎〔十〕人，正七品。掌明經待向，唯詔所使。文林郎二十人，從八品。掌撰録文史，檢討舊事。置楷書郎員二十八，從八品。掌抄寫御書。以上屬秘書省。又置散騎郎二十八，從五品。承議郎、正六品。通直郎從六品。各三十人，宣德郎、正七品。宣義郎從七品。各四十人，徵事郎正八品、。將仕郎、從八品。（掌）〔常〕從郎、正九品。奉信郎從九品。各五十人，是爲正員，並得禄當品。又各有散員郎，無員無禄。尋改常從爲登仕，奉信爲散從，自散騎下皆主出使，量事大小，據品以發之。以上屬謁者臺。唐採隋制，置文散，階二十九。六品以下曰朝議郎、正六品上。承議郎、正六品下。奉議郎、從六品下。即隋之通議，唐改。通直郎、從六下。朝請郎、正七上。宣德郎、正七下。朝散郎、從七上。宣義郎、從七下。給事郎、正八上。徵事郎、正八下。

承奉郎、從八上。承務郎、從八下。儒林郎、正九上。登仕郎、正九下。文林郎、從九上。將仕郎，從九下。皆番上於吏部。門下（有）〔省〕置起居郎二人，從六品上。掌録天子起居［法］度。城門郎四人，從六品上。隋初爲城門校尉，大［業］三年改。唐因之。掌京城、皇城、宫殿諸門開闔之節，奉管鑰而出納之。符寶（郎）四人，從六品上。掌天子八寶及國之符節。武后延載元年，改符璽郎曰籍寶郎，開元二年亦同（籍）［符］寶郎。弘文館置校書郎二人，從九品上。掌校理典籍，刊正錯謬。司天臺置五官、靈臺郎各一人，正七品〔下〕。掌候天文之變。東宫官署司議郎二人，正六品上。掌侍從規諫，駁正啓奏。典膳局典膳郎二人，從六品下。掌進膳掌食。〔藥〕藏藥（局）藥藏郎二人，從六品下。掌和醫藥。内直郎二人，從六品下。掌符璽、衣服、繖扇、几案、筆硯、垣墻。典設局典設郎四人，從六品下。掌湯沐、燈燭、（汎）〔灑〕埽、鋪（記）〔設〕。宫門局宫門郎二人，從六品下。掌宫門管鑰。又祕書省著作局郎二人，從五品上，著作佐郎二人，從六品上。校書郎二人，正九品上。掌撰（研）〔碑〕誌、祝文、祭文。龍（翔）〔朔〕二年，改曰司文局，郎曰郎中，佐郎曰司文郎。秘書郎三人，從六品上。掌四部圖（書）〔籍〕。龍（翔）〔朔〕二年，改祕書（省）〔郎〕曰蘭臺郎，又改太史局曰祕書閣，局太丞曰祕閣郎。宋郎階朝請、朝散、朝奉、正侍、宣正、履正、協忠、三階，政和六年置。中侍、中亮、中衛、翊衛、親衛、拱衛、左武、右武、舊〔閤門〕（行）副使，政和六年改。承［議］、武功、武德、和安、成和、成安、成全、武顯、武節、平和、初改保和。政和五年以犯殿名，改保全。宣和六年改平和。武略、保安、武經、武義、武冀、諸司副使。奉議、敦武、舊内殿承制，政和六年改。下同。通直、修武、舊内殿崇（斑）〔班〕。從義、舊東頭供奉官，（宣）政和六年改。秉義、西頭供奉官，同上。忠訓、忠翊、舊左右侍〔禁〕。宣政、疑即宣德，崇寧增，政和四年除。宣義、成忠、保忠、二階舊左右班殿直。承事、承奉、承務、承直、承節、承信、舊三班奉職。儒林、舊掌書記。文林、從事，從政初名通仕，政和改修職、初改登仕，政和改。迪功郎，初改將仕，政和改。凡五十三。

按：朝（議）〔請〕、朝散，朝奉，正七。承議，從七。奉議、通直、正八。宣政，改宣教。宣義從八。承事、承奉，正九。承務、從九。承直、儒林、文林、從事、從政、修職、從八。迪功，從九。凡十八，爲文階，餘爲武階。又三衛官置三衛郎一員，親衛府郎十員，勳衛府郎十員，翊衛府郎十員，其頗與漢之三署郎相似，第不若漢之三署郎選爲盛耳。金郎階有承德郎、從仕郎、登仕佐郎、將仕佐郎，爲（全）〔金〕所史定。天眷定制，司天官自從四品而下，立爲十五階，其從六品上以下曰探〔賾〕、授時、究微、靈臺、明緯、候儀、推策、司正、校〔景〕、平秩、正紀、挈壺、司歷、司辰郎。太醫官自從四品而下，立爲十五階，其從六品上曰保愈、保全、成正、成安、成順、成和、成愈、成全、醫全、醫正、醫效、醫候、通痊、醫愈郎。天德創制，内侍自從四品以下，立十階，其從六品而下曰通禁、通侍、〔掖〕、通御、禁直、侍直、掖直、内直、司贊、司謁、司闇、司僕、司奉、司引郎。天定二十九年，教坊創定二十五階，明昌三年更定從六品上，而下曰肅和、純和、舒和、調音、比音、司樂、典樂、協樂、掌樂、和樂、司音、司律、和聲、和節郎。元郎階有從事郎，太醫散官有保和郎。明散階郎有宣議、徵仕、迪功佐郎、修職佐郎，又太常寺有贊禮郎九人。正九品。以上散官郎階及諸司郎。後漢汝南謝廉、河南趙建，年始十三，各能通經，左雄奏拜童子郎。此三署郎。魏司馬朗年十二，試經爲童子郎。此尚書郎。明詹事府有左右司直郎、左右清紀郎，不常置。

議郎

議郎。官秩六百石。唐東宫官有司議郎二人，正六品上。掌侍從規諫，駁正啓奏。魏官氏第五品中有中書議郎。

中郎將

漢中郎〔將〕有五官、左、右三將。五官中郎、左中郎將一人。主左署郎，右中郎將一人。主右署郎。又武帝置期門，平帝元始元年更名虎賁郎，置中郎將，主虎賁宿衛。武帝又置建章營騎，後更名羽林騎。宣帝令中郎將騎都尉監羽林，謂之羽林中郎將，主羽林郎。漢末又有四中郎將，皆帥師征（代）〔伐〕。不知何時置董卓爲東中郎將，盧植爲北中郎將。獻帝以曹操爲南中郎將，使匈奴中郎將一人，主護南單于。後漢置西中郎將，晋以謝曼、桓冲爲之。皆比二千石。又有平越中郎將，晋武置，理廣州。主護南越。司金中郎將，魏略：河北始（門）〔開〕冶，以王修爲司金中郎將。典農中郎將，魏任峻、徐邈爲之。武衛中郎將，魏許褚爲之。建義中郎將，後漢書袁紹傳陶升爲之。蕩寇中郎將，吳程普見。武威中郎將，吳賀齊。護匈奴中郎將，魏田豫。平難中郎將，魏張燕。横野中郎將，吳呂蒙。太子旅賁中郎將，十人，職〔如〕虎賁中郎將。宋初置。西平中郎將，淵鑑類函引沈約宋書曰「後漢號也」。按：今宋志未見。護匈奴、羌戎、蠻夷、越中郎將。晋志、隋志謂之四護。唐親衛之府一，親府。勳衛之府二，勳一，勳二，翊衛之府二，翊一，翊二。凡五府。每府中郎將一人，正〔四〕品下，掌領校尉、旅師、親衛之屬，而總其府事。左右驍衛、左右翊中郎將府，中郎將各一人。左右武衛、左右威衛、左右領軍衛、左右金吾衛、中郎將掌領府屬，督京城左右六（衛）〔街〕、鋪巡警，以果毅二人助巡探。左右千（中）〔牛〕衛，掌供奉侍衛，並同驍衛、左右監門衛、左右翊中郎將府中郎將，掌莅宮殿、城門，皆左入右出，中郎將各四人。左右羽林軍亦同驍衛。太子左右衛率府，親府、勳府、翊府，三府每府中郎將一人，從四品上。左右司御率府、左右清道率府並（曰）〔同〕。魏官氏志從第五品下，有附義中郎將、歸義中郎將、率義中郎將、順義中郎將。宋環衛官，左右金吾衛、左右衛、左右千（步）〔牛〕衛，並有中郎將。金都元帥府有殄寇中郎將。泰和六年伐〔宋〕權設。

中郎

中郎，秦官，漢因之，秩比六百石，三署皆有中郎。虎賁署有虎賁中郎，掌宿衛侍從，自節從虎賁，久者轉遷，才能差高至中郎。又大將軍官屬有從事中郎二人，秩六百石，職參謀議。宋書云：『漢東京大將軍、驃騎將軍從事中郎二人，騎尉將軍從事中郎二人。』晉初，凡位從公以上，置從事中郎一人。秩比千石。晉志、宋志六百石。元帝爲鎮東大將軍，及丞相置從事中郎，無定員，分掌諸曹，有録事中郎、度支中郎、三兵中郎。後魏官氏志有協律中郎，列從第四品下，尚書中郎列第五品上。唐左右羽林軍有左右中郎一人。正五品。

郎中將

漢郎中有車、户、騎三將，如淳曰：『主車（同）〔曰〕車郎。主户衛，曰户郎。』漢儀注：郎中令主郎中，〔左右車將主〕。左右户將，主左右户郎。』秩皆比千石，東漢省。晉有羽林郎將，隋左右監門府各置郎將二人。正四品。煬帝即位，改驃騎爲鷹揚郎，正五品。車騎爲鷹揚副郎將，從五品。十二衛置護軍四人以貳將軍，尋改護軍爲武賁郎將，正四品。而置武（才）〔牙〕郎將六人副〔焉〕。從四品。五年，又改副郎將爲鷹擊郎將。左右領、左右府改左右備身府，各置備身郎將一人。正四品。有〔折衛〕郎將三人，正四品。掌領驍果，又各置果毅郎將三人以貳之。從四品。其驍果，置左右雄武府雄武郎將以領之，以武勇郎將爲副。左右監門府改將軍爲郎將，各置一人。正四。魏官氏志有羽林郎將、虎賁郎將。唐五府中，左右郎將一人，正五品下。以貳中郎將。其左右驍衛，左右武衛、左右威衛、左右領軍衛、左右金吾衛、左右羽林軍，並同太子左右率府、左右司御率府，並有左右郎將。正五品下。

郎中

郎中，秦官，漢因之，比三百石，有車、户、騎三將。東漢省。其屬五官者曰五官郎中，左右署並有郎中。屬虎賁者曰虎賁郎中，屬謁者僕射曰灌謁者郎中。王國郎中，秩二百石。尚書郎，初從三署選詣尚書臺，稱守尚書郎中。魏、晉、宋、齊、後魏、北齊，尚書惟置郎中。梁、陳兩置，有郎中、侍郎。郎中六百石。符節郎中，在中主璽及虎符、竹符之半者，屬符節令。後漢東觀置校書郎中。後魏有符璽郎中。從四品中。隋煬帝於尚書督省初置左右司郎二人，品同曹郎，從五〔品〕。掌督省之職。唐貞觀二年，改爲郎中。唐尚書省六部郎中，吏部曰吏部、正五品上，餘皆從五品上。司封、司勳、考功，户部曰户部、度支、金部、倉部，禮部曰禮部、祠部、膳部、主客，兵部曰兵部、職方、駕部、庫部，刑部曰刑部、都官、比部、司門，工部曰工部、屯田、虞部、水部。

侍郎

侍郎，秦官，漢因之，比四百石。屬五官者曰五官侍郎，左右署皆曰侍郎。屬虎賁者曰虎賁侍郎，其屬尚書者侍郎三十六人，尚書六曹，一曹六人。主作文書起草。蔡質漢儀曰：『尚書郎，初從三署詣臺，稱守尚書郎中。歲滿稱尚書郎，三年稱侍郎。』給事黃門侍郎，六百石，掌侍從左右給事中，關通中外。亦稱黃門郎。晉志云：『給事黃門侍郎，秦官也。西京曰給事黃門。漢以後並因之，與侍中俱管門下衆事，無員。及晉，置四人。』散騎侍郎四人，魏初與散騎〔常〕侍（郎）同置。自魏至晉，散騎常侍（二）〔侍〕郎與侍中、黃門侍郎共平尚書奏事，江左乃罷。通直散騎侍郎四人，初武帝置員散騎侍郎，及太興元年，元帝使二人與散騎侍郎通〔員〕直，故謂之通直散騎侍郎，後增爲四人。員外散騎侍郎，武帝置，〔無〕員。中書侍郎，隋改爲〔内〕史省侍郎，煬帝十二年改内史曰内書。魏黃（二）〔初〕。中書既置監、令，又置通事郎，次黃門郎。黃門郎已署（事）〔過〕通事乃署名。已署，奏以入，爲帝省讀，書可。及晉，改曰中書侍郎，員四人。中書侍郎蓋此始也。此語本沈約宋志。初學記曰：「案魏志明帝詔舉，中書郎盧毓舉韓暨，帝用之。」又司馬宣、王辟、王伯興擢爲中書侍郎，亦明帝時。據此，中書侍郎起魏代。沈約宋書云晉改，似謬。」王省郎中，置侍郎二人。北齊集書省散騎侍郎六人，通直散騎侍郎六人，員外散騎侍郎一百二十人。起居省散騎侍郎、通直散騎侍郎各一人。隋尚書省六曹，吏部統吏部侍郎二人，主爵侍郎一人，司勳侍郎二人，考功侍郎二人。禮部統禮部、祠部侍郎各一人，主客、膳部侍郎各二人。兵部統兵部、職方侍郎各二，駕部、庫部侍郎各一。都官統都官侍郎一人，刑部、比部侍郎各一，司門侍郎二人。度支統度支、户部侍郎各二。金部、倉部侍郎各一。工部統工部、屯田侍郎各二，虞部、水部各一。凡三十六侍郎，分司曹務，直宿禁省，如漢之制。初學記：「西漢以來，尚書諸曹郎中侍郎或不兩置。或惟置郎中，或惟置侍郎，二者亦通爲尚書郎。後漢兩置，有郎中、侍郎。魏、晉、宋、齊、後魏、北齊惟有郎中。梁、陳兩置，有郎中、侍郎。五代史志云：『梁尚書郎，初入臺，稱郎中，功高者轉爲侍郎。陳依梁制。』案：前代郎中、侍郎兩置者，侍郎即今郎中之任，郎中即今員外郎之任。若惟置郎中，亦今郎中之任。隋文帝開皇初，惟置侍郎，隋氏諱『中』，不置郎中，惟置侍郎爲尚書郎。尋又每曹置一員外郎。煬帝改制，尚書省各侍郎一人以貳尚書之職，並正四品。諸曹侍郎並改爲郎，以異六侍郎之名。唐以後因之，唐增爲二人，宋、金一人，元二人。明六部不屬尚書，部置左右侍郎各一人，正三品。唐門下省門下侍郎二人，正三品，貳侍中。即黃門侍郎也。龍（翔）〔朔〕二年，改黃門侍郎曰東臺侍郎，武后垂拱元年曰鸞臺侍郎，天寶元年曰門下侍郎，乾元二年曰黃門侍郎，大歷二年改舊中書省侍郎二人，正三品。齊職儀云：齊代侍中呼爲門下，給事黃門侍郎爲小門下。

黃門侍郎

黃門郎，給事于黃闥之内，故曰黃門侍郎。初秦、漢別有給事黃門之職，後漢並爲（官）〔宦〕，故有給事黃門侍郎，其秩未崇。魏、晉以來，並爲侍衛之官，與侍中俱管門下衆事，與散騎常侍並清華，世謂之黃散。然自漢迄齊，其秩皆六百石，至梁始增品第，品第四，秩二千石。與侍中同掌侍從、擯相、威儀，盡規獻納，糾正違闕。陳、隋因之。煬帝始去給事之名。隋氏用（人）〔之〕益重，裴矩、裴蘊爲之，皆知政事。北魏初，給事黃門侍郎列第三品中，嗣定職〔令〕爲第四品。唐門下省侍中爲長官，而侍郎貳之，其職微與宰相埒矣。宋門下省侍中鮮真拜者，而侍郎遂爲執政官矣。元豐官制行，以左僕射兼門下侍郎，行侍中職，別置侍郎一員，以代參加政事。

中書侍郎

初學記：『中書侍郎，魏官也。』案環濟要略曰：「中書有令、僕射、丞、郎，謂西漢時也。又案衛宏漢舊儀曰：漢置中書領尚書，匈奴營部一郎、民曹一郎、謁者一郎，此則中書郎。已聞漢代記傳無明文，莫知廢置之由矣。」餘詳上。

案：漢之中書郎尚書，則中書郎即尚書郎也，似非漢時已有中書郎之名。中書侍郎，魏、晉品秩未詳。宋志列第五品，而侍郎之任尚輕。魏志曰掌〔詔令〕，即漢尚書郎之位。北魏列從第四品，梁、陳列第四品，千石。北齊列第四品。唐初，中書省爲内史省，爲内史侍郎，武德三年爲中書侍郎，龍朔二年改爲西臺，光宅初改爲鳳閣，開元初改爲紫微。其侍郎各同臺閣改易爲名，若鳳閣，别名鳳閣侍郎。其秩爲正三品，朝廷大政參議焉，其職遂崇。

都事

晉有尚書都令史八人，秩二百石，與左右丞總知都臺事。隋開皇初改爲都事，置八人。煬帝分隸六尚書，置六人，領六曹事。正八品。唐因之。從七品上。宋尚書省都事三人。金尚書省左司都事二員，正七品。掌本司受事付事、檢勾稽失、省署文牘，兼知省内宿直、檢校、架閣等事。右司都事二，同。元制因之。元又有宣〔徽〕院都事，侍正府都事。明無尚書都事，都察院都事一人。正七品。金都元帥府都事一員，正七品。樞密院都事一員。品同，元四。元御史臺都事二，正七品。江南諸道陝西諸道行御史臺。亦同。

主事

日知録：唐六典引漢官云云：後漢光禄勳有南北廬主事，主三署之事，於諸郎之中察茂材者爲之，秩四百石，次品補尚書郎，出宰百里。然其職不過如椽史之等，故范滂遷光禄主事時，陳蕃爲光禄勳，滂執公儀詣蕃，蕃亦不止，滂懷恨，投板棄官而去。後因郭泰之言，蕃乃謝之。而張霸、戴封、戴就、公沙、穆竝以孝廉爲光禄主事，其他府寺則不聞有此名也。張霸傳注曰：『光禄勳主事，見漢官儀。』宋書百官志「中書通事舍人」下云：『其下有主事，本用武官，宋改用文吏。』至後魏則於尚書諸司置主事令史。隋開皇十六年，内侍省加置内主事員二十人，以承門閣。煬帝去令史之名，但曰主事。唐時竝流外爲之。尚書省主事六人，從九品上。又内侍省主事二人，從九品下。門下省主事四人，中書省主事四人，竝從八品下。按隋志：梁中書省有主事令史。後齊尚書省六曹各量事置掌故主事員。門下省主事令史八人。太子門下坊主事四人。隋太子門下坊、典書〔坊〕各有主事令史四人。煬帝時主事史去令之名，其令史隨曹閑劇而置。每十令史置一主事，不滿十者亦置一人。唐書百官志：尚書省左右司主事各六人，從八品下。諸司主事，從九品上。東宫官左春坊主事三人，右春坊主事二人，從九品下。宋史職官志門下省史四十有九：録事主事各三人，令史六人，書令史十有八人，守當官十有九人。原注。魏仁浦傳：自樞密院小〔史〕遷兵房主事。楊憶傳：時以吏部銓主事，前宜黄簿王太冲〔爲〕大理丞評事，憶以吏之賤，不宜任清秩。封還詔書，未幾，太冲補外。是在前代皆掾史之任也。明初設六部主事，意亦倣此。按宋職官志：中書省吏四十有五：録事三人，主事四人，令史七人，書令史十有〔七〕〔四〕人，守當〔官〕十有七人。尚書省吏六十四：都〔司〕〔事〕三人，主事六人，令史十四人，書令史三十五人，守當官六人。樞密院吏三十八，内主事五人，〔守閤主事二人〕。其六部，吏部左右選吏額主事各一人。金吏部主事四員，從七品，掌知管差除、校〔勘〕行止，分掌封勳資考之事，惟選事則通署，及掌受事付事，檢勾稽〔失〕，〔省署〕文牘，兼知本部宿直、檢校、架閣。餘部主事，自受事〔付〕事以下所掌三直。〔並同〕。皇統四年，六部主事始用漢士人。大定三年，用進士，非特旨不得擬吏人。承安五年，增女直主事一，户部主事五，禮部二，兵部二，刑部〔二，工〕部二。明六〔時〕〔部〕主事，正六品，位次員外郎。按：煬帝於主事令史去令史之名，而别置令史，其職已與吏殊。宋時主事則次于吏額之内，其秩〔微〕卑。至金而增其品，其職掌亦殊。明後增其品，而主〔司〕〔事〕爲司官矣。顧氏論設主事亦倣于宋，未必然也。元光禄寺屬宣徽院，有主事二員，從七品。

員外

隋開皇六年，尚書省二十四司各置員外郎一人，以司其曹之籍帳，煬帝時廢，尋置承務郎，同員外郎之職。唐武德三年，復爲員外郎。晉志：『魏末，散騎常侍又有在員外郎者，曰員外散騎常侍，無員。』按：此員外之名所始也。晉武帝置員外散騎侍郎，無員。員外散騎侍郎，史傳中或單謂之員外郎。宋志：『殿中將軍、殿中司馬督，宋高祖永初二〔年〕，增爲二十人，其後〔過〕員者，謂之殿中員外將軍、員外司馬督。』北魏正始四年，定殿中司馬二百人，員外司馬三百人。陔餘叢考：『員外之名，唐時最濫，不必皆尚書官屬也。其始起於宦寺，而〔濫〕及於選部。』唐書宦官傳序中：『宋時宦官七品以上，員外置千員。』魏元忠傳亦云：『奄豎坐升班秩，既無正闕本授，員外乃盈千人，此官寺之員外也。』李嶠傳：『嶠欲收時望，乃奏置員外官數千。』杜佑傳：『神龍以來，選者既無員缺，則置員外官二千人，自是以爲常。』此選人之員外也。盧懷慎傳云：『在京諸司員外官數十倍，近古未有。』魏知古傳亦云：

『吏員增諸司試補，員外檢校官已贏二千。』此京朝官之員外也。嚴挺之、盧絢皆爲李林甫所惡，用爲員外詹事，則大僚亦有員外矣。肅宗乾元二年詔曰：『州縣見任員外官並任其所適，可用者，上州不得過五人，中州四人，下州三人，縣不得過一人。』是州縣亦有員外矣。羅市奭貶爲海康員外尉，姚紹之授南陵令員外置，來（填）〔瑱〕貶播州尉員外，置則小吏亦有員外矣。

令史

後漢書：令史有六百石者，蘭臺令史。掌奏及印工文書，屬御史中丞。有二百石者，尚書令史、十八人，曹有三人，主書。後增〔劇〕曹三人，合二十一人，皆選于蘭臺符節簡練有吏能者爲之。其尚書郎，初與令史皆主文簿，其職一也。郎闕，以令史久次者補者。光武始革用孝廉，（考）〔考〕廉耻焉。漢官儀云：『能通倉頡史籀篇，補蘭臺令史，滿歲爲尚書郎。』後漢彪云：『往時楚獄大起，故署令史以助郎職，而類多小人好名奸利。今者務簡，皆可停省。』符節令史，掌書。百石者，公令史。太傅、太尉、司徒、司空、大將軍皆有令史。其太尉所屬，則有閤下令史、主閤下威儀事。記室令史、〔主〕上章表報書記。閤令史。主府門。其餘令史，各典曹文書。晉有尚書都令史，見上。梁爲五都令史，職與晉同，舊用人常輕，天監九年詔曰：『尚書五都政參政要，非但總領衆局，亦乃方軌二丞，頃雖求才，未〔得〕妙簡，可革用士，每盡時彦。』於是以都令史視奉朝請。其年以太學博士劉納兼殿中都，司空法曹參軍劉顯兼吏部都，太學博士孔雯孫兼金部都，司空法曹參軍蕭軌兼左户都，宣毅墨曹參軍王顒兼中兵都，並以才地兼美，首膺兹選。第八品。宋有内臺正令史、第八品。内臺書令史、外臺正令史。第九品。晉尚書正令史百二十人，書令史百三十人。通典曰：『晉、宋蘭臺寺正書令史，雖行文書，皆有品秩，朱衣執版，給書僮。』孔顗爲御史中丞，坐鞭令史，爲有司所糾。梁、陳與晉、宋同。後魏令史亦朱衣執笏，然謂之〔階〕外勳品。北齊尚書郎判事正令史，側坐書令史。事令史皆平揖，郎無拜。自隋以來，令史之任，文案煩屑，〔號〕爲卑冗，不參官品。北魏（天）〔天〕興四年，復尚書三十六曹，曹置代人，令史一人，譯令史一人，書令史（一）〔天〕人。其官品有主書令史、門下令史、第七品上。秘書令史、主書令史、集書令史、起居注令史、從七品上。公府令史、太子典書令史、太子典衣令史、司事令史、八品上。直事令史、尚書記〔室〕令史、從八品上。公府閤下令史、從八品中。諸局書令史、虎賁軍書令史、從八品下。諸開府令史。九品上。主事令史後魏置。見上。北齊，尚書有通事令史。隋煬帝以四省三臺皆曰令史，每十令史置一主事。隋時令史得官者少，年限亦賒。唐武德中，天下初定，京師穀〔糴〕貴，遠人不相〔於〕仕，流外始於諸州調佐史，及朝集典，充選不獲。已而爲之，遂促年限，優以叙次，六七年有至本司主事及上縣尉者。自此之後，遂爲官途。總（奉）〔章〕中詔，諸司令史考滿，合選者限試一經。時人嗟異，著于謡頌。

中書

初學記：『中書令，漢武所置，出納帝命，掌尚書奏事，蓋周官内史之任。』周官内史，掌〔王〕之八柄。初，漢武游宴後庭，公卿不得入，始用宦者典尚書，通掌圖書章奏之事，其後遂罷尚書，改置中書謁者令，盡用宦者。故沈約宋書百官志云：『中書，本尚書官是也。』謝靈運晉志云：『以其總掌禁〔中〕書記，謂之中書。』漢武時，司馬遷被腐刑之後，爲中書令，則其職也。漢書不言謁者，史省文也。至成帝置尚書官，改中書謁者令，改名中謁者令，用士人，所掌非盡樞要舊任也。故謝靈運晉書云『漢成帝以後，無復中書之職』是也。東漢初，已無其官。至獻帝時，魏武爲魏王，置祕書令，此又中書之任也。魏又改祕書令爲中書令，以秘書左丞孫資爲中書令。魏、晉以來，皆置一人，品第三，選文學通識之士爲之，掌王言。江左更重其任，多以諸公兼之，然猶非真宰相也。近世始專其職。隋文帝改爲内史令，置二人，隋室諱『中』，依周官改爲内史。煬帝改爲内書令。唐初又爲内史令，武德三年復爲中書令。龍（翔）〔朔〕二年改爲西臺右相，咸亨初復舊。光宅初改爲鳳閣内史，神龍初復舊。開元初改爲紫微令，五年復舊。北魏中書令列二品中。按：唐因隋制，中書令、尚書僕射、侍中爲三省長官，號爲宰相。宋中書令未常真拜，以他官兼領者不預政事，然止曹佾一人，餘皆贈官。官制〔行，以〕（品）右僕射兼中書侍郎行令之職，中興〔後〕省〔令〕不置。元中書令一員，典領百官，會決庶務。太宗以相臣爲之，世祖以皇太子兼之，其位極尊。次則左右丞相平章政事，左右丞參政參議中書省事。

侍中

侍中，古官也。秦取古官〔名〕置侍中之職。初，秦置侍中，本丞相史也。丞相使史五人，來往殿内奏事，故謂之侍中。漢因之，多以爲加官。初學記。所加或列侯將軍、卿大夫、將都尉、尚書、太醫、太官令至郎中，無員，多至數十人，得入禁中，諸曹受尚書事，諸吏得〔習〕法。初，漢本用舊儒高德，備切問近對。然貴游子弟及倖臣榮其官，至襁褓受寵位，服綺襦紈絝。漢初，籍孺閎孺皆冠鵔鸃冠、貝帶，傅脂粉。張辟彊年十五、霍去病年十八，並爲侍中。桑弘羊賈人子，以計年十三爲侍中。齊職儀云：『漢侍中掌乘輿服物，下至褻器虎子之屬。武帝時，孔安國爲侍中，以其儒者，特聽掌御唾壺，朝廷榮之。』後漢書：『侍中比二千石，漢官秩（四）〔云〕千石。掌侍左右贊導衆事，顧問應對，法駕出，則多識者一人參乘，餘皆騎在乘輿車後。』按：侍中漢代爲親近之職。魏、晉選用稍以華重，而大意不異。梁侍中品第三。高功者在職一年，詔加侍中祭酒，散騎常侍高功者人對掌禁令，此頗爲宰相矣。後魏尤重門下省，多以侍中輔政。隋改侍中爲納言，爲門下省長官，煬帝改爲侍內。唐武德元年改爲納言，三年曰侍中。二人，正二品。龍（翔）〔朔〕二年改門下省曰東臺，侍中曰左相。自隋至元，皆爲宰相。宋侍中罕除，自建隆至〔熙〕寧，〔真拜〕侍中纔五人。元豐官制行，以左僕射兼門下侍郎，行侍中職，南渡後不置。北齊有中侍中省，掌出入門閤，署中侍中二人。

給事中

給事中，秦官。漢因之，爲加官，所加或大夫、博士、議郎，掌顧問應對，位次中常侍。東日上朝謁，平尚書奏事。漢省，魏代復置，或爲加官，或爲正員。晉無加官，在散騎常侍下，給事黄門侍郎上，武冠絳朝服。齊給事中隸集書省，與諸散騎同掌侍從左右，納省諸文奏。後魏官（只）〔氏〕給事中列從三品上，同品有給事之目，不詳何屬。後周天官府屬有給事中，士六十人，掌理六經，給事左右，其後別置給事中在六官之外。隋文帝時門下省置給事二十人，除『中』字，國諱。掌陪從朝直。從六品。開皇六年吏部置給事郎，煬帝乃移給事郎爲門下之職，次黄門下，置員四人，以讀奏案。從五品。唐武德三年，改給事郎爲給事中，後定爲四員，正五品上。（常）〔掌〕侍從讀署奏鈔、駁正違失、分判省事。若侍中侍郎並闕，則監封題給驛券。前代雖有給事中之名，非其任也。唐之給事中因（奏）〔秦〕之名，用隋之職。金給事中，屬宣（微）〔徽〕院。元給事中，兼修起居注二員。正四品。明六科各都給事中一人、正七〔品〕。左右給事中各一人，從七。給事中吏科四人，户科八人，禮科六人，兵科十人，刑科八人，工科四人。六科掌侍從、規諫、補闕、拾遺、稽察六部百司之事。凡制敕宣行，大事覆奏，小事署而頒之；有失，封還執奏。凡内外所上章疏下，分類抄出，參署付部，駁正其違誤。而主德闕違，朝政失得，百官（矣）〔賢〕佞，各科或單疏專達，或公疏聯署奏聞。凡大事廷議，大臣廷推，大獄廷鞫，六掌科皆預焉。

給事

秦制有給事黃門，位從將大（史）〔夫〕。漢因之，〔有〕給事黃門侍郎、詳上。給事中。詳上。北魏官品，給事中之外，別有給事之名，不詳何屬。又有中給事，列從三品中。北齊中侍中省有中給事中四人。隋内侍省内給事四人，蓋即魏之中給事，齊之中給事中也。給事郎，詳上。唐内給事十人，從五品下，掌承旨勞問，分判省事。

散騎

秦制散騎，亦加官，所加與侍中同，騎並音步浪切。乘輿車後，獻可替否。漢因之。初學記云：『原其所置二職，皆舊儒骨鯁，以備顧問，與侍中同。元帝時，劉向累遷散騎常侍，與蕭（因）〔望之〕大（儒）〔傅〕同侍左右是〔也〕。〔後〕雜伍貴游子弟班伯。成帝時爲中常侍，與王（評）〔許〕子弟爲群，在綺襦紈袴之中。』按：向傳但言爲散騎，此〔常侍〕當衍。東漢省。魏文帝復置散騎之職，以中常侍合爲一官，除『中』字，直曰散騎常侍，秩比二千石，置四人，掌規諫不典事。魏末又有員外散騎常侍，無員。晉泰始十年，武帝使員外散騎常侍二人，與散騎常侍通員直，謂之通直散騎常侍，江左置四人。魏初置散騎侍郎。晉武帝又置員外散騎侍郎。太興元年，元帝使二人與散騎侍郎通員直，謂之通直散騎侍郎，凡六散騎尊。散騎雖隸門下，而別爲一省。潘岳曰：「寓直散騎省。」自魏至晉共平尚書奏事，故此官選望甚重，與侍中不異。東晉後罷其平尚書奏事，而以中書職入散騎省，故散騎亦掌表詔焉。自宋以後，其任閑散，用人益輕，列置集書省以領之。齊侍郎三散騎屬集書省。而散騎常侍爲東省官，常侍三散騎舊並爲顯職，其通直員外用衰老士人，故其官漸替。宋大明中，雖選比侍中，而人情久習，終不免。梁設之散騎省，天監六年詔又（華）革之，自是散騎視中丞，通〔直〕視侍中，員外視黃門郎。然而常侍終非華胄所悅。北齊六散騎並屬集書省，掌諷議左右、從容獻納，又領起居省。散騎常侍、通直散騎常侍、散騎侍郎、通直散騎侍郎，各一人。隋諸散騎屬門下，兼出使勞問。唐初，六散騎並廢。貞觀元年，復置散騎常侍二人。顯慶中，分左右。〔左〕散騎常侍二人，正三品下，掌規諷過失、侍從顧問，隸門下省。右散騎常侍二人，隸中書省，職同。

樞密

唐代宗永泰中，置内樞密使，始以〔官〕〔宦〕者爲之。初不置司局，但有屋三楹，貯文書。其職掌惟承受表奏於内中進呈，若人主有所處（令）〔分〕，則宣付中書門下施行而已。後僖昭時，楊復恭等欲奪宰相權，乃於堂狀後帖黄，指揮公事，此其始也。後梁革唐（官）〔宦〕官（云）〔之〕弊。開平元年，改樞密院爲崇政院，命敬翔爲使，始更用士人。其備顧問、參謀議于中則有之，未始專行事于外也。唐莊宗同光元年，復以崇政院爲樞密院，命宰臣郭〔崇〕韜兼使，又置院使一人，權侔宰相矣。晉天福中，以桑維翰知樞密院事。四年，廢樞密院。（門）〔開運〕元年復置，以宰臣桑維翰兼使。周顯德六年，范質、王溥並參知樞密院事。宋樞密院與中書對持文武二柄，號爲『二府』，院在中書之北，印有『東院』、『西院』之文，而共爲一院，但行東院（行）〔印〕。建隆元年，以魏仁浦、吳興祚爲樞密使，趙普爲副使。周末闕副使，至是始置。太平興國（曰）〔四年〕以石熙載爲樞密直學士，以簽書院事。直學士六人，備顧問應對，然未（常）〔嘗〕，盡除，簽書之名始此。淳化三年，以張遜知院事，温仲舒、寇準同知院事，同知院之名始此。治平中，以〔郭〕逵同簽書院事，同簽書之名始此。舊制，有使則置副使，有知院則置同知。置知院，則爲副使者皆改同知。若置使，則同知復改爲副使。〔熙寧〕元年，〔文彦〕博、吕公弼爲使，韓絳、邵〔亢〕爲副使。時陳升之三至樞府（神）神宗〔欲稍〕異其禮，乃以爲知院，于是知院與使、副並置矣。元豐改官制，議者欲廢密院，神宗不從。然以密院聯職輔弼，非出使之名，乃定置知院、同知院二人。中興初，有知院、同知院、簽書、同簽書，無使、副。紹興七年，秦檜首復除樞使，王敏節副之。既而張、劉二將並除樞密使，岳飛副之，合典〔故矣〕。近歲，樞使其副止稱同知，蓋相承之誤。文獻通考。遼北面北樞密院，掌兵機、武銓、群牧之政，凡契丹兵馬皆屬焉。以其牙帳居大内帳殿之南，故名南院。元好問所謂『南闕不主兵』是也。官曰樞密使，曰知樞密使事，曰知樞密院事，曰樞密副使，曰知樞密副使事，曰同知樞密使事，曰簽書樞密院事。其分屬有樞密院中丞司，行軍時有行樞密院，南面。太祖初，置漢兒司。太宗入汴，因晉置樞密院，掌漢人兵馬之政，官曰樞密使，曰知樞密使事，曰知樞密院事，曰樞密副使，曰同知樞密院事，曰知樞密副使事，曰樞密直學士。金樞密院，天輔七年始置於廣寧府，初如遼南面之制，後則否。官則使一，副使一，簽書院事一，同簽書院事一。掌凡武備機密之事。元知樞密院，從一品，掌天下兵甲機密之事務。凡宮禁宿衛，邊庭軍翼，征討戍守，簡閱差遣，〔舉〕功轉官，節制調度，無不由之。初設官增減不一，後定置知院六，從一。同知四，正二。副樞密二，從二。僉院二，正三。同僉二，正四。院判二，正五。參議二，正五。

御史

周官御史中士八人，下士十有六人，掌邦國都鄙及萬民之治令，以贊冢宰。凡治者受法令焉，掌贊書。王有命，當以書致之，則贊爲辭，若今尚書作詔文。凡數從政者，其職與漢之御史大夫相似，惟秩卑耳。戰國時亦有御史，秦、趙澠池之會，各命書其事。又淳於髡謂齊王曰：『御史在前，則皆記事之職。』秦以御史監郡。漢初升孫通定朝儀，以御史執法，〔舉〕不如儀者輒引而去，則皆糾察之任。漢武時以侍御史爲繡衣直指，出討姦猾，治大獄，御史始兼治刑獄，然猶出使也。唐時凡鞫大獄，以尚書侍郎、御史中丞、大理卿爲三司使，此又御史臺兼治獄訟之始也。

御史大夫，秦官，秩中二千石。位上卿，掌副丞相。漢因之，故事：選郡守相高第中二千石，爲御史大夫，任職爲丞相〔副〕。成帝綏和元年，更名大司空，禄比丞相，金印紫綬，御史本銀印青綬，惟丞相、太尉金印紫綬。爲三公之官。唐因隋制，御史臺大夫一人，正三品，掌刑法典章，糾正百官之罪惡，中丞爲之貳，即漢以來御史中丞是也。後代或置大夫，皆中丞之互名，非漢舊大夫之任。唯劉聰僭號，置御史大夫，亞於三公，頗似漢制。荀綽晉百官表注曰：『獻帝置御史大夫，職如司空，不領侍御史，則已非漢初之制矣。』漢初，諸侯王亦置御史大夫，景帝中五年省。隋志：『御史臺，梁國初建，置大夫。〔天〕監元年，復曰中丞，置一人，掌督司百僚。』是梁初之御史大夫已非漢制。宋御史大夫不除正員，爲加官，檢校官帶憲銜，有至檢校御史大夫者，元豐後並除去。

御史中丞，秦官，漢因之。初，漢御史大夫有兩丞，秩千石，一曰御史丞，一曰御史中丞。中丞在殿中蘭臺，掌圖籍祕書，外督部刺史，内領侍御史員五十人，受公卿奏事，〔舉〕劾按章。及成帝改御史大夫爲大司空，中丞官職如故。哀帝元壽二年，更名御史長史，出外爲臺主。此據晉書。後漢志云：『御史大夫爲司空中丞，因别留中，爲御史臺，後又屬少府。』後漢復爲中丞。隋以國諱改中丞爲大夫，省中丞官，以治書侍御史二人代中丞之任。唐貞觀中避高宗諱，省（持）〔治〕書侍御史，置中丞二人，正四品下。六典云正五品，蓋後增秩也。唐中丞爲大夫之貳，蓋隋、唐之大夫，即漢之中丞，而唐之中丞，即隋之治書侍御史，又與漢時略異也。宋大夫不除正員，而以中丞爲臺長，蓋循後漢之制。治書侍御史二人，六百石，漢官也，選明法律者爲之，凡天下諸讞疑事，掌以法律，當其是非。初，宣帝感路温舒尚德緩刑之言，〔季秋〕後請讞。時帝幸宣室，齋居而決事，令侍御史二人治書，治書御史起此。後因別置，冠法冠，有印綬，與符節郎共平廷尉奏事，罪當輕重。魏又置治書執法，掌〔舉〕劾，而治書侍御史掌律令，二官並置。晉泰始四年，又置黄沙獄治書侍御史一人，秩與中丞同，掌〔詔〕獄及廷尉不當者，皆治之，後省。魏、晉以後，治書侍御史分掌侍御史所掌諸曹，若尚書二丞，蓋與漢殊矣。宋代掌〔舉〕劾，官品第六以下，其職與魏之治書執法同。齊、梁因之，皆分統侍御史，蓋與魏、晉又殊矣。隋煬帝時，臺中簿皆治書侍御史主之，與宋又殊矣。金、元治書侍御史品秩在侍御史之次。

侍御史，秦官也。漢因之，署十五人，六百石，掌察舉非法，受公卿群吏奏事，有違失〔舉〕劾之。凡郊廟之〔詞〕〔祠〕，及大朝會、大封拜，則二人監威儀，有違失則劾奏。按：二漢侍御史所掌凡五曹：一令曹，掌律令。二印曹，掌刻印。三供曹，掌齋祠。四尉馬曹，掌廐馬。五乘曹。掌護駕。魏置八人，有治書曹、掌度支運。課第曹，掌考課。不知其餘曹也。晉置九人，而有十三曹。吏、課第、直事、印、中都督、外都〔督〕、媒、符節、水、中壘、營軍、法、算。江左省課第而置庫曹，掌廐牧牛馬市〔徂〕〔租〕。後復分庫曹，置外左庫、内左庫二曹。隋煬帝時侍御史唯掌侍從糾察，臺中簿領，治書侍御史主之。又開皇中，御史直宿禁中，亦罷其制。唐侍御史六人，〔正〕〔從〕六品下，掌糾〔舉〕百僚、推鞫獄訟。宋侍御史一人，掌貳臺政。蓋宋之中丞，即隋、唐之大夫，而宋之侍御史，唐之中丞也。天禧中，置言事御史。

殿中侍御史，魏置。初，魏蘭臺遣二御史居殿中，伺察非法，故曰殿中侍御史。晉、宋因之。梁掌殿中禁衛内事。隋改曰殿内侍御史，煬帝省。唐仍曰殿中侍御史，從七品下。掌〔殿〕庭供奉之儀，糾離班語不肅者。駕出，于鹵簿内糾察非違。宋制正七品，言事餘同唐。宋會要曰：慶歷五年，殿中侍御史梅摯、監察御史李京並爲言事御史。唐制，御史不專言職，故天儔〔禧〕中始置言事御史六員，其後久不除，至是乃除之。

監察御史，初學記、通典皆稱監察侍御史。隋置，蓋取秦監郡御史以名官。晉書曰：『孝武太元中，有檢校御史吴琨。』通典、六典皆稱吴混之。唐六典引沈約宋書云：『古司隸校尉，知行馬外事，晉江左罷司隸，置檢校御史，專掌行馬外事。』今宋書不見此語。宋、齊以來無聞。後魏太和末，亦置此官，直宿外臺，不得入宿内省，魏志太和官品有檢授御史，疑授字訛也。其秩列第九品。北齊置十二人。隋開皇二年，改檢校御史爲監察御史，掌出使檢校。唐監察御史正八品〔下〕，掌分察百僚，巡按郡縣，糾視刑獄，肅整朝儀。凡十道巡按，以判官二人爲佐，務繁則有支使。宋六人，掌分察六曹及百司之事，糾其謬誤，大事則奏劾，小事則舉正。天僖〔禧〕元年詔則御史六員，不兼他職，月須一員奏事，專任彈〔劾〕。有急務，聽非時入對。以殿中丞劉平爲監察御史，周新詔也。熙寧七年，大正官名，以言事爲殿中侍御史，六察官爲監察御史。八年詔監察御史兼言事，殿中侍御史兼察事。

裏行，按監察御史裏行，唐置，其始自馬周，以布衣（太宗）令於監察御史裏行，自此便置裏行之名。唐志云：龍（翔）〔朔〕元年置監察御史裏行，武后文明元年置殿中裏行，後亦顯以裏行名官。志：置御史裏行使、侍御史裏行使、殿中裏行使、監察裏行使，以未爲正官，無員數。宋時官卑而入殿中監察御史者，謂之裏行。治平四年，（詒）〔詔舉〕三（丞）〔任以上〕知縣爲裏行。嘉祐四〔年〕，韓絳請置裏行，從之。

監御史，秦官，掌監郡。漢省。

禁防御史，晉志云：魏、晉官品令又有禁防御史，第七品。

符節御史，晉武帝置，即秦、漢符璽令之職。

御史，隋煬帝置一百員，從九品，尋省之，其位更于監察〔御史〕。

都察左右都御史，正二品。左右副都御史，正三品。左右僉都御史，正四品。明置。都御史可當唐之大夫，副都可當唐之中丞，僉都可當唐之侍御史。

巡按御史，明十三道監察御史，主察糾內外百司之官邪，或露章面劾，或封章奏劾。在內兩京刷卷，巡視京營，監臨鄉、會試及武〔舉〕，巡視光禄，巡視倉場，巡視內庫、皇城、五城，輪值登（閣）〔聞鼓〕；在〔外〕巡按，清軍，提督學校，巡鹽、茶、馬，巡漕，巡關，儹運、印馬、屯田。師行則監軍紀功，各以其事專監察。而巡按則代天子巡狩，所按藩服大臣、府州縣官（諸）考察，〔舉〕劾尤專，大事奏裁，小事立斷。按臨所至，必先審録罪（因）〔囚〕，（平）〔吊〕刷案卷，有故出入者理辯之。按：明巡按之職，與漢時繡衣直指相似，疑秦之監御史其職亦同也。唐監察御史本有巡按州縣之任，特不若明之官卑而權重耳。

四推御史，唐侍御史一人，知西推、贓贖，（二）〔三〕司受事，一人知東推、理匭等，有不糾〔舉〕者罰之。

以殿中侍御史第一人同知東推，（茳）〔監〕太倉出納；第二人同知西推，（茳）〔監〕左藏出納，號四推御史。

御史中尉，後魏改御史中丞爲御史中尉。

博士

博士，秦官，掌通古今，秩比六百石，員多至數十人。漢因之，屬太常。武帝建元五年，初置五經博士。宣帝黄龍元年，稍增員十二人。後漢博士祭酒一人，六百石。本僕射，中興轉爲祭酒。博士十四人，比六百石。〔易〕四，施、孟、梁邱、京氏。尚書三，歐陽、大小夏侯氏。詩三，魯、齊、韓氏。禮二，大小戴氏。春秋二，公羊、嚴顔氏。掌教弟子。國有疑事，掌承問對。晉初承魏制，置十九人。武帝咸寧四年初，立國子學，定置國子〔祭酒〕博士各一人，博士皆取履行〔清〕淳，通明典義者，若散騎常侍、中書侍郎、太子中庶子以上乃得召試。及江左初，減爲九人。元帝末，增儀禮、春秋公羊博士各一人，合爲十一人。後又增爲十六人，不復分掌五經，而謂之太學博士也，秩六百石。宋國子博士二人，國子博士千石。太學博士八人，又有限外博士員。天監四年，置五經博士各一人。六百石。舊國子學生，限以貴賤，帝欲招來後進，五館生皆引寒門儁才，不限人數。大同七年，國子祭酒到溉又表立正言博士一人，位視國子博士。蓋魏、晉博士，猶隸太常，梁則專屬國學矣。北魏天興二年初，令五經諸書各置博士，國子博士第五品，太學博士第七品。北齊國子寺博士五人，太學博士十人。隋國子寺統國子、太學、四門、書、算學國子博士五人，正五品。太學博士五人。從七品。開皇十三年，國子寺罷，隸太常，又改寺爲學。仁壽元年，罷國子學，唯置太學一所，置博士五人，從五品。總知學事。煬帝三年，復置國子學，不隸太常。博士一人，太學博士二人。唐國子監國子學博士五人，正五品上，掌教三品以上及國公子孫，從二品以上曾孫爲生者。五分其經以爲業，周禮、儀〔禮〕、〔禮〕記、毛詩、春秋左氏各六十人。〔暇〕則（有）〔習〕隸書、國語、説文、字林、三倉、爾（疋）〔雅〕，每歲通兩經。求仕者，上於監。五經博士各二人，正五品上，掌以其經之學教國子。周易、尚書、毛詩、左氏春秋、禮記爲五經，論語、（孝）〔孝〕經、爾（疋）〔雅〕不立學官，附中經而已。大學博士六人。正六品上，掌教〔五〕品上及郡縣公子孫，從三品曾孫爲生者。五分其經以〔爲〕業，每經百人。宋、金有國子博士、太學博士。遼、元有國子博士。明國子監五經博士五，從八。翰林院世襲五經博士，正八品。孔氏二人，顔、曾、仲、子路。孟、周各一人，程氏二人，邵、張各一人，朱氏二人，劉氏基一人。按：公儀休爲魯博士，是六國時多有此官。

秦置博士。漢博士與五經博士並置，東漢惟有五經博士。魏、晉以後，不復分掌五經，統謂之太學博士，惟梁曾置五經博士，北朝無五經博士。唐始於國子博士、太學博士之外，置五經博士。宋太學博士，每經二人，蓋亦分經，其後又無聞焉。明無國子博士、太學博士之目，而惟有五經博士，制與東漢頗合。宋太平興國中，孔維爲國子周易博士，李覺爲禮記博士，其翰林院五經博士則又前代所無。五經博士、國子博士、太學博士。

廣文館博士四人，掌領國子學生業進士者，唐天寶九載置。廣文館博士。

四門博士，後魏太和二十年，立四門博士於四門，置學官品曰四門小學博士。第九品。北齊置二十人，隋五人，唐六人。正七品上，掌教七品以上侯伯子男子爲生及庶人子爲後士生者，四門博士。

律學博士，晉廷尉官屬，有律博士員。晉刑法志曰『衛覬奏請置律學博士，轉相教授，東晉以下因之。』梁天監四年，廷尉官屬置胄子博士，值視員外郎第三班。陳律博士，秩六百石，品第八。後魏初，第六品，後爲第九品上。北齊及隋屬大理寺。唐置一人，屬國學，掌教律令。律學博士。

書學博士，隋置，唐因之，從九品下。掌教八品以下及庶人子爲生者，以石經、説文、字林爲顓業，兼習餘書。宋（徵）〔徽〕宗時，設書畫學，有博士，米芾嘗爲之。元藝文監設監書博士二員，正五品，品定書畫，以朝臣之博識者爲之。

算學博士，隋置，唐因之，從九品下。掌教八品以下及庶人子爲生者。二分其經以爲業，九章、海島、孫子、五曹、張邱建、夏侯陽、周〔髀〕、五經算、綴術、緝（直）〔古〕爲顓業。

武學博士，宋置，掌以兵書弓馬武藝，訓誘學者。慶曆三年，置武學，有教授。元豐官制行，改爲博士。

宗學博士，宋置。元豐六年，建宗學，初有教授。崇寧五年改稱某王宮宗子博士，靖康時廢，紹興四年復置教授，嘉定九年改爲博士。

太常博士，魏官也，魏文帝初置。晉因之，掌引導乘輿。王公以下應追謚者，則博士議定之，此與博士皆屬太常，而其職不同，其後博士别屬國學。北齊四人掌禮制。

八書博士，北齊置，屬太常，下至相博士，皆同。

太醫博士，後魏置。隋醫博士二人。唐一人。正八品上，掌教授諸生以本草、甲乙、經〔脈〕分而爲業。

鍼博士，唐置。從八品上，掌以經脈孔穴教針生。

按摩博士，隋置，唐因之。從九品下，掌教導引之法。

祝禁博士，同上。掌教祝禁，祓除爲厲者。

太卜博士，後魏置。從七品下。

相博士，隋置，在太卜署。

太樂博［士］，後魏置，太和十五年置太樂官，有太樂博士。唐太樂署雖未設博士官，而教樂則有博士，開元二年置内教坊於宫側，有（旨）［音］聲博士、第一曹博士、第二曹博士。

獸醫博士，隋置，唐因之，屬太僕。獸醫生業優長者進爲博士。

化人博士，後魏天興三年置，典煮錬百藥。

皇宗博士、五品下。太史博士、六品中，又從七品下。禮官博士、六品中。大驛博士，九品中。並後魏置。

歷博士，隋置，唐改曰保章正。天文博士，隋置。漏刻博士，隋置，唐因之。從九品下。視祲博士，隋置。以下四官，並屬太史曹。

（官）［宫］教博士，北齊置。掖庭、中山、晉陽署各二人，隋、唐並有。

中黄門博士，北齊置，屬長秋寺。孔穎達于大業初舉明經高第，授河内郡博士，則隋時已有此官，又潘微爲州博士。

經學博士，唐武德初置，府郡各一人，掌以五經，教授學生，多寒門［耆］儒爲之，德宗改曰文學。從八品上。醫學博士，從九品上。唐貞觀三年置，時置醫學，有醫藥博士，開元二年改爲醫學博士，諸州置。

太史

夏太史令終古執圖法以諫桀，殷太史高勢見紂之亂，載其圖法奔周，此二代之太史也。周官太史下大夫二人，上士四人，掌［建］邦之六典、八法、八則以治。蓋太史以掌書爲職，典、法、則之書，皆其所職故也。正歲年，以［序］事頒告朔於邦國。又有小史中士八人，掌邦國之志，太史之佑也。内史中大夫一人，下大夫二人，上士四

〔人〕，中士八人，下士十六人。王之八〔則〕之法，以詔王治，執國法及國令之貳，以考政事，以〔較〕會計，掌書王命。外史上士四人，中士八人，下士十六人，掌書外令，掌四方之志，掌三皇、五帝之書。是太史所掌治及正歲年。即春秋所謂日官。而圖籍則小史、外史掌之，書命則内史與外史掌之，各有分司。然春秋時各國，晉韓宣子觀書於魯，太史氏見易象與魯春秋，曰『周禮盡在魯矣』，是太史實掌書（書）〔易〕。趙盾書崔杼者，稱太史，是太史亦掌記注，蓋其所司不獨天官矣。秦有太史令胡敬之。漢武置太史公，位在丞相上，天下計書，先上太史，副上丞相，其任尚〔輕〕于周。後宣帝以其官爲令，行太史公文書而已。考漢百官表，太史令屬太常，又有太史丞。茂陵中書司馬談以太史丞爲太史令，故臣瓚謂百官表無太史公也。東漢太史令一人，六百〔石〕，掌天時、星歷。其時圖籍祕書皆在東觀，修撰之職亦多以他官領之。蓋自是之後，圖籍記注之職，太史皆不與聞，惟知占候而已。宋唐庚辨陳壽『蜀不置史官』論，謂魏、晉之際，始置著作郎，自是太史分而爲二，蓋未核也。

光禄

秦郎中（人）〔令〕，漢武帝太初元年更名光禄勳，掌宫殿掖門户。其屬官中大夫，亦更名光禄大夫，秩比二千石。掌論議。梁光禄勳除『勳』字，謂之光禄，其職猶與漢同。北齊光禄寺掌諸膳食、帳華器物、宫殿門户等事，統守（臣）〔宫〕、掌凡張設等事。太官、掌食膳事。宫門、主諸門籥事。供府、掌供御衣服玩弄之事。肴藏、掌器物鮭味等事。清漳、主酒。華林掌禁御林木等事。等署，猶兼領也。隋光禄寺統太官、肴藏、良醖、掌（醅）〔醢〕等署，而守宫署別屬衛尉，光禄（與）不復掌宫殿門矣。唐以後因之。又按：太官令主膳食，漢屬少府，晉時屬光禄勳，即令日光禄之權輿。宋、齊太官令又改屬侍中。梁在門下省。

太官

秦太官令、丞，屬少府，主膳食。漢因之。後漢書太官令一人，六百石，掌御飲食。後魏、後齊分太官令爲尚食、中尚食。尚食門下省領之，中尚食集書省領，太官光禄卿領之。尚食、中尚食掌知御膳，太官掌知百官之饌。而祭禮犧牲、烹宰等事，別廩犧、太宰等署，屬於太常。隋因〔之〕，唐太官令亦屬光禄，而掌供祠宴、朝會膳食。而尚食司膳，别在内侍省。蓋魏、齊太官異于官，而唐又不同也。宋初太官令兼知御膳，崇寧二年置尚食局，而太官令惟掌祠事。

司農

秦治粟内史，掌［穀］貨。漢景帝後元年改名大農（仝）［令］。武帝太初元年更名大司農。屬官有太倉、均輸、平準、都内、籍田五令丞，斡官、鐵市兩長丞。又郡國諸倉農監、都水六十五官長丞皆屬焉。師古曰：『大司農共軍國之用，少府以養天子也。』後漢書：『大司農卿一人，中二千石，掌諸錢穀、金帛、諸貨幣。郡國四時上月旦見錢穀簿，其逋未畢，各具别之。邊郡諸官請調度者，皆爲報給，損多益寡，取相給足。其屬有部丞，主帑藏。』按：兩漢之司農，實主國用，與後世之户部相似。曹操時，置典農中郎將、二千石。典農都尉、六百（不）［石或］四百石。典農校尉，比二千石。意今所在積粟，非司農之職，黄初元年，改大司農曰司農。宋志曰：『大司農，掌九穀六畜之供膳羞者，則其任與兩漢殊矣。』梁司農卿主農功倉廩，又别置勸農謁者，亦隸司農。北齊掌倉市薪菜、園池果實，統［平準］、太［倉］、鉤盾、典農等署令、丞。後周有司農上士一人，掌三農九穀稼穡之政令，屬大司徒。唐司農寺卿掌倉儲委積之事，凡京都百司官吏禄禀、朝會、祭祀所須皆供焉。金初置勸農使司，後改立司農司使一員，掌勸課天下力田之［事］。别有司農司兼採訪公事者，則大司農一員，正二品。卿（二）［三］員，正四［品］。少卿三員。正五［品］。又置行司農司，其卿以下迭出巡按，察官吏臧否而黜陟之。元大司農司，凡農桑、水利、學校、饑荒之事，悉掌之。按：漢之司農，位列九卿，主國用，任最重。魏、晉以後漸輕，梁以後專主倉廩之事，其任大非漢舊。後周之司農位止上士，其秩尤卑，若金之司農兼主採訪，則名實相乖矣。

太僕

周官太僕下大夫二人，掌正王之服位，出入王之大命。掌諸侯之復逆，建路鼓于大寢之門外，而掌其政。祭祀、賓客，表紀，正王之服位，詔法儀，贊王牲事，蓋侍御之臣。穆王命伯冏爲太僕正，正于羣僕侍御之臣，亦即是官，孔傳以爲大御者，疑非是。與太僕别職同官。有小臣上士四人，祭僕中士六人，御僕下士十二人，隸僕下士二人，即所謂群僕也。周時掌馭路者，有大馭、戎僕、齊道僕、田僕、馭夫諸官。掌馬政者，則有校人、趣馬、巫馬、牧師、瘦人、圉師諸官。車政，則有中車、典路、車僕諸官。其職各不相涉也。秦太僕掌輿馬，中二千石，與周之太僕不同。漢以下因之，又有中太僕，掌皇后輿馬，不常置。本二千石，後漢省『太』，曰主官僕，秩千石，官者主馭。宋志：（用）〔周〕官，則校人、掌馬，（中）〔巾〕車、（尚）〔掌〕車，及置太僕兼其任也。

司儀

周官秋官司儀，上士八人，中士十六人。掌九儀之賓客擯相之禮，以詔儀容、辭令、揖讓之節。後魏置司儀官，北齊鴻臚寺統司儀署令丞。後周司儀，上士一人，中士二人。隋如北齊，然其職掌皆無聞。唐司儀令一人，掌凶禮之儀式及喪葬之具。明鴻臚寺司儀署丞一人，正九品。典陳設引奏，外吏來朝，必先演儀于寺。

太府

周官太府下大夫二人，上士四人，下士八人，掌九（黃）〔貢〕、九賦、九功之貳，以受其貨賄之入，頒其貨于受藏之府，頒其賄于受用之府。凡官府都〔鄙之〕吏及執事者，受財用焉。凡邦之賦，用（取）〔其〕（其）〔具〕焉。歲終，則〔以〕貨賄之〔入〕，出（入）會之。梁置太府卿，掌金帛、府帑及關津市肆。後魏改少府爲太府卿，掌財物庫藏。北齊太府寺卿，又兼掌營造器物。宋初，太府寺置判寺事一人，但掌供祠祭香幣、帨巾、神席及校造斗升衡尺而已。元豐官制行，始正職〔掌〕如舊。

外府

周官外府，中士二人，掌邦布之入出，以共百物，而待邦之用。唐龍（翔）〔朔〕二年，改太府卿爲外府卿，咸亨復舊。

平準令

漢武帝時桑（宏）〔弘〕羊領大農，置平準于京師，受天下委輸，盡籠天下之貨物，貴則賣之，賤則買之，如此則富商大賈無所牟大利，所以置平準焉。漢書大司農屬官有平準令丞，後漢書平準令一人，六百石，掌（至）〔如〕物賈，主（鍊）〔練〕（梁）〔染〕，作採色。宋平準令惟掌染。唐平準令掌官市易。

祕書

後漢桓帝延熹二年初，置祕書監官，監一人，秩六百石。掌典禁中圖書祕記，故曰秘書。建安中，曹操爲魏王，置秘書令，丞，典尚書奏事，即中書之任也。及文帝黄初二〔年〕，中書自置令監，而秘書改令爲監，掌執文圖籍之事。魏氏蘭臺亦藏書，爲外臺御史掌焉。而祕書爲内閣，故王肅以祕書，即漢東觀之職也。晉武帝以秘書並入中書，惠帝永平中，復別置祕書監，掌中外三閣圖書，自是祕書之府始居於外。（復）〔後〕周祕書監亦領著作兼掌國史。隋祕書省領著作、太史二曹，唐初因之。其後國史、太史分爲別曹，而祕書省但主書寫勘校而已。

御府

漢御府令、丞屬少府。後漢志云：『御府令一人，六百石。（官）〔宦〕者。典官婢作中衣服及補浣之屬。』晉江左省。漢有尚方令、丞。宋高祖踐阼，以相府部配臺，謂之左尚方，而本署謂之右尚方，又以相府細作配臺，即其名置令一人，丞二人，隸門下。世祖大明中，改曰御府。

尚方

漢尚方令、丞屬少府。後漢志：『尚方令一人，六百石，掌上手工作御刀劍諸好器物。』漢末分爲中、左、右三尚方。魏因之，晉江左惟置一尚方。宋左右尚方令、丞各一人，並掌造軍器，蓋即漢考工令之職。漢考工令，主作兵器弓弩刀鎧之屬。成則傳執金吾入武庫及主織（綬）〔綵〕諸雜工。而別置御府。後廢帝省御府，置中署。宋志謂：漢考工令如今尚方，尚方令如今中署。』唐武后時，改少府監曰尚方監，而中、左、右尚方皆取『方』字，自是不改。中尚署掌供神祀圭璧，及天子器玩、后妃服飾雕文錯綵之制。左尚署，掌供雀扇、蓋繖、五路、五副、［七］輦、十二車，及皇太后、皇太子、公主、王妃、内外命婦、王公之［車］路，凡畫素刻鏤與宫中蠟炬雜作，皆領之。右尚署掌供十二閑馬之轡，凡五品三部之帳，刀劍、斧（鈸）［鉞］、甲（冒）［胄］、紙筆、茵席、履舄，皆［儗］其用，皮毛之工亦領焉。

水衡都尉

漢水衡都尉，武帝元鼎二年置，掌上林苑有離宫、直林之處。秩比二千石。魏時，主天下水軍舟船器械。唐武后光宅元年，改都水使者爲水衡都尉。掌川澤［津］梁之政令。

開府儀同三司

後漢延平元年，鄧騭爲車騎將軍儀同三司，魏黄權以車騎將軍開府儀同三司，皆一時寵貴之任。故晉羊祜以車騎將軍開府如同三司之儀，累年謙讓。後周置上開府儀同三司、從三品。開府儀同三司、正四品，煬帝改從一品。上儀同三司、從四品。儀同三司正五品。等十一號，以酬勤勞。隋氏因之。唐置開府儀同三司，爲散官品［秩］。隋文帝時，左右衛又各統親衛，置開府，左衛開府、左翊一開府、二開府、三開府、四開府及武衛、武侯、領軍，東宫領兵開府准此。府置開府二人，又有儀同府，武衛、武侯、東宫領兵、儀同皆准此。置儀同二人。

大夫

殷、周之世，天下及侯國皆置大夫，分上、中、下，其位在卿下。秦置爵二十級以賞功勞，其五曰大夫，其六曰官大夫，其七曰公大夫，其九曰五大夫。御史大夫，秦官，位郎中令，屬官有大夫。掌論議有太中大夫、比千石，漢官曰秩比二千石。中大夫。比二千石。漢承秦（利）［制］，武帝太初元年，更名中大夫爲光禄大夫。元狩五年初，置諫大夫。比八百石。初漢初置，武帝置之。景帝初，更名衛尉爲中大夫令，後復舊。太子太傅、少傅屬官有太子門大夫。六百石，職比郎將。諸侯王國置大夫，如漢朝。比六百石，掌奉王使至京朝奉〔朝〕賀正月及使諸國。後漢又有中散大夫，六百石。漢官曰秩比二千石。乃王莽所置，遂因之。又增諫大夫，曰諫議大夫。隋煬帝時增謁者、司隸二臺，與御史臺爲三，皆置大夫一人，正四〔品〕。

光禄大夫

漢光禄大夫，掌顧問應對，無常事，唯詔命所使。魏氏以來，轉優重，不復以爲使命之官，其諸公告老，皆加拜此位，及在朝顯職，復用加之。魏文以楊彪爲光禄大夫，待以賓客之禮。晉置左右光禄大夫，假金章紫綬，而光禄大夫如故。加金章紫綬者，品秩第二，位次諸公。假銀章青綬者，品秩第三，位在諸卿上。光禄大夫與卿同，秩中二千石，無章綬，或以爲加官，或以爲增官。宋氏因之，以養老疾，無職事。梁以下，其制略同。後周左右光禄大夫，正八品。隋左右光禄大夫、正二。金紫光禄大夫、從二。銀青光禄大夫正三。並爲散官，以加文武官之有聲者，不理事。煬帝改制，置光禄、從一。左右光禄、左正二，右從二。金紫、正三。銀青。從三。唐散階，從二品曰光禄大夫，初有左右之名，貞觀之後唯有光禄大夫。正三品曰金紫大夫，從三品曰銀青光禄大夫。前代光禄大夫，金紫、銀青在光禄之上，後魏〔定令〕誤，遂（回）〔因〕，仍不改。

太中大夫

秦、漢太中大夫，掌論議，無員。唐爲散階。正四品上。

中大夫

中大夫，秦官，掌論議。唐爲散階。正四品下。晉王國有中大夫六人。

中散大夫

中散大夫，王莽置，後漢因之，無員。漢官曰三十人。唐爲散階。正五品上。

太子六傅

太子太傅、少傅，三代有之。文王世子以師保，疑丞爲四輔，不必備，惟其人，則師保亦必有之也。漢太子太傅中二千石，少傅二千石，皆掌輔導太子，其後因之。晉愍、懷時，乃置六傅，三太、三少。江左惟二傅，無師保。其後建置非一。明初亦設六傅，然多以他官兼領，其後止爲兼官、加官、增官。惟永樂間，成祖［置］北京，以姚廣孝專爲太子少師，留輔太子。自是以後，終明世皆虚銜，於太子輔導之職無與也。

詹事

詹事，秦官，掌皇后、太子家，秩二千石，宦者。成帝鴻嘉三年省。長（任）［信］詹事，掌皇太后宫。景帝中六年，更名長（任）［信］少府。晉以後置太子詹事。唐又置少詹事。明初，設詹事府，與歷代同。嘉靖後，太子出閣講讀，每點别［官］，而本府坊局僅爲翰林官遷轉之階。

庶子

古者，天子有庶子之官，職諸侯卿大夫之庶子，掌其戒令教治。周官謂之諸子。秦置中庶子、庶子員。漢太子庶子五人。六百石。後漢太子庶子，四百石，無員，如三署中郎。太子中庶子五人，六百石，職（爲）如侍中。環濟要略曰：庶子，（王）［主］宫中並諸吏之適子及支庶版籍。在吴爲親近之官。晉置中庶子、庶［子］各四人，高功中舍人共掌禁令，糾正違闕，侍從左右，儐相威儀，盡規獻納，奏事文書皆典綜之。隋分爲左右庶子，唐因之。左庶子，掌侍從、贊相、禮儀、駁正啓奏，監省封題，右庶子掌侍從左右、獻納啓奏、宣傳令言。漢列侯國家臣，有庶子一人，主侍候使理（家）家事。

文學

漢時，郡及王國並有文學。雋不疑、蓋寛饒、鄭崇、匡衡並爲郡文學。後漢鄧禹曰：『臣少嘗學問，可郡文學。』（宗）［宋］志云前漢王國已置文學。蓋皆掾史之流，故兩書志皆不具。晉時郡國有文學掾一人，蓋即因漢制也。宋、齊以後，王國皆因漢制。唐王國文學二人，從六品上。掌讐校典籍、侍從文章。魏武置太子文學，曹操爲丞相，以司馬懿爲文學掾，甚爲世子所信。後周建德三年，置十人。唐龍朔三年置四員，屬桂坊，桂（訪）［坊］廢而屬司經局，掌侍奉，分掌四部書，判書坊事。

正字　正書

太子正字，隋置二員，煬帝改爲正書。唐復爲正字，掌刊正文字。從九品下。明詹事府司經局正字二，掌繕寫、裝潢，詮其訛謬而調其音切，以佐洗馬。齊祕書省有正書，蓋是正字之任，北齊祕書省始置。正字四人，從九品上。隋置，唐改因之，掌校讐典籍、刊正文字，皆辨其紕繆，以正四庫之圖史焉。著作曹正字二人，從九品上。隋置。唐改曹曰局，正字改正九品下。唐集賢書院正字二人。從九品上。

祭酒

陔餘叢考曰：『祭酒，本非官名，古時凡同輩之長，皆曰祭酒。蓋飲食聚會，必推長者先祭。』胡廣曰：『古禮，賓客得主人饌，則老者一人舉酒以祭，示有先也。』史記荀卿傳：『（齊襄王時），田駢之屬皆已死。［齊襄王時］，荀卿最爲老師，齊尚修列大夫之（敬）［缺］，而荀卿三爲祭酒。』漢書淮南王傳：『伍被諫曰：吴王賜號爲劉氏祭酒。注云吴王［濞］于宗室最尊，故曰劉氏祭酒也。』後漢書班超賤時，有相者謂曰：祭酒，布衣諸生耳。而當封侯萬里之外，」是布衣亦稱祭酒也。班固奏記東平王［蒼］曰：『京兆祭酒晉馮［結髪修身，白首無違］，好古樂道。』亦以布衣稱祭酒也。［卓］茂爲門下掾祭酒，蔡順爲郡東閣祭酒，龍邱萇爲議曹祭酒，是掾吏皆有祭酒也。劉寬行縣，輒引學官劉寬傳作學「畢」。祭酒，執經對講，是學士亦有祭酒也。張興爲侍中祭酒，是近御亦有祭酒也。蓋同官之長，故則號祭酒。故張魯以鬼道惑衆，令其弟子領部衆者，亦皆號祭酒也。後漢百官志博士祭酒一人，本僕射也，光武初改爲祭酒。蘇竟傳竟以明易爲博士講書祭酒。按：博士十四人，皆六百石，博士祭酒亦六百石，可見其官同，但以之爲長耳。然後世國子監之祭酒，實自此始。蓋漢博士之官，即太學師儒也。王莽傳置師友祭及侍中、諫議、六經祭酒各一人，凡九祭酒，秩上卿。琅邪左咸爲講春秋，潁川滿昌爲講詩，長安國由爲講易，平陽唐昌爲講書，沛郡陳咸爲講禮，崔發爲樂祭酒。後漢建安三年，曹操初置軍師祭酒。後漢蘇竟傳：『平帝世，竟以明易爲博士講書祭酒。』章懷注：『王莽置六經祭酒，秩上卿，每經各一人，竟爲講尚書祭酒。』按：東〔漢〕博士祭酒之名，實因於此，然其秩爲上卿，是不與博士同秩矣。晉武帝初，國子學定置國子祭酒一人，此後名稱遂因，仍不易品秩等〔三〕〔階〕，總統學中衆事，非復博士祭酒之職矣。後漢志傳中，侍中本有僕射一人，中興轉爲祭酒。卓茂、張興皆爲之。五代史志：梁時太子中庶子四人，功高者一人爲祭酒，此雖爲同官之長，不得充，謂非官名也。晉初，位從〔公〕以上，並置東閣、西閣祭酒。宋、齊以下因之，親王府及嗣王、上柱國府各有東西閣祭〔酒〕，從七品上。唐親王府東閣祭酒、西閣祭酒〔如〕〔各〕一人，掌接〔禮〕賢良，導引賓客。宋書：州刺〔史〕官屬有祭酒從事史，分掌諸曹兵、賊、倉、户、水、鎧之屬。晉成帝時，江州又有別駕祭酒，居僚職之上，而別駕從事史如故。宋則無也。揚州無祭酒，而主簿治事。後魏官品，從五品上有太學祭酒，國子祭酒列四品上。從五品中有太樂祭酒，未詳其職。後魏、後齊三師、太師、太傅、太保。二大、大司馬、大將軍。三公太尉、司徒、司空。府並有東西閣祭酒。

將軍

日知録：春秋傳，晉獻公作二軍，公將上軍，太子申生將下軍。是已有將軍之文而未以爲名也。至昭公二十八年，閻〔設〕〔没〕、女寬對魏獻子曰：『豈將軍食之而有不足？』正義曰：『此以魏子將中軍，故謂之將軍。』及六國以來，遂以將軍爲官名，蓋其元起於此。公羊傳：將軍子重諫曰。『〔穀〕梁傳：使狐夜姑〔爲〕將軍。孟子：〔魯〕〔齊〕，欲使慎子爲將軍。』墨〔子〕：昔者晉有六將軍，而智伯爲强焉。莊子：〔令〕〔今〕將軍兼此三者。』淮南子：「趙文子問于〔叔〕，向曰：晉六將軍，其〔孰〕先〔亡〕？張武爲智伯謀曰晉六將軍。』又曰：『魯召子貢授之將軍之印。』而國語亦曰：『鄭人以詹伯爲將軍。』又曰：『吴王夫差黄池之會，十行一〔娶〕〔嬖〕大夫，十旌一將軍。』禮記檀弓：『將軍文子之喪。』史記司馬穰苴傳：『景公以爲將軍。』封禪書：『杜主者，故〔用〕〔周〕之右將軍。』越世家：范蠡稱上將軍。魏氏家令：「太子申爲上將軍。」戰國策：『梁王虚上位，以故相爲上將軍。』漢書百官表曰：『前後左右將軍，皆周末官。』通典曰：『自戰國置大將軍，楚懷王與秦戰，秦敗楚，虜其大將軍屈匄。至漢，别定以爲官名矣。漢文帝元年，薄昭始〔爲〕車騎將軍，宋昌始爲衛將軍。景帝三年，竇嬰始爲大將軍。武帝元狩三年，霍去病始爲（標）〔驃〕騎將軍。』後漢志曰：『將軍不常置，掌征伐背叛，比公者四：第一大將軍，次（標）〔驃〕騎將軍，次車騎將軍，次衛將軍，又有前後左右將軍。』蔡質漢儀曰：『漢興，置大將軍、驃騎，位次丞相；車騎、衛將軍左、右、前、後，皆金紫，位次上卿。』

大將軍。（六國時）漢高祖拜韓信爲大將軍。漢官儀曰：『將軍，周官也。趙王以李牧爲將軍，始受大名。』後武帝〔以〕衛青數征伐有功，以爲大將軍，欲尊寵之，故置大司馬官號以冠之。冠者，加於其上，共爲一官。後霍光、王鳳皆然。後漢光武時，大司馬大將軍。和帝時，以竇憲爲之。舊大將軍位在三公下，置官屬依太尉。憲威權震朝廷，公卿〔希〕旨奏憲位次太傅下，三公上。順帝即位，又以皇后父、兄、〔弟〕相繼爲大將軍，如三公焉。魏黃初中，又有上大將軍，以曹真爲之。魏志紀、傳皆是上（軍）大將軍。吳亦以陸遜爲上大將軍，諸葛恪爲大將軍。魏時，大將軍位在三司下，其後又在三司上。晉武即位，在八公之數。齊、陳二代，以爲贈官。後魏、後齊大將軍與大司馬爲二『大』，兼典司武事，在三師之次，三公之上。後周增置上大將軍。隋左右衛、宮掖禁禦，督攝役衛。左右武衛、領外軍宿衛。左右武侯、掌車駕出，先驅後殿。晝夜巡察，執捕姦非。左右領左右府，侍御左右，供御兵杖。各大將軍一人，又置上大將軍、從二。大將軍，正三。以酬勤勞，爲散，不理事。煬帝置十二衛，各大將軍一人。唐六典曰：『自兩漢至北齊，大將軍位視三公。至隋十二大將軍，直爲武職，位左右省臺之下，與古大將軍但名號同而統務別。』唐十六衛左右衛、左右〔驍〕騎衛、左右武衛、左右（衛）威衛、左右領軍衛、左右金吾衛、左右監門衛、左右千牛衛。及左右羽林軍、左右龍武軍、左右神武軍、左右神策軍，各大將軍一人，正三品。惟龍武、神武、神策號六軍，爲正二品。其武散階：從一品曰（驍）〔驃〕騎大將軍，正二曰輔國，從二曰鎮軍，正三上曰冠軍、曰懷化，從三上曰歸德。宋十六衛，無唐之威衛、領軍，而有左右屯衛、左右衛、官軍衛。大將軍爲環衛官，無定員，皆命宗室爲之，亦爲武臣之贈典。大將軍〔以下〕，又爲武官責降散官。遼大將軍府，各統所治軍之政令。金武散官：正四品上曰昭武大將軍，中曰昭毅，下曰昭勇；從四上曰安遠，中曰定遠，下曰懷遠。元武散官，以金之從四上爲正三品，從四品下爲從三品。列將軍加『大』字者，起於東漢之初。更始時有扶威大將軍，劉嘉。廷尉大將軍，王常。驃騎大將軍，宋佻。柱國大將軍，李通。更始傳作柱天奮威大將軍，劉信。衛尉大將軍，張卬。執金吾大將軍，廖湛。水衡大將軍，成舟。張豐自稱無上大將軍。劉永所署則有翼漢大將軍，董憲。輔漢大將軍，張步。元武大將軍。張藍。光武於更（殆）〔始〕時，曾拜破虜大將軍。建武元年，以景丹爲驃騎大將軍，後〔漢〕書云位在公下。耿弇爲建威大將軍，蓋延爲虎牙大將軍，銚期先爲之。朱祐爲建〔義〕大將軍。時吳漢（狀）〔耿〕弇先並爲大將軍，則大將軍（北）〔非〕一人矣。二年，以岑彭爲征南大將軍。三年，以馮異爲征西大將軍。是時，耿弇以大將軍爲建威大將軍，杜茂以大將軍爲驃騎大將軍。是大將軍次於有名號者。鄧禹承制，以隗囂（大）〔爲〕西州大將軍。七年，以王常爲橫野大將軍，位次與諸將絶席。又其時太守多有行大將軍事者，蓋皆兵興權宜之事也。李忠爲右大將軍，竇融行河西（立）〔五〕郡大將軍事。晉書驃騎、車騎、衛將軍、伏波、撫軍、都護、鎮軍、中軍、四征、四鎮、龍驤、典軍、上軍、輔國等大將軍開府者，位從公。不開府，非持節都督者，品秩第二。宋書：「漢末奮威將軍，晉江右伏波、輔國將軍，並加『大』而儀同三司。江左以來，將軍則中、鎮、撫、四鎮以上，或加『大』。得儀同三司。」魏曹真爲上軍大將軍，都督中外諸軍事，假黃鉞，則總統内外諸軍矣。梁時，將軍自鎮、衛至貞毅，加『大』者通進一階，優者方得比加，位從公。後魏官品：驃騎、車騎加『大』者位在三司上，衛將軍加『大』者次儀同三司，四征加『大』者次衛將軍，四鎮加『大』者次尚書令，中軍、鎮軍、撫軍加『大』者次四征，四安加『大』者次三少下。凡將軍三品以下、五品以上秩加『大』者，秩第二品下；四〔平〕加『大』者，次護軍下。其末年又有八柱國大將軍，其中六人各督二大將軍，凡十二大將軍。孝莊〔時〕，爾朱榮爲柱國大將軍，位丞相上，又拜大丞相天柱大將軍。金章宗泰和六年伐宋，權設平南寇軍大將軍，從三品。以上大將軍。

驃騎將軍。漢武元狩二年，始以霍去病爲驃騎將軍，定驃騎將軍秩祿與大將軍等。光武中興，景丹爲驃騎大將軍，位在公下。明帝初即位，以第東平王蒼有賢才，以爲驃騎將軍，以王故，位在公上，數年後罷。晉志詳前。宋驃〔騎〕與車騎、衛三號，位亞三司。魚豢曰：「魏世驃騎爲都督者，〔儀〕與四征同。若不爲都督，雖持節屬四征者，與前後左右雜號將軍同。其或散，（遠）〔還〕從文官之例，則位次三司。梁驃〔騎〕爲二十四班，陳品第一。比秩中二千石。後主時，以蕭摩訶爲侍中驃騎大將軍，如三公。北魏初，列第一品下，加『大』者位在三司上。太和末定制，列第二品，加『大』則在都督中外諸軍事之下。從一品。北齊第二品，加『大』者在開〔府〕郡公下。從一。隋（皇）開皇中，置驃騎將軍二人，正四品。煬帝改曰鷹揚郎將。唐〔初〕改爲軍頭，武德中又改爲驃騎將軍，其秩四品。太子諸率府置驃騎將軍五人，蓋其職微矣。後省，其驃騎大將軍爲武散階。宋因之，金驃騎衛上將軍爲武散官。正三品下。元武職三十四階，驃騎上將軍正二品。明武散階正二品，初授驃騎將軍。漢雜事：董重爲驃騎將軍，位在公上。

車騎將軍。漢初薄昭、灌嬰並爲〔之〕。後漢〔章〕帝即位，西羌反，以舅馬防行車騎將軍征之。華嶠漢書曰：『馬防行車騎將軍事，位同九卿，班同三府。』傳云：『防貴寵最盛，與九卿絶〔度〕。』宋志作三同。東觀漢記曰：『永平六年，鄧鴻行車騎將軍，位在九卿上，絶坐。』按鴻傳：永平時〔鴻〕爲師軍，永元中與大將竇憲俱出擊匈奴有功，徵行車騎將軍，出塞〔追〕畔故逢侯，坐〔逗〕留，下獄死。乃永元六年事，則『平』字誤也。和帝即位，以舅竇憲爲車騎將軍，征匈奴，賜金印紫綬，官屬依司空，位在公下，還遷大將軍，位在公上。（煬）〔殤〕帝延平，以鄧騭爲車騎將軍儀同三司，儀同之名始此。及魏，黄權以車騎將軍開府儀同三司，開府之名起此。蓋魏車騎，屬四征。晉、宋始罷其制。晉羊祜都督〔荆〕州諸軍事，後加車騎將軍，開府如三司之儀，祜上表（因）〔固〕讓。宋、梁、陳並驃騎，北魏亦然。隋驃騎將軍府置車騎二人，正五品。煬帝改曰鷹揚副郎將。唐改爲軍副，武德初改爲車騎，諸率府置車騎十員。後省。

衛將軍，漢文帝始用宋昌爲之。晉以陸協爲衛將軍兼儀同三司，東晉以後尤爲要重。北魏初，與驃騎、車騎爲三將軍，第一品下，加『大』者次儀同三司。太和末定制，列第二品，加『大』者位在太子太師之上，北齊同。梁、陳曰鎮衛，與驃騎、車騎爲三號，梁班二十四，陳品第一。又曹操爲魏王時，置武衛中郎將，文帝踐（作）〔祚〕，改爲衛將軍，主禁旅。此疑當作武衛，奪『武』字。左右衛將軍，掌宿衛營兵。晉文帝爲國相，初置中衛將軍。武帝分中衛，置左右衛將軍，以羊〔琇〕爲左衛，趙序爲右衛。宋、齊設謂之二衛，與領軍、護軍、驍騎、游騎等六將軍，是爲六軍，爲十二班。陳因之。二千石，品第三。北魏增二人。北齊左右衛府將軍各一人。分掌左右廂，所主朱華閤以（小）〔外〕。隋初，左右衛大將軍各一人，將軍各二人，煬帝改爲左右翊衛。正三品。唐左右衛上將軍各一人，從二。大將軍各一人，正三。將軍各（三）〔二〕人。從三。宋制詳上。遼左右衛官上將軍在大將軍之次，各衛皆然。

驍騎將軍，（漳）〔漢〕雜號，武帝時李廣爲之。光武改屯衛爲驍騎。魏置爲中軍。及晉，以領、護左右衛、驍騎、游擊爲六軍，皆宿衛官也。宋因之。梁天監六年，置左右驍騎，十一班。陳因之。二千石，品第四。北魏、北齊並有驍騎之職。後周有左右驍騎，率上士二人。隋煬帝改左右備〔身〕府爲左右驍衛府，其所領軍士名豹騎，而左右衛所領名驍騎。唐武德五年，改左右驍騎衛曰左右驍騎府。龍翔曰驍衛、左右驍衛，上將軍各一人，大將軍各一人，將軍各二人，掌同左右衛。宋、遼同上。金武散階，正三品下曰驃騎衛上將軍。元正二品下，明正二，初授驃騎將軍。

武衛將軍。曹操立武衛營，有武衛中郎將。文帝乃置武衛將軍，以主禁旅，然不常置。宋太祖大明中，復置以殿中將軍之任，無員。梁武衛爲三班。北魏有武衛將軍，品從二下。隋置左右武衛府，各大將軍一人、將軍二人。唐因之，有上將軍一人，大將軍二人，將軍各二人。宋、遼因前。

左右威衛。隋初有左右領軍府，不置將軍。煬帝改曰左右屯衛，各大將軍一人，將軍二人，總府事。唐武德五年改曰左右威衛。龍朔二年，改曰左右武〔衛〕威衛，而别置左右屯營，亦有大將軍等官。即羽林。神龍元年，復爲左右威衛，各上將軍一人，大將軍一人，將軍二人。宋又曰左右屯衛，其職詳前。遼（曰）〔同〕前。

領軍將軍。按中領軍將軍，魏官也。漢建安四年，曹操丞相府自置中領軍。文帝踐祚，始置領軍將軍，以曹休爲（王）〔之〕，主五校、中壘、武衛等三營。晉因之。宋領軍將軍一人，掌内軍。齊有領軍及中領軍，領軍置長史以下官屬。梁領軍將〔軍〕管天下兵要，謂之禁司，與左右僕射爲一，中領軍與吏部尚書爲一。陳因之。北魏領軍將軍二品上。與領軍，二品中。或侍臣帶職者加『中』，不並置。北齊領軍府將軍一人，掌禁衛宫掖朱華閣外，凡禁衛官皆主之，以高歸彦爲領軍大將軍，領軍加『大』自歸彦始，中領軍亦同。隋左右領軍府，各掌十二軍籍帳、差科、辭訟之事，不置將軍，唯有長史等官。煬帝改爲左右屯衛，置大將軍一人、將軍二人，所領軍士名羽林。唐武德中既改屯衛爲威衛，遂改隋之左右禦〔衛〕爲左右領軍衛，軍官各諸衛。六典曰：『魏、晉以來，並有領軍之職。然則領軍如領軍大將軍，中領軍如領軍將軍也。』宋無領軍衛，而有左右衛（官）〔將〕軍（衛）〔職〕，制如前。遼制如諸衛。

護軍將軍。本秦護軍都尉官也。史記蒙恬傳：『胡亥以李斯舍人爲護軍。』高祖以陳平爲護軍中尉，盡護諸將，然則後以都尉爲中尉矣。武帝以護軍都尉屬大司馬，于是（爲）〔以〕都尉李廣爲驍騎將軍，韓安國蓋護諸將軍。哀帝元壽元年，更名護軍都尉曰司寇。平帝元始元年，復故，東京省。班固爲（太）〔大〕將軍中護軍，隸將軍幕府，非漢朝列職。魏武爲相，以韓浩爲護軍，非漢官也。蜀法正爲護軍將軍，劉敏爲左護軍。吴周瑜爲中護軍，吴蔣欽爲右護軍，吕蒙爲左護軍。建安十二年，改護軍爲中護軍，置長史司馬。魏初，因置護軍，主武官選，隸領軍，晉世則不隸也。魏、晉江左護軍與領軍各領營兵，江左以來領軍總統二衛等營，不復别營，護軍猶有營也。領護資重者，爲領軍。護軍，資輕者，爲中領軍、中護軍。梁、陳護軍在六軍之數。北魏爲領軍。北齊護軍府將軍一人，掌四中、關津，輿駕出則護駕，中護軍亦同。其屬官，東西南北四中府皆統之。隋無護軍將軍，煬帝於十二衛〔各〕置護軍（一）〔四〕人，掌副貳將軍，尋改武賁郎將。正四品。唐左右神策軍有護軍中尉各一人，中護軍各一人。唐初，秦王王府置左右六護軍府，左一、右一、左二、右二、左三、右三。護軍各一人，副護軍各二人。

左右金吾衛。秦中尉掌巡〔徼〕京師，漢武更名執金吾，秩中二千石。隋置左右武侯府，煬帝改爲左右候衛。唐龍朔二年，改曰左右金吾衛，設官如前，掌宮中京城巡警，烽候、道路、水草之宜。宋、遼如前。金武散階，正三品中曰金吾衛上將軍。元正二下，明正二，陞授金吾將軍。

左右監門。隋初置左右監門府，各將軍一人，掌宮殿門禁及守衛事。唐龍〔朔〕二年，改府爲衛，設官如前。宋、遼如前。

左右千牛。謝綽宋拾遺録有千（千）〔牛〕刀，即人主防身之刀也。後魏有千牛備身，掌乘輿御刀。北齊領左右府，有領左右將軍，從三品。領千牛備身，六品。隋有左右領左右府，各大將軍一人，將軍二人，掌侍衛左右，供御兵仗，領千牛備身十二人，掌執千牛刀。煬帝改爲左右備身府，置備身郎將。唐武德五年，改曰左右府。顯慶五年，改曰左右千牛府。龍朔二年，改府曰衛，設官如前。宋、遼如前。

左右羽林軍。唐置，貞觀十二年於元武門置左右屯營，以諸衛將軍領之，其兵名曰飛騎。又於飛騎中簡才力驍捷善射者，號曰百騎，扈從游幸。龍朔二年，改左右屯營爲左右羽林軍，大將軍各一人，正三。將軍各三人，從三。掌統北（衛）〔衙〕禁兵，督〔攝〕左右廂飛騎儀仗。梁侍御有羽林將軍，與武賁、冗從爲三將軍。遼如千牛〔衛〕。

左右〔神〕武軍。大將軍各一人，正二。統軍二，正三。將軍三人。從三。唐置，掌同羽林。開元二十六年析羽林爲之。

左右神武軍。掌衛前射〔兵〕生，餘同上。

左右神策軍。大將軍〔各〕（二）〔一〕人，正二。統軍〔各〕二人，（從）〔正〕三。將軍各四人，從三。掌衛兵及内外八（旗）〔鎮〕兵。唐貞元二年置，始殿前左右神威軍，有大將軍二人，正二。統軍二人，從三。將軍二人。從五。元和八年廢，以軍隸神策，有馬軍、步軍將軍及指揮〔使〕等，以馬軍大將軍知軍事。遼亦左右神武軍、左右神策軍，又有左右龍虎軍、左右（龍）〔神〕威軍，官如各衛。按：自左右衛至此，皆禁衛之官。

領軍、護軍、左右衛、驍騎、游擊、晉、宋之六軍也。梁、陳六軍改游擊爲游騎。隋煬帝三年改左右衛曰左右翊衛，左右備身曰左右驍衛，左右領軍曰左右屯衛，左右武候曰左右候衛，其左右武衛仍舊，而加置左右禦衛，是爲十二衛將軍。唐十六衛，詳前。復以龍武、神武、神策爲六軍，益以羽林、神威，總曰左右十軍。宋十六衛，見前。遼之衛名仍唐，而以羽林、龍虎、神武、神策、神威爲十軍。至其親衛、勳衛、翊〔衛〕之官，唐以前無將軍。遼志列于各衛之前，則亦有大將軍、上將軍、將軍矣。金武散階，正三品上曰龍虎衛上將軍，元正二上，明正二，加授龍虎將軍。

輔國將軍。漢獻帝置，伏完爲之。晉王濬平吴後，拜輔國大將軍，依征鎮，給官騎，置司馬。其時開府者，位從公。羊琇以輔國將〔軍〕開府儀同。宋明帝（秦）〔泰〕始四年，改爲輔師，後廢帝時復故。齊、梁並有，後魏列三品上，北齊從三品，隋從六品，唐爲散階。見上。金武散階，從三品中曰輔國上將軍，元從二中。

前後左右將軍。皆周末官，秦因之，位上卿，金印紫綬。漢不常置，或有前後，或有左右，皆掌兵及四夷，有長史。李廣爲前，趙（光）〔充〕國爲後，辛慶忌、王商爲左，馮奉世爲右。建武七年省，有左軍。晉武又置前、（左）〔右〕，泰始八年又置後軍，是爲四軍。齊、陳並有。北齊領左右府有領左右將軍。北魏列第三品。後周亦有前將軍、尉遲綱、李袖篤、耿豪。左將軍，寇儁。

四征將軍。隋前軍、後軍、左軍、右軍曰四將軍，從六品，皆漢、魏以來置，加『大』者始曰方面：征東、獻帝時馬騰，或云張遼。征西、馮異爲征西大將軍。征南、岑彭爲征南大將軍。征北。魏明帝太和中置，劉靖、許允爲之。魚豢曰：『四征，魏武置，秩二千石，黄初中位次三公。』漢舊諸征，與偏裨雜號同。後魏、後齊加『大』者，位次衛大將軍。梁四征在二十三年班。陳秩中二千石，品第二。隋爲正六品。明史：總兵掛印稱將軍者，雲南〔曰〕征南大將軍，大同曰征西前將軍，寧夏曰征西將軍。

四鎮將軍。鎮東、漢末曹操、諸葛誕爲之，加『大』字。鎮南、漢末劉表、張魯。鎮西、漢末劉表、韓遂。鎮北。魏明帝太和中置，劉靖、許允爲之。魚豢謂鎮北魏黄初太和中置，然蜀王平、黄權並爲之，則非魏始置也。晉同四征。北魏初，加『大』者次尚書令，太和末定令次衛將軍。北齊加『大』者，次四征。宋與中軍爲雜號。

四安將軍。魚豢説爲鎮北，未見其〔詳〕。安東、漢末陶謙、曹休、吴徐盛。安南、晉范陽王。安西、漢末段熲。安北。晉郗鑒。梁加左右前後爲八安，同八鎮。陳同。北魏第三品，北齊同。

四平將軍。宋書云魏世置平東、杜預、王濬。平南、盧欽、羊祜、胡奮。平西、稽紹。平北。漢末張晉、阮坦。按：吴潘璋爲平北將軍，則未必始于魏也。梁班二十。陳品第三，秩中二千石。北魏、北齊同四安。隋爲從六品。梁加左右前後爲八鎮，二十二班。陳秩中二千石，品第三。明總兵挂印稱將軍者，延綏曰鎮西將軍。

鎮軍大將軍。魏置，陳群。吴陸抗及蜀宗預並爲之。

中軍將軍。漢武帝以公孫敖爲之。魏曹真爲中軍大將軍。晉武帝時羊祜爲中軍將軍，統左右二衛、前後左右驍衛等營，則領軍之任也。懷帝永嘉中，改中軍曰中領軍。

撫軍大將軍。魏以司馬懿爲之。晉時，撫軍、中軍、鎮軍同四征。宋中、鎮、撫三號，比四鎮。梁中軍與衛、撫、護曰四中四征。陳亦然。北魏中、鎮、撫爲三將軍，加『大』者次四征下。北齊中、鎮、撫將軍爲三將軍，武職罷任者爲之，從二品。隋改中爲内，亦與鎮、撫爲三將軍，正六品。唐鎮〔軍〕大將軍爲武散階。

冠軍將軍。楚懷王以宋義爲卿子冠軍，冠軍之名自此始。魏正始中，以文欽爲冠軍將軍、揚州刺史。北魏及齊，品皆從三。隋從〔三〕唐散階。

雲麾將軍。梁置，雜號，班十八。陳因之，品第四，秩中二千石。唐武散階，從三品上。

忠武將軍。梁置，班十九。陳同雲麾。唐武散階，正四品上。

壯武將軍。梁置，班十二。陳秩（十）〔千〕石，品第六。唐武散階，正四品下。

宣威將軍。晉馬隆。宋志有垣護之爲之。北魏品第六，隋品正八。唐武散階，從四品上。金武散階，正五〔品〕中曰宣威。元正四中。明正四陞授。

明威將軍。晉朱伺、宋志有之。梁班十三。陳千石，品第五。北魏、北齊品第六。隋品正八。唐武散階，從四品下。金武散階，正〔五〕品（中）〔下〕。元正四下。明正四初授。

定遠將軍。梁雜號，班十二。唐武散階，正五品上。金武散階，從四品中曰定遠大將軍。元從三中。明從三陞授。

寧遠將軍。晉江左置，陶侃。梁爲雜號，班十三。陳品第五，千石。隋品從七。唐武階，正五品下。

游騎將軍。梁六軍改晉之游擊爲游騎，班第十。陳品第四，秩千石。周文育。唐武階，從五品上。

游擊將軍。漢置。蘇建、韓説，後漢卿隆。魏與驍騎置爲中軍。晉、宋爲六軍之一。梁改舊游擊曰游騎，而別置左右游擊將軍，位視二，率班十一。陳品第四，秩二千石。北（及）齊品第四。唐武散階，從五品下。明鎮守武官有游擊將軍，在參將之次，無品級，無定員。

上將軍。越世家范蠡稱上將軍，説苑田單爲齊上將軍，則春秋六國時已有此名。楚懷王以項羽爲上將軍。漢呂后時，呂禄爲上將軍，其後無聞。吴陸遜拜上大將軍。後周置上大將軍，在大將軍之上，隋因之。唐十六衛上將軍各一人，從二品，在大將軍之上，宋因之。遼則上將軍次于大將軍。金、元武散階皆有上將軍。金正三〔上〕曰龍虎衛上將軍，中曰金吾衛，下曰驃騎衛；從三〔上〕曰奉國上將軍，中曰輔國，下曰鎮國。元則改正二、從二之階。

材官將軍。晉張光。漢武以李息爲之。通典曰『掌理宫室』。宋志有之。陳品九，六百石。魏少府置材官校尉，主天下材木事。晉江（在）〔左〕改曰材官將軍。宋材官將軍一人，主工匠土木之事，隸尚書起部。按：與漢之材官異。

伏波將軍。漢武征南越始置此號，以路博德爲之，後漢及魏亦有此官。晉伏波同四征。梁班四。陳品八，六百石。北魏從五品。北齊同。隋從七。

奮威將軍。前漢元帝永光三年（世），任千秋爲之。漢末呂布，晉祖逖亦爲之。宋志有。北魏、北齊品從四。

度遼將軍。漢武初用范明友爲之。後漢明帝永平八年復置，屯五原，以〔衛〕南單于衆新降有二心者，秩二千石，銀印青綬。北齊品從六。

積射將軍、彊弩將軍。漢武始以李（組）〔沮〕爲彊弩將軍。許延壽亦爲之。宋書：「彊弩將軍至東漢爲雜號。前漢至魏無積射。晉太康十（五）年，立射營、弩營，置積射、彊弩將軍主之。」初置一人。宋泰始後，多（似）〔以〕軍功得此官，無員。梁班四。陳品八，六百石。北魏彊弩品從七，而積射品第七。北齊同魏。晉江左又有太子左右積弩將軍，爲〔臺〕職，領營兵。梁、陳及北魏、北齊同。

建威將軍。光武以耿弇爲建威大將軍。通典云漢元帝以韓安國、王日安爲之。宋志有。北魏品四，隋品正七。

征虜將軍。漢光武建武中，〔始以祭尊〕爲之，晉、宋並有。宋書謂世號金紫將軍。北魏品從三。

虎牙將軍。漢田順爲之。王莽時王邑、東漢建武中蓋延爲虎牙大將軍。通典作武牙，避唐。北魏品從八，北齊同。

横野將軍。建武中以王常爲横野大將軍。宋志謂以耿純爲之，純傳無此事。梁爲一班。陳品九，四百石。北魏品第九。北齊同。隋從九。

破虜將軍。後漢初，更始以光武爲破虜大將軍，後孫堅爲之。鮑信。

龍驤將軍。晉武帝以王濬爲之，宋有。陳品第七，六百石。北魏品從三，北齊同。

殿中將軍。晉武帝時殿内宿衛，號曰（王）〔三〕部司馬，置殿中將軍，殿中司馬督二官，分隸左右二衛。江右初，員十人，（紅）〔朝〕會宴饗，則將軍戎服直侍左右，夜開諸城門，則執白虎幡監之。晉孝武太元中改選，以（闕）〔門〕門閥居之。宋增爲二人，其後過員者，謂之殿中員外將軍、員外司馬督，其後並無復員。宋太子官有殿中將軍、殿中員外將軍，梁、陳並有。北魏初有，太和末官品第八。隋改曰殿内將軍，屬左右衛。

四軍將軍。左、右、前後軍將軍。魏明帝時有左軍，然則左軍魏官也。晉武帝初，置前軍、右軍，（太）〔泰〕始八年又置後軍，是爲四軍。宋、齊並有。梁班九，陳千石，品第五。

騎將軍。漢武時公孫敖、公孫賀並爲之。

雜號將軍。歷代凡有數百，今録其著者。或以物名，則有（各）樓船、漢武時楊僕爲之。梁班六。陳品八，六百石。北齊從五。輕車、漢武時公孫賀爲之。宋有。梁班十四。陳千石，品第五。北魏、北齊從五，隋從七。戈船、漢武時歸義侯嚴爲之。梁班五。黑矟、後魏于栗磾好持黑矟以自衛，劉裕遥見，題書與之，曰黑矟公麾下。明帝因授黑矟將軍。羽騎、梁雜號，班十一。陳品七，六百石。突騎、同上。鐵騎、梁班六。陳品第八，四百石。雕騎、梁班（三）〔四〕，陳同上。飛騎、北齊品從八。長劍、梁、陳並同雕騎。衝冠、同上。牙門、梁班八。期門、同上。佽騎、梁班七。雄戟、梁長劍，陳同。繡衣、梁班五。龍幕、梁班十六。雲旗。陳品七，六百石。

或以地名，則有上郡、廬卿昌侯。北地、寧侯魏遬。隴西、隆盧侯周（竈）〔衆〕。以上三人，並漢文帝時。浮沮、公孫賀。浮沮，（昔）〔井〕名，在匈奴中。匈河、趙破匈奴。匈河，水名，在匈奴中。以上二人，並武帝元鼎六年。因杅、公孫敖。因杅，地名。因所征（川）〔以〕名將軍。武帝太初元年。貳師、李廣利。貳師，大宛城名，同上。浚稽、山，在武威塞北。太初二年，趙破（妃）〔奴〕爲之。鄭州。北魏爲奚斤。

或以所征之地取決勝之號，則有橫海、漢武時元鼎六年，韓説之，擊東越。北齊從六品。下瀨、瀨，湍也。吴越謂之瀨。元鼎五年，甲爲之擊。拔胡、漢元封四年，郭昌屯朔方。寧朔、魏王渾。北魏品從四，隋正七。（凌）〔陵〕江、通典：後漢置，以羅獻爲之。宋書云魏置。北魏品從五，梁班二。橫江、吴魯肅。震狄、王巡。平狄、王萌。梁班五。誅貉、陽俊。定胡、王晏。以上四名，王莽時伐匈奴者。平蠻、王莽時馬茂。明時總兵挂印稱將軍者，湖廣曰平蠻將軍。填外、王莽時郭欽。鎮朔、梁班十四，陳品五，秩千石。衛海、梁班十八。撫河、同上。撫朔、梁班十七。寧沙、同上。航海、同上。翊海、梁班十六。威河、同上。朔野、同上。威隴、梁班十五。曠野、北魏品九，隋從九。清野、北齊品九。平漠、北魏品從五。静漠、北齊品八。逾岷、北齊品從六。越嶂、同上。平越。北齊品八。

或取克敵之名，則有捕（鹵）〔虜〕、後漢馬武。討（鹵）〔虜〕、後漢末孫權、黃忠、文聘，宋有，北魏品第七。討逆。後漢末孫權。討寇、蜀王平。北魏品七，宋有，隋品從八。蕩寇、吳程普，魏張遼。宋有，北魏品從七，隋品從八。威戎、宋有。梁〔班〕五。陳品八，四百石。隋品從八。梁樊猛威（鹵）〔虜〕。魏臧霸。宋有，梁班三，陳同威戎。北魏品七。

或因事立名，則有復土、漢文帝末，張武主穿壙出土下棺。將屯。漢文末，〔屬〕國悍典屯軍，以備非常。

或取輔助之義，則有復漢、（琅）〔鄧曄〕、輔漢、于〔匡〕二人並更始歸。漢忠、後漢初王常。安漢。蜀麋竺爲之，班在軍師將軍之上。

或以鳥獸爲名，則有鷹揚、後漢末曹操以曹洪爲之。晉陶，〔侃〕梁班三，北魏正五。〔鷹〕擊、北齊從八。虎威、魏于禁。通典、隋書作武，避『虎』字。宋有，北魏從五，北齊從八。吳呂蒙。九虎。王莽末拜將軍九人，皆以虎爲號，號曰「九虎」。

或以威字爲名，則有振威、後漢初，以宋登爲之。漢末李通、程昱，宋有，北齊從四，隋從七。揚威、宋書云魏置。然蜀劉敏亦爲之，魏則胡廣，吳則孫奐。廣威、宋書云魏置。以上三名，北魏從四品。輔威、後漢臧宮。仁威、杜（稜）〔棱〕、陳侯安都。梁班十六，陳品四，中二千石。信威、梁陰子春，班同上。陳同上。電威。梁柳仲禮，班十一。陳品七，六百石。

或以武名，則有建武、宋書云魏置。振武、前漢末王况爲之，後漢初馬五，王莽爲王嘉。奮武、後漢末呂布，魏石苞，王莽爲王駿。揚武、後漢初馬成，吳朱異。廣武、王敦。宋書云晉江左置。趙誘。以上五武，北魏品從四。曜武、北魏宋弁，品第四。信武、梁徐世譜、陳韋載，班十五。陳同信威。智武、魯廣，陳周文育，梁、陳同上。顯武、北魏宇文福，品第四。鎮武、晉桓冲。（昭）〔昭〕武、北魏品四。宣武、北魏呂温，梁孝寬。勇武、北魏豆代田，品第四。恢武。北魏宇文福，品四。

以烈名者，則有揚烈。建安中，以假公孫淵。魏末王基，晉，周訪。

以毅名者，則有武毅、陳蕭摩訶，梁班二。陳品九，四百石。宋有。北魏品七，北齊同。明毅。蕭摩訶。

以遠名者，則有威遠、北魏品從五。鎮遠、王□、李□梁班二十四。蜀魏延爲之。北魏，北齊第四。隋品正七。綏遠、吳張昭，宋志。開遠。司馬申。陳品七，六百石。梁班八。

以義名者，則有建義、北魏奚烏侯，品第四。立義、魏龐德，梁班三。北魏品四。奉義。蜀馬謖，梁班十。

以立名者，則有立節，梁班九。嚴季，北魏古弼，品四。立忠。北魏薛裔，品四。以建名者，則有建忠、北魏品四，北齊同。建節。同上。以德名者，則有宣德、後漢初梁統。廣德、北齊品五。歸德、唐武散階。武德。明武散階，正五品。初授，元正五品下，金正六品下。以軍名者，則有翊軍、北齊從二，隋正六。典軍、晉有開府者，位從公。上軍。晉有，同上。以猛名者，則有宣猛、梁沈恪，班六。陳品八，（四）〔六〕百石。恢猛。北齊品正七。又有以所説之兵名者，則有中兵、宋王元謨爲長沙王，義欣鎮軍中兵將軍。周兵、北魏崔元伯。勝兵。張濟。又有取戰陣之名，則有折衝、建安中，曹操以樂進爲之。宋有。梁班十。陳品七，六百石。北魏、北齊正五。中堅、後漢初杜茂。梁班六，北魏、北齊從四。中壘。北魏、齊同上。他如偏將軍、裨將軍，裨將軍，楚世家〔逢〕候丑等。但取偏裨之義，歷代有之。又如宋志所列之四十號。梁天監中有司奏定一百二十五號，以鎮衛、車騎等三十五號爲重號將軍，以智、仁、勇、信、嚴等五威五武爲一品，謂之五德將軍，爲班二十四，以法氣序。其不登二品，應須軍號者，別爲八班，以象八風，所施甚輕。又別立一百九號，亦爲十品，二十四班正，施于外國。陳則戎號擬官，自一品至九品，凡二百三十七。隋則有翊軍等四十三號將軍，品凡十六等，爲散號將軍，以加汎授。至王莽時則置五威、司命、中城、四關將軍，五威、中城、五威前關，五威後關，五威左關、五威右關。又有立國、更始、寧始、厭難、著武、相威、討穢等名，又令七公九卿皆兼稱將軍，故有司命大將軍、納言大將軍、秩宗大將軍、虎賁將軍諸稱。更始時，廷尉大將軍諸名蓋沿之也。（薦）〔莽〕又置田官曰田禾將軍。凡此諸名，雜〔舛〕不可勝記矣。元鎮殿將軍，募選身軀長大異常者（克）〔充〕之，名曰大漢將軍。明時屬錦衣衛，又有紅盔將軍、明甲將軍、直閣將軍。梁侍御官置朱衣直閣將軍，以輕爲方牧者爲之，班第十。陳千石，品第四。隋左右衛各有直閣將軍六人，從四品。小將軍，遼四帳都詳穩司、舍利司、大將軍府，並有此名。宋書已有小號將軍之目。

校尉

城門校尉、掌京師城門屯兵，凡八屯，各有司馬。中壘校尉、掌北軍壘門内，又外掌西域。屯騎校尉、掌騎士，後漢初改爲驍騎，建武十五年復舊。（朱）〔宋〕志云。步兵校尉、掌上林宛門屯兵。越騎校尉、掌越騎，越人内附以爲騎。光武十五年改青巾左校尉爲越騎校尉。宋志云光武初改青巾。長水校尉、掌長水、宣曲胡騎。韋昭曰：『長水，宣曲，近長水，故以爲名。長水蓋關中小水名也。宣曲，觀名。胡騎之屯於宣曲者。胡騎校尉、不常置，掌池陽胡騎，胡騎之屯池陽者。後漢並長水。射聲校尉、掌侍詔射聲士。工射者冥冥中聞聲則中之，因以名。虎賁校尉，掌輕車。後漢並射聲。凡八校尉，皆漢武初置，自中壘以下凡八校，城門不在此數中。秩皆二千石。城門同。後漢城門之外，無中壘、胡騎、虎賁，爲五校，秩二千石。城門掌雒陽城門十二所，而五校掌宿衛兵，長水兼主烏桓騎，而置北軍中候一人以監五營。時五校官顯職閑，多以皇族肺腑居之。自魏、晉以迄北齊，五校之名與後漢同，惟後魏五校各置二十人。梁步兵曰步騎。隋無五校，而鷹揚府置越騎校尉二人，掌騎兵，步兵校尉二人領步兵，並正六品。

司隸校尉。漢志云：『周官，武帝征和四年置，持節，從中都官徒千二百人，捕巫〔蠱〕，督大姦猾，後罷其兵，察三輔、三河、弘農。』成帝元延四年省。綏和二年哀帝復置，但爲司隸，屬大司空，比司直。按：（用）〔周〕官秋官司隸中士二人，下士十二人，掌五隸之法，帥其民而搏盜賊，役國中之辱事，帥四（雀）〔翟〕之隸，使之各服其邦之服，執其邦之兵，守王官與野舍之厲禁。漢制，蓋昉之，而（具）周〔官〕較尊二千石。也。後漢建武中，復置司隸校尉一人，比二千石，並領一州，河南、河內、河東、京北、馮翊、扶風、〔弘農〕。無所不糾，惟不察三公，其所主又不止察舉非法矣。魏、晉皆同，江左始罷其職。

西域副校尉。宣帝地節二年初置。

戊已校尉。元帝初元二年置，戊已居中，鎮撫四方。今所置校尉亦處西域之中，撫諸國也。有戊校尉，有己校尉。秩比六百石。一說甲乙丙丁庚辛壬癸皆有正位，惟戊已寄治年。此所置校尉，亦無常居，故取戊已爲名。

驃姚校尉。漢武以霍去病爲之票姚，勁疾之皃。

護烏桓校尉。一人，比千石，主烏桓、胡，並主鮮卑。晉書曰：『漢置東夷校尉，以〔撫〕鮮卑。』後漢置。

護羌校尉。一人，比二千石，主西羌，後漢置。

儒林校尉。蜀周群爲之。

南蠻校尉。晉武帝置，治襄陽，江左初省，尋又置治江陵，宋世祖時省。齊豫章王嶷爲南蠻校尉，荆、湘二州刺史，則齊亦置此官。

南夷校尉。晉武置，治寧州，江左改，曰鎮蠻校尉。梁、陳因之。

西戎校尉。晉武置，治長安，元康中改爲雍州刺史。安帝義熙中又置，治漢中。梁北京、南秦並置。

寧蠻校尉。晉安帝置，治襄陽，以授魯宗之。梁置於雍州。

平戎校尉。梁置（校）於南秦梁州，陳因之。

度支校尉。梁置，治巴陵郡，陳因之。

護三巴校尉。宋置，齊建元二年改爲刺史。

西園八校尉。漢靈帝中平五年置。小黄門蹇碩爲上軍校尉虎賁中郎將，袁紹爲中軍校尉，鮑鴻爲下軍校尉，議郎曹操爲典軍校尉，趙融爲助軍左〔校尉〕、馬方爲助軍右校尉，諫議大夫夏牟爲左校尉，淳于瓊爲右校尉。

協律校尉。漢協律都尉之職，晉改是名。

太子三校尉。屯兵、步兵、翊軍各七人，謂之三校〔尉〕。並宋初置。屯騎、步兵，因臺校尉。翊軍，晉武帝太康初置，王濬爲之，始爲臺校尉，而以唐彬居之，江左省。

驍騎校尉。後漢末曹操爲之。

西夷校尉。晉周虓爲西夷校尉領梓潼太守。

東夷校尉。唐張儉爲營州都督兼護東夷校尉。

司農校尉。魏黄初置，秩二千石，掌諸軍兵田。此據後漢志引。魏志作「典農」，乃曹操所置。

材官校尉。黄初置，秩比二千石，主天下材木，屬少府。北齊衛尉寺，掌禁衛甲兵，統城門寺，置校尉二人以司其職。

校尉亦有取名號者，如忠義、吴（是）〔朱〕儀。懷義、漢末孫策。建義、吴朱據。武衛、朱才。武猛、吴潘璋。奮威、吴全琮。降鹵漢末。是也。

五官校尉。晉有。王隱晉書曰：『太康中伐吴還，欲以王濬爲五官校尉而無缺，始置翊軍校尉。班同長水、步兵。以梁益所省兵爲營〔兵〕。』按：〔晉〕書濬傳言領步兵校尉，校唯五。置此營自勳始。與隱書異。唐制諸校尉名以爲武散階，曰昭武、正六品上。振威、從六上。翊麾、從七上。（寧）〔宣〕節、正八上。禦侮、從八上。仁勇、正九上。陪戎，從九上。凡八。又親衛、勳衛、翊衛五府，校尉各五。正六品上。各衛皆同。諸衛〔折衝〕（衛）都尉府，校尉五人。從七品下。左右羽林軍校尉五人。太子諸衛咸有校尉。

後漢大將軍營五部，部校尉一人，比二千石。明錦衣衛校尉，專職擎執鹵簿儀仗，僉民間壯丁爲之，非官也。

尉

左傳襄廿一年：將歸，死于尉氏。杜注：『尉氏，討姦之官。』疏：『尉氏，主刑人，故爲討姦之官。』周禮無尉氏，蓋周室既衰，官名改易，于時有此官耳。漢書地理志陳留郡「尉氏」注：『應劭曰：「古獄官曰尉氏，鄭之別獄也。」臣瓚曰：『鄭大夫尉氏之邑，故遂以爲邑。』師古曰：『鄭大夫尉氏，亦以掌獄之官故爲族耳。應說是。』水經渠水注：『尉氏，鄭國之東鄙，弊獄官名也，鄭大夫尉氏之邑。』漢書百官（志）〔表〕：『廷尉，秦官，掌刑辟。』應劭曰：『聽訟必質諸朝廷，與衆共之。兵獄同制，故稱廷尉。』後漢書光武紀廷尉注：『尉，平也，故稱廷尉。』合此數說，是尉者，刑官，秦因于周也。又左傳閔二年，「羊舌大夫爲尉。」杜注：『尉，軍官。』漢書百官表太尉注：應劭曰：『自上安下曰尉，武官悉以爲稱。』淮南時則訓：八月官。尉』注：『尉，戍官。』按：秦、漢時，衛尉掌宮門衛屯兵，中尉掌〔徼〕循京師，校尉掌屯兵。尉典武職，凡稱尉者，皆主武事。是尉者武官之稱，故應劭有兵刑同制之説也。自北齊及隋改廷尉之名，單屬武官矣。同一尉稱而秩不同，如太尉位三（位）公，其最尊者也。衛尉、中尉、廷尉，秩中二千石。水衡都尉、主爵中尉，秩二千石。奉（章）〔車〕都尉、司隸校尉及城門校尉、郡尉等，秩比二千石。縣尉，秩四百石至二百石。此秩之異也。其單以尉稱者，前漢奉常屬官五時各一尉，太僕屬官大廐、未央、家馬各一尉，宗正屬官諸公主門尉，少府屬官佽飛掌（也）〔弋〕射，有兩尉，鈎盾兩尉，中尉屬官中壘兩尉，水衡都尉屬官上林十二尉，內（央）〔史〕屬官廩犧尉。以上後漢並省及郡縣尉。後漢衛尉屬官有公車司馬尉，邊縣有障塞尉，其秩皆卑。魏、晉以後，諸尉皆省，郡尉亦不常置，惟有縣尉矣。北齊鄴縣領右部、南部、西三尉，又領十二行經途尉。臨漳縣領左部、東部二尉，左部管九行經途尉。成安縣領後部、北部二尉，後部管十一行經途尉，亦縣尉之職也。又有關尉、津尉，屬護軍府，騎尉屬太子左右衛坊。隋開皇六年，置武騎、屯騎、驍騎、游騎、飛騎、旅騎、云騎、羽〔騎〕八尉，爲散官番直，常出使監檢，其品則正六品以下，從九品以上，皆下階。煬帝罷之，别置建節、奮武、（以）宣（忠）〔惠〕、綏德、懷仁、守義、奉誠、立正六品至從九品，凡八品。信等八尉，爲散職。隋都水臺都水尉二人，諸津上津、中津尉各一人。驊騮牧，二十四軍馬牧、驢騾牧、原州沙苑及諸羊牧、原州駝牛牧、苑川十二馬牧，各置尉。元有門尉，屬諸衛。

副尉

唐武散階，正六品以下，下階皆稱副尉，其名與上階之校尉同。見上。金惟從九上曰保義副尉，從九下曰進義副尉。元同。

中尉

中尉，秦官，掌徼循京師，中二千石。王國中尉，比二千石，職如郡都尉，主盜賊。主爵中尉，秦官，掌列侯，秩二千石。御史中尉，北魏改御史中丞爲此名。護軍中尉，唐左右神策軍各一人。

都尉

駙馬都尉，掌駙馬，駙，副馬，（皆）〔非〕正駕車皆爲副馬。漢武初置，秩比二千石，兩漢多以宗室外（威）〔戚〕及諸公子孫爲之。至魏，何晏爲大將軍，孫以主婿拜駙馬都尉。其後杜預尚晉宣帝女常山公主，並拜此官。然晉書云：武帝以宗室外戚爲奉車、駙馬、騎三都尉，而奉朝（馬）〔焉〕。元帝爲晉王，以參軍爲奉車都尉，掾屬爲駙馬都尉，行參軍舍人爲騎都尉，皆奉朝請。是駙馬非必皆尚〔公〕主也。後罷奉車、騎二都尉，唯留駙馬都尉奉朝請。諸尚公主者傅宣、劉惔、桓温皆爲之，因以爲（桓）〔恒〕尚〔公〕主則拜。宋氏迄陳皆用其制。六百石，品第七，梁無班秩。北魏亦爲尚公主官，從四品，雖位高（卯）〔卿〕尹，而此職不〔去〕。北齊同。隋廢。唐從五品，仍南朝之制，借金紫魚袋，自後相仍不改。金正四品。元封王爵。明位次于（候）〔侯〕。長鈹都尉、漢初周竈。梟騎都尉、漢初齊受。

奉車都尉，掌御乘輿車，漢武置，秩比二千石，無員，或以官常，或卿尹校尉左遷爲之。後漢屬光禄勳。晉制詳駙馬中。梁無員。北齊十人，屬左右衛。隋初六人，掌（駁）〔馭〕副車，煬帝廢。唐同隋初，然無其員，陳設則它官攝。

騎都尉。漢武置，同上。李陵爲之。宣帝時監羽林。晉制詳上。梁無員。北齊六十人，屬左右衛。唐勳級六轉爲上騎都尉，視正五品，五轉爲騎都尉，視從五品。宋、金因之。元、明改其品爲正四、從四。

關都尉。秦官，漢因之，東漢省，其後無聞。惟北齊有關尉，屬護軍府。

農都尉。漢武置於邊郡，主屯田殖穀，東漢省。其後曹操置典農都尉，秩六百石或四百石。

屬國都尉。漢武帝置，秩比二千石，主蠻夷降者。東漢亦置，稍有分縣，治民比郡。

騪粟都尉。漢武軍官，不常置。水衡都尉，見前。

主爵都尉。本秦主爵中尉，漢景中六年更名，武帝太初元年，更爲名右扶風。

三輔都尉。漢武置左馮翊、右扶風、京兆尹各一人，〔譏〕出入。東漢省，安帝時又置右扶風都尉、京兆虎牙都尉。

護軍都尉。秦官。漢武元狩四年屬大司馬，成帝綏和元年居大司馬〔府〕，比司直。唐諸衛折衝都尉府，每府折衝都〔尉〕一人，掌領屬備宿衛，左右果毅都尉各一人以貳之。

治粟都尉。漢初官，韓信爲之。其因所主名之者。魏有司金，韓暨爲之。北魏有典牧、司鹽、司竹、崇虛，皆列從五品中。其別署名〔之〕者，則有武衛、吴孫桓、孫奇見、周熙新。破賊、吴凌統。揚武、吴董襲。朱績、吴朱績。建武、吴陸凱。綏夷。晉朱伺。

輕車都尉。唐勳級，八轉爲上輕車都尉，視正四品，七轉爲輕車都尉，視從四品。宋、金因之。元、明改品爲正三從三。金泰和六年伐宋，權置殄寇折衝、殄寇果毅二都尉，還罷。正大二年，更義軍〔總領〕名都尉，有建威、折衝、振武、蕩寇、果毅、殄寇、虎賁、鷹揚、破虜之名。

指揮

宋〔尉〕〔殿〕前司，都指揮使（一人）、從二品。副都指揮使，〔各一人〕正四品。掌殿前諸班直及步騎諸指揮之名籍，及訓練、賞罰之政。都指揮使以節度使爲之，而副都指揮使以刺史以上充。侍衛親軍馬軍、步軍官及所掌亦如之。騎軍、步軍，有捧日、天武左右四廂都指揮使、副都指揮使。正五品。騎軍有殿前指揮使、散指揮及捧日以下諸軍指揮，步軍，〔有〕天武以下諸軍指揮，此所謂三衙軍也。遼南面節度使衙官，有馬軍、步軍都指揮〔使〕司都指揮使、副都指揮使，馬軍、步軍指揮司指揮使、副指揮使。其南面軍官稱都指揮使司者，曰侍衛親軍馬軍，曰侍衛親軍步軍，曰侍衛〔親軍〕兵馬，曰侍衛漢軍兵馬，曰〔四〕軍兵馬，曰歸聖軍兵馬，聖宗統和五年，以宋降軍置。曰宣力軍、曰四（揀）〔捷〕軍，曰天〔聖〕軍，曰漢軍，各有都指揮使、副指揮使〔司〕。黃龍府侍衛親軍馬軍步軍官。（曰）其北面邊防官，則契丹、（矣）〔奚〕、漢、渤海四軍都指揮使司官亦同。又有銅州北兵馬指揮使〔司〕、淶州南兵馬指揮使司。金殿前都撿點司殿前都檢點、正三。左副〔都〕檢點，從三。副〔都〕檢點亦兼都指揮使、副都指揮使之名。宣〔徽〕（使）〔院〕則有拱衛軍都指揮使、從四。副都指揮使。從五。元侍衛軍官，有左右中三衛、前後二衛、武衛親軍、隆鎮衛親軍、左右阿迷衛親軍、唐兀衛親軍、貴赤衛親軍、忠翊侍衛親軍、西域親軍、宗仁蒙古侍衛親軍、左右翊蒙古侍衛親軍、虎賁親軍、以上屬樞密院。龍翊侍衛親軍，屬大都督府。皆有都指揮使、副都指揮使。明京衛，凡上直衛親軍指揮使司二十六，隸都督府者三十三，又京衛非親衛，而不隸都督府者十五，各設指揮使一人，正三。指揮同知二人，從三。指揮僉事四人。正四。南京衛指揮使司四十九，設官同。王府護衛指揮使司，設官如京衛。凡此皆武職也。明時又設中、東、西、南、北五城兵馬指揮司，各指揮一人，正六。副指揮〔四人〕，正七。巡捕盜賊，疏理街道（講）〔溝〕渠及囚犯、（大）〔火〕禁之事。南（城）〔京〕五城兵馬司指揮各一人，副指揮各三人，則爲職矣。

畏壘筆記：通考葉氏曰：都指揮使本方鎮軍校之名，自梁起，宣武軍乃即其鎮兵，因仍舊號，置在京都指揮使而自將之。又案後唐長興二年，置四十指揮，每十指揮爲一軍，每一軍置都指揮使一人，都指揮使從二品，以節度爲之，副指揮使則以刺史以上充，其重如此，然莫詳其官之所始。愚按：蔡中郎集有答齋議云，尚書左丞馮方毆殺指揮使于尚書西祠。又云宮室至大，指使至微。案此則「指使」當是隸人之稍長者，指揮使之名見于此。元大都路兵馬都指揮使凡二，秩正四品，掌京城盜賊、奸僞鞫捕之事。都指揮使二，副指揮使五，此明制所昉也。

行人

周官秋官大行人中大夫二人，掌大賓、大客禮儀及朝覲、宗遇、會同之事。中行人下大夫四人，掌邦國賓客之禮，籍以待四方之使者，使適四方、協九儀賓客之禮儀。行夫下士三十二人，掌邦國傳遽之小事、媺惡而無禮者。凡其使也，必以旌節。按：春秋時，列國皆有行人之官。左氏桓九年傳，「巴行人」疏：行人，謂使人也。」襄四年傳

「行人子員」注：「行人，通使之官。」穀梁襄十一年傳「行人者」注：「行人，是傳國之辭命者。」蓋列國之行人，即周官之小行人及行夫之職也。明設行人司，司正一人，正七。左右司副各一人，從七。行人三十七人，正八。職專捧節奉使之〔事〕，亦周時小行人之任。漢書典客秦官，掌諸歸義蠻夷。景帝中六年，更名太行令。武帝太初元年，更名大鴻臚，屬官有行人令丞，武帝更名行人曰大行令。後漢書大行令主諸郎。治禮郎主（齊）〔齊〕，（初）〔祠〕儐贊九賓。其大鴻臚注則稱掌諸侯及四方歸義蠻夷、及郊廟於禮贊導、諸王入朝郊迎禮儀、拜王拜諸侯贊授印綬之事，與周官行人諸官迴殊。蓋周時司儀象胥之事，兼有大宗伯、小宗〔伯〕、太僕、太史所掌之（事）事也。

都督

後漢建武初，征伐四方，始置督軍御史，事完即罷。建安二年，袁紹始拜大將軍，錫弓矢節鉞，兼督冀、青、幽、並四州，此即都督之任。紹又分沮授所統爲三都督，使授及郭圖、郭於瓊各典一軍。吴有都督公孫陽，見魏武紀。吕範爲都督，見本傳。此皆一軍之都督也。魯肅傳言昭烈詣權、术都督蘇州，此亦有其事而無其名。建安二十一年，曹操征孫權，使夏侯惇都督二十六軍。吴黄武元年，命陸遜爲大都督、假節，七年，又召遜爲大都督，假黄鉞，此則大都督也。魏黄初二年，始置都督諸州軍事，或領刺使。三年，上軍大將軍曹真都督中外諸軍事，假黄鉞，則總統内外諸軍矣。明帝太和四年，司馬懿征（焉）〔蜀〕，加號大都督。高貴鄉公正元二年，晉文帝都督中外諸軍，尋加大都督。晉世則都督諸軍爲上，監諸軍次之，督諸〔軍〕爲下。使持節爲上，持節次之，假節爲下。江左以來，都督中外尤重，唯王〔導〕居之。宋氏人臣則無居者，惟江夏王義〔恭〕假黄鉞。假黄鉞，則〔專〕戮節（制）〔將〕，非人臣常〔器〕。又有都督諸州軍事，則爲常職，舊曰監某州諸軍事。宋文帝即位，改監爲都督。後魏有都督中外諸軍事。初列第一品下，後改從一品。永安以後，遠近多事，置京畿大都督，總攝軍民，立府置佐。後周改都督諸軍爲總管，則總管爲都督之任矣。又有大都督、帥都督、都至。隋三都督，並以散官，正六、從六、正七。則都督之名微矣。唐初，置總管以統軍。武德七年，改總管曰都督，總十州者爲大都督。貞觀（開元）二年，去『大』字，凡大都督府五，并、益、荆、揚、〔蘇〕。都督一人，從二品；中都督府十三，都督一人，正三品；下都督府十六，都督一人，從三品。都督掌督諸州兵馬、甲械、城隍、鎮戍、糧廪，總判府事。凡大都督府置大都督者，親王爲之〔遥〕領其任，亦争爲贈官。長史居府，以總其事。宋大都督府，多以親王領之，不常置。南渡後，亦有都督諸軍事，權同都督，都督諸路軍馬。同都督、督視軍馬諸名，然非舊制比也。遼有遼陽大都督府，置大都督。金海陵南伐，立左右領軍大都督，將三十二總管。元初，有山東、河北、蒙古〔軍〕大都督府，後罷。天歷二年，改立大都督府，置大都督三員，正二。副都督三員，從三。僉都督事二員。正四。明置中、左、右、前、後五軍都督府，每府左右都督各一，都督同知、（知）都督僉事二。

總管

後周，改都督諸軍事爲總管。武帝時以王謙爲益州總管，總管之名始此。隋文帝于并、益、薊、揚四州置大總管。其餘總管府置于諸州，列爲上中下三等，加使持節。上總管視從二品，中總管視正三品，下總管視從三品。唐武德初，邊要之地置總管以統軍，加號使持節，蓋漢刺使之任。又有行軍總管，則隨事置。七年，改總管爲都督，則用南朝舊名矣。宋不立總管府，而經略安撫使帶馬步軍都總督，以統制軍旅。建炎元年，沿河、沿灘、沿海置帥，文臣一員，帶安撫使馬步軍都總管，武臣一員，充副總管。後兩浙、江南、荆、湖、福建、廣東亦依三路置總管于帥府。淳熙二年，詔揚州、廬州、荆南、襄陽、金州、興元、興州七路，〔每路〕委文臣一員充（撫）安撫使以治民，武臣一人充都總管以治兵。宋又有州總管。崇寧四年，置四輔州，以大中大夫以上知州爲都總管，置副總管、鈐轄各一。紹興十二年，諸路並州總管一員。遼、金並有都總管府，掌兵馬之事。元立都總管府、總管府，有管領、打捕鷹房民匠者，稱諸色匠人總管者，屬工部，掌百工之技藝。有稱諸司局人匠總管者，亦屬工部，掌氈染等局。有稱諸路雜造總管者，屬工部。有稱茶迭兒局總管者。其屬于大禧宗禋院者，有隆禧、會福、崇祥、壽福總管府，掌管〔營〕繕及祭供錢糧之事。有稱金玉人匠總（管）管者，有稱異樣局總管者，皆掌民匠營造之事者也。有主屯田打捕者，則延安、永平、淮東、淮西、江浙等處立總管府。有管領臙粉人户者，有管領納綿等户者。有財賦都總管府、江浙、江淮等處。管民總管府、汴梁等路。尚供總管府、守護行宫及游供需之事。雲需總管府，守護行營。其名最爲雜。其諸路總管府，職與刺史相似，兼管勸農事，惟江北則兼諸軍奥魯，其秩有正三、從三、總管。從五、副總管。之分，非〔復原〕總管之職矣。

巡檢

宋巡檢司，有沿邊溪峒都巡檢，或蕃漢都巡檢，或數州數縣管界、或一州或一縣巡檢，掌訓練甲兵，巡邏州邑，（捸）〔擒〕捕盜賊事。又有刀魚船戰棹巡檢，江、河、淮、海置捉賊巡檢，及巡馬遞鋪、巡河、巡捉私茶鹽等，各視其名以修〔舉〕職業，皆掌巡察。中興後，分置都巡檢使、都巡檢、巡檢、州縣巡檢，掌土軍、禁軍招填教習之政令，以巡防扞禦盜賊。凡沿江沿海招集水軍，控扼要害及地分闊遠處，皆置巡檢一員，往來接連合相應援處，則置都巡檢以總之，皆以材武大小使臣充。各隨所在聽州縣守令節制，本（此）〔砦〕事並申取州縣指揮。若海南瓊管及歸、峽、荊門等處，跨遠數郡，〔控〕制溪峒，又置水（控）〔陸〕都巡檢使，或三州都巡檢使，以增重之。金有中都東北都巡檢使一，西南都巡檢使〔一〕，正七品，管盜賊事。有馬軍十五人。諸州都巡檢使各一，〔正七品〕副都巡檢使各〔一〕，正八。或不加『使』字，散巡檢。正九。地險要處置司，皆設副巡檢一員爲之佐，是巡檢本典兵者也。元諸縣置巡檢司，巡檢從九品，掌巡捕盜賊奸宄之事。明用其制，各府州縣關津要害處，俱設巡檢司巡檢、副巡〔檢〕，俱從九品。主緝捕盜賊，盤詰奸僞。洪武時最重，特賜敕諭，尋改爲雜職，蓋與宋、金不同矣。

刺史

秦置御史以監郡。漢省，丞相遣史分刺州，不常置。武帝元封五年初置部刺史，掌奉詔條、察州，秩六百石，員十三人。以六條問〔事〕，常以八月巡行郡國，〔録〕囚徒，考殿最。初歲盡詣京都奏事。秩卑而令尊，官小而權重，此小大相制，内外相維之意也。刺史權重，而内隸於御史中丞。成帝綏和元年更名牧，哀帝建平二年復爲刺史，元壽二年復爲牧。後漢建武十八年，復爲刺史，外十二州各一人，其一州屬司隸。靈帝中平五年改刺史，惟置牧，是〔時〕天下方亂，豪傑〔各〕據有州郡，劉焉、劉虞並自九卿出領州牧，州牧之任自此重矣。魏、晉爲刺史，任重者使持節都督，輕者爲持節。隋開皇三年，罷郡以州統縣，自是刺史之名存而職廢，後雖有刺史，皆太守之互名，有時郡爲州，則爲刺史。有時州爲郡，則爲太守一也。非舊刺史之職，理一郡而已。顧亭林謂漢之刺史，（由）〔猶〕今之巡按御史；魏、晉以下刺史，猶今之總督，隋以後之刺史，猶今之知府及直隸知州也。煬帝大業初，復州置郡，郡置太守。而置司隸臺大夫，掌諸巡察。別駕二人，分察畿内，〔一人察〕東都，〔一人察京師〕。刺史十四人，此刺史〔職同〕别駕，巡察畿外。諸郡從事四十人，副刺史〔巡察〕，其所掌六條，與漢不同，而頗（昉）〔倣〕漢制，後罷之。而留司隸從事之名，不爲常員。唐武德元年，（置）〔罷〕郡置州，太守爲刺史，又有員外刺史，不領州務。宋懲五代藩鎮之患，始置通判，以監統刺史，而分其權，命文臣權知州事使。名若不正，任若不久者，以輕其〔權〕。監當知推税，都監總兵戍，而太守者即刺史。〔塊〕然徒管空城，受詞訴而已。諸鎮皆束手請命，歸老宿衛。以上葉〔適〕語。是宋初本有刺史，而别設知州以代其權，後則罷刺史而專用知州，以權設之名爲經常之任矣。文獻通考曰：『宋制，諸州刺史無定員，無職任，特以爲武臣遷轉之階。』續文獻通考曰：『遼南面諸州，各有州刺史，與古之州牧刺史大小頗異。金防禦州設防禦使刺史，州設刺史。正五品。

别駕

漢司隸校尉從事史，有别駕從事，校尉行部則奉引，録衆事，秩百石。魏、晉以後，南北因而不改。晉咸康中，又有别駕祭酒，居僚職之上。宋則無也，宋别駕與西曹皆主吏及選舉事，與漢略異。梁時别駕官品，揚州視黄門郎，陳品第六。南徐州視散騎常侍，陳品第八。則其制尊於舊矣。隋初，雍州别駕從四品，後文帝罷郡，以州統縣，改别駕爲長史。煬帝罷州，置郡長史爲贊務，後又改爲丞。唐改郡爲州，丞爲别駕，從四品下。大都督府别駕一人，正四品下，掌貳府州之事、紀綱衆務，通判列曹。煬帝時，别置司隸臺大夫、正四品。别駕、從五品。刺史，正六品。蹐别駕于刺史之上，職秩與舊殊矣。

中正

陳勝爲楚王，以朱防爲中正，胡武爲司過，主司群臣，諸將徇地，至令之不是者，繫而罪之，以苛察爲忠。其所不善者，不下吏，輒自治。按：此中正雖不言職事，而大略可知矣。魏司（控）空陳羣，以天臺選用不〔以〕人材，擇州之才優才昭鑒者，除爲中正，自拔人才，銓定九品，州郡皆置。吴有太公平，亦其任也。晉宣帝加置大中正，故有大小中正，其用人甚重。齊、梁亦重焉。後魏有之。正始元年罷郡中正，正光七年罷諸州中正。北齊爲流内比視官，諸州有大中正、中正，郡縣屬官皆有中正。隋除『中』字，雍州別有州都，其任亦重。

同知

宋樞密院有同知院事之銜，此執政官也。遼南面朝官，有同知樞密院事、同知宣徽使事、同知宣徽院事。南面宫官，有同知漢兒行宫都部署事。南面京官，則五京諸使有同知某京某使事，五京留守司有同知某京留守事，五京都總管府有同知某府事、同知南京宣徽院事。南面方面官，有同知節度使事。南面分府官，有同知某轉運使。南面軍官，有同知某都檢點。皆有同知之名，而不單以同知名。其黄龍府、興中府，有同知府事，則後來同知之權輿。其諸州有同知州事，軍則曰同知某軍事，則又州佑也。金宣徽院、留守司，皆有同知某事之名。諸防御州，有同知防御使。〔諸〕總管府，有同知都總管。諸節鎮，有同知節度使。而大興府同知一員，掌通判府事，餘府同知同此。從四品。諸府非兼總管府者，同知一員，正四品。諸刺史州，同知一員，正七品。此單以同知名矣。又都轉運司同知，從四品，即今監掣同知之權輿也。元官以同知稱者亦夥。而單稱同知者，則諸路總管府同知、散府同知、州同知及都轉運司同知之外，又有都漕運使司同知，正四品。諸都總管府同知，正三，亦有從四品、正五品者。大都督府同知，正三品。大農使司同知，旋罷。宣政院同知，正二。諸元帥府同知，安撫使司同知，宣慰使司同知，從三。宣徽院同知、正二。典瑞院同知，正三。太史院同知，正三。太醫院同知，正三。侍正府同知，正三。將作院同知，正三。通政院、中政院、儲政院諸同知，正三。諸都總使司同知，從三。都護府同知，從三。留守司同知。正三。蓋本爲同知某某，文省而名糅矣。至明惟有都轉運監使司同知，從四。府同知，正五。州同知。從六。

參軍

後漢末，張温爲車騎將軍，請孫堅與參軍事，時爲別部司馬。陶謙以幽州刺史參司空車騎將軍張温軍事，參軍之名，實肇于此。曹操征荆州，請邯鄲淳參軍事，荀彧以侍中光禄大夫參丞相軍事，爾時參軍未爲官名。魏元帝咸熙中，晉文王爲相國，相國府置參軍二十二人。晉初，凡位從公以上爲持節都督者，置參軍六人。江左以來，諸公領兵者，置參軍。宋時別有録事、記室、户曹、倉曹、中直兵、外兵、騎兵、長〔流〕賊曹、刑獄賊曹、城局賊曹、法曹、田曹、水曹、鎧曹、車曹、士曹、集右户、墨曹、凡十八曹參軍、初，元鎮東丞相府有録事、記室、東曹、西曹、度支、户曹、法曹、金曹、倉曹、理曹、中兵、外兵、騎兵、典兵、兵曹、賊曹、運曹、禁防、典賓、鎧曹、田曹、士曹、騎士、車曹參軍，凡二十四曹。宋闕十三曹，餘十二曹。上「車曹」二字疑衍，闕者十二曹也。其後又有直兵第七曹。宋高祖爲相，合中兵、直兵，置一參軍，曹則猶二也。宋小府不置長〔流〕者，置禁防參軍焉。丞相諸葛亮府有行參軍。晉太傅司馬越府又有行參軍。後〔漸〕加長兼字，除拜則爲參軍事，府〔板〕則爲行參軍。晉末以來，參軍事、行參軍又各有除板，〔板〕行參（不）〔軍下〕則長兼行參軍。參軍督護，北魏有。江左置，本皆領營，有部曲。宋無，宋參軍爲第七品。梁皇弟皇子府有正參軍行參軍長兼行參軍。北魏第一品將軍至五品正從將軍，並有參軍。北齊儀同三司，及護軍府將軍、州刺史三等、諸鎮皆置參軍。蓋參軍本取參軍事之名，本公府官，其後凡有軍者並置之，故刺史亦有參軍，然非郡官也。隋文帝開皇三年，罷郡以州統縣，而諸州職皆改從郡職，十二年復改諸州司從事爲參軍，而參軍遂爲郡官矣。煬帝罷州置郡，復改爲書佐行參軍爲行書佐。唐又改爲參軍事，其諸曹則曰某曹某某參軍事，行參軍曰參軍事，西都、東都、北都牧及州刺史、大都〔督〕府皆置之，曰司録參軍事。都督府及州曰録事。功曹司功、倉曹司倉、户曹司户、田曹司田、兵曹司兵、法曹司法、士曹司士參軍事。别有參軍事，掌出使、贊導。大都護府則無田曹、士曹。上鎮〔將下〕有兵曹、（司）倉曹，中、下鎮將（上）〔下〕有兵曹。開元十五年，朔方五城各置田曹。王府官無田曹，而别有騎曹、記室及行參軍事、諮議參軍事。宋開封府無田曹，以功、倉、户、兵、法、士爲六曹，而司録參軍通書六曹之案。河南應天府及次府無功、倉、兵三曹，而次府别有司理。臨安則有録事、左右司理、司户、司法。大都督府，則有録事、司户、司法、司士、司理、文學。親王府惟有諮議、記室。諮議參軍，晉元帝置，主諷議，因軍諮議祭酒也，初惟公府置焉。宋、齊、梁、陳諸王公府及皇弟皇子皇庶子府各置之。隋、唐迄宋，諸王府因之。記室參軍事，晉元帝時，諸公府置之，梁陳則王府亦置焉。隋、唐及宋因之，而三公轉無之，蓋隋、唐三公無僚佐也。記室之名，則沿於漢之記室令史。

主簿

漢三公府掾，有黄閣主簿，録省衆事，秩本三百石，後爲百石。魏、晉因之。晉諸品將軍及太子太傅、少傅諸王國皆有主簿，歷代相仍。隋、唐以後，三公及將軍等官不置僚佐，主簿亦有，惟王府主簿，隋、唐並有，宋以後無其職矣。漢司隸校尉佐有主簿，録閤下事，省文書，諸州刺史同。歷代至隋皆有。隋文罷郡，主簿亦省，唐以後因之。縣主簿，漢制，蓋曹掾也。魏、晉以來，歷代相仍不改。北齊則有光迎主簿功曹之名，隋易光〔迎〕爲光初。唐主簿掌付事勾稽，省署鈔目，糾正非違，監印、給紙筆雜用之事。文獻通考曰稱縣佐者，曰丞、簿、尉。而漢書百官志所載只丞、尉而無簿。丞、尉有印綬而簿獨無，蓋曹掾之〔流〕耳。孫寶傳：『漢人所謂高士不爲者，御史大夫之主簿也。』容齋隨筆言：『元豐令凡寺監主簿，專以鈎考簿書爲職，不同與卿丞〔聊〕署文書。』然則主簿之官，雖在雄要之司，猶爲卑賤，而况縣乎？觀後漢繆彤爲令證枉，及考城令王涣署仇覽爲主簿事，則主簿之在漢，其視縣令猶掾〔吏〕〔史〕之視使。長安得與丞、尉，後來以簿先尉，非〔古〕義也。

按：陳時官品，司徒主簿，皇弟皇子府主簿，品並第七。嗣王府皇弟皇子之庶子府主簿，不持節諸將軍主簿、庶姓公府主簿、太子太傅少傅主簿，品並第八。蕃王府主簿、庶姓持節府主簿、揚州主簿西曹、徐州主簿西曹、皇弟皇子諸州主簿西曹，品並第九。而縣主簿不列品中，是無秩也。北齊縣主簿，在屬官丞、中正、功曹之〔中〕，不在佐史之列，其時掾佐已有秩之故。然官品中及流内比視官，皆未列及，則已在〔流〕外矣。唐諸〔縣〕置主簿以流外爲之，京縣從八上，畿縣正九上，上縣正九下，〔中縣〕、中下縣、〔下縣〕〔皆〕從九上。郡主簿，北齊諸郡有先迎主簿、功曹主簿，隋改先迎爲先初，嗣罷。煬帝罷州置，後置主簿。唐罷之。詹事主簿，晉置，歷宋、齊、梁、〔陳〕以及北魏、北齊皆有，歷代因之。寺監主簿，晉太先，先禄勳、廷尉、衛尉，宋正太僕、大鴻臚〔臚〕、大司農、少府、將作大匠、太后、三卿、大長秋，皆爲列卿，各置主簿。梁增太府、都水使者二卿，皆有主簿。北齊改廷尉曰大理，列置昭元，亦有主簿。隋、唐以下因之。御史主簿，漢書孫寶傳：張忠爲御史大夫，署〔寶〕爲主簿。蓋漢時兩府本有是秩，即後漢三公府之黄閤主簿也。歷代無聞。唐御史置主簿一人，從七品下，宋因之。國子監主簿，始見于北齊，隋、唐因之。太子主簿，遼太子家令寺率更事有之，蓋即太子左右衛率主簿也。

内史

周官内史掌八枋，以詔治及納訪策命之事。其官中大夫一人，下大夫二人，中士八人，下士十六人。秦内史掌治京師，漢因之。武帝建元六年，分置左右内史；太初元年，右内史更名京兆尹，左内史更名左馮翊，其秩二千石，蓋與周殊矣。又治（東）〔粟〕内史，秦官，掌穀貨。漢武更名大司農，漢王國内史掌治國民，成帝綏和元年省。

民曹尚書

漢成帝初置尚書四人，分四曹。（掌）民曹尚書，主凡吏民上書事。東漢典繕治功作、（鹽）〔監〕池、苑、〔囿〕、盗賊，而財用庫藏則尚書右丞掌之，不與民曹也。晉書稱西漢尚書四人，其一人主户口墾田，一人主財帛委輸，而不言於曹何屬。魏尚書五曹，有左民及度支，度支掌軍國支計，則左民即漢之民曹。晉書言五曹，（十）〔實〕有客曹。宋書作民曹。其尚書郎曹二十三，有民曹、度支，而又有金部、農部、庫部、倉部，則民曹不主財用庫藏可知。其曰左民者，當是分民曹爲左右，而有此稱，史不詳也。晉尚書六曹，有屯田、度支，度支同魏屯田，或兼一事之事，所謂一人主户口墾田者也。太康中，六曹有左民、度支，而又有田曹。田曹，或即屯田。惠帝時，又有右民尚書。右民、左民，當是民曹之分，其郎曹三十五，有左民、右民，而又有度支、金部、倉、屯田、庫部、運曹，則左民、右民其所主或仍漢舊。梁尚書六曹，有度支、左户，左户即左民也。或云本是左民，五代史志避唐諱改爲户，未知是否。梁又有起部尚書，營宗廟宫室，則權置之，事畢即省，以其事分屬都官，左户二尚書，則左户亦知工作，如東漢故秩。北齊度支尚書統六曹，左户掌天下計帳、户籍等事，右户掌天下公私田宅、租調等事，絶非兩漢民曹之舊。而起部曹掌興造工匠，統于祠部尚書矣。後周大司徒有民部，大司空屬有工部。隋因其制，置度支尚書，所統有度支、民部二侍郎；置工部尚書，所統有工部侍郎。蓋因復周工部之名，而兼前代起〔部〕之職，實即漢之民曹。而民部因于後周，與民曹無涉。考後周大司徒屬，民部中大夫二人，掌承司徒，教以籍帳之法，贊計人民之衆耳，後齊左户同職也。隋開皇三年，改度支爲民部尚書。唐永徽初，復改民部爲户部，避唐諱也。通典云魏置左民尚書，晉惠帝置右民尚書，至于宋、齊、梁、陳皆有左民尚書，而後魏有左民、右民等尚書，多領工官，非今户部之例。而梁、陳兼掌户籍，此則略同。自周、隋有民部，始尚今户部之職。初，户部居禮部之後，武（帝）〔后〕改置天地四時之官，以户部爲地官，由是遂居禮部〔前〕，神龍元年復改地官爲户部。通典引吴孫休初即位，户部尚書階下讀奏。按考之吴志，户曹非户部。張温傳言守尚書户曹郎，其爲户曹益明。

三司

古以司徒、司馬、司空爲三公。東漢改司馬爲太尉，（爲）三公皆開府置官屬，時號三府，亦稱三司，鄧隲以車騎將軍儀同三司是也。此漢之三司也。唐之稱三司者有二：百官志尚書省刑部尚書下：凡鞫大獄，以尚書侍郎、御史中丞、大理卿爲三司使。此一三司。御史臺大夫下：凡冤而無告者，三司詰之，三司謂御史大夫、中書、門下。此又一三司。此唐之三司也。宋三司之職，初因五代之制：置三司使以總國計，通管鹽〔鐵〕、度支、户部，號曰計省。太平興國八年分置鹽〔鐵〕使、度支使、户部使，淳化四年復置使一員，總領三部，此宋之三司。金史百官志言三司，泰和八年省户部官員，置三司，謂兼勸農、鹽鐵、度支，户部三科也。是又與宋不同，金本有功農使，下文云掌（功）〔勸〕農、鹽鐵、度支。此金之三司也。

理問

元中書省理問官，秩四品，以理僧民之事。明承宣布政使司理問所理問一人，從六品。副理問一人，從七品。典刑名。

周官書名考古偶纂

周官書名考古偶纂

一、序

曩閲郎兆玉周官古文奇字一篇，頗多舛錯，心甚惑之，而未暇糾正也。近讀儀徵阮氏周官校栞記，于此經字義考證綦詳。固取郎氏舊書分爲七類，正其譌，删其謬，補其缺。鄭注多引故書，謂初獻于秘府所藏之本也。其民間傳寫不同者則爲今書。間録可備參考者别列一門，即摘取阮記附于每字之下。更雜取段氏漢讀考，惠氏禮説及諸字書、韻書之説。其偶有參酌暨蠡測所及者，用『按』字加『〇』以别之。未閲月積成一册，以視郎書似較詳明。惟自成童後專力舉業，六書之學未獲窮流溯源。兼以家鮮藏書，末由檢校，紕繆知不免矣。姑録出以備案頭攷究云爾。咸豐己未長夏，家本自識於春明寄巢。

二、古文

天官

〔序官〕

䐑　昔説文日部：『昔，乾肉也。從殘肉。日以晞之。與俎同意。㫺，籀文從肉』。按：今作『䐑』者，籀體之變也。

𡝩 姻

説文：『𡝩，籀文姻。從𣶒』。

大 宰

灋 法

説文廌部：『灋，刑也。平之如水。从水。廌所以觸不直者去之。從廌去。法，今文省。㡍，古文』。段注：『許書無言今文者。此蓋隸省之字。許書本無，或增之也』。按：玉篇廌部：『罟，今作法』。水部有法，又有灋』。注云『古文』。（擬）［疑］非顧野王之意，乃孫强所加也。

毓 育説文𠫓部：『毓，育或從每』。玉篇、廣韵皆不言古文，釋文『古育字』。

眡 視説文見部：『視，瞻也。從見示聲。眡，古文視』。目部：『眡，視皃也』。分眡、眡爲二。玉篇亦同説文。廣韻于六（書）［脂］曰：『眡，古文視』。于十二齊曰：『●，視也』。與説文正相反。誤矣。又于五支曰：『●●。●，役目』。是又取説文之説。何其説之歧也。正字通以『眡』爲俗字，直未談説文。今周官作『眡』者，傳寫之譌。

甸 師

攷 考説文攴部：『攷，敂也』。老部：『考，老也』。分爲二字。玉篇：『攷，今作考』。廣韻：『攷，古文考』。集韻：『攷，古作考』。唐風：『子有鐘鼓，弗擊弗考』。毛傳考亦擊也，與許慎訓同。

辠 罪説文辛部：『辠，犯灋也。从辛從自。言辠人戚鼻苦辛之憂』。秦以辠似皇字，改爲罪。錢氏坫説文斠詮云：『詩「畏此罪罟」、「罪罟不收」、「天降罪罟」。凡言罪罟與辠辜相近。秦以罪爲辠，亦因之耳。未純是捌也。説文网部：「罪，捕魚竹网，从网非［聲］。秦以［罪］爲辠字」。按：人之麗于法，亦从魚之麗于網也，故借以爲辠字。至秦廢其本字而專用假借字。説文：『罷，从網能。網，辠網也。言有賢能而入網，即貫遣之』。

籩 人

㮚 栗説文㮚部：『㮚，栗木也。从㮚木。其實下垂，故从卤粟，古文㮚。從二小卤。徐巡説：「木至西方戰栗也」。』今隸變作栗，蓋竊取古人从西意。

地官

序官

禁　麓説文林部：『麓，禁古文，从录』。説文竹部：『簏，竹高匧也。從竹鹿聲。箓，簏或从录』。○按：今本作「麓」，釋文或作箓。至後經文，「林麓」之「麓」，直作禁。

北　磺礦，本或作「卝」字，或作「丱」。卝宜改入假借門，下録段注。見説文九下二十四、十三下十三。

鄉師

囏　艱説文堇部：『囏，籀文艱。从喜』。

司門

毄　繫　係漢書景〔帝〕紀『農桑毄畜』注：『師古曰：毄，古繫字』。○按：今本多作「繫」。『易繫辭曰』，釋文作毄或作「繫」。玉篇：『毄，係也』。『系』，繼也。説文殳部：『毄，相擊中也。如車相擊，故从殳从軎也』。系部：繫䌌也。一曰惡絮』。部首：系，『縣也』。人部：『係，絜束也』。按：許意四字義别。聯係字用係，縣系字用系。司門之『牛牲毄』、校人之『三皂爲毄』，聯係義也。鼓矇之『世帝毄』，縣系義也。今鼓矇作繫，譌也。

春官

大宗伯

飌　風説文未收。玉篇云古文。

司几筵

繅　藻　璪鄭司農云：『古藻字』。説文王部『璪』段注：『禮經文采之訓，古文多用繅，今文多用璪、藻字。其實三字皆假借』。儀禮注云：『今文繅作「璪」』。弁師注：『鄭司農云：繅，當爲藻。繅，古字也。藻，今字也』。

世婦

𢷎　拜○按：此𢷎本字。周禮皆作此，以篆爲楷也。説文作𢷎，从手从𠦪，𠦪音忽，亦作「桒」。徐鍇曰『進趨之疾也』，故拜從之。桒，从本卉聲。玉篇呼物切，疾也。𠦪與桒同，譌作「𢷎」、𢷎、𢷎、𢷎均非。

占㝱

毆　驅○按：或作文，即攴之變文也。説文：『古文驅，从攴』。

大祝

䭫　稽○按：説文本作「𩠐」。今作「䭫」，隸變耳。前漢諸侯王表『厥角𩠐首』，書作𩠐。𡿺，説文：『古文子从（也）巛，象髮。髮謂之鬊，鬊即巛也』。今本多作稽，自唐石經已然。惟釋文作「䭫」，云『䭫本又作稽』。六書通稽字下云：『此平聲字也』。正韻：『留止（又）〔也〕，考也，計校也。』賈誼傳：『反脣而相稽』。又『卜問』也。書：『卜稽曰：其如台』。又薺韻。説文、正韻，其義備矣，曾無稽首之説。乃六經子史至于表章書問，古今雅俗通用，無不借爲稽首用，而絶無用䭫字者。甚至䭫字亦不收于正韻，殊不可解矣。䭫，小篆古文作頁。稽，假借字。書多不用䭫字者，相沿不改故也。

夏官

〔序官〕

馭　御説文：『馭，古文御。從又馬』。一切經音義卷九云：『御，古文作馭』。同。

秋官

序官

晢　擿鄭云：『晢，古字。从石折聲』。漢讀考云：『折，當作析。析聲、適聲同在古音十六部，折聲在十五部。晢爲擿之古字，則知必析聲也』。釋文：『晢，他歷反。李又思亦反。此从析』。又云：『徐丈列反，沈勑徹反。此从折』。説文曰：『晢，上擿山巖空青、珊瑚墮之。从石折聲。周禮有晢蔟氏』。許以擿訓晢，取其同音。篆文必作晢析聲。今本作晢折聲，亦謬。

考工記

磬人

耑　端玉篇古文端字。校勘記云：『依説文則耑爲肈，耑字端，爲端正字』。説文：『耑，物初生之題也。上象生形，下象根也』。段注：『題者，頟也。人體頟爲最上，物之初見即其頟也。古發端字作此。今則端行而耑廢』。立部：『端，直也』。左傳『履端于始』。假端爲耑。漢書藝文志以耑爲古端字。

梓人

豆　斗毛居正曰：『豆，古斗字』。如左傳昭三年『豆區釜鍾』之類，當音『斗』，後人誤讀爲俎豆之『豆』，斗斛之斗又作『斗』。蓋譌並耳。

三、本字

天官

〔序官〕

内　納説文入部：『内，入也。从冂入。自外而入也』。

〔菭〕　荅説文：『菭，水青衣也』。先鄭曰：『水中魚衣也』。二説同。今本作「箈」，譌字也。釋草釋文：『菭，今作荅』。後鄭釋菭爲箈，箭萌也。郭注爾雅引周禮箈菹，與後鄭合。

地官

大司徒

畮　畝説文田部：『畮，六尺爲步，步百爲畮。秦田二百四十步爲畮。从田每聲。畝，畮或從十久』。按：今相承作畝，又「畝」之變文也。

閭　胥

觵　觥説文角部：『觵，兕牛角可以飲者也。从角黄聲。其狀觵觵，故謂之觵。觥，俗觵。从光』。段注『今毛詩從俗』。

載　師

桼　漆〇按：今本多作「漆」。釋文作『桼』，从之。説文：『桼，木汁可以髤物。從木，象形，桼如水滴而下也。凡桼之屬皆从桼』。段注：『木汁名桼。因名其木曰桼。今字作「漆」，而桼廢矣。漆，水名也，非木汁也』。詩、書梓桼（二經）〔桼絲〕皆作漆，俗以今字易之也。〔周禮載師：「桼林之征，二十而五」。〕注：『故書桼林爲漆林』。杜子春云：『〔當爲〕桼林』。按：此則漢時髤、桼不從水。釋文云『本又作漆，則其時已桼、漆不分矣』。玉篇云桼今作「漆」。

司市

𣅡　昃本又作昃。説文日部：『𣅡日在西方時側也。從日仄聲。易曰：「日𣅡之離」』。段注：『此舉形聲包會意。隸作昃，亦作昗。小徐本夨部又出昗字則複矣。夫制字各有意義。晏、景、晷、旱之日在上，皆不可易也。日在上而干聲則爲不雨，日在旁而干聲則爲晚。然則𣅡訓爲「日在西方」，豈容移日在上。形聲之内非無象形也』。

司關

敂　扣○按：通作「叩」。然叩乃後起字也。説文攴部：『敂，擊也。从攴句聲。讀若扣』。段注：『宋書山居賦「敂弦」，即江賦之「叩舷」也。舟底曲如弓，故其上曰弦。自扣、叩行，而敂廢矣。手部：「扣，牽馬也」。無叩字』。

春官

大司樂

靁　雷説文：『雷本作靁，从雨，畾象回轉形』。顔師古漢書注：『靁，古雷字』。○按：畾音雷，田間也。段注：『許書有畾無畾。凡積三則爲象，象則盛，盛則必回轉。二月陽盛，畾發聲，故以畾象其回轉之形，非三田也。韻書有畾字，訓田間誤。凡許書字有畾聲者，皆當云畾省聲也』。

笙師

龡　吹○按：龡、从龠炊省聲。説文作「𪛉」。篇海作「𪛉」。吹隸文也。説文火部『焌』下引經，亦作「𪛉」。

巾車

藻藻說文艸部：『藻，水艸也。从艸水巢聲。詩曰：「于以采藻」。藻，藻或從藻』。

考工記

總　敘

陁　陀

四、本正體字而相承用後起字因目爲古者

天官

太　宰

疏　蔬釋文：『疏，不孰菜也』。說文艸部無蔬字。㐬部云：『疏，通也。从㐬从疋，疋亦聲』。鄭注『疏不孰曰饉』，本釋天文。今爾雅作「蔬」。

縣　懸說文注：『徐鉉曰：「此本是縣挂之縣，借爲州縣之縣。今俗加心別作「懸」，義無所取」』。○按：古作縣，今相承作「縣」。

小　宰

責　債○按：左傳、戰國策皆用「責」，史記、前漢書始作「債」。說文責作「責」，从貝朿聲，隸變作「責」。

簎人

蠃 螺〇按：五經無「螺」字。

食醫

放 倣經典多作「放」，説文無「倣」字。

疾醫

欶 嗽〇按：今本多「嗽」。説文無「嗽」。釋文本亦作「欶」，當爲正體。説文欠部：『欶，吮也。从欠束』。

藏 臟

瘍醫

㪿 折今本作「折」。釋文劉本作「㪿」。校勘記云：『經義雜記曰：「説文艸部：㪿，斷也。从斤斷艸。譚長説。㪿，籀文㪿，从艸在仌中，（冰）「仌」寒，故「㪿」。折，篆文㪿，从手」。然則今用折字者从小篆也。劉昌宗本作㪿，爲古文，當从之』。按：説文「折」下段注：『按：此唐後人所妄增。斤斷艸，小篆文也。艸在仌中，籀文也。从手从斤，隸字也。九經字樣云：「説文作㪿，隸省作折。類篇、集韻皆「云隸」从手，則折非篆文明矣」』。改入本字。

地官

大司徒

景 影〇按：古無「影」字。五經惟書大禹謨『惟影響』作「影」。顔氏家訓云：『書大禹謨：「惟影響」。孟子曰：「圖影失形」。莊子齊物論云：「罔兩問影」。如此等當爲光景之「景」。淮南子天文訓「呼爲景柱」。廣雅「晷柱挂景」。並是也。至晉世葛洪字苑始加彡爲「影」，音於景反。而世間輒「改」治尚書、莊、孟，从葛洪字，甚爲失矣』。六書正譌云：『影者，光景之類，合通用「景」』。非毛髮藻飾之事，不當從彡。今概用「影」。

春官

序官

尊　罇本嗽。説文酋部：『嗽，酒器也。从酋，廾以奉之。尊，尊或從寸』。段注：『凡酒必實於尊，以待酌者。鄭注禮曰：「置酒曰尊」。凡酌酒者必資於尊。故引申以爲尊卑字，猶貴賤本謂貨物而引申之也。自專用爲尊卑字，而別制罇、樽爲酒尊字矣』。正字通：『今俗以尊作尊卑之尊，酒器之尊別作樽，非樽林木茂盛也』。〇按：經典多作「尊」。易經、左傳有作「樽」者，恐係後人所加。尊，正體通用作樽亦可。樽與酒器義遠，不宜从。又有从瓦、从土，作「甎」、「墫」者，均俗加也。

馮　憑説文馬部：『馮，馬行疾也。从馬仌聲』。臣鉉等曰：『本音皮冰切』。經典通用爲依馮之『馮』。今別作凭，非是。」凭，依几也。从几从任。周書曰：『憑玉几』。今周書作「憑」。〇按：憑，馮俗字也。今通用馮爲馮姓之馮，而馮字別作「憑」，並凭字或亦作「憑」，誤矣。説文邑部又有⿰馮阝字，『姬姓之國，从邑馮聲』，似即馮姓所出。則馮姓之馮，宜作⿰馮阝。

大宗伯

左　佐〇按：今本多作「佐」。校勘記曰：『釋文「佐王」，本或作「左」。葉鈔釋文作本或作佐，則陸「本」正作「左」也。依説文，左者正字，佐者今俗字』。據此則字應作「左」。序官同，通書應無不同。且經典佐字作左者多。説文部首：左，『ナ手相左也。从ナ工』。段注：『各本俱誤，今正。左者，今之佐字。説文無佐也。ナ者，今之左字。ナ部曰「ナ，[左]手也，謂左助之手也。以手助手是曰左，以口助手是曰右。」』

肆師

匪　篚〇按：説文匚部：『匪，器似竹匧』。竹部：『篚，車笭也』。二字異義。廣韻：『器如竹篋』。今加竹爲篚、篚字。今經典多用「篚」，从今文也。鄭疑「匪」爲「筐」字之誤。

典瑞

采　彩〇按：古惟采字，彩字後起。經典多用「采」。

大卜

兆　𠧞〇說文作𠧞。校勘記云：『𠧞乃俗字，後人所造竄入說文者。周禮有作𠧞者，俗本耳』。〇按：經典通用「兆」，今亦鮮用𠧞者。

夏官

大司馬

陳　陣佩觿集曰：『軍陳爲陣，始于王羲之小學章。』字典曰：『史記作陣，非自羲之始也。』經典通作「陳」。說文攴部：『敶，列也』。阜部：『陳，宛丘也。舜後嬀滿之所（墟）〔封〕』。二字義分。則軍敶當作「敶」，門部「䦅」下云：『讀若軍敶之敶』是也。後人製陣文，敶廢矣。經用陳，亦假借字。

秋官

冥氏

須　鬢說文徐注：『此本須鬢之須。頁，首也。彡，毛飾也。借爲所須之須，俗書从水，非』。毛氏曰：『須與湏別。湏，火外切，爛也』。復古編：『鬢，本作須』。今以須爲所須字，而面毛字別作鬢，俗又傳寫作鬚。韻會須已從彡。俗加髟，作「鬚」，非。

庶氏

艸　草今本作「草」。校勘記云：『諸本同。唐石經缺。釋文作艸，云：『音草，本亦作草』。據此知經中草木皆本作「艸」也。

考工記

輪人

隊　墜〇說文𨸏部：『隊，从高隊也』。段注：『隊、墜正俗字，古書多作隊，今則墜行而隊廢矣。大徐以墜附土部，非許意。釋詁：「隊，落也」。釋文從墜，而以隊附見，顛矣』。

㮚氏

秏　耗〇按：前漢董仲舒傳：『秏矣。哀哉』。尚作「秏」。今文皆作「耗」，蓋漢以後之俗字也。

矢人

趮　躁〇按：說文注：『鉉曰：今俗別作躁，非』。今相承通用「躁」字。漢書王子侯年表、高惠呂后孝文功臣表注：『師古曰：趮，古躁字』。郎云『躁』爲『趮』。

梓人

穨　頹說文無頹。穨正字，頹俗字。郎云「頹」爲「穨」，是未考說文。

弓人

孰　熟〇按：生孰字本但作「孰」。曹憲曰顧野王玉篇始有「熟」字』，後人加火以別「生孰」之「孰」，而「孰」但爲「誰孰」字矣。

五、字通用而較古者

天官

序官

𢿊　漁許無𢿊字。一切經音義卷六云：『漁，古文作𢿊』。說文𩺰部：『𩺰，搏魚也。从𩺰水。漁，篆文𩺰，從魚』。

幂　𩺰說文引此作幎。說文巾部：『幎，幔也。從巾冥聲。周禮有幎人』。段注：『其字亦作幂，俗作羃』。

大宰

聯　連鄭司農注：『聯讀爲連。古書連作聯』。校勘記云：『一本作聯非。說文聯從絲。絲即絲之省，而非从幷』。段若膺曰：『周人用聯，漢人用連字，古今字也』。

示　祇說文：『示，神事也』。『祇，地祇提出萬物者也』。

宮正

衺　邪按：說文衣部：『衺，㐡也』。邑部：『邪，琅邪郡也』。分爲二義。然古書邪多用邪正字，則衺，邪義自通也。

庖人

鱻　鮮說文魚部：『鱻，新魚精也。从三魚。不變魚也』。段注：『凡鮮明，鮮新字皆當作鱻。自漢人始以鮮代鱻。如周禮經作鱻。注作鮮是其證。今則鮮行而鱻廢矣』。又：『鮮，鮮魚也。出貉（魚）〔國〕。从魚羴省聲』。段注：『按此乃魚名。經傳乃假爲新鱻字，又假爲尟少字。而本義廢矣』。

薨　槀禮曲禮：『槀魚曰商祭』。按：說文死部：『薨，死人里也。从死蒿省聲』。

甸師

齍　粢說文皿部：『齍，黍稷器。所以祀者。从皿齊聲』。又禾部：『齍，稷也。从禾，齊聲。粢，齍或从次作』。段注：『今日經典粢盛皆从米作。則又粉餈之或字而誤假也』。按：左傳、禮記皆作粢盛。今本皆譌作「粢」。說文無「粢」字，粢應作「粢」。

鼈人

簎　擉　矠詳說文手部「簎」字，又矛部。說文無「擉」。

蠯　鮩亦與蚌通。說文蟲部：『蠯，陛也。脩爲蠯，圓爲蠇。从虫，庳聲』。段注：『陛各本作蛙，今爾雅同。韻會作陛，即蚌語之轉也』。又：『蚌，蜃屬。从虫，丰聲』。段注：『蜃當作蠯』。魚部：『鮩，蚌也。从魚，丙聲』。按：蠯、蚌、鮩三字通。依說文蠯，从虫，不从䖵。蚌字或作蜯。干禄字書曰蚌俗字。

疾醫

痟　消說文疒部：『痟，酸痟，頭痛也』。按：玉篇：『痟，渴病也』。漢司馬相如〔傳〕：『痟渴』，今漢書本傳作『消渴』。又後漢李通傳：『素有消疾』。注：『消，消中之疾』。

瘍醫

劀　刮○按：說文二字異義。鄭君謂『爲一字』。說文刀部：『劀，刮去惡創也』。『刮，掊杷也』。段注：『凡掊地如杷麥然。故絫言之曰掊杷。今字作刮』。

酒正

緹　醍說文系部：『緹，帛丹〔黃〕色也。从系是聲』。「醍」字不收。

鹽人

鬻　煮說文鬻部：『鬻，亯也。从䰜，者聲。煑，鬻或从火』。漢書多作鬻，見刑法、食貨、郊祀等志。師古

注：『鬵，古煮字』。

宮人

匽　偃説文匸部：『匽，匿也。从匸晏聲』。人部：『偃，僵也。从人匽聲』。

外府

齎　資説文貝部：『齎，持遺也』」『資，貨也』。禾部：『齋，稷也。从禾齊聲。粢，齋或从次』。韭部：『𩐁，从韭，次朿皆聲。韲，𩐁或从齊』。

地官

序官

虩　暴説文無虩字

大司徒

邍　原〇按：今本作「原」。釋文亦作「邍」，从之。夏官多作「邍」。此不應獨从今體也。〔附〕邍　説文辵部：『邍，高平曰邍。人所登，从辵備彔。闕』。段注：『此八字疑有脱誤。當作从辵，从略省、从彔，人所登也。故从彔十四字，今本淺人亂耳。人所登，蒙高解从彔之意也。略者，土地（所）〔可〕經略也。彔者，土地如刻木彔彔然。西都賦：『溝塍刻鏤』是也。蓋從三字會意。灥部：『厵，水平也。從灥出廠下。原，篆文从泉』。段注：『此亦先二後上之例。以小篆作原。知厵乃古文，籀文也。後人以原代高平曰邍之邍，而別製源字爲本原之原。積非成是久矣』。本字。

覈　核附覈，説文襾部：『覈，實也。攷事襾笮邀遮其辭得實曰覈。从襾敫聲』。段注：『凡有骨之稱也。骨下曰肉之覈也。蔡邕注：「典引曰有骨曰覈」。按詩小雅：「肴覈惟旅」。典引及注不誤。蜀都賦作「槅」，假借字。今本作「核」，傳譌也。周禮經作覈，注作核。蓋漢人已用核爲覈矣』。木部：『核，蠻夷以木皮爲匧，狀如籢尊之形也。从木亥聲』。段注：『未詳所本。今字果實中曰核，而本義廢矣。許不以核爲果實中者，許意果實中之字當用覈也』。本字。

㜌　美説文未收此字。〔附〕㜌，説文女部不收㜌字。有『媄，色好也』。段注：『按：凡美惡字可作此。周禮作㜌，蓋其古文』。羊部：『美，甘也。從羊大。羊在六畜主給膳也。美與善同意』。段注：『引伸之，凡好皆謂之美』。

鄉　師

蒩　苴〇按：祭前藉也。士虞禮所謂『苴刌茅，長五寸束之』者是也。前漢郊祀志：『埽地而祠，席用苴稭』。注『讀如租』。『茅蒩祭也』，與儀禮同。先鄭讀爲藉，音異而義同。杜子春云：『當爲菹。以茅爲菹，若葵菹也』。似不如前説爲長。

〔附〕『鄭云、『按』字下宜增此二字。説文艸部：『蒩，茅藉也。從艸，租聲。禮曰：「封諸侯以土，蒩以白茅」』。段注：『白虎通、獨斷皆云：「天子大社，以五色土爲壇。封諸侯，受天子社土以所封之方色。東方受青，南方受赤。他如其方色，皆苴以白茅授之，歸國立社」』。按：班、蔡作苴，假借字。許作蒩，正字也。苴，履中艸。从艸，且聲。説文：『菹，酢菜也』。

匶　柩此籀文也。説文匚部：『匛，棺也。从匚久聲。柩，(或)匛或從木。匶，籀文從舊』。

封　人

絼　紖説文系部：『紖，牛系也。从系，引聲。讀若矤』。「絼」字説文不收，釋文本又作「紖」。

鼓　人

帗　翇説文作翇。注：『帗，列五采繒爲之。有秉』。春官樂師注：『鄭司農云：「帗舞者，全羽。羽舞者，析羽，社稷以帗」』。(园)〔玄〕謂：「帗析五採繒。今靈星舞子持之是也」』。説文巾部：『帗，一幅巾也。从巾，犮聲。讀若撥』。羽部：『翇，樂舞。執全羽以祀社稷也。从羽犮聲，讀若紱』。段氏注：『大鄭及許皆從故書作翇。以字从羽，故知爲全羽。後鄭從今書作帗，以字從巾。故知析五採繒也』。按：先鄭注□□□故書作翇字，從羽。故以全羽爲解。

〔附〕帗　詳説文羽部「翇」字下。

司　市

儥　鬻○按：字从賣，本作𧷓。説文貝部：『𧷓，衒也。从貝𡮲聲。𡮲，古文睦，讀若育』。六經正誤曰：『賣中从冏，非賣字也。賣字，説文作𧶠。从出从買』。

附：儥　𧷓。段注：『衒，行且賣也』。𧷓字不見經傳。周禮多寫「為」「儥」。儥訓買，不訓賣。蓋即説文之賣字。而説文人部，儥又見也，即今之覿字也。玉篇云：『賣或作粥鬻。是賣鬻爲古今字矣』。按：儥爲覿古字，即此經亦假借字也。

廛　人

絘　次説文系部：『絘，績所未緝者。从系次聲』。

遂　人

涂　途　塗　釋文本亦作塗。説文水部：『涂，涂水。出益州牧靡南山，西北入繩』。段注：『古道塗、塗墍字皆作涂』。又土部：『塗，涂也』。段注：『涂塗、泥塗皆古（引）〔令〕字。水部涂字下遺涂泥一解。則木部曰：「杇，所以涂也」。此部六言涂。金部曰：「錯金涂也」。皆不得其轉〔注〕矣。詩：「雨雪載塗」。毛傳曰：「涂，凍釋也」。小正「凍塗」。傳曰：「凍下而澤上多也」。詩角弓傳曰：「塗者，泥也」。通俗文曰：「泥塗謂之㴾湏」。泥塗必兼水土爲之，故字兼從水土。淺人又入之水部，非是』。

草　人

爂　壏　釋文又作塈。

廩　人

鬴　釜説文鬲部：『鬴，鍑屬也。从鬲甫聲。釜，鬴或从金，父聲』。俗省作「釜」。禮運注：中古未有釜甑』。

釋文：『釜，本又作鬴』。爾雅釋水：『覆鬴』。釋文：『鬴，郭云：注作覆釜，古釜字』。漢五行志注：『晉灼云：「鬴，古文釜字」』。

春官

序官

鞻　屨說文無鞻字。走部：『趧，趧婁。四夷之舞，各自有曲。从走是聲』。釋文引字林『鞻，鞮屨』，是字林乃有「鞻」字』。按：古本周禮作「婁」，注讀「婁」爲「屨」耳。

菙　棰○按：說文無菙、「棰」二字。通志堂本釋文作「𡍮」。云本義作「𡍮」。「𡍮」，今隸之乖擡字也。

簭　筮或从石，作簭，非。說文竹部：『𥳑，易卦用蓍也。从竹𢍰。𢍰，古文巫字』。按：說文有𥳑，無筮。筮，隸變也。簭乃古噬字。此假借爲筮耳。詳後簭字注。

大宗伯

疈　副籀文作疈。疈字。疑其變體耳。說文作副。說文刀〔部〕：『副，判也。从刀畐聲。周禮曰：「副辜祭」』。疈，籀文副。从疈』。按：疈字今中从刂。刂，刀之變也。字典歸入田部，誤。辨字亦从刀，今作刂。蓋刀變作刂，刂又變作刂也。辨字，字典入辛部，亦非。

脤　祳說文：『祳，社肉，盛之以蜃。故謂之祳。天子所以親遺同姓。从示辰聲。春秋傳曰：「石當來歸祳」』。經典多作脤。

雞人

嘑　呼說文口部：『嘑，號也』。『呼，外息也』。二字義異，今則通。有呼而嘑廢矣。

嘂　訆　噭　叫說文㗊部：『嘂，高聲也。一曰大嘑也。从㗊丩聲。春秋公羊傳曰：「魯昭公嘂然而哭」』。言部：『訆，大呼也。从言丩聲。春秋傳曰：「或訆于宋大廟」』。口部：『噭，吼也。从口，敫聲。一曰噭，嘑也。叫，嘑也。从口丩聲』。段注：『按：㗊部嘂、言部訆皆訓大嘑，與此音同義小異。疑叫字淺人所增』。○按：今公羊嘂作嘂。左傳「訆」作「叫」。詩小雅『或不知叫號』，釋文或作嘂。嘂、訆、噭、叫均通。爾雅釋樂：『大塤謂之嘂』。釋文：『嘂，本或作叫』。

大司樂

傀　怪説文人部：『傀，偉也』。又：『偉，奇也』。可部：『奇，異也』。心部：『怪，異也』。是傀、怪義亦相通，故鄭云『傀猶怪也』。然傀、怪非一字，郎云『傀』爲『怪』，非也。

典同

筰　笮　窄説文竹部：『筰，　也』。『笮，迫也。在瓦之下棼上』。段注：『説文無窄字。笮、窄古今字也。屋笮者本義，引伸爲逼笮字』。辵部：『迮，迮迮。起也』。段注：『公羊傳：「今若是迮而與季子國」。何云迮？起也，倉卒意。按：孟子：「乍見孺子將入于井」。乍者，倉卒意，即迮之假借也。引伸訓爲迫迮，即今之窄字』。按：廣韻曰：『笮、筰二同，竹索也。西南夷尋之以渡水』。是筰、笮二字同。

鐘師

祴　陔儀禮作「陔」。鄉飲酒禮：『賓出奏陔』。注：『陔之言戒』。按：祴字會意，宜从示。儀禮作陔，蓋假借也。説文：『祴，宗廟奏祴樂。从示戒聲』。本書「駭」作「駴」，从馬亥聲。戒聲之字得相通假也。廣韻十六怪：烗，苦戒切，烕上同。亦足相證。詩湛露釋文：『祴，戒也』。考工記匠人『堂涂』注：『謂陔前若今令甓祴也。漢時名堂涂爲令甓祴；令辟則今之塼也，祴則塼道者也』。釋文：『祴音階』。按：説文『陔，階次也』，即疏所謂『塼道』也。釋文『階是陔之譌，鐘師『祴音陔』可證。韵會音居聯切，蓋未悟釋文階字之誤。説文言部：『該，軍中約也。从言，亥聲』。按：軍中約，軍中戒約。左傳：『秦行〔人〕夜戒晉師曰：「兩君之士，皆未憖也。明日請相見也」』。又宣十二年：『軍政不戒而備』。注：『戒，敕令也』。荀子强國：『發誡布令而退敵』。注：『誡教，戒約，即（該）〔誡〕約』。詩采薇：『豈不日戒』。箋：『戒，警敕軍事也』。

笙師

篴　笛説文竹部：『笛，七孔筩也。從竹由聲』。無篴字。段注：『篴笛古今字。由、與逐皆三部聲也。古音如逐，今音徒歷切』。爾雅釋樂郭注：『籥如笛』。釋文：『笛字或作篴』。

典庸器

筍　簨○按：禮記作簨。説文無簨字。字或作簨、栒、楔、簨。見張衡西京賦。栒，見邢昺爾雅疏。

虡　簴○按：説文本作虡。詩、爾雅亦作虡，經多用之字。或作鐻，樶、鐻、鐻字見史記，樶字見漢書志。説文虍部：『虡，鐘鼓之柎也。飾爲猛獸，从虍異，象形。其下足。鐻，虡或從金豦』。五經文字：『虡，説文也。虡，隸省也』。

大卜

㝱　夢○按：今本多作「夢」。説文作㝱。從宀从爿，夢聲。下正引占㝱之文爲證。且他書引經多有作㝱者。知經文本作㝱也。釋文作「㝱」，乃㝱字之譌耳。説文部首：『㝱，寐而覺也』。夕部：『夢，不明也。从夕，瞢省聲』。二字義異，故校勘記謂『㝱者正字。夢者假借字』。今經典多作「夢」，相承通用亦概作夢字矣。依説文，字當作㝱字，書多作夢，省文也。

華氏

焌　焞　燇説文火［部］：『焌，然火也。从火夋聲。周禮曰：「遂龡其焌」。焌火在歬，以焞焯龜」。『焞，明也。从火享聲』。無燇字。

占㝱

噩　咢　愕　鄂杜子春云：『當爲愕』。釋文：鄂同。困學紀聞云：『列子：「夢有六候」』。與占㝱同。噩，作『蘁』。校勘記：『説文引周禮作㖾㝱，見㝱字下。蓋許讀噩爲遻。㖾，即今咢字，杜云『驚愕』是也。許所據周禮實作㖾，杜本蓋同。説文吅部：『㖾，譁訴也』。段□□□借爲驚遻之遻。辵部：『遻，相遇驚也』。許無噩、愕字。玉篇㗊部有『噩，驚也』。○按：鄂與噩通。爾雅釋天：『歲在酉曰作噩』。史記天官書作鄂，又與愕通。史記五帝紀『象鄂不懌』，前漢霍光傳『君臣皆驚鄂失色』，然則噩、㖾、愕、鄂四字可通用也。本作㖾、愕、鄂，今作咢、愕、鄂。唐韻：『古音蕚即咢字』。俗加艸，蘁又蕚之别出，即一字也。據此則列子之「蘁」字後起。

甸祝

裯　醻　禱杜子春云：『裯、禱也。詩云：「既伯既禱」』。釋文音禱』。説文示部：『裯，禱牲馬祭也。从示周聲』。段注：『都皓切』。五經文字：『直由反。又音誅』。又：『騆，或从馬壽省聲』。鉉本説文裯下引詩曰『既禡既裯』，鍇本則爲錯引。

巾車

連　輦今本作「輦」。校勘記云：『唐石經諸本同釋文，作連車，云音輦，本亦作輦。説文：「連，負連也。从辵从車」。古經當以連爲輦，後人援注改之。釋文本最古，可據。鄉師：「與其輂輦」。注：故書輦作連。鄭司農云：「連讀爲輦」』。説文辵部：『連，負車也。从辵車，會意』。段注：『連，即古文輦也。負車者，人輓車而行，車在後如負也。字从辵車會意，猶輦从㚘車會意也。人與車相屬不絶，故引伸爲連屬字。耳部曰：「聯，連也」。大宰注曰：「古書連作聯」。然則聯，連爲古今字，連、輦爲古今字。假連爲聯，乃專用輦爲連。大鄭當云，連今之輦字，而云讀爲輦者，以今字易古字，令學者易曉也』。管子海王：『服連軺輂』。左哀二十六年：『卒于連中』。釋文：『連，一音輦』。

凡以神仕者

鬽　魅説文鬼部：『鬽，老物精也。從鬼彡。彡，鬼毛。魅，或從未』。左傳：『螭魅魍魎』。釋文作「鬽」。

夏官

序官

撢　探説文手部：『撢，探也。从手，覃聲。探，遠取之也。从手，罙聲』。

大司馬

駴　駭釋文：『本亦作駭』。王粲英雄記：『整兵駭鼓』。説文馬部：『駭，驚也。从馬亥聲』。無駴字。張衡西京賦：『駭雷鼓』。文選七啓『駴鐘』李善注：『駴，古駭字』。

挈壺氏

欜　柝説文又作⿰木㡿，無「柝」。此經天官作柝。○按：欜，从木，橐聲。或作欜非。字典歸十四畫亦誤。説文木部：『欜，行夜所擊木。从木橐聲。易曰：「重門擊欜」』。『⿰木㡿，判也。从木，㡿聲。易曰：「重門擊⿰木㡿」』。段注：『按欜下引易「重門擊欜」，欜之本義也，引經言轉注也。此引易「擊⿰木㡿」者，横之借字也，引經言假借也。易有異文。兼引之而六書明矣』。

職方氏

虖池　滹沲説文水部滋字下作「呼沱」，禮記作「惡池」，山海經作「滹沱」，國策作「呼沲」，詛楚文作「惡駝」。○按：惡、呼均虖之假借，滹後起字。古文沱多作「池」。池，古文沱。今文沲，沱之别字。駝，沱之假借。按説文有「沱」無池，段氏據初學記補篆，鄭子尹説文逸字又以爲不當補。未知孰是。

秋官

序官

蠿　胆漢讀考云：『説文虫部：「蠿，蠅胆也」。周禮：「蠿氏掌除骴」。肉部：「胆，〔蠅〕乳肉中也」。通俗文同此注。「所蠿」也當作所胆，謂蠅所聚乳也。胆，俗作蛆』。○按：胆有平、去二音。集韻或从虫，亦作蝫，均後起字。廣韻『蠿七慮切』。

翨　翄説文羽部：『翨，鳥之彊羽猛者。从羽是聲』。段注：『大鄭翨讀爲翄翼之翄，以是聲、支聲皆在十六部。翨，當即是翄之奇字』。後鄭以經雲獻羽翮，則訓翨爲鳥翮，是聲、鬲聲亦同十六部也』。翄，翼也。从羽支聲。𦐙，翄或从羽氏。按：是，氏古同字。釋獸釋文：『翄，本或作翅，又作翨，聲同。』

士師

汋　酌説文水部：『汋，激水聲也』。酉部：『酌，盛酒行觴也』。九經古義云：『詩正義曰：汋、酌古今字。

周頌〔作〕酌，左傳作「汋」。公羊僖八年傳云：「蓋酌之也」，穀梁作『汋』。

撟　矯説文手部：『撟，舉手也。从手喬聲。一曰撟，擅也』。段注：『擅，專也。凡矯詔當用此字』。矢部：『矯，揉箭箝也。从矢，喬聲』。段注：『引伸之爲凡矯枉之偁。凡云矯詔者，本不然而云然也』。

蟈氏

蘜　菊説文艸部：『蘜，治墻也。从艸鞠聲』：『菊，大菊、蘧麥。从艸匊聲。蘜，日精也，以秋華。从艸鞠省聲。蓻，蘜或省』。段注：『本艸經「菊花一名節花，又曰：一名日精」』。按：一名節花，即許所謂以秋華也。一名日精，與許合。夏小正：「九月榮鞠，鞠，艸也。鞠榮而樹麥，時之急也。」月令：「鞠有黄華」。離騷：「夕餐秋菊之落英」。字或作菊，或作鞠。以説文繩之，皆假借也。釋艸：「鞠，治墻」。郭云：「今之秋華菊」。郭意鞠、菊爲古今字。玉裁謂：許君剖析菊爲大菊、蘧麥，蘜爲治墻，蘜爲日精，分厠三所。又恐學者以其同音易溷也，著之曰以秋華，言此蘜字乃小正、月令之布華（园）〔玄〕月者者也。然則許意治牆别是一物，種類甚殊，如大菊之非蘜。郭注爾雅與許全乖。考郭氏所注小學三書，今存者二。有時涉及字林，而絶未嘗偁用説文也。本草經名毉别録秋華有九名而無治牆，則治牆之非秋華亦略可見』。革部：『鞠，蹋鞠也。从革匊聲』。

考工記

㡛氏

盝　漉　渌郎云『濾爲盝』。按：濾音慮，無鹿音。義同音異，不得並爲一也。玉篇水部：『盪同漉』。説文水部：『漉，浚也。从水鹿聲。一曰水下皃也。渌，漉或从彔。』段注：『封禪文「滋液滲漉」，後世言漉酒，是此義』。許無盝。玉篇：『盝，瀝也』。廣韻：『盝，彔也』。瀝或作漉。

梓人

𦅸　殺説文殺部：『殺，籀文殺』。錢氏大昕云：『𦅸即籀文殺。凹譌爲門，又譌爲人』。按玉篇有「殺」，無𦅸。五經文字門部已收𦅸字，則其譌久矣。玉人注：『抒，𦅸也』。釋文：『𦅸，殺字之異者。本或作殺』。矢人釋文：

『𦄂，本作殺』。

箺　噬説文口部：『箺，啗也，喙也。从口筭聲』。段注：『各本作噬，今正。説文有筭無筮，則筮者隸變。不當用爲諧聲。周禮梓人：「攫殺援箺」。从筭聲而省吅也。又周禮卜筮字皆作筮，此則假借也』。

廬人

毄　擊説文殳部：『毄，相擊中也。如車相轚，故从殳軎也。』按：毄，即毄之變文也。集韻分爲二字似非。手部：『擊，攴也。从手毄聲』。

匠氏

𤰝　畎

説文部首：『𡿨，水小流也。周禮：匠人爲溝洫，枱廣五寸，二枱爲耦。一耦之伐，廣尺、深尺謂之𡿨。倍𡿨謂之遂。倍遂曰溝，倍溝曰洫，倍洫曰巜。凡𡿨之屬皆从𡿨。𤰝，古文𡿨。从田川，田之川也。畎，篆文𡿨从田犬聲。六畎爲一畮』。又川部川下引虞書『濬畎澮距川』，作『濬𡿨巜歫川』。前漢溝洫志『一晦三甽』。正韻作『𤰝，从巜』，疑非。

窌　窖説文穴部：『窌，窖也。从穴丣聲。窖，地臧也。从穴告聲』。禮月令：『穿竇窖』。吕覽作「窌」。

弓人

卦　腦説文作「𡿺」。説文匕部：『𡿺，頭髓也。从匕。匕，匕相匕箸也。巛以象髮，囟象囟形』。按：説文無「卦」字。段玉裁以卦爲譌體。𣥺　牚説文止部：『𣥺，歫也。从止尚聲』。此注大鄭曰：『𣥺，讀牚歫之牚。牚即𣥺之變也。撐俗字』。又木部：『樘，柱也。从木堂聲』。段注：『樘可借爲𣥺歫。猶柱可借爲支柱，而支柱遂正釋樘』。

斞　庾説文斗部：『斞，量也。从斗臾聲。周禮曰：「桼三斞」』。段注：『考工記弓人文。鄭注「輕重未聞」，許亦但云量也。一弓之膠甚少，與論語、考工記之庾絶異』。

六、古通用字

天官

序官

胥　諝説文肉部：『胥，蟹醢也』。言部：『諝，知也』。注：『胥讀爲諝。謂其有才知爲什長。秋官象胥注：「胥其有才知者也」』。小雅：「君子樂胥」。箋云：「胥，有才知之名也」』。胥乃假借字。大行人注：『胥讀爲諝』。

大宰

削　稍釋文云：『本亦作稍。又作䣆』。○按：三字義通。校勘記曰：『依説文當作䣆』。説文刀部：『削，鞞也。從刀肖聲。一曰析也』。邑部：『䣆，國甸，大夫稍稍所食邑。从邑，肖聲。周禮曰：『任䣆地在天子三百里之內。』』段注：『載師注曰：「故書稍或作削」。』按：削當是䣆之誤。許所據正故書或本也。太宰：『家削之賦』，當作家䣆。釋文曰：『家削本又作䣆是也』。按國甸之下，疑有奪文。當云『國甸之外曰家䣆，大夫稍稍所食邑』。禾部：『稍，出物有漸也』。䣆，正字。稍、削假借字。

頒　班

斿　游『八曰斿貢』。鄭司農云：『斿貢羽旄則不改字』。後鄭謂：『斿，讀如囿游之游。燕好珠璣　也』。游，本訓旌旗之流，其常省作「斿」。囿游，園之離宮小苑觀處也，與游之本訓異。

挾　浹左傳作浹

傅　附

小　宰

施　弛此假借字。説文㫃部：『施，旗旖施也』。弓部：『弛，弓解弦也』。

政　征説文攴部：『政，正也。从攴正，正亦聲』。辵部：『延，正行也。从辵，正聲。征，延或從彳』。

膳　夫

造　竈禮説云：『大祝注：「故書造作竈，然則古文造、竈通」。吳越春秋「勒馬銜枚出火于造」，吳語造作竈。所謂「係馬舌出火竈」。龜策傳：「灼鑽之處，亦以造名」。注：「造音竈」。本此。」

內　饔

狸　鬱此説本內則。

般　斑九經古意云：『北山經：諸毗之水，其中多水馬，其狀如馬，文臂牛尾』。郭璞注：『臂前脚也』。周禮曰：『馬黑脊而斑臂膢』。案釋文般音班」，注云『臂毛有文，是亦讀般爲斑也。古般、斑通』。郭氏以今字讀之，故引作斑。説文舟部：『般，辟也。象舟之旋。从舟、从殳。殳，令舟旋者也』。文部：『辬，駁文也。从文辡聲』。段注：『斑者，辬之俗』。

司　書

正　征説文部首：『正，是也。从一，一㠯止』。

內　宰

淳　純釋文：『諸允反，徐音純』。説文水部：『淳，淥也。从水，𦎧聲』。糸部：『純，絲也。从糸屯聲』。論語曰：『今也純，儉』。左襄十八年：『子庚門于純門』。釋文：『純，一音市筍反』。

典婦功

苦　楛説文艸部：『大苦，苓也』。木部：『楛，楛木也』。

内司服

展　襢

緣　褖説文糸部：『緣，衣純也。从糸彖聲』。褖字。

展　襄説文衣部：『襄，丹縠衣也。从衣㠭聲』。段注：『鄘風：「瑳兮瑳兮，其之展也」。毛詩傳：「禮有展衣者，以丹縠爲衣」』。馬融從之。許説同。先、後鄭注周禮及劉氏釋名皆云：「展衣白」。後鄭云：「展衣以禮見王及賓客之服，字當爲襢。襢之言亶。亶，誠也」。按詩、周禮作展。假借字也。玉藻、襍記作「襢」。後鄭从之。許作襄。漢禮家文字不同如此」。』許無襢字。尸部：『展，轉也。从尸襄省聲』。

屨人

句　絇○按：前漢書王莽傳『句屨』本此。鄭云：『箸，舄屨之頭，以爲行戒。句當爲絇聲之誤也』。説文：『句，曲也。从口丩聲。凡句之屬皆从句』。糸部：『絇，纑繩絇也。糸句聲。讀若鳩』。段注：『按許不言屨飾，但言纑繩絇。許意屨絇字當從周禮，作句爲正，取拘止之意』。

地官

〔序官〕

馴　訓

生　性

大司徒

專　團○按：漢書五行志、宋玉九辯尚用之。説文寸部：『專，六寸簿也。从寸叀聲。一曰專，紡專』。説文口部：『團，圜也』。

愉　偷説文心部：『愉，薄也。从心俞聲。論語曰：「私覿愉愉如也」』。按：段注：『許本文「薄」下有

「樂」字。説詳彼注。引申之凡薄皆曰「愉」。詩唐風：「他人是愉」。箋云：「愉讀曰偷。偷，取也」」。許無「偷」字。

葽　定讀从如字亦可。二字相引伸。

蕃　藩説文艸部：「蕃，艸茂也」；「藩，屛也」。段注：「屛，蔽也」。

鄉師

纛　翿校勘記云：「字應从纛」。詳説文羽部「翳」下注。

舞師

皇　翌説文羽部：「翌，樂舞。以羽䎃，自翳其首，以祀星辰。从羽王聲。讀若皇」。

委人

余　餘説文八部：「余，語之舒也。从八余省聲」。食部：「餘，饒也。从食余聲」。正字通以周禮爲聲也，而僞正韻合余、餘爲一。按：此同音假借。職方氏：「昭餘祁」，淮南子作昭余，説文鍇本亦作「余」。

草人

渴　竭爾雅釋詁：「揮、盝、歇、涸「竭也」。釋文本竭作「渴」，音義並同。説文水部：「渴，盡也。从水曷聲」。段注：「渴、竭古今字。古水竭字多用渴，今則用渴爲潚字矣。佩觿曰：「説文、字林渴音其列翻」。按大徐苦葛切，非也。

山虞

荑　夷宋本作「夷」。説文無「荑」字。大部：「夷，東方之人也。从大從弓」。

珥　刵説文玉部：「珥，瑱也。从王耳，耳亦聲」。刀部：「刵，斷耳也。从刀耳」。

春官

序官

韎　昧正義曰：『後鄭讀韎爲韎韐之韎者，欲取韎爲赤色，是以禮記檀弓云：「周人大事斂用日出」』。鄭云：『日出時亦赤，則東夷之樂名韎者，取色赤東方之意』。○按：禮明堂位作『昧』。説文日部：『昧，昧爽且明也。从日，未聲』。亦日將出時與色赤東方之意合。杜子春讀如菋荎著之菋。擬其音也。説文韋部：『韎，茅蒐染韋也。一入曰韎，从韋末聲』。又詳段注。

大宗伯

祼　灌説文示部：『祼，灌祭也』。詳段注：『注「兩」言祼之言灌，「之言」者，通其音義以爲訓詁，非謂其字同也』。大行人『壹祼』注：『鄭司農云：「祼讀爲灌」』。

信　身信　伸説文言上「人」部：韋昭漢書音義云：『信，古伸字也』。詳説文人部『伸』字段注，『易「詘信相感」，「引而信之」』。

果　祼秋官大行人『再祼、三祼』，故書祼作『果』。

肆師

貉　禡説文示部：『禡，師行所止，恐有慢其神，下而祀之，曰禡』。

鬯人

斗　枓説文：『斗，十升也』。木部：『枓，勺也。从木斗聲』。段注：『凡升斗字作斗，枓勺字作「枓」。本不相謀，而古音同當口切，故枓多以斗爲之。小雅「維北有斗，不可以挹酒漿」，「維北有斗，西柄之揭」；大雅「酌以大斗」，皆以斗爲枓也。趙世家「使廚人操銅枓」，張儀傳「説此事作金斗」。喪大記：「沃水用枓」』。

司尊彝

獻　犧

昨　酢皆从乍得聲。

司几筵

柏　迫史記高帝紀：『上東擊韓信，還過趙。趙相貫高等陰謀弑上。上欲宿，心動。問：「縣名何？」曰：「柏人」。上曰：「柏人者，迫于人也」。去弗宿』。又漢武瓠子歌：『魚弗鬱兮柏冬日』。義均與迫通。説文木部：『柏，鞠也。从木白聲』。

典瑞

敦　燾説文火部：『燾，溥覆照也。從火壽聲』。按：覆燾字，左傳、中庸作「幬」。假借字也。

晉　搢搢，説文無。

珍　鎮杜子春云：『珍當爲鎮。書亦或爲鎮』。説文玉部：『珍，寶也。从玉㐱聲』。金部：『鎮，博壓也。从金真聲』。

駔　組説文馬部：『駔，壯馬也。从馬且聲。一曰駔會也』。糸部：『組，綬屬也。其小者以爲冠纓。从糸且聲』。

司服

希　黹〇按：釋文本或作絺，書益稷作絺。説文部首：『黹，箴縷所紩衣也。从㡀丵省，象刺文也』。段注：『按許多云希聲而無希篆，疑希者古文黹也，从巾，上象繡形』。另詳説文「逸」字希下。

世婦

苛　呵訶漢書尚用苛。説文艸部：『苛，小草也』。段注：『引伸爲凡瑣碎之稱』。言部：『訶，大言而怒也』。此漢人假借字。

大司樂

屍　尸〇按：今本作尸。釋文：『屍，音尸。本亦作尸』。説文：『尸，陳也。象卧之形』。『屍，終主也。从尸死』。此經用屍古文。假借字。正字通：『古尸作屍』。易師卦：『弟子輿尸』。石經省作尸；尸、屍通用。

宥　侑有司徹注：『古文侑皆作宥』。説文宀部：『宥，寬也』。管子法法篇：『文有三侑，武無一赦』。三侑即三宥也。宥、侑古假借用。

愷　豈○按：左傳：『振旅愷以入于晉』注：『愷，樂也』。正義今通作凱。爾雅釋天：『南風謂之凱風』。釋文作『颽』，亦作『凱』。疏：『南風長養萬物喜樂，故曰凱風。義與愷同』。左傳『八愷』，或作『八凱』、愷、凱古通也。説文：『豈，還師振旅樂也』。説文豈部：『愷，康也。从豈心，豈亦聲』。許無『凱』字，段氏以『愷』爲俗。心部又有『愷』，段以爲淺人增竄。『豈樂』亦『豈』字。愷、愷樂字，經傳多相假借。詩『豈弟』。毛傳曰『豈，樂也』。是借用「豈樂」字。左傳『振旅愷』，是借用『愷樂』字。

樂師

鼙　鼓鄭如字。先鄭云：『當爲鼓』。○按：鼙、鼓古通。『舜父鼙瞍』，前漢古今人表作『鼓叟』。説文『鼙』下引此經，亦作『鼓』。説文目部：『鼙，目但有眹也。从目鼓聲』。鄭司農云：『無目眹謂之鼙』。韋昭云：『無目曰鼙』。皆與許異。釋名曰：『鼙，鼓也。瞑瞑然目平合如鼓皮也』。

皋　告○按：先鄭云：『皋當爲告』。説文本部：『皋，氣皋白之進也。从白本。禮：「祝曰皋，登謌曰奏」。故皋、奏皆从本。周禮曰：「詔來鼓皋舞」』。段注：『今周禮作「來鼙」。先鄭云：「鼓或作鼙。皋當作告」。後鄭云：「皋之言號」』。大祝職云：「來鼙令皋舞」。後鄭曰：「皋讀爲卒嘷呼之嘷。來嘷者皆謂呼之入」』。漢書：『高祖告歸之田』。服虔曰：『告音如嘷』。東觀漢記田邑傳作『號歸』。蓋古告、皋、嘷、號，四字音義皆同』。皋或作『皐』俗作『皐非本説文。進趨也。从大十。大十者，猶兼十人也。凡本之屬皆从夲，讀若滔。亦作本。秦即奏字。本作夆。从夲，从収，从中。中音徹，上進之義。皋或又作『睾』。干禄字書云『俗字』。

倡　唱

説文：『倡，樂也』。『唱，導也』。倡、唱古今字。詩擇兮：『倡予要女』。釋文：『倡本又作唱』。左傳昭十六年注：『擇兮詩取其「倡予和女」』。釋文：『「倡本或作唱同」』。文選魏都賦李善注：『漢書房中歌曰：「肅倡和聲」，字書曰「倡亦唱字也」』。漢書多作『倡』。師古注：『倡讀曰唱。樂記：「壹倡而三歎」』。玉篇口部唱下引作唱，云：作倡同。人部「倡」下仍引作「倡」。

大胥

舍采　釋菜○按：鄭意，舍即釋也，易義不易音。詩：『舍矢如破』。箋：『舍之言釋也』。亦不易音。釋文音釋。説文亼部：『舍，市居曰舍。从亼屮口。屮象屋，口象築也』。段注：『舍可止，引伸之爲凡止之稱』。採部：『釋，解也。从采。采取其分別，从睪聲』。舍、釋音亦近。采、菜古今字。儀禮士喪『禮：君釋采』。注亦讀『采』爲『菜』。

大卜

觭　奇　掎杜讀奇偉之奇，鄭讀掎角之掎。説文角部：『觭，角一俛一仰也。从角奇聲』。段注：『觭者，奇也。奇者，異也。一曰不耦也。故其字從奇』。手部：『掎，偏行也。从手，奇聲』。

龜人

果　臝、蠃説文木部：『果，木實也。从木，象果形在木之上』。無臝字。衣部：『臝，但也。从衣𣎆聲。裸，臝或从果』。

華氏

燋　爝此鄭氏説。杜子春讀如焦，又讀如樵。説文火部：『燋，所以然持火也。从火焦聲』。『爝，苣火祓也。从火爵聲。周禮曰：「以明火爇燋也」』。○按：焦聲、爵聲之字通用者多。説文口部：『噍，齧也。从口焦聲。嚼，噍或从爵』。禮少儀：『數噍毋爲口容』。釋文：『噍，又作嚼』。噍、嚼一字也。廣韻：『穛』，説文作『⿰米焦』，早取穀也。玉篇：『穱，早熟稻。亦作⿰米焦』，則⿰米焦、穱一字也。皆燋、爝相通之證。古燋、焦亦通。説文火部：『⿱雥火，火所傷也。从火，雥聲。焦或省』。按：焦之作『燋』，假借字也。禮内則：『濡炙之舉燋』。釋文作『焦』，云字又作『燋』。管子七臣七主篇：『火暴焚地燋草』。前漢霍光傳：『燋頭爛額爲上客』。後漢朱浮傳：『上下燋心』。義均同焦。燋、固有爝、焦二音，均可從也。呂氏春秋：『爝火』，作焦火。則借焦爲爝。説文言部：『譙，从言焦聲。

讀若嚼』。玉篇：『燋，子藥、子肖二切。爝，子藥切』。說文米部：『䊪，早取穀也。从米，焦聲。一曰小』。段注：『內則：「稰穛」。注云：「孰獲曰稰，生穫曰穛」。正義曰：「穛是斂縮之名，明以生穫。故其物縮斂也」。按：䊪即穛字，亦作穱。古爵與焦同音通用也。大招、七發皆云「穱麥」。王逸云：「擇麥中先熟者也」。大招以爲飯。七發飤馬。吳都賦云：「穱秀菰穗」。廣韻云：「穱者，稻處種麥」。皆與早取之義合。凡早取谷皆得名穱，不獨麥也』。

眂祲

輝　暈說文火部：『輝，光也。从火軍聲』。日部：『暈，光也。從日軍聲』。段注：『光也二字，當作日光氣也四字。篆體暉當作暈。周禮暈作煇。古文假借字』。

闇　暗鄭司農云：『闇，日月食也』。說文日部：『暗，日無光也』；門部：『闇，閉門也』。

大祝

右　侑說文口部：『右，助也。从口又』。

皋　嗥

付　祔說文人部：『付，予也』。『祔，从示付聲』。

小祝

彌　敉　弭說文弓部無彌。文部：『敉，撫也。从文米聲。周書曰：「亦未克敉公功」。讀若弭』。弓部：『弭，弓無緣可以解繺紛者。从弓耳聲』。段注：『弭可以解紛，故引申之訓止。凡云弭兵、弭亂者是也』。『弲、弭或从兒』。段注：『兒聲也。兒，蓋此篆之正體。故亦作彌。爾、兒聲同。故周禮「彌災兵」，漢書「彌亂」，即弲字也』。

銘　名注：『銘，今書或作名』。士喪禮注曰：『今文銘，皆爲名』。檀弓作銘。說文金部無銘字。

內史

枋　柄釋文作柄，本又作枋。天官亦作柄。段懋堂曰：『古音方聲、丙聲同在十部』。說文木部：『枋，枋木。

可作車。从木方聲』。春秋：『鄭伯使宛來歸祊』。穀梁作邴』。説文：『仿，从人方聲。俩，籀文仿，從丙』。

巾車

幎　辟説文巾部：『辟，髹布也。从巾辟聲。周禮曰：「駹車犬辟」』。詳段注。

服　菔注：『刀劍衣也』。按：菔，似宜作『箙』。

篆軓

校勘記云：『説文：「軓，車約也。从車川聲」。周禮曰：「孤乘夏軓」。按：軓與篆，聲相近。蓋賈、許所讀本如是。訓爲車約，與兩鄭義合』。段注云：『敕倫切，古音在十三部』。説文竹部：『篆，引書也』。

車僕

萃　倅注『其字當爲萃。書亦或爲萃。』校勘記云：『其蓋卒字之譌。集韻十八隊：「倅，副也。或作萃，亦省作卒」。類篇衣部：「卒，取内切。副也」。當本釋文。釋文當云：『卒，七内反。副也。又作萃」。今本蓋出後人删改。此經五萃字，當本作卒。淺人援注改之』。説文艸部：『萃，艸皃。从艸卒聲。讀若瘁』。

夏官

環人

搏　捕釋文：『音博。又房布反。本或作捕』。校勘記云：『漢人搏字，讀若今之捕』。説文手部：『搏，索持也』。段注曰：『入室搜曰索。索持，謂摸索而持之』。又云：『古捕盜字作搏，而房布反。又音付。猶後人所謂捫搎，摸索也。本部搏、捕二篆皆收。捕，訓取也。又部取下云「捕也」，是與索持義迥别。今則捕行而搏廢。但訓爲搏擊」。又按：搏擊與索取無二義。凡搏擊者未有不乘其虚怯，扼其要害者，猶執盜賊必得其巢穴也。本無二義二音』。

方相氏

方良　蝄蜽説文蟲部：『蝄，蝄蜽。山川之精物也。淮南王説：「蝄蜽狀如三歲小兒。赤黑色，赤目，長耳，美髮。从蟲网聲」』。按：此作方良，左傳作罔兩。孔子世家作罔閬，俗作魍魎。

職方氏

瞢　夢說文苜部：『瞢，目不明也。从苜，从旬。目數搖也』。夕部：『夢，不明也。从夕瞢省聲』。按：小雅『視天夢夢』，與瞢音義同。

波　播鄭讀爲播。禹貢曰：『熒播既都』。釋文：『播音波，都，張魚反。本作猪』。○按：古文尚書作『熒波既猪』。釋文本之。史記禹本紀作『熒播（注：音波）既都』，與鄭合。司馬與鄭均漢人，未見古文尚書也。古波、播同音。郭璞木禾贊：『爰有嘉穀，號曰木禾。匪植匪蓺，自然靈播』。播與禾葉可證。或解波爲『嶓冢』者。蓋據古文或作『熒嶓既都』也。竊謂『嶓冢』距豫較遠，爾雅云『水自洛出，爲波』。山海經云『婁涿之山，波水出其陰，北流注于穀』，是波水正在河南地，不必易字易音。鄭氏未知古文尚書有『熒波』之『波』，（疏亦云：『禹貢有播水，無波』。）波、播同音，因易波爲播耳。

形方氏

華　⿰亻瓜　竵禮說云：『𠦬離之地』。𠦬今作乖，俗誤爲「乘」。說文部首：『𠦬，背呂也。象脅肋形。凡𠦬之屬皆从𠦬。讀若乖』。玉篇于𠦬部加⿱艹𠦬，訓爲⿱艹𠦬斜也。苦媧切，⿱艹𠦬斜者猶猶邪云爾。漢讀考云『華音同荂』，廣韻、集韻作『⿱艹𠦬』，非。校勘記云：『今俗語分析謂之花，即此經華字也』。說文丫部：『花，戾也。从丫夊』。今隸作从兆，此乖字也。禮說似誤。○按：注讀⿰亻瓜。正字通曰：『說文立部：「竵，不正也。从立𦣻聲」。廣韻改作萊。集韻又作⿱艹𠦬，均後起』。荂，榮也。音敷。一音誇。則段氏擬華字之音也。𠦬爲𠦬背之𠦬，與華邪義遠。如阮氏說，則與戴記『爲國君者華之』之華義同。

秋官

序官

訝　迓說文言部：『訝，相迎也。周禮曰：「諸侯有卿訝也。从言牙聲」。段注：『鋐增迓字。云訝或从辵，爲十九文之一。按迓俗字，出于許後。衛包無識，用以改經，不必增也』。詩『百兩御之，以御田祖』，士昏禮『媵御』，曲禮『大夫士必自御之』，穀梁傳『跛者御跛者，眇者御眇者』，列子『遇駭鹿，御而擊之』，皆作御，同音假借也。惟書作迓，蓋衛包所改。牧誓『弗迓克奔』，顏氏匡謬正俗引作御，是書亦易作御也。

雍　壅漢書溝洫志壅皆作雍。説文無壅。左傳襄公二十六年：『而雍害大事』。釋文：『雍，於勇反』。雍，小篆作雝。隸變作雍。説文隹部：『雝，雝渠也。從隹、邕聲』。川部：『邕，邑四方有水自邕成池者是也。從巛邑，讀若雝』。凡四面有水皆曰邕，經典解雝字皆以『邑』之假借。王莽傳『邕經水不流』，假邕爲『壅』。左氏宣公十二年傳『川壅爲澤』，説文川部巛下引作雝。雝、壅古今字。詩大〔小〕雅『惟塵雝兮』，即『壅』字也。

烜　燬字典云：『説文爟，或从亘作烜，古玩切』。集韻、類篇、正韻仍之。正字通云：『周禮夏官司爟與秋官司烜所掌不同，音切亦異。烜非爟字重文。説文合爲一，誤』。今廣韻二十九換止收爟字，無烜字。集韻、類篇、正韻俱仍説文之誤也。説文燬作焜，見火部。今本有焜、燬二字。段氏據釋文謂説文有焜無燬。焜即燬也，或分爲二字非。

條　滌郊特牲：滌蕩其聲。

庶　煑注云讀如，擬其音耳。

司盟

義　儀校勘記曰：『釋文作義，云音儀。今本竟改作儀，非。漢字多用義爲儀。見先鄭注』。○按：故書儀，多作義。肆師注：『故書儀爲義。鄭司農云：「義讀爲儀。古者書儀但爲義，今時所謂義爲誼」。』説文我部：『義，己之威義也。从我从羊』。人部：『儀，度也。从人義聲』。言部：『誼，人所宜也。从言宜，宜亦聲也』。按：許説與先鄭同也。義爲古威儀字，儀爲古儀度字，誼爲仁誼字。今以誼爲義，以義爲儀，而誼別爲情誼、恩誼字矣。

司烜氏

遂　燧説文：『遂，亡也。从辵㒸聲』。𨸏部：『　，塞上亭，守㷭火也。从𨸏，从火遂聲。隧，篆文●省』。

按：今作燧，蓋隸省變也。

伊耆氏

咸　函九經古義云：『古咸、函通』。毛詩巧言曰：『僭始既涵』。韓詩作『既減』。司馬相如封禪文：『上咸五登三』。徐廣曰：『咸一作函』。漢書天文志：『星辰過太白間，可椷劒』。蘇林曰：『椷音函』。按：容也。説文口部：『咸，皆也，悉也。从口从戌。戌，悉也』。马部：『函，舌也。舌體㔾㔾。从㔾，象形。㔾亦聲』。段注：『小徐曰：「説文篆如此」。李陽冰非之，謂當作函。按：如李説，易與臽混。今廣韻●、函別爲二字。則更非矣』。

司儀

旅　臚○按：前漢敘傳『大夫臚岱』。注：『鄭氏曰：『臚岱，季氏旅于泰山是也』。師古曰：『旅，陳也。臚亦陳也。臚、旅聲相近其義一耳』。二字古通，平上均可。

考工記

總敘

鸛　鸜　鴝今本作鸜。唐石經已然。釋文本作鸛，云徐、劉音權。公羊傳同，本又作鸜。左傳同。賈疏本作鸜。云：『左氏傳作鸜鵒。公羊傳作鸛鵒。此經注皆作鸜字，與左氏同』。校勘記曰：『徐邈、劉昌宗作鸛音權是。此經舊作鸛鵒矣。鄭注所引者爲左氏傳則鄭所據左氏春秋亦作鸛。賈疏本唐石經作鸜爲失其舊。説文鳥部：『鵒，鴝鵒也。从鳥谷聲。古者鴝鵒不踰泲』。鵒或作鵅，不稱。周禮或據他書作鴝鵅也。權劬一語之轉，蓋考工記、春秋皆有，二本不同，依説文别作鴝爲是。○按：玉篇：『鸜，巨負切。鸜鵒亦鴝鵒』。小補：『鸛，本作鸛』。鸛，鴝也。然則鸛者，鸛之省文耳。今訓爲水鳥，而鸛鵒其本義也。水鸛之字，説文萑部：『雚，雚爵也。从萑，吅聲。詩曰：「雚鳴于垤」』。今詩作鸛，失其舊矣。釋文曰：『本又作雚』。是水雚字古作雚。鸛鵒字古作鸛。今誤以水雚爲鸛字本義，而鸛鵒之鸛，知有鸛鴝，不知有鸛矣。

段　鍛説文殳部：『段，椎物也。从殳耑省聲』。金部：『鍛，小冶也。从金段聲』。段注：『冶之則必椎之，故謂鍛鐵』。

輪人

眼　輥校勘記云：『説文車部：「輥，轂齊等貌。从車昆聲。周禮：望其轂，欲其輥」』。所讀與先、後鄭異。眼與輥聲相轉。戴震從説文。○按：眼，先鄭讀如限。釋文『魚墾反，限亦魚墾反』。讀若垠上聲。輥，古本反，音究。二聲相近。二鄭作眼，是所據本爲眼。許作輥，是所據本爲輥。眼與輥似古通，以音假借。

柞　窄

摯　槷説文木部：『槷，木相摩也。从木執聲。』手部：『摯，握持也。从手執聲』。

阞　仂説文阜部：『阞，地理也』。

溓　黏説文水部：『溓，溓溓、薄仌也。或曰中絶小水。又曰淹也。从水兼聲』。黍部：『黏，相著也。从黍占聲』。按：公羊傳：『周公盛，魯公燾。群公溓』。何曰盛？盛者新穀。燾者昌也。故上以新也。溓者連新於陳上，財令半相連耳。此與黏相近。

揉　煣説文火部：『煣，屈伸木也。从火柔，柔亦聲』。手部無揉字。易繫辭：『揉木爲來』。漢食貨志引作煣。

萬　矩説文艸部：『萬，艸也』。

輿人

隧　邃許無隧字。疑即●省。

輈人

摯　輊小雅：『如輊如軒』。許無輊字。

緧　⿰糸秋説文系部：『緧，馬紂也』。無⿰糸秋字。

典　殄

楗　蹇、倦鄭云：『書或作券，今倦字也。九經古義曰：『説文力部：「券，勞也。从力」』。漢涼州刺史魏君碑云：「施舍不券」』。説文木部：『楗，歫門也』。段注：『周禮司門作管蹇』。先鄭云：『蹇讀爲鍵』。今本乃互易蹇、鍵字。

契　怯

需　耎　偄校勘記曰：『釋文需音須，又乃亂反』。注同。漢讀考云：『乃亂反當是耎字』。説文大部：『耎，稍前大也。讀若畏偄』。人部：『偄，弱也』。畏耎即畏偄也。左哀六年：『需，事之下也』。釋文：『需，一音懦』。

冶　氏

句　鉤

梟　氏

遂　邃　隧説文穴部：『邃，邃遠也。从穴遂聲』。

函　氏

空　孔○按：子、史多作空，鮮作孔者。今人以空、孔通用。説文穴部：『空，竅也。从穴工聲』。空、孔古今字。乚部：『孔，通也』。段注：『孔訓通，故俗作空穴字多作孔。其實空者竅也，作孔爲假借』。

鮑　人

腥　渥

需　㼱　輭説文部首：『㼱，柔革也』。六書正譌：『治皮革者以瓦爲竈，而反覆薰揉之。故从宀、从瓦，从北。北者，反覆之狀』。○按：柔，輭之輭亦作耎，今通用「輭」，而柔韋之㼱，則宜从説文作㼱。或作[illegible]、[illegible]均㼱之別體也。經文作需，古通耳』。説文部首：『㼱，柔韋也。从北从皮省。夐聲。凡㼱之屬皆从㼱，讀若耎。一曰若　』。按：此，則字體下不作瓦，作瓦者隸之變也。六書正譌之説非。

帴　戔鄭云『讀如羊猪戔』。漢讀考：『戔當與棧同』。通俗文：『板閣曰棧』。公羊傳：『亡國之杜（蓋揜之）』。揜其上而柴其下』。周禮注作棧。其下羊猪之圈，薦以柴木不必均平，且多罅漏。革緩急不齊，急者先裂。猶棚棧之不平多隙也。○按：戔，字典音踐，釋文則云『宜依殘音』。説文巾部：『帴，帬也。一曰帗也。一曰婦人脅衣。从巾戔聲。讀若末殺之殺」。

韗人

皋陶　鼛鞠

穹　空此先鄭説。九經古義云：『古空與穹同』。毛詩白駒：『在彼空谷』。文選注引韓詩作『在彼穹谷』。薛君：『穹谷，深谷也』。○按：春秋緯：『少昊邑于穹桑』。吕覽：『伊尹生于穹桑』，字或作空。史記、山海經、括地志諸書均作『空桑』。韻會小補：『今云南縣名浪穹，土人讀爲浪空。説文穴部：「穹，窮也。从穴弓聲」』。

㡛氏

渥　漚左傳『鄫人漚菅者』。注引作『繒人渥菅』。説文水部：『渥，霑也』；『漚，久漬也』。

玉人

必　縪説文玉部：『珌，从玉必聲』。玉篇：『珌，古文作縪』。汗簡、古文四聲韻皆曰縪。（見説文）。又革部：『畢，田網也』。糸部：『縪，止也』。

陶人

觳　斛注：鄭司農云：『觳讀爲斛。觳受三斗。聘禮記有斛』。元謂『豆實三而成觳，則觳受斗二升』。按後鄭據經文以破先鄭，自確不可易。集韻：『觳，器名。受三斗』。此沿先鄭『觳受三斗』之説。韻會通作斛，此从先鄭『聘禮記有斛』之説。皆非也。二字音同義異。説文鬲部：『鬲，鼎屬也。實五觳。斗二升曰觳』。斗部：『斛，十斗也』。二字分別甚明。段若膺以大鄭注斗乃豆之譌説，詳漢讀考。然賈疏本已作斗。

髻　跀

梓人

燿　䏢　臞　哨。説文無䏢。口部：『哨，不容也』。禮説云：『馬融廣成頌曰：「鷙（鳥）〔獸〕毅蟲，倨牙黔口，大匈哨」後。康成讀从之，本其師説也』。

个　幹今本說文無个字。段氏據六書故所引唐本，于竹部個字下補：『个，個或作个，半竹也』。

廬　人

久　灸今書作灸。校勘記云：『說文部首：「久，从後灸之，象人兩脛，後有距也」。周禮曰：「久諸墻以觀其橈」』。然則故書本作久字。今本作灸，蓋从漢儒傳讀之本耳。九經古義云：『既夕木桁久之』，注云『久當爲灸』。士喪禮冪用疏布久之』，注云『久讀爲灸』。是久爲古文灸也。

鬲　軶說文車部：『軶，轅前也。从車戹聲』。此假借字。

七、古假借字

天官

鼈　人

貍　薶說文豸部：『貍，伏獸似貙。从豸里聲』。艸部：『薶，瘞也。从艸貍聲』。段注：『土部曰：「瘞，幽薶也」』。周禮假借字爲之，今俗作埋。

瘍　醫

祝　注禮說云：『釋名：「注病，一人死，一人復得，氣相灌注也」』。古文假借，多取同音。函人『甲屬』、匠人『水屬』，注皆云『屬讀爲注』。左傳『韎韋之跗注』，賈、服皆云『注、屬通』。說文示部：『祝，癸祖贊詈者』。水部：『注，灌也』。

氣　穀禮說云『史記：「軒轅治五氣」，本內經。岐伯曰：「天食人以五氣，地食人以五味。五氣入鼻藏于心肺。五味入口藏于腸胃。味有所藏以養五氣，氣和而生津液相成，神乃自生」』。九經古義云：『內經：「五穀爲養，五果爲助，五藥爲充」』。故鄭據此。

醢人

拍　胉胉或作膊。拍，説文手部：『拓，拊也。从手百聲』。無拍字。肉部：『膊，薄脯，膊之屋上。从肉専聲』。釋名：『膊，迫也。薄椓肉迫箸物使燥也』。説與許同。説文無胉字。儀禮牲『體脅』謂之『兩胉』。注：『今文胉爲迫』。廣雅：『胉，脅也』。又詳脅、膊下段注。

醯人

齊　齊

鹽人

苦　鹽

典婦功

授　受○按：故書受多有作授者，則授、受古通。

縫人

翣　翣○按：今本作翣，故書作接。鄭司農云：『接讀爲翣。檀弓曰：「周人墻置翣」。春秋傳曰：「四翣不蹕」』。漢讀考云：『此司農易接爲翣，而引檀弓及春秋傳以證翣之文』。司農所據記、傳字作翣，今本記、傳則作翣矣。喪祝亦云：『四翣墻置翣』。翣者，翣之假借也。經文翣字當亦作翣，而後人改之。説文止部：『翣，不滑也。从四止』。羽部：『翣，棺羽飾也。天子八，諸侯六，大夫四，士二。下垂。从羽妾聲』。

地官

序官

槀　槁○按：今本作槀。阮氏訂作槀，从之。校勘記云：『唐石經及通志堂釋文作槀，下从禾』。此蓋經文作禾，槀字爲假借，故司農讀作枯槁也。小行人注云『故書槁爲槀』。鄭司農云『槀當爲槁』。與此正合。本或作槀。槀、稿一字。經注有從牛者，蓋非。盧文弨曰：『注疏本稿或作犒，此習于俗用而遂改易舊文，不知古並無犒字。觀疏以枯槁爲言，則唐人尚未誤也』。後經文校勘記云：『嘉靖本作稾人，與序官唐石經合是也。禮説云：「司農讀稾爲槁，蓋本書序稾飫篇。」服虔曰：「以師枯槁，故饋之飲食。潤澤謂之槁，猶存謂之徂，治謂之亂，故謂之今，古語皆然也」。小行人：「國有師役則令槁禬之」。大戴禮朝事儀亦作槁，古文也。兩傳皆作犒，似後人所改，而古無之。故説文不載』。

大司徒

早　皁校勘記云：『皁者，草之俗字。説文：「草者，草斗，櫟實也」。自人用草爲艸木字，乃別制皁，爲草斗字。岳本作早，與釋文合。周禮用假借字也』。

膏　橐

牛人

職　樴説文木部：『樴，弋也。从木戠聲』。

媒氏

純　紂○按：紂即緇字，古緇以才爲聲。禮檀弓：『爵弁絰，紂衣』。釋文：『紂，本又作緇』。祭統：『以共純服』。純音緇。史記五帝本紀：『黄收純衣』。注：『索隱曰：「純讀曰緇」』。

質人

基　朞今本作朞。釋文作『基，本或作朞』。校勘記云：『近人以朞年字别于期會，直是俗字。然自廣韻已如此分別矣，凡經典如此分別者非也。○按：古文朞，皆作基。咸陽靈臺碑：『承祠基年，美魚復生』。士虞禮注曰：『古文朞，皆作基』。玉篇『期，時也』，尚無朞字。

泉府

抵　柢説文木部：『柢，木根也。从木氐聲』。

遂人

耡　助説文耒部：『耡，殷人七十而耡。耡，耤稅也。从耒助聲』。周禮曰：『興耡利萌』」。『耤，帝〔耤〕千畝也。古者使民如借，故謂之藉』。按：許言：『殷人七十而耡』，孟子文。今作助。

旅師

而　若王氏經傳釋詞曰：『而，猶若也。若與如古同聲。故訓爲若』。大戴記衛將軍文子篇：『孔子曰：「而，商也，其可謂不險矣」』。『而，商也』，與論語『若，由也』同義。襄二十九年左傳曰『且先君而有知也』，與上文『先君若有知也』同義。而與若同義，故二字可以互用。詩猗嗟曰：『頎而長兮，抑若揚兮』。而、若皆然也。毛傳：『抑美色，揚廣揚』。昭二十六年左傳曰：『晏子曰：「後世若少惰，陳氏而不亡，則國其國也已」』。皆以而、若互用。故書康誥『若有疾』，荀子富國篇若作而。詩甫田篇『突而弁兮』，猗嗟篇『頎而長兮』，正義『而然作若』。都人士篇『垂帶而厲』，淮南氾論篇注『而作若』。襄三十年左傳『子產而死』，吕氏春秋樂成篇而作若。周官旅師『而用之』，鄭注『而讀爲若』。而亦可讀爲如，論語『如用之』是也。

山虞

厲　迾禮説云：『厲，古列字。厲禁，玉藻所謂「山澤列而不賦」』。列山氏一作厲山氏。詩『垂帶而厲』。左傳『鞶厲游纓』，康成皆訓爲列。漢郊祀歌：『泄萬里』。晉灼曰：『泄，古列字。讀爲厲』。校勘記曰：『説文辵部作迾。迾者，遮也』。列、厲皆假借字。○按：泄，玉篇古文以爲迾字，廣韻古文迾字。前漢鮑宣傳：『部落鼓鳴，男女遮泄』。『至泄萬里』之泄，則訓爲超踰。迾有列、厲二音。

廩人

匪　分説文業器部：『業，從業、八，八亦聲。讀若頒。一曰讀若非』。○按：此讀爲分，則天官亦宜讀分，方歸一例。釋文『音分，亦如字』。

接　扱

春官

大宗伯

札　截校勘記云：『札者，古文假借字也，故注易其字作𢧵。𢧵者，斷也。至字林乃有𣦽字。从歺坐聲』。○按：此讀爲𢧵。天官：『大札』，應同𣦽。音札，或作「𣦵」、「𣦽」。左昭十九年：『札瘥夭昏』。釋文：『札，一音截。又作𣦸，壯列反』。古詩：『客从遠方來，遺我一書札，上言長相思，下言久離别』。札，亦讀截，與别葉。

小宗伯

兆　垗說文土部云：『垗，畔也。爲四時界祭其中。周禮曰：「垗五帝于四郊」。从土兆聲』。校勘記云：『許君蓋讀兆爲垗。說文：「兆，分也」。周禮故書用假借字，故作兆』。

甸　田

湄　泯

毳　穿竁

肆師

祈　刏𧗾

說文血部：『𧗾，以血有所刏涂祭也。从血幾聲』。

珥　衈字或作𦔮。禮說云：『雜記：「釁廟，衈于屋下」』。東山經曰：『祠毛用一犬祈𦔮』。注：『𦔮，音餌。以血涂祭爲𦔮也』。公羊傳：『蓋叩其鼻以𦔮社』。今本公羊誤作血社，穀梁作衈社，周禮皆作珥。古文少，假借多。說文無衈𦔮字，蓋从杜子春字當用餌。

鬯人

齎　齊

脩　卣

司尊彝

斝　稼說文斗部：『斝，玉爵也。夏曰醆，殷曰斝，周曰爵。从斗，門象形。與爵同意。或說斝受六升』。

獻　儀　莎先鄭讀爲儀，後鄭讀爲摩莎之莎，或作沙。說文犬部：『獻，宗廟犬名羹獻。犬肥者以獻。從犬，鬳聲』。段注：『按論語鄭注曰：「獻，猶賢也」。獻得訓賢者。周禮注：「獻，讀爲儀」。是以伏生尚書「民儀有十夫」，古文尚書作民獻咎繇謨（古文）：「萬邦黎獻」，漢孔廟碑、費鳳碑、斥彰長田碑皆用黎儀字，皆用伏生尚書也。班固北征頌亦用民儀字』。易堂問目曰：『明堂位以犧爲周尊，是周之獻以犧爲首，故直曰獻尊。獻亦當如字，謂當讀作犧。及齊人聲誤與戲字之誤者，亦非也』。

脩　滌

大司樂

磬　韶漢讀考云：『經典舜樂字皆作韶。說文革部：「鞀，或作鞉，或作鼗。籀文作磬，从殸召召聲」。是則周禮爲古文假借字。』

九　大後鄭云：『九磬當爲大韶字之誤也』。釋文『九磬依字，九音大。諸書所引皆依字』。困學紀聞云：九磬之名尚矣，不必改字』。山海經：『夏后開得九辯、九歌以下，始歌九招于大穆之野』。史記：『禹乃興九招之樂』。索隱曰：『即舜簫韶九成』。吕氏春秋：『帝嚳命咸墨作爲舞聲歌：九招、六列、六英』。『帝舜令質修九招、六列、六英，以明帝德』。然則九招作于帝嚳『舜修而明之』。

眡　瞭

頌　庸

典　同

甀　震校勘記曰：『鳧氏云：「長甬則震」。注云：「鐘掉則聲不正。亦以掉釋震。是知甀、震一字，甀爲震之假借也。震有平、去二音，甄亦可平可去，故集韻云：「甄，之刃切，掉也」。鐘，病聲』。

大祝

祠　辭漢讀考云：『祠當是詞之誤。大行人「協辭命」注：故書協辭命，作汁詞命。鄭司農云：詞當爲辭。元謂：「辭命，六辭之命也」。是故書辭作詞之證』。按：説文示部：『祠，春祭曰祠。品物少，多文辭也』。疑祠、辭，古亦通用。

衍　延

炮　包説文火部：『炮，毛炙肉也』。

褒　報説文衣部：『褒，衣博裾。从衣俕省聲。俕，古文保』。

保章氏

志　識注：『古文識。識，記也』。

巾車

樊　鞶禮記、左傳作「繁」。

條　絛

前　翦説文刀部：『前，齊斷也。从刀歬〔聲〕』。羽部：『翦，羽生也。一曰矢羽』。段注：『羽初生如前齊也。前，古文翦字，今之歬』。止部：『歬，不行而進謂之歬。从止在舟上』。段注：『按：後人以齊斷之。前爲歬後字，又以羽生之翦爲前齊字』。

握　楃　幄釋文：『干〔下〕馬皆作幄』。漢讀考云：『説文木部有「楃」字。云：「木帳也，从木屋聲」。楃字蓋出巾車職，各本从手非。』〇按：博雅：『楃，幬幕』。正譌別作幄非。説文無「幄」字。

棼　蕡

車僕

蘋　蕡説文：『輜，輜軿，車衣也。軿，車歬衣也。車後爲輜，从車，甾聲。軿，輜軿也。从車幷聲』。此用段氏校正本。注：『蘋，猶屏也。所用對敵自隱蔽之車也。杜子春云：「蘋車，當爲輧車」』。後漢楚王英傳注：『輧，猶屏也，自隱蔽之車。蒼頡篇曰：「輧，衣車也」。』按：章懷此注即本康成。梁冀傳注明出鄭玄，周禮注可見也。惟蘋作輧耳。

司常

畫　書杜子春説。○按：古畫作畫，與書形似。鄭如字。夏官大司馬『各書其事之』「書」，鄭讀爲畫。

車巾

駹　龍龍車。

夏官

序官

稾　稾　鄭司農曰：『稾，讀爲芻稾之稾，箭幹謂之稾』。經義雜記云：『説文木部：「稾，枯也」』。枯，即『肅慎貢楛矢』之楛。義禮以『笴』爲失幹字。而説文竹部無之，然則箭幹字本作稾，考工記及矢人準此。校勘記云：『枯稾之稾从木，讀爲芻稾之稾，則易其字矣。禾稾者，莖也。箭幹亦莖也。故箭幹之稾，即禾稾引伸之義也。作枯稾字，則無義矣。稾，枯也，又木名也』。經義雜記合爲一義，誤矣。凡枯『槁』字，苦浩切。凡禾『稾』字，古老切，經典釋文以及各韻書皆如此。此經釋文曰：『稾，古老反』，依鄭易字之音也。○按：苦浩切，讀若考，古老切讀若杲。

大司馬

壇　墠鄭風：『東門之墠』。傳云：『除地町町者』。正義云：『徧檢諸本，字皆作壇。壇、墠字異，而作此壇字，讀音曰墠，蓋古字得通用也』。左傳襄二十八年：『子産相鄭伯以如楚，舍不爲壇』。正義云：『服虔本作墠』，解云：『除地爲墠』。王肅本作『壇』。而解云『除地坦。坦者則讀爲墠也』。蓋墠从單，壇从亶，音同故相通借。又宣十八年『壇帷』。杜解：『除地爲壇而張帷』。釋文：『壇音善』。楚辭九歌湘夫人『蓀壁兮紫壇』，九章涉江『巢堂壇兮』，壇均音撣。曲禮『口口爲壇位，增』亦讀墠。漢武紀：『元鼎五年，修天文襢』。注：『文穎曰：襢，祭也』。晉灼曰：『襢，古禪字』。

書　畫

量人

歷　瀝

大　馭

犯　範說文車部：『範，範軷也。从車笵省聲。讀與犯同』。校勘記曰：『許君所見周禮作範，蓋故書也。範爲正字，則犯爲假借字』。周易『範圍』，馬、王肅、張作犯違，同音通用。

秋官

犬人

幾　刉說文：『刉，劃傷也』。

司儀

耄　毛劉昌宗作耄。

授　受

賓　儐說文人部：『儐，導也』。

考工記

總敘

廬　籚注：『廬，讀爲纑』。漢讀考云：『纑，當作籚。若纑字，則當云「讀如矣」。』釋文『廬或作籚』，正用注説易正文也。説文竹部：『籚，積竹矛戟矜也』。

鮑　鞄説文魚部：『鮑，饐魚也。从魚包聲』。革部：『鞄，柔革工地。从革包聲。讀若樸。周禮曰：「柔皮之工鮑氏」。鮑即鞄也』。

輪　人

藪　橾説文木部：『橾，車轂中空也。从木喿聲。讀若藪』。

廉　熑校勘記云：『説文火部：「熑、火煣車輞絶也。从火兼聲」。周禮曰：「煣牙，外不熑」。又文選長門賦：「心熑移而不省」。故李善引鄭元周禮注曰：「熑，絶也」。據此則周禮經注：「廉，本作熑」，今此注作「廉，絶也」。釋文無音，所據本與許、李殊矣。揉字亦當从火作煣，故上「揉輪」注云：「揉，謂以火槁之」』。

牙　枒説文：『枒，枒木也。从木牙聲。一曰車輞會也』。

藃　槁

説文：『藃，艸皃，从艸歊聲。周禮：「轂弊不藃」』。

冶　氏

垸　鍰戴震考工記補注云：『鍰，讀如丸。十一銖二十五分銖之十三。垸，其假借也』。

鮑　人

摶　縛

畫繢之事

章　麞

㡛　氏

湅　練説文水部：『湅，𤃓也』。糸〔部〕練，（練）〔湅〕繒也。校勘記云：『湅，𤃓也。从水柬聲。米曰湅，繒曰練，金曰鍊，其爲求精一也。故字相假借』。

淫　涅杜子春云：『淫，當爲涅』。○按：涅，染也。説文水部：『淫，浸淫隨理也。从水㸒聲。一曰久雨曰淫』。『涅，黑土在水中者也。从水土曰聲』。

玉　人

冒　瑁説文月部：『冒，家而前也。從月目』。玉部：『瑁，諸侯執圭朝天子，天子執玉以冒之，似犂冠。周禮曰：「天子執瑁四寸」。从王冒，冒亦聲』。尚書大傳作冒。

龍　龙

衡　横陳風傳：『衡門，横木爲門也』。

梓　人

春　蠢

廬　人

彈　僤説文作僤。今本多作彈。校勘記云：『説文人部：「僤，疾也。从人單聲。周禮曰：句兵欲無僤」』。蓋故書作但，今書作僤，皆从人旁。因鄭司農讀僤，爲彈丸之彈。淺人遂援以改經矣。當據説文正之。

匠　人

槷　臬説文木部：『槸，本相摩也』。『臬，射㙜的也』。

扃　鉉鼏校勘記云：『説文鼎部云：「鼏，以木横貫耳而舉之，从鼎冂聲」。周禮：「廟門容大鼏七箇」。即易玉鉉大吉也。又金部云：「鉉，舉鼎具也。易謂之鉉，禮謂之鼏」。與易、鼎部説同。禮謂周禮也。儀禮士冠禮、士昏禮「設扃鼏」，注皆云：「今文扃爲鉉」。是古人作扃，今文作鉉也。周禮當亦故書作扃，借用户「扃」字。漢儒讀作鼏爲正字。鄭君于二禮皆用古文，故與許君不同』。○按：扃、鉉、鼏三字通。士喪禮：『右人左執匕。抽扃』。士虞禮『左人抽扃』注：『扃，即鉉字』。扃，古熒切；鉉，涓熒切。音義皆同。鼏，从鼎冂（音坰）聲，音與古熒、涓熒宜相近。而字書、韻書均音莫狄反，未詳其故。又查鼏字从鼎冖（音覓）聲，莫狄反。疑諸書鼏音乃緣

『鼏』音而譌者蓋從宀得聲爲莫狄反，从用，得聲不當爲莫狄反也。扃，从冂得聲。冋，古文坰字。冂即冋字。查字彙音冋不載，莫狄切一音是也。正韻亦音冋，當从之。字典云：『説文作莫狄切。則鼏又有覓音』。按：此説非也。説文音切乃後人所增，不足據。蓋彼沿俗説而未證其非。唐韻亦作莫狄反。殆冋、鼏字相混而譌耳。

奠　亭

車　人

服　負

弓　人

栗　裂

昔　錯

畏　鰃説文角部：『鰃，角曲中也。从角畏聲』。玉篇角部無鰃字。大射儀作隈，亦假借字。

合　洽説文亼部：『合，亼口也。从亼口』。水部：『洽，霑也』。段注：『大雅：「民之洽」（大）〔矣〕傳曰：「洽，合也」。此毛詩假洽爲合也』。

八、古通用見別經傳者

天官

序　官

亨　烹○按：古惟亨字兼亨、享、烹三義。後人加一畫，作享獻之享。加四點，作烹飪之烹。

寺　侍注：『寺之言侍也』。疏曰：『寺之言侍者，欲取親近侍御之義。詩瞻卬傳：「寺，近也」』。正義曰：『寺即侍也。侍御者必近其傍，故以寺爲近』。按：廣雅釋詁：『侍，近也』。廣韵七志：『侍，近也』。寺人所侍近之義，字應作侍。經典多假寺爲侍耳。詩車鄰『寺人之令』，釋文『寺本亦作侍字』：穀梁傳襄二十九年『寺人也』，釋文『寺人本又作侍人』，左傳昭二十五年『侍人僚柤』，釋文『侍人本亦作寺人』，皆可證也。寺之本義，説文『廷也。有法度者也』，釋名、廣雅並云『嗣也』，風俗通『司也』，皆與侍近之義不相比附。

小宰

共　供　龔假借。説文人部：『供，設也。从人共聲。一曰供給』。釋詁：『供，峙也』。左傳：『不能共億』，周語：『事之共給』。部首：『共，同也』。共部：『龔，給也』。共工氏，家語作『龔』。書無逸『惟正之供』，漢石經作共。後漢書郅惲傳注亦引作共。楚語又引作恭』。

共　恭詩：『虔共爾供』。箋云：『古之恭字，或作共』。左〔傳〕：『三命兹益共』。書無逸：『徽柔懿共』。漢石經作共。

宮正

幾　譏

膳夫

齊　齋洪武正韻云：『古單作齊。後人於其下加立心，以別之耳』。○按：經傳多作「齊」。易繫辭傳作齋，蓋後人所加也。

司裘

摯　贄

寺人

中　仲

道　導説文辵部：『道，所行道也。从辵首』。寸部：『導，導引也。从寸道聲』。論語『道之以政』，『道之以德』。

内司服

褘　翬說文衣部：『褘，蔽厀也。从衣韋聲。周禮曰：「王后之服褘衣，謂畫袍」』。段注：『袍當作衣。大鄭曰：「褘衣畫衣」。引祭統「君卷冕，夫人副褘」，此古說也。至後鄭注，乃後讀爲翬』。

揄　搖說文作褕。衣部：『褕，褕翟，羽飾衣』。又詳段注。

狄　翟

鞠　𪏰

夏采

綏　緌說文系部：『綏，車中靶也。从系妥聲』。『緌，系冠纓垂者，从系委聲』。段注：『引申之爲旌旗之緌，以旄牛尾爲之。古字或作蕤，或假綏爲之』。

地官

大司徒

舍　捨○按：經典多作「舍」。許氏說文已有捨字。

眚　省

弟　悌○按：經典通用「弟」。

肆　鬄

小司徒

廢　癈

甸　乘注：『甸之言乘也。讀如衷甸之甸』。稍人『職丘乘』注曰：『丘乘四丘爲甸。甸讀與維禹敶之之敶同』。

黨正

昏（昬） 婚說文日部：『昏，曰冥也。从日氐省，氐者下也。一曰民聲』。又詳段注。女部：『婚，婦家也。禮：「娶婦以昏時。婦人侌也，故曰婚」。从女昏，昏亦聲』。鄭目録云：『女娶妻之禮，以昏爲期，因以名焉』。按：昏禮字作昏，婚姻字作「婚」，義相同而有别。

牧人

幽 黝○按：今本多作「黝」。注：『黝讀爲幽。幽，黑也』。釋文亦作「黝」，後「守祧黝堊」之黝同。禮玉藻『幽衡』注：『幽讀爲黝』。漢讀攷據此謂：『此經注當作「幽」，讀爲黝。黝，黑也。經黝牲作幽牲，今本乃經注互改之故』。

司市

賈 價○按：古惟作「賈」。價，蓋漢以後之字也。

肆長

爾 邇說文㸚部：『爾，麗爾，猶靡麗也。从冂㸚。㸚，其孔㸚。從尒聲』。辵部：『邇，近也。迩，古文邇』。

縣正

趨 促說文走部：『趨，走也』。

稻人

猪 瀦○按：今本作瀦。唐石經宋本作瀦，从之。

土訓

守 狩○按經典多作「守」。孟子曰：『巡狩者，巡所守也』。以守爲狩義，相引伸得假借也。

誦訓

辟　避○按：經典多作辟。説文：『辟，法也。从卩辛。節制其辠也。从口，用法者也。凡辟之屬皆从辟』。辵部：『避，回也』。按：辟、避古今字。

春官

大宗伯

柴　柴説文：『祡，燒柴尞祭也。从示，此聲。虞書曰：「至于岱宗，祡」』。今經典多借柴爲祡。王制釋文：『柴，依字作祡』。列子湯問『聚柴積而焚之』，漢樊毅修華嶽碑『祡燎瘞埋』，作「祡」。楊雄甘泉賦『於是欽祡宗祈』，漢書作柴，文選作柴。

小宗伯

類　禷○按：説文示部『禷，以事類祭天神』，作禷。經典通用類。爾雅釋天作禷，與説文同。舜典、王制亦作類。釋文：『王制作禷』。詩皇矣釋文：『類，本或依説文作禷』。

司几筵

依　扆説文人部：『依，倚也』。户部：『扆，户牖之間謂之扆』。本釋宫。釋名曰：『扆，倚也。在後所依倚也』。詩大雅：『既登乃依』。鄭箋：『儀禮多作依』。禮記曲禮：『天子當依明堂位』，『天子負斧依』。

世婦

莫　暮説文無「暮」字。

職喪

趣　促説文走部：『趣，疾也』。人部：『促，迫也』。

樂師

齊　薺○按：今本作薺。他書引此亦作薺。釋文作『齊，本亦作薺』。

占寢

難　儺

大祝

筴　冊　策説文無筴字。部首冊：『冊，符命也。諸侯進受於王者也。象其札一長一短，中有二編之形。凡冊之屬皆从𠕋冊。𠕋，古文冊，从竹』。段注：『左傳：「備物典筴」，釋文：「筴，本又作冊。亦作策。或作𠕋」。按筴者，策之俗也。冊者正字也，策者假借字也。𠕋者，冊之古文也。左氏述春秋傳以古文，然則𠕋其是歟』。説文竹部：『策，馬箠也』。

喪祝

説　脱

夏官

大司馬

賁　鼖○按古多用「賁」。鼓人職作「鼖」。説文鼓部：『鞼，鼖或从革賁聲』。賁，疑鞼省。詩：『賁鼓維鏞』。

候人

竟　境○按：經典多作「竟」。

隸僕

糞　灑○按：禮曲禮作糞，少儀作「拚」，説文作坌。拚，訓撫手。

洒　灑

廋　人

佚　逸說文人部：『佚，佚民也』。詳段注。兔部：『逸，失也』。

秋官

司　刑

旄　耄校勘記云：『葉鈔釋文作秏，云本又作旄同。今通志堂本改「老耄」，非鄭注。大司寇引書爲秏荒』。說文老部：『薹，年九十曰薹。从老蒿省聲』。段注：『今作耄。从老省毛聲。秏，今音讀蒿去聲。蓋蒿聲、毛聲古可通也。曲禮：「八十、九十曰耄」。注云：「耄惛忘」。引左傳『老將知耄又及之』。按：其字亦作「眊」，亦作旄』。

考工記

總　叙

澤　釋

戚　促〇按：注引春秋傳云：『蓋操之爲已戚矣』。今本公羊作『蹙』，賈疏本同。校勘記曰：『戚正，蹙俗』。古詩十九首：『戚戚何所迫』。五臣本作「蹙蹙」。

輪　人

蚤　叉　爪蚤，假借字。叉、爪，古今字。說文又部：『叉，手足甲也。从又，象叉形』。

輈　人

孫　遜〇按：經典少作「遜」者。詳說文辵部段注。

頎　懇

函氏

屬　注説文尾部：『屬，連也』。

鍾氏

湛　漸説文水部：『湛，没也。从水甚聲』。『漸，漸水，出丹陽黟南蠻中，東入海。从水斬聲』。

弓人

休　煦

荼　舒○按：荀子大略篇：『諸侯御荼』。注：『古舒字』。説文火部：『煦，烝也。一曰赤皃。一曰温潤也。从火昫聲』。尚書多方：『洪舒于民』。古文作「洪荼」。玉藻『諸侯荼』。注：『荼讀爲舒遲之舒』。詩『荆舒是懲』，史記建元侯表引作荼。左傳哀五年『子荼』，音舒。

恒　亘

九、故書字間異于今書摘其可備參考者于左

天官

大宰

賓　嬪『二曰嬪貢』。鄭司農云：『賓貢皮帛之屬』。

辨　別月令章句引別名記，即白虎通之辨名記。

凌人

政　正『掌冰正。歲十有二月』。鄭司農云：『掌冰政，主藏冰之政也』。漢讀考曰：『鄭君用杜説，改政爲正，下屬。考周禮全書，凡書歲者，皆謂夏正也。言正歲者，皆謂寅月之歲。終十有二月者，皆謂丑月。此言歲十有二月爲夏正已明，不必加正字以混全書。司農从故書，掌冰政爲長』。

湊人

鶉　雁『菭菹雁醢』。

掌舍

拒　梐『設梐枑再重』。先鄭『拒，受居溜水涑橐者也』，音『矩』。一作柜，段氏謂从木作柜爲俗本。

司書

授　受『受其幣』。地官大司徒：『使之相受』。夏〔地〕地官掌葛『以權量受之』。均同。

司裘

虎　豹『諸侯則共熊侯、豹侯』。漢讀考云：『説文：「侯，天子射熊、虎、豹，諸侯射熊、虎」』。此从故書，以熊、虎爲最貴。天子、諸侯同之。射人：「王以六耦射三侯」。鄭司農云「三侯，熊、虎、豹也」。與許云「天子射熊、虎、豹」合。然則經文本作「王大射，則共熊侯、虎侯、豹侯」。作義疏者因司農説，虎侯王所自射，熊侯諸侯所射，因升虎于熊上耳。司常「熊、虎爲旗」，熊在虎上。射人注「熊、虎、豹」。余仁仲本如是。作疏者亦易爲虎、熊、豹』。

淊　廞『廞裘』。春官司服『廞衣服』，大師『帥瞽而廞』，夏官司兵『廞五兵』，均同。

内宰

敦　淳『出其度量淳制』。杜讀爲純，謂幅廣也。荀子君道篇：『斗斛敦概』。

典婦功

資　齎『及内人女功之事齎』。典枲『而授齎』。同。

縫　人

櫬　柳『衣翣柳之材』。字典曰『同柳』。説文無。

染　人

⿱⿱穴夗熏　纁『夏纁玄』。鄭司農云：『⿱⿱穴夗熏，讀當爲纁』。漢讀考曰：『此以⿱⿱穴夗熏字不見于他經傳，而易其字也。宛字在十四部，熏字在十三部，聲略相似。説文黑部有䵷字，黑有文也。从黑冤聲。讀若飴盌之盌。䵷即⿱⿱穴夗熏字，故書假借爲「纁」字也』。○按：⿱⿱穴夗熏，集韻音熏，蓋本此。䵷，今作黦。盌音剜，豆飴。

夏　采

⿰衤遺　綏『以乘車建綏』。漢讀考云：『釋文⿰衤遺，音維，徐音遂。據徐音，疑本作「旞」，或作⿸㫃遺。説文㫃部：「旞，導車所載。全羽以爲允。允，進也。从放遂聲。⿸㫃遺或从遺作」。全羽爲⿸㫃遺。古羽、旄多互言。言羽而旄見，言旄而羽見。經云⿸㫃遺，猶禮記云綏，皆謂無旒也。杜易爲綏，似未解此』。○按：如段説，則⿰衤遺其⿸㫃遺之假借乎？

地官

序　官

壇　廛『廛人』。載師『以廛里任國中之地』同。九經古義云：『管子五輔篇曰：『辟田疇，利壇宅』。荀卿子曰：『定廛宅』。是古廛字皆作「壇」也。校勘記云：『此等鄭君謂之古文假借字』。

錢　泉『泉府』。○按：泉、錢古今字。

⿰食熙　饎『饎人』。漢讀考云：「説文：「饎或从巸，作⿰食巸」。疑今周禮巸下譌多火也。○按：今本饎或作⿰食巸。蓋因故書而譌者。

大司徒

義　儀『以儀辨等』。春官肆師『肆儀爲位，治其禮儀』，典命『掌諸侯之五儀』同。鄭司農云：『古書儀字但爲義』。

救　求『以求地中』。九經古義云：『救，當爲捄。古文求字』。説文引虞書云：『旁捄孱功』。蔡邕石經般庚云：『器非捄舊』。皆以捄爲求。

鄉　師

連　輦『與其輂輦』。禮説曰：『古連、輦通。車从夫，雙引爲輦。車，从辵，步挽爲連。一象形，一會意也。破連爲輦，變古从今，失之』。易蹇：『六四，往蹇來連』。虞翻曰：『連，輦也』。管子立政篇：『畜連乘車』。海王篇：『服連軺輦』。則古輦皆作「連」矣。

鄉大夫

臀　屯『巡其前後之屯』。鄭大夫讀爲『課殿』，杜子春讀爲『在後曰殿』，蓋皆从作「臀」之本。

無　舞『五曰興舞』。九經古義云：『古無、武同音』。又武、舞通』。禮器『詔侑武方』注云：『武當爲無，聲之誤也』。論語『射不主皮』，馬融注用此文，作『五曰興武』。漢武梁祠堂畫象『秦武陽』，今史記作秦舞陽。

族　師

步　酺『春秋祭酺，亦如之』。○按：步、酺音義並同。

牧　人

瓹　龍毀、尨。『凡外祭毀事，用尨可也』。

載　師

削　稍『任稍地』。

漆　桼『唯其漆林之征』。

遺人

擓 囏『以恤民之擓阨』。説文手部：『擓，飾也。从手堇聲』。段注：『居 切』。按：此古文假借字。

寄 羇『以待寄旅』。

師氏

得 中『掌國得失之事』。九經古義云：『三蒼：中，得也』。封禪書：『康后與王不相中』。周勃傳：『勃子勝之尚公主不相中』。皆訓爲得。呂覽：『禹爲司空以通水潦，顔色黎黑，步不相過，竅氣不通，以中帝心』。高誘曰：『中猶得』。然則中失猶得失，故鄭用杜説而不改字。

與 舉『王舉則从』。杜子春云：『當爲與。謂王與會同喪紀之事』。

司市

立 涖『市師涖焉』。春官大宗伯『涖玉鬯』同。説文立部：『𨽥，臨也』。

辭 辟『辟布者』。鄭司農云：『辭布，辭訟泉物者也』。辭、辟二字者不相涉，當是形近而譌。

泉府

癉 滯『貨之滯于民用者』。〇按：釋詁：『癉，病也』。病民則滯。

委人

奇 羇『待羇旅』。

草人

坌 墳『墳壤用麋』。鄭司農云：『多坌鼠』。〇按：坌同鼢。釋獸『鼢鼠』注：『地中行者』。説文：『伯勞所化也』。

春官

大宗伯

告　吉『以吉禮』。○按：禮緇衣引『尹告』多作尹吉，疑告、吉古通。易『后以施命誥四方』，王弼本作『誥四方』。

禩　祀『以血祭祭社稷五祀』。小祝『祀于社』，夏官小子『掌祭祀』同。説文示部：『禩，祀或从異』。段注以爲古文。

罷　疈『以疈辜』。禮説云：『西京賦：「置互擺牲」，古文擺作罷。

小宗伯

立　位『掌建國之神位』。鄭司農云：『古者立、位同字』。古文春秋經『公即位爲公即立』。

肆師

幾　祈『及其祈珥』。説文血部：『䰕，以血有所刏涂祭也』。幾即䰕之假借字。

剽　表『表齍盛』。注：『剽、表皆爲徽識也』。

工　功『凡師不功』。鄭司農云：『古者工、功同字』。

鬯人

謨　蜃『凡山川四方用蜃』。鄭司農云：『謨，器名』。

天府

瑱　鎮『凡國之玉鎮』。典瑞『執鎮圭』同。

大司樂

藩　播『播之以八音』。九經古義：『古藩字亦作播。尚書大傳五行傳云：「播國率相行事」。鄭注：「播，讀爲藩」。

樂師

翌　皇『有皇舞』。

率　帥『帥射夫以弓矢舞』。漢讀考云：『率與帥今人混用，而漢人分別。毛詩「率時農夫」，韓詩作「帥時農夫」。周禮「帥者建旗」，説文作「率都建旗」。聘禮注曰：「古（今）〔文〕帥作率。凡周禮「帥」字，故書當皆作率」』。

瞽矇

昌　倡『遂昌之』。説文人部：『倡，樂也』。又詳段注。

帝　奠『世奠繫』。小史同。

典同

銅　同『掌六律六同』。鄭司農云：『陽律以竹爲管，陰律以銅爲管。竹，陽也；銅，陰也。各遂其性，凡十二律』。

硍　硍

『高聲硍』。漢讀考云：『杜從作硍之。本易爲鏗字』。○按：釋文硍、鏗並苦耕反。

鍾師

内　納『納夏』。杜子春云：『内當爲納』。

占㝱

儺　難『遂令始難歐疫』。説文人部：『儺，行有節也。从人難聲。詩曰：「佩玉之儺」』。段注：『衛風竹竿曰：「佩玉之儺」。傳曰：「儺，行有節度」。按：此字之本義也。其歐疫字本作「難」，自假儺爲歐疫字，而儺之本義廢矣』。

眡祲

迷彌『七曰彌』。先鄭從此。

大祝

竈造『二曰造』。

大史

䕿協『而協事』。秋官大行人『協詞命』，同。

巾車

拘鉤『金路鉤』。

䌷總『朱總』。

旄翣『有翣羽蓋』。書亦或爲𩬊。〇按：旄、𩬊並音獵。

揟疏『小服皆疏』。

轙藻『藻車藻蔽』。

龍駹『駹車』。秋官犬人『用駹可也』同。

輭髹『髹飾』。

緑篆『孤乘夏篆』。先鄭云：『夏，赤也，緑，緑色』。

軨鈴『鳴鈴以應雞人』。

夏官

序官

勛勳『司勳』。説文刀部：『勛，古文勳。从員』。

爟爟『司爟』。

諸子

卒　倅『掌國子之倅』。

大僕

駭　戒『戒鼓傳達于四方』。漢讀考云：『大司馬「鼓皆駴，駴即駭字」。鄭君曰：「疾雷擊鼓曰戒」』。

弁師

璑　瑉『瑉玉三采』。依段説，字應作珉。先鄭：『璑，惡玉名』。江沅曰：『惡玉者，亞次之玉也。古惡、亞字通』。説文：『三采玉也』。徐曰：『朱、蒼、白也』。疏：『以其三採又非璠璵，故曰惡』。説文玉部：『璑，三采玉也』。段注：『按天子純玉，公四玉一石，侯三玉二石。故書作璑，新書作珉，皆謂石之次玉者。諸公之冕，璑玉三采。謂以璑雜玉備三采，下於天子純玉備五采也。許云三採玉謂之璑，誤矣』。又：『珉，石之瑉者，从王，民聲』。段注：『按凡民聲字在十二部，凡昏聲字在十三部，昏不以民爲聲也。聘義注曰：「碈或作玟。凡文聲、昏聲同部。瑉、碈字皆玟之或體，不與珉同字，其譌亂久矣」』。

膾　會『會五采玉璂』。注：『先鄭云：「讀如馬會之會，謂以五採束髮也」。士喪禮曰：「檜用組，乃笄」。檜讀與膾同，書之異耳。説曰：「以組束髮乃著笄，謂之檜。沛國人謂反紒爲膾」』。説文骨部：『膾，骨擿之可會髮者。从骨，會聲。詩曰：「膾弁如星」』。按：今詩作會。

司弓矢

韔　椹『以授射甲革椹質者』。

槀人

考　試『試其弓弩』。

大馭

軝　軹『右祭兩軹』。釋文：『音雞』。戴震云：『轂末出輪外，似笄出髮外也』。軝、軹、軓、軌四字經傳中往往譌洇。先儒以其所知改其所不知，于是經書、字書不復有軒字。漢讀考云：『軸，耑之鍵，曰舝，亦曰軒。謂制轂之銕豎貫軸頭，有似首笄也。子春易爲軹，則與輢内之軨同名矣』。

職方氏

晉　箭『其利金錫竹箭』。漢讀考云：『大射「儀綴諸箭」注：「古文箭爲晉」。與此同。説文竹部「箭」字下段注：「吴越春秋：「晉竹十庾」。晉竹即箭竹，假借字也』。

秋官

大司寇

憋　弊『以邦成弊之』。

避　蹕『使其屬蹕』。

士師

傰　朋『七曰爲邦朋』。禮説云：『漢書王尊傳有「南山盜傰宗」，蘇林曰「傰音朋」，晉灼音陪」。説文作倗，讀若陪。管子幼官篇：『散群傰署』。校勘記曰：『倗者正字。傰者俗寫多山』。○按：倗宗，人姓名。管子劉績注：『倗即朋字』。説文人部：『倗，輔也。从人朋聲，讀若陪』。鳥部：『朋，古人鳳。象形鳳飛，群鳥从以萬數。故以爲朋黨字』。段氏以倗爲正字，朋爲假借字。

朝士

憲窆　慮貶『慮刑貶』。杜子春云：『窆，當爲禁。憲，謂繙書以明之』。

司烜氏

蕡　墳『共墳燭庭燎』。

薙氏

甍萌『而萌之』。

翦氏

櫜蠹『掌除蠹物』。釋文：『櫜本或作橐』。校勘記：『作橐者是。音、形俱相近也』。

壺涿氏

泡炮『以炮土之鼓』。説文水部：『泡，泡水出山陽平樂，東北入泗。从水包聲』。段注：『匹交切，古音在三部』。

大行人

果祼『再祼』。『三祼』，同。

詞辭『葉辭命』。

小行人

槀槁『則令槁檜之』。

行夫

夷焉『則掌行人之勞辱事焉，使則介之』。先鄭云：『夷使，使于四夷，則行夫主，爲之介』。

考工記

總敘

周舟『作舟以行水』。校勘記云：『古舟、周通。詩大東：「舟人之子」。箋云：「舟當作周」。盧文弨曰：「堯碑委曲舟帀，隸釋云以舟爲周」』。説文口部：『周，密也』。勹部：『匊，帀徧也』。二字解殊。周之爲舟，口因匃譌也。堯碑舟市正與許同。又説文舟部：『服，一曰車右騑所以舟旋』。段注：『舟當爲周。爲之周旋，如舟之旋，故其字从舟』。按：此舟旋似亦應作匃旋，从市義引伸之。

輪　人

員　圜『取諸圜也』。

輈　人

水　準『輈注則利準』。司農云：『注則利水，謂轅脊上雨注，令水去利也』。㮚氏『然後準之』同。子春云：『當爲水。金器有孔者，水入孔中則當重也』。説文水部：『水，準也』。段注：『準，古音追上聲。此以曡韻爲訓。『準，平也』。段注：『謂水之平也。天下莫平于水。水平謂之準，因之製平物之器亦謂之準』。

鮑　人

鞄　鮑『鮑人』。司農云：『蒼頡篇有鞄莞』。

剸　需『則剸』。

㡆　氏

湄　涚『以涚水』。司農云：『湄水，温水也』。漢讀考曰：『湄，當作渜。士喪禮：「渜濯棄于坎」。古文渜作涿。涿、涚同字。猶椽、棁同字也』。説文水部：『湄，水艸交爲湄。从水眉聲』。『涚，財昷水也。从水兑聲。周禮曰：「以涚水漚其絲」』。渜，湯也。

梓　人

厝　措『則必如將廢措』。

廬　人

但　彈『句兵欲無彈』。

絹　蜎『刺兵欲無蜎』。先鄭云：『絹，讀爲悁邑之悁。悁猶橈也』。

匠人

弋　椠『置椠以縣』。杜云：『當爲弋，讀爲杙』。

車人

側　仄『仄輮』。説文人部：『側，旁也』。厂部：『仄，側傾也。詩小雅：「側弁之俄」』。説文人部「俄」下引作「仄」。

弓人

威　畏「恒當弓之畏」。

速　數「則莫能以數中」。

日南讀書記 十八卷

日[illegible]卷

日南讀書記　卷一

易

上經

朱子本義：『以其簡袠重大，故分爲上、下二篇。』刁氏包易酌云：『文王所卦辭，通計六十四卦，凡七百一十五字。連文言尚不滿五千，止四千九百二十三字。謂之卷袠重大，可乎？』

按：古用竹簡，蔡邕獨斷：『策者，簡也。其制長二尺，短者半之。其次，一長一短，兩編下附。』鄭康成云：『易、書、詩、禮、樂、春秋，策皆一尺二寸。』是六經之策，乃其短者。字將及五千，其卷袠實多。謂之『重大』，未可非也。惟經分上、下篇之義，自當以孔子之言爲斷。上篇以乾、坤爲始，下篇以咸、恒爲始，序卦傳之文甚明。孔疏：『乾、坤者，陰陽之本始，萬物之祖宗，故爲上篇之始而尊之。離爲日，坎爲月。日月之道，陰陽之經，所以始終萬物，故以坎、離爲上篇之終也。咸、恒者，男女之始，夫婦之道。人道之興，必由夫婦，所以奉承祖宗，爲天地之主，故爲下篇之始而貴之也。既濟，未濟爲最終者，所以明戒慎而全王道也。』程傳：『乾、坤，天地之道，陰陽之本，故爲上篇之首。坎、離，陰陽之成質，故爲上篇之終。咸、恒，夫婦之道，生育之本，故爲下篇之首。未濟，坎、離之合；既濟，坎、離之交。合而交，則生物，陰陽之成功也，故爲下篇之終。』二説並與序卦傳之義不背。朱子不取，蓋並序卦而疑之矣。

乾

初九

孔疏：『陽爻稱九，陰爻稱六，其説有二：一者，乾體有三畫，坤體有六畫，陽得兼陰，故其數九，陰不得兼陽，故其數六。二者，老陽數九，老陰數六。老陰、老陽皆變，周易以變者爲占。』俞氏樾羣經平議：『按：八卦成列，本皆三畫之卦，因而重之則六畫之卦。乾以一爲一畫，坤以一爲一畫。不得以乾爲三畫，坤爲六畫也。如其説，將震、坎、艮爲五畫卦，巽、離、兑爲四畫卦乎？』

按：孔之前説難通，自崔憬以來，咸用後説。毛氏奇齡仲氏易獨以老少之説爲不可訓，而云「畫成于三，三其三則爲九，兩其三則爲六，所謂參天兩地者也」，好異之過也！

潛龍勿用

孔疏：『潛龍之時，小人道盛。聖人雖有龍德，於此時唯宜潛藏，勿可施用。故言「勿用」。』張氏曰：「以道未可行，故稱『勿用』以誡之。於此小人道盛之時，若其施用，則爲小人所害。寡不敵衆，弱不勝强，禍害斯及！故誡『勿用』。若漢高祖生於暴秦之世，唯隱居爲泗水亭長，是『勿用』也。諸儒皆以爲舜始漁於雷澤。舜之時，當堯之世。堯君在上，不得爲小人道盛。」程傳：「陽氣方萌，聖人側微。若龍之潛隱，未可自當，晦養以俟時。」集解：『崔憬曰：「龍下隱地，潛德不彰，是以君子韜光待時，未成其行，故曰勿用。」』司馬氏光易説：「其言『勿用』何？聖人觀象而爲之戒也。潛龍之時，伏于泉，不可用也。是故冬華而雷，爲妖爲炎；人躁而狂，爲凶爲殃，皆時不可用而用之也。」

按：「勿」者，禁止之辭，故張氏、司馬氏並以爲戒辭。賈誼新書云：『潛龍入而不能出，故易曰「勿用」。「勿用」者，不用也。』是漢人已作此解。陸佃埤雅云：『勿用，戒使弗爲也』。楊氏萬里誠齋易傳：『「勿」云者，止之也。』與温公之説亦相通也。文言云『確乎其不可拔』，亦即『勿』字之義。仲氏易謂其時尚勿之用，似未合『勿』字之意。程傳但云「聖人側微」，誠齋易傳稱程子「舜之側微」，殆以二、三、四三爻皆以舜爲證，故推而及之。觀於孔疏，則古人已有此説，而孔氏非之。干寶謂此文王在羑里之爻。楊誠齋謂羑里爲聖人之不幸，而非「潛」。張氏根以爲伯夷之事，亦不甚合。刁氏謂孔明卧隆中之時，較爲得之。温公之説戒躁人也，此皆推説，朱子所謂非易之本指。

九二見龍在田利見大人

王注：「雖非君位，君之德也。『利見大人』，唯二、五焉」。孔疏：「『利見大人』，以人事托之。言龍見在田之時，猶似聖人久潛稍出，雖非君位，而有君德。故天下衆庶，利見九二之大人。故先儒云，若夫子教於洙、泗，利益天下，有人君之德，故稱大人。」案：文言云九二「德博而化」，又云「君德也」。王輔嗣云：「雖非君位，君之德也。」是九二有人君之德，所以稱大人也。輔嗣又云：「利見大人，唯二五焉」。是二之與五俱是「大人」，爲天下所利見也。而褚氏、張氏同鄭康成之説，皆以爲九二利見九五之「大人」，其義非也。且「大人」之云，不專在九五與九二。故訟卦云「利見大人」，又蹇卦「利見大人」。此「大人」之文施廣矣。故輔嗣注謂九二也。是「大人」非專九五。

程傳：「利見大德之君，以行其道；君亦利見大德之臣，以共成其功。天下利見大德之人，以被其澤。大德之君，九五也。」

按：文言傳：「利見大人，君德也。」王、程二説，皆本文言，「二」、「五」皆爲「大人」。虞氏易亦以「大人」謂「二」。朱子亦以爲在下之「大人」。孟子有「大人者，正己而物正者也。居仁由義，大人之事備矣。」古之稱大人，非必以位言。蔡氏清謂凡大人，皆是德位兼全之稱，未可以釋此爻也。仲氏易云：「大人無二，非此大人見彼大人，亦非天下見大人也。」易通曰：「見大人，只是大人見，猶春秋書『龍見』同。」此猶泥于德位兼全之見，而別爲異説。「見龍」、「龍見」，文義無別。「利見」之「見」，而亦讀爲賢編反，則不辭矣。釋文引王肅云「聖人在位之日，」其意亦以「大人」專在九五，與康成之説相通。肅專與鄭立異，而此説則同鄭矣。

九三君子終日乾乾夕惕若厲無咎

王注：「終日乾乾至於夕惕，猶若厲也。」孔疏：「『若厲』者，若，如也；厲，危也。言尋常憂懼恒如，傾危乃得無咎。」又云：「案：此卦九三所居之處，實有危厲。又文言云：『雖危無咎』，是實有危也。據其上下文勢言，『若』字宜爲語辭。但諸儒並以『若』爲『如』。如是有厲，實無厲也。理恐未盡，今且依『如』。解之。」程傳曰：「夕不懈而兢惕，則雖處危地而無咎。」本義：「九，陽爻，三，陽位。重剛不中居下之上，乃危地也。然性體剛健，有能乾乾惕厲之象，故其占如此。此『君子』指占者言。言能憂懼如是，則雖處地而無咎也。」嚴氏元照娛親雅言：「『惕若』，猶『出涕沱若』，『戚嗟若』。用『史巫紛若』之例，當於『若』子絕句。然自淮南子以至唐、宋，皆以『若厲』爲句。朱子本義始更定之。閻百詩謂：證以文言『雖危無咎』之文，知句讀斷宜如是。」武氏億經讀考異：「案：近讀皆以『夕惕若』爲句，『厲』一讀，『無咎』一讀。考漢、唐舊讀，竝連『夕惕若厲』爲句。淮南子人間訓『夕惕若厲，以陰息也』，漢書王莽傳引易曰『夕惕若厲』，説文『夤』字注引易曰『夕惕若厲』，風俗通義引易『夕惕若厲』，後漢謝夷吾傳『夕惕若厲』注引易曰『夕惕若厲，言君子終日乾乾，至于夕，猶怵惕戒懼，若危懼』，荀爽曰『从誠謂夕惕若厲』，干寶曰『外爲丈夫之從王事，則夕惕若厲』，書冏命正義引易稱『夕惕若厲』藝文類聚引亦作『夕惕若厲』。又，書『怵惕惟厲』，「與易句並同。古讀似可依。」羣經平議：「此當以『夕惕』二字爲句。『君子終日乾乾夕惕』，猶言終日乾乾，終夕惕惕也。『若厲』二字自爲句，猶夬九三言『若濡』，萃初六言『若號』也。」按：文言兩言「故乾乾因其時而惕，雖危無咎矣」，則爻辭「夕惕」自當上屬，「厲」字自當下屬。不得如漢、唐舊讀也。孔疏之意亦欲以「若」字爲句。但不欲與諸儒立異，故云「且依『如』解之耳。」閻百詩以本義爲是，當爲定論。俞蔭甫欲以『若厲』爲句，引「若濡」等句爲比，殊可不必。「夕惕若」句，亦有「出涕沱若」等句爲比例也。

用九見羣龍無首吉

按：説苑引易曰「見羣龍」，是古讀「龍」字句絶。王注以「用九見羣龍」爲句。孔疏：「用九見羣龍者，此一句説乾元用天德也。」程傳從王讀。本義以「用九」爲句，「見羣龍」連下「無首」爲句。左傳昭二十九年蔡墨引易「見羣龍無首，吉」，不連「用九」之文，此朱子所本也。語類云：「荆公言『用九』只在上九一爻，非也。」仲氏易獨取其説，謂「用九」一節亦上九爻辭，當與上九合爲一節，並引蔡墨之對爲證。今按：左傳蔡墨曰：「周易有之，在乾之姤巽下乾上姤，乾初九變。曰：『潛龍勿用。』其同人離下乾上同人，乾九二變。曰：『見龍在田。』其大有乾下離上大有，乾九五變。曰：『飛龍在天。』其夬乾下兑上夬，乾上九變。曰：『亢龍有悔。』其坤坤上坤下坤，乾六爻皆變。曰：『見羣龍無首，吉。』」前四句，皆以一爻之變者言之。「其坤」句，則以六爻皆變者言之。六爻皆變之詞，豈得屬上九哉？毛之辨雖博，無當也。

象曰

呂氏祖謙曰：「鄭康成合彖、象於經，故加『彖曰』、『象曰』以別之，諸卦皆然。」易酌：「余意孔子解彖，但加『曰』字，言彖辭之意云云也。如此解，其義自明。後大象、小象放此。」

按：刁氏益未知「彖曰」等字爲後人所加，故曲爲之説。本義：「『彖』，即文王所繫之辭，『傳』者，孔子所以釋經之辭也。後凡言『傳』者放此。」惠氏棟周易本義辨證：「此二十六字，乃朱子彖上傳注也。其『彖曰』及後『象曰』、『文言曰』字，皆朱子本所無。原本首句下又有『上者經之上篇』六字，今本刊去。」按：删去彖上傳之文，而附其注於此，幾使人索解不得。幸音訓本尚在，可考而知也。

象曰

本義：「『象』者，卦之上、下兩象及兩象之六爻，周公所繫之辭也。」辨證：「此二十一字，朱子象上傳注也。」

按：「爻」字連下讀，或以「爻」字絶句，非。

文言曰

本義：「此篇申彖傳、象傳之意，以盡乾、坤二卦之藴。而餘卦之説，因可以例推云。」辨證：「此二十八字，朱子文言傳注也。」

按：此與「彖曰」、「象曰」並是删其標目而存其注，本義原本之面目全失矣。

坤

西南得朋東北喪朋安貞吉

按：「西南」、「東北」之説，言人人殊，今條列之如左：

漢書律歷志：「其於三正也，黄鐘子爲天正，林鐘未之衡丑爲地正，太族寅爲人正。三正正始，是以地正適其始紐於陽東北丑位。易曰：『東北喪朋，迺終有慶。』答應之道也。」注：「孟康曰：『未在西南，陽按：「陽」疑「陰」之譌。也。陰而失陽，爲失其類也。』」

惠氏棟周易述：「爻辰初在未，未，西南，陰位，故『得朋』。四在丑，丑，東北，陽位，故『喪朋』。地闢于丑位，在未。木衡丑爲地正，承天之義也，故『安貞吉』。此劉歆説，詳三統厤也。爻辰者，謂乾、坤十二爻所值之辰。乾辰，于十一月子間時而治六辰；坤貞，于六月未，亦間時而治六辰。乾左行，坤右行。十一月子乾，初九也；十二月丑坤，六四也；正月寅乾，九二也；二月卯坤，六五也；三月辰乾，九三也；四月巳坤，上六〔也〕；五月午乾，九四也；六月未坤，初六也；七月申乾，九五〔也〕；八月酉坤，六二也；九月戌乾，上九也；十月亥坤，六三也。二卦十二爻而朞一歲。坤初六在未，未值西南，又坤之位，故『得朋』。六四在丑，丑值東北，陽位，故『喪朋』。漢書天文志曰：『東北，地事天位。』是子爲天正、丑爲地初，在未。四在丑地，正適其始，衝氣相通也。淮南天文云：『其對爲衝，天開於子，地闢於丑，承天之義。』」

按：以爻辰釋坤、象之「西南」、「東北」尚可通，蹇、解二卦，即難通矣。

集解：「虞翻曰：『馬君云：孟秋之月，陰氣始著，而坤之位同類相得，故西南得朋。孟春之月，陽氣始著，陰氣從陽，失其黨類，故東北喪朋。決之甚矣。而荀君以爲，陰起於午，至申三陰，得坤一體，故曰西南得朋，陽起於子，至寅三陽，喪坤一體，故曰東北喪朋。就如荀，從午至申，經當言南西得朋；子至寅，當言北東喪朋。以乾變坤而言喪朋，經以乾卦爲喪耶？此何異於馬也！』」張氏惠言虞氏易：「馬以西南爲申，東北爲寅。陰得其類，不可謂『利』，就陽，不可謂『喪』故云失之甚矣。」王氏引之經義述聞：「荀爽謂否，泰之内卦也。案：易十二月卦，無以方位言之者，惟八純卦有之。説卦傳曰：『坤，西南之卦也。』是坤位本在西南，何待内坤外乾之否，而後『西南得朋』乎？由否之三陰而爲四陰之觀於西方，五陰之剥於戌方，六陰之坤於亥方，陰之『得朋』更盛，何以不言『西北得朋』乎？由泰之三陽而爲四陽之大壯於卯方，五陽之夬於辰方，六陽之乾於巳方，陽之『喪朋』更盛，何以不言『東南喪朋』乎？卦之六爻皆陰，何得但以三爻之消長言之乎？則荀説非也。」

按：「馬」，馬融；「荀」，荀爽。二説虞氏並不取，王之駁荀尤切。馬説本通卦驗，則近人有取之者。

集解：「虞翻曰：『陽喪滅坤，坤終復生，謂月三日，震象出庚，故乃終有慶。此指説易道陰陽消息之大要也。謂陽月三日變而成震，出庚，月三日生明，昏見於庚。震，一陽之象。至月八日成兑，見丁；月上弦之時，昏見於丁。兑，二陽之象。庚西、丁南，故「西南得由西而南。朋」。謂二陽爲朋，故兑，「君子以朋友講習」。文言曰「敬義立而德不孤」，象曰：「乃以類行。」二十九日消乙入坤，凡光盡滅，平旦入東方乙地。滅藏於癸。晦、朔天地之合。乙東癸北，故東北喪朋。由東而北。謂之以坤滅乾，坤爲喪故也。』」經義述聞：「如虞説，二陽爲朋，則一陽猶不得爲朋。月之出丁成兑，已得二陽，可謂朋矣。若出庚成震，甫得一陽，未可謂之朋也。經文但云南得朋可矣，何得云西乎？消乙入坤，可謂喪朋矣。若納氣於癸。則與日同躔，爲陽精復生之本，不得仍謂之喪。經文但云東喪朋可矣，何得云北乎？十六日之旦，明初退於辛方，三十三日之旦，半消於丙方，皆喪朋之象，西南亦有喪朋之時，何以獨云「得朋」乎？望夕夜半，月盈於甲方，納其氣於壬方。三陽並著，乃得朋之最盛者，東北亦有得朋之時，何以獨云『喪朋』乎？坎爲月而坤，則否卦爲坤卦，何爲取象於月乎？出庚方則爲震，出丁方則爲兑，於坤何涉乎？彖傳曰：『西南得朋，乃與類行，謂衆陰爲朋。』今乃云二陽爲朋，不與彖傳相戾乎？虞説殆不可通。虞氏又説，蹇利西南，不利東北，曰：『坤，西南卦，五在坤中；坎爲月，月生西南，故利西南往。得中，謂西南得朋也。艮，東北之卦。月消於艮，喪乙滅癸，故不利東北，其道窮也，則東北喪朋矣』。案：上弦與下弦相對，望與晦相對。論上弦生魄，始於庚方，丁方；下弦死魄，始於辛方、丙方，則西南有利有不利。論望夕光盈於甲方，納氣於壬方；晦夕光淪於乙方，納氣於癸方，則東北亦有利有不利。何得於生魄但言其始，於死魄但言其終，而云利西南，不利東北乎？且『坤，西南』，謂坤之方位也。而云月生西南，故利西南，則又以月所在之庚方，丁方言之，而非卦位矣。『艮，東北之封，』謂艮之方位也。而云喪乙滅癸，故不利東北，則又以月所在之乙方、癸方言之，而非卦位矣。意義混淆，莫此爲甚。且月消於艮，乃下弦於丙方之時，其位南而非北。月消於丙方，則是南亦不利。與所謂不利東北者，相抵捂矣。月體納甲，見於魏伯陽參同契。乃丹家傅會之説，原非易之本義。而虞氏乃用之以注經，固宜其説之多謬也。」焦氏循易通釋：「虞解蹇，與坤、彖之注自相矛盾。既云『庚西丁南』，則西南已屬震、兑，兑二陽，既得朋，則與坤之滅陽者不可同日而語，乃又牽於坤爲西南卦。蓋蹇無震兑，不得不以西南爲坤。震、兑以得朋爲西南，坤又以喪朋爲西南，鑿枘相牾，究何所從！」

按：此以納甲爲説。魏伯陽參同契「坤乙三十日，東北喪其朋」，此虞説之所本也。然坤陰卦，陰乃其類。虞得朋，爲陽得其類，與卦體不合。王、焦二説駁之，尤爲明析，則此説非也。

集解：「崔憬曰：『妻道也。西方坤、兑，南方巽、離。二方皆陰，與坤同類，故曰西南得朋。東方艮、震，北方乾、坎。二方皆陽，與坤非類，故曰東北喪朋。以喻在室得朋，猶（述）〔迷〕於失道，出嫁喪朋。乃順而得常安於承天之正，故言安貞吉也。』」經義述聞：「案：巽在東南，不得但謂之南；乾在西北，不得但謂之北。經言

「西南得朋」，何得襍以東南之巽；言「東北喪朋」，何得襍以西北之乾乎？」

按：俞氏琰及仲氏易並主崔説。據述聞之駁義，則崔説亦非也。

王氏夫之周易稗疏：「西南得朋，東北喪朋，舊以世所傳八卦方位言之。按：方位之説有二：一則日者、葬師舊所流傳，依坿『帝出乎震』之文，東震，西兑，南離，北坎，東北艮，東南巽，西南坤，西北乾。若依此説，西南乃坤之位，非朋矣。東北，艮位。艮爲山。山者，地之加厚者也，何云『喪朋』？則此説不立。其一邵康節所傳於穆李、陳摶，謂之先天者。坤位在北，何以『喪朋』？巽位東南，非坤朋也，何以云『得』？則此説亦不立。此據文王演易之地而言。（歧）〔岐〕周之西南乃隴蜀，接西番之地。崇地疊嶂，地氣博厚，故曰『得朋』。東北爲關東、豫兗之野，平迆而屬於海，地氣已薄，故曰『喪朋』，則不怙其積厚之勢，而和衍以受天施，故曰『乃終有慶』。」

按：後天方位説卦，傳有明文，不得謂爲日者、葬師所依坿。隴蜀非西南，豫、兗非東北。則此説非也。

程傳：「西南陰方，東北陽方，陰必從陽。離喪其朋類，乃能成化育之功，而有安貞之吉。」

本義亦云：「西南陰方，東北陽方。」

按：此破除方位幹枝之見，而渾言之曰「陰方」，「陽方」至西南何以爲陰，東北何以爲陽，其故則未明。

王注：「西南，致養之地，與坤同道者，故曰『得朋』。東北，反西者也，故曰『喪朋』。陰之爲物，必離其黨，之于反類，而後獲貞吉」。

按：「西南坤位，説卦傳雖未明言，而以諸卦推之，此乃自然之方位，非後來穆李諸圖之所得同。乃諱言之，而曰與坤同道，曰東北反西南，立言則巧，而未當也。易通釋：「説卦傳：『艮，東北之卦也，萬物之所成終而所成始也。故曰成言乎艮』。艮之爲東北，傳明言之，因推震爲東方，巽爲東南，離爲南方，坎爲北方，乾爲西北，兑正秋，爲正西，坤不言而知爲西南矣。坤象其義隱奥，原不易明。乃經則自明之於蹇。蹇彖云：『利西南，不利東北』。方其爲坤，乾二之坤五爲得朋，二行而上亦行，是爲『乃與類行』，於是坤成蹇。蹇下艮爲東北，若令乾四又之坤四，則是革四之蹇初，成兩既濟，故坤成蹇。其道已窮，急宜變通，於睽二五喪而未得，故『喪朋』。『喪朋』，則『終有慶』，不『喪朋』而終，則不利。故不利東北。因不利東北，所以『喪朋』。『喪朋』而後『乃終有慶』也。蹇傳云：「蹇利西南，往得中也。不利東北，其道窮也。」其義甚明。於蹇言『西南』、『東北』，知坤之『東北』謂蹇；於坤言、『西南』、『東北』知蹇之『西南』謂坤。坤、蹇二卦，彼此互明，明白如繪。解何以『利西南』，因蹇之『不利東北』而連類及之也。經自明之，云：『無所往，其來復，吉。』『无所往』者，三未之家人上四，亦未之初也。『來復』者，二之五也。解無坤，解成萃則有坤，猶坤無艮，坤成，蹇則有艮。坤成蹇，不利東北，以革四不可之蹇初也。解成萃『利西南』，以家人上可之萃三也。傳云：『解利西南，往得衆也。』二之五先得衆，而後三往家人上，故往得衆。若初先往四，則不異乾四之坤初。而小畜寡矣，何以得衆也！」

按：此専以卦變爲説，而與朱子之卦變圖又不同，頗紆曲而難曉。朱子云彖傳或以卦變爲説，蓋易中之一義，非畫卦作易之本指也。

經義述聞：「案：蹇彖辭『利西南，不利東北』，傳曰：『利西南，往得中也；不利東北，其道窮也。』荀爽曰：『西南謂坤，升二往居坤五，故得中。東北，艮也。艮在坎下，見險而止，故其道窮也。』見集解。是西南謂坤，東北謂艮。此亦當與之同。易通卦驗曰：『艮，東北也，主立春。艮氣不至，應在其衡。坤，西南也，主立秋。坤氣不至，應在其衡。艮之衡即坤，坤之衡即艮也。坤處西南，而主立秋。立秋，陽消陰長。又，卦之六爻皆陰，故曰得朋。艮處東北，而主立春。立春，陽長陰消。又，卦之三上兩爻，陰變爲陽，故曰喪朋。不取正東之震、正北之坎者，正東、正北，不與坤維相對也』。西南、東北，坤、艮所居。蹇卦已有義例，説經者不此之據，而奚據哉？唐史徵周易口訣義曰：『西南得朋者，西南坤位，是陰也。東北喪朋者，東北艮位，是陽也。』則得經義矣。一曰：西南未方，東北丑方。漢書律歷志曰：『林鐘未之衝丑爲地正。紐於陽東北丑位。易曰東北喪朋，乃終有慶，答應之道也。』魏博士秦静議曰：『坤爲土，土爲西南，盛德在未。易曰：坤利西南得朋，東北喪朋。丑者，土之終，終而復始，乃終有慶。』通典禮四引。案：丑方亦艮位也。説卦曰：『艮，東北之卦也，萬物之所成終而所成始也。』正義曰：『東北在寅丑之間，丑爲前歲之末，寅爲後歲之初，則是萬物所成終而所成始也是也。』」

按：諸家之説，以此説爲勝。辨證云：「以説卦言之，坤、艮二土，位于丑未。坤陰艮陽，亦合于得喪之義。」此數語最爲簡明，似不必繁引他説矣。通卦驗之文，爲馬融説所本，理自相通，然尚非坤象之本指。漢志襍以十二律之名，此又漢代術數家言，不必以之説經也。

屯

女子貞不字

按：集解：「虞翻曰：『字，妊娠也。三失位變復體離。離爲女子，爲大腹，故稱字。今失位爲坤，離象不見，故女子貞不字。坤數十三，動反正離，女大腹，故十年反常乃字，謂成既濟，定也。』」程傳「字訓字育」，當亦用虞義。此一説也。陸績曰：「字，愛也。時通則道亨，合正匹。」京氏易傳注。口訣義曰：『女子貞不字』者，二是五之匹，故執貞奉五，而不受初之字愛也。十年反常，雖道乃通，故受五之所愛矣。」王注無文，孔疏用陸義。此一説也。本義：「字，許嫁也。禮曰：『女子許嫁，笄而字。』六二陰柔，中正有應於上，而乘初剛，故爲所難，而邅回不進。然初非爲寇，乃求與已爲婚媾，曰但守正，故不之許。至于十年，數窮理極，則妄求者去，正應者合，而可許矣。」語類：「耿氏解『女子貞不字』，作『許嫁笄而字』。『貞不字』未許嫁也，卻與婚媾之義相通。」按：耿，耿南仲。此一説也。易通釋：「字之義，同於養。昭十六年傳服虔注：「字，養也。」屯六二『女子貞不字，十年乃字』，『女子貞』，即鼎成家人而上之屯三成兩既濟也。『不字』，即不育，不養賢也。『十年』，鼎成泰也。泰通否，則『十年乃字』也。」此一説也。仲氏易用虞義，而別爲之説曰：「當在臨，兑時，一少女耳。今已居正，與九五正應爲婦，則民之初生，亦陰陽始交，衆庶馮生之首事。然自三而四，連三陰，爲離中之象。自一至五，爲大離之象。離爲大腹，即以互體觀之，二四同坤，坤亦爲腹，則欲求字孕，當亦不遠。第屯難之時，貴乎居貞。貞即不字。」此又一説也。自來説者，經義述聞：「虞翻訓『字』爲妊娠，後人多不用其説。案：説文曰：『字，乳也。』廣雅曰：『字、乳，生也。』墨子節用篇：『十年若純，三年而字，子生可以二三年矣。』太玄事：『次四男女事，不代之字。』范望注曰：『男而女事，猶爲不宜，况於字育！故不代也。』中山經：『若山有木，名曰黄棘，其實如蘭，食之不字。』郭璞注曰：『字，生也。易曰女子貞不字。』然則不生謂之『不字』，必不孕而後不生，故『不字』亦兼不孕言之。『女子貞不字』者，『女子貞』爲一句。天二居中得正，故曰『女子貞』。家人彖辭曰『利女貞』是也。『不字』爲一句，猶言婦三歲不孕也。『不字』者，屯邅之象，非以『不字』爲貞也。當以虞、郭二家之訓爲是。而京房易傳『女子貞不字』，陸績注曰：『字，愛也。』易正義亦曰『女子守貞，不受初九之愛也』。揆之文義，頗爲不安。宋耿南仲周易新講義乃解之以曲禮『女子許嫁笄而字』，曰貞不字者，未許嫁也。案：曲禮『男子二十冠而字，女子許嫁笄而字』，則『字』爲名字之字，士昏禮記『女子許嫁，笄而醴之稱字』，是也。許嫁而後字，字非許嫁明矣。襍記『女雖未許嫁，年二十而笄，禮之，婦女執其禮』。女子之笄，猶男子之冠。男子之冠有字辭，則女子亦當然。未許嫁者，年二十而亦笄而字之，則不得以『不字』爲『許嫁』也。内則曰：『女子十有五年而笄』。縱使十五之年尚未笄而字之，再五年，而當二十之年，亦無不笄而字者矣。豈遲至十年之久乎？徧考經、傳及唐以前書，無以『字』爲許嫁者。而自南宋至今，相承以許嫁爲許字，甚矣其謬也！然其説之所以多誤者，益有二焉：一曰女子未嫁之稱，可言受愛，可言許嫁，不可言孕姙也。案：内則曰：『道路，男子由右，女子由左。』大戴禮本命篇：『男子謂之丈夫，女子謂之婦人。』婦人亦稱女子也。一曰上言昏媾，故以爲受愛，又以爲許嫁也。案：一爻數象，類相近而事則殊。賁六四曰『匪寇昏媾』，而其上曰『白馬翰如』。睽上九曰『匪寇昏媾』，而其下曰『往遇雨則吉』。不必皆爲一事也。自解者承上『昏媾』言之，而其義始不可通矣。又案：虞翻曰云云。案：二至四互坤。坤爲母，爲腹，故有妊娠之象。二乘剛則離，故不字。應五則順，故反常乃字。九家易曰：『陰出于坤，今還爲坤，故曰反常也。』李鼎祚解之曰：『謂二從初即逆，應五順也。去逆就順，陰陽道正，乃能長養，故曰十年乃字。』是也。何必三變成離，而後稱字乎？」此從虞説而小變之，而以耿説爲非也。毛氏奇齡易小帖曰：「自本義誤引曲禮『女子二十許嫁笄而字』語，遂注曰『許嫁曰字』。夫曲禮之『字』是名字之字，故上文曰『名子者，不以國』，又曰『男子二十冠而字，父前子名，君前臣名』，然後曰『女子許嫁笄而字』，謂男子成人而不名而字，惟君、父前仍名，而女子亦然。故孔氏疏謂笄而字者，如春秋之稱伯姬、仲姬者也。若曰許嫁，則明儒郭子章有曰：『男子二十冠而許嫁乎？』姚承庵有曰：『女子許嫁，笄而許嫁乎？』凌揚藻蠡勺編。按：士昏禮記曰：『女子許嫁，笄而醴之稱字。』明于字上加一稱字，何得假借？何可溷淆？」此以本義爲誤，而本義亦用耿説也。惠氏周易述：「字，許嫁也。妊娠爲已嫁，虞氏非也。」此以虞説爲非，而用耿説者也。

今案：虞義乃「字」之本訓，固是漢人舊説。然女子未嫁，難以妊娠言。必如虞義，終無解于惠氏已嫁之説。述聞亦知其難通也，又有「婦人亦可稱女子」之説。然婦女之貞不貞，豈在妊娠不妊娠？貞故不妊娠，其十年之後，遂可不貞乎？述聞亦知其説未可通也，於是又有「女子貞」爲句，「不字」爲句之説，分之爲兩事。然爻辭之言兩事者固多，似非可以例此。謂「不字」，猶言婦三歲不孕，有屯邅之象，第止言「不字」，而不加「婦」字，則其義不明。謂統于女子而言，則一女子或貞或不字，似於文義未安。則述聞之説，未爲是也。至述聞駁許嫁之説，歷引説文、廣雅、墨子、山經以證「字」訓爲「生」之義，頗持之有故。然如列子楊朱篇「禹惟荒土功，子産不字，過門不入」所言「子産不字」，即書之「啓呱呱而泣，子弗止也」。「不字」，祇爲不愛之意。則經傳中「不字」之文，豈得概以不孕解之？公羊傳僖九年：「秋七月，伯姬卒。此未適人，何以卒，許嫁矣。婦人許嫁，字而笄之。死，則以成人之喪治之。」何休注：「字者，尊而不泄，所以遠別也。笄者，簪也，所以繫持髮，象男子飾也。服此，明繫屬於人，所以養貞一也。」疏：「公子爲大夫者卒，皆稱名，而内女許嫁卒而稱字者，所以遠別之故也。」是許嫁稱字，乃春秋之義。女子貞，未許嫁，故不字也，十年難解。可以許嫁，故可字也。「不字」猶言不名。漢書「唯霍光不名」，蘇武傳。「奏事不名」，王莽傳。此其比也。何以必加以「稱」字，如蠡勺編所云哉？若謂女子二十而未許嫁，亦可笄、可字，此或道其常也。至當屯難之時，守貞者自可堅持不笄不字之義，又豈得以尋常之儀節論之哉？然則此爻之義，仍當以耿説爲長。陸績之説，述聞非之。夫不受人愛，而曰不愛，語既不明。十年乃愛，尤覺不安。焦氏以卦變爲解，紆曲，非本指。毛氏以自一至五爲大離象，舊説有以中孚爲大離卦者。以五爻爲大離象，未之前聞。且連三陰爲坤象，乃曰離中之象，殊爲難通。西河好爲臆説，不足取也。

需

雖不當位

程傳：「『不當位』，謂以陰而在上也。陰宜在下，而居上，爲不當位也。」

按：上本陰位，以陰處之，爲當位。六十四卦中，以陰居上，不止需卦，何獨於需而曰「陰宜在下」？故惠氏以爲不可通。誠齋易傳：「『不當位』，陰居上則僭也。」其失與程傳同。集解引荀爽曰：「上降居三，雖不當位，承陽有實，故終吉，無大失矣。」惠氏辨證云：「荀以乾升坤降爲説。坎上爲雲穴者。雲之所歸宿也。上六舉坎以降陽，故有入于穴之象。三人謂乾三爻也。雲雨入地，則下三陽動而自至，乾升在上，上降居三。雖不當位，承陽有實，故無大失。」此最合爻象之旨。然乾升坤降之説，人多不信，其理亦紆曲而難明。惟蔡氏清云：「雖不當位，謂其陰居險極，正與困上六『困於葛藟，未當也』一般。」比説較爲得之。

訟

剛來而得中也

王注：「無善聽者，雖有其實，何由得明？而令有信塞，懼者得其中，吉，必有善聽之主焉，其在二乎？」

九五訟元吉

王注：「處得尊位，爲訟之主，用其中正，以斷枉直。」疏：「此卦之内，斷獄訟之人，凡有二主。案：上注云『善聽之主，其在二（字）〔乎〕』，是二爲主也。此注又云『爲訟之主，用其中正，以斷枉直』，是五又爲主也。」

按：九二爻辭云「不克訟」，是欲訟之主，非聽訟者也。傳義之説並同王注，云「自下訟上，宜其不克」，亦無聽訟之意。疑彖傳王注「二」乃「五」之譌。孔疏承其譌本而釋之也。

師

利執言

「言」，舊説多作言語解，本義獨云：「言，語辭。」

按：「執言」，即書所謂「奉辭伐罪」也。程傳、温公易説均如此解。

長子帥師弟子輿尸貞凶

集解：「虞翻曰：『長子謂二，震爲長子。在師中，故帥師也。弟子謂三，三體坎。坎、震之弟，而乾之子。失位乘陽，逆，故貞凶』荀爽曰：『長子謂九二也。五處中應二。二受任帥師，當上升五。故曰長子帥師以中行也。』宋衷曰：『弟子謂六三也。失位乘陽，處非所據，衆不聽從，師人分北。或敗績死亡，輿尸而還。故曰弟子輿尸。謂使不當其職也。』」孔疏：「莊氏云：『長子謂九二，德長於人；弟子謂六三，德劣於物。』今案：象辭云『長子帥師以中行也』，是九二居中也；『弟子輿尸使（下）〔不〕當〔也〕』是六三失位也。」

按：「長子」指九二，「弟子」指六三，舊説並同。本義獨云「弟子指三四」。四爻辭云「師左次無咎」，不得言凶，自以專指六三爲是。六三爻辭亦明言「輿尸」。

比

後夫凶

「後夫」，王注指上六，諸家從之。朱子有「陽便是夫，陰便是婦」之説，故不指明何爻。

豫

六三盱豫悔遲有悔

語類：「『盱豫』是句。」

按：本義云：「事當速悔，若悔之遲，則必有悔也。」是「悔」爲一句，「遲有悔，爲一句。上「悔」去聲，下「悔」上聲。王、程諸家，兩「悔」字皆作悔各解，與朱異。仲氏易上「悔」亦作悔恨解，并云悔恨與改悔同義。毛説多攻朱，而此爻獨園本義。

蠱

先甲三日後甲三日

此與巽九五之「先庚三日，後庚三日」，衆説紛如，今條之如左：

集解：「子夏傳云：『先甲三日者，辛壬癸也，後甲三日，乙丙丁也。』」仲氏易：「自三至五爲互震。震爲木，爲甲。而甲爲干始，十干以甲爲始。凡天時所周，將有所終，則必有所始。今已得始甲，則凡先乎此、後乎此，而皆以甲周之，所謂終則有始者。雖曰干有十數，而前三、後三歷七日，而十已周。蓋先甲爲辛、爲金、爲壬癸、爲水；

後甲爲乙、爲丙丁、爲火。合木、金、水而四時悉備。所不用者，獨戊已耳。故子夏傳曰云云。夫第言辛、壬、癸、乙、丙、丁，而不言戊已，則明以戊已爲不用矣。蓋戊已屬土，分王于八干，而所行特遲，言震甲必去之。」

按：子夏傳以干支言，但爲十干，甲先後之三日別無意義。毛氏演其説，謂八干不用戊已，則何以又遺郤庚也？則此説非也。

集解：「馬融曰：「甲在東方，艮在東北，故云先甲。巽在東南，故云後甲。所以十日之中唯稱甲者，甲爲十日之首，蠱爲造事之端，故舉初而明事始也。言所以三日者，言不令而誅謂之暴，故令先後各三日，欲使百姓徧習而不犯也」」

按：此用卦位爲説。毛氏云其於艮、巽則合矣，然與三日無涉，則此説非也。

集解：「虞翻曰：『謂初變成乾，乾爲甲。至二成離，離爲日。謂乾三爻在前，故先甲三日，賁時也。變三至四體離，至五成乾。乾三爻在後，故後甲三日，無妄時也。易出震消息，歷乾坤，象乾爲始、坤爲終，故終則有始。乾爲天，震爲行，故天行也。』蠱卦。『震，庚也。謂變至二成離，至三成震。震主庚，離爲日。震三爻在前，故先庚三日，謂益時也。動四至五成離，終上成震。震三爻在後，故後庚三日也。巽初失正終變成震，得位。故無初有終，吉。震究爲蕃鮮白謂巽也；巽究爲躁卦，謂震也。與蠱先甲三日、後甲三日同義。五動成蠱，乾成于甲，坤成于庚。陰陽，天地之始終，故經舉甲、庚于蠱彖。巽，五也。』」巽卦。毛曰：「純取變動，全無定準，且何以爲三日也？」

經義述聞：「案：天有十日，甲與庚各居其一。若以乾爲甲，震爲庚，而分在前者爲先甲、先庚，在後者爲後甲、後庚，則是在先之日，惟甲與庚，在後之日，亦惟甲與庚。經當云先甲一日，後甲一日、先庚一日，後庚一日矣，安得有三日乎？其謬一也。三日之日，謂歲時月日之日，離爲日之日，謂日月星辰之日。二者絶不相同，而據離爲日以釋經之三日，其謬二也。蠱初變成乾，猶未離也，不可便謂之日至二成離。已非復乾矣。何以仍謂之甲？巽變初至二成震，猶未爲震也，不可便謂之庚。至三成震，已非復離矣。何以仍謂之日？其云動四至五成離，終上成震，故後甲三日。謬與此同。其謬三也。蠱變三至四體離，至五成乾，乾三爻在後，故『後甲三日』。夫四爻居後三爻之始，而二爻、三爻則居前三爻之大半，去二爻、三爻言之，則離象不成，不可謂之日。連二爻、三爻言之，則又襍以前三爻之兩爻，不可謂之『後甲三日』矣。其謬四也。初變成乾，則前三爻皆陽爻矣。而又云變三至四體離，則前三爻之弟三爻又變爲陰爻，而不得爲乾，因之不得爲甲矣。欲附會後甲之三日，而不能並所謂先甲者，而亦先之，其謬五也。虞説殆不可從。」

按：此以約甲爲説。毛駁之，王氏駁之尤詳，則其説非也。孔疏、褚氏、何氏、周氏等，並同鄭義，以爲甲者造作新令之日，「甲前三日」，取改過自新，故用辛也；「甲後三日」，取丁寧之意，故用丁也。孔序述鄭義曰：「甲者，宣令之日。先之三日而用辛也，欲取改新之義；後之三日而用丁也，取其丁寧之義。」其言不同者，孔約言之也。今案：諸儒不顧輔嗣注旨，妄作異端，非也。述聞：「創作新令，不聞當擇日。且甲日始造新令，前此三日天下猶未知有令也，何由化之而改過自新乎？」按：鄭説爲近，而措語未盡善，故王氏非之。

王注：「甲者，創制之令也。創制不可責之以舊，故先之三日、後之三日使令洽，而後乃誅也。因事申令，終則復始，若天之行用四時也。」蠱。「申命令謂之庚，天以正齊物，不可卒也。民迷固久直，不可肆也，故先申三日，令著之後，復申三日，然後誅而無怨矣。甲、庚皆申命之謂也。」巽。

述聞：「申、庚乃十日之名，非命令之名。徧考書傳，無以甲、庚爲命令者。經若果言命令，則當言先令三日、後令三日，文義始明。何爲不言命令，而但稱甲與庚乎？王説誠未安矣。」

按：此以命令爲説，孔疏引漢時甲令爲比。然甲令乃令之篇第，故又有令乙、令丙之名。甲令，猶言令之首篇耳。王氏駁之是也，則此説非也。

程傳：「甲者，數之首事之始，如辰之甲乙。甲第、甲令，皆謂首也，事之端也。治蠱之道，當慮其先後。三日，蓋推原先後，爲救弊可久之道。先甲，謂先於此，究其所以然。後甲，謂後於此，慮其將然也。一日、二日至于三日，言慮之深，推之遠也。後之治蠱者，不明聖人先甲、後甲之誡，慮淺而事近。故勞於救世而亂不革，功未及成而弊已生矣。甲者，事之首；更者，變更之首。制作政教之類，則曰甲，舉其首也。發號施令之事，則云庚，庚猶更也，有所更變也。」蠱。『先庚三日，後庚三日，吉，出命更改之道，當如是也。甲者，事之端也；庚者，變更之始也。十干戊己爲中，過中則變，故謂之庚。事之改更，當原始要終，如先甲、後甲之義，如是則吉也。』巽。

按：傳説最爲正大。蓋有感于當時安石之新法而云然。故有「功未成，而弊已生」之語。惟蠱之義壞亂也，壞亂則當變更，是蠱之時，乃變更之時，非創始之時。當言先後庚，不當言先後甲也。巽彖傳「重巽以申命」，朱子謂申命只是丁寧，反復説。象傳「隨風巽，君子以申命行事」，程傳：「兩風相重，隨風也。隨，相繼之義。」是與變更、創始二者皆不相符，何以言先後庚也？然則易義當別有在矣。

稗疏：「甲者，事之始；庚者，時之變。先者，先事而告戒；後者，後事而申飭，皆巽風申命之謂。蠱風始出山，當事之始。言創建功，於事未起而先命之；事已行而又戒之也。重巽而居外卦之中，爲更改後圖之象，故言庚。庚於時爲秋，乃寒暑生殺變易之候。先庚、後庚，言未庚以前、已庚之後申命，以善始終也。其云三日者，誓戒以三日爲期也。」按：王氏不取舊説，並斥鄭注「自新」「丁寧」之義以爲謬，而獨取「庚更」爲説，不自相矛盾乎？且以「自新」、「丁寧」爲出于劉熙釋名，不知漢書律厤志「悉新于辛」，已有辛新之義。又如子兹、寅螾、辰振、申呻之類，悉取同部之字，相轉注其説。見于淮南子，更遠在劉熙以前。此古人訓詁之體，漢世相傳未失，安得以爲謬哉？劉，漢末人，與鄭約略同時。鄭乃當時大儒，未必轉取劉説也。至其所自立説，未出程傳之内，説見前條。

易通釋：『先甲三日，後甲〔三日〕』，係于『利涉大川』之下。傳云：『利涉大川，往有事也。先甲三日，後甲三日，終則有始，天行也。』巽九五：『貞，吉。悔亡，無不利。無初有終，先庚三日，後庚三日，吉。』傳云：『九五之吉。位正中也。』蠱言於彖、巽於九五發之，所以示每卦有再筮之例。甲取義於始，庚取義於更。更即更代之義，所謂代有終也。巽二之震五，震成隨，巽成漸，與蠱二之五同。巽二之震五，而後上之隨三，所謂利涉大川也。蠱二之五爲先甲，上之隨三，隨成革，革下三爻成離。離爲日，是爲『先甲三日』。蠱成蹇，而變通於睽。睽二之五爲後甲，睽四之蹇初，蹇成既濟，既濟下三爻亦成離。離爲日，是爲『後甲三日』。蹇成既濟則終，變通於睽則有始，故傳云『終則有始，天行也』。巽二之震五，猶蠱二之五也。在蠱爲先甲，在巽爲先庚。巽二之震五，而後上之震三，震成革。革下三爻成離，猶蠱二之五，而後上之隨三，隨成革，下三爻成離也，在隨爲『先甲三日』，在震爲『先庚三日』。巽成蹇，變通於睽，猶蠱成蹇，變通於睽。在蠱爲『後甲』，在巽爲『後庚』。睽四之巽初，成既濟，下三爻成離，猶睽之蠱初，成既濟，下三爻成離也。在蠱爲『後甲三日』，在巽爲『後庚三日』。終則有始，故『貞，吉。悔亡，無不利』。」其餘文繁不録。按：焦氏以卦變爲説，紆曲難明。離爲日，其誤與虞同，已見前條。述聞駁義，則此説非也。

羣經平議：「蠱之先、後甲，以春之日言也，月令所謂『其日甲乙』也；巽之先、後庚，以秋之日言也，月令所謂『其日庚辛』也。蠱，有事之卦，故以春之日言，見始事之義。巽爲申命、行事之卦，故以秋之日言，見繼事之義。言甲不言乙，言庚不言辛，舉甲、庚以包乙、辛也。古人行事，每以先後三日爲節。如冠禮『前期三日筮賓』，此先三日之例也。『子生三日，卜士負之』，此後三日之例也。蠱之先甲、後甲，巽之先庚、後庚，皆以示行事之節。見方春而有事，則宜『先甲三日、後甲三日』；方秋而有事，則宜『先庚三日、後庚三日』也。

按：有事行事，難拘定以春秋。豈非春即不當有事乎？非秋即不當行事乎？此但求異於前人，恐難通也。

胡氏曰：「先天甲在東之離。由甲逆數離、震、坤三位爲艮，『先甲三日也』。由甲順數離、兑、乾三位爲巽，『後甲三日』也。」仲氏易云：「與繫辭及坤卦方位不合，且徒協艮、巽，亦無義。」

按：此以先天卦位爲説，而毛氏駁之，則此説非也。

蘇氏易傳：「陽生于子，盡于巳，先甲子。戊申陽極，陰生之時。陰生于午，迄于亥，後甲午。辰寅陰極，生陽之時。」仲氏易云：「子反陰生，午反陽生，（戌）申反陽盛，辰寅反陰盛，尤謬。」

按：此以陰陽之生爲説，毛亦駁之，則此説非也。

司馬氏易説：「甲者生之始，爲仁爲德；庚者殺之始，爲義爲刑。先之三日以謹其始，後之三日以慎其終。蠱以少陽在上而行令，故主仁；巽以少陰在上而行令，故主義。」經義述聞：「先甲三日，後甲三日，先庚三日，後庚三日，皆行事之吉日也。蠱爲有事之卦，巽爲申命、行事之卦。而事必諏日以行，故蠱用先後甲之辛與丁，巽用先後庚之丁與癸也。古人行事之日，多有用辛與丁、癸者。郊特牲『郊之用辛也』，周之始郊日。以至春秋宣八年『六月辛巳，有事於太廟』，昭二十五年『秋七月，上辛大雩，季辛又雩』，夏小正曰『二月丁亥，萬用入學』，召誥曰『丁巳用牲于郊』，少牢饋食禮曰『日用丁巳』，春秋隱三年『冬十有二月癸未，葬宋穆公』，桓十七年『秋八月癸巳，葬蔡桓侯』，莊二十二年『春，王正月癸丑，葬我小君文姜』，古者葬必卜日。是辛也、丁也、癸也，皆行事之吉日也。『先庚三日，後庚三日，吉』，正謂用丁、癸則吉耳。『先甲』、『後甲』必繫之蠱，『先庚』、『後庚』必繫之庚者，蠱之互體有震。三至五互成震。震主甲、乙，故言行事之日，而以近於甲者言之。巽之互體有兑，二至四互成兑。兑主庚、辛，故言行事之日，而以近於庚者言之也。蠱之互體亦有兑，二至四互成兑。而不言『先庚』、『後庚』，蠱之義終則有始。甲者，日之始也；癸者，日之終也。若用『先庚三日、後庚三日』，則由庚下推而至癸，上推至丁而不至甲，非終則有始之義矣。故不言『先庚三日、后庚三日』也。巽之互體又有離，三至五互成離。離主丙、丁。而不言先丙、後丙者，巽之九五無初有終。甲者，日之初也；癸者，日之終也。若用先丙三日、後丙三日，則上推由乙而甲而癸。乙癸之間已有甲，非無初之義矣。下推至巳而不至癸，非有終之義矣。故不言先丙三日、後丙三日也。巽之二、三、四爻互成兑，兑主庚、辛。而先庚、後庚不言於二、三、四，而言於九五者，蠱之六五變爲九五則成巽；不變則用先甲、後甲，變則用先庚、後庚，故於九五言之也。『先甲三日，後甲三日』、『先庚三日，後庚三日』，皆行事之吉日，故卦之行事者取焉。漢書武帝紀：「詔曰：望見泰一，修天文禮。辛卯夜，若景光十有二明。易曰：先甲三日，後甲三日。朕甚念。年歲未先登，飭躬齋戒，丁酉拜況于郊。」顏注曰：「辛卯夜有光，是先甲三日也；丁日拜況，是後甲三日也。」此辛與丁爲吉日，而擇以行事之證。西漢時，古義猶未亡矣。」

按：此取鄭氏辛丁之説，而不用「自新」「丁寧」之義。其歷引經傳用辛、丁、癸之日及漢武詔書，自是確證。惟行事之吉日，何以必用辛、丁、癸？則舍「自新」「丁寧」，揆度轉注之詞，恐終無以明之也。乃獨不取之，而別爲近于甲、近于庚之説。失曰近，於甲則癸、乙尤近。於庚則巳、辛尤近。今於甲不取癸、乙而取辛、丁，於庚不取巳、辛而取丁、癸，則近之謂何？是其説亦未爲盡善矣。

本義：「甲，日之始事之端也。『先甲三日』，辛也；『後甲三日』，丁也。前事過中而將壞，則可自新，以爲後事之端，而不使至于大壞。後事方始而尚新，然更當致其丁寧之意，以監其前事之失，而不使至於速壞。聖人之戒深也！」蠱。「庚，更也，事之變也。『先庚三日』，丁也；『後庚三日』，癸也。丁，所以丁寧於其變之前，癸，所以揆度於其變之后，有所變更。而得此占者，如是則吉也。」巽。

按：蠱當壞亂之後，變更之時應言庚，而何以言先、後甲？巽當甲命之時，不必言庚而言先、後庚。此其義終當以本義之説最爲確當。其義本于鄭而通其滯。若互體、卦變諸説，恐未必是易之本指也。

臨

初九咸臨

集解：「虞翻曰：『咸，感也。得正應四，故貞、吉也』。」王注：「咸，感也。感，應也。有應於四，感臨者也。」本義：「卦惟二陽，徧臨四陰，故二爻皆有咸臨之象。」仲氏易：「以陽臨陰，則初與二皆臨也。咸者，皆也。」

按：口訣義、程傳、温公易説、誠齋易傳並用虞、王之説。折中從之。朱子作「徧臨」解。然臨者自上臨下，今陽在下，陰在上，與臨字之義未合。毛喜攻朱，而解易時與朱同，然不如舊説之善也。九二同。

觀

辨證：「語類曰：『自上示下曰觀，去聲；自下觀上曰觀，平聲。』龍氏仁夫曰：『觀、觀兩音，六十四卦似無此例。只合依卦名並去聲。』魏氏了翁謂當皆作平聲。」

按：釋文舊讀亦有平、去二音。程傳：「凡觀視於物則爲觀，爲觀於下則爲觀。如樓觀謂之觀者，爲觀於下也。」亦分平、去二音，蓋由來久矣。錢宫詹養新録：「古人訓詁，寓於聲音，字各有義，初無虚實動静之分。好惡異義，起於葛洪字苑，漢以前無此分别也。『觀』有平、去兩音，亦是後人强分。易觀卦之觀，相傳讀去聲。彖傳『大觀在上，中正以觀天下』，象傳『風行地上，觀』，並同此音。其餘皆如字。其説本於陸氏釋文，然陸於『觀國之光』，兼收平、去兩音。於『中正以觀天下』，云『徐唯此一字作官音』。是『童觀』、『闚觀』、『觀我生』、『觀其生』、『觀國之光』，徐仙民並讀去聲矣。六爻皆以卦名取義，平則皆平，去則皆去，豈有兩讀之理！而學者因循不悟，所謂是末師而非往古者也。」錢説固是，然字分虚實動静，六朝學人相傳授者如是。釋文亦彙集之，不始於陸也。書益稷「予欲觀古（文）〔人〕之象」，傳：「欲觀示法象之服制。」釋文：「舊音官，又工喚切。」周官考工記氏「嘉量既成，以觀四國」，注：「以觀示四方。」釋文：「觀，官喚反，示也。又如字。」是觀示之「觀」，古亦有兩讀也。大抵音韻之學，至六朝而後發明四聲之分，齊、梁乃密。韻集始于吕静，切韻定於陸詞。自是以後，遂爲一家之説。歷代遵循，不聞因非古法而廢之。則虚實動静之説，亦烏可遽廢哉！王注：「王道之可觀者，莫盛於宗廟；宗廟之可觀者，莫盛於盥也。至薦，簡略不足復觀，故觀盥而不觀薦也。」其義與程、朱異，似不分二音。

聖人以神道設教

辨證：「釋文音訓『聖人』下無『以』字。音訓曰今本有『以』字。陸氏曰一本作『神設教』。晁氏曰當無『以』字。愚按：正義、石經皆有『以』字，故後人皆誤從之。」集解：「虞翻曰：『聖人，謂乾退藏於密，而齊於聖以神明其德教。故聖人設教，坤民順從，而天下服矣。』」王注：「統説觀之爲道，不以刑制使物，而以觀感化物者也。神，則無刑者也，不見天之使四時，而四時不忒；不見聖人使百姓，而百姓自服也。」程傳：「天道至神，故曰神道。觀天之運行四時，無有差忒，則見其神妙。聖人見天道之神，體神道以設教，故天下莫不服也。」仲氏易：「『聖人神道設教』本義，惟馬融、王肅諸家，直指祭祀言。謂灌地降神，此是正旨。殷人尚鬼，文在殷時，親見夫有殷聖人法天之神道，以爲歲時之序，祭而周流不忒。傳云『聖人以神道設教而天下服』，此之謂也。」

按：虞、王、程三家之説，並以爲神明之道，後來説者咸遵之。後人以上文有「盥而不薦」句，遂以神爲鬼神，謂省方觀民治，以明神道設教，治民以幽。杜鎬河圖之對，貽笑至今，烏可從之！後漢書隗囂傳：「宜急立高廟，稱臣奉祠，所謂神道設教，求助人神者也。」是漢世早有此解。惟上文「觀天之神道，而四時不忒」，若云觀天之鬼神之道，而四時不忒，如何講法？且象傳云「省方觀民設教」，絶不與「盥而不薦」相涉，將何説以通之哉？毛氏以殷人尚鬼爲辭，亦其蔽也。

噬嗑

六五象曰貞厲無咎得當也

王注：「己雖不正，而刑戮得當，故雖貞厲而無咎也。」辨證：「象辭言不當位而象云得當，何也？蓋『當』讀爲『當罪』之當，康成注月令云：「當謂值其罪。」言五之貞厲無咎者，以折獄當其罪耳，即卦辭利用獄之義也。」

按：釋文「當」字無音，必如字讀。史記張釋之傳「廷尉奏當一人犯蹕，當罰金」，索隱：「崔浩曰：當謂處其罪。」漢書中言「當」者甚多。王注言「刑戮得當」，其義正同。

賁

天文也

本義：「先儒説『天文』上當有『剛柔交錯』四字，理或然也。」辨證：「宋人僞撰郭京易舉正有此語。郭京書，朱子以爲亂道，決不用其説。所云『先儒』，或是王昭素、范諤昌之輩耳。」

按：程子嘗採郭京之説，「先儒」或即指程子也。王注「剛柔交錯而成文焉，天之文也」，或疑輔嗣所據有此四字。然釋文未及此，是唐時本無此四字。

無妄

六二不耕穫不菑畬則利有攸往

集解：「虞翻曰：有益耕象，無坤田，故不耨。震爲禾稼，艮爲手。禾在手中，故稱獲田，在初，一歲曰菑，在二。二歲曰畬。初爻非坤，故不菑而畬也。得位，應五利四變之益，則坤體成，有耒耨之利，故『利有攸往』，往應五也。」按：鄭氏注：「一歲曰菑，二歲曰新田，三歲曰畬。」與爾雅釋地同。此改爲「二歲曰畬」，以就六二爻義，既與舊義不合。「有益耕象」，即「四變之益」也。以卦變言，頗爲紆曲。凡言卦變者，每以諸爻之變，説一爻之義。穿鑿附會，非易之本指。則此説非也。

王注：「不耕而獲，不菑而畬，代終已成而不造也。不擅其美，乃盡臣道，故『利有攸往』。」孔疏：「六二處中得位，盡於臣道，不敢創首，唯守其終。猶若田農不敢發首而耕，唯在後穫刈而已；不敢首發新田，惟沿其菑熟之地，皆是不爲其始而成其末。猶若爲臣之道，不爲事始而代君有終也。」

按：「不擅其美」，即象傳「未富」之意，理自可通。至于「代終已成而不造」，則孰當造者？將責之於君乎？君造而臣成之，君安賴有此臣？將責之於他人乎？人耕而我穫，人菑而我畬，人人盡思穫與畬，又安有耕者、菑者？是其説未可通也。

程傳：「耕農之始，穫其成終也。不耕而穫，不菑而畬，謂不首造其事，因其事，理所當然也。首造其事，則是人心所作，爲乃妄也。因事之當然，則是順理應物，非妄穫與畬是也。蓋耕則必有穫，菑則必有畬，是事理之固然，非心意之所造作也。如是，則爲無妄；不妄，則所往利而無害也。或曰：聖人制作以利天下者，皆造端也，豈非妄乎？曰：聖人隨時制作，合乎風氣之宜，未嘗先時而開之也。若不待時，則一聖人足以盡爲矣，豈得累聖繼作也！時乃事之端，聖人隨時而爲也。」語類：「程傳爻傳恐未明白。竊謂無不耕而穫，不菑而畬之理，只是不於耕而計穫之利。如程子所解，象傳以解爻辭則可。」陳氏埴曰：「伊川大意只謂不爲獲而耕，不爲畬而菑。凡有所爲而爲者，皆計利之私心，即妄也。但經文中不如此下語，故易傳中頗費言語。始謂不耕而穫，不菑而畬，不首造其事，則似以耕菑爲私意；中謂耕則必有穫，菑則必有畬，非心造意作，則以耕穫、菑畬爲非私意；終謂既耕則必有獲，既菑則必成畬，非必以穫畬之富而爲，則又似以穫畬爲私意。三説不免自相抵捂。」

按：不首造其事，意與王注同。凡事必有首造之人，若以首造爲妄，則天下皆不耕、不菑而萬事皆廢，豈理也哉！陳氏謂其三説抵捂，誠是。

本義：「柔順中正，因時順理，而無私意期望之心，故有不耕穫，不菑畬之象。言其無所爲於前，無所冀於後也。」易酌：「朱子謂耕穫菑畬四字都不做，較傳固爲現成。但全不事事，而利有攸往，豈不起人徼倖之心？非聖人立教之意也。又云如聖人之無爲而治，如學者之不要人爵而人爵從之。若然，則是聖人之無爲而治，果一無所爲，同于老氏之無爲矣。學者不要人爵而人爵從之，豈遂不修天爵耶？于理未確。」

按：「因時順理，而無私意期望之心」，語甚渾括。至「無所爲」云云，似與上文不甚融貫。「因時順理」，非謂竟不耕穫、不菑畬，而一無所爲也，特不參以私意耳。孔子言「用我，則期月已可，三年有成」。「用我」即耕也、菑也，「已可」、「有成」，即穫也、畬也。如謂無所爲於前，無所冀於後，則孔子之言，先有可議矣。刁氏辨之甚詳，此説誠有未安。夫論事，則耕、菑不可廢；論理，則穫、畬所當期，豈得謂之妄？妄者，私意也。

誠齋易傳：「初九動之始，六二動之繼。是故初耕之，二穫之；初菑之，二畬之。爲二者，何必矜其能耕且菑而妄動，以變初之成哉？一矜而動，即動以人欲。子玉變子文之政，參遵何之法，子玉爲能，參爲不能矣。然能者敗，不能者安，六二順而中不矜能，則焉往而不利？」

按：以耕、菑屬初，以穫、畬屬二，解襲虞而以不矜其能爲説。然與無妄尚隔一層，與象傳未富之旨亦不合。

胡氏炳文曰：「耕穫者，種而斂之也；菑畬者，墾而熟之也。一歲之農，始於耕，終於穫；三歲之田，始於菑，終於畬。不耕穫，不畬菑，本義以爲始終無所作爲之象，而必曰「因時順理」者。理本自然，無所作爲，自始至終，絶無計功謀利之心，故其占曰『利有攸往』。」

按：此説辨證取之，然即本義之意。

易酌：「六二柔順中正，盡其在我，與五爲應而不責報。不耕穫者，不以耕而望其穫也；不菑畬者，不以菑而望其畬也。此即先事後得之意，所謂『正其誼不謀其利，明其道不計其功』也。夫有春之耕，則有秋之獲。有一歲之菑，則有三歲之畬，此情理之必然者也。二雖不以耕而望獲，然耕矣，豈有不獲者？二雖不以菑而望畬，然菑矣，豈有不畬者？故『利有所往』。」

按：正誼、明道，似非此爻之旨。「誼」非本以謀利，「道」非本以計功，董子之言，爲功利之徒下一鍼砭。

仲氏易：「夫不耕而求穫，不菑而求畬，世以爲妄，然而非妄也。耕而不求穫，菑而不求畬，人亦以爲妄，然而亦非妄也。大凡妄境之生，不患無誠，而患求誠之太速。亦不患有妄，而患去妄之太過。拘牽迫陋，加以執錮，夫然后膠柱鼓瑟、刻舟求劍之妄生焉。彼夫耕而不穫、菑而不畬，世以爲妄，則夫耕而穫、菑而畬之爲非妄可知。不耕求穫、不菑求畬之皆以爲妄，則夫必耕而穫；必菑而畬之爲非妄便可知。而不知必耕而穫，則不耕者勿穫矣；必菑而畬，則不菑者勿畬矣。不耕者勿穫，則男不通工，女不通布，而于是乎並耕而食、饔飧而治之邪説，得以横行。不菑者勿畬，則厥考作室，子勿肯堂，前人播敷，後人勿疆畎。而于是世爵勿承、見録不食之矯行，得以襍進。夫祇此用力得報、積勤有獲之恒理，初亦自以爲其説之必無有妄，而不知天下之大妄，即在乎是。夫不有非柔而可爲柔，非剛而可爲剛者乎？則不耕獲乎？夫不有初柔而可繼以剛，初剛而可繼以柔者乎？則不菑畬乎？此推移之精，通觀之要也。」

按：毛氏謂此爻乃謂妄象，其言妄之情，可謂辨才無礙。然穫者耕之終，畬者菑之終，事相因也。若不耕不菑之人而通功易事，其得食也，不得即謂爲獲與畬也。不耕者勿穫，不菑者勿畬，何至有邪説矯行之患哉？「推移之精，通觀之要」，恐非此爻之本旨。

語類：「易傳爻象之辭，雖若相反，而意實相近，特辭有未足耳。爻辭言當循理，象傳言不計利。」林氏希元曰：「田必耕然後穫，必菑然後畬。其耕也，正以望穫；其菑也，正以望畬。豈有不耕穫、不菑畬之理？爲此語者，特以明自始至終，絶無營爲計較之心焉耳。」何氏楷曰：「人之有妄，在於期望不耕穫者，不方耕而即望其有穫也；不菑畬者，不方菑而即望其成畬也。學者之除妄心而必有事焉，當如此矣。」折中：「何氏説與傳義頗異，於理尤長。」

按：語類之説，較本義爲無病。耕而穫，菑而畬，理之固然。苟因時循理，本不得謂之妄。若耕而望意外之穫，菑而望立成之畬，乃爲妄耳。史記：「淳于髡曰：『見道旁有禳田者，操一豚蹄、酒一盂，祝曰：『甌窶滿篝，汙邪滿車，五穀蕃熟，穰穰滿家。』臣見其所持者狹，而所欲者奢，故笑之。」如髡之所云者，妄之一端也。若但盡其耕、菑之力，而豐歉在天，不先有計較之私，則無妄矣。林氏之説，足以補語録之所不及。何氏亦從本義推衍而出，可爲揠苗助長者之戒。揠苗助長，亦妄之一端也，不知循理者也。似與朱子之説，可以互相發明之。三説者，較諸説爲長。

禮記坊記：「子云：禮之先，幣帛也。欲民之先事而後禄也。先財而後禮，則民利；無辭而行情，則民爭。故君子於有饋者，弗能見，則不視其饋。易曰：『不耕穫，不菑畬，凶』。以此坊民，民猶有貴禄而賤行。」注：「言必先種之乃得穫，若先菑乃得畬也。安有無事而取利者乎？」孔疏：「無功得物是其凶。引之者，證貪財之事。」

按：記引易有「凶」字，與今本異。鄭注之意，謂不耕而欲得獲，不菑而欲得畬，是無事取利，所以凶。疏故云引以證貪財之事也。

孫氏志祖讀書脞録續編：「海寧俞潛山思謙云：『卦名無妄，若不耕而穫，不菑而畬，則莫妄於是，所以凶也。利有攸往，利往而耕之、菑之也。未知何時誤凶字爲則字。説此爻者，每多周旋委曲之詞。不知惟必耕而穫、必菑而畬，故記引以證先事後禄之義。若不耕獲，不菑畬而無凶，記又何爲引之耶？』志祖案：俞説甚是。竊疑古本周易但有『凶』字，無『則利有攸往』句。若既云『凶』，又云『利有攸往』，恐非義也。」周易述：「遭無妄之世，天下雷行，物與無妄，不能耕而穫，不能菑而畬，故凶也。舊脱『凶』字，故卦義不明。坊記有之，蓋七十子所傳，當得其實也。」按：俞説是，可以訂今本。然釋文不言「凶」字之有無，是唐以來久無此字。兹姑録諸説於此。

象曰不耕穫未富也

集解：「虞翻曰：『四動坤虚，故未富也。』」孔疏：「事既闕初，不擅其美，故云『未富也』。」程傳：「未者，非必之辭，非必以穫、畬之富而爲也。」本義：「富如非富，天下之富。言非計其利而爲之也。」豐氏寅初曰：「未猶非也，富猶利也。不於力耕之際遽有望穫之心，乃仁人。不計功謀利，而天德全矣。」

按：虞、孔「未」如字解。傳義及豐氏作「非」字解。竊謂「未富」者，未嘗貪非分之富也。如字解亦可通。象傳本釋爻辭。易酌謂爻辭即君子謀道、不謀食之意；象傳即孔明所謂「臣死之日，不使家有餘財，廩有餘粟」之意，分爲二義，非。郭京舉正「未」作「求富」，與無妄之意正相反。即此可以見其書之不可信。

坎

六四樽酒簋貳用缶

釋文：「『樽酒』絶句，『簋貳』絶句，『用缶』絶句。舊讀『樽酒簋』絶句，『貳用缶』絶句。」

按：「舊讀」指鄭康成、虞仲翔諸家。本義云：「先儒讀『樽酒簋』爲一句，『貳用缶』爲一句。」辨證謂「先儒」指京房、劉表、唐一行，其實漢讀並如是也。程傳從王注，以「貳」字絶句。竊謂「樽酒簋」三字爲句，「酒」字介于二器之間，頗覺費解，於象辭亦説不去。項安世謂「簋」、古音九「缶」、「牖」、「咎」於古韻爲叶。然「酒」與「缶」、「牖」、「咎」未始不葉也。鄭、虞並訓「貳」爲「副」。何氏楷曰：「謂樽酒而副以簋也，用缶通頂上意，言樽、簋之器，皆用缶也。」張氏惠言則云：「『樽酒』句，『簋』句，『貳用缶』句。禮有副尊，故貳用缶。」然推「納約」之意，以何説爲是。經義述聞亦主樽、簋竝用瓦缶之説。至王注「二簋之食」，是以「貳」爲「二」。然古無以「貳」爲二者，仍當以鄭、虞爲是。

上六係用徽纆寘于叢棘

按：左傳哀八年：「邾子又無道，吴子使太宰子餘討之，囚諸樓臺，洊之以棘。」其事與此爻相合。此古法也。

日南讀書記 卷二

易二

大壯

六五喪羊于易

本義：「卦體似兑，有羊象焉。」

按：此用京房太卦之説。顧亭林以自三至五成兑，此爻取象爲互體。然上六爻辭亦曰羝羊，則互體之説難通矣。洪景廬謂：自復進爲臨，而下卦有兑三之「觸藩」所自也，又進而爲泰，而上互爲兑四之「決藩」所自也，又進而爲本卦，而上互爲兑五之「喪易」所自也，及變而爲夬，而上卦又有兑上之「不退不遂」所自也。此則以互體卦變襍言，似涉紛糅，不如本義直捷。

本義：「易，容易之易。言忽然不覺其亡也。或作疆埸之埸，亦通。漢書食貨志『埸』作『易』。」

按：「易」，孔疏作「平易」解，程傳作「和易」解，並讀鄭聲。釋文：「鄭音亦謂佼易（也）」，陸作『埸』，謂壃埸也。」經義述聞：「凡易，言『同人于野』、『同人于門』、『同人于宗』、『伏戎于莽』、『同人于郊』、『拂經于邱』、『遇主于巷』，末一字，皆實指其地。『喪羊于易』，文義亦同。古疆埸多作『易』。」説詳述聞。故説文無「埸」字。仲氏易亦解作「容易」之「易」。毛改朱而「易」義頗與朱同，然當以語類爲是也。羣經平議解作「變易」之「易」，而其説則無所發明。何必與古人立異！

明夷

六二明夷（夷）于左股用拯馬壯吉

白珽湛淵静語：「『用拯』一句，『馬壯吉』一句。當明夷之時，既有所傷，必用拯救。其所拯救者，必馬健壯而獲免之速，則吉也。」

損

六五或益之十朋之龜

本義：「兩龜爲朋。」

按：漢書食貨志：「元龜爲大貝十朋，公龜爲壯貝十朋，候龜爲幺貝十朋，子龜爲小貝十朋。」「十朋之龜」，當以此爲訓。王莽好法古，此必古法如是，不得以事出於莽，而不用其説也。志又言大貝、壯貝、幺貝、小貝二枚爲一朋，然則十朋猶言一雙也。集解：「崔憬曰：『雙貝爲朋。』」漢志注：「蘇林曰：『兩貝爲朋。』」朱子殆以兩貝謂之朋，則兩龜亦可謂之朋也。馬、鄭引爾雅十龜爲説，然十龜乃十種之龜，非十朋也。

夬

象曰君子以施禄及下居德則忌

本義：「居德則忌，未詳。」王注「忌」訓「禁」。程傳「約立防禁」之説本之。易酌訓爲「忌諱」、「忌憚」之「忌」。惠松厓云：「上德不德，是以有德，居之則忌。然大篆象傳例無反辭，故朱子以爲『未詳』。」折中云：「澤上於天，所謂稽天之浸也，必潰決無疑矣。財聚而不散則悖出，故君子以施禄及下。居身無所畏忌，則滿而溢，故君子之居德也，則常存畏忌而已。禮曰『積而能散』，書曰『敬忌而罔有擇言在躬』。夫如是，則何潰決之患之有？」

按：「忌」作「敬忌」解，最是。「居德」猶言守德。一不敬畏，即有潰決之患，故云「居德則忌」。彖辭「孚號有厲」，即是此意。

困

有言不信

「信」字，舊解如字。折中作「伸」字解，言有言而動見沮抑，乃是困厄之極。「信」字對「窮」字解。

朱紱方來

孔疏：「紱，祭服也。」説文：「市，韠也。上古衣蔽前而已，市以象之。天子朱市，諸侯赤市，卿、大夫葱衡。從巾，象連帶之形。凡市之屬皆從市。韍，篆文市，從韋，從犮。俗作紱」。此三字乃徐鉉注。詩斯干「朱芾斯皇」，箋云：「芾者，天子純朱，諸侯黄朱。」疏：「芾從裳色，祭時服纁裳，故芾用朱赤。但芾所以明尊卑，雖同色而有差降。乾鑿度以爲天子之朝朱芾，諸侯之朝赤芾。朱深於赤，故困卦注云『朱深於赤』是矣。」按：芾者，「市」之假借字。古者服之有芾，不專在祭服。乾鑿度所言「朝」，詩採菽「赤芾在股」，亦諸侯來朝之詩。是朱紱不得專屬祭服。王注、程傳、本義皆不連下「利用享祀」説，此二句自是二事。九五「困于赤紱，乃徐有説，利用祭祀」，亦分爲二事也。

九五劓刖

本義：「劓刖者，傷於上下，下既傷。」辨證：「一本或云『傷於上下，上下既傷』，非也。蓋劓刖者，傷於上下。赤紱在股，則專指下，故云『下既傷』，則赤紱無所用而反爲所困矣。别本有『上』字者，羨文。」折中本無「上」字，坊本同。

井

象曰改邑不改井乃以剛中也

本義：「『無喪無得，往來井井』兩句，意與『不改井』同，故不復出。」辨證：「音訓載晁氏之説，『改邑不改井』下脱『無喪無得，往來井井』二句，故本義云然，不從晁氏也。」按：孔疏更無他意，故不具舉經文。朱説與孔同。晁説蓋本郭京易舉正。朱子不取郭説，故特申明之。

初六井泥不食舊井無禽

按：此爻之義，漢代師説不傳。帷易林逐之井繇云：「老河空虛，舊井無魚。」蓋即用此爻辭説之最古者。此後則王弼曰：「久井不見渫治，禽所不嚮，而况人乎？」干寶曰：「舊井亦皆請潔，無水禽之穢，又況泥土乎？」崔憬曰：「久廢之井，不獲以其時舍，故舊井無禽。『禽』，古『擒』字。擒猶獲也。」之三説不同，而皆與易林異。惠氏士奇易説別爲三説：一云舊井人所不食，亦無人祀之者。五祀井以魚。魚爲川禽，故稱禽。廢井無人祀之，故無魚，言不食亦不祭也。一云水中有火，故井互兑、離。兑爲澤，離爲鳥。鳥集於澤，不集於井，故井無禽。四不應初之象也。一云井者東方春，諸跂行、喘息、蜎飛、蠕動當生之物，莫不以春生。歲始春日始甲，故以井爲始焉。井、巽爲魚，魚者井中蠹蜎，即初之禽，二之鮒。『井谷射鮒』，猶姤二『包魚』。井鮒爲二所射，故初無禽，猶姤魚爲二所包，故四無魚也。惠氏棟周易述不用家學，而自爲一説云：「古者井樹木果，故孟子有『井上有李，禽來食之』。巽爲木果，初不應四，故不食。初本乾也，故乾爲禽。在下，無應四，不汲汲初，故『舊井無禽』。井壞不治，故無木果樹于側，亦無禽鳥來也。」王氏引之諸説皆不取，而別爲一説曰：「井當讀爲阱。阱字以井爲聲，故阱通作井。『井泥不食』，一義也；『舊阱無禽』又一義也。秋官雝氏『春令爲阱，擭溝瀆之利於民者；秋令塞阱杜護』，鄭注曰：『阱，穿地爲塹，所以（潔）禦禽獸。』其或超踰，則陷焉，世謂之陷井。阱久則淤淺，不足以陷獸，故無禽也。所以無禽，由于阱不可用，故曰『舊井無禽，時含也』。」蔡啓盛經窺又別爲説曰：「一望淺草不若禾苗之茂，無禽可獲。」合之舊説，爲説凡十。綜而考之，王弼之説，口訣義謂井既舊穢，不曾掏渫，即禽鳥賤類而尚不向。蓋用王説。宋人説易者，亦多從之。程傳、郭雍傳家易説、朱子本義、誠齋易傳。獨易説謂：「逸周書『若農之服田，惟務耕而不耨，帷草其宅之；既秋而不獲，帷禽其饗之』。井不渫而禽不嚮，吾未之前聞。述聞亦云『久井不見渫治，爲禽所不嚮』，仍是「井泥不食」之義。既云「井泥不食」，其義已足，何須又言「舊井無禽」乎？井水至深，非綆與瓶不能汲，禽則何能取而飲之乎？」此並以王説爲非也。述聞又云：「干氏解爲水禽，崔讀禽爲擒。無論易之言禽者從無此例，且井中安得有水禽？又有何物可擒獲乎？」是干、崔之説亦非也。易説前一説取易林而變之，雖有白虎通爲證，惟諸爻皆言井之用改爲祀井，與卦義不合。后二説並紓遠，周易述已不遵，則三説皆非也。周易述之説，述聞云：「集解虞翻説『井泥不食』，云初下稱泥，巽爲不果。今本集解不誤，爲木。案：説卦傳『巽爲不果』，不云巽爲木果。乾已爲木果，豈有巽又爲木果者乎？惠説甚誤。」則此説亦非也。述聞之説，經窺謂不顧其爲卦名，所駁是矣。然井田亦非卦名之井，與破井爲阱何異？則王、蔡皆非也。竊謂「舊井」者，智井也。智井無水，故以舊名。無水，故無魚。易林上句曰「老河空虚」，下句「利得不饒」，其義可見。此漢人之舊説，較爲直捷。至魚而號曰禽者，魯語「登川禽」，韋昭注曰：「川禽，鱉蜃之屬。」此禽之名通乎水族，古語有之。干寶亦云「無水禽之穢」，水禽，亦即川禽也。莊子秋水篇「井魚不可以語於海者，拘於虚也」，吕氏春秋諭大篇「井中之無大魚也」，此並井有魚之證。或疑井中無魚，亦所謂拘於虚也。

九二井谷射鮒

孔疏：「子夏傳曰：『井中蝦蟆呼爲鮒魚也。』」釋文「蟆」作「蟇」。即莊子秋水篇所謂「埳井之鼃」也。後漢書馬援傳「子陽井底蛙耳」，是漢時常語有此。仲氏易謂子夏傳僞書，此襲莊子語。然孔、陸所引子夏傳爲唐以前本，其僞或在東京以前。若今行世之子夏傳，則又僞中之僞，不獨非孔、陸所見本，並非唐張弧之僞書矣。

鼎

九四其形渥

王注：「沾濡之貌也。既覆公餗，體爲渥沾，知小謀大，不堪其任，受其至辱，灾又其身。」程傳：「居大臣之位，當天下之任，而所用非人，至于覆敗。乃不勝其任，可羞愧之甚也。『其形渥』，謂赧汗也，其凶可知。」本義：「晁氏曰：『形渥』，諸本作『刑剭』，謂重刑也，今後之。」

按：本義後古訓屋誅之法，鄭注備矣。鄭好以刑説易，如周禮「殺其親者焚之」引易離九四「焚如」爲證是也，然自來説者非之。程傳實與王注不同，辨證乃云「渥」，程子從王弼訓爲厚。詩「顔如渥赭」，渥，厚漬也。折中云從王氏説爲是。詩曰「渥赭」，曰「渥丹」，皆以顔貌言之。愧生於中，則顔發赤也。似皆有誤。焦氏通釋以「形渥」爲「鼎渥」，謂鼎盈也。鼎既覆矣，何盈之有？其説非是。

震

象曰震驚百里驚遠而懼邇也出可以守宗廟社稷以爲祭主也

程傳：「彖文脱『不喪匕鬯』一句。」本義：「程子以爲『邇也』下脱『不喪匕鬯』四字，今從之。」辨證：「范諤昌、王昭素謂彖辭『出』上脱『不喪匕鬯』四字。案：王子雍注『當如二人之説』。子雍注見御覽。」

按：程子蓋用范、王之記。或謂出于郭京舉正者，非也。然據此條，則舉正雖僞書，亦非盡出於無稽。

六二震來厲億喪貝

集解：「虞翻曰：『億，惜辭。』干寶曰：『億，歎辭。』」鄭注：「十萬曰億。」王注：「億，辭也。」程傳：「億，度也。」本義：「億字未詳。」

按：釋文：「億，本又作『噫』。」虞、干以爲歎惜辭，是其所據本作「噫」也。鄭所據本作「億」，極言其數之多。二説於本爻可通，而於六五則皆難通。王云「辭」者，發語之辭。禮記文王世子注「億，可以爲之也」，疏「是發語之聲」。則兩爻並可通，而諸家不取，多用程傳之説。項氏安世曰：「二五之億，即震之修省也。」

漸

象曰山上有木漸君子以居賢德善俗

本義：「疑『賢』字衍。或『善』下有脱字。」釋文：「王肅本作『善風俗』。」

按：朱子蓋據釋文而言。郭京舉正亦云脱「風」字，是其説間亦有本。此條較之震卦，尤爲有據。

九三鴻漸于陸

集解：「虞翻曰：『高平稱陸。謂初已變坎水爲平，三動爲坤，故「鴻漸于陸」。』」王注：「陸，高之頂也。」

釋文：「馬云山上高平曰陸。」

按：「陸」有高平、廣平二訓。爾雅釋地：「高平曰陸。」説文：「陸，高平地。」釋名：「高平曰陸。陸，漉也。水流漉而去也。」詩天保毛傳、穆天子傳郭注、漢書石奮傳注並云「高平曰陸，」與虞翻之解合。徐鍇韵譜「陸，廣平」，禹貢正義、史記司馬相如傳引司馬彪，並云「廣平曰陸」，釋地「晉有大陸」，郭注：「今鉅鹿北廣河澤是也。」禹貢「大陸既作」，正義：「但廣而平者，則名大陸。」此主廣平言之者。大陸爲澤，似不得以高言，而「陸」字從阜。阜，説文作「𠂤」，云「大陸，山無石者」。釋名「土山曰阜，阜，原也」，言高原也。然則阜高於陸，陸高於原。釋地云「廣平曰原」，散文或通稱也。無論高平、廣平，其地勢必平，不得有頂。王注云「高之頂」，似誤。馬云「山上高平」，似附會卦體爲言，亦與衆家之説不合。程傳云「平高曰陸」，合於古義。朱子之意，亦以平陸言也。傳又云「安處平地，則得漸之道」，而本義云「鴻水鳥陸，非所安也」，以本義爲是。詩豳風九罭「鴻飛遵陸」，毛傳：「非鴻所宜止。」意正同也。惟九三與上九並云「遵陸」，而一凶一吉者，九三居艮卦之上，遇剛不中而上無應，故凶。上九以陽居陰，處巽之極，退處于陸，進止有序，故吉也。

旅

初六旅瑣斯其所取灾

王注：「處最下極，寄旅不得所安，而爲斯賤之役，所取致災，志窮且困。」折中：「案：易中初爻，多取童稚小子之象。在旅則童僕之象，王氏之説是也。」

按：漢人舊説「斯」爲語助之辭。九家易曰：「初、二卑賤。二得履之，故得童僕。」是亦以「斯」爲賤。後漢書左雄傳「郎官部吏，職斯禄薄」，注：「斯，賤也。其字或作廝。」公羊傳宣公十二年「廝役扈養」，注：「艾草爲防者曰廝。」後漢書鄭玄傳注：「廝，賤也。」楊子方言「官婢女廝謂之娠，又作廝。」史記「廝徒十萬」，蘇秦傳。「廝養卒」，張耳傳。又作「㒋」。玉篇「廝」或作「㒋」。「廝」、「廝」、「㒋」並後起之文也。郭京舉正謂當作「㒋」，不合作「斯」，疏矣。此卦六二、九三爻辭並稱「童僕」，初六柔居下位，故有斯賤之象。與上二爻之義，正相通也。

渙

利涉大川乘木有功也

辨正：「項氏安世曰：『石經彖文「利涉大川」之下，亦有「利貞」二字。』案：唐石經無此二字，當據蜀石經也。」

按：舉正云脱「利貞」二字，與項説同。蜀石經世鮮傳本，無可考矣。

六四渙其羣元吉

集解：「盧氏曰：自二居四，離其羣侶，『渙其羣』也；得位承尊，故『元吉』也。」

按：序卦傳云：「渙者，離也。」然離其群侶，似非易義，人心不可離也。

王注：「踰乎險難，得位體巽。與五合志，内掌機密，外宣化命者也。故能散群之險，以光其道。」疏：「能爲羣物散其險害，故曰『渙其羣』也。」

按：彖辭，象辭並無險難之意。「羣」作「羣物」解，似未的。

程傳：「四巽順而正，居大君之位；五剛中而正，居君位。君臣合力，剛柔相濟，以拯天下之渙者也。方渙散之時，用剛則不能使之懷附，用柔則不足爲之依歸。四以巽順之正道，輔剛中正之君，君臣同功，所以能濟渙也。天下渙散而能使之羣聚，可謂大善之吉也。」

按：朱子語類云：「如程傳之説，是羣其渙，非渙其羣也。」易酌云「信然」。

朱子語類云：「老蘇云：夫羣者，聖人之所欲渙，以混一天下者也。此説雖程傳所不及，蓋當人心渙散之時，各相朋黨，不相混一，惟六四能渙小人之私，羣成天下之公道。此所以元吉也。」易酌云：「此説極好。自古朝廷之治，恒敗於朋黨。東漢黨錮之禍，朝野互相標榜。以至唐之牛、李，宋之洛、朔、蜀，皆羣也。四居柔得正，處大臣之位，與五咸有一德。爲能剖破其藩離，渾一其門户，所謂天下爲公者，何吉如之！」

按：老蘇之説，錢宫詹非之。子曰「君子羣而不黨」，則羣、黨截然兩義。若如此説，則群、黨不可分矣，似非聖人之旨。

本義：「居陰得正，上承九五，當濟渙之任者也。下無應與，爲能散其朋黨之象。」

按：本義説與語類不同。然以朋黨釋「羣」字，似誤。「君者羣也」，韓詩外傳五。「侯能成羣謂之君」，逸周書。「君者不失其羣者也」，春秋繁露滅國。「君者善羣也」，荀子王制。學記「敬業樂羣」，檀弓「吾離羣而索居」，自來言「羣」者，後無以朋黨爲戒者。則以朋黨釋「羣」，似未當也。

胡氏瑗曰：「天下之渙，起於衆心乖離，人自爲羣。六四上承九五，當濟渙之任，而居陰得正，下無私應。是大臣秉大公之道，使天下之黨盡散，則天下之心，不至于乖散，而兼得以萃聚。」陳氏琛曰：「天下之所以渙者，多由人心畔上，而各締其私也。私黨既散，則公道大行，而勢合於一。」

按：此二説，亦皆誤羣爲「黨」。

吕氏春秋召類篇：「易曰：『渙其羣，元吉。』渙者，賢也；羣者，衆也；元者，吉之始也。『渙其羣元吉』者，其佐多賢也。」潛研堂文集：「吕氏去古未遠，傳授當有所自。孔子云『寬則得衆』，又云『羣而不黨』，孟子曰『得道者多助』，白虎通『君之爲言羣也』。六四居大臣之位，以進賢爲己任。旁求俊乂，聚之於朝，所謂『其心休休，如有容者』，故有元吉之占。且『拔茅』、『征吉』，泰之所以吉亨也。『勿疑朋盍簪』，豫之所以志大行也。朋黨之議，皆起於叔季之世。聖人處渙散之時，以收拾人心爲本，而先散其羣，毋乃蹈億兆夷人離心離德之覆轍乎？伊川言君臣同功，所以濟渙。天下渙散，而能使之羣聚，可謂大善之吉。與吕覽義亦相近。蘇氏云：『羣者，聖人之所欲渙，以混一天下者也。』未合易旨。」

按：序卦傳：「説而後散之，故受之以渙。渙者，離也。」王注：「説不可偏係，故宜散也。散者，發暢而無所壅滯，則殊越；各肆而不反，則遂乖離也。」渙之卦義，以此傳求之，固非下之人離散之謂，乃上之人發散之謂。散其壅滯，則萬事無不發暢。外卦爲巽，巽爲風。説卦傳曰「風以散之」，晉陸沖風賦所謂「宣剛柔之流化，遵四氣之靈候」者，皆風之功力。此權之在天者也。九五「渙汗其大號」，此權之在君者也。是渙之事屬於上，而非屬於下。諸家以天離散爲言者，皆非其本旨。然則不先明乎此卦之義，諸爻又烏可通哉？吕覽之成，在秦并天下以前，其引此爻之文，以明多助之義，乃經説之最古者。錢氏據以爲説，似爲得之。六四處大臣之位，其群皆賢，進而在位，有發暢而無壅滯，此渙之功力也。此所以元吉而光大也。

節

象曰中正以通王注然後及亨也

校勘記：「岳本、古本『及』作『乃』。」

按：郭京舉正云：「『然後乃亨也』一句，誤入注。」其説雖不足信，而其書乃宋以前之書，以校今本，尚可取以爲證也。

象曰君子以制數度

按：左傳桓二年：「衮、冕、黻、珽，帶、裳、幅、舄，衡、紞、紘、綖，昭其度也。藻率、鞞、鞛、鞶、厲、游、纓，昭其數也。」「數」、「度」二字之訓，此最古者。

小過

象曰是以小事吉也

辨證：「項氏安世曰：『石經「是以可小事」，象辭脱「可」字，羨「去」字。』案：此亦當據蜀石經。」

按：舉正説同。

繫辭

是故變化云爲吉事有祥象事知器占事知來

集解：「侯果曰：『易之云爲，唯變所適爲善，則吉事必應。觀象則用器可爲，求吉則未形可覩者也。』」韓康伯注「夫變化云爲者，行其吉事，則獲嘉祥之應；觀其象事，則知制器之方；玩其占事，則覩方來之驗也。」疏：「易既備含諸事，以是之故，物之或以漸變改，或頓從化易，或口之所云，或身之所爲也。」本義：「變化云爲，故象事可以知器；吉事有祥，故占事可以知來。」語録：「問：『有許多變化云爲，又吉事皆有休祥之應，所以象事者於此而知器，占事者於此而知來。』曰：『是。』」張氏栻南軒易説：「聖人悟易於心，而天道之變化，人事之云爲，得之于心者，如此，知幾之神，吉事有祥。推此以利養生民，故象事知器；推此以吉凶與民同患，故占事知來。『變』者陽也，『化』者陰也，謂之變化，此陰陽未辨者乎？『云』者言也，『爲』者行也，謂之「云爲」，此言行未著者乎？聖人之心術，雖融貫天人之道於方寸之間，其見微知著，觀往知來，無非吉事有祥也。故推之以制器，則利養天下之民；推之以爲占，則吉凶與民同患。」

按：此節侯、韓以首句統下三句，此一説也。本義以首句與第三句應，次句與第四句應，此一説也。語録以前二句爲二事，而後二句應之，此一説也。南軒以前二句串説，而後二句又串下説，此一説也。四説之中，南軒爲長。易酌云：「在天道，則爲『變化』；在人事，則爲『云爲』。」頗與南軒説同。惟既云吉事有祥，即見于變化云爲之間，而又以本義爲是，則不免自相矛盾。羣經平議訓「云」爲「有」，言其變化必有爲也，似未合易之本指。

襍卦傳

咸速也恒久也

按：本義：「咸速恒久」，當作「感速常久」。宋咸淳乙丑九江吴革刊本如是。見潛研堂文集。

大過顛也，至小人道憂也。

語録：「襍卦以乾爲首，不終之以宅卦，而必終之以夬者，蓋夬以五陽決一陰。決去一陰，則爲純陽矣。」集解：「自大過至此，不復兩卦對説。大過死象，兩體姤、夬，故次以姤，而終以夬。言君子之決小人，故君子道長，小人道消。」虞義。

按：虞氏之説，足與語録之説相發明。此聖人之微意。

孔穎達正義所引注易諸家，有褚氏、何氏、周氏、莊氏之説。

按：褚氏，梁五經博士褚仲都也，隋志有講疏十六卷。何氏則不知是何晏，是何胤。隋志：「魏國子監祭酒何晏講疏十三卷。」「梁處士何胤注十卷。」周氏，陳尚書左僕射周宏正也，隋志有義疏十六卷。又，齊中郎周顒亦撰周易論，隋志止存十卷，蓋殘缺矣。莊氏未詳。

日南讀書記　卷三

書

堯典

以親九族

孔傳：「以睦高祖玄孫之親。」釋文：「上自高祖下至玄孫，凡九族。馬、鄭同。」正義曰：「異義：『夏侯、歐陽等以爲九族者，父族四，母族三，妻族二，皆據異姓有服。』鄭玄駁云：『異姓之服，不過緦麻，言不廢昏。又昏禮請期，云惟是三族之不虞，恐其廢昏，明非外族也。』是鄭與孔同，九族謂帝之九族。知九族非民之九族者，以先親九族，次及百姓。百姓是群臣弟子，不宜越百姓而先下民。若是民之九族，則九族既睦，民已和矣，下句不當復言協和萬邦。以此知帝之九族也。」左傳桓六年「親其九族」，杜注：「九族謂外祖父、外祖母、從母子及妻父、妻母、姑之子、姊妹之子、女子之子，並已之同族，皆外親有服而異族者也。」釋文：「九族，杜釋與孔安國、鄭玄不同。」正義：「漢世儒者説九族有二。異義：『今禮戴、尚書歐陽説九族乃異姓有屬者。父族四：五屬之内爲一族，父女昆弟適人者與其子爲一族，己女昆季適人者與其子爲一族，己之女子子適人者與其子爲一族。母族三：母之父姓爲一族，母之母姓爲一族，母女昆季適人者與其子爲一族。妻族二：妻之父姓爲一族，妻之母姓爲一族。古尚書説九族者，從高祖至玄孫凡九，皆同姓。謹案：禮緦麻三月以上，恩之所及，禮爲妻父母有服，明在九族中。九族不得但施於同姓。』鄭駁云：『玄之聞也，女人歸宗，婦子雖適人，字猶繫姓，明不得與父兄爲異族，其子則然。昏禮請期，辭曰唯是三族之不虞。欲及今三族，未有不億度之事而迎婦也。如此所云，三族不當有異姓，異姓其服皆緦。禮襍記下緦麻之服不禁嫁女，取婦，是爲異姓不在族中明矣。周禮小宗伯掌三族之别名，喪服小記説族之義曰親親，以三爲五，以五爲九。以此言之，知高祖至玄孫昭然察矣。』是鄭從古文尚書説，以九族爲高祖至玄孫也。此注所云，猶是禮戴、歐陽等説。以鄭玄駁云女子不得與父兄爲異姓，故簡去其母，唯取其子，以服重者爲先耳。其意亦不異也。不從古學，與鄭説者，此言親其九族。詩刺其不親九族，必以九族者疏遠，恩情已薄，故刺其不親，而美其能親耳。高祖至父，己之所稟承也。子至玄孫，己之所生育也。人之於此，誰或不親而美之能親也。詩刺棄其九族，豈復遺父母，下棄子孫哉？若謂棄其出高祖、出曾祖者，然則豈亦棄其出曾孫、出玄孫者乎？又，鄭玄爲昏必三十而娶，則人年九十始有曾孫，其高祖、玄孫無相及之理，則是族終無九，安得九族而親之？三族、九族，族名雖同，而三、九數異。引三族以難九族，爲不相值矣。若緣三及九，則三、九不異。設使高祖喪、玄孫死，亦應不得爲昏禮，何不言九族之不虞也。以此知九族皆外親有服而異姓者也。」江氏聲尚書今古文注疏：「鄭君此説，精確名通，足申古文家説之是。」孫氏星衍尚書今古文注疏：「許氏從今文，鄭氏從古文説也。詩葛藟序云：『周道衰，棄其九族。』傳云：『九族者，據己上至高祖，下及玄孫。』漢書高帝紀：『七年，置宗正官以序九族。』是漢初俱以九族爲同姓。夏侯、歐陽説爲異姓者，蓋因堯德光被自家及外族。鄭不然者，以經文下云『百姓』，可該異姓也。馬、鄭注見釋文，又見後漢書班固傳注。」白虎通宗族篇：「族者何也？族者，湊也，聚也。謂恩愛相流湊也。上湊高祖，下至玄孫，一家有吉，百家聚之，合而爲親。生相親愛，死相哀痛，有會聚之道，故謂之族。尚書曰『以親九族』，族所以九者何？九之爲言究也。親疏恩愛，究竟謂之九族也。父族四，母族三，妻族二。父族四者，謂父之姓爲一族也，父女昆季適人有子爲二族也，身女昆季適人有子爲三族也，身女適人有子四族也。母族三者，母之父母爲一族也，母之昆弟爲二族也，母之女昆弟爲三族也。母昆弟者，男女皆在外親，故合言之也。妻族二者，妻之父爲一族，妻之母爲二族。妻之親略，故父母各爲一族。禮曰『惟是三族之不虞』，尚書曰『以親九族』，義同也。」盧文弨校語云：「此所記母族；通典亦同，然竊疑之。母之父母，何以合爲一族？母之昆弟，亦即母之父族，何以又別爲族？至母之女昆弟，舊作『女昆弟子』，亦仍是母之父族。考尚書歐陽説，云『母族三：母之父姓爲一族，母之母姓爲一族，母女昆弟適人者與其子爲一族』，此方分曉。」又曰：「一説合言九族者，欲明堯時俱三也。禮所以獨父族四何？欲言周承二弊之後，明人皆厚於末，故與禮母族，妻之黨廢。禮母族，父之族，是以貶妻族以附父族也。」盧校云：「語不甚了。大約謂九族者，父族、母族、妻族，本各三也。二代之季，民有厚於母族而薄於父族者，又有厚於妻族而薄於母族者。欲矯其弊，故損去妻族一而爲二，增益父族三而爲四也。」程氏易疇喪服文足徵記云：「此釋九族，與喪服通一無二。案：喪服自斬衰三年上殺之，至于齊衰三月，自齊衰期服下殺之，至於緦麻，又旁殺之，亦至於緦麻，非所謂父之姓爲一族乎？喪服姑之子緦麻，非所謂父女昆弟適人有子爲一族乎？喪服甥緦麻，非所謂身女昆弟適人有子爲三族乎？喪服外孫緦麻，非所謂身女子適人有子爲四族乎？喪服爲外祖父、母小功，非所謂母之父母爲一族乎？喪服舅與舅之子皆緦麻，非所謂母之昆弟爲二族乎？喪服從母小功，從母之子緦麻，非所謂母之女昆弟爲三族乎？喪服妻之父母皆緦麻，非所謂妻之父爲一族，妻之母爲二族乎？」顧氏炎武日知録：「宗盟之列，先同姓而後異姓，重本屬而輕外親。此必有所受之，不自周人始矣。九族，孔傳以爲自高祖至玄孫之親。蓋本之喪服小記『以三爲五，以五爲九』之説，而百世不可易者也。牧誓數商之罪，但言昏棄厥遺王父母弟，而不及外親。吕刑申命有邦，歷舉伯父、伯兄，仲、叔、季弟，幼子、童孫，而不言甥、舅。古人所爲先後之序，從可知矣。故爾雅於内宗曰族，於母妻則曰黨。而昏禮及仲尼燕居『三族』之文，康成竝釋爲父、子、孫。杜元凱乃謂皆外親有服而異族者。然則史官之稱帝堯，舉其疏而遺其親，無乃顛倒之甚乎？且九族之爲同姓，經傳之中有明證矣。春秋魯成公十五年「宋共公卒」者，傳曰：『二華，戴族也；司城，莊族也。六官者，皆桓族也。』共公距戴公九世。而唐六典宗正卿『掌皇九族之屬，籍以别昭穆之序，紀親疏之别。九廟之子孫，其族五十有九。光皇帝一族，景皇帝之族六，元皇帝之族三，高祖之族二十有一。太宗之族十有三，高宗之族六，中宗之族四，睿宗之族五。此在玄宗之時，已有七族，中、睿二宗同爲一世。若歷世滋多，則有不止於九者。而五世親盡，故經文之言族者，自九而止也。杜氏於襄十二年傳「同族」注曰：説之，謂高祖以下。」則前非不待辨而明矣。又，孔氏正義謂高祖、玄孫無相及之理。不知高祖之兄弟與玄孫之兄弟固可以相及，如後魏國子博士李劇之所謂『壽有長短，世有延促，不可得而齊同』者，如宋洪邁容齋隨筆言嗣濮王士歆在隆興爲從叔祖，在紹熙爲曾叔祖，在慶元爲高叔祖。其明證矣。」

按：堯典之文，由九族而百姓而萬邦，乃由一家而一國而天下，次序甚明。異姓之親，已包於百姓之内，鄭用古文家言，其説自不可易。故自來説此經者，顧、孫、江、王，咸宗鄭説。孔疏於書主鄭，而左傳則鄭駮，此乃作疏之宗旨，必不肯背其所取一家之師説，雖兩相矛盾而不顧，是其敝也。至今文家言白虎通之「母族」，與夏侯、歐陽異，杜氏又與此兩説異，説者謂杜因鄭駮異義女子不得與父兄爲異族，故去其母而取其子。第同爲今文家言，何以三說不同？白虎通又有父母妻族各有三之説，是一家之言已相歧如此。且白虎通之文，先云「上湊高祖，下至玄孫」，亦用同姓九族之義，與下文所列之九族，文義不相融貫。恐班氏本兼采今古文兩説，而今本多譌奪，以至前後不符也。近人作九族考，獨不從古而從今，其據左傳孔疏「高祖玄孫無相及」之理以駁鄭，則日知録已辨之。其於鄭引三族不虞之文，亦知妻族無礙於昏禮者，則云於父不可言二族之不虞，故曰三族之不虞，其立説甚巧。然説經之語，當字字徵實，不容遁於虛也。其於今文家説，從之而又駁之曰：父女昆弟不得與父異族也，己女昆弟及女子子不得與己異族也，母女昆季不得與母之父異族也。鄭駁之曰：「婦人歸宗，女子雖適人，字猶繫姓，明不與父兄爲異族。」斯論正矣！今文家亦知其不可通，故各繫其子，言之曰與其子爲一族。至杜預並簡去其母而惟取其子，若然，則非以其母爲族，以其子爲族也。夫婦人內夫家，外父母家，雖父女昆弟、己女昆弟、己女子子適人之後，降其本宗矣，乃因一女適人，而遂以其家爲我之族，此豈近乎人情也哉？又況母女昆弟與我更遠歟輿？至母之父母之母，不可分而爲二族也。妻之父、妻之母，亦不可分而爲二族也。白虎通以妻父母爲二族，杜預以外祖父母、妻父母各爲二族。夫妻，牉合者也，乃分之使爲二族乎？夏侯、歐陽之説曰：母之父姓，母之母姓，妻之父姓，妻之母姓，各以姓言。則其語固無病矣，而於理仍不可通。夫天之生物也，使之一本。故人從父之姓，不從母之姓。以己而推之，母與妻亦各從其父之姓，而不從其母之姓。是在吾母與吾妻視之，其父族則同姓也，其母族則異姓也，固已有親疏之別矣。吾乃此而同之，以母之父姓爲族，亦以母之母姓爲族，以妻之父姓爲族，亦以妻之母姓爲族，是教天下以二本也。此豈聖人之制也哉？且夫族之爲言屬也，相連屬之謂也。有父之族，則己之昆季姊妹皆從之矣。有母之父母族，則母之昆季姊妹皆從之矣。乃別出其女昆弟，使自爲族，此何理也？苟以取足其數而已矣。是故今文家之説，其言族則是，其言九則非。此其所以駁今文家者，可謂明辨以晳矣。乃其別自爲之説，則曰父族四：曰高祖之族，曰曾祖之族，曰祖之族，曰父之族；母族三：曰母之曾祖之族，曰母之祖之族，曰母之父之族；妻族二：曰妻之祖之族，曰妻之父之族。此姑勿論於古無徵也，即其所以難鄭者，謂高祖至玄孫非九族，乃九世，何以父族亦取高、曾、祖、父爲四族也？且更推之於母族，爲曾祖、祖、父三族也。推之於妻族，爲祖、父二族也。豈高、曾、祖、父四世可以謂之族，而己及子至玄孫五世，不可謂之族乎？此何理也！況母之曾祖母之祖、妻之祖，皆無服之親。在同姓而無服者，尚有一本之誼。若異姓無服而得爲一族，於連屬之義云何哉？今備録其駁今文家之説，爲説經者通其蔽，而辨其别説於後，以見今文家之説究屬難通，仍當從古也。

舜典

象以典刑

馬融曰：「言咎繇制五常之刑，無犯之者，但有其象，無其人也。」史記五帝本紀集解孔傳：「象，法也。法用常刑，用不越法。」疏：「易繫辭云：『象也者，象此者也。』又曰：『天垂象，聖人則之。』是象爲倣法，故爲法也。五刑雖有常法，所犯未必當條。皆須原其本情，然後斷決。或情有差降，俱被重科，或意有不同，失出失入，皆是違其常法。故令依用其常刑，用之使不越法也。」蔡傳：「象，如天之垂象以示人，而典者，常也。示人以常刑，所謂墨、劓、剕、宮、大辟，五刑之正也，所以待夫元惡大憝、殺人、傷人、穿窬、淫放，凡罪之不可宥者也。」朱子曰：「象其人所犯之罪，而加以所犯之刑。」又曰：「此言正法，象如象魏之象。或謂畫爲五刑之狀亦可。」尚書大傳：「唐虞象刑，而民不敢犯。苗民用刑，而民興相漸。唐虞之象形，上形赭衣不純，中刑襍屨，下刑墨幪以居州里，而民恥之。」注：「純，緣也。時人尚德義，犯刑但易之衣服，自爲大恥。屨，履也：幪，巾也。使不得冠飾。周禮『罷民』亦然。上刑易三，中刑易二，下刑易一，輕重之差。」御覽六百四十五引，無後二十二字，公羊傳襄二十九年疏引，無前十八字。孝經緯：「上罪墨幪、赭衣、襍履，中罪赭衣，襍履，下罪襍履而已。」周礼司圜疏。按：此所謂「易三」、「易二」、「易一」之差。慎子：有虞荀子注引下有「氏」字。之誅，以幪巾荀子注作「畫跪」。當墨，荀子注作「黥」。以草纓當劓，以菲履荀子作「履絓」。初學記引作「屨菲」。當刖，以艾畢當宮，布衣無領，以當大辟，此有虞荀子注下有「氏」字。之誅也。斬人初學記下有「之」字。肢體，鑿其肌初學記作「形」。膚，謂之刑。畫衣冠，異章服，謂之戮。上世用戮，而民不犯也；當世用刑，而民不從。」御覽六百四十五。荀子正論篇：「世俗之爲説者，曰治古無肉刑而有象刑；楊倞注：「治古，古之治世也。肉刑，墨、劓、剕、宮也。象刑，異章服，恥辱其形象，故謂之象刑也。」墨黥；世俗以爲古之重罪，以墨涅其面而已，更無劓、刖之刑也。或曰「墨黥」當爲「墨幪」，但以墨巾蒙其頭而已。慅嬰；當爲「澡嬰」，謂澡濯其布爲纓。鄭云凶冠之飾，令罪人服之。禮記曰「緦冠澡纓」，鄭云：「有事，其本以爲纓也。」「澡」，或讀爲草，慎子作「草纓」也。共，艾畢；「共」未詳，或衍字耳。「艾」，蒼白色。「畢」與「韠」同，所以蔽前。君以朱，大夫素，士爵韋。令罪人服之，故以蒼白色爲韠也。菲，對屨；「菲」，革履也。「對」，當爲「紨」，傳寫誤耳。「紨」，枲也。慎子「紨」。言罪人或菲或枲爲履，故曰「菲紨履」。「緋」，方孔反。「對」或爲「蒯」。禮有「疏屨」，傳曰：「藨蒯之菲也。」殺，赭衣而不純。以赤土染衣，故曰「赭衣」。純，緣也。殺之，所以異於常人之服也。純音準，殺，所介反。治古如是。」白虎通五刑篇：「傳曰『三皇無文，五帝畫象，三王明刑，五帝畫象』者，其衣服象五刑也。犯墨者，蒙中；北堂書鈔引，「巾」上有「皂」字。犯劓者，赭其衣；犯髕者，以墨蒙其髕處而畫之；犯宮者，履襍屝；犯大辟者，布衣無領。」管子侈靡篇：「問曰：『古之時與今之時同乎？』曰：『同。』『其人同乎，不同乎？』曰：『不同。』房喬注：「古淳而今澆，古質而今浮，故不同也。」『可與？』『（改）〔政〕其誅。俈、堯之時，（混）〔昆〕吾之美在下，道非獨出，人也。山不童而用贍，澤不弊而養足，耕以自養，以其餘應（良）〔長〕，天（子）〔下〕故平。牛馬之牧不相及，人民之俗不相知，不出百里而（來）〔求〕足，故鄉而不理，静也。其獄，一踦腓，一踦屨而當死。諸侯犯罪者，令著一屨以恥之，可以當死刑。朱長春曰：「一踦腓、一踦屨，承象刑之化也。」今周公斷指滿稽，斷首滿稽，斷足滿稽，而死民不服，非人性也，敝也。今周公謂時所用法也。稽，考也。罪滿而斷，則從而斷之。首滿其罪也。亦從而考之；應斷足所滿罪者，又從而考之。凡此欲以爲慎審也。罪定者死之，然人尚不服其罪，豈人性然？時爽故也。地重人載，毀敝而養不足，事未作而民興之，是以下名而上實也。」孫氏星衍曰：「周禮司圜疏引孝經緯云：『三皇無文，五帝畫象，三王肉刑。』漢書刑法志：『禹承堯、舜之後，自以德衰，而制肉刑。湯、武順而行之，以俗薄於唐虞故也。』是明唐虞無肉刑。鄭注周禮司圜云：『弗使冠飾者，著黑幪，若古之象刑與？』鄭氏亦信象刑之說也。」按：說此經者，自馬融以下，洎唐、宋諸家，並不取象刑之說，蓋不信有此事也。然伏生大傳載之甚明，實說書家之古說，漢世學者多從之。文帝詔有「虞時畫衣冠、異章服而民不犯」，刑法志。武帝詔「昔在唐虞，畫象而民不犯」，武紀並用大傳之語。孝經緯白虎通咸采其說。鄭氏此句之注不傳，而司圜之「弗使冠飾」，以爲「若古之象刑」，當亦信伏生之傳。朱子言「或謂畫爲五刑之狀亦可」，雖小差異，似亦演自舊說也。秦漢以前，荀子、慎子所言略周，以慎子爲詳。雖與大傳、詔書所述之制有不同，而異章服以示辱，其宗旨則同。則其說正未可廢矣。竊謂劓、刵、椓、黥，苗民所造。唐虞之世，方哀矜庶戮，遏絶苗民三危之竄，即其事也。豈得尤而效之，而仍用戮、刵諸刑乎？不用劓、刵諸刑，而別爲幪巾、菲屨諸刑以當之，此事理之可信者一也。禹言苗頑弗即工，而帝曰「皋陶方施象刑，惟明夫兩階千羽，方崇德化」，豈所施仍是劓、刵諸刑乎？但於形象示之辱，而不傷及于支體、肌膚，故謂之象刑。此事之可信者二也。洪水初平，人民安樂，渾噩風氣，未喪其真。但於形象示之辱，而下已相戒而不犯。堯之於變，舜之協中，其人民之氣質，固與後世澆漓之俗，大相徑庭。管子侈靡篇言古今之人不同，而其獄亦不同，是可知法必因乎人而施也。此事之可信者三也。乃近來説者曰，以象形爲畫象之象，其言出於戰國姦民、游士之口，故荀卿非之，其亦不思之甚矣。周禮司圜之收教罷民，弗使冠飾而加明刑。禮玉藻：「垂緌五寸，惰游之士也；玄冠縞武，不齒之服也。」並是異章服，恥辱之意，不得謂古無此制也。至諸書所言象刑不盡相同，當由古制本非一端，學者各據其一，致有參差耳。

流宥五刑

馬融曰：「五刑：墨、劓、剕、宮、大辟。」釋文。

五服有服

傳：「五刑：墨、劓、剕、宮、大辟。」

按：此以吕刑「五刑」釋舜典也。唐虞五刑不當有墨劓、剕、宮四肉刑。説已見上條。

夔曰於予擊石拊石

釋文：「『於』如字，或音烏而絶句者，非。」史記五帝本紀正義：「於音烏。」

按：孫氏以史記正義不可從，而王氏、江氏、段氏，並以釋文爲非，蓋以「於」本古文「烏」字也。第自六朝以來，凡發語辭如字，歎美辭音烏。此篇舜分命九官，濟濟相讓，而夔獨歎美其功，於對颺之體殊不合。即以爲益稷之錯簡，亦似非羣後德讓之意。注疏及蔡傳並不爲「於」字作解，當亦如字讀也。

禹貢

三江既入

蔡傳：「庾仲初吴都賦注。」

按：晉書文苑：「庾闡字仲初，潁川鄢陵人也。作揚都賦，爲世所重。」此注作「吴都」者誤。水經注引作「揚都」。禹貢錐指以爲南齊之庾杲之。南齊書庾杲之傳：「字景行，新野人。」無作賦事。

九江孔殷

蔡傳：「九江，既今之洞庭也。今沅水、漸水、元水、辰水、叙水、酉水、澧水、資水、湘水皆合於洞庭。意以是名九江也。」

按：此用曾彦和旼。之説。「元」當作「旡」，傳寫誤也。漢志作「無」。「旡」、「無」古今字，亦作「潕」、「㵲」。又按：曾氏「九江」之説，吴氏鼎易堂問目謂本之漢志。考漢志，武陵郡縣十三：索，漸水東入沅。臨沅，應劭曰：「沅水出牂牁入于江。」無陽，無水首受故且蘭，南入沅，八百九十里。辰陽，三山谷，辰水所出，南入（元）〔沅〕七百五十里。酉陽，應劭曰：「酉水所出，東入湘。」義陵，鄜梁山，序水所出，西入（元）（〔沅〕。按：「序」、「叙」同。充。西原山，西水所出，南至沅陵入沅，行一千二里。）歷山，澧水所出，東至下雋入（江）〔沅〕，過郡二，行一千二百里。零陵郡縣十：零陵，陽海山，湘水所出，北至酃入江。過郡二，行二千五百三十里。都梁。路山，資水所出，東北至益陽入沅。過郡二，行千八百里。此吴説之所據也。西水有二，一入湘，一入沅。據水經，西水入沅，實止一水。故吴氏謂曾氏所取「九江」，自沅、湘外，皆取入沅之水。朱子考定「九江」去澧、無，而增瀟、蒸，蓋兼取入江之水。漢志長沙國承陽應劭曰：「承水之陽。」師古曰：「承水原出零陵永昌縣界，東流注湘。承音烝。」惟不言有瀟水，而入湘之水又有桂水、桂陽郡桂陽。零水、武陵郡零陽。汨水長沙国羅。泥水，長沙国茶陵。又有洭水、桂陽郡含洭。鬵水，牂牁郡鬵。則亦入沅者。水經三十九匯水「東南過含洭縣」，酈注：「應劭曰：『洭水東北入沅。』瓚注漢書：『沅在武陵，去洭遠，不得入沅。』今漢志注無此語。水經又云：「南出洭浦縣爲桂水。」則瓚説是也。桂水，應劭注與水經同。水經有洣水，鄭謂即漢志之泥水，而亦不言有瀟。惟湘水注云：「二妃從征，溺於湘江。神游洞庭之淵，出入瀟湘之浦。瀟者，水清深也。湘中記曰：『湘水清照五六尺，下見底石如樗蒲矣。五色鮮明，白沙如霜雪，赤崖若朝霞。』是納瀟湘之名矣。」是道元以「瀟」、「湘」爲一水。説文無「瀟」字。水部：「潚，水深清也。」即今之「瀟」字，與道元説合。廣輿記：「瀟江在永州府城外，原出九疑山。」乃隋、唐以後方有此名。胡氏謂「朱子所更定，亦未見爲必然」，其言良是。

伊洛瀍澗

蔡傳：「瀍水，地志云出河南穀城替亭北。」

按：「替」，「朁」之誤。錢氏泰吉甘泉鄉人稿：「據明正統本與元至正本校，尚不誤。顏師古曰朁音潛。」

甘誓

不用命戮于（杜）〔社〕

傳：「天子親征，又載社主。謂之社事不用命奔北者，則戮之于社主前。社主陰，陰主殺。親祖嚴社之義。」疏：「定四年左傳云：『君以軍行，祓社釁鼓，祝奉以從。』是天子親征，又載社主行也。『奔北』謂敗陣走也。」蔡傳：「戮，殺也。」孫氏志祖讀書脞録：「戮是刑戮之意，非必竟殺之也。殺人於社，經典無徵。『用鄫子于次睢之〔社〕』，衰世（世）宋襄之所爲，豈三代之法哉？」

按：周禮秋官序官掌戮注：「戮猶辱也。」廣雅釋詁：「戮，辱也。」軍中不用命之事，豈止「奔北」一端，不得盡殺之也。左傳僖二十七年：「子文治兵於睽，終朝而畢，不戮一人。子玉復治兵於蔿，終日而畢，鞭七人、貫三人耳。」此以鞭及貫耳爲戮也。文六年「夷之蒐」，賈季戮臾駢，亦非殺之也。此並關軍事，可爲戮非殺之明證。舊説非至軍中不能無殺人之事，其必於社主之前者，示不敢專也。與宋襄之「用鄫子于社」者有異，不必以爲是譏。

予則孥戮汝

史記「孥」作「帑」。傳：「帑，子也。非但止汝身，辱及子。言恥累也。」蔡傳：「『孥戮』與上『戮』字同義，言若不用命，不但戮及汝及汝身，將並汝妻子而戮之。戰，危事也。不重其法，則無以整肅其衆而使赴功也。或曰：「戮，辱也。孥戮，猶秋官司厲『孥男子以爲罪隸』之孥。古人以辱爲戮，謂戮辱之以爲孥耳。古者罰弗及嗣，孥戮之刑，非三代之所宜有也。」

按：此説固爲有理，然以上句考之，不應一「戮」而二義。蓋「罰弗及嗣」者，常刑也，「予則孥戮」者，非常刑也。江氏聲曰：「『帑』或爲『奴』，當從『奴』。謂有罪而没爲奴也。或奴或戮，視其所犯。鄭仲師注周禮司厲職引此作『奴』。帑是子孫之稱。先王惡惡止其身，當止奴其有辠者，必不子孫從坐。湯誓正義引鄭注湯誓『帑戮』云：『大辠不止其身，又帑戮其子孫。』然則鄭説此經，當亦謂然。今不從之者，左傳引康誥曰：『父子兄弟，罪不相及。』虞夏政尚寬簡，豈反子孫從坐？其説非是。」段氏玉裁曰：「古奴婢妻帑，字皆作『奴』。鄭司農釋尚書之『奴』爲「奴婢」。假如今本作『孥』，則司農何至釋爲奴婢？故知『孥』是衛、包所改。尚書原文只作『奴』也。王莽傳莽曰：『秦置奴婢之市，與牛馬同蘭。書曰予則奴戮汝，唯不用命者被辜矣。』師古曰：『奴戮之以爲奴也。』説書者以爲帑子戮及妻子，此説非也。泰誓「囚奴正士」，亦豈及子之謂乎？」按：莽所用者，今文尚書説也。先鄭注司厲引尚書，亦用今文説。漢書季布欒布傳贊曰「奴僇苟活」，亦是用今文説。其字則古文、今文皆作「奴」也。孫氏星衍曰：「史遷『孥』作『帑』，一作「奴」。奴者，漢書注李奇曰：『男女徒總名爲奴。』周禮司厲注鄭司農云：「今之奴婢，古之罪人也。」』鄭注周禮云：『奴，從坐而没入縣官者，男女同名。』案：三代已前，父子兄弟罪不相及，至秦始有連坐收帑之法。以此説夏書，更不合。僞孔既以爲『辱及汝子』，其於湯誓又云『權以脅之，使勿犯』，皆失之。孥，俗字，當爲『奴』。鄭司農所引，蓋今文也。詩棠棣『樂爾妻帑』疏引此文作『帑』，亦假借字」按：蔡傳所引「或曰」，蓋黄氏度、陳氏師凱之説。其説本是，然以上句「戮爲殺戮」，不應一「戮」二義，遂謂並妻子而殺之。秦法之酷，或然。三代盛時，安得有此不仁之法？此由不知上句「戮」字亦不當作（戮）［殺］字解也。餘詳湯誓。

湯誓

予則孥戮汝

史記殷本紀「孥」作「帑」。傳：「古之用刑，父子兄弟，罪不相及。今云『孥戮汝，無有所赦』，權以脅之，使勿犯。」疏：「昭二十左傳引康誥曰『父子兄弟罪不相及』，是古之用刑如是也。既刑不相及，必不殺其子。權時以迫脅之，使勿犯刑法耳。不於甘誓解之者，夏啓承舜、禹之後，刑罰尚寬。殷、周以後，其罪或相緣坐，恐其實有孥戮，故於此解之。」

盤庚

乃有不吉不迪顛越不恭暫遇姦宄我乃劓殄滅之無遺育無俾易種於茲新邑

傳：「顛，隕。越，墜也。不恭，不奉上命。劓，割。育，長也。言不吉之人，當割絶滅之，無遺長其類，無使易種於此新邑。」王氏引之曰：「劓爲截鼻之名，又爲斷割之通稱。『我乃劓殄滅之無遺育』，當以『劓殄』二字連讀。哀十一年左傳作『劓殄無遺育』，史記伍子胥傳作『劓殄滅之，俾無遺育』，皆其證也。鼻殄猶言刑殄。多方曰『刑殄有夏』是也。多方又曰『劓割夏邑』，是劓爲斷割之通稱。傳訓『劓』爲『割』是也。蔡傳及訓『劓』爲截鼻，而讀『我乃劓』爲一句，『殄滅之無遺育』爲一句。夫既滅之無遺育矣，又何須言劓乎？乃又爲之説曰：『小則加以劓，大則殄滅之無遺育。』經言『我乃鼻殄滅之』，不言小則劓，大則殄滅也。且劓非死刑，下文何以言『無使易種于茲新邑』乎？蓋但知劓之爲截鼻，而不知其又爲斷割之通稱。故古訓失而句讀亦舛也。」

按：左傳哀十一年：「盤庚之誥曰：『其有顛越不共，則劓殄無遺育，無使易種于茲邑。』」史記伍子胥傳：「且盤庚之誥曰：『有顛越不恭，則殄滅之，使無遺育，無使易種于茲邑。』」吳世家：「且盤庚之誥『有顛越勿遺』。」三處所引，竝與本文不同。蓋隱括其詞，故詳略互異，非書之原文也。左傳杜預注：「顛越不恭，從横不承命者也。劓，割也。殄，絶也。育，長也。」吳世家集解引服虔：「顛，隕也；越，墜也。顛越無道，則割絶無遺也。」雖與孔傳小異，然其訓「劓」爲割，訓「殄」爲絶，則三説皆同。「劓殄」連文，可見古説如是。蔡傳以「劓」字絶句，王氏駁之詳矣。大抵孔傳雖是僞書，而訓詁皆有所本，非向壁虛造。如此經之「劓，割」、「殄，絶」與服、杜同；「顛，隕」、「越，墜」與服同；「育，長」與杜同。又「殄，絶」、「育，長」竝見爾雅釋詁。其書僞，而其訓詁則未可遽廢也。通書皆當作如是觀，聊於此發之。

用宏茲賁

傳：「宏、賁皆大也。用大此遷都在業。」蔡傳同。孫氏星衍曰：「賁者，廣詁釋詁云『美也』。言我幼少之人，非不用衆謀，但謀之來至，當從其善者。汝衆各不違下，用大此美績。美績即上嘉績。」王氏引之曰：「賁，讀如易賁（封）［卦］之賁。廣雅曰：『賁，美也。』言用大此美績也。」按：一句中兩字皆訓爲大，終不甚分曉。蘇氏軾曰：「賁，飾也。大此郊廟朝市之飾。」陳氏傳良曰：「以求其宏大藩飾之事。」彙纂以爲有理。蓋謂立國規模，郊廟朝市之飾，煥然一新。然盤庚之遷，在奠厥攸居，俾我民免蕩析離居之苦，不在此宮室之美也。孫、王二說渾言「美績」，似爲得之。劉氏逢禄讀「賁」爲「奔」，言宏此大遷，其說頗新。然「遷」不可言「奔」也。

洪範

明作哲

傳：「照了。」疏：「鄭云：『君視明則臣照哲』。「哲」字，王肅及漢書五行志皆云：『哲，智也。』定本作『哲』，則讀爲哲。」蔡傳：「哲者，智也。『哲』作『哲』。」段云：「『哲』，坊本作『哲』。劉三吾書傳會選，顧氏亭林九經誤字正之。」錢氏泰吉校語：「『明作哲』、『曰哲時燠若』。今本『哲』皆誤『哲』，至正本亦誤。」

按：說文日部：「哲，昭（哲）［晰］明也。」口部：「哲，智也。」鄭、孔之義作「哲」，蔡傳之義作「哲」。說者多以作「哲」者爲誤，然史記宋微（之）［子］世家作「明作智」，王肅及漢志並云「哲，智」。王莽傳「熒惑司悊」，注：「應劭曰：『視之不明，是謂不悊。悊，智也，乃哲之或體。』」是漢人原有此兩解，當爲今古文之異。隋書五行志作「知」。知，古「智」字也。近儒說書諸家，王氏、江氏、並以鄭說爲長，孫氏則從「作哲」之本。以上文「視曰明」之義推之，自當從鄭。史記多採古文尚書，疑訓『智』」者古文，訓「昭（哲）［晰］」者今文也。

酒誥

又如殷之迪諸臣惟工

「惟工」，坊本誤作「百工」。孔傳云：「惟衆官。」今注疏本皆不誤。蔡傳有「諸臣百工」語，或因而誤。錢氏所據至正本、正統本並作「惟工」，不誤。

無逸

蔡傳舉三宗者繼世之治

按：太甲爲太宗，太戊爲中宗，武丁爲高宗，此殷之三宗，見于史記殷本紀。舊以祖甲爲太甲，蓋今文尚書之説。故漢書韋玄成傳：「王舜、劉歆議曰：『於殷，太甲曰太宗，太戊曰中宗，武丁曰高宗。』」周公爲無逸之戒，舉殷三宗，以勸成王。蔡傳既駁祖甲即太甲之説，而傳中稱「三宗」者凡三，與其所持之説不符。陳櫟尚書詳解未定祖甲之必爲太甲，而屢言「三宗」，其病與蔡同。

君奭

弗永遠念天威越我民罔尤違惟人在我後嗣子孫大弗克恭上下遏佚前人光在家不知天命不易天難諶乃其墜命

傳：「惟衆人共存在，我後嗣子孫，若大不能恭承天地，絶失先王光大之道，我老在家，則不得知。」蔡傳：「天命民心，去就無常，實惟在人而已。」孫氏星衍曰：「言于我民無過失，無背違，惟恃有人在化導之。」

按「惟人在」三字，孔傳屬下解。蔡傳以「惟人」二字句絶，屬上解。孫氏亦以「惟人在」句絶，屬上解。則據王莽傳引書曰「我嗣事子孫」云云，不連上文也。莽傳羣臣奏言：「書曰：『我嗣事子孫，大不克恭上下，遏決前人光，在家不知命不易，天應棐諶，乃亡隊命。』」師古曰：「言我後嗣子孫，大不能恭承天地，絶失先王光大之道，不知受命之難。天所應輔，唯在有誠，所以亡失其命也。」觀師古之注，是以「不知」二字連下「天命不易」讀，「在家」二字當作何解？此「後嗣子孫」指嗣王也，不可以「家」言。以「在家」屬召公，則召公元老，豈不知天命者？朱氏武曹經傳考證以「在家」二字連上讀，「遏失前人光在家」七字，亦甚難解也。漢群臣引書之意，以「在家」爲不居攝。當時坿會經文，以贊成居攝之事。阿諛誣妄，本不足以言經。乃孫氏釋之曰：「『在家』爲不居攝，言退老也。『天命不易』，爲不可改易。師古注『不易』爲『難』，非也。經言在家不知天命有不易之道，委之以天難信，乃其隊失天命也。」恐未必有當于經旨。江氏仍以「在家不知」句絶，殆亦以師古之説難通歟？

小子同未在位誕無我責收罔勖不及造耇德不降我則鳴鳥不聞

孔傳：「成王同於未在位即政時，汝大無非責我留，今與汝留輔成王，欲收教無自勉不及道義者，立此化而老成德不降意爲之，我周則鳴鳳不得聞。」疏：「汝大無責我之留也。我留與汝輔王，欲收教無自勉不及道義者。」蔡傳：「誕，大也。『大無我責』上疑有缺文。『收罔勖不及』，未詳。」吕氏祖謙曰：「召公若收斂退藏，罔勖勉成王之所不逮。」孫氏曰：「收者，韋昭注吴語云『還也』。言大無責我還國，但無人勖我以不及前人耳。」

按：召公之求去，自以盛滿思退。周公之或留或還國，豈召公之所計及？孔傳「非責我留」，孫氏『責我還國』，恐皆未得召公心思。諸家之説，亦多爲序説所誤。帷許氏揭要云：「小子幼沖，與未即位同。正賴爾同心夾輔，汝大無專責於我而求去也。」如此説較妥。

立政

夷微盧烝三亳阪尹

傳：「蠻夷微盧之衆師及亳人之歸文王者。三，所爲之立監及阪地之尹長，皆用賢。」蔡傳：「此三宫之監於諸侯四夷者也。微盧見經，亳見史。丞，或以爲衆，或以爲夷名。阪，未詳。古者險危之地，封疆之守或不以封，王使王官治之，參錯於五服之間，是之謂尹。地志載王官非一，此特舉其重者耳。」鄭玄曰：「湯舊都之民服文王者，分爲三邑，其長居險，故言阪尹。蓋東成皋、南轘轅、西降谷也。」字典阜部「阪」下：「又地名。書立政『阪尹』。左傳昭二十三年『單子從阪道，劉子從尹道伐尹』。按：書傳訓作阪地之尹長，而左傳云『阪道』、『尹道』，明是二地名，當從左氏。」王氏夫之尚書稗疏：「『夷烝』與『微盧』並舉，必爲國名。以『夷』爲蠻夷之統名，『烝』爲衆者，失之。夷非城父，烝非臨烝。春秋傳『紀人伐夷』，杜注：『夷國在城陽（壯）〔莊〕武縣。』漢東海有承縣，故音烝，在今嶧縣。微盧紀西，夷烝紀東，皆屬夷之國也。」又云：「孔氏謂亳人之歸父王者三。文王方率六州以事紂，安得爲亳人逋逃之藪？三亳，殷之故都，阪者，安邑人阪，夏之故都。武王初定天下，於二代之墟立王官以尹之，所以安輯之也。」按：立政爲周公相成王時作，去文王之時已遠。此節上文以「亦越文王、武王」一句提起，不專指文王。鄭、孔之説，蓋涉下文而誤也。近人宗漢學者，皆從鄭説，而訓「烝」爲君，似未確。諸侯衆建皆得稱君，何獨舉此三國？上數節皆舉官名，孔訓「烝」爲衆，與上文不類。若從字典之説，則此節又祇叙地名，亦與上文不類也。諸説自當以稗疏之説爲勝。帷以「阪爲安邑之阪」，恐尚未確。夏之故都，時閲六百餘年，久與諸侯之國相等。夷非若三亳之爲商故都，三監初平，故必設王官以治之也。史記范睢傳「右隴蜀，左關阪」，疑「阪」是「關阪」之阪。都豐鎬者，此爲要區，故别設尹以治之也。然此似是開國之初，暫行之制。迨天下之勢大定，當必次第裁汰。春秋之時，不見有王官在畿外者。至蔡傳引地志云云，此則以漢制擬周制矣。封建之世與郡縣之世，其設官烏得同？

君陳

爾有嘉謀嘉猷則入告爾后于内爾乃順之于外

蔡傳：「或曰：成王舉君陳，前日已陳之，善而難息，以美之也。」屠氏繼序曰：「爾雅釋詁云：『順，陳也。』即此『順之于外』之『順』。不讀爾雅，不明尚書此文。不讀尚書，亦不明爾雅所釋。僞孔傳云『順行于外』，暗與爾雅合。而孝經注以『順而行之』，訓『將順』，則『將順』與『諛』絶不同。推之王制『順先王詩、書、禮、樂以造士』，亦可作『陳』字解。」

按：蔡傳引葛氏之説，謂欲其臣善則稱君，至於有過，將使誰執？以成王爲失言。其所稱「或曰」，乃吕氏祖謙之説，蓋欲爲此文回護也。然如困學紀聞謂「順」之一言其弊爲諛，則似未推求「順」字之古訓也。屠氏之説極爲明確。又，釋詁：「順，叙也，緒也。」説文：「叙，次弟也。」謂作之有次弟也。説文：「順，理也。」釋名：「順，循也，循其理也。」「緒」者，説文「絲耑也」。蓋有端緒可以次叙。凡物之有條理、耑緒，皆可陳叙，故又爲陳也。孔傳云「順行于外」，實與古訓相合。自古訓不明，而以「將順」爲諛詞，此文遂多非議矣。「將順」之「順」，舊多訓從。從之于外，於文費解。

顧命

敷重篾席

傳：「篾，桃枝竹。」

按：蔡傳作「桃竹枝」，「枝」，「竹」二字誤倒，乃傳寫之失。

康王之誥

誕受羑若

傳：「言文、武大受天道而順之。」釋文：「馬云：『羑，道也。』」蔡傳：「羑若，未詳。蘇氏曰：『羑，羑里也。文王出羑里之囚，天命自是始順。』或曰『羑若』，即下文之『厥若』也。」按：如蘇氏說，則不應兼言武王。如或說，則「羑」字難解，故蔡云「未詳」也。孫氏星衍云：「羑者，說文云：『羑，進善也。』或作『誘』，或作『循』，古文作『羑』。若者，釋言云『順也』。言天改殷之命，帷文、武大受而善順之，能撫恤西土也。」與孔傳之意同。宋錢時融堂書解十八：「羑，説文『進善也』，若，順也。謂天命在大國之殷，天既厭殷而改之，帷周文、武從而大受。蓋進善不懈，順而無違，以能憫恤西土。」如此說，則「受」字句絶，「若」字句絶，其義較長。

王釋冕反喪服

蔡傳：「蘇氏曰：『成（山）〔王〕崩，未葬，君臣皆冕服，禮歟？曰非禮也。謂之變禮可乎？曰不可。禮變於不得已。嫂非溺，終不援也。三年之喪，既成服，釋之而既吉，無時而可者。曰成王顧命，不可以不傳；既傳，不可以喪服受也。曰何爲其不可也？孔子曰：「將冠，子未及期日而有齊衰，大功之喪，則因喪服而冠。」冠，吉禮也。猶可以喪服行之，受顧命、見諸侯，獨不可以喪服乎？太保使太史奉册授王於次，諸侯入哭于路寢，而見王於次。王喪服受教戒，諫哭、踴、答拜。聖人復起，不易斯言矣。春秋傳曰：鄭子皮如晉，葬晉平公，將以幣行。子產曰：喪安用幣？子皮固請以行。既葬，諸侯之大夫欲因見新君，叔（尚）〔向〕辭之，曰：「大夫之事畢矣。而又命孤，孤斬焉在（經）〔絰〕之中，其以嘉服見，則喪禮未畢；其以喪服見，是重受弔也。大夫將若之何？皆無辭以退。今康王既以嘉服見諸侯，而又受乘黄玉帛之幣。使周公在，必不爲此。』」朱子語類：「潘時舉問：『康王釋喪服而被衮冕，蘇氏以爲失禮。未知當此際合如何區處？』曰：『天子、諸侯之禮，與士、庶人不同。故孟子有吾未之學之語，蓋謂此類耳。如伊訓元祀十有二月朔，亦是新喪，伊尹已奉嗣王，祇見厥祖，固不可用凶服矣。漢、唐新主即位，皆行册禮。君臣亦皆吉服追述先帝之命，以告嗣王。蓋易世傳授，國之大事，當嚴其禮。而王侯以國爲家，雖先君之喪，猶以爲己私服。五代以來，此禮不講，則始終之際，殊草草矣。』」又，答金正甫書：「麻冕乃是祭服，顧命用之者，以其立後繼統，事于宗廟故也。受命用之者，以其在廟而兇服，不可入故也。」陳氏傅良曰：「釋冕反喪服，東坡疑之。惜疑之而不加察也。召、畢皆盛德，又老於更事，豈不知禮？蓋身見周公以叔父之親擁輔太子，而流言之變，起於兄弟。非周公之忠誠，社稷岌岌乎殆哉矣！故於康王之立，特爲非常之禮，迎之南門，衛之干戈，奉之册書，被之冕服。而又率諸侯北面朝之，以與天下共立新君，使曉然知定向而無疑。其意遠矣！蓋自秦、漢而下，授受成於宫闈之曖昧，而擁立出于一人之予奪，禍天下國家不少，然後知二公之老練坐鎮，安危之機，送往事居，中外無間。未易以泥常論也。」閻氏百詩曰：「按：蘇氏之説，非也。羅敦仁尚書是正之曰：『案：禮三年之喪，越紼而行事者有四，郊其一也。夫郊，必衮冕大裘，則三年之喪歸成服，亦有時釋之而即吉矣。受顧命、見諸侯，獨不可以冕服乎？嗟乎！謂三年之喪既成服，釋之而即吉，無時而可，其勢不行也。于是乎以日易月之制起，謂之權制。不忍數刻之嫌，而安終身之痛，不知其可也。君子以是知録册書録顧命之意深也。』」劉逢禄曰：「案：白虎通曰：『吉冕受銅稱王，以接諸侯，明繼體爲君也。釋冕、藏銅、反喪，明未稱王以統事也。』公羊桓元年何注：『先謁宗廟，明繼體也；還之朝，正君臣之位也，事畢而反凶服焉。』此謂踰年即位之禮。禮云：『君薨，太子號稱子，待猶君。』公羊子曰：『緣臣民之心，不可一日無君；緣終始之義，一年不二君，不可曠年無君；緣孝子之心，則三年不忍當也。』又曰：『以諸侯之踰年（既）〔即〕位，亦知天子之踰年即位也；以天子三年然後稱王，亦知諸侯於其封内，三年稱子也。』董子曰：『天子三年然後稱王，經禮也；有故，則未三年而稱王，變禮也。』康王以子繼父，非有他故而稱王者，史臣之詞。禮王制曰：『喪，三年不祭，惟祭天地社稷，爲越紼而行事。』曾子問：『孔子曰：「天子崩，未殯，五祀之祭不行；既殯而祭。自啓至於反哭，五祀之祭不行；已喪而祭。」』郊特牲云：『郊之日，喪者不哭，不敢凶服。』又案：先王既大斂，嗣王受册命，以爲天地、社稷、宗廟主。易黼冕黼裳，即祭主位。告祭之禮，視朝夕饋奠。有變，遂出，畢門以見諸侯。於朝覲之禮，亦有變，事畢而反喪服。上體先王敬奉天祖，俯答臣民之義。此蓋周公制文家法，變古之質，爲百世通行者也。曾子問君薨而世子生之禮，孔子曰：『大祝裨冕，執束帛，升自西階，盡等，不升堂，命母哭。』鄭注：『將有事，宜清静也。裨冕者，接神則祭服也，諸侯之卿大夫所服裨冕，絺冕也、玄冕也，士服爵弁。服大祝裨冕則大夫。』又，『三日負子，太宰、太宗、太祝皆裨冕。』是無於禮者之禮，於經禮有變也。得援吉凶異道不得相干之説以譏之乎？宋孫覺、蘇軾等，以爲使周公在，必不爲此非禮之禮，孔子特取其訓戒之詞耳。殆未達於節哀順變，因時制宜之義矣。」姜氏曾曰：「東坡所引孔子之語，本於曾子問。考曾子問開卷一章，即問君薨而世子生，孔子曰：太祝裨冕，執束帛，命母哭。告曰：某之子生。三日，太宰、太宗、太祝皆裨冕。太宰命祝史以名徧告五祀山川。考天子、諸侯六服，大裘爲上，其餘爲裨服。裨服而著冕。玉藻『裨冕』注：『公衮侯伯鷩，子男毳。』是裨冕華於麻冕、蟻裳多矣。夫君薨，世子生，太祝告殯，服之三日命名。太宰諸臣又皆服之。若夫世子初即位主喪，視太子初生，太史諸臣，承天子臨終之命，告於嗣王，嗣王承君父之訓，以正其始，視告殯以世子生，其事孰大孰小，必有能辨之者。如謂君薨、子生可以裨冕告殯，而嗣王親册命，御見群臣，其事之重且大者，不可服冕，有是理乎？家語孔子曰：『天子冠者，武王崩，成王年十有三而嗣立。周公居冢宰，攝政以治天下。明年夏六月，既葬，冠成王而朝于祖，以見諸侯。周公命祝雍作頌，其曰：令月吉日，始加元服，去王幼志，服厥衮職。』由此觀之，康王君臣冕服而御册命，正本于成王服衮冕而見諸侯。東坡謂『周公在，必不爲此』，豈竟漫無所考乎？」

按：此變禮之關係至大且重者。因蔡傳載蘇氏之説，因彙録諸説，以備參考。

吕刑

蔡傳：「按：此篇專訓贖刑，蓋本舜典『金作贖刑』之語。今詳此書，實則不然。蓋舜典所謂贖者，官府、學校之刑爾。若五刑，則固未嘗贖也。五刑之寬，惟處以流；鞭樸之寬，方許其贖。今穆王贖法，雖大辟亦與其贖免矣。漢張敞以討羌兵食不繼，建爲入穀贖罪之法，初亦未嘗及夫殺人及盜之罪。而蕭望之等猶以爲如此則富者得生，貧者獨死，恐開利路，以傷治化；曾謂唐虞之世而有是贖法哉？穆王巡游無度，財匱民勞。至其末年，無以爲計，乃爲此一切權宜之術，以斂民財。夫子録之，蓋亦示戒。然其一篇之書，哀矜惻怛，猶可想見三代忠厚之遺意云爾。」

馬氏端臨通考云：「吕刑一書，先儒蔡九峰以爲舜典所謂贖刑者云云，愚以爲未然。蓋熟讀此書，哀矜惻怛之意，千載之下，猶使人爲之感動。且拳拳乎訖富惟貨之戒，則其不爲聚斂征求設也審矣！鬻獄取貨，末世暴君汙吏之所爲，而謂穆王爲之，夫子取之乎？且其所謂贖者，意自有在，學者不能詳味經義而深考之耳。其曰『墨辟疑赦，其罰百鍰』，蓋謂犯墨法之中，疑其可赦者，不遽赦之，而姑取其百鍰以示罰耳。繼之曰『閲實其罪』，蓋言罪之無疑則刑，可疑則贖，皆當閲其實也。其所謂疑者何也？蓋唐虞之時，刑清律簡，是以贖金之法，止及鞭樸，而五刑無贖法。至於周，而律之繁極矣，五刑之屬，至于三千，若一按之律，盡從而刑之，何莫非投機觸罟者？天下之人，無完膚矣。是以穆王哀之，而五刑之疑，各以贖論。姑以大辟一條言之，夫所犯者死罪，而聽其贖金以免，誠不可以訓也。然大辟之屬二百，則豈無疑赦而在可議之列者？有如殺人、反逆之類，則是不可不殺，雖萬鍰亦難貰死矣。而二百之屬，其罪不皆至此也。以經傳考之，其在周，則王制之析言破律，行僞學非，酒誥之羣飲；其在漢，則列侯坐酎金不敬、將帥出師失期之類，皆死罪也。而其情則可矜，其法則可議，豈必盡殺之乎？此則死罪之疑赦者也。意周所以斷斯獄必在其罰千鍰之科，而漢制則不過或除其國，或贖爲庶人，亦其遺意也。蓋哀矜庶獄，乃此書之大旨，贖特其一事。序者專以訓夏贖刑言之，已失其義。而此書之首，又止言『耄荒，度作刑，以詰四方』。夫曰作刑以詰四方者，主於用刑之意也。而此書所言，大槩哀民之罹於法而不忍刑之，懼有司之不能審克而輕用之。其意蓋期於無刑，而非作刑也。故愚疑篇首或有脱簡。如『耄荒度』之語亦難通。二序既不得書之意，而後之儒者，復因穆王有巡游之事，遂於此書肆爲譏評，而不復味其辭，亦已疏矣。以愚觀之，一篇之中，察獄情之隱痛，鑒天道之神明，而示勸戒於報應之間，咨嗟懇惻，諄復詳練，老者之言也！其作於既聞、祈招之後乎！是其復有侈心之可議哉？或曰：罪疑，則降等施刑可矣，何必贖乎？曰：古之議疑罪者，降殺一法也。虞書所謂『罪疑惟輕』，此書所謂『上下比罪，上刑適輕下服』是也，罰贖一法也，虞書所謂『金作贖刑』，此書所謂『五刑之贖』是也，因竝行而不悖也。且其言曰罰懲非死，人極於病。蓋財者，人之所甚欲。故奪其欲以病之，使其不爲惡耳，豈利其貨乎？至又以爲所言皋陶不與三后之列，遂使後世以刑官爲輕；後漢楊賜拜廷尉，自以代非法家，言曰三後成功，皋陶不與，蓋吝之也。亦此書立言之疵啓之。陋哉俗儒之論也。夫刑以齊民，古人重之謹之，而非所先也。故夫子以政刑不若德禮。而此書曰『三后成功，惟殷于民：士制百姓於刑之中，以教（祇）〔祗〕德』，蓋曰必居以安之，食以養之，禮以教之，然後及於刑耳。豈以皋陶爲劣於禹、稷而後之乎？然即此章先後輕重之意觀之，蓋可以明此書之不爲『作刑以詰四方』而作矣。或問朱子曰：『贖刑非古法歟？』曰：「古之所謂贖刑者，贖朴耳。夫既以殺人、傷人矣，又使之得以金贖，則有財者皆可以殺人、傷人，而無辜被害者，何其大不幸也！且殺人者安然居乎鄉里，彼孝子順孫之欲報其親者，豈肯安於此乎？所以屏之四裔，流之遠方，彼此兩（金）〔全〕之也。」董鼎曰：「舜既以五流而宥五刑矣，鞭朴之輕者，乃許以金贖，所以養其愧恥之心，而開以自新之路。曰『眚災肆赦』，則直赦之而已。穆王乃以刑爲致罪，以罰爲贖金。既謂『五刑之疑有赦』，而又曰其罰若干鍰。則雖在疑赦，皆不免於罰贖。五刑盡贖，非鬻獄乎？自是有金者雖殺人可以無死。而刑者相半於道，必皆無金者也。中正安在哉！」通考一百七十一致堂胡氏曰：「按：舜典五刑之目，一曰『象以典刑』，二曰『鞭作官刑』，三曰『樸作教刑』，四曰『金作贖刑』，五曰『怙終賊刑』。何爲設贖？謂罪之疑者也，三代相承，至周穆王其法尤密。乃有罰鍰之數，皆爲疑刑也。鞭施於官，蓋胥吏徒隸也；樸施於教，蓋學校夏楚也。是則鞭重而朴輕。鞭以痛懲，朴以愧恥而已。夫當官典刑，教臨時之用，有何可疑，而使贖乎？無疑而贖，則頑者、肆怠者縱。法不嚴而人易犯，其末流乃至於惟贖之利，變亂正刑，其弊有不可勝言者。且使士流與卒伍同條，豈刑不上大夫之義乎？」

按：虞書言「金作贖刑」而已，九峰蔡氏則以爲贖特爲鞭樸輕刑設。五刑本無贖法，而以穆王贖鍰之事爲非。致堂胡氏則以爲贖本爲五刑之疑者，而鞭朴輕刑，則無贖法。二論正相反。然以書之本文考之，固未見其專爲五刑設，或專爲鞭朴設也。愚嘗論之，五刑，刑之大者，所以懲創其罪愆。鞭朴，刑之小者，所以課督其慵怠。五刑而許之論贖者，蓋矜其過誤之失。書所謂「罪疑惟輕」，所謂「五刑之疑有赦」是也。鞭朴而許其論贖者，蓋養其愧恥之心。記所謂「刑不上大夫」，東坡所謂「鞭撻一行，則豪傑不出於其間，故士之刑者不可用，用者不可刑」是也。二者皆聖人忠厚之意也。邱氏濬云：「馬氏之言，謂穆王之贖法非利其貨入，蓋因後世禁綱深密，犯罪者多，閱其實有可疑者則罰，其甚欲之金，以貸其罪也。夫罪入五刑而可疑者，使富而有金者出金以贖其罪，可矣。若夫無立錐之民，而犯大辟之罪，何從而得金千鍰乎？如是則罪之疑者、富者得生，貧者坐死，是豈聖人之刑哉？然則罪之有疑者，如之何則可？書固自謂『上下比罪，上刑適輕下服』，是即虞書『罪疑惟輕』也，奚用贖爲哉！」

按：吕刑贖法，議者紛如，自以胡氏之言爲近於事理。馬氏之説，尤爲詳明。若蔡九峰之説，則拘墟之見，未見其確也。舜典贖刑，雖列于鞭朴之次，自爲刑之一項，初無鞭朴得贖明文。謂鞭朴方許其贖，乃臆度之詞，别無證據。（其此）〔此其〕未確者一也。夏后氏之刑，多承於虞邁種之法，必無所改。而死罪千饌，見於伏生大傳，則謂有虞必無五刑贖法，何所據而云然？書缺有間，未可臆斷。此其未確者二也。職金「金罰」、「貨罰」，載在秋官。周法當必本于虞、夏，乃謂秋官無文，穆王始制？况書序明言訓夏贖刑，故傳疏有「周法傷重，更從輕」之語，乃一概未殺。此其未確者三也。巡狩之禮，不始於周。穆王肆其侈心，周流荒遠，有如穆天子傳所紀者。然自祈招詩進「獲没祇宫」，則其暮年之不復巡游，克終厥德，可以想見。乃謂財匱民勞，爲一切權宜之術以斂民財，又何所據而云然？三復此篇，但見哀矜惻怛之意形于言表，何嘗爲聚斂計哉？此其未確者四也。罪而可赦，赦之而已，有疑于赦，故使從罰。書中於疑赦反覆言之，可謂詳盡。當刑者，決無贖理，何患失之輕？疑于赦，不可遽赦而使得贖，何患失之重？若不可遽赦而遽赦之，則反失其平矣。乃末殺一「疑」字，一若穆王之法，凡麗于五刑者，皆可以金贖。此其未確者五也。富者得生，貧者坐死，自漢以來議贖法者，皆以此爲言。第國家立法，但問其當於理否耳。苟當於理，則法一而已。祇論罪之當贖不當贖，不能論其人之富與貧。富者之得生，法如是，非幸也。貧者之不能自贖，貧者之不幸，非法使之也。且果爲疑赦，法亦必有以濟其窮，何至忍視其受刑哉？此其未確者六也。蔡之持論甚正，朱子「曰」亦取之。然按事理，未見其允。故就胡、馬二家之説，而推衍之如此。季長「意善功惡」之説，必漢儒師傳所授受。故近日釋尚書者，皆宗馬説。孔傳乃魏晉人所作，其説蓋亦衍于馬也。

耄荒度作刑以詰四方

傳：「時穆王以享國百年，耄亂荒忽。穆王即位，過四十矣。言百年大（其）〔期〕，雖老而能用賢，以揚名。」

疏：「此言享國百年，乃從生年而數，意在美王年老能用賢。而言其長壽，故舉從生之年以耄荒接之。美其老之意也。」

蔡傳：「耄，老而昏亂之稱。荒，忽也。孟子曰『從獸無厭謂之荒』。穆王享國百年，車轍馬迹，徧于天下，故史氏以『耄荒』二字發之。亦以見贖刑爲穆王荒耄所訓耳。蘇氏曰：『荒，大也。大度作刑，猶禹曰荒度土功。荒當屬下句。』亦通。然『耄』亦貶之之辭也。」朱子曰：「東坡解吕刑，『王享國百年耄』作一句，『荒度作刑』作一句，甚有理。」

按：「耄」，釋文：「本亦作『耄』」。説文：「年九十曰耄。從老，蒿省聲。」此「耄」字乃「耄」字之譌也。周本紀言穆王即位年五十，立五十五年崩。孔傳云即位過四十者，蓋用九十曰耄之義。通鑑書于五十年，則以享國百年之文而定。竹書紀年書于五十一年，又與通鑑不同。説文「七十曰老年，八十曰耋年，九十曰耄」是「耄」與「耋」皆年老之稱。孔傳之『耄亂荒忽』，乃形容年老之狀。曲禮「八十九十曰耄」，鄭注：「耄，惛忘也。」其意正同，初非貶詞。故傳疏並以爲「美其老之意」。蔡氏不以贖刑爲然，遂並以「耄」爲貶詞。然則凡稱人之老者，亦皆貶詞耶？此由不通訓詁之故也。孫氏曰：「耄是九十之名，猶百年曰期頤，不必引春秋傳『謂老將知耄又及之』，斯爲通論矣。穆王之巡游無度，周本紀不載其事。左傳昭十二年：「昔穆王欲肆其心，周行天下，將皆必有車轍馬迹焉。祭公謀父作祈招之詩，以止王心。王是以獲没於（祗）［祇］宫。其詩曰：『祈招之愔愔，式昭德音。思我王度，式如玉，式如金。形民之力，而無醉飽之心。』」晚出之穆天子傳，即紀其事，當非虚語。第竹書紀年之北征，在十二年；西征，在十三、十七兩年；十八年，王居（祗）［祇］宫，諸侯來朝；二十一年，祭文公薨，文公即謀父也。則祈招之作，當在十八年以後。文公未薨之前，王心已止，此後當不復遠游。紀年三十七年伐楚，東至于九江，三十九年會諸侯于塗山。此外，别無巡游之事。祈招之所謂「形民之力，而無醉飽之心」者，穆王蓋聽從之矣。元王漸穆天子傳序曰：「其書王與七萃之士，巡行天下。然則徒衛簡而徵求寡，非有如秦、漢之千騎萬乘，空國而出也。王之自數其過，及七萃之規，未聞以爲迕也。登羣玉，命邢侯攻玉，而不受其牢。是先王恤民之法，未嘗不行。至遇雨雪，士皆使休，獨王之八駿超騰，以先行，待輒旬日，然後復發去。是非督令致期也。其承成、康熙洽之餘，百姓晏然，雖以徐偃王之力行仁義，不足以爲倡而摇天下。以知非有暴行虐政，而君子猶以王爲『獲没於（祗）［祇宫］』爲深幸。足以見人心之危之如此也。」所言頗爲平允。蔡氏「財匱民勞」等語，全無根據，古人烏可誣哉！「荒」字，朱子有取蘇説固是。惟古讀多以「耄荒」爲句。漢刑法志稱穆王「眊荒」，此其證也。孫氏曰：「荒者，詩傳云『治也』，言耄而治事。」其説可從。

蔡傳本

坊本蔡傳頗多譌字。錢氏泰吉嘗得元至正本、明正統本，因以正統本校今本，而至正本異同坿見焉。今録數則於此：

序「二典禹謨」，坊本「禹」譌「三」，朱子實止於「禹謨」，正統本不誤。

禹貢「過九江，至於敷淺原」傳引地志「傳易山」，「易」誤（易）「〔易〕」。「五百里荒服」，傳「或以爲禹道方計」，坊本少「爲」字。

湯誥「弗忍荼毒」，傳「如螫之毒」，坊本作「如毒之螫」。至正本同今本。

伊訓「制官刑」，傳「異時太甲」云云，坊本「異」作「當」。

盤庚「盤庚、於民」，傳「蓋小民患瀉鹵」，坊本「小」作「以」。

泰誓「惟十有三年春」，傳「尤爲無蓺」，坊本「蓺」作「義」。

更定武成篇末，坊本傳文少百餘字。正統本與欽定傳説彙纂所録同。

金縢「惟朕小子其新逆」，坊本「逆」誤「迎」。至正本作「迎」。「史乃册祝」，傳「以紓危急」，今本「紓」作「輸」。至正本傳文作「輸」，音釋作「紓」。

大誥「王若曰猷大誥爾多邦」，傳「言我不爲天所恤」，今本「不」作「命」。「紹天明」，傳「以其可以紹介天明」，今本「明」作「命」。

周官「司空掌邦土」，傳「主國空土」，今本「空」誤「邦」。

康王之誥「用端命於上帝」傳，「文、武用受正命于天」，今本作「天下」，衍「下」字。至正本亦多「下」字。

宋岳珂本字有今本異者：禹謨「洚水儆予」，「洚」作「降」。盤庚「則惟爾衆自作弗靖」，「爾」作「汝」。金縢「惟朕小子其新迎」，「迎」，作「逆」。按：金縢「新逆」，釋文：「新逆，馬本作、『親迎』。」魯世家「逆」作「迎」。凡今本尚書多作「逆」，古文尚書多作「迎」。如「逆河」、「迎河」是也。唐石經及注疏、監本作「逆」，蔡傳亦作「逆」，正統本作「逆」可據。然至正本亦作「迎」，則坊本之誤久矣。陳經尚書詳解本亦作「逆」，可見宋時本多作「逆」也。

日南讀書記　卷四

詩

周南

葛覃言告師氏言告言歸

傳：「言，我也。婦人謂嫁曰歸。」箋云：「我告師氏者，我見教告于女師也。教告我以適人之道。」集傳：「遂告其師氏，使告于君子，以將歸寧父母之意。」欽定傳説彙纂序云：「后妃之本，毛、鄭諸家，皆以爲后妃在父母家，志在女功。其解歸寧句曰：『父母在，則時歸寧耳。』宋子則謂此詩是治葛成而歸寧時之作。既爲后妃，貴而勤儉，乃見其德之厚。其義較舊説爲長。」

按：如舊説，則此二句中，須添無數虛字方明。國風之體，固不如此之紆曲而難解。且詩明言「告師氏」，而解作師氏告，古人文法，必不如是之顛倒也。此詩編在關雎之後，關雎乃爲后妃時詩，則此不應爲未嫁時詩。詩言后妃之德，不必追述其未嫁時。未嫁則受教于父母，亦不足見后妃之德。未嫁而曰告師氏，曰告歸，則不辭矣。歸寧而但曰歸，則載馳「之歸唁衛侯」，乃其比也。朱子謂已貴而能勤，已富而能儉，已長而敬不弛於師傅，已嫁而孝不衰於父母，是皆德之厚，而人所難也。自較舊説爲長。

葛覃歸寧父母

傳：「寧，安也。父母在，則有時歸寧耳。」疏：「此謂諸侯夫人及三后之法。春秋莊二十七年『杞伯姬來』，左傳曰：『凡諸侯之女歸寧曰來。』是父母在，得歸寧也。父母既没，則使寧於兄弟。襄十二年左傳曰：『楚司馬子庚聘於秦，爲夫人寧禮也。』是父母没，不得歸寧也。泉水有『義不得往』，載馳『許人不嘉』，皆爲此也。」説文女部：「晏，安也。從女日。詩曰『以晏父母』。」段注：「今毛詩無此，蓋周南『歸寧父母』之異文也。毛傳曰：『寧，安也。』尋詩上文『言告言歸』，歸謂嫁也。方嫁，不當遽圖歸寧，則此『歸』字作『以』字爲善。謂可用以安父母之心。草蟲『未見君子，憂心忡忡』，箋云：『在塗而憂，憂不當。君子無以寧父母，故心衝衝然。』葛覃『澣曷否』二句，箋云：『言常自絜清，以事君子。』正謂能事君子，則能寧父母心。二箋義互相足。」

按：段説是。惟言歸嫁，恐尚未諦。后妃非方嫁者也。「言歸」之「歸」，即「歸寧」之「歸」。上已言歸，則此句「歸寧」字複應。作「以」字爲長。「寧」與「晏」同訓爲安。此當爲齊、韓二家之異文。觀公羊傳莊二十七年何休解詁，則魯詩亦作「歸寧」也。馬氏瑞辰毛詩傳箋通釋：「歸寧之説，雖見左傳及泉水詩序。然據泉水、蝃蝀、竹竿三詩，皆曰：『女子有行，遠父母兄弟。』春秋『杞伯姬來』，公羊傳曰：『直來曰來，大歸曰來歸。』何休注：『尊侯夫人尊重，既嫁，非有大故，不得反。』穀梁傳曰：『歸人既嫁，不踰竟。』則古無父母在，得歸寧之禮。」惠周惕詩説云：「春秋莊二十七年冬，書『杞伯姬來』。左氏曰：『歸寧也。』杜預注曰：『莊公女也。』莊公在而伯姬來，則正與歸寧之禮合，春秋何以書而譏之？此以知左氏歸寧之説非也。毛傳蓋因左傳而誤。」段玉裁謂毛傳『父母在，則有時歸寧耳』，爲後人所加。」今按：段説是也。序文「歸安父母」，原指經『言告言歸』而言，傳義不應與序違。以説文引詩「以晏父母」證之，經文原作「以晏父母」，後人因序文有「歸安父母」之語，遂改經爲歸寧父母，又妄增傳文。不知序云：「歸安父母」，特舉經文「言告言歸」，以寧父母也。

陳氏奂毛氏傳疏：「傳文『父母在，則有時歸寧耳』，此九字是箋語竄入傳文耳。箋云『言常自絜清，以事君子』，但解『害澣害否』句；『父母在，則有時歸寧耳』，正解『歸寧父母』句。序箋云：『可以歸安父母，言嫁而得志，猶不忘孝。』序箋以歸寧爲孝也。泉水箋『國君夫人父母在，則歸甯』。兩箋正合也。又伏后議若后適離宫及歸寧父母從子禮，是鄭箋此詩『歸寧』，實輿左傳『歸寧』同義。則此云『父母在有時歸寧』，箋語非傳語，甚顯白也。古者后夫人三月廟見，使大夫寧。有寧父母禮，無歸寧父母禮。左傳『歸寧』，春秋時制，文王初年，不當有此。」

按：泉水序：「衛女思歸也。嫁於諸侯，父母終，思歸而不得，故作是詩以自見也。」注：「以自見者，見己志也。國君夫人父母在，則歸甯，没則使大夫寧於兄弟。」注文上無「箋云」二字，疑是傳文而非箋。葛覃之傳未必有誤。陳氏謂左傳之文爲春秋時制，文王不當有，殆亦據公、穀二家以爲説。然公、穀之與左傳異者甚多，未必公、穀是而左傳非。左傳疏引釋例曰：『歸寧者，女子既嫁，有時而歸，問父母之寧否。父母没，則使卿歸問兄弟。』與毛傳同。可知此禮爲相傳之古禮，安見文王時必無此事？泉水箋云：「婦人有出嫁，遠於親親，故禮人情，使得歸寧。」所言自是近理。遠嫁之女，遂終身不得與父母相見，恐非人情。説經者但欲申其所見，而不復問情理，至若馬、陳二家之説，輒疑序傳爲後人所改、所加，頗近於武斷，未足信也。

桃夭桃之夭夭

傳：「桃，有華之盛者；夭夭，其少壯也。」集傳：「夭夭，少好兒。」説文木部：「枖，木少盛兒。從木，夭聲。詩曰：『桃之枖枖。』」女部：「𡝝，巧也。一日女子笑兒。詩曰：『桃之𡝝𡝝。』」段注：「木部已引『桃之枖枖』矣。此作『𡝝𡝝』，蓋三家詩也。」陳氏啓源毛詩稽古編：「今考其義，當以『枖』爲正。説文以爲木少盛兒，毛以爲少壯，義本合。故釋文獨引焉。」

按：釋文：「夭夭，少壯也。説文作『枖』，云木少盛兒。」是陸所見許書，「枖」下有引詩之文也。易林：「因之觀桃夭少華，婚悦宜家。」陳氏喬樅曰：「説文『枖，木少盛兒』，與易林『桃夭少華』義合。是用齊詩之説。其作『𡝝』者，殆魯詩之異字歟？」

宜其家室

集傳：「家室，猶室家也。」説本鄭氏。蓋變文以就韵，非别有義也。何悼云：「變文言家室者，見其能相成也。」鑿矣。

漢廣言刈其蔞

傳：「蔞，草中之翹翹然。」疏：「釋草云『購蔏蔞』舍人曰：『購，一名商蔞。』郭云『蔏蔞，蔞蒿也，生下田，初生可啖，江東用羹魚』也。陸（機）[璣]疏云『其葉似艾，白色，長數寸，高丈餘，好生水邊及澤中。正月根芽生，旁莖（已）[正]白，生食之，香而脆美，其葉又可蒸爲茹。』是也。王氏夫之曰：「陸璣、陸佃皆以爲蔞蒿，而集傳因之。按：蔞蒿水草，生于洲渚。既不翹然于錯薪之中，但可采摘爲菜，不堪刈之爲薪。與楚爲黃荆莖幹可薪者異。則二陸之説非矣。管子曰：『葦下於雚，雚下於蔞。』則蔞爲雚葦之屬。翹然高而可薪者，蓋蘆類也。」

按：蔞葉似艾，青白色，高丈餘。今京師南下窪多有之，與陸疏所言不殊。其根牙初生，可食，京師人多食之。此曰目驗而得。幼時嘗采其葉藏之以爲驗，其高丈餘，故翹翹然也。王氏不加博考，遽以陸説爲非，陳氏又采其説於毛氏傳箋通釋中。蓋由未見此物，故生此疑也。

汝墳

朱氏善曰：「楚封在江漢汝沱間，二南數篇，其楚詩乎？」

按：熊繹初封在丹陽。括地志：「歸州巴東縣東南四里歸，故楚子熊繹始國也。」雖在江上，去漢尚遠，去汝尤遠。至夷王之時，熊渠得江漢間民和，始居于鄂，猶未能至汝墳也。至文王滅申，滅鄧，成王滅黄，穆王滅江，而楚境距汝墳矣。謂「楚封在江、漢、汝、沱間」，誤也。二南爲周初之詩，其時楚尚未封，又安得有詩？據史記楚世家，楚之封，當成王之時。左傳昭七年言「文王封汝」，哀十七年言「文王封畛于汝」，則楚距汝斷自文王始。

召南

行露小序行露召伯聽訟也衰亂之俗微貞信之教與彊暴之男不能侵陵貞女也

疏：「男雖侵陵，貞女不從。是以貞女被訟，而召伯聽斷之。」列女傳四：「召南申女者，申人之女也。即許嫁於酆，夫家禮不備而欲迎之。女與其人言，以爲夫婦者，人倫之始也？不可不正。傳曰：正其本，則萬物理。失之毫釐，差之千里。是以本立而道生，源始而流清。故嫁娶者，所以傳重承業，繼續先祖，爲宗廟主也。夫家輕理禮違制，不可以行，遂不肯往。夫家訟之於理，致之於獄，女終以一物不具，一禮不備，守節持義，必死不往而作詩曰：『雖速我獄，室家不足。』言夫家之禮不備足也。君子以爲得婦道之宜，故舉而揚之，傳而法之，以絶無禮之求，防淫慾之行焉。又曰『雖速我訟，亦不汝從』，此之謂也。」

按：王伯厚詩考後序云：「蓋魯詩。此事亦見韓詩外傳一。」是魯、韓同義，其事必有所本。夫家訟之而召伯聽之，與毛傳亦合。

羔羊素絲五〔域〕〔緎〕

按：説文黑部：「黬，羔裘之縫。」即此「緎」字。許所據作「黬」，當亦三家之異文。

江有汜

集傳：「媵有待年於國。」劉氏瑾曰：「公羊傳注云：『待年父母國也。婦人八歲備數，十五從嫡，二十承事君子。』」

按：「待年於國」四字，見魏志武紀。

騶虞壹發五豝

傳説彙纂：「朱子謂猶言中必疊雙，似非。詩人之意且曰：獵之禮，天〔子〕不合圍，諸侯不掩羣。若以盡物爲心，於禮爲過。而與嗟美文王之澤及草木、昆蟲亦未符。不若鄭、孔以獸五豝，矢爲一發，爲仁心之至。」朱新仲曰：「射畢十二箭，方爲一發。一發五豝，非一箭射五豕也，十二箭乃能射五豕耳。」何氏焯曰：「五豝、五豵，止于一發，猶三驅決前禽之意，所以爲仁心之至。」

按：朱、何二説與鄭、孔微不同，皆較集傳爲長。

于嗟乎騶虞

楊貞一詩音辨正：「既以『虞』叶爲牙，而合『豝』韵，又以『虞』爲五紅反，而强合蓬韵，非古音也。」

按：集傳葉音，往往一字兩叶，恐古音不如是。此詩段玉裁音均表以兩「虞」字隔章相叶，即周南麟趾三末句「麟」字隔章相葉之比，自是創格。王氏質詩總聞以「乎」字絶句，「乎」、「虞」合韵，其説較長。然「乎」字亦不必定是句絶。一句中自相葉，古人歌詩，當有此體。麟趾三末句，亦當以「嗟」、「兮」句中自相葉。若隔章相叶，恐歌詩難以諧也。

邶

綠衣淒其以風

集傳：「叶符愔反。」楊貞一曰：「風葉爲愔反。『爲』字乃『孚』字之譌。」按：楊所據本作「爲愔」，與今本異。今本亦有作「爲愔」者。字典作「孚金反」。説文「風從蟲，凡聲」。段注：「凡，古音扶音切；風，古音孚音切。」則「符愔」當作「孚愔」。此本乃傳寫之譌。「符」與「扶」並奉母。「符愔」乃「凡」之古音，「孚」字敷母，古音近分。今「侵」韻中無此音也。（泰）［秦］風晨風正作「孚愔反」，可以證此章之譌。

旄（邱）［丘］首章叔兮伯兮

按：段氏音均表第十二部，列「葛」、「節」、「日」而「伯」不入王韻，以第三、四章例之，其説是也。集傳「伯」叶音逼，而第三、四章不入韻，未免兩歧。

北門王事適我

箋云：「國有王命役使之事。」疏：「王事不必天子事。直以戰伐行役，皆王家之事。猶鴇羽云『王事靡盬』。」集傳：「王事，王命使爲之事也。政事，其國之政事也。」顧氏炎武曰：「凡交於大國，朝聘、會盟、征伐之事，謂之王事。其國之事，謂之政事。左傳襄公二十九年：鄭子展曰：『詩云王事靡盬，不遑啓處。東西南北，誰敢寧處。堅事晉楚，以蕃王室也。王事無曠，何常之有！』喪大記曰：『既葬，與人立君，言王事，不言國事。』又曰：『君既葬，王政入於國。既卒哭，而服王事。』」

按：鄭箋以王事爲王命之事。集傳分別甚明。顧引左傳、喪大記以證，尤爲精確。孔疏謂「不必天子事」者，非也。

衛

氓反是不思亦已也哉

集傳：「『思』叶新齎反，『哉』叶將黎反。」

按：北門「已焉哉」叶將其反，而此則將黎反，未免兩歧。王風于役、魏園有桃、周頌敬之其失同。以段氏音均表求之，「哉」與「思」、「之」諧，並在之咍部。應作「將其反」。若作「將黎反」，則混入脂微部矣。史記引「鼎鼎及哉」，正義曰「哉音資」。資聲亦在脂微部也。

芄蘭芄蘭之支

疏：「釋草云：『雚芄蘭。』郭璞曰：『蔓生，斷之有白汁，可啖。』陸（機）〔璣〕疏云：『一名蘿摩，幽州人謂之雀瓢。』」沈氏括曰：「支，莢也。芄蘭生莢支，出於葉間，垂之如觿狀。」

按：此草幼時曾於南下窪見之。蔓生于野，其蔓斷之有白汁，結小莢，如錐形。下句「童子佩觿」，內則注云「觿，貌如錐」，故以「芄蘭之支」與起之也。知古人比興之義，亦非泛泛矣。

河廣小序河廣宋襄公母歸於衛思而不止故作是詩也

箋：「宋桓夫人，衛文公之妹，生襄公而出。襄公即位，夫人思宋，義不可往，故作詩以自止。」

誰謂河廣一葦杭之

疏：「此假有渡者之詞，非喻夫人之嚮宋渡河也。何者？此文公之時，衛已在河南，自衛適宋，不渡河。」嚴氏粲曰：「箋、疏非也。衛自魯閔二年狄入衛之後，戴公始渡河而南。河廣之詩，作于衛未遷以前。時宋桓猶在，襄公方爲世子，衛戴、文俱未立也。」傳説彙纂：「此詩以爲母思其子，則本於慈廟絕而不往，則止乎禮，於義而正。若以爲桓公時詩，則夫人於已出之後，而爲往復之思，不足爲賢矣。當從箋、疏及朱傳爲是。」稽古編：「嚴華谷謂河廣詩作衛未遷之時，是不然。衛未遷時，宋桓公尚在，叙不應稱襄公母矣。況襄公未立，尚可至衛，安知母子終不相見？詩猶可無作也。嚴特以渡河爲疑耳。然孔疏儘可通。」李氏黼平毛詩紬義：「序無襄公即位之文，則生而即出。

夫人之思其子，殆無日而（而）不然矣。傳以渡訓『杭』，殆指適宋渡河。史記年表宋桓公七年書取衛女，文公弟二十二年，當魯閔公二年。衛始渡河廬漕，計中間十六年。夫人生襄而出于衛，尚在河北，亦可〔證〕此詩即在其時。」陳（陳）氏奐曰：『當時衛有狄人之難，宋襄公母歸在衛，見其宗國顛覆，君滅國破，憂思不已。故篇内皆叙其望宋渡河救衛，辭甚急也。未幾而宋桓公逆諸河，立戴公以處曹，則此詩之作，自在逆河之前。河廣作而宋立文公矣，載馳作而齊立文公矣，載馳許詩，河廣宋詩，而繫於鄘、衛之風，以二夫人於其宗國，皆有存亡繼絶之思，故録之。若僅謂思子而作，孔子奚取焉！」

按：此詩諸説紛如，總由渡河一層致生疑義。當熟玩詩人之比興，其取喻都非泛泛。河廣若是假設之詞，殊不親切，孔疏未爲精審，其以爲衛未遷時作者，諸家已議其非。陳氏不用序説所言，極爲正大。然無它證據，亦未敢信爲必然也。竊意衛遷楚丘，在今衛輝府滑縣東，有衛南廢縣，其地濱河。河流遷徙靡常，或先在楚邱之北，後徙于楚邱之南，未可知也。周定王五年河徙，舊説謂決宿胥口，東徙漯川，徑長壽津，與漯别行，東北至成平，復合于禹故河。長壽津在今滑縣東北，是春秋時河行，率在楚邱相近之區。有定五年之大徙，則平時之遷徙，事所不免。盤庚之遷殷，亦因河患也。如此，則可無渡河之疑，而序説可通矣。姑存臆説於此。孔疏言一葦者，謂一束也，可以浮之水上而渡，若桴栰然，非一根葦也。然「一葦」云者，亦極言其易耳，不必以辭害意。或疑葦非可以渡河之物，轉失詩人之意。

伯兮焉得諼草

集傳：「諼草，合歡，食之令人忘憂者。」毛氏奇齡毛詩寫官記曰：「諼草者，合歡也，食之而令人忘憂，曰非也。諼者，忘也。吾不能暫忘，故曰焉得善忘之草而樹之也乎。此必無之事也，故曰焉得之。猶言烏頭白天雨粟也，而曰可忘憂耶？可食耶？且其以合歡爲忘憂，尤非也。養生論云：『合歡蠲忿，萱草忘憂。』幾見合歡而忘憂也乎？夫合歡者，青堂也。董子所謂『欲蠲人之忿，則贈以青堂』者也。然則青堂非萱也，萱非諼也，諼非忘憂也。」

按：毛説辨矣。然其云合歡非萱則是，其云萱非諼、諼非忘憂則非也。毛傳：「諼，令人忘憂。」釋文：「諼，本又作『萱』。」爾雅釋（文）〔訓〕引毛傳作「蕿」説文艸部：「藼，令人忘憂之艸也。詩曰：『焉得藼艸。』蕿或從煖，萱或從宣。」則藼、萱、蕿一字，而「諼」其假借字也。文選謝惠連西陵遇風獻康樂詩「積憤成疢痗，無萱將如何」，李善注：「韓詩曰：『焉得諠草，言樹之北。』薛君曰：『諠草，忘憂也。』萱與萱通。」善注二「諠」字，本亦作「諼」。諼、諠同字。諼爲忘憂，古無異辭。毛立意攻朱，故不覺其說之未能允當也。合歡非萱，前人已駁之，無俟于毛。馬氏瑞辰謂，集傳特連類及之，非真以合歡爲萱也。」陳氏橋樅魯詩遺說攷：「安得萲草，爾雅釋訓『萱，〔萲〕忘〔也〕』，郭璞曰：『義見伯兮。』按：詩正義據釋訓『諼，忘也』孫氏引詩云『焉得諼草』，以爲諼非草名。其說非是。考『萲』即『嫒』之省。以此草能令人忘憂，故以萲名之。取意於忘也。釋訓『萲』、『諼』並訓爲忘，郭注云『義見伯兮、考〔盤〕〔槃〕詩。』伯兮詩在考〔盤〕〔槃〕後，而郭先言伯兮，是以『安得萲草』證『萲』之義，以『永矢弗諼』證『諼』之義。正義載孫氏引詩作『諼草』，此孔氏順毛所改。說文「藼」字引詩，皆三家今文，毛詩作『諼』者，古文之假借耳。」據此，是毛作「諼」，齊作「諠」。作「萲」，魯也。

王

君子于役羊牛下來

集傳：「日夕則羊先歸，而牛次之。」埤雅：「羊性畏露，晚出而早歸，常先於牛。」坊本有說云：「首章先羊後牛，叙其走之先後，次章先牛後羊，順其類之大小。」按：此蓋據坊行誤本而爲此說。羊行疾，常在牛先，故曰「羊牛下來」。「羊牛下括」，叙日夕之〔鏡〕〔境〕如畫。集傳於首章有注，而次章無注，可知無首章，次章之別。阮氏校勘記：「唐石經以下諸本，皆作『羊牛』。」

鄭

羔裘三英粲兮

傳：「三英，三德也。」箋云：「三德，剛克、柔克、正直也。」疏：「其人有三種英俊之德。」集傳：「三英，裘飾也。未詳其制。」程子曰：「三英者，若『素絲五紽』之類。蓋衣服之制度。」陳氏啓源曰：「每章次句，毛、鄭皆指大夫，不言裘，故以三英爲三德。程子改訓爲英飾，與上二章不類矣。集傳槩以裘釋之，於首章云毛順而美。

既言『如濡』，又言順美，不已複乎？次章云豹甚武而有力，則又舍裘而美豹矣。亦自覺其迂也，繼之曰服其所飾之裘者如之，是仍指其人耳。何必多此詰詘乎！」李氏黼平曰：「經三章皆首句言裘，次句言人。以上言『洵宜且侯，孔武有力』例之，則此三英不得更言裘飾。」馬氏瑞辰曰：「初學記二十六引郭璞毛詩拾遺曰：『英謂古以素絲英飾裘，即上素絲五紽也。田間詩學引范氏說，謂『五紽』、『五緎』『五總』，即此詩『三英』是也。古者衣以章身，即以表德。傳謂『三英，三德』，蓋謂以象三德耳。」陳氏奐曰：「三英，謂有三美德者。三德之義，當即具在本經。荀子富國篇：『古人爲之不然，使民，夏不宛　，冬不凍寒，急不傷力，緩不後時。事成功立，上下俱富。而百姓皆愛其上，人歸之如流水，親之歡如父母。爲之出死斷亡而愉者，無它故焉，忠信調〔和〕均辨之至也。故君國長民者，欲趨時遂功，則和調累解，速乎急疾；忠信均辨，說乎賞慶矣。必先修正其在我，然後徐責其在人者。威乎刑罰。三德者誠乎上，則下應之如景嚮。雖欲無明達，得乎哉？』楊倞注：『三德，謂調和解累，忠信均辨，正已而後責人也。或曰三德，即忠信、調和、均辨也。』奐謂楊氏二說俱非。忠信，一德也；調和、均辨，一德也；先修正已，一德也，夫是之說三德。傳義詩言三德，當即是首章『洵直且侯』之義。洵，一德也；直，一德也；且侯，又一德也，夫是之謂三德。釋『洵』爲均，即調和均辨之謂也；釋『侯』爲君，即修正在我之謂也；『直』之爲忠信，易曉耳。」俞氏樾曰：「三德，即其本詩首章『洵直且侯』一句，有二德，次章『孔武有力』一句，爲一德。直也，侯也，武也，所謂三德也。鄭以洪範說此詩，恐未必然。」

按：程、朱以三英爲裘，雖本於郭璞，然以上兩章例之，恐不甚確。次章尤難通也。陳氏奐以荀子「三德」釋此詩，固爲有本，然荀子自明一義，不若洪範之「三德」無所不包也。且以三章重舉首章，亦近於複。俞氏之病正同，似不如仍從傳、箋之説爲安。

有女同車小序刺忽也鄭人刺忽之不昏于齊太子忽嘗有功於齊齊侯請妻之齊女賢而不取卒以無大國之助至於見逐故國人刺之

范氏處義曰：「『同車』、『同行』，親迎之禮也。『舜華』、『舜英』，德之見於容也。『瓊琚』、『將將』，德之稱其服也。『洵美且都』，信美而且閑雅也。『德音不忘』，美名之不可忘也。詩人之言如此，非賢女不足以當之。」傳說彙纂：「曰『同車』，則有御輪之禮，曰『佩玉』，則有矩步之節；曰『孟姜』，則本齊族之貴。淫奔而越國，有若是威儀盛飾昭彰耳目乎？」

按：此以序說爲是。曰「佩玉瓊琚」、『佩玉將將』，言威儀之盛而有節，猶柏舟之言「威儀棣棣」也。曰「德音不忘」，言其有賢德，猶燕燕之言「淑慎其身」也，皆非淫奔之所有也。集傳曰：「疑亦淫奔之詩。」蓋亦知其未可通，故加疑辭。

〔溱洧〕溱與洧

按：說文引詩作「潧」。許謂潧在鄭，溱在桂陽。水經同。二字迥異，不知何時亂之。

齊

載驅齊子豈弟

集傳：「豈弟，樂易也。」

按：朱用毛傳說。

魏

陟岵父曰嗟予子行役夙夜無已

孔疏：「我本欲行之時，而父教戒我曰：『嗟！汝，我子也。汝從軍行役在道，當早起夜寢，無得已止。』」

按：疏意以「子」字爲句，下二章「季」、「弟」，亦自然也。以韵而論，「行役」二字自當下屬，以六字爲句。明楊貞一詩音辨正：「『子』、『季』、『弟』，皆韵也，當爲句。」其說是。今人相沿以「役」字爲句，固非。或更以「嗟」字句，則章（章）七句矣，與舊讀亦不合。袁文甕牖間評引第三章，以『役』字爲句；王質詩總聞以「嗟」字爲句，乃知此誤自宋已然。

唐

蟋蟀蟋蟀在堂

集傳：「九月在堂。」

按：朱用毛傳文。蓋據豳風「九月在户」之文也。毛氏奇齡非之，博引月令「季夏之月，蟋蟀居壁」，逸周書「小暑之月，温風至，又五月而蟋蟀居壁」，易通卦驗，立秋而蜻蛚上堂」，謂「在堂」非「九月」。其説甚辨。然豳風何以云「九月在户」也！毛又謂蟋蟀方在堂，甫秋也，而歲忽已暮，時之易逝也。然三章言「役車其休」，可云甫秋也而役車即休乎？馬氏瑞辰曰：「豳風『八月在宇，九月在户』，在宇、在户，皆可以堂統之。蓋易緯『立秋上堂』者，言其始，毛傳『九月在堂』，舉其終也。又周正建子，以十月爲歲莫，詩下云『歲聿（云）［其］莫』，故傳以『蟋蟀在堂』爲指九月耳。」

秦

小戎

蘇氏軾曰：「稷教稼穡，周年八百；襄矜車甲，秦祚二世。小戎固美其復仇，然秦之好戰，性也。虎視八州，蠶食六國，豈君父之仇哉？」

按：襄公初封爲諸侯，僻處西陲，安得遂有虎視蠶食之志？况秦亦嘗中衰乎！秦之强，自孝公始。

豳

［七月］一之日于貉

傳：「于貉，謂取狐狸皮也。」箋云：「于貉，往搏貉以自爲裘也。」集傳從之。毛詩寫官記：「于貉，于獵也。周禮大司馬『大蒐，則有司表貉』，甸師『大田獵，則祭表貉。』貉者，獵祭也。故羅氏爾雅［翼］云：『周人將獵，則先祭貉，因稱獵爲貉。』」

按：周禮「貉」乃「禡」之假借。爾雅釋天：「是禷是禡，師祭也。」周禮肆師「祭表貉則爲位」，後鄭云：「貉，師祭也，於所立表之處爲師祭。造軍法者，其神蓋蚩尤，或曰黄帝。」又，甸師「掌四時之田，表貉之祝號」，杜子春讀「貉」爲「百爾所思」之「百」。書亦或爲「禡」，兵祭也。甸以講武治兵，故有兵祭。貉者師祭，非獵祭。獵祭二字，直是毛所杜撰。説文示部：「禡，師行所止，恐有慢其神，下而祀之曰禡。」與鄭、杜之説微不同。然亦是師祭，非貉祭。獵是祭名，不得云「祭貉」。因獵以治兵而貉，非貉即是獵。獵有蒐、苗、獮、狩之名，未聞有稱獵爲貉者。王氏夫之、馬氏瑞辰皆同寫官記之説。惟上章「八月載績，載玄載黄，我朱孔(揚)〔陽〕，爲公子裳」，四句一氣，此章「一之日于貉，取彼狐狸，爲公子裘」，三句一氣，以彼例此，則此三句中，不得參入師祭一事明甚。下句「二之日其同」，箋云：「其同者，君臣及民，因習兵俱出田也。」可見，「于貉」自是民間田獵之事，尚非國家四時行蒐、苗、獮、狩之禮。其不得有師祭也明甚。此當以舊説爲是，不可立異也。「貉」，説文作「貈」，「似狐，善睡獸也，借作貉。」論語「衣狐貉」考工記「貉踰汶」皆作「貉」。爾雅釋獸「貈子貆」作「貈」是「貉」亦狐類。爾雅「貙似貍」，説文「狸，伏獸，似貙」，爾雅又言「貍、狐、貒、貈、魏，其足蹯，其跡内」，是貍、狐、貈乃相類之物。稗疏「貈似兔，狐似犬，貍似猫」，非古訓也。惟集傳云「貉，狐狸也」，三物不分別，則誤。

〔小雅〕

大東舟人之子熊羆是裘

傳：「舟人，舟楫之人。」箋云：「『舟』當作『周』，『裘』當作『求』，聲相近故也。周人之子，謂周世臣之子孫，退在賤官，使搏熊羆，在冥氏、穴氏之職。」

按：集傳從毛説是也。漢鄧通以黄頭即得幸文帝，正其比也。此詩序言「東國困於役而傷於財」，故所言多關於此二事者。此章言王意縱令西人驕溢，踰制奢富，而不卹東人也。鄭説未免迂曲。

四月匪鶉匪鳶

傳：「鶉，(鶉)〔鵰〕也。鵰鳶，貪殘之鳥也。」釋文：「鶉字或作『鷻』。」

按：説文鳥部引作「匪鷻匪鳶」，「雕也」，與隹部之「雗，鴿屬」字異。鳶，今之「鶚」字。孔疏引孟康漢書音義曰：「鶚，大雕。」説文又云「鳶，鷙鳥也」，是其所據本作「鳶」。不作「鳶」，今本疏「鳶」字亦譌作「鳶」，遂不可通。釋文：「鳶，以專反，鴟也。」是其本作「鳶」。鳶。夏小正作「弋」，即説文之「鷳」，與鳶異類。

大雅

棫樸周王于邁六師及之

傳：「天子六軍。」疏：「詩人之作，或以後事言之。文王未必已備六軍。」

按：殷代軍制，已無可考。禮，天子六軍，諸侯大國三軍，此周制也。或疑文王未受命稱王，不應已作六軍，此後來詩人咏歌之辭，不當以辭害意。然周制多本于文王，故曰六師。殷制既不可考，正不必以此爲疑也。

下武於萬斯年

按：舊無音，如字讀，下同。俗讀作「烏」，非。曩在貴州，詢之士人，此字皆如字讀，勿謂邊方之不學也。宋王觀國學林讀作「烏」，則宋時已有誤讀者矣。

生民履帝武敏

按：集傳以「敏」字絶句。玩傳箋之意，亦以「歆」字下屬爲句。以韵推之，良是。凡詩句末字是實字，無有以上一字入（歆）〔韻〕者也。爾雅釋訓「履帝武敏」，此讀法之最古者。王逸楚詞章句引詩云「履帝武敏歆」，或師傳之異也。周禮大司樂賈公彦疏、（師）〔詩〕總聞、容（齋）〔齊〕隨筆七，並以「歆」字爲句。知宋人讀法相沿如此，不盡從集傳也。近人説經之家，亦尚多以「歆」字爲句者。顧氏詩本音云以「歆」字屬上讀者爲非。

召旻如彼棲苴

傳：「苴，水中浮草也。」箋云：「如樹上之棲苴。」釋文：「苴，七如反。」疏：「毛以爲言王無恩於民，致使下民如彼歲之大旱，其草不得生遂而盛茂，致使此草如彼水上棲止遂流之浮苴也。苴是草之枯槁逐水流者，故云

『苴，水中之浮草』。如是則棲爲浮義，謂棲息於水上也。箋以棲者居在木上之名，謂水上爲棲，理亦不愜，故以爲如樹上之棲苴。苴是草木之枯槁者，故在樹未落及已落爲水漂，皆稱苴也。」陳氏喬樅韓詩遺説考：「衆經音義二十五『詩云如彼棲柤』。按：玄應引詩與毛氏字異，蓋據韓詩之文。玄應又引通俗文云『刈餘曰柤』，知『苴』、『柤』二字古相通用。」廣韵九麻：「苴，鉏加切。詩傳云：『水中浮萍也。』」馬氏瑞辰曰：「楚詞九章『苴草比而不芳』，王逸注：『生曰草，枯曰苴。苴，通作沮。』管子輕重篇『請君伐菹薪』，房注：『草枯曰菹。又通作柤。』一切經音義引詩『如彼棲柤』。又引通俗文『刈餘曰柤』，柤即查字，音槎，亦與『槎』字通用。張參五經文字：『苴，七余反。又音查，見詩大雅。』即指此詩。是唐人讀『苴』亦如槎，故字得通作『柤』。『柤』即『樝』字之渻。説文：『樝果似棃而酢。』内則作『柤棃』，今本通作『楂棃』。苴讀如樝，猶説文『柤』讀樝棃之樝。揟，取水沮也。沮即今之渣字也。查，又爲浮木之稱。水中浮木謂之查，水中浮草謂之苴，其義一也。棲，蓋草枯之狀。釋文『棲謂棲息』，蓋謂枯草偃卧，有似棲息也。」

按：據張參文字，是唐人讀此詩「苴」爲鋤加切，與釋文不同。廣韻明引詩傳，當爲唐韻原文，故所讀與張參同也。釋文之七如反，乃「苴」之古音。唐韵鋤加切，乃後來之變言。魚虞部轉入歌麻部也。集注從舊音，而嚴氏詩緝音茶，則從後來之變音。集韵、韵會竝有鋤加一音，承廣韵之訓也。苴爲水上浮苴，故浮木亦可謂之苴。俗變其字爲「查」者，蓋由韓詩「苴」作「柤」，後來隸變，移木於且上，遂爲查字。博物志之「仙查」，（捨）［拾］遺記之「浮查」，皆此義也。「柤」爲「苴」之假借字，「查」爲「柤」之變體字，其源流頗可考見。後來不察，「查」下之「且」變寫作「旦」，或又加「木」旁，皆昧其本體者也。

周頌

天作彼徂矣岐有夷之行

按：鄭箋以「矣」字絶句，集傳定讀「岐」絶句，用沈氏筆談之説也。然字書「岨」字無險僻之訓，恐此説未安。坊本集傳經文及注改「徂」爲「岨」，而善本有未改者。當是坊本妄易，朱子原本不如此也。詩總聞「韓氏岐山操『岐有岨，我有處』，正用此詩。」以「徂」爲「岨」，當有所自來。

武嗣武受之勝殷遏劉

按：「受」，劉韵、段氏音均表同在第三部。集傳未言，段氏及顧氏詩本音皆不列。詩總聞謂此章二「王」相叶，「受」旁紐叔，「劉」旁紐陸，「功」旁紐谷，皆相葉。然「功」不可讀作「谷」。

商頌

長發韋顧既伐

集傳：「葉房越反。」

按：「房越反」乃「伐」之本音，不當言「叶」。字典人部「伐」下：「叶許竭切，音歇。詩商頌『韋顧既伐』，叶上『截』下『桀』。」可以證坊本之譌。

殷武奮伐荆楚

集傳：「易曰：『高宗伐鬼方，三年克之。』蓋謂此歟？」朱氏公遷曰：「荆楚之地好鬼，自古而然。下至戰國之際猶爾，驗諸屈原九歌可見也。」鄒漢勳鬼方辨：「易曰『高宗伐鬼方』，又曰『震用伐鬼方』，干寶注『北方國。』世本「陸終娶於鬼方氏。」』宋衷注曰：『西落鬼戎，於漢則先零羌是也。故後漢書西羌傳引武丁征西羌、鬼方與帝乙及季歷伐西落鬼戎之事。』季歷伐鬼戎事，亦見竹書紀年。先儒之言，或以爲北方國，或以爲西羌，未有云西南夷者。西南以鬼爲名，起於唐。唐書南蠻傳：『夷人尚鬼，謂主祭者爲鬼主。』又云：『烏蠻即羅氏鬼國。』宋史亦謂夷酋號都主鬼。均不以烏蠻爲鬼方也。元范匯作八番順元宣慰司題名記始云：『八番順元相傳爲夜郎、牂牁地。』殆古鬼方之境歟？以鬼國爲鬼方，古無此說。鬼方，先零羌，今之青海。鬼國，則梁州東北境也。」

按：竹書紀年夏紀：「帝癸二十一年，商師征有洛，克之。遂征荆，荆降。」是湯本有征荆之事。故詩云「湯孫之緒」也。紀年商紀：「武丁三十二年伐鬼方，次于荆。三十四年，王師克鬼方，氐羌來賓。」夫伐鬼方而次于荆，其爲南方可知。其爲先入荆而後入鬼方可知。則撻荆楚、伐鬼方，乃一時之事。朱子引易以爲證，非無據也。云書西羌傳：「西羌之本，出自三苗，姜姓之別也。其國近南岳。及舜流四兇，徙之三危河關之西南羌地是也。濱於賜支，至乎河首，南接蜀漢徼外蠻夷。」是羌之族，本出於荆楚，徙後其地，亦接西南夷。古時徼外荒遠，或通稱之爲鬼方。然則以鬼國爲鬼方，正未可遽議其非也。史記楚世家：「楚之先祖重黎，爲帝嚳高辛居火正。帝誅重黎，而以其弟吴回爲重黎後，復居火正，爲祝融。吴回生陸終。」索隱：「系本云：『陸終娶鬼方氏妹曰又嬇。」是楚與鬼方姻亞也。高宗伐鬼方而先入荆，披其黨也。紀年所書頗合當年情事。

天命降監

箋云：「楚時僭號王位，此又所用告曉楚之義。」

按：楚之僭號，始於武王，其時在東周之初。武丁時是否有僭號王者，書傳無徵。孔疏云：「以此經責楚之辭，而説成湯有明德而王天下矣。明是於時楚僭慢王位，故告曉之。」疑箋文「僭號」本作「僭慢」。「僭慢」者，背叛之謂，未必是僭號也。玩此章詩句，亦無責其僭號之意。恐鄭意不如是。

三家村訓蒙口訣言毛詩「於」皆讀「烏」，無讀「于」者。字典二部「于」下，亦言毛詩「於」皆作「于」。以今考之，「於」讀「于」者，幾二十一句。邶静女「俟我於城隅」，齊著「俟我於著乎而」、「俟我於庭乎而」、「俟我於堂乎而」，秦權輿「於我乎」二句，曹蜉蝣「於我歸處」、「於我歸息」、「於我歸説」，豳九罭「於女信處」、「於女信宿」，小雅白駒「於焉逍遥」、「於焉嘉客」，大雅靈臺「於論鼓鐘」二句、「於論辟廱」二句，下武「於萬斯年」二句，板「不實於亶」，頌清廟「無射於人斯」。蓋「于」者，自此至彼之辭，「於」者，發語詞，亦助語辭。其義微有别也。又，鄘載馳「言至于漕」。衛氓「至于頓邱」，閟宫「至于海邦」，第一句。坊本或亦作「於」，當是傳寫之譌。岳珂本並作「于」。又，靈臺之「於牣魚躍」，毛如字。雝之「於薦廣牡」，賚之「於繹思」，鄭並如字。

日南讀書記　卷五

周禮

天官序官臘人

注：「臘之言夕也。」疏：「乾曰臘。朝曝，於夕乃乾，故（言）〔云〕臘之言夕。（夕）或作『久』字。久乃乾成，義亦通也。」惠氏棟九經古義：「説文：『昔，乾肉也。從殘肉，日以晞之。』昔、夕古字通。穀梁傳『日入至於星出，謂之昔』，管子曰『一夕從事』，楚辭章句引詩『樂酒今昔』，是皆以『昔』爲『夕』。臘之爲物，經夕乃乾，故言。或作『久』，久猶昔也』。」

按：「臘之言夕」，「臘」、「夕」，同部叠韵字也，故相轉注。「久」者，形近而譌，不必曲爲之説。大凡古人轉注之訓，多取諸同部叠韵。如「仁」、「人」，「義」、「宜」，見于中庸；「禮」「履」，見于祭義；「禮」「體」，見于禮器；「禮」、「理」見于仲尼燕居；「智」本從「知」，古書多作「知」，「智」、「知」爲訓，見于墨子經説。如此之類，難以縷述。其稱某之爲某者，尤多同部叠韵之字。禮記射義「射之爲言者，繹也，或曰舍也」，射聲、繹聲、舍聲，同在魚虞部。又，鄉飲酒義「春之爲言蠢也」、「夏之爲言假也」、「秋之爲言愁也」、「冬之爲言中也，」並是同部叠韵字。戴記多周人之書，知此學其來久矣。説文『枲』下引孔子曰「枲之爲言續也」，「貉」下引孔子曰「貉之爲言惡也」，即非真孔子之言，亦必周人之語。漢儒多明此學。劉熙釋名，全書以此爲訓詁，此古人之音學也。鄭注此經，亦多依此爲訓。如「膳之言善」、天官膳夫。『襢之言亶』、內司服。「甸之言田」、春官甸祝、「繕之言善」、夏官繕人。「銘之言名」、司勳。「盛之言成」，攷工記匠人。此用諧聲字者；「寺之言侍」、天官寺人。「正之言政」、地官族師。「疑之言擬」、春官司服、「候之言候」、卜祝「酋之言遒」、考工記廬人。「圭之爲珪」、匠人。此本音而轉用諧聲字者。「庖之言苞」、天官庖人。「媒之言謀、」地官媒氏。「迹之言跡」、迹人。「禋之言煙」、春官大宗伯。「覲之言勤」、又。「校之爲言挍」、夏官挍人。「鍭之言候」、司弓矢。「弗之言刜」、又。「辜之言枯」」，秋官掌戮。此用同一諧聲字者。「復之言報」、天官宰夫。「藉之言借」、甸師。「夷之言尸」、凌人。「師之言帥」、地官族師。「載之言事」、載師。「祿之言穀」、春官天府。「賦之言鋪」、大師。「陟之言得」、大卜。「葙之言藉」、司巫。「搏之言拍」，考工記。「伐之言發」，又匠人。此用同部疊韻字者。皆足以證「臘之爲夕」之不當作「久」也。又，「丱之言礦」，地官丱人。「礦」，說文作「（礦）〔磺〕」，「丱，古文礦」。是以篆文訓古文。段玉裁以「丱」即「總角丱兮」之「丱」，乃以雙聲相轉，注說詳彼。又，「鵠之言較」，司裘。「鵠」在三部，「較」在二部；「柳之言聚」，縫人。「柳」在三部，「聚」在四部；「皋之言號」，大司號。「皋」在一部，「號」在四部；「廋之言數」，廋人。「廋」在三部，「數」在四部；「痺之言倫比」，「痺」在十六部，「比」在十五部，此以段氏音均表推之，皆部分相近。又，「裸之言灌」，大宗伯。「摯之言至」，又。皆雙聲字，古音分部而今韵疊韵。「皋」、「號」今亦疊韵。又，「摯之言致」，考工記函人。今亦疊韵。又，「播之言被」，古不同部而今「番」聲，「皮」聲之字多疊韵。此古今音轉變之不同。鄭時不必同於詩之本音，而今音之由來，其源亦甚遠。學者心知其意焉可矣。又，「甸之言乘」，小司徒。「繕之言勁」，繕人。無以通之，姑闕矣。

太宰八曰臣（妄）〔妾〕聚斂疏材

注：「疏材，百草根實可食者。疏不熟曰饉。』疏：「百草或取根，謂若菱芡之屬；或取實，謂若榛栗之屬。』

按：爾雅釋天：「蔬不熟爲饉，果不熟爲荒。』郭注：「凡草菜可食者，通名爲蔬。」「果，木子。」此注引爾雅，「蔬」作「疏」。說文無「蔬」字，是爾雅本作「疏」也。蔬與果異，故分爲二物。說文：「果，木實也」。在木爲果，在地曰蓏。蓏即疏也。魯語：「能殖百穀百蔬』，韋昭注：「草實曰蔬。」凡根之可食者，亦即其實。故鄭云「根實」，韋但云「實」也。說文：「芋，大葉實根，駭人，故謂之（芋）〔芌〕。」此即以根爲實者。爾雅釋草：「荷芙（蕖）〔渠〕，其實蓮，其根藕。」此根與實皆可食，而分根實爲二者。此注之「根」當爲藕芋之屬，「實」則蓮及菱芡之屬。菱芡不得言根，榛栗乃木實，是果屬不得爲疏。孔疏誤。

宰夫凡失財用物辟名者以官刑詔冢宰而誅之

注：「財，泉穀也；用，貨賄也；物，畜獸也；辟名，詐爲書以空作見文書，與實不相應也。」疏：「謂失官家財及用與物三者而辟名者，其人失財、用、物者，則詐爲文書，以空物作見在文書，與實物不相應，是罪人也。」

按：此即今之官司虧空也。「失財」，若今律「那移出納」之類；「失用」若今律「冒支官糧」、「虛費功力」、「冒破物料」之類；「失物」，若今律「損壞倉庫財物」、「私賣戰馬軍器」之類；「辟名」，則今律之「虛出通關、硃鈔」也。文書與物不相應也。

甸師共野果蓏之薦

注：「果，桃李之屬；蓏，瓜瓞之屬。」疏：「案：食貨志臣瓚以爲『在樹曰果，在地曰蓏』，不辨有核無核。張晏以『有核曰果，無核曰蓏。』鄭云『果，桃李之屬』，即是有核者也，『蓏瓜瓞之屬』，即是無核者也。此從張晏之說。」

按：場人注「桃李」作「棗李」，「瓜瓞」作「瓜瓠」。易說卦傳「爲果蓏」，釋文：「馬云：『果，桃李之屬；蓏，瓜瓠之屬。』」此鄭說所本。說文：「果，木實也。」「瓜，蓏也。」與鄭同意。沈約春秋元命包注亦用鄭說。喪大記注：「果，瓜桃之屬。」則又以瓜爲果。蓋「蓏」與「果」爲類，一爲木實，一爲草實，故對言則果、蓏爲二名，散文則蓏屬亦得稱果也。說文草部：「蓏，在木曰果，在地曰蓏。』其注淮南曰：「在樹曰果，在地曰蓏」。既夕記：「不食菜果」注云：「實在木曰果，在地曰蓏。」晉書音義：「在木曰果，在地曰蓏。」竝與孔疏所引臣瓚注同。呂氏春秋貴信篇高注「在木曰實，在地曰蓏，」下句亦與說文同。齊民要術、太平御覽並引說文作「在草曰蓏」。蓏爲草實，故字從艸。漢書食貨志注應劭曰：「木實曰果，草實曰蓏。」說與許同。說卦傳宋衷注：「木實謂之果，草實謂之蓏」。桃李瓜瓞之屬，則合許、鄭二說而爲一矣。瓜瓞在地亦草類。以上諸說，雖不盡同，而義皆同。惟但言在地，則水草之實尚不能該之，不如「在草曰蓏」之無所不包也。惟呂氏春秋仲夏紀、淮南主術訓高誘注「有核曰果，無核曰蓏」、漢志注張晏曰「有核曰果，無核曰蓏」，則與諸說不同。夫「有核曰果」，則惟桃李之屬可以當之，而親栗之屬亦不在其內矣。孔疏謂鄭從張晏之說，恐未必然。鄭未言有核無核也。漢書敘傳列張晏於張揖、蘇林之次，則爲魏時人。鄭在其前，更不得云鄭從張也。

宮伯行其秩叙

注：「秩，祿稟也；敘，才等也。」〔疏〕：「秩謂依班秩受祿；敘者，才等高下爲次第。」經義述聞：「秩敘，

謂士庶子更番宿衛之次第。十月之次謂之秩，士歲之次謂之敘。故下文『月終則均秩，歲終則均敘』，均者，齊其勞逸；行者，巡其先後也。里宰『行其秩敘』，注曰：「秩敘，受耦相佐助之次第。」與此正同，不得以爲禄稟、才等也。又，鄉師『凡邦事，令作秩敘』，亦謂役邦事之人，鄉師爲之次第而頒之，使各以其次服役，豈有禄稟與才等乎？」

按：鄭注固未確，王説亦未妥。同是次第之義，不應以歲月分爲二名也。似應以鄉師之注訓爲常、次。以才等高下分別常、次，其義亦相同也。

月終則均秩

按：注以「秩」爲禄稟。惟禄稟當有常數，不應月月均之。上文云「授八次八（含）［舍］之職事」，秩敘恐爲當時職事之名，有此分別。書堯典「平秩」史記作「平程」。程，程度也，言均其職事之程度也。

醫師凡邦之有疾病者疕瘍者造焉則使醫分而治之

按：古者醫官之設，不獨執技以事上，而萬民之疾病養焉。此以見先王之仁而民無夭札也。後世太醫院諸官，但備宫庭宣臺而已。

食醫

飲食節而疾疢寡，故有食醫。

内司服素沙

注：「素沙者，今白縳也。六服皆袍，制以白縳爲裏，使之張顯。今世有沙縠者，名出于此。」

按：「沙」，今之「紗」。劉熙釋名：「縠，又謂之沙縠，亦取踧踧如沙也。」以證此注，是漢時尚無「紗」字。

地官大司徒五曰原隰其動物宜贏物

注：「贏物，虎豹貔貙之屬淺毛者。」王氏安石曰：「注以贏物爲虎豹之屬，説本考工，但虎豹之屬，正此經所謂毛物也。贏物宜爲鼃螾之屬。」欽定周官義疏：「案：或疑鼃螾小蟲，與考工『有力而不能才，聲大而宏』者不

合，非也。考工以脂、膏、臝、羽、鱗，分五大獸，此及月令以羽、毛、鱗、介、臝，分五蟲，所指各異。如考工則毛物之有脂膏者别屬，其體大而毛淺者爲臝，其介物之内骨、外骨，臝物之郤行、仄行等，皆屬之小蟲。此以臝物宜原隰，月令以倮蟲屬中央，土自宜，以無羽毛鱗介者爲臝。」

按：月令「其蟲倮」，注亦云「虎豹之屬」。然虎豹生于山林，非原隰所宜，鄭説未可從也。月令疏引大戴禮及樂緯云：「倮蟲三百六十，聖人爲之長。」則以四靈之鱗鳳龜龍及人爲五靈之長，與此經義亦不合，考工之臝屬，亦同論。凡若此者，各明一義，必欲牽合，即諸多牴牾矣。

小司徒地訟以圖正之

坊本「圖」上有「地」字，各本無，宋本亦無。

鄉師凡邦事令作秩敘

注：「事功力之事。秩，常也；敘，猶次也。事有常次，則不偪匱。」

按：「秩，常也」，爾雅釋詁文。敘，説文「次第也」。書「惇敘九族」，注：敘，次序也。言作事者有經常之次序也，宫伯「秩敘」，注：「秩，禄稟也；敘，才等也。」又，里宰「秩敘」，注：「秩敘，受耦相佐助之次第。」三處文同，訓解不應各異。里宰之注，但不及秩常之訓，而其義不殊。惟宫伯注訓「秩」爲「禄稟」，與此迥異。當以此注爲是。經常之次序，三處皆可通。經義述聞謂「秩」與「序」同意，然次次序序亦不詞。

鄉大夫三曰主皮

按：此與鄉射禮「射不主皮」文各爲一義。「不主皮」者，夫子所謂「力不同科」也。「主皮」者，詩所以美「舍矢如破」也。

媒氏凡娶判妻入子者

注：「鄭司農云：『入子者，謂嫁女者也』。玄謂言『入子』者，容媵姪娣不聘之者。」疏：「先鄭云『入子』者，謂嫁女；後鄭不從者，經『判妻』已是嫁女，後更言『入子』，明非嫁女也。」欽定義疏：「判妻，似謂出婦

也；入子，謂以他人之子爲子者。」

按：後鄭義晦，義疏説較明。江氏永謂再嫁而攜其女入後夫之家者，可備一解。連斗山精義注作「他人之子」，即義疏之意；惟「入子」改作「人子」，不知何據。

中春之月令會男女於是時也奔者不禁若無故而不用令者罰之

江氏永曰：「有故而遲歸者，或因貧乏，或因灾禍，於中春令會男女之時，許其不備禮而昏，（標）［摽］有梅之詩是也。若無故不用是時不禁之令，而造次成昏者，則罰之。中春令會男女，亦謂此時陰陽和，宜嫁娶也。」

按：江説頗圓。「奔」即内則「奔則爲妾」之「奔」。謂六禮不備，非「淫奔」之「奔」也。荒政十二，「十曰多昏」。遂人治野以「樂昏」、「擾甿」。古人於男女之際，務使不失其時，非獨謂内無怨女，外無曠夫也，所以化其淫心而獄訟簡也。

旅師凡用粟春頒而秋斂之

按：後世常平倉、義倉、社倉諸政，益仿於此。

委人凡疏材木材

注：「疏材，草木之有實者也。」疏：「疏是草之實，材是木之實。」

按：月令「有［能］取疏食者」注：「草木之實爲疏食。」此「疏材」即彼之「疏食」也，與下「木材」對言材物之可用者也。賈疏以「材」爲「木實」，非是。爾雅釋天蔬與果對言，故「疏」爲草實，「果」爲木實。此併草木之實，皆爲疏材。對文則異，散文則通也。

草人掌土化之法凡糞種騂剛用牛赤緹用羊墳壤用麋渴澤用鹿鹹潟用貆勃壤用狐埴壚用豕彊㯺用蕡輕爂用犬

按：管子地員篇言九州之土，有足以此經相證明者，如所云「五粟之物，或青或黑或白或黄；五粟之狀，淖而不肕，剛而不觳」，即「騂剛」也。杜子春謂「地色赤而土剛强也。」其所云「五壤之狀，芬然若澤、若屯」，即「墳壤」、「勃壤」也。鄭注「墳壤潤解」、「勃壤粉解」也。其所云「五态之狀，廩焉如壏，與監同。潤濕以處」，即「渴澤」也。鄭注「渴澤故水處」也。其所云「五桀之狀，甚鹹以苦，」即「鹹潟」也。其所云「五剽之狀，華然如芬以脤」，即「輕㶾也。鄭注：「輕㶾，輕脆者。」其所云「五殖之狀，甚澤以疏」，「五纑之狀，纑力剛堅」，當爲「埴壚」。而鄭注云：「埴壚，黏疏者」。疏：「以埴爲黏，以壚爲疏。」說文：「壚，黑剛土也。」段注云：「黑而剛則疏之義亦見。」則與「五纑」相合。說文：「埴，黏土也。」釋名：「土黄而細密曰埴。」「埴、埴職也。」黏，昵脂之職也。」則與「五殖」相合。其所云「五壏」，當爲「彊㯺」。釋文：「㯺，本又作「鹽」，壏也。」惟鄭云「彊㯺，强堅」者，而管子云「五壏之狀，紛然若糠以肥，注謂其地色黄而虚，則難附合矣。

羽人凡受羽十羽爲審百羽爲摶十摶爲縳

注：「審、摶、縳，羽數束名也。爾雅曰：『一羽謂之箴，十羽謂之縳，（不）［百］羽謂之緷。』其名音相近也。一羽則有名，蓋失之矣。」釋文：「縳，劉古本反。」郝氏爾雅義疏：「爾雅、釋文孫同鄭意，云蓋誤。郭云凡物數無不從一爲始，以爾雅不失，周官未爲得也。按：此引郭音義之文，若準周禮，則此『一羽』句，當屬衍文。但箴、審、摶、縳、緷，音皆相近，且並出古書，爾雅未必誤也。」

按：「箴」聲、「審」聲古音同在侵鹽部，「摶」、「縳」並從專聲，在元寒部，「緷」從軍聲，在諄文部。元寒與諄文，古音亦最相近。周官與爾雅 其名本同，特其羽數異耳。劉讀「縳」爲古本反，疑其本字作「緷」，與爾雅同也。

掌荼徵野疏材之物

注：「荼，茅莠，疏材之類也。」

按：「疏材」已詳大宰及委人之「疏材」。此以「荼」當之，「荼」亦草屬，故言之類。惟注既云「徵於山澤，入於委人」，則其物自當與委人同，不得指荼也。蓋此官聚荼之外，并徵疏材，未可混而爲一。

春官小宗伯若大甸則帥有司而饁獸于郊遂頒禽

注：「饁，饋也。以禽饋四方之神於郊，郊有群祀之兆」。

按：此田祭也。毛氏奇齡以表貉爲田祭，殆未考此。

成葬而祭墓爲位

注：「位，壇位也。先祖形體托於此，祀其神以安之。」

按：此古人之墓祭也。因墓成而祭后土之神，非後世之墓祭。冢人「凡祭墓爲尸」，亦即此祭四時之祭，古于廟不于墓。冢人言祭墓，不言墓祭，或據此以證古有墓祭者，未詳繹經文也。

肆師祭表貉

注：「貉，師祭也。爲師祭造軍法者，禱氣勢之倍增也。」孫氏志祖曰：「爾雅疏『造』上重一「祭」字，較明」。

按：「爲」讀去聲，「祭」字不必重。

小師掌教鼓鼗柷敔塤簫管弦歌

注：「出音曰鼓。」疏：「鄭知此經「鼓」，非『六鼓』之「鼓」者。按：鼓人云『掌教六鼓』。（眠）［眡］瞭職云『掌大師之縣。』又云：『賓射皆奏其鍾鼓。』則六鼓『鼓人』教之，『（眠）［眡］瞭』繫之，非此『小師』教。又，『瞽矇』所作不作『鼓』，明此『鼓』既在鼗已下、諸器之上，是出聲爲鼓也。」

按：連斗山精義「鼓，大鼓」，顯與注、疏相背。六鼓專屬于「鼓人」，猶之繫磬專屬于「磬師」，金奏專屬于「鍾師」也。義疏謂鼓亦樂器，與鼗爲類，此蓋手執之小鼓，非樹之跗者，亦與舊説不同。考上文大師「令奏鼓𨍽」，注：「（楝）［𨍽］，小鼓也。詩云『應𨍽縣鼓。』」下文「下管繫應鼓」，注：「應，鼙也。應與𨍽及朔，皆小鼓也。」大射「建鼓在阼階西［南鼓］」，應鼓在其東［南鼓］」，注：「在東便其先擊小、後擊大也。」又，「西階之西」，「建鼓在其南」，「朔鼙在其北」。是「𨍽」也、「應」也、「朔」也，皆小鼓，而待「小師」之教。觀大射之文，「應」、「朔」皆陳于皆下，非手執者。即𨍽鼓亦未必爲手執者也。又「鼓」字如作「出音」解，直貫至下「歌」字。歌者人聲，不可言鼓。

磬師凡祭祀

坊本「凡」作「及」，誤。

籥師

按：文王世子「籥師（教）〔學〕戈，籥師丞贊之」。「籥師丞」當是「籥師」之貳。春官無此官，豈亦闕與？

龜人各以其物入于龜室

按：「臧文仲居蔡，所謂龜室也眠祲。按：此後世望氣之術。

夏官序官司險

按：易曰：「王公設險以守其國。」此司險之職所以列於夏官也。孟子謂「固國不以山谿之險，」爲恃地利而失人和者言耳。

秋官大司寇其不能改而出圜土者殺

按：「出圜土」，即今律之「獄囚脱監」也。今律：凡犯罪被囚禁而脱監，及解脱自帶鎖杻越獄在逃者，各依本罪上加二等，罪止流三千里。本犯應死者，依常律，非一概殺之也。此圜土聚教之罷民，能改即還鄉里，初無重罪。出即殺之，雖是刑故無小之意，然視爲重矣。

以兩造禁民訟入束矢於朝然後聽之以兩劑禁民獄入鈞金三日乃致於朝然後聽之

按：「束矢」、「鈞金」，乃古人禁訟之法。今世行之，則千人指摘矣。今之斷獄者，辟其名而貪其實，其所入者，豈「束矢」、「鈞金」已哉？

使州里任之

疏：「仍恐習前爲非而不改，故使州長、里宰保任，乃舍之。」

按：此唐法之所謂長任也，今謂之保，然今乃鄉里保之，若交官則爲管束矣。

小司寇凡命夫命婦不躬坐獄訟

注：「爲治獄吏褻尊者也。躬，身也。不身坐者，必使其屬若子弟也。」

按：猶今職官及婦女遣人作抱告。

士師之職

注：「城門有離載下帷。」疏「『離載下帷』者，謂在車離耦，耦載而下帷。恐是姦非，故禁之。」校勘記：「漢制考：『耦』字不重。按：不重者非也。『在車離耦』，謂獨坐一車者；『耦載而下帷』，謂同坐一車而下帷者。皆形近可疑。」

按：此於賈疏可通，而漢律之文則難通。「離」、「載」二字連文，今解「離」字爲「離耦」，又解「載」字爲「耦載」。律文本無「耦」字，憑空添入，殊無根據。此律重在「下帷」。若一人獨坐一車，又何可疑之有？考禮記月令「宿離不貸」，釋文「『離』依注，音儷，呂計反，偶也。」後漢書和熹鄧后紀注：「離，並也。」漢書公孫賀傳注：「偶，並也，對也。」文選文賦注「耦與偶，古字通。」賈疏語當以謂「在車」絶句，「離耦」絶句，離，耦也；疑脱「也」字。「耦載而下帷」絶句。二人爲耦，言二人並載入城門而下帷，故恐有姦非也。或曰「耦耦」當作「耦也」，乃「離」下小字，亦通。

今移民通財

注：「移民，就賤救困也；通財，補不足也。」按：移民，古法也。梁惠王以此爲「盡心」，原未可議。但平時虐用其民，則移民亦不過博盡心之名耳。

司刑掌五刑之　以麗萬民之罪墨罪五百劓罪五百宫罪五百刖罪五百殺罪五百

注：「刖，斷足也，周改臏作刖。此二千五百罪之目略也，其刑書則亡。夏刑大辟二百，臏辟三百，宫辟五百，劓、墨各千。」疏：「臏，本亦苗民虐刑，咎繇改臏作腓，至周改腓作刖。書傳云：『臏者，舉本名也。』案：呂刑『腓辟五百，宫辟三百』，今此云『臏辟三百，宫辟五百』此乃轉寫者誤。」

按：司刑五刑，爲二千五百，少於夏刑五百。而呂刑五刑之屬三千，則與夏刑同。疑司刑之二千五百，乃周初所定，呂刑之三千爲穆王所改。司刑刖次于殺，與夏之臏次大辟者同。呂刑宫次大辟，又與夏不同。夏刑臏三百，宫五百；呂刑宫三百、剕五百。夏以臏爲重，呂刑以宫爲重。此亦當爲穆王所改，訓夏而不全襲于夏，故輕重差不同。

賈疏以爲轉寫誤者，恐未必然也。司刑殺罪五百，宮罪五百，而呂刑則大辟二百，宮罪三百，此重罪減也。司刑墨、劓各五百，而呂刑墨、劓各千，此輕罪增也。「世輕世重」之文，當指此類。若輕重一無所改，則此文爲贅矣。至臏之與刖，其制不同。説文：「髕，厀耑也。」段注：「厀，脛頭節也。大戴禮〔曰〕：『人生朞而髕，髕不備則人不能行。古者五刑：臏、宮、劓、墨、死。』臏者，髕之俗字，去厀頭骨也。周改髕作跀，其字借作刖，斷足也，漢之斷趾是也。髕者廢不能行，跀者尚可著踴而行。踴者，踴足者之屨。莊子『兀者叔山無趾，踵見仲尼』，崔譔云：『無趾，故以踵行。』」是則跀輕於髕也。古文尚書呂刑説夏刑作剕，周本紀、漢刑法志、周禮・司刑注引尚書大傳，皆作『髕』。周禮注云：『周改臏作刖』，而公羊疏引鄭駁異義云：『臯陶改臏爲剕。』呂刑有剕，周改剕爲刖，與周禮注不合。足部云：『䠊，跀也。』跀即剕字，許謂剕（爲）〔即〕跀矣。鄭析䠊、跀爲二，不知其制何以分別。竊謂周禮注爲長，駁異義則未定之論，許説亦非是也。剕，惟見于呂刑，他經傳無䠊、言剕者。蓋䠊者髕之一名，故周禮説周制作『刖』，呂刑説夏制，則今文尚書作『臏』，古文尚書作『剕』，實一事也。周改髕爲跀，即改䠊爲刖也。許釋腓爲刖，非。鄭云『臯陶改髕爲剕』亦非也。」本按：御覽二百四十引尚書刑德考：「臏者，脱去人之髕也。」臏者，髕之俗字。去其髕，故其罪名曰髕。臯陶改髕作剕，必漢代相傳之舊説，其字作「剕」。白虎通亦作「腓」。腓，説文「脛腨也」，「腨」，「腓腸也」。易「艮其䠊」，疏云：「腓腸在足之上。」玉篇：「踁，腓腸前骨也。」漢書趙充國傳注：「脛，膝以下骨也。」史記殷本紀：「斮朝涉之脛。」龜策傳：「壯士斬其胻。」索隱：「胻，脚脛也。」然則腓者，斬脛、斬胻之謂也。與䠊同去，故名腓也。跀爲斷足，但去趾而已。公羊疏引駁義兩「腓」字作「剕」，恐傳寫肴誤。此疏所言正作「腓」也。髕去厀耑骨，腓去脛骨，刖去足，由重而漸即於輕，三者蓋不同。鄭於此注之「改臏作刖」，乃原始言之；其駁異義云「改腓作刖」，記其實也，兩説本不相背。孫臏斷足而以臏稱，襲用舊名，古人多有，未可拘拘於一説也。説文之「䠊」，許訓爲跀。剕者，䠊之或體，雖亦從非聲，正不必與腓同義。段以髕、剕爲一事而許、鄭並譏，似尚未審。白虎通以腓辟爲脱髕，蓋由一刑三名，遂相襲用，不必以此爲疑。

掌戮掌斬殺賊諜而搏之凡殺其親者焚之殺王之親者辜之

按：三者昏酷刑，而焚尤甚。先王忠厚之意，恐不出此。王莽作焚如之刑，爲世所詬病。今人疑周官有劉歆竄入之詞，此類是也。或曰：邾定公言「子殺父，凡在宮者，殺無赦；殺其人，壞其室，洿其宮而豬焉」。恐此經所謂「焚」者，乃焚罪人之室，非焚其人也。定公言殺其人，自是周法。如是，其言必有受也。

司寤氏禁宵行者夜游者

按：中夜爲宵，通夕爲夜。夜禁嚴則姦盜弭，今則首善之地有不申其禁者矣。

條狼氏誓僕右曰殺誓馭曰車轘誓大夫曰敢不關鞭五百誓師曰三百

注：「誓者，謂出軍及將祭祀時也。出軍之誓，誓左右及馭，則書之甘誓備矣。郊特牲説祭祀之誓曰：『卜之日，玉立于澤，親聽誓命，受教諫之義也。』師，樂師也。」疏：「僕，太僕，與王同車。通右與馭及王，四乘也。右，謂勇力之士，在車右，備非常。誓馭，謂與王馭車者也。」欽定義疏：「此專言軍旅之誓也。王在軍則王爲主將；王不在軍，則卿爲主將。主將居車中，在鼓下，而馭者在左，其右有兩人，此駟乘法也。主將誓人者，不在所誓之中。若叄乘，則將在左。主射亦在所誓矣，如甘誓所云是也。大夫則師帥、旅師也。事有當關白而不關者，則鞭之，「鞭作官刑」故也。師謂百夫之長，族師、鄙師以下也。不言敢不關，蒙上省文也。」

按：此四句專指軍事，故有殺轘之刑。鄭注兼祭祀言，蓋泥於太史、小史爲主禮事者，並訓「師」爲樂師，失之，當從義疏之説。義疏又謂祭祀之前，總誓百官，無爲特誓樂師。樂師無目，尤加矜敬焉，而誓之曰鞭三百乎？其説是也。惟春秋之時，出師者參乘爲多，故誓右，誓馭。大夫，則主將也。此指一乘三人言。「師」當訓爲「衆」，謂徒衆也。斯一軍之人皆在所誓中矣。轘大五刑之外，當爲軍中之刑，非常刑也。在傳言轘者三事，鄭高渠彌、陳夏徵舒皆在軍旅之中，惟楚觀起不關軍事，蓋不用常法矣。

誓邦之大史曰殺誓小史曰墨

義疏：「大史之職，『大師，抱天時，與大（史）〔師〕同車』。小史之職，『大軍旅，佐大史』。夫大史，即在軍中，有何所犯而至於殺乎？若夫祭祀之誓，不過矢其敬謹小心，執事有恪耳，要無大刑也。此二句蓋劉歆所增竄也。」經義述聞：「此經不可解者有三：上文曰僕右、曰馭、曰大夫、曰師，皆邦之官職也，而不言邦，獨至大史，則曰『邦之大史』，其不可解一也；刑之有殺有墨，恒視其罪之大小。何以大史所犯之罪必當殺，小史所犯之罪必當墨，其不可解二也；六官之屬，其於祭祀、軍旅者多矣，何以所誓者獨在史官，其不可解三也。今按二『史』字皆當爲『事』，古文『事』字之誤也。説文：『事，從史，出省聲。叓，古文事。』徐鍇曰：『此則出字，不省也。古文之叓，脱去上半則爲史矣。』訝士：『凡邦之大事聚衆庶，則讀其誓禁』，是邦之大事有誓之明證。準此以推，則下句之爲小事可知矣。大事重，則以重刑威之；小事輕，則以輕刑懼之。故誓邦之大事曰殺，誓小事曰墨也。』

按：王説是也，可無劉歆增竄之疑矣。祭祀之誓，不過申戒期日及禮文節度而已，斷無重罪當殺之事，舊説實雖通也。

壺涿氏若欲殺其神則以牡橭午貫象齒而沈之則其神死淵爲陵

疏：「儀禮大射云：『若丹若墨，度尺而午。』彼物射者所履，記安足之處，十字爲之。今此亦然。」

按「午貫」，即近世歐洲人之十字架也。蓋以爲鎮邪之用，其制亦云古矣。此與哲蔟氏以方書十日之號等以去夭烏，皆古人之禁法，今已失其傳。若目爲劉歆之所增竄，恐劉歆即欲增竄，必取重大之事足以媚莽者，必不及此等事也。

冬官

按：冬官書亡，其官名亦莫得而攷。考工記所列者，其末也。春秋時，宋有少司空，晉之司空亦大夫。以五官例之，大司空之下，當有小司空。地官卿師「執斧以涖匠師」，五官所無，當屬冬官。梓人職有「梓師」，注以梓師爲梓官之長，則又有匠師、梓師。儀禮大射之「工人士」，覲禮之「嗇夫」，左傳之「陶正」，疑亦皆冬官之屬，餘則無可考。「工人士」，疑以工人名官，而士其位也。

韗人

按：祭義「煇者用吏之賤者也」，即此「韗人」。「煇」，假借字。

陶人

按：虞閼父爲周陶正，見左傳。陶正，當爲冬官之屬，陶人之長也。閼父封陳，其職必不低，弟無以明之。

梓人

按：大射有「梓人」，當即此官，爲侯，是其職也。

有力而不能走則於任重宜

按：鄭以贏者爲虎豹之屬。然虎豹有力而不能任重，與此言不甚合。物之有力而能任重，惟馬駝之屬，然馬駝固善走者。不能走而有力能任重，但有贔屓之類。然贔屓乃大黿、蠵蠵之屬，與上文「大胷燿後」等語又不合，正不知何物足以當之。

儀禮

士冠禮

姜氏曾曰：「儀禮冠禮，先儒每謂拜母而遺父，必更有篇章以詳其儀節，而今不可考也。曾謂不然。考士冠禮『筮子廟門，主人元端朝服，即位于門東西面』，所謂『主人』，即冠者之父也。適子行冠禮，父主其事，舉凡筮日、筮賓、迎賓，皆父筮之、宿之、迎之也。主人立于門東，則兄弟在其質明行事，則宰告兄弟及有司。三加之後，冠禮已畢，則北面見于母。母拜受，以次見兄弟，見贊者，見姑姊，然後見于君，見鄉大夫、鄉先生。夫自筮賓、宿賓以及宰告有司，治事者，莫不咸在。自見母以至見鄉先生，所見者亦非一人，載之極詳，何獨遺其父耶？蓋諸凡拜見之人，皆父母之拜見也。其戒賓曰『某有子某』；又，主人曰『某獨願吾子之終教之也』，三加曰『兄弟具在，以成厥醮』，辭曰『始加元服，兄弟具來』。蓋賓者，代其父教之；贊者，代其父贊之；祝者，代其父祝之。贊辭兩言兄弟而不及父，以父爲主故也。且冠禮一篇，『主人』二字凡二十八見，何者非父？謂爲遺父者，皆坐不審『主人』二字耳！孟子曰：『丈夫之冠也，父命之。』『父命之』三字，足括冠禮二十八『主人』。」

按：經文「主人玄冠朝服」，注：「主人，將冠者之父兄也。」疏：「父兄者，一家之統。父不在，則兄爲主。可知故兼其兄也。又案：下文『若孤子，則父兄戒宿，冠之日，主人紒而迎賓』，則無親父親兄，放彼注云『父兄，諸父諸兄』，則知此主人迎賓，是親父親兄也。」據注疏，是「主人」者，父也；若父不在，則爲兄或諸父。諸兄不稱父而稱主人，統詞也，亦對乎「賓」之詞也。冠之時，主人亦在位；冠者受禮，拜奠觶拜，主人亦在其中。賓答拜而主人無文者，以父之奠也，非不拜父也。

遂以摯見於鄉大夫鄉先生

按：「鄉大夫」，禮記冠義作「卿大夫」。近儒説經者，各持一説。高郵王氏定爲「卿」字，説詳經義述聞。

士昏禮父母不降送

按：孟子曰：「女子之嫁也，母命之，往送之門。」是母實送之門也。桓三年穀梁傳：「禮，送女，父不下堂，母不出祭門。」與孟子合，而此「父母不降送」，未詳。

燕禮記

吴氏廷華章句「新宮未詳」。注云：「小雅逸篇。或云『新宮』謂宮之子聲，四清聲之一也。蓋以子聲奏南陔、白華、華黍也。子聲作于十二律之後，故曰新。」

按：左傳昭二十五年「宋公享昭子，賦新宮」，即曰賦，其爲詩無疑，今逸之耳。或説非也。或又以「新宮」爲小雅之斯干。朱子謂未有明證。

聘禮記殯不致賓不拜

顧氏炎武曰：「孟子所謂『廩人繼粟，庖人繼肉』，不以君命將之，恐勞賓也。」章句曰：「主君之惠，何論重輕！沐浴而食矣，何昔此拜乎？此疑有誤。或云此反言以見致饔之必拜耳，或然。」

按：顧説是。禮固不憚繁重，然一粟一肉必拜，未免僕僕矣。禮必有節，未聞無節之禮也。

覲禮嗇夫

按：「嗇夫」，注以爲司空之屬。敖繼公以爲大夫之譌。夏書「允征」傳以爲主幣之官，三説未詳孰是。蔡傳以「嗇夫」爲小臣。此經言「承命於天子」，恐未必是小臣。惟夏、周之制未必同，未容臆説。

喪服父爲長子傳曰何以三年也正體于上又乃將所傳重也

章句：「歷代並同，明會典改不杖期。」

按：今律亦不杖期，沿于明也。傳又云：「庶子不得爲長子，三年不繼祖也。」然則爲長子三年者，惟嫡子耳。

右齊衰三年

按：今制，齊衰服無三年者。父卒爲母，開元禮不分存没，明會典又改斬衰，今因之；繼母、慈母、同母，爲長子，明改不杖期，今因之，故無齊衰三年之服。

出妻之子爲父後者則爲出母無服

按：此謂適子也。古人重大宗，故適子服與衆子殊。自宗法不行，而此禮亦廢。

少牢饋食禮司馬刲羊司士繫豕

章句：「周官司馬奉馬牲，司士奉犬牲。據此，則司馬兼奉羊，司寇兼奉豕。天官謂司空奉豕，其不然歟？」

按：古者重太牢，牛、羊、豕也。周官司徒奉牛而羊、豕無文。羊人掌羊牲，屬於司馬。此經云「司馬刲羊」，則司馬兼奉羊，說似可信；猶之司寇奉犬而犬人屬之也。司寇兼奉豕，經既無文可證，且少牢乃大夫禮，本難以證。周官天官注謂司空奉豕，亦自羊人、犬人推之。羊屬南方，火，在夏官；犬屬西方，金，在秋官；則豕屬北方，水，當在冬官也。坤爲牛羊，屬土，故牛人在地官；巽爲雞，雞屬木，故雞人在春官。

日南讀書記　卷六

禮記

分毋求多

疏：「此元是衆人之物，當共分之；人皆貪欲，望多入已，故記人戒之，云所分之物，毋得求多也。」釋文：「分，扶問反」娱親雅言：「孔作如字讀，較勝於陸。」

按：二義實相引申，陸音蓋相傳如是。

百年曰期頤

注：「期，猶要也；頤，養也。不知衣服、食味，孝子要盡養道而已。」疏：「人生百歲，不復知衣服、飲食、寒煖、氣味，故人子用心要求親之意而盡養道也。朱子曰：「期，居宜反，周帀之義，謂百年已周也。」陳澔曰：「人生以百年爲期，故曰期。」

按：期，説文「會也」。鄭注「要也」，與許同意。但「期于盡養道而已」，疏謂「要求親之意」，似非鄭意。朱子讀爲「居易反」，字或作「朞」，帀，帀也。「帀一月曰期」，管子侈靡篇注。「帀四時曰期」，書（典堯）〔堯典〕注。左傳昭二十三年「叔孫旦而立期焉，」杜注：「從旦至旦爲期。」内則「期而食之」義同。是帀一日亦爲期也。今謂「帀百年爲期」，其義最確，較舊注爲長。若集注之説，則望文生義，非古訓也。

不登危懼辱親也

按：上文「不登高」四句，注云：「爲其近危，辱也。」疏：「『危』解不登高、不臨深，『辱』釋不訾、不笑也。」此二句注無文，疏亦不復申説。是以此二句專承『不登高』四句説，而「不服闇」一句遂遺却矣。以此節文法論之，恐不如是。吕氏大臨「不登高」四句以「危」、「辱」分詮，仍用鄭説，而於「孝子不服闇」以下三句，則云

「服闇、登危，是忘親也；非特忘之，不令之名且將加之，是辱親也」一串説下，較疏義爲勝。

黍曰薌合

疏：「夫●秫者曰黍。秫既軟而相合，氣息又香，故曰薌合也。」

按：説文：「黍，禾屬而黏者也。」孔疏有「軟而相合」之語，然禾屬之「軟而相合，」不惟黍、專屬之黍未爲確也。竊謂此以黍之登于量者也。漢書律歷志：「量者，龠合升斗斛也。所以量多少也。本起於黄鐘之龠，用度數審其容，以子穀秬黍中者千有二百實其龠，以井水準其概，合龠爲合。十合爲升，十升爲斗，十斗爲斛。斛而五量佳矣。龠者，黄鍾之律之實也；合者，合龠之量；升者，登合之量也；斗者，聚升之量也；斛者，斛斗平多少之量也。夫量者，躍於龠，合於合，登於升，聚於斗，角於斛也。合、龠者，二龠也。以十龠爲合者非也。合、龠爲合，方以十累爲升、爲斗、爲斛。」是量之數，以黍之實於龠者爲準而量之，登以合、龠之合爲準。故黍之號曰「薌合」，以其登于量者言也。項安世嘗有是説，今爲闡明之。

粱曰薌萁

注：「萁，辭也。」疏：「萁，語助也。」釋文：「萁字又作『箕』，同，音姬，語辭也。王音期，期，時也。」

集説：「粱穀之强，其莖葉亦香，故曰薌萁。」

按：以「萁」爲語辭者，蓋其字本作「其」，讀如「夜如何其」之「其」。周禮太祝注引作「粱曰香其」，此其證也。然以爲語辭，則「粱」獨以「薌」名，與黍且無別，於告神之義爲不文。况諸物之號義，各有專屬，粱不應獨異，王讀萁爲期，期，時也。殆以爲薌之時歟，然薌之時，獨粱之一物爲然？則鄭、王二説皆非也。考其本義，説文「豆莖也」，其字或作「⿱艹忌」。孫子作戰篇「⿱艹忌秆十石」，曹操注：「⿱艹忌，意忌，豆稭也。」潘岳馬汧督誄作「萁稈」。禾莖曰藳，亦曰稾。不曰稈稾而曰萁者，假借之通稱。黍穗曰梨，而禾穰曰列。列乃梨之省文。禾稾之去皮者曰稭，而豆也稱莖。麥莖曰稿，而亦稱稭，並假借之詞。粱之稱萁，亦猶是也。其字或作「箕」。尚書「箕子」，北魏孝文帝碑作「萁子」。又作「其」「其」者，「箕」之古文。易明夷「箕子」，釋文：「本作『其』，或假用『棋』」。史記律書「南至於箕者」，言萬物根棋，故曰箕，明夷釋文：「箕子，劉向作『荄滋』。」則其義當訓爲根荄之荄。説文：「荄，艸根也。」梁之根荄皆薌，異於他穀，故曰薌萁。淮南時則訓：「爨萁，燧火也。」注：「萁，讀爲荄備之荄。」古音其聲，亥聲同在之咍部，故音義得相通也。

檀弓

孔子少孤不知其墓殯於五父之衢一節

疏：「孔子既少孤失父，其母不告父墓之處。今母既死，欲將合葬，不知父墓所在，意欲問人。故若殯母於家，則禮之常事，他人無由怪已。故殯於五父之衢，欲使他人怪而致問於已。外人見柩行路，皆以爲葬。但葬，引柩之時，飾棺以柳翣；其殯引之禮，飾棺以輤。當夫子飾其所引之棺以輤，故曰其引也，蓋殯也。殯不應在外，故稱『蓋』，爲不定之辭。於時聊曼父之母，素與孔子母相善，見孔子殯母於外，怪，問孔子。孔子因其所怪，遂問聊曼父之母，始知父墓所在，然後得以父母尸柩合葬於防。」集説：「家語：『孔子生三歲而叔梁紇死。』是少孤也。然顏氏之死，夫子成立久矣。聖人人倫之至，豈有終母之世不尋求父葬之地，至母殯而猶不知父墓乎？且母死而殯於衢路，必無室廬。而死於道路者，不得已之爲耳。聖人禮法之宗主，而忍爲之乎？此經襍出諸子所記，其間不可據以爲實者多矣。孟子曰：『主癰疽，與侍人瘠環，何以爲孔子？』愚亦謂終身不知父墓，何以爲孔子乎？」江永曰：「『不知其墓殯於五父之衢』十字，當連讀爲句。蓋古者埋棺于坎爲殯，殯淺而葬深。孔子父墓實淺葬于五父之衢，因少孤不得其詳。至是母卒，欲從周人合葬之禮，卜兆于防，惟以父墓淺深爲疑。殯則可遷，若葬則不可輕動。其慎也，蓋謂夫子再三審慎，不敢輕啓父墓也。後乃知其果爲殯而非葬，由問于聊曼父之母而知之，是以啓殯而合葬于防，『蓋殯也』兩句爲倒句。不然，豈有孔子而不知父墓乎？」

按：江説本於高郵孫濩。孫檀弓論文，設想甚巧。羣經本議：「古者大斂之後，掘肂埋棺，以木覆棺上而塗之爲火備，所謂殯也。殯與葬自是二事，未聞以深者爲葬、淺者爲殯也。」此駁殯淺葬深之説甚是。蓋孫氏南人，習見殯淺葬深，妄意古亦如是。豈知北方葬者，多深至數尺，與殯者大不相同。即以今日情形論之，亦不合也。且終母之世不知父柩之爲殯爲葬，與不尋求父墓者何以異？左傳襄十一年「詛之五父之衢」，杜注：「五父，衢道名，在魯國東南。」定公八年「陽貨出舍，于五父之衢入陽關，由陽關奔齊」，當是魯之齊大路。爾雅：「四達謂之衢。」郭注：

「交道四至。」則衢爲衝要之地，豈能任殯柩於此？況父柩久殯乎？叔粱紇爲魯大夫，有位于朝，必不至無地可葬，而殯于四達之通途。孫説雖巧而未當也。平議謂古者墓而不墳，但有兆域而已；孔子少孤，未能躬親窀穸之事，母亦年少，未必親見，安能實知其體魄之所在？此説似是而亦非。古者雖不封樹，豈無兆域？烏至體魄所在竟不能知？況周時有墓大夫掌邦墓之地域而爲之圖，令國民族葬而掌其禁（今）［令］。是凡民之墓，其地域尚有圖可考，則大夫之墓何至子孫亦不知乎？檀弓所記可疑者多，此其尤者耳。史記世家略同，則謬以傳謬，當時莫之能辨。孔叢子陳士義篇已斥此事爲虚造謗言，以誣聖人，又何必曲爲之説哉？

穆公之母卒使人問於曾子

按：此曾子乃曾申，參之子也，當時亦稱曾子。

馬鷩敗績

釋文：「馬鷩敗，一本無『鷩』字。」

按：吕氏云：「釋文作『馬鷩敗』而無『績』字，與今本釋文異」。

童子曰華而睆大夫之簀與

按：此童子知禮，當爲曾門高足，惜不傳其姓氏。

曾子指子游而示人曰夫夫也爲習於禮者

按：毋道人之短，君子忠厚之意也，況於衆人屬目之地，指而示人「夫夫」之稱，幾同「夫已氏」矣。曾子當不出此，記禮者之過也。

司寇惠子之喪

注：「惠子，衛將軍文子彌牟之弟　惠叔蘭也。」疏：「案：世本『靈公生昭子郢，郢生文子木及惠叔蘭，蘭生虎，爲司寇氏；文子生簡子瑕，瑕生衛將軍文氏』。然則彌牟是木之字。」

按：本文云「子辱與彌牟之弟游」，凡三言之，則彌牟是其名，非字也。左傳哀二十五年稱公孫彌牟，又見「子之」句下，杜注：「子之，公孫彌牟文子也。」是文子字子之，與世本異。世本云名木者，豈有二名歟？又疏所引世本「瑕生衛將軍文氏」句，「生」當是「爲」之譌。一爲司寇氏，一爲文氏也。惟左傳云「公之入也，奪南氏邑」，杜注：「南氏、子南之子公孫彌牟。」二十六年傳云：「立悼公，南氏相之。」是文子後爲南氏。子南，郢之字，以王公之字爲氏也，不得爲文氏。此文云「將軍文氏之子」，與世本合，與左傳不合，且與春秋時命氏之制亦不合，恐世本有誤也。又，左傳有司寇亥而無司寇蘭，或别是一人。又，左傳衛官無將軍之名。他國有稱將軍者，亦不過爲當時之尊稱，非官名。此書曰將軍文子，是直以爲官名，與春秋時之制亦不合。

后木

按：世本「后」作「厚」，見疏。左傳作「郈」。漢書古今人表「厚昭伯」，即左傳之「郈昭伯」也。

仲梁子

韓非子顯學篇：「自孔子之死也，有子張之儒，有子思之儒，有顔氏之儒，有孟氏之儒，有漆雕氏之儒，有仲良氏之儒，有孫氏之儒，有樂正氏之儒。」陶潛羣輔録：「仲梁氏傳樂爲道，以和陰陽，爲移風易俗之儒。是其人與？」按：羣輔録「八儒」説，其名本之韓非。「梁」、「良」同聲通用。左傳定五年「仲梁懷，季氏家臣」，是魯有此氏，故鄭注云：「仲梁子，魯人也。」

知悼子卒

集説：「名罃。」

按：悼子名盈，其祖武子，名罃。此傳刻之誤，鄭注不誤。

襲莒于奪

注：「春秋傳曰：『杞殖華還，載甲夜入且子之隧。』『隧』、『奪』聲相近。或爲『兑』。」釋文：「奪，徒外反。注並兑同。」字典大部「奪」下云：「按左傳襄公二十三年：『齊侯襲莒，杞殖華還，載甲夜入且于之隧。』杜注：『且于，莒邑；隧，狹路。』鄭玄引之證經，云『隧、奪聲相近』，又云『或作兑』。據此，則『奪』非地名。

『敚』古『奪』字，『兑』即『敚』之省文。陳澔失考，誤音『兑』。字書因之訓地名，並非。」

按：古「奪」作「敚」。吕刑「奪攘」，説文引作「敚攘。」此記當是「敚」字，或以今字改「奪」，或省作「兑」。「兑」、「隧」聲近，故假借用之。史記趙世家「趙與燕易土，以龍兑與燕」，集韻十三末「徒活切」下：「兑，龍兑，地名，在趙。」集説「奪音兑」，實本釋文，似非失考。「兑」，實有地名，字書似亦非誤。

王制

刑人於市與衆棄之

疏：「刑人於市，亦謂殷法，謂貴賤皆刑於市。周則有爵者刑於甸師氏也。」按：惡人，衆所共棄，故於市（行）［刑］之。後世以棄市爲示警，或且以爲示威，皆失古人之意。此恐是三代通法，未必專出於殷，疏語似泥。

月令

賞公卿諸侯大夫於朝

集説：「本奪『諸侯』二字，石經及各本皆有。

毋肆掠

注：「肆，謂死刑，暴尸也。周禮曰『肆之三日』。掠，謂捶治人。」疏：「春陽既動，理無殺人，何得更有死尸而禁其陳肆者？蓋是大逆不孝罪甚之徒，容得春時殺之；殺則埋之，故禁其陳肆。」應氏鏞曰：「肆，縱也。肆意任意答製，雖刑不可縱也，桎梏且欲去之，况敢暴尸乎？」

按：此仍舊説，亦可謂停止死刑也。古者死刑必陳尸。「毋肆」，即禁止殺人也。上文「囹圄」、「桎梏」，下文「獄訟」，皆是二事，此句不應爲一事；且肆意答敝，平時皆應禁之，不獨仲春也。

是月也祀不用犧牲用圭璧更皮幣

注：「更，猶易也，當祀者古以玉帛而已。」疏：「非但用圭璧更易，又用皮幣以更之。故在圭璧、皮幣之中，

上下有也。」

按：吕覽、淮南皆作「更」。高誘淮南注：「更，代也。」説文示部引月令，「祀」作「祠」，「更」作「及」。江沅曰：「言用不言代，義已瞭。或『更』字即『及』字，許據本作『及』也。鄭訓『易』，高訓『代』，寘圭璧、皮幣中間，似未妥。」此説是。今記當以許正之，「祀」亦當作「祠」，春祭也。羣經平議謂「更」字即周禮女御「招梗禬禳」之「梗」。然「梗皮幣」三字，義亦不明，不如從許本之爲得也。

分繭稱絲效功

按：「稱」，唐韻「知輕重也」。

可以美土彊

校勘記：「土彊，惠棟校宋本、宋監本，并作『彊』。岳本同，嘉靖本同石經。此本『彊』，誤『疆』，閩、監、毛本同。衛氏集説同。注放此。釋文出『土彊』，云『注同』。此本疏中皆作『彊』，不誤。」

按：鄭注：「土彊，彊檗之地。」孔疏：「强是不軟，檗是罅鬬也。並謂磦礰磊磈之地也。」草人職云：「彊檗用蕡」，「彊檗，强堅者也。」是鄭、孔所據本作「彊」。周禮『彊檗』，唐石經、宋本、余本、嘉靖本作「彊」，而閩、監、毛本作「疆」，釋文及羣經音辨其誤並同。「彊」、「疆」不同字，如此記作「疆」，鄭當有説也。釋文盧本此記作「疆」，而撫州本禮記釋文作「彊」，可見「疆」者誤。吕覽、淮南作「疆」，高誘注：「疆，界畔。」是其所據本與鄭不同，惟此言行水殺草之利，與界畔之義無涉，自以鄭義爲長。

命理瞻傷察創視折審斷決獄訟必端平

注：「創之淺者曰傷。」釋文：「審斷決，丁亂反，下同。蔡徒官反。一讀絶句，『決』字下屬。」蔡邕曰：「皮曰傷，肉曰創，骨曰折，骨肉皆絶曰斷。」陸佃曰：「傷，瞻之而已；創，然後察也；折，視之而已；斷，然後審也。」義疏：「於『審斷』句無訓。蔡氏以審斷爲句。吴氏纂言從之。方氏以『審斷決』爲句，陳氏集説從之。而按之文義，蔡氏爲確。」

按：釋文兩讀並載，以蔡説爲是。傷者，唐律之見血爲傷也；創者，唐律之拔髮方寸以上若血從耳目出及内損吐血等也；折者，唐律之折齒，毀缺耳。鼻等也；斷者，唐律之至篤疾若斷舌也。如以「審斷決」爲句，既曰審，又曰斷決，語意重複矣。

山林藪澤有能取蔬食

呂覽、淮南「蔬」並作「疏」。

曾子問

則昔者衛靈公適魯遭季桓子之喪

注：「靈公先桓子以魯哀公二年夏卒，桓子以三年秋卒，是出公也。」

按：靈公於二年四月卒，出公輒立；六月，晉趙鞅納世子蒯聵于戚。三年春，石曼姑，齊國夏帥師圍戚，求援于中山。是其〔時〕衛方有内難，其君烏能適魯？且出公即位甫年餘，喪服未終，安有無故適人之事？春秋自隱訖哀，衛之君未見有適魯者。當時朝魯者，滕、薛諸小國耳。此所記必有誤。

文王世子

武王九十三而終

按：下云：「成王幼，不能涖阼據明堂位。」疏：「家語云：『武王崩，成王年十三。』」鄭康成則以爲成王年十歲。如武王九十三而終，則成王之生，武王年八十一或八十四矣。年逾八十而生子，罕聞之事。此等記載皆不可信。金履祥以武王年五十四，則成王年幼，差爲近理。成王幼不能涖阼，周公相，踐阼而治。按：書金〔滕〕〔縢〕「武王崩，管叔流言，周公避居東國」，則周公攝政之事且中輟，更何踐阼之有？書洛誥言「誕保七年，」而無「踐阼」之文。史記周本記亦弟云「周公行政七年」，知此記「踐阼」之文之未足信也。

書在上庠

徐師曾曰：「删書始自虞，故在上庠。」

按：刪書者孔子，非武王、周公也，不得附會。

禮運

大道之行也天下爲公二節

按：篇首「大同」、「小康」之説，石梁王氏以爲有老氏意，非儒者語。集説取之，遂以爲非夫子之言。黄震亦謂意匠微近老子。竊謂此篇名禮運，運，氣運也。氣運有升降，而治道因之。「大同」、「小康」皆氣運爲之。畢命曰：「道有升降，政由俗革。」可見氣運所致，雖聖人不能不與時推移。老氏謂「禮起於忠信之衰，道德之薄」，蓋惟忠信衰、道德薄，而後禮之用彌急。老氏之語，當善會之也。義疏云：「大周之世，民風襛穆，日行禮而不知至三代，乃覺其以禮爲教耳。以唐虞視羲、農，則唐虞已覺其文；以夏、殷視成周，則夏、殷猶存其樸。此皆天地風氣日開，人心機智日生之故。聖人之治，與時爲宜，正不得高五帝而卑三王也。但孔子謂『韶盡善，武未盡善』，孟子謂『堯、舜性之，湯、武反之』，聖人分上有不同，則德化淺深亦自有異。」此段亦從運會上説，自是定論。説者忘却篇名禮運，遂妄生疑障耳。家語載此篇後節之文較略，或謂王肅言。禮記所述孔子之言，皆家語文，遂謂此篇後人有所增竄。不知家語一書，係王肅采集紀傳所成，乃肅取禮記，非禮記取家語也。惟義疏謂：「『故謀用是作』十字，當在『貨力爲己』下、『大人世及』上，此錯簡耳。」其説良是。此節「貨力爲己」及「謀作兵起」二句，言氣運之變；「大人世及」以下，言六君子謹禮以維氣運。孔疏：「姦詐之謀用是貨力爲己而興作，而戰爭之兵由此貨力爲己而發起」，亦以「謀作兵起」緊承「貨力爲己」説，文義固甚明也。

魯之郊禘非禮也周公其衰矣

按：據此語，則成王賜、周公受之説，其爲後代之附會甚明。

天子大蠟八

疏：「大蠟八者，即鄭注云『先嗇一，司嗇二，農三，郵表畷四，猫虎五，坊六，水庸七，昆蟲八』。」按：八神之目，蔡邕獨斷同此，殆漢師相承之舊説，疏及釋文並因之。王肅始爲異説，去昆蟲而分猫虎爲二。本文下云「饗禽獸」，孔疏：「禽獸者，即下文云『猫虎之屬』。言禽獸者，猫虎之外，但有助田除害者，皆悉包之。下特云『猫虎』，舉其除害甚者。」此説最是。言猫虎則不能包，况又分爲二耶？則王説非也。閻氏四書釋地云：「昆蟲乃蠟辭中所祝者，與草木一類耳。」此以王之去昆蟲爲是者。錢氏潛研堂〔文〕集又云：「或謂昆蟲害稼，于禮不當祭。予謂人與物一也。螽蝝螟蝗之害稼，亦由政治之失而生，則必有神以司之矣。祭之，俾上之人知其警戒，而小民亦有所恃以無恐。此八蠟之所以終昆蟲也。」此與今日蝗蟲爲灾，必祭劉猛將軍者相似。然「蠟」乃報祭，無示警之意。且昆蟲與草木同在祝辭中，何獨取昆蟲而遺草木。木祭即無明文，則鄭、蔡之説亦非也。後束各家，或祖鄭説，或祖王説，或去先嗇，或分郵表畷爲二，或分禽獸猫虎爲三。近人蔡啓盛經窺又以農爲田畯，是人間之官，何得襍於鬼神祇中？遂欲以百種易農。諸説紛如，此皆不就本文求之，而各逞其臆見，致無定説耳。記文言「主先嗇」、「祭司嗇」、「祭百種」，曰「饗農」，及「郵表畷」、「禽獸」曰「祭坊」與「水庸」，明白如此而必别爲之解，徒自亂耳。陳祥道禮書以記文爲斷，張子及焦竑、閻百詩、徐師曾、江永並主之，自不可易。然則八神者，先嗇一，司嗇二，百種三，農四，郵表畷五，禽獸六，坊七，水庸八。羣經平議亦主以禽獸易猫虎。諸説紛紛，皆可置之不論矣。

祊之爲言倞也肵之爲言敬也

按古音方聲、京聲，同在陽唐部，故相轉注。肵從斤聲，在諄文部；敬聲在庚耕部，二文不同部。上文不見「肵」字，疑有誤。

内則

芝栭

注：「自牛修至此三十一物。」疏：「芝栭者，庾蔚云：『無華葉而生者曰芝栭。』盧氏云：『芝，木芝也。』王肅云：『無華而實者名栭，皆芝之屬也。』庾又云：『自牛脩至薑桂凡三十一物，則芝栭應是一物也。今春夏生於木，可用爲菹，其有白者不堪食也。』賀氏云：『栭，軟棗，亦云芝木椹也。』以芝栭爲二物。鄭下注云「三十一物」，則數芝栭爲一物也，賀氏説非也。」

按：「芝」從艸，「栭」從木，似不得爲一物，此當以爾雅訓之。釋草「苬芝」，郝氏義疏：「經典言芝，止有蕈菌。」類聚九十八引爾雅作「菌芝」。蓋「菌」字破壞作「苬」耳，證以列子湯問篇「朽壤之上有菌芝」者，殷敬順釋文引諸家說，即今糞土所生之菌也。莊子逍遥游篇釋文引司馬彪、崔譔並以「菌」爲「芝」。然則爾雅古本正作「菌芝」，故莊、列諸家竝見援摭。又釋木「栵栭」，郭注：「樹如槲樕而庳小，子如細栗，可食。今江東亦呼爲栭栗。」詩釋文引舍人云：「江、淮之間呼小栗爲栭。栗。」廣韻：「楚呼爲茅栗也。」古今品物殊名，本難甄合。爾雅最古，以之釋經較爲可據。盧云：「本芝，當爲木耳之屬，與菌同類。」王云：「無華而實，而芝栭本非實。」庾云：「無華葉而生」。則凡今之菌類、木耳，皆可該之。如庾說，當以生于地者爲芝，生于木者爲栭，亦一類而二物也。宋人說者雖不盡同，然皆以爲二物。

玉藻

徒坐不盡席尺讀書食則齊豆云席尺

按：此即曲禮所云「虚坐盡後，食坐盡前」也。舊以「讀書食則齊」爲句，其說甚明。石梁王氏以「讀書食」三字句，「則齊豆去席尺」六字句，謂食則豆，去席尺，讀書則與豆齊，亦去席尺，是謂「齊豆去席尺」。義疏已駁其說之支矣。然以「齊豆」連文，亦有所本。孔疏：「或云讀書聲當聞尊者，故人頭臨前一尺。食爲汙席，人頭臨豆，與豆齊，故云齊豆。」弟以人頭言，故可通，石梁之說則難通也。

垂緌五寸惰游之士也元冠縞武不齒之服也

按：此殆即古之象刑歟？

學記

鼓無當於五聲五聲弗得不和

經窺：「六鼓不爲樂，其革之一音，在鞀鞞而不在鼓也。釋名云：『鞀，遵也，所以道樂作也。』周官太師『鼓輮』注，先鄭謂輮讀爲遵引之引，后鄭謂鼓輮猶言繫輮。是則鞀輮有導引衆樂之義，而鼓反無之。」

按：大射禮云「建鼓在阼階西，應鼙在其東。」注：「鼙，小鼓也，在東便其先繫小、後繫大也。」又云：「西階之西，建鼓在其南，朔鼙在其北。」一建鼓在西階之東，是同時有三鼓也。又云：「奏肆夏、周禮」鐘師云：「以鐘鼓奏九夏。」是夏之奏必用鼓也。此堂下之樂也。又云：「命樂正曰命用樂，樂正曰諾，司射遂適堂下，北面而視，上射命曰不鼓不釋。」注：「不與鼓節相應，不釋筭也。」鼓亦樂之節，是又專以鼓爲節矣。投壺篇末詳載魯鼓、薛鼓之音節，取半以下爲投壺禮，盡用之爲射禮。是射禮之鼓，音節尤全。乃經窺謂大射之鼓，視有若無，何未之考歟？周禮鼓人以雷鼓，鼓神祀以靈鼓，鼓社祭以路鼓，鼓鬼享以㞢鼓，鼓軍事以晉鼓，鼓役事以晉鼓、金鼓。奏是六鼓，各有所主，而奏九夏者，無不有鼓，鼓用廣矣。詩靈臺之泳辟雍曰：「鼉鼓逢逢，矇瞍奏公」執競曰：「鍾鼓皇皇。」並言其聲之和也。有瞽言縣鼓，那言庸鼓。泠州鳩云：「革木以節之。」革之聲，鼓爲大原，不僅鞀輮而已也。蔡説非是。

樂記

有遺音者矣　有遺味者矣

按：「遺」有「遺餘」、「遺忘」二説。鄭以「遺餘」爲説，集説仍之。史記樂書正義兼有二説。劉敞用「遺忘」説。經義述聞以「遺忘」爲長，言所貴不在音味，有遺忘乎音味者矣。竊謂以此節之文義而論，仍以「遺餘」爲勝。此段之「瑟大饗之禮」，本言乎音希味淡，與上文「樂之隆食饗之禮」相對，言樂之隆，音之美者也。而曰：「非極音食饗之禮」，味之備者也；而曰「非致味」，乃音希者有餘音，味淡者有餘味，兩相激射，而不貴音味之意益明。若云忘音，忘味，非不切當，然文意徑直，興象索然矣。此等處不當但以訓詁求之，然即以訓詁言，「遺餘」視「遺忘」深一步。

子貢問樂

按：樂記乃劉向校書所得，凡十一篇，合爲一篇。鄭氏目録分樂本、樂論、樂施、樂言、樂禮、樂情、樂化、樂象、賓牟、賈師乙、魏文侯。此章結曰「子貢問樂」，題上事也。疑各章之後，原皆有題目，今挩之耳。

祭義

以爲黔首則

注：「黔首，謂民也。」疏：「案：史記云：『秦命民曰黔首。』此紀作在周末秦初，故稱黔首。此孔子言，非當秦世以爲黔首。録記之人在後改之耳。説文：『黔，黎也，謂民爲黔，謂黑色。周謂之黎民』」

按：家語廟制篇作「以爲民則」，王肅所改也。戰國策趙策：「惠公謂襄王曰：『先王必欲少留，而扶社稷、安黔首也。』墨子貴義篇：「黔首，黑也。」並周末人語，疑當時先有此稱，秦時取以爲專名耳。

風戾以食之

注：「風戾之，使露氣燥。」疏：「戾，乾也。」釋文：「戾，燥也。」

按：孔、陸之解殆從鄭注出，唐以前訓詁如此。方氏云：「戾，至也，風至則乾。」此不用舊説也。羣經平議：「戾，反也，就風前反覆之，使露氣乾燥也。」此又别爲一説。

祭統

訖其耆欲

注：「訖，猶止也。」

按：説文：「訖，止也。」上文言「耆欲無止」，此變文。方氏分「止」、「訖」爲二，非。

哀公問

周臣敢無辭

按：「固臣」舊無訓解。以下文「固不固」推之，當作固陋解，亦自謙之辭。

仲尼燕居

以之閨門之内故三族和也

注：「三族，父、子、孫。」

按：上言「閨門之内」，則三族不數母族、妻族，其説甚明。張晏之説非也。

坊記

陽侯猶殺穆侯

疏：「陽侯、穆侯是兩君之謚，未聞何國君。」

按：春秋閔二年「齊人遷陽」，杜注：「陽，國名。」周書史記篇「陽氏以亡」，其書穆王時作，陽氏之亡，當在其前，非春秋之陽。或即是一國，已滅而别封也。漢書地理志城陽有陽都縣，故城在山東沂州沂水縣南，當是其地。淮南氾論篇「陽侯殺蓼侯而竊其夫人」，即此事。高注：「蓼侯，皋陶之后，偃姓之國侯，今在廬江。」「繆」，蓋同聲叚借字。「繆」，「蓼」，並從參聲也。經義述聞曰：「凡稱諸侯，必以其國。豈有舍其國而但舉謚者乎？」然則孔疏以爲謚者非也。謚法無「陽」，亦不當以「陽」爲「煬」之通借。

中庸

孔叢子言中庸四十九篇，而今止一篇者，古簡繁重，故分四十九。家語後序言四十七篇。「七」，或「九」之譌也。唐李翺復性書曰：「子思作中庸四十七篇，遭秦焚書，中庸之存者止一篇。」未見所據，恐是臆説。漢藝文志有中庸説二篇，此説經者之篇帙，難以證本書也。

國有道不變塞焉鴡哉矯國無道至死不變强哉矯

鄭注：「塞，猶實也。國有道不變以趨時，國無道不變以辟害。」

按：此古注之當從者。書皋陶謨「剛塞」，史記「塞」作「實」。詩燕燕「其心塞淵」，崔集注本「塞」作「實」。此古「塞」「實」通借之證。即參諸朱子中庸章向之說，亦未嘗相悖也。

緇衣

故言必慮其所終而行必稽其所敝

按：易曰：「君子以永終知敝。」

故上不可以褻刑而輕爵

疏：「列爵不中，則懲勸失所。故君子不可輕褻之。」皇侃曰：「爵禄加於小人，不足勸人爲善；刑罰加於無罪，不足耻其爲惡。」

按：「褻」者，非但加於無罪之謂也。即當刑者而任意於輕，則人有玩心；任意於重，則威亦有時而竭，而人不畏矣。「輕」者，非但加於小人之謂也。即當爵者而施不當其事，則受之者有愧。或無事而施，則受之者亦不以爲榮也。

葉公之顧命曰毋以小謀敗大作毋以嬖御人疾莊后毋以嬖御士疾莊士大夫卿士

困學紀聞：「周書祭公篇：『公曰：汝無以嬖御固莊后，汝無以小謀敗大作，汝無以嬖御士疾大夫卿士，汝無以家相亂王室而莫恤其外。』葉公當作祭公。疑記禮者之誤。」九經古義：「此傳寫之誤，非傳禮之誤。二禮如明堂位、文王官人，皆采自周書。」

按：周書序「穆王因祭祖不豫謀守位」，作「祭公」，是。此篇乃祭公謀父將歿時作，故謂之顧命。「葉」爲「祭」之譌，灼然無疑。孔子卒時，葉公尚在，不得引其顧命。鄭注未加糾正，集説仍之，是其疏也。

君雅曰夏日暑雨小民惟曰怨資冬祈寒小民亦惟曰怨

注：「雅，書序作『牙』，假借字也。資，當爲『至』，齊、魯之語，聲之誤也。祈之言是也，齊西偏之語也。

至冬是寒，小民又怨。」集説：「資，書作『咨』，此傳寫之誤。而下復缺一『咨』字，鄭不取書文爲定，乃讀資爲至。」

按：「君牙」，乃古文尚書，鄭所未見，非不取也。「咨」「資」同聲，可相假借。「祈」，書作「祁」，孔傳以「祁」爲大。今案：莊子天道「幾乎後言」，釋文引司馬注：「頎，長也。」「祈」、「頎」同聲，似當訓爲長。言寒之長，小民怨也。

服問

傳罪多而刑五喪多而刑五上附下附列也

注：「列，等比也。」釋文：「列，徐音例。注同。本亦作『例比』，必利反。」

按：此所言「上附下附」，乃定律之時，以上下定之，不出於五列之外，非謂既定之律，可以上下其手也。

鄉飲酒禮

讓之三也象月之三日而成魄

釋文：「魄，普百反。説文作『霸』，云〔月〕〔始〕〔如〕生魄然也。」集説：「劉氏曰：『以月魄思之，望後爲生魄，然人未嘗見其魄。蓋以明盛則魄不可見。月魄之可見，惟晦前三日之朝，月自東出，明將滅而魄可見；朔後三日之夕，月自西將墮，明始生而魄可見，過此則明漸盛而魄不復可見矣。蓋明讓魄則魄現，不讓魄則魄隱。魄陰象賓，明陽象主。主人讓賓至於三，象明之讓魄在前後三日。故曰讓之三也，象月之三日而成魄也。』」

月者三日則成魄

疏謂：「月盡之後三日乃成魄，魄謂明生旁有微光也。此謂月明盡之後而生魄，非必月三日也。若以前月大，則月二日生魄；前月小，則三日生魄也。」陸佃曰：「成魄謂望後三日，且月以生明爲進，生魄爲退。退讓之事也。」朱子曰：「魄者，月之有體而無光處也。故書言『哉生明』、『旁死魄』，皆謂月三日月初生時也。凡言『即生魄』，即謂月十六日月始闕時也。今此篇兩言『月三日成魄』，疏知其謬而曲徇之，故其説相戾之甚」。

按：月之生魄，朔後、望後兩説不同。易乾鑿度：「月三日成魄，八日成光。」類聚。説文：「朏，月未盛之明也。從月、出。周書曰：『丙午朏』。」「霸，月始生魄然也。承大月，二日；承小月，三日。從月，雩聲。周書曰：『哉生霸』。」「朏」下段注曰：「律歷志曰：『召誥曰：惟三月丙午朏，周公（七年）復子明辟之歲三月甲辰朔之三日也。畢命、豐刑曰：惟十有二年六月庚午朏，王命作策。豐刑，康王十二年六月戊辰朔之三日也。』志引古文月采篇曰：『三日曰朏。』按：尚書正義曰：『周書月令云：三日粵朏。』疑即取諸漢志，而『月采』作『月令』，未知孰是。」句讀曰：「詩天保疏云：『日月在朔交會，俱右行于天。日遲月疾，從朔而分。至三日，月去日已當二次，始死魄而出。』」「霸」下段注曰：「馬注康誥云：『魄，朏也。謂月三日始生兆朏，名曰魄。』白虎通曰：『月三日成魄，八日成光。』按：已上皆謂月初生明爲霸，而律歷志曰：『死霸，朔也；生霸，望也。』孟康曰：『月二日以往明生魄死，故言死魄。魄，月質也。』三統説是，則前説非矣。」句讀改二日爲月生二日謂之魄，三月爲月生三日謂之朏。注云：「依御覽引補。馬注康誥意是『朏』、『魄』通名，許君分爲二者。『朏』爲三日，已見上注；「霸」爲二日者，武成『惟一月壬辰旁死魄』，傳云：『月二日近死魄。』正義曰：『此月辛卯朔，朔是死魄，故月二日近死霸。』案：此『霸』爲二日之證。」特所説與律歷志同，不與馬、許同。義證曰：「顔延年曲水讌詩『朏魄雙交』，注謂『三日』也。凡朏魄之交，皆在三日之夕。詩推度災月三日成魄，八日成光。」論衡調時篇：「月三日魄，八日弦，十五日望。」此朔後之説見于緯書，班固取之。東京大儒如馬融、許慎及王充，所説並同。後來陸德明、李善及孔穎達，此記之疏並與許同。似未便以漢志之言而遽疑此記爲謬也。漢書律曆志：「武成篇曰：『粵若來三月既死霸，粵五日甲子，咸劉商王紂。四月己丑朔死霸。』死霸，朔也；生霸，望也。」是月甲辰望乙巳旁之，故武成篇曰「惟四月既旁生霸」。成王三十年四月庚戌朔十五甲子「哉生霸」，故顧命曰「惟四月哉生霸，王有疾不豫，甲子王乃兆沬水，作顧命。」後來望後之説，咸本於此。康誥傳：「始生魄，月十六日，明消而魄生。」疏：「始生魄，月十六日戊午，社于新邑之明日，魄與明反，故云明消而魄生。」武成「惟十月壬辰旁死魄」，傳：「旁，近也。月二日近死魄。」又，「厥四月，哉生明」傳：「始生明月三日，與死魄互言。」疏：「魄者，形也。謂月之輪郭無光之處名魄也。朔後明生而魄死，望後明死而魄生。」顧命云「惟四月哉生魄」，傳云：「始生魄，月十六日也。」月十六日始生魄，是一日爲始死魄，二日近死魄也。顧氏解「死魄」，與小劉同。大劉以三日爲始死魄，二日爲旁死魄。又，「既生魄」，傳：「魄生明死，十五日之後。」此書傳之同于漢志者也。然以顧命之文推之，「曰惟四月哉生魄，王不懌，甲子王乃兆頮水」云云，三統曆以甲子爲四月十五日，而傳曰「始生魄，月十六日」，已屬顛倒，況王之言「曰疾大漸」、「曰病日臻」，可見成王之不懌，已非一日，必在十五日以前，而非即爲十五日，且十五日亦不得爲望後。乃據此以爲「哉生霸」之當在望後，其可通乎？若以朔後解之，則情事正合。許以生霸爲承大月二日，承小月三日。是成王之不懌，在初二、三日至十五日。甲子大漸，乃作顧命，十六日乙丑崩。書之序事次弟極爲明白。十六日乃王崩之日，而非「哉生霸，王不懌」之日也，傳説殊謬。故即顧命此文，正足爲朔後之明證。乃漢志承三統曆之文曰「十五日甲子哉生魄」，實與顧命之序次不符。此乃三統曆之可疑，而不當以此疑説文也。竊謂「魄」有二義，許云「魄然」，狀其明之生也，漢儒之説多同，此一義也；孟康曰：「魄，月質也。」謂月之本體也。類聚引物理論曰：「京房説月有形無光，日照之乃有光。」北堂書鈔引舊曆説：『月無光也，光生于日。』」故月之盈缺者，光也。而魄（刑）〔形〕則未嘗有盈缺也。向曾於月食既時，以遠鏡窺之，月上但有紅氣庶蓋，而輪郭依然隱隱可見。此可證魄之初無盈缺矣。孔疏謂「魄爲月之輪郭無光之處」，是未悟月本無光，假日之光以爲光，安得別有無光之處？劉氏魄可見、魄不可見之説，亦指月之本體言，此一義也。二義不同，原不必混而爲一，轉生轇葛。至武成之「既生魄」與「哉生魄」不同。「哉」，始也；「既」，盡也。明之盡生，自當望日。漢志「生霸，望也」，亦當以盡生爲訓，方不抵捂。武成之「哉生明」，即「哉生魄」。明之生處爲魄，則「哉生魄」而言「哉生明」，正足以釋「魄」字之義。本無可疑，亦不必妄生異説。至此記之義，方氏苞曰：「月行正當日下，則明掩而爲晦；漸遷則明生。」是月與日相讓而後明生也，明生而後魄可見，故曰三日而成魄。朱子以疏義爲非，但以既望而生魄爲義，不當曰三日而成，此説最爲簡當。

日南讀書記　卷七

左傳一

隱公

生桓公而惠公薨是以隱公立而奉之

注：「隱公，繼室之子，當嗣世，以禎祥之故，追成父志，爲桓尚少，是以立爲大子，帥國人奉之。」疏：「鄭衆以爲隱公攝立爲君，奉桓爲大子。案：傳言『立而奉之』，是先立後奉之也。若隱公先立乃後奉桓，則隱立之時未有大子，隱之爲君，復何所攝？若先奉大子乃後攝立，不得云『立而奉之』。是鄭之謬也。賈逵以爲隱立，桓爲大子，奉以爲君，隱雖不即位稱公改元，號令於臣子，朝正于宗廟，言立桓爲大子可矣，安在其奉以爲君乎？是賈之妄也。襄二十五年『齊景公立』，傳云：『崔杼立而相之。』以此知『立而奉之』，謂立爲大子，『帥國人奉之』，正謂奉之以爲大子也。元年傳曰：『大子少。』是立爲大子之文也。大子者，父在之稱。今惠公已薨，而言立爲大子者，以其未堪爲君，仍處大子之位故也。」馮李驊曰：「『而惠公薨』句中，便見未嘗立隱爲大子，亦未嘗立桓爲大子。」

按：元年傳云：「惠公之薨也，有宋師。大子少，葬故有闕，是以改葬。」繫大子於「惠公薨」之下，前後傳文皆曰桓公，而此獨曰大子，是惠公之世，桓已立大子，且桓之母仲子，宋武公之愛女也，必不肯爲魯侯晚年之妾媵。以文曰「魯夫人而歸我」，則仲子立爲夫人可知。天王使宰歸仲子之賵，則其夫人之名位久定可知。母爲夫人，則立其子爲太子，又可知。史記魯世家言「惠公立桓爲大子」，本有明文。馮固懸揣之詞，舊說似皆未的。「是以隱公立而奉之」句，當從鄭衆讀，以「立」字微讀，屬上讀，不當如杜注屬下讀。至隱之立，度亦有不得已者。當其時，吾君新殂，强鄰壓境，惟立長可以安衆。觀於葬猶有闕，非爾時事勢危迫，人心岌岌，必不至此。隱長而賢，群望素孚，狐壤帥師勤勞國事久矣。迫於衆議，攝位以慰人心，理或然也。史記云：「魯人共立息攝政」，可見隱之立，國人之意也。傳又云：「惠公季年，敗宋師于黄。」疑即隱公攝政時事。隱立而整軍以出，故宋敗而去。隱公，杜注名息姑，據世本也。史記名息，索隱云：「世本名息姑，十二諸侯年表亦曰『隱公息姑』。」

元年經鄭伯克段于鄢注鄭在滎陽宛陵縣西南

釋文：「滎，本或作『榮』，非。」馮云：「滎，當作『榮』。」

按：阮氏校勘記：「滎陽、滎澤，字古無從水者。陸氏音義全書皆作『滎』，是也。」

傳大叔出奔共

注：「共國，今汲郡共縣。」

按：或謂閔二年「共滕」，注：「共，衛别邑。」恐即此，杜云「共國」者，誤也。其子公孫滑奔衛，衛爲之伐鄭，亦叔段奔衛之證。今考漢地理志河内郡共縣，原注「故國」，孟康曰：「共國入爲三公者也。」則共實國名，即竹書紀年所謂「共伯和。」史記周本紀索隱：「共，國；伯，伯爵。」魯連子云：「衛州共城縣本周共伯之國也。」惟共伯之國不知何時爲衛所并。叔段奔共，當在共國未滅之時，故書曰「奔共」而不曰「奔衛。」觀後「公孫滑奔衛」傳文，可以見叔段並不與其子同在一處也。「共滕」之「共」，亦即此「共」。文公之時，共國已先爲衛所并耳。至詩皇矣「侵阮徂共」之「共」，朱子以爲今涇州之共池，當是其地。韵會謂阮國之共在河南共城，相距甚遠，其誤明矣。

二年春公會戎于潛

注：「陳留齊陽縣東南有戎城。」春秋稗疏：「費誓稱：『徐、戎並興，東郊不開。』魯所亟與會盟者，必此戎也。孔氏謂徐州之戎，帝王羈縻統馭，秦始皇逐出之。此戎當在魯之東南，安東、贛榆之間。若濟陽，乃豫州之城，地在魯西。今曹縣地，蓋曹、衛之境，未聞有戎居，杜解未確。」高氏士奇春秋地名考略：「按：是年及桓二年皆書『公及戎盟于唐』，莊十八年『公追戎于濟西』，二十年『齊人伐戎』，二十四年『戎侵曹』，二十六年『公伐戎』，皆此戎也。」

按：以十八年「追戎濟西」之文證之，杜説是。胡傳亦以「戎」爲徐州之戎，稗疏似本胡説，然於當日情事不合。

公及戎盟于唐注高平方與縣北有武唐亭

按：史記陳涉世家「秦嘉等立景駒爲楚王，引兵之方與」，正義：「房預二音，方與，兖州縣也。」漢地理志山陽郡屬縣方與，注：「晉灼曰：『音房豫。』」續漢書郡國志山陽郡屬縣方與有武唐亭，注：「左傳桓二年『盟于唐』，杜預云：『在西南。』」其所引杜注與今本不同，而方與字則並同。晉志亦作「方與」。或云當作「方輿」者，非也。元年傳「城郎」，注亦作「方與」，不誤。

紀子帛莒子盟于密

注：「子帛，裂繻字。」馬宗槤左傳補注：「水經淮水注：『游水又東北徑紀彰故城南，故紀子帛之國。』是酈元以帛爲紀子名也。」

按：春秋盟會，諸侯無稱盟者。惟桓七年夏「穀伯綏來朝」、「鄧侯吾離來朝」，傳云：「名，賤之也。」諸侯稱名，惟見此耳。酈元之説，未足爲據。「帛」字，二傳作「伯」。「帛」、「伯」雖古字可通，而以外大夫列于莒子之上，究有可疑。杜氏比之内大夫之説，恐未妥。

三年傳故周鄭交質

按：自來説者，多以周、鄭並稱爲非。竊謂此左氏之著其實也。平王欲退鄭伯而不敢退，欲進虢公而不能進，虚言以欺其臣。至（今）〔令〕王子出質，而以列國自處。而鄭亦以列國待之。久之而天下皆以列國待之，擁虚名而無其實矣。曰周、鄭交質，著其實也。詩王風列于十五國之中，且在邶、鄘、衛之次，又何嫌何疑之有哉！沈謙學海蠡測云：「春秋時周室衰微，孔子序詩，於東遷後作止稱王風，與鄭、衛相錯，以視列國何異？内傳『周、鄭交質』之文，亦當時實録也。乃輕薄爲文者，拈此爲左氏口。不知古人措詞質直，非若後世動多嫌忌。至漢初風氣猶然，試觀賈傳陳政事疏，論諸侯王强僭，一則曰『漢之傅相』，再則曰『漢之所置傅相』，何嘗不以有天下之號與國名並提。從來不聞有議及之者，而獨沾沾于左氏，何耶？」此論頗爲允當。世人輒以後世之文法議三代之文，亦失之未考而已。

臣聞愛子教之以義方

按：杜無注。易繫辭「方以類聚」，疏：「方謂法術情性趣舍。故春秋云『教子以義方』，注云：『方，道也。』是方謂性行、法術也。」所引不知爲何氏之注。禮記經解注：「方，猶道也。春秋傳曰：『教之以義方。』」鄭注當是漢人舊説。又，孝經聖治章疏：「春秋左氏傳：『石碏曰：臣聞愛子教之以義方。』方，猶道也，謂教以仁義合宜之道也。」邢氏所言，亦必舊注，不知出於何人也。

四年傳衆仲

注：「衆仲，魯大夫。」按：潛夫論志氏姓篇魯之公族有衆氏。元年「公子益師卒」，傳曰：「衆父卒。」注：「衆父，公子益師字。」衆氏當爲益師之後，以字爲氏者。

五年傳曲沃莊伯以鄭人邢人伐翼王使尹氏武氏助之翼侯奔隨曲沃叛王秋王命虢公伐曲沃而立哀侯于翼

注：「春，翼侯奔隨，故立其子光。」

六年傳翼九宗五正頃父之子嘉父逆晉侯于隨納諸鄂晉人謂之鄂侯

注：「鄂，晉別邑。前年桓王立此侯之子於翼，故不得復入翼，別居鄂。」

按：史記晉世家：「曲沃莊伯弑其君晉孝侯于翼。晉人立孝侯之子郄爲君，是爲鄂侯。鄂侯二年，魯隱公初立。鄂侯六年，卒。曲沃莊伯聞晉鄂侯卒，乃興兵伐晉。周平王使虢公將兵伐曲沃莊伯，莊伯走保曲沃。晉人共立鄂侯子光，是爲哀侯。」與左氏所紀不同。竹書紀年亦云鄂侯卒于隱五年，無奔隨納鄂之事。蓋傳聞異詞。

七年傳歃如忘

注：「志不在于歃血。」疏：「當歃血之時，如似遺忘物然，故注云：『志不在于歃血』也。服虔云『如，而也。臨歃而忘其盟載之辭，言不精也。盟載之辭在於簡策，祝史讀以告神，非歃者自誦之，何言忘載辭也？且忘否在心，五父終不自言已忘，洩伯安知其忘而譏之？』」

按：説文引作「猷而忘」，與服本異，而訓則同。釋文：「如忘，（忘）〔亡〕亮反。」是陸本亦作「如」。「如」、「而」古通用。列子周穆王篇「中年病忘」，釋文：「忘，不記事，亦讀去聲。」「猷而忘」者，言方猷而不記猷之事，非必忘其盟載之事也。

九年經南季

注：「南，氏；季，字也。」按：殆南仲之後。周時多世卿也。

十一年傳奉許叔以居許東偏

注：「東偏，東鄙也。」沈欽韓補注：「元和郡縣志：『東偏城在許州長葛縣東北五里。許叔所居即此城』。寰宇記：『今有東西兩城。』按：東偏、西偏當即許之國都。漢爲許縣，魏爲許昌，宋省，入長社縣，在今許州東三十里。長葛本是鄭地，在州西北五十里，地勢闊遠，何得謂之居許東偏？地志不通，往往類此。」

按：下文言「使公孫獲處西偏」，與東偏相對，乃分許爲二。觀桓十五年「許叔入于許」之文，是以許之故都爲西偏，鄰于鄭者也，獲處之；許都之東爲東偏，許叔居之。「東偏」、「西偏」，並非地名。元和郡縣志之「東偏城」，或後人以許叔所居，故以名之耳。補注以東偏、西偏爲〔一〕，即許之故都。不獨一地，勢難兩容，與傳文亦未合也。至長葛，本鄭地，六年爲宋所取，與許無涉。舊志誠有未核。

無滋他族實逼處此

按：「他族」，蓋謂楚也。是年爲楚武王二十九年，自僭號稱王以來，國勢日盛，將陵中華。故桓元年傳「蔡侯、鄭伯會于鄧，始懼楚也。」許與楚近，鄭與許鄰，鄭之取許，爲固圉計也。

桓公

元年傳孔父

注：「孔父嘉，孔子六世祖。」疏：「世本云：『孔父嘉生木金父。木金父生祁父。其子奔魯，爲防叔。防叔生

伯夏。伯夏生叔梁紇。叔梁紇生仲尼。』是孔父嘉爲孔子六世祖。」

按：穀梁疏引世本同。商頌疏引世本：「宋湣公生弗父何。弗父何生宋父。宋父生正考甫，正考甫生孔父嘉，爲宋司馬華督殺之，而絶其世；其子木金父降爲士，木金父生祁父，（祈）〔祁〕父生防叔，爲華氏所逼，奔魯，爲防大夫，故曰防叔。防叔生伯夏。伯夏生叔梁紇，叔梁紇生仲尼。」所引較此爲詳。家語本姓篇「宋父」下，多世子勝一代，「〔木金〕父」下，多（皋）〔臯〕〔夷〕一代，與世本不同，恐當以世本爲是。孔父之後奔魯，必在華督當國之時。督相宋三十年，魯莊十二年爲南宮萬所殺。則奔魯者，當在此三十年中。防叔爲孔父曾孫，始以畏逼奔魯，已覺其遲。若木金父後多一代，計其時更不相當矣。

二年經春王正月戊申宋督弒其君與夷及其大夫孔父

注：「孔父稱名者，內不能治其閨門，外取怨于民，身死而禍及其君。」疏：「諸言『父』者，雖或是字，而春秋之世有齊侯祿父、蔡侯考父、季孫行父、衛孫林父，乃皆是名。公羊、穀梁及先儒，皆以善孔父而書字。杜氏之意，以『父』爲名。『父』既是名，『孔』則爲氏。故孔父先世以『孔』爲氏，故傳云：『督攻孔氏也。』」

按：杜注泥於稱名爲貶而曲爲之説，非也。孔父之死，以立殤而輔殤。其輔殤以奉穆之名而出莊。督輸心於莊，憚孔父而不敢遽發，故因民之不堪命，歸怨孔氏，以惑衆心，以遂異志。傳曰：「督有無君之心，而後動于惡。」故先書弒其君，乃督鐵案，初不待有奪妻之事也。是豈得以「取怨于民」爲孔父罪？至謂「不能治其閨門」，則以傳「宋華父督見孔父之妻于路」也，考古者世婦蠶于公桑、蠶室，而督爲太宰，於奉繭示君之時，禮有所事，若周官內宰「佐后授獻功」之類。邂逅相遇，遽爾屬目，非必孔父之妻無事冶容，招搖過市也。又豈得以爲孔父罪？故孔父之死，受先君之命，生死不渝。公羊傳云：「督將弒殤公，孔父生而存，則殤公不可得而弒也。」穀梁傳云：「孔父閑也。」並與左氏「無君之心」一語相合，是三傳之旨同也。至杜以「父」爲名，以「嘉」爲字，近之説者多非之，謂古今未有以父爲名者。「孔」字、「嘉」名，春秋書字褒之。此殆惑於名字褒貶之説。劉敞曰：「名其君於上，則不得字其臣於下。以君前臣名之義推之，書法必應如是。仇牧、荀息正其比也。」陸淳、胡安國曰：「父者，名也。」程子曰：「父，名也。」蘇轍曰：「名其君而字其臣，禮乎？」是唐、宋諸家多主杜説。啖助則曰：「孔字『父』，美稱也。孔氏之先，皆以字連『父』，故有弗父、金父。若『孔』爲氏，則世世改乎？又，春秋時名嘉者，多字『孔』，是其證也。」近人多取其説，謂楚成嘉字子孔，鄭公子嘉字子孔之類甚多。又，春秋時多以王父字爲氏，而無以名爲子孫之氏者。孔之得氏，自此始，則「孔」字、「嘉」名説頗有據。然孔之得氏，書傳未詳其始。廣韵一董：「孔亦姓，殷湯之後，本自帝嚳次妃。簡狄吞乙卵生契，賜姓子氏。至成湯，以其祖吞乙卵而生，故名履，字太乙。後代以子加乙，始爲孔氏。」其説頗怪。説文謂「孔從乙，從子。乙請子之候鳥也，乙至而得子，嘉美之也。」廣韵之説，或從此附會。其言孔氏之始，亦未明，而不言自孔父嘉始。惟家語本姓解：「宋公生丁公申，申生湣公共及襄公熙，熙生弗父何及厲公方祀。祀以下，世爲宋卿。弗父何生（送）〔宋〕父周。周生世子勝。勝生正考甫，考甫生孔父嘉。五世親盡，別爲公族，故後以孔爲氏焉。一曰，孔父者，生時所賜號也。是以子孫遂以爲族。孔父生木金父，金父生睪夷。睪夷生防叔，避華氏之禍而奔魯。」是真以孔之得氏自孔父嘉始矣。今考其文，亦多可疑。孔父既爲華督所殺，則其避華氏之禍當即爲孔父之子。使遲至若孫若曾孫，恐孔氏無孑遺矣。服虔左傳注後漢書孔融傳及杜氏昭七年傳注，並云「其子奔魯。」廣韵「孔」下説亦同，於情理爲合。家語謂「防叔奔魯」，事隔四代，可疑者一。史記宋世家言湣公共卒，弟煬公熙立，煬公即位，湣公子鮒祀弑煬公而自立，是爲厲公。昭七年傳注：「弗父何，宋閔公之子。」則厲公及弗父何皆湣公子。世本亦言湣公生弗父何。家語以何爲熙子，與史記、世本、杜注皆不合，可疑者二。春秋之時，諸侯之子曰公子，公子之子曰公孫。公孫之子以王父字爲氏，未見有「五世親盡，別爲公族」者。况正考甫佐戴武、宣，爲三命之卿，豈其後人猶未賜氏乎？即弗父何以有宋而授厲公，其子孫尤早當賜氏者，可疑者三。世本無世子勝一代，卿大夫之子亦無稱世子之例，可疑者四。竊準以春秋之例，孫以王父字爲氏，則孔之得氏，當自（送）〔宋〕父之子始。（送）〔宋〕父之子，家語爲世子勝，而世本則正考甫也。正考甫又相三君，則賜氏當在正考甫始。特殷世賜氏之制已無可考，是否與周相同，書缺有間，不能詳耳。傳云「攻孔氏」，凡傳言某氏者，猶言某姓家。似孔父以前早稱孔氏。若在孔父之後，則自本金父以下四世，不見於經傳。其至魯也，由間關避難而來，防叔始爲防大夫，孰從而賜之氏乎？愚故以杜氏之説爲是。「孔」氏，「父」名、「嘉」字也。「父」同「甫」，男子之美稱，故字曰嘉，猶後世杜甫字子美也。近見明末朱朝瑛讀春秋略記，亦主此説，可以知非一人之私見也。家語「一曰孔父生時所賜號」，殆從管仲號仲父而推，臆度之詞，尤不足信。穀梁傳：「『孔』氏，『父』字，謚也。或曰其不稱名，蓋爲祖諱也，孔子故宋也。」則趙匡駁之曰：「春秋魯史，非孔子家傳，安得爲祖諱乎？」或曰孔子非爲祖諱也，特筆削之際，遇祖諱缺而未書；後來讀者不知，但見「孔父」二字，致生疑竇。是説也，姑附於此。

傳藻率鞞鞛

注：「藻率，以韋爲之，所以藉玉也。王，五采；公侯伯，三采；子男，二采。」疏：「鄭玄觀禮注云：『繅，所以藉〔玉〕。』或云繅藉，未有言繅率〔者〕。故服虔以藻爲畫藻，率爲刷巾。杜以藻率爲一物者，以拭物之巾無名率者。服言禮有刷巾，事無所出。且哀伯謂之昭數，固應禮之大者，寧當舉拭物之巾與藻藉爲類？故知藻率正是藻之複名。藻得稱藻，何以不可名爲藻率也。」説文巾部：「帥，佩巾也。從巾，𠂤聲。帨帥，或從兑聲。」段注：「今音税。此二篆，今人久不知爲一字矣。召南毛傳：『帨，佩巾也。』鄉飲酒禮、鄉射禮、燕禮、大射儀、公食大夫禮、有司徹，皆言『帨手』，注：『帨，拭也。』「帨手者於帨」，「帨，佩巾」。據賈氏鄉飲、公食二疏，知經、注皆作『帨』，別無『挩』字。內則『盥卒授巾』，注云：『巾以帨手。』即用禮經『帨手』字也。㕞者，拭也；刷亦同㕞。左傳『藻率鞞鞛』，服虔曰：『藻爲畫藻，率爲刷巾。禮有刷巾。』許於刀部『刷』下亦云：『禮有刷巾。』是則『刷巾』，即左傳之『率』。『率』與『帥』，古多通用。如周禮樂師故書『帥』爲『率』。聘禮古文『帥』皆作『率』。韓詩『帥時農夫』，毛詩作『率』。皆是佩巾，本字作『帥』，假借作『率』也。鄭曰：『今文帨，古文作説。』是則『帥』、『率』、『帨』、『説』、『㕞』、『刷』六字，古同音通用。後世分文析字，『帨』訓巾，『帥』訓率導、訓將帥，而『帥』之本義廢矣。率導、將帥，字在許書作『達』、作『衛』，而不作『帥』與『率』。」陳喬樅曰：「杜以『率』屬『藻』，合爲一物，舛謬殊甚。正義知禮無以藻爲藻率之文，仍附會杜注，以難服説，謂拭物之巾無名率者。吾不知彼以藉玉之藻名率，又是於何書也！説文：『帥，佩巾也。』左傳『藻率』之率，是『帥巾』之假字。后世以『帨』訓巾，以『帥』別爲將帥，而古文假『率』爲帥巾之字，遂不可通，無怪乎正義之疑服氏以『率』訓巾爲無據也。且服注言『禮有刷巾』，許書亦言『禮有刷巾』。今考儀禮鄉飲等篇，皆言『挩手』，注云：『古文挩作帨。』（今注疏本「帨」字誤「説」。據宋本字作「帨」正之。）帨，拭也。帨乎者於帨，「帨，佩巾」，是古文『帨手』字，即作『帨』。『帨』乃今字耳。帨之帨乎於巾，與刷之從手持巾意同。許、鄭説，並符合內則曰『佩紛帨，拭物之巾』也。記言『紛帨』，此但言『帨巾』者，帨是巾之大名，故傳亦舉『率』以該其餘耳。『刷巾』之可考如此，奈何以爲事無所出哉？曲禮曰『尊卑垂帨』，知上下皆有佩巾，特其同異弗得而詳。然據周官冪人言『祭祀，以疏布巾冪八

尊，以畫布巾冪六彝，凡王巾皆黼』推之，則自天子至大夫、士，佩巾之華質異尚可知也。據禮記言『爲天子削瓜巾以絺，爲諸侯削瓜巾以綌』推之，則自天子至大夫、士，佩巾之精粗異用可知也。據燕禮、大射儀『冪用綌若錫』，注謂『冬夏之異』推之，則自天子至大夫、士，佩巾之冬夏異宜可知也。法言寡見篇云：『非徒爲之華藻也，又從而繡其鞶帨。』然則帨巾之美，蓋有繡之爲飾者矣。」

按：「藻率」之「率」，服說爲是。孔疏不悟「率」、「帥」古通，遂謂「巾無名率」者，此其疏也。陳說本於段，其「藻率鞞鞛」解，極爲詳備，見禮堂經說，茲不備録。沈欽韓補注謂「率即組也。三禮圖云：「既以采色畫韋衣於板上，前後垂之，又有五采組繩以爲繫。故聘禮記云：『元纁繫長尺，絢組』，注云『繫，無事則以繫玉，因以爲飾，皆以五采組』是也。『率』與『繂』同。詩傳：『紼，繂也。』說文作『䌖』，云『率屬』。知『率』正謂組也。」今按：詩疏：「孫炎曰：『繂，大索也。』」「紼」訓爲繂，繂是大絙，然則毛傳之「繂」乃維舟之大索。「組」乃綬屬，用以繫玉，大小迥殊。說文素部：「䌖，素屬。」補注引作「率屬」以證『率』之爲「組」，其誤明甚。則補注之說非也。經窺既從服說，又牽合玉藻「士練帶率下辟之率」。不知玉藻之「率」，鄭注：「率，繂也。」疏：「繂，謂緶緝也。」與佩巾之事何涉？則經窺之說亦非也。惟「藻」字舊說並訓爲繅藉，而此句皆言飾躬之物，忽而襍以藉器之物，殊爲不類。竊謂「藻」當爲「玉藻」之「藻」。禮器：「天子之冕朱緑藻，十有二旒，諸侯九，上大夫七，下大夫五，士三。」如此解，既不必改字，而與傳文昭數之義亦合。且傳文前後所稱服飾甚備，「玉藻」視「繅藉」爲貴，不當遺之。

蔡侯鄭伯會于鄧始懼楚也

按：楚熊繹始封居丹陽。楚世家正義：「輿地志：『秭歸縣東有丹陽城，周迴八里，熊繹始封也。』」所受者子男之田，其地又僻在蠻夷。至六世熊渠得江、漢間民和，乃興兵伐庸、楊、粵，至于鄂。至熊通，弒蚡冒子而代立，是爲武王。是年則武王之三十年也。時楚彊陵江、漢間小國，小國皆畏之。僖二十八年傳欒貞子曰：「漢陽諸姬，楚實盡之。」而武王所滅之國，惟權見于莊十八年傳注：「權，國名。南郡當陽縣東南有權城是已。」在江、漢之間，其他小國吞噬必多，特無可考見耳。傳特書曰「始懼楚也」，則當日楚勢强大，駸駸乎有憑陵中原之勢，已可見矣。

三年傳韓萬

注：「韓萬，莊伯弟。」

按：紀年稱爲公子萬。然紀年兩言公子萬救翼，恐有譌。

欒共叔

〔按〕：晉語作「欒共子」，韋注：「欒共子，晉哀侯大夫共叔成也。初，桓叔爲曲沃伯，共子之父欒賓傅之。」

五年秋蔡人衛人陳人從王伐鄭傳王奪鄭伯政鄭伯不朝秋王以諸侯伐鄭

按：春秋之初，鄭莊雄才大略，實一時之傑。桓王儻駕馭得宜，王室之興，可旦暮期也。乃桓王屏而不用，所用者虢公庸愚之人。五父（纂）〔篡〕立不能討，而用其師舉錯倒置，此周之所以日衰也。自繻葛師敗，而王命益不行于天下。鄭莊之罪固不勝誅，桓王之昏愚，烏必爲之諱哉！

命二拒曰旝鼓而動

注：「旝，旃也，通帛爲之。蓋今大將之麾也，執以爲號令。」

按：賈逵以「旃」爲發石，近來學者多從之。然疏云：「張侯曰：『師之耳目在吾旗鼓，進退從之。是在軍之士，視將旗以進退也。發石非旌旗之比，説文載之㫃部，而以飛石解之，爲不類矣。且三軍之衆，人多路遠，發石而動，何以可見而使二拒準之爲繫鼓候也？』」所言極爲有理。凡主持賈説者，皆不知兵事者。發石乃攻擊之器，非號令之物。命曰旝動而鼓，旗鼓相連，不當別爲異説。馬融廣成頌：「旃旝摻其如林，大雅其會如林。」三家詩有作「旝」者，故説文「旝」下亦引詩曰「其旝如林」。馬融正用三家詩説，是訓「旝」爲「旃」，當是漢人舊説。杜注承用之，乃補注斥爲穿鑿不經，殆未之考歟！又，説文引經在從某某聲之下者，皆別一義。今「旝」下先云「建大木」云云、從㫃，會聲。春秋傳曰「旝動而鼓」，是許亦以旝爲旌旗之屬，故厠其字於「旞」、「旃」之間，與馬義相合。不得因先列發石之説，遂謂與賈逵説同也。

勞王且問左右

注：「言鄭志在苟免王討之非也。」林堯叟注：「此番問勞皆恭而無禮之辭。杜以王討爲非，未是。」按：杜注蓋從「苟自救」一語生出，然爲鄭莊瞞過矣。鄭莊乃一時之梟雄，内懷叵測，而外示恭敬，其勞問必盡禮。春秋時，兩國兵争，禮仍不廢，而况于王乎？林注之語亦未合情事也。杜注「非」字，足利本後人記云：「非，異本作『罪』。」勝於今本。

六年傳親其九族以致其禋祀

按：「九族」，漢儒有二説：古文尚書説，從高祖至玄孫凡九，皆同姓，今文尚書説，父族四、母族三、妻族二。杜注從今文之説而小變之。然下句云「以致其禋祀」，則異姓豈得在禋祀之中？下又云「親兄弟之國」，則九族當爲同姓，自無疑義。乃馮李驊謂「照『兄弟之國』，杜注爲長」，豈兄弟亦指異姓乎？

七年夏穀伯綏來朝鄧侯吾離來朝

按：此蓋近楚小國畏楚而來，欲結於宗國。杜注云：「禮不足，故書名。僖公時介葛盧之比也。」公、穀以爲「失國之君」，則鄧國爾時尚在。胡傳以爲「貶其朝桓」，則桓公時來朝者不獨二國，何獨於二國而貶之？此例之萬難通者也，仍從左氏爲是。據孔疏，則衛冀隆已有遠朝惡人之説，不始於胡。

傳冬曲沃伯誘晉小子侯殺之

按：史記晉世家「晉小子之四年，曲沃武公誘晉小子殺之」，與此合。是年爲周桓王十五年。紀年書殺小子侯於桓王十三年，與左、馬不合。

八年傳春滅翼

注：「曲沃滅之。」

按：此桓王之十六年，紀年與此合。

冬王命虢仲立晉哀侯之弟緡于晉

按：紀年書年桓王之十四年，與此不合。

九年傳秋虢仲芮伯梁伯荀侯賈伯伐曲沃

按：紀年于桓王十三年書「晉曲沃滅荀，」而此年猶見于傳，必有一誤。

十三年春二月公會紀侯鄭伯己巳及齊侯宋公衛侯燕人戰齊師宋師衛師燕師敗績

按：左氏以爲鄭與宋戰，公羊以爲宋與魯戰，穀梁以爲紀與齊戰。三傳不同。劉敞從公羊，趙匡、孫覺、胡傳從穀梁。今按：三傳之説皆可通。宋多責賂于鄭，鄭不堪命，故鄭與宋戰。十二年書「及鄭師伐宋」，十四年書「宋人以齊人、衛人、陳人伐鄭」，則左氏可通。公欲平宋、鄭，宋公辭平，故十二年及鄭伐宋。此年復會紀、鄭，與宋戰，則公羊可通。齊欲滅紀久矣，紀求援於魯亦久矣。故此役紀亦與焉，則穀梁可通。比事屬辭，會而通之可也。若趙氏謂齊合三國以攻紀，魯、鄭援紀而與戰，則齊既攻，紀方懼滅亡之不暇，尚能晏然與魯、鄭會乎？此與經文不合者也。

十七年傳復惡已甚矣

注：「復，重也。本爲昭公所惡而復弑君，重爲惡也。」釋文：「復，扶又反，注同。一音服，則乖注意。重，直用反，下同。」惠棟曰：「韓非子『復惡』作『報惡』。鄭注周禮大司寇云：『復猶報也。』杜訓爲重，失之。」羣經平議：『復惡之義與復怨同，言高渠彌因爲昭公所惡而遂弑之，則其報復爲已甚矣。」

按：釋文云：「一音服。」即報復之義，是報復亦舊説也。第臣之於君，烏可以報復言，况昭公惡之，而高之爲卿如故，並無報復之可言乎？仍當以杜注爲是。「復」，讀扶又反。高之爲人惡，故昭公惡之，今又弑君，是重其惡也。重惡猶言積惡、增惡也。

莊公

元年春王正月傳不稱即位文姜出故也

注：「莊公父弒母出，故不忍行即位之禮。」

按：此注足以補傳義之未備。穀梁言「先君不以其道終，則子不忍即位」，亦即此意。山堂考索謂：「不備禮即位，故不書；備禮則書。然惟其不忍行即位之禮，故禮不備。」説小異而實同。至胡傳「内無所承，上不請命」之説，李氏光地非之。

十有二年秋八月甲午宋萬弒其君捷及其大夫仇牧

注：「仇牧稱名，不警而遇賊，無善事可哀。」

按：杜注非也。仇牧事傳不甚詳。公羊傳曰：「仇牧聞君弒，趨而至，遇之于門，手劍而叱之。萬臂撥仇牧，碎其首齒，著乎門闔。」史記宋世家：「萬殺湣公於蒙澤，大夫仇牧聞之，以兵造公門。萬搏牧，牧齒著門闔死。」則牧非不警而遇賊者，特力不敵耳。食焉不辟其難，仇牧有焉。如以爲無善可哀，又何以處夫求利焉而逃其難者？

十四年傳莊公之子猶有八人

釋文：「傳惟見四人。子忽、子亹、子儀並死，猶厲公在。八人名字，記傳無聞。」補正：『猶有八人』者，謂除此四人外，尚有八人見在也。桓十四年『鄭伯使其弟語來盟』，傳稱字曰『子人』，亦其一也。」

按：傳文曰「猶有」，據當時之現在者言，並不數厲〔公〕。杜氏世族譜以「弟語」爲莊公子，列忽、突、亹、儀之外，即顧氏所補者。則八人中，語其一也。漢書古今人表於中等列「鄭子嬰齊」云：「子亹弟。」是亦莊公子也。則八人中嬰齊當爲其一。惟鄭世家言「召子亹、公子嬰於陳而立之」，是爲鄭子嬰，當是子儀之名。嬰與嬰齊當爲一人。昭十二年傳申無宇曰：「擇子莫如父。鄭莊公城櫟而置子元焉，使昭公不立。」世族譜列「子元」於襍人中。然云「擇子莫如父」，則「子元」必莊公子。惟補正疑「子元」乃厲公之字，或非别一人。此外如隱五年傳之「曼伯」，亦鄭公子，然難定其爲莊公之子。且杜謂「曼伯」即「檀伯」，則早見殺於厲公。若莊十六年之「公子閼」、清人詩序之「公子素」，皆不知爲何公之子，當闕疑。

堵敖

按：「堵敖」即楚世家之「杜敖」。古「堵」、「杜」通用。名熊囏文王卒，杜敖立，五年而爲弟熊惲所弑，是爲成王。

十六年傳王使虢公命曲沃伯以一軍爲晉侯

按：此年爲僖王四年。世家：曲沃武公伐晉侯湣，滅之，盡以其寶器賂獻于周釐王。釐王命曲沃武公爲晉君，列爲諸侯。於是盡併晉地而有之。年表列于釐王三年，紀年同。視此差一年。

十有七年秋鄭詹自齊逃來

按：僖七年「叔詹」，又見于傳。是奔魯後復歸于鄭。

十八年傳春虢公晉侯朝王

按：是年周惠王新即位，晉獻公亦新立，故朝王。

二十二年傳初懿氏卜妻敬仲

按：左氏所載占斷，往往巧發奇中。人多疑其看了後事，坿會其説。然當時必有此等占斷，非盡誣也。古人最重卜筮，舜之命曰「龜筮從」，禹之疇曰「龜從筮從」，武之誓曰「朕夢協朕」。周官有太卜、卜師諸職。太卜二人，總司其事。其官，下大夫也。記曰：「卜筮者，先聖王之所以使民信時，日敬鬼神，畏法令也，所以使民決嫌疑、定猶與也。」使絶無徵應，先王何不憚煩，且大事必占，重之若此？此左氏所記，不過占驗之尤者耳。二百四十二年之間，見於傳者僅三十二事。卜郊見經，故不數。內占夢者四事，凡言夢者二十事。聚於左氏之書，則見爲多，散於二百四十二年之間，則希闊寂寥，絶無而僅有也。况乎惠伯忠信之戒，簡子敗德之諫，言天而參以人，未嘗屈理而伸數也。後世漢人占斷，猶多奇驗。見於史册者，彰彰甚明，何獨於左氏而疑之！

二十八年傳狄之廣莫于晉爲都晉之啓土不亦宜乎

按：古者「虞」、「歌」不同部。馮李驊謂「宜，牛何切，與都葉」者，非也。段氏羣經韵表不列此文，殆以「都」、「宜」既不葉，亦不欲以「都」、「乎」葉也。然毛詩中亦有以虚字入韵者，則「都」、「乎」之葉，似無乖於義例。

三十年傳楚公子元歸自伐鄭而處王宫

按：楚成王於莊之二十三年弑堵敖而代立，至是已八年矣。既能弑君代立，其非庸懦可知。以令尹敢鴟張如此，欲蠱文夫人，則爲館振萬；欲伐鄭，則以車六百乘頤指氣使，爲所欲爲。至是，竟據王宫，則置成王於何地？此事之不可解者。豈成王弑兄，實子元之力，故子元敢於如是耶？史記言成王初即位，布德施惠，結舊好於諸侯，使人獻天子，天子賜胙。與此傳情事殊不合。

三十有一年六月齊侯來獻戎捷

按：説文手部「捷」下引作「齊人」。以六年「齊人來歸衛俘」例之，作「人」是。獻捷不必親來。今經傳並作「侯」，公、穀同。

閔公

二年十有二月狄人衛

史記衛世家：懿公之立也，百姓大臣皆不服。自懿公父惠公朔之讒殺太子伋代立至懿公，常欲敗之，卒滅惠公之後。

按：此段文可以補傳文之未備，乃衛滅之原因也。不然，鶴豈能亡衛哉？

僖公

二年虞師晉師滅下陽

按：此惠王之十九年。晉滅虢在惠王之二十二年。史記同。紀年於是年書「虢公醜奔衛」，誤。是傳云「虢公醜公奔京師」，非衛也。

三年傳虞不臘矣

按：鄭樵據此語，謂左氏爲秦人，以「臘」爲秦祭也。今考之，其説非也。蔡邕獨斷：「夏曰清祀，殷曰嘉平，周曰蠟，秦曰臘。」應劭風俗通義：「夏曰嘉平，殷曰清祀，周曰大蠟，漢改曰臘。」蔡、應並漢末人，而所言不同如此，則亦未信矣。月令「臘先祖五祀」，此「臘」之見于禮者。或以月令是秦制，然月令出於吕覽，乃不韋召集群儒，裸舉三代典故，折衷成書，非其所創。書成時，天下未混一。迨秦併天下，改制度，初不用此書。且月令以寅爲正，秦以亥爲正，而謂月令是秦制，可乎？郊特牲言蠟最詳，言蠟所祭之神亦最詳，獨不及先祖五祀。合聚萬物而索饗之，必無并祭先祖之理。記於蠟，言『皮弁素服而祭』下復言『黄衣黄冠而祭』明是别爲一祭。周世樟曰：「郊特牲『皮弁素服而祭，蠟也；『黄衣黄冠』而祭，臘也。月令孟冬祈來年於天宗，大割祠於公及門閭，蠟也。臘先祖五祀，臘也。蠟以息老，臘以息民。臘在蠟後，以其事同月，故連及之，不可混也。」其説頗爲明晝。月令言「勞農以休息之」，郊特牲言「息日夫」，亦足相印證。秦、漢以後，不蠟而臘，故混爲一耳。月令「臘在亥月」，夏之十月，周之十二月，臘必在歲終，而仍繫之亥月，則其爲周人舊典，尤屬明徵。史記秦本紀「惠文王初臘」，正義謂「始效中國爲之」，明古有臘祭，秦至是始用，非至是始創。惠文之臘爲十二年，爲周赧王之三年，距始皇之并天下，尚一百有七年。始皇得天下未三年，即改臘爲嘉平。則以臘屬之秦者，其謬明甚。

九年傳以是藐諸孤

注：「言其幼賤，與諸子縣藐。」疏：「藐者縣遠。言諸子皆長，而奚齊獨幼，是小大相去縣藐也。『藐諸孤』者，言年既幼稚，縣藐於諸子之孤。」補正：「藐，小也。杜注『幼賤』貼『是』字，指奚齊；『諸子』貼『諸孤』

謂群公子縣殊解。「藐」字，言此幼賤之奚齊，縣絶于諸子之貴長。義本如是，若以『藐』爲眇小意，則『孤』字應指奚齊，『諸』字將如何解？天下有是句法乎？今人裂取『藐諸孤』三字作孤子眇小用，其沿誤已久。」馬氏補注：「杜訓『藐』爲幼賤，顧訓『藐』爲小。惠定宇本呂忱字林訓『藐』爲小兒笑貌，皆非是。爾雅釋詁：『藐，美也。』說文作『藐，美也』。大雅瞻卬篇『藐藐昊天』鄭箋云：『藐，貌美也。』。方言：『藐，廣也。』詩毛傳：『藐，藐大皃。』是『藐』爲美之稱，言以是美大諸孤，托其大夫可不善爲保護乎？」經義述聞：「杜以『藐』爲縣藐，『諸』爲諸子。以是縣藐諸子孤，斯爲不詞矣。文選寡婦賦『孤女藐焉始孩』，李善注：『廣雅曰：「藐，小也。」字林曰：「孩，小兒笑也。」』是小兒笑乃釋『孩』字，出說文。非釋『藐』字。俗本文選脱『孩』字，而惠遂以『藐』爲小兒笑，其失甚矣。顧訓『藐』爲小，是也，藐之言杪也，眇也。方言：「杪，眇少也。」廣雅：「杪、眇、藐，小也。」但未解『諸』字。今按：『諸』，即『者』也。『者』與『諸』古字通。郊特牲：『不知神之所在，於彼乎？於此乎？或諸遠人乎？』『或諸』即或者。士虞禮注作「或者遠乎」大戴禮衛將軍文子篇『夫子之施教也，先以詩；世道者，孝悌說之；以義而觀諸體。』『者』『諸』也。爾雅釋魚『龜，俯者靈，仰者謝，前弇諸果，後弇諸獵。』『諸』亦『者』也。『藐者孤』，猶言『羸者陽』耳。周語「此羸者陽也」，韋注：「羸，弱也。」又詩言『彼茁者葭』、『彼姝者子』、『彼蒼者天』、『有頍者弁』、『有菀者柳』、『有芃者狐』、『有卷者阿』，文義並與此相似。」

按：王說是。如此與獻公托孤之口氣方合。杜注迂曲。馬訓「藐」爲美大，則與當日之口氣全背矣。文有當泥于訓詁者，此類是也。

十年春晉里克弑其君卓及其大夫荀息

注：「荀息稱名者，雖欲復言，本無遠謀，從君於昏。」

按：杜注非也。春秋書三忠臣，惟息爲可議，謂其嫡庶而受亂命也。然爾時太子先死，重耳、夷吾被逐在外，國無嫡長，則立奚齊而輔之，未可非也。殺太子，逐重耳、夷吾，此獻之過而非息之疚也。復言不貳，輔兩幼君而卒以身殉，執節不渝，其可非乎？春秋書三忠臣，皆嘉其能與君共存亡也。顧氏炎武曰：「晉獻公之立奚齊，以王法言之，易樹子也；以臣子言之，則君父之命存焉。」是故荀息之忠，同於孔父、仇牧。

十五年傳晉侯（侯）入也秦穆姬屬賈君焉

注：「賈君，晉獻公次妃，賈女也。」疏：「莊二十八年傳曰『晉獻公娶于賈』，則是正妃。杜言『次妃』者，别有所見也。」沈氏補注：「預何從知爲次妃？」

按：下文言「晉侯烝於賈君」，如爲獻公正妃，則年齒已長，未必有此事。杜言「次妃」，或是正此意？晉語言驪姬立爲夫人，似獻公正妃已先立。

盡納羣公子

注：「羣公子，晉武、獻之族。沈氏補注：「獻公之子九人，申生之難被逐。晉語云：『驪姬又譖二子，盡逐羣公子，乃立奚齊焉。』與武公無涉。」

按：晉語：「盡逐群公子，乃立奚齊焉。始爲令，國無公族焉。」韋注：羣公子，獻公之庶孽及先君之支庶也。」韋注與杜合。國無公族，故併武之族而亦逐之。後來晉之公子，皆分居各國，無在國者，用此令也。桓、莊之族已滅，此時但有武、獻之族，故杜、韋云然，沈説非也。

涉河侯車敗

注：「秦伯之軍涉河，則晉侯車敗也。秦伯不解，謂敗在己，故詰之。」疏：「劉炫以爲侯者五等總名，國君大號以『涉河侯車敗』爲秦伯車敗。」又云：「『韓戰之前，秦晉未有交兵，何得言晉侯車有三敗？以爲秦伯車三敗也。今删定，知不然者，以秦是伯爵，晉實是侯爵。既云『侯車敗』，故知是晉侯車敗。秦伯不（遠）〔達〕其旨，故致詰問也。」補正：「『秦師及韓，晉尚未出，何得言晉侯車敗？當是秦伯之車敗。故穆公以爲不詳而詰之耳。『涉河侯車敗』五字，乃事實，非卜人之言也。」沈氏補注：「此亦占詞也。秦伯筮之，既旅占以爲吉，而復有『涉河侯車敗』之語，故疑其不吉，而詰之也。秦伐晉，則秦當渡河。下文『三敗及韓』，韓是晉地，故晉侯曰『寇深』。若謂秦方涉河，晉侯之車已敗，則前後俱不相屬。」

按：春秋時，伯、子、男無稱侯者。秦伯爵，終春秋之世稱秦伯，不稱秦侯也。下文「三敗及韓」，正言秦晉交兵，晉三敗而秦師進至韓地，故晉侯有「寇深」之懼。傳以「不敗何待」句結卜筮事，而直接晉三敗事，省文也。

安見韓戰之前未交兵哉？則劉説非也。「涉河侯車敗」五字，沈以爲占詞，其説是。自「卜徒父」至「不敗何待」一段，純言卜筮事，中間襍以事實，文理難通。則補正之説亦非也。所筮之卦遇「蠱」。周易之彖辭曰：「利涉大川。」而秦之伐晉必渡河，故曰「涉河。」蠱三至五互震二，爲車、爲諸侯，九家易。故曰「侯車」。下文「晉戎馬旋濘而止」，正符「侯車敗」之象。傳文筮詞非取周易。即以周易推之，亦相合也。

王敗及韓

注：「晉侯車三敗。」疏：「謂晉之車乘三度與秦戰而敗壞，非謂晉侯親乘之車也。」按：此句乃序事之詞，緊接「不敗何待」句來，言晉人三敗也。下方言晉侯逆秦師，則此時晉侯尚未親與秦師相接。孔疏説是，所敗者邊疆之兵及偏師耳。補正説當從劉炫之説，爲秦伯之車三敗，則晉尚未敗，何以晉侯遽云「寇深」也？

九月晉侯逆秦師　壬戌戰于韓原

按：經書「十一月壬戌」，蓋經用周正，傳用夏正也。杜注以爲傳從赴者，非。

曰上天降灾至裁之

疏：「左傳本無此言，後人妄增之耳。二十二年傳曰『寡君不使婢子侍執巾櫛』，杜云：『婢子，婦人之卑稱。』若此有『婢子』，不當舍此而注彼也。服虔解誼，其文甚繁。傳本若有此文，服虔必應多解。何由四十餘字不解一言，亦至「二十二年」始解『婢子』？則是本無之也。今定本亦無。」釋文：「自『曰上天降灾』，此凡四十（二）〔七〕字，檢古（文）〔本〕皆無。晁、杜亦不得有。有，是後人妄加也。」沈氏補注：「列女傳叙穆姬，並從傳文，有此語。孔、陸之本偶爾褫奪耳。」

按：此恐是後人取列女傳之文偶注于旁，遂誤入正文耳。

弑慶鄭而後入

按：夷吾之殺慶鄭，猶袁紹之殺田豐也，故圉見殺於重耳，而譚、尚卒滅于操。

十有六年三月壬申公子季友卒

疏：「韋注：季，是其字；友，是其名。猶如仲遂、叔肸之類，名字雙舉。劉炫以季爲氏而規杜過，非也。炫云『季友、仲遂皆生賜族，非字也』。」

按：既生時已賜族，何以仍稱公子？書曰「公子季友」，其未賜族明甚。友謚「成」，亦稱「成季」。其子齊仲無佚，不見於經傳。仲遂之子歸父，經書「公孫歸父」，不曰「仲歸父」。叔肸之子嬰齊，經書「公孫嬰齊」，不同「叔嬰齊」，是不獨生未賜族，即當其子時，亦未賜族。炫不言叔肸賜族，而歸父與嬰齊同稱公孫，則仲遂之非生賜族，可知。即遂而例之友，則季友之非生賜族，可知。胡傳踵劉説，非也。

二十三年傳從者狐偃趙衰顛頡魏武子司空季子

注：「時狐毛、賈佗皆從，而獨舉此五人，賢而有大功。」

按：顛頡後以犯軍令被戮，不得爲賢。此當爲出奔之時偕行者，狐毛、賈佗或後從者也。史記：「文公賢士五人」，有賈佗、先軫，而無顛頡、臼季。

過衛衛文公不禮焉

按：國語：「衛文公有邢翟之虞，不能禮焉。」考十二年傳：「諸侯城衛楚邱之郛，懼狄難。」十三年經書「狄侵衛」，是衛有狄難，其後邢又助之。十八年邢人、狄人伐衛，則前此同爲衛病，可知。晉文之過衛，在魯僖十六年。國語注引十八年之事以證之，誤。衛不禮而至齊，同在一年。史記云「至齊二歲而桓公卒」，留齊凡五歲。

二十有四年晉侯夷吾卒

按：惠公之卒，傳在二十三年九月，爲惠公之十四年。史記亦云「十四年九月惠公卒」，與傳合。經在是年冬，杜以爲文公定位而後告，補正以爲錯間，未詳孰是。竹書紀年亦書於是年。胡傳以是年爲惠公十五年，蓋據經文也。然文公立于是年春，懷公立于上年冬，豈容惠公增多一年？胡傳於紀年不列懷公，或以懷未成君。然晉人謚之，固已成之爲君矣，不容竟奪其紀年。若改惠十五爲懷元，則得矣。

傳使殺懷公於高梁

按：史記與傳合。竹書紀年在次年。

與女偕隱遂隱而死

按：推既與母偕隱，晉侯求之不獲，則推之言孰傳之于世？豈推有子孫在，得受緜上之田者乎？

禮至

按：懿公時有禮孔，此殆其後人歟？

二十八年傳爲其所得者棺而出之

馮曰：「『棺』字宜連上讀。」

按：釋文：「棺，古患反。一音官。」是舊讀兩音皆有，似以去聲爲是。棺斂曰棺。「爲」亦去聲。爲其所尸之晉人，棺斂而出之，以歸晉師也。

晉侯在外十九年矣

注：「晉侯生十七年而亡，亡十九年而反，凡三十六年。至此四十年矣。」

按：晉語：「僖負羈曰：『晉公子生十七年而亡。』」杜注本此。史記言獻公即位，重耳年二十一；奔狄時，年四十三；歸晉時，年六十二。與國語之説差二十六年。以傳考之，國語是。如歸國年六十二，則當生于魯桓之十五年，距獻之即位，尚二十二年，與所云「年二十二」者已不合。重耳之姊秦穆夫人、兄申生，乃獻公烝于齊姜所生。齊姜，武公妾。武公在時，獻安敢無禮？則必生于獻公即位之後，而重耳可知矣。此史記之説難通也。若歸國年三十六，則當生于魯莊二十二年，爲獻之六年。則秦穆夫人、大子申生已先生，自是而夷吾生、奚齊生、卓子生，於理可信。史記謂奚齊之生獻之十二年，卓子在二十五年。

漢陽諸姬楚實盡之

注：「水北曰陽。姬姓之國，在漢北者，楚盡滅之。」

按：楚自入春秋後，所滅之國，見于經傳，而在是年以前者，曰申，姜姓；曰鄧，曼姓；曰弦、曰黄、嬴姓；曰權，（芊）〔羋〕姓。惟息爲姬姓，則諸姬之不見于經傳者多矣。

鄉役之三月

注：「鄉猶屬也。城濮役之前三月。」釋文：「鄉，許亮反。本又作『曏』，同。屬音燭。」説文日部：「曏，不久也。從日，鄉聲。春秋傳曰：『曏役之三月。』」段注：「曏猶前也。城濮之役在四月，前乎此役之三月，正與不久之義合。杜作『鄉』，云『鄉猶屬』，殊誤。」

按：士相見禮曰「曏者吾子辱使某見」，注：「曏，曩也。」字或作「鄉」。論語之「鄉」也，即禮之「曏」者也。

三十有一年猶三望傳亦非禮也望郊之細也不郊亦無望可也

注：「三望，分野之星。國中山川，皆因郊祀望而祭之。魯廢郊天而修其小祀，故曰『猶』者，可止之辭。」

疏：「公羊傳曰：『三望者何？望祭也。然則曷祭？祭泰山、河、海。』鄭玄以爲，望者祭山川之名。諸侯之祭，山川在其地，則祭之；非其地，則不祭。且魯竟不及於河。禹貢海、岱及淮，惟徐州。徐即魯地。三望，謂淮、海、岱也。賈逵、服虔以爲三望，分野之星，國中山川。今杜亦從之。以襄九年傳曰：『陶唐氏之火正閼伯居商丘，祀大火，相土因之，故商主大火。』昭元年傳云：『辰爲商星，參爲晉星。』楚語云：『天子徧祀群神品物，諸侯、二王後祀天地、三辰及其土之山川。』注國語者，皆云諸侯、二王後，祀天地；三辰，日、月、星也。非二王後，祀分野星辰、山川也。以此，三望，分野之星，國内山川，其義是也。」

按：三望之説，公羊與鄭、賈、服不同。説者多主公羊，杜從賈、服，此左傳舊説也。惟舜典言「望于山川」，是望之名，專屬於山川。周禮大司樂「舞大磬以祀四望，舞大夏以祭山川」，則山川又在望祀之外。哀六年傳：「楚昭王有疾，卜曰：『河爲祟。』大夫請祭諸郊，王曰：『三代命祀，祭不越望。江、漢、睢、漳，楚之望也。』」禮器：「晉人將有事於河，必先有事於惡池。」爾雅釋山：「梁山，晉望也。」郭注：「晉國所望祭者。」此皆所謂竟内山川，諸侯皆所當祭者，不因郊而及之也。「猶」者，可已而不已之辭。若分野之星，國中山川，既非因郊而及，即不得因不郊而可已。此賈、服、杜之説未合也。公羊説最古，弟齊人有事太山，見於禮器。魯與齊，同在泰山之域，即是竟内之山，而河、海爲魯竟所不及。鄭既言魯竟不及河，而淮、海亦非魯竟之所及。其説已自歧，況泰山之祀，非因郊而及，豈可已者乎？此其説之亦未合也。傳以望爲郊之細故，不郊可無望。則望本不在諸侯常祀之中，非諸侯之當祭，故不郊而望可已。可已而不已，此所以示譏也。其目則沈氏補注以爲日、月、星，可備一解。

三十二年傳其北陵文王之所辟風雨也

注：「此道在二殽之間南谷中。谷深委曲，兩山相嶔，故可以辟風雨。古道由此。魏武帝西討巴、漢，惡其險，而更開北山高道。」疏：「此道見在。殽是山名，俗呼爲土殽、石殽。其阨道在兩殽之間，山高而曲，兩山差參相映，其下雨不及，故可以辟風雨也。公羊傳曰：『必於殽之嶔巖。』此注『兩山相嶔』，或取公羊之意。『嶔』字蓋從山，但『嶔巖』是山之貌，而云『相嶔』，文亦不順，未能審杜意也。」

按：文選上林賦「嶔巖倚傾」，注：「嶔巖，欹貌也。」玉篇：「嶔崟，山勢也。」一切經音義十三：「嶔崟，謂山皁之勢高倚傾也。」釋名：「嶔，欠也。開張其口。」故杜云「兩山相嶔」也。其山凹處，日月蔽虧，風雨之所不及。李翕黽池碑「修殽嶔之道」，後漢書注：「崤山，一名嶔岑山。」皆謂此也。張九齡赴使瀧峽詩「溪路日幽深，寒空入兩嶔」，李華含元殿賦「大階如截，下上相嶔」，正用杜語。

三十三年傳葬僖公緩

注：「文公元年經書『四月葬僖公』，僖公實以今年十一月薨，并閏七月乃葬，故傳雲『緩』。」補正：「劉原父曰：『當以「緩」作主，爲一句。』」

按：隱元年傳：「天子使宰咺來歸惠公、仲子之賵。緩，且子氏未薨。故名。」莊三年傳：「葬桓王，緩也。」並以「緩」字作斷語，此其比也，不當以「緩」字下屬。

日南讀書記　卷八

左傳二

文公

元年冬十月丁未楚世子商臣弑其君頵

按：「頵」史記年表、楚世家，漢書人表，作「惲」。君聲，軍聲古音同部。公羊、穀梁作「髡」，繁露滅國引同。「髡」，兀聲。顧表與君、軍同部，段表不同部。

傳於是閏三月

按：古者置閏，必在十二月之後，所謂「歸餘於終」也。後世置閏，不盡于歲終。其法視古爲密。殆始於是年，厤官不詳何人，當必有悟舊法之疏者。故置閏於三月。特改法之始，其術未精，故六年仍置閏於歲終，其後成十七年，襄九年，哀五年、十五年，見於經傳，並在歲終。豈新法未密，仍用舊法耶？漢書律曆志言疇人子弟所記有魯曆，又雲魯曆不正，以閏餘一、二歲爲蔀首。是魯曆實自爲一家言，特其書爲當世所詬病，故遂不傳，其得失正難明也。律曆志又云文公元年距辛亥朔旦冬至二十九歲。是歲閏餘十三，正小雪，閏當在十一月後，而在三月。故傳云「非禮」也。後五年閏餘十，是歲亡閏而置閏，閏所以正中朔也。亡閏而置閏，又不告朔，故經曰「閏月不告朔」，言亡此月也。傳曰「不告朔，非禮也。」據志言閏，當在十一月後，是漢改行太初曆後，其置閏遂不用古法。惟所引左傳全非傳意。亡此月者，公羊之説也。

二年公子遂如齊納幣

注：「傳曰『禮也。』僖公喪終此年十一月，則納幣在十二月也。士昏「六禮」，其一納采。納徵始有元纁、束

帛。諸侯則謂之納幣，其禮與士禮不同。蓋公爲太子時，已行昏禮也。」疏：「杜以長曆推之，知僖公以其三十三年十一月薨，至此年十一月，喪已畢矣。納幣雖則無月，以傳言禮，則知納在十二月也。」補正：「即以僖公之薨爲十一月，亦甫及大祥耳，未畢二十五月之數，何得云諒闇已終？解謬。按：此傳通言娶夫人之禮則可，若在文公喪制未終而使卿納幣，違禮拂經甚矣。」沈氏補注：「傳祇言納幣禮耳。爲經發凡，不專指文公事也。文公之得失，人自推究可知，故不復言。劉（㵟）〔敞〕橫譏左氏，以喪娶爲禮，却是冒昧。杜預謂諒闇既終，又大謬也。」

按：二傳以爲譏。以經書僖公薨在十二月，至此未終喪也。杜以長麻推之，謂在十一月，其言似非無據。自僖三十三年十一月至此年十一月，不計閏，得二十五月。補正以爲未畢二十五月之數，似未核。古者三年之喪，二十五月而畢。則文公諒闇已終，納幣在十二月，即非違禮。萬斯大用高閌之說，謂即以諒闇既終爲辭，昏禮納幣之前，有納采、問名、納吉之禮，尚在喪中。然此語其常，未思其變。記云：「曾子問曰：『昏禮既納幣，有吉日，女之父母死，則如之何？』孔子曰：『壻使人弔。如壻之父母死，則女之家亦使人弔。』」又云：「曾子問曰：『親迎，女在塗而壻之父母死，如之何？』」又云：「如壻親迎，女未至，而有齊衰、大功之喪，則如之何？」可見變故無常，事難執一。文公殆於未即位之時，已行納採、問名、納吉之禮，至是喪終而始行納幣之禮。揆諸情理，自屬可通。杜謂「爲太子時已行昏禮」，足以補傳之未備。觀於逆婦遲至四年之夏，則其非喪娶，而不急于婚可知。乃貿貿然蹈越之愆，似於情事不合。又按：此所聘者，出姜也，生子惡及視二，妃敬嬴生宣公。疑敬嬴爲文未即位時所娶，而出姜則僖爲之聘而未娶者也。何以言之？則以宣長而惡、視幼也。經「四年夏，逆婦姜于齊」如以四月往逆，當以五月至魯。五月至歲終，僅八月，則子惡之生必在五年以後。迨文十年，年才十三四耳。宣公在位十五年而成公立。成公二年，成公之子公衡已堪爲質于楚。觀其及宋逃歸，臧宣叔以棄國譏之，必非數歲襁褓兒可知。由是推之，成公必宣未即位時所生。宣未即位時，已能生子，即以國君十五生子爲斷，其爲惡兄甚明。故疑敬嬴爲文未即位時所嬖也。惟其嬖敬嬴，故于出姜二年納幣，遲至四年始逆，卿又不行，蓋非其所欲也。非其所欲而仍娶之，則以僖爲之聘也。不然，何不以敬嬴爲夫人，而必更娶所不欲者乎？僖末年如齊，出姜之聘，或在其時。甫行納採諸禮而僖遽薨，故此時喪畢而行納幣之禮。苟其在喪中也，既不急急于娶，何急急納幣哉？至傳文「禮也」，則與四年之「卿不行，非禮也，貴聘賤逆」，遥遥相對也。蓋爲出姜不允於魯張本，他説皆無當也。

四年夏逆婦姜于齊傳卿不行非禮也

注：「稱婦，有姑之辭。」揭要：「婦禮成于齊，故在齊便稱婦，蓋文公自行也。圖婚于憂服，成禮于婦家，故不書公，以示貶。」

按：揭要蓋據穀梁之説。然春秋稱婦姜者三，宣元、成十四，豈皆先成禮者哉？經于春書「公至自晉」，其未嘗如齊明甚。烏得以臆度之辭，重誣古人！自以杜注爲是。

六年夏季孫行父如陳

注：「行父，季友孫。」

按：宋岳珂本如是。周語定王八年劉康聘於魯篇，注「季文子，季友之孫、齊仲無佚之子季孫行父」也，足以相證。別本作「季孫友子」者，誤也。公子友，莊公母弟。莊生於桓六年，友即後生數年，當莊之三十二年，年當在四十以上。又越十八年，至僖之十六年卒時，年六十强矣。而行父於此年始見於經，距友之卒二十四年。如行父爲友之子，則友有立僖之功，視慶父與牙何如也！牙之子公孫兹，見於僖四年經；慶父之子公孫敖，見於僖十五年經，皆久命爲卿。而友之子獨遲至二十四年之久乎？傳曰「季文子聘於陳，娶焉」，古人娶妻之極早者，如大戴禮逸篇、文王世子篇「文王十三生伯邑考，十五生武王」。此語雖前人已辨其非，而襄九年傳「國君十五而生子」。冠而生子，禮也。是當時以此爲率。大夫即不得上同諸侯，亦不過二十而娶。則行父此時方弱冠耳。儀禮喪服傳「年十六至十九爲長。殤禮，子不殤父。」明男二十爲初娶之端。墨子曰「昔有言大夫二十不敢不有室」，則二十固娶妻折中之時。記言三十而娶，周禮令三十而娶，皆言無過此時耳。子方弱冠，已二十四年，有是理乎？然則行父實友之孫，非友之子。友卒，而齊仲無佚未幾亦卒。行父時在襁褓，故至文之世，始命爲卿。又，世本云「公子友生齊仲，齊仲生無逸，無逸生行父」。以齊仲、無逸爲二人，是又爲季氏增一世。時公孫兹尚爲卿，至十四年始卒。孟氏方曆二世，不應季氏曆四世。此世本之文譌也。陶潛羣輔録「季孫行父，魯桓公曾孫」，與國語注同。高閌春秋集注「行父，季友之孫，公孫無佚之子」也。以王父字爲氏，宋人之説不誤。

七年宋人殺其大夫傳穆襄之族率國人以攻公殺公孫固公孫鄭于公宫

史記宋世家：「成公弟禦殺太子及大司馬公孫固而自立爲君。宋人共殺禦而立成公少子杵臼，是爲昭公。」又，年表：「成公十七年，公孫固殺成公。」

按：史記所紀與春秋經傳乖異。禦既爲成公弟，是襄之族，或即與「攻公」者，當以傳爲是。汪克寬據史記爲説，非也。僖二十二年傳「大司馬固」，注云：「莊公之孫公孫固。」史記正義：「世本云，宋莊公孫名固，爲大司馬。」然是年傳云「樂豫爲司馬」，又云「樂豫舍司馬以讓公子卬。」是公孫固此時已不居大司馬之職。傳又言「六卿和公室」，則六卿之外，不得再有大司馬。疏以爲宋有孤卿，或者是也。

傳則爲襄仲聘焉

注：「襄仲，公孫敖從父昆弟。」

按：公子遂，莊公子，故與敖爲從父昆弟。

八年宋人殺其大夫司馬宋司城來奔

胡傳：「以官舉者，見主兵者不能其官，至於見殺；守土者不能其官，至於出奔。」

按：宋之司城即司空，乃六卿之一，非專主守土者，胡傳不免誤會。

傳宋襄夫人襄王之姊也昭公不禮焉

按：「襄夫人」，昭公祖母；「不禮」者，殆以其淫亂歟？

九年冬楚子使椒來聘

注：「稱君以使大夫，其禮辭與中國同。」

按：楚君臣並見經，始此。楚子書爵者，見楚日强大也。楚之先，辟在荆山，蓽路藍縷，以處草莽，至是而聲明文物與諸夏抗衡。杜説最允當。且其「來聘」，實窺伺中原，以遂其北方可圖之志。書法與秦術同。穀梁以爲「來我而礰之」，胡傳以爲「思善悔過，則進之」，孫復以爲「慕義進之」，皆不如汪克寬著其「浸强」之説，爲合於當日之局勢。

十有一年夏叔仲彭生會晉郤缺于承筐

注：「彭生，叔仲惠伯。」釋文：「叔彭生，本或作『叔仲彭生』。『仲』衍字。」校勘記：「石經、宋本無『仲』字。按：漢書五行志、水經陰溝水注，並引作『夏叔彭生會晉郤缺于承筐。』石經、宋本、岳本『筐』作『匡』。傳文同。即襄三十年傳『會郤成子于承匡之歲也』，是也。」左傳補釋：「世本『桓公生僖叔牙，叔牙生武仲休，休生惠伯彭，彭生皮，爲叔仲氏。』禮記檀弓正義。案：程氏世譜六云：『公子牙生茲，僖四。茲生二子曰得臣、文元。曰叔仲。』彭生，杜譜並云叔牙孫，不言某某之子。今世本謂武仲休生彭，又謂戴伯茲生得臣，詳文元年下。似非。案：據叔仲皮、叔仲衍，鄭注檀弓以衍爲皮之弟，則皆爲彭生之子，而程譜以皮、衍爲叔仲志之子，志見定八。亦不合。」洪亮吉春秋左傳詁：「服虔云『叔仲惠伯』，史記集解。按：經文『叔』下衍一『仲』字。今從石經及淳化本削去，與公、穀亦合。」

按：十四年經書「叔彭生」，以上諸說，似無可疑矣。惟是年傳及七年傳曰「叔仲惠伯」，十八年傳曰「叔仲」，又曰「既而復叔仲氏」。夫曰「復」，則惠伯之前，已賜族矣。故經曰「叔仲彭生」，傳曰「叔仲惠伯」。又曰「叔仲」，猶三家之或但稱爲孟孫、叔孫、季孫也。武仲者，武謚，仲字。故稱叔仲彭生，與得臣同爲叔牙孫。一爲叔孫氏，一爲叔仲氏：一稱叔孫得臣，一稱叔仲彭生。牙之死日，立叔孫氏，本無而始立也；彭生之死日，復叔孫氏，本有而復立也。以傳文推之，似不當但稱「叔」而以「仲」爲衍文。春秋諸大夫之稱謚者，必冠以其氏。魯三家則不同：孟孫、季孫但稱「季」、「孟」，如季文子、孟獻子是也。其後世亦但稱「孟」、「季」。惟叔孫必稱「叔」，如「叔孫宣伯」、「叔孫穆子」、「叔孫昭子」，是殆以「孟」、「季」無他族，故可但稱「孟」、「季」；叔孫有「叔仲氏」，但稱「叔」，則無以別，故必稱「叔孫」也。

傳富父終甥摏其喉以戈殺之

注：「摏，猶衝也。」疏：「考工記『戈之長六尺六寸』耳，得及長狄之喉。兵車之法，三人共乘。魯、宋與長狄之戰，車皆四乘。改其乘，必長其兵。謂之戈，蓋形如戈也。」補正解云：「長三丈者，亦未可信。戈柲六尺有六

寸，假如長三丈者，富父終甥何由得以戈揗其喉邪？」馮李驊曰：「以戈揗喉，蓋如箭之及遠也。必以戈長六尺六寸疑之，泥矣。」

按：馮説近理。傳文不曰「擊」，而曰「揗」，杜解爲「衝」，並是此意。疏謂改其乘、長其兵，恐非倉猝之所能及。且即以後世之丈八蛇矛計之，亦未必能遂及其喉也。穀梁言「長狄矢石不能害，故揗其喉乃殺之」，是與彼文亦隱相合也。

皇父之二子死焉

注：「皇父與穀甥及牛父皆死，故耏班獨受賞。」疏：「賈逵云皇父與穀甥、牛父三子皆死。鄭衆以爲穀甥、牛父二人死耳，皇父不死。馬融以爲皇父之二子從父在軍，爲敵所殺；名不見者，方道二子死，故得勝之。如令皆死，誰殺緣斯？服虔云殺緣斯者，未必三子之手，士卒獲之耳。下言『宋公以門賞耏班』班爲皇父御而有賞，三子不見賞，疑皆死，賈君爲近之。如馬之言，於傳文爲順，但班獨受賞，知三子皆死；故杜亦同之。」補正：「傳本云『皇父之二子』，解乃云『穀甥』、『牛父』，誤。三大夫亦應有賞，傳特以耏門之名追録其受賞之（之）由，餘不及載耳。」沈氏補注：「馬説是也。若令右與驂乘俱死，則傳文當云『皇父與二子死』，不當云『皇父之二子』也。傳不言三人賞者，主記耏門事耳。」

按：玩下句「宋公於是」語氣，緊承上文「來本四人而三人死」。故班獨受賞，緣斯之獲，必班之功也。若爲皇父之子，則與上下文皆不相關，此句爲閒文矣。傳意恐不如是。耏門與子駒之門、周首之北門，前後相映成章，法非閒文也。當從賈、服、杜之説爲是。又，緣斯之獲，史記魯世家亦云宋武公之世，本取此傳之文分列於諸世家。武公在春秋前，與魯惠公同時，而宋世家及年表則列於昭公四年，即是年也。皇父爲戴公子，不當在是年。當由年表分列二國而誤在一年，世家亦因之而誤，未及修改耳。

齊襄公之二年鄋瞞伐齊齊王子成（公）〔父〕獲其弟榮如

注：「（魯桓之十六年）榮如，焚如之弟。焚如後死，而先諸者，欲其兄弟伯季相次。榮如以魯桓十六年死，至宣十五年一百三歲，其兄猶在。傳言既長且壽，有異於人。王子成父，齊大夫。」補正：「案：此年世太遠。陸氏

曰：『史記魯世家引此傳文作齊惠公之二年。又齊世家曰：惠公二年，長翟來，王子城父攻殺之。十二諸侯年表亦於齊惠公二年書王子城父敗長翟。三文皆同。』按：惠之二年，即魯宣之二年也。在晉滅潞之前僅十三年耳。此傳以惠公爲襄公，蓋傳寫之誤也。」馬氏補注：「説苑晏子曰：『昔先君桓公，軍吏怠，戎士偷，則王子成父侍。』」呂覽審分職篇管子曰：『平原廣城，車不結軌，士不旋踵，鼓之，三軍之士視之如歸，臣不若王子成父，請置以爲大司馬。』」

按：左通補釋亦以王子成父爲即桓公時人。桓與襄年世相接，謂是一人，可也。若如補正之説，「襄」爲「惠」之誤，則距桓之歸國已七十餘年，恐非一人矣。史記叙緣斯之事既誤，安知此文之必可據耶？當存疑。

十八年傳在九刑不忘

注：「『誓命』以下，皆九刑之書。九刑之書今亡。」疏：「服虔云：『正刑一，議刑八。』即引小司寇「八議：議親、故、賢、能、功、勤、賓之辟。』八議者，載於司寇之章，周公已制之矣。後世更作，何所復加！且所議八等之人，就其所犯正刑，議其可赦以否。八者所議，其刑一也，安得謂之八刑？」周禮司刑疏：「『在九刑不忘』，言九刑者，鄭注堯典云『正刑五，加之流、宥、鞭、撲、贖刑，此之謂九刑』者。賈、服以正刑一，加之以八議。」惠氏補注：「『九刑』謂刑書九篇。周書嘗麥解曰：『惟四年孟夏，王命大正正刑書。太史筴刑書九篇以升授大正』云云。太史乃藏之于盟府，以爲歲典。此周作九刑之事也。」

按「九刑」之解，當以惠説爲是。此傳上文云「作誓命」云云，皆九刑之文載在簡册，故云「在九刑不忘」。「九刑」乃書名，非謂列之名有九也。鄭、賈、服之説皆非。或謂昭六年傳：「夏有亂政，而作禹刑；商有亂政，而作湯刑；周有亂政，而作九刑。三辟之興，皆叔世也。」彼言「九刑」，不可與此混而爲一。不知叔世之改作，亦本先世之法而變通之，非竟屏除舊法而别爲之。叔向之意，謂先王議事以制，不爲刑辟，深以鄭鑄刑書爲非。其陳意甚高，與九刑之書無涉也。經窺乃欲以墨、劓、宫、大辟、刖、髡、流爲九刑，既未考刵、刖之本爲一刑，又未考周之改臏爲刵。刖爲軍中之刑，不在常刑之内。糅雜無據，不足道也。

流四凶族渾敦窮奇檮杌饕餮投諸四夷

按：此與虞書及孟子所言不同。補正謂當以虞書、孟子爲正。然傳之目窮奇曰「靖譖庸回」，即書之目共工曰

「静言庸違」也；傳之目鯀曰「傲很明德」，即書之目鯀曰「方命圮族」也。唐虞之世，别無可當，此「四凶」者，杜以共、驩、鯀當之，似未爲失。特太史克之詞，或有所增飾而失其實者耳。

宣公

二年傳晉靈公不君

按：晉靈於文七年見於傳曰：「穆嬴（目）〔日〕抱太子以啼于朝，出朝，則抱以適趙氏。」是尚在襁褓之中，不過一二歲耳。文七年至此，凡十四年，則靈之年不過十五六。童騃失教，伊誰之咎？俞寧世謂篇首「不君」三事，不過年少狂放者所爲，是也。

初驪姬之亂詛無畜羣公子自是晉無公族

按：晉語：「盡逐羣公子，乃立奚齊焉，始爲令，國無公族焉。」即此事。

四年傳楚司馬子良

注：「子文，子良之兄。」

按：坊本作「子良，子文之兄」，誤。鬬伯比淫于邔子之女，生子文；邔子遂以女妻伯比。子文固先生者也。

汏輈

釋文：「汏，他末反。」校勘〔記〕：「汏，石經、宋本、岳本作『汏』。下同。釋文亦作『汏』，是也。」

按：「他末反」，注疏本誤作「他來反」，坊本亦多誤。「汏」字從大。字典引入「汰」下，是其所據本亦誤也。正字通作「他蓋反」，蓋亦誤從太。

八年夏六月公子遂如齊至黄乃復辛巳有事於大廟仲遂卒于垂

注：「仲遂卒。不言公子，因上行還，間無異事，省文，從可知也。」疏：「衛氏難，杜氏云『其間有辛巳有事於大廟』，何得爲『間無異事』？秦氏釋云『有事大廟』是爲『仲遂卒』起文，止是一事，故云『間無異事』也。既

不書公子，而稱仲遂者，時君所嘉寵，故稱其字，非義例也。」

按：公羊以不稱公子爲貶，似不若杜注爲長。不稱公子而稱字，褒貶兩難言也。胡傳以書字爲生而賜氏，亦本劉炫之説。然其於季友亦用劉説，而叔肸獨闢生而賜氏之説，已自相歧異。今按：以叔肸例之，益可知季友、仲遂非生而賜氏。遂之子歸父稱「公孫」。豈有既已有氏，而仍稱「公孫」者？友，莊母弟；肸，宣母弟；遂，莊公子，未詳所出。以友、肸例之，疑是僖母弟。僖之世，自季友卒後，遂獨貴用事，其爲僖所親信可知。同爲君之母弟，故於卒也，書字以別之。比事屬辭，春秋之教也。劉敞、陳傅良以爲譏世卿。則春秋世卿多矣，何獨遂？況遂乃公子，前無所承乎？

傳雨不克葬禮也禮卜葬先遠日辟不懷也

張士元曰：「穀梁傳曰：『葬既有日，不爲雨止，禮也。』『雨，不克葬』，喪不以制也。士喪禮『稾車載蓑笠』，鄭康成曰：『備雨服也。』雨服備，則葬固有行于雨中者矣。王制記天子、諸侯、大夫、士、庶人之喪禮，而繼之曰『庶人縣封，葬不爲雨止』。獨言庶人，則士、大夫以上，得爲雨止矣。説者曰：當在廟未發時，雖庶人亦得爲雨止；及其已發在路及方葬時，則不爲雨止。此卿、大夫、士、庶人之所同也。若天子、諸侯，則無論在廟、在路及方葬，皆爲雨止。其説美矣，然亦不可泥也。經言貴賤喪葬之制甚詳，而獨于雨中之克葬不克葬，則言之頗略，何也？以其事難預定，而貴賤之等，不可以天雨別之也。天子、諸侯之葬也，禮儀多，則固當爲雨止；士、庶人之葬也，禮儀少，則固不當爲雨止。而雨亦有小大，時亦有蚤莫，其行之者亦有貧富豐儉，豈可一概言之哉？然則左氏與穀梁氏之説，果孰爲得春秋之旨乎？曰吾有見于曾子問矣。曾子曰：『葬引至于堩，日有食之，則有變乎？且不乎？』孔子曰：『昔者吾從老聃助葬〔于〕巷黨，及堩而日食，老聃曰：「止柩，就道右，止哭以聽變。」既明反，而後行，曰：「禮也。」反葬，問之，曰：「夫柩，未可以反者也。」「日有食之，不知其已之遲數，則豈如行之哉？」老聃曰：「〔夫〕柩不蚤出，不莫宿。見星而行者，唯罪人與奔父母之喪者乎？日有食之，安知其不見星也？且君子行禮，不以人之親痁患。」』夫日食不可以遽葬，雨獨可以急葬乎？以此言之，左氏所謂『辟不懷』者，允矣。」嘉樹山房集

按：此傳以左爲長，張説頗詳，盡節録於此。汪克寬曰：「近世名儒有謂雨而無害於力役者，雖葬可也。其或

天變駭異，雨甚水至，不可以即土，汲汲葬，反爲不可追之悔，則左氏説亦未爲失。」此可與張説相參。説者多惡宣，而主穀梁之説。然於情事，恐有未盡也。

傳及滑汭

注：「滑，水名。」沈欽韓左傳地名補注彙纂云：「滑水，當在今江南廬州府東境。按：傳云『盟吴、越』，蓋今之丹陽湖。元和志丹陽湖在溧陽縣西南二十八里，與當塗縣今屬太平府。分中流爲界。」按：舒蓼爲羣舒之一，今廬州府廬江爲春秋舒國。楚滅舒蓼，而正其疆界，當不出其境内。故彙纂以爲當在廬州東境也。傳文有一「及」字，則楚師已越舒境可知。補注謂在今之丹陽湖，不爲無見。廬州東境不離江上，與越境縣遠。時楚師深入，故越亦受盟也。

十有一年夏楚子陳侯鄭伯盟于辰陵

黄震曰：「宣二年至十年，晉、陳、鄭君被弑者三，均無討賊之師。惟楚於少西氏一正其罪。故辰陵之盟，舊謂聖人始予莊以霸。不知徵舒奉陳侯入會，身厠壇坫久矣。楚果能伸天討，何必遲之冬始舉行？楚蓋討陳之貳晉，非討少西氏之亂陳也。事在陳而援以爲號，或即孔寧、儀行父在楚挑之也？傳于『縣陳』曰「因乘虚而直擣之」，盜也；『封陳』曰復欲取而姑與之」，賊也。詐以濟貪，莊之狡也。」

按：胡傳謂楚謀討少西氏之逆，非也。楚入陳之時，陳成公在晉，則是既盟之後，復貳于晉矣。果其與楚謀討賊，如晉何爲？傳曰『陳、鄭服』也，則斯盟也，仍與晉争霸權耳。序楚于陳、鄭之上，見楚日强而陳、鄭皆屈服也。

冬十月楚人殺陳夏徵舒丁亥楚子入陳納公孫寧儀行父於陳

按：此經惟黄震之説，最合情事。全祖望復申之而論蓋暢，餘皆瞶瞶者也。林堯叟曰：「先書『殺』，後書『入』，予楚以討賊之義也。愚曰：先書『殺』，後書『入』，著楚之假討賊爲名而欲滅陳也。書『入』而後書『納公孫寧、儀行父于陳』者，著楚之欲滅陳而未能也。『納』者，難詞也。二人亂陳，陳人之所不欲其入者也。至莊王納申叔時之諫，其善自不可没。没其縣陳本意而書曰『入陳』，夫子筆削之權衡審矣。史記陳杞世家言靈公太子午奔晉，徵舒自立爲陳侯。莊王殺徵舒，迎午於晉而立之。而傳無其事。且成公已列于辰陵之盟，非靈公被殺即奔晉。與史記不合。馬之與左異者，如此類頗多。當以左爲是。傳曰『陳侯在晉』，蓋與傳所言『鄭既受盟於辰陵，又徼事于晉』者，其事正同。可知討少西者，譎詞也。齊襄公討鄭弑君，殺子亹而轘高渠彌，其合於討賊之義，而春秋不書者，齊不告也。楚方與晉爭主盟，故以此事布告于諸侯，春秋亦因其告而書之，非必揚楚而抑齊也。」

傳晉楚無信

按：觀子良此語，益可知子楚之説非。

陳侯在晉

按：此蓋叛楚而朝晉，故楚得乘虛而入也。成公父弑而不能討賊，復反復于兩大之間，其國之不亡，幸矣。襄二十五年傳，有「夏氏之亂，成公播蕩」語。豈反自辰陵而徵舒拒命歟？觀于靈公之葬，在楚殺徵舒之后，則陳之國中，亂勢未定可知。成公之如晉，蓋亦謀定亂也。時晉之從政者新，將不用命，遂讓楚人得占先著，晉之不競，其君臣之才，皆不如楚也。

諸侯縣公皆慶寡人

注：「楚縣大夫，皆僭稱公。」經義述聞：「縣公，猶縣尹，與公侯之公不同。如謂楚僭稱王，其臣僭稱公，則楚貴官無如令尹，何皆不僭，而僭者反在縣大夫乎？襄二十五年傳『齊棠公之妻』，杜注：『齊棠，邑大夫。』齊縣大夫亦稱公，則非僭可知。不然，則公尊于侯，齊君但稱侯，而臣乃僭稱公乎？」

按：此援棠公以駁杜，其説似有據矣，然棠公之「公」與「縣公」之「公」未可混爲一也。春秋時，非爵而稱公者，乃男子之美稱，猶之稱某伯、某子，乃當時稱謂如此，若今人之稱某公也。鄭伯有之臣稱伯有曰「吾公」，（襄三十年。）與棠公之稱公正同，非僭稱公也。若楚之縣公，實是僭稱。如申、如息、如蔡、如陳，非貴公，即勳臣，皆滅國以爲縣尹之者，若小國然，故僭稱公。鄭伯之逆楚子曰「使改事君夷於九縣」，亦以楚之九縣如屬國，因言「願得比之」。不然，豈有君與臣言，亦尊稱其臣之理？且以諸侯、縣公並稱，其非尋常之美稱可知。諸侯先縣公者，諸侯乃屬國，縣公則內臣也。文十年「子西王使爲商公」，昭八年傳「使穿封戌爲陳公」，十一年傳「使棄疾爲蔡公」。夫曰使爲公，則爲公侯之公可知。十三〔年〕傳以「陳、蔡、不羹爲四國」，則其稱公也，與尋常縣尹不同可知。楚縣之稱公者，陳、蔡後復封。其早稱公者，莫如申、息。申公子儀、鬭克。息公子邊屈御寇。見僖二十五年傳；他則商公及期思公復遂。文十年。在是年以前，不多見也。其稱尹者，如莊九年傳滅權，以「鬭緡尹之」，「遷權于那處，使閻敖尹之」，稱尹不稱公。襄二十六年傳伯州犂正囚，穿封戌爲縣尹，而下其手以卑之，則縣尹非尊官。戌先爲方城外縣尹，及靈公滅陳，以城麇之役不諂，命爲陳公。先爲尹而後爲公，其自卑而遷明甚。蓋楚因縣之大小，或設公或設尹，縣公稱公，縣尹稱尹，判然不同。合而一之，疏矣。或以縣公爲官名而非爵名，則官未聞有以公名者。

十二年傳夷於九縣

注：「楚滅九縣以爲縣，願得比之。」疏：「楚滅諸國見於傳者，哀十七年稱『文王縣申、息』，莊六年稱『楚滅鄧』，十八年稱『武王克權』，僖五年『滅弦』，十二年『滅黃』，二十六年『滅夔』，文四年『滅江』，五年『滅六』，又『滅蓼』，十六年『滅庸』，凡十一國。見於傳，僖二十八年傳曰：『漢陽諸〔姬〕，楚實盡之。』則楚之滅國多矣。言『九縣』者，申、息定是其二，餘不知所謂。蘇氏、沈氏以權是小國。庸先屬楚，自外爲九也。」補正：「傳氏曰：『時楚適有九縣，故鄭願得比之。言服事恭謹，如其縣邑耳，非必追記其所滅之國也。』」

按：補正説是。楚之滅國，不盡可考。其見於傳者，疏所列十一國之外，尚有宣八年之舒蓼。其他近楚小國，如鄀、桓九。貳、軫、鄖、絞、州、桓十一。羅、桓十二。盧戎、桓十三。道柏、僖五。鄀、僖二十五。麇、文十一。巢宗，文十二。並在此役之前，不知何時爲楚所滅。若滅國皆以爲縣，楚之縣豈止有九哉！

駒伯曰待諸乎

經義述聞：「待諸者，禦之也。」按：是時潘黨從唐侯爲左拒，以從上軍，故郤克欲俟其來也。士會以寡不敵衆，故從容收軍而退，未與楚師相遇，又有敖前之七覆，故上軍敗也。「待」字似不必訓爲「禦」。

楚人惎之

注：「惎，教也。」

按：杜意以下文有「吾不如大國之速奔也」一語，故以爲楚人教之也。説文廾部引作「𢍏」。「𢍏，舉也。春秋傳曰：『晉人或以廣墜，楚人舁之。』黄顥説：廣車陷，楚人爲舉之。」字義異而大意亦同。補正訓「惎」爲毒，並引傳氏謂楚人將毒害之，疑楚人不應教晉人也。然古者兵交，有難以後世事例之者。如郤至見楚王免胄而趨，後世斷無其事。小爾雅：「惎，教也。」

晉之餘師不能軍宵濟亦終夜有聲

注：「言其兵衆將不能用。」補正：「言其軍囂，無復部位。」

按：二義並見。

河魚腹疾奈何

宋周去非嶺外代答：「左氏『河魚腹疾』語，訖無定説。余仕古縣，常食市魚。厨者曰：『此魚病肚，不堪食。』剖視之，滿腹黄水也。後泛舟，見一魚死於舟側。舟人曰：『此魚肚病死矣。』問何謂病肚，曰：『凡物皆有疾。魚在水，無他疾，唯病肚乃死。』因悟申叔時『河魚』之説。」

按：此説經目驗而得，可備一解。

十四年傳孟獻子言于公曰

按：獻子不能勸君修德自强，而惟事薦賄于楚，誰謂獻子賢大夫耶？

十有五年六月癸卯晉師滅赤狄潞氏以潞子嬰兒歸

胡傳：「赤狄未嘗侵掠晉境，非門庭之寇而恃强暴滅之，其不仁甚矣。」

按：赤狄伐晉、侵晉，屢見于傳。且狄逼近晉土，正門庭之寇。胡氏特未稽之傳文耳。晉之不競于楚，雖其君臣之才略不若楚，亦以狄時擾其境也。

秦人伐晉

注：「無傳。」

按：此注衍文。傳書于七月，疑經文錯簡在前耳。晉滅潞在六月癸卯，敗秦在七月壬午，相距四十日。

成公

成公

疏：「魯世家云：『成公，宣公之子，穆姜所生。』釋例曰：『計公衡之年，成公又非穆姜所生，不知其母何氏。』案：宣元年『夫人婦姜至自齊』，即穆姜也。至此始十八年耳。二年傳稱『公衡爲質於楚』。公衡，成公子。既堪爲質，則其年已長。成公若是穆姜之子，未得有長成之男。」馮李驊曰：「古人生子，或早爲質，又不必年長，世家説可信也。」按：今史記魯世家無「母穆姜」之文，豈釋例所見之本與今本異歟？十六年傳注又云「穆姜，成公母」，則與釋例之説歧矣。釋文亦不言母穆姜，可見成公母不能詳也。大約成公之母，必非穆姜。釋例以公衡爲證而馮駁之。然爲質者雖不必年長，而亦非數歲小兒可允斯役，遠謫異國也。觀於公衡自宋逃歸而臧宣叔以棄國譏之，可見非數歲小兒，釋例之疑是也。穆姜之女伯姬，于成公九年歸于宋。曰「伯姬長女」，疑穆姜無子，祇生伯姬耳。

二年六月癸酉季孫行父臧孫許叔孫僑如公孫嬰齊帥師

按：嬰齊，叔肸之子，叔肸宣公母弟，卒于宣十七年。而其子見於此年經，已爲卿，且帥師矣，其年當在二十以上。則當文之末年，肸之年至少亦十四五。穀梁傳宣十七年：「公弟叔肸卒。其曰『公弟叔肸』，賢之也。其賢之何？宣弑而非之也。」夫宣弑而知非之，必其年已長，宣之年不長於肸若干歲，而其爲子惡之兄，則甚明矣。

傳殺而膊諸城上

注：「膊，磔也。」疏：「膊，謂去衣磔之。方言云：『膊，曝也。』」按：玉篇、廣雅並云：「磔，張也。」謂殺而張其尸於城上也。

齊高固入晉師桀石以投入

馬氏補注：「桓五年傳『旝動而鼓』，賈逵注：『旝，發石。一曰飛石。』説文：『旝，建大木置石其上，發以追敵。』後漢堅鐔傳：『鐔每急，輒先當矢石。』章懷注：『石，謂發石以投人。』三國魏志『太祖爲發石車擊袁紹』。此傳下言『會之而乘其車』，是高固先發石投人，而後乘人之發石車也。」

按：杜注「桀，擔也」，蓋「揭」之假借字。「揭」，高舉也。一切經音義三引廣雅、文選齊故安陸昭王碑文注引莊子司馬注，並云「揭，擔也。」此「桀」、「揭」相通之證。此時，兩軍未接戰，高固獨入晉師，舉石以投人，禽其人而乘其車以歸，故謂之勇。故云：「欲勇者賈余餘勇。」若發石之器，說文未言有車。發石車創自曹操，況是兩軍既接所用之器。有此器以發石，亦不足以言勇。補注所言，於當日情事不合也。

齊侯免求丑父三入三出

注：「重其代己，故三入晉軍求之。」疏：「劉炫以齊侯三入齊軍，又三出齊軍，以求丑父。每出之時，齊之將帥，敗而怖懼，以師而退，不待齊侯。至使齊侯入于狄卒。今知不然者，以傳文『三入』在前，『三出』在後。若用此說，齊侯先在晉軍，今入齊軍，得以『三入』在前。今齊侯既在齊軍，欲出求丑父，應先出後入，不應先入後出。且初時二出，容有二入，在後之出，遂入狄卒。有出無入，何得云『三入』？又以傳文『師』、『帥』兩字分明，故杜以爲齊侯每出齊師，以（以）帥厲退者。『每出』之文，別自爲義，不計上之三出。劉君不達此旨，妄規杜失，非也。」沈氏補注：「劉說是也。齊侯破膽之後，豈敢復入晉軍？晉軍方憤于丑父之紿，三入其軍，豈無指目，寧肯輕縱，如狄、衛之容情乎？劉氏所解，皆明通，遠過杜預。孔穎達等必扶立一家，不容稍參同異。故唐立五經正義，而漢、魏以下經生之業盡亡，殊可惜矣。」

按：丑父已在晉師，欲求丑父，自當入晉師。沈謂『齊侯破膽』，不敢『入晉師』，則下文之狄卒，衛師，亦皆敵軍，也何獨於晉師而不敢入乎？齊師爲齊侯所自有，其出入何足紀？丑父爲君右，如尚在齊師，當無不知者，又何待于求？左氏此戰，先後寫齊侯情狀，如「不介馬而馳」，「親射韓厥之左右」，「三出三入」于晉師，自徐關入，猶親勉保者，先後一色。其失在輕剽，非膽怯人也。劉說全於情事不合，謂其「明通」，『遠勝』杜氏，何也？大約沈氏補注，力攻杜解，每至肆口毒詈，實非說經之體。杜注固不能無病，然平必論之可矣，事外捃摭，何爲哉？

始用殉

注：「用人從葬。」疏：「鄭玄云：『殺人以衛死者曰殉。』言殉還其左右也。言『始用殉』，則自此以後，宋君葬，常用殉，故謂此爲始也。」

按：史記秦本紀：「武公二十年卒，葬雍平陽，初以人從死。」「從死」者六十六人，在魯莊之十六年。又，繆公卒，葬雍，從死者百七十七人。秦之良臣子輿氏三人名曰奄息、仲行、鍼虎，亦在從死之中，在魯文六年，並在此事之前。此乃宋國始用之也。又，宣十五年傳：「初，魏武子有嬖妾，無子。武子疾，命顆曰：『必嫁是。』疾病則曰：『必以爲殉。』」豈春秋時此風已盛，卿大夫家亦有行之者耶？

是天子鑾

注：「子鑾，鄭靈公夏姬之兄，殺死無後。」沈氏補注：「兄弟何與其事？當是先許嫁在御叔前者。列女傳無此句。」

按：此巫臣附會之詞，何論兄弟？況兄弟固親之至近者乎？

公衡爲質

注：「公衡，成公子。」沈氏補注：「成公雖有子，尚幼，不任爲質，蓋宣公子也。」

按：襄公元年，時年四歲，爲夫人定姒所生，成公之嫡子也。公衡或是庶子。杜注多本世本爲説，不盡無據，補注則臆度之詞。

三年乙亥葬宋文公

注：「七月而葬，緩。」

按：厚葬故緩。

六年二月辛（己）〔巳〕立武宮

注：「魯人自牽之功，至今無患，故築武軍，又作先君武公宮，以告成事欲以示後世。」疏：「公羊傳曰：『武宮者何？武公之宮也。是立宮爲武公廟也。』武公是成公九世之祖某，廟毁已久矣。今復立之，以爲不毁之廟。禮明堂位曰：『魯公之廟，文世室也；武公之廟，武世室也。』『世室』，言其世世不毁。劉炫以爲直立武公之宮，不築武軍。今知不然者，以下傳云：『聽於人以救其難，不可以立武。立武由己，非由人也。』是丘明譏魯立武以章武功，

明非徒築宮而已。宣十二年潘黨請築武軍，楚子云：『武有七德，我無一焉，武非吾功。』遂不敢築武軍以明武功。此則丘明譏魯章武功，明亦築武軍也。若其唯築武宮，傳應云不可以立武宮，不得單稱武也。劉以爲唯築武公之宮而規杜，非也。服虔云：『鞌之戰，禱武公以求勝，故立其宮。』案：定元年傳『昭公出，故季平子禱于煬公，立煬宮。』此若爲禱而立，何以不言禱也？無驗之説，故不可從。」

按：武公廟久毁，至是復立之，證以昭十五年有事于武宮，及明堂位「武世室」之語，並以定元年立煬宮書法例之，公羊之説爲不可易。即服虔之説，亦非無因。杜意既以爲武公宮，而又以爲築武軍，蓋以傳有「立武」之語也。然傳曰「立武」，而不曰「築武軍」。宣二十三年傳云：「潘黨曰：『君蓋築武軍而收晉尸，以爲京觀。』楚子曰：『其爲先君宮，告成事而已。』」又曰：「古者明王伐不敬，取其鯨鯢而封之，以爲大戮，於是乎有京觀，以懲淫慝。」是築武軍者，必有京觀，必在戰地。戰時而立宮告成，亦其禮之一端也。鞌之戰已閲五年，既非戰時立宮，於魯又非戰地，其非築武軍明甚。况楚莊王尚不敢築武軍，季孫行父豈貿然爲之？當時蓋亦立武公之宮，告成事焉，亦所以示武也。故傳曰「立武」，杜兼武軍言之，非也。行父之立武宮，猶夙之作林鍾，皆春秋之所譏也。

公孫嬰齊如晉

注：「嬰齊，叔肸子。」

按：嬰齊，已見二年經注，當在彼處。

七年傳囚鄖公鍾儀

按：「鄖」，國名，見桓十一年傳。後爲楚所滅，以爲縣矣。「鄖公」，縣公，後又有「鄖公辛」。

子重請取于申吕以爲賞田王許之申公巫臣以爲不可

按：「巫臣」爲申公，故不欲披其邑以予人。然申、吕與息實爲楚北方之屏障，其心私而言則公，故楚子信之。

九年鄭人圍許

張洽曰：「君在外而興師復怨，大臣之罪也。」按：鄭用公孫申之謀，示晉不急君也。張説非。

十年傳遂以爲殉

按：晉亦以人殉葬，漸染于戎狄之俗矣。

十一年傳聲伯以其外弟爲大夫而嫁其外妹于施孝叔

按：此因郤犨求婦而追述之，非當年之事也。申伯之外弟，已堪爲大夫，外妹已堪嫁人，則申伯之年可知。推申伯之年，而叔肸之年可知。推叔肸之年，而宣之年又可知。前謂宣爲子惡兄者，得此證而益信。

十三年傳公及諸侯朝王遂從劉康公成肅公會晉侯伐秦

林注：「傳明晉厲公不與朝。」姜炳璋曰：「春秋朝齊、朝晉桓旅見，獨未有率諸侯朝周天子者，晉厲偶一爲之，而又以伐秦兼及，惜哉！」

按：傳曰「及諸侯曰會」，晉侯是晉厲，不與朝。林注是。諸侯道過京師，因朝王，自晉至秦，不過京師。

邲之役荀伯不復從

注：「荀林父奔走，不復走故道。」釋文：「從，徐子容反。音或如注。」沈氏補注：「『不復從』，謂晉之餘師不能軍。或説荀罃爲楚師所獲，不復從軍而歸。」經義述聞：「杜言不復故道，故徐讀蹤跡之蹤。『不復蹤』之語，殊爲不詞。若『從』讀如字，則『不復從』下須加『故道』二字，其義始明。且林父兵敗而歸，未必不由故道也。『從』，蓋『徒』字之誤。邲之敗，舟中之指可掬，則徒衆之不反者多矣。故云『不復徒』。」羣經平議：「『不復徒』之語，亦爲不詞。『從』疑『役』之誤；『復』者，反也。『不復役』，即不反役。古人謂師還爲反役。此云『復役』，義亦同耳。」按：杜注及述聞之説，已各議其非。「反役」即師還。林父此時非不反也。「不能軍」與「從」字難通。補正之説，「從」下亦須加字，意方明也。今按：「從」，逐也。詩還「並驅從兩肩兮」傳，成十六年傳「晉韓厥從鄭伯」注，並云「從，逐也」。言荀伯不復能與楚人角逐，似較妥。

十八年傳使魏相士魴魏頡趙武爲卿

按：国語：「相時佐下軍，魴將新軍，頡佐之。相卒，武佐新軍。相，錡子，謚宣；魴，燮母弟，謚共；頡，顆子，謚文，亦稱令狐文子。是年彘季已佐下軍，則相未幾即卒。

右行辛爲司空使修士蔿之法

注：「士蔿，獻公司空也。」

按：士蔿爲大司空卿也；辛爲司空，大夫也。晉自文公後，以三軍將、佐爲卿，而舊日司空諸官，轉降爲大夫。二年傳「賜晉司馬、司空皆受一命之服」，注：「晉司馬、司空皆大夫。」是爾時官制隨時變易，非獨不尊王制，即祖制亦不盡用也。

日南讀書記　卷九

左傳三

襄公

元年楚公子壬夫

嚴元照娱親雅言：「匡謬正俗云：「楚公子壬夫，字子辛。學者以其字子辛，遂改爲壬夫。同是日辰，名字相配也。案：楚公子午，字（字）〔子〕庚。庚是十榦，午是十支，法有相配。或者此人以庚午歲若以庚午日生，故名午，字（字）〔子〕庚耳。辛、壬同是十榦，若以辛生，不得名壬；若以壬生，不得字辛。此與庚、午不類，固當依本字，不宜穿鑿改易。」錢廣伯馥云：『石癸，字甲夫；白丙，字乙，皆同取十榦爲名字，古人未嘗無此例也。顔氏此論，毋乃知其一，不知其二。』」校勘記：「石經以下皆作『壬』。漢書古今人表亦作『公子壬夫』。陸氏穀梁音義：『壬，音而林反。』」

按：「穀梁文七年『宋公壬臣』，釋文：『壬，本或作「王」。左傳作「王臣」』，是。壬、王二字形近易訛，故壬或爲王，王或爲壬也。古人以榦支爲名字，或亦別有取義，未必全以生年月日相配，顔説殊拘。楚子辛自當作『壬夫』。壬，任也；夫，丈夫也。言任爲丈夫。取名之義當以此。類聚引五經通義『辛，自克辛也』，南齊書引盧植郊特牲注『辛之爲言自新潔也』，有自任之意，故名壬夫，字子辛也。

二年傳君子曰非禮也禮無所逆婦養姑者也虧姑以成婦逆莫大焉詩曰其惟哲人告之話言順德之行季孫於是爲不哲矣

三年傳君子曰志所謂多行無禮必自及也其是之謂乎

按：觀此二事，知當時輿論於行父多不滿之詞。其譽之爲忠者，亦據其儉之一端耳。左氏美惡畢載，而其人之真相自見，所謂「微而顯，婉而辨」者也。行父於太史克之對，已隱有無君之心，於穆姜、定姒二事，而益不可掩。左氏詳載之，春秋誅心之法也。

三年傳公如晉始朝也夏盟于長樗孟獻子相公稽首

注：「傳言獻子能固事盟主。」何焯曰：「仲孫不能守周公之典以尊其君，而稽首於大國，又不能以禮拒大國之求，而請屬鄫，其不逮鄭子産遠矣。其平日之言行，時合乎道，而謂之社稷之臣則未也。」

按：公時年六歲，惟相者之言是從，何説是，杜注非。知武子曰：「天子在，而君辱稽首，寡君懼矣。」蓋知其非禮而面折之。獻子之對亦諂詞耳。

士富爲侯奄

注：「士富，士會别族。」

按：國語稱「范獻子」，韋注：「范文子之族昆季，而文之孫。鞅亦謚獻，與族祖同謚。」

四年傳秋定姒薨不殯于廟無櫬不虞

補正：「啖叔佐曰：『此傳誤，宜在定十五年姒氏卒下。』按：如啖説，則季文子當作『桓子』。」

按：定十五年傳似無關文，啖説非。杜意謂季孫議其喪制，欲殯，不過廟，又不反哭。因匠慶之言，遂得成禮，故經無異文。其説不誤。

匠慶請木季孫曰略

注：「不以道取爲略。」惠氏補注：「匠慶請用蒲圃之木，故季孫曰『略』。正義言令匠慶略他木，失之。」馬氏補注：「孔安國論語集解『簡，略也。』是『略』乃簡略之謂，故君子謂之多行無禮。杜解太迂。」

按：季孫初議無櫬，因匠慶之言，遂得成禮，故匠慶乃請木也。匠慶初未言蒲圃之櫝，因季孫曰「略」，乃用之。「略」者，簡略之意。言隨便取之。匠慶因季孫有此語，乃用蒲圃之檟，而季孫亦不御也。「多行無禮」，蓋指取穆姜之檟一事而言，故有「自及」之語，非泛指他事。杜謂「不以道取爲略」，蓋亦對無禮而言，然似太過。季孫既迫於公論，必不出此無禮之言。匠慶用之而不御，仍是迫於公論。此定姒之所以得稱「夫人」，得書「葬」也。

公請屬鄫

按：此仲孫之失策，恐亦季孫主之。圖近利而忘遠害，烏得爲忠於公室者！

無終子

注：「無終，山戎國名。」國語韋注：「無終，山戎之國。今爲縣，在北平。」

按：漢書地理志北平郡屬縣：「無終，故無終子國。今之玉田縣。」然去晉甚遠。晉侯曰「不如伐之」，其爲與晉相近，師力之所能及，與赤狄、白狄等耳，必非北平之無終。故杜但云山戎國名。而不言其所在。其所納者，虎豹之皮，故以爲山戎，而玉田不在山中也。史記樊噲傳：「因擊陳豨，遷爲左丞相。破得綦毋卬、尹潘軍於無終、廣昌。」正義但云廣昌在蔚州飛狐縣北七里，而不言無終在何處，亦不以爲北平之無終也。其時陳豨反趙、代，則其地當在代。噲傳下云：「破豨別將胡人王黃軍於代南。」此其證也。昭元年傳：「晉中行穆子敗無終及羣狄於太原。」魏舒言「所遇又阨」，其在山中可知，其地近晉亦可知。是此傳之「無終」，即穆子所敗之無終，亦即樊噲傳之無終。與北平之無終，當爲兩地，韋昭以北平之縣當之，非也。魏絳「五利」，其二爲「邊鄙不聳，民狎其野，」其爲近晉尤是確證。若在北平，去晉千餘里，與晉之邊野何關？戎亦不能越千數百里而來侵晉也。

五年傳穆叔以屬鄫爲不利使鄫大夫聽命于會

按：魯之解事人，斯時惟豹而已。行父與蔑非其疇也。其忠於公室而能與大國相抗者，亦惟豹及婼父子耳。

九年傳棄位而姣

注：「姣，淫之別名。」疏：「服虔讀『姣』爲『放效』之『效』。言效小人爲淫。淫自出于心，非效人也。今時俗語謂淫爲姣，故以姣爲淫之別名。」沈氏補注：「『棄位』，猶爻之失位不正，故不可爲貞。服讀『姣』爲『放

效』之『效』。乾鑿度曰『佼易立節』，或作『傚』。『姣』、『佼』字本通。易繫辭：『知崇禮卑，崇效天，卑法地。』惠周易述云：『崇效天五，卑法地二。』穆姜自言棄坤之正位，而效乾之佼易。杜謂『姣，淫之别名』，此野文也。」

羣經（評）（平）議：「説文女部：『姣，妙也。』古書『姣』字並美好之義，而杜乃以爲『淫』之别名，正義又以俗語證之，陋矣。然如服子慎之説，實亦未安。『姣』當讀爲『佼』。方言曰：『逞、曉、佼、苦、快也，自關而東或曰曉，或曰逞；江、淮、陳、楚之間曰逞；宋、鄭、周、洛、韓、魏之間曰苦；東濟、海岱之間日佼；自關而西曰快。』然則『佼』與『逞』同義。『棄位而佼』，與僖二十三年傳『淫刑以逞』、成十六年傳『疲民以逞』，文義相近，言棄位而自快其意也。穆姜齊女，習於齊之方言，故曰『佼』耳。」

按：玉篇「姣，户交切，淫也。又音狡，妖媚也。」廣韵五肴「胡茅」紐下：「姣，姣淫。」三十一巧，古巧紐下：「姣，妖媚。」與玉篇同。説文「姣，好也，而引唐韻胡茅切。疑唐韻本平、上兼收，引其一而遺其一也。篇、韻雖皆在杜後，然皆不稱左傳。恐此義古本有之，不始於杜也。沈讀「姣」爲「佼易」，既非不美之詞，安見不可謂貞？俞讀「姣」爲「佼」，亦方言也。何獨於杜説則鄙之，此非眉睫之見乎？似不若杜説之爲直捷。上言「今我婦人而與於亂」，穆姜固不自諱也。

十年傳晉荀偃請伐偪陽而封宋向戌焉

林注：「此通吴、晉往來之道也。」

按：成八年傳：「晉侯使申公巫臣如吴，假道于莒。」是晉之通吴，紆道海濱，始遵海而南，以避楚境，往來甚難。今滅偪陽，以通往來之道，此兵機也。以封向戌爲名，以誤楚也。

建大車之輪而蒙之以甲以爲櫓

疏：「建，立也。立此大車之輪，而覆之以甲，以爲櫓也。」惠氏補注：「甲覆楯，非覆輪。當云『立之大車之輪。』」

按：傳文甚明，本不待注。若如惠説，須改傳文。

十三年傳荀罃士魴卒

按：罃卒而悼霸衰，以繼之者，偃、匄之倫也。罃之才德在先、狐諸人之上，惜爾時惟一罃耳。

十四年傳昔秦人迫逐乃祖吾離於瓜州

注：「四嶽之後，皆姜姓。又別爲允姓。瓜州，地在今燉煌。」

按：燉煌距晉數千里，荀秦方逐之西去，戎豈能遠道東來歸晉？恐別一瓜州，今不詳其地耳。宣十五年，晉侯賞士伯以瓜衍之縣，春秋地名考略：「吴氏曰：『汾州孝義縣北十里，有瓜城。』」瓜州或即此地歟？僖三十三年殽之役，遽興姜戎，即此戎；服屬于晉，又在南鄙，故倉卒之間可召集也。至昭九年傳，先王居檮杌于四夷」，「故允姓之姦居于瓜州，伯父惠公歸自秦，而誘以來」，與此傳自是兩事。彼允姓之戎，先王所居之于四裔者，不知何時闌入中國。僖二十二年秋，「秦、晉遷陸渾于伊川」，是其事也。此姜姓之戎，自爲四嶽之裔冑。秦人逐之，惠公賜以南鄙之田，遂爲晉不侵不叛之臣。杜注牽合爲一，似誤。

晉人角之諸戎掎之與晉踣之

注：「掎其足也。」疏：「角之，謂執其角也；掎之，言戾其足也。前覆謂之踣，言與晉共倒之。」馬氏補注：「犄與觭通。易睽六三『見輿曳其牛掣』，釋文：『鄭作「挈」，云牛角皆踊曰挈。』說文作：『觢』云『角一仰一俯』。子夏作「契」，傳云『一角仰也』。荀作『觭（犆）』。按：『諸戎觭之』，與上文『晉人角之』，正是角一俯一仰之義，與『牛角皆踊曰挈』同義。杜訓爲「掎其足」，與『角』之義不貫，非是。」

按：此言捕鹿事，與一俯一仰之義何涉！馬氏之說殊誤，復改其字作「犄」。尤非。說文：「掎，偏引也。」國語「掎止晏萊」，韋云：「從後曰掎。」子虛賦「脚麟」，司馬彪云：「脚，掎也。」詩「伐木掎矣」，傳曰：「伐木者，掎其顛。」秋官「翨氏掌攻猛鳥，各以其物爲媒而掎之」，注云：「鳥來下，則掎其脚」。以諸說參之，杜注不誤。

吴子諸樊既除喪

注：「諸樊，吴子乘之長子也。乘卒，至此春十七月，既葬而除喪。」

按：喪服二十五月而畢，十七月不得除喪。此文殆因吳告敗，而類記於此，非當春之事。或本在是年冬，而錯簡在是。

天生民而立之君使司牧之勿使失性

按：「牧」有養、察二義。易「卑以自牧也，」注：「牧，養也。」方言二十「牧，察也。」此下句云「勿使失性」，則「牧」當訓爲察、司，伺也。言伺察之，使勿失性也。周書職方篇「王設其牧」，注：「牧，謂牧御天下之政教。」白虎通封公侯篇：「唐、虞謂之牧者何質？使大夫往來牧視諸侯，故謂之牧。」並當訓爲察，與此傳「司牧」之義可相發明也。訓爲「養」者非。

范宣子假羽毛于齊而勿歸齊人始貳

按：匄不能守文子、武子之法，而惟貨是求，此晉之所以失霸而范氏之所以亡也。

十八年傳齊侯禦諸平陰塹防門而守之廣里

注：「平陰城在濟北盧縣故城東北，其城南有防，防有門，於門外作塹，橫行，廣一里。故經書『圍』。」疏：「平陰城南有防者，地形猶在，杜觀其迹而知之也。言『塹防門而守之』，明是齊人自於門外作塹，以固守也。」惠氏補注：「京相璠曰：『平陰，齊地也。在濟北盧縣故城西南十里。杜氏云在縣東北，非也。平陰城南有長城，東至海，西至濟。河道所由名防門，去平陰三里。』司馬彪郡國志曰：「濟北盧縣有平陰城，有防門，有光里。京相璠曰：『防門北有光里。』齊人言『廣』者與『光』同。杜氏以爲云云，皆臆説也。」馬氏補注言由防門至光里，皆平陰城之所徑繞也。故京相璠曰防門去平陰三里。

按：孔疏謂杜觀跡而知，惠氏則以爲臆説，兩説正相反。以傳文推之，曰：「塹防門而守之」，是於防門作塹也；下忽接以地名二字，文頗難通，不如杜説之明白易曉。「廣」、「光」古固通，而此處不必作地名解，並恐光里之名，即緣此役而有，非舊有之地名也。長城至齊湣王始築。蘇代云：「齊有長城，臣防足以爲塞。」臣防，當即此所守之防門。京相璠自志齊地，故並長城言之，本非爲此傳作解也。馬説尤難曉。若如其言，則傳文「之」字，當作「至」字解也。

十九年傳賄荀偃束錦加璧乘馬先吴壽夢之鼎

注：「古之獻物，必有以先，今以璧馬爲鼎之先。」惠氏補注：「馬爲庭實，未聞以馬爲先。且馬不上堂，安得先之？『先吴鼎』，亦不獻。『先吴』，猶言『先秦』、『先漢』歟？」羣經平議：「『先秦』『先漢』之比，亦未得。夫部鼎不稱先部，紀甗不稱先紀，吴鼎何必言先邪？『先』，疑『旡』字之誤。『旡』讀爲既，既，及也。猶言：『賄荀偃束錦加璧，乘馬及吴壽夢之鼎』也。」

按：釋文：「先，悉薦反。如字。」依注當如字。若讀悉薦反，當訓爲導。周禮大司馬「以先愷樂」，注：「先，猶導釋文音道。也。」「先吴壽夢之鼎」者，以吴鼎爲先導也。如此解，雖與他處不同，似尚可通也。平議説須改字。

二十有二年秋欒盈出奔楚

注：「盈不能防閑其母，以取奔亡。稱名罪之。」晉語：「陽畢曰：『欒氏之誣晉國也久矣。欒書實覆殺厲公以厚其家。若滅欒氏，則民威矣。』」

按：陽畢之語，晉之逐盈，亦以欒書弑厲公之故。故欒氏禍胎于書害同、括，譖郤至，其隱慝多矣。弑君之罪，又其大者耳。至盈而始亡，幸矣。杜注所言，未得其實也。

傳宣子殺箕遺黄淵嘉父司空晉邴豫董叔邴師申書羊舌虎叔羆

晉語：「箕遺及黄淵、嘉父作亂，不克而死。」

按：據此，是十子之死以作亂也。惟傳言盈先奔而後殺十子，當以傳爲是。盈奔而十（字）〔子〕作亂，故皆見殺。國語先作亂而盈後奔，似未合當日情事。

會于商任錮欒氏也

按：禁錮之法，始見於此。楚子反請錮巫臣而共王不許，似當日各國皆有禁錮之法。孟子所謂又極之于所往也。范於欒何怨之深而竟出於此？文子、武子之家風墜矣。

二十三年傳晉將嫁女于吴

按：此同姓爲婚也。豈晉疆以戎索故，不盡用周法歟？狐姬其先事也，迨後魯昭公亦娶吴孟子，而周之法度益壞。

奉君以走固宫

按：據晉語，乃襄公之宫。

曰欒免之

馮李驊曰：「『免』，當是『勉』字之訛。」

按：古「免」、「勉」通。漢書薛宣傳：「宣因移書勞免之。」

趙勝帥東陽之師以追之獲晏氂八月叔孫豹救晉次于雍榆禮也

疏：「『東陽之師』，謂下文叔孫豹所帥者也。」魯語：「昔欒氏之亂，齊人間晉之禍，伐取朝歌。我先君襄公不敢寧處，使叔孫豹悉帥弊賦，踦跂畢行，無有處人，以從軍〔吏〕，次於雍渝，與邯鄲勝（繫）〔擊〕齊之左，掎止晏萊焉。」

按：魯語所言即此事。疏語蓋即本此。

獲杞梁

按：下文言「遇杞梁之妻」，是杞梁與華周同在斯役，而死者杞梁一人。檀弓亦云「齊莊公襲莒于奪，杞梁死焉，其妻迎其柩於路」，與傳合。孟子言「華周、杞梁之妻善哭其夫」，則華周亦同死，與此異。

二十五年傳偃曰男女辨姓今君出自丁臣出自桓不可

按：此謂同宗者。知春秋時此法甚嚴，而犯之者亦不少也。

崔氏側莊公于北郭

注：「側，瘞埋之，不殯于廟。」沈氏補注：「士冠禮注：『側，猶特也。』無偶曰特。吴語『側席而坐』，韋昭注同。特牲饋食禮注：『側，殺，殺一牲也。』昏禮注：『側尊，亦言無元酒。』此莊公之殯，則謂有棺無槨也。杜預全不知訓故。」

按：依補注，「側」，注爲「特」。然曰「特莊公于北郭」，於文則不詞，於意亦未顯。愚謂「側」，旁也。不以正禮殯于廟，而旁殯于北郭，故謂之「側」。杜言「側，瘞埋之」，亦謂「旁，瘞埋之」，未爲失也。至有棺無槨，以二十八年傳知之。若「側」字内，則亦未見有此意。

男女以班皆有賂

注：「皆以男女爲賂」。疏：「劉炫云哀元年『蔡人男女以辨』與此同。杜意男女分别，將以賂晉也。炫謂男女分别示晉，以恐懼服罪，非以爲賂也。杜以上句『男女以班』與『賂』連文，故云皆以男女爲賂。劉炫以爲『男女以班』示降服於晉，『有賂』者，皆有貨財賂之，非以男女爲賂，與杜異也。」補正『皆以男女爲賂』，非。」

按：春秋時，未見有以男女爲賂者。楚莊封陳，鄉取一人以歸，亦楚取之，非陳賂之。鄭伐陳，傳云「使其衆男女别而纍，以待于朝」，當同此意，乃古者降服之禮也。疏亦以杜説爲非，故特引劉炫之説，當從之。

以備三恪

注：「周得天下，封夏、殷二王後，又封舜後，謂之恪，并二王後爲三國。其禮轉降，示敬而已，故曰三恪。」

疏：「樂記云：『武王克殷，未及下車，而封黄帝之後於薊，封帝堯之後于祝，封帝舜之後於陳，下車而封夏后氏之後於杞，投殷之後於宋。』郊特牲云：『天子存二代之後，猶尊賢也。尊賢不過二代』。鄭玄以此謂杞、宋爲二王之後，薊、祝、陳爲：『三恪』。杜今以周封夏、殷之後爲二王後，又封陳，并二王後爲『三恪』。杜意以此傳言『以備三恪』，則以陳備『三恪』而已。若遠取薊、祝，則陳近矣，何以言『備』？以其稱『備』，知其通二代而備其數耳。二代之後，則各自行其正朔，用其禮樂，王者尊之深也。舜在二代之前，其禮轉降。恪，敬也。封其後示敬而已。故曰恪。雖通二代爲三，其二代不假稱恪，惟陳爲恪耳。」説文心部：「愙，敬也。從心，客聲。春秋傳曰：

『以陳備三窓。』」段注：「按：不引商頌而引此者，以證從心客，會意也。五經異義：『公羊説：存二王之後，所以通夫三統之義。禮戴説：天子存二代之後猶尊賢也。古春秋左氏説：周家封夏、殷二王之後以爲上公，封黄帝、堯、舜之後，謂之三恪。許慎謹案云：治魯詩丞相韋玄成、治易施犨等説引外傳曰：三王之樂可得觀乎？知王者所封三代而已。不與左氏説同。』鄭駁之云：『所存二王之後者，命始郊天，以天子之禮，祭其始祖受命之王，自行其正朔、服色。恪者，敬也。敬其先聖而封其後，與諸侯無别誅異，何得比夏、殷之後？』按：許不稱公羊説、戴説，而稱古左氏，亦不與異義同。蓋異義先成，説文晚定。用左氏説與鄭同也。」孔叢〔子〕答問篇：「王曰：『周存二代，又有三恪，其事云何？』答曰：『封夏、殷之後以爲二代，紹虞帝胤備爲三恪。恪，敬也，禮之如賓客也，非謂特有二代、别有三恪也。』」桂氏義證主此説。王筠曰：「白虎通曰『尚書虞賓在位，不臣丹朱也』，商頌『我有嘉客』，毛公無傳。蓋以周頌振鷺已有傳也。然彼傳云：『客二王之後』，忘其爲三恪，猶鄭注『虞賓』云『即二王後』也，皆爲郊特牲『尊賢不過二代』所誤。虞、夏以前，皆是寅正，豈如公羊説所云『通夫三統』乎？」

按：「三恪」有二説：一古春秋左氏説：夏、殷爲二王後，黄帝、堯、舜後爲三恪，鄭氏、許氏主之，於「窓」一引春秋傳，是亦同鄭説以樂記之文爲證也。此一説也。孔叢〔子〕以二王後益以陳爲三恪，杜此傳注與之同，此一説也。兩説並行。如魏孔羡碑，「追存二代三恪之禮」，元苞經傳「太寧三年詔曰『三恪二王，世代所重，』」唐書則天皇后紀「天授元年正月以周、漢之後爲二王後，封舜、禹、湯之裔爲三恪，」此從前説者也。晉書成帝紀：「詔：『歷觀先代，莫不褒崇明祀，賓禮三恪。故杞、宋啓土，光于周典；宗姬侯衛，垂美漢册』」。此以杞、宋、周爲三恪。唐書王勃傳：「尊周、漢爲二王後，以商爲三恪。」此從後説者也。殆因漢代但封周汝南君，未備二代、三恪之典，其禮遂廢，説之者亦遂兩歧。然既名之曰三恪，必實有三國當之。不當如疏所云「二代不假稱恪，唯陳爲恪。」里如所言，是一恪，而非三恪矣。祭統云：「福者，備也。備者，百順之名也。無所不順之謂備。」又云：「唯賢者能備。」是「備」者，美詞也。三恪既爲大典，子産之對，亦隆重之意。乃杜云「示敬而已，」孔云「備其數耳」，竟爲降殺之詞，殊與「備」字之本義不合。此杜、孔之説之未盡允也。尚書「虞賓在位」，説者以爲不臣丹朱，是但以堯後爲賓，或其時尚未備三恪之制。商頌那「我有嘉客」，箋云：「嘉客，謂二王後及諸侯來助祭者。」不專指二王之後言。周禮大宗伯「以賓禮親邦國」，則凡諸侯之朝覲者，皆在賓客之列。故鄭兼助祭諸侯言之。周頌振鷺詩序「二王之後來助祭也」，毛傳：「二王，夏、殷也。」「我客戾止」，傳：「客，二王之後。」疏：「客者，敵主之言。諸侯之於天子，雖皆有賓客之義，但先代之後，時王偏所尊敬，特謂之客。昭二十五年左傳云：『宋樂大心曰：「我於周爲客」，皋陶謨曰：『虞賓在位。』此及有瞽皆云『我客』，有客之篇以微子爲客，皆以二王之後，特稱賓客也。」然則通常之禮，諸侯皆得稱客，殊特之禮，惟二代後得惟客。僖二十四〔年〕傳：「宋，先代之後也，於周爲客，天子有事膰焉，有喪拜焉。」此殊特之禮也。毛公振鷺傳，亦自其殊特者言之。或亦以二王不在三恪之列，非「忘其爲三恪。」郊特牲「尊賢不過二代」，乃漢世經師相承之舊説，亦不得以爲誤，且戴記之文，亦多出子周末諸儒也。孔叢子：「凡所以立二代者，備王道、通三統也。王曰：『三統者何？』答曰：『各用其正朔，二代與周是爲三統。』白虎通，王者不臣」條：「不臣，二王之後者，尊先王，通天下之三統也。」又，三正篇：「王者所以存二王之後，何也？所以尊先王，通天下之三統也。明天下非一家之有，謹敬謙讓之至也。論語曰：『夏禮吾能言之，杞不足徵也；殷禮吾能言之，宋不足徵也。』春秋傳曰：『王者存二王之後，使服其正色，行其禮樂。』」此皆漢儒師説，實本公羊而衍之。亦但據周制而言，故曰通天下之三統，本不及虞、夏以前。況夏以寅爲人正，故孔子曰「行夏之時」。使夏以前皆爲寅正，何必專屬之夏？王氏之説，未爲通論也。路史後紀「有虞氏有以備三客」之文，其注中仍引左傳「以陳備三（窓）〔客〕」，恐「三客」乃「三窓」之渺文，並非別有所本。或羅氏好奇之過，妄改古字，以炫衆目。乃近人作經窺，輒據路史之文，謂「恪當讀爲客」，是不知杞、宋爲客，而陳不與之同也。「三恪」二王疑是周初之制，東遷以後，情事變遷。「薊」不見於春秋經傳，大約已並于燕祝。樂記鄭注或爲「鑄」。「鑄」見襄二十三年傳。是其時鑄國尚存，從未與會盟之列。是其國小，不能〔與〕諸大國通。已失其初封之規制，事閲數百年，未可守拘墟之見也。

二十六年傳夫不惡女乎

注：「夫，謂大子也。」釋文：「夫音扶。」沈氏補注：「『夫』讀如曲禮『若夫』之『夫』。釋文音『扶』，非。」

按：「夫」當如字讀。彼哉之詞，猶成十四年傳「衛定姜歎曰『是夫也』」。「夫」，謂獻公衎也。

欒范易行以誘之

注：「易行，謂簡易兵備，欲令楚貪己，不復顧二穆之兵。」疏：「賈逵、鄭衆皆讀『易』爲『變易』之『易』。賈以『行』爲道也。欒爲將，范爲佐，二人分中軍别將之，欲使欒與下范易道，令范先誘楚，欒以良卒從而擊之。鄭謂易行中軍，與下軍易卒伍也。計設謀之時，軍既未動，道未定分，何以言改道也？將卒相附繫屬久矣，無容臨戰而改易將卒。且言易行，行非卒伍之名，安得爲卒伍也？二者之説，皆不可通。杜以傳言『誘之』，則謂羸師毁軍示弱以誘敵，故讀『易』爲『簡易』之『易』。謂簡易行陣，少其兵備，令楚貪己，不復顧二穆之兵，使中行、二郤，得克二穆也。楚語韋昭云：『簡易欒、范之行，示之弱，以誑楚也。』是韋昭已讀爲『簡易』之『易』，故杜從之。」惠氏補注：「鄭、賈説勝杜注。」

按：鄭説，疏駁之甚是。韋、杜之説，於「誘」字之義固合，然「行」非兵備之謂。欒、范同在中軍，本非異道，何易道之有？則賈説亦未爲得也。愚謂「易行」者，即成十六年傳所云「分良以繫其左右」也。「行」者，行伍。變易行伍，以從上下軍，則中軍人少，示弱之意亦在其中，與「誘」字之義亦不背。下句「中行、二郤」，注：「令此三人分良以攻二穆之兵。」似杜意如此。

衛人歸衛姬于晉乃釋衛侯

按：衛與晉同出文王，宗支甚近。今晉納衛女，所謂不辟宗也。春秋時，婚禮之悖，晉爲甚。獻公烝于夷姜，父妾也；取狐姬，狐氏出于唐叔，同宗也。文公納辰嬴，兄弟之妻也。平公納有四姬，皆同姓也。當世之君子皆以是爲譏，周禮其未泯乎？

二十七年伯有賦鶉之賁賁

按：時晉平公好色而怠於政，内有四姬，故伯有賦詩以刺之。

以誣道蔽諸侯

疏：「服虔曰：『斃，踣也。一曰罷也。』則知服本作『斃』。王肅、董遇本皆作『敝』，謂以誣人之道掩諸侯也。杜本作『蔽』。當如王、董爲『（蔽）〔敝〕』，掩之也。」釋文：「敝，必世反。徐亡世反。服虔、王肅、董遇並作『弊』，婢世反，云踣也。」惠氏補注：「案：『蔽』與『弊』通。昭十四年傳云『叔魚蔽罪刑侯』，周禮大司冦職云『以邦成弊之』，鄭衆曰：『敝之，斷其獄訟也。』是『蔽』與『弊』通。」李富孫春秋左氏異文釋：「正義與陸氏所引不同。錢氏曰：「恐陸氏誤。」論語『其蔽也蕩』，荀悦漢紀『蔽』引作『弊』。道德經『敝則新』，王弼本作『蔽』。河上公作『弊』。莊子逍遥游釋文『弊，司馬本作蔽』。此義當作『弊』，以形聲相似而亂。錢氏曰：『如王肅説，當以誣道二字連文；如服説，當以道弊連文。』襄十一年范宣子曰『諸侯道敝而無成，能無貳乎』，與此傳同義，謂諸侯兼事齊、楚，則罷於奔命也。當從服説爲是。『弊』、『敝』古通用。」

按：子罕之意，專就去兵説，不在兼事晉、楚也。「蔽」作蒙蔽解，前後文意方一貫。「道弊」雖亦有理，似與前後之文不相屬。仍以王、董爲長。

二十八年慶舍之士謂盧蒲癸曰男女辨姓子不辟宗何也曰宗不余辟余獨焉辟之

按：此言「辟宗」，是同姓之不爲昏，重宗也。盡人知之而犯之者，不絶於春秋。

陳氏鮑氏之圉人優慶氏之馬善驚士皆釋甲束馬而飲酒且觀優至於魚里

注：「優在魚里，就觀之。」疏：「杜以『優在魚里』，士往觀之。劉炫以爲國人從旁爲優引行，以至魚里，以規杜氏。但傳文不顯，古事難知，劉輒以爲規，一何煩碎！」

按：玩「至於」二字，是陳、鮑爲優，以誘慶氏之士使之遠行，故下文陳、鮑、欒、高之徒，得介慶氏之甲」也。當日計謀如是，劉説爲長。

以其棺尸崔氏杼于市

注：「崔氏弑莊公，又葬不如禮，故以莊公棺著崔尸邊，以章其罪。」馮李驊曰：「此『棺』當即崔杼之柩。蓋尸腐不可戮，故尸棺于市以示戮，而國人皆指目者也。」

按：「以其棺」緊接上文來，自是莊公之棺。莊公葬不如禮，此時改葬，棺必不可用，故即以其棺尸崔杼。崔杼之縊也，崔明夜辟諸大墓，倉卒未必有棺。觀於崔成、崔彊之殺東郭偃、棠無咎之後，崔杼見慶封使盧蒲嫳攻崔氏，崔氏，摡宫而守；國人遂滅崔氏，盡俘其家，其妻縊，崔杼歸則無歸矣，乃縊。皆九月庚辰一日之事。辛巳，崔明既來奔，其不及備棺，事勢然也。馮説非也。

二十九年傳杞夏餘也而即東夷

注：「行夷禮。」

按：「杞、宋同爲二王後。宋於周爲客，傳屢言之，而杞無聞焉。女侯曰「夏餘」，子太叔（舒）曰「夏肆，」並有輕賤之意。殆東遷之後，國小而衰，諸侯亦遂不與宋等視之歟？

裨諶

惠氏補注：「古今人表作：『卑湛』，師古曰：『卑音脾，湛音諶。』風俗通曰：『卑氏，鄭大夫卑湛之後。』後漢有卑躬，爲北地太守。杜改『卑』爲『裨』，俗又改『湛』爲『諶』，古文盡忘矣。釋文猶作『湛』。」按：「卑」之作「裨」或古本相傳如是，未必是杜所改。論語及淮南説山訓亦作「裨諶」，又將歸咎於何人？古今人表所載往往與經傳不同，此必當時師傳之異，未可遽以規杜。

三十年傳公焉在

注：「家臣故謂伯有爲公。」惠氏補注：「士喪禮曰：『升公，卿大夫繼主人東上』，鄭注云：『公，大國之孤，四命也。』疏：『典命云公之孤四命。鄭爲伯爵，不合立孤，但良霄，鄭之公族，貴重之極，比于大國之孤，故臣下尊其主，亦號爲公耳。』」

按：此「公」字乃當時之尊稱，如齊棠公，乃邑大夫而亦稱公，與大國之孤無涉。鄭注士喪禮引此傳爲説，未當也。

子産爲政

按：子産於是年爲政，至昭二十年卒，凡相鄭二十二年。文選王文憲集序注引劉滔聖賢本紀「子産治鄭二十年」，吕氏春秋下賢篇「子産相鄭十八年，」似皆未核。坊刻四書典腋叙子産事，有「相鄭四十四年」之語，不知本于何書。俗説有以爲歷成、僖、簡、定四朝，相四君者，尤誤。故子産始見于襄八年傳，爲鄭簡公元年；卒於昭二十年，爲鄭定公八年，仕簡、定二朝。史記子産卒于聲公五年，爲魯定十四年。其時子産之子國參已久爲卿，先見于昭二十二年經矣。子産之卒，傳有明文。子産卒，游吉嗣爲政。吉卒于獻公八年。至聲公時，則與子産同時者，凋零已盡，執鄭政爲子姚、子般之徒。左氏序事，先後瞭然，此史記之誤，而宋人沿之而未攷者也。子産於簡十二年始爲卿，距卒時爲三十二年。此爲卿年數也。其見於傳，自襄八年至昭二十年，爲四十四年，典腋之言，或因此而誤。然襄八年子産尚稱童子，或爲諸卿之嫡子同爲門子，未必與聞國事。但有料伐蔡一事，襄十年又有攻盜北宮、諫子孔焚書二事。則以四十年概子産之生平，亦無不可，而併爲相鄭之年，則誤矣。免園冊子（子）之不足據，類此者甚多，因聖賢本紀及吕覽而類及之。

三十一年傳臣有臣之威儀

馮李驊曰：「此下當闕『則而象之』四字。林注不言『則而象之』。承上文也，欠明。

按：舊説無及此者，不當增四字。古人行文，不拘拘也。

日南讀書記　卷十

左傳四

昭公

元年傳莒魯争鄆爲日久矣

按：文十二年「季孫行父帥師城諸及鄆」，傳「書時也。」是鄆本魯地。杜注以爲「莒、魯所争者」。成九年「楚子重伐莒，入鄆」，則不知何時鄆爲莒所取。十六年「晉人執季孫行父於苕丘，公還，待于鄆」，則鄆又屬魯。襄十二年「莒人圍台，季孫宿帥師救台，遂入鄆」，則鄆又屬莒。是年取鄆，自是鄆遂屬魯矣。趙孟所謂「争鄆日久」者也。鄆本魯地而莒取之，魯之取鄆，理不爲曲。故趙孟得請于楚，而叔孫得免于戮也。

子皮賦野有死麕之卒章

注：「野有死麕，詩召南卒章曰：『舒而脱脱兮，無感我悦兮，無使尨也吠。』脱脱，安徐；帨，佩巾。義取君子徐以禮來，無使我失節而使狗驚吠。喻趙孟以義撫諸侯，無以非禮相加陵。」補正：「趙子常曰：『尨以喻楚諸侯。惡楚公子圍，故欲趙孟安徐馴拯之。』」

按：是時諸侯皆畏楚圍，故有尨吠之義。趙孟答以「吾兄弟比以安，尨也可使無吠」，意正相對。故穆叔子皮及曹大夫，皆興拜。三大夫，皆兄弟國也。補正説是，杜注非。

子盍亦遠績禹功而大庇民乎

惠氏補注：「周譜云：定王五年河徙故道，及穀雒鬭後，河勢愈甚。劉子以治河事委趙孟，故有是言。齊人城郲，晉未聞焉。鄭大叔曰『晉國不恤周宗之闕』是也。」

按：定王五年，爲魯宣公七年，晉城公五年，距是年凡六十二年矣。河之徙也，舊説自黎陽宿胥口又東，右徑滑臺城，今滑縣西南。不在周境内，無與于周宗之闕。「轂雒鬭」，在靈王二十二年，爲魯襄之廿三年。其時毀王宮而齊入城之，魯襄廿四年。與河徙無涉。補注並言之，似未合當日情事。是時館趙孟於雒汭而劉子以禹功勸趙孟，自非無因。靈王廿二年至是，僅十年，或轂雒尚爲患，故劉子爲是言歟？

鄭徐吾犯之妹美

惠氏補注：「廣韵曰：『鄭公子吾食採於徐吾之鄉，後以爲氏。』據此，則子南、子晳爭同姓以爲室也。」左通補釋：「案：若同姓爲婚，犯告子産，子産宜止之矣。萬氏氏族略云：『成元年王師敗績於晳徐吾氏，即茅戎之别，則犯疑戎種也。』此説殊是。」

按：梁説是。子産數游楚，及子晳之罪均不及同姓爲婚，知徐吾犯非鄭之同宗也。

今君内實有四姬焉

按：衛姬其一也。左通補釋：「四姬，蓋其娣姪或同姓之國媵之。」

二年傳有嘉樹焉宣子譽之

注：「譽其好也。」疏：「服虔云：『譽，游也。宣子游其樹下，夏諺曰：一游一譽，爲諸侯度。』所引夏諺，孟子文若是。游於其下，宣子本自無言，武子何以輒對？故杜以爲譽其美好也。」惠氏補注：「今孟子作『豫』。趙（歧）〔岐〕章句曰：『豫亦游也。春秋傳曰：「季氏有嘉樹，宣子豫焉。」』周易序卦曰『豫必有隨』，鄭康成注引孟子『吾君不豫』以爲證，則知此傳『譽』字本作『豫』。故服、趙互爲證。孫子兵法曰：『人效死而上能用之，雖優游暇豫，今猶行也。』外傳作『暇豫』。李善曰『譽與豫古字通』。」

按：宣子譽樹之美好，故武子有「宿敢不封殖此樹，以無忘角弓」之答。若但游於其下，則此語爲無著矣。仍以杜意爲長。

三年傳仁人之言其利博哉

按：「博」各本並同，今人用此語，多誤「博」爲「溥」，不知沿自何時。

且諺曰

經義述聞：「『且諺曰』，本作『曰諺曰』。晏子既使宅人反其故室矣，因謂宅人曰：『諺曰：非宅是卜，唯鄰是卜』云云，上『曰』字，仍是記事之詞，自『諺曰』以下方是晏子之語。若作『且諺曰』，則與上文不相承矣。自唐石經『曰』字誤作「且」，而各本皆從之。初學記居處部、太平御覽州郡部三引此，並作『曰諺曰』。」校勘記：「朱氏日鈔云：『且字文義不接，或疑上有闕文，又疑曰字之誤』。」經窺：「此文必非脱誤，即下傳亦有可證者。罕虎之如晉賀夫人，其事也，『且告曰』，則爲楚徵。朝賀夫人，豈得無詞？其不載者，省耳。反宅，其事也，反之，亦必有詞，不載者，亦省耳。觀下文以『非禮』、『不祥』並言，則其辭必先明不反之非禮。不載者即古書探下文而省之例，此因稱諺文。」

按：蔡説是，其證亦甚確。王、朱之説非。近人評文者云半句文字，左傳有二：「所不與崔慶者」，上半句也，「且諺曰」，下半句也。

遇懿伯之忌敬子不入

注：「忌，怨〔也〕。懿伯，椒之叔父。叔弓禮椒，爲之辟仇。」疏：「檀弓下云：『滕成公之喪，使子叔敬叔弔。進書，子服惠伯爲介。及郊，爲懿伯之忌，不入。惠伯曰：政〔也〕，不可以叔父之私不將公事。遂入。』敬叔，即此敬子也。懿伯，是惠伯之叔父，爲人所殺，及滕郊，遇懿伯之忌，逢其讎也。敬叔不入，以禮惠伯，欲使惠伯報叔父之讎，殺彼人也。惠伯以公義不可，先入受館。記文雖字有小異，意與傳同。而鄭玄注云：『敬叔有忌於懿伯，難惠伯，故不入。』又云：『敬叔於昭穆，以懿伯爲叔父。』其言差錯，不可顯解，是鄭之謬也。」補注：「陳可大曰：『忌，忌日，適及滕郊而遇此日，故敬子欲至次日乃入』。」檀弓疏：「云敬叔有怨於懿伯，難惠伯也者，謂敬叔殺懿伯，被懿伯家所怨，恐惠伯殺己，故難惠伯，不敢入也。」集説引劉氏曰：「左傳注言叔弓之有禮也，此疏云惠伯知其意而開釋之，記惠伯之知禮也。二説不同而皆可疑。如彼注言『禮椒，爲之辟仇怨』，則當自受命之日辭行以禮之，不當及郊而後辭入也。如此疏言『恐惠伯殺己』而難之，則魯之遺使而使其仇爲之副，不恤其相仇，以棄命害事，亦非善處也。且叔可爲正使，得仇怨爲介而不請易之，非計之得也。又同使其事而常以仇敵備之，而往反於

魯、滕之路，亦難言也。使椒果欲報仇，則其言雖善，安知非誘我耶？而遂入，又非通論也。按：左傳云『及郊而遇懿伯之忌』，此作『爲』，二字雖異而皆先言『及郊』而後言『忌』，可見是及郊方遇忌也。或者『忌』字只是忌日。懿伯是敬叔從祖，適及滕郊而遇此日，故欲緩至次日乃入，故惠伯以禮曉之。』沈氏補注：「傳明言私忌。周禮小史『詔王之忌諱』，注：『先王死日爲忌。』祭義『君子有終身之喪，忌日之謂也，忌日不用』，注：『親亡之日，不用舉他事』。如叔弓之不入者，正以入境則郊勞、授館、設餐，介皆有事焉，不欲亂孝子思慕之心，故爲緩稽一日。若用介報怨而不入，則懿伯之仇不得將遂，廢君命而已乎！叔弓必不如是愚也。」

按：祭義所謂「忌日乃親亡之日」，若懿伯者，椒之叔父，弓之從祖。以旁治之義推之，斷難與父母同，萬無不舉他事之理。況下文云「公事有公利，無私忌」，私忌與公利相對，其非忌日甚明。哀五年傳云「私讎不及公」，韓非子外儲說「私怨不入公門」，並與此義相合。仍當以杜注爲是。鄭謂敬叔有怨于懿伯，而孔疏遽以敬叔殺懿伯實之，此（跡）〔疏〕又以鄭爲謬，不免自相矛盾矣。

其或寢處我矣

按：崔之滅也，盧蒲嫳帥甲攻之，實有力焉。嫳與癸同族，慶之亡也，嫳未必無功。「禽獸寢處」之言，正以驕慶封也。乃慶亡而嫳釋於北竟，此更放於北燕。豈二惠於「寢處」之言，終不能釋然耶？

四年傳國氏其先亡乎

林注：「國氏，子産以父字爲氏也。」按：林說非。春秋時，孫以王父字爲氏，未有以父字爲氏。僑乃七穆之一，穆並以王父字爲氏，僑不應獨異。賜氏乃國家常典，同族烏得兩歧？僑不見於經，而襄二十二年傳曰「少正公孫僑」，昭元年傳，一則公孫僑，再則曰公孫僑。楚椒舉稱之亦曰「鄭公孫僑」。六年傳又曰「公孫僑」。晉語紀聘鄭事曰「公孫成子」，成，僑謚也。夫稱之曰公孫，其未賜氏明矣。既有氏，即不得復稱公孫也，此傳『國氏』，乃左氏追書之詞，與隱四年陳桓公同例。僑之子始有氏曰國，參見昭三十二年經。或曰文心雕龍才略篇「國僑以修辭扞鄭」，舊唐書高宗紀「顯慶二年遣使祭鄭大夫國僑」，徐彦伯傳「存其家邦，國僑之言也」，薛登傳「子皮讓國僑」，史通模擬篇云「左傳前稱子彦，則次見國僑」。唐以前皆稱子彦爲國僑也，然此後人追述之詞。若欲援六朝以後人語以證傳文，未見其可也。魯臧僖伯見于傳，而經書曰公子彄，可知傳爲追書。若以爲已有氏，何經傳相違也？或曰，不有成十五年見（千）〔于〕經之仲嬰齊乎？固公孫而稱氏者也。曰：此特筆也。同時有兩公孫嬰齊，一遂子歸父弟，後爲仲氏，一叔肸子，後爲叔氏。叔氏之嬰齊卒于成十七年，使並書曰公孫嬰齊，何以知爲仲氏之嬰齊乎，叔氏之嬰齊乎？故冠「仲」字以別之。此萬斯大之説，似可從。公羊以爲弟爲兄後，恐無此理。

五年傳使三官書之吾子爲司徒實書名夫子爲司馬與二正書服孟孫爲司空以書勳

按：魯以司徒、司馬、司空爲三卿，僅見於此。臧孫爲司寇，屢見于經，亦卿也。是嘗有四卿矣。孫志祖謂魯有司徒、司馬、司空，三桓世爲之，此外尚有羽父太宰，夏父弗忌爲宗伯，臧孫紇爲司寇，俱見左傳，則備六卿矣。今按：隱十七年疏稱羽父已爲卿，復求，特置此官，以後更無太宰此官，蓋終不立。其説是也。夏父爲宗伯，注家以爲小宗伯，非卿。明堂位鋪張魯事，而不及六卿，則魯未備六卿可知。孫説似未審。惟春秋時，各國多不遵用周制，大國三卿，而魯有四卿，已爲僭矣。成二年季孫行父、臧孫許、叔孫僑如、公孫嬰齊帥師，並見于經，是四卿也。其時仲孫蔑先見于宣十五年經，是以爲卿，則五卿矣。四年臧孫許卒，未見有別爲卿者，當仍爲四卿。十七年公孫嬰齊卒，而襄四年臧紇已見於傳，仍四卿也。十四年季孫宿、叔老又並見于經，是又五卿矣。二十五年叔老卒，則仍爲四卿。臧紇出奔後，自此臧氏不見于經，殆已不爲卿。而叔老之子叔弓，昭二年又見于經，十五年叔弓卒。二十一年叔弓之子叔輒卒。二十二年叔鞅見于經，亦弓之子。二十三年鞅卒。二十五年叔詣見于經，二十九年詣卒。定十一年叔還見于經，弓曾孫也。哀十四年還卒。是叔氏至哀公時尚在卿位。魯之政歸三家而卿則四人，至哀之世猶然。其五卿則暫設，非常制也。

葬鮮者

注：「不以壽終爲鮮。」釋文：「鮮，音仙。徐息音反。」

按：鳥獸新殺曰鮮。故人之强死者亦曰鮮。杜意讀爲仙也。疏解作鮮少，與徐讀同，然非杜意。

冬十月楚子以諸侯及東夷伐吴以報棘櫟麻之役薳射以繁陽之師會于夏汭越大夫長壽過帥師會楚子于瑣瑣楚地**聞吴師出薳啓彊帥師從之遽不設備吴人敗諸鵲岸楚子以馹至于羅汭**羅水名**吴子使其弟蹶由犒**

師楚人執之楚師濟于羅汭沈尹赤會楚子次於萊山薳射帥繁揚之師先入南懷楚師從之及汝清吴不可入楚子遂觀兵於坻箕之山

馬徵麟歷代沿革圖：「欽定左傳讀本所云地理之説難於取證者，惟昭公五年楚伐吴之役，鵲岸、羅汭數名而已。謹案：楚子爲舟師伐吴，已見前傳。是役，薳射以繁揚之師會于夏汭。夏汭，蓋即今漢口、漢陽地，則其由舟師東下可知。吴敗薳啓彊于鵲岸，杜注：『廬江舒縣有鵲尾渚。』漢晉舒縣爲今桐城及懷寧之東北境。懷、桐大江濱有長風沙，縱計九十里，當即春秋鵲岸，杜所云『鵲尾渚』也。『楚子以馹至于羅汭』，明因舟師之敗，舍舟登陸而以騎行。下文云『使沈尹射待命於巢』，巢爲今廬州府巢縣地。所謂師濟羅汭，次於萊山，觀兵坻箕之山者，皆當於桐城東北、巢縣西南求之。今桐城、樅陽之東七十里，有水西北來入江。源出今廬江縣西境，東西二源，行三百餘里，名曰羅易江，所謂羅汭者，必羅易之隈也。顧棟高謂坻箕之山在今無爲州境，信矣。舊説鵲岸在今廬州府舒城縣，此由不知漢、晉廬江舒縣所在，誤以今舒城當之。舒城爲古舒國及舒龍地，漢、晉爲龍舒縣也。楚人由巢及雩婁陸地而歸，當亦取徑舒城。若其舟師東下，無緣得入陸地二三百里。又，杜佑通典以爲南陵大江中有鵲州，即古鵲岸」。按：今池州府之銅陵，隋省入南陵。此在晉隸丹陽郡。殊非元凱廬江舒縣之處。然此二説，猶其乖異之小者。若以羅汭爲湖南湘陰之羅城，如水經注之説，則遼絶可駭之甚矣。豈楚敗師于今安慶之下游，楚子遂以西南行二千餘里，至於羅城。楚師亦隨濟於汨羅之汭，又折回東北二千餘里，觀兵於坻箕之山，使沈尹射待命于巢？吴未有追奔逐北之師，何至自罷奔命若此！此所謂地理之説難於取證者也。」春秋地名考略：「按：志云：『今廬江府舒城縣治西北，有鵲亭，即杜預所云也。然薳射自夏汭出，薳啓彊别從江道，不應在内地。杜佑曰『南陵大江中有鵲尾洲，即古鵲岸也，』此説可通。今江南太平府繁昌縣西南大江中，有鵲尾洲。又，池洲府銅陵縣北十里，有鵲頭山，高聳臨江，或以爲即鵲岸也。宋泰始二年，晉安王子勳舉兵江州，遣其將陶亮軍鵲洲，前鋒孫冲之軍赭圻，尋召之還鵲。又劉胡率衆繼至鵲尾，袁覬率樓船千艘來入鵲尾。是鵲尾即鵲洲也，今爲揚夾沙鎮。宋元凶劭之亂，武陵王駿軍於鵲頭。孝建初，南郡王義宣舉兵鵲頭，梁承聖初，王僧辨討侯景，遣侯瑱襲鵲頭戍克之。唐李孝恭討輔公祏，拔其鵲頭鎮。蓋二地本相連，常爲戰争之區矣。」

按：東夷，杜無注。哀十九年：「春，越人侵楚，以誤吴也。」「秋，楚沈諸梁伐東夷，三夷男女及楚師盟于敖。」注：「從越之夷三種。敖，東夷地。」是東夷與楚、越接壤，當在今廣、饒之間。經書蔡、陳、許、頓、胡、沈、徐、越而不及東夷，微也。是役也，楚以舟師東下，道必由彭蠡越及東夷。以舟師來會，亦當自彭蠡入江、常、壽，遇會楚子于瑣。其地亦必在彭蠡左右。此皆舟師也。繁揚，校勘記謂石經「揚」作「陽」，與襄四年傳合。考襄四年傳「楚師爲陳叛，故猶在繁陽」，注「繁陽，楚地。在汝南鮦陽縣南。」則薳射所帥繁陽之師，必兼有蔡、陳、許、頓、沈、徐各國之師，皆陸師也。蓋薳射以陸師先會于夏汭。楚子自帥舟師，薳射帥陸師，同時東進。迨舟師敗于鵲岸，楚子乃乘馹以就陸師。下云「濟于羅汭，」明其爲陸師也。馬以鵲岸爲長風沙，前人無説及此者。考一統志：「池州府鵲頭山在銅陵縣北十里。左傳昭公五年，楚以諸侯伐吴，吴人敗諸鵲岸。元和郡縣志：『鵲頭鎮在南陵縣西百十里，即春秋時鵲岸。沿流八十里有鵲尾洲，吴時屯兵處。』胡三省通鑑注：『鵲頭在銅陵，鵲尾在舒城。鵲尾洲，江中之洲也。』又，廬州府鵲尾渚在舒城縣東北。舊有鵲亭。左傳楚伐吴，吴人敗諸鵲岸，杜預注舒城有鵲尾渚，是也。」按：鵲尾渚與銅陵縣鵲頭山對面，當在無爲州界。無爲舊屬舒城，故名。又，太平府鵲洲在繁昌縣東北大江中。當塗縣志：「『鵲江在縣北五十里，繞出蕪湖。』蓋自銅陵鵲頭山爲鵲頭，至三山爲鵲尾，故江曰鵲江，岸曰鵲岸。繁昌諸水皆注，西對無爲州，乃江流儉要處。』志文所言鵲岸，源委頗爲詳明。至漢、晉舒縣，一統志以爲今之廬江縣，有考。其故城在縣西。廬江南至桐城縣界五十里，無爲州西至廬江界五十里，南至桐城縣界九十里。與馬之以爲在桐城東北境者，亦不甚相遠。似不必別指長風沙也。寰宇記：「懷寧縣長風沙在縣東一百九十里。置在江界，以防寇盗。元和四年始入圖經。」似此地乃後來所置，與春秋時之鵲岸不相干涉。一統志「安慶府長楓夾巡司，在懷寧縣東五十里，即古長風沙」也，雖亦在大江中，去鵲尾洲較遠，不得混爲一地。至鵲亭，志不言究在何處，高氏疑其不應在内地者，以舒城去大江遠，中隔廬江縣也。志稱鵲尾渚在舒城東北，恐有誤。

使沈尹射待命于巢

按：「沈尹」，官名。而此傳既有沈尹赤，復有沈尹射，不應一官兩人。沈尹射先見于四年傳，曰「奔命于夏汭」。此年薳射以繁揚之師會于夏汭，是射將陸師者也。疑薳射、沈尹射是一人，嘗爲沈尹，故亦稱沈尹射，猶之司馬戌之或稱沈尹戌也。

七年春王正月暨齊平

注：「暨，與也。燕與齊平。前年冬，齊伐燕，間無異事，故不重言燕，從可知。」

按：此魯與齊平也。自襄十五年「齊叛，(晉)伐我北鄙，圍成」而齊、魯之釁成。十六年「兩伐我」，十七年「又伐我，」十八年「又伐我」，晉於是合諸侯圍齊。十九年衛孫林父伐齊，晉士匄侵齊，皆以「我」故，故懼齊而城西(鄂)〔郛〕、城武城。二十年盟于澶淵。於時叔老如齊而齊不報聘，尚未釋憾於魯也。二十三年齊伐晉，魯救之。二十四年仲孫羯侵齊矣，又會于夷儀謀伐齊矣。二十五年齊崔杼，「伐我」矣，魯又會諸侯伐齊矣。雖有重丘之盟，而齊服于晉，未睦于魯也。二十七年齊慶封以通嗣君來聘，而二十八年魯納其叛臣慶封矣，齊人來讓矣。三十一年閭丘嬰伐我陽州矣。魯如晉、如宋、如楚、如滕不一書，而自叔老如齊之後十九年間，無一介之使至于臨淄，則齊、魯之好未固也。至是齊景欲修舊好，魯亦以公將如楚，遂暨齊平，又使叔孫婼如齊涖盟。九年仲孫貜「如齊殷聘」，而齊、魯之好乃固。故曰魯與齊平也。按之書法，書「暨齊平，」與定十年書「及齊平」，十一年書「及鄭平」同。上書「暨齊平」，下書「叔孫婼如齊涖盟」，與定十一年上書「及鄭平」，下書「叔還如鄭涖盟」同。以經證經，比事屬辭確不可易。杜氏不取賈逵、何休魯與齊平之説，而取許惠卿齊與燕平之説，蓋誤讀傳文「暨齊平，齊求之也」，與下文相連，因據以釋經耳。劉敞截「齊求之也」句爲齊、魯之事，「齊侯次于虢」，下爲齊、燕之事，辨最明確。且如杜説，則傳云「齊求之也」，又云「燕人行成」，不自相矛盾耶？服虔謂齊是大國，無爲求與魯平，蓋亦同許説。然穀梁傳曰：「以外及内曰暨」，其意與此傳正同，正不當以「求」字爲疑。胡傳謂昭公結昏强吴，外附荆楚，其與齊平無汲汲之意，乃齊求於魯而許之。亦用賈、何之説。萬斯大曰：「外平而書，必關天下之故。如『宋人及楚人平』是也。燕僻在北垂，不與中國盟會。齊景雖興師納君，卒受賂而不克。此又何關天下事而書其受賄之平乎？」燕與齊未嘗不平，特春秋不書，所書齊、魯之平耳。

叔孫婼如齊涖盟

按：兩相平，而後有盟，盟之前，必有事也。若但尋舊好，之謂「往聘」焉可矣，何必盟？觀於婼之涖盟，而益見「暨齊平」之爲魯事，而非燕事也。

十二年傳且言曰恤恤乎湫乎攸乎深思而淺謀邇身而遠志家臣而君圖有人矣哉

馮李驊曰：「起句無韻，『湫』、『攸』連；『思』去聲，與『志』叶；『謀』音『謨』，與『圖』叶；『身』、『臣』與『人』叶。叶法最變。」

按：「謀」從某得聲。詩古音在之咍部。詩邶泉水「謀」與「思」、「姬」叶，衛氓「謀」與「蚩」、「絲」、「淇」叶，小雅皇皇者華「謀」與「騏」、「絲」叶，十月之交「謀」與「時」叶，卷伯「謀」與「箕」叶，大雅㬎「謀」與「時」、「兹」叶，此其證也。段氏羣經韻表引此傳「謀」與「志」、「哉」叶。馮説非。

且夫易不可以占險

疏：「險謂危險。言此卦不可以占危險之事。」

按：「險」謂行險以儌幸也。惠伯殆亦隱知其事，故規之也。疏説是。馮李驊以爲陰險之事，非。

使蕩侯潘子司馬督囂尹午陵尹喜

馬氏補注：「楚稱王，故爵有蕩侯、潘子。」

按：楚有縣公而侯、子則未見于傳。靈王汏侈，方以陳、蔡、不羹爲四國，則其臣之稱侯、稱子，亦無足怪。馬説可備一解也。「司馬」，官名。「囂尹」、「陵尹」當爲縣尹。「囂」、「陵」地名，但不知在何處耳。

形民之力而無醉飽之心

注：「言國之用民當隨其力任，如金冶之器隨器而制形。故言形民之力，去其醉飽過盈之心。」疏：「言國之用民，當隨其力任，量其力之所堪而任用之，不使勞役過其所堪也。『如金冶之器，隨器而制形』者，鑄冶之家將作器而制其模，謂之爲形。今代猶名焉。用民之力依模用之，故言形民之力，食充其腹，謂之飽；酒卒其量，謂之醉。醉飽者，是酒食饜足過度之名也。穆王用民之力不知饜足，故令去其醉飽過盈之心。」補正：「蘇子瞻曰：『以民力從王事，當如飲食適於饑飽之度而已。若必至于醉飽，則民不堪命。易曰：「山下有雷頤，君子以節飲食。」又曰：「節以制度，不傷財，不害民。」同一道也。』」惠氏補注：「家語作『刑』。按：古『刑』字皆作『形』。王肅曰：

『刑傷民力。』」經義述聞：「杜釋『形』字紆回難通。今案：『形』當讀爲刑。後漢書陳蕃傳注引此，正作『刑民之力』。『刑』猶成也。『刑民』者，成民也。桓六年傳『聖王先成民而後致力於神』，正義曰『言養民成就，然後致孝享』，是其義也。『之』猶是也，『力』猶務也。『形民之力而無醉飽之心』者，言惟成民是務，而無縱欲之心也。大雅（威儀）〔烝民〕篇『威儀是力』，文義正與此同。一曰『刑』，治也。刑民之力者，治民是務也。」羣經平議：「『形』猶容也。『形』與『容』一聲之轉，故古語以『形』『容』連文。爾雅釋詁：『容，法也。』廣雅釋詁：『容，法也。』『刑』與『容』同義，猶『形』與『容』同義也。說文土部：『型，鑄器之法也。』金部：『鎔，治器法也』。『型』與『鎔』同義，亦猶『形』與『容』同義也。『容』字古通作『庸』。莊子胠篋篇『容成氏』，六韜大明作『庸成氏』，是其證也。爾雅釋詁『形』、『庸』並訓爲「常」。『形』與『庸』同義，亦猶『形』與『容』同義也。故以聲求之，『形民之力』，猶容民之力，猶庸民之力。傳意止言用民力者，不可有醉飽過盈之心耳。」左傳異文釋：「家語作『刑』。說文：『型，鑄器之法也。』『型』、『刑』字同。王莽傳『儀形虞用之盛』，『形』即『刑』字。（苟）〔荀〕子成相注：『形當爲刑。』彊國注：『形與刑同。』古『形』、『刑』字通。」校勘記：「家語『形』作『刑』。惠棟云：『古刑字皆作（刑）〔形〕。』段玉裁云：『形同型』。型，法也。謂爲之程法，不堪以用民之力而不太過也。杜注得之。型古通作刑，亦作『形』。正義云『作器而制其模，謂之爲形』。正謂形即型也。」

按：家語王肅注，訓「刑」爲「傷」。朱子亦云「言傷民之力以爲養而無饜足之心。」馮李驊謂如此則與上四句不貫，「刑民」上須更加一「毋」字乃得。其說是也。則王肅之說非也。王氏之說，與下句意不貫，且與本詩規諫「肆心周行」之旨，亦不甚切。子革引此詩，原以靈王頻年用兵，不恤民力，用以爲諷。若但曰「成民是務」，則不關痛癢矣。則王說非也。俞氏之說，由「形」而「容」，由「刑」而「鎔」，又由「刑」而「庸」，紆曲太甚。「刑」可訓「常」，不得因「庸」亦訓「常」而遂以「刑」爲「庸」也。則其說亦非也。蘇氏之說即杜注「隨其力任」之意，而「形」字則略而不言。杜注「隨其力任」，其義本是特解「形」字，說者以爲紆曲。如段說則意自明了，而杜說亦可通矣。

十三年秋公會劉子晉侯齊侯宋公衛侯鄭伯曹伯莒子邾子滕子薛伯杞伯小邾子于平丘

按：此晉昭復合諸侯也。是時晉諸卿多爲自樹之計，無意于諸侯。叔向不忍其君之坐失諸侯，勉爲此會。無如公室將卑，政多門而貳偷之不暇，且不欲君之得志于諸侯而害于已。故左氏叙此會以叔向爲主，示威示衆，强打精神，而韓起諸人，皆默默無一言之發，其情形可覩矣。自後叔向卒食我滅，忠于公室者不復有人，而分晉之勢遂不可挽。反覆此傳之文，不獨見晉之失霸，且以知晉君之將失國也。史記世家于昭公六年卒，不斷曰「六卿强，公室卑」，知言哉！昭公卒于十六年。

傳楚公子比公子黑肱公子棄疾蔓成然蔡朝吴帥陳蔡不羹許葉之師因四族之徒

注：「四族，薳氏、許圍、蔡洧、蔓成然。」羣經平議：「按：『蔓成然』三字，當作『觀從』，於事方合。此傳叙楚亂，凡有二：薳氏之族及薳居、許圍、蔡洧、蔓成然，因群喪職之族，啓越大夫常壽過作亂，圍固城，克息舟，城而居之，此其一也；觀從、朝吴本蔡，以蔡公之命召子干、子晳而盟于鄧，依陳、蔡人以國，又其一也。此當云：『楚公子比、公子黑肱、公子棄疾、觀從、蔡朝吴帥陳、蔡、不羹、許、葉之師，因四族之徒以入楚』。觀從與朝吴同謀起事，必不當漏。自蔓成然自在息舟，並不在蔡，安得與朝吴同帥師乎？」

按：觀從事朝吴者也，自不得列名于三公子之中。惟「四族」杜列蔓成然在内，馮李驊謂成然已列名于上，「四族」當連「群喪職之族」，説亦非。既云「群喪職」，即難以族言也。上文言「薳氏之族及薳居、許圍、蔡洧、蔓成然」，是薳氏實分爲二。成然爲郊尹，别有徒衆，故列于上，不在「四族」之内。則「四族」者，薳氏之族及薳居、許圍、蔡洧也。俞謂「成然自在息舟」，説亦太拘。成然故事蔡公，蔡公舉事，成然必聲息相通，無株守一隅之理。其列於朝吴之前者，必能自成一隊，故蔡公即位而成然即爲令尹也。

奉壺飲冰以蒲伏焉

注：「冰，箭筩蓋，可以取飲。」補正：「陸氏曰：『此夏之六月，晉人以幕蒙季孫，當不堪其熱，故飲之以冰，不當以爲箭筩也。』」沈氏補注：「莊子人間世：『吾朝受命而夕飲冰，我其内熱歟？』」

按：此言竊往飲季孫，無飲器而以冰代之也。壺可盛水而不可以盛冰。方守禦嚴密之時，一人潛往，與錦乃得入。飲器且不能備，安能復有冰？壺非飲器，冰爲軍士常有之物，故取以代之。謂時當六月，故飲冰以辟（署）〔暑〕，既不合當日情事，謂「箭筩」與「壺」複，亦未思壺非飲器也。二十五年傳「公徒釋甲，執冰而踞」，注：

「冰，櫝丸蓋。或云櫝丸是箭箭，其蓋可以取飲。」疏：「賈逵云：『冰，櫝丸蓋也。』」則是相傳爲此言也。方言曰：「弓藏謂之鞬，或謂之櫝丸。」如彼文，則櫝丸是盛弓者也。此或説櫝丸是箭箭，其蓋可以取飲。十三年傳「司鐸射奉壺飲冰」，謂執此也。詩云「抑釋掤忌，抑鬯弓忌」，鬯藏弓，則冰藏矢。毛傳云：「掤，所以覆矢。」「掤」與「冰」字雖異，音義同，是一器也。説文：「掤，所以覆矢也。」段注：「冰者，掤之假借字。」可見杜説亦本諸舊注，非臆語也。

十四年傳收介特

注：「介特，單身民也。收養不使流散。」惠氏補注：「馬融廣成頌『察淫侈之華譽，顧介特之實收』，注：『介特，謂孤介特立也。』杜氏以爲『單身民』，非馬義。」馬氏補注：「特，猶秦風黃鳥篇『百夫之特』，毛傳云：『特者，傑出之稱。』方言：『獸無耦曰介。』楚材傑出者不可多得，故曰『收介特』。」

按：此段自「分貧振窮」至「宥孤寡」，皆言行惠之事。此句類列于「養老疾」之下，應以杜注爲是。詩曰「哀此煢獨」，禮記「恤孤獨以逮不足」，後漢書安帝紀「元初六年，賜民尤貧困孤弱單獨穀人三斛」，並此政也。下文「舉淹滯」至「任良物官」，方是收叙人才之事。馬説非。至廣成頌自爲一義，不與此傳同也。「一介」或作「一個」，故釋文有「古賀」一音。襄九年「一介行李」，「介」亦有「古賀」一音。説者謂其字或作「個」也。

十有五年二月癸酉有事于武宮

馮李驊曰：「武公之廟，武世室也。鄭注以武公爲不毀之廟，故禘于其宮，而不于太廟。」

按：不毀之廟仍當在太廟中，武公之廟久祧，成六年復立之。明堂位「擬諸世室」，乃後人坿會之詞。鄭泥于「世室」二字，因釋爲不毀之廟，其實非也。武公久祧別立，不在太廟之内，故祭于其宮。

十九年傳楚人城州來

注：「十三年吴縣州來，今就城而取之。」

按：成七年「吴入州來，而未能有也，」昭四年「楚然丹城之」，十三年「吴滅州來」。蓋亦遷其人民，墮其城郭而已，未能以爲縣而有其地也。故此年楚又城之。成七年注：「州來，楚邑，淮南下蔡縣。」一統志：「下蔡故城在鳳臺縣北三十里。」其地距吴遠，距楚近。其時淮上諸地，吴尚不能有，故州來得而難守。

二十年夏曹公孫會自鄸出奔宋

按：此經書法與定十四年「宋公之弟辰自蕭來奔」同。然彼先書「入于蕭以叛」，而此無之，則非叛可知。蕭楚謂不書其叛者，蓋時姦謀逆節既兆，國人覺之，未及發，遂奔，故不言叛。此逆億之詞，非春秋之意。竊疑「會」，即鄸邑大夫不安於位，故自鄸出奔。與宋辰出奔同而出奔之故不同，比事而觀之可也。黄氏謂自其國都出鄸，自鄸奔宋。添一曲折，書法恐不如是。至公、穀、陸、胡之説，前人多非之。

秋盜殺衛侯之兄縶

按：胡傳「歸獄宗魯」，其説固非，至謂齊豹爲司寇，例得書名，不誤也。乃稗疏曰：「唯天子之司冠爲卿，司國之司寇亦下大夫耳。孔子爲魯司寇，且不得與三桓等，況豹仕于縶，而又見奪乎？」則失之未考矣。春秋時，司寇一官大小不同。宋在六官之列，卿也。魯臧孫氏爲司寇，名在會盟之列，卿也。衛之司寇，卿也。齊豹爲齊惡之子，亦衛之世卿，非臣于縶者。縶之奪其司寇與邑，乃縶之虐也。孔子爲少司寇，故不在卿位，與臧孫之司寇不同。王説全非。

二十有一年冬蔡侯朱出奔楚

胡傳：「楚虔誘殺蔡般，執用蔡有，蓋蔡君不只戴天之仇，朱乃奔而親之，惡何可言哉！」

按：楚靈久死，平侯實楚所封，朱安得與楚爲仇？

而不能送亡君請待之

注：「請君待復戰，決勝負。」疏：「服虔以『君』上屬，孫毓以『君』下屬。杜注不明，亦似上屬。」釋文：「『而不能送亡君』絶句。」補正：「『亡』字句。」

按：孔、陸皆以「君」字絶句，從服説。補正從孫説。似以孫説爲勝。

二十有二年劉子單子以王猛居于皇秋劉子單子以王猛入于王城

胡傳曰：「『以』者，能廢立之。劉子、單子蓋挾天子以令諸侯而專國柄者也。」

按：胡傳之論過刻而未核者也。子朝之亂始終王事者，惟單、劉忠於王室。而以曹瞞一流人擬之，可乎？猛未逾年（年）即位，故稱王猛。敬王即位之後，即書「天王居于狄泉」而不稱劉、單矣。嚴氏啓隆曰：「『以』者，猛不能自立，其出與入，皆單、劉之功。」史家告實，非聖人貶文。

二十三年傳士伯御叔孫

疏：「御，謂進引也。引叔孫詣於獄也。」羣經平（義）〔議〕：「『御』當讀爲『圉』。詩召旻『我居圉卒荒』，韓詩『圉』作『御』。『圉叔孫以如吏』，因叔孫以如吏也。宣四年傳『圄伯嬴於轑陽而殺之』，杜解曰：『圄，囚也。』與此傳『御叔孫』同義。『圄』亦『圉』之假字也。」

按：俞説固是古義，然凡言「圉」者，乃囚之於其地。此傳乃執以如吏，與『圉』之本義不合。愚謂杜氏不爲『御』字作解，似即以爲「御車」之「御」。古之御者，不皆卑下之人。此士伯既執叔孫，自御之以過郲館，欲郲人見其治獄之功，且以洩其忿也。

丙戌單子從阪道劉子從尹道伐楚

春秋地名考略：「阪道，偃師東南有鄂里阪，鞏縣東南有轘轅阪，宜陽東南九曲阪，未詳孰是。尹道，當即入尹之道。」字典阜部「阪」下云：「書立政『阪尹』，傳訓作『阪地之尹長』，而左傳云『阪道』、『尹道』，明是二地名。當從左氏。」

按：字典以阪道、尹道爲地名，與高説不合。杜無注者，不能詳也。

吳太子諸樊

注：「諸樊，吳王僚之太子。」疏：「吳子諸樊，吳王僚之伯父也。僚子又名諸樊，乃與伯祖同名。吳人雖是東夷，理亦不應然也。此久遠之書，又字經篆隸，或誤耳。」釋文：「案：吳子遏號諸樊，王僚是遏之弟子。先儒又以

爲遏弟。何容僚子乃取遏號爲名？恐傳寫誤耳。」

按：「大子諸樊，」疑是「諸樊大子」，傳寫誤倒耳。言諸樊以别于王僚之大子。史記吳世家作「公子光，」可引以爲證。

二十有五年有鸜鵒來巢

釋文：「鸜，其俱反。（稽）〔嵇〕康音權。本又作『鴝』。公羊傳作『鸛』，音權。郭璞注山海經云：『鸜鵒，鴝鵒也。』」按：依説文當作『鴝』。公羊傳作『鸛』，從權，省聲。「權」、「劬」一聲之轉，則古字亦作「鸛」。今以「鸛」爲「水雚」之「雚」。説文：「雚，小爵也。」引詩「雚鳴于垤」，是「水雚」之字作「雚」、今詩作「鸛」者，後人所增也。

傳宋公使昭子右坐語相泣也

按：所語當是魯公室事，故至于相泣。觀後段樂祁語，隱相激射。

二十六年傳蹔而乘于他車以歸

正字通：説文『鏨，金聲也。讀若春秋傳「（鏨）〔蹔〕而乘他車。」』蓋『鏨』訓金聲，金薄則聲越，故從輕。『蹔』，一足行也。『鏨』、『蹔』同音，故云讀若蹔，非鏨即蹔也。俗本左傳杜預注『蹔』譌作『鏨』，諸韵書誤合『鏨』、『蹔』爲一，不知從金與從足，音同義别也。」

按：今説文足部無「蹔」。王筠以爲本有，捝之。段注以爲「蹔」即「脛」字。王謂足新斷，痛極矣，安能築地而行？是段説未是。玉篇「蹔，丘盛切，一足行。」廣韵：「去盈切，一足跳行。」是舊有「蹔」字，字典金部引正字通而足部不收（塹）〔蹔〕字，何也？

日南讀書記　卷十一

左傳五

定公

元年傳榮駕鵝

校勘記：「石經、淳熙本、岳本『駕』作『鴐』，與葉抄釋文合。下同。案：說文無『鴐』字。錢大昕曰：『依正文，當用鴚。』假借同音，則『鴐』亦通也。」

按：宋本作「駕」。類篇馬部、集韵九麻「駕」下，並云「居牙切。人名，左傳有『榮駕鵝』」，是左傳本作「駕」也。漢書亦作「駕」。依說文當作「鴚」，假借用「駕」。司馬相如子虛賦「連駕鵝」，郭璞注：「野鵝也。駕音加。」山海中山經「是多駕鳥」，郭璞注：「未詳。或曰『駕』宜爲『鵝』。『鵝』，鵝也。音加。」是古「鴚」字假借用「駕」。文選李善本、史記王本，「駕」皆從馬，是也。汲古閣史記及五臣本文選，皆從鳥，與左傳從鳥之本，並是俗人所改。郭注司馬相如賦作「駕」，而注山經則又云宜爲「鴐」。故胡克家文選考異謂西晉以後不識「駕」爲古假借字。宋本釋文作「鴐」，而通志堂本改作「駕」，非也。

二年傳以師臨我我伐桐爲我使之無忌

注：「教舒鳩誘楚，使以師臨吴，吴伐桐也僞。若畏楚師之臨已，而爲伐其叛國以取媚者，欲使楚不忌吴。」補正：「邵氏曰：『以師臨我，我伐桐」，二我，我，舒鳩也；爲我使之無忌，吴自我也。』蓋吴將誘楚，使之不忌吴。於是桐適叛楚，故使舒鳩人謂楚以師伐我，我則伐桐。如此者，爲我使之無忌也。不然楚方忌吴，安肯出師於近吴之地哉？」

按：三「我」字一氣相連。補正以前二「我」爲舒鳩，後一「我」爲吴，似於文法不合。傳文下言「楚伐吴」，不言「伐舒鳩」，則其説非也。杜言伐叛取媚楚人，何自知之？似亦未得當日情事。愚謂此役祇在使之無忌。吴方强而楚所忌，故不敢輕加以兵。故以伐桐誘之。吴出師伐桐，則邊竟必虚，楚可得志。此致人之術也。故其「見舟豫章」，僞將伐桐者舟師，其「潛師于巢」者，陸師也。正所謂「多方以誤之」也。

秋楚囊瓦伐吴師于豫章吴人見舟于豫章而潛師於巢冬十月吴軍楚師于豫章敗之遂圍巢克之

按：桐近江而距淮遠。吴僞伐桐，必以舟師由大江，故先「見舟于豫章」。楚不忌，故敗。吴潛師克巢者，又一軍也。巢本吴、楚間小國。文十二年書「楚人圍巢」，自是屬于楚。成七年「吴伐楚，伐巢」，十七年「舒庸人道吴人圍巢」，襄廿十四年「吴子伐楚門于巢」。巢爲楚邑，不知何時已爲（楚）〔吴〕所滅矣。昭四年「城巢」，五年「沈尹射待命于巢」，廿四年「吴滅巢」，廿五年「楚郭巢」，是吴雖滅之而不能守，與州來同也。是年又克巢，而巢入于吴矣。

四年冬十一月庚午蔡侯以吴子及楚人戰于柏舉

補正：「溥氏曰：『柏舉，楚地，在今河南西平縣。本柏子國』。」春秋地名攷略：「水經注：『舉水出龜頭山，逕南梁定州治，合垂山之水，又西南逕顏城，又西逕齊安郡西，又南歷赤亭下，南流注于江。江北岸烽火洲，即舉州也。春秋吴、楚陳于柏舉。京相璠曰：漢東地。夏有洰水，或作舉。疑即此也。』」今麻城縣東六十里，有龜峰山，山勢嵯峨。上有白、黑二龍井，即舉水之源也。一名龜山。又縣東三十里有柏子山。柏舉之名，蓋合柏山、舉水而得。元和志『縣東南八十里有龜頭山，即春秋時之柏舉也。』」大事表七：「名勝志云：『湖廣黄州府麻城縣東北三十里有柏子山，縣東南有舉水。柏舉之名，蓋因柏山、舉水而得。』今案：傳文『子常濟漢，自小別至于大別』，又『三戰』而『陳于柏舉』，是在漢之東北。其地應在麻城縣境也。」

按：吴師先與楚夾漢而陳。迨楚師濟漢，吴師或少退舍，軍事容或有之。其去漢必不甚遠。大、小二別，杜注云在江夏竟，仍在漢濱也。楚三戰皆敗，子朝欲奔而未奔，當仍在漢濱。補正謂在西平縣，去漢過遠，固非。即高、顧謂在麻城境内，恐去漢仍遠，亦未可爲定論。柏舉與二別，必相近，今無以考之。

庚辰吳入郢

太平寰宇記：「荆州紀南城，左傳杜注：『楚國〔都〕，今南郡江陵縣北紀南城也。故郢城在縣東北十二里。漢志有郢縣，云楚别邑。』杜預以爲史記所言郢者，即州北紀南城，是。盛宏元荆州記：『昭王十年，吳通南漳，灌紀南，入赤湖，進灌城郢，遂破楚。』則是前攻紀南，而後破楚也。」

按：吳之入郢，傳不詳。其戰事，觀於荆州記，知當日吳以水攻破楚，非倖勝也。大事表謂：「楚昭輕棄國本，逃竄狼狽，人心警惶，遂至宗社失守。使子常雖敗而昭王固守郢都，吳進困于堅城，退無所得食，楚之制勝亦可以萬全。惜當日子西、葉公輩不知出此，遂（今）〔令〕吳得僥倖而成功。」蓋未考當日戰事，而輕於立論也。

傳嘖有煩言

注：「嘖，至也。煩言，忿争。」疏：「嘖，至，賈逵云然。是相傳訓也。易繫辭云『聖人有以見天下之賾』，謂見其至深之處。『賾』亦深之義也。謂至于會時，有煩亂忿争之言，無才辨者，則莫之能治也。」補正：「嘖，争言也。管子有『嘖室之議』，荀子『嘖焉而不類』。」

按：説文：「嘖，大呼也。」管子注謂「議論者言語讙嘖」，與許義合。賈、杜説未是。孔疏以「嘖」爲「賾」，與杜異。此當從許。

舍舟于淮汭自豫章與楚夾漢

注：「吳乘舟從淮來，過蔡而舍之。」

按：水經淮水篇：「又東過壽春縣北，肥水從縣東北流注之。注：淮水于壽陽縣西北；肥水從城西北入于淮，謂之肥口。」大事表謂淮汭當在此，其説是也。水相入曰汭，此肥水入淮處，故曰淮汭。汭，内也。謂淮南也。自南而北，豫章在蒙城、壽州界。吳於淮汭登陸，自豫章而向西南，當由固始、光州而抵漢陽。若春秋時之蔡爲今之上蔡縣，由上蔡東南至新蔡縣治一百八十里，由新蔡東南至固始一百八十里，是蔡在固始之北三百數十里。是時吳師直向西南，深入楚之腹地，必不取道西北，再向西南紆回。如此，當時蔡、唐來會，吳亦不必至其國也。杜注以爲過蔡而舍舟者，於情事不合。其謂「豫章，漢東、江北地名，」亦當云漢東、淮北地名。吳既舍舟而至豫章，必已度淮而西，去江已遠，不得云在江北。其地去漢七百餘里，傳文亦約言之。左氏叙事之詞，每每如此。

自小別至于大別

注：「禹貢『漢至大別南入江』，然則二別在江夏界。」疏：「禹貢云：『嶓冢道漾，東流爲漢，又東爲滄浪之水，過三澨，至于大別，南入于江。』孔安國云：『三澨，水名，入漢。大別，山名。觸山迴南入江。』如彼文，大別在江北，小別當近之，小別當在大別之東也。何則子常從小別與吴戰，退而至大別？明其自東而漸西也。土地名小別、大別，皆闕不知所在。或曰大別在安豐縣西南。傳曰『吴與楚夾漢』，然後楚乃濟漢而陳，『自小別至于大別』。然則二別近漢之名，無緣反在安豐也。」春秋地名考略：「漢志六安國安豐縣：『禹貢大別山在西南。』鄭康成釋禹貢亦然，皆誤也。地説曰『漢水東行，觸大別之阪，南與江合』是已。蓋安豐之大別，更是一山，與此無涉。今在漢陽府城東北百步漢江西岸，江水逕其南，漢水從西北來會之。山之左，即沔口，水經注謂之魯山，又謂之翼際山。小別山在漢川縣南十里，其形如甑，亦名甑山。今以地形考之，大別在漢陽，小別在漢川，柏舉在麻城。漢川在漢陽之西北百七十里，麻城在漢陽之東北，與孔説正相反。蓋孔誤也。」大事表：「吴在東，楚在西。楚子常三戰不能勝吴，吴無緣有退歸而東之理，故孔氏有此臆斷。然余反覆考之，而知其所由然也。蓋吴當淮汭，即舍舟自豫章與楚夾漢，即今之漢口。淮汭，即今之壽州。自壽州至漢口九百餘里，懸師深入，餉道不繼，故其戰常且鬬且却，欲退歸淮汭以收師而返。傳云『自小別至於大別，庚午陳師柏舉，』從小別至柏舉東移，凡三百里，則其志可知矣。且司馬戌議毁舟而還塞城口，世以爲善計。然余謂當吴兵單行至城口，覩其地形扼隘，料楚人必有塞斷以阻其歸路者，必多置鋭卒，據險設伏，以爲歸師接應之計，故夫概請戰不許，而日夜引楚師近東，意欲誘入伏中，還師合擊以取勝。此闔閭本謀也。然則小別、大別之戰，其自西而趨于東也，復何疑乎？李氏淳曰：『吴軍漢東，楚軍漢西，故司馬戌云子沿漢而與之上下也。子常聽史皇之言，濟漢而陳。所謂自小別至于大別者，乃言其兵陣之遠，非序戰事也。下云三戰，乃言與吴戰之事。其戰地當在大別以東，非至小別退至大別也。』」

按：水經沔水注引禹貢及此而申之曰：「京相璠春秋土地名曰：『大別，漢東山名也。在安豐縣。』杜預釋地曰『二別，近漢之名，無緣乃在安豐也。』案：地説言漢水東行，觸大別之阪，南與江合，則與尚書、杜預相符，但今不知所在矣。」元和志，「沔州漢陽魯山，一名大別山，在縣東北一百步。其山前枕觸江，北帶漢水。汊川縣東至州一百五十里小別山，在縣南五十里。春秋吴伐楚，令尹子常『濟漢而陣，自小別至于大別』，即此也。」二書之説，並與杜合。汊川縣即今漢川縣，在小別之西。小別又在大別之西。孔疏之説因與地望正相反，高、李二家駁之誠是。至柏舉如在麻城，則大事表之説，自爲有理，第傳云三戰，子常知不可，欲奔，以史皇之言而止。當時吴軍屢勝，楚軍屢北。吴即爲誘敵計，稍却可矣，何必東移三百里哉？今考水經·江水「又東北至江夏縣西北，沔水從北來注之」，注云『江水又東逕魯山南，右翼際山也。地説云：「漢與江，合于衡北翼際山旁者也。」山左即沔水口矣。』是漢之合江，在江夏境。注又云：「又東逕上磧北，山名也。北岸烽火洲，即舉洲也，北對舉口。舉水出龜頭山，西北流，逕蒙籠戍南，又西流，左合垂山之水，又西南逕齊安郡西，又東南歷赤亭下，〔又〕謂之赤亭水。又分爲二水，南流注于江，謂之舉口，南對舉洲。春秋左傳定公四年『吴、楚陣于柏舉』，京相璠曰『漢東地矣。夏有洰水，或作舉，疑即此也。』」是舉水雖出麻城之龜頭山，其下流則在黄州之西。齊安郡，今之黄州也。方東南折而入江，入江之處爲舉口。舉洲在舉口對岸。麻城在黄州北一百一十里，而舉州初不在麻城也。一統志：「舉水源出麻城縣東北黄蘗山，西南流入黄崗縣西三十里入江。在麻城名歧亭河，入黄崗縣界謂之舊州河，其入江處謂之三江口。今黄崗距江夏一百八十里。舉洲又在黄州之西，與漢陽之大別相距不遠。」則吴軍三戰之後，稍東移以待楚師，較爲近理。禹貢錐指：「子常『濟漢而陣，自小別至于大別』，言其師衆爲長陣，自西及東。若此其遠，兩軍合戰則自大別以東。尋傳文，無從小別與吴戰退而至大別之事也。小別當在大別西，孔説正相反。今漢川縣東南有甑山，即小別山。元和志云：『小別山在漢川縣東南五十里。唐漢川縣在今漢川縣北三十里，故里數不同。二別相去一百二十餘里。』」此説得之。

吴從師及清發

按：水經溳水注：「又南逕石巖山北，即春秋左傳定公四年，吴敗楚于柏舉，從之及于清發。」蓋溳水兼清水之目矣。元和志：「安州安陸縣溳水，故清發水也。西北自隨州入注于沔，謂之鄖口。」安陸東至黄州三百一十里，是由東而西矣。

敗諸雍澨

按：方輿紀要：「澨水，在安陸府京山縣西南八十里。下流合縣前河，通于漢江。或以爲春秋之雍澨。」是雍澨又在清發之西也。京山，元和志屬郢州。郢州正南微西至江陵府三百里。江陵即郢都。傳文云「五戰及郢」，是始終由東而西也。

楚子涉睢

注：「睢水出新城昌魏縣東南，至枝江縣入江。是楚王西走。」

按：水經江水：「又東過枝江縣南，沮水從北來注之。」注：「江水又東會沮口，楚昭所謂江、漢、沮、（漢）〔漳〕，楚之望也。」「睢」即「沮」也。元和補志：「枝江縣在州西一百二十里。」故杜云「楚王西走也」。沈氏地名、補注謂照王涉睢，自郢都趨東北走。故下云「涉睢濟江、入〔于〕雲中。杜預謂「西走」者非，是未考枝江在江陵西也。吴方從東北來，楚王如東北走，不將與吴遇乎？

王使執燧象以奔吴師

按：此昭從重圍中出，幸而得脱，非輕棄都城也。

以班處宫

注：「以尊卑班次處楚王宫室。」

按：此似但分據其宫室，非遂辱及婦女。

左司馬戌及息而還敗吴師于雍澨

按：此躡吴師之後而敗之也。

濟江入于雲中

注：「入雲夢澤中，所謂江南之夢。」

按：大江在江陵、枝江南，楚王如從西而北，不必濟江。此言「濟江」者，先由北而南也。疏曰：「郢都在江北、睢東，王走，西涉睢，又南濟，乃入于雲中。」補正以爲江北之夢，恐未然。

王奔鄖鬥辛與其弟巢以王奔隨

方輿紀要：「楚王城在德安府雲夢縣東。昭王奔鄖城，因得名。」

按：楚王爾時先向西南，由西南而西北，故得奔隨。元和志：「安州，春秋時鄖國，後爲楚所滅。東南至鄂州二百九十里，西北至隨州一百五十五里。」此楚王自西南而西北之證也。禹貢錐指云：「左傳遂奔鄖，又奔隨，沈存中云：『鄖即今之安州。涉江而後至雲，入雲然後至鄖。則雲在江北也，因以江南之夢爲證。』渭按：吴師自東來，故昭王自郢西走，至枝江縣界，涉睢濟江而南，東入雲中。杜注以爲江南之夢，則雲中在江南明甚。即今石首、華容等處。沈意謂奔鄖時，自江南涉江而北至雲，誤矣。傳稱江南之夢，對江北之夢言，非謂江北爲雲，江南爲夢也。劉昭曰：「巴丘湖，江南之雲夢。」杜注極其分明。或曰：何以知杜説爲必然？曰：方吴三勝夢也，循江北岸而西。昭王若東走，則遺之禽矣。迨入郢處宮之後，始可從東道奔鄖耳。『涉睢』是西行，『濟江』乃南渡，所入之雲中，必有在江北也。」

五年傳大敗夫槩王于沂

春秋地名考略：「沂，即江國，在今汝寧、真陽縣境。」地名補注：「方輿紀要：『西塞山在武昌東百三十里，近山有流沂城。』」

按：秦師從西來，不得遂至汝寧，亦不能先至武昌。二説恐皆未確。宣十一年「蔿艾獵城沂」，當爲一地。秦從西來，初與吴交戰，似是楚西境要邑也。

夫差兄

按：史記作「太子夫差。」然則「終纍」，其夫差之別名歟？

子期又以陵師敗于繁揚

校勘記：「石經『揚』字缺。宋本作『楊』，亦非。襄四年傳作『繁陽』。」

按：「揚」當作「陽」。昭五年傳兩「繁陽」，一誤作「揚」，此其比也。史記吴世家：「闔閭十一年。吴王使太子夫差伐楚，取番。」楚世家：「昭王十二年，吴復伐楚，取番。」正義：「片寒反。又音婆。括地志云：『饒州鄱陽縣，春秋時爲楚東境。秦爲番縣，屬九江郡。漢爲鄱陽縣也。』」伍子胥傳索隱：「音普寒反。又音婆。蓋鄱陽也。」「繁」亦有婆音，是傳之「繁陽」，即史記之「番」，即鄱陽也。左傳、史記本一事一地，特「陽」誤爲「揚」，故説者不能辨耳。是時吴舟師伐楚之東方，楚舟師既敗，而陵師亦敗，番遂爲吴所取矣。

八年傳顏高

困學紀聞六：「史記仲尼弟子『顏高字子驕，』定八年傳：『公侵齊，門于陽州，士皆坐列，曰：顏高之弓六鈞。皆取而傳觀之。陽州人出，顏高奪人弱弓，籍丘子鉏擊之，與一人俱斃。』豈即斯人歟？家語作『顏刻』。孔子世家云：『過匡，顏刻爲僕。』古者文武同方，冉有用矛，樊遲爲右，有若與微虎之宵攻，則顏高以挽强，無足怪也。」集證：「顏氏家訓誡兵篇：『顏氏之先，本乎鄒、魯仲尼門徒。升堂者七十有二，顏氏居八人焉。春秋之世，顏高、顏息、顏羽之徒，皆一鬬夫耳。』據此，顏黄門不以春秋之顏高爲仲尼弟子之顏高也。」經史問答：「孔門之顏高少孔子五十歲，見于家語，然則生于定公之八年。陽州之役，蓋別是一顏高也。史記、家語之年，多不可信。惟是不問其生之年，但以其定公八年斃陽州，而何以十四年御孔子以過匡？」史記志疑二十八：「顏氏爲魯望族，不應同時同名有二高。自史誤以『刻』爲『高』，王厚齋遂謂陽州之顏高，即弟子子僑。此説殊謬。家語謂少孔子五十歲，是高生于定九年，其非斃陽州之顏高明甚。而經史問答謂別是一顏高，亦非也。但其誤從張守節正義來。正義云：『孔子在衛，南子招夫子爲次乘，顏高爲御。』蓋本于家語，而改『刻』爲『高』耳。然家語『少五十歲』之言，亦不可信。孔子遇匡，在定十四年。倘少五十歲，其時才六七齡，安能爲師御車乎？又考孔子世家『顏刻爲御』，在過匡時，若爲南子次乘，則未嘗及刻。王肅妄以刻之爲御過匡，撮合于在衛爲次乘之僕，張守節誤據之。」

按：傳云「顏高奪人弱弓，籍丘子鉏擊之，與一人俱斃。偃且射子鉏，中頰，殪。」注：「斃，僕也。」疏：「釋言曰：『斃，僕也。』孫炎曰：『前覆曰僕。』吴越春〔秋〕稱：『要離謂吴王夫差曰：『臣迎風則偃，背風則僕。』』然則「僕」是前覆，「偃」是却倒。此顏高被擊而僕，乃轉而仰，且射子鉏猶死。言其善射之功然也。」説文：「斃，頓僕也。」「斃」，訓爲僕，非死也。惟未死，故能「偃且射子鉏」。全、梁竝誤解傳文「斃」字，遂謂顏高已死，非也。哀二年傳「鄭人擊簡子，中肩，斃于車中」，注：「斃，踣也。」與此「斃」字同義，簡子固未死也。

古者射爲六藝之一，豈得以善射遂鄙爲「鬬夫」，子推本非通論。字爲子喬，與高字義較相近，不得云「刻」是而「高」非。高如少孔子五十歲，當生于定八年至十四年，才七歲耳，不能爲師御。家語之言，烏可盡信！則紀聞之説，正未可議也。

十年傳郈工師駟赤

按：史記仲尼弟子列傳有壤駟赤，字子徒。家語「壤」作「穰」，「徒」作「從」，不知是此此人否。

哀公

元年傳吴王夫差敗越于夫椒

注：「夫椒，吴郡吴縣西南太湖中椒山。」疏：杜於此注以『椒』爲山名。土地名以『夫椒』爲地名。以戰必在山旁，以山表地耳。」史記吴世家索隱：「賈逵曰：『夫椒，越地。』蓋近得之。然其地闕，不知所在。杜預以爲太湖中椒山，非戰所。夫椒與椒山不得爲一。且夫差以報越爲志，又伐越，當在越地。何乃不離吴境，近在太湖中？又案：越語云『敗五湖』也。」又，越世家索隱：「國語云『敗之五湖』，則杜預云在椒山爲非。」春秋地名考略：「按：是役傳云『報携李也』，夫謂之『報』，則舉兵者吴，而夫椒爲吴地，且在近郊，不應於此敗越。史記曰：『句踐聞夫差日夜勒兵，且以報越，〔越〕欲先吴未發往伐之』。范蠡諫不聽，遂興兵。吴王『悉發精兵擊越，敗之夫椒。越王乃以餘兵五千人保棲于會稽，吴王追而圍之。』可以補左氏之未備。」

按：以史記補左傳，因可以釋索隱之疑，然太湖究非吴、越往來衝要之區，戰所不當在此。且越世家言「吴王聞之，悉發精兵擊越」，是越師興而吴迎擊之，不當在吴也。越語云「戰于五湖」，越絶書記地傳「句踐與吴戰于浙江之上，石買爲將，越師潰墜。」然則夫椒、五湖，皆當在浙江左近。記地傳又言：「夫山者，句踐絶糧困也。」地名補注謂地去山陰縣十五里，此夫椒在越之證。

人臣隸（圍）〔圉〕免

注云：「廝役。」釋文：「斯役如字。字又作『斯』，音同。何休注公羊云：『艾草爲防者曰廝，汲水漿者曰役。』蘇林注漢書云：『廝，取薪者。』韋昭云：『析薪曰廝。』」

按：作「斯」是。易旅卦「斯其所取災」，王注：「爲斯賤之役。」後漢書左雄傳「即官部吏，職斯祿薄」，注：「斯，賤也。」是「斯」不必加「广」也。詩陳風「斧以斯之」，「斯，析薪也。」

絞縊以戮

按：絞罪之名，始見于此。周法也。

三年傳秋季孫有疾命正常曰無死

注：「敕令勿從己死。」

按：觀此事，似春秋之時殉葬之風，魯亦行之。

五年傳景公死乎不與埋三軍之事乎不與謀師乎師乎吾黨之乎

按：馮李驊謂「謀」讀「媒」與「埋」、「吐」（叶），非也。「埋」，古作「貍」，有「鼇」音。衛終風篇「貍」與「來」、「思」叶。文十八年季貍，或作「季霾」。古「霾」、「貍」通。「貍」從「里」得聲，「霾」從「貍」得聲，則其音「阿」也。「謀」古音「眉」。已詳昭十一年傳。馮於彼讀「謀」爲「謨」，此又讀爲「媒」，一字兩音，並不合古音。段氏羣經韻表入之咍部，以「埋」、「謀」之韻，而「師」不入韻，不同部也。

六年傳再敗楚師

注：「前已敗於柏舉，今若退還，亦是敗。」疏：「劉炫言卜不吉，謂戰當敗；再敗，當謂今伐更敗也；杜言退還亦是敗，非也，以規杜氏。今知劉非者，杜言『退還亦是敗』者，以傳『卜退不吉』，是不得好退，是雖欲退，亦必敗也。故云『退還亦是敗』，但文不委悉。劉以爲退還，謂是好退而還，以規杜，非也。」

按：此以劉爲長。戰則「再敗楚師，」退則「棄盟逃讎」，與兩「不吉」文意相承，不得云「退還亦是敗」也。

八年傳何故使我水滋

注：「滋，濁也。」

按：說文：「兹，黑也。從二玄。」下引左傳作「兹」。「滋」即「兹」。後人加水旁，與「滋益」異義。廣韻一先「胡涓」紐下：「兹，說文曰：『黑也。春秋傳曰：何故使（我）〔吾〕水兹。』本亦音『滋』。按：「音」字恐是「作」字之訛。

按：本經只作「滋」。又，七之「子之」紐下「兹」、「滋」二文與「胡涓」義各不同。是廣韻「兹」、「茲」、「滋」三文，尚不誤也。說文段注云：「左傳釋文〔曰〕：『兹音玄。本亦作滋。子絲反。濁也。字林云黑也。』按：宋本如是。今本『兹』、『滋』互易，非也。且『本亦作滋』，則仍胡涓切，不同水部『滋』水字，子絲反也。陸氏誤合二字爲一」。又云：「兹，胡涓切，今本子之切，非也。左傳釋文『兹音玄』，此相傳古音，在十二部也。又曰『本亦作滋，子絲反』，此俗加水作『滋』，因誤認爲滋益字而入之之韻也。艸部『茲』從絲省聲。凡水部之『滋』、子部之『孳』鳥部之『鷀』，皆以『茲』爲聲，而『兹』、『滋』字祇當音『縣』，不當音孜。且訓此之『茲』，本假借從艸之『茲』，而不當用二玄之『兹』。蔡邕石經見於隸釋、漢隸字原者，尚書『茲』字五見，皆從艸。則唐石經皆作『兹』者非矣。今本說文『滋』、『孳』、『鷀』，篆體皆誤從兹。」今按：段說於「兹」、「茲」二字音義，分別最爲明畫。然釋文已合二字爲一。玉篇「兹，子貍切，濁也，黑也。或作『黸』、『滋』。」是其音已誤。集韻一先：「兹，黑也。」而七之「津之」紐下「兹」引既稱說文「黑也」，又曰「蓐也」、「此也」云云，是直並「兹」、「茲」二字爲一。而同紐下又出「茲」，引說文「艸本多益」，又「凡從茲之字皆從茲」，其謬誤不可究詰矣。韻會先韻無「兹」，而支部並收「兹」、「茲」二字，則音誤而形與義尚不誤。正韻有「茲」無「兹」，並二字爲一，尤爲疏漏。然承訛既久，莫知其非矣。

乃請釋子服何於吳吳人許人以王子姑曹當之而止

按：當，相抵也。以王子當子服何也。

十一年傳初晉悼公子慭亡在衛使其女僕而田大叔懿子止而飲之酒遂聘之生悼子

按：據此，則懿子取慭之女矣。二十五〔年〕傳：「彌子飲公酒，納夏戊之女，嬖，以爲夫人。其弟期，大叔疾之從孫甥也。」注：「期，夏戊之子，姊妹之孫爲從孫，甥與孫同列。」是夏戊者悼子之甥，慭又取懿子女而生戊也。瀆亂人倫，無甚於此者。

十七年數之以三罪而殺之

注：「三罪，紫衣、袒裘、帶劍。」疏：「三者皆僭逼于君，衷甸，僭卿耳，比此爲輕，知衷甸非也。」

按：衷甸兩牡，僭卿也，罪一；紫衣狐裘，僭君也，罪二；袒裘、不釋劍，不敬也，罪三。杜注似未密。

裔焉大國滅之將亡

按：杜以「裔焉」絶句，謂魚至水邊。其説本于賈逵。劉炫以爲卜繇之辭，文字相韻，以「裔焉」二字宜向下讀之。今以韵求之，劉説爲長。「裔焉大國」，言邊於大國也。「亡」與「羊」叶，「竇」與「喻」叶。「竇」與「窬」古通。左傳「篳門閨竇」，儒行作「篳門圭窬」。「窬」、「踰」並從「俞」聲，古音自葉。馮李驊讀「竇」爲徒，「踰」爲由，非。

二十四年是躗言也

注：「躗，過也。」疏：「服虔云：『躗，不信也。』注云：『躗，過謬言也。』俱是不實之義，各自以意訓耳。」釋文：「躗，户快反。謂過謬之言。服云僞，不信也。字林作『躛』，云夢言意不慧也。音于例反。」校勘記：「陳樹華云：『説文引春秋傳曰噧言，疑即此躗言。』案：錢大昕云：『釋文户快反與噧音河介切相近。古文從口從言之字多相通。説文兼收噧、譪二字。噧訓高氣多言，譪訓譀，譀又訓誇。誇、譀義較過尤長。然則噧言即躗，亦可作譪言也。』異文釋：『陸氏粲曰：躗者，踶蹋之義。此當作讏。三蒼曰謊言，廣雅寱言也。經謂晉人妄語，若夢中謊寱之言耳。』」按：説文：「躗，衛也。」「寱，㝱言不慧也。」段注以左傳之「躗」，爲「讏」之假借字，其説誠是。然「噧言」即「躗言」之異文，錢説亦是。傳文上言「軍吏令繕，將進，」又云「又焉能進」下言「役將班矣，晉師乃還」，然則「噧言」者，猶虛言相恐喝耳，與「高氣多言」之義相合。較之「躗」之寱言不慧，實爲勝之。服、杜之意，亦皆相近。

二十五年君將𣪊之

注：「㱿，嘔吐也。」校勘記：「石經『𣪊』作『𣪊』。釋文作『殼』。案：説文殼字注云：歐皃，從口，㱿

聲。春秋傳曰君將殻』。六經正誤云『殻作殸。』

按：宋作殸，當爲殻之假借。俗本多一書耳。

二十七年公弔焉降禮

注：「禮不備也。言公之多妄。」補正：「陸氏曰：『過自貶屈。』」按：以前後傳參之，杜説爲長。

成子衣製杖戈

注：「製，雨衣也。」

按：上言「及濮，雨，不涉」，故知製爲雨衣。

日南讀書記　卷十二

左傳六

左氏

左氏，周威烈以後人也。傳於篇終舉趙襄子謚。襄子之卒，去哀公二十七年，計四十二年。云「孔子卒五十三年」，則以爲孔子同時人者，非矣。葉夢得春秋考據「虞不臘矣」之語，證爲秦人。然臘是周代祭名，非秦人祭名。秦穆公卒，傳曰「君子是以知秦之不復東征也」，則孝公以後席卷囊括之事，非其所知。自十三國伐秦之後，其紀秦事頗略。秦孝公元年，爲周顯王八年。云「孔子卒一百十七年」，下距始皇併天下一百四十一年。孝公元年，下距惠文王初臘之十二年，計三十六年。則以爲秦人固非，即以爲惠文王以後人者，亦非也。必欲明其爲何時人，實亦難定，其爲顯王以前人，則似有徵耳。葉謂官之有庶長、不更，秦孝公之所名也。按：春秋列國，官名不盡尊周制，則庶長、不更豈必俟孝公而後置？葉又謂飲之有酎，吕不韋之所名也。按：不韋之書，亦集古禮而成，且秦亦未嘗用之。以酎爲秦制，可乎？則葉説皆非也。四庫全書總目提要云：「左傳載預斷禍福，無不徵驗，蓋不免從後傳合。惟哀九年稱趙氏其世有亂，後竟不然，是未見後事之證也。經止獲麟而弟子續至孔子卒。傳載智伯之亡，殆亦後人所續。」今按：史記有褚先生之緒補，安見左傳之必無？此説頗有理。若末篇之文不出左氏，則前説又當别議矣。

莘

左傳地名「莘」者五。桓十六年「使盗待諸莘」，注：「衛地。陽平縣西北有莘亭。」水經河水五注：「漯水又北絶莘道城之西北，有莘亭。春秋桓公十六年，衛宣公使伋使諸齊，令盗待於莘，伋壽繼殞於此亭。京相璠曰：『今平陽陽平縣北一十里，有故莘（道）〔亭〕，（亭）〔道〕阨限蹊要，自衛適齊之道也。』」元和郡縣志十二：「河北道魏州莘縣，本衛地。漢爲陽平縣。大業二年，改爲莘縣，因縣北古莘亭爲名。莘亭在縣北十三里，衛宣公二子伋、壽争相爲死，即此地。」

按：陽平縣爲今莘縣，屬東昌府。春秋爲齊地，非衛地。元和志十二：「河南道曹州濟陰縣莘仲故城，在縣東南三十里。」蓋古之莘國也，伊尹耕于莘野，即此地。今曹州府濮州界有莘城，春秋時屬衛。由衛至齊，不必取道東昌。使盜殺人，亦不當在人境内。濮爲衛之邊竟，當是其地。此衛之莘也。

莊十年「荆敗蔡師于莘」，注：「蔡地。」

按：在今河南汝寧府上蔡縣界内。此蔡之莘也。

莊三十二年，「有神降于莘」，注：「虢地。」元和志：「關内道同州夏陽縣縣南有莘城，即古莘國。文王妃大姒，即此國之女也。」又，「河南道陝州硤石縣莘野，在縣十五里。春秋時，有神降于此。」

〔按：〕在今河南陝州硤石鎮南。此虢之莘也。

僖廿八年「晋侯登有莘之墟」，注：「有莘，故國名。」而不言在何地。攷城濮之役，晋救宋也，城濮是衛地，而莘當是宋地。元和志：「河南道卞州陳留縣故莘城，在縣東北三十五里。古莘國地，伊尹耕于有莘之野，亦是此地。」歐陽忞輿地廣記：「陳留縣有莘城。國語謂之莘墟。」此宋之莘也。

成二年「師從齊師于莘」，注：「齊地。」即杜所謂陽平縣之莘亭是〔也〕。此齊之莘也。

豫章考

昭六年傳令尹子蕩帥師伐吴師于豫章而次于乾谿

按：豫章凡六見。此傳及二十四年、三十一年、定二年，杜注不言地所在。昭十三年傳注：「定二年，楚人伐吴師於豫章。吴人見舟於豫章，而潛師于巢以軍楚師于豫章。又，柏舉之役，吴人舍舟於淮汭，而自豫章與楚夾漢。此皆當在江北淮水南，蓋後徙在江南豫章。」定四年注：「豫章，漢東江北地名。」兩注雖略有參差，並以爲地不在江南也。自來説者紛如，實由不悟豫章本非一地。今列舉衆説而條辨之。

宋吴曾能改（齊）〔齋〕漫録曰：「豫章之名舊矣。在江左者，有其地而非郡，在江南者，建郡而非春秋之時。

吳王闔廬七年，魯定公之二年也，楚囊瓦伐吳師于豫章，冬十月，克楚，取居巢。又三年，吳將入郢。其謀臣請困唐、蔡而西。冬十一月，蔡侯、吳子、唐侯俱舍舟於淮汭，自豫章與楚夾漢。囊瓦濟漢而陣，自小別至于大別。吳逆擊敗之，五戰而及郢。嘗觀吳都具區，今平江之吳縣也。楚都郢，今富水也。漢水自歸峽接流，而爲今漢陽軍，蓋視吳爲東。九江自庾嶺北源，而洪州奠其南，蓋視楚爲西。居巢今無爲軍也。闔廬之七年，吳人見舟於豫章而潛師於巢，以明豫章瀕楚而巢邇于吳，故得而潛師也。小別、大別，今鄂州之山，漢水視之爲東者也。九年，吳人舍舟淮汭而即豫章，杜氏以爲漢東江北地。囊瓦方且濟漢而陳于大、小之別，則春秋之豫章爲瀕楚，在江夏之間審矣。或者以七年之師因豫章以見舟，則其地必沿流之所。而洪之爲洪，固沿流者也。九年舍舟而即豫章，且堅杜氏之說，因以漢東之地爲平陸，惟有沿流平陸之異，故以見舍者，江南豫章也。殊不知吳視楚爲西，視江夏爲少西，而視洪則南矣。見舟所以張軍容也，安能遠託大江之南，而不近邇少西之地？然則江南之豫章，決無預乎春秋之時明矣。按：宋武帝討劉毅，遣王鎮惡先襲至豫章口，去江陵城二十里。乃知春秋之豫章，去江陵甚近，與今洪州全不相干。」

按：此說專辨豫章之不在江南，而以江陵之豫章口當之。考水經江水二，「又南過江陵縣南」，注：「江水又東得豫章口，夏水所通也。西北有豫章岡，蓋因岡而得名矣。或言因楚〔王〕豫章臺名，所未詳也。」是豫章口乃江、漢交通之地，去淮極遠，必非其地。則吳說非也。

顧祖禹方輿紀要南昌府豫章城下云：「春秋時，吳、楚相攻，必有事于豫章。酈道元曰：『左傳昭七年楚令尹子蕩伐吳師于豫章，即此地也。』夫江湖沮洳，春秋時舟楫便利，未逮今日。吳、楚所爭，在淮、漢之間。酈氏之言非篤論矣。」又云：「春秋之豫章，大抵在江、漢之北。自昔由江、漢之間，以達于淮，豫章實爲要害，今不可考。乾谿在今江南亳州，徐在泗州，弦在光州，則豫章當在近淮之地。光州、壽州之間，與漢之豫章全不相蒙也。」又德安府章山云：「傳定四年豫章，圖經云豫章即章山也。」

按：此以豫章當在近淮之地，而又取圖經之說。德安去淮極遠，高氏辨之極爲詳盡。見下。昭七年之豫章，道元以南昌之豫章當之，固非，紀要未悟豫章之當有二地也，則其說亦非也。

焦氏循春秋左傳補疏昭十三年傳，疏云『昭六年傳：「楚伐徐，吳人救之，令尹子蕩帥師伐吳，師于豫章，而次于乾谿，吳人敗其師於房鍾。」此傳楚師還自徐，吳人敗諸豫章。徐國屬臨淮郡，今泗州。乾谿在晉譙國城父縣，今亳州也。是豫章爲楚適徐之道，當在泗、亳之南。定二年，桐叛楚，吴子使舒鳩誘楚人；楚囊瓦伐吴師于豫章。吴人見舟于豫章，而潛師于巢。冬十月，吴軍楚師于豫章，敗之，遂圍巢，克之。巢，即今之巢縣；桐，即今桐城。是豫章與桐、巢相近，在今廬州之地。昭三十二年，吴師圍弦，楚救弦，及豫章。弦在江夏軑縣，今蘄水縣。二十四年，爲舟師以略吴彊〔疆〕，越大夫勞王于豫章之汭。王及圉陽而還，吴人踵楚，遂滅巢及鍾離。鍾離在今鳳陽。傳之言汭者，多據水言。如夏汭、桐汭、淮汭、雒汭、渭汭、羅汭、漢汭是也。此言豫章之汭，則豫章者水名，非地名也。定四年吴伐楚，舍舟于淮汭，自豫章與楚夾漢；子常濟漢而陳，自小别至于大别，三戰，知不可，欲奔。十一月庚午，二師陳于柏舉。不云自豫章至漢，而云自豫章與楚夾漢，分明豫章爲水，與漢相通。蓋此豫章之水，由漢而東，達于廬、壽之間。救弦而及者，近漢之豫章也。楚子略吴疆，而由豫章之汭自漢而達此水，以及于廬，壽之間。橐皋在此地，即吴境矣。帷豫章爲水名，故吴人見舟于此。非水，何以云見舟？蓋此水通漢，不通淮，故舍舟於淮汭而夾豫章以及漢。自豫章夾漢者，夾豫章，又夾漢也。大别山在安豐。漢水至大别南入江。豫章通漢之處，宜即近于安豐之大别。安豐，漢屬六安國，即今廬州六安也。豫章之汭，當即豫章通漢水之處，顧司業以豫章爲鄱陽湖，謂北出皆吴地，越方仇吴，豈能徑行其地而與楚會？乃是時越公子倉及大夫壽夢帥師從，則不特勞于豫章之汭，且以兵相從于吴疆，及圉陽而還。越固無所諱矣。」

按：此説林國賡駁之，最爲明了。見下。水之通漢者多矣，然皆在夏口以上。若夏口以下，漢已入江，安得復有遵漢之水？至廬、壽之間，去夏口極遠，通漢之水，烏能及此？此説殊誤。且傳文明曰「夾漢」，不曰「夾豫章」也。大别非安豐之大别，前人已有説駁之。楚師方濟漢，豈能遠至安豐？是時楚通越以敝吴，即晉通吴之故智。越既與吴爲仇，謂越師徑行吴地，吴遂任其往來，而絶不禁阻哉？則其不能徑行吴地者，勢也。越之餘汗與楚之番，境壤相接，高、顧二家以豫章之汭爲鄱陽，碻爲有見。

李氏惇群經識小云：「案：春秋豫章凡五見，按：六見。而云「五見」者，不數昭二十四年。杜解于昭十三年傳兼及，定二年、四年傳曰：『此皆當在江北淮水南。』定四年解曰：『豫章，漢東江北地名。』兩處遷就，蓋杜求其地而不得，因略據地望作此解也。然其説似太汗漫。凡傳中所載地名，其漫無界限者，如晉之南陽、東陽、陰地，皆以河山爲名也。外此，如楚之雲夢，跨江南北，則以其爲藪澤也。若豫章則既不因山河得名，又非藪澤。且傳中載戰事，皆實指其地名，未有統舉其地勢者。若概以江南、淮北、漢東言之，則其間南北五六百里，東西千餘里，皆可名以豫章。此似不可通矣。今取諸傳按之，竊意其地當在今湖北應山、隨州之間，可言漢東，亦可言淮南，而與江無涉也。杜以與乾谿、徐連文，故云淮南；以與巢連文，故云江北。不知吴東、楚西相距甚遠。至昭公時，吴蠶食楚地，自東而西，靡有紀極，但西不越漢耳。而豫章在漢之東、淮之南，吴舟師必由淮出，義陽、陽關則尤爲吴、楚交兵重地。其昭六年傳師于豫章而次于乾谿者，豫章爲大軍駐劄之地，乾谿之次，特偏師渡淮前進，不必與豫章附近也。十五年傳敗諸豫章，獲其五帥者，豫州爲自徐還楚必由之路。其去徐雖遠，而吴之要楚，則皆由淮水向東而西，直至信陽。南下豫章之地必有險惡，吴伏兵於此，出其不意而敗之，獲之也。三十三年救弦之師甫及豫章，而吴人即還，此用子胥之謀也。至定二年之見舟於豫章，而潛師于巢，豫章與淮逼近，均得見舟。若巢則與豫章相去東西凡七百餘里，吴之多方誤楚，其意全在取巢，蓋巢爲吴、楚間要地，自成十七年圍巢未克，襄二十五年諸樊攻巢，爲巢牛臣所殺，昭二十四年大師滅巢，二十五年楚復使熊相禖郭巢，吴之虎視眈眈，志在必取。楚亦守之甚力。故借桐叛之故，見舟豫章，誘楚于西而潛師於東，遂取巢邑也。知乾谿、徐、巢之不必與豫章接壤，而淮南、江北之説，可不必矣。桐當是漢東小國，其地亦當在德安境内。杜解在廬江、舒縣，似去漢太遠。吴使誘楚云『我伐桐』，伐之亦是取之。吴兵西出取桐，則楚不備巢，所謂「使之無忌」也。必欲使舒鳩誘楚者，意楚東境遼遠。吴焰甚張，廬江一帶，必宿重兵。聞舒鳩吴人取桐之言，遂撤兵而西至於豫章耳。杜謂吴僞畏楚，而伐楚之叛國以取媚。此自弱國欺强之術，吴於此時猖獗已極，畏楚、媚楚之説，誰其信之！杜隨文解義，案之事情，胥失之矣。昭二十四年『楚子爲舟師，以略吴疆，越大夫胥犴勞王于豫章之汭』，此當在鄱陽界。豫章二水至此入湖，故曰豫章之汭。漢豫章當因此得名，與此豫章實屬風馬也。大事表以豫章爲寬大之語，遂併合爲一，殆揚其波而失之愈遠者與？」

按：此以杜注太汗漫，其説是。並可以破大事表寬大之説。漢豫章郡封城甚大，而春秋時無一地大至千里外者。至其謂豫章爲大軍駐劄之地，則未合。乾谿，今之亳州。楚師自西北來，不必渡淮，豫章當在淮北。乾谿乃大軍駐劄之地，而「師于豫章」者，其前軍也。昭十二年傳五師圍徐而楚子次于乾谿，以爲之援，此其比也。豫章爲楚前軍，故「吴軍楚師于乾谿而敗之」。此説與當日情形正反。其謂乾谿、徐、巢不必與豫章接壤，固也，而亦不當太遠。楚之還自徐者，不能遠向應、隨之間。蓋吴之伐楚，不出淮之左右。若巢、若州來，若鍾離，皆所必争者，應、隨偏即非必争之地矣。其以桐爲漢東小國，仍是牽就豫章在應、隨之説。不知桐在廬江，與舒鳩密邇，故舒鳩可以此言誘楚。若遠在應、隨，則與舒鳩何涉，而楚人遽信之哉？巢在東，桐在西，此吴人聲西擊東之策，楚人爲所愚耳。惟其謂「豫章當在鄱陽，豫章二水至此入湖，敵曰豫章之汭」數語，頗爲明確。足與高、顧二家之説互相發明，亦與説文「水相入」之本義相合，可爲定論矣。二家説詳下。

胡氏雯識學録春秋豫章考曰：「豫章者楚地。吴、楚搆兵之處，其見于左氏傳者凡六。杜氏集解曰：『當在江北淮水南。蓋後徙在江南豫章。』又曰『漢東江北地名。』孔氏疏曰：『漢地理志豫章郡名在江南，此則在江北者。土地名是。』雖未能實指其地，然爲春秋時豫章之定論矣。吴入春秋百餘年，服屬於楚。以長江之險，雖吴、楚所共，而楚居上游，擄建瓴之勢。吴以舟師仰攻，不能勝楚，自壽夢得申公巫臣，知以乘車陸戰。於是吴之用兵，舍江南而從淮右北道，而楚爲之困。昭四年楚城鍾離、今鳳陽。城巢、今巢縣。城州來，今壽州。蓋以備吴，塞其北來之冲。吴、楚之搆兵争戰者，皆在此。及昭二十三年吴城州來，二十四年滅鍾離及巢，三城滅，楚淮右之重鎮失，而漢東之大燧、直轅、冥阨三隘道亦不能守，入郢之勢成矣。自魯成七年至哀十五年，吴、楚三十戰，其由江用舟師者六耳。若楚築三城之後，惟長岸之戰在江之南而已。故吴氏曾以江南之豫章決無預乎春秋之時者，其説甚善。但以豫章在江、夏之間，如江陵之豫章口，則誤甚。蓋以漢東、淮南、江北數百里之地，而欲以區區地名之偶同者當之，宜其多所抵捂矣。此圖經以豫章即德安東四十里之章山，又或引水經『江水東徑郢城南，又東得豫州口，因豫州岡得名』者，皆一隅之見也。高氏士奇以今鳳陽西壽、霍、光、固之境爲近淮壖，豫章當在此際，尤足發明杜注。見春秋地名考略。然其言有二失。一疑杜注『漢東』之誤，一以昭二十四年『豫章之汭』爲彭蠡。顧氏棟高亦主其説。彼特以光、固之地近淮而遠漢，不得稱漢東。不知楚大燧、直轅、冥阨三關之塞，在今信陽、應山之間，冥阨在河南汝寧府信陽州東南九十里，湖廣德安府應山縣北六十五里，一名平靖關；大隧，一名武陽關，在信陽東南一百五十里，西南至應山一百三十里，地名大塞嶺；直轅，一名黄峴關，在信陽州南九十里，南至應山亦九十里。杜氏所謂漢東之隘道也。光、固在信陽東，壤地相接，故杜復曰漢東，以明豫章之西境至此，正與江北、淮南一條相證。非淮南、漢東有兩豫章也。柏舉之役，吴舍舟淮汭，自豫章與楚夾漢。杜注云：「吴乘舟從淮來，過蔡而舍之。」蔡即今汝寧新蔡縣。楚左司馬戌欲以方城外人，毁吴所舍舟，聞楚師敗，及息而還。息即今光州息縣。息在蔡西南，然則吴人舍舟遵陸者，在蔡、息之間光州之地乎？高氏乃以息在蔡東，譏杜注之誤，于地爲不審矣。至顧氏以淮汭即壽州，吴舍舟於此，遵陸亦即在此。是淮汭、豫州爲一地，左氏不當復言之矣。左傳「吴人舍舟於淮汭，自豫章與楚夾漢」，是淮汭、豫州明是兩地。蓋豫章近淮而非淮汭也。又，昭二十四年，越大夫胥犴勞楚王子豫章之汭，越公子倉歸王乘舟」，顧謂越畏吴，不敢與楚交，陰相聯絡于鄱陽，則以鄱陽爲豫章之汭。是亦不然。吴、越敵國也，越豈畏吴者哉？且以當日時勢論之，吴畏越，而越不畏吴。昭五年楚子、越人伐吴，昭二十四年越又使倉及壽夢帥師從楚伐吴。二十年之間，越伐吴者再，而吴不敢一加兵於越報怨者，以吴方撫楚，懼越之議其後也。及昭三十二年，吴始用師于越，而定五年、十四年，越再敗吴，闔廬死焉，此其强弱之勢。可見顧氏之論，特夫椒以後情事耳。夫越既從楚以伐吴矣，帥師何事，而欲使吴不知陰相聯絡於水際？此可笑之甚者。况鄱陽，古彭蠡，不得稱豫章之汭。夫豫章之境，潁、淠、史、寨諸河，皆原遠入淮而通舟楫。越蓋由江入淮而入豫章之河，所謂豫章之汭者，此也。杜注僅曰水曲，不言河水，蓋豫章大川非一，杜知之未審也。近有以江西湖口爲豫章者，據史記淮南王傳正義，其解定二年桐叛楚事，謂巢、桐皆江西下流，相距不遠。楚自湖廣出師下江南，必取道江西。不知楚伐吴，非伐桐也。惟楚伐吴師於淮右之豫章，吴僞畏楚，而伐其叛國。巢在桐北，伐桐，必經巢。吴陰以伐桐之師圍巢，故楚坐視其引軍南向而不之忌。其實，吴未嘗伐桐也。使楚師在今湖口，去桐甚近，吴師一不至桐，楚必能逆知其詳，而爲之備矣。至定四年柏舉之役，吴舟舍淮汭，自豫章與楚夾漢者，豫章在光、固，漢爲漢口。自光州歷信陽、麻城至漢口，攻楚不備，最爲神速。使豫州爲湖口，是吴自淮汭舍舟陸行將二千里而始至湖口，亦過遠之甚矣。且於湖口與楚對陣者，夾江，非夾漢也。古豈有稱潯陽之九江爲漢哉？况吴果由湖口乘舟泝流攻楚，則其班師，自順江而下，必不復陸行至淮，而楚司馬戌尚欲毁吴淮汭之舟，以斷其歸路。雖下愚亦不出此。要之，吴、楚所争者在淮右，決無迂道至湖口之理。此以豫章在江南者，其説無一可通也。或曰：江南有豫章水，春秋時，豫章雖廣，要以此水得名。此又不然。豫章之名，著在水經。漢時惟湖漢水最顯，劉歆所謂湖漢等九水入彭蠡是也。豫章特九水之一耳。前漢地理志：雲都湖、漢水東至彭蠡，入江行千九百八十里。鄱陽鄱水，餘汗餘水，艾修水，新淦淦水，南城盱水，建城蜀水，宜春南水，南壄彭水，志則並云入湖漢。若豫章水，雖亦云北入大江，然不言諸水入此，又不詳其里數，蓋雲都與贛在漢爲荒僻之區。豫章、湖漢之孰爲經流，尚不能詳。故以豫章併入湖漢，合鄱水等爲九水。若上求之春秋之時，是水之即名豫章，且不可知，而謂淮南、江北之地皆以此（以此）水得名，不亦謬乎？或曰：漢時豫章水既不著，而史記淮南衡山列傳所謂『結九江之浦，絶豫章之口』者，之不已著於漢乎？曰：正義以豫音爲湖口，誤也。秦九江郡治壽春，今壽縣。漢爲淮南國，正春秋豫章地。伍被之言，即指此豫章，豈湖口哉？然則應（邵）〔劭〕漢官儀言漢豫章以木名郡者，正未可非也。世第知雷次宗以水得名之言爲可信，不知應在雷二百餘年之前，其見聞當得其實。況次宗云似此水得名，是雷氏亦敢質言之也。」

按：此論入郢之勢，頗合當日情事。謂豫章非江陵之豫章口，亦是。餘則多難通。如謂吳入春秋百餘年，服屬于楚，是未考春秋之初，楚尚不得志于漢東。文王始封略于汝，豈能遠及江南？自宣八年楚盟吳、越，兵威始及於江，距春秋初，一百二十餘年矣。此雖通者一也。定四年杜注「過蔡舍舟」，於地勢不合，及反以杜爲是，並云「息在蔡西南」。考寰宇記：「蔡州上蔡縣，古蔡國，在州北五十五里」。「新息縣，春秋息國，在州東南一百五十里。」一統志：「上蔡縣東南至新蔡縣治一百八十里，新蔡縣南至息縣二十五里。」是息在古蔡國之東南，而非西南。此難通者又一也。其謂吳畏越，越不畏吳，尤爲無理。吳、越同疆，本不當自相殘害。自楚通越以敝吳，而二國之釁始開。昭三十二年，吳始用師于越，傳不言勝負。吳越春秋言是役伐破檇李，是吳勝也。蓋吳方經營江、淮，故無暇圖越，非畏越也。吳通上國，兵勢日張。以楚之强而屢勝之，豈得以越之偶勝，而遂謂吳弱越强哉？即以地勢而論，今之江蘇全省，惟徐州不全屬吳，皖南四府一州之地皆屬吳。後得楚之屬國鍾離、州來、巢，則今之鳳、廬、無爲、泗、滁等處，淮之左右，幾幾乎全入于吳。後又得楚之番，則又江西饒州之屬也。越據有浙東，而浙西與吳共之。江西之廣信、饒州，又與楚共之。其地勢僻在一隅，豈能與吳抗衡哉？夫椒一敗，吳勢已逾浙江。使非夫差之失，計越久亡矣，安有他日沼吳之事？因後之越終滅吳，而謂吳實畏越，非通論也。至越之從楚，實楚之通越以撓吳。吳既與越爲仇，越豈能帥師而橫行吳境。則其在楚、越接壤之區陰相聯絡，實事理之常，顧氏之言自爲有理。乃以爲可笑之甚，何其言之輕肆邪！此難通者又一也。謂越由江入淮，由淮而入豫章之河，所謂豫章之汭。凡書之言汭者，必以川名，未有以土地名所近之地而稱汭者。豈得謂入淮之河，其近於豫章者皆得以豫章名之？古時江、淮不通，自哀九年「吳城邗」，始溝通江、淮。若昭公時尚未通也，越何從由江入淮哉？況江爲吳境，吳亦遂任越師之往來江上而不顧問哉？此理之必無者也。此難通者又一也。謂以豫章在江南，其説無一可通，仍據其豫章非彭蠡之説。然昭四年「沈尹射奔命於夏汭」，五年「薳射以繁陽之師會於夏汭」，此必以陸師會舟師也。舟師集于夏汭，其不由大江東下，將何道之從？由大江東下，不由彭蠡，又何道之從？乃必謂豫章在彭蠡，無一可通，此何理也？此難通者又一也。謂春秋之時，水之即名豫章且不可知，是直疑春秋時無豫章之水矣。然傳文明曰豫章之汭，高、顧之説詳明如此，必不信，而妄作疑團言之，遂諸多抵捂。總由不悟豫章有二地，致生出種種疑竇。春秋時，地名同者不知凡幾。何獨于豫章必不容有二地哉？此真可爲膠柱鼓瑟者矣。

洪氏頤煊筠軒文鈔春秋豫章考曰：「春秋時，豫章北界徐、桐、舒、巢，東界吳，東南界越，南臨大江，西北界潛、六，其西則楚界也。左氏昭六年傳：『楚使薳洩伐徐，吳人救之。令尹子蕩帥師伐吳，師于豫章。』昭十三年傳：「楚師還自徐，吳人敗諸豫章。」此豫章近于徐也。定二年傳：『桐叛楚，吳子使舒鳩氏誘楚人，曰：以師臨我，我伐桐，爲我使之無忌。』秋，楚囊瓦伐吳師于豫章。吳人見舟于豫章，而潛師于巢。冬十月，吳軍楚師于豫章，敗之。遂圍巢，克之。』此桐、舒、巢三國，皆南近于豫章，故舒鳩誘楚伐桐，而吳得替師于巢，以敗楚師于豫章也。昭二十四年傳：『楚子爲舟師以略吳疆，越大夫胥犴勞（五）〔王〕于豫章之汭。王及圉陽而還，吳人踵楚，而邊人不備，遂滅巢及鍾離而還。』是時，楚舟師沿大江而下，定二年「吳人見舟于豫章」，是吳舟師泝大江而上。豫章南臨大江，江以南地與越鄰，故越大夫得勞王于豫章之汭。昭五年傳：『楚子以諸侯及東夷伐吳』，『越大夫常壽過帥師會楚子于瑣』。瑣亦當去豫章不遠也。昭三十一年傳：『吳人侵楚，伐夷，侵潛、六。楚沈尹戌帥師救潛，吳師還。楚師遷潛于南岡而還。吳師圍弦。左司馬戌、右司馬稽帥師救弦，及豫章。吳師還。』是時，吳伐楚，一師伐夷、侵潛、六，出豫章西北，一師圍弦，出豫章直西。左司馬戌、右司馬稽帥師救弦，吳師已退回豫章。迨楚師追及之，而吳師始還。云及豫章，明豫章不與弦近也。若豫章近弦，當爲楚腹裏地，不得與吳爲界。證以前後經文，俱不合。定四年傳：『蔡侯、吳子伐楚。舍舟於淮汭，自豫章與楚夾漢。左（左）司〔馬〕戌謂子常曰：『子沿漢而與之上下，我悉方城外以毁其舟，還塞大隧、直轅、冥阨。子濟漢而伐之，我自後擊之，必大敗之。』是時吳子帥唐、蔡之師舍舟於淮汭，陸行至豫章，自豫章直至漢水以東，皆吳師。左司馬所謂『塞大隧、直轅、冥阨』，是塞其自豫章歸淮汭之道，非塞其自漢至豫章之道也。子常聽史皇之言。乃濟漢而陣，自小别至于大别。漢書地理志安豐『禹貢大别山在西南』。安豐與蓼、六，同屬六安國，與豫章近。是時楚師亦盛，濟漢而東繞，出吳後，至二别，始與吳師三戰。子常知不可，欲奔，至敗於柏舉。其勢遂不可支。杜元凱不知『夾漢』吳師，未必盡偪近漢水而軍，因改在江夏縣以遷就其説者，誤也。大約春秋時，豫章在今懷寧、望江兩縣江北地，爲吳、楚接界往來必由之路。漢書地理志：『豫章郡，高帝置。治南昌，在大江以南。又有豫章水出贛西南，北入大江。』是漢時江以南地，亦得蒙江北豫章之稱。以其非經所有，不復具論。」

按：「此云「江以南迤與越鄰」，似指南昌之豫章；而又謂「在懷寧、望江兩縣江北地」，此說於定二年可通，以其近桐也，他處則難通矣。況又自相矛盾耶！至誤以大別在安豐，遂謂子常聽史皇之言濟漢；而東繞出吳後，殊非事實。其時繞出吳後者，左司馬之師。左司馬自言「我自後擊之」矣。子常之師自與對面相距，三戰皆北耳。

學海堂四集林國賡豫章考曰：「豫章之見于左傳者六。杜氏昭十三年注：『當在江北淮水南。』定四年注：『漢東江北地名。』同一豫章，而一云江北淮南，一云漢東江北，兩處牽就。果如杜說，則漢以東、江以北、淮以南，南北五六百里，東西千餘里，盡爲豫章之地乎？傳中體例，無非一地一名，其或有漫無界限者，如晉之南陽、東陽、陰地，皆以河、山得名；楚之雲夢，跨江南北，又以藪澤得名。外此，不復多見。豫章既非河山，又非藪澤。且昭六年豫章，與徐、乾谿、房鍾並言；昭十三年豫章，與徐、魚陂、訾梁並言，昭二十四年豫章，與巢並言，昭三十一年豫章，與弦、夷、潛、六並言，定二年豫章，與桐、巢並言，定四年豫章，與雍澨、清發並言。無非一地一名，不應豫章獨橫亘千里。此則紬繹傳文，而知杜說爲必不然者也。江慎修地理考實昭六年豫章下，引定四年杜注云『豫章，漢東江北地名』，是在江北；又昭十三年豫章下，引杜注云『此皆當在江北淮水南』。尋繹江氏之意，似以豫章爲在江北。而淮南、漢東爲地甚廣，豫章果在何地，江氏仍未有發明之也。顧司業以豫章爲鄱陽湖，則謂豫章在江南，是用漢、晉郡名釋春秋地名，所見甚差。然則豫章果在何地也？焦里堂據二十四年豫章之汭，因以爲水名。又云：定四年自豫章與楚夾漢，分明豫章爲水，與漢相通；蓋此豫章之水，由漢而東達于廬、壽之間。竊謂焦氏之說，必不可通。焦氏見豫章有與巢言者，則豫章當近今巢縣；又見豫章有與夾漢言者，則豫章又當近漢水，因而調停兩說，謂豫章爲水名，自漢分出，直達廬、壽之間。如是，則西可言夾漢，東又與巢近。其立說誠巧也，然有必不可通者。漢東之地，自鍾祥、應、隨東行八九百里以至廬、壽，其中皆有山脊。蓋自桐柏分，以至天長者也。山之北，若溮湋、竹竿十餘水，皆北流。山之南，若歧亭、武湖數十水，皆西流，並無一水自西而達于東者。且凡山北、山南諸水，皆不過行數十里，或百餘里，安有行八九百里之水，幾與淮等而猶湮没不彰者乎？且安有行八九百里之水，當時著名而今杳不可尋其遺迹者乎？焦氏殆憑虛臆測，未實按諸地勢，故有如是之差謬也。竊謂豫章之說，當從高郵李孝臣説爲確。李氏謂：『豫章當在今湖北應山、隨州之兩間，可言漢東，亦可言淮南，而與江無涉也。杜以與乾谿、徐連文，故云淮南，以與巢連文，故云江北。不知吴東楚西，相距甚遠。至昭公時，吴蠶食楚地，自東而西，靡有紀極，但西不越漢耳。而豫章在漢之東、淮之南，吴舟師必由淮出義陽之關，則尤爲吴、楚交兵要地。李氏又云：『定二年見舟豫章而替師于巢，豫章與淮逼近，故得見舟。若巢則與豫章相去東西七百餘里，吴人誘楚于西，而替師于東，遂取巢邑也。李氏又云：『桐亦是漢東小國，吴兵西出取桐，則楚不能備巢，所謂使之無忌也。凡李氏所言，皆合當時情事。巢去豫章甚遠，故可攻其不備。若焦氏言在廬、壽之間，則去巢縣數十里，楚之兵威，亦當及之，安所容其替師哉？定四年傳：『吴伐楚。舍舟於淮汭，自豫章與楚夾漢。子常濟漢而陣，自小别至于大别。』繹此傳文，似可得豫章所在。舍舟淮（納）〔汭〕，謂吴沿淮水而上，直至信陽舍舟，而及應山、隨州。此地當爲豫章矣。楚兵在漢水之西，吴兵在漢水之東，故云夾漢。子常濟漢而陣，自小别至于大别，謂自今漢川縣小别山陣，至今漢陽縣大别山。二别相去一百二十餘里。孔疏謂小别在東，大别在西，最爲疏誤。大别在漢入江之處，過此則爲江水矣，小别在大别之東，豈子常濟漢，又出江水之北？自江水東至漢水，則傳文且當言夾江，不當言夾漢（漢）矣。焦氏言夾豫章，亦夾漢，此更難通。蓋焦氏謂豫章水自漢東分出，直達廬、壽，則是横亘中間。夫既曰夾豫章水矣，則水北爲吴兵，水南爲楚兵。楚人必濟漢，不能夾豫章水。而下文又言子常濟漢，陳于大小二别，此何爲者耶？必如焦氏夾豫章之説，則二别之北，已有楚兵，無容更陳于楚兵之後也。是故細繹傳文，則豫章自當在應山、隨州之間，而並非水名明甚。此可與李氏相發明者也。至于李氏之説，仍不盡可從者。李氏謂昭二十四年豫章之汭，此當在鄱陽界；漢豫章郡當因此得名，與此豫章實屬風馬也。竊謂李氏此説，按之傳文實屬難通。左傳言豫章者凡六，當同一地，而此與巢並言，尤無不同。楚人駐兵于豫章之汭，而備西不備東，故吴人可滅巢。大意與『見舟豫章而替師于巢』相似。豈有同言巢。同言豫章，而一在湖北應山之間，一在江西南昌鄱陽界者哉？李氏蓋泥『汭』字爲水，故分爲兩説。然豫章爲地名，而近豫章之水，如今澴、（涓）涓諸名，要可當豫章之汭。固不如焦氏以豫章爲水，亦不如李氏分豫章爲二，而後汭字乃通也。」

按：此説之駮焦者，最爲明了，而其他亦未盡然。杜不知所在，故約略言之，原非謂縱横千百里皆豫章之地也。顧氏亦極辨豫章非南昌，何嘗以漢晉郡名釋春秋地名？其以鄱陽爲豫章，原從「汭」字尋繹而出，豈得謂之差哉？林氏不究「汭」字之義，遂謂豫章是地名，而非水名。其謂近豫章之水如澴、湞諸名，要可當豫章之汭，最爲難通。書之言「汭」，皆係水名，如漢汭、淮汭、夏汭、渭汭之類，從無以地名言者。如爲澴、（涓）〔湞〕諸名，當云澴汭、（涓）〔湞〕汭，不得云豫章之汭。此用胡説而誤也。其所取者李説，已見前矣。其謂吴地西不越漢，亦似是而非。吴所得楚地，皆在淮左右。即一巢也，亦屢得屢失。定二年克巢，始爲吴有。去漢尚遠，豈止西不越漢？柏舉之役，吴與楚夾漢，乃深入楚之腹地，前此所未有。吴之入郢而不能有之者，正由縣師深入，兵家所忌。夫槩生異志，軍心不和，故爲秦所敗耳。則此説亦非也。

春秋地名考略：「昭六年豫章，杜無注。後十三年豫章，杜注云：『依此，則豫章四見于傳，總爲一地矣。』乃柏舉，注又云：『漢東江北地名。』與前文小異。説者曰：書大傳釋禹貢内方山，一名章山。今德安府城東四十里有章山，即吴人與楚夾漢之豫章也。圖經云：豫章，即章山，一名障山。晉太安二年，華宏討義陽賊張昌于張夏，敗于障山，即此。是説也。施諸吴、楚夾漢則可，以解定二年之『見舟豫章』，必不可合矣。蓋是役以伐桐，故本傳曰：『桐叛楚。吴子使舒鳩氏誘楚人，曰：「以師臨我，我伐桐，爲我使之無忌。」秋，楚囊瓦伐吴師于豫章。吴人見舟于豫章，而替師于巢。冬十月，吴軍楚師于豫章，敗之，遂圍巢，克之。』杜注：『桐，小國，廬江舒縣西南有桐鄉。舒鳩，楚屬國。吴教舒鳩誘楚師臨，吴僞若畏楚師之臨已，而爲伐其叛國以取媚者也。欲使楚不忌吴，所謂多方之也。』若然，則始焉楚人出師，繼焉吴僞從楚而見舟，終焉忽變爲對壘。皆當在近桐之地。今舒城有桐鄉，即古桐國也。鳳陽以西，壽、霍、光、固之境，皆近淮壖，爲吴、楚日交兵處。舒城正在其南。所謂豫章，當在此際矣。若云在德安，則相距千餘里。吴方爲狡計以誑楚，誘楚入其境，徐就之，安得西馳千里，以迎楚師，楚又豈可駐師近郊，而召吴于千里之外乎？且吴舟亦不能見于德安也。由是推之，伐徐之五師，吴亦不能深入窮追而獲之于德安。乾谿在亳州，又與德安絶遠，皆不可通矣。豈淮南、漢東有兩豫章乎？則又不然。昭三十一年，吴人圍弦，左司馬戌，右司馬稽率師救弦；及豫章，吴師還。古弦國，即今光山縣，與前説亦合。即柏舉之役，左司馬議悉方城以毀其舟，塞城口，以斷其歸路。是吴師入楚之徑，班班可考也。然傳之本文，原云『自豫章與楚夾漢』，不言『至豫章與楚夾漢』也。又，其後左司馬及息，聞楚師敗而還。息縣去光山四十五里。且不及毀舟而遽還，又未始不與前説合也。蓋吴人舍舟淮汭，從陸路循淮，以入城口，以至于漢。言『自豫章』者，特舉遵陸之始耳。杜注前一條本屬至當，後一條云『過蔡而舍舟』，息猶在蔡東，未可云『過蔡』。又以『夾漢』之文而疑豫章在漢東，未免模棱兩可矣。若圖經所謂章山即豫章，傅會不根，無足深辨。特欲見杜注誤注『漢東』之失，故反覆詳之焉。又按：昭二十四年，『楚子爲舟師，以略吴疆。越大夫胥犴勞王于豫章之汭。越公子倉歸王乘舟，倉及壽夢帥師從王。王及圉陽而還。』依此，則豫章爲水濱矣。淮南、漢東，皆非越之舟師所得至，必又一豫章矣。蓋古者列國諸侯，以征伐、朝會過于他國之竟，則有迎勞之禮。如楚子伐陸渾，王使王孫滿勞楚子；魯襄公過鄭，伯有勞于黄崖是也。此豫章之汭，必在楚、越之境。杜氏通典：『饒州餘汗縣，越王句踐之西界。所謂于越也。』『于越』出越絶書『越之餘』也。（史記）漢書貨殖傳譬戎狄、于越之不相入。寰宇記：『餘干縣西南有于越渡，至漢時，淮南王安獻議猶曰越人必爲變，必由餘汗界中』。蓋今餘干縣以東，皆越地矣。史記『闔廬十一年，吴伐楚，取番』，番即今鄱陽湖，而楚嘗有此。然則楚、越相接之境，亦有可考者矣。哀十九年：『越人侵楚，以誤吴也。夏，楚公子寬追越至冥，不及而還。』此又楚、越相鄰之明驗。元和志：『洪州，春秋屬楚。』方輿勝覽：『隆興府饒州，春秋屬楚。南康軍，春秋吴、楚之地。』洪州、江州，既爲楚境，則宣、饒、南康之境，皆爲吴疆」又有彭蠡巨浸，横亘于中，是舟師所掠，越大夫迎勞之地，從可想見矣。漢高帝分秦九江郡置豫章郡。水經注：『贛水，一名豫章水。逕廬陵，一及南昌。雷次宗曰：豫章以水得名。』所謂豫章之汭，即此無疑。蓋與淮南之豫章各爲一地。杜言自江北遷于江南，不知何所根據。恐未爲質論也。」

按：「言豫章者，此説最是。分豫章之汭與五豫章爲二，與大事表大略相同。然五豫章内，惟定二年之豫章雖定其地，近壽、霍而未必及光、固。説見後。

大事表楚豫章論：『豫章凡六，諸儒求其説而不得。或以爲兩地，或以爲三地，迄無一定。然愚嘗考之，豫章係寬大之語，自江西之九江、饒州二府，隔江爲江南之安慶府境，北接潁、亳、廬、壽，西接光、黄，皆爲楚之豫章也。蓋鳳陽以西，壽、霍、光、固之境，皆近淮壖，爲吴、楚日交兵處。柏舉在湖廣黄州府之麻城縣。從壽州循淮而西，歷河南光山縣、信陽州三關之塞，至麻城六百里，至漢口九百里。杜氏所云『在江北淮水南』者，正當指淮汭而言，蓋是地之總名。舍舟于此遵陸，亦即在此耳。至豫章之汭，則爲今日之鄱陽湖無疑。何則，饒之餘干縣爲越之西境，鄱陽縣爲楚之東境，俱濱鄱陽湖。楚以舟師略吴疆。而越歸王乘舟，俱在水際，舍此更無別處交接。總之，吴、楚、越接境之豫章，非一地，而實非有二名。如秦之會稽、九江兩郡統隸，俱一二千里，豈可以一州一縣當之哉？漢分秦九江郡，置豫章郡，蓋亦以春秋之豫章得名，然實當日之豫章地。至以南昌爲豫章尤非。左傳『舍舟淮汭，自豫章與楚夾漢』，壽州至漢口，中歷光州、信陽、黄州至武昌、漢陽夾峙之漢口，循淮至漢，路徑甚明。南昌在其南千餘里，無迂道至南昌之事。且南昌始終爲楚地。史記『闔廬十一年，吴伐楚，取番』，番，今鄱陽縣，爲饒州府治。而闔廬十一年，係定公六年，在柏舉之役，則當柏舉戰時，吴尚未有饒州之地，又安得越南康、九江二府而遽至南昌也哉？至漢東無豫章地，高氏辨之甚明。近志乃謂春秋之豫州去江陵甚近，引宋武帝討劉毅，遣王鎮惡先襲，至豫章口，距江陵城二十里爲證，尤謬。又云：餘干爲越，鄱陽爲楚，後爲吴奪，俱今饒州府屬，則鄱陽正爲三國結轃之地。且此時吴、越既已興兵，而楚、吴又方搆鬬。楚與越通，吴人必忌，越必不敢出境一步，公然與楚交接，以犯吴之深怒也。若概云江、漢之北，越且離境千里，顯張從楚以掎吴之幟，獨不畏吴人壓境問罪，近在肘腋耶？固知歸王乘舟，乃二國于其接境處，陰相聯絡，又在水際，則舍鄱陽左右，更誰屬哉？又云：淮汭爲今壽州，在淮南，杜氏所云豫章『在江北淮水南』者，正當指淮汭而言。蓋舍舟于此，遵陸亦當由此耳。」

按：寬大之説，李氏駁之，已見前矣。其謂豫章之汭與豫章爲兩地，可與高説互證。其言楚、越交接情形，尤爲確實。説者不悟，何也？

綜而論之，共有七説。以爲江陵之豫章口者，地勢相去太遠。以爲在應、隨之間者，地偏於西，亦太遠，且隨非楚境。以爲德安之章山者，地在應山之南，則又偏西南，亦太遠。以爲水名而在廬、壽之間通漢不通淮者，則無此通漢之大川。以爲在懷寧、望江者，則偏于一隅，而不能盡合。此五説皆非。其以爲湖口者，即彭蠡、鄱陽説，而不分豫章爲二，亦未是。惟高、顧二家，以五豫章在壽、霍、光、固之境，豫章之汭爲鄱陽，差爲勝於衆説。然壽、霍近而光、固遠，是以地勢論，豫章必不在光、固之境也。今將傳文分列，而詳説之如左。

昭六年楚薳洩伐徐吴人救之令尹子蕩帥師伐吴師于豫章而次于乾谿吴人敗其師于房鍾

注：「乾谿在譙國城父縣南，楚東境。」「房鍾，吴地。」一統志：「乾谿在亳州東南。」寰宇記：「在城父縣南五里。城父故城在亳州東南。春秋陳夷邑。」元和志：「縣西北至州七十九里，今名城父村。」春秋地名考略：「城父舊城在今亳州東南七十里。」

按：是時楚伐徐者，一軍，徐，今泗州也。伐吳者又一軍，而又分爲二：次于乾谿者，大軍所駐也；師于豫章者，前軍所至也。大軍在亳州東南，前軍當更東南，在今蒙城、壽州界内。其向東南者，作伐吳之勢也。地名補注引李兆洛鳳臺縣志，「房鍾，即今闞疃集地。今闞疃集北至乾谿百餘里，南至潁尾百餘里，東南至州來百餘里。大軍次乾谿，故别軍在房鍾，爲犄角也。今猶爲蒙、亳往來要地。」據此，則房鍾在靈壁縣竟内。一統志「靈壁縣東至泗州界十五里」，是泗州與靈壁切近房鍾，當爲薳洩之别軍，故子蕩歸罪于洩而殺之。而前軍之在豫章者，與房鍾必切近。坐視其敗而不救，此楚之所以競也。

昭十二年楚子狩于州來次于潁尾注潁水之尾在下蔡西**使蕩侯潘子司馬督囂尹午陵尹喜帥師圍徐以懼吳楚子次于乾谿以待之 十三年楚師還自徐吳人敗諸豫章獲其五帥**

注：「定二年，楚人伐吳師于豫章。吳人見舟于豫章，而潛師于巢，以軍楚師于豫章。又，柏舉之役，吳人舍舟于淮汭，而自豫章與楚夾漢。此皆在江北淮水南，蓋後徙在江南豫章。」

按：此豫章與六年傳之豫章，當爲一地。六年，薳洩伐徐而吳人救之。子蕩伐吳，大軍次乾谿，而前軍師豫章。此年五師圍徐，而楚子次乾谿以爲之援。迨五師還自徐，而吳人敗諸豫章，是豫章在徐與乾谿之間也。徐，今泗州。亳州在泗之西北，乾谿在亳州東南，則豫章必與之相近。故云當在今蒙城、壽州界，在淮北，不在淮南。定四年言「舍舟淮汭，自豫章與楚夾漢」，亦明（明）在淮水之北，與此豫章必爲一地。則杜云「淮水南」者，誤也。

二十四年傳越大夫胥犴勞王於豫章之汭

注：「汭，水曲。」

按：「汭」字始見莊四年「漢汭」，注：「汭，内也。謂漢西。」閔二年「渭汭」，〔注〕：「水之隈曲曰汭。」宣八年「滑汭」，無注。昭元年「朞汭」，注：「水曲流爲汭。」四年「夏汭」，注：「夏汭，漢水曲入江，今夏口也。」五年「羅汭」、二十七年「沙汭」、定四年「淮汭」、哀十五年「桐汭」，均無注。蓋已見于各傳，故不復出也。禹貢「渭汭」，馬注：「水所入曰汭。」又，「至于龍門，西河會于渭汭」，閻若璩曰：「禹貢渭汭與洛汭之汭，同一解，蓋河之南、洛之北，其兩間爲汭也。在今鞏縣，河自北來，渭自東注，實交會於今華陰縣，故曰渭汭。」水經渠水注：「沙水東流，注入淮，謂之沙汭。」河水注：「洛水于鞏縣東經洛汭，北對琅邪渚，入於河，謂之洛口矣。」水經渭水注引王肅曰：「汭，入也。」堯典，「嬀汭」，釋文：「汭，水之内也。」説文：「汭，水相入也。從水，從内，内亦聲。」閔二年疏：「汭字，以内爲聲，明是水之隈曲之内也。」詩公劉「芮鞫之即」，傳：「汭，水涯也。」箋云：「芮之言内也。」釋文：「芮，本又作汭。」「汭」之訓不同如此，而説文「水相入」一語，足以該之。渭汭，渭之入河處也；雒汭，雒之入河處也；夏汭，夏之入江處也；漢汭即夏汭；沙汭，沙之入淮處也。兩水相入之處，必有隈曲，故亦曰水曲。「汭」之義不離乎水，則豫章之爲水名，無他義矣。水經「贛水出豫章南野縣，西北過贛縣東」，注：「山海經曰：『贛水出聶都山，東北流，注入江，入彭澤西也。』班固稱南野縣，彭水所發，東入湖漢水。庾仲初謂大庾嶠水北入豫章，注于江省也。地理志曰：『豫章水出贛縣西南而北入江』。蓋控引衆流，總成一川，雖稱謂有殊，言歸一水矣。故後漢郡國志曰：『贛有豫章水。』雷次宗云：『似因此水爲其地名。雖十川均流，而此源最遠，故獨受名焉。豫章水導源東北，流逕南野縣北。贛川石岨，水急行難，傾波委注，六十餘里。又此逕贛縣東。豫章水右會湖漢水，水出雩都縣，導流西北，流逕金雞石。湖漢水又西北逕贛縣東，西入豫章水也。」經又云「又西北過廬陵縣西」，「又東南過石陽縣西」，「又東北過漢平縣南」，「又東北過新淦縣西」，「又北過南昌縣西」，注：「贛水又北徑南昌故城西，於春秋屬楚，即令尹子蕩師於豫章者也。」「又北逕鄡陽縣，餘水注之，水東出餘汗縣，北至鄡陽縣，注贛水。贛水又與鄱水合，水出鄱陽縣東，西流注于贛。」經又云：「又北過彭澤縣西，北入于江，注其水總汭于川，同臻一瀆，俱注于彭蠡也。」據此，則豫章實爲江南之一大川，特禹治水時，功力所未施，故不見於禹貢，而獨著於此傳。餘、鄱諸水，自東會注，爲越舟師會楚之道。此外，別無可以交接之地。此豫章爲水名，而六年等傳之豫章爲地名，各不相蒙，非可混爲一也。大凡讀古人書，必明乎字之本義，而後言之無謞。「汭」之本義，不離乎水。豫章之爲水名，灼然無疑。乃求此水於廬、壽而不可得，遂以爲地名。其以爲地名者，本亦不誤，第竝水名之豫章而必以地名當之，而經義晦矣。甚且謂豫章之水不見于經，而此傳「豫章之汭」一語概行（末）〔抹〕殺，皆由字義不明之過也。曰豫章之汭爲南昌之豫章是則然矣，其地究在豫章入湖之處，抑在由江入湖之處乎？曰：水經云「北過彭蠡縣西北入于江」，是其文竝彭蠡亦統于豫章矣。彭蠡所受者，豫章之水，故亦可被以豫章之名。今之湖口縣，本彭蠡所分。越師之由餘、番來者，必由此而北入大江。楚師之由夏汭來者，由大江東下，不必紆道而至南昌。則以湖口爲豫章之汭者，最合當時情事。可與高、顧二説互相參證也。

三十一年秋吴人侵楚伐夷侵潛六楚沈尹戌帥師救潛（音）〔吴〕師還楚師遷潛于南岡而還吴師圍弦左司馬戌右司馬稽帥師救弦及豫章吴師還始用子胥之謀也

按：此所謂『多方以誤之』也。僖二十三年傳注：『夷，一名城父。』昭九年傳注：『城父縣屬譙郡。』二十七年傳注：『潛，楚邑。在廬江六縣西南。』一統志：『六安州潛縣故城，在霍山縣東北。舊志：在今縣東北三十里。』文五年傳注：『六國，今廬江六縣。』僖五年經注：『弦國，在弋陽軑縣東南。』一統志：『軑縣故城，在蘄水縣西四十里。』漢書地理志：軑，古弦子國。是時，吴先侵潛、六，楚出而吴還。迨楚師北歸，吴又西圍弦。楚從北來，故道出豫章，是豫章在六安之北。六安東與壽州鄰，則與六年、十二年之豫章實一地也。洪氏謂吴一師出豫章西北，一師出豫章直西，其意以豫章在懷寧、望江，故云然。若豫章在蒙、壽之境，則潛、六在豫章南，弦在豫章西南。以潛、六與弦相視，則潛、六北而弦南。吴先侵其南，楚師從北來；吴還而楚亦北歸。吴又侵其西南。楚師未至國，故又從北來而及豫章。「及豫者」者，楚也。洪以爲吴退回豫章者，非。此役也，正伍員所謂「亟肄以罷之」者。吴兵未嘗與楚接，其力嘗舒，楚疲於奔命，不得休息，而入郢之勢成矣。

定二年傳桐叛楚桐小國廬江舒縣西南有桐鄉**吴子使舒鳩氏誘楚人曰以師臨我我伐桐爲我使之無忌秋楚囊瓦帥師伐吴師于豫章吴人見舟于豫章而潛師于巢冬十月吴軍楚師于豫章敗之遂圍巢克之獲楚公子繁**

按：五豫章，惟此年之豫章其説難定。今以地勢求之。桐地沿江，南至江僅一百二十里，而距淮則中隔舒城、合肥、壽州約二百八十里，而後至淮。豫章又在壽州之北。如吴伐桐，可以舟師由大江直達其境，不必紆道。蒙、壽亦舟師所不及也。楚師由大江東下，故吴舟師西上以綴之，而别師圍巢，楚不忌也。今之貴池東流，北與桐城僅隔一江，西與彭澤相接。然則此豫章乃彭蠡之豫章，而非蒙、壽之豫章也。與昭二十四年之豫章爲一地，而與四豫章非一地也。六豫章當分别之如此。

四年冬蔡侯吴子唐侯伐楚舍舟于淮汭自豫章與楚夾漢

按：淮汭在壽州。過淮汭而後至豫章，則豫章在淮汭之北。淮汭、豫章雖非一地，而相去必不遠。今壽州與鳳臺縣同城，鳳臺縣北至蒙城縣界九十里，東至懷遠縣界五十里，西至潁上縣界六十里。豫章自當在此境内。地去淮極近，故舍舟即至豫章。昭六年之伐徐，十三年之還自徐，一在豫章，一道出豫章。其時，楚大軍皆在乾谿。乾谿在亳州東南，則豫章必更在其南，蒙、壽境内，是其處矣。自此而西南行，由潁上西南至固始縣九十里，固始西至光州一百四十里，又西南至光山縣四十里，又西南至黄安縣界一百八十里，南至麻城縣界一百二十里，又西南至黄陂縣治一百二十里，又西南至漢陽縣界六十里。是去漢水七百數十里。縣軍深入，必到處留兵以爲後勁。其云「自豫章與夾漢」者，見吴師之衆。下云「自小别至于大别」，亦以見楚師之衆，營陣布列之遠也。且「夾漢」云者，非必兵臨漢水，猶言吴在漢東、楚在漢西耳。此豫章與昭六年、十三年、三十一年三豫章爲一地，與昭二十四年、定二年之豫章爲兩地。分條而董理之，庶可以釋蓄疑而解衆紛乎？

淮水所經春秋地名

水經淮水篇淮水〔出〕南陽平氏縣胎簪山東北過桐柏山

按：桐柏山在桐柏縣西南三十里。桐柏縣南至隨州界二十里。是隨距淮水發源之處甚近。隨州南至京山縣界九十里，京山縣南至天門縣界，天門距漢江甚近。是隨固在淮、漢之間也。桓八年，楚子伐隨，軍于淮、漢之間，戰于速杞。速杞，隨地，不知所在，亦當在淮、漢之間也。

東過江夏平春縣北

注：「淮水又東逕安陽縣故城南。江，國也，嬴姓矣。今其地有江亭。春秋文公四年，楚人滅江。地理志曰：『漢乃縣之。』淮水又東得溮口水，源南出大潰山。溮水東逕石城山北，山甚高峻。史記曰『魏攻冥阨』，音義曰：『或言在鄳縣葙山也』。按：吕氏春秋『九塞』，其一也。溮水逕鄳縣故城南，又東逕七井岡南，又東北注于淮。」

按：定四年「還塞大隧、直轅、冥阨」，注不言所在。一統志：「汝寧府信陽州石城山在信陽州東南七十里，即古之冥山也。」括地志石城，即楚之冥阨。是時，吴自固始直趨光、黄，信陽要塞成虚設矣。

又東逕新息縣南

注：「淮水東逕故息城南。又東逕新息縣故城南。淮水又東合慎縣水，水出慎陽縣西，而東逕慎陽縣城南，縣取

名焉。應（邵）〔劭〕〔曰〕：『慎水所出，東北入淮。』淮水又東逕白城南，楚白公勝之邑也。又東北去白亭一十里。』

按：息故城，春秋之息國也。哀十六年傳：「楚太子建之子曰勝，在吴，子西召之，使處吴竟，爲白公。」注：「白，楚邑也。汝陰褒信縣西南有白亭。」據道元此注，則白城與白非一地也。一統志：「光州白公城在息縣西南七里，有楚太子建廟。又，吴人伐慎，白公敗之汝陰慎縣也。」一統志：「潁上縣，春秋楚慎邑。漢置慎縣，屬汝南郡。」慎縣故城，其地當在今縣西北四十里江口鎮。其地與壽州鄰，去淮亦近，爲吴、楚交界之處。吴邊人偶以兵入，故曰公得敗之也。

又東過期思縣北

注：「縣故蔣國，周公之後也。楚滅之，以爲縣。』

按：蔣見僖二十四年。文十年有「期思公復遂」，此楚縣公也。一統志：「光州固始縣，春秋蓼國地。期思故城在縣西北，孫叔敖墓在縣北七十里。期思鎮、蔣卿在縣東。」是蔣與期思非一地矣。

東過原鹿縣南汝水從西北來注之

注：「縣，即春秋之鹿上也。左傳僖公二十一年，宋人爲鹿上之盟，以求諸侯于楚。」

又東過廬江安豐縣東北決水從北來注之

注：「淮水又東北，窮水入焉。水出六安國安豐縣窮谷。春秋左傳楚救灊，司馬沈尹戌與吴師遇于窮谷者也。

又東北至九江壽春縣西泚水洪水合北流注之又東潁水從西北來流注之

注：「淮水又東流，與潁口會。』

按：昭十二年傳：「楚子狩于州來，次于潁尾」，注：「謂潁水之尾。在下蔡西。」當即此注之潁口也。

又東過壽春縣北肥水從縣東北流注之

注：「淮水於壽陽縣西北，肥水從城西北入于淮，謂之肥口。淮水又北，夏肥水注之。水上承沙水，于城父縣右

出，東南流逕城父縣故城南。縣故焦夷之地。春秋左傳昭公九年，楚公子棄疾遷許于夷，實城父矣。取州來淮北之由以益之，伍舉授許夷田。杜預曰：『此時改城父爲夷，故傳實之者也，言夷田在濮水之西也。』然則濮水即沙水之兼稱，得夏肥之通目矣。淮水又北逕下蔡縣故城東，本州來之城也。吳季札始封延陵，後邑州來，故曰延州來。春秋傳哀公二年，蔡成公按：成公當作昭侯。自新蔡遷于州來，謂之下蔡也。』

按：定四年之淮汭，當即此肥口。肥水入淮處，故曰汭也。昭九年授許夷田，今傳作「授許男田」，似以「夷」字爲是。遷之夷，而以田授之也。十八年「遷許于析」，三十年「城夷以處徐子」，三十一年「侵楚伐夷」，皆其地也。一統志：「鳳陽府下蔡故城，鳳臺縣北三十里，春秋州來邑」乃吳楚所爭之要地。吳得州來，而入郢之勢成矣。

又東過當塗縣北過水從西北來注之又東過鍾離縣北

注：「世本曰：『鍾離，嬴姓也。』應劭曰：『縣，故鍾離子國也。楚滅之，以爲縣。』春秋左傳所謂吳公子光伐楚，拔鍾離者也。淮水又東逕夏丘縣南。又東，渙水西入，九里注之。渙水又東逕虹縣故城南。春秋襄公十年『公會諸侯及齊世子光于䣜，今其地䣜聚是也。淮水又東逕徐縣南。淮水又東歷客山，逕盱眙縣故城西。淮水又東逕廣陵，歷淮陽城北臨泗水，岨于二水之間。』

按：一統志：「鳳陽府鍾離故城，在鳳陽縣。本春秋時小國。左傳成公十五年，叔孫僑如及諸侯之大夫，會吳于鍾離。昭公四年，楚箴尹宜咎城鍾離以備吳。」舊志：「城在今縣西三里，一名三牛城。楚城鍾離，與巢、州來同時興築。迨後三城失而淮上之防亟矣。䣜，今春秋作「柤」。一統志：「泗州徐縣故城，在舊州城西北，周時徐子國。」元和志：「徐城縣東至泗州五十里。」

又東北至下邳淮陰縣西泗水從西北來流注之

注：「淮、泗之會，即角城也。左右兩川翼夾，三水決入之所，所謂泗口也。」

按：淮自下邳以下，地勢偏東，楚師所不及，故無爭戰之事。

又東過淮陰縣北中瀆水出白馬湖東北注之

注：「淮水又右岸，即淮陰也。……又東逕淮陰縣故城北。縣有中瀆水，首受江於廣陵郡之江都。舊江水道也。

昔吴將伐齊，北霸中國，自廣陵城東南築邗城，城下掘深溝，謂之韓江，亦曰邗溟溝，自江東北通射陽湖，地理志所謂渠水也。西北至末口入淮。』

按：哀九年「吴城邗溝，通江淮。」注：「於邗江築城、穿溝，東北通射陽湖，西北至宋口入淮，通糧道也。」今廣陵邗江是。此注所言，即此事也。宋口，乃末口之誤。吴是時北圖齊，而不復謀楚矣。此吴楚交兵之所以稀也。

又東兩小水流注之又東至廣陵淮浦縣入于海

按：吴之謀楚，多在淮上。州來、鍾離，其要區也。徐在東，吴若西行，徐可掎其後；巢在左，吴若左進、楚得撓其左。且吴有巢，而楚江上之師亦不可任意往來。徐也、州來也、鍾離也、巢也四城得，而據淮之勢成矣。柏（舟）〔舉〕之役，舍舟淮汭，必有重兵駐焉。左司馬之計，未必果有效也。矧以子常之忌功哉！今録水經淮水篇而地名關于春秋時者，特詳具焉。當日之情事，大略可見矣。

春秋吴楚交兵始末

春秋時，吴楚交兵者，凡二十八。大事表謂：吴、楚共長江之險，而吴居楚下流，仰攻不能勝楚，故吴之用兵，常從淮右北道。以今考之，宣八年，楚爲衆舒叛，故伐舒、蓼，滅之。楚子之，及滑汭，盟吴、越而還。杜注：「傳言楚强。吴、越服從。」此吴、楚相接見于傳之始，尚非交兵也。吴、楚交兵之始見于經者，爲成七年吴入州來。而傳云：「申公巫臣通吴於晉，教之叛楚，吴始伐楚，伐巢，伐徐。馬陵之會，吴入州來，楚一歲七奔命，則皆在是年也。綜計吴楚交兵，以舟師者五，水陸兼行者六，專以陸者十有七。襄二十四年：「楚子爲舟師以伐吴，不爲軍政，無功而還。」此明言舟師也。昭四年：「楚子伐吴。使屈申圍朱方，克之。」朱方，爲今丹徒縣，在江南。故大事表謂：此從大江直下水道也。昭十七年：吴伐楚，陽匄爲令尹，卜戰，不吉。司馬子魚曰：「我得上流，何故不吉？」請改卜，吉。戰于長岸，子魚先死。楚人繼之，大敗吴師，獲其乘舟餘皇。吴公子光使長鬣者三人，替伏于舟側，曰：「我呼餘皇，則對。」師夜從之。楚師亂，吴人大敗之，取餘皇以歸。大事表：「此從長江直下，爲吴、楚交界，所謂我得上流也。」則此明是舟師也。方輿紀要：「東梁山，一名博望山，在太平府西南三十里。西梁山在和州南六十里，夾江對峙，如門之闕，亦曰天門山。郡國志：『天門山，一名峨眉山。春秋昭公十七年，楚獲吴乘舟餘皇處也。』」二十四年：楚子爲舟師以略吴疆，越大夫胥犴勞王于豫章之汭。越公子倉歸王乘舟，及壽夢，帥師從王。王及圉陽而還。吴人踵楚，而邊人不備，遂滅巢及鍾離。大事表：「從楚北道出師，故吴勝。楚所築三城，俱爲吴有。今廬、鳳二府地，得以憑高而瞰郢城矣。」

按：「此傳文明言舟師，蓋由長江直下，故越師來會，非北道也。廬、鳳二府亦不得云高于郢城，此似未合。圉陽，杜云「楚地」。大事表謂：「在巢縣西南。」蓋亦以意度之。竊疑圉是江北山名。至其山之陽，故曰圉陽。但無以證之。至吴之踵楚而能滅巢及鍾離，則仍以陸師勝楚，非舟師矣。哀十五年：楚子西、子期伐吴，及桐汭。桐水出廣德州，在大江之南，楚非舟師不能至，則此役亦由水道也。此五役，皆由水道，特二十四年之戰，楚以舟師深入，而吴仍以陸師勝楚耳。襄三年：楚子重伐吴。克鳩兹，至於衡山。鳩兹在今蕪湖縣，衡山在丹陽，去鳩兹不遠。皆在江南。此子重以舟師勝吴，鄧廖帥組甲，被練侵吴。吴人要而擊之，獲鄧廖。此楚陸師爲吴所敗。吴人伐楚，取駕，則亦從陸道。大事表謂：「此楚從水道勝吴，吴之執楚，則從陸道。」似未考鄧廖之所帥者，「組甲」、「被練」，固非舟師也。則此役水陸交兵也。昭五年：「楚子以諸侯及東夷伐吴，以報棘、櫟、麻之役。薳射以繁陽之師，會于夏汭。越大夫常壽過會楚子于瑣。聞吴師出，薳啓彊帥師從之，吴人敗諸鵲岸。繁陽之師，陸師也。鵲岸在大江中，則薳啓彊之師，舟師也。舟師敗，而楚子乘馹至于羅汭，以就陸師。迨薳射入南懷及汝清，吴不可入，則楚陸師亦無功。大事表第云：「此從湖廣大江順流直下，至江南。」是未悉繁陽之師固陸師。繁陽在今汝寧府新蔡縣北。如係舟師，必不能會于夏汭也。初疑繁陽爲鄱陽，則亦是舟師。然若是鄱陽，必不泝江西會於夏汭，多此迂迴也。定二年：桐叛楚。吴子使舒鳩氏誘楚人。楚囊瓦伐吴師于豫章。吴人見舟于豫章，而潛師于巢。冬十月，吴軍楚師于豫章，敗之。遂圍巢，克之。」夫曰「見舟」，則舟師也。「潛師于巢」者，陸師也。此吴人水陸並進，多方以誤楚，而水陸俱勝也。定四年：柏舉之役，吴舍舟而進，則先水後陸，而終用陸師深入以勝楚也。六年，「吴太子終纍敗楚舟師，子期又以（陵）〔陸〕師敗于繁陽。」此又楚師水陸俱敗也。又，襄十四年，子囊師于棠以伐吴，吴不出而還。吴人自皋舟之隘，要而擊之，大敗楚師。大事表以棠爲今之六合縣，楚從水道伐吴也。惟六合在繁昌蕪湖之下，已入吴之腹地，豈舟師自大江東下，吴竟斂舟而不與角耶？抑楚師自陸道至棠耶？或亦水陸兼行？未可知也。皋州之隘，在水在陸，今亦難考矣。此六役也，當是水陸同時交兵也。惟成七年「吴始伐楚，伐巢、伐徐、入州來，爲吴用車戰之始。此後七年，舒庸人道吴人圍巢，伐駕，圍釐虺。襄十三年，吴侵楚，楚爲三覆以誘之，戰于庸浦，大敗吴師。二十五年，舒鳩人叛楚，令尹子木伐之，吳人敗之。及離城，離城，舒鳩城，在今廬州府舒城縣境。子（疆）〔彊〕請以私卒誘之，大敗吳師，遂滅舒鳩。是年冬，吳子遏伐楚門于巢，卒。二十六年，楚子、秦人侵吳及云婁，在今霍丘縣西南。聞吳有備而還。昭四年，吳伐楚，入棘、櫟、麻。六年，楚子使薳洩伐徐，吳人救之。令尹子蕩帥師伐吳師于豫章，而次于乾谿。吳人敗其師房鍾。十二年，楚子狩于州來，次于潁尾，使蕩侯等五帥，帥師圍徐。楚子次于乾谿，以爲之援。十三年，楚師還自徐。吳人敗諸豫章，獲其五帥。是年冬，吳滅州來。二十三年，吳人伐州來，楚薳越帥師及諸侯救州來。吳人禦諸鍾離，戰于鳩父，楚師大奔。是年，吳太子諸樊入郥，取楚夫人與其寶器以歸。楚司馬薳越追之，不及。二十七年，吳使公子掩餘、公子燭庸帥師伐楚，圍替。楚莠尹然、工尹麇帥師救替。公子光弑王，掩餘奔徐，燭庸奔鍾吾，楚師還。三十年，吳子使徐人執掩餘、鍾吾人執燭庸，二公子奔楚。吳子執鍾吾子，滅徐。楚沈尹戌帥師救徐，不及。三十一年，吳人侵楚。伐夷，侵替、六。楚沈尹戌帥師救替。吳師還。楚師遷替于南岡而還。吳師圍弦。左司馬戌、右司馬稽帥師救弦。及豫章，吳師還，始用子胥之謀也。

按：是役，史記吳世家云「取六與替」，此傳云「楚遷替」。是替、六皆入吳矣。吳一師東侵替、六，楚來救而吳即還；一師西圍弦，楚師自東向西奔命，甫及豫章，而吳又還。所謂「亟肄以疲之」也。定五年，申包胥以秦師至，吳師大敗。哀六年，吳伐陳，楚救陳。昭王攻大冥，卒于城父。十年，楚伐陳，吳救陳。此十七役也，皆吳、楚交兵于陸上者也。至昭十九年，楚人城州來，欲以禦吳，未交兵也。其中如鳩兹、朱方、桐汭之役，楚之以舟師勝也。長岸之役，則互有勝負。鵲岸之役，定六年之役，則吳以舟師勝也。則謂吳仰攻不能勝楚者，亦言其大勢耳。兵家之事，固難預測也。

吳、楚大勢，初以長江爲界。而江以南，楚之威能及之，故吳、越皆服從。迨吳日强大，傳云「蠻夷屬于楚者，吳盡取之」，殆指長江南北之小部落而言。自是江以南不知有楚矣。今江蘇之淮、揚，安徽之徽、寧、池、太、廣五府州屬，皆爲吳地。後吳滅徐，而泗州亦入吳矣。滅巢、滅鍾離、滅州來，而廬、鳳亦入吳矣。取替、六，桐叛楚，舒鳩誘楚，而廬州、六安亦入吳。即安慶之桐、舒二縣，亦入吳矣。泗、廬、鳳既入吳，則和、滁已包在内，楚必不能有也。計安徽一省，楚之所有者，僅淮北之潁、亳，安慶以西數縣而已。吳既據今之壽州境，與光、黄相接，而楚之腹地已不得安枕，而入郢之勢成矣。此固自成迄哀百數十年間經營而後得此，惜夫差不能守此業也。

越疆域考

春秋時，越之疆域見于越語者，曰：「南至于句無，注：「今諸暨有句無亭是也。」北至于禦兒，注：「今嘉興禦兒鄉是也。」東至于鄞，注：「今鄞縣是也。」西至于姑蔑，注：「姑蔑，今太湖是也。」廣運百里。」見于吳越春秋者，句踐歸國外傳云：「吳封地百里于越，東至炭瀆，徐天佑注：「炭瀆在會稽縣東六十里。」西至周宗，南造于山，北薄于海。」又云：「吳王聞越王盡心自守，增之以封。東至于句甬，西至于檇李，南至姑末，注：「即春秋越之姑蔑。至秦，屬會稽，爲太末縣。今衢州。」北至于平原，注：「越絶作武原。」縱横八百餘里。」見于越絶書者，記地傳云：「吳王夫差伐越，有其邦，句踐服爲臣。三年，吳王復還封句踐于越，東西百里，大越故界。浙江至就李，南姑末、寫干、覲鄉，北有武原。」武原，今海鹽；姑末，今太末；寫干，今屬豫章。三書四至不同。越絶所言者，越之故界。覲鄉，疑即鄞；姑末，即姑蔑。越語當亦舉故界言也。吳越春秋云「吳封百里于越」，與越絶所言「還封東西百里」者合。迨至增封時，則併其故界而悉予之，故有縱横八百餘里之多。春秋大事表謂「其封域極隘」，未得其實也。句無，韋注以爲諸暨者，是。越治山陰，諸暨在其南也。大事表云：「今寧波府定海縣東有舟山，故海中洲，有越句章地，即句無也。亦名甬東。」今按：左傳哀二十二年「請使吳王居甬東」，注：「甬東，越地，會稽句章縣，東海中洲也。」吳語作「甬句東」，韋注：「今句章，東海口外洲。」困學紀聞十：「當作浹口，蓋傳寫之誤。」顧蓋誤合句須、句章爲一。春秋地名攷略誤同，不知甬東在東，不在南也。禦兒，後作語兒，越絶云「語兒鄉」。故越界名曰就李，吳疆越地，以爲戰地。至于紫辟亭，水經注：「浙江又東逕禦兒鄉。萬善歷曰：『吳黄武六年正月，獲彭綺。是歲，由拳西鄉有産兒，墮地，便能語，云：「天方明，湖欲清；鼎脚折，金乃生。」因是詔爲語兒鄉。』非也，禦兒之名遠矣。蓋無智之徒，因藉地名，生情穿鑿耳。國語曰『勾踐之地，北至禦兒』是也，安得引黄武爲證哉？」一統志：「語兒鄉，在石門縣東南，即古禦兒也。禦兒之名，見左傳，按：左傳無禦兒，此二字衍文。國語、吳越春秋等書皆然。逮西漢則易爲語史，漢又作『蘌』。」「蘌」字後人改之，因附會其説。竊意漢人以其名言之非順，類曾子回車之嫌，故取其音之相近者易之耳。寰宇記杭州下稱：「按：吳地記云『越國西北界至禦兒』，在今吳郡嘉興縣南是也。即與吳分界。」是禦兒爲吳、越西北分界處。越絶言「北有武原」，吳越春秋亦言「北至于平原」，與越語雖異而疆界則同也。近人（閑）〔無〕邪堂問答「水經注漸江水刊誤」條下，謂「禦兒乃越臣吳後，吳人增封句踐者，非句踐所本有也」云云，蓋未考越絶固謂「語兒鄉越故界」。大事表謂：「今嘉興府石門縣東二十里石門鎮爲禦兒地。」今按：一統志：「石門鎮在縣北二十里。語兒鄉在縣東南方向。」不同顧説，未説何據也。鄞，春秋越東界。鄞邑地，秦置鄮縣，漢因之，又置鄞縣，屢經移省。梁開平二年，更鄮縣爲鄞縣，今寧波府治是。漢之鄞縣，今之奉化縣也。姑蔑，韋注：「今太湖。」困學紀聞十謂太湖當作「太末」，傳寫之誤。左傳哀六年「姑蔑之旗」，注：「姑蔑，越地。」今東陽太末，吳越春秋、越絶皆作「始末」。「蔑」、「末」一聲。太末，漢置縣名也。今衢州府屬西安、龍游、江山、常山、開化諸縣皆其地。一統志：「姑蔑在龍游縣北。」按：姑蔑，蓋越之西南境。故越語曰「西」，吳越春秋、越絶曰「南」也。句無、禦兒、鄞、姑蔑爲越語所言之四至。南北東西相距皆數百里，而乃云「廣運百里」，以道里計之，殊不符合。或「廣運百里」之上下有缺文歟？吳越春秋「封越百里」，炭瀆在縣東六十里，周宗未詳。水經注漸江水篇：「許慎、晉灼並言江水至山陰爲浙江。江之西岸，有朱室隝。句踐百里之封，西至朱室。」則「周宗」乃「朱室」之訛。而其地即在山陰境内。「南造于山」，會稽山也。「北薄于海」，則北境亦不出山陰境内矣。增封之後，「東至句甬」，即句章，秦縣，漢因之。闞駰十三州志：「句踐并吳，大城之，以章霸功，故曰句章。」一統志：「括地志：『句章故城，在鄮縣西一百里。』舊志『在今慈谿縣西南三十五里城山渡東』是也。句餘山在慈谿縣西南四十里，句章之西，餘姚之東。山海經『句餘之山無草木，多金玉』，郭璞注：『今在餘姚縣南，句章縣北，故北二縣因以爲名。』」

按：左傳之「甬」，國語之「甬句」，皆其地，與鄮縣地相接，並爲越之東境。故國語「東至于鄞」，而此言「甬東」也。檇李，左傳定十四年於「越敗吳于檇李」，注：「〔吳郡〕嘉興縣南醉李城。」公羊傳作「醉李」。越絶作「就里」。一統志：「檇李城，在秀水縣西南七十里。漢書地理志由拳縣原注：『柴辟，故就李鄉，吳、越戰地。』應劭曰：『古之檇李也。』越絶『柴辟按：今「辟」，作「碎」誤。亭、語兒、就李，吳侵以爲戰地。』」又云：「語兒鄉名曰就里。」「至于柴辟亭」。是以語兒、檇李爲一地，柴辟爲一地。漢志則以柴辟、檇李爲一地。一統志「柴辟亭，在石門縣東南」，與檇李城、語兒鄉各爲一地。疑檇李其大地名，禦兒、柴辟其小地名也。至越絶又云：「女陽亭者，句踐入官於吳，夫人從，道產女此亭，養於李鄉。句踐勝吳，更名女陽。更就李爲語兒鄉。」此傳聞之異，恐非其實。水經漸江水篇注：「浙江〔又〕東〔經〕〔逕〕禦兒鄉，又東〔經〕〔逕〕柴辟南，舊吳之戰地矣。備侯于此，故謂辟塞。」是以越絶稱「吳故從由拳、辟塞渡會稽，湊山陰」是也。觀道元此注，禦兒、柴辟地實相接。越絶稱是「越故界」，大事表以爲句踐歸吳後，夫差增封其地至此者，未考越絶之文也。姑末説已見前。平原即武原。越絶云「今海鹽」，又云「海鹽縣始爲武原鄉」。漢志同。一統志：「明宣德五年，分海鹽之武原、齊景、華亭、太易四鄉於當湖鎮置縣，曰平湖。」是武原今平湖也。又，絶越言「南有姑末、寫干、覲鄉」，姑末、覲鄉已見上。寫干在豫章，即餘干也。漢書嚴助傳「越人欲爲言，必先田餘干界中」。淮〔南〕王安諫誅閩越書語。地理志豫章郡徐〔餘〕汗，應劭曰：「汗音干。」大事表云：「今爲江西饒州府之餘干縣。通典曰：『越之西界。所謂于越，越之餘也。』」又云「廣信一府皆餘汗地。弋陽、貴溪二縣即餘干之所分。」然則國語所云「西至于姑蔑，殊未盡矣。由衢州府龍游縣至江西之廣信府，由廣信至饒州府之餘干與鄱陽縣，分列鄱陽湖東西。蓋越之西境與楚相接。即昭二十四年越大夫胥犴帥師從王及歸王乘舟處也。按：一統志「浙江省東西距八百八十里」，與吳越春秋所稱「八百餘里」者相合。餘干非浙地。通典亦以爲「越之餘」。春秋時，楚、越相接，皆在此地。蓋久爲越有矣。越之疆域可考者，大略如斯，四至固甚分明也。至春秋時吳越戰地，其要塞皆在由拳。越絶記吳地傳：「吳古故從由拳、辟塞度會夷，水經注引作「會稽」。奏山陰。辟塞者，吳備候塞也。」漢書地理志會稽郡屬縣由拳，原注：「柴辟，故就李鄉，吳、越戰地。」是當日由吳入越，皆從由拳渡江，而不由錢唐。惟由拳之地甚廣。漢由拳縣地，即吳之由拳。今嘉興府之嘉興、秀水、嘉善、石門、桐鄉，皆由拳縣故地。松江府華亭、婁縣界内，亦有由拳分地。其要塞究在何處乎？考水經注漸江水篇「浙江又東逕靈隱山，有錢唐故縣，浙江逕其南，浙江又東合臨平湖，湖水上通浦陽江，下注浙江，名曰東江，行旅所從以出浙江也」，「浙江又東逕禦兒鄉」云云，「浙江又東逕柴辟南」云云，此二句本在「又東北逕重山西」之後，趙本移在此，於地理較合。是浙江故道，本與臨平湖合，而行旅往來，皆在臨平。禦兒、柴辟皆爲浙江所經過之地，而吳越分界即在此地，蓋仍以江爲界也。越絶又云：「山陰古故陸道，出東郭，隨直瀆陽春亭；山陰古故水道，出東郭，從郡陽〔春〕亭去縣五十里。」是越之入吳，亦自東方，錢唐西而臨平東也。迨故道盡湮，吳、越往來遂自錢唐矣。然則春秋時，吳、越要塞必不出臨平湖左右，禦兒、柴辟其明證也。近人無邪堂問答云：「越之臣民送越王返國，渡浙江，皆在臨平湖左右。故論衡書虛謂吳、越以錢唐爲界：餘暨以南屬越，錢唐以北屬吳，餘暨，今蕭山、固陵在焉。與臨平湖南北差相直」云云。其言頗爲有見。又，考一統志：「石門鎮，在石門縣北二十里。春秋時壘石爲門，爲吳、越二國之限。

或謂之石夷門。」

按：吴築石門以拒越。在今石門縣北二十里玉溪鎮，是。則石門之北屬吴，石門之南，故越地也。何城在石門縣西三里?又，萱城在縣東南三十里，與海鹽縣界之管城、桐鄉縣界之晏城，皆吴所築以禦越者。故襄城在秀水縣東北三十里，爲吴禦越之所。吴禦城在海鹽縣西北十里。縣志：「在今平湖縣界西南。管城在海寧州西北，距石門縣界。舊志：『吴王夫差築以拒越。』伍子塘在嘉興東二十七里。相傳伍員駐兵時所鑿。練浦塘在嘉興縣南二十五里。西接長水塘，東通横塘。相傳春秋時吴王練兵之處。西北十里許，有蒿壤回環八里，廣萬畝，傳爲吴、越戰場。」可見，嘉興一郡之地，石門、桐鄉、海鹽、平湖四縣，並爲當日吴越二國之邊境，而石門尤當其衝。海寧州與石門齊界之區，亦爲當日兵鋒之所及。至石門以西，平湖以北，則皆爲吴境。而越境又當在石門之東南柴辟故地，可證也。錢唐在西，爲吴地。故越于江之東，修城備吴。水經注：「浙江又逕固陵城北。昔范蠡築城於浙江之濱，言可以固守，謂之固陵，今之西陵也。」此越備吴之確證。或以爲越地者，非也。

又，越絶云：「婁北武城，闔廬所以候外越也。去縣二十里。」漢志會稽郡屬縣婁，原注有「南武城，闔廬所起以候越」。寰宇記：「蘇州吴縣袁山松城在滬瀆江邊。山松城東三十里，夾江有二城相對。闔廬所築以備越處。」一統志：「松江府古蹟武城在上海縣東南六十五里。」並引寰宇記之文，殆謂寰宇記所稱，即南武城，然究不知是否。婁近海，此殆吴備越海上之兵至。松江一郡皆吴境，故有胥浦塘、在金山縣西。相傳伍子胥所鑿。吴王獵場在婁縣西。輿地紀勝在華亭東。諸古蹟，其地距越境較遠也。綜而論之，今之紹與一府，越之都也。寧波一府，其東境也。其西南境最遠，金華、衢州二府以及江西之廣信一府，饒州之餘干、樂平、德興、安仁、萬春等縣，皆爲越地。其北境，則杭州之海寧州，嘉興之石門、桐鄉、海鹽、平湖，皆與吴地犬牙相錯。其南境，如據越語「南至句無」爲斷，則諸暨以南，臺、温、處三府皆非越境。歷來地志皆以爲春秋時屬越者，恐以後概前，非其實也。漢時臺、温、處爲東歐國。雖爲越之子孫，實後來所封。大約春秋時，越之南境，榛莽未盡（僻）〔辟〕，與中國不通，故不能詳耳。漢時嘗遷其民於江、淮間而虚其區，其爲人民稀少可知。若如今日之繁庶，豈江、淮間所能容哉！越之疆界，此其大略也。

五湖考

越語：「戰于五湖，不勝，棲于會稽。」又云：「遂興師伐吴，至于五湖。」又云：「反至五湖，范蠡辭于王，曰：『若王勉之，臣不復入越國矣。』」韋昭注：「五湖，今太湖。」水經沔水注引虞翻注：「太湖有五道，故曰五湖。」

按：夫椒不當爲太湖之椒山。史記索隱已論之矣。由吴反越，何以取道太湖，若是迂遠乎？范蠡謂越王曰：「與我争三江、五湖之利者，非吴乎？」越境不及太湖，吴人自有其利，何争之有？恐當日别有五湖，爲吴、越要塞，故戰則必起于是，反則必取道乎是也。水經注漸江水篇「浙江又東合臨平湖。」異苑曰：「『孫皓天璽元年，吴郡上言：臨平湖自漢末穢塞，今更開通。又於湖邊得石函，函中有小石，青白色，長四寸，廣二寸餘，刻作皇帝字，於是改天册爲天璽元年。』孫盛以爲元皇中興之符徵，五湖之石瑞也。」是舊説五湖者，亦不專指太湖。臨平湖與浙江合，戰于五湖之役，越絶謂戰于浙江之上，然則五湖殆即臨平湖乎？

日南讀書記　卷十三

公羊

隱公

隱公第一

疏：「問曰：『春秋説云：「春秋設三科九旨。」其義如何？』答曰：『何氏之意，以爲三科九旨正是一物。若總言之，謂之三科。科者，段也。若析而言之，謂之九旨。旨者，意也。言三個科段之内，有此九種之義。故何氏作文謚例云：「三科九旨者，新周、故宋，以春秋當新王。此一科三旨也。」又云：「所見異辭，所聞異辭，所傳聞異辭，二科六旨也。」又内其國而外諸夏，内諸夏而外夷狄，是三科九旨也。」』問曰：『案宋氏之注春秋説，三科者，一曰張三世，二曰存三統，三曰異外内，是三科也。九旨者，一曰時，二曰月，三曰日，四曰王，五曰天王，六曰天子，七曰譏，八曰貶，九曰絶。時與曰月，詳略之旨也。王與天王、天子，是録遠近親疏之旨也。譏與貶、絶，則輕重之旨也。如是，三科九旨聊不相干，何故然乎？』答曰：『春秋之内，具斯二種理，故宋又有此説，賢者擇之。』」

按：春秋之例，莫明于公羊。其失也亂。羽翼之者，又從而增飾之。例益紛，言益庬，此傳注之不可盡信者也。自來爲公羊學者，有「三科九旨」之説，而不見于傳。何休云云，蓋惑于讖緯之書，取傳文而附成之，非公羊子之意。休解公羊，好引讖緯。好「黜周王魯」、「變周文從殷質」之類，公羊皆無明文。「三科九旨」，亦相承有此説，而休信之，又穿鑿之。晋王接云「何休志通公羊而還爲公羊疾病」，實足以發其墨守。宋氏不詳其名。漢書儒林傳稱宣帝時，有公羊博士宋顯。然所引春秋説，亦春秋緯説，是宋氏亦好讖緯之學者。則「三科九旨」之目，出于緯書，何休特即舊説而變易之。或謂設科分例起自何休者，亦非也。

元年王者孰謂謂文王也

注：「以上繫『王』於『春』，知謂文王也。文王，周始受命之王。天之所命，故上繫。天瑞方陳，受命制正月，故假以爲王法。不言謚者，法其生，不法其死。與後王共之，人道之始也。」

按：商正以丑，周正以子。此正月，乃時王頒朔之正月，子月也。文王三分天下以事殷，終守臣節。其所奉者商正，安得有改正朔之事？然則此正月，與文王何與而强屬之？蘇軾謂三傳迂誕奇怪之説，公羊爲多。此其奇怪之一也。

公何以不言即位

注：「政不由王出，則不得爲政。故先言『王』而後言『正月』也。」

按：此三語乃書王之本義，何必硬扯文王？

因其可褒而褒之況

注：「春秋王魯，托隱公以爲始受命王。」釋文：「王魯，于況反。一音如字。」

按：春秋書「王正月」，其屬尊王之義，甚爲顯著。王，周王也。周天子在而曰「王魯」，曰「隱公爲始受命王」，於尊王之義云何？此亦奇怪之一也。

夏五月鄭伯克段于鄢克之者何殺之也

按：左傳「大叔出奔共」，是段未死。不得云殺也。

所傳聞異辭

注：「譏二名。晋魏曼多、仲孫何忌是也。」

按：古者二名不偏諱。何得以二名爲譏？説又詳定二年。

二年無駭帥師入極無駭者何展無駭也何以不氏貶

注：「據公子遂帥師入杞，『氏』，公子也。」

按：公子、公孫非氏也，而公羊則以爲氏。此『氏』非姓氏之氏。據左傳，無駭卒於八年，卒而後賜氏。杜注以無駭爲公子展之孫。當未賜氏之時，無氏可稱也。

疾始滅也

按：經書「入」，而不言「滅」，傳説恐非。

十有二月乙卯夫人子氏薨夫人子氏者何隱公之母也何以不書葬成公意也何成乎公之意子將不終爲君故母亦不終爲夫人也

注：「時隱公卑屈，其母不以夫人禮葬之，以妾禮葬之，以卑下桓母，無終爲君之心。得事之宜，故善而不書葬。」

按：既稱爲「夫人」，豈得以妾禮葬之？禮未有忽，而夫人忽不夫人者，此當以左傳之義爲長。桓公既爲太子，其母得爲夫人，即公羊所謂母以子貴也。

三年夏四月辛卯尹氏卒尹氏者何天子之大夫也稱尹氏何貶曷爲貶譏世卿非禮也

注：「以尹氏立子朝也。世卿者，父死子繼也。貶，云名者。氏，言起其世也。若曰世世尹氏也。禮，公、卿、大夫、士皆選賢而用之。卿大夫任重職大，不當世爲。其秉政久，恩德廣，大小人居之，必奪君之威權。故尹氏世立王子朝，齊崔氏弑其君。先君子疾其末，則正其本。見譏於卒者，亦不可造次，無故（遂）〔逐〕之，必因其過，卒絶之。」

按：春秋之時，各國皆有世卿。何獨譏尹氏？王室之世卿，若周、若召、若毛、若南宫、若南、若祭，皆開國以來，世爲卿者也。尹氏不詳始于何王疑即吉甫之裔。以視周、召諸家，則後矣。又如家氏，凡氏見於詩，亦東遷以前之世卿也。何獨譏尹氏？平、桓以降，若單、若劉、若甘、若鞏、若原，世卿尤多，何獨譏尹氏？子朝作亂，因舊官、百工喪職秩者，與靈、景之族，而召伯奂實與其謀，初無尹氏也。迨敬王即位以後，子朝始得尹氏之助。故經書曰「尹氏立王子朝」，以著子朝得尹氏而復熾也。同時，毛氏、南宫氏、甘氏並以世卿助逆，何獨譏尹氏？且東遷後，周之卿士，在平王之世，鄭武公、莊公相繼爲之。桓王即位，兼任虢公，鄭伯猶爲左卿士。至十三年，王奪鄭伯政，而虢公林父與周公黑肩並爲卿士。莊王四年，周公黑肩誅而周公忌父繼之。釐王、惠王之世，王卿之見于傳者，有單伯、邵伯。子穨之難，鄭伯與虢叔納王，誅穨。惠之二十二年，晉滅虢。自是，外諸侯無人爲王卿士者矣。惠之季年，周公孔爲政。襄王之初，周公忌父爲政。子帶之難，周公與原伯、毛伯被獲，尹氏及王子虎爲卿士。左氏春秋僖二十八年，尹氏始見于傳，而盟踐土會、翟泉者，王子虎也。其時，冢宰則周公也。宰孔周公閱。其他卿，則召伯、毛伯也。匡王之初，周公閱與王孫蘇争政，王使尹氏訟周公于晉。文十四年傳，尹氏又一見。則執政者，周公與王孫蘇，而尹氏不與焉。其他卿，則單伯也。定王十三年，王孫蘇與召氏、毛氏争政。其時，周公已卒，執周政者，蘇與召、毛三人也。劉康公則已屢見於經傳，單襄公亦屢見于傳。單、劉共事之始，實在定王之世。康公即王季子，定王之母弟也。簡王之世。周公楚與伯輿争政，則王卿士，伯輿其一也。伯輿之祖，從平王東遷。其後在下位，則伯輿世族，而非世卿也。其時，尹子兩見於春秋經。成十六、十七。左傳謂之尹武公。單、劉亦同時在朝。此單、劉與尹氏分黨之肇端也。靈王之世，王叔陳生亦爲卿士，又與伯輿争政，則伯輿之執政，歷時甚久。魯文十四年至魯襄十年，已五十一年。王叔奔晉，而單靖公爲卿士。其後，獻公、成公繼之。劉定公、獻公亦相繼爲卿士，而單、劉之交遂固。其後，尹氏之立子朝，與單、劉争政也。召、毛、南宫，黨子朝者也。子朝敗，而尹、毛、南宫皆奔楚，召伯後亦伏誅。敬王之世，始終勤王事者，單、劉二氏也。周之舊族，遂不見於傳。周公之後，則當靈王之世，已無聞焉。綜觀春秋時周之卿士，用世卿而兼用懿親。鄭武公之父友，宣王之弟，王季子，定王之母弟也。王子虎、王孫蘇，並王族也。伯輿，則又世族之在下位者，亦常參與朝政。是周時未嘗專用世卿。尹氏亦未世世執周之政。況以二百年以後之事，而示戒于二百年以前，其相去不太寥絶哉？氏者，一族之稱。卒而書尹氏，豈尹氏舉族皆卒乎？於文爲不順。外大夫不卒，王卿之書「卒」者，惟王子虎、劉卷，並與諸侯同會盟者，尹氏亦非其立倫也。春秋各國，莫不有世卿。若魯之三桓及展氏、臧孫氏、叔氏、叔仲氏，齊之國、高、陳、鮑，晉、宋之六卿，楚之屈氏、鬥氏，鄭之七穆，不獨王朝也。大禹謨曰：「賞延于世。」盤庚曰：「世選爾勞。」可見三代盛世，不以世卿爲嫌。孟子曰：「所謂故國者，非謂有喬木之謂也，有世臣之謂也。」國無與同休戚之人，方舉以爲齊王。戒世臣，即世卿也。苟非君自失其權，則世卿者，與國同事休戚，何害于國？王制曰：「大夫不世爵，諸侯之大夫不世爵禄。」然則天子之卿，固有世其爵禄者矣。

四年何以不稱公子貶曷爲貶與弑公也

按：弑公乃後事。凡春秋褒貶，當論本事，不當及他事。況逆探後事以爲褒貶，恐非春秋之旨。

衆雖欲立之其立之非也

注：「凡立君爲衆。衆皆欲立之，嫌，得立，無惡，故使稱人，見衆言立也。明下無廢上之義。聽衆立之爲立，篡也」。「立、納入，皆爲篡。」

按：上文「衛人殺州吁于濮，其稱人何？討賊之辭也」，是州吁當討，則晋自當立。今衆欲立之而以爲非，並且加以「篡」之名，此何理也！此蓋泥于尹氏立王子朝之文，而並此經而誤解也。尹氏，一人之詞也；一人之所欲立，不當立者也。衛人，衆詞也；衆之所欲立，乃當立者也。當立而非之，不可也。

五年天子八佾諸公六諸侯四

按：左傳衆仲曰：「天子用八，諸侯六，大夫四，士二。」與此不同。

六年狐壤之戰隱獲焉

按：左傳：「公之爲公子也，與鄭人戰狐壤止焉。」是其事在春秋前。此則以爲本年之事。傳文下云「諱獲也」，注：「君獲，不言師敗績，故以輸平諱也。」與左氏異。今按：春秋書「來戰」者有之，如桓十四年「齊侯、衛侯、鄭伯來戰于郎」是；書「敗績」者有之，如莊九年「及齊師戰于乾時，我師敗績」是。其書某國伐我者，則見非一見。「平」者，解怨釋仇之謂。君獲而諱之曰輸平，於文爲不詞。此當以左氏爲長。

八年宿男卒

注：「宿本小國，不當卒。」按：小國如邾、莒、小邾之屬，書「卒」者多矣，何云小國不當卒？非也。

無駭卒此展無駭卒也何以不氏疾始滅也故終其身不氏

按：九年「俠卒」，傳曰：「俠者何？吾大夫之未命者也。」此文與彼無異，何以必曰「疾始滅」乎？比事屬詞，恐不然也。春秋書法，當就事論事，不當以一事而遷及終身。公羊此等議論，實有違忠恕之教。

桓公

二年春正月戊申宋督弒其君與夷及其大夫孔父

注：「賢者不名，故孔父稱字。督，未命之大夫，故國氏之。」疏：「此經之下亦有注，云『賢者』云云者，但考諸舊本，悉無此注，且與注違。則知有者衍文也。」校勘記：「此注與何義不合，當是別家竄入者。解云『與注違』者，注云『督，不氏者，起馮當國』，此云『未命之大夫，故國氏之』，是〔注與〕〔與注〕違也。」按：下文注云：「以稱字，見先君死。」又云：「父者，字也。禮，臣死，君字之。亦君得字之，知先攻孔父之家。」此云「賢者不名」，亦非何意。賢者之名之者，春秋多矣。此注殊不合，然亦在唐以前也。

何賢乎孔父

注：「踞叔仲惠伯，不賢。」疏：「叔仲惠伯直，先見殺爾。非衛君而死，春秋不賢之。」按：叔仲惠伯爲君而被殺，春秋烏得不賢之？史諱而書耳。何説非。

孔父可謂義形於色矣

按：三忠臣竝以四字爲評。仇牧，曰「不畏〔疆〕〔彊〕禦」；荀息，曰「不食其言」。皆如其人。此公羊説之長者。

宋始以不義取之故謂之郜鼎

按：器之以國名者，衆矣。安知其必出于不義？是時，郜未亡也，或以爲滅郜所得者，非也。隱十年之「取郜」，乃郜邑，非郜國之郜。且是年入郜者鄭而歸于魯，故以魯取爲文。是時，公會齊、鄭伐宋，所取者宋邑，非宋滅郜也。

三年春正月

注：「無『王』者，以見桓公無王而行也。二年有『王』者，見始也。十年有『王』者，數之終也。十八年有『王』者，桓公之終也。明終始有『王』，桓公無之爾。不就『元年』，見始者未無王也。一月，非周之正月。所以復

去之者，明春秋之道，亦通于二王，非主假周以爲漢制而已。』按：「見始」當於元年，於二年曰「見始」，其理難通。桓弑君，即無王。乃云「元年未無王」，其理亦難通。至漢制，與春秋何涉？乃云「假周以爲漢制」，此亦公羊家説之奇怪者。

七年焚咸丘咸丘者邾婁之邑也

按：左氏無傳。杜注「魯地」，與此異。

夏穀伯綏來朝鄧侯吾離來朝皆何以名失地之君也

按：穀於何年亡，無考。楚滅鄧在莊十六年，見左傳。史記亦言楚文王五十二年滅鄧，與左傳合，則此時鄧未滅，非「失地之君」也。失地之君，豈尚能行朝禮？凡公羊之異於左氏，有足補左氏之未備者，有一是一非者。此恐公羊非也。穀梁傳「失地」作「失國」，其説與公羊同。近人説者以爲「失地」與「失國」異。「失地」者，不過屢被侵削疆域，已非七十里、百里之舊。然春秋時，小國其屢削者，不知凡歲何，皆不名也。莊元年書「齊師遷紀、郱、鄑、郚」，三年書「紀季以（以）酅入于齊」，四年書「紀侯大去其國」。是時，紀季入齊爲附庸，國未滅也。謂之失地之君，可也，何以不名乎？則此説終無當也。

十年内不言戰言戰乃敗矣

注「春秋托王於魯，戰者，敵文也，王者兵不與諸侯敵戰。乃其已敗之文，故不復言師敗績。」按：竟以魯師爲王者兵，此公羊家言之奇怪者。然非傳意。

十有一年九月宋人執鄭祭仲祭仲者何鄭相也何以不名賢也何賢乎祭仲以爲知權也其爲知權柰何祭仲將往省于留塗出于宋宋人執之謂之曰爲我出忽而立突祭仲不從其言則君必死國必亡從其言則君可以生易死國可以存易亡少遼緩之則突可故出而忽可故反是不可得則病然後有鄭國古人之有權者祭仲之權是也權者何權者反於經然後有善者也權之所設舍死亡無所設行權有道自貶損以行權不害人以行權殺人以自生亡人以自存君子不爲也

范寧穀梁傳序：「公羊以祭仲廢君爲行權，是神器可得而闚也。」困學紀聞七：「以祭仲廢君爲行君，范寧已言其失矣。孟子曰『有伊尹之志則可』。若祭仲者，董卓、司馬師、孫綝、桓温之徒也。其可褒乎？」按：祭仲之立突，畏死耳。隱、桓之世，鄭莊最强。莊公雖卒，其兵力固在也。祭仲即不從宋言，君何至必死，國何至必亡？觀于突出而諸侯兩伐鄭，鄭無傷也，知此言之非實矣。立突而專其政，謂之自貶損，可乎？立突而逐忽，謂之不害人，可乎？所論皆迂而無當。行權之説，尤悖于理，前人論之詳矣。

十有二年秋八月壬辰陳侯躍卒

注：「不書葬者，佗子也。」按：史記以躍爲太子免弟。左傳經書「蔡人殺陳佗」，傳云：陳厲公，蔡出也，故蔡人立之。亦不明言是佗子。何注非。

十有五年秋九月鄭伯突入于櫟櫟者何鄭之邑曷爲不言入于鄭末言爾曷爲末言爾祭仲亡矣然則曷爲不言忽之出奔言忽爲君之微也祭仲存則存矣祭仲亡則亡矣

按：此傳與左氏乖異。突入櫟，未得入國，祭仲亦未亡，昭公亦未出也。此仍本其君必死國必亡之意，非春秋之旨。

冬十有一月公會齊侯宋公衛侯陳侯于侈伐鄭

注：「月者，善諸侯征突，善録義兵也。」按：左傳云「謀納厲公」，與此注正相反。

十有六年秋七月公至自伐鄭

注：「致者，善桓公能疾惡同類，比與諸侯，行義兵。」按：與上條同。

莊公

元年夏單伯逆王姬單伯者何吾大夫之命乎天子者也

按：左傳「逆」作「送」。以桓八年「祭公來，遂逆王后」例之，單伯自當爲天子之卿士，不當爲魯大夫也。

四年紀侯大去其國

按：九世復仇之説，宋儒多主之，以高宗忘仇，有激而然也。齊之圖紀，自僖以來數十年矣。至是始遂所欲耳。襄公淫暴，烏得爲賢？滅人之國，又烏得爲賢？乃曰爲賢者諱，是賢者可以滅人之國，可以淫暴也！春秋時，滅人之國者，亦有賢者，何以不諱也？即以復仇言，齊世家索隱引宋忠曰：「哀公荒淫田游，國史作還詩以刺之〔世〕。」則哀公者，無道之君也。紀侯譖之周而周烹之，譖者紀侯，烹者周王也。哀公烹而胡公立，齊未絶世也。即謂紀侯有罪，亦在譖之者之一人，豈得謂世世子孫皆有罪？乃傳則曰：「古者有明天子，則紀侯必誅，必無紀者。」此何理也！齊之圖紀，并吞焉耳。復仇之説，殊不足信。左氏不載此事，乃左氏之長處。至疏引鄭氏云「懿始受譖而烹齊哀公」，史記三代世表哀公當周共王時，齊世家周烹哀公當周夷王之時，竹書紀年「夷王三年，王致諸侯烹齊哀公于鼎」，與世家合，而與（年）〔世〕表則仍參差也。

八年成降于齊師成者何盛也盛則曷爲謂之成諱滅同姓也

按：此後「郕」尚見于經。則是年降齊而國未滅也。傳云「滅同姓」，未確。

十有七年春齊人執鄭瞻鄭瞻者何鄭之微者也此鄭之微者何言乎齊人執之書甚佞也

按：鄭之微者，齊人何必執之？即執之，亦不當書於經。「瞻」，左作「詹」，管仲目爲三良之一，安見其爲佞人？此漢時傳聞之異辭，當以左爲是。

秋鄭瞻自齊逃來何以書書甚佞也曰佞人來矣佞人來矣

注：「重言『來』者，道經主書者，若傳云爾。蓋痛魯知而受之，信其計策以取齊淫女，丹楹刻桷，卒爲後敗也。」疏：「知取齊淫女，是鄭瞻之計者。春秋説文云。」按：取齊淫女，謂哀姜也。然謂是叔瞻之計，事出緯書，不足信。叔瞻後仍歸於鄭，但不詳何年，似未常仕於魯。

冬多麋

注：「麋之爲言，猶迷也。象魯爲鄭瞻所迷惑。」按：此坿會之詞。何之惑于緯書者深矣！

十有八年春王三月日有食之

注：「中國魯蔽鄭瞻。」

秋有蜮

注：「蜮之猶言（蜮）〔惑〕。其毒害傷人形體，不可見。象魯爲鄭瞻所蜮，其毒害傷人將以大亂，而不能見也。」

按：此與上條並附會之詞。二十年「齊大災」注同。

二十有二年夏五月

注：「以五月首時者，譏莊公取仇國女，不可以事先祖，奉四時祭祀，猶五月不宜以首時。」按：此坿會之詞。

二十有三年公一陳佗也

注：「公如齊淫，與陳佗相似如一也。」按：公羊此説，不知何據。恐亦傳聞之異辭，不足信也。是時，齊桓方修德禮，豈任其女淫泆？矧其爲鄰國之君哉？公羊子既載之傳，何氏注中又屢言之，且於他事亦牽及此語，可謂自生障礙者矣。

荆人來聘

注：「春秋王魯。因其始來聘，明夷能慕王化、修聘禮、受正朔者，當進之。」按：魯豈能頒正朔者？此王魯之唾餘，非傳意。

二十有四年赤歸于曹郭公赤者何曹無赤者蓋郭公也郭公者何失地之君也

按：本曹人，出而復歸可曰歸。郭公非曹人，何得言「歸」。此説非，闕疑爲是。

二十有七年何通乎季子之私行辟内難也

按：左傳無季子辟難事。

公子慶父公子牙公子友皆莊公之母弟也公子慶父公子牙通乎夫人

按：左傳但云「共仲通于哀姜」，而不及牙。季友爲莊公母弟，而慶父與牙無明文。

閔公

元年冬齊仲孫來齊仲孫者公子慶父也

按：左傳以爲齊仲孫湫，而子女子曰「齊無仲孫」。其未見左氏書歟？慶父即外之，亦不得繫之齊，亦不得但書曰「來」。此傳非。

僖公

二年實與而文不與

按：春秋，信史也。「實與而文不與」，信之謂何？

四年尊屈完也

按：恐非春秋之旨，孔穎達駁之。

濱海而東服東夷也

注：「東夷，吴也。」按：「東夷」，濱海之夷，尚不及吴，吴遠也。

八年其言以妾爲妻柰何蓋脅於齊媵女之先至者也

按：此説楊士勛駁之。

九年爲襄公諱也

按：此説陸淳駁之。

桓公震而矜之叛者九國

按：「九國」之名，無以徵之。十五年「伐厲」，注：「厲，葵丘之會叛天子之命也。」十九年「宋人執滕子嬰齊」，注：「名者，葵丘之會叛天子命者也。」何以二國當「九國」之數。然後左傳證之，厲，楚與國，本不服齊。滕，於桓公時不在盟會之〔例〕〔列〕，又何叛之有？何注未可信，即傳文亦可疑也。

甲戌晉侯詭諸卒

注：「不書葬者，殺世子也。」按：此何氏之例，非傳意。

十有四年使來請己也

按：此説范寧駁之，此亦奇怪之一。

十有五年震夷伯之廟

注：「此象桓公德衰。」按：魯臣之廟震，與齊桓何涉？此坿會之不近理者。

十有九年後會也

注：「魯本許嫁季姬於鄫婁。季姬淫泆，使鄫子請，已而許之，二國交忿，襄公爲此盟欲和解之。」按：此注李廉駁之。

二十年夏郜子來朝郜子者何天地之君也

按：此説劉敞、李廉駁之。郜滅如在春秋前，距此九十餘年矣。其君豈能尚在而來行朝禮乎？

二十有二年以爲雖文王之戰亦不過此也

按：此語劉敞非之。

二十有四年不能乎母

按：左傳惠后早死。鄭氏發墨守已微言之。

二十有五年宋殺其大夫何以不名宋三世無大夫三世内娶也

注：「三世，謂慈父、王臣、處臼也。内娶，大夫女也。言無大夫。禮，不臣妻之父母。國内皆臣，無娶道，故絶去大夫名，正其義也。外小惡正之者，宋以内娶，故公族以弱，妃黨益强，威權下流，政分三門，卒生纂殺，親親出奔。疾其末，故正其本。』齊召南注疏考證：「按：三世内娶之説，創于公羊。漢宣帝時，魏相因許伯奏封事，言春秋譏世卿，惡宋三世無大夫，即據此傳。但以事實核之，則實不然。宋桓公之夫人，衛女也。國風有河廣之詩。襄公之夫人，王姬也，後逐昭公而立文公。此二世則皆外娶矣。且宋之患，正在戴、桓諸族世卿執政耳，何謂公族以弱乎？外戚專權，此自漢時之弊，不可以言宋也。』按：三世不内娶，何氏以襄公爲首。而襄公夫人乃王姬，非内娶也。昭公之夫人不詳誰氏，而此傳載于成公之世，未三世也。經窺亦知襄非内娶，其説難通也，則曰：「傳言三世内娶者，承三世無大夫而云然，其實則二世内娶而已，三世無大夫矣。夫一世無大夫，由于一世内娶也。若二世内娶，當二世無大夫。而强謂之三世，其説不仍難通哉？劉敞曰：「文稱大夫，是有大夫，非無大夫明矣。且君娶一卿，而一君之内何得悉無大夫哉？」所駁最爲明顯。穀梁莊三十二年「公子牙卒」，范注：「蓋禮諸侯絶朞而臣諸父昆季。」稱昆季，則是申其私也。是諸父且得臣之，何有于妻父母？何説不知何據。且其注與宋國情形正相反。入春秋以來，穆、殤之世，執政者孔父也。莊、閔之世，華督也。立桓公者，蕭叔大心及戴、武、宣、穆、莊之族也。襄公之世，爲左師者，公子目夷也，皆公族也。成、昭之世，則六卿皆公族。下訖春秋之末，宋之六卿皆用公族，從無他族一人厠於其間，安得有「妃黨益强」之事？昭公方患穆、襄族强，欲去之而不得。及其被殺也，則王姬使帥甸攻而殺之，其禍反出于外娶。是何注所言，全與事實不合。傳云「三世無大夫」，亦非事實也。

二十有五年秋楚人圍陳納頓子于頓

注：「納頓子者，前出奔，當絶；還入爲盗國，當誅。書楚納之，與之同罪也。』按：出奔之當絶，還入之當誅，皆視其事之當絶、當誅與否，不得概以爲罪也。二十三年，楚伐陳，城頓，是頓之逼于陳也。逼于陳而奔楚，何罪之可言而絶之？國本其國，還入者，復其國，非盗也。何罪之可言而誅之？此注非。

二十有八年曹伯之罪何甚惡也

注：「曹伯數侵伐諸侯以自廣大。」按：此無其事。齊召南駁之。

文公

元年天王使叔服來會葬

注：「叔服者，王子虎也。服者字，叔者長幼稱也。」疏：「知叔服爲王子虎者，正以下『三年五月，王子虎卒』，傳云：『王子虎者何？天子之大夫也。外大夫不卒，此何以卒？新使乎我也。』注云『王子虎，即叔服也』。」按：叔服，王之大夫也；王子虎，王之卿士也，詳左傳。公羊合爲一人，誤。

十有二年賢繆公也

注疏考證：「此傳引用秦誓而稍裁節。秦穆以文六年卒，左傳可徵。自令狐以還，皆康公事。公羊家見經不書穆公之卒，遂誤以秦伯爲穆公也。」按六年傳書「秦伯任好卒」，證之史記秦本紀及年表，皆合。此左氏之不可誣者。公羊家不信左氏，舍事實而空談褒貶，其謬説遂多矣。

宣公

八年冬十月己丑葬我小君頃熊頃熊者何宣公之母也

注：「熊氏，楚女。宣公即僖公妾子。」注疏考證：「『頃熊』，左氏經作『敬嬴』，是嬴姓女，文公之妾也。公羊以『敬嬴』爲『頃熊』，不過經文字異。何休直以宣公爲僖公之子者，因公羊家説僖娶于楚，見脅，于見以媵女之先至者爲夫人，遂以此頃熊實之。不知熊，楚氏，（芊）〔羋〕，楚姓也。若實楚女，必稱『頃羋』。春秋時，婦人未有舍其姓而稱氏者。此云頃熊，必熊姓之女，非楚女也。則敬嬴是，而頃熊非也。至宣公實文公庶子，乃以爲僖公妾子，則不足辨者矣。」孔廣森通義：「頃熊，蓋楚同姓大夫之女。婦人繫姓不繫氏。楚以熊爲氏，或其公族屈氏、門

氏之屬，乃可更爲熊爲姓耳。』趙匡曰：「『頃』爲惡謚，不應公母加以惡謚。當從左氏作『敬嬴』。」唐韵正：「『敬嬴』，公羊、穀梁傳並作『頃熊』。頃音近敬，熊音近嬴。正義不得其解，乃云『人有兩號』，非矣。左傳昭七年正義曰：『張叔皮論云：「賓爵下革，田鼠上騰；牛哀虎變，鯀化爲熊；久血爲燐，積灰生蠅。」傅玄玄通賦云：「聲伯忌瓊瑰而弗占兮，書言諸而暮終。嬴政沈璧以祈福兮，鬼告凶而命窮。黄母化而爲黿兮，鯀亟變而成熊。」二者所韵不同。或疑張叔爲能字。著作郎王劭曰：「古人讀雄與熊皆于陵反。」張叔用舊音，傅玄用新音。張叔亦作熊也。』按：詩無羊、正月及襄十年衛卜禦寇繇，皆以『雄』韵『陵』。劭言是也。二字當改入蒸韵。』按：姓與氏不同。姓者，百世不遷；氏者，隨族而異。春秋時，卿大夫之賜族者，氏也，其姓仍在也。故婦人皆繫姓而不繫氏。楚，（芊）〔芈〕姓。楚女當爲某（芊）〔芈〕，不得有他稱。孔氏既知夫人繫姓不繫氏，而又云公族以熊爲姓，不自相矛盾耶？且春秋時，楚其卿大夫無一人以熊爲氏者。市南熊宜僚既隱于市，必非公族。史記亦作「敬嬴」，與左氏合。趙氏謂當從左氏，是也。「敬聲、「頃」聲古音通部，得相通借。「熊」，説文從能，炎省。段注謂當在古音八部，春秋左氏「敬」嬴」，公、穀作「頃熊」，蓋炎、熊、嬴三字雙聲。然則三傳可通矣。

十年齊崔氏出奔衛崔氏者何齊大夫也其稱崔氏者何貶何爲貶譏世卿世卿非禮也

按：齊之世卿，莫如高、國、陳、鮑，陳氏且代齊矣，則當譏者莫如陳氏，何不聞有貶詞也？崔氏被逐，豈得曰强？杼之復入，必别有援繫，傳弗詳耳。世卿之説，不足取。

十二年南郢之與鄭相去數千里

注：「南郢，楚都。不能二千里。言『數千里』者，欲深感，使納其言。」按：史記楚世家「文王立，始都郢」，正義：「括地志云：『紀南故城在荆州江陵縣北五十里。』」去鄭約千餘里及封畛于汝，與鄭亦密邇矣。子重亦仍自國都言耳。古里小，故稱「數千」也。莊之不滅鄭者，非不欲也，知晉之必争鄭而不能終爲己有，不若許其平而霸業成矣。

十有六年新周也

注：「孔子以春秋當新王，上黜杞，下新周，而故宋以天灾中興之樂器，示周不復興。故繫『宣榭』于『成

周』，使若國文黜而新之，從爲王者後，記災也。」

按：此説孔廣森駁之，詳通義。

成公

元年晉敗之

按：此傳齊氏駁之。

六年取鄟鄟者何邾婁之邑也

按：此傳齊氏駁之。

八年請皆反其所取侵地

注：「魯宜聞義自歸之爾，不得使也。主書者，善晉之義齊。』按：汶陽之田本魯地而齊奪之者也。齊奪之，用兵而後反于魯。乃因齊服晉而仍使之歸，齊何義之可言？何注迂謬。

十有六年公幼也

注疏考證：「公立已十六年，尚云幼乎？』按：公衡見于左二年傳，注以爲成公子，則成公此時年非幼甚明。

十有七年公許之反爲大夫

按：公孫嬰齊成二年已見于經，則爲大夫久矣，此言非實。

襄公

二年齊姜與繆姜則未知其爲宣夫人與成夫人與

按：此傳齊氏駁之。

九年春宋火曷爲或言灾或言火大者曰災小者曰火然則内何以不言火内不言火者甚之也

注：「春秋以内爲天下法，動作當先自克責。故小有火，如大有灾。」按：春秋書法，詞有一定。傳既云「大者曰灾，小者曰火」，此爲一定之詞。是火不得曰災，是災不得曰火。乃云「内不言火者，甚之也」，則春秋書法無一定矣，恐非孔子筆削之本意。

十有三年夏取詩詩者何邾婁之邑也

疏：「正本皆作『邿』字。有作『詩』字者，誤。」釋文：「二傳作『邿』。」按：左傳以邿爲小國。杜注云：「任城亢父縣有邿亭。」非邾婁之邑也。齊氏于「取鄟」下總論之。

二十一年有一月孔子生

疏：「左氏經無此言，則公羊師從後記之。」

按：春秋魯史，不得書孔子生。孔子亦不得自書所生。經文自「子同生」外，無言某生者。左氏無此言，古經也。公、穀有之，後師所記也。

二十有三年夏邾婁鼻我來奔邾婁鼻我者何邾婁大夫也邾婁無大夫此何以書以近書也

按：二十一年「邾婁庶其以漆、閭丘來奔」，昭五年「莒牟夷以牟婁及防兹來奔」，傳並云「重地也」。此同一書法，而獨曰「以近書也」，此其自相歧異者。注、疏雖曲爲之解，終雖通也。

二十六年惡剽也

按：此恐非春秋之義。春秋書曰「寧喜殺其君剽」，安見有惡剽之意？

秋宋公殺其世子痤

注：「痤有罪，故平公書葬。」

按：痤何罪之有？何氏以書葬不書葬爲褒貶，不屑誣古人以自完其説，此其蔽也。

二十七年殆諸侯也曷爲殆諸侯爲衛君惡在是也曰惡人之徒在是也

劉敞春秋權衡十二：「此乃一事再見者，前日而後兄耳。何謂殆諸侯乎？假令石惡實惡人者，何至能變亂諸侯之盟乎？衛比諸侯亦小國耳，何至諸侯亦遂危懼之乎？皆事之不然者。且石惡名耳，行未必惡也。謂名惡者行惡，名善者則行善矣。董賢可謂賢乎？」

二十八年春無冰

注：「豹揭爲政之所致。」按：季孫見于經者，左氏所謂叔出季處也。魯之政，季氏實專之。何氏不信左氏，所言多不合乎事情，此類甚多。

二十九年刑人也

疏：「孔子爲春秋，採摘古制。是以元命苞之文，與司刑名異，條目不同云。」按：元命苞緯書，非孔子所作。何氏信緯，疏亦從而爲之詞。至五刑之屬三千，元命苞與吕刑同，此穆王改定之制。司刑乃周初之制，故其數不同也。

吴子使札來聘吴無君無大夫此何以有君有大夫賢季子也何賢乎季讓國也

按：春秋之褒貶，繫乎本事。其使臣之賢否，無關乎本事之善惡也。公羊家説每以他事羼入本事，以爲善惡，其例遂襍糅而不可治矣。吴之大夫書名者，帷札一人。與「楚子使椒來聘」，「秦伯使遂來聘」，書法正同。傳于椒曰「始有大夫」，于遂曰「賢繆公」，此則曰「賢季子」。説之不定如此，則書法亦無定矣。何以明春秋之義？此事屬辭，春秋教也。辭同者，事必同，烏得歧異哉？

三十年春王正月楚子使薳頗來聘

注：「月者，公數如晉，希見答。今見聘，故喜録之」。按：春秋每歲之正月必書。楚來適在正月，若不喜録之，將正月亦可不書乎？以日月爲褒貶，其理必有難通者。此公羊之蔽也。薳頗稱族，儼同中國矣。傳文乃不及此。

昭公

元年此陳侯之弟招也何以不稱弟貶

按：不稱陳侯之弟者，序列諸侯大夫，若問以陳侯之弟某，則不詞。此自書法應爾，何關乎褒貶？

五年舍中軍者何復古也

注：「善復古也。」按：作中軍而公室分爲三，舍中軍而復分爲四，季氏得其二，專國之勢成，而逐君之禍亦成矣。此傳、注皆無當于情事。穀梁傳「貴復正」，其失與此同。

秦者夷也匿嫡之名也

按：此傳穀梁疏及齊氏非之。

十一年齊歸者何昭公之母也

注：「歸氏，胡女，襄公嫡夫人。」按：左傳齊歸乃敬歸之娣，非嫡夫人。何氏不信左氏，故爲此異説。歸是姓，非氏。此可見漢人于姓氏二者混爲一矣。齊氏、孔氏竝駁之。

二十年夏曹公孫會自鄸出奔宋奔未有言自者此其言自何畔也

按：經文不言畔，不當以一「自」字附會之。

春秋爲賢者諱

按：畔，大惡也，爲賢者子孫諱畔，則是賢者子孫可以恣意妄爲也。今之佞佛者，曰吾佛弟子也，雖妄爲，其有祐之者矣。竊恐此説行而殺人多也。

二十二年其稱王猛何當國也

按：此傳齊氏駁之，曰：「公羊家總坐事實。不知王猛是敬王之兄，于次當立；又不知是年王室之亂，即是子朝作亂，但見經文于王猛書「入」、書「卒」，即謂王猛不當立耳。」此説極爲明曉。不考事實，但以意揣，往往失之。即以書法言，先書「夏四月乙丑，天王崩」，六月，葬景王」，是猛之立，已數月矣。先王之謚已定，則其見于廟而成其爲王，已無可疑矣。後書曰「王室亂」，與左氏之叙子朝作亂在葬景王之後相合。此又可以見左氏所載之非誣矣。繼書曰：「劉子、單子以王猛居于皇。秋，劉子、單子以王猛入于王城。」其兩書「王猛」而不曰「王子」，則成其爲王矣。其卒也，書「王子猛」者，則以未逾年，未即位，猶魯史之書「子般卒」、「子野卒」也。春秋書法如是，乃必以猛爲簒，何哉？

其言入何簒辭也

按：以猛爲簒，則子朝爲當立者矣。按之事實，不免顛倒。猛者，敬王之母兄也。二十三年先書「天王居于狄泉」，後書「尹氏立王子朝」則子朝之不當立，而敬王之當立，明矣。乃敬王當立而其母兄則不當立，果何説以通之？

二十三年曷爲不繫于周不與伐天子也

按：此傳齊氏駁之而孔氏猶附會之，其故在不信左氏。子朝之亂，左氏所叙事實頗詳，不可誣也。

尹氏立王子朝

注：「王子朝不貶者，年未滿十歲，未知欲富貴，不當坐。」按：何氏此説，不知何本。與左氏所叙情事不合。

二十五年非中國之禽也

按：考工記云「鸜鵒不踰濟」，則非中國所無，特不在魯界耳。説公羊者，必謂是夷狄之鳥，未免拘墟之見。

昭公將殺季氏

按：此與左傳「王叛王孫蘇」文法一例，乃古人行文如此，不必以後世書法繩之。

三十一年季孫隱如會晉荀櫟于適歷

注：「季氏負捶謝過，欲納昭公。」疏：「春秋説文彼注云：『負捶者，聽刑之禮也。』」釋文：「箠，章蘂反。

本又作『箠』。』校勘記：「閩、監、毛本『捶』作『棰』。疏同。」漢書婁敬傳「杖馬箠」，顔注：「箠，策也，」説文：「箠，馬箠也。」「箠，擊馬也。」漢書刑法志「定箠令」，顔注：「箠，策也。所以擊者也。」蓋「箠」本以擊馬，而杖人者亦以爲名。謝過負之，以示服罪之意，何注所謂聽刑之禮也。字或作「棰」。韓非姦劫篇「無棰策之威」，漢書路温舒傳「棰楚之下」。又作「捶」，莊子至樂篇「檄以馬捶」，釋文：「馬杖也。」説文不收「棰」、「捶」，新附乃有之。箠從竹，當以竹爲之。古者或亦用荆。史記廉頗傳：「廉頗聞之，肉袒負荆，因賓客至藺相如門謝罪，曰：『鄙賤之人，不知將軍寬之至此也。』」索隱：「負荆者，荆，楚也，可以爲鞭。」負荆即負捶，此殆古禮如此。

何以無邾婁通濫也曷爲通濫賢者子孫宜有地也賢者孰謂謂叔術也

按：經無「邾」子，當從杜氏之説。此傳所載乃傳聞之異詞。或以經無「邾」字而附會爲此説也。

三十二年取闞

按：凡經書「取」者，公羊皆以爲邾婁之邑也。似無此理，齊氏駁之。

定公

四年伍子胥復曰諸侯不爲匹夫興師且臣聞之事君猶事父也虧君之義復父之讎臣不爲也

按：覩于此言，則史記所載掘墓鞭尸之説，恐是傳聞已甚之詞。子胥當日或不出此。三傳皆不載，可見爲不足信者矣。

六年季孫斯仲孫忌帥師圍運此仲孫何忌也曷爲謂之仲孫忌譏二名二名非禮也

注：「爲其難諱也。一字爲名，令難言而易諱，所以長臣子之敬，不逼下也。春秋定、哀之間，文致太平，欲見王者治定，無所復爲譏，唯有二名，故譏之。此春秋之制也。」疏：「案：春秋説，昭公亦爲所見之世，而此注偏指定、哀爲太平者，正以昭公之時，未譏二名故也。而『唯有二名故譏之』者，文王之臣散宜生、孔子門宓不齊之屬，

皆親事聖人而以二字謂名者。謂依古禮，若似堯名放勛、舜名重華、禹名文命，宣王之興，名子爲宮皇之屬是也。但孔子作春秋，欲改古禮爲後王之法，是以譏其二名。故注即言此春秋之制也。然則傳云『二名非禮』者，謂非新王禮，不謂非古禮也。禮記曲禮疏引許慎異義：「公羊説譏二名，名謂二字作名，若魏曼多也。左氏説二名者，楚公子棄疾弑其君，即位之後改爲熊居，是爲二名。謹案：文、武賢臣有散宜生、蘇忿生。』則公羊之説非也。從左氏説。」劉敞曰：「古者，蓋雖君之名，臣不諱矣；父之名，子不諱矣。及至于周，臣諱君名，子諱父名。然猶諱其死，不諱其生；諱其同，不諱其嫌。二名，則偏諱也。仲尼之母名徵在，言徵不言在，言在不言徵。自仲尼不偏諱二名，況其他乎？夫已不能諱二名，反譏人之二名，豈理也哉？」通義：「春秋之制者，君子所托新意，損益周制以爲後王法。若周人尊之，弟兄不得以屬。通春秋親親，母弟稱弟，母兄稱兄。成王既殯，康王冕服受羣朝。春秋之義，則踰年即位，于其封内，三年稱子。凡此類非一，欲見周禮，未得二名，但春秋譏之耳。而許叔重横引文、武賢臣蘇忿生、散宜生爲難，烏足與議也！杜預輒以不稱何爲闕文。名闕一字，復何難曉，而君子不敢增也。何忌自昭末年見經，至此獨一年有兩事。取其同簡異名，易以相起。故就此譏之。據論語注，子服景伯亦名何忌。左傳又謂之子服何，或單言何，或單言忌。蓋時多有此，春秋取其單言爲正言焉。』按：左傳桓六年，「公問名于申繻，對曰：『不以國，不以官，不以山川，不以隱疾，不以畜牲，不以器幣。』周人以諱事神，名終諱之。所言命名之禁甚詳，而不及二名。可見，周世並無二名之禁也。其言周人以諱事神，可見，自殷以往未有諱法。諱，始于周也。其二名者，如晉以僖侯廢司徒，故司徒廢爲中軍，而仍有司馬、司空之官，不偏諱也。宋以武公廢司空，故司空廢爲司城，但諱「空」字，亦不偏諱也。然則二名有何難諱之有哉？此傳仲孫忌闕一「何」字。而仲孫何忌之見于經者，前凡三，後凡八。其卒在續經，亦曰何忌。是此處之爲闕文，明白無疑。定十年、哀二年，亦一年兩見，不止此一年也。乃必曰一年兩事，同簡異名，故就此譏之，何哉？徐疏亦知其説之難通也，又創爲孔子欲改古禮爲後王之法。謂昭公之時未譏，譏在定、哀之時。此亦因有仲孫忌、魏多二文而言耳。中庸曰：「非天子不議禮，不制度。」孔子從大夫之後「遂可以損益周制，定一王之法，儼然以議禮制度自居乎？夫春秋，魯史也。孔子特據舊史筆則筆，削則削，使亂臣賊子禁其欲而不得肆。故孟子曰：「孔子成春秋而亂臣賊子懼。」是春秋之大義，寓王法于褒貶之中，以爲萬世之勸戒，安得有造作之事？孟子曰：「其事則齊桓、晉文，其文則史。」孔子曰：「其義則某竊取之矣。」是義之裁定于聖心者，亦不能出乎事與文之外。述而不作，子自言之。春秋之筆削，全據舊史，亦是述而非作。乃謂取周制而損益之，必不然矣。公羊家説以春秋當新王，此亦其一端也。二名初無悖乎禮，其事所關亦細。必張大之，以爲新王之法，亦可云奇怪者。後來，王莽之制殆出于此。當時，公羊家言盛行于世，故莽亦信之。後之説經者，又何必依坿王莽哉！

八年定公順祀叛者五人

注：「諫不以禮曰叛。」按：通義以左傳之季寤、公（鉏）〔鈕〕極、公山不狃、叔孫輒、叔仲志當叛者五人之數，並謂五人因陽虎。虎叛見下文，故略舉其黨，則何注非矣。諫而去，不可言叛也。

十年齊人來歸運讙龜陰田

注：「歸齊西〔田〕，不言來，此其言來者，已絶魯不應復得。夫子雖欲不受，定公貪而受之。」按：注，齊氏駁之，是也。劉逢禄反以注意爲閎達，迂矣。此由與濟西田本不同。濟西田宣賂齊者也，則謂之「已絶」，可也。故書曰「歸我運、讙、龜陰田」，即汶陽田。齊取之于我者也，則謂之已絶，不可也。故書曰「來歸」。其歸也同，而其事則不同也。豈得以濟西爲例哉！

哀公

三年然則輒之義可以立乎曰可

按：此傳范寧駁之、齊氏駁之，而公羊家言猶回護之。群言殽亂，折諸聖夫子，不爲一語可以定千古之是非矣。何注引論語文極是。

復立也

按：此親盡當毁而未毁者，故經不書立。

十三年晉魏多帥師侵衛

按：此魏曼多。公羊家闕「曼」字，遂有二名之譏。説詳定六年。左氏、穀梁二傳經文「曼」字不闕。可以見爲簡文之偶闕，不當如公羊之説。

十四年春西狩獲麟何以書記異也何爾非中國之獸也

按：麟爲四靈之一，有王者出。不得云「非中國之獸。」左氏傳序疏引孔舒元公羊傳本，作「今麟，非常之獸，其爲非常之獸奈何」，與今本迥異，豈公羊傳有兩本歟？

反袂拭面

按：注引緯書，齊氏斥之。

日南讀書記　卷十四

穀梁

隱公

春秋穀梁傳隱公第一

疏：「説文第訓次。」按：今本説文竹部無「第」字。據此疏，是唐初本有。

元年春王正月

注：「周王之正月也。」按：注語簡當。公羊以「王」爲文王。疏謂此注排公羊，是也。

成于殺也

雍曰：「段恃寵驕恣，彊足當國。鄭伯不能防閑以禮，教訓以道，縱成其罪。」按：此本左氏失教之旨。雍者，范之次子，見前。疏中所引晉書，今晉書范傳無雍名，則楊所引者，或是臧榮緒書也。

緩追逸賊親親之道也

按：鄭莊之惡，此傳所謂處心積慮，成于殺也。責以緩追逸賊，猶其後焉者耳，左氏之譏失教方是探本之論。以左傳考之，莊未殺段，然殺者莊之志也。段奔共，故不殺耳。

冬十有二月祭伯來

疏：「麋信云。」按：麋字南山，東海人，魏樂平太守，注穀梁十二卷。見釋文序録。隋書經籍志：春秋穀梁傳十二卷，魏樂平太守麋信注。

二年莒人入向向我邑也

按：左氏以「向」爲國名，此傳以爲「我邑」，與下「入極」牽連言之。以書法言，似此傳非。日知録：「隱二年『入向』，杜氏解曰：『譙國龍亢縣東南有向城。』宣四年『取向』，解曰：『向，莒邑。東海永縣東南有向城，遠，疑也。』永縣今在嶧，杜氏以其遠而疑之，况龍亢在今鳳陽之懷遠乎？齊乘以爲今沂州之向城，州西南一百里。近之矣。」

九月紀履緰來送女

注：「傳例曰。」按：隋書經籍志：春秋穀梁傳例一卷，范寧撰。范序「商略名例」，疏以爲即范氏別爲略例百餘條是也。是傳例一卷本自爲一書，今散入注中。四庫全書提要謂楊氏所割隸，殆是歟？

夫人之義從君者也

注：「隱弑，賊未討，故不書葬。」按：春秋多因魯史舊文。隱弑距此十年，史官豈能預知其被弑而並夫人之葬亦不書乎？此注難通。

三年吐者外壤食者内壤闕然不見其壤

疏：「『壤』字，爲穀梁音皆爲『傷』。徐邈亦作『傷』。」校勘記：「段玉裁曰『傷』當作『埸』。」按：「壤」字舊讀頗難曉，今疑「壤」，地也；地也者，形之名也。「壤」謂日之本形被食，則其形不見矣。晉書徐邈傳：「東莞姑幕人也。爲前衛卒，領本部大中正。拜驍騎將軍。所注穀梁傳，見重于時。范寧傳既而徐邈復爲之注，世亦稱之。」是徐注在范後也。隋書經籍志：春秋穀梁傳十二卷，春秋穀梁傳義十卷，並徐邈撰。又，徐邈答春秋穀梁義三卷。釋文序録：穀梁徐邈注十二卷。隋志又云：梁有穀梁音一卷，亡。

葬宋繆公

注：「徐邈曰。」按：徐與范同時，故徐注雖後出而范得採其説。

七年滕侯卒滕侯無名

注：「自無名，非貶之。」疏：「本來無名字。」鍾文烝穀梁補注：「謂匿其名，不通于外耳。」按：滕君若嬰齊、若原、若結、若寧、若虞母，並見于經。滕君非無名者，亦未匿其名。此傳以爲狄道，恐不然也。

戒者衛也戒衛者爲其伐天子之使貶而戒之也

按：衛，國名也。國名衛，豈可改之爲「戒」？楚丘雖衛地，而伐凡伯者非衛人，豈得遂屬諸衛？如果衛伐凡伯而變「衛」言「戒」，則讀春秋者，亦但知是戒耳，于衛乎何與？此難通者也。麋信云：「不言夷狄，獨言戒者，因衛有戎邑故也。」是其意亦不以傳爲然矣。

九年庚辰大雨雪

注：「劉向曰。」按：注中所引劉向語，與漢書五行志所載之文不同。向傳言：宣帝立穀梁春秋，向受穀梁。此或是穀梁傳説也。

俠　卒

疏：「徐邈引尹更始云：所者俠之氏。」按：漢書儒林傳：汝南尹更始翁君事蔡千秋，受穀梁。後爲穀梁議郎，後爲諫大夫，長樂户將。隋書經籍志：梁有春秋穀梁傳十五卷，漢諫議大夫尹更始撰，亡。晉時尚有其書，故徐得引之。釋文序録：尹更始穀梁章句十五卷。豈亡于梁而後又出乎？

桓公

元年春王桓無王其曰王何也謹始也其曰無王何也桓弟弑兄臣弑君天子不能定諸侯不能救百姓不能去以爲無王之道遂可以至焉爾元年有王所以治桓也

注：「諸侯無專立之道，必受國于王。若桓初立，便以見治。故詳其即位之始，以明王者之義。」疏：「徐邈云：『桓公簒立，不顧王命，王命不能討，故無王。』又，『且桓公終始十八年，唯元年、二年、十年、十八年有王，

自外皆無王。故傳據以發問，而曰桓無王。』又，范氏例云：『春秋上下無王者，凡一百有八。桓無王者，見不奉王法。餘公無王者，不書正月，不得書王。桓初即位，若已見治，故書王，以示義。二年書，痛王與夷之卒，正宋督之弑，宜加誅也。十年有王，正曹伯之卒，使世子來朝，王法所宜治也。十八年有王，取終始治桓也。』是解元年有『王』，爲謹始也；餘年無『王』，爲不奉王法也。若然，桓爲弑君而立，故十四年没其『王』文。宣公亦篡位而立，不去『王』者，桓弑賢兄讓國之主，害成立之君；宣篡未踰年之子，又無爲臣之義。以輕重既異，故云『王』亦殊也。』注疏考證：「按：『王』必書『春』之下。故『春王二月』、『春王三月』時見于經。若經僅書春有某事而不得其月，則『王』字無使置。范氏謂餘公無王者，爲不書正月，不得書王，是也。但須云不書月，不得書王耳。又按：公之僅書春者，皆不可以爲桓公之例。桓公自三年至八年，自十一年至十七年，皆直書春正月、二月，月又皆有事。唯十二年爲無事。書正月以首時，例應書王，而不書，穀梁子所以有『桓無王』之説也。』經義述聞：「周室既卑，令不行于諸侯。諸侯無『王』者，不惟魯桓而已。何獨于桓誅『無王』之罪乎？穀梁以爲桓無『王』，元年有『王』，所以治桓弑君之罪。則何以解于十一公之元年，無罪而書『王』乎？無王之説，本非達詁，公羊則無此説也。董仲舒、何休皆以桓爲無王，殆非傳意。』按：無「王」之説，見于此傳，公羊所無也。何休取此傳以説公羊，本異于漢人之各守家法者。後人以其説正大，多尊奉之，而按之事實，則未見其是，王氏之説當矣。以今考之，春秋桓公外之不書「王」者，隱六、二年、五年、六年、八年、九年、十一年。莊十三、七、九、十三、十四、十五、十七、二十三、二十四、二十五、二十六、二十七、二十九、三十一、三十二。僖十三、五、七、十三、十四、十七、二十、二十一、二十二、二十三、二十七、二十八、二十九、三十一。文八、四、六、七、九、十一、十五、十六、十七。宣十、五、六、七、八、十、十二、十三、十四、十五、十八。成七、二、四、八、十、十二、十三、十七。襄十二、三、五、七、九、十、十三、十五、十八、二十四、二十五、二十七、二十八。昭十三、二、八、九、十二、十三、十四、十六、十七、十九、二十二、二十五、二十七、二十九。定三、十二、十三、十四。哀八，三、五、六、七、十一、十二、十三、十四、凡九十三，皆書「春」而不書「月」。范氏隱二年注，謂春秋記〔事〕有例時者。若事在時，例則時而不月，月繼事末，則「月」而不書「王」。書「王」，必皆上承「春」而下屬「月」。文表年始事莫之先，所以教恭而不黷者。他皆仿此。唯桓有「王」無「王」，以見不奉王法爾，其言似亦可通。然書「王」者，尊周王之正朔也。在書春而不月者，既可以「王」字無所置而不書「王」。則有「王」無「王」亦僅繫乎序事之文法而已，與筆削之精意何關乎？凡事有係乎時者，如「新作延厩」、「城小穀」之類是也。若「公會某于某」、「公自至某」之類，則必有月，豈得概以在時例之？何以有月而不書？如襄十五年先書「春」，紀一事，復書「二月」，紀一事。則前一事必在正月，何以不書？二十八年「春，無冰」，杜注謂正月建子，得以無冰。爲災。今但書春，則爲正月乎？二月乎？三月乎？周之三月，爲夏之正月。已當東風解凍之時，不爲災矣，則月當書矣。何以不書？哀十二年「春，用田賦」，此大事也，左氏言在正月，何以不書？十四年「春，西狩獲麟」，此關于春秋之絶筆者也，何以不書？桓九年亦書「春」而不書「月」，與十一公無異，則義例又將何以辨之？是「事在時例」一語，未可通矣。宣亦弑君者也。太子惡立已九月，宣北面事之，豈得無爲臣之義？若以君未踰年而弑君之罪可以稍恕，則里克不當書「弑其君」矣。然則桓、宣分輕重，其説難通，則以「無王」討桓，説經者姑存此一説而已，未必有合聖人之意也。

君不忍稱其名以是知君之累之也孔氏父字謚也或曰其不稱名蓋爲祖諱也孔子故宋也

注：「孔父有死難之勳，故其君以字爲謚。孔子舊是宋人，孔父之玄孫。」孫覺春秋經解：「春秋，魯國之史，非孔子家傳之書，何得曰爲祖諱哉？」按：古者臨文不諱。故雝詩祭文王而曰「克昌厥後」，「噫嘻成王」後詩，而曰「駿發爾私」。孔子修魯史，自不避其家諱，穀梁子蓋亦未敢信之，「或曰」者疑詞也。至以孔爲氏，以情事推之，其説甚確。孔父死難，其子奔魯，孰從而賜之氏？則孔之得氏，當在孔父以前，不自孔父始也。字謚者，即左氏所云以字爲謚也。謚，號也。以字爲號者，猶言以此爲稱謂耳。至注云「孔父有死難之勳，故其君以字爲謚」，則其時督相莊公，方歸怨孔氏致其子避罪之不遑，孰推其勳而謚之哉？

以成宋亂

注：「江熙曰。」按：江熙在序疏所稱魏、晉十家之列，而釋文序録、隋書經籍志均不載其書。隋志有春秋公羊穀梁二傳評三卷，不著撰人姓氏。唐書藝文志題曰江熙，是其書也。熙，晉兖州别駕。隋志有集解論語十卷，江熙解。

六年子同生疑故志之

按：文姜以三年入，至今四年矣，未有適齊之事，則子同之生無可疑者。以文姜淫于襄公疑非公之子，故特書以釋疑也。疏謂文姜雖則適魯，襄公仍尚往來。此則想當然之語，非事實也。古者諸侯之公子不得無故出境也。

七年失國也

按：公羊言失地，其意同。説見公羊。

八年祭公來遂逆王后于紀

注：「故春秋左氏説曰：王者，至尊無敵，無親逆之禮。祭公逆王后，未至京師而稱后，知天子不行而禮成也。鄭君釋之曰：『大姒之家在郃之陽，在渭之涘。親迎于渭，即天子親迎之明文矣。天子雖尊，其于后猶夫婦。夫子叛合，禮同一體。所謂無敵，豈施此哉？禮記哀公問曰：「冕而親迎，不已重乎？孔子愀然作色而對曰：合二姓之好以繼先聖之後，以爲天地宗廟社稷之主。君何謂已重焉？」此言親迎繼先聖之後爲天地宗廟社稷之主，非天子則誰乎？』」疏：「此注之意，言左氏天子不合親迎，故引鄭君之釋以明天子合親迎。然文王已逆大姒，時爲世子耳，得證天子之禮者。文王之爲世子，而聖賢相配宜爲後王之法。故有『造舟爲梁』，又入大雅，明天子之法。又且魯不祭地，而云天地之主，是王者親迎之明文也。」

按：文王，殷之諸侯，非天子也。文王之親迎，不足以證天子合親迎也。疏稱大雅明天子之法，尤爲失詞。周家自用祖制，爲王禮，非文王作天子之法也。禮，惟天子祭天地。孔子言爲天地宗廟社稷之主，以此爲證，較爲得之，鍾氏補注不以鄭説爲是。詞繁不載。

九年夫已多乎道

注：「邵曰。」按：邵，范之從弟。自序云『從弟雕落』，則未及見此書之成者。

十年春王正月庚申曹伯終生卒桓無王其曰王何也正終生之卒也

注：「徐乾曰：『與夷見弒，恐正卒不明，故復明之。』」疏：「案：范氏之答薄氏之駁云：『曹伯亢諸侯之禮，使世子行朝，故于卒示譏。則傳云正者，謂正治其罪。』則與徐解不同。而引其説者，以徐乾之説得通一家，故引之。范意仍與徐異。或以范意權答薄氏，故云『譏曹伯』，答正説，仍與徐同。』」按：與夷之弒，終生之卒，書法

分明，何所疑而必復明之？在與夷猶可言書王以討罪。若終生則何罪之討？世子行朝，已于本事證之，復于其卒也示譏，不亦過乎？范氏蓋亦知其説之未允，故不入此注而但取徐氏也。徐乾字文祚，東莞人。東晉給事中。穀梁傳注十三卷，見釋文序録。隋志：梁有春秋穀梁傳十三卷，晉給事郎徐乾注，亡。而釋文仍録之者，其書復出也。隋志有薄叔元問穀梁義二卷，梁四卷。疏所云薄氏，即叔元也。

十一年葬鄭莊公

按：范注之失，齊氏駁之。

十四年以爲唯未易災之餘也

注：「鄭嗣曰。」按：鄭嗣不在魏、晉十家之數。隋志及釋文序録均無其書。

不若以己所自親者也

注：「凱曰。」按：凱，范之季子，字季倫。與雍並先范卒。自序所云「二子泯没」者也。

十五年許叔入于許

注：「泰曰：許國之貴，莫過許叔。叔之宜立，又無與二。而進無王命，退非父授，故不書曰歸，同之惡人。」

注疏考證：「左傳隱十一年『鄭入許，使許大夫奉許叔居許東偏』。許已失國，至此鄭莊死，忽、突争立，鄭國大亂，許叔始得鳩集餘民，復其先業。事機閒不容髮，豈得責以上請王命，從容歸國乎？中興之君，續墜緒于既絶，責以父授，尤理之必無者也。下文『突入于櫟』，傳疏復引許叔與齊小白一例。聖經之意，斷斷不然。但如左傳説，叔本居許東偏，叔本未出，何緣書其入？似隱十一年以後十數年中，所有爲鄭所逼，出奔避難之事，至此復歸。前史失載，左傳亦從而缺略耳。」

按：齊説是。舊説往往爲例所拘，遂至事與義不能符合，此其蔽也。至許叔居許東偏。本未得入許都。莊公使公孫獲居許西偏。西偏，必許都也。莊有「我死乃亟去之」之語。此時莊死已及五年，鄭國内亂，守備必疏，故許叔得仍入許都，復其國之故土。不曰歸而曰入，難者詞也，用兵而後得入也。

莊公

三年不志崩失天下也

何焯曰：「經于桓十五年三月書『天王崩』，而傳云『不志崩』，所未喻。范注亦不加契勘。」按：傳似泛論，非指桓王。補注云：「自『天子志崩』以下，總論周諸王崩葬事。」其説是。

二十七年諱出奔也

注：「言季友辟内難而出，以葬原仲爲辭。」按：此傳説與公羊同。然左氏記季友事，出入分明。般弒而季友奔陳辟難，在此時，不當如二傳所説。

三十二年公子慶父如齊此奔也其曰如何也諱莫如深深則隱

按：諱「奔」以般弒也。閔亦弒也，何以不諱而直書曰「公子慶父出奔」。其事果同，書法不當殊異如此。公羊此事無傳。何休謂慶父歸獄鄧扈樂。杜預謂假赴告之禮而行，其説爲近理。且其如齊也，必更有求齊爲援以自立之謀。齊人以哀姜之故，立閔公；慶父所謀不遂，故又弒閔公也。

閔公

元年冬齊仲孫來曰齊仲孫外之也

注疏考證：「以仲孫爲慶父，公、穀二傳所同。左傳云『齊仲孫湫來省難』是也。慶父即係逆賊，可以魯人爲齊人乎？公子稱公子，公子之子稱公孫，公孫之子始以王父字爲氏。大夫固有以字稱者，如叔牙、季友是也。然稱牙爲叔牙可也，稱牙爲叔孫必不可也。何也？至叔孫得臣而後稱叔孫也。稱友爲季友可也，稱友爲季孫必不可也。何也？至季孫行父而後稱季孫也。豈帷牙、友不得稱叔孫、季孫，牙之子茲稱公孫茲而已，不得稱叔孫茲也。友之子某雖不見經，亦當稱公孫而已，不得稱季孫也。慶父爲仲孫氏之祖，即稱仲孫可乎？且于慶父之來曰仲孫，于其明年出奔又曰公子慶父。入則孫之，出則子之，進退無據。應以左氏爲證。』按：仲孫之非慶父，此說甚爲明白。春秋内大夫不書「至」，必見執焉而後至，如昭十四年「意如至自晉」，二十四年「婼至自晉」是也。慶父上年如齊，其歸也，不必書也。季子來歸，特書之者，喜之也，請于齊而後來歸也。若慶父何爲哉？外大夫書「來聘」、「來盟」，亦有但書「來」者。如隱公元年「祭伯來」，宣元年「齊高固及子叔姬來」是也。此曰「齊仲孫來」，其爲外大夫書法甚明，何以必以爲慶父？曲爲之說而難通也。將以左氏爲不足信，則二傳遂足信乎？

二年十有二月狄入衛

注：「僖公二年城楚丘以封衛，則衛爲狄所滅明矣。不言『滅』，而言『入』，春秋爲賢者諱。齊桓公不能攘夷狄、救中國，故爲之諱。』按：時戴公立于曹，衛之宗社未絕，是國未滅也，杜氏曰「書『入』不能有其地」。范注「爲賢者諱」之說，非傳意。

僖公

二年中國稱齊宋遠國稱江黄以爲諸侯皆來至也

按：此與公羊同。齊氏駁之。

九年葵丘之會陳牲而不殺

疏：「其實此會亦有四教。』注疏考證：「按：公羊僖三年，會于陽穀，齊桓公曰：無障谷，無貯粟，無易樹子，無以妾爲妻。所謂四教也。穀梁于此會，則曰：毋雍泉，毋訖糴，毋易樹子，毋以妾爲妻，毋使婦人與國事。大意同公羊而多，『毋使婦人與國事』一句，實是五教也。』補注：「公羊載四教，在陽穀，無末句。孟子述葵丘五禁，亦無末句，而文尤詳，曰：『葵丘之會，諸侯束牲載書而不歃血。初命曰：誅不孝，無易樹子，無以妾爲妻。再命曰：尊賢育才，以彰有德。三命曰：敬老慈幼，無忘賓旅。四命曰：士無世官，官事無攝，取士必得，無專殺大夫。五命曰：無曲防，無遏糴，毋有封而不告。』彼以五命爲五禁，此則（禁）別爲禁也。』按：四教、五禁，三書不同，乃傳聞之異詞。此傳云在葵丘，與孟子合。陽穀會者四國，非桓公霸業之極盛時也。

十年晉獻公伐虢得麗姬

按：麗姬得乎麗戎。左、國、史記皆同，疑此誤。

十七年夏滅項孰滅之桓公也何以不言桓公也爲賢諱也

按：桓公滅譚、滅遂，春秋書之，何獨于項而爲之諱？且賢者而可以滅人之國，則存亡繼絕之義謂何？以書法言，外滅無不書某國者。此不書，内滅也。左氏說是。

十八年冬邢人狄人伐衛狄其稱人何也善累而後進之伐衛所以救齊也

按：上文書「宋公、曹伯、衛人、邾人伐齊，爲立孝公也」。又書「宋師及齊師戰」，是主其事者，宋也。則救齊當伐宋，乃伐衛何爲？且事距十月，齊事已定，又何賴乎救？于情事皆不合。上文狄救齊，傳曰：「善救齊，何以不稱狄人」，可見狄之稱人，與褒貶無與。特與邢人並書，不稱「人」則不詞耳。傳云「功追而德遠」，范注謂「夷狄而夏，中國其德遠也」，皆迂而無當。

二十年秋齊人狄人盟于邢邢爲主焉爾邢小國其爲主何也其爲主乎救齊

按：此承十八年伐衛之事，而非事實也。于文不得曰「齊人、狄人盟于邢」，又不得曰「齊、狄盟于邢」。是時邢必同盟，故亦不得曰「齊人及狄盟于邢」。狄之稱「人」，因于齊也。

二十五年宋殺其大夫其不稱名姓以其在祖之位尊之也

注：「何休曰：『曹殺其大夫亦不稱名姓，豈可復以爲祖乎？』鄭君釋之曰：『宋之大夫盡名姓。禮，公族有罪，刑于甸師氏，不與國人慮。兄弟也，所以尊以異之。孔子之祖〔孔父〕，累于宋殤公而死，今骨肉在其位而見殺，故尊之。隱而不忍稱名氏。若罪大者，名之而已，使若異姓然。此乃祖之疏也。曹殺其大夫，自以無大夫，不稱名氏耳。春秋詞同事異者甚多。隱去即位以見讓，莊去即位爲繼弒，是復可以比例非之乎？』」補注：「何説固無禮，鄭亦失之。祖謂孔父也。左傳稱大司馬孔父，又稱孔父爲司馬。在祖之位，在司馬之位也。宋自此殺大夫者四，春秋皆不稱名姓。此經左氏無傳。文七年書『宋人殺其大夫』，左傳謂殺公孫固、公孫鄭，而樂豫舍司馬。史記謂殺大司馬

公孫固。然固、鄭二子，當依孔穎達説爲孤卿之官，而固則以大司馬爲孤，其下又有樂豫爲司馬屬于固也。成十七年「宋殺其大夫山」，左傳云：『蕩澤爲司馬，謂之子山。』文八年則明書「宋人殺其大夫司馬」，以彼注文推此年所殺，明亦是司馬可知。穀梁之説未可輕議，而左傳事實抑亦十得八九矣。此傳二句，通四經言之。孔父不稱名，曰爲祖諱。四經不稱名姓，曰以其在祖之位尊之。明四經亦爲諱也。孔父諱而四經皆諱者，盈乎諱之意。古者，官有世功，則有官族。故宋魚氏世左師之位，魯三卿司徒、司馬、司空，三桓亦各世其位。故宋司馬之位，孔氏所不忍言也。孝經首章引大雅云『無念爾祖，聿修厥德』，匡衡以爲孔子特著之。春秋與孝經同義，而公羊以始隱爲祖所逮聞，亦尊習聞祖之説而誤也。但四經雖皆諱名姓，而或直云大夫，或稱官，或稱字，或稱國，或稱人。傳或言或不言，則又同中之異。後（當文）文當各論之。鄭云罪大者名之而已者，謂山也。山稱國以殺，不得爲罪大。山是字，亦非名也。』

按：尊祖之説，何駮之而鄭駮何；今鍾氏又規鄭，言之詳矣。以今考之，鍾説亦未盡核也。此年左氏無傳，不能詳其爲何人。文七年，左傳備列宋六卿。樂豫爲司馬而別無大司馬其人。國人殺公孫固、公孫鄭，孔疏以爲孤卿，自不在六卿之數。樂豫讓司馬于公子卬，八年傳稱「殺大司馬公孫卬」，而經但書「司馬」。是大司馬與司馬並非二官，傳文或加「大」字耳。乃稱樂豫屬于固，與左氏前後之文不合。宋世家「成公弟禦殺太子及大司馬公孫固」，與左傳不同，不可以證左傳。左傳所殺者，尚有公孫鄭，何亦不明也？左氏以不名爲非其罪。八年之不名，書官，左氏以爲貴之。成十五年之「宋殺其大夫山」，左氏言背其族，杜預言去族以正其罪。是山者其名，鄭説不誤。春秋之書「殺其大夫」者，或名或不名，無稱字者。乃必以山爲字，何也？魚氏之世爲左師，襄公以目夷之仁，目夷之子公孫友、魯孫魚石（石之父傳不詳。）皆爲左師。魚石亡而左師亦用他人，無復世爲之者。樂豫之後公子卬，卬後華耦，耦後蕩虺，虺後蕩山，山後老佐，佐後華弱，弱後華費遂，費遂後公孫忌，從無世爲司馬者。則以司馬爲孔氏之世官，凡爲司馬者，皆諱之，亦非也。春秋魯史，家諱亦不當辟，矧爲其祖之官者而亦諱之。其説果〔何〕所據哉？

文公

三年王子虎卒叔服也

按：此誤與公羊同。

四年爲其禮成乎齊也

按：齊、魯大國，何至失禮至此？此必無之事，當以左氏爲長。

七年宋人殺其大夫稱人以殺誅有罪也

按：宋殺大夫見經者四。僖二十五年傳則曰「尊祖」，文八年則曰「無君」，成十五年則無傳。但以稱人言，則此年與八年並稱「宋人」，何以傳文不同？若以無君爲不臣，則其事其義正左氏相反，恐不然也。舍事而專言例，例必有與事相違錯者，而春秋之褒貶皆不足信矣。補注謂此非討賊，又無名氏，故重發衆亂之例。此用左氏「不稱名，衆也」之説。以左氏傳文考之，此年之殺出于穆、襄之族。及國人八年之殺，出于襄夫人及戴氏之族。所殺者，皆昭公之黨。何罪之有？其稱人者，衆詞也。

八年宋人殺其大夫司馬司馬官也其以官稱無君

按：十五年傳以不臣釋無君，罪其臣也。鄭君釋爲無人君之德，則責其君也。以左氏所紀之事言之，司馬爲昭公母弟，死不舍節，無罪者也。殺之者，出于襄夫人，而非君之意。君亦無責者也。特昭公不能于君祖母致親信之臣，或殺或奔，則謂無人君之德，其説可通，疏引之是也。

宋司城來奔司城官也其以官稱無君之亂也

按：司城，蕩意諸也。奉身而退，爲時所貴。昭公之弒，帷意諸死之。此正忠于君者，豈得謂之無君？若如范氏不臣之意，與事實正大相反。補注謂其時司城官屬悉來奔，實如左傳之説，故稱官以著之：官屬悉奔，朝廷空虛，擅權無君，于時爲著。然考之左氏傳文，並無官屬來之語。其文見于杜注。但因傳有皆復之文，故釋之如此。司城之出，其官屬未必無偕之出者，亦未必皆從。宋方内亂，臣下奉身而退，何罪之有？此仍當以鄭説通之。補注以鄭爲非者，必欲申其祖位之説耳。

九年褒之也

按：此傳陸褒駁之。

十四年是郤克也

按：克之父缺尚在，此傳誤也。齊氏駁之。

不以嫌代嫌也

注：「舍不宜立，有不正之嫌。商人專權，有當國之嫌，故不書國氏，明不以嫌相代。」按：「舍爲昭公嫡子，何不正之有？此由于舍事言例，凡與例不合者，即以事爲不足信，而古人多被誣矣。言例之病至于如此，豈聖人之意乎？

單伯淫于齊齊人執之

按：此與公羊之道淫，皆怪誕之説。不足取，當從左氏，左氏之文，甚明白也。

十五（宋）〔年〕宋司馬華孫來盟司馬官也其以官稱無君之辭也

注：「泰曰：『擅權專國，不君其君，緣其不臣，因曰無君。上司馬、司城皆不名，而此獨名者，以華孫奉使出盟，爲好于我。故書官以見專，録名以存善。』」按：宋是時華元爲右師，專國者必元、耦。不過奉使來聘而因其書官，而遂目爲不臣，未免誣古人矣。此仍當以鄭氏前説通之。

天子之命大夫也

按：諸侯之命大夫，皆執國政者也。是時，魯諸臣公子遂最得君，而三桓之子孫亦遞嬗爲卿，安得復有命大夫如單伯者？

其曰子叔姬貴之也

按：貴之者，以稱子也。來歸既貴之，則與前叔姬同罪之文，不相剌謬乎？知此事當從左氏，二傳皆失其實。

宣公

十六年春王正月晉人滅赤狄甲氏及留吁

注：「滅夷狄時，賢嬰兒，故滅其餘邑猶月。」

按：此注齊氏駁之。

成公

四年攘善也

按：此傳疏已駁之。

十三年公如京師不用月非如也

按：此傳齊氏駁之。

十五年惡諸侯也

注：「今以侯執伯，明執之不以其罪。」疏：「左氏以爲曹伯殺大子而自立。公羊之意曹伯篡喜。時據二傳之文，則是有罪。范云不以其罪，范以曹伯言執，云惡齊侯；曹伯之入，云歸爲善。』按：此皆爲例所拘，遂至是非顛倒。

十六年執者不舍而舍公所也

注：「今言舍者，以公在苕丘故。」按：左傳云「公還待于鄆」，則不在苕丘。

十七年十一月無壬申壬申乃十月也致公而後録臣子之義也

按：臣子之義固重，日月可以顛倒乎？

襄公

九年故宋也

按：外災書者多矣，何獨宋？大水亦嘗書矣，何獨是年？春秋魯史，因故宋而志宋災，恐非宋人之意。

二十一年庚子孔子生

按：説見公羊。

昭公

元年取鄆

注：「魯邑。言取者，叛戾不服。」按：范據公羊爲説，與左氏相違。左氏所紀甚詳，當從之。

四年慶封封乎吴鍾離

按：「鍾離」，左氏作「朱方」，是。時鍾離尚未屬吴。

十三年蔡侯廬歸于蔡陳侯吴歸于陳善其成之會而歸之

注：「諸侯會而復之故言歸，二國獲復此盟之功也。」按：二國獲事由于楚，與諸侯何與？此傳未合當日情事。

十七年進楚子故曰戰

按：兩夷狄何獨進楚？

二十一年奔而又奔之曰東惡之而貶之也

按：靈王滅蔡，平王復之。豈得以奔仇責東？此種議論不合情事。

二十二年王猛嫌也

按：此與公羊同，説見公羊。

二十九年昭公出奔民如釋重負

按：此過甚之詞。昭公久失民，既有過，亦不及于民也。

定公

四年君不爲匹夫興師

注：「傳不善子胥者，兩端之間。忠臣傷孝子之思，論孝子則失忠臣之義。」按「之間」下疑脱「論」字。

十一年未失其弟也

注疏考證：「據辰之奔陳，猶可曰爲仲佗、石彄所脅迫也。此年入蕭以叛，經書及仲佗、石彄、公子地，豈非罪之魁乎？據地叛君而猶曰未失爲弟，此何説也！」按：據左傳，奔陳入蕭皆辰爲首。傳曰「叛，直叛也」，又何未失之有？疏云：「今而入國，兩子之情，非辰之意。書『及』以辨尊卑，言『弟』以顯無失。」然則自陳之力，力由二卿，入蕭之叛，專歸仲、石，意在調停傳説。然經書辰爲首，不得以一「及」字歸獄仲、石也。

哀公

二年晉趙鞅帥師納衛世子蒯聵于戚納者内弗受也帥師而後納者有伐也何用弗受也以輒不受也以輒不受父之命受之王父也信父而辭王父則是不尊王父也其弗受以尊王父也

注：「寧不達此義。江熙曰：『齊景公廢世子，世子還國書篡。若靈公廢蒯聵立輒，則蒯聵不得復稱曩日世子也。稱蒯聵爲世子，則靈公不命輒審矣。此矛楯之喻也。然則從王父之言，經似失矣。經云納衛世子，鄭世子忽復歸于鄭，稱世子，明正也。明正則拒之者，非邪？』」疏：「輒若申父而辭王父，是不受命，則蒯聵違父爲不善，若以

鄭忽稱世子以明反正，則輒之拒父爲醜行。亦是非不可並，故云『矛楯之喻』也。」考證：「穀梁之失，此條爲最，大有害于名教。經既書曰『納衛世子』，蒯聵雖本據晉人納之之辭，然不去世子，可云不應立乎？就使蒯聵負罪以出，義不當立，在輒斷無拒父之理。范氏引江熙説直糾傳失，是也。』按：左傳云：「初，衛侯游于郊，子南僕。公曰：『余無子，將〔立〕女。』」是靈公已不以蒯聵爲〔大〕子矣。子南者，公子郢也。郢知蒯聵之必争也，故辭。靈公卒，夫人曰：「命公子郢爲（太）〔世〕子，君命也。」是靈公立郢之言，夫人知之。而夫人之不欲立蒯聵及靈公之未嘗立輒，明示于衆。迨郢又辭，而稱「亡人之子輒，明示以衆。迨郢又辭，而稱「亡人之子輒在」，蓋欲以此言悟夫人也。而衛人遂立輒者，終以夫人之惡蒯聵，不得已而出于此，而不思輒之不當立也。傳云「受之王父」，何嘗有此事哉？不信左氏而議論遂紛然矣。且輒縱有王父之命，父在亦不當受。今受之而不讓，而又出師以拒之，乃曰尊王父也，是天下可以有無父之人矣。程子曰：「蒯聵得罪于父，不得復立；輒亦不得背父而不與其國。爲輒計者，委于所可立，使不失君之社稷，而身從父則義矣。公、穀王父命之説非是。」此數語可以斷斯獄矣。補注猶爲傳委曲彌縫之，不足取。

六年陽生正荼不正

按：景公無嫡子，群公子皆庶子，而荼則景公所立者也，安得謂之不正？陳乞欲亂齊，逆陽生而立之，而終弑之，齊遂爲陳氏矣。

日南讀書記　卷十五

論語一

學而

學

朱子集注：「學之爲言效也。人性皆善，而覺有先後，後覺者必效先覺之所爲，乃可以明善而復其初也。」毛奇齡四書攻錯：「學有虚字、有實字，如學禮，學詩，學射，御，此虚字。若『志于學』、『可與共學』、『念終始，典于學』，則實字矣。此開卷一「學」字，自有所指而言。乃注作『效』字，則訓實字作虚。既失詁字之法，且『效』是何物，可以『時習』？又且從來字學並無此訓。」趙佑四書温故録：「聖人教人，莫先于學，故論語學而第一。天下無人不當學，禮王制、文王世子是已。無事不當學，小學、大學是已。無時不當學，疏載皇氏以凡學有三時：一、身中時；二、年中時；三、日中時，備矣。孝弟不待學，必資學以成之；聖人不易學，猶須學以幾之。古者以其執業之名謂之學，即以其所居之地謂之學。明其無以易也。未有文字以前，聖人學天地，故曰：『崇效天，卑法天』。既有載籍以後，學者學于詩、書，故曰：『必則古』。昔稱先王，皆必有所效，故學必有師，必擇師。師之者，將以效之。師以其所效，使人效之，謂之教，謂之斅。書『惟斅學半』是也。王其效邦君，效即斅也，教也。『乃汝其悉自教二』，大傳作『學二』，言效天下之功也，明斅與學皆得言效矣。一是以效使效，一是效其所效。集注『學之爲言效』，蓋出諸此。古訓學爲覺，是明學之意；學之言效，是釋學之事，二者盡之矣。不知毛奇齡何意，必以學止是業而駮言之非，且謂近于百工將作之爲。夫君子之學與百工之學事不同，而義本無殊。故曰百工居肆以成其事，君子學以致其道。特舉之爲比儗，奇齡胡不省諸？且百工將作正是以執業爲名，安見言業之足以别乎？蓋毛氏之說，但知詆譏朱子，而絶不自顧其觸背往往説也。」

按：説文：「斆，覺悟也。從教，從冂。冂，尚矇也。臼聲。學，篆文斆省。」説命「惟斆學半」，學記引作『惟學學半』。是斆、學本一字，後人始分別。斆，胡孝反；（覺）「學」，胡覺反也。皇侃疏引白虎通：「學，覺也，悟也。言用先王之道導人情性，使自覺悟而去非取是，積成君子之德也。」此正與許訓相合。書洛誥「乃汝其悉自教二」，大傳作「學功」，云「學，效也」。廣雅釋詁三：「學，效也。」集注本之，是學有覺、效二義，而二義實引申。覺先而效後，人之于事理必覺焉而後能效之，集注「覺有先後」及「後覺效先覺」，實兼二義而融貫之，乃漢、魏以前之古義也。説文段玉裁注：「（學記）兑命曰：『學學半』，上學字謂教，言教人乃益己之學半。教人謂之學者，學所以自覺，下之效也。教人所以覺人，上之施也。故古統謂之學也。」又曰：「詳古之製字，作斆從教，主于覺人。秦以來去『攴』作『學』，主于自覺。學記之文，學教分列，已與兑命統名爲學者殊矣。」今按：斆字從教。説文：「教，上所施、下所效也。從攴𡥈。」「𡥈」，見子部，效也。廣雅：「𡥈，效也。」一切經音義：「三蒼：斆，效也。」是斆之從⿰𡥈言，諧聲兼會意。效之意固互相轉注矣。毛謂「學」字有虚實之分，而造字之本初，先有虚字之義，實字之義乃從之而定。其名其實，乃一義，非二義。安得以訓實作虚爲失？效之訓，本于書傳，廣雅在魏、晉以前，安得云從來無此訓？毛專以攻朱而名。其書曰攻錯，而未知自己之錯，此所以後人有攻錯錯之作也。此章「學」字爲全書第一字。皇氏訓爲「覺」，朱子訓爲「效」，皆「學」字之本義。黄式三後案所謂統解「學」字于第一，「學」字之中也。各章「學」，有必訓爲效而始可通者，有不必訓爲效而亦可通者。然不訓爲效而亦可通，究之其意亦從效字引伸而出，後來强爲分別耳。大學注「學」，謂講習討論之事。其實講習討論乃「時習」中功夫，非「學」字之本旨也。皇疏「學有三時」，于學之實，言之甚詳。可見此「學」字所包者廣，不專指讀書言。若專指讀書，則學亦隘矣。

而時習之

集注：「習，鳥數飛也。」按：説文：「習，數飛也。」此注正用許訓。又，鄉黨注「許氏説文『侃侃，剛直也』，『誾誾，和悦而諍也』。」則明引説文。或謂朱子不通小學者，殆未考此。

君子務本本立而道生孝弟也者其爲仁之本與

集解：「本，基也。立基而後可大成。先能事父兄，然後仁道可大成。」集注：「本猶根也。程子曰：『謂行仁自孝弟始，孝弟是仁之一事。謂之行仁之本則可，謂之仁之本則不可。』」稽求篇：「『本』字不訓始字，惟宋真朝作廣韵，始有此釋。但此節『本』字，則斷斷不作始解。爲仁之本即務本，本字也。孝弟爲仁始，則必先曰『君子務始，始立而道生』，恐有子無是語矣。』」攻錯：「孝弟是仁本，孟子所言甚明。仁之實在事親，則仁本孝弟也。親親，仁也，則孝弟生仁也。實者，本也。草木從實生，猶仁從孝弟生也。故諸書解此，前後一轍。如（品）［吕］覽『夫孝三王、五帝之本務』，則直用論語『務本』二字。其他［如］管子曰『孝弟者，仁之祖也』，祖亦本也。唐［玄］宗孝經序『孝爲百行之源』，源亦本也。後漢仁孝先後論『夫仁人之有孝，猶四體之有心腹，枝葉之有根本也』，則直言仁是枝葉，孝是根本。若李延壽孝義傳序謂『仁之所資生』，房玄齡管子注謂「仁從孝弟生』，則不惟『本立』甚明，即『道生』亦甚明。乃以千百年不易之聖經，而一旦顛之倒之，直反諸所言，而經亡矣。然且自爲訓詁，改『爲仁』爲『行仁』，改『本』作『始』。夫『本』在字書蒼頡文至説文，玉篇、切韻、類篇，並無訓始字者。自程氏説出，而宋之增廣韵注者，直增始字一訓于本字下，即字書亦亡矣。」後案：「後漢書延篤傳『孝在事親，仁施品物，孝以心體，本根爲先』，經義如此而已。程叔子曰：『性中有仁，曷嘗有孝弟？』東發先生謂：某求多于本文之外，于是謝顯道：言孝弟非仁，知此心即知仁。陸子静直斥有子之言爲支離。王伯安言：『仁祇求于心，不必求于父兄事物矣。』禮中庸：『仁者人也，親親爲大。』孟子：『仁之實，事親是也。』皆以仁胲孝弟言也。孟子又言：『孝弟爲良知良能，所以見性之仁也。』朱子録程叔子説，節取『行仁自孝弟始』之（辨）［辭］，耳。』按：程子「性中有仁，曷嘗有孝弟」二語，頗有流弊。後案已言之矣。至「行仁自孝弟始」，則未可輕議。中庸「仁者人也，親親爲大」，此以親親爲仁之大者，非謂仁生于親親也。管子曰「孝弟者，人之祖也」，祖有本、始二義。爾雅釋詁：「祖，始也。」廣雅釋詁三：「祖，本也。」則謂仁之本也可，即謂仁之始亦可。荀子王制篇注：「始，猶本也。」列子天瑞篇：「太始者，（之本也）［形之始也］。」是（是）本與始其義本相通，不必强爲之分别也。夫仁者，德之總名；孝弟者，仁中之事。經文明言孝弟謂仁之本，非謂仁生于孝弟。乃曰孝弟生仁，仁從孝弟生，果何所據而云然？後漢書延篤傳：「時人或疑仁孝先後之證，篤乃論之。」是在漢代，早已紛然未定。篤之論，謂「孝于已事寡，仁濟世功多」，而以仁爲遠。又謂「仁孝同質而生，純體之例互以爲稱，偏體則各有其目」，是篤終未定其前後。毛但探其「枝葉」、「根本」數語，以坿成已説而略其全文。乃謂宋儒「顛之倒之」而「經亡」，豈平允之論哉？集注訓

「本」爲根，初未訓爲始。吕覽孝行、用民二篇高誘注，淮南本經高誘注，廣雅釋訓一，並云「本，始也」。玉篇亦云「本，始也」。是「本」之訓始，沿于漢魏，乃曰字書無此訓、玉篇無此訓。廣韻修于真宗之世，其時程子未生，乃曰「程氏説出，而宋之增廣韻注者，直增始字一訓」，豈不重誣古人乎？吕覽諸書非毛氏所未見，特大言以欺人耳。而天下後世之人，果終可欺乎？

傳不習乎

皇疏：「袁氏云：『常恐傳先師之言不能習也。以古人言必稱師。』」集注：「傳，謂受之于師。」攻錯：「舊注『傳』是傳于人，今改作受于師。從來無有以『傳』之一字作受字解者。傳者，授也。授、受不得溷。且此一『傳』字，自漢、唐至宋，從無别解。」按：朱子之説，本于袁氏。毛謂漢、唐至宋無别解，殆未見皇疏也。禮記祭統注：「傳謂傳述。」儀禮鄭氏注疏：「孔子之徒言傳者，取傳述之意。」此正是受之于師之義，謂從無作受字解者，亦失之未考。又集解叙「前世傳授師説，雖有異同。不爲訓解，皇疏本『授』作『受』。」皇疏云：「自張侯之前乃相傳師受不同，而不爲注説也。」是其本確是「受」字。邢疏「上教下曰傳，下承上曰受」，是邢本亦是「受」字。叙云：「不爲訓解」，是傳受者，指受之師者言，非謂受之人也。

道千乘之國

按：「千乘」之説，難得其實。故朱子有「不必大段費力考究」之語也。攻錯既非朱子，于舊説一齊抹倒，而取昭五年「十家九縣，長轂九百」二語，以説「千乘」。周炳中謂：春秋時，晉作州兵，作三行五軍之後，不可以當周制。且惡知其所謂縣，即周禮四甸之縣而斷以爲二百五十井乎？毛氏以此定軍賦之制，武斷極矣。是毛氏攻人之錯，而自己亦未嘗不錯。

無友不如己者

集注：「不如己者，則無益而有損。」後案：「不如己者，不類乎己，所謂道不同不相爲謀也。陸子静曰：『人之技能有優劣，德器有大小，不必齊也。至于趨向之大端，則不可以有二。同此則是，異此則非。』陸説是也。依舊注承主忠信，反言之不如己，謂不忠不信而違于道者也，義亦通總注。游氏説以不如己爲不及己。信如是，計較優劣，既無問寡問不能之虚衷，復乏善與人同之大度，且已劣視人，人亦劣視己，安得優于己者而友之乎？朱子彌縫游説，甚費詞。」

按：必得勝己以爲友，而天下之勝己者將以我爲不及彼而不以爲友而天下遂無爲友之人矣。此淺言之而其理難通，自以陸説爲當。

爲政

譬如北辰

集注：「北辰，北極，天之樞也。」語類：「北辰，是天之樞紐。中間些子不動處，緣人要取此爲極，不可無個記認，所以就在其旁取一小星，謂之極星。」隋書天文志：「北極，辰也。其紐星，天之樞也。」攻錯：「辰是星名，不是虚位。晉志曰：『北極五星，在紫宫。中名曰北辰。其紐一星，天之樞也。』朱氏造一小星名爲極星，在天樞之旁，可作記認。夫此小星究是何星？其在天官家，自黄軒、唐虞、三代、秦、漢以至北宋，書府家自經傳子史、諸儒記詠、五官算述，以及金度玉衡、襍子襍變，並不曾云天樞之旁有一小星可作記認者。」典故辨正：「毛大可據晉志斥朱子北辰非星之説。按：隋書天文志曰：『張衡、蔡邕、王蕃、陸績皆以北極紐星爲樞，是不動處也。祖暅以儀準侯不動處，在紐星之末，猶一度有餘。』元郭守敬亦曰：『祖冲之造大明曆，始悟太陽有歲差之數，（格）〔極〕星去不動處一度餘。』此可以證朱子之説。毛氏乃謂歷代天官家、書府家並無此説，何其立論之果耶！邢士登古今律曆考曰：『自唐至宋，測紐星去不動處三度餘。南宋在臨安測紐星去極約四度半。元志則但從三度之説云。』按：星晝天樞五星，去不動處一度有餘。若其下，五星去之益遠，至第五星距紐星已五度矣。」後案：「以極星爲北辰，就周時言之，極星正在不動之處。是以賈景伯、張平子、蔡伯喈皆同是説也，以今法推之，極星已移，惟北辰之定所不移。戴東原云：『論語所謂北辰，周髀所謂正北極，步算家所謂不動處，亦曰赤道極。』」按：朱子謂旁取一星謂之極星，即指紐星而言。以北極非星，取一星以爲測驗之準，其説並不錯。天文推測乃專門之學，未可以空言妄議之。毛之攻朱，襍以詼諧，實非説經之體。

無違

皇疏：「言行孝者，每事須從，無所違逆也。」集注：「無違謂不悖于理。」攻錯：「此『無違』正對『孝』字，即幾諫所云不違，中庸哀公章所云『順親』者。此下原不得添補一字，乃以恐涉從親之令，預添『于理』二字于其下。則理即禮也，即曰不違于理，則其説已明，何必又向樊遲補出禮字？」後案：「左傳桓二年云『昭德塞違』、『滅德立違』、『君違不忘諫之以德』，昭六年傳云『有嘉德而無違心』，襄二十六年傳云『正其違而治其煩』，昭二十六年傳『君無違德』、『令而不違』，哀十四年傳云『且其違者不過數人』，古人凡背禮者，謂之違。」按：集注乃解釋經文，非添補也。後案所引左傳，足與注文相印證。毛以爲添補經文之錯，非誤會，乃周内也。

孝乎惟孝

集解：「包曰：『孝乎惟孝，美大孝之辭』。」釋文出「孝子」，云一本作『孝乎』。皇本「乎」作『于』，「惟孝』下有「者」字，無「大」字。疏云：「于，于也。惟孝（惟），謂令盡于孝也。」九經古義：「蔡邕石經亦作『于』。後世儒者據晉世所出君希篇，改『孝于』爲『乎』，以『惟孝』屬下句以合之。若非漢石經及包氏注，亦安從而是正耶？」按：白虎通五經篇作「孝于」，是漢世作「于」也。洪適隸釋漢石經殘石論語殘碑作「于」，而攻錯稱石經作「于」。據皇疏「于，于也」，則不當作「于」明甚。此攻錯誤也。後案亦作「于」，當承他書之誤。山井鼎七經·孟子考文引所引古本、足利本並作「于」，與皇本合。晉人多作「孝乎」，如夏侯湛昆季誥、潘岳閒居賦序、梁元帝劉孝綽墓志銘是。此即釋文所稱之「一本」也。唐以下人亦多引「孝乎」，初學記諸書是也。「孝乎惟孝」，可以仲尼燕居「禮乎禮」之句法例之，爲贊詞之重疊者。若作「孝于惟孝」，則甚難解也。豈晉人以「于」字難解而改爲「乎」歟？皇疏以此句爲書原文，攻錯則謂非原書文，古人引書例類如此，則又騎墻之見。

非其鬼而祭之諂也

集解：「鄭曰：人神曰鬼。非其祖考而祭之（孝）［者］，是諂［媚］求福。」集注：「非其鬼，謂非其所當祭之鬼。」語類：「非其鬼而祭之，如天子祭天地，諸侯祭山川，大夫祭五祀，庶人祭其先。上得以兼乎下，下不得以兼乎上也。庶人而祭五祀，大夫而祭山川，諸侯而祭天地，此所謂非其鬼也。」攻錯：「分明是鬼，而以天地、山川、五祀之神當之，則天神當稱天鬼，地神當稱地鬼，五祀神當稱五祀之鬼，錯。且以諸侯而祭天地，以大夫而祭山川，以庶人之止祭竈神者而祭五祀，此僭也。僭而謂諂，又錯矣。周禮大宗伯掌天神地祇之禮，天謂之神，地謂之祇。王制稱山川神祇。禮記稱五祀爲五祀之神，又稱室神。而惟人，周禮稱人鬼。祭法『人死曰鬼』，官師以王父爲鬼，庶人父死即爲鬼。又，凡（祧）〔祧〕祖以上無廟壇而祭者，皆稱鬼。則是人鬼專指人家祖父言。鄭康成所云，確注也。』曹之升四書摭餘説：「鬼神之説，始于鬼子。左氏内傳載之不一而足，外傳則又相爲表里。上下二百四十二年之中，衛侯夢夏相而寧子弗祀，晉侯卜桑林而荀罃弗禱，表表一二人而已。他若虢祀丹、晉祀黄能，皆淫祀也。顧寧人曰：『楚昭王有疾，卜曰：河爲（崇）〔祟〕。王弗祭，曰：「三代命祀，祭不越望。江、漢、睢、章，楚之望也。不穀雖不德，河非所獲罪也。」至屈原之世，而沅、湘之間，並祀河伯。豈所謂楚人鬼而越人禨，皆亦起于戰國之際乎？夫以昭王之所弗祭者，而屈子歌之，可以知風俗之所從變矣。』全謝山曰：『漢人讖緯巫鬼之説，實皆始于春秋之世。當時，雖子産不免于是。墨子之徒提其波而至今莫之能正。』然則孔子此言，正指季氏旅泰山之類。所以絶春秋之淫祀，亦何專言人鬼不而及天神地示也哉？」四庫全書目録提要：「鬼實通指淫祀，不專言人鬼。果如奇齡之説，宋襄公用鄫子于次睢之（杜）〔社〕，傳稱『淫昏之鬼』者，其鬼誰之祖考耶？」

按：曲禮：「非其所祭而祭之，名曰淫祀。淫祀無福。」與子言相合。既曰淫祀，則所包者必廣，不專指淫鬼矣。此蓋古有是語而子亦述之。無福者揭其事諂，則誅心也。至鬼神二字，分言之，則神自神，鬼自鬼；渾言之，則鬼亦可稱神，神亦可稱鬼，古人不拘拘也。如泰伯篇「菲飲食致孝乎鬼神」，夫曰致孝，專指考祖言矣，而兼稱鬼神。周語「我姬氏出自天黿皇妣大姜之姪伯陵之後，逢公之所馮神也」，夫曰姬氏之後，人鬼也，而亦稱神。班固幽通賦「黄神邈而靡質兮」，應劭曰：「黄，黄帝也。」則人鬼也。蔡邕獨斷「稷神，厲山氏之柱也」，則人鬼也。後漢書南蠻傳「今夜郎有竹王三郎神」，亦人鬼也，而皆稱神。王充論衡「鬼者甲乙之神」也，此並鬼可稱神之見于漢以前書者也。晉侯夢黄熊，而曰「其何厲鬼」，此以神爲鬼。魃，云漢毛傳「旱，神也」，而説文曰：「旱，鬼也」。説文「魃，厲鬼也」，而西山經剛山是「多神（䂓）〔⿰矢鬼〕」，即魅字。竈神也，而史記武帝紀稱爲「竈鬼」。論衡「龍虎猛神，天之正鬼也」。此並神稱鬼之見于漢以前書者也。然則必拘拘于「鬼」字，而謂專指人鬼，孔子之言轉隘，大非聖人諷世之本旨。至攻錯所引朱子語曰「庶人祭五祀即非其鬼」，與今本語録不同，不知其所據本異抑捏造歟？

與其媚于奧寧媚于竈

集解：「奥，内也，以喻近臣也。竈，以喻執政之也。賈執政者，欲使孔子求昵之，微以世俗之言感動之也。」皇疏：「奥，内也，謂室中西南角。室向東南開户，西南安牖，牖内隱奥無事，恒尊者所居之處也。竈，謂人家飲食之處也。賈仕在衛執政，爲一國之要，能爲人之益，欲自比如竈，雖卑外而實要，爲衆人所［用］，又侍君之近臣，以喻奥也。近君之臣雖近君爲尊，而交無事，如室之奥，雖尊而無事也，並于人無益也。若不依注，則復一釋。欒肇曰：『奥，尊而無事；竈，卑而有求。時周室衰弱，權在諸侯。賈自仕，出仕衛，故托言世俗，言以自解于孔子。』」集注：「室西南隅爲奥。竈者，五祀之一，夏所祭也。凡祭五祀，皆先設主而祭于其所，然後迎尸而祭于奥，略如［祭］宗廟之儀。如祀竈，則設主于竈陘，祭畢，而更設饌于奥以迎尸也。故時之語，因以奥有常尊而非祭之主，竈雖卑賤而當時用事。喻自結于君，不如阿附權臣也。賈，衛之權臣，故以此譏孔子。」日知録：奥，何神哉？如祀竈，則迎尸而（蔡）［祭］于奥。此即竈之神矣。詩「于以奠之，宗室牖下。」牖下，室西南隅，所謂奥也。時人之語謂：媚其君者，將順于朝廷之上，不若逢迎于燕退之時也。注以奥比君，以（奥）［竈］比權臣，本一神也。析而二之，未合語意。」禮記月令「其祀户」，注：「凡祭五祀于廟，用特牲，有主有尸。皆先設席于奥。」疏：「『凡祭五祀于廟用特』之下，皆中霤。禮文云『祭五祀于廟』者，設祭户祭中霤，在于廟室之中。先設席于廟堂之奥。若祀竈、祀門、祀行皆在廟門外，先設席于廟門之奥。雖廟室、廟堂、廟門有别，總而言之，皆謂之廟。故云『凡祭五祀于廟』。此謂殷禮也。若周制則七祀，加司命與厲也。不審祀之處所，以當祀竈門、行等，俱在廟門之外祀也。若周總在宫内，故宫正注云『祭社稷七祀于宫中』。又，「其祀竈」，注：「竈在廟門外之東。祀竈之禮，先席于門之奥，東面設主于竈陘，乃制肺及心、肝爲俎，奠于主西。又設盛于俎南，亦祭黍三，祭肺、心、肝各一，祭醴三。亦既祭，徹之。更陳鼎俎，設饌于筵前，迎尸，如祀户之禮。」疏：「知竈在廟門外之東者，按少牢及特牲禮，皆竈在廟門外之東西面北上。云祀竈之禮以下，皆逸中霤。禮文云先席于門之奥，謂廟門西室之奥，以神位在西，故知在西室之奥，以祀户在户内，故祭在廟室之奥。祀奥在門外，故設主在門室之奥。各從其義。云東面設王于竈徑者，謂設主人東面也。竈徑爲竈邊，承器之物，以土爲之。云既祭，徹之，更陳鼎俎，設饌于筵前者，筵前，謂初設廟室，奥之筵前。』」周禮天官宮正注：「邦之祭社稷七祀于宮中，祭先公先王于廟中。」疏：「云『邦之祭社稷七祀于宮中』者，小云宗伯，左宗廟，右社稷，在宮中中門外也。」

攻錯：「此直自造禮文者。古，家不祭神，惟始死喪奠及祔廟返主之祭，則祭于家。此是兇禮。五祀雖室神，俗名家神，然並無祭其所者。況奥爲家之正室，係主人、主婦寢處之地。天下無男女衾衽、首趾狼籍之所，而可迎尸入祭者。錯矣。』摭餘説：「宗廟之祭，尸入始祭籩豆及黍、稷、醴。此于竈徑以祭，尸入應坐而饌。入，不更祭黍、稷及肉醴。故曰略如宗廟之儀。夫竈陘，則所謂祭其所也。既徹而設首筵，首所謂迎尸而祭于奥也。朱子亦何嘗自造禮文？惟是鄭言設席于奥，疏以爲廟門之奥，則不然。蓋宗廟之奥，廟主在焉，必不可以設神席。若後寢之奥，衣冠藏，恐亦非是古中霤。禮于祀竈，言席于門之奥，其諸門堂之奥歟？』汪份大全：「祭五（思）〔祀〕，或在廟中，或在廟外，此鄭氏之説。（説）然鄭氏注宮正，又言祭于宮中，與前異。馬貴于謂：廟所以奉祖宗，不當褻祭他鬼神。則所謂奥者，不在廟，而在所居之室矣。按：此則知集注只渾言祭于其所，最爲精細。』按：祀户設主于户内之西，祀竈設主于竈陘，祀中霤設主于牖下，祀門設主于門左樞。行在廟門外之西，爲軷壇，設主于軷（見）〔占〕。並見月令鄭注。其設主之處，即其所也。如非祭于其所，何以户必在户西，竈必在竈陘，中霤必在牖下，門必在左樞，行在必軷上乎？則謂必祭其所，此毛之錯也。内則云：「父、母、舅、姑將坐，奉席請何鄉，請衽。長者奉席請何趾，少者執床與坐，御者舉（凡）〔几〕。斂席與簟，縣衾，篋枕，斂簟而襡之。」是古者衾枕之類，盡即斂之、篋之，安有「男女衾衽、首趾狼籍」之事？此語亦未合于古也。朱子此注亦即鄭注約而言之，原未嘗錯。乃毛以爲自造禮文，豈篤論哉？媚竈之説，有四顧以折一神爲二，未合語意，其説頗是，似不若作中舊説爲安。

獲罪于天

集注：「天即理也。其尊無對，非奥、竈之可比也。逆理即獲罪于天矣。」潘行桐論語集注訓詁考：「左氏成公十三年傳：『民受天地之中以生，是以命也。是以有動作威儀之則，以定命也。能者養之以福，按：據漢志，漢當乙作以之。不能者敗以取禍。是故君子勤禮，小人盡力。』中庸『天命之謂性』，鄭注：『天命，天所命生人者也，是謂性命。木神則仁，金神則義，火神則禮，水神則知，土神則信。』又，樂記『則天理滅矣』，鄭注：『理，猶性也』。吕氏春秋本生篇『以全天爲故者也』，淮南子原道訓『不以人易天』，高誘注並云：『天，性。』荀子解蔽篇『莊子蔽于天而不知人』，楊注：『天謂無爲自然。』呂氏春秋離謂篇云：『理也者，是非之宗也。』爾雅釋天釋文引春秋説題辭曰『天之言鎮也，居高理下，爲人經緯。故其字一大以鎮之也。』春秋繁露郊祭篇：『天者，百神之大君也。』淮南子覽冥訓『上天之誅』，高注：『上天，上帝也。』書君奭『格于皇天』，正義：『皇天，北極大地也。』王正春曰：『大戴記三本篇：天地者，性之本也。』惟其爲性之本，故即爲理之本。違理即違天，獲罪于天矣。王炳燮讀莊氏存與四書説：「在物、在事、在心，皆理也。理出于天，故又言天理。以理爲天之所出，故言天即理，以明逆即逆天也。天尊地卑，地且不得與天同尊，又孰得而與之爲對？故言其尊無對，以破媚竈之説。因申曰：非奥竈之可比。言各有之，當今乃併截言之以申，駁斥必舉程、朱之（者）〔言〕，理者盡埽除之。然終無程、朱之書俱在，循其言而求之，其得乎人心之同然者。非攻掊忿嫉之所得而夷滅也，則亦何益之有哉？」按：朱子此注，自攻錯以下，諸書議之者日繁。有徒不備録，而録潘、王二説，近日之不徇衆議者也。朱子不云「天，理也」，而云「天即理也」，加一『即』字與尋常之轉注不同。下言「其尊無對」，又言「逆理即獲罪于天」，則未嘗不以天爲蒼蒼之天也。如潘氏所引（品）〔吕〕覽諸書，又可以蒼蒼之表釋之邪？

管氏有三歸

注：「包氏曰：『三歸者，娶三姓女也。婦人謂嫁曰歸。』」皇疏：「大夫婚不越境，但一國娶三女，以一人爲正妻，二人姪娣，從爲妾也。管仲是齊大夫，而一娶三國九人，故云『有三歸』也。」邢疏：「禮，大夫雖有妾媵，嫡妻唯娶一姓。今管仲娶三姓之女，故曰『有三歸』。」集注：「三歸，臺名，事見説苑。」王復禮四書集注補：「按：三歸作臺解，非。朱子之説，而劉向之説也。戰國策云：『齊桓公宮中，女市、女閭七百，國人非之。管仲故爲三歸之家，以掩桓公。』鮑彪注云：婦人謂嫁，曰歸夫家之家。仲蓋三娶女也。」韓非子云：『管仲相齊，曰：「臣貴矣，然而臣貧。」桓公曰：「使子有三歸之家。」』漢公孫〔弘〕云：『管仲相齊桓，取三歸。』班固食貨志云：『在陪臣而娶三歸。』故論語包咸注云：『三歸，娶三姓女。婦人謂嫁曰歸。』邢昺疏云：『禮，大夫雖有妾媵，嫡妻惟娶一姓。今管仲娶三姓之女，故曰有三歸。』至伊川、淳夫、上蔡、龜山、和靖、南軒皆云奢而犯禮，無有言是臺者。朱子不以諸説爲據，而獨引説苑之語，且答『或問』而又引韓非子所言『桓公使管仲有三歸之家』以爲證，則

更左矣，何也？韓非但云三歸之家，並不言有三歸之臺也。朱子又謂：『若作三女解，則爲僭上失禮，與塞門反（坫）〔坫〕同科矣。今夫子但以爲不儉，則亦但爲極臺觀之侈，而未至于僭也。』或又問：『禮以大夫具官爲僭，今管氏之官事不攝，是也。而夫子已與三歸並稱，則安知其不爲僭？』朱子答：『禮家之言若此，皆不可據也。』然余考韓非子，又有云：『管仲庭有陳鼎，家有三歸。』孔子曰：『良大夫也，其侈逼上。』史記云：『管仲富儗似于公室，有三歸反坫，齊人不以爲侈。』邢昺又云：『管仲娶三姓女，家臣備職。奢豪若此，安得爲儉？』則孔子、史遷原以三歸爲侈。邢昺原以三歸爲奢矣。余故以爲奢者或有不僭，而僭者未有不奢者也。夫具官爲僭，朱子尚以禮記爲不可據，而三歸爲臺，説苑獨可據乎？然『三歸』、『具官』、『塞門』、『反坫』，皆是僭妄。但『塞門』、『反坫』，只可言僭，不可言奢，以其所費者少矣。若『具官』則俸多，『三歸』則自納聘、迎娶，以及居第、供饌、服飾、使令，缺一不可，其奢尤甚。正所以破其儉，何嫌與『塞門』、『反坫』同科也！況朱子注孟子『寡人好色』句，『好色則用奢度侈。』又何彼此互異乎？故毛西河云『劉向誤述管仲事。』」稽求篇：「舊集解疏説甚明。史、漢諸注凡引三歸者，無不以三娶爲解。説苑誤述仲事，因誤解國策所致。」按：國策：「周文君免工師籍，相倉，而國人不悦。因曰：『宋君奪民時以爲臺，而民非之。無忠臣以掩蓋之也。子罕釋相爲司空，民非子罕而善其君。齊桓公宮中，女市、女閭七百，國人非之，管仲故爲三歸之家，以掩桓公非，自傷于民也。』」國策此説，謂管仲、子罕同一掩蓋君非之事，故相連引及。非謂宋君築臺，管仲亦築臺也。宋君之非在築臺，子罕以扑築掩之。齊桓之非，在女市、女閭之多，則管仲以三娶掩之。其掩蓋君非則一，而築臺、娶女截然兩分，此最明了者。劉向見兩事，並引。且兩事皆掩蓋之事，而三歸之上不立「娶」字，遂疑爲一類而溷齊于宋，溷仲于罕，溷娶女于築臺。且公然改三歸『之家』二字爲『臺』字而不顧，則試思齊桓之非在多女，而仲以築臺掩之，是遮甲而障乙也，可乎？典故辨正：「説苑：或言于桓公曰：『管仲之智，可與謀天下；其強，可以取天下。君恃其信乎，内政委焉，外事斷焉。〔驅〕（氏）〔民〕而歸之，是亦可奪也。』桓公乃謂管仲曰：『政則卒歸于子矣。政之所不及，惟子是匡。』管仲乃築三歸之臺，以自傷于民。」據此，則「三歸」是臺名。戰國策：「桓公宮中，女市、女閭七百，國人非之。管仲故爲三歸之家，以掩桓公。」據此，則「三歸」〔是〕三娶。二説不同。許慎五經異義云：「管仲築臺，僭也。」漢書地理志云：「身在陪臣，而取三歸。」則自漢儒已兩歧其説。愚按：韓非子：「管仲相齊曰：『臣貴矣，然而臣貧。』桓公曰：『使子有三歸之家。』曰：『臣富矣。』」又云：「管仲庭有陳鼎，家有三歸。」以「三歸」與「陳鼎」對言，又以「爲富」，則當是臺名。一統志：「三歸臺，在東平州東阿縣西二里。今之東阿即古阿邑。晏子『景公使晏子爲東阿宰』，此阿本齊地之證。」武億羣經義證：「案：臺爲庫府之屬，古以藏泉布。史記周本紀『散鹿臺之泉』，説文解字通論：『武王散鹿臺之錢』是也。管子山至篇：『請散棧臺之錢，散諸城陽；鹿臺之布，散諸濟陰。』是齊舊有二臺，以爲貯藏之所。集解不如朱子義爲長。晏子春秋：『管仲恤勞齊國，身老，賞之以三歸。澤及三歸。』此又爲一證。」按：武説最爲有據。或問「儉乎」，築臺是奢侈事，故以此答之，不應兼及僭事。如此事是僭，則或人何必再有「知禮」之問乎？説苑原文以自傷于民，釋民歸之謗，自是苛斂民財之事。與國策所言迥異，不得謂説苑爲誤解。至國策所言「桓公宮中女市、女閭七百」，則殊不可信。無論女市、女閭之事，于古未聞，而七百之多，其荒淫與桀、紂無異，何他書未有言之者？左傳但言桓公内嬖女夫人者六人，而不及此事。其事不足信而删之歟？抑本無此事歟？若必據國策以駁説苑，則所見未免顛倒矣。婦人謂嫁曰歸，指嫁者説，不指娶者説。三娶而曰三歸，于古義相背。三歸而曰取三女，于文爲不詞。經文明言「有」，不言「娶」也。韓非「三歸之家」對「臣貧」言，必非取女之事。國策注訓「家」爲夫家，是指嫁者説。若云「故爲三歸之夫家」，于文亦不詞。恐韓非「家」字乃「臺」之〔爲〕〔譌〕，非説苑改「家」爲「臺」。乃云「説苑改家爲臺而不顧」，豈非武斷？至皇疏言「禮，諸侯一娶三國九女；大夫婚，但一國娶三女」，稽求改爲「諸侯娶三姓女，大夫娶一姓女。」以左氏傳考之，成九年「伯姬歸于宋，」衛人、晉人來媵，禮也。傳云：「凡諸侯嫁女，同姓媵之，異姓則否。」故齊人來媵，杜氏云「非禮也」。是禮無一娶三姓之説。毛改「三國」爲「三姓」，則不知可所據。後案亦取武説，于本文語意最合，當爲定論矣。

里仁

人之過也各于其黨

集注：「程子曰：『君子常失于厚，小人常失于薄。君子過于愛，小人過于忍。』尹氏曰：『于此觀之，則人之仁不仁，可知矣。』」稽求篇：「黨字作類字解，指倫類言，則單指爲人受過者。言受過如有類，如周公使管叔監殷，則于兄弟一類。孔子答昭公知禮，則于君臣一類。孫性私賦民錢，市衣進父，則于父子一類。子路爲子喪，不忍除服，則于女兄弟一類。總是仁愛之至，不惜受過。故受過有類，則觀之而可以知仁。天下豈爲人受過而尚可目之爲不仁者乎？則何厚何薄，何愛何忍乎？』攻錯：「國語『上黨之國』，注：『黨，所也。』此『黨』字亦當作『所』解。謂過之所也。如周公使管叔監殷，其受過之所在愛兄。孔子答昭公知禮，其受過之所在敬君。孫性私賦民錢，市衣進父，其受過之所在孝親。故曰：觀其過而仁可知焉。乃添出『厚』、『薄』、『愛』、『忍』四字，已乖迕矣。然且直添『不仁』二字，而以仁不知對待立言，毋論本文毋知不仁語』云云。』温故録：「但言仁，不更言不仁，所謂舉一邊見兩邊也。人則固有同是過，而一則無礙于素，一則適見其全者。必謂添出『不仁』不得，則上明言『黨』言『各』，又將何説？」（後）後案：「漢書外戚傳：『子路喪姊，期而不除。孔子非之。子路曰：由不幸寡兄弟，不忍除之。故曰觀過知仁。』顔注：子路厚于骨肉，雖違禮制，是其仁愛。」皇疏：殷仲堪説云：『直者以改邪爲義，失在寡恕；仁者以惻隱爲誠，過在容非。』程子所本。』按：毛氏一説「黨」作「倫類」解，專指爲人受過者言。然兄弟、君臣、父子，不得謂之黨。所引周公、孔子、孫性三事，亦非爲人受過。經文亦無爲人受過之意也。一説「黨」作「所」解，仍引周公、孔子、孫性三事，而又變其意。然受過之所于經文「各于其（類）〔黨〕」語意不合。則二説皆非也。皇疏述何注，謂隨類而責，不求備一人。則知此觀過之人，有仁心人也。若非類而責，是不仁人。則又一説，亦非經義。仍當從程子集説引吴祐事云「觀過知仁」。今後漢書吴祐傳作「觀過之人」。

公冶長

瑚璉也

集解：「包氏曰：『夏曰瑚，殷曰璉。』」皇疏：「禮記云：『夏之四璉，殷之六瑚。』今云夏瑚殷璉，講者皆云是誤也。故欒肇云『『未詳』也。』」邢疏：「如記文，則夏器名璉，殷器名瑚。而包咸、鄭玄等注此論語，賈、服、杜等注左傳，皆云夏曰瑚。或別有所據，或相從而誤也。』按：以時代爲先後，則當以夏瑚爲是。漢、晉諸家之説，恐別有所據。安知非記文之誤？欒肇云「未詳」最是。

無所取（裁）〔材〕

集解：「鄭玄曰：『子路信夫子欲行，故言好勇過我也。無所取材者，言無所取桴材也。以子路不解微言，故戲之耳。』一日子路聞孔子欲乘桴浮海，便喜，不復顧望。故孔子歎其勇曰『過我，無所復取哉』！言唯取于己也。古字『材』、『哉』同耳。』四庫全書總目論語稽求篇提要：「有全然無理者。如『無所取材』，鄭康成注『材』爲『桴材』，殊非事理。即牛刀之戲，何至于斯？朱子訓『材』爲『裁』，蓋本諸韋昭國語注，未爲無據。奇齡必由（成康）〔康成〕假設之説，以攻集注，不幾于侮聖言乎？」按：集解後一説，似亦未得經意。後案云：「據漢書地理志及説文，『乘桴浮海』，即居九夷之意。魯地近東海，九夷在東海之外。漢書顏注引此經而申之曰：『言欲乘桴筏而適東夷，以其國有仁賢之化，可以行道也。』顏注蓋本古説。陸稼書謂『乘桴』即周流之意，與遯世者不同，正與古説闇合。子路之喜，喜夫子之許其同行道也。『好勇過我』，謂勇于濟世；『無所取材』，謂無人取用其材也。史記弟子列傳集解：『欒肇曰：「適用曰材，好勇過我，不用，故〔云〕無所取。」』欒説是也。」今按：此説似較諸舊説爲長。

季文子三思

集注：「季文〔子〕慮事如此，可謂詳審，而宜無過舉矣。而宣公篡立，文子乃不能討，反爲之使齊納賂焉。豈非程子所謂私意起而反惑之論與？」攻錯：「此錯之全相反者。文子『三思』，自是善行。故漢、晉舊注，皆曰文子忠而有賢行，其舉事寡過，不必『三思』。而夫子衡論，則有二義：一則汎論，人患不思耳，能思，則再亦可乎，況三乎！一則誦文子明于事理，再思則可矣，何必三？此在安昌説書後無異解者。不知朱氏何據，認作貶正語，錯矣。』皇疏：「季彪曰：『時人稱孫，名過其實，故孔（之）〔子〕矯之。言季孫行事多闕，許其再思則可矣，無緣乃至三思也，此蓋矯抑之談耳，非稱美之言也。』」

按：毛氏二説，前一説須改「斯可」爲「亦可」，後一説，須改「斯可」爲「已可」，方合語氣。毛方以添補經文爲誚，而可妄改經文乎？季彪舊説已稱是「矯抑之談，非稱美之言」，則「貶正」不始于集注。乃謂「自安昌説書後無異詞」，豈非欺人之語？至季孫行父之爲人，季彪謂「行事多闕」。以今考之，方公子遂之弑君而立宣公也，行父不能討，已不得爲忠，然猶可諉爲力不足也。若于季僕之事，則以正言劫持之。納賂之事，則又奉命而往。迨仲遂死而三桓遂强，有日偪之勢。故公孫歸父欲去三桓，以張公室。事未行，而宣公薨，行父遂逐東門氏而專魯政。其後作中軍舍，中軍權歸季氏一家，遂釀逐君之禍。雖以叔孫豹父子之（中）〔忠〕于公室，而莫可如何。究其禍，則行父也，行父實盗國之魁。漢、晉舊注以行父爲忠而有賢行者，豈非囈語！朱子但舉其納賄一事，始引而未發也。乃尚以「貶正」爲錯，何哉？

寧武子

集注：「按：春秋傳，武子仕衛，當文公、成公之時。』攻錯：「寧武並無仕衛文時事。春秋經傳皆無有，而公然曰見春秋傳，已可怪矣。且此在周官，自有官制。世卿相襲，必父老子繼。春秋衛成元年，在簡書尚有『寧莊子盟向』之文。其父尚在，武子安得爲大夫？至成三年而後，武子之名，始見策書。此經傳甚明，不必爲朱注諱也者。近嘉興陸氏新刻四書大全本，謂春秋父子並仕甚多。而淮安閻氏附會朱注，又引春秋傳，謂鄢陵之戰欒書、韓厥父子俱在軍，且韓厥將下軍，而厥子無忌爲公族 大夫，是父子並在朝也。況季武已立悼子，而長（庶）公彌即爲公左宰。焉見寧武必不仕文公朝乎？此論一出，遠近即有來駁辨者。不知諸 所引據，皆非世爵相繼之法。周制世爵，父在必先定繼，名之曰立暨；父老、父死而後繼之，名之曰即位；父未老、死則立，亦或有未定者，何況即位。但世爵未繼，早有散仕爲倅者，謂作父副貳。預爲私家之散官，周官掌國子之倅，燕義稱諸侯、卿、大夫、士之庶子之倅，皆是也。故季武子立悼子，此立也；公彌作左宰，此倅也。其後悼子未即位卒，而平子即位，則公彌雖隨父作倅，然並非大夫，亦可知矣。若欒氏、韓氏則晉成變法，倣周 制之倅，而别名爲公族、公行諸官。大國三卿，而晉設六卿，其子弟皆得從之。故鄢陵之戰，欒鍼爲車右，即公行也。魏風『殊異乎公行』，是韓厥子無忌爲公族 大夫，即公族也。魏風『殊異乎公族』是也。此豈父子同時爲大夫者？以此爲證，不特不讀論語、春秋，並三禮、毛詩俱不讀矣。且亦知韓厥子無忌終不爲大夫乎？左傳『韓獻子老，將立無忌，而無忌以廢疾辭，遂立韓起』，則此公族（官但）〔但官〕國倅，何嘗是大夫！況國倅，亦應見策書。寧武並不爲國倅，謂爲大夫乎？』

按：毛説辨矣。其謂春秋時無父子並時在朝之事，前人已駮之甚詳，兹不備録。惟其謂父死子繼，而後其名始見策書，及周制世爵，父在必先定繼，父老、父死而後繼之；世爵未繼，早有散仕爲倅者，作父副貳等語，則亦不盡然。今試以鄭事論之。襄八年，鄭侵蔡，獲公子燮，鄭人皆喜，惟子産不順。子國怒之，曰：「國有大命，而有正卿。童子言焉，將爲戮矣。」是子産之言，必在公庭，故其父怒之也。又，九年傳，「將盟，鄭六卿公子騑、公子發、公子嘉、公孫輒、公孫蠆、公孫舍之及其大夫、門子皆從鄭伯，」杜注：「門子，卿之適子。」是卿之適子，當父未老、父未死之時，已有名在策書，列位于卿、大夫之後。子產爾時當在門子之列，與其父公子發固並在朝也。又，十年傳，子孔當國，爲載書，以位序，聽政辟，大夫、諸司、門子弗順，將誅之。子產止之。」是門子固從大夫之後，可參預國政者也。子產于父死之後，至十九年傳「殺子孔」之後，始云「立子產爲卿」，距父死是將及十年，乃謂周制，世卿父死子繼豈盡然哉？又如鄢陵之，楚晨壓晉軍而陳，軍吏患之。范匄趨進曰云云，文子執戈逐之。使非有位于朝，范匄烏敢妄言于軍吏之前！其時欒鍼爲右，鍼書之子也。僖二十七年傳「魏犨爲右」，二十八年，犨廢，立舟子僑爲（立）［右］。舟子僑先歸士會攝右。成十八年，「荀賓爲右，司士屬焉，使訓勇之時使」，是晉之東右，乃常職，而非臨時暫設者也，謂非父子並時在朝乎？悼公初（副）立，欒黶、韓無忌同爲公族大夫，安得謂之爲「作父［副］貳」？傳文明曰公族大夫，確是官名而仕于公者也，乃［曰］何嘗是大夫！又曰「預爲私家之散官」，其理安在？春秋［时］（世）官制，列國不同。惟齊之國、高爲天子之二守。雖未能［世］執國政，而其官則世世勿替。晉則獻公之時，士蔿最［著］爲大司空，不聞其子繼爲大司空也。文公以後，三軍［將］佐，皆自下軍佐以次而陞，從無世爲一官者。宋之六［卿］惟魚氏嘗世爲佐師。雖其執政者公族爲多，亦隨時［任］用，無世爲一官者。鄭之初，世世爲卿者尚少。七穆族［盛］迭主國政，無世爲一官者。楚則屈氏、鬥氏、薳氏諸族［居］卿位者爲多，無世爲一官者。魯則自三桓以前，亦無［世］爲一官者。自三桓之勢成，由是季爲司徒，叔爲司馬，［孟］爲司空，世世勿替。此正魯君失國之由來，乃謂周制是然乎？否乎？衛之官制，傳文疏略，無可考證。其初，石蜡最著，而蜡之子不聞繼爲其官。武子始見僖二十八年傳。其父速于二十六年尚見于經傳，相距甚近。文公之世，安知武子不已有位在朝，如鄭之門子也者？或如晉之欒黶諸人也者？謂其必然，傳固無徵；謂其不然，亦嫌武斷。理之所當有，不可謂事之所必無也。故謂「有道」、「無道」，皆指成公之世則可；謂文公之世武子未仕則不可。且所謂仕者，但有位在朝即是，不必定爲卿也。乃必以父死子繼爲言，豈是通論？

雍也

子華使于齊

皇疏：「子華有容儀，故爲使，往齊國也。但不知時爲魯君之使，爲孔子之使耳。」邢疏：「爲魯使，適于齊也。』集注：「使爲孔子使也。」攻錯：「子華使齊，正夫子爲魯司寇時。求、由、赤一齊仕魯。由使治賦，春秋傳所稱『墮三都』者；求使宰財，孟子所謂『賦粟倍他日』者；赤使治賓客，即此使齊是也。是使齊正爲魯使，與下文『原思爲宰』是一時事。故一與粟、一辭粟，皆公家稍食。兩可比較，若解作爲孔子使，則俱不合矣。」

按：冉有、季路仕于季氏，本書有明文，而子華是否仕于公抑仕于季氏，是否爲魯使，皆無可考。集注云「爲孔子使也」，孔子爲司寇時，原思爲宰，則子華亦不過爲司寇之屬。齊，大國也，魯使齊者，卿爲多。惟文公時逆婦姜，卿不行。傳以爲非禮，是。即尋常之事，亦無使屬下前往之理。皇疏作疑詞，最爲得旨。邢疏竟以爲魯（史）〔使〕，恐未必然。毛氏所言多揣測之詞，且治賦、宰財並季氏家事，非國事也。

觚

集解：「馬融曰：『觚，禮器也。一升曰爵，三升曰觚。』」皇疏：「禮云『觚酌酒一獻之禮，賓主百拜』，此則明有觚之用也。當于爾時用觚酌酒，而沈湎無度，故孔子曰『觚不觚』也。故王肅曰：『當時沈湎于酒，故曰觚不觚。言不知禮也。』蔡謨曰：『酒之亂德，自古所患。故禮説三爵之制，尚書著明酒誥之篇，易有濡首之戒，詩列賓筵之制，皆所以防沈湎，王氏之説是也。』」陳壽祺五經異義疏證：「『今韓詩説一升曰爵，爵，盡也，足也。二升曰觚。觚，寡也，飲當寡少。三升曰觶，觶，適也，飲當自適也。四升曰角，角，觸也，飲不當自適，觸罪過也。五升曰散，散，訕也，飲不能自節，爲人所謗訕也。總名曰爵。其實曰觴，觴者，餉也。觥亦五升，所以罰不敬；觥，廓也，所以著明之貌。君子有過，廓然著名，非所以餉，不得名觴。古周禮説爵一升，觚二升。二當爲三之誤。獻以爵而酬以觚。一獻而三酬，則一豆矣。食一豆肉，飲一豆酒，中人之食。毛詩説觥大七升。』謹案：『周禮云一獻三酬當一豆。若觚二升，不滿一豆。又，觥罰不過一（一）飲，而七升爲過多，當謂五升。』鄭駁之云：『周禮「獻以爵而酬以觚」，觚，寡也。觶字，角旁著氏，是與觚相涉，誤爲觚也。南郡太守馬季長説一獻三酬則一豆。豆當爲斗，與一爵三觶相應。』禮記禮器疏引。蒙案：説文角部：『觶，鄉飲酒角也。禮曰：一人洗，舉觶。觶受四升，從角單聲。䚙（觗）或從辰氏。〔觗〕，禮經觶。』許君于『觶』下引『禮』者，儀禮，今文也。又謂『觗』字出禮經者，儀禮，今文也。鄭言古書角旁〔氏〕，今禮角旁單，則『觗』爲古文，『觶』爲今文，信矣。説文云『觶受四升』，『觚』解云『鄉飲酒之（爵）。一曰觴受三升者謂之觚，是與韓詩説異也。異義引古周禮説觚二升，『二』當爲『三』。禮記正義所載，乃傳寫之誤。周禮梓人明云『爵一升，觚三升』，賈疏引異義而云『古周禮亦與韓詩説同』。則賈所見異義『觚三升』之『三』字，已譌爲『二』矣。許君『謹案』：曰『周禮一獻三觶當一豆，若觚二升，不滿一豆』，此許從周禮説，以辨韓詩説之非也。鄭君注周禮梓人，則云：『觚，豆字聲之誤。觚當爲觶，豆當爲斗。』蓋以豆實四升，一獻三酬適一斗，不得爲豆也。注禮器『貴者獻以爵，賤者獻以散，尊者舉觶，卑者舉角』云：『凡觴一升曰爵，二升曰觚，三升曰觶，四升曰角，五升曰散。』此鄭從韓詩説也。梓人疏曰：『禮器制度云：「觚大二升，觶大三升。」故鄭從二升觚、三升觶，駮異義以一爵三酬爲一斗，是鄭謂周禮與韓詩説同。』」説文義證：「三禮圖：『觚受三升，兑下方足，漆赤中青，雲飾，小其尾。』」温故録：「予因校四庫書，閲明劉績三禮圖所記云：『觚，考古圖高尺一寸，口徑五寸有半，深六寸有半，足徑二寸，深三寸有，容六合，足半之。李氏録云：「此器可容二爵，足容一爵。禮圖所謂二升曰觚也。腹作四棱，削之可爲圜，故曰破觚爲圜也。足之四棱，漢官鳳闕取以爲角隅，故曰上觚棱而栖金爵也。博古圖有容四合至一升者。」又云：「古人恭慎，凡酒器執之恐墜，觚爲棱以礙手，狀如今之屋脊，故後人以屋（眷）〔脊〕謂之觚棱者是也。」』」按此，則觚體本方，有四角，又刻有棱，腹足皆具之，如廉隅之象，以比人之耿介，故從孤名觚。夫子之歎『不觚』，度當時已嫌其礙手而削圜之。亦世道喜圜惡方之一端歟？其猶謂之觚者，蓋容二升，如故耳。至博古圖所説，又太小，不齊矣。」集注訓詁考：「莊子大宗師篇『其觚而不堅也』，釋文引崔譔注：『觚，棱也。』史記酷吏傳『破觚而爲圜』，索隱引應劭曰：『觚，八棱有隅者。』説文木部：『柧，棱也。』『棱，柧也。』」攻錯：「觚並不是棱。惟柧從木旁者，則解作棱。西都賦『上柧棱而棲金雀』，注『殿堂上高棱木』是也。且觚亦並非木簡。漢書『操觚之士』，原以竹頭作觚，但以薄竹方片可用操寫，然並無棱者。此惟酒器爲得之。顧引作異，且又不得其説。袓以棱不棱解『觚』字，則大錯矣。」按：考工記梓人「觚三升」，馬注本之，此古周禮説也。韓詩説二升曰觚。鄭注考工記，改「觚」爲「觶」。此以韓詩説改古周禮説也。皇本馬注作「三升」，而他本皆作「二升」，恐未可以他本改皇本也。説文「觚三升」、「觶四升」，蓋用古周禮説，與鄭氏異。古器今不傳，其量之大小無從目驗，兩存其説可也。其器之有棱，證以趙、潘等説，集注未嘗錯。惟當專以酒器言，不必又存木簡一解耳。稽求篇云：「戒，酗也。」即用王、蔡舊説。然文曰「觚不觚」，是但就器發歎，茲無戒酗之意。集注補謂時俗喜飲，飲酒多而違舊式，乃大小之别，非方圜之異，是即毛説而小變之。又謂博古圖所載觚制皆圓，從無棱者。

則剥蝕之遺，豈可盡據？況贋者多乎！何注言非觚，以喻爲政不得其道則不成。皇疏引褚仲都曰：「作觚而不用觚法，觚終不成。猶爲政而不用政法，豈成哉？」與何注相引伸。此一説也。鹽鐵論殊路篇引此經而申之曰：「故人事加則〔爲〕宗廟器，否則斯養之疊材。」潛夫論相列篇云：「觚而弗琢，不成于器。是勉人自砥勵也。」此又一説也。陳用之謂：「夫子歎其名存而實亡也。」與集注所引程、范説不同。此又一説也。温故録之説從朱，當以朱爲是。

述而

自行束脩以上

集解：「孔安國曰：『言人能奉禮，自行束脩以上，則皆教誨之。』」皇疏：「束脩，十束脯也。古者相見必執物爲贄。贄，至也，表已來至也。上則人君用玉，中則卿羔、大夫雁、士雉，下則庶人執鶩，工、商執雞。其中或束脩、壺酒、一犬，悉不得無也。束脩，最是贄之至輕者也。孔子言人若能自施贄、行束脩以上來見謁者，則我未嘗不教誨之。故江熙云：『見其翹然向善思益也。』古以贄見，脩，脯也。孔注雖不云脩是脯，而意也不得離脯也。」邢疏：「案：書傳『脩』者多矣。皆十脡脯也。檀弓曰：『古之大夫，束脩之問不出竟。』少儀曰：『其以乘、壺酒、束脩、一犬賜人。』穀梁傳曰：『束修之問，不行竟中。』是知古者持束修以爲禮。然此是禮之薄者，其（原）〔厚〕則有玉帛之屬，故云以上以包之也。」（脩）集注：「脩，脯也。十脡爲束。古者相見，必執贄以爲禮。束脩其至薄者。』」按：束脩有四説。皇侃、江熙並以脩爲脯，邢疏及集注承之。曲禮「童子委贄而退」，疏：「童子之贄，悉用束脩。故論語孔子云：『自行束脩以上，吾未嘗無誨焉。』」是謂童子也。此一説也。後漢書延篤傳「且吾自束脩以來」，章懷注：「束脩，謂束帶脩飾。鄭玄注論語曰，謂年十五以上。」伏湛傳「自行束脩，訖無毀玷」，注：「自行束脩，謂年十五以上。」此一説也。後漢和帝紀「束脩良吏，進仕路狹」，和熹鄧后傳「故能束脩，不觸綱羅」，注：「言能自約束脩整也。」馮衍傳「且大將軍之事，豈珪璧其躬，束脩其心而已哉」，注：「言當恢廓規模，不可空自清潔，約束脩身而已。」劉般傳：「束脩至行，爲諸侯師」，注：「束脩，謂整束脩潔。」此一説也。唐六典：「國子生初入學，置束修一篚、酒一壺、脩一。案：爲束脩之禮。」論語筆解：「束爲束帛，脩爲脩脯。」此一説也。朱子用第一説。毛奇齡攻朱者也，而四書賸言亦謂束脩是贄見薄物。其見于經傳甚衆。如檀弓「束脩之問」，穀梁傳「束脩之肉」，後漢書第五倫傳「束脩之饋」，則皆汎以大夫、士出竟聘問之禮爲言。若孔叢子云：「子思居貧，或致尊酒、束脩，子思者爲當也。」此猶是偶然饋遺之節。至北史儒林傳馮偉「門徒束脩，一毫不受」，則直指教學事矣。又，隋書：「劉炫博學，後進質疑受業，不遠千里。然嗇于財，不行束脩者，未嘗有所教誨，時人以此少之。」則直與論語「未嘗無誨」，作相反語。近儒以漢後史書多有「束脩」字作約束脩飭〔解〕，遂謂束修不是物，歷引諸「束脩」詞以爲辨。試誦本文有「行」字，又有「以上」字，若束脩其躬，何必又行？躬自束脩，何能將之而上乎？摭餘說謂西河性喜攻朱，獨此條可以翼注。温故録謂疏解本明白有援，束脩圭璧之說求異者殊不必也。此從第一說者也。第二說出于康成，治漢學者咸宗之，謂是漢時相傳之師說。周（柄）中謂：「家語『齊太史謂南宫敬叔曰：孔子凡所教誨，束脩以上三千餘人。』此明謂年十五以上者。康成之說尤長。」後案謂書泰誓孔疏引孔注論語以束脩爲束帶修飾，爲某傳「束脩，一介巨」之證，是孔、鄭注同。蓋年十五以上，束帶脩飾，以就外傳，鄭君與孔義可合也。此用第二說者也。孫奕示兒編以「束脩」爲檢束脩飭。據鄭均、劉般等傳，謂約治其身，則無不誨之，即人潔己以進，與其潔也之意。高士奇天禄識遺亦引鄧后紀、鄭均等傳，謂自行束脩，言能飭躬者，皆可教也。此用第三說者也。今按：第二說固漢儒舊說，然鹽鐵論貧富篇：「大夫曰：『余結髮束脩，年十三幸得宿衛，給事輦轂之下。』」此「大夫」乃桑〔弘〕羊，年十三侍中，見漢書食貨志。則「束脩」亦不專指十五以上。且十五以上者誨之，將十五以下者即在不誨之列乎？聖人當不出此。第三說亦漢人之說，與第二說不同。是第二說雖亦出于康成，亦未爲是也。第三說亦〔不〕可通，而「以上」二字說不去，此與論語文同義異，亦漢代通用之文詞，本非爲論語作解。第四說，六典所載，自是唐代之禮，亦不可以解論語。筆解僞書，亦未可據。此章之意。本以薄物言「束脩」，則不薄即非經意。似此三說，皆不若第一說之爲當也。後案謂據邢疏，則「自行」之自當訓爲從。然作自己之「自」，亦可通。至近解謂「自行〔束脩〕以上」，爲躬行束脩之禮以進。玩集注意，亦不如是。

夫子爲衛君乎

攻錯：「此事從無定論，然亦須略曉者。定公九年，衛靈、齊景與魯定恨晉之凌踐三國，世責納貢，比之附庸臣屬，因同謀叛晉。晉趙鞅悉之，將遷衛所貢里社五百家之在邯鄲者實之晉陽，以絶衛往來，而中行、范氏因有叛而據朝歌者。當是時，衛靈合魯、衛，共援朝歌，與趙鞅抗。而不謂蒯聵欲殺南子，反奔依趙鞅，助之攻衛。是聵不特犯國母，直向公矣。乃叛晉未成，而魯定忽死。哀之元年，衛靈仍合齊景、魯哀三國伐晉，而不意靈公又死于是。鞅乃用陽虎計，納蒯瞶，以替師伐喪，且擊靈公在日遣鄭師之援朝歌者。而瞶亦執戈奮擊，敗鄭師于鐵。是瞶以讎師襲國，暴伐父屍，翦死父未竟之志。衛人縱不爲衛君，亦當爲衛，並爲衛先君。此時夫子在衛，係先君故客。即非二賢，亦孰不疑其爲之者？爲之謂助之，即拒之也，而乃並不一拒之。自哀二年晉帥師入戚，至三年而齊景尚踐舊約，遣師困戚，然後衛亦遣師隨之。然且留瞶于戚，以致有孔悝之變。是輒始終不拒父也。輒所歉者，爲叔齊耳，不必果讓瞶。但卻位便自全耳。觀春秋經大書『齊國夏、衛石曼姑帥師圍戚』，而不及衛君，則夫子之意，豈難見乎？』

按：攻錯一書，以攻朱爲主，强詞奪理，錯處遂多，而莫如此條之尤爲亂道。定四年召陵之會，晉荀寅求貨于蔡侯，弗得，言于范獻子而辭蔡侯，晉之失諸侯自此始，此范、中行氏之罪也。假羽旄而鄭叛，援衛侯而衛叛。晉之失諸侯由于無禮，然齊伐魯則三卿來救。辱諸侯，由涉佗、成何，則執涉佗以求成，衛不許，則殺涉佗，（遂）〔逐〕成何。齊景見晉衰亂，遂思争霸，會諸侯。何嘗有恨晉凌踐，比之附庸臣屬之事？趙鞅之遷衛貢五百家，意在實晉陽。又何嘗絶衛往來？其時晉國内亂將作，趙鞅先叛，范、中行氏亦叛。趙得援而仍歸，諸卿互相吞噬，初無曲道可分，正不得謂齊、衛、魯、鄭之助范、中行氏者爲是也。蒯瞶于定十四年出奔宋，經有明文。此後哀元年齊、衛伐晉，無攻衛之事。而齊輸范氏粟而鄭送之，與衛何與？趙鞅之禦鄭師，蒯瞶爲右。其所敗者鄭，又與衛何與？靈公之卒在四月，齊之輸粟在八月。鄭師方出，與靈公又何與？乃云，「奔依趙鞅，助之攻衛」，又云「擊靈公在日遣鄭師之援朝歌者」，又云「翦死父未竟之志」，不重誣蒯瞶哉！趙鞅之納蒯瞶，意在得衛而披齊之黨，初不意衛輒之拒之也，不獨拒之，且會齊師以圍之也。昔獻公之在夷儀，未聞殤公遣師圍之。乃云輒始終不拒父」，真不可解。乃又曰「經大書『齊國夏、衛石曼姑帥師圍戚』，而不及衛君」，何以春秋書法，皆曰某人帥師，從無兼及其君者？乃又云「夫子之意，豈難見乎」，是直謂夫子爲衛君也，是直欲並夫子不爲之斷語而翻案也。此條，但讀過左氏傳者，當知其謬，本可以不必辨，惟其意在舉聖門已定之案而翻之，故略言之如此。

泰伯

予有亂臣十人

集解：「馬融曰：『亂，理也。理官者十人也，謂周公旦、召公奭、大公望、畢公、榮公、太顛、閎夭、散宜生、南宫適，其餘一人謂文母也。』」集注同。攻錯：「榮公不著，且是文王時人，與武王時稍不合。此當據陶晉群輔録所載『武王十亂，有毛公、無榮公』者爲正。」按：晉語胥臣云「重之以周、召、畢、榮」，是當時實有其人。文王時人，不妨仍在十人之列，太公望、散宜生皆是。周語厲王説榮夷公爲卿士，則榮爲周之世臣，厲王時，猶有在朝者，不得以世迹不顯而疑之。

有婦人焉

攻錯：「舊儒謂古論語『婦人』是『殷人』。『婦』字本『殷』字之錯。故六季庾勉有『殷士周臣，楚材晉用』語。正指十亂中有殷臣一人，不止殷士裸將也。』」考異：「任啓運四書約旨謂：『石經作有殷人焉。朱子未見石經，故從邢疏本。』漢石經之略見于今者，前四篇與後四篇耳。泰伯篇久悉湮没，任氏獨何從見之耶？此言亦顯無憑據。」辨正：「考洪適隸釋載漢石經與今本不同者，論語殘碑九百餘字，而無此句。晁公武考唐大和中石經本，及後唐長興中板本，參校其文，著石經考異。論語經文不同者八科，亦無此句。」按：攻錯所指舊儒，不知指何人。據翟、周二説，此不足信者。漢石經論語殘碑之載于隸釋者，爲學而、爲政、八佾、里仁前四篇，陽貨、微子、子張、堯曰後四篇。安得有泰伯篇之遺文邪！

而致美乎黻冕

集解：「孔安國曰：『損其常服，以盛祭服。』」皇疏：「冕是首服，爲尊；黻是十二章，最下，爲卑。卑尊俱居中，可知也。一云：黻非服章政，是韠，黻之服也。舉此則正服可知也。」邢疏：「鄭玄注此云：『黻，是祭服之衣，冕，其冠也。』」集注：「黻，蔽膝也，以韋爲之。冕，冠。皆祭服也。」攻錯：「黻，不是蔽膝；冕，不是〔冕〕〔冠〕。黻冕不止是祭服，且其所云蔽膝而以韋爲之者，則併是韍字，不是黻。衹因左傳『衮冕黻珽』本是韍字，（以）〔亦〕通寫作黻，因之與黻冕相溷。考虞廷五服立十二章法，以日、月、星、辰、山龍、華蟲六章繪衣，宗彝、藻、火、粉米、黼、黻六章繡裳，合十二章。而其後損益，去日、月、星、辰，畫衣旂常，而獨留山龍至黻，合九章，爲衣裳采色。于是以五服改作五冕，而即以衣裳采色聯之。冕首以爲名，其日衮冕、驚冕、毳冕、希冕至于玄冕，總名曰黻冕。以五冕終黻。十二章之法，去其十一而惟黻不去，則黻者，又章服之大常也。』辨正：「毛氏不知黻與韍通。明堂位『有虞氏服韍，夏后氏山，殷火，周龍章』，鄭注：『韍，冕服之韠也。韍，或作黻。』左『衮冕黻珽』，杜注：『黻，韋韠，以蔽膝也。』此黻與韍通之證。明堂位孔疏：『虞氏直以韋爲韍，未有異飾。夏后氏畫之以山。』此又禹『致美乎黻』之證。」後案：「邢疏引鄭君注曰：『黻，祭服之衣。』言衣者，謂當殷之衣，言祭服，亦別于韠也。明堂位『在虞氏黻，舜、夏后氏山，殷火，周龍章』，鄭君注：『韍，冕服之韠也。舜始作之，以尊祭服。禹、湯至周，增以畫文，後王彌飾也。山，取其仁可抑也；火，取其明也；云，取其變化也。天子備焉。諸侯火，而下大夫山，士韎韋而已。』據明堂位之文及鄭君注，則畫韍以山，爲『致美乎韍』之始矣。玉藻：『韠，君朱，大夫素，士爵韋』，鄭君注：「此玄端服之韠也。凡韠必象裳色。天子、諸侯玄端，朱裳，大夫素裳。帷士玄裳、黄裳、襍裳也。皮弁服，皆素韠。』玉藻又云『一命缊韠韍』、『再命赤韍』，『三命赤韍，』鄭君注：『此元冕爵弁服之韠，尊祭服，異其名耳。』鄭君辨玄端之韠，皮弁、爵弁之韍如此。則邢疏所引鄭君注，以韍爲祭服，是也。依是推之，易云『朱韍方來，利用享祀』，是冕服謂之韍也。士冠禮『主人玄冠、素韠』，是他服謂之韠也。詩『服其命服，朱芾斯皇』，用于方叔，『赤芾金舄』，歌于會東都之諸侯。此芾、韍通借耳。』按：左傳宣十六年「黻冕」，孔疏：「論語稱禹『惡衣服，而致美乎黻冕』，鄭玄云『黻、祭服之衣；冕，其冠』。此云黻冕，亦當然也。黻，蔽膝也。祭服謂之黻，其他服謂之韠，俱以韋爲之，制同而色異。韠，各從裳色，黻則其色皆赤。尊卑以深淺爲異。天子純朱，諸侯黄朱，大夫赤而已。大夫以上冕，悉皆有黻，故禹言黻冕。此亦云黻冕，伯冕服自有尊卑耳。」論語邢疏全用此段之文。詩采菽箋云：「芾，太古蔽膝之象也。冕服謂之芾，其他服謂之韠，以韋爲之。」左傳桓二年杜注：「黻，韋韠，以蔽膝也。」是此章集注，實用漢、晉舊説，非杜撰也。攻錯以黻爲黼黻之黻，在皇疏本有此説。然不如鄭、杜之説爲確。至以黻冕爲五冕之總名，則杜撰矣。説文：「市，韠也。韍，篆文市，從韋，從友。韠，韍也。」段注：「許于此言『一命蕴韠』、『再命赤韠』，于市言『天子朱市，諸侯赤市，大夫赤市蔥衡』，許意卑者偁韠，尊者佩韍，與鄭少異。今按：鄭意祭服佩韍，他服佩韠。此與許小異者，而其爲蔽膝之用，則一也。」方言：「蔽厀，江、淮之間謂之禕，或謂之袚；魏、宋、南楚之間謂之大巾；自關東西謂之蔽厀，齊、魯之郊謂之袡。」說文：「袚，蠻夷衣。一曰蔽厀。」袚者，亦韍之別體也。

子罕

麻冕

集解：「孔安國曰：『冕，緇布冠也。』」集注同。攷錯：「冕，並非冠。麻冕，則尤與緇布冠大別。世本『黃帝作冕服』，而周官有五冕之制。大抵司服、典命各以五等、九命二節辨定等殺，而制爲章服，謂之命服，亦謂之爵服。惟貴得服之，而賤不與焉。故尊其體制，上有延覆，下有組武，而垂旒玉于前後，後仰而前俛，因謂之冕者，俛也，若冠，則古以冐名。書大傳有『冐而句領』，漢志所謂形如覆杯者。雖尊者亦通用之，而終爲卑褻之服。故襍記『大夫冕而祭于公，士冠而祭于己』，荀子『天子山冕，諸侯元冠』，明屬兩物，而定爲等殺。是以國語單襄公曰：『陳侯棄衮冕而南以出，不亦簡易乎？』其分別升降故顯然者。」按：說文冂部：「冠，絭也。所以絭髮，弁冕之總名。從冂元。元亦聲。冠有法制，故從寸。」段注：「析言之，冕、弁、冠三者異制；渾言之，則冕、弁亦冠也。」曰部：「冕，大夫以以冠也。」白虎通曰：「麻冕者何？周宗廟之冠也。」是凡首服，皆得稱冠。故此章邢疏云「冠者，首服之大名；冕者，冠中之別號」，最爲通體。乃云「冕並非冠」，何其未考班、許諸書也。說文「冐，冢而前也」，邶風「下土是冐」，傳：「冐，覆也。」不作首服解。說文：「（曰）〔月〕，小兒及蠻夷頭衣也。」段注：「小兒未冠，夷狄未能言冠，故不冠而（曰）〔月〕。荀卿曰『古之王者有務而拘領者矣』，楊注：『務，讀爲冐。』淮南書曰『古者有鍪而綣領以王天下者』，高注：『古者，蓋三皇以前也。鍪，著兜鍪帽。言未知制冠。』按：務與鍪皆讀爲月。月，即今之帽字也。」據此，則月爲卑褻之服，不得與冠同。乃曰「冠古以冐名」，亦未考其源流矣。至「麻冕之非緇布冠」，毛言猶未審，黃說爲詳，見後案。

拜下

集解：「王肅曰：『臣之與君行禮者，下拜，然後升。成禮時，臣驕泰，故于上拜也。』」集注：與君行禮，當拜于堂下；君辭之，乃升，成拜。』攻錯：「此是真禮文，而又錯引者。禮，凡有燕錫，君行享賚，則臣或下階行謝；及君辭之，而後升階畢其儀。此謝拜，非禮拜也。拜者，禮拜也。禮拜，則君何得辭？禮拜，則臣何升階以成拜？此雖襲舊注，然非是。按：謝拜有三：一則臣下階以拜，及君辭之，而升以完之，謂之升成拜，言升始完拜也。一則臣下階，未即拜，聞君辭而即升，謂之再拜稽首；言再拜，總在升後也。一則不下階而直拜于階上。是三謝之拜，全不拜下，祇一拜在下而又升完之，則與拜下何涉？而以此證『拜上』之泰，是脱衣而詬裸者，裸人不受也。」辨正：「拜禮之見于經者，如燕禮、聘禮、公食大夫禮。此毛氏所謂謝拜也。如諸侯覲于天子，則拜禮也。覲禮：『侯氏坐取圭，升致命，王受之玉，侯氏降階，〔東北面〕再拜稽首。擯者延之曰升，升成拜，乃出。』是禮拜亦未嘗不升以成之也。毛氏謂禮拜則君不辭，臣不升階以成拜，求之禮文，絶無可據。吾不知其以何等拜爲禮拜也！全謝山謂：西河每揑造以欺人。信然。」後案：「拜下之禮，見于覲禮、燕禮、大謝儀、公食大夫禮、聘禮諸篇爲詳。凌次仲曰：『凡臣與君行禮，皆堂下再拜稽首。異國之君，亦如之。凡君待以客禮，下拜則辭之，然後升成拜。』凌氏説是也。以覲禮言之，覲之時，入門右，再拜稽首。享之時，中庭尊幣，再拜稽首，升致命。王撫玉，亦降階，再拜稽首。肉袒請罪之時，入門右，再拜稽首。凡經曰降階、中庭、門右，皆拜下也。其賜舍之時，再拜稽首。經不言其拜所，是舍門外也。禮有使人下拜而致禮者。郊勞時，受玉則降拜，還璧則降拜。此未見君而拜下。如齊桓受胙之例也，其以客禮待之者。入覲之時，取圭，升致命，降階拜；擯者延之曰升，升成拜。肉袒請罪後，入門左，王勞之，再拜稽首，擯者延之曰升，升成拜。王賜車服之時，降兩階之間，北面，再拜稽首，升成拜。此皆拜下，君使人辭之，復拜于堂上也。以燕禮、大射禮言之，燕禮主人獻公之時，主人自胙于公之時，獻畢二人媵爵于公之時，皆于阼階下北面再拜稽首，立。司正安賓之時，司正升，酌散亦降階，再拜稽首。大射儀同，皆拜下也。其以客禮待之者，燕禮公舉媵爵，爲賓舉旅；行酬之時，賓降西階下，再拜稽首；公命小臣辭，賓升成拜。賓媵觚于公之時，公爲士舉旅，行酬之時，降洗升，酌散降拜；小臣辭，賓升成拜。大射儀同。此皆先拜下，君使人辭之，復拜堂上也。燕禮公舉媵爵，爲賓舉旅；行酬之時，公立，卒觶，下拜；小臣辭，賓升，再拜稽首。賓進受虛爵，降奠後升，酌膳觶下拜；小臣辭，賓升，再拜稽首，賓媵觚于公之時，酌散下拜，公降一等，小臣辭，賓升，再拜稽首。此三者皆不言成拜。大射儀同。據鄭君注，爲拜故下，下時實未拜下。不輒拜，禮殺也。大射儀數獲後飲不勝者，若飲公，則侍射得降拜，公降一等，小臣正辭，賓升，再拜稽首。此亦禮殺，下不輒拜，不言成拜也。又，燕禮、大射賓媵觚于公，大射公幾卒爵，皆于階上再拜稽首者。蓋前酌散之時，已降階拜，因君辭而外堂甫拜，故卒爵不復再降，亦殺其禮也。行無算爵之時，命所賜（所賜）者興受爵，降席下奠爵，再拜稽首。疏亦云禮殺故也。至燕禮、大射將終之時，公命徹冪以盡酒，卿大夫皆降西階下，再拜稽首，公命小臣辭，公答再拜，大夫皆辟。此則君雖辭之，亦不復升拜。鄭君曰：『明雖醉，正臣禮也。』以公食大夫禮言之，納賓之時，賓入門左，再拜稽首。侑賓之後，賓入門左，再拜稽首。其拜賜于朝，拜食與侑幣，皆再拜稽首。注：『朝謂大門外。此皆異國之臣，行拜下之正禮也。』其有降拜，然後升成拜者。拜至之時，賓升，公當楣，再拜，賓降西階東答拜；擯者辭拜也，公降一等，辭曰『寡君從子。』雖將拜，興也，賓栗階升，不拜，命之成拜階上，北面再拜稽首是也。有降而未拜，君親辭之，即升拜者。賓祭正饌，賓祭加饌，公以束帛侑賓，賓皆降拜，公辭，賓升再拜稽首。此不言成拜，下未拜也，客禮也。以聘禮言之，賓覿先以臣禮見，入門右，北面奠幣，再拜稽首。上介覿及士介覿，亦皆入門右，奠幣，再拜稽首。介送幣于中庭，再拜稽首，禮畢，送賓及大門內，主國之君勞賓介，賓介皆再拜稽首，皆下拜之正禮也。其使卿郊勞，受于舍門內；勞者入致命，賓再拜稽首。其卿致館，賓迎于門，再拜；卿致命，賓再拜稽首。此賓未見主國之君，重君命，再拜稽首也。其禮賓之時，擯者進相幣，賓降辭幣，公降一等辭，栗階升，聽命，降拜，公辭，升，再拜稽首。私覿之時，賓援幣降階東，拜送，君辭拜也，君降一等辭，擯者曰：『寡君從子。』雖將起，拜也，栗階升，公西鄉，賓階上再拜稽首。此降階未拜，異國之君親辭之，即升拜也，客禮也。』按：集注本古注，乃約言之。後案所舉頗爲詳明。毛氏偏舉一節以相難，未當也。謝拜、禮拜名目，于書未見，似是揑造者。

韞匵

集解：「馬融曰：『韞，藏也；匵，匱也。藏諸匱中也。』」皇疏：「韞，裹之也。匵，謂匣櫃也。」釋文：「韞，鄭云裹也。」集注同馬。攻錯：「韞訓作藏，則藏櫝而藏，非文理矣。韞、櫝皆包物之器。大抵以皮包物曰韞，故從韋，以木包物曰櫝，故從木。陳琳賦『山節藻梲，既櫝且韞』，明以韞、櫝分對，作兩物可驗。」辨正：「韞訓爲藏，此本古注。字書又訓裹、訓韜，皆與藏同義，並無訓作包物者。陳賦『既櫝且韞』，謂既櫝之，而又藏其櫝耳，非兩物也。毛氏專攻集注，故于此等處亦加掊擊，甚無謂」。後案：「鄭君注『韞，裹也』，謂包裹納匵也。詩小宛（宛）孔疏引舒瑗曰：『包裹曰蕴。』蕴與韞同。『即韞且匱』，猶弓之有韣，劍之有衣，皆在匱之内也。』按：黄從鄭義，視馬爲長。廣雅釋詁四：「韞，裹也。」即鄭義也。毛云「以皮包物曰韞」，則杜撰矣。後漢書崔駰傳「韞櫝六經」章懷注「韞，匣也」，不知本何人之説。

鄉黨

復其位

集解：「孔安國曰：『來時所過位也。』」集注：「趨，走就位也。復位踧（錯）〔踖〕，敬之餘也。」攻錯：「舊注以此『位』爲即過位之『位』。此本孔安國注，原可信者。不知何據，又改作己之朝位。揣注意，必指階下一朝位耳。然亦非是者。經明云『復其位』，復者，即所從來而反其所也。今從門屏入而出就階下焉。復云復，若謂階下有本位，即其位也。出而就其位，亦便是復。則毋論未離而復，未就位而稱復位，必司士所不許。即明一出字，出者，退朝之稱。未有退朝而又就朝位于階下者。』按：經文曰「復」，毛云復者謂「即所從來而反其所也」。如即上文「過位」之「位」，則不得過之而已非其從來也。曰其位必朝時所立之位，若是君之虚位，不得云其位也。古之朝儀不傳，非可以空言決之。

瓜祭

釋文：「瓜祭，古華反。魯讀瓜爲必，今從古。」攻錯：「陸德明釋文，此唐儒最陋者，而偏引作注，錯矣。據其自言，魯論作『必』。今何晏注疏本正魯論，非齊論也，然並非『必』字。又，南史顧憲之終制引魯論曰『雖菜羹瓜祭』，亦非『必』字。」按：唐時魯論未亡，陸氏所釋必有所本。皇侃義疏叙云：「何晏因魯論集季長等七家，又採古論孔注，又自下己意。即世所重者，今日所講即是魯論，爲張侯所學，何晏所集者也。」據此，則此句何從古論，故引孔注。釋文所云「今從古」者，非虚語也。南史顧憲之傳但稱孔子云云，不言魯論，乃云憲之引魯論。毛氏捏造欺人，此類是也。

厩焚子退朝

集注：「鄭曰：『重人賤畜也。退朝者，自魯之朝來歸也。』」皇疏：「孔子家養馬處被燒也。」邢疏：「厩焚，謂孔子家厩被火也。」攻錯：「家語、褉記皆載厩焚一事，有『鄉人來弔，而孔子拜之』。此傳會論語文而增加其説，皆不足信者。然家語明云『國厩焚，子退朝而之火所』。而褉記不明指何厩，衹孔（子）〔氏〕正義有：孔子馬厩，一語，遂分作兩厩。顧子謂國厩是而家厩非者，明云『不問馬』三字斬然，並非初未問而終當問者。且夫子未必有家厩也。」

按：釋文：「而亦以爲孔子家廟，從褉記之説也。王弼以爲公厩。」見釋文。鹽〔鐵〕論刑德篇云：「魯厩焚，孔子罷朝，問人不問馬。」此同家語之説者。經文云「子退朝」，當以家厩爲是。顔路請車，子曰：「以吾從大夫之後，不可徒行。」是孔子有車馬，不能□厩以處之。毛謂「夫子未必有家厩」，説太泥。考異：「僞家語撮兩經飾爲一詞，因此『退朝』文漫云『國厩』，乃致與拜鄉人不合。彼注云『拜之者，爲其來弔己』，若國厩，則人皆以國事急公，來者必不僅子之鄉人。即有子之鄉，亦非專來弔子，而子顧私拜其一鄉耶？』此説是也。家語本王肅僞撰，褉採諸書所成。今家語並非王肅原本，毛氏反云褉記非而家語是，不免顛倒。

三嗅

按：此節末二句，于上文語意難通，故異説亦最多。何注：「子路以其時物故，供具之，非其本意，不苟食，故三嗅而起也。」皇疏及所引顧歡説同邢疏、集説並承之。荀子禮論言祭祀處，有「三臭不食」之文，似即用此事，則此説爲最古，一説也。皇疏又引虞贊曰，言子路見雉在山梁，因設食物以張之；雉性明儆，知其非常，三嗅而作，去，不食其供也。此又一説也。筆解：「嗅當爲鳴鳴之鳴。雉之聲也。」此又一説也。集注引晁氏曰：「石經『嗅』作『戛』，謂雉鳴也。」此又一説也。又引劉聘君曰：「『嗅』當作『具』，古闃反。張兩翅也，見爾雅。」此又一説也。論語集説、節孝録、書齊夜話俱云『嗅』當作『嘆』。此又一説也。釋雅曰：「或云三噫之説。衝波傳以共爲子路與師己共和夫子雉噫之歌。」此又一説也。攻錯云：「考梁大同年黄門侍郎顧野王作玉篇，有『嘄』字在口部，中注五叫反，叫也。至唐上元年，富春孫强修玉篇，又增一『嘄』字，曰古教反，叫也。則『嘄』原是叫字，音與義皆同，而其形則或少一竪，或少一撇。字實則總比哚字。是『三嗅』即三叫。雞唱曰叫。雉以雞類，亦作叫。據此，則子路向視，即是色雉叫而作，即是舉山梁一嘆。前後通徹。」此又一說也。第一說與上文語意不合，雖古說不可從。後六說並須改字。考釋文：「嗅，許又反。」五經文字曰：「說文齅字，經典相承作嗅。論語借臭字爲之。」則唐時本作「臭」，玉篇引論語「三齅而作」，則六朝本作「齅」。是古本作「臭」者，借字作「嗅」者，俗字無他本也。晁氏所引石經，乃蜀石經。「戛」與「臭」形近而譌，「臭」與「臭」亦形近。劉以意改「三鳴」。「三嘆」亦以意改。「三噫」則出小說，不足信。顧氏玉篇原本不傳于世。今所傳，惟孫强本。毛分言兩本，若曾見顧氏原書者，此真欺人語。玉篇口部：「哚，五弔反，叫也。」竝無（哚）「〔嘄〕」字。安有所謂「或少一竪，或少一撇」之字哉？此說尤不足信。似當以第二說爲勝，與上文語意相合。後案取之。

日南讀書記　卷十六

論語二

先進

德行顔淵

釋文：「鄭云『以合前章』，皇別爲章。」皇疏：「此章初無「子曰」者，是記者所書，並從孔子印可而録在論中也。」稽求篇：「此一節，本統記七十二人中之最異能者，非從陳、蔡人也。冉求明明于哀公三年爲季康子所召。又三年而後，及陳、蔡之難，冉求正仕魯，至哀公十一年尚爲季帥師戰清，見于左傳。則此一人顯然不從陳、蔡者，故康成以爲此節與前節不連爲一章。而皇氏亦云各爲一章。所爲皇氏者，隋、周之間，江右傳古學者。』按：皇疏引王弼曰：「此四科者，各舉其才長也。弟子才不徒十，蓋舉其美者，以表業分明，其餘則各以所長，從四科之品也。」是亦以爲別自一章也。孔子陳蔡之厄，説者以爲在哀六年。弟子從之者，爲顔子、子貢、子路，見史記孔子世家。世家又稱昭王將封孔子，子西言：「王之臣有子貢、顔回、子路、宰我者乎？」孔叢子記問篇「楚王使使奉金幣聘夫子，宰予、冉有」云云，又，記義篇「孔子使宰予使于楚」，當在此時，則從行者，有宰予、冉有。檀弓：「孔子失魯司寇，將之荆，先之以子夏，申之以冉有。」似子夏實亦在從行之中。則此十人中，可考者六人。然史記云「季桓子卒，康子代立，使召冉求」，在哀三年，則陳、蔡之厄，冉子似又不在其列。史記孔子于定公十四年適衛。孔子編年定爲十三年，而定公十五年正月，子貢猶在魯觀邾子來朝，見左傳，似子貢又似未從行者。編年因此謂十五年孔子已返魯，然孔子周流數國，居衛者十月，以時計之，恐無返魯之事。此又可疑者也。書缺有間，衆説有抵(梧)〔牾〕，必欲稽其歲月，有難一一吻合者。此十人者，果皆從行者歟？抑非從行者歟？非一言所可決，闕疑爲是。至毛氏謂康成以爲此節與前節不連，則與釋文正相反。皇氏者皇侃，乃梁武時員外散騎侍郎，見南史儒林傳，乃以爲隋、周間，則失之。

顔淵死

按：曲禮云：「夫子死曰崩，諸侯曰薨，大夫曰卒，士曰不祿，庶人曰死。」顔子庶人也，故書曰死。後世書法以書死爲貶詞者，非古義也。至顔子之死年，以史記「少孔子（年）三十，年三十二，早死」計之，則當哀四年。其時孔子在陳蔡，而本篇記顔路請車之事實在魯，而非死于他國者。況顔路相從于陳蔡，史有明文，則死于哀四年者非也。家語公西赤問篇「顔回死，魯定公弔焉」，定公時，顔子年未及三十，與史記之言不合。則以爲死于定公時者，亦非也。公羊傳末言：「顔淵死，子曰：『噫，天喪予！』子路死，子曰：『噫，祝予！』西狩獲麟，孔子曰：『吾道窮矣！』」此總叙聖人傷心之事，不能定其何年。孔子之反魯在哀十一年，則顔子之死，必在反魯之後。辨正云「大約當哀十四五年間」，亦約略之詞。編年列于十三年。稽求篇云：「當孔子七十一」，則在十四年。他無確據，未取信爲必然也。

由也喭

集解：「鄭曰：『子路之行，失于㕭喭也。』」皇疏：「子路性剛，失在㕭喭也。王弼曰：『喭，剛猛也。』」邢疏：「舊注作『㕭喭，失容也』，言子路性行剛强，常㕭喭失于禮容也。今本『㕭』作『畔』，王弼云：『剛猛也。』」校勘記：「書·無逸正義引作『諺』。案：説文有『諺』無『喭』。『喭』乃『諺』之俗字。『畔喭』，皇本作『㕭喭』，下有『也』字。釋文出『㕭』字，云本今作『畔』。案：廣韵二十九換『㕭』：『㕭喭，失容。』據此，則不當作『畔』。」集注：「喭，粗俗也。傳稱喭者，謂俗論也。」按：説文無「㕭」字，作「畔」者不誤。「畔喭」即詩皇矣篇之「無然畔援」，鄭箋：「畔援，猶拔扈也。」孔疏：「拔扈，凶横自恣之皃。」釋文引韓詩曰：「畔援，武鴡也。」漢書叙傳「項氏畔換」，師古曰：「畔換，鴡恣之皃。猶言跋扈也。皇矣篇曰『無然畔換。』」書無逸「乃諺」，孔傳：「乃，叛；諺，不恭。」孔疏引論語「由也諺」，「諺，則叛諺，欺誕不恭之貌。」宋書武紀「劉毅叛換，負疊西夏」，陳書武紀「交趾叛渙，罪由宗室」，李白明堂賦「掃叛渙，開混茫」，然則「畔喭」、「㕭喭」、「畔埒」、「；畔換」、「叛諺」、「叛換」、「叛渙」、「畔渙」，竝字異而義同。此駢字之取于叠韵者。凡同韵同音之字，皆可假借也。詩卷阿「畔渙爾游矣」，釋文引徐仙民音亦讀「畔援」。帷箋云：「伴奐，自縱弛之意。」此與司馬相如傳「放散畔岸」，注「畔岸自縱之皃」，可以相證。與前一義微有不同，而亦相引伸。此章之義，似當從鄭。後案云：「朱子以『喭』訓粗俗，子路篇『野哉由也』，是注所據。」然彼以一事言之耳。段氏尚書撰異：「仲氏子可謂之粗，不可謂之俗。豈有見義必爲，緼袍不耻，車裘不私如仲氏子」而或以爲俗者？

曾皙

集解：「孔曰：『曾參父，名點。』」吴昌宗四書集證：「曾點，鄫國之後也。夏少康次子曲烈封于鄫。魯襄公六年，邾人、莒人滅鄫。鄫世子巫奔魯，于是改鄫爲曾以爲姓。巫生夭。夭生阜、生點，點生參，參生元，四世不仕魯，以取鄫故也。」按：此不知所據何書。曾夭爲季氏家臣，曾阜爲叔孫家臣，見左傳昭元年。杜注不言是點之所出。史記仲尼弟子列傳及家語弟子解，竝不言點之上世爲何人。恐此所言爲附會也。且鄫爲莒滅，嗣後魯之取鄫，乃莒不撫鄫，鄫叛而來。鄫與魯何仇，而四世不仕乎？曾氏父子之不仕，當與閔子不爲費宰同意。史記作「曾蒧字皙」，集解音「點」。索隱音「點」，又音「其炎反」。説文黑部：「黬，雖皙而黑也。從黑箴聲。古咸切。古人名黬字皙。」段注：「仲尼弟子列傳『曾（葴）〔蒧〕字皙』，『奚容箴字子皙』（葴）『〔蒧〕』、『箴』皆黬之省。『點』則同音假借字。」王注：「箴者省形存聲，字箴者譌字。」

顏淵

克己復禮

集解：「馬曰：『克己，約身也。』孔曰：『復，反也。身能反禮，則爲仁矣。』」皇疏：「尅，皇本「克」作「尅」。猶約也；復，猶反也。言若能自約儉己，身（返）反于禮中，則爲仁也。於時爲奢泰過禮，故云禮也。一云身使能禮反（返）身中，則爲仁也。范寧曰：『克，責也。復禮，謂責克己失禮，非仁者不能責己復禮，故能自責己復禮，則爲仁矣。』」集注：「克，勝也；己，謂身之私欲也；復，反也；禮者，天理之節文也。」攻錯：「馬融以身爲『己』，從來説如此。惟劉炫曰『克者勝也』，此本楊子云『勝己之私之謂克』語。然『己』不是私，必從

『己』字下添『之私』二字，原是不安。至程氏直以『己』爲私，稱曰『己私』，至朱注謂身之私欲，別以『己』上添『身』字，而專以『己』字屬私欲。于是宋後字書，皆注『己』作私，引論語『克己復禮』爲證。則誣甚矣！毋論字義無此，即以本文言，現有『爲仁由己』，『己』在下，而一作身解，一作私解，其可通乎？克者，約也，抑也；己者，自也。何嘗有己私欲重，煩戰勝之説？』後案：「克己，猶言深自克責也。皇疏引范寧説，『克』訓責，是也、克己復禮，克責己之失禮，以復之也。楊子法言問神篇『勝己之私之謂克』，是解『克』爲勝私，非訓己爲私。且以克己而訓責己，而去私之學在其中矣。』按：左傳昭二十年，楚靈王聞祈招之詩，不能自克，以及于難。夫子聞之，曰：「古也有志，克己復禮，仁也。（楚）靈王若能如是，豈其辱于乾谿？」杜注：「克，勝也。」言不能自勝其侈心也。「自克」，即克己。方天人交戰之際，必能勝之，乃能復之。楚靈王饋不食，寢不寐，數日而不能自克，此天之不能勝人也。下文克己之目，曰「非禮勿視，非禮勿聽，非禮勿言，非禮勿動」，勿者，禁止之詞。其中大有功力在，非但自責而已。朱子訓「克」爲勝，本于法言，同于杜注，較之舊説爲長。且「克」也者，非空空一克，必有物焉。非禮之視聽言動是也。是即己之私也，是即身之私欲也。集注言「身之私欲」，與後案言「己之失禮」，其文不殊。失禮即私欲，其義亦不殊，正不必揚彼而抑此。集注「身」下有「之」字，程子亦渾言己私，初未嘗訓「己」爲私。字書之訓「己」爲私者，自是後來之流失，不得咎程、朱也。攻錯又云：「後漢陳仲弓誨盜曰『鮨己反善』，別以『尅』字作『克』字，正以掊鮨損削，皆深自貶抑之義。故云只是約己自克，不必戰勝。」夫不必戰勝，則夫子何必舉四勿之目？若但深自貶抑即可復禮，則爲仁亦易易耳，子罕言何爲哉？

于斯三者

釋文：「一讀『而去于斯』爲絶句。」後案：「『必不得已』句略逗，『而去于斯三者』連讀一句。」按：黄説蓋即釋文之讀而小變之。

片言

集解：「孔曰：『片猶偏也。聽訟必須兩辭以定是非，偏信一言以折獄者，唯子路可也。』」皇疏：「孫綽云，謂子路心高而言信，未嘗聞過以自衛。聽訟者，便宜以子路單言爲正，不待對驗而後分明也。非謂子路聞人片言而便能斷獄也。」釋文：「片言如字。鄭云半也。」攻錯：「此又杜撰矣。吕刑『明清于單辭』，單辭者，片言也。古折民獄訟，必用兩辭。若半言服衆，則不惟無據，且有不必然者。夫折獄之言，即爰書也。爰書無煩詞，即微子路，亦原無多其説者。如謂民易悦服，不待詞畢則聽折之，『折』意溷作『折服』。尚書『非佞折獄，惟良折獄』，此經文實字，何可使嫌溷若此？』按：説文「片，半木也」，謂已判之木也。漢書李陵傳「一半冰」注：「如淳曰：『半讀若片。』」鄭君訓此經「片」爲半，此古義也。朱子從之，竝非杜撰。左傳閔二年「衣身之偏」，杜注：「偏，半也。」吕覽「别類可以爲半」，謂偏枯是偏半，古義亦通。孔義即鄭義也。集注云「言出而人信服之」，則用孫綽之説，亦非無據。集注「折獄也」，亦本鄭注，見御覽刑法部聽訟類，又何嘗解爲折服之哉！

子路

必也正名乎

集注：「是時出公不父其父而禰其祖，名實紊矣。」攻錯：「不父其父而禰其祖，亦自造典文，而又錯者。國語二史書世宗祝序昭穆，謂生族世系與廟次，倫序不廟次，列四親之名而不拘。四親必承君統者，始入之。故儀禮有『孫爲祖後，曾孫爲曾祖後』之文。謂無子繼孫，無孫而繼曾孫者，此正孫禰祖、曾孫禰曾祖一大典禮。故太甲繼湯，周桓王繼平王，皆是禰祖。至夫子作春秋，且有特書躋僖以兄不禰弟爲逆祀者。況不父其父，則尤爲不知典禮之言。從來禰祖者，亦仍父之新廟，稱禰廟，不禰父廟，正恐倫次偶乖，難于稱視，故但以混名之禰者，昵也，猶親昵焉耳。若父祖之名，則一定不改。況蒯聵襲國，旋即被弑，而輒承二叔之後，依然奉聵而禰之，謚爲莊公，則禰祖固無礙。禰祖非不父父，而出公則尤不禰祖而父父者。乃特造此八字以立正名之案，豈可爲訓？』稽求篇：「輒之得罪在拒父，在禰祖，而人之罪之當責實，不當正名。」按：「禰」字説文不收。周禮甸祝「舍奠于祖廟，禰亦如之」，鄭司農云：「禰父廟。」公羊隱元年秋七月何休解詁：「生稱父，死稱考，入廟稱禰。」疏云：「禰字示旁、爾，言雖可入廟，是神示猶自最近于己，故曰禰。」書高宗（彤）〔肜〕日「典祀無豐于昵」，馬融〔曰〕：「昵，考也。謂禰廟也。」禮記大傳：「自仁率親，等而上之至于祖，名曰輕；自義率祖，順而下之至于禰，名曰重。」則禰者專指父言，禰廟專指父廟言。左傳襄十三年「所以從先君于禰廟」者，疏：「禰，近也。于諸廟父最近也。」家語郊問注：

「禰宮，父廟也。」漢書郊祀志注：「禰，父廟也。」韋賢傳注：「父廟曰禰。」安有所謂孫禰祖、曾孫禰曾祖者！太甲繼湯，周桓王繼平王，其父已歿，故可以立。若輒之父尚在，豈得與太甲、桓王同論？春秋書「逆祀」，「從祀」，但以位次之先後言，竝無兄不禰弟明文。輒父在境内，不徒拒之，而又遣兵以圍之，謂之不父其父，輒有何詞以解？父在而祭于王父之廟，謂之禰其祖，又何詞以解？然則衛國當日所宜正者，莫如父子。名之父子之名不正，而欲禮樂興而刑罰中也，能乎！則衛之政孰有先于此者？乃謂當責實，不當正名，豈不與聖人「名不正則言不順」之言顯相背謬乎？毛氏論此事，其大旨右輒，故以正名之説爲非，文繁不録。其于外丙、仲壬，主史記二人繼湯而立，則太甲非繼湯者。而此條又言太甲繼湯，其自相矛盾有如此者！至蒯聵父子濟惡事，見左傳，兹姑勿具論。

冉子退朝

集解：「周曰：『謂罷朝于魯君也。』」釋文：「退朝，周生烈云君之朝，鄭云季氏朝。」邢疏：「鄭玄以冉有臣于季氏，故以朝爲季氏之朝。』集注：「朝，季氏之私朝也。」攻錯：「此又錯甚者。據春秋傳，卿大夫有内、外朝。外朝稱公朝，内朝稱私朝。今冉子所退，未知何朝也。乃曰季氏之私朝，豈謂國朝是公朝，大夫兩朝是私朝耶？抑諸侯有朝，大夫不宜有朝，即一朝亦私耶？且傳曰 外朝與私臣議公家之政事，故曰業官職；内朝與家臣議家之政事，故曰庀家政。今季氏與家臣在朝議政、議事，未嘗犯名分、違禮制也。乃曰不與同列議公朝，而與家臣議謀私室，豈國政必當議公朝，必不當議私室耶？抑議必同列，家臣不必與耶？或與亦必在私室耶？夫季氏自有朝，自不必在公朝，可與家臣議政事。且家臣不得登公朝，而必在季氏之私室議政事。今此注乃一一相反。禮云公事不私議，正謂凡遇公事，不議于大夫之外朝，而但議内朝，便謂之私，故不可也。若必議國朝，則陪臣無入朝議事之禮。將冉有終身不得議公事，而以『有政』、『其事』師弟相質，妄矣。』按：禮〔記〕玉藻「揖私朝，煇如也」，詩緇衣疏引鄭注「朝于季氏之私朝」，此集注所本。魯語公父文伯之母篇但云外朝，未見有外朝稱公朝，内朝稱私朝之文，此恐是毛氏所揑造。且韋注云外朝君之公朝，内朝家朝也，不以二朝竝爲私家之朝也。且其文：「夫外朝，子將〔業〕君之官職焉；内朝，子將庀季氏之政焉。」乃將兩「子」字竝改爲「與家臣」，豈非揑造以欺人乎？魯在昭公以前，家臣尚未與國政。自陽貨擅權，始干政矣。哀十一年傳「齊伐我，季孫謂冉求」云云，即集注所謂「不與同列議于公朝，而獨與家臣謀于私室」者。然季氏使從于朝，俟于黨氏之溝，是家臣猶不得登公朝也。傳又云「叔呼而問政焉」，又云「懿子强問之」，是當日季氏專政，叔、孟二氏且有不與聞者，此又不與同列議而與家臣議之證。然則集注未嘗錯，而毛氏之所説全錯也。毛亦知公事不私議，陪臣無入朝議事之禮，亦以朝爲季氏之私朝，以家臣而與聞國政而議于私家。此衰世之事，而毛必以爲當然者，特欲申其譏議事之久之説耳。事多則歷時久，此烏可譏？孔子明明以「其事」、「有政」分析言之，乃别爲一説，豈不與經文相背邪？檀弓「惠伯曰政也」疏：「論語注：『君之教令爲政，臣之教令爲事。』」故云「其事也，如有政。」左傳昭二十五年「爲政事，庸力行務」，杜注：「在君爲政，在臣爲事。」魏書高閭傳：「高祖曰：『論語子曰其事也，如有政。何者是政，何者是事？』對曰：『臣聞政者，君上之所施行，合于法度，經國治民之屬，皆謂之政；臣下奉教承旨，作而行之，謂之事。』」北史閭傳作「政者，上之所行；事者，下者所綜。」此皆分政與事二。經意正在分别之。禮記「既練，居堊室，不與人居。君謀國政，大夫士謀家事。」此亦顯然分别者也。魯語所謂「季氏之政」，則家事亦稱政。蓋（折）［析］言之，則政自政，事自事；渾言之，則事之可稱政也。

憲問

士而懷居

集解：「士當志道，不求安，而懷其居，非士也。」皇疏：「懷居，猶居求安也。」集注：「居，謂意所便安處也。」攻錯：「此士志于道，而耻惡衣惡食。君子食無求飽，居無求安，相爲表裏。直以求安解『居』字，謂身所居也。朱氏改作『意所便安處』則意境開闊，隨意所到，盡皆私利，不止不足爲士矣。况『意所便安處』，則必以『處』字釋『居』字矣。乃大文竄『居』字，而添『便安』二字于『居』字之上，若『便安』是居，則『便安』是居處又居乎？』」按：「便安處，」正釋「懷」字之故。吕覽上農篇「無有居心」，注：「居，安也。」則直以「安」解「居」字。「懷居」與「求安」似稍不同。「懷」有繫戀之意，「求」乃營謀之意，何説未的。毛氏從之，未見其是。後案謂：「居者休息之謂，懷居，倦而思休息也。士致知，乃力行學，無盡境，何堪休息？」别是一解。然學記云：「君子之于學也，藏焉修焉，息焉游焉。」則休息亦非全然不好也。

危言危行

集解：「包曰：『危，厲也。』」集注：「危，高峻也。」按：禮記緇衣「則民言不危行」，注：「危，猶高也。」朱子蓋仍鄭注。又，莊子盗跖篇云「其危冠」，釋文引李注：「危，高也。」後漢書梁冀傳注：「危亦高，謂峻也。」此可以證集注之説。

羿善射　奡盪舟

集解：「孔曰：『羿，有窮之君也。篡夏后相之位，其臣寒浞殺之，因其室而生奡。奡多力，能陸地行舟，爲夏后少康所殺也。』」集注：「羿，有窮之君，善射，滅夏后相而篡其位。其臣寒浞又殺羿而代之。『羿』，春秋傳又作『澆』，浞之子也。力能陸地行舟，後爲夏后少康所誅。」攻錯：「此又錯者。羿，不曾滅夏后相也。據夏書『有窮后羿距太康于河』，春秋傳『有夏方衰，羿自鉏遷窮，因夏民以代夏政』。其曰『距河』，曰『代政』，癨一逐，太康一代，夏后相而擅國政，夏未滅也。及羿爲家衆所殺，而羿臣寒浞據羿妻以生奡。至奡長，然後浞使奡興師滅夏后相。此在春秋，晉魏絳、吴伍員皆云澆殺夏斟灌，以代斟尋滅夏后相，明明白白。而乃以此而移彼，時距百年，人越數代，然具寒浞殺羿，一併具錯。孟子云『逢蒙殺羿』，而注孟子者，又襲趙注云：『逢蒙，羿之家衆。』乃一注寒浞，一注家衆。考之春秋傳，寒浞立不曾殺羿。羿從田歸，家衆殺羿而烹之。雖家衆之殺，所以附浞，而浞實不殺。孔疏所云『家人反羿而從浞殺羿』者，逢蒙是也。」按：集注此條全本舊注，惟改篡夏后相之位一句，爲「滅夏后相而篡其位」，未免小錯。左傳云「羿因夏民以代夏政」，竹書紀年：「仲康七年，世子相出居商丘，依邳侯，帝相元年即位，居商。」夏本紀索隱引帝王世紀：「羿因夏民，以代夏政，帝相徙于商丘，依同姓諸侯斟尋」。哀元年杜注：「后相失國，依于二斟」。是羿篡后相之是也，而滅則非也。哀元年傳「澆殺斟尋，以伐斟灌，滅夏后相」，襄四年「浞使澆用師滅斟灌及斟尋氏」，是滅相者澆，而浞實使之。紀年「帝相九年居斟灌」，「二十八年寒浞使其子殺帝」，帝王世紀亦云「浞使奡殺夏帝相」。大約帝相之世，天下先屬羿，後屬浞，帝依二斟，國勢甚微。邢疏：「如彼傳文，當是羿逐出后相，乃自立爲天子。相依斟灌、斟鄩，夏祚猶尚未滅，蓋相與羿竝稱王也。」此説得之。相立二十八年而被殺，所歷者羿、浞二代，安有「時距百年，人越數代」之事？至羿之被殺，孟子以爲逢蒙。左傳云「家衆殺而烹之」，其上云：浞行媚于內，而施賂于外，愚弄其民，而虞羿于田，樹之詐慝，以取其國家。可見家衆之殺，浞實使之。王逸離騷注云「浞使家臣逢蒙射而殺之」，紀年及世紀竝云「寒浞殺羿」，則謂「浞不曾殺羿」，亦未確也。

問子西

集解：「子西，鄭大夫。或曰楚令尹。」集注：「子西，楚公子申。」四書通：「吳氏曰：『當時有三子西：鄭駟夏，楚宜申、公子申也。駟夏未嘗當國，無大可稱。宜申謀亂被誅，相去又遠，宜皆所不論。獨公子申（欲）［與］孔子同時。』」稽求篇：「盧東元曰：『春秋有子西，其一鄭子駟之子公孫夏，子產之同宗兄弟也。其一楚公子申，則楚昭王之庶兄也。或人以子西與子產連問，且與爲命節連記，則必是鄭子西可知。而先仲氏亦嘗曰：或人方物，當不出齊、晉、鄭、衛之鄉，荆楚曠遠，焉得連類，況其人皆在定、哀以前，凡徽未沫，可加論覈。楚申後夫子而死，安能及之？』其説甚確。」攻錯：「子西、子產本兄弟，而互執國政。其在當時，原有同事得失，比較優劣。雖其人不及子產而頗著名字，故或問及之。春秋時人罕道楚事者。」辨正：「子西無所表著，雖曰聽政，而位在子展之下，終其身未嘗當國。其賢亦不能過子展。故朱子定從『或説』。毛大可必以爲鄭子西，不過與集注作難耳。」溫故録：「公孫夏非負重望，安足與子產管仲竝衡？馬注自不足據。」按：襄十年，盜殺鄭三大夫，傳云：「子西聞盜不儆而出，尸而追盜，盜入于北宮，乃歸授甲。臣妾多逃，器用多喪。」觀此一事，其人才可知。十九年，鄭殺子孔，子展當國，子西聽政，不過與聞政事而已。二十七年，鄭享趙孟，七子從，子西名在伯有之次。二十九年，裨諶云「子西即世」，其時伯有當國。是子西未嘗當國。乃云「與子產互執國政」，錯矣。（今）［令］尹子文、夫子稱之，安得謂「春秋時罕道楚事」？定四年吳入郢後，子西爲令尹，遷都改政，楚賴以安。其後又有讓國之事。定、哀之際，實爲賢大夫，中原諸國，如晉之諸卿，齊之陳氏，魯之三桓，或互相吞噬，或陰謀奪國，有忠于公室如子西者乎？當時輿論，必有盛推之者，故或人問之，非無故也。

彼哉

後案：「廣韵五蝔引此作『彼哀』也。又，五紙引埤蒼『彼，邪也』。宋人集韵五寘引此作『彼云邪也』也。佩觿亦引此作『彼』。案：作『彼』訓邪，其義甚通。孔子稱楚昭王知大道，而惜子西輔君之不義，以『彼邪』斥之也。』按：「攸」字說文不收。玉篇人部有此字，而不引此文，恐廣韻集韵未足據也。毛氏稽求篇亦曾辨之。

駢邑三百

集解：「孔曰：『駢邑，地名也。伯氏食邑三百家，管仲奪之。』」皇疏：「駢邑者，伯氏所食採邑也。時伯氏有罪，管仲相齊，削奪伯氏之地三百家也。」集注：「荀卿所謂『與之書社三百而富人莫之敢拒』者，即此事也。」攻錯：「此『邑』當如左傳所云『惟卿備百邑』者，其爲邑，即周官『四井爲邑』之『邑』。三百邑，實一千二百井，九千六百家。」集注補「『三百社，乃七千五百家。司馬貞云：『古者二十五家爲里，里各立社。』書社者，書其社之姓名于籍也。』按：攻錯泥于「邑」字，故云三百邑。如有三百邑之多，其人當在卿大夫之位。桓公時未見有此人，恐非是。坊記疏引鄭注：「論語云伯氏駢邑三百家，云齊下大夫之制。」其說與孔同，似爲得之。至管仲之奪，當以皇説爲長。後案云：「劉氏新序以管仲奪伯氏邑與商鞅用刑竝論。裴氏三國志注引習鑿齒說伯氏無怨，與諸葛武侯之使廖立垂泣，李平致死同類。例舉蘇氏論語解，亦引諸葛事爲比。古義相傳如此。然則此所謂「奪」，即周禮馭貧之法也。朱子引荀子仲尼篇文以證此經。周燭齊謂荀子言「與」，不言「奪」，自是兩事。且據是，則桓公奪之，與經文亦不合。荀子言「富人莫之敢拒」者，人莫敢拒敵其富，亦非無怨言之意也。」

公叔文子

集注：「公叔文子，衛大夫公孫枝也。」攻錯：「公叔文子，據春秋傳本名發，即禮注引世本衛獻公生成子當，當出文子拔。則或又名拔。若公孫枝，則秦大夫也。注疏古本孔安國注，作『公孫拔』，相傳明代國學生有罰修注疏壞板者，以『枝』、『拔』形近，陰改作『枝』，以附會朱注，至今莫辨矣。」校勘記：「皇『枝』作『拔』。釋文出『公孫拔』，云皮八反。禮記檀弓下『公叔文子卒』鄭君注：『文子，衛獻公之孫，名拔。或作發。』疏引世本亦作『拔』。」困學紀聞六云：「『衛公叔發，注謂公叔文子。論語孔注作公孫拔。』是王伯（原）［厚］所見本，尚作『拔』字。」養新録云：「『公孫文子，朱注作公孫枝，王伯厚以爲傳寫之誤。予嘗見倪士毅四書輯釋載朱文公論語注：「公叔文子，衛大夫公孫拔也。」又引吳氏程曰：「拔，皮八。俗本作枝，誤。」』即公孫叔。乃知今世所行集注本，非考亭之舊，王厚齋所見，亦是誤本。』」按：得此說，攻錯之譏，可釋矣。

自經于溝瀆

皇疏：「或云召投河而死，故云溝瀆。或云自經，自縊也。』集注：「經，縊也。』後案：「經，剄之借字。謂斷剄也。』按：荀子强國篇「救經而引其足也」，楊注：「經，縊也。」此集注所本，不必改爲頸字。此節乃言管仲之不必死，不可指召忽説。召忽之死，不可輕也。後案以「溝瀆」爲魯地名，即左傳「句瀆之丘，子糾、召忽身死同處」。其説非是。後案又云：「桓公先入而靖國難，糾後至而見拒，猶争國于靖難之後，則糾之罪著矣。」此説尤謬。春秋莊九年春，「公及齊大夫盟于祴。夏，公伐齊，納子糾，齊小白入于齊。」是子糾之納魯，與齊大夫有成言矣。桓公自莒先入，據國以拒魯，故子糾不得入耳。乃以此罪糾，殊與當日情事未合。

陳成（公）［子］弑簡公

集注：「程子曰：『左氏記孔子之言曰：「陳恒弑其君，民之不予者半。以魯之半，加齊之半，可克也。」此非孔子之言。誠若此言，是以力不以義也。』」按：左傳云「孔某三日齋而請伐齊三，復對曰」云云，下一「三」字，則論語所記已在其中。以哀公有「魯爲齊弱」之言，故有此對也。聖人好謀而成，論理未嘗不論勢，必無不量力而冒昧以行之理。左氏去孔子甚近，其言恐不誤也。

衛靈［公］

衛靈公問陳于孔子

按：衛靈自魯定八年叛晉，屢被晉魯之師。連年伐曹，救范、中行氏，十年之間，幾于無歲不眡兵。故有「問陳」之事。

明日遂行在陳絶糧

集解：「孔曰：『孔子去衛如曹。曹不容，又之宋，遭匡人之難。又之陳，會吴伐陳。陳亂，故乏食也。』按：左傳哀元年秋八月，「吴侵陳」，此孔注所稱吴伐陳也。孔意去衛適陳是一時事，故以「明日遂行」句，冠于此節之上。衛靈卒于哀二年，則「去衛」當在其前。元年，楚會諸侯圍蔡，則陳、蔡同時被兵，故孔子有絶糧之事。或謂絶糧當哀六年，惟六年春吴伐陳，楚救陳而蔡無兵事。孔子之阨于陳蔡之間，恐不當在六年也。

君子哉蘧伯玉邦有道則仕邦無道則可卷而懷之

按：左傳伯玉始見于襄十四年。孫林父逐獻公，伯玉從近關出。迨二十六年，寗僖殺殤公，又從近關出，所謂「卷而懷之」也。二十九年，吴季札適衛，説蘧瑗、史狗、史鰌、公子荆、公叔發、公子朝，是爲衛襄公即位之年，伯玉又見于傳，其時衛多君子，則邦有道，則仕之時也。迨後靈公無道，則又「卷而懷之」之時。家語困誓篇所云「蘧伯玉賢而靈公不用」，是也。

放鄭聲

後案：「樂記正義引五經異義：『今論語説鄭國之爲俗，有溱、洧之水，男女聚會，謳歌相感，故云鄭聲淫。左氏説煩手淫聲謂之鄭聲者，言煩手躑躅之聲，使淫過矣。』此二説也。服氏左傳注云：『鄭聲淫，謂鄭重其手而聲淫過，非鄭國之鄭也。』見公羊莊十七年傳疏。楊氏丹鉛録曰：『淫者，聲之過也。水溢于平曰淫水，雨過于節曰淫雨，聲濫曰淫聲，一也。』朱子云『鄭聲　鄭國之音』，其淫詩復以鄭詩多淫詞。亦舊有此説。許叔重云鄭詩二十一篇，説婦人者九。語見樂記正義，是朱子所本。以『鄭聲爲鄭國之音』未可厚非也。」羣經義正：「鄭聲既樂記『鄭音好濫淫志』，亦非鄭詩。言鄭詩者，自許叔重五經異義。近人多歸獄朱子，未審其實」。按：異義所引，漢儒相傳之師説也。鄭君鈎之，其説與服同。然樂記明言「鄭、衛之音，亂世之音也，比于慢矣」。又以鄭音與宋音、衛音、齊音四者，同爲溺音。則今論語説（以）〔似〕非無本。又，白虎通禮樂篇：「孔子曰『鄭聲淫』何？鄭國土地，民人山居谷浴，男女錯雜，爲鄭聲以相悦懌，故邪僻聲皆淫色之聲也。」亦用今論語説，而不用左氏説。皇疏亦云鄭地聲淫，不自集注始。

柳下惠

集注：「柳下惠，魯大夫展獲，字禽，食邑柳下。」又，孟子注：「柳下惠居柳下。」攻錯：「康熙二十年，予在史館，益都相公言：『上幸南書房，問諸詞臣，論語柳下惠注云食邑柳下，孟子注又名居柳下，其一名而異注，何解？衆無以應。』謹按：柳下無定據。其云『食邑』，見左傳孔疏，『居柳下』，見莊子注。然總不知出何書，但注書者不應兩書兩注，自矛盾耳。古以食邑氏，惟畿内王官與大夫之就食其地者，如芮伯、樊仲原同屏括類，惠不然也。若公族倅貳，或食副田，或食公邑，皆不得以食邑爲氏。」

按：惠食邑于柳下，故即居于柳下。兩者初不矛盾，説者自生蔽障耳。以所居與字竝稱，如東門襄仲、東里子産、冀缺、賈季之類，春秋時甚多。此當時稱謂有如此者，非皆以爲氏也。

季氏

冉有季路見于孔子

集解：「孔曰：『冉有與季路爲季氏臣，來見孔子。』」集注：「按：左傳、史記二子仕季不同時。此云『爾者』，疑子路嘗從孔子自衛反，再仕季氏，不久而後之衛也。』按：左傳哀十四年：「小邾射以句繹來奔，曰：『使季氏要我，吾無盟矣。』使子路，子路辭。」是十四年子路在魯也。下文云「吾二臣」者，是子路實爲季氏臣也。又，左傳哀十五年：「秋，齊陳瓘如楚，過衛，仲由見之。」是十五年子路在衛。是年冬，即死于孔悝之難。何時自魯適衛，傳無明文。殆即以小邾射挾地來奔，不義季氏而去之歟？攻錯已及此事，惟謂公羊以子路死衛，載之西狩獲麟之年，即哀十四年，此由目不見策書，故一往多錯則不然。公羊類序孔子傷心之事于簡末，未必序歲月之先後也。

陪臣執國命三世希不失矣

集解：「馬曰：『陽氏爲季氏家臣，至虎三世，而出奔齊也。』」按：陽虎始見昭二十七年。注不言何人之子，馬言至虎三世，不知何據。季氏家臣惟南遺、南蒯二世而亡，餘無可考。

邦人稱之曰君夫人

按：左傳襄二十六年：「左師見夫人之步馬者，問之，對曰：『君夫人氏也。』左（氏）［師］曰：『誰爲君夫人？余胡（勿）［弗］知？』圉人歸，以告夫人。夫人使饋之錦與馬，先之以（璧）［玉］，曰：君之妾棄，使某獻。』左師改命曰：『君夫人。』而後再拜稽首受之。」是春秋之時稱邦君之妻曰君夫人也。是時宋大子死，佐爲大子，故其母爲夫人。

陽貨

公山弗擾以費畔

集解：「孔曰：『不擾爲季氏宰，與（虎陽）〔陽虎〕共執季桓子而召孔子也。』」皇疏：「不擾，當時爲季氏邑宰而作亂，與陽虎共執桓子，是背叛于季氏也。」邢疏：「弗擾爲季氏費邑宰，與陽虎共執季桓子，據邑以畔。」集注：「弗擾，季氏宰，與陽虎共執桓子，據邑以畔。」攷錯：「陽貨執桓子在定五年，若據邑以畔，則在定十二年。而夫子爲司寇時，使子路墮費，而公山據費以畔。是時夫子從定公登臺，方且遣申句須、樂頎下臺毆殺，親定其亂。而謂夫子被召，子路何一謬至此？據孔注，無『據邑以畔』四字。則貨執桓子，弗擾雖未共事，然逐仲梁懷實弗擾使之。是以費宰謀背君主，即是畔，時孔子未仕，因而召之，乃改而召孔子爲據邑以畔，則兩時兩事俱不合矣。須知此『叛』字是謀逆，非稱兵也。『以費』者，以邑宰也。』」辨正：「本文既云『以費畔』，則明是據邑。證之左傳、史記，其情事顯然可知。史記孔子世家：『定八年，公山不狃不得意于季氏，因陽虎爲亂。九年，陽虎奔齊，不狃以費畔。季氏使人召孔子。』夫曰爲亂，曰以費畔，即未稱兵，亦據邑矣，豈待十二年帥費人襲魯，始爲據邑哉？惟弗擾據邑，季氏不奈他何，故後肯孔子墮費耳。叔孫氏之墮郈，亦懲于侯犯之叛故也。毛氏謂『以費，以邑宰也，非據邑』，此曲說之不可通者。若然，則臧武仲之以防，又作何解？」摭餘説：「毛西河不特不善讀左傳，並亦不善讀論語。左傳定公五年：『六月，季平子行東野，還，未至，丙申，卒于房。陽虎將以璵璠斂，仲梁懷弗與，曰：「改步改玉。」陽虎欲逐之，告公山不狃。不狃曰：「彼爲君也，子何怨焉？」既葬，桓子行東野，及費子癢爲費宰，逆勞于郊，桓子敬之。勞仲梁懷，仲梁懷弗敬。子癢怒，謂陽虎：「子行之乎？」九月乙亥，陽虎囚季桓子而（遂）〔逐〕仲梁懷。』懷、不狃，即弗擾、子癢其字也。夫虎將斂王而中阻于懷，則懷固虎所忌也。虎欲逐懷而獨商于不狃，則不狃又虎所私也。虎所忌即桓所仇，而桓竝無介意虎所私，實懷所德。而懷反有慢容，不狃無如桓何。不狃卒無如懷何，于是搜剔舊怨，思假手于虎以報之，而虎亦遂爲所賣，而囚桓子，逐仲梁懷。是執桓子者虎，虎無不狃不遂。執桓子以前之不果逐懷，信之也。是以執桓子者，非虎也，不狃。釁從不狃起，故曰公山弗擾畔，禍從不狃爲費宰起。故又曰公山弗擾以費畔，論語直書之，〔朱〕子亦遂明注之。西河既謂定五年不可言畔，至定十二年又不得言召，然則朱注可删，將并論語白文亦盡可抹乎？又謂夫子欲往，必有真欲往者。公山之畔，與陽虎共執桓子，正當昭公薨晉之後，强臣專竊至此已極，乃一旦驟反其局，雖非來召，亦未有不欣觀其變者。蓋惑于金履祥大夫叛諸侯而陪臣以張公室之説也，則更不然。金氏于昭公十二年『南蒯畔』謂春秋凡以地叛必書，而内叛不書，内叛必有爲也。南蒯以費畔，蓋欲張公室，亦公意也。夫内叛大惡，聖人不忍書，諱之耳。若以不書于經，即謂叛爲義，則今日之謀執桓子者，公山也，他日之帥費人以襲魯者，亦公山也；襲魯亦不書，義乎，不義乎？且陪臣執國命，夫子又爲誰慨也。按：定十二年『叔孫州仇帥師墮郈，季（路）〔孫斯〕、仲孫何忌帥師墮費』，正義曰：昭十（二）〔三〕年，南蒯以費叛，連年伐而不克。定二年，侯犯以紱叛，一年再圍而不克，良由其城險固，家臣數以背叛。仲由爲季氏宰，進計季孫，防其後患，令毁三都，以是故毁其城。慮其拒之，故帥師而往。公羊傳曰：孔子行乎季孫，三月不違，曰家無藏甲，邑無百雉之城。于是帥師墮郈，墮費。左氏不言孔子之計，當是仲由自主此謀。但傳稱費人襲魯而仲尼在焉，是仲尼知其事。謂墮之爲，是故不禁也。』且公羊明載季孫與孔問答之言，則墮都之謀，實發自孔子。觀左傳公山不狃、叔孫輒帥費人襲魯，夫畔費猶可以張公室爲名，乃今竟襲魯矣，襲魯而且攻公矣。不料西河所謂驟反其局者，一至此極也。且其時，公與三子入季氏之宫，登武子之臺，君若臣俱各倉卒無措。而獨有一司寇，命之伐，命之追，直使公山氏不敗不止，不奔不止者，倘又即所爲仲尼之欣觀其變者耶？是不通經之論也。』後案：「史記：『公山不狃不得意于季氏，因陽虎爲亂，欲廢三桓之適，更立其庶孽。陽虎素所善者，遂執季桓子。桓子詐之得脱，陽虎不勝，奔齊。公孫不狃以費畔。季氏使人召孔子。』式三按：史記當以畔季氏爲句。先儒多以季氏連下讀，因謂此經云『召』亦屬季氏，否則兩處爭召，論語史記各記其一。此説失之也。弗擾召孔子者，時孔子未仕，故得相召。依左傳，事當在定公八年。史記以爲在九年者，或失之也。據注言，陽虎執桓子，事在定公五年。若左傳定公十二年載弗擾襲魯事，在孔子仕魯之日，非此初畔而召之時。崔東壁合兩事爲一，遂疑聖經之僞，盲人耳。下經言『末之也已，何必公山氏之之也』，決非仕魯時之言。崔氏胡不重復經文哉？』按：周、曹鈎西河、黄氏鈎東壁，説已詳矣。而説者之所以紛然者，則由于左氏所載未詳也。定八年傳：「季寤、公鉏極、公山不狃皆不得志于季氏，叔孫輒無寵于叔孫氏，叔仲志不得志于魯，故五人因陽虎。陽虎欲去三桓，以季寤更季氏，以叔孫輒更叔孫氏，已更孟氏。」追陽氏敗，陽虎逃，「子言辨舍爵于季氏之廟而也。」子言者，季寤也。五人中惟見此一人，餘四者弗詳。直至十二年，季氏將墮費，方言公山不狃、叔孫輒帥費人襲魯。此四五年中，縱迹何在？非在費耶？非以費畔耶？特傳文闕而不載，遂成疑團耳。集注亦本諸皇、邢二疏，竝非朱子所改。其以定八年弗擾爲未畔者，皆與情事不合。謂謀逆非稱兵，其言猶謬。既已謀逆，尚可恕乎？

（汝）〔女〕爲周南召南矣乎

皇疏：「爲，猶學也。」邢疏、集注同。攻錯：「此襲邢氏注。然『爲』不訓學。考諸書，竝無其義，當作學而說之。』按：皇疏于述而「抑爲之不厭」，子張「是以君子不爲也」，竝云猶學也，是古有是訓。毛添「而說之」，是自犯添補經文之病矣。

其猶穿窬之盜也與

集解：「孔曰：『穿，穿壁；窬，窬墻也。』」皇疏：「小人爲盜，或穿人屋壁，或踰人垣墻。」江熙曰：「『田文之客能爲狗盜，穿壁如踰而入盜之。』左傳云篳門閨窬，窬，竇也。」釋文：「穿，音踰。本又作『窬』。音同。說文作窬，穿木户。郭璞云門邊小竇，音臾，一音豆。」攻錯：「此又襲舊注而誤者。按：『穿』是事爲之名，『窬』是物名之字，連出而非對出。『穿窬』者，猶言穿其窬。『窬』本訓户，穿者穴而過之。豈有『穿』之一字而可連壁爲解者？況『窬』是本户，徐注所云鑿板爲户。禮記『篳門圭窬』，『窬』即户竇，左傳稱圭竇。」按：集注所用乃漢人舊說。釋文作「穿踰」，古本也。江熙之意，似以二字串說。說文：「窬，穿木户。」段注：論語本（此）〔作〕穿踰，無煩與此牽混。史記田敬仲世家「狶膏棘軸，不能運方穿」，考工記輪人注：「竇，大穿也；軹，小穿也。」則又虛字作實字用矣。

微子

以杖荷蓧

集解：「包曰：『蓧，竹器。』」皇疏：「籮篚之屬。」邢疏：「說文作『莜』，芸田器也。」說文艸部：「莜，竹田器。從竹攸聲。論語曰『以杖荷莜』」。段玉裁依韵會改「艸田器」爲「薅田器」，注云：謂子路見丈人手用杖莜加于肩行，來至田則置杖于地，用莜芸。植杖者，置杖也。云以杖荷莜，置杖而芸。則莜爲芸田器明矣。集解包注有脱誤。』校勘記：「皇本『蓧』作『篠』。釋文出『蓧』字云，本又作『條』，又作『莜』。案：説文、玉〔篇〕竝引作『莜』。是『莜』爲本字，『蓧』爲假借字。『倏』又爲『蓧』之省文。史記孔子世家引包氏注：『蓧，草器名也。字當從草。』無疑，今包注作『竹器』竹乃草字之訛。皇本竟改從竹，作『篠』並云『籮簏之屬』，誤益甚也。』按：皇注作「蓧，竹器」，承用包注。知宋時論語本已多誤。唐人或書「莜」作「匧」，説文：「匸，匧田器。」段氏疑爲「莜」之古文，特無以證之。

逸民一節

集解：「包曰：『此七人皆逸民之賢者。』按：此章記孔子之言，而先序七人于前，標其目曰逸民，書法也。論語詳解曰：「『朱』當作『譸』。書云譸張爲幻，即陽狂也。曰逸民，曰夷逸，曰朱張，三者品其目也。夷惠、仲惠連舉五者，舉其人也。」集注考證：「虞仲隱逸于夷，故曰虞仲夷逸。」此二説殊不妥。「逸（氏）〔民〕」「朱張」品目在人名之上，而「夷逸」又在人名之下既無此文法。柳下惠、少連，子稱其「言中倫，行中慮」，孟子言柳下惠「聖之和」，記言少連「善居喪」，皆非陽狂者，安得以此目之？此特好異説而不顧其安者也。近人又以（逸夷）〔夷逸〕」、「朱張」爲形况之詞，亦不妥。序列之中，雜以品論，書法既不當如是，况下文孔子有品論之語耶？下文品論獨闕「朱張」，温故録云：「經有脱逸，論者皆非。」

虞仲

集注：「虞仲，即仲雍，與泰伯同竄荆蠻者。」

按：左傳僖五年「宫之奇曰：太伯虞仲，太王之昭」，此朱子所本。稽求篇云：「宫之奇追原虞仲封國，以爲此虞之封國，實惟太王之昭故也。其所指虞仲，即仲雍之孫，不指仲雍。然而亦曰太王之昭者，此猶魯公封于魯，周公未嘗封魯也。而左傳曰『魯、衛、毛、聃，文之昭也』，正同魯公始封魯，而可曰文昭，則虞仲始封虞，可曰太王之昭。此以封國言，不以人言。」今按：傳文凡言某昭某穆，皆以人言。父爲穆，則子爲昭，父爲昭，則子爲穆。僖五年傳「太伯虞仲、太王之昭」，皆太王之子。下文「虢仲、虢叔，王季之穆也」，皆王季之子。二十四年傳「管、蔡、郕、霍」云云，「文之昭也」，此十六國皆文王子，「邘、晉、應、韓，武之穆也」，此四國皆武王之子。未有不以人言而以封國言者。周公封于魯，不之國而伯禽之國，封周公，非封伯禽也。魯之始祖乃周公，非伯禽也。孟子明言周公之封于魯，安得云周公未嘗封哉？漢地理志亦承用左傳之語，竝非誤解。虞仲，吴越春秋作「吴仲」。古「虞」、「吴」相通用。公羊定四年「帥師伐鮮虞」釋文：「虞，本或作『吴』。」詩絲衣「不吴不敖」，史記孝武紀作「不虞不驁」，索隱：「虞、吴聲相近。」衡方碑「不虞不揚」，「吴」作「虞」。此其證雍仲亦曰吴「仲」，周章之弟曰虞仲，是二人。吴、虞通用，故吴仲亦有時稱虞仲耳。

放言

集解：「包曰：『放，置也。不復言世務。』」皇疏：「穩居幽處，廢置世務。世務不須及言之也。」後案：「後漢書陳蕃傳論『放言爲高』，注：『放肆其言，不拘節制也。』論語云『隱居放言』，是『放』訓放從，古有是説。包氏訓『放』爲置，困學紀聞引左傳『身將隱，焉用文之』，中庸『其默足以客』，以證包注。」按：集注無訓。温故録謂舊解宜存。若既遭時廢棄，而好放大其詞，則將身之不保，復何權之能中！謝氏謂其言多不合先王之法，甚欠體認。其説是也。

子張

君子信而後勞其民

集注：「信，謂誠意惻怛而人信之也。」攷錯：「誠已是信，乃又添『意惻怛』三字，則仁矣。信與人何涉？且既可添字，則何字不可添？萬一添恭敬羞惡于誠意下，亦是信乎？『信』對『勞』言，則徒役簡稽，令無參變，增韵所云不差爽者。若『信』對『諫』言，則篤摯愨實，言無虚詐，集韵所云不携貳者。非可以交孚二字謂民亦信我、君亦信我也。」後案：「『注言誠意惻怛者，見已以信施于人，人始信之，推本言之也。』」黄説足破毛説之非。毛不許解釋添字，而此條「信對勞言」云云，添字如此之多，又當何説？

堂堂乎張也

集注：「鄭曰：『言子張容儀盛而于仁道薄也。』」集注：「堂堂，容貌之盛。」稽求篇：「堂堂，夸大之稱。惟夸大不親切，故難竝爲仁。」按：廣雅釋訓：「堂堂，容也。」後漢書伏湛傳「湛容貌堂堂，國之光暉」。此皆足爲集注之證。毛氏「夸大之稱」，殊無所據。皇疏：「江熙曰：『堂堂，德宇廣也，仁行之極也。難與竝仁，蔭人上也。』」然江熙之意，子張仁勝于人，故難與竝也。此别一説也。

堯曰

不知命無以爲君子也

集解：「孔曰：『命謂窮達之分也。』」集注：「程子曰：『知命者，知有命而信之。人不知命，則見害必避，見利必趨，何以爲君子？』」稽求篇：「知命，即易傳『樂天知命』。夫子知天命之命，陳晦伯作稽疑，引韓詩及董仲舒對策爲解，此真漢儒有師承之言。韓詩外傳云：『天之所生，皆有仁、義、禮、智，順善之心。不知天之所以命生，則無仁、義、禮、智、順善之心，謂之小人。故謂不知命無以爲君子也。』董仲舒策曰：『天令之謂命，人受命于天，固超然異于群生，貴于物也。故曰天地之性人爲貴。明于天性，知自貴于物，然後知仁、義、禮、智，安處善樂循理，謂之君子。故孔子曰不知命，無以爲君子，此之謂也。』」温故録：「有義理之命，有窮達之命，皆必知之而後能爲之，注言：利害似專主氣數，而義理在其中。勿偏泥。」後案：「孔注、程注，皆以數命言也。」筆解云：「『命謂窮理盡性以至于命，非止窮達。』韓、董二子之説，亦以性命言也。式三謂人不安于窮達之數者，必枉其仁義之性；知性之賦于天者，以達道之逆天心，自不行險以僥幸。性命，數命，非截然二事也。」按：集注本于孔氏，亦漢儒師説也。子罕言命，説卦傳言窮理盡性以至于命，繫辭言「樂天知命故不憂」，其地位極高，必如是而後可以爲君子，君子亦難希矣。黄言性命、數命非截然兩事，自是通論。

日南讀書記 卷十七

孟子

梁惠王

顧鴻雁麋鹿

集注：『麋，鹿之大者。』攻錯：『鴻是雁之大，麋豈是鹿之大乎？』集注補：『以麋爲鹿之大，非朱子之説，而許慎之記也。毛詩注「大曰鴻，小曰雁」，説文因而例之，云「大曰麋，小曰鹿」，非也。』按：説文：『麋，鹿屬，似鹿。米聲。麋，冬至解其角。』竝無『大曰麋，小曰鹿』之文。大、小徐兩本同。王氏以爲許慎之説，不知何所據而云然。顏師古急就篇注：『麋而大。』此當爲集注所本。

五畝之宅

趙注：『廬井邑居各二畝半，以爲宅；冬入保城，二畝半，故爲五畝也。』集注：『五畝之宅，一夫所受。二畝半在田，二畝半在邑。』攻錯：『此自造典文。祇檃括趙注爲言，而邑注不明。凡附會注説者，皆以國邑當之，以趙注有「各入保城」語也。按：邑，里也，漢志稱在邑曰里。此在國與鄉均有之。若是國邑，則百里之國，約有萬井，其所爲城不過五五二十五里耳。然且宮城、廟市去三之一，乃欲使萬井八萬家之里居，竝入其内，能容之乎？況國賴封守，未有（敞）〔敵〕國不至城下，而先棄縣稍都疆於不問而僅守國城者，是亂政也。考管子内政「四民勿襍處，田野之民不入國都」，韋昭謂：周制，城郭之城，士工商而已，農不與焉。此所云邑，但是公邑、國邑、丘邑、都邑類。凡井之隸於鄉、州、閭、黨者，中自邑居，非國邑也。若入保之説，則斷斷無之。』温故録：『孟子屢言五畝之宅，不過通率之詞耳，民宅至五畝止矣。其或過不及，皆以是爲率。猶之八口之家，亦可言數口；樹桑言墻下，亦可不言墻下也。此五畝，諒當即在受田百畝中。稍區之廬舍，一切皆聽民之自便，可也。而趙氏注云云，今注因之，蓋仿諸漢書食貨志。愚竊以爲不確也。何則？農夫大率田居，未必皆有宅在城中。城中之地有數，勢不偏容鄉遂遠近之民而予之宅。豳風「入此室處」，第言其不復如前之露宿。室即野之室，未嘗云入城也。「上入執宫功」，第爲公室官府之役，言上入而乘屋，仍爲私居，非城居也。若必令冬入城居，歲以爲常，三時在田，一時在邑，方將盡撤蓋藏，紛紛扶挈，行同轉徙，止若僑寓，而小民且多不便，殆非先王地邑民居必參相得之意矣。且就志言，八家各受私田百畝、公田十畝，（公田十畝）爲八百八十畝。餘二十畝爲廬舍，是公田實止八十畝，而二十畝自爲民居，何必假公田之名？二十畝亦一家分得二畝半而已，盡公私九百畝之數矣。其二畝半在邑，乃别增出數外耶？抑折除在數内耶？而疏不能證明，是古説之不能無疑者也。」焦循孟子正義：「『漢書食貨志云：「六尺爲步，步〔百〕爲晦，晦百爲夫，夫三爲屋，屋三爲井，井方一里，是爲九夫，八家共之。各受私田百晦，公田十晦，是爲八百八十畝。餘二十畝，以爲廬舍。春令民畢出在壄，冬則畢入在邑。」趙氏所本也。毛氏奇齡四書賸言補云：「『廬井邑居，各二畝半』，則已五畝。又云『冬入保城二畝半』，何解？漢書食貨志『在野曰廬』，則廬井者，井間之廬也。又云『在邑曰里』，則邑居者，里邑之居也。爾雅『里，邑也』，鄭康成稱里居，與趙稱邑居竝同。蓋廬井二畝半在公田中，一名廬舍。何休云：『一夫受田百畝，又受公田十畝；廬舍二畝半。』謂一夫受田一百十畝，又分受公田之二十畝，各得二畝半，作廬舍也。此易曉也。至（邑居）〔在邑〕之二畝半，以國城當之，則大謬不然。管子内政云『四民勿使雜處，處工就官府，處商就市井，處農就田野』，而韋昭謂『國都城郭之域，惟士、工、商而已，農不與焉。』則二畝半在邑，只在井邑，與國邑無涉。蓋古王量地制邑，其在國邑外，如公邑、家邑、（邱）〔丘〕邑、都邑，類凡所屬井地，皆可置宅。然且諸邑中，亦惟無城者可處農民、若有城如費邑、郈邑，所稱都邑者，則農不得入。管子與韋氏之言稍可據。然而趙邠卿乃有『冬入保城』之説，或係衍文，或有脱簡，且或原有師承。如周禮『夫一廛』，鄭康成所謂城邑之居者，則或諸邑有城者，亦置里居，事未可知。若在國城，則周禮載師〔氏〕有『國宅無征，園廛二十而一』之文，鄭司農注云：『國宅，國城中宅也。』而鄭康成即云：『國宅者，凡官所有之宫室，與吏所治者，又名國廛。』與園宅、園廛、農民所居者，正相分别。安可以農民園廛溷當官吏之國宅乎？則此二畝半，當云『在井邑』，不聞有城無城，竝得入保。此舉近地井里而言，〔如〕四井爲邑，則必邑中有里居可爲保宅之地，故其居名里居，又名邑〔居〕。」倪氏思寬二初齊讀書記云：「晋語：尹鐸請于趙簡子曰：以爲繭絲乎？抑爲保障乎？』韋昭注：『小城曰保。』引禮記遇入保者以爲證。然則趙注當亦指井邑中小城言之。若既無城，何云入保？毛氏説未免于率。」周氏柄中辨正云：「季彭山讀禮疑圖言：農民所宅，必是平原可居之地，別以五畝爲一處，不占公田。取于便農功，邇饋餉，去田亦不宜遠。其所聚居，或止八家，或倍八家以上，各隨便宜，聚爲一邑，置保以相守望。故舉成數言，則有十室之邑，千室之邑。非必都邑然後爲邑。而都邑亦豈可寓農民哉？農民之宅，鄉里也。即制里以導其妻子養老者也。國中之廛，市廛也。但爲士旅寄居之所，工商懋遷之區而已。」段氏玉裁説文解字注云：「説文：『廬，寄也。秋冬去，春夏居。』『廛，二畝半也，一家之居。』大雅『於時（廛）（廬）旅』，毛傳云：『廬，寄也。』小雅『中田有廬』，箋云：『中田，田中也。農人作廬〔焉〕，以便其田事。』春秋宣十五年公羊傳注云：『一夫受田百畝，公田十畝，廬舍二畝半，凡爲田一頃十二畝半。八家而九頃，共爲一井。在田曰廬，在邑曰里。春夏出田，秋冬入保城郭。』按：許『廬』義與下『廛』義互相足。在野曰廬，在邑曰廛，皆二畝半也。趙氏尤明，里即廛也。詩伐檀毛傳云：『一夫之居曰廛。』遂人『夫一廛』，先鄭云：『廛，居也。』後鄭云：『廛，城邑之居。』載師『以廛里任國中之地』，後鄭〔云〕：『廛里者，若今云邑居，廛，民居之區域也。里居也。』毛、鄭皆未明言二畝半，要其意同也。許于『廬』下不曰『二畝半』于『廛』曰『二畝半』，以錯見互足。」按：集注約漢志、趙注言之，竝非自造典文。不曰『入城保』，而但曰『在邑』，亦甚有斟酌。在邑有大小，或有城或無城，乃井邑之邑，非國邑之邑也。三代井田之制，自商鞅開阡陌後，破壞已盡，其詳不可得聞。漢志所言，僅其大略。若以秦、漢以下情形論井田之事，未必有當也。周禮『四井爲邑』，其區域必甚分明。左傳襄二十七年，『宋左師請賞，公與之邑六十二』，十八年，『與晏子邶殿其鄙六十，注：「六十邑。」』與北郭佐邑六十。』昭五年，『豎牛取東鄙二十邑以與南遺。』其邑以數十計，其區域必不廣，當即『四井爲邑』之邑。邑可以隨時與人，其區域必素定，無俟臨時分劃。不若後世一村一鎮，其民居多寡難分也。温故録之言極有理，恐與古時情形未必合。惟所云二畝半在邑，別增數外，抑折除數內，前人無有論及之者。

而不知檢

趙注：『言人君但養犬彘使食人食，而不知以法度檢斂也。』集注：『檢，制也。』按：文選演連珠引蒼頡

『檢，法度也。』趙意如此。集注『制也』，亦即法度之意。漢書食貨志引作『斂』。養新録從之，以爲惠王不修發斂之制。四（地）〔書〕釋地三續云：『古雖豐穰，未有以人食予狗彘者。狗彘食人食，即下章「庖有肥肉」意，謂厚斂于民，以養禽獸者耳。不必泥班志也。』

爲長者折枝

趙注：『折枝，按摩折手節，解罷枝也。』集注：『以長者之命折草木之枝，言不難也。』攻錯：『折草木之枝何用？此二字見經史甚多，未可固爲異解者。趙注云云，此卑幼奉事尊長之節，故加爲長者折枝。若折草木枝，即爲人亦非難，何必長者？』按：孫奭音義：『陸善經折枝，折草樹之枝。』此集注所本也。殆以『枝』非肢體之肢，故用『枝』字本義。考説文：『胑體曰胑也。從肉，只聲。肢，胑，或從支。』荀子君道篇『如四胑之從心』，宋本作四支。淮南修務訓『四胑不動』，竝作『胑』字也。易文言傳『暢于四支』，本書離婁亦作『四枝』。周書武順篇注：『四枝，手足。』支、枝竝假借。釋名釋形體篇：『胑，枝也。似木之枝格也。此肢之所以假用『枝』也。惟『折』字難解。焦氏正義云：『内則鄭注抑搔，即按摩屈枝體，與折義正同。』

以御於家邦

音義：『御如字。鄭箋詩云御，治也。』集注：『御，治也。』按：『御』，詩・思齊篇毛訓迎，鄭（訓治）訓迎者，音迓；訓治者，如字。此從鄭也，當如字讀。今俗多讀作迓，誤。趙注『御，享也，享天下國家之福』，義與朱異。以下文推之，朱爲長。

轉附朝儛

集注：『二山名。』攻錯：『齊無此二山。此當注「未詳」，不當强釋一字者。』按：集注本趙注。焦氏正義以『轉附』即之罘，『朝儛』即成山。其説甚詳，可備一解。

罪人不孥

趙注：『孥，妻子也。詩云：「樂爾妻孥。」罪人不孥，惡惡止其身，不及妻子也。』集注同。

按：此即左傳引康誥之文曰：『父子兄弟，罪不相也。』湯誓『奴戮』，論語『箕子爲奴』，竝是奴隸之奴，非罪及其妻子。説詳書甘誓篇。疑紂時有戮及妻子之事，故文王之罪人不孥，爲王政之一。

雖萬鎰

趙注：『十二兩爲鎰。』集注同。攻錯：『此又襲趙注而錯者。「鎰」，古通作「溢」。荀子「千溢之寶」，韓非子「鑠金千溢」，俱不計輕重之數。考周制，以十六兩爲一斤，而秦制改斤爲溢。則溢者，斤之更名，即十六兩也。故漢志「黃金一斤」，注謂此周之金名。而高帝賜張良金百溢，注謂此遵秦制而爲言。則一鎰爲十六兩，此確據也。昔賈逵注國語，以鎰爲二十四兩，則準之銖兩之數。二十四銖是一兩，則二十四兩是一鎰。此雖稍有見，而核實者。若趙（歧）〔岐〕、孟康作二十四兩，鄭玄作三十兩，皆無據之言。至喪大記「朝一溢米，暮一溢米」，則「溢」字本是「搤」字之通。搤者，握也，即一握米也。乃亦以銖兩爲注，分升分合而皆不得當。據律曆志，合重一兩，升重十兩。若分合爲溢，則十溢不過數錢。即升分爲溢，亦一溢不得滿十兩。而正義亦以二兩强注米，妄矣。』焦氏正義：『禮記喪大記云「朝一溢米，暮一溢米」，注云「二十兩爲溢。于粟米之法，一溢，爲米一升二十四分升之一。」儀禮既夕注同。史記平準書「黃金以溢名」，孟康云：「二十兩爲溢。」漢書張良傳「賜良金百溢」，服虔云：「二十兩爲溢。」呂氏春秋異寶篇「金千鎰」，高誘注云：「二十兩爲一鎰。」漢儒解「鎰」字，皆與趙氏同。國語晉語「黃金四十鎰」，韋昭注亦〔云〕二十兩爲鎰。惟文選詠懷詩「黃金百溢盡」，注引賈逵國語注云「一金，二十四兩」。又，吴都賦「金鎰磊砢」，劉淵明注云「金，二十四兩爲鎰」。二者皆見文選注，當是李善誤羨「四」字。賈公彥既夕疏云「二十四兩曰溢」，亦羨「四」字。二十四銖爲一兩，十六兩爲一斤，三十斤爲一鈞，四鈞爲一石，四鈞爲一百二十斤。故一百二十斤爲一石，以每斤十六兩通之，是一石爲一千九百二十兩，一斗爲一百九十二兩，一升爲一十九兩二錢。古以二十四銖爲兩，不以十錢爲兩。以一十九兩二錢乘二十四銖，得四百六十銖零八絫，于四百（六）〔八〕十銖減去四百六十銖零八絫，餘一十九銖零二絫。置一升四百六十銖零八絫，以二十四除之，確得一十九銖零（一）〔二〕絫。是一升二十四分升之一爲四百八十銖，即是二十兩。甄鸞五經算術云：「置一斛米，重一百二十斤，以十六乘之，爲積一千九百二十兩。以溢法二十兩除之，得九十六溢。爲法，以米一斛爲百升爲實，實如法，得一升，不盡四升，與法俱再半之，名曰二十四分升之一。」此不用銖法，而用石法，以九十六溢除百升，每溢一升，除去九十六升，尚餘四升，故云不盡四升。半其四升爲二升，再半其二升爲一升，半其九十六爲四十八，再半其四十八爲二十四。二十四分升之一，即九十六分升之四，以九十六分升之四，約爲二十四分升之一，（即）所謂可半則半之術也。鄭氏以爲粟米法本溢法、石法言之，則明其爲二十兩。賈氏作疏，不致違敗之，以爲二十四，知二十四之「四」，必爲羨字。推之文選注，蓋亦羨也。』按：得此説而毛説不攻自破矣。漢志『秦兼天下，黄金以溢爲名，上幣』，注：『孟康曰：「二十兩爲溢。」師古曰：「改周一斤之制，更以溢爲金之名數也。」「高祖初賜張良金百溢」，此尚秦制也。』此言秦改金以溢計，不以斤計，非謂溢爲十六兩也。溢之名，戰國時已有之。本書公孫丑篇『七十鎰』、『五十鎰』，是各國皆有是名，特至秦則天下同耳。攻錯：『張文虪曰：「史記蘇秦傳『黄金千鎰』，司馬貞曰：『按一鎰一斤也。』」』今檢秦傳索隱，云『戰國策作「萬溢」。一溢爲一金，則二十兩。』乃改『一金』爲『一斤』，並删去『則二十兩』句。似此任意妄改，皆毛氏喜以揑造欺人，其徒亦效之。如此説經，豈不可懼？

去邠踰梁山邑於岐山之下居焉

按：遷國必得隙地。無隙地，雖欲遷而無從也。『太王去邠踰梁山而邑岐』，可謂遠徙矣。當日岐之地，舊屬於周者歟？抑非舊屬於周者歟？舊屬，則本在封域，何必棄其民？非舊屬，則地屬何人而可任意居之？因疑古時九州之内，地曠人稀，故多隙地，本無所屬。居之即爲已有，故無争奪之者。與後世之繁盛情形不同。春秋時，遷邢、遷衛，皆爲其本有之地。而秦、晋遷陸渾之戎於伊川，必伊川之地舊多曠土，故戎可來居之也。宋鄭之間有隙地六邑，至春〔秋〕時之末，猶空虚之，各不有。可知封建之世，其情勢不與秦漢以下同也。

公孫丑

今言王若易然

考異：『孟子雜記曰：「或讀『然』下屬」。按：後文云今時則易然也，知此「然」字必不當下屬。』按：趙注『何謂王易然也』，以『然』字句。音義出『易然』二字，亦以『然』字句。集注則無明文。

微仲

按：漢書古今人表中上微中，列膠鬲之次，中中宋微中啓子列楚熊艾繹子。之後，魯考公之前，是分爲二人。中上微中，即此章之微仲，故與膠鬲相次。中中微中，注云啓子，是不以爲微子之弟，而以爲微子適子之弟。知此説漢儒已有之，不始于閻氏釋地也。

孟施舍

趙注：『孟姓，舍名，施發音也。』集注從趙。攻錯：『魯有孟孫、少施氏，係魯惠公施父之後。孟固非姓，亦非發語聲。』釋地又續：『原趙氏之意，以古人二字名，無單稱一字者。今曰舍，則舍其名也。古人未有複姓，孟施，則孟其姓也。遂以發音當施字，不知發聲在首，如吳曰句吳，曰句越。若在中，則語助詞多用之字，未聞以施字者。且孔子時，魯有少施氏，安知孟施非少施一例乎？』考異曰：『書辨疑曰：「施非助詞，宜以施舍爲名，舍豈能，上本合有施字，傳寫脱漏。」按：古人二字名或稱一字者，如紂名受德，泰誓但稱「商王受」；曹叔名振鐸，國語但稱叔振；晉文公名重耳，左傳但稱晉重。孟施舍即不脱字，亦不嫌其自稱舍也。』群經義證：『隸釋石門頌「司隸校尉楊君厥字孟文」，楊淮碑「司隸校尉楊君厥諱淮」，靈臺碑陰有「仲阿東」、「仲阿先」、「仲阿同」諸人，皆以「厥」、「阿」爲語助，横隔於中。辨疑所辨非也。』按：左傳中如石之紛如、燭之武之類，『之』字疑皆語助之詞，似不必以此爲疑。閻氏因少施而疑有孟施，尚是此例之意。毛氏直云魯有孟施氏，則武斷矣。

三里之城七里之郭

集注：『三里、七里，城郭之小者。郭，外城。』左傳隱元年：『祭仲曰：「都城過百雉，國之害也。先王之制，大都不過參國之一，中五之一，小九之一。今京不度，非制也。」』注：『方丈曰堵，三堵曰雉。一雉之墻長三丈、高一丈。侯伯之城，方五里，徑三百雉。故其大都不得過百雉。』疏曰：『定十二年公羊傳曰：「雉者何？五板而堵，五堵而雉。」何休以爲堵四十尺，雉二百尺。許慎五經異義、戴禮及韓詩説八尺爲板，五板爲堵，五堵爲雉。板廣二尺，積高五板爲一丈，五堵爲雉，雉長四丈。古周禮及左氏説一丈爲板，板廣二尺，五板爲堵，一堵之墻長丈高丈。三堵爲雉，一雉之墻三丈，高一丈。以度其長者用其長，以度其高者用其高也。諸説不同，必以雉長圍三丈爲正者，以鄭是伯爵，城方五里。大都三國之二，其城不過百雉。則百雉是大都定制，因而三之。侯伯之城當三百雉，計五里，積千五百步。步長六尺，是九百丈也。以九百丈而爲三百雉，則雉長三丈。賈逵、馬融、王肅、鄭玄之徒，爲古學者，皆云雉長三丈，故杜依用之。侯伯之城方五里，亦無正文。周禮冬官考工記：『匠人營國，方九里，旁三門，謂天子之城。』天子之城，方九里，諸侯禮當降殺。則知公七里，侯伯五里，子男三里，以此爲定説也。但春官典命職乃稱「上公九命，侯伯七命，子男五命」，其國家、宮室、車旗、衣服、禮儀，皆以命數爲節。鄭玄以爲國家，國之所居，謂城方也。如典命之言，則公當九里，侯伯七里，子男五里，故鄭玄兩解之。其注尚書大傳以天子九里爲正説。又云或者天子之方十二城。詩「文王有聲」，箋言文王城方十里，大于諸侯，小于天子之制。論語以爲公大都之城，方三里。皆以爲天子十二里，公九里也。其駁異義又云鄭伯城五里。以匠人、典命俱是正文，因其不同，故兩申其説。今杜無二解。以侯伯五里爲正者，蓋以典命所云國家者，謂國家所爲之法、禮儀之度，未必以爲城居也。又曰定以王城，方九里，依此數計之，則王城長五百四十雉；其大都方三百、長一百八十雉；中都方一里又二百四十步，長一百方十八雉也；小都方一里，長六十雉也。公城方七里，長四百二十雉；其大都方二里又一百步，長一百四十雉也；中都方一里又一百二十步，長八十四雉也；小都方二百三十三步二尺，長四十六雉又二丈也。侯伯城方五里，長三百雉；其大都方一里又二百步，長百雉也；中都比王之小都；其小都方一百六十六步四尺，長三十三雉又一丈也。子男城比王之大都，其大都比侯伯之中都；其中都方一百八十步，長三十六雉也；小都方百步，長二十雉也。』攻錯：『郭，廓然無城之名。惟無城，故魯之國郭、都邑郭皆無城者，至春秋避齊難，始城成郛、城西郛。郛者，郭也。且國郛城西面，而三面仍缺，誰謂「郭，邑外城」？錯矣。』辨正：『釋名：「郭，廓也。廓落在城外也。」並不言無城。左傳「魯定公侵齊，攻廩丘之郛，主人焚衝，或濡馬褐以救之，遂毀之。」夫衝者，攻城之具。詩言「臨衝以伐崇墉」，戰國策言「攻城舉衝櫓」，又言「千丈之城，百尺之衝」是也。無城焉用衝爲？至魯之城成郛、城西郛，則以城不皆郭，故因備敵而增築之。管子曰「内之爲城，外之爲郭」，則城是内城，郭是外郭，又何錯焉？』群經義證：『當孟子時，或以目驗各國之下邑言之。如國策云「即墨三里之城」者，是其義也。』焦氏正義：『經義雜記：「晉書段灼傳『臣聞天時不如地利，地利不如人和。三里之城，五里之郭，圜圍而攻之，有不尅者，此天時不如地利。城非不高，池非不深，殺非不多，兵非不利，季而去之，此地利不如人和。然古之王者，非不先推恩德，固結人心。人心苟和，雖三里之城，五里之郭，不可攻也。人心不和，雖金城湯池，不能守也。』此本孟子，今公孫丑下作『三里之城、七里之郭』，疑誤也。郭爲外城，猶椁爲外棺。開廣二里，已不爲狹。若城三里而郭七里，是外城反過倍于内城矣。外城既有七里，内城又當不止三里。段兩言五里之郭，必非誤。」按：戰國策齊策貂勃云「三里之城，五里之郭」，田單又言「五里之城，七里之郭」，皆指即墨而言。其城郭之小七里、五里，未可知也。』按：説文：『𩫏，度也。民所度居也。從回，象城𩫏之重，兩亭相對也。或但從口。』段氏注：『兩亭相對，云謂上合下𠁥也。内城外𩫏，兩亭相對。漢典略曰：「雒陽二十街、三亭、十二城門」。三亭，此城内亭也。百官公卿表「縣道十里一亭」，此城外亭也。』愚按：此城𩫏本字。今郭行而𩫏廢矣。制字本意，從回，象重城之形。豈有名之爲𩫏而無城者！毛氏不考而妄説之，周氏駁之當矣。據左傳疏，城之小者，或不及一里。則三里之城，尚非其最小者。武氏謂孟子目驗言之，自是通論，不必拘拘以古制相繩也。臧氏據段灼傳，謂七里爲五里之誤。此説亦不可泥。段灼本約孟子言之，豈必字字相符。周書作雒篇：『周公及將致政，乃作大邑成周。於土中立城，方千七百二十丈，郛方七十里。』朱右曾集訓校釋：『王城在今河南府城西北。古者六尺四寸爲步，三百步爲里。一里之長一百九十二丈。依考工記「國方九里」，當云千七百二十八丈。今略其奇數耳。「立城」，舊無「立」字，依類聚、初學記、御覽增。又「七百」「六百」，「七十里」作「七十二里」。詩地理考、通鑑前編又作「郛方十七里」。』據此，如已城九里、郭七十里或七十二里計之，何止過倍？即以七十里計之，亦將一倍。況在戰國之時，各規形勢便利，不復遵用周制，又安得以此爲疑哉？一統志：『兖州府靈邱城在滕縣東四十里，城周八里，内有子城。』子城者，外城也，郭也。此古蹟之可考者。

靈丘

趙注：『靈丘，齊下邑。』集注同。攟餘説：『史記「趙敬侯二年，敗齊於靈丘」，田敬仲世家「齊威王元年，三晉因齊喪，伐我靈丘」，趙世家「惠文三十四年，樂毅將趙、秦、韓、魏、燕攻齊，取靈丘，明年燕獨深入，取臨淄」。閻百詩謂加以鼁去王遠，無以箴王闕，特辭靈丘，請士師，足徵爲邊邑，舊注最合。正義曰「地理志代郡有靈丘縣是也。」此大不然，齊境不得至代也。』一統志：『山東省兖州府古蹟：靈丘城在滕縣東四十里　明水之南城周八里内有子城，相傳戰國時齊南境邑。孟子謂蚳鼁辭靈丘而請士師，指此。』

按：滕縣之靈丘，在齊南境，距臨淄數十里，趙之伐齊，不能越臨淄而遠至滕。由燕至此，南北相距，道里尤遠。此必史記之靈丘也。一統志之説，殆本於欽齊乘，亦未知是否。

王使蓋大夫王驩爲輔行

趙注：『王以治，蓋之大夫王驩爲輔行，副使也。』　按：禮記禮器『諸侯七介七牢，大夫五介五牢』，注『諸侯七介七牢者，周之侯伯也；大夫五介五牢者，侯伯之卿使、聘者也。』集説：『介，副也。上介一人，餘爲衆介。』左傳昭三年，叔弓如滕，子服椒爲介；五年，晉韓宣子如楚送女，叔向爲介；哀十五年楚伐吴，陳侯使公孫貞子弔焉，芋尹蓋爲上介；子服景伯如齊，子贛爲右。皆一正使，一上介。趙注之副使，即禮之上介。是時王驩爲上介也。經窺欲分蓋大夫與王驩爲二人，失之。

齊卿之位

集注：『王驩蓋攝卿以行，故曰齊卿。』　攻錯：『明明稱齊卿，且明曰位不小而反行攝卿，此何所據？況驩本右師。古國卿有太師、少師，侯國卿有左師、右師。故趙有左師觸龍，宋有右師，皆是正卿，何得云攝？意以蓋大夫爲邑宰名，竟忘却驩是右師，即趙注後爲右師，亦衹知離婁篇右師在後，竟忘却本文「齊卿之位」四字。侯國上卿多以邑冠。如楚司馬沈氏以食葉名葉公，晉卿趙氏以守原名原大夫。不止邑宰專稱也。宋向戌以食採於合，春秋傳名合左師，則此直注曰蓋大夫即蓋右師，何不可焉！』辨正：『左傳：『欒共子，晉哀侯大夫。凡大夫加邑號者，皆治邑之大夫。僖二十五年傳「晉趙衰爲原大夫」，二十七年傳「命趙衰爲卿」，則當其守原之日，未爲卿也。楚僭號縣尹稱公，如申公、鄖公、白公之類，皆邑大夫，惟葉公嘗爲令尹、司馬，以老於葉，故始終稱葉公。此固不可爲例者。王驩爲蓋大夫，猶距心爲平陸大夫，非卿也。』　焦氏正義：『陳組綬然犀解引徐伯聚云：「經文明言孟子爲卿，驩爲大夫，則公孫丑所言之卿，蓋孟子也。」按：此説是也。趙氏言王驩爲副使。孟子以卿爲正使，王驩以大夫副之。副使原不必攝卿，且卿遂可與言，大夫遂不可與言乎？是時孟子以卿爲正使，驩以大夫爲副使。凡一切使事，驩宜聽命於孟子，乃驩則自專而行，此丑所以問也。言夫子以卿爲正使，位不爲小，何得聽其自專而不與言？故孟子所答云云。趙于「齊卿之位」二句不注者，正以此卿位即孟子爲卿之卿，不必更注。而不言「驩專知自善」則孟子之不與言，正非徒以不悦其人而不與相比而已也。』按：上曰『爲卿』，下曰『大夫』，書法也。卿出使，大夫爲介，周制也。上介一人，驩爲之。舊説以齊卿指驩，遂生轇葛矣。驩是時如已爲右師，即不得爲介。況孟子爲客卿，非執政者，驩肯爲之副乎？趙云『後爲右師』，語有斟酌。春秋時，帷宋有右師、左師，他無聞焉。齊至戰國，亦設此官。觀離婁篇所叙情事，當爲卿位，然亦無可考。毛説周駁之，蓋毛亦誤以齊卿屬驩，故强爲詞。春秋時，凡已爲卿者，不復稱某大夫。凡稱某大夫者，皆治邑之大夫，非食采者。即如魯三家，季食採於費，不稱費大夫，叔食採於郈，不稱郈大夫，孟食採於成，不稱成大夫。其稱費宰、郈宰、成宰者，皆家臣也。焦氏之説，于書法甚合，當從之。

滕文公

齊疏之服

趙注：『齊疏，齊衰也。』音義出『齌』字，音資。校勘記：韓本作『齋』。作『齊』者，經典假借字作『齌』者正字。集注：『齊，衣下縫〔也〕不緝曰斬〔衰〕。緝之曰齊衰。疏，麤也，麤布也』攻錯：『此則錯之尤甚者。考古三年重服，祇齊衰一服，而分作齊衰、疏衰兩名，以齊衰必疏布爲之。其在論語祇名齊衰，於兩見齊衰，皆指重服，而在左傳則名疏衰。晏嬰居父嬰桓子喪，服麤衰，麤即疏。至孟子，即合名曰齊疏。猶荀子稱「資，麤衰」者，資麤，即齊疏也。但據舊禮文，齊疏本極重之服，而實通期、功以下以爲名。故同一齊名，而實有兩製。蓋齌者，裳下際之稱，惟重服則以齌訓。謂但斬、齊，其下際而不緝，而輕服即緝之。緝名齊，不緝亦名齊。三年之齊，必不當與期、功之齊相溷亂者。今此齊疏，則三年服也。而忽加斬衰於其上，注經之謬，莫大乎是。』按：儀禮喪服首章曰『斬衰裳』，次章曰『疏衰裳齊』，三章曰『疏衰裳齊』，傳云：『斬者何？不緝也。齊者何？緝也。』注：『凡服，上曰衰，下曰裳。疏猶麤也。』是集注全本禮經，竝無錯處。毛氏創爲服無斬衰之説，竝謂春秋叔向斬焉縗絰，縣子三年之喪如斬，語一斬衰，在齊衰之上，是竝傳記而儀禮之首亦不足信。其引左傳『晏嬰麤縗斬』，將『斬』字删去，以附會其説。豈非大謬，焦氏正義：『禮記檀弓：「穆公之母卒，使人問於曾子，曰：『如之何？』對曰：『申也聞諸申之父曰：哭泣之哀，齊斬之情，饘粥之食，自天子達』。」』是孟子亦述曾子之言，蓋嘗聞諸師者也。齊疏原包有斬衰，孟子言齊疏，猶曾申言齊斬耳。』

宵爾索綯

趙注：『言教民晝取茅草，夜索以爲綯。綯，絞也。』攻錯：『此注綯爲絞，而其注詩則又注索爲絞，則絞，絞矣。此當注明索字。索，繩也。索綯，謂綯絞繩索，倒文也。繩索者，升屋之具也。』焦氏正義：『綯，絞也，釋言文。李巡云：「綯，繩之縊也。」方言云：「車紂，自關而東，周、洛韓、鄭汝、（穎）〔潁〕而東，謂之緧，或謂之曲綯。」郭氏注云：「綯亦繩名。」儀禮喪服傳云：「絞帶者，繩帶也。」是絞即繩，綯是絞，即是繩矣。易說卦傳云「一索而得男」，馬融注：「索，數也。」毛傳陳風「越以鬷邁」，傳云：「鬷，數也。」箋云：「鬷，總也。」蓋以兩股摩而交之，總爲一繩，以其絞之索之而成，故亦名爲索、爲絞。猶繩爲定名，而彈正之即謂之繩，爾雅釋器「繩之謂之縮之」是也。此又綯是繩，索是索。此綯，故云夜索以爲綯。鄭云「夜作絞索」，則以絞釋索，以索釋綯，其義同也。以茅蓋屋，用繩固之，故「乘」，蓋爾野外之屋。』按：說文：『索，艸有莖葉可作繩索。』『繩，索也。』相爲轉注，是靜字。此『索』在上，當爲動字。焦說足以破毛之扃。

許行

趙注：『許姓，行名也。』疏：『許行，南蠻之人也。』按：許行當爲許國之後，以國爲氏者。許入於楚，故許行自楚來，非南蠻之人也。孫疏殆以下文『南蠻鴃舌之語』而附會之。

徐辟

按：此蓋徐國之後，以國爲氏者。

毁瓦畫墁

趙注：『孟子言人但破碎瓦畫地，則復墁滅之，此無用之爲也。』音義：『畫音獲也。墁，張，武安切。云與謾同。』集注：『墁，墻壁之飾也。毁瓦畫墁，言無功有害也。』按：『畫』是分畫之畫，非畫繪之畫。故音義音獲，今俗讀作胡推切者，非也。上文言有功可食，此反言之。故集注云無功而有害。若如趙注畫地而墁滅之，尚不得爲有害，與毁瓦亦不相對，故集注改之。『墁』字，說文不收。玉篇土部：『圬，泥墁也。』『墁，莫但、莫干二切，朽也。所以塗飾墻也。亦作鏝。』廣韻二十六桓：『鏝，泥鏝。槾、墁竝上同。』説文金部：『鏝，鐵杇也。』木部：『杇，所以涂也。秦謂之杇，關東謂之槾。從木。槾，杇也。』爾雅釋宮：『鏝，謂之杇。』釋文：『鏝，本作「槾」。』是以金爲之者曰鏝，以木爲之者曰杇、曰槾。墁者，後起字也。墁用以涂之，器因以所涂者，即謂之墁。集注之語，蓋本於玉篇。書梓材『惟其塗丹雘』，左傳襄三十一年『圬人以時塓館宮室』，杜注：『圬人，塗者。塓，塗也。』此竝是塗飾之事。畫者塗飾，本以爲美，而反分畫之，則美者亦毁。此與『毁瓦』相對，無功而有害者也。

陳仲子

按：淮南（記）〔氾〕論訓注：『陳仲子，齊人，孟子弟子，居于陵。』群經義證言補孟子弟子傳者，宜補及之。按：趙注『陳仲子，齊一介之士』，不言爲孟子弟子。觀孟子之詆之如此，其非弟子甚明。此不當補者。

離婁

不以規矩不能成方員

考異：『管子法法篇：「巧者不能廢規矩而正方圓，聖人不能廢法而治國。」韓非子姦劫篇：「無規矩之法，繩墨之端，雖王爾不能以成方圓。無威權之勢，賞罰之法，雖堯、舜不能以爲治。」春秋繁露第一篇：「雖有巧手，弗修規矩，不能正方圓。雖有察耳，不吹六律，不能定五音。雖有睿心，不覺先王，不能平天下。」按：西河毛氏言孟子不道桓、文之事，而爲文多襲管子。如「省刑罰，薄税斂，規矩之正也」，「巧者不能廢規矩而正方圓」，「諸侯毋專殺，大夫毋曲堤，毋貯粟，使税者百一鍾，孤幼不刑，澤梁時縱，關譏而不征，市書而不税」，「以善勝人，未有能勝人者也；以善害人，未有不勝人者也」，皆管子文。愚謂此類有屬古成語、成法，彼此共述之者；有後人附益管書，轉從孟子捃入者；有其言可採，不以其人廢言，若引及陽貨例者，有姑取其事，以襃見貶，本春秋經，彼善于此例者。若茲規矩方圓一條，詞面雖似，而管仲任法，孟子言仁，其意旨乃猶河、漢而無極矣。槩云襲管，豈不大悖謬乎？韓非所云乃承襲於管子，董子則承襲於孟子，相提竝録，黑白自判然分也。』按：毛攻宋儒最力，而此條竝譏及孟子矣。其攻錯中，以集注貶抑聖門爲錯，何躬自蹈之耶？秦毁書後，三代之書流傳者少，此等成語當時必共相傳述，韓亦不必襲管也。

伯夷辟紂居北海之濱聞文王作興曰盍归乎來吾聞西伯善養老者

按：伯夷『盍歸』之語，孟子兩言之。史記周本紀亦有此文。是伯夷當時實就養於周，故與太公有二老之稱。迨武王伐紂，伯夷與叔齊叩馬而諫，其時確在周也，西山之隱在其後矣。『聞文王作興』，趙注以『興』字句絶。賸言引離騷王逸注以證之，考異、正義竝以爲是。集注無明文。大全小注亦尚以『作興』二字相連，不知何時以『作』字句絶，『興』字下屬。『作』、『興』皆訓起，雖古人亦多此重沓之詞。然以『作』字句絶，亦自有理，不可遽非也。

闢草萊任土地者次之

趙注：『辟草、任土，不務修德而富國，罪次合縱連横之人。』　集注：『任土地，謂分土授民，使任耕稼之責，如李悝盡地力，商鞅開阡陌之類。』　按：李悝之『盡地力』，有益於農民，未可非也。商鞅『廢井田，開阡陌』，而古制遂亡，此則千古之罪人。當分別觀此。閻若璩釋地又續『「連諸侯」，是封建之將盡也；「辟草萊，任土地」，是井田之將盡也。』

嫂溺不援

群經義證：『淮南氾論訓注引孟子曰：「嫂溺而不拯，是豺狼也。」考出溺曰拯，是高氏所見古本「拯」字，義爲近之。今本作「援」字，形涉似致訛。』按：通章皆是『援』字，不應此句獨是『拯』字。古人引書或以意改，未可知。

夫子教我以正夫子未出于正也

趙注：父親教子，其勢不行。教以正道而不能行，則責怒之，夷傷。父子相責怒，則傷義矣。一説曰：父子反自相非，若夷狄也。子之心責其父云：夫子教我以正道，而夫子之身未必自行正道也。執此意，則爲反夷矣，故曰惡也。』　集注：『教子者，本爲愛其子也。繼之以怒，則反傷其子矣。父既傷其子，子之心又責其父曰：夫子教我以正道，而夫子之身未必自行正道，則是子又傷其父也。』　焦氏正義：『反夷有二解：一屬上讀，謂父之教子，本望其善，非傷之也，今繼以怒，反是傷之矣；一屬下讀，父既繼之以怒，其子不受，而心誹以報之，因父之傷己，而反以傷其父。下「夫子教我以正，夫子未出于正也」，即申上反夷之事也。趙氏言「子之心責其父」云云，而承之云「執此意則爲僅夷」，是以反夷屬其子，即指心責其父云也，舉「一説」云父子反自相非，謂父子本宜有恩，而反相非責，此解「反」字有不同，故以「一説」别之。父子相責怒，解父子相夷則傷義矣。惡謂傷義。經先言反，後言相夷。趙氏先解相夷，後解反夷。因反夷有反自自相夷之一説，故倒相夷在前。一説以夷爲夷狄，則反不得爲報，故爲反自相非也。」　按：集注全本趙。「夷」，亦訓爲傷也。愚謂「反夷」句，是承上起下語，當兩屬。趙之「一説」似非。「相夷」之本旨，集注補引許文懿曰：「此非謂爲子者必有是言也，孟子所以責爲父者，身之必出於正也。王氏謂此説有功世道不淺。然爲子而腹非其父，世實有其人，何必爲之諱？且不爲子説，必子真無其事，經文「相夷」二字將何説以解之？」

東夷之人也

趙注：「在東方夷服之地，故曰東夷之人也。」

西夷之人也

趙注：「岐山下，周之舊邑，近畎夷。畎夷在西，故曰西夷之人也。」　攻錯：「夷，裔也，邊也。謂東一邊也。戰國分東西，以關爲界。凡關以東者，皆謂之東一邊。若曰夷服，則必禹貢所稱要服二百里。夷者，在甸侯綏一千五百里之外。將史記所云就時負夏，在衛地，書所云造攻自鳴條，在安邑之西，皆不可。及朱氏不解「夷」字，然又曲護己説。於後文岐周特注曰地近畎夷，以爲此亦夷服地也。殊不知秦以前凡夷蠻多在内地，獯鬻、玁狁皆與周邑相鄰，一如淮夷、徐戎、陸渾、潞狄之雜居者，並非夷服。若夫得志，行乎中國，則中國即土中。蓋中與邊裔對，不對夷服也。」　按：集注語本趙注，竝非曲護己説。「夷」字，各書未見有訓裔與邊者。「東一邊」亦不成語。周時玁狁，甯王逐之。春秋時，南蠻多屬於楚，西戎多屬於秦。北狄侵燕，齊桓征之。淮夷、徐戎，則東夷也。諸馮今不詳所在，安見非在東夷之地？「遷負夏」、「卒鳴條」，自不仍在所在之地，安得舉史記以相難？説文羊部「羌」下云：「南方蠻閩，從虫；北方狄，從犬；東方貉，從豸；西方羌，從羊。此六種也。西南　人僬僥，從人。蓋在坤地，頗有順理之性。唯東夷從大。大，人也。夷俗仁，仁者壽。有君子不死之國。孔子曰：「道不行，欲之九夷，乘桴浮于海。」有以也。』據此，則夷非不善之名，何必諱之？惟夷服爲九服之一，見周禮職方氏。舜時但有五服，尚無夷服之名。以此稱舜，似以後世之名目前人也。此趙注之可從者。

歲十一月徒杠成十二月輿梁成

趙注：『周十一月，夏九月，可以成步度之功；周十二月，夏十月可以成輿梁也。』疏：『徒杠者，説文云：「石矼，石橋也。俗作杠，從木，所以整其徒步之石。」十月成津，則梁爲在津之橋梁也。今云輿梁者，蓋橋上横架之板，若車輿者，故謂之輿梁。』音義：『杠，張音江，方橋也，可通徒行人過者。』攻錯：『以徒杠爲方橋，大錯。徒杠，本石矼，聚石爲步，以渡水。爾雅「石杠謂之徛」是也。其不作矼而作杠，通字耳。若橋必疊石架木以通之，然竝無杠名。説文牀桯謂之杠，周禮「旌竿爲杠」，士喪禮以竹杠爲銘橦之木。今易石杠爲木杠，於義不合。況方橋何解？豈輿梁是圜橋耶？若以徒步爲徒杠，輿梁爲通車之梁，就對文言，似乎極當。但物有名義，正義謂輿梁是橋上横架之板，一如車杠之架兩輪者，此句毛以意改，原文見上。毛之引書，其失往往如此。因以輿名。此與禮記「奉席如席衡」，以架橋兩硅有似車較之拱衡木，遂名橋衡正同。』説文木部：『榷，水上横木，所以渡者。』段注：『釋宫曰：「石杠謂之徛。」孟子「歲十月徒杠成」，趙岐釋爲步度，郭釋云步度彴。然則石杠者，謂兩頭聚石，以木横架之可行，非石橋也。凡直者曰杠，横者亦曰杠。杠與榷雙聲。孝武紀曰「榷酒酤」，韋曰：「以木渡水曰榷。謂禁民酤釀，獨官開置，如道路設木爲榷，獨取利也。」』又，『橋，水梁也。』『水梁者，水中之梁也。梁者，宫室所以關舉南北者也。然其字本從水，則橋梁其本義，棟梁其假借也。凡獨木者曰杠，駢木者曰橋，大而爲陂陀者〔曰〕橋。古者挈皋曰井橋。曲禮「奉席如橋衡」，讀若居廟反（聚）〔取〕高舉之義也。』又，『梁，水橋也。從木、水，刃聲。』段注：『梁之字，用木跨水，則今之橋也。孟子「十一月輿梁成」，國語引夏令曰「九月除道，十月成梁」，大雅「造舟爲梁」，皆今之橋制。見于經傳者，言梁不言橋也。』又，『杠，牀前横木也。』段注：『孟子「徒杠」，其引伸之義也。』

按：杠，本牀前横木之名。引伸凡用獨木者，或横或直，皆曰杠。爾雅『石杠』，亦作杠，則杠者本字，非通字。説文石部無『矼』，玉篇始有之。孫疏引説文『石矼，石橋也』，或疑今本説文脱『矼』字，非也。孫疏出邵武士人，不甚可信。趙注以『步度』與『輿梁』對言，其意亦以輿梁爲通車輿者。孫説形狀不甚似，毛氏特取以攻朱耳。毛以『矼』爲正字，『杠』爲通字，可以見其未通許學。言訓詁而不通許書，無怪所言之未當。集注以『杠』爲方橋，用張鎰之説，不知張何所本，恐方橋乃石橋之訛也。

萬章

帝亦知告焉則不得妻也

按：『焉』，于也。十字一句，讀以『焉』字絶句者，非。

校人

趙注：『校人，主池小吏也。』集注同。攻錯：『校人竝非主池沼小吏。周官司馬職，以校人爲掌馬之官，每六厩而成一校。蓋是連木作欄柢，以閑馬隊。故軍校、校獵皆以校名，未聞畜魚須校者。天官有「魚人」，月令稱「魚師」，此主池沼官，不得錯也。魚人掌魚，校人掌馬。而子産使校人畜魚，此以校人代魚人，是攝官，斯爲通論。』焦氏正義：『校人見周禮，鄭康成以爲主馬者，必仍校視之。賈疏以爲讀從曲禮與少儀效馬效羊，取效見義。此于畜魚之校人無涉。漢書司馬相如傳上林賦云『天子校獵，』顔注：「校獵者，以木相貫穿，總爲闌校，遮止禽獸而獵取之。説者或以爲周官校人掌田獵之馬，因云校獵，亦失其義。養馬稱校人者，謂以爲闌校，以養馬耳。故呼爲閑也。」按：師古解校人是也。廣雅釋木云：「校，椒柴也。」哀公四年公羊傳云：「亡國之社，蓋掩之，掩其上而柴其下。」地官媒氏注：「亡國之社，奄其上而棧其下。」是柴即棧，亦校即棧也。管子内業篇：「傅馬棧者最難，先傅曲木，曲木又求曲木，曲木已傅，直木無所施矣。先傅直木，直木又求直木，直木已傅，曲木亦無所施矣。」淮南道應訓「柴箕子之門，」注云：「箕子亡之朝鮮，舊居空，故空護之。」蓋編木圍其四面，用之于亡國之社，則爲柴其下；用之于護箕子之居，則爲柴箕子之門；用于車上爲車箱，則爲棧車，亦爲柴車；用以畜馬，則爲馬棧，亦即爲校、爲閑；用以畜魚，則爲積柴爲槮，即亦爲校。爾雅釋器『槮謂之涔』，毛詩正義引孫炎云：「積柴養魚曰涔」。説文木部：「栫，以柴雝也。」郭璞江賦「栫澱爲涔」。編木爲棧以養馬，因而主馬者稱校人；編木爲涔以養魚，因而主魚者稱校人。此校人之所以爲主池沼小吏也。左傳『吳囚邾子于樓臺，栫之以棘』，謂以棘柴其下也。説文木部：『校，木囚也。』以編木囚繫人，與以編木繫馬、畜魚同。禮運『鳳凰麒麟，皆在郊棷，龜龍在宮沼』，此郊棷，蓋即校棷，即所謂以木相貫穿爲闌校，以遮禽獸也。』按：焦氏之説，極有根據，足以破毛氏『未聞畜魚須校』之説。校人之主馬者，必不能兼攝畜魚之事，二者不相當也。愚謂校人不過如後世園官、園吏之稱。毛以官名相詁，是刻舟求劍之見。

匹夫而有天下者德必若舜禹

按：史記以舜爲帝顓頊之後。顓頊父昌意至舜七世矣。自從窮蟬以至帝舜，皆微爲庶人。窮蟬者，顓頊之子，而已爲庶人，特無位於朝耳。夏本紀：『禹者，黃帝之玄孫，而帝顓頊之孫也。』是舜、禹竝帝室之胄，而謂之匹夫；舜已爲庶人，禹之父鯀，雖有位於朝，已殛而死，故皆謂之匹夫。后世以匹夫而有天下，惟漢高祖、明太祖二人。德非能若舜、禹，而又無天子薦之者，而意有天下，亦天也。

繼世以有天下天之所廢必若桀紂者也

按：『繼世』句，趙注上屬，集注下屬。以下屬爲長。

主司城貞子爲陳侯周臣

温故録：『近有以周非陳侯名。「周」，忠也，援左傳忠信爲周證，陳湣公爲楚惠王所殺，貞子蓋死其難，故稱其爲忠，以表其賢。』按：左傳哀十五年，楚伐吳，及桐汭，陳侯使公孫貞子弔焉，及良而卒。此人與孔子同時，疑即是其人。其卒之時，陳未滅，不得稱忠臣也。

康誥曰殺越人於貨閔不畏死凡民罔不譈是不待教而誅者也殷受夏周受殷所不辭也于今爲烈

趙注：『殺于人，取于貨，閔然不知畏死者譈殺也。凡民無不得殺之者也。此之惡不待君之教命，遭人則討之。三代相傳以此爲法，不得辭問也。于今爲烈，烈，明法如之，何受其餽也？』集注：『譈，怨也。言殺人而顛越之，因取其貨，閔然不知畏死；凡民無不怨之。孟子言此，乃不待教誡而當即誅者也，如何而可受之乎？「殷受」至

「爲烈」十四字，語意不倫。李氏以爲必有斷簡成闕文者，近之。而愚意其直爲衍字耳。然不可考，姑闕之可也。』温故録：『「殷受」至「爲烈」十四字，文承「是不待教而誅者也」之下。舊因誤解上「譈」爲殺，遂謂「凡民無不得殺之，不待君之教命」。集注改正是矣。此十四字，注則云三代云云，語本簡直，即可於今注用之，唯『不須辭問』，酌改爲『無所辭罪』，則更明。蓋猶今律『法無可貸』。未見其有不倫。不知疏何以忽改爲「如若殷受夏之天下，周受殷之天下，所不辭也，無他，以其桀、紂無道，義當代之而受其天下也；於今乃竊比聖王之迹，而遂以殺人而受物于人，爲之暴烈」云云，全抹本注。無端横撰，不顧扞格上下，從來無此疏體，真不倫矣。此僞疏之極，亂道不堪者。朱子蓋知其不可通，乃明有注文，概置不用，而反以疑經之闕與衍。近世講章，依違其間，以安溪之爲劄記，至欲移此十四字於彭更章「舜受堯之天下」句下，使人不解也。』焦氏正義：『國語魯語「魯大夫辭而復之」，注：「辭，請也。」不須請問，極言其當討也。』按：此文之疑在『所不辭也』句，故朱子謂其『不倫』。焦氏以『不須請問』解之，則趙注自明白也。温故録欲改爲『無所辭罪』，不若焦説之爲明顯。趙注訓『譈』爲殺，則不如集注之善。今書『譈』作『憝』。説文：『憝，怨也。』『譈』即『憝』字，集注從古義也。

奚獵較也

按：『獵較』，疑即『校獵』。『校』、『較』古字通。

抱關擊柝

集注：『柝，夜行所擊木也。』按：此本趙注之『一説』。『夜行』作『行夜』。何焯曰：『元本作「行夜」，是今坊本誤倒也。説文木部：「㯽，行夜所擊木。」周禮修閭氏「掌比國中宿互㯽」者，鄭司農云：「㯽，兩木相敲，行夜時也。」竝作「行夜」，此漢人舊説。如是「㯽」正字，（析）「〔柝〕」俗字。周禮作「㯽」，説文引易亦作「㯽」。校勘記：「按：行字如月令出行田原之行。」經典釋文皆下孟反，孫不爲音，非也。』

至于心獨無所同然乎

集注：『然猶可也。』攻錯：『自來經傳，從無以「然」訓可者。「然」，是也，如是也。切法云：如言爲然，獨不可爲叵然。則「然」之非可，猶之叵之非不然也。況「同然」曰同可，則尤不可也。「同然」即上文「亦然」也。惟耳亦以爲可，惟目亦以爲可，可乎？』按：『是也』與『如是也』二意不同。如是猶如此也，是則是否之是。是否即可否也。周禮『眂祲』注，謂計其吉兇然否多少。然否，即可否也。集注訓『然』爲可，非盡無據。朱子之意，蓋以上文『同耆』、『同聽』、『同美』，皆實字，故不以爲『亦然』之『然』也。

心之所同然者何也謂理也義也

集注：『程子曰：「在物爲理，處物爲義。」』王炳燮讀戴氏震孟子字義疏證篇：『甚矣，道之難明也！孔、孟而後千餘年，得周、程、張、朱諸儒，僅乃發其蘊奥，陽儒陰釋之學，從而亂之。滯于文字訓詁者，遂疑其果出于二氏，至詆爲詖淫邪道，謂天下被其禍而莫之能覺，甚至程、朱理欲之辨，爲適成忍而殘殺之具。噫！抑何其言之悖謬而好爲誣也。去自陸、王之學助異端而樹之幟，近世汪太紳、彭允初之倫，晉亂益甚。戴氏非之固〔不〕足怪，然遂遷怒於程、朱而集矢焉，無乃鹵莽已甚乎！戴氏之言曰：「六經、孔孟之書，以及傳紀群籍，理字不多見。今雖至愚之人，悖戾恣睢，其處斷一事，責詰一人，莫不輒曰理者。自宋以來始相習成俗，則以理爲如有物焉。得于天而具于心，因以心之意見當之也。于是負其氣，挾其勢位，加以口給者，理伸；力弱氣慴，口不能道辭者，理屈。」烏乎？其孰謂以此制事、以此制人之非理哉，夫執意見以當理，是未當求理者之病也。遂以程、朱之言理爲意見，是猶嫉舞文弄法之吏，而遂詆先王之法律爲不足道也。理之一字，始見于孔子之言，而詳見于孟子。在事在心，總名曰理，特在事之理爲易見，所謂分理，所謂條理；在物之質曰肌理，曰腠理，曰文理，皆是也。然不思天下事物，何爲而有是分理、有是條理乎？今試以木言之。自根幹達于枝葉，文理燦然，此理之在物者，目可覩，而指可数。而當在未至于句萌甲坼之時，果實之中，只有仁而已矣，如桃、杏核中白，皆名曰仁。初不見有理也。惟其理包孕于渾淪之中，故萌生而其理著焉。是未有事物之先，其理已具，非別有一物以爲之理也。且事物之理，心能別之。心之所以能別者，獨非理邪？今其言曰理者，察之而幾微。必區以別之，名又曰知分理之可以相別異也。夫幾微之別，區別分理之別，異理誠在于事物。至謂之察，謂之知，豈察、知亦在事物之乎？有在心理而後能察知，以別事物之理。此智之端，所以爲是非也。仁、義、禮，皆莫非理，故其爲惻隱、羞惡、辭讓，各隨其理以發見。朱子云理如舟，只可行之于水，車只可行之于陸，非別有一物也。今乃于其可覩、可数者，知其爲理，而于其不可覩、不可數者，獨不信其理之包含焉，尚得謂之窮理之學乎？樂記曰：「人生而靜，天之性也。感于物而動，性之欲也。」物至知知，然后好惡形焉。好惡無節于內，知誘于外。不能反躬，天理滅矣。夫物之感人無窮，而人之好惡無節，則是物至而人化物也。人化物也者，滅天理而窮人欲者也。於是有悖逆詐僞之心，有淫佚作亂之事。是故强者脅弱，衆者暴寡，智者詐愚，勇者苦怯；疾病不養，老幼孤弱不得其所，此大亂之道也。夫人生而靜，天理具焉，此所謂天之性也，即喜、怒、哀、樂未發之中也。感物而動性之欲也，是即所謂情也。物至知知，然後好惡形焉，是喜、怒、哀、樂之發也。好惡中其節，斯之謂和。致中和，而天地位，萬物育。苟無節於內，則知誘於外，而不能反躬，天理于是乎滅矣。物感無窮，好惡無節，至于物至而人化物，則滅天理而窮人欲，究其終必至于大亂，是不中不和之極也。性靜情動，情勝而至于害性，猶之火生於木，而火反爲木災，理與欲之所以不能兩勝也。故孟子曰：「其爲人也寡欲，雖有不存焉者，寡矣；其爲人也多欲，雖有存焉者，寡矣。」其言養心莫善于寡欲，爲多欲害心者言之，非謂欲之必不可無也。周子無欲，就主靜而言，非絶欲之謂也。是自治也，非治人之謂也。孔子之傳易也，亦曰「窒欲」也，不聞其爲生人之害也。原憲言「欲不行焉」，孔子曰：「可以爲難〔矣〕，仁則吾不知〔也〕。」欲雖不行，尚不足爲仁。然則非必有欲，始不爲生人之害也。獨言無欲爲天下禍乎？且程、朱之言禮，何嘗別如有物乎？孟子曰「心之所同然者，謂理也、義也。聖人先得我心之所同然耳」。程子曰：「在物爲理，處物爲義。」理與義，若是其辨也。而戴氏則曰「心之所同然」，始謂之理、謂之義，則未至于同然。存乎其人之意見，非理也，義也。夫理、義爲人心之所同然，爲有是理、義于人心，故見爲同然。非待人心同然之而始成爲理、義。今乃求其至于同然者，而始謂之理，謂之義，是以理、義爲在外也。彼專就可見者言理，指爲在外，猶可也。乃至于義而亦外視之，與告子之義外何異乎？程、朱初泛濫于釋、老，見其說之無當也，反而求諸六經、孔孟而復得之，然後于彌近理而大亂真者，知之確，而見之明。孟子曰：

「盡其心者，知其性也。知其性，則知天矣。存其心，養其性，所以事天也。」大傳曰：「窮理盡性，以至于命。」又曰：「昔者聖人之作易也，將以順性命之理。是以以理屬諸性命，以人道統諸仁義，貫而言，皆不更端。戴氏不能通其説，故于其言，絶之不及。第以理、義之悦心，得與聲色臭味比而言者以爲説。夫後聖賢之所發明，皆前聖之所未言也。執其著于文字者以爲據，不知因文字而反求諸身心，非獨程朱之言，孔、孟所未言也，即孔、孟之言性、言命、言仁、言義，堯、舜亦何嘗言之？而子思以爲仲尼祖述堯、舜，今第以孔子之言令諸二典，亦多有不相似者。得不謂之祖述乎？不能心通其故，而强爲之説，彼所謂惟聖然後無蔽者，豈不信然歟？血氣心知之性，言性著于血氣心知，非即以血氣心知爲性也。今其言曰：血氣心知，性之實體也。又曰：有血氣，則有心知。由血氣之自然而審察之，以知其必然是之謂理、義。又曰：性者，血氣心知，本乎陰陽五行，人莫不區以别焉是也。而理、義者，人之心知，有思輒通，能不惑于所也。以血氣心知爲性，以血氣爲心知所自出，以心知爲理義，亦思血氣之屬，人物所同。禽獸之血氣，未嘗無心知。如戴氏之言，禽獸之血氣心知，將亦得爲理、義，胡爲而禽獸終不得與人同乎？其言又曰：凡血氣之屬，皆知懷生畏死，因而趨利避害。雖明暗不同，不出于懷生畏死者，同也。若是所謂心知者，不出乎懷生畏死，則所謂性者，亦不出乎懷生畏死而已。以懷生畏死爲性，而因以趨利避害爲理、義，視甘食悦色之爲性，又何以異等人道于禽獸？幾何不胥天下爲攘奪争鬬之天下也？程、朱以仁、義、禮爲性，本于孟子，實本於文言。蓋在天爲元、亨、利、貞，在地爲仁、義、禮、智。其在于氣，則爲水、火、金、木、土。易不言土者，土在天爲誠，在人爲信，實貫乎四時而爲德也。易有太極是生兩儀，兩儀生四象，四象生八卦。明乎陰陽兩儀，雖不離太極，而未可以太極即爲陰陽也。戴氏言曰儀、曰象、曰卦，皆據作易而言，而以太極爲氣化之陰陽。信如是言，陰陽在氣化爲太極，在作易爲兩儀，然則作易而始有作易之名，在氣化不得名爲易；孔子不當言易有太極，而當别舉一氣化之名，以屬太極也。今既以太極屬之易，則是太極與兩儀，同爲作易之言可知。大傳曰：「其地設位，而易行乎其中。」又曰：「易簡〔而天下〕之理得〔矣〕，〔得〕而易成位乎其中〔矣〕。」有氣化之易，而後有簡册之易。作易之易，即氣化之易。不得獨以太極屬之氣化，而以儀象屬之作易也。彼不知太極爲何狀，而即以陰陽當之，又何怪其不知太極之本無極哉？且程、朱之理爲太極，即指其形而上者，非指其能運用而言也。而戴氏一則曰程、朱改釋、老之指神識者以指理。程、朱之言理，未嘗遺氣。蓋形上、形下，道不離器也。而戴氏一則曰程、朱以釋、老之真宰真空指爲理。是猶用法之吏，以例之疑似者爲比附，一何鍛鍊周内之工也！乾以易知，坤以簡能。易簡而天下之理得。天命之謂性，非物物而爲之限也。性之在人物，雖萬有不齊，而其本則一。孟子言「天之生物也，使之一本。」故曰天下至誠，能盡其性，則能盡人之性；能盡人之性，則能盡物之性；能盡物之性，則可以贊天地之化育；可以贊天地之化育，則可以與天地參。至孟子言犬之性，猶牛之性；牛之性，猶人之性歟，即告子生之謂性而破之耳。生之不得相通也，微獨犬牛，即人與人亦有愚智之不同矣。惟其本無不同，故雖虎狼知有父子，蜂蟻知有君臣，烏知反哺，雎鳩知有別。莫不有發露之端，特形器偏塞，不如人之得其全，可以擴而充耳。故理、氣兼言而性始備，非如佛氏之以蠢動靈爲性也。其他言道、言才、言仁義禮智、言誠、言權，莫不別爲之説，以與程、朱爲難。失易簡之理，紛紜轇葛，未可以言辭而曉。蓋自國初以來，若萬氏斯同、毛氏奇齡諸人，下逮乾、嘉以降，不下數十百人，以攻捂程、朱爲博洽，以餖飣訓詁爲精通。真能爲程、朱之學者，絶響久矣。然而世道日衰，天下之亂，馴至斯極。夷狄侵陵，邪説横作充塞，仁義天理微而人欲張。人道之不淪爲禽獸者，殆哉岌岌乎！百數十年來，儒術之效，略可覩矣。竊願承學之士，去門户之見，虚心而察治亂之所由，因以有用之學，體諸躬而見諸行事，天下之變庶其有瘳。是誠斯道之厚幸也歟！」按：戴氏震長于訓詁考據之學，每持其偏執之見，以攻程、朱。世人震於其名，莫敢與之辨。尋繹此篇，足以發其蔀，故亟録之。王氏字絧齋，元和人。

宋牼

趙注：『宋牼，宋人，名牼。』疏：『荀卿非十二子云是宋鈃也。楊倞注：「宋鈃，宋人，與孟子、尹文子、彭蒙、慎到同時。孟子作宋牼。牼與鈃同口莖反是也。」』集注：『宋姓，牼名。按：莊子書有「宋鈃者，禁攻寢兵，救世之戰；上説下教，强聒不舍」，疏云齊宣王時人。以事考之，疑即此人也。』荀子天論篇『宋子有見于少，無見于多』，注：『宋子名鈃，宋人也，與孟子同時。鈃音形，胡泠切。漢書・藝文志有宋子十八篇。班固曰荀卿道宋子，其言黄老意。』

按：宋牼，他書多作『宋鈃』。巠聲、幵聲，古音同在庚耕部，得相通假。井陘之陘，有作『鈃』者，穆天子傳『至於鈃山之下』，是。有作『硏』者，漢書地理志『上黨郡有石硏關』，是。此其證也。集注補謂宋鈃非宋牼，似拘。

華周杞梁之妻善哭其夫

按：此左傳襄二十三年事。傳言獲杞梁而（而）不及華周，但言杞梁之妻辭弔而不及華周之妻。禮記檀弓同。列女傳但列杞梁之妻。論衡感虚篇『傳書言杞梁氏之妻』，崔豹古今注『樂府有杞梁妻，杞殖叔朝日之所作也』，琴操『范杞梁妻歎者，齊范杞殖妻所作』。説雖不同，而皆不及華周之妻。惟説苑善説篇言『華周、杞梁進門而死，其妻聞之』云云，始不復分別，然恐非事實。考異云『時華周不死，未嘗有兩妻竝哭事。淳於髡但騁説一時，必牽連謬也。』

盡心

柳下惠不以三公易其介

趙注：『介，大也。柳下惠執宏大之志，不耻汙污君，不以三公榮位，易其大量也。』音義：『陸云「介」謂特立之行。』文選注引劉熙注云：『介，操也。』集注：『介有分辨之意。』按：三説不同。趙注訓『介』爲大，是『介』之通義。爾雅釋言李孫顧舍人注：『介，別也。』則集注所本。然于『不以三公』四字之意，不甚鍼對。似以陸善經之説爲長，似即本於劉熙之説。

孟子自范之齊

趙注：『范，齊邑，王庶子所封食也。』四書釋地：『今東昌府濮州范縣，本春秋晉大夫士會邑。國語「是以受隨、范」，是又卒屬魯。孟子時則屬齊。』按：士會之邑不應遠在齊境，晉與齊壤地不相接也。此當別一地，今不詳其處耳。

去他國之道也

集注：『重出。』温故録：『此章斷非重出。』按：此句萬章篇所無。

山徑之蹊間介然用之而成路

趙注：『山徑，山之領。有微蹊介然，人遂用之不止，則蹊成爲路。』集注：『徑，小路也，蹊人行處也。介然，倏然之頃也。用，由也。路，大路也。』温故録：『介亦分别意，如字讀。舊惟以「介然」屬上句，非耳。「山徑之蹊間」，謂小道叢雜處。「介然用之」，謂人力闢除之。音義不爲「介」字音。』孔廣森經學卮言：『趙注以「介然」屬上句。愚謂讀長笛賦「間介無蹊」，似古讀有以「間介」絶句者。「間介」，蓋隔絶之意；「徑」，路也；「蹊」，足迹也。言雖有足迹隔絶之處，然人苟由之，皆可以成路云爾。』焦氏正義：『按：荀子脩身篇「善在身，介然必以自好也」，楊倞注：「介然，堅固貌。」易曰「介如石焉」，漢書律曆志「介然有常」，注：「介然，特異之意。」説文八部：「介，畫也。」蹊無一定之迹，則不可以成路。蓋山領廣闊，原可散亂而行，縱横旁午，不相沿踐。今介然專行，特而不散，自畫而不亂，此蹊間之所以能成路。蹊間之成路，全在特行而不旁踰。此「介然」二字，定屬下。「用之」，即荀子、律曆志之介然專行一路，所以有常而堅固也。方言云：「用，行也。」「介然用之」，即是介然行之；「爲間不用」，即是爲介不行。下云「當遂行之」，趙氏以「行」釋「用」也。』按：説文：『徑，步道也。』『傒，待也。從彳，奚聲。蹊，傒，或從足。』詩綿疏引説文『蹊，徑也』。月令『塞蹊徑』，左傳宣十一年注：『蹊，徑也。』釋名釋道篇：『步所用道曰蹊，蹊，（係）〔傒〕也。言射疾則用之，故還（係）〔徭〕于正道也。』如以二字之本義言，山徑之徑間，于文難通。故趙云『山之領也』。焦氏正義云：『廣雅疏證釋丘嶺：「陘，阪也。陘之言徑也。」法言吾子篇：「山徑之蹊，不可勝由矣。」馬融長笛賦：「膺陗阤腹陘阻。」竝字異而義同。嶺之言領也，「嶺」通作「領」。列子湯問篇「終北國中有山，名壺領」。程瑶田溝洫疆里小記「孟子山徑之蹊間，蹊字之義，一見于月令『孟冬塞傒徑』，鄭注：『傒徑，禽獸之道也』；吕氏春秋、淮南子竝作『蹊徑』。一見于鄭注周易：『徑路爲山間鹿兔之蹊。』又，左傳『牽牛以蹊人之田』，漢書貨殖傳『鷹隼未繫，矰弋不施于蹊隧。』然則蹊者，獸蹄之所經，無垠堮，非有一定之迹可睹指者也。」今按：「徑」，法言作「峌」。峌者，陘之通借字。釋山「山絶陘」，郭注：「連山，中斷絶。」李尤函谷關賦「石徑」，即指井陘。此「徑」、「陘」通借之證。此山徑之蹊間一句，當從趙注者也。』『介然』，趙注上屬而無解釋明文。自集注以下，分四説：温故録謂『有分别意』，卮言以『間介』連文，謂『有隔絶』意。惟此句與爲間不用句相應，似無分别。及隔絶之意，即正義謂特行而不旁踰，似于爲間二字，語氣尚不貫注。集注訓爲倏然之頃，緊與『爲間』相對，其説較長。惟『介』字，舊訓未見有訓爲『倏然之頃』者。考方言：『介，特也。』史記張耳陳餘傳集解瓚曰：『介，特也。』漢志『介然有常』，注：『介然，特異之意。』然則『介然』即特然。素無人行之蹊，特然用之，則蹊遂成路。『介』，當如字讀。字書『介』字無入聲，未知集注何本。『倏然之頃』與特然之意，亦相通也。

以追蠡

趙注：『追，鐘鈕也。』鈕擘齧處深矣，蠡，蠡欲絶之貌也。』　集注：『豐氏曰：「追，鐘鈕也。周禮所謂旋蟲是也。言禹時鐘在者，鐘紐如蟲齧而欲絶。」』集注補：『按：鐘紐磨齧之深，非朱子之説，而趙岐之説也。然焦弱侯云：追，都回切音。惟「追琢其章」，蓋取雕琢之義，而字書以爲治玉也。周禮有追師，掌追衡笄。蓋衡笄皆玉飾。注云：「追猶治也。」夏后氏之冠曰母追，音牟堆。注云：「追，堆也。」以其形言之。又加木爲槌，而追、槌同義。楊子所謂「槌提仁義」是也。偏考諸書，竝無以「追」爲鐘紐者。豐氏特據考工記有鐘縣謂之旋，旋蟲謂之幹，又因蠡蟲，遂附會以爲鐘紐，周禮之旋蟲。何其穿鑿之甚也！細詳其義，當爲槌擊之追無疑。蓋高子以禹之樂，用之者多，故凡槌擊處，率皆摧殘欲絶，有如蠡齧之形；而文王之樂不然，是以知禹之獨尚也。』辨正：『趙希鵠洞天清録云：「追與堆通。今畫家滴粉令突起，謂之堆粉。金、銀、犀、玉之工，皆謂堆起爲頂裝。詩『追琢其章』，正謂頂裝作法也。如鐘之旋帶篆枚，皆是堆起者。所謂『追蠡』，蓋古器欵堆起處漫滅也。今人亦以器用久而剥飾爲蠡。」愚按：詩「追琢其章」，荀子富國篇、劉向説苑竝作「雕琢」。毛傳亦「追，雕也」，追與雕通，（亦作敦。）不與堆通。趙氏之説非也。筆乘以爲槌擊之槌，義亦近俗。竊疑「追」字成是遂字之訛。遂，鐘之受擊處也。考工記：「爲遂六分其厚，以其一爲之深而圜之。」遂與追形聲相近。蠡者，蚌殻。遂蠡，言鐘之受擊處窪深似蠡也。』程瑶田考工創物小記：『鐘縣謂之旋，所以縣鐘者。設于甬上，參分其參長，二在上，一在下，其設旋處也。孟子謂之「追蠡」，謂追出于甬上者，乃蠡也。蠡與螺通。螺小者謂之蜁蝸。郭璞江賦所謂「鸚螺蜁蝸」是也。曰旋、曰蠡，其義不殊。蓋爲金柄于甬上，以貫于縣之者之鑿中，形如螺然。如此則宛轉流動，不爲聲病。此古鐘所以側縣也。旋轉不已，日久則形敝滋甚，故孟子以城門之軌譬之。』　焦氏正義：『説文金部：「鈕，印鼻也。」此以「追」爲鐘鈕，即爲鐘鼻矣。淮南子要略訓「擘畫人事之終始者也」，高注：「擘，分也。」文選西京賦「擘肌分理」，注此鄭注：

「擘，破裂。」鄭注謂考工記旊人「髻墾薜暴不入市」，注：「薜，破裂也。」薜、擘古字通也。淮南子人間訓「劍之折必有齧」，高注：「齧，缺也。」趙氏以擘、齧二字解「蠡」字，謂破裂缺齾也。緣其破缺之深，故欲絶。説文䖵部：「蠡，蟲齧木中也。」段注：「蠡之言剺也，如刀之剺物。楚辭「覽芷圃之蠡蠡」。又借爲「禾黍離離」字。孟子曰「以追蠡」，趙注曰：「追，鐘鈕也。鈕擘齧處深矣。蠡蠡，欲絶之皃」。此又以「蠡」同離、同劙。方言曰：「劙，解也。」又曰：「蠡，分也。」皆其義也。不知假借之恉，乃云鐘鈕如蟲齧而欲絶，是株守許書之詞而未能通許書之意矣。』按：此句衆説分如。焦氏疏通趙注，極爲明晰。趙氏『鐘鈕』之訓，當有所本，書缺有簡，未可遽謂疑其附會。豐説亦衍自趙注。段氏規之當矣。其餘諸説，竝鮮依據，不如仍古之爲得也。

兩馬之力與

趙注：『兩馬者，春秋外傳曰：國馬足以行關，公馬足以稱賦。』集注：『城門惟容一車，車皆由之，故其轍迹深。蓋日久車多所致，非一車兩馬之力能使之然也。』攻錯：『古車皆四馬，如四騏、四駱、四黄、四牡，皆以兩服兩驂。惟士則一車兩馬。儀禮所云「贈兩馬」，左傳陳成子以一車兩馬贈顔涿聚之子。今儼然城門，豈有天子六馬，諸侯、卿、大夫四馬，大夫三馬，皆不行而獨士行者？又且乘車之外，凡戎車曰車，喪車、役車無算。方欲張馬力以顯馬力，反不取多馬，而取減馬，錯之錯矣。』按：史記孔子世家『魯君與之一乘車、兩馬』，左傳哀十七年『良夫乘衷甸兩牡』。異義：『古毛詩説其諸侯大夫惟駕二，無四。是古者乘車，不皆四馬。四騏、四駱等形諸歌詠，其爲尊貴可知。士以下皆兩馬，則兩馬實居多数。不言四馬，而言兩馬，與多數之常見者言之耳。』姚文田求是齋自訂稿云：『趙氏以「兩馬」爲國馬、公馬，不如豐氏一車所駕之説爲長。但當云：城中車可散行，城門則車皆由之。兩馬之力，乃以車多反言，則文義自明。如泥「兩馬」二字，即國中之軌，亦豈兩馬所能成？故不可以（亂）〔辭〕害意也。』斯爲通論矣。

孟子弟子

按：孟子弟子之見於趙注者，樂正子、公孫丑、陳臻、公都子、充虞、季孫、子叔、高子、徐辟、陳代、彭更、萬章、咸丘蒙、屋廬子、桃應十五人。又學于孟子者，孟仲子、告子、滕更三人，亦弟子也。其盆成括一人，趙云：

『嘗欲學于孟子，問道未達而去。』似未確以爲弟子。宋史、禮志八：『政和五年，太常等言，兖州鄒縣孟子廟，詔以樂正子配享，公孫丑以下從祀。皆擬崇其封爵：樂正子克利國侯，公孫丑壽光伯，萬章博興伯，告子不害東阿伯，孟仲子新泰伯，陳臻蓬萊伯，充虞昌樂伯，屋廬連奉符伯，徐辟仙源伯，陳代沂水伯，彭更雷澤伯，公都子平陰伯，咸丘蒙須城伯，高子泗水伯，桃應膠水伯，盆成括萊陽伯，季孫豐城伯，子叔承陽伯。』凡十八人，而獨遺滕更。國朝孟廟從祀，仍宋制十八人。焦氏正義謂政和去盆成括，國朝仍明制。視宋政和無滕更而有盆成括者，誤也。元吴萊孟子弟列傳，今不傳。其序稱十九人，亦仍注疏之舊。張九韶群言拾唾：『孟子十七弟子，去季孫、子叔、滕更、盆成括，益以孟季子、周霄。朱彝尊經義考亦去季孫、子叔，而謂告子與浩生不害是二人。因去告子，而列浩生不害，餘竝依趙氏。宮夢仁讀書紀數略，則易滕更、浩生不害、盆成括爲孟季子、曹交、周霄。三書數同而人互異。以今考之，盆成括，趙氏云『欲學』，本未質言爲弟子，政和之封誤及之。周廣業孟子出處時地考，謂『「死矣盆成括，」正與孔子「由其死矣」語同，何故斥之』？然『死矣』語，未足爲弟子之的證。孟子在齊，而偶與門人議及齊臣，亦事之。所有以未聞大道之人，而必欲躋諸從祀之列，似可不必。明萬曆中，御史畢康具疏論之，謂其見譏孟子，宜罷從祀之典，事未果行。朱注但云盆成姓，括名，是不從趙注也。季孫、子叔二人，朱子已駁趙注，張、朱二家竝去之。温故録云：『以季孫、子叔爲孟子弟子，不應但書氏而絶無名稱，不合一也。異哉一語，即不了一疑字，更未有言，遽接以孟子自解語，與上節全不相屬，不合二也。就注文齊王使我爲政，不用，則亦自止矣；今又欲以其子弟故使我爲卿云云。孟子正因王不使爲政而去，何忽云爾？本文使其子弟爲卿，忽倒换使我爲卿。上文養弟子以萬鍾，自當指孟子之弟子，忽易齊王子弟，不合三也。此朱子所以改注，爲至當也。告子與孟子相辨難，不似爲弟子。』胡煦篝燈約指云：『告子，孟子之弟子。後來荀、楊性惡、禮僞、善惡混之説，皆各執一見，終身不易。而告子則往復辨論，不憚煩瑣。又且由淺入深，屢易其詞。安智最后無復有言，不既曉然于性善之旨乎』云云。而温故録則云：『告子非孟子弟子。觀「我四十不動心，告子先我不動心」之言，雖未及告子之年，必其年與孟子不相上下。居然自信得道，立説行教，以號於世，不得於言四句是也。其與孟子言，皆直伸己説，未嘗作問詞。門弟子不免惑之，而公孫丑至舉告子之不動心，與夫子之不動心公相比較，其非敵以下明矣。趙氏乃於告子章句注，言其名不害，兼治儒、墨之道，嘗學於孟子，執弟子之問。疏遂合告子、浩生不害爲一人，又誤以浩生爲字。浩生不害，注止言浩生姓，名不害，齊人。宋人因之，封東阿伯，列祀亞聖廟廡，皆無當也。尋告子之學，不知義，亦不知性。因孟子言仁義性善，故與孟子言性。其所執守，全以不動心爲主，近於佛氏坐禪入定，一切觀空之旨。「生之謂性」，即所謂衆生皆含佛性者；「仁內義外」，即慈悲爲本，平等隨緣者。慈悲平等，則墨氏兼愛實先之。故有兼治儒、墨之説。孟子辭而闢之，彼雖不復能辨，殆亦各仍其説，而未嘗有所悟改也。此因白馬之經，所以終得乘間而入者歟？然則告子之在所必黜，不在楊、墨下，又非若季孫、子叔之尚可存疑矣。』愚謂觀其詞氣，不似執弟子之問者。孟子屢駮，而告子屢變，其詞竝無覺悟之語。群經義證謂往復辨詰，有違對師之體，此當以温故録之説爲是，不必左袒也。浩生不害，趙注但云齊人，未嘗以爲告子。孫疏疑是告子，而浩生其字，不害其名，蓋亦漫言之耳。告子、浩生，不妨皆名不害，必合爲一，則誤矣。盆成括、季孫、子叔、告子，即不當爲孟子弟子，則確然可指者止十五人。而高子人猶疑之，謂孟子稱爲高叟，不似師弟之詞。觀趙注于尹士章曰：『高子，齊人，孟子弟子。』小弁章曰齊人，分爲二人。尹士章『高子以告』與蚳鼃章『公都子以告』文法正同。山徑茅塞』，亦是師訓弟子之語，其爲孟子弟子無疑。若論詩之高子，當別爲一人。困學經聞：『徐整曰：「子夏以詩授高行子，即詩序及孟子所謂高子。其年長于孟子，故稱之爲叟。」』集注與趙注、郝京山以爲兩人，亦本于舊説也。滕更或疑而去之，然公都子明言滕更在門，自當在弟子之列。之兩人者，不必疑也。至若群書拾唾以孟季子爲孟子弟子，考異云：『趙注未有孟字，而疏直以季任當之。』知當時所據經文，實亦未有『孟』字。蓋此與任人『食色』之問，同在一時。觀兩章文勢畫一，可見也。竊嘗疑季子爲孟子弟子。有所疑問，何不親詣孟子？孟子亦何不詔之面命，而必輾轉于公都子？又疑宋政和五年詔以樂正子享孟子廟，孟仲子封新泰伯，與萬章等十七人皆從祀，雖季孫、子叔之在疑似之間者，未嘗缺失，而何獨無孟季子？今乃知孟子書中本不云孟季子也。温故録云：『孟仲子爲孟子從昆仲，而學于孟子。』則孟季子當亦其倫，何至執告子之言，重相駮難，全背孟子？殆別一人，故注無文與？據此二説，則孟季子必非孟子弟〔子〕，張、宫二家之説非也。又，吕覽不屈篇高注：『匡章，孟子弟子也。』證以公都子所言『夫子與之游，又從而禮貌之』，是孟子于匡子，不過與之交游，不足爲及門之證。曹交雖有願留受業之請，而孟子答以『歸而求之，有餘師』，則終未爲弟子。群經義證欲補匡章，宫氏欲易以曹交，竝未可從。又，公明高，趙注曾子弟子，離婁趙注『古之明目者』。觀孟子引公明高語，而離婁則與輸曠竝稱，皆當爲孟子以前人。史記索隱以公明高爲孟子弟子，廣韻以離婁爲孟子弟子，竝不足信。通志氏族略離氏注引風俗通『離婁，孟子門人』，則傳訛自漢代矣。張、宫竝取周霄，舊注既無明文。觀其問答，與景春等爾，未可以臆增也。又，若夷之屢求見孟子，聞孟子之言，曰命之矣，亦私淑孟子者。又，宋句踐，孟子詞之自稱曰吾，與樂正子、公孫丑諸人同，與北宫錡、宋牼諸人自稱名者不同。惟皆他無佐證，姑闕之可矣。

日南讀書記　卷十八

孝經

士章

資于事父以事母而愛同資于事父以事君而敬同

按：二句又見禮記喪服四制。

然後能保其禄位

疏：『禄謂稟食，位謂爵位。廣雅曰：「位，涖也。涖下爲位。」』按：今本廣雅『涖』下無『也』，故併合于下文『録也』一訓之内。觀此疏『涖下爲位』語，可以證今本脱『也』字。周禮肆師『則爲位』，注：『故書「位」爲「涖」』，是古『位』『涖』通。

三才章

夫孝天之經也地之義也民之行也天地之經而民是則之則天之明因地之利

按：左傳昭二十五年鄭子太叔答趙簡子問禮語，此數句全同。『孝』作『禮』，『是』作『實』，『利』作『性』。

是以其教不肅而成

按：管子中匡篇：『是故其父兄之教，不肅而成。』

聖治章

民無則焉

左傳襄三十一年北宮文子對衛侯語。

不在于善而皆在于兇德

左傳文十八年大史克對宣公語。上『在』字作『度』。

君子則不然言思可道行思可樂德義可尊作事可法容止可觀進追可度以臨其民是以其民畏而愛之則而象之故能成其德教而行其政令

左傳襄三十一年：『北宮文子對衛侯曰：「君有君之威儀，其臣畏而愛之，則而象之。故能有其國家，令聞長世。」』又曰：『故君子在位可畏，施舍可愛，進退可度，周旋可則，容止可觀，作事可法，德行可象，聲氣可樂，動作有文，言語有章，以臨其下，謂之有威儀也。』此二段頗與經文相出入。

紀孝行章

在醜不争

禮記曲禮：『在醜夷不爭。』

五刑章

五刑之屬三千

吕刑文。

事君章

進思盡忠退思補過

左傳宣十二年，晉士貞子謂荀林父語。

將順其美

注：『將，行也。君有美善，則順而行之。』按：『將』，助也；『順』，陳也、叙也。君有美，則助之于内，陳叙之于外。君子成人之美也。若但順而行之，則具臣而已，不足以爲君子。舊注蓋訓『順』爲從，而『將順』遂非美詞矣。又按：任啓運章句此章之後，有『子曰：君子無不敬也，敬身爲大。身也者，親之枝也，敢不敬與？君子之所謂孝者，國人皆稱願焉，曰幸哉有子！所謂孝也，孝之本曰敬，其行之曰養。養可能也，敬爲難；敬可能也，安爲難；安可能也，久爲難；久可能也，卒爲難。父母既没，慎行其身，不遺父母惡名，可謂能終矣。詩云：「靡不有初，鮮克有終。」』一章。其説云：『南本俱闕，愚于山右抄本得之。蓋釋立身行道，揚名于後世以順父母，及終于立身之意。』按：王肅于家語有本文，有見戴記者。後人輒于家語除其文。此章之闕，亦必因本文見戴記，而後人于此除其文也。」今按：此文見哀公問，無『久爲難久可能也』七字。諸本竝無，不甚可信，姑誌于此。

爾雅

郭璞序

邵氏晉涵正義：『其佚句之見于諸書者，許叔重説文解字引爾雅云：「殑，薄也。」』説文歺部：『殑，事有不善言殑也。爾雅：「殑，薄也。」從歺，京聲。』段注：『按：爾雅無此文。「爾雅」二字，淺人所增耳。殑，薄也。許以足上文意。有未盡之語。柔桑毛傳、杜注左傳、小爾雅皆云：凉，薄也。凉即『殑』字。廣雅釋詁曰：「殑，薄也。」』按：許引經傳，多在從某、某聲〔後〕，此獨在前，則段説是。或後人引小爾雅之文注於其旁，轉寫者羼入注中，非此書之佚句也。

台朕賚畀卜陽予也

注：『賚、卜、畀，皆賜與也；與猶予也，因通其名耳。魯詩曰「陽如之何」，今巴、濮之人自呼阿陽。』釋文：『陽音賜，又如字。本或作「賜」。』盧氏文弨考證：『兩「賜」字，舊作「暘」，如此何（如）云「又如字」？郭注云：「賚、卜、畀，皆賜與也；與猶予也，」疑注本作「賚、卜、畀、賜，與也」，故下又承明云「與猶予也」。以陽爲賜，正與音合。上條音予、余，竝羊如反。此音羊汝反，其分明如此。且君子曰賜，小人曰與，不必連文。夫以陽爲賜，此古人改字之法。下云「因通其名」，故又以陽爲予、我義。後人疑陽與賜音不相近，遂妄以爲音暘。今幸得宋本正之。』郝氏義疏：『台、朕、陽爲予、我之予；賚、畀、卜爲賜予之予。一字兼包二義，故郭云「因通其名」耳。』嚴氏匡名：『此一訓兼兩義者。陽、賜皆通。鄭樵注云「樵疑此當言台、朕、陽，予也，謂我也；賚、畀、卜，予也，謂與也。以二字同文故誤耳。」元照案：一訓兼兩義者，爾雅屢見。陸佃所云「一名兩讀」者是也。』按：爾雅之作，主于辨別文字。辨別之法，在于各明一義，不相混淆。一字而兼數義者甚多，故必分條以明其義，使讀者了然而無疑。許氏説文于字之有別義者，皆列于從某、某聲之後。此即古人辨別之法也。今一條而分兩義，學者將何適之從？恐非爾雅辨別之本旨。邢疏：『台者，遺與也。讀與貽同。朕者，我與之也。』皆取賜予之義，不用一名兩義之説。

壑阬阬滕徵湟漮虛也

注：『壑，谿壑也。阬阬，謂阬壍也。』疏：『阬阬者，坎陷之虛也。但重言耳。』鄭樵注：『阬有二文無義，其一爲衍者耳』。臧氏琳經義雜記：『廣韻十二庚「阬」下引爾雅「虛也。郭注云阬壍也。」引經、注字皆不重，則鄭漁仲謂其一衍者，是也。』按：後漢書馬融傳注引蒼頡篇曰：『阬，壑也。』此文疑上『阬』下奪一『也』字。壑，阬也。蒼頡之語，即本此文。

（煎）〔翦〕勤也

注：『翦未詳。』按：詩魯頌『實始翦商』，惠氏棟謂：『詩言大王自邠遷岐，始能光復祖宗，修朝貢之職，勤勞王事。』竹書紀年商紀：『武乙三年，命周公亶父賜以岐邑。』此其證也。邵氏正義謂『翦』當作『踐』，然鄭注

玉藻云：『踐當翦。』書疏引鄭注書序云：『踐讀曰翦。』是鄭讀『踐』爲『翦』，非讀『翦』爲『踐』也。

曆秝算數也

注：『曆，曆數也。今以十億爲秝。論語云：何足算也。』　釋文：『數也，色具反。注同。謝色主反。』義疏：『數有二音二義，爾雅之數，兼包二義，故釋文亦具二音也。』　匡名：『此一訓兼兩義者。』　按：説文：『數，計也。』段注謂：『今人謂在物者去聲，在人者上聲。昔人不盡然。』其説最是。古人訓詁，本不盡以四聲分別之也。且此二義，本相引伸，故舊讀亦有二音。與前條予我、賜予之二義各别者不同。未可以此例前。

釋言

薶

邵氏正義：『省作「貍」，通作「埋」。』　按：『薶』，周禮作『貍』，假借字；『薶』，正字；『埋』，後起字。

坎律銓也

注：『易坎卦主法，法律皆所以銓量輕重。』疏謂：『銓，量也。樊光曰：坎，水也。水性爲平，律亦平，銓亦平。』浙士解經録：『趙鏊曰：「坎律無銓字之義。惟漢書班固叙傳『吹中和』爲庶幾。顔注：『吹聿，通由也。』説文：『聿所以書之器也。』『吹，詮詞也。』」』　按：據趙説，則『坎律』當作『吹聿』。然諸家皆從郭説，不必過求新也。經義述聞改『坎』爲『次』，群經平議讀『坎』爲『科』，皆求新之過。説經者動輒改字，苟非證據精確，不可從也。

宨肆也

注：『輕宨者，好放肆。』　校勘記：『宨，唐石經、單疏本、雪牕本同，注疏本作「宨」。注及疏準此。元本經作「宨」。』按：葉抄釋文：『宨，肆也。吐彫反。宨，問也。郭徒了反。』與唐石經皆畫然有別。玉篇、廣韻脱「宨」字。今本皆作「宨」，誤甚。詩大明正義引釋言及郭注作「宨」。集韻二十九筱于「宨」下引爾雅「肆也」，謂

輕窕放肆。類篇宀部「窕」下引爾雅「肆也」。此其證。左傳成十六年「楚師輕窕」，釋文：「敕雕反，依義當作窕。」』匡名：『窕，石經作「窕」，從宀。案：左傳襄二十六年。「楚師輕窕」，釋文從穴，石經亦從穴。考之説文、玉篇、五經文字、宀部皆無「窕」字。廣韻二十九條亦無之。群經音辨三穴部「窕，輕也」，引「楚師輕窕」。至集韻始分「窕」、「窕」爲二。「窕」，徒了切，引説文「深　肆極也，一曰閑也」；「窕」，土了切，引爾雅「肆也」。類篇宀部亦同。此爲恐石經所誤。爾雅訓「窕」爲肆，説文訓「窕」爲深肆極也，其義正同。安得別有從宀之（之）「窕」乎？』按：嚴説甚允，阮校語未是。唐石經正多誤字，不可爲所惑也。字典以『窕』爲『窕』之譌字。類篇，集韻竝有此字，蓋亦承石經之誤。五經文字爲張參作。參，代宗時人。其書不收『窕』字，是其時爾雅尚不誤，誤始於開成。唐玄度九經字樣爲校正石經而作，乃未及此，亦其疏也。説文穴部『窕』下，段注歷引大戴禮、淮南、荀子、管子、司馬法之文，以證『窕』之訓寬肆，並謂左傳曰『楚師輕窕』，此『窕』義之引伸，寬然無患，謂之『輕窕』。唐石經、左傳譌作『窕』，從宀。釋言：『窕，肆也。』石經亦作『窕』，從宀。皆字之偶誤，而或據以爲説，分別訓詁。考之許書，無從宀之字。郭注爾雅云：『輕窕者，多放肆。』真憒憒之説也。桂氏義證、王氏句讀亦竝以郭説爲非。其實郭注之意，亦從寬肆引伸而出，特非其本旨耳。又，郝氏義疏：『肆者，説文雲極陳也。陳之爲言伸也。伸有展放之意，故肆又訓放也。縱有舒長之意，故肆又訓長也、緩也。緩、長有道、遂之意，故肆又訓直也、遂也。是皆從陳義而生也。窕者下文云閒也，閒有寬意，與深遠義近，故説文云：「窕，深肆極也。」既言深，又言肆者，義本爾雅。言肆又言極者，肆之至極，極即力也。是説文以一句兼釋二義。郭蓋讀窕爲佻，釋文因之而云「窕，吐雕反」。此兼誤矣。惟説文與爾雅義合，今據以訂正。』以此説，『窕』字之不當從宀，有斷然者。

踂刖也

注：『斷足。』疏：『踂，一名刖，斷足刑也。呂刑云「剕罰五百」，孔安國〔曰〕：「刖足曰剕。」鄭注司刑云：「刖，斷足也。周改臏作刖。踂、剕音義同。」』釋文：『踂本亦作「剕」，同扶味反。又枝述反。刖足曰剕。』

按：呂刑疏：釋詁按：『詁』乃『言』之譌。云：「剕，刖也。」李巡云：「斷足曰刖。」』是孔氏所據爾雅作『剕』，即陸之『一本』。郝氏義疏謂經典俱以『剕』爲『踂』，蓋或體字。

釋訓

僾僾洄洄惛也

釋文：『洄洄，沈音回。郭音義云：「本或作幃，音韋。」案：字林：「幃，重衣貌。於回反。」』邢疏：『郭音義云：「洄，本作幃，音韋。」』校勘記：『幃，當作愇。愇即愇之誤。邵晉涵正義云：「太玄疑初一：『疑恛恛失貞矢』。愇、恫蓋一字。」』説文衣部：『褘，重衣皃。從衣，圍聲。爾雅曰：「褘褘禬禬。」』段注：『按：玉篇作「佪佪，惛也」。而替夫論云「佪佪潰潰」，蓋用爾雅〔文〕。字林：「幃即褘字。」據替夫論，〔則爾雅〕故有「潰潰」字。許所見「潰」，作「禬」。「禬」字見周禮夏採職故書，杜子春易爲「綏」。許不從故書，故無「禬」篆。』按：『褘褘禬禬』，邵氏正義以爲僾僾幃幃之異文，是也。説文人部無『僾』字。釋文『僾』字或作『懮』。説文『夢』、『僾』竝雲不明也。夢夢已見上，不應重出。故郝氏、嚴氏竝謂『僾』當作『懓』。然此篇多釋詩義，詩有，『夢夢』正月抑。而無『懮懮』。『懮』字經典亦鮮見。惟替夫論救邊篇『洄洄潰潰，當何終極』，段以爲即用此文。『洄洄洄洄』，即『洄洄潰潰』之聲借也。周禮夏采注：『故書綏爲禬』，不作禬。不知段氏據何本。

釋親

宗族

義疏：『父之黨謂宗族。不言父黨者，母、妻異姓，故別稱黨，父族同姓故總言宗族也。』

按：此別族與黨而言。凡稱族者，皆同姓矣。此蓋用古文尚書家説，九族不及異姓，故別以母黨、妻黨題之。

釋宮

有木者謂之榭

注：『臺上起屋。』

無室曰榭

注：『榭，即今堂堭。』疏：『春秋宣十六年「夏，成周宣榭〔火〕」，杜預云：「宣榭，講武屋。」引此文「無室曰榭」，謂「屋歇前。」然則有二義：一者臺上構木曰榭，上雲有木曰榭，及月令云「可以處臺榭」是也。一屋歇前無壁者名榭。其制，如今廳事也。春秋云「成周宣榭」，公羊以爲宣宮之榭，及鄉射禮云「榭則鈎楹内」是也。郭云「榭即堂堭」者，堂，即今殿也。殿亦無室，故云「即今堂堭」。』義疏：『月令正義引李巡云：「但有大殿、無室，名曰榭。」書大誓正義引孫炎曰：「榭，但有堂也。」宣十六年左傳注以榭爲「屋歇前。」正義云：「歇前者，無壁也，如今廳事也。」按：廳事，即堂皇。漢書胡建傳云「列坐堂皇上」，集注：「室無四壁曰皇。」然則無四壁是無室，但有堂。故杜預謂「屋歇前」矣。上文云「有木者謂之榭」，謂臺上起屋，與此異。』按：説文宀部：『室、實也。』段注：『古者前堂後室。釋名曰：「室，實也。人物實滿其中也。」引伸之，則凡所居皆曰室。』桂曰：『徐鍇曰：「古者爲堂，自半以前虚之，謂之堂；半以後實之，爲室。」一切經音義六：「案：户外爲堂，户内爲室。論語云由也升堂矣，未入于室」是也。』馥案：爾雅「有室曰寢」，寢乃廟後藏衣冠之處。』則室有前壁可知，是四面皆實也。又，尸部：『屋，居也。』段注：『屋者，室之覆也。引申之，凡覆于上者，皆曰屋。天子車有黄屋。詩箋：「屋，小帳也。」』據此諸説，是屋者，覆于上之通名。有户牖而四壁皆實，爲室；堂與室相連，故曰前堂後室。榭者，但有堂而無室，或在臺上，或在平地，其制皆同，故皆曰榭。此篇前後名同，初非有異。郝氏拘于郭注『起屋』之文，遂謂前後不同，非通論也。惟杜曰『歇前』，似但爲前面不設户牖，與無壁同。漢書注云『室無四壁』，似與杜意小異。今考上文云『東西墻謂之序』，大射禮『立於西序』，鄭注即引此句『序者，堂之東西』。是堂有東西墻，其北面爲室。然則堂者，但前面無壁耳，餘三面非無壁也。杜云『歇前』，正是此意。謂無四壁者，恐未然。第榭與堂有分别否，未能詳也。

釋器

一羽謂之箴十羽謂之縛百羽謂之緷

注：『別羽數多少之名。』釋文：『案：周禮羽人職云：「十羽爲審，百羽爲摶，十摶爲縛」，鄭注云：「審、

摶、縳，羽數束名。爾雅曰：『一羽謂之箴，十羽謂之縳，百羽謂之緷。』其名音相近也。一羽則有名，蓋失之矣。」孫同鄭意，云蓋誤。郭云：「凡物數，無不從一爲始。」以爾雅不失，周官未爲得也。』疏：『鄭意以爲「箴」與「審」，「縳」與「摶」，「縳」與「緷」，名數、聲音皆相近也。』按：此羽束之名，非羽名。釋文：『緷，埤蒼『大束也』。廣雅三『縳』、『緷』皆訓束。若一羽，則不成束，何名之有？此當以周禮爲是。古音『箴』、『審』同部，『縳』、『摶』竝從專聲，得相通借。廣韻二十八獮『摶』字引周禮『百羽爲摶，十摶爲緷』。是古本周禮『縳』亦作『緷』。此釋文『緷，古本反』，周禮釋文『劉古本反』，是劉昌宗所見本原作『緷』也。然則爾雅之文，乃數目舛錯。當爲轉寫之誤。郝謂『若準周禮，則此「一羽」句當屬衍文』，亦非也。

釋天

蔬不熟爲饉

注：『凡草菜可食者，通名爲蔬。』邢疏：『李巡曰：「可食之菜皆不熟爲饉。」』按：説文無『蔬』字。周禮太宰鄭注引作『疏』。一切經音義十八亦引作『疏』。疏之言麤也。五穀爲精，故草菜爲麤也。大宰注：『疏材，草木根實可食者。』兼草、木言。此句下云：『果不熟曰荒。』果者木實，則疏自當專指草言。吕覽『仲冬有能取疏食』，注：『草實曰疏。』莊子山木釋文引李注：『疏，草也。』此專指草言者。大宰釋文、莊子山木釋文引司馬注：『疏，菜也。』論語『疏食』集解引孔注，又皇疏：『疏食，菜食也。』此與李巡説，乃專指菜言者。解菜亦草屬，則言即可該菜。郭云『草、菜可食』，意在兼該，而非古義。匡名謂『蔬』當作『鬻』，説文：『鬻，鼎實，惟葦及蒲。』從鬻，速聲。或從食，束聲，作餗。釋器『菜謂之蔌』，即餗字也。』然『鬻』乃鼎實，非此義，古字當作『疏』也。

雨霓爲霄雪

注：『霓，水雪雜下者，謂之消雪。』釋文：『霄音消。説文曰：「雨霓爲霄，齊語也。」』疏：『霄即消也。』韻會：『霄雪，今人謂之溼雪也。著物則消。』楊慎轉注古音：『説文：「雨霓爲霄。從雨，肖聲。」肖音俏，肖亦當音俏。徐鉉以相邀切音之，蓋誤以霄爲肖耳。』字典雨部霄：『字義總略音屑，雪也。按：説文本作

「霄」，升庵以爲「霄」字，不知何據。正字通仍字義總略，作先結切，音屑，而歷引爾雅釋文、謝莊雪賦駁相邀切之非。今按：諸書本俱作「霄」，從無作霄者，姑誌以備參考。』按：霄、消同音相轉注，故霄亦謂之消。詩小雅菀柳『雨雪瀌瀌，見晛曰消』，亦此意也。古書無從肎之霄，肎者，肖之變體耳。説文尸部屑本從肎，今隸變作屑，從肖。是肖，肎二字隸寫相亂。霄之作霄，亦猶屑之作屑，乃隸文之變，非別有一字。升庵之説不可信，即字義總略亦承譌而强爲之詞也。

釋丘

水出其左營丘

按：史記周本紀集解、禮記檀弓疏竝引爾雅作『水出其前而左曰營丘』。水經淄水注引同，但無『而』字，又有『爾雅出前左』之文。邵氏正義、郝氏義疏、嚴氏匡名及王氏經義述聞竝據此，謂舊本爾雅有『前』字。阮氏校勘記則曰：『考詩齊譜正義引孫炎注爾雅云：「水出其左營丘」，無「前」字。』因取王宗炎之説，謂古人衹言左右，皆據前言之；此『前』字爲引者所加。述聞則竝王宗炎之説駁之，甚辨。今按：唐石經已無『前』字。釋名亦曰『水出其左營丘』。是唐以前本，已有無『前』字者。詩齊譜疏：『水所營繞，故曰營丘。』諸家泥于營繞之義，故謂當有『前』字。然但有『前』、『左』兩方面，于營繞之義，似亦未盡合也。

釋山

未及上翠微

注：『近上旁陂。』疏：『謂未及頂上，在旁陂陀之處，名翠微。一説山氣青縹色，故曰翠微也。』義疏：『初學記引舊注云：「一説山氣青色曰翠微。」』劉逵蜀都賦注：「翠微，山氣之輕縹也。」』義本爾雅。蓋未及山頂，孱顏之間，蔥鬱葐蒀，望之谸谸青翠如微也。舊注似較郭義爲長。』潘衍桐正郭：『謹按：山氣欲上未及上，名曰翠微，就其氣色言之也。初學記引舊注，疑即劉歆注也。郭注似于「翠微」二字未合。』按：李白詩：『暮從碧

山下，山月隨人歸。却顧所來徑，蒼蒼横翠微。』即用此意。是唐詩家多從爾雅舊記也。然釋山多就形狀言，無從氣色言者。况山氣之輕縹，亦不盡在未及上之間。郭之不取此説，未可遽非。錢坫爾雅釋地注：『翠讀如崔，微讀如巍。亦言其高也。』此較勝于舊説，第無以證之。

釋草

蔨黍蓬

滄州志稿：『黄菜叢生鹼地，多有子葉，皆可食，歲賴以餬口。莖可飼牛馬，葉細圓，子黑色，有紅緑二種。』按：此滄州志稿光緒初年新修，未刊者也。黄菜，鹽山縣呼爲紅草，多生鹼地，每當雨水之年，土溼鹼浮，其生尤盛。葉圓紅而嫩，高不過尺餘。秋後，枝葉俱紅，結實如莧菜子，小而黑。窮民取之，先浸後曬，方可磨食。疑即黍蓬也。説文『蔨獸之所食草』，與『莖可飼牛』之説合。至楊慎卮言謂黍蓬乃旱蓬、青科，結實如黍，羌人食之，與紅草略相似，義疏謂無依據，蓋未知滄、鹽一帶，固有此可食之紅草也

釋木

梅枏

注：『似杏實酢。』義疏：『説文：「枏，梅也。」「梅，枏也。可食。梅或作楳。」陸璣疏云：「梅樹皮葉似豫樟。豫樟葉大如牛耳，一頭尖，赤心，華赤黄，子青，不可食。枏葉大，可三四葉一藂，木理細緻于豫樟。子赤者林堅，子白者材脆。江南及新城、上庸、蜀，皆多樟、枏。終南山與上庸、新城通，故亦有枏也。」詩正義引孫炎曰：「荆州曰梅，楊州曰枏。」一切經音義二十一引樊光云：「荆州曰梅，揚州曰枏，益州曰赤楩。葉似豫樟，無子也。」是樊義與陸疏合，孫與樊同。蓋皆以梅、枏爲大木，非酸果之梅。郭注「似杏實酢」，及説文云「可食」，俱誤矣。』按：説文本部：『某，酸果也。從木從甘闕』。此即郭注『似杏實酢』之梅，詩召南『標有梅』之梅也。枏，梅也；梅，枏也。此爾雅樊、孫諸家以爲大木之梅也。三字不類列一處，其非一物甚明。『梅』下『可食』二字，

王氏句讀、桂氏義證竝以爲後人所加，潘氏正郭以爲『可』上挩一『不』字，説各不同。而許意不以『梅』爲酸果之『某』，不可誣也。今本説文乃傳寫之誤，非許之誤也。自從來『某』借用『梅』，遂與大木之梅相混。自玉篇以下，無不誤矣。南山經虖勺之山：『其上多梓枏』，郭注：『大木葉，似桑。今作枏，音南。爾雅以爲枏。』是郭亦以爲大木，與今本爾雅注異。玉篇乃合郭氏兩書之注並爲一條，其誤爲尤甚矣。

釋魚

裂鱴刀

注：『今之鮆魚也。亦呼爲魛魚。』義疏：『鄭注鮆人『貍物』，謂鱴刀，含漿之屬，似指蚌蛤而言。但爾雅方説魚類，鄭蓋失之。賈疏引孫氏注爾雅刀魚與鱴别，則讀裂、鱴相屬，刀别爲句。郭亦當然。與鄭鱴刀屬讀異也。』按：郭注以裂、鱴相屬，刀别爲句。今俗讀多以裂字爲句，鱴刀相屬，與郭注之意不合。惟鄭注周禮以鱴刀爲一物。潘衍桐正郭謂鱴刀是鰌類，能自貍藏，伏于泥中者，是。鄭初非以爲蚌蛤類，郝説失之。玉篇：『魛，丁高切。蔑魛魚。』亦以鱴魛連文，用鄭説也。

釋鳥

鳲鳩鴶鵴

注：『今之布穀也。江東呼爲穫穀。』按：説文作『秸𥰛』，召南及曹風毛傳作『秸鞠』，月令鄭注作『搏穀』，陸璣作『鴶鵴，一名擊穀，一名桑鳩』。方言：『布穀，自關東西、梁、楚之間，謂之結誥。結誥，即秸鵴聲之轉也。』陳藏器本草拾遺：『江東呼爲郭公，北人云撥穀。』六書故：『其聲若曰布穀，又謂鴶姑，又謂步姑。』郝氏義疏：『今揚州人謂之卜姑，東齊及德、滄之間謂之保姑。』又如『阿公阿婆』，『割麥插禾』，『脱却布袴』，見本草。『脱了潑袴』，淮農傳。『其言云郭嫂打婆，浙人解曰一百八箇。』見陳造布穀吟序。今江南曰家家看火，江北曰淮上好過，山左曰短募把鋤，常山曰沙糖麥裹，浙西蠶時曰扎山看火，蠶熟時曰家家好過，燕人曰光棍兒奪鋤，皆依其方音以名之，無一定之

名矣。蘇軾五禽言五之二自注：『土人謂布穀爲脱郤破袴。』蘇時在黄州，謂黄之土人也。與陳造之『脱了潑　』略相似。甕牖閒評云：『脱却破袴，乃是不去子規之鳥耳，非布穀也。』此又當考之風土，難以臆決也。

鳭鷯剖葦

注：『好剖葦，食其中蟲，因名云。江東呼蘆虎，似雀，青斑、長尾。』　按：今南皮、鹽山等處，有鳥名葦蚻，生葦塘中，不知是此物否。

釋獸

鼨鼠豹文鼮鼠

按：郭引終軍事與竇攸事，雖傳説不同，而竝以『豹文』下屬則同。説文以『豹文』上屬。唐盧若虚事則主説文之説。兩説竝存，莫之能決。竊以此篇文法推之，凡言獸之形狀，皆在獸名之下。如『羆如熊，黄白文』，『魋如小熊，竊毛而黄，』則又專言其毛色，未有在獸名之上者也。此文自當從許説，以『豹文』上屬方合。全篇文法，不得如郭注，以毛色加于獸名之上，致與全篇不符。終、竇之事，傳説既歧，爲鼨爲鼮，記述者容亦有誤，不必泥于故事而乖經説也。或謂鼨、鼮二鼠皆豹文，但以大小爲别，此騎墻之見。

釋畜

青驪繁鬣騥

經義述聞：『郭以「繁鬣」爲兩被髦，與上下文言毛色不合。明堂位曰「周人黄馬蕃鬣」，蕃、繁古字通。繁者，白色也。讀若老人髮白曰皤。繁即是白，而云「繁鬣」者，繁與皤同義。白蒿謂之蘩，白鼠謂之鱕，馬之白鬣謂之繁鬣，其義一也。』　按：如王説，則此馬乃黑身白鬣者也。詩魯頌『有雒』傳：『黑身白鬣曰雒。』邢疏言『未知所出』。今以王説證之，即此文所謂『青驪繁鬣』也。

奇姓彙抄

一卷

先贈公韻亭府君隨筆中所輯奇姓甚多，今摘于此。曾孫家本手録。

督。督姓：漢五原太守督瓊。蜀漢督隆請立孔明祠。

本按：春秋時晋有督戎。字典，督姓望出巴郡。

抱。漢杞康避董卓難，改姓抱。

束。漢疎廣曾孫孟達于王莽末避難，自東海徙居沙鹿山南，去疎之疋，改姓束。見晋束晳本傳。

杲、東、柘、奈、校、格、棗、棧、棸。元詩人杲元啓，舜友東不訾，漢閬中刺史柘温舒，明宣德進士奈亨，唐河南士曹校杰，唐武后相格輔元，漢東平相格班，魏棗祗、明棗經綸，曹魏有棧替。晋有棸籌。

本按：奇姓統譜柘姓有春秋柘稽。唐校杰，天寶中人。棧替，任城人，見魏志。棸，詩小雅棸子内史注，棸，氏也。刑部秋審册有東姓，甘肅鞏昌府寧遠縣人。

撤。撤姓：明撤皞，撤大經，見正字通。

改、攻、敞、改姓：秦大夫改産。攻姓：漢人攻生單。敞姓：漢敞屠落。

文。宋文本心謂宋天祥曰本姓敬，石晋諱敬姓，敬者分苟、文二姓，潞公之譜□□之詳也。

本按：漢文翁，廬江舒人，似文姓不始于石晋時，或由敬姓改者别傳一派也。

斛。斛律、斛斯。宋斛繼善，紹興間判汀州事。又斛律、斛斯，俱夷姓。

本按：斛，姓氏急就篇北齊有斛子慎。斛律：姓譜斛律代人，世爲部落，統軍號，斛律部因氏焉。東魏有斛律金。斛斯：複姓，西魏有斛斯椿。杜甫有過斛斯山人莊詩。

生。生姓：漢生臨，明生甫申。

略。略姓：三國時略統，吴人。

異。唐矣牟尋歸唐，册封南詔王。今白水蠻有此姓。

臣。奇姓通唐有臣悦著平陳記。

艮。苻。艮姓：漢艮當注藥經。苻姓：漢苻不意、苻吾。

綦、綦毋。綦姓：宋綦崇禮。綦毋複姓，唐綦毋替。周綦毋恢，見國策西周篇。

本按：綦，何氏姓苑義興人。綦毋：春秋時晋大夫綦毋張，見左氏傳成公二年。毋音無。

瓶。瓶姓：風俗通漢太子太傅瓶守。

本按：後趙録有北海瓶子然。

虎。漢有合浦太守虎旗，其先八元伯虎之後，見廣韻。明有虎子威。

蟲、蟻。蟲姓：漢功臣表曲成侯蟲達。蟻姓：漢蟻逢。

糴、糟、粟、豚、豹、貳、貴、貿、夕、如、委、炭、燮、爨、鼎、孝、室、宿、密、審、寬、寸、尋、島、糴姓：左傳成十年，晋侯使糴茷如楚。糟姓：明嘉靖舉人糟士奇，鳳翔人。粟姓：袁紹魏郡太守粟舉。豚姓：印藪有豚少公，漢人。豹姓：三國魏驃將豹皮公。貳姓：元魏太守貳塵。貴姓：風俗通盧江太守貴遷。貿姓：漢博士貿充國。夕姓：蜀尚書令夕斌。如姓：周如耳，宋如或，明如學。委姓：風俗通，太原太守委進。炭姓：漢炭虬，見西京雜記。燮姓：宋御使燮元圃，咸平進士，湘潭人。爨姓：華陽國志昌寧大姓。蜀爨習明、爨勛。鼎姓：宋將鼎澧，死金難。孝姓：宋青州知州孝發，明宏治中鷄澤縣丞孝廉。室姓：宋衛將軍室種。宿姓：音夙，漢雁門太守宿祥，明正德中蜀人宿進請汰宦官，廢斥死。密姓：漢尚書密患，宋密佑。審姓：漢郎中審忠，靈帝時上書論曹節等罪惡。又三國時審配。寬姓：明洪武進士寬徹使西域，漢陽人。寸姓：明嘉靖梓潼知縣寸居敬。尋姓：晉尋會，唐劉黑闥將尋相。島姓：明宏治舉人島璞。

本按：䌙有徒吊、杜敖、士吊三反，見釋文。豹，風俗通云八元叔豹之後。豹皮公見魏志。貳塵，見後秦録。貴姓未詳所出，戚友有此姓，云其先世避仇遷居江西之貴溪縣，因以貴爲氏。後又徙江南，今爲江寧人，然與漢以前貴姓其支派不同矣。貿姓，廣韻出姓苑，東莞人氏。夕姓，統譜云望出巴郡。如姓，本如羅氏，代北複姓，魏太和中改爲如氏。炭虬，長安人。孝，風俗通云秦孝公後。密姓，近日有乙巳進士密雲路，廣西人，家大人同年生也。審，漢初有審食其。尋，近禮科給事中尋鑾煒，咸豐壬子進士，山西滎河人。

炔。炔，音桂人，姓。漢哀帝時博士炔欽上書言大司空師習無罪貶斥，恐不厭衆心。

本按：炔乃炅姓，避仇所改，詳漢太尉陳球碑。炔欽見前漢儒林傳。

英、黥。漢黥布，初姓英布，以少時有人相云當刑而王，故改姓黥以厭之。見字典。

本按：史記陳杞世家，皋陶之後，或封英、六。楚世家注英國在淮南，蓋蓼國也。通志氏族略，英氏以國爲氏，英布嘗坐黥，故稱黥布。字典之説恐非。曩在貴州時一僕人姓英。

幵。幵姓：宋四川漕運使幵度。

本按：幵音牽，又音堅，羌之别種，因以爲氏。

幹。厙。釗。幹姓：萬姓統譜見姓苑，宋時西夏有幹道冲，其先從夏主遷興州，世掌夏國史。道冲通五經，爲蕃漢教授，官至中書宰相。元有幹勤忠，習女直、契丹字，通法律，官至同僉樞密院事，以武寧軍節度使致仕。厙姓：漢輔義侯厙鈞。釗姓：明三河人釗劍佩。

針、釣、釤、鈔、銀、銖、銚、鍮、鐸、物、牽、會、附、雅、零、露、霸、毫、針姓：明隆慶舉人針惠。釣姓：宋紹興進士釣宏。釤姓：晉東夷傳釤加。明釤資，玉田人。鈔姓：明鈔奇、鈔秀。銀姓：漢銀木。明正德中鷄澤知縣銀鏡。銖姓：明宏治舉人銖炫，德興人。銚姓：漢銚期，潁川郟人。鍮姓：南凉臣鍮勿倫。鍮音偷。鐸姓：春秋時晉大夫鐸遏寇，左氏成十八年傳。前漢藝文志：鐸氏微三卷篇注，楚大夫鐸椒也。漢有鐸恭。物姓：宋淳熙進士物筝。牽姓：漢有兖州刺史牽顥之，見後漢書皇甫規傳。魏牽招，魏志有傳。晉牽秀，晉書有傳。會姓：漢武陽令會栩，見姓氏急就篇。附姓：晉附都。雅姓：元詩人雅琥。零姓：明成化舉人零混。露姓：國語魯大夫露睹父。漢上黨都尉露平，見風俗通。霸姓：益州耆壽傳有霸栩。毫姓：漢毫康女弟爲桓帝后，封安陽侯。

本按：雅琥字正卿，可温人，仕至靖江府同知，所著有正卿集。露，史記三皇紀，其後有州、甫、甘、許、戲、露、齊、紀、怡、向、申、吕，皆姜姓之後，並爲諸侯。

昌。梁有昌義之，梁書有傳。宋紹興中特奏名第一昌永。

襄。漢襄楷，善天文陰陽術。

本按：楷，後漢書有傳。風俗通曰，襄姓，楚大夫襄老之後。

西。宋西達，濮州人。元西漢杰，封南陽郡侯。

要。漢河南令要兢。唐朔方大將軍要珍。

怕。唐怕善，布衣以策干韓愈，薦于裴度，説禽吴元濟。宋怕籛，國子博士。

怡。西魏怡峰。明怡愉、怡居敬。

本按：西魏怡峰，本姓默台，避難改焉。又姜姓之後有怡氏，詳史記三皇紀。

愛。丹鉛録宋刺史愛甲，甲一作申。

意。成化時訓導意秀，閩人。

慮。左傳南蒯臣慮癸，見昭公十五年。

恭。恭姓：晋恭播著漢書音義。

本按：字典云，恭，晋恭世子之後，以謚爲氏。

悉。古今人表神農師悉清。

氾。皇甫謐曰本凡氏，遭秦亂，避地于氾水，故姓氾。漢氾勝之著書十八篇，言種植事。晋有氾毓。

本按：氾音凡，廣韻云出敦煌、濟北。

沓。北史孝義傳沓龍超。

減。漢酷吏傳有減宣，揚人。

渠、渦、渫。渠姓：漢有渠復纍，見史記年表。渦姓：漢扶風太守渦尚，見三輔決録。渫姓：韓非子古賢人渫子。明鄧州知府渫升。

滹。前漢功臣表下摩侯滹毒。

漁。宋有漁仲修。

戲。魏有戲志才，潁川人，見魏志。

本按：姜姓之後有戲國，見史記三皇紀。疑戲是以國爲氏。

户、所。户姓：漢有户尊，明有順天舉人户校。所姓：漢武帝近臣所忠。

本按：春秋隱公九年，俠卒。穀梁傳曰，俠者，所俠也，所氏出此。後漢有所輔，見獨行劉茂傳。

扔。拳。扔：音仍，前漢書古今人表有扔君。拳姓：春秋時衛大夫拳彌。

撒。正韻箋，洪武中舉人撒仲謙，成化中醴泉知縣撒俊本。撒音薩。

⿰言看⿰言看音詐上聲。申敬中云，萬曆間京師有四川衛官⿰言看寵，唱名時呼諸寵，不應。唱畢獨留，問是何姓，對曰，⿰言看字如詐字上聲，字從工從白，與從者字不同。正韻箋，漢有⿰言看施，洛陽令，吴郡人。

論。東晋有論歸，豫章人，撰西河記。何承天云音樹。

諶。漢荆州刺史諶仲，南昌人。

本按：諶音甚，今貴州安順銅仁諸府多有此姓，其先並江西人。

謂、謁。宋謂準，太平興國進士。漢謁焕，汝南太守，見後漢方術傳。又謁居。

答禄。答禄，複姓也。明答禄與權，官翰林典籍同編，洪武正韻。

竺。漢凝陽侯竺晏，酒泉太守竺曾，後漢竇融傳。晋竺恢。

處。漢北海太守處興。

本按：前漢藝文志處子九篇，師古注，史記云趙有處子。處與一作處興。

夢。宋進士夢仲才。元夢仙。

⿱彡且。詳居易録。

姓。前漢食貨志臨淄人姓偉，貲五千萬。注：姓，姓也；偉，名。

娥。後魏將軍娥清。明娥□，永樂間知縣。

火。明火原潔，洪武翰林侍講，編類華夷譯語。

本按：明紀事本末。火濟從諸葛亮南征孟獲有功，封羅甸國王，則火姓其後也。又永樂功臣火真封□侯，蒙古人。

万俟。万俟，音墨奇，代北複計姓，因万俟之部落以爲姓。北史有万俟支派。唐有万俟著。宋有万俟禼，諂秦檜，陷岳鄂王者。

本按：西魏有万俟洛干，大統元年官司徒。北齊有特進万俟普。

倫。明宏治已未狀元倫文叙，子以諒，鄉試第一，後官通參；以訓會試第一，廷試第二，後官祭酒；以詵進士，官郎中。

本按：字典云伶倫之后。近廣東咸豐辛酉舉人倫五常，南海人，刑部額外郎中。

笪。順治丁□科江南舉人笪重光，句容人，後官巡按。笪音亶。

本按：曩在貴州有揀發知縣笪佐堯。

墨。鄭樵通志氏族略，墨胎氏逃難而改爲墨。

本按：漁仲之説未詳何據。禹師墨如，見王符潛夫論。周墨翟。明有墨鱗。

癸。齊癸公後。宋有知嚴州軍癸仲，見奇姓通。

員。彭城劉氏奔元魏，改爲員氏。

本按：前涼録有金城員敞。唐有棣州刺史員半千。韻會伍員人名，後人慕之爲姓。字典員有雲、運二音。近陝西拔貢員登魁，華陰人，現官四川蒼溪知縣。

身。身本杭人，因不知身所自出，故以身爲姓。工詩畫，畫龍尤妙。

按：代北之人隨元魏遷河南者，獻帝爲之定姓，爲複姓，或爲三字姓，或爲四字姓，其音多似西域梵書二合三合四合者，皆指一字之音。孝文太和中詔改國曰元氏，于時代人並詔改爲單字之姓，今録如左而注其本姓于下：

胡，紇骨。周，普。長孫，拓拔。奚，達奚。伊，伊安。邱，邱敦。亥，侯。叔孫，乙旃。車，車焜。穆，邱穆陵。陸，步六孤。賀，賀賴。劉，獨孤。樓，賀樓。於，勿忸於。連，是連。僕，僕蘭。苟，若干。梁，拔列。略，撥略。寇，若口引。羅，叱羅。茹，普陋茹。葛，賀葛。封，是賁。阿，阿伏於。延，可地延。鹿，阿鹿桓。駱，他駱拔。薄，薄奚。桓，烏丸。和，素和。侯，胡古口引。渾，谷渾。婁，匹婁。鮑，俟力伐。盧，吐伏盧。雲，牒雲。是，是雲。利，叱利。副，副吕。如，如羅。扶，乞扶。單，阿單。幾，俟幾。兒，賀兒。古，吐奚。畢，出連。何，賀拔。吕，叱吕。莫，莫那婁。索盧，奚斗盧。蘆，莫蘆。韓，出大汗。路，没路真。扈，扈地於。輿，莫輿。干，紇干。伏，俟伏斤。高，是樓。屈，户突。沓，沓盧。石，嗢石蘭。解，解枇。奇，奇斤。卜，須卜。林，邱林。部，大莫於。綿，爾綿。蓋，蓋樓。黎，素黎。單，渴單。明，壹斗眷。門，叱門。宿，宿六斤。刊，谻邗。山，土難。房，屋引。樹，樹落干。乙，乙弗。茂，茂眷。雲，宥連。竇，紇豆陵。陳，侯莫陳。狄，厙狄。稽，大落稽。柯，柯拔。尉，尉遲。步，步鹿根。潘，破多羅。薛，叱干。俟，俟奴。展，輾遲。費，費連。綦，其連。艾，去斤。緱，渴侯。祝，叱盧。緩，和稽。就，冤賴。温，咀盆。褒，達勃。杜，獨譁。賀，賀蘭。甄，鬱都甄。嵇，紇奚。越，越勒。狼，叱奴。味，渴獨渾。厙，厙褥官。蘭，烏洛蘭。蔞，一那蔞。羽，羽弗。

其不改者：谷渾，賀若，那，庾，宇文，慕容。

右見魏收魏書官氏志。

又按：鄭樵通志所載元魏時功臣改姓者亦録如左：

大野，閭慶之。普屯，辛威。侯吕鄰，韓裒。徒何，李弼。紇干，田宏。可頻，王雄。柘王，王羆。大利稽，蔡。邱目陵，陰。叱羅，張。車非，周。宇文，南。

奇姓彙抄 愛日簃侍者手輯 摘王阮亭居易録。

狐、獨。在都察院署見山西巡撫揭有狐姓者。周中丞石公因言爲大理少卿，時書吏有獨姓者，蓋令狐、獨孤複姓之裔，省其一字，相沿既久，遂昧所自耳。

愚按：春秋時狐氏爲晋世卿，狐姓疑即其後，非令狐複姓之省。刑部招册有姓獨者，甘肅秦州禮縣人。

憘、泊、香、静。攻媿跋唐昭宗賜憘實敕書云，張唐英著外史檮杌，王建永平四年書張琳始末有云，大順初憘實爲黔南節度辟爲推官。憘字唯集韻有之，與喜同，他未之見。鄧校書名世古今姓氏書辨證引檮杌之説，且曰姓書未有此氏，今增入，乃知姓憘而名實也。又邵御史嗣堯云，臨淄有泊姓。又近見序齒刻録有香姓、静姓。朱竹垞云今檮杌無此條。

愚按：明有四譯館通事香牛，見字典。

屋、侍其、崇、廛、昭、撖、只、尼、要、義、聰、點、彪、部、恩、術、菅、呰、鬲、襲、類、德、繩、郇、勾、絮、善、能、盈、匿、付、太、俎、昊、乙、禡隆、鑒、書、叱、青、戰、後、棕、力、耳、氏、帖、牙、税、嵩、芰、豸、上、讓、野、細、鎮、行、改、穰、冬、賣、買、擺、麗、念、客、瓢、職、蕢、酒、字、賢、縱、踪、布、腰、倉、朋、資、攘、伯、拜、茂、匙、希、瓮、怯、長、斐、閉、不、荔、跋、雪、爨。

近所聞見异姓，再筆于此。漢有屋豫。宋有憘實。姑蘇志科第表宋有侍其瑋、崇大年。順德府志職官表有廛洪堂、昭賞瑨，科第表有撖大經，只好仁，尼登，紅慶烈女要氏。長葛志有義敬，聰芳。東陽志有點烏。新城志有彪準。章邱志有部文華及恩、术、菅、呰、鬲、襲、類、德、繩、郇、勾、絮、善、能、盈、匿、付、太、俎、昊、乙、禡、隆、鑒、書等姓。癸未□録藺完瑝妻叱氏。丙戌題名録青伯昌，洛陽人。近科齒録有香氏，戰氏。三仕一得云臨淄有泊姓，宣城有後姓，平陽府有棕姓。癸酉吏部選人有力姓。直隸巡撫爰書有耳姓，南皮婦人氏氏。山東巡撫爰書有帖姓，牙姓，税姓。督捕文案有嵩氏。户部文案有芰氏、豸姓、上姓、讓姓、野姓、細姓、鎮姓、行姓、改姓、穰姓、冬姓、賣姓、買姓、擺姓、麗姓、念姓、容姓、瓢姓。馮具區集有職姓。彭少宰僕蕢姓。勞書升通政云督學山東時，諸生有酒姓，字姓、賢姓。又户部文案有縱姓、踪姓、布姓、腰姓、倉姓、朋姓、資姓、攘姓、伯姓、拜姓、茂姓。延綏鎮志有守備匙北鑰、希勝蛟。又汝州志有瓮大器、怯迅然。魯山志有長可舉、斐興廣。撫縣有閉聚秀。彭少宰叢門云宏治間進士有不負恩。陝西有荔姓，當是荔非之後。圖繪寶鑑有跋异，汧陽人。又交河人雪采。又寧夏衛守備爨化元。

愚按：屋姓疑是屋廬之省。侍其姓，宋又有侍其艮器。今蘇州城内有侍其巷，殆因此得名。崇大年，宋青田令，見正字通。塵姓，見姓譜。昭姓，戰國時爲楚貴族，掌三閭之職。撖音檻，姓苑，今河内有之。只好仁，明人。刑部招册有尼姓，山東東昌聊城縣人。要姓，音邀，通志氏族略，吴人要離之後。漢有河南令要兢。唐建中朔方大將軍要珍。山西有要姓，在京有開煤鋪者。義姓，漢義縱，河東人。刑部招册有羲姓，湖南永州府永明縣人。彪姓，姓譜出齊郡，周有衛大夫彪夫。宋有彪虎臣，今河南均州有彪氏。恩姓，前漢有燕祭酒恩茂，風俗通云陳大夫成恩之後。菅姓，正字通云漢有菅禹，唐有菅崇嗣。訾姓，前漢功臣表有樓虚侯訾順。襲姓，通志氏族略晋有隱士襲元之，南史有襲蔿，明襲勖，字克懋，章丘人，開平衛教授，與李子□同時。類姓，史記梁孝王世家類犴反，正字通宋類演，福州寧德尉。郇有屨衢二音。句音遘，華陽國志王平、句扶、張翼、寥化並爲將，時人曰前有王、句，後有張、寥。又音鈎，史記仲尼弟子傳句井疆注，正義曰句作勾。按：勾是俗字。絮音女，去聲。前漢張敞傳，敞使賊捕掾絮舜有所案驗。善姓，善卷，堯師，見吕氏春秋。能，正字通乃帶切，音奈。唐能延壽、能元皓，宋能迪。太姓，文王四友太顛之後，見統譜。乙姓，漢南郡太守乙世，前燕護軍乙逸，明乙瑄，乙山，明末乙邦才，青縣人，死揚州之難者。青姓，廣韻出何氏姓苑。戰姓，漢戰兢，明戰慎。刑部招册有戰姓，山東萊州府掖縣人。棕，俗椶字。力姓，韻會黄帝臣力牧之後。耳姓，正字通明洪熙中有耳元明。牙姓，風俗通云周大司徒君牙之後。税姓，字典盛宏之荆州記建州信陵縣有税氏，千家姓云河間人。宋有進士税挺。上姓，漢上雄，明上觀，上志。鎮姓，見姓苑。又萬姓統譜湖廣松滋縣有鎮氏。行，去聲。後漢光武紀，隗囂遣將行巡寇扶風，注行姓巡名。漢行祐爲趙相。或以行爲周大行人之後，其後以官爲氏，則行字宜讀平聲。改姓，廣韻，秦有大夫改産。穰姓，字典，齊將穰苴之後。何氏姓苑今高平人。冬姓，韻會，前燕有司馬冬壽。刑部秋審册有賣姓，河南河内縣人。買姓，通志氏族略，五代有買叔午。麗姓，見姓苑。念姓，西魏有太守念賢。容姓，字典，八凱仲容之後。禮記有漢大夫容居。職姓，姓譜，周禮有職方氏，后因官爲氏。風俗通云，漢山陽令職洪之後。蕢姓，禮記有魯蕢尚，疑是其後。酒姓，明有酒好德。字姓，正字通，宋廉州判官字謌。布姓，晉書陶侃傳江夏布興。倉姓，蓋周倉人之後，以官爲氏。周有倉葛。近日湖南按察使倉景恬，河南人。資姓，玉海，資氏，陳留風俗傳黄帝之後。四明志會稽有資氏。伯姓，字典，益之後。春秋時有伯宗、伯州犂。茂姓，正字通，漢有沮陽令茂真。希姓，三輔決録有希海，字子江。長姓，左傳有衛大夫長牂，僖公二十八年。斐音非，左傳斐豹隸也，襄二十四年。豹是晉人。不姓，按：正字通云，不姓之不轉注古音音彪。晉書汲郡人不準。周官有服不氏，疑是其後以官爲氏，如倉人、庫人之類。跋异又見五代名書補遺，則是五代時人。雪姓，正字通，明洪武中巡檢雪霽。爨姓，戰國策魏策有爨襄。字典，華陽國志昌寧大姓有爨習。蜀志建寧大姓，蜀録有交州刺史爨深。憘、香、洎均見前。

算、香、炅、斬、山、身、千、望、島、蒿、貌、遆、勇、門人陳户部子文奕憘説所見數奇姓。算，真定人。香，山東人，炅，音桂。而衆奇者，崇效寺碑陰列名有斬姓。又字之奇者，山，安邑人，音如妾。𠣔，音厥。又丙子河南試録有千姓、望姓，順天府志有島姓，大同有監生蒿姓，三法司爰書有貌姓、遆姓，郝侍御惟謙妻勇姓。

愚按：香見前。炅，廣韻，後漢太尉陳球碑，城陽炅橫，漢末被誅。有四子，一守墳墓，姓炅，一避難徐州，姓吞，一居幽州，姓桂，一居華陽，姓炔。此四字皆古惠切。乢字，康熙字典未收。𠂤字亦未收。疑𠂤字之訛。日部𠂤字，集韻厥、古作𠂤。海篇漢賜衡山王妾𠂤氏。字典按，前漢衡山王傳作美人厥姬，古文尚書厥皆作身或作膢，非。蒿，通志氏族略，蒿氏注見姓苑。刑部招册有蒿姓，河南開封祥符縣人。貌，國策齊策有貌辨。刑部招册有勇姓，吉林人。逆姓，奉天鐵領人。

蟲。蟲亦雜國之名。邾地後有蟲氏。

愚按：左氏昭十九年傳杜注：蟲，邾邑。未言國名。前漢功臣表有曲成侯蟲達。

佟。遼東之佟爲本朝望族。按路史終國下云商有終古，疑即佟。後有佟氏，見廣倉北燕文人佟萬。又泈通。今襄陽有泈水。

愚按：佟，徒冬切，音彤。

薛、獎、遠、奉、尋、偃、慈、流、學、稀、𢒉、陝。近于刑部案牘中又得數异姓：薛、獎、踪、遠、奉、尋、偃、布、職、慈、□、力、學、貌、稀。又天順甲申進士𢒉茂，音陝，英宗命改姓陝字。

愚按：奉，漢有馬軍使奉揮，明有奉科。尋，晋有尋會，唐初劉黑闥將尋相。偃，字典晋偃籍。慈，漢有慈仁，明有慈止。學，見姓苑。稀，亦見姓苑。𢒉，海篇同𢒉，蕃姓，𢒉，失冉切，音閃，轉注古音西羌彡姐，見漢書。今西羌尚有此姓，合而爲𢒉。明天順甲申進士𢒉茂，湖廣公安人，上不識其姓，問内閣李賢，對曰𢒉音同陝，即以御筆改爲陝。陝姓今尚有之，咸豐中刑部陝西司命案内有陝姓。踪、布、職、力、貌，並見前。

摘池北偶談。

叢、淦。文登叢大司空蘭，本漢秺侯金日磾之後，相傳日磾四十五代孫永遷縣之叢家峴家焉，遂以爲姓，至今科名甚盛。江西多淦氏，舊傳亦日磾後。有金賦者爲制置使，宋高宗爲加點水，遂有淦姓，詳載予皇華紀聞。

愚按：叢，南北朝有滁州刺史叢鐇。

頓、脱。金陵舊院有頓、脱諸姓，皆元人後没入教坊者。順治末予在江寧聞脱十娘者，年八十余尚在，萬曆中北里之尤也。

愚按：魏有頓子獻，見魏志華陀傳。此云元人後，殆别有據。

⿱珏曰、高、禚、則、鱉、驢、俳、庹、八、九、峰、因。予在儀曹時見有宛平人⿱珏曰某者，吏誤呼作碧，其人不應，問之，云⿱珏曰音如樊。此萬姓統譜、奇姓通諸書所不載者。又任給事琪云高密有高姓，音閦。又禚姓，音卓。諸城有則姓，音支。又壽光有鱉姓。河南有驢姓。吾邑有俳姓。壬子典試四川有副榜庹謀，音拓。明有指揮八通，副將九聚。近見山西鄉試榜有峰姓、因姓。

愚按：⿱珏曰字字典未收。高字字典亦不收。閦音閃，初六切，音珿。禚音卓，本音灼。則音支。疑皆音之轉。鱉姓，蜀王本紀，鱉令屍亡隨江至郫，與望帝相見，望帝以爲相而禪，國號曰開明。庹，海篇音佗也，萬姓統譜，萬曆間有河南南陽衛指揮庹五常，慈州人。字彙補音托，兩腕引長謂之庹，似庹姓宜讀平聲。刑部招册有庹姓，四川邛州人。因，左傳莊公十七年，遂人四族有因氏。正字通明有因禮、因絅。

庶、充、番、加、亓、弓、骨、叔、如、盧、薤、敢、東、鄉、羽、臨、水丘、中、立。金薤琳琅所載漢碑陰故吏門生姓名有絶異者。如韓敕碑有庶次公、充宙、番君舉、加進、亓輝、魯人、恐即亓官之後。弓如，骨通國，孔宙碑有叔香、如盧浮、北海劇人。薤章，魯峻碑敢敦。東鄉晨，河間阜成人。景君碑羽質、臨照、水丘郎、營凌人。中名閎，字季遠、炅詩、立遷。

愚按：充蓋戰國時充虞之後。漢又有充向、充申。番，史記河渠書河東守番系注番音婆；詩小雅云番維司徒，番，氏也；正字通番姓爲吴芮封番君，支孫因氏，未知孰是。亓，唐有亓志紹，宋有亓贇，明有亓宣、亓驥。刑部招册有加姓，山西平定州盂縣人。亓姓，陝西乾州人。弓，廣韻魯大夫叔弓之後。韻會漢有光禄勳弓祉。骨，隋有骨儀，京兆長安人，隋書有傳。叔，蓋魯公子叔肸之後，宣公弟。以字爲氏。韻會云魯公子叔弓之後，誤。弓，肸曾孫叔老子也。漢光武時又有破虜將軍叔壽。羽，春秋時鄭公子羽之後，以字爲氏，羽頡其孫也。臨，後趙録有秦州刺史臨深，三國志孔融傳有臨孝存，融同郡人，魯國。中，漢又有少府卿中京。立，漢又有賢人立如子，唐有長興令立述。

若、干、涉、詩、移、茄、節、棧、冕、招、産、坑、縮、維、防、戲、波、友、昃、歹、奴、粟、竹、針、綫、團、圓、績、羸、狡、灰、迮、旦、佴、問、風、西、弟、諒、抗、朗、晃、角、答、扁、銀、教、興、賞、彦、豐、睢、匽、焉、見、猶、玉、環、星、郜、是、汝、式、土、袓、駟、鈔、樹、降。

近所聞見异姓再識如左。若、干、昭、涉、詩、移、絮、茄、節、棧、冕、招、産、腰、閉、坑、縮、維、防、戲、波、友、昃、蟲、鱉、歹、奴、粟、竹、針、綫、團、圓、績、羸、狡、灰、迮、旦、佴、俳、問、風、西、弟、諒、抗、朗、晃、角、細、答、扁、銀、教、興、行、賞、彦、要、豐、庻、⿱彡且、睢、匽、焉、見、猶、玉、環、星、郜、是、汝、式、土、袓、駟、鈔、樹、又甲子科山西舉人有因必芳，曲沃人；降緯，介休人。又泰和縣早禾市巡檢適修紀，涿州人。廣德州杭村巡檢爨礦，河南人。

愚按：若，正字通漢下邳相若章。干，春秋時有干犨，見左氏傳昭二十一年。劉向别録有干長著天下忠臣九篇。晋有干寶著晋書。涉，春秋時晋有涉佗，見左傳定公十年。詩，後漢南蠻傳詩索，交阯朱鳶人。移，風俗通漢弘農太守移良。茄，疑茄羅氏複姓之省。節，明正德中有守御指揮僉事節鐸。招，漢有大鴻臚招猛。産，何氏姓苑彭城人也。正字通明産麟，産瓘。坑，見姓苑。縮，戰國魏策安陵人縮高。維，姓氏急就篇漢維汜，妖巫，卷縣人。防，正字通，漢有孝子防廣明，防盛。戲，魏志穎川戲志才。奴盧，奴之後，見姓譜。粟，漢末有粟舉，袁紹魏郡太守。竹，廣韻，伯夷、叔齊之後，以竹爲氏。後漢書有下邳相竹曾。針，俗鍼字。春秋時有鍼莊子。鍼，其廉反，音箝，疑針是其後。明隆慶時有舉人針惠。習俗相沿，止作針耳。綫，國初有總兵綫國安。續，廣韻舜七友有續牙。急就篇注，續氏，晉大夫續簡伯之後。刑部招册有續姓，山東聊城縣人。佴，集韻乃代切，音耐，姓也。明萬歷中有進士佴祺。問姓，廣韻，今襄州有之。正字通明問智，成化進士。風，黄帝臣風后之後。又風胡見越絶書。西，通志氏族略、何氏姓苑，西門豹之後，改爲西。刑部招册有弟姓，山西絳州垣曲縣人。諒姓，諒毅見戰國策趙策，諒輔見後漢獨行傳。朗，出姓苑。角，後漢馮异傳角閎據汧，駱。扁，疑扁鵲之後。銀，漢有銀木。明銀鏡，正德中鷄澤知縣。國朝乾隆已卯科河南第七名舉人銀文昭。興，姓譜漢齊陰王謁者興渠。又明正統中有太監興安。賞，姓纂晉人賞慶注周易。豐，都計切，音帝。前漢王莽傳，中常（侍）豐惲，玉篇從疋。睢，音綏，字典趙大夫食採于睢邑，因以爲氏。元有睢稼，洪武初請立卧碑。見，出姓苑，余在潞河閱府丞科試卷，有平谷童生見友謙。玉，後漢光武紀陳留太守玉況爲大司徒，注音肅，京兆人。環，史記田敬仲世家環淵之徒七十六人，注楚人，孟子傳云環淵著書上下篇。五音集韵古有楚賢者環淵，後有環齊撰要略一部。按：環濟，晉太學博士，撰帝王要略，又撰吴紀。此作環齊，蓋濟之誤。星，廣韻羊氏家傳曰，南陽太守羊續娶濟北星重女。是，姓氏急就篇，是氏，吴有是儀，唐有是光。汝，商賢有汝鳩、汝方，疑是其後。晉有女讀汝。齊，左氏襄公二十九年傳。式，見姓苑。土，字典，句龍爲后土，子孫爲氏。國初有巡撫土國寶。騶，鄭公子騑，字子駟，其後以駟爲氏。漢文帝時有駟鈞，齊王舅父。鈔，正字通明鈔秀、鈔奇。樹，後魏官氏志樹洛於氏，後改爲樹氏。刑部秋審册有降姓，山西介休縣人。

厙。松江有厙公山。厙音舍，字書注姓也。後漢竇融傳金城太守厙鈞。

按：融傳章懷太子注引前書音義曰厙氏即倉厙吏後也，本王嘉上哀帝疏。今羌中有厙姓，音舍，云承鈞之後。風俗通云古守厙大夫之後，以官爲氏。然則厙鈞之姓爲式夜切，爲苦故切，漢書注亦未定其音訓。氏族博考云厙氏有二，漢倉氏、厙氏以官爲氏，又河南官氏志，厙傉官氏改爲厙氏，則是苦故切之厙。又有二族矣。奇姓通收入去聲禡韻，從舍音。按：式夜切字從厂，苦故切字從广，自是兩字兩讀，因章懷注雙引之，混不可辨耳。

帛。帛、白姓同。按：帛道猷，西天竺人。居剡之沃洲。然白氏長慶集沃洲山禪院記但作白。水經注，瀍水西有真人帛仲理墓，仲理名護，巴郡人。

愚按：漢書匈奴傳有侍中謁者帛敞，平帝時人，後爲王莽五威將。

沙、弭、芊、信、法、東、楮、仉、其。董復亨章邱縣志蓋踵楊君謙宏治志而作，雅有體裁，末增姓氏志一卷，其所著异姓有恩，朮，術虎高琪之後沙，弭，芊，信，訾，鬲，法，襲，隆，鑒，東，類，部，德，繩，郇，勾，綮，楮，善，能，盈，匿，付，典，太，俎，杲，西，禡，書。新城舊事云邑有仉姓，俳姓，其姓，見姓。

愚按：宋勇將有沙世堅，今回人尤多沙姓。弭，通志氏族略弭氏望出新豐，宋太平興國中有樞密副使弭德超，滄州清池人。芊，羋之訛體，楚之先羋姓，詳史記楚世家。信，字典信陵君無忌之後。法，后漢法雄傳齊襄王法章之後。東，陶替羣輔禄舜友東不訾。仉，音掌，孟子母仉氏。梁四公一姓仉，名晵。其，今文亓字，其姓蓋即亓之變寫。

杲，見上。

一、兩、雙、五、六、七、柒、第二、第五、第八、九百、漆。一、兩、雙、五、六、七、八、九、第二、第五、第八、九百，皆姓也。聞見記載縣令妻伍氏、縣丞妻陸氏、主簿妻漆氏，事以爲笑，不過音同耳。

愚按：一，明有一炫宗。雙，正字通南北朝孝子雙泰貞。五，漢有五京。七，明有七希賢。柒，廣韻俗漆字，則柒、漆姓同，俗書异耳。第五、第八，後漢第五倫傳：齊諸田徙園陵者多，故以次第爲氏，有第五、第八等氏。九百，何氏姓苑岱縣人姓九百，名里。

奇姓彙抄

歷所聞見奇姓不少，略筆于此。

鄘。明末有鄘露，廣東人。近咸豐辛酉廣東拔貢鄘汝鐘，字曉村，從化人。

初。王漁洋山人始祖母初氏。近青州初景韓，現官新城訓導。

景。池北偶談載有周顯德中侍中景範碑，謂景氏之先出于芊姓。按：景，楚公族，所謂屈、昭、景也。明壬戌之難，景清謚。

閃。閃繼修，字允迪，雲南永昌人。明啟、禎間以詩名。咸豐辛酉省上銅仁同城有副將分防，其時署事者爲參將閃雲，回産也。明永樂中又有永州判閃靄。

緱。緱音鉤。孝五傳有陳留緱氏女元緱長弓，太湖中人楊維楨鐵笛其所制也，見具區志。

睦。睦豫，北齊散騎常侍。睦欅，明人，作周易稽疑。

祕。西秦録有僕射祕宜。后五代時有成德節度使祕瓊。祕兆符，直隸故城人，現官山東汶上縣典史。祕俗寫從禾。

覃。覃，音尋。五代馬希範時覃彦仙，彦富，彦勝，均貴顯。明有太監覃吉。今黔、蜀間此姓最多。

鈎、絇、苟、句龍、宋句濤、鈎光祖、絇紡、苟諶、句恩、句龍如淵，本同一勾姓也。濤因避高祖諱，句如字而更音，後光祖加金，紡加系，諶加草，思則改勾爲句，如淵又加龍字。又按漢有苟參，急就篇苟貞夫注，苟，草名也，所居鐃之，因以爲氏。近咸豐癸丑進士苟斐然，陝西扶風人，現官刑部主事。

牽。牽篚，明海寧治縣丞，見明祝虚齊萃嘉議堂集與江少宰書。

順。順境，江夏人。明嘉靖時以進士官歸安知縣，見嘉靖中歸安宰政題名碑。碑現在郡城縣署内。

宫、南、汝、呼、强、閆、冷。碑中又有管事縣丞宫寬、直隸懷遠人，成化中任。南裕、陝西安定人，正德中任。汝清、亳州人，嘉靖中任。呼宗禮、宜州人，隆慶中任。管糧縣丞强進、陝西朝邑人，成化中任。閆浩、山西壽陽人，成化中任，冷珂、嘉定人，進士，嘉靖中任。

近人奇姓之見于縉紳録乙丑秋季者摘于此。

區。區作孚，乙卯舉人，廣東順德人，候補内閣中書。區汝謙，廣東高州人，會同教諭。

逄。逄潤古，乙丑進士，山東膠州人，庶吉士。逄樹勳，山東黄縣人，刑部候補主事。

果。果漢源，癸丑進士，順天良鄉人，吏部驗封司員外郎。

涂。涂修政，壬戌進士，江西新建人，吏部候補主事。

簡。簡宗杰，壬戌進士，雲南昆明人，户部候補主事。

和。和鳳鳴，河南許州人，户部候補主事。和錫，甘肅武威人，貴州仁懷縣典史。

麥。麥宣陽，廣東順德人，户部候補郎中。

戈。戈尚志，丙辰進士，雲南保山人，禮部主客司主事。

保。保鑒，辛酉拔貢，甘肅平番人，禮部七品小京官。

成。成元慶，丙午舉人，直隸磁州人，兵部候補主事。

奚。奚遇庚，陝西人，武進士，兵部差官。
揭。揭裕文，壬戌進士，江西南豐人，刑部候補主事。
貝。貝遵義，江蘇吴縣人，刑部候補員外郎。
冀。冀書常，山西介休人，光禄寺額外署正。
雲。雲起鯤，廣東文昌人，光禄寺額外署正。雲騰霄，長淮衛領運千總。
國。國雲霞，直隸南皮人，欽天監漏刻科博士。
欒。欒泰，太醫院院使，順天大興人。
榮。榮清佑，順天大興人，太醫院從九品吏目。榮恩澄，廣東雷州人，順德縣教諭。
敦。敦鳳舉，直隸獲鹿縣人，同治癸亥武探花，二等侍衛。
賽。賽長庚，河南鄭州人，咸豐丙辰武進士，三等侍衛。
軋。軋奉鑾，順天增生，豐潤縣訓導。
曲。曲紀官，山東蓬萊人，順天清苑縣管河縣丞。
籍。籍景春，山西太谷人，直隸衡水縣知縣。
宛。宛恩榮，順天人，山東濟寧衛領運千總。宛起群，順天通州人，任城衛領運千總。
過。過夢釗，安徽和州人，徽州府教授。
元。元錫圭，江西撫州人，南豐教諭。
同。同掞奎，進士，陝西朝邑人，處州麗水知縣。

靖。靖鬱恒，湖北黄州人，東湖教諭。靖華璧，湖北黄岡人，雲南會澤知縣。

饒。饒玉成，江西東鄉人，湖南長沙典史。

戎。戎培芳，貴州平越人，湖南湘陰新市巡檢。戎瑛，貴州平越人，獨山州訓導。戎桂勳，順天宛平人，貴州

水城通判照磨。

首。首焕一，湖南郴州人，永明訓導。

楚。楚光燦，湖南長沙人，江華訓導。

化。化光斗，河南開封人，沈邱訓導。刑部招册有化姓，山東濟寧州魚台縣人。

水，水安瀾，江蘇阜寧人，河南河内知縣。浙江寧波鄞縣亦有此姓。

燕。燕倫，河南懷慶人，鄧州訓導。

郇。郇大化，山東青州人，濟陽教諭。

麻。麻遇申，陝西同州人，隴州訓導。

官。官紀龍，四川成都人，仁壽訓導。官蓋臣，四川資州人，興安教諭。

蓋。蓋星階，山東蒲台人，四川廣元知縣。蓋廷揚，貴州大定人，普定教諭。

况。况掄標，四川重慶人，西充教諭。

雍。雍宗銘，四川茂州人，石砫廳訓導。

俸。俸鎮，四川成都人，射洪訓導。

藺。藺震乙，陝西長安人，四川瀘州吏目。

堅。堅恒貞，江西南昌人，世襲四川雅州木坪宣慰司。

巫。巫初譽，福建侯官人，四川博羅善政司巡檢。

皁。皁鴻盤，廣東雷州人，臨高教諭。

蒙。蒙養正，廣西潯州人，博白訓導。

璩。璩學魁，湖北棗陽人，廣西貴縣五山汛巡檢。

農。農際蘭，廣西都結〔土〕州土知州，本州人，世襲。

木。木柱，雲南麗江人，雲南縣訓導。

普。普永，雲南□樓茶甸□長官司，本府人，世襲。

苑。苑文達，貴州鎮遠人，雲南開化府知府。

殳。殳獻廷，甘肅哈密人，雲南鎮沅廳司獄。

俱。俱雲鶴，陝西富平人，貴州平越州吏目。

修。修式謨，貴州安順人，正安州學正。

右并見縉紳禄。

理。明末李嘉兆，揚之興化人也，甲申之變貽書其子□儲曰：『吾始祖咎繇爲理官，子孫因氏理，其後以音同亦氏李。今先皇帝死社稷，而賊乃李氏，吾忍與賊同姓乎！吾子孫當復姓理氏。』先是，中州李㽞和寒石耻與賊同姓，上書請改理氏，嘉兆未知而適與合，天下傳爲二理。

酆。明末有都司酆某，失其名，里居亦未詳，死國難。

難。唐末唐彥謙有寄難八五律詩。或改作韓非。其名字里居未詳。

東丹。舊五代史唐明宗紀，長興二年三月辛酉，詔渤海國人皇王托雲宜賜姓東丹，名慕華。

捕。捕巡，字升臺，見趙明誠金石録漢東山都尉孔宙碑陰。

懷。懷叙吴，尚書郎，見顧雍傳。

瓮、尖、朱氏。見刑部秋審册。瓮，山西洪洞縣人。尖，熱河建昌縣尖家屯人。

朱氏，湖南桑植縣人。

烟、剌、忽、運、瀧、拓、朶、扶、植、熟、滚。刑部招册又有烟、直隸保定新城。剌、陝西鳳翔麟游，忽，陝西同州朝邑，瀧、湖南長沙長沙。拓、陝西榆林懷遠。朶、甘肅蘭州河州。扶、四川叙永廳，植，四川邛州。熟、河南南陽裕州。滚、貴州鎮遠。運、奉天新民廳。辣、甘肅狄道州。戈。陝西華州。

淳。光緒十四年秋審黄册有此姓，左氵右享，因犯廟諱，改書作漘。四川保寧府蒼溪縣人。光緒十年亦有此姓。

奇姓彙抄補注

粟。粟國寶，現任廣西新寧州訓導，平樂人。

銀。銀沆，廣西馬平人，現官山西岳陽縣知縣。

昌。昌慶高，福建福州人，現官松溪縣教諭。

生。生永錫，山東泰安人，進士，現官萊州府教諭。

獨。獨佐明，嘉靖中海寧知縣，見明蔡完海寧縣志職官志。

容。容銑，廣東廣州人，舉人，現官陽山縣教諭。
信。信雲父，山東人，元張宏範館客。
員。員鳳林，丙辰進士，陝西三原人，現官兵部候補主事。
山。山麟祥，山東黄縣人，孝廉方正，現官順天大興縣縣丞。
宫。宫兆庚，山東蓬萊人，順天東安北二下汛主簿。
績。績庭香，山西靈石人，直隸行唐縣典史。
右見縉紳録。
淦。淦君鼎，江西建昌人，官署贛州通判，城陷不屈死，本朝賜謚烈愍。

〈紙條〉

擾龍宗。魏志董卓傳注英雄記，侍御史。
合澄。明宏治舉人，應州豐潤縣知縣。
敦煌周生烈，魏志王肅傳注姓周生，名烈。
秧。今湖南乾州廳有此姓。
堂邑父。張騫傳本名甘父，此單稱父。
粘本盛，福建安溪縣人，明崇禎已卯舉人。
繇延。後漢郅惲傳注：繇姓，咎繇之後，音遥。
鮭。鮭陽鴻，姓鮭陽名鴻也。鮭音胡瓦反。漢書儒林。
偶桓，明荊門州吏目，太倉人，撰乾坤清氣集。
弋謙，明仁宗時大理寺卿，代州人。

今直隸任邱縣有邸姓。

不蒙、夫蒙。不蒙爲羌中强族，北史恩幸王遇傳。魏書太祖記有羌酋不蒙娥。不蒙或作夫蒙。廣韻，羌複姓有夫蒙氏，後秦建盛將軍夫蒙大羌。古音不、否、柎與夫同。

吴兴琐语

一卷

明人詩流品藻二卷，原題吴興杜蔭棠輯録，有道光甲辰吴縣王朝忠跋，云父執季菘耘得于吴市，爲吴興高湘抄本。書尾有自跋，謂『余既輯有明一代之詩，成二十四卷，曰洵雅集。又見静志居詩話及各家論明人詩，堪爲一代文獻之徵者，撮其大要録之，聊備讀明詩者知所由來，姑名之曰明人詩流品藻，亦謂諸名公品藻之精，前人亦當服膺云云。』常熟顧翠嵐湘刻入小石山房叢書。

留餘堂集，潘少保印川季馴詩也。自嘉靖乙丑受命治河，至萬歷庚辰功成，著有宸斷大功録。先後四總河務，晚輯河防一覽。其大指謂通漕于河，則治河即以治漕，會河于淮，則治淮即以河會。河、淮而同入于海，則治河、淮即以治海，立意在築堤束水，借水刷沙，以奏功。百年以來，俱守其規畫，可謂能捍大患者。獨怪天啓初捕謚列朝名臣，公不與焉。論其詩爲之歎息。明人詩流品藻。

歸安鄭侯升明選鳴缶集，少有激賞者。然其五言近體全學高達夫，七言近體全學杜子美，非徒守其鼇殼而遺其神明者。列朝詩集僅録數首，詩綜所取特多。天下之寶，天下人當共之也。同上。

沈丈瑶岑諱玉亮，又字亦村，武康諸生，有文名。與余居同里，一日不見，則扡屐來訪。文字之飲，必有倡和。山響谷應，縟旨星稠，繁文綺合，非夫寸錦撮珍之比，亦可樂也。沈丈詼諧善談論，胸次灑，尤篤于友誼，待余頗厚。作文甫脱稿，必加許點，毫釐千里之謬，刲析入微。余每試，纔出校士館門，則沈丈早至院前，强余背誦，等第高下，其屬望殷勤如此。一日謂余曰：『今人但知交友爲聲氣中人，而不知同聲同氣非不擇濫交之謂。且朋友即師也，多師以爲師，即指朋友而言。昌黎所謂傳道、受業、解惑者，豈必不在朋友哉？可惜此道今人棄如土耳！』沈丈著述不甚富，但其卒時，愁苦之音，乍感無情，或傷非偶，可歌可泣者，頗有長言嗟歎之辭，而皆零落殆盡。家學中夭，一切不可稽尋，今所鏤版盛行者，惟鳳池集二，俱載應制詩賦，京師貴人奉爲帳祕，或非沈丈立言之意。沈丈于詩、古文外，又長于譜曲，與錢塘洪舫思昇齊名，洪傳而沈不傳，蓋有幸有不幸焉。汪惟憲積山雜記。

沈丈題余墨梅畫扇云：『誰將一丸墨，灑此冰雪姿？香在無言處，花當有月時。歲寒生古色，樹老見横枝。翠竹長松下，同心相與期。』所存者衹此一首。書法似黄山谷，秀挺可愛。又記其新柳詩一聯云：『憶得長條堪繫馬，爭如弱柳未勝鴉。』實爲工穩。沈丈屢困場屋，有終葵嚇鬼曲子，末云：『不然俺家在終南，怎不曉得那徑兒捷？』此語巧妙自然。同上。

吴丈琳巖斯洛，一字五亭，歸安人，康熙辛卯舉人。居庚村，生平以詩自豪，南轅北轍，飲社吟壇，僧寮客舍，空館孤燈，遊屐所至，感發爲詩歌，以自寫其磊落之胸，蕭散之趣。而嬾不自惜，得句旋忘。暮年始從友朋問抄存者，收輯十之四五，題曰補閣詩鈔。其河上雜感詩云：『河流界中原，夏室告底績。伊惟急灑濬，爰得拯陷溺。泥撬與山樏，辛勤紀歷歷。禹〔貢〕篇可指，未聞塞滔□。用塞始漢時，瓠子歌悲激。下楗代芻薪，搴茭抵瓦礫。謬論沿至今，奉此爲準的。此壅彼則潰，知遏不知滌。壅遏縱□安，譬病已入鬲。卑棲惟淮陽，其魚勢可惕。夯硪下嚴條，椿埽遞急檄。如搏躍過顙，如高屋建甓。一名患山隤，千村等雹擊。注海復河人，傷哉余心惄。聞古亦有言，治河先治淮。治河洵非易，淮勢尤難排。計淮所停匯，汝、泗、洛、汭皆。諸湖之入海，實以河爲階。河藉淮流深，淮逝迅若篩。誰使河倒流，淮漲勢益乖。諸湖束一堰，即高堰。繫□擬寸緺。横嚙忽旁溢，高室城湮埋。危隄互屋用，窗壁黏蜆蠃。斧魚與幕燕，民生何不諧。矧□病轉運，能林愁余懷。何必聞鼓鐘，憂心吟喈喈。九州胥樂土，淮土獨可憂。河與湖交侵，城郭如浮漚。去年青帘市，今年白鷺洲。人烟蕩無迹，久作魚蝦儔。伏秋迅一至，惟見高柳頭。鳴鉦召徒役，負土攔衝流。昏旦情皇皇，老稚啼啾啾。城闉傳重閉，亦足資前籌。窮氓數遷徙，簹笭還如舟。犬豕且同牢，夜火欣聯篝。哀此一方民，身命輕蛄螻。尚有迎門婦，粉類涂嬌羞。天子事巡方，民日墊實廑。慮既殫睿鑑，精兼亦咨臣。庶惟兹水土，不獨司空署。帝心簡任宏，星軺先後馭。時大奉命督修者十人，原任大臣及院道等官分修尤衆。欽哉亮天功，二十二人與輿。騎困泥淖，冠蓋滿沮洳。發言常盈廷，協恭幸素著。赫赫遂寧公，張公鵬翮。嘉猷炳足據。純駁即互見，靖勤其殆庶。手批口答言，旁午不借箸。弗顧怨與恩，寧知祝且詛。衆喙欲鑠金，公心坦無阻。以此眷注深，然光崇譽處。允哉歷盤錯，不吐復不茹。誰云章句儒，而非體用預。他日錫元走，雄心特翔翥。』吴丈詩人也，吟風弄月，佳句滿囊；而撫事夏時，關懷不少。高賢失職，老而愈窮。欲求廣文冷官，謀朝夕，卒無相知。有氣力者爲之推挽，今且眼暗耳聾，棲息山中，年餘不可得見矣。吾郡後生剽竊尖新字樣，互相標榜，欲以艱深文其淺陋，翻謂吴丈吟詩，無微婉恬雅之趣。杜甫云『當面輸心背面笑』，李白云：『前門長揖後關關』，此則古今同忱者矣。余年十四，得交于先生。今先生白髮皤皤，余亦憔悴如望秋秋柳。每念昔遊，有如隔世。存此四章，以明先生之詩，非徒吮毫弄墨，浪使才情者也。吴丈補閣詩鈔，余曾見其足本，就中佳句，往往繫懷。如詠燕巢云：『門户縱然稱得地，性情終是怕依人。』登平山堂云：『英雄代禪餘黄士，粉黛銷沈但曉雲。』桃花云：『紅雨流來千點艷，東風吹得十分酣。』

蕉扇云：『莫愁棄置秋江女，且喜提携春夢婆。』游新安雜詠云：『山連宣歙都無縫，水到錢塘尚有聲。』鶯粟花云：『洛妃翦翦雲衣麗，湘水鱗鱗錦浪生。』京寓度歲雜詠云：『九遷烜赫堂餐盛，三褫凄涼巷哭多。不容爾訴悲箝舌，誰遣君來悔噬臍。眉黛描來新樣少，花鈿拆後舊痕多。强修罄相愁難熟，學染髭鬚苦未勻。』詠撜云：『吴娘乍禱香虀罷，怪底人前諱道酸。』詠桐子云：『墜下緣珠人不見，至今惟覺畫樓高。』詠燕云：『劈開緑玉膏猶潤，截斷圓冰水不流。』小閣云：『砌曲好承三徑樹，窗虚恰受一房山。』金陵懷古雨花臺云『白馬青絲應讖來，猶教花雨散高臺。何愁鐵鎖沉江盡，競指銀濤捲海回。埭隔鷄鳴述巷陌，亭空木末長蒿萊。不知齋紱聽經客，誰把臺城夜鑰開？』報恩塔〔云〕：『層梯百道瞰獅林，風鐸參差替戾音。紺碧能握三素色，脂膏能惜九州金。君前別有酬別地，事後難忘報本心。雨際革除堪痛憫，爲誰使筆感懷深。』長干里云：『大小長干里最長，城南燈火徹昏黄。市闤半借珠宫地，窗户遥先寶塔光。六代都皆憑建業，一麾謀已定丹陽。時平不用衡形勝，豚柵牛圈滿近鄉。』瓦棺寺云：『古寺荒岡幸一登，惡風白浪憶憑陵。見寺白詩。難將鐘磬支塵劫，也共江山閲廢興。王、謝里居香火在，顧、吴畫壁墨光騰。我來欲理滄桑話，賸有閑房渴睡僧。』鳳游臺云：『鳳去臺空迹已賒，半堆瓦礫滿汗邪。高岡何處窺丹翮，近市徒能識艾豭。晉代吴宫誰是王？黄旗青蓋揔無家。至今叫噪終無歇，只有華林兩□蛙。』秦淮河云：『五月登船照夜昏，我來祗許襭芳蓀。六朝徒羨笙歌沸，一水難消斧鑿痕。近岸花迷桃葉渡，隔溪路接小姑村。飄零十四樓何在？衰柳殘鴉滿白門。』清凉寺云：『如此江山舊額所題。足慨慷，寺門秋葉幾堆黄。臨春女樂餘寒磬，避暑瓊臺但夕陽。玉樹歌方徵後主，花開詞又譜南唐。也教野草閑樵處，猶愛逢人説麝囊。』鷄鳴山云：『喔喔鷄鳴到上方，雕甍碧瓦俯蒼黄。樹聲欲撼鳥然治，雲氣猶迷朱雀航。岸柳尖風圍渚溆，塞鴻圓陣落陂塘。蕭條十廟秋烟外，弓啚憑誰問典藏？』元武湖云：『君王回輦水波清，天半曾飄歌管聲。地脉豈應通宜續，劫灰也許認昆明。未邀彩纜三千女，疑照然犀百萬兵。今日蕭蕭葭菼闊，只容鷗夢趁漸生。』鍾山云：『龍蟠蚴蟉白年年，紺宇曾聞内苑連。何處宫槐翻落葉，但看陵樹鎖荒烟。漸頭猶拱分爭地，山骨空撑半壁天。堪笑□公老多事，身名欲借一墩傳。』

詩之爲教，温柔敦厚，故可以怨，謂其怨也而不怨也。五亭山人年迫桑榆，每食不飽，世之貴耳賤目，日進前而不□，遥聞聲而相思者，比比皆是，又況于彈射臧否，所好生毛羽，所惡成瘡□耶？性靈屈折，抑鬱不揚，託諸莊叟之喻，言聊附楚騷之哀怨，喜笑之怒，長歌之悲，要非無病而呻吟也。山人借物嘲笑，有雜嘲詩百首，略□其句：

如嘲荷包牡丹云：『茜羅盈束細縫裁，包裹垂垂待雨催。一自送春愁客散，慳囊滿貯不曾開。』嘲蟹云：『雙螯八跪太憨生，何事輕投岸火明？一夜爬沙纔寸土，猶招物議是横行。』嘲燕云：『銜花掠雨補巢忙，來去年年記草堂。纔説故人事欲避，似曾相識費商量。』嘲玉簪花云：『膩白横托曲砌通，緑幡幡處颭微風。夜筵敲斷寒相逼，猶插秋棠月一叢。』嘲秋葵花云：『唧唧秋階響暗蟲，亞欄初映海棠紅。緑衣黄裹方悲怨，勿更淒其扇晚風。』嘲水鱉蟲云：『夙世曾留不染心，嬉游水面少浸淫。黿鼉縱解騰風浪，□没平生竟黑沉。』如斯之類，可謂諷諭妙絶，近于詩人比興之義者矣。西湖山水之勝，四時皆佳。余幸生山水窟中，暇則偕勝□買小舟，掠湖而歸。而愛山尤癖，往往與吴丈飽飲縱遊，攀松剔蘚，選石而坐，此難與酒鑪年少客言。丁未假館盛湖，水鄉無山，思與吴丈同遊而不可得，乃作札致之，訂在九秋共至會城。吴丈報余以詩云：『生長東南踞名勝，不樂山遊定殊性。朝朝飽飯守門橛，何异拘□中危病。我輩蕭淶淡蕩人，衹要杖頭錢不賸。富兒輩□忽召我，有山不見將我阱。每思别久初會君，凉暄未了旋申訂。此樂至今縈寤寐，絶似班生奉朝請。語此十人九不解，惟我與爾結遐興。倘同同儕遨履聯，垂老逢迎詩特盛。今春送君東適吴，便涉湖頭孤睡聽。有花有酒徒迷離，多雨多風彌蹭蹬。屨及窒□計已定，秋期切勿□初命。』雍正辛亥，吴丈應浙江志館聘，公事之暇，每有新作，輒録示余，亦可見其老而不倦也。春社呈志館諸公云：『自憐老迹颭輕萍，窗紙烘烘白日扃。殘夢似依青瑣□，破韡閑踏緑莎□。太冲早輟京都賦，元亮重繙山海經。時輯水利志。健筆羣公爭得句，江峰何處乞湘靈？』西湖公讌詩云：『編輯餘閑許結歡，欣承語笑詣湖干。羣賢座密誇梁苑，公醼詩豪壓建安。爐颺青烟沾畫戟，船移黄帽映春巒。先期水岸尋修禊，千樹桃花夜不寒。麴塵風細綰春陰，日影清妍滿碧林。花柳解添迎客態，湖山能靜著書心。冷淘點出煩廚傳，新火分來度碉岑。幸值嘯歌鳴悦豫，戔戔也附習池吟。』和送春韵云：『珍珠簾動射□暉，怕説春歸又送歸。别院人題新粉帕，隔年香驗舊羅衣。芹泥燕啄連花潤，桃顆鶯含帶雨肥。已分魂銷渡旁渡，荼蘼猶愛殿芳菲。』題雙嬉畫扇云：『大喜還應小喜環，墨痕皴出暈斑斑。自從書拆遼西後，鵲語燈花一例删。』又：『謂將螺汁染星星，展篋歡懷憶不停。覩怪小鬟偏解報，曉奩黄色滿天庭。』題宋徽宗鸜鴿圖云：『描畫翎毛種種如，也圖鸜鴿鬥齟齬。諒因毁廢春秋覩，不記來巢有特書。』又：『流民圖不繪老弱，凌烟圖不貌褒鄂。鸜之鴿之墨未乾，邊聲彈偏白瓴雀。』『南渡之禍始于紹述，〔紹〕述之禍始于變法，』歸罪荆公，此史家特筆。次首言不惜民，不知人，宜其國步之促也。吴丈晚年之作，其精如此。白瓴雀乃元人曲，不無假借。觀潮歌云：『海濤欲上不得上，龕赭兩亹屹相向。海濤欲下不得下，迸過兩亹爭一瀉。月弦脁朒固有權，地勢激怒良使然。不然長江潮上浩浩耳，浙潮何獨哼哼嘽嘽還闐闐。衆馬奔陣騰晴川，羣然徙窟翻得淵。仡仡勇夫萬，言言崇墉千。軍聲鵝鸛沸，海翅鯤鵬騫，而終難狀其凌奪暴厲而無前。莫訝潮頭大，更訝迎潮船不怖。船頭潮頭突相接，船立如人人反卧。最愛盧綸觀番王擒豹歌人忽虎蹲獸人立一語，此不復多讓。此曹重利而輕生，我且代彼神魂覩。何不舍筏執耒安其耕？安得桑田三變成枯海？搜捕天吴，網象百怪投荒外。』後觀潮歌云：『我來觀潮記四五，未見迴瀾半空舞。兹喜身得踞高地，宇内奇觀纔一覩。潮頭滚滚動塘來，激水直竪噴層臺。轉動轉激怒難洩，潮頭莽向江心回。那知西岸潮頭亦怒轉，兩潮相激胡雄哉！銀山雪屋忽湧百千丈，地户傴灰欲把天門摧。天門蕩蕩欲摧摧不得，翻身直汨方大和蓬萊。我方幸快鸜，我又愁腕弱。此身不到崑崙墟，那能筆挾造化化橐籥。似此奇觀世所無，可憐跼蹐一腐儒。井蛙醯離一日游天衢，口呿舌咋，兩眼[illegible]睢盱，告君人貴多所見，少見多怪世所賤，是以君子知常又知變。』問宋故宫二首云：『鳳皇山下霑華稀，夾道曾傳帝子歸。草色但知承輦緑，潮聲猶恨議和非。詩編揚水周京弱，淚灑新亭典午微。比典切。百五十年工粉飾，西湖遺鳥自光輝。』又：『散盡宫鴉草樹荒，尚煩强弩護錢塘。不知建業中原棄，更捨樊城外翰亡。杜宇莫鳴辭國恨，冬青難閉返魂香。惟聞樵徑行歌處，也有聞花學麝囊。』陳宫遺址有麝囊，同上。花見金陵雜記。

予友趙瑾叔瑜錢塘人，入籍武康，補博士弟子員。少時雅擅填詞，撰有青霞錦、翠微樓傳奇數種，與洪稗畦齊名。中年喜作釋氏裝，自偁繡衲頭陀。不飲酒食肉，又不言釋氏之學，不肯俯仰於人，家覩貧泊如也。康熙庚辰三月夜，大風雨至黎明，聞扣門聲甚急，啓視之，則趙也著屐而來，云：『天公如此，桃花摧殘可知矣。吾欲往六橋即之，君能偕我行乎？』予適小疾，畏風，辭之。瑾叔遂獨行，抵暮仍過我，急索筆寫即桃花曲五闋見示，音調凄惋，真有情人也。徐逢吉清波小志。余在吴興試，蘋花詩佳句甚多。如武康徐熊飛云：『小朵最宜凉雨後，清芬無奈晚風時。』孝豐施應心云：『幾點輕鷗問似爾，一秋凉水淡于前。』安吉郎遂鋒云：『江南花事日應晚，湘水故人今未來。』歸安芮寅云：『細雨清香通欸乃，晚煙深影聚蜻蜓。』阮元定香亭筆談。

余于丙辰秋按試吴興，中秋日試士以詠東坡丙辰中秋作水調歌頭事命題。烏程張鑑詩云：『離合悲歡十二時，一番圓缺一番思。前身本是來天上，除却君王總不知。』可謂得詩人〔敦〕厚之旨矣。同上。

歸安楊鳳苞，予初見其西湖秋柳詩，以爲才士也。繼至吴興，鳳苞以經解入試，於先儒之説剖析原委，甚爲精核，尤深于音韻之學。謝蘊山方伯聘之入幕，以侍老母病辭不就。同上。

武康徐熊飛蓮花莊懷趙子昂詩云：『花時鶴徑仍芳草，門外鷗波易夕陽。』孝豐施應心歸雪庵懷孫太初詩云：『莽前漁唱晚來起，月下鶴聲秋裏聞。』俱饒神韻。同上。

孝豐吳蘅皋應奎，余兩試其文，均置高等，而不知其能詩。試畢，應奎自呈其讀書樓初稿，苦吟綺思，絶似長吉。其近稿中樂府歌曲尤佳，始知錦囊佳句，不受風簷迫促也。設非應奎自呈其稿，則吾失此人矣。然則余所未得之才，亦多矣。爲之憮然。同上。

孝豐施小憨應心年未及冠。戊午之春，以詩謁余，知其嘗竭力于漢、魏、六朝之學，以近體作鐃歌、横吹諸題，舊錦新裁，甚爲奪目。同上。

武康徐雪廬熊飛幼客平湖，備受孤寒之苦。勵志于學，詩有才力，尤工駢體文。嘗有啓投余，述余初莅吳興之事云：春風未至，先欣桃李之心；時雨將來，已動蘭苕之色。』是能不失唐人風範者。同上。

吳興桑田之多，與［□□］相半。丁巳八月下旬，按□至此，西風葉落，騷騷然有深秋意矣。因成四律以邀和者，且以課郡中詩士。時江浙和者數百家，佳什甚多，惟錢塘陳雲伯文杰二句云：『獨有扶桑倚東海，一枝□□四時紅。』意境闊大，得未曾有。同上。

予于天文、算法中求士，如臨海洪頤煊震煊，歸安丁傳經、授經，錢塘范景福，海鹽陳春華，皆有造詣。然以臨海周治平爲家深。同上。

烏程張鑑能傳習經學。同上。

武程張無軒學博焯勤學修節，能詩工書。鄉黨以孝廉方正薦之，以有官之人未能合例，中止。同上。

浙東西兄弟皆才者，二洪之外，則有丁小雅杰之二子授經、傳經，博學多聞，有父風。邵二雲學士之二子秉衡、秉華，並傳家法，兼通經史。烏程周中孚博學强記，而文筆甚拙。其弟聯奎能詩文，而疎于經術，然亦可謂二難矣。同上。

夏徵君駰，字宛來，烏程人。恃才走四方，以倜儻奇男子自許。詩文皆雄偉軒豁，名滿天下。既以宏博登，啓事爲有尤妄撓阻，遂不得與。乃著知命録以自慰。先世父在河上，曾邀入幕府，講求兩河事宜。後訪予新安，新安故大好山水，登臨酬唱，頗極歡洽。乃先生酒後談心，悲歌慷慨，輒欷（翻）〔歔〕泣下。又欲訪家兄弟之守渾源與令交城者，因踰太行，爲幽、并、汾、晉之游。聞猶挾二三晉姬歸，歸不久，即謝世。宛來素講房中術，每向人詡其能。得無狃于蒲騷之役，一敗而不可收乎？噫！是可鑒矣。生平不善飯，三餐惟酒不可闕。又習韜鈐家言，曉兵法。嘗鑄一劍自隨，鑿宛來二字爲識。趙恒夫給諫初爲交城令時，山賊熾甚。宛來在署中爲之設謀撲剿，邑賴以安。余來交城，先生當日提劍入山光景，交人猶有能言之者。戎馬書生，風流不墮，正堪想見云。（靳治荆思舊録。）

夏駟字文茵，一字宛來，浙江烏程人，歲貢生。著有蘭谿堂集。富孫按：宛來工古文，游屐遍天下。己未，總憲魏公環極以浙江學使程某歲試湖州，關防一不密，爲一戚屬舞弄，至以簠簋不飭，見于彈章，辭連宛來。薦舉時，在京師有書數千言致魏公，自爲剖別，言程學使未經抵浙，先已入都。然事未得白，竟不獲與試。

戴蔽塘吳興詩話云：『康熙己未，鴻博之選，吾湖只舉夏宛來，旋以蜚語未試。偕趙黄門吉士赴交城任，著交山平寇本末，採鐵鑄劍佩之，有『青鋒三尺腰間雪，班管千枝夢裏花』之句，淪落以終。沈閣學函贈詩云：『一笑功名看塞馬，□機心事羨沙鷗。』』（鶴徵録。）

嚴遂成字崧瞻，號海珊，浙江烏程人，雍正甲辰進士。原任山西臨縣知縣，由浙江總督程元章薦舉。後補直隸阜城知縣，升雲南嵩明知州，著有海珊詩鈔。先生天才駿發，早已名播海内。詩力大思深，不拘一格，雄渾綺麗，兼而有之。當時壇坫諸公，難與抗手。竹垞、初白後，不得不推爲一家。嘗作明史雜咏四卷，賦明一代之事。古體、近體相間，曾經浙撫奏進，録入四庫全書存目。持〔論〕頗多允當。海珊詩鈔自序云：『余少爲詩，以偏岩相尚，罔識律令。吾鄉姚薏田、同年厲樊榭方負能詩聲，雅與余善，而于詩未之許也。甲寅被薦，居内憂弗逮。赴朝考□，虚聲一時藉甚，思有以禳之。辛酉夏，量移阜昌，吾師穆堂先生典試江南，止郵亭，余謁見，迎謂曰：「吏亦不易爲，知生百無暇，獨詩可分余一席，慎毋廢。」余憬然汗下，嗣後收視返聽，知功夫有在於詩之外者。厚其所積，窮其所變，別搆户牖，不屑苟同昔人。迄于今，不自知其至猶未也。然我才亦既竭矣。後梅花傳誦京師，明史雜咏人以詩史目之。今哀集若干卷，都從零佚中以次改竄，無復前後年地可問。大參徐南岡先生閲竟，評曰：「君詩必有所爲，始作無一字無來歷，筆頭勾得數十斤起。」夢中余同麓歎爲知言。辱參之于竹垞、阮亭二家之間，相勸付梓，惜乎樊榭、薏田早下世，無緣重定吾文，此足貽千古知己之憾也。』（詞科掌録云：）『嚴海珊，令山西之臨縣，丁父憂回籍浙江，總督上蔡程公合試一省之士，海珊爲第一，旋遭母喪，不與試。七言造句瘦硬，瀧中舟行云：『修鯉躍波雨點大，怪□呼樹風聲寒。』行云孕生碧獸形，何怪壓住黄河喑。』不驕城隅春望云：『雨方得氣能醫草，風自生香不借花。』皆有別材。隨園詩話云：『讀史詩尤雋者，嚴海珊張魏公云：『傳中功過如得序，爲有南軒下筆難。』冷峭蘊藉，恐朱子在九原亦當乾笑。又云：『海珊自負咏古爲第一，余讀之果然。三垂岡云：『英雄立馬起沙陀，奈此朱梁跋扈何？赤手難扶唐社稷，連城猶擁晉山河。風雲帳下奇兒在，鼓角燈前老淚多。蕭瑟三垂岡下路，至今人唱百年歌。』梧門詩話云：『嚴海珊工于咏物，思力過深。咏桃云：「怪他去後花如許，記得來時路也無。」海棠云：「睡味似逢鶯喚起，酒痕仍借笛吹消。」梅云：「殘笛一聲凉在水，遠峰數點碧于烟。」著筆幾似李龍眠□描盡矣。』又海珊詩鹽城徐南岡謂其『無一字無來歷，筆頭勾得數十斤起，』信然。如常山旅夜云：『□聲離岸小，山氣壓城寒。』東坡書院云：『竹非因月淡，山不壓雲癡。』冷泉亭云：『怪鳥呼風天忽冷，危峰到地晝常陰。』秋草云：『斷霞古道無人過，寒雨空城有雁飛。』宿見山樓云：『如此夜深猶有笛，可能春盡竟無詩。』定香亭筆談云：『海珊司馬詩具兩種筆意，如「骨堆石勒漚麻嶺，血洛高歡避暑宮。盧龍已買防秋塞，上谷虚傳突騎名。弓懸屋角秋防虎，旗閃城頭夜舉烽。雕盤大漠寒無影，冰裂長沙夜有聲，」造句雄奇。咏桃云：「怪他去後花如許，記得來時路也無。」蓮花莊云：「無數垂楊遮不住，好風吹出讀書聲。」言情。』鶴徵後録。

孫見龍字葉飛，號潛村，晚號春齋，浙江歸安人，康熙癸巳進士。原任翰林院庶吉士，改補知縣，由兵部尚書、江蘇巡撫高其倬薦舉，後官山西洪洞知縣。著有五華纂訂四書大全、潛村詩稿。潛村癸巳會試第一，其第二名爲黄文虎，時有『龍虎榜』之稱。學極該洽，詩亦清超拔俗。試後復薦克咸安宫總裁。令洪洞頗有政聲。纂訂四書大全乃其掌教雲南五華書院時所輯，故以五華〔爲〕名。詞科掌録云：『孫葉飛少司空，屺瞻在豐弟子也。與竹溪沈幼牧皆少宗伯嚴存菴我斯之壻。癸巳會元，改庶常，出令春浦，以事去。總督奉天高公合兩江士，試于白下，題爲時雨賦，葉飛爲第一。同上。

丁凝字琴山，號靜者，浙江長興人，康熙癸巳舉人，國子監學正，由詹事府詹事覺羅吴拜薦舉，著有靜者詩集。靜者爲工部主事爾俊子，幼穎敏，年十三作詩有老成風。長益肆力于古，沿流溯源，故其著作能自成一家。詞科掌録云：『丁靜者，國子學正。今陞禮部司務，爲沈宮贊三曾女夫，故與竹溪諸沈酬唱。』密□稗司云：『余舉長興孝床，丁凝格于省試，後復爲覺羅閣學吴拜薦于朝，又被落，亦命也。』魏□採若編云：『靜者束修砥行，沉毅有器識。先是在成均時，與諸名士結文酒之會，驚才積學，名動公卿，所著篇帙甚富。』同上。

戴永植字於庭，號農南，浙江歸安人，雍正壬子舉人。由刑部侍郎王紘薦舉，後官湖南龍陽知縣，改餘姚縣教諭，著有汀風閣集。農南衿懷曠爽，學有本原。詩精思搆微，滌去塵滓，而又春容和雅，非鑿險縋幽可比。新建裘文達公稱其以才人之筆，抒正始之音，極爲得之。陸陸堂汀風閣集序云：『農南負雋上才，蓄道德而能文章，尤長有韵之語，詩無體不備具。比屬典麗似西崑，性長流露似眉山。而以史事入詩，則驢背、登樓諸集貫穿全史，奔赴于手腕之間。上下千年，縱横萬里，是殆草堂嗣音，匪直雄踞越壇已也。』錢□□題往來苕霅間集云：『湖上蘋開王暮雨，林間客夢沈秋凉。清詞麗句傾時輩，何似孤城戴夕陽。』集中有『一匝孤城半夕陽』之句，時人以此名之。張□鑿題集後云：『鍊字獨掭良史法，運于醋甕苦吟餘。詩家例得真名句，一字號君爲戴漁。』集中『笭箵冷桂水清淺，一疋鷺鷥漁夕陽』，藝苑爭傳爲絶唱。

姚世鈺字念慈，後名汝金，字改之，號貞菴，浙江歸安人，雍正乙卯副貢生。由兵部侍郎吴應棻薦舉，後選湖南長沙縣丞，以艱歸。著有孤笑集、五臺山游草。先生與從兄薏田同居友善，并著才名。試罷，在三禮館。歲久，書十上，三中副車。後銓長沙二尹。將行，復丁内艱歸。嚴海珊有詩云：『才華見許盧思道，規矩難繩禰正平。』可想見其人。詞科掌録云：『姚念慈，同鄉吴公所薦，病不得試，丁巳補考，已擬進呈，以卷中塗抹過多報罷。詩才清雋，律絶尤見擅場。後以西林中堂薦，與修三禮。』陳句山紫竹山房集云：『庚辰重九前二日，姚二念慈自金臺書院辭赴山右鄂中丞之招，諸生送别有垂涕者，不可無詞以贈。詩曰：「罷尉河西遂厺官，客中爲客感無端。青山直指雁來路，白髮行飄風裏冠。生計幾時歸霅水，故鄉今日是長安。東門帶草叢叢在，待繫先生去轍難。」姚廿年前選授某縣丞，以病去任。僕爲京尹時，延爲山長。』隨園詩話云：『余録近人中有才未遇者詩，號幽光集，以待付梓。採取未畢，始先摘數首及佳句存詩話中。歸安姚汝金，性落拓，冠履欹斜，有南朝張融風味。吴眉菴少司馬薦啓云：「十年老女，猶畫蛾眉；百戰將軍，空爭猿臂。」一時傳其工整。題李將軍夜逢醉尉圖云：「隴西將軍雄且武，猿臂開來聊射虎。良宵與客飲田間，飲罷歸遭亭尉侮。將軍醉矣尉未醒，宿之亭之良復苦。贏馬單車野次偕，昏燈淡月殘更吐。是時將軍正失官，意豈須臾忘滅虜？暫屈龍沙熊豹姿，試聽鷺堠蝦蟆鼓。畫師摹寫如目覩，面帶微酣色微怒。古者門官各有司，彼候人兮實主之。夜行必禁犯必罰，由來啓閉惟其時。『今將軍尚不得爾，』斯言良是非醉詞。倘師文帝獎細柳，此尉應得蒙恩知，或如丙相恕酒失，異日可藉聞邊機。請俱一旦快私忿，將軍之量寫偏裨。」看劍云：「齊金楚鐵擅名高，碧血模糊舊戰袍。不躍不鳴兼不化，問渠何處異鉛刀？」念慈受知于鄂文端公，公卒，念慈哭云：「未報公恩徒一慟，自憐此淚亦千秋。」在山左時，有訛傳其死者。後入都，諸桐嶼太史贈詩云：「學道終南銀闕去，入都快比玉門還。」念慈答云：「欠來一事能逃否，聞到同心自愕然。」梧門詩話云：『念慈咏酒徒云：「氣從田、竇筵前短，興到荆、高市上豪。傭保亦應憐姓氏，生涯原不稱旌旄。」逐客云：「故人書札雙魚嫩，商婦琵琶一雁哀。」倦僕云：「主恩酬過千頭橘，世態□如一片雲。」病僧云：「千劫難灰心寸寸，一塵猶隔路重重。」癯仙云：「桃非手種何堪竊？玉不田荒却費耕。」吐屬微婉，兼有寄托。』李金瀾云：『姚貞菴爲鄂文端公所器重，薦修三禮。書成，將持薦館職。文端公卒，姚僅叙縣丞，感賦云：「雕刻千言雙鬢若，挽回一命萬牛難。」又云：「折柳魂銷燕市酒，開箱泪墮晉公縑。」後偕公子弼之晉撫幕，獲買山資得歸老。著有中州紀略。』同上。

沈樹德字申培，號畏堂，浙江歸安人。廪生，由大學士、管浙江總督稽曾筠薦舉，乾隆辛酉拔貢，甲子舉人。竹墩沈氏一門，羣從媕雅多才。畏堂少從父兄游，耳濡目染，學有根抵。後詔舉經學，湖北巡撫唐公綏祖以品行端方、淹貫經史，列於薦牘。詞科掌録云：『竹溪沈氏風雅，自閣學心齋先生首倡，翰編鯿翁繼之，一門羣從，有端文、揆曾、素菴、允相、磨仲、楷世、同叔、楨國、植庭、樹槐、殿擎、柱臣及東甫三昆弟，人人有集，標映一時。于時申培尚在髫年，故唱和集中不與。省試河圖洛書辨小，阮篙師翰編恒稱之。同上。

王起鵬字翾如，浙江歸安人。拔貢生，陝西青澗知縣，由陝西巡撫碩色薦舉，後陞綏德州知州，著有谿堂詩鈔。翾如有才學，雍正已酉拔萃入成均，廷試以知縣用，分發陝西青澗令，巡撫碩公深加獎異。鴻詞試罷，擢綏德州牧，未之官而卒。詞科掌録云：『王翾如署青澗令，雍正戊戌，予下第將歸，時翾如方以廷試來京師，朝夕過從，有和全謝山韵送予詩。

沈炳震字寅馭，號東甫，浙江歸安人，貢生。由詹事府詹事王□清薦舉，著有九經辨字、續蒙、廿一史四譜、井魚聽編、新舊唐書合抄、增默齋集。沈氏世居歸安之竹墩，自明時，恭靖、襄敏父子二尚書稱名卿。本朝閣學、宮坊、兄弟父子祖孫稱名侍從，而尤以風雅領袖東南。雙溪唱和之盛，一時罕比。讀其詩，足以想見其門材。東甫兄弟三人，篤志讀書，貫穿今古，與弟幼牧并膺詞科之薦。然耆年宿學，終不得一當，而抑鬱以歿，亦可慨也已。沈文慤東甫傳略云：『東甫少歲即淬厲于學，籍學宮後，日有名。省試八不遇，遂謝［舉］子業，專攻古學。于經史［子］集，多丹黄鉤纂，考訂博辨。而新舊唐書合鈔尤生平注力，積十數寒暑乃成。雍正十三年，詔舉博學鴻詞之士，大吏交章薦，衆論一辭，若此科爲東甫開者。召試殿廷，仍不遇，浩然歸。歸二年，以歲貢士卒。喜禾錢少司寇陳羣，同學友也，見唐書合鈔，歎曰：『此爲有用書。』遂携入都陳奏。有旨付詞館。潛適分校唐書，援據議論之粹精入考證中。旨以爲允，刊刻内府，頒布天下。東甫鬱于生前，榮于身後，士論重之。東甫性仁孝，敬愛昆弟，待友以誠。綜其行誼，俱能不愧古人者。詩初學王右丞、□儀曹，中年出入于東坡、山谷，後流衍于石湖、放翁。然嘗心編纂，不欲以韵語自鳴也。錢文端香樹齋集云：『歲在庚戌，與苕上沈東甫遇于京師宣武坊吴侍御齋中，出所纂新舊唐［書］合鈔二百六十餘卷及雜著十數卷，讀之，驚歎曰：『此今日之王贊善、馬鄱陽也。』後客晉水，予亦衹役兩河，昨歲春方裁薦牘，卒遘私艱，倉遽還京師。宫詹王先生自塞外歸，慰予于苫次。問交游中有醇謹强記者，因具以告。明日宫詹舉以應詔，遇合遲速有數存焉。而宫詹虚公愛才，不讓賀季真矣。鮚埼亭集云：『東甫篤志古學，窮年著書，其［尤］精者新舊唐書合鈔，折衷二史之異同而審定之，而莫善于宰相世系表之正譌，方鎮表之補列，拜罷承襲諸節目，是皆予讀唐書時有志爲之而未能者。九經辨字則小學之膏粱也。讀史四譜則三通之羽翼也。唐詩金粉等書則亦騷人□□鼓吹也。予皆嘗讀之，歎其不徒博而且精也。然所著衹堪自得，不能當于場屋之役。大科既開，與幼牧并登，啓事庶幾盤洲、厚齋伯仲之風。予□諸書以呈臨川李公，臨川驚喜曰：『不意近世尚有此人。』亟欲推挽之，而臨川左遷，不竟其志。東甫兄弟亦并放還。抵家不一年而遽卒。後錢侍郎陳羣次對之際，以東甫唐書奏于天子，有詔付書局。時方令史館校勘唐書，諸公得之大喜，盡採之卷中。東甫其亦稍瞑目于重泉矣。詞科掌録云：『沈東甫，明太傅襄敏公六世孫，爲陸德明、張參之學者也。廿一史四譜五十四卷，一紀元，二封爵，三宰執，四謚法。汪謹堂學士序稱其體蓋出於表歷之流，而變其旁行斜上者爲標目，舉帝紀之要，撮世家、列傳、載記之綱，而類聚區分，合于書志，薈萃羣言之法。其生平所致力，于唐書尤深，合抄新舊之書爲二百六十卷，除其重復，補其漏遺，最爲明備。又以新書宰相世系表□譌特甚，以孫爲子，以弟爲兄，甚則以甥舅爲父子，合二氏爲一族，爲訂譌十二卷附後，其師嘉善柯煜爲之序。又採掇唐詩中之麗字妍辭爲金粉十卷。』又云：『難弟曰炳巽繹旃，著有補正水經。』陳曼生云：

『東甫九經辨字排比鉤稽，頗爲細密，可以因文字之異同，［參］訓詁之得失，實有裨于經學。唐書合鈔有綱有目，本紀、列傳以舊唐爲綱，分注新書爲目。天文、五行等志，舊書多漏略，以新書爲綱，分注舊唐爲目，一展而兩書燦然。抗□浦嘗欲博採六典、會要諸書，訂得失以補其闕，亦卒未能也。

沈炳謙字幼牧，號勞山，浙江歸安人，貢生。由浙江總督程元章薦舉。丙辰鴻詞之徵，有兄弟并列薦牘者，若湘鄉易公仙、公申，仁和趙谷林、意林，錢唐金赤泉、質甫，王介眉、□元及東甫、幼牧競爽齊名。人皆以爲盤洲、厚齋之家風復見于今日，一時傳爲佳話。詞科掌録云：『沈幼牧，東甫第六弟也，少即工詩。居竹墩，羣從倡酬，極一時之盛。上蔡程公總督浙江時，與提督奉新帥先生闌皋雅志搜羅。幼牧以五法、九政説受知，薦牘列名第五，在余與天臺齊次風間。余時有王前盧後之謔。其師嘉善柯南陔方掌教太末，寄詩有『洛如花正爲君開』之句，蓋深喜其遇也。後余與厲二太鴻扁舟過訪，留止信宿。時前輩觴翁先生適里居，觴詠不間日夕，今所傳積照堂聽雨聯句其一也。幼牧罷歸，童稚不戒于火，堂爲煨燼，累世遺書皆隨之盡。難兄東甫又抱人琴之痛，幼牧侘傺不自聊賴，將游歷四方，以抒其鬱之而迄無所合，亦可悲已。』

孫詒年字穀仁，號壽門，浙江歸安人，生員。由浙江總督程元章薦舉，壽門爲少司空在豐之孫，稟承家學，博雅多聞，詩亦清婉可誦。辛未南巡召試，復不獲預選。

吴興孫旭，少年善弓馬，恒聚刦盗。時耿逆未平，康親王駐師三衢，旭乃假王手檄文及劄付數千，僞授羣盗官，羣盗信之，樂爲之用，臬使某偵知其詐，擒旭并盗，鞫實，因擬大辟。一日解赴撫軍，入卜肆推命，日者曰：『君武科人也，時有厄，終遇緣而解。』旭密賂以金，曰：『明同監者來，願君亦如其言。』蓋押差有二，其隨旭者已入。旭觳患正押未通耳。明日過肆，果符前説，且言將來富貴鼎盛。押者已動心，乃以銀一鋌畀副押，令（辨）［辦］食去，正押謂旭曰：『君可行矣！且吾亦無家累，曷偕亡乎？』於是遂逃去。未幾楊寡婦爲亂，旭爲其前鋒，帶船數百，出常山縣，意有所窺，中流遇范觀（察）官舫，由轉餉經此。旭曰：『公儻有意於走，今當獲公至軍。』范因喻旭曰：『君豪傑士，倘能歸正，何愁功名乎？』孫因感泣，隨范至王軍，并招楊氏歸誠，以功授以觀察使劄。耿逆平，旭未授官，忽祝髮空門，日修禪誦以老，至今猶在吴興云。三韓陳千頃梳其事志此。景星杓山齋客譚。

烏程城隍祠去縣署不數武。諸生管天章者，任詐好訟，白日被二人召入城隍祠，伏於階下。微窺簾下神面黑而嚴，階前列獰卒，阿傍執兵者甚衆。神曰：『昨准姚承菴老先生牒至，以君行惡，破其族六家，請吾□殛汝。考汝數未終，姑懲以謝姚，宜亟悛也。』因命加杖，管極聲呼痛，道人輩驚出，扶之以歸。管因大悔曰：『初漫浪不意致是。』遂舍家爲僧老。烏程城隍神乃張睢陽公也。同上。

湖州孝廉陳某，宅延道衆齋醮，將散，亡失道服三事。其黨宋二郎，司鐘磬者也，被疑，供神馬以雪冤誣。數日無驗，憤置之圊中。不數日，宋荷鋤入田，卒□田畔遇獰鬼數人，捽之去，因數其得罪天神，帝命劉、李二王録今檄土司訊狀也。既至，神訶曰：『冤即不白，可辯。何觸穢天神得罪邪？』宋告以失衣故。神曰：『吾固已知之，衣在石村解庫，訪即得耳。念汝田畯無知，宜亟請父老禮釋，冀獲免也。』宋遂甦，因請鄉老十輩，焚香詣廟，并舁宋於牀以往。既奠，仍舁宋出，未數罪。宋牀忽自退入，宋見神責曰：『衆爲汝禮請拜伏良苦，汝則安眠牀上。汝第一暝而已，初無所苦，今陽病以慢神，何也？』宋遂叩首不已，乃釋。宋初入廟時，有相識僧某亡已三十年，猶[下有脱文。]

德清許積卿慶宗，丙午同年也。績學甚深，于天文尤能會中西之通。徐養源乃編修天柱之子，天算之功頗精，自言學之二十年矣。阮元定香亭筆談。

朱稗畦名介，浙江長興人。詩詞工雅，擅指頭生活。而音律之精，當世尤罕其匹對。山左盧雅雨先生擢鹺，刊上制旃亭畫壁傳奇，稗畦輒加塗乙，爲之正其宮譜。雅雨聞之，具禮延致，復爲其譜玉尺樓劇本。不得與至茗爭工，于我朝洪、孔兩家實堪鼎峙。後聞其於某藩邸中，爲布置園石，間架已竣，却持酒登其巔，又呼曰：『雲林小子，恨不見我，』竟失足觸石死。戴延年搏沙録。

吴湘帆名蘭，浙江歸安人，處士。端嚴方正，古貌古心，褒衣博帶，曳履從容，人弗敢以貴勢抑之。詩不苟作，持擇頗嚴，終身不娶，今之牧犢子也。同上。

沈右溪名琛，浙江規安人。廷試後出都，諸同人祖餞旃亭。諸侑酒者低唱渭城，右溪亦有詩留別。自吟朋飲伴，一别如雨，忽忽十餘年，墨漬酒痕宛然猶在。回首前塵，恍同幻夢。即使重續舊游，可勝存没升沉之感哉。同上。

閔□山名思誠，浙江歸安人，以貴公子而少年取科第，未免恃才傲睨，與俗多忤。然有時能□節於長者，爲可嘉也。同上。

談鶴洲名承需，浙江德清人，處士。黥面跛足，黝然而黑。間作小詩，適意而已。詞色之間，藹然可親。公瑾醇醪，於今復見。

閔景堂名思載，歸安人。翩翩裙履，風雅宜人。每與余篷窗小飲，抵掌論文，風景堪憐，宛然如昨。自我不見，於今三年矣。同上。

沈萱皋名應霖，浙江歸安人。其在林與余游栖霞洞、劉仙巖諸勝，捫葛攀蘿，窮幽極邃，并有醵資椎搨龍隱巖摩崖黨籍碑之約，未果。迄今耿耿。同上。

冒巢民司理襄，居如皋。堂名得全，園名水繪，往來名士之盛，不啻玉山諸勝。有同人倡和集，徐方虎倬詩云：『人憐滄海遺民少，話聽開元逸事多。』名句也。查爲仁蓮坡詩話。

歸安陸巢雲師臥病寓齋，偶咏云：『悠然木榻寄僧寮，靜裏聞鐘轉寂寥。暖律倦吹寒谷熱，朔風偏助病魔驕。醫多變證非方誤，酒剩空囊亦興消。只有短檠憐客苦，半明半滅伴深宵。』風調酷肖龜堂老子。同上。

借书记

一卷

余喜書，暇輒手一編。然健忘，掩卷不能舉一字，可矧也。家素藏書不多，既攻舉業，又無暇多讀書。十年之恨，與吾家攸之同矣。洎入楚來，以道遠且阻，書多置不携，惟向人借觀，頗有荆州之難。因嘆有書者不可不多讀，尤不可不急讀。「姑待」二字誤人不少，慎無招笑於青蟫也。閑取所借讀書，摭具大旨，以存崖略，且以見舉目無書之窘云。愛日簃侍者戲題。

國朝三十五科同館詩賦解題十六卷續編八卷

魏太史茂林所輯也。太史字笛生，龍巖人。喜詩，尋故實，每事必溯其朔，即一句一字不憚旁搜博採，以究其由來。至事之出處，及字句有展轉，沿訛襲謬，魯魚亥豕，他人每苦于五色迷離，太史則悉加考正，援引既詳，證據精當，誠有助於藝林云。

文選考異十卷

鄱陽胡克家撰。其自序云：文選之異，起於五臣。然使有五臣而不與善注合并，若合并矣，而未經合并者具在，即任其異而弗考，當無不可也。今世間所存，僅有袁本、茶陵本及此次重刻之淳熙辛丑尤延之本。夫袁本、茶陵本固合并者，而尤本仍非未經合并也。何以言？觀其正文，則善與五臣已相羼雜。或沿前而有譌，或改舊而成誤。悉心推究，莫不顯然也。觀其注，則題下篇中各多闌入吕向、劉良，頗得指名，非特意主增多，他多誤取也。觀其音，則當句每未刊五臣，注内間兩存善讀，割裂既時有之，删削亦復不少。崇賢舊觀，失之彌多也。然則數百年來，徒據後出單行之善注，便云顯慶勒成，已爲如此，豈非大誤耶？即何義門、陳少章於片言隻字不能挈其綱維，皆繇有異而弗知考也。余夙昔鑽研，近兆有悟，參而合之，征驗不爽。又訪于知交之通此學者，元和顧君廣圻、鎮洋彭君兆蓀，深相剖晰，僉謂無疑。遂乃條舉件繫，編撰十卷。諸凡義例反覆詳論，幾于二十萬言。苟非體要，均在所略云。今按此書之旨，自序已詳。觀其梳櫛，既明駁辨審。其訂正文之誤，謂有以五臣亂善者，如東都賦「正予樂」，謂「予」爲「雅」，蜀都賦「扼腕抵掌」，誤「抵」爲「扺」是也。有傳寫沿譌者，如西京賦「仰福帝居」誤「福」爲「福」，甘泉賦「靈屖迟兮」誤「屖」爲「迟」，東京「車中内顧中」下衍「不」字，吴都「旁魄而論」下衍「都」字是也。正訂注中之誤，謂有以五臣亂善者，如三都序標目下注「三都者」下至「以辨衆惑」四十六字，王文憲集孝友之性節注，「言王公」下至「喻急也」三十八字是也。有誤載五臣注脱善注者，如謝靈運廬陵王墓下作注，「宋武帝子」至「墓下作一篇」一百三十五字乃翰注脱善注一節一百三十一字；爲袁紹檄豫州題注「魏志曰」至「而不責之」九十三字亦翰注，脱善注一節六十一字是也。有并五臣入善而無可考者，如子建雜詩題注「此六篇」至「思鄉而作」三十字，於善注例不類，必并五臣而如此，其中頗多錯譌。左太冲雜詩題注「冲於時」至「故作此詩」二十字，亦不類善注必非善舊是也。有并非五臣注，不知何時羼入者，如兩都賦題注「自光武」下至「和帝大悦也」三十三字，洛神賦題注「記曰」下至「改爲洛神」二百七字是也。凡此所訂舉，明白無疑。兹略摘一二，以見梗概不解之疑，拔相沿之謬，崇賢功臣，定當首屈一指。至于詞語簡古，猶其迹也。胡公字果亭，官江蘇布政使，後官安徽巡撫。此書刊於嘉慶十四年，序中所言顧君字千里，彭君字甘亭，乃其訂此書者。所言袁本，乃吴郡袁氏翻雕六臣本。茶陵本，乃茶陵陳氏增補六臣本，胡據以校尤本。尤名袤，晉陵人，文選乃其爲貴池倉使時所刊也。

七子詩話

碧溪、榕城、南濠、麓堂、歸田、滹南、臨漢也。四庫全書採入集部。碧溪詩話十卷，宋莆田黄徹常明撰，持論多本少陵。竹坨老人跋謂其集失傳。讀其送弟詩句云：「就舍勿令人避席，過江莫與馬同船。」語淺情真，不失風雅之旨。愚按，其所論悉有關世道，頗得作詩原頭。惟内一則云：「岑參寄杜拾遺云聖朝無闕事自覺諫書稀，退之贈崔補闕云『年少得途未要忙，時清諫疏尤宜罕』，皆謬承荀卿『有聽從，無諫諍』之語，遂使阿諛藉口。竊謂二公詩，皆隱含諷喻正，曰助以諫也。」碧溪之論，恐未得弦外音。又一則云，子美世號詩史，觀北征云：「皇帝二載秋，閏八月初吉。」送李校云：「乾元元年春，萬姓始安宅。」又戲友二友詩：「元年建日月，郎有焦校書」，「元年建巳月，官有王司直」，史筆森然，未易及也。此論亦膚。史家有學識力三長，公詩實能兼之。須讀集中自京赴奉先縣詠懷五百韵、北征、洗兵馬、麗人行諸全章，方見詩史真面目，區區序時序官未足概也。翦鐙披閲，偶見及之，坿識於此徹以邵武藉，舉紹興十五年進士，官至平江令。滹南詩話三卷，金稾城王若虚從之著。編中屢言「慵夫」，則其號也。仕金源以進士官直學士。三卷中指摘山谷者，十居其四，豈有□於江西派而成是編耶？夫山谷與大蘇齊名，亦元祐詩人之傑。雖其詩多倔强而少醖藉，然規模老杜，骨格獨存，生新奇巧之中，自癖畦町，當别爲一派。不必以非詩家正法眼藏，大加揮斥也。近桐城章楹著諤崖挫脞説，亦詆誹山谷，心竊非之。臨漢隱居詩話一卷，魏泰道輔所撰。泰，宋襄陽人。嘗爲東軒筆録一書，以私意誣蔑前人。又撰志怪集、括異志、倦游録，皆託之武人張師正而自爲之序家。後假梅堯臣之名，作碧云騢，至毀及範文正公，而天下駭然矣。晚節卜居漢上，爲隱居詩話，持論近正，差勝東軒諸録，故長塘鮑廷博以文刊入知不足齋叢書。一尾有「洪武九年，歲在丙辰，閏九月壬辰、癸巳兩日，在華亭集賢外波草舍兩窗，映雪老人誌，時年八十歲」兩行。映雪老人未知是何人。編中間附注考證語，其老人手筆乎？錢遵王讀書敏求記同，即孫道明也。四庫總目云孫道易，字景周，華亭人。則作「道明」者亦誤。歸田詩話三卷，錢塘瞿佑宗吉著。佑，號存齋，元末人。明初官周府右長史，謫戍保安，洪熙乙巳赦還。詩話乃還鄉後作，故以「歸田」名。安成胡道欲易其名爲「存齋」，而今書仍名「歸田」，豈當時議而未行乎？後有乾隆中朱文藻跋，所言頗詳。其著述甚富，見於萬歷府志者有春秋貫珠、詩經正葩、閱史管見、鼓吹續音。見於七修類稿者，有通鑑集覽鐫誤、香臺集、香臺續詠、香臺新詠、翦鐙新話、樂府遺音、五卷。兩浙遺書總録言已經進。興觀詩、順承稿、存齋遺稿、詠物詩：新題百首，朱跋言於吳山書肆購得，影鈔正統本。屏山佳趣樂全稿、餘清曲譜、天機雲錦、游藝録、大藏搜奇、學海遺珠及歸田詩話。見於明詩綜小傳者，有存齋樂全集、香臺百詠諸種。榕城詩話三卷，仁和杭堇浦太史先生所撰也。先生名世駿，字大宗，爲吾浙文章巨擘，尤深於經學，卓然成家，可以追蹤毛、朱諸大儒。詩話係先生乾隆壬子入閩分校鄉闈，紀所經歷山川暨當時聞見，足備紀載之搜討，藝林之採纈。外有桂堂詩話，已刊知不足齋叢書中。南濠詩話一卷，吳郡都穆撰。穆字元敬，號少卯。明中葉後人也。麓堂詩話一卷，長沙東陽賓之撰，西涯相國，以詩鳴成、弘間，爲一代宗匠。詩話中持論都有相抵，詢騷壇指南也。

寶翰樓增訂四體書法三卷

鄭炳也先生虎文所輯。今人學書者，輒家置一編。

唐詩三百首注疏六卷

建德章上舍輯。上舍名燮，字象德，號云仙。因蘅塘退士所編注釋簡略，增輯成之。疑辭奥義，開卷了然，誠便初學家塾宜有之書。

紀效新書十八卷

明戚大將軍繼光元敬撰。乃其官浙江參將時，前後分防寧、紹、臺、金，嚴諸汎處練兵備誘倭，録其號令條教作爲此書，行兵中當手置一編也。四庫全書亦採入。將軍官至左都督少保，其平□備邊諸奇績，詳明史本傳中。

本草備要四卷醫方集解三卷

休寧汪昂訒庵著輯。備要一書，其自序謂字箋句釋倣傳注之詳明。澉水吴儀洛謂其卷帙不繁而採輯甚廣，惜其本非岐黃家，不臨證而專信前人，未免承誤之失，故纂從新一書。然此書膾炙人口，至今與集解盛行於世。繡谷胡學峰至合二書爲一編，殆以其適于用也。集解一書，倣宋成無已仲景書訓解、明吴鶴臯醫方考之遺意而擴充之，採輯古方，先詳受病之由，次解用藥之意，又博採碩論名言，分別宜忌，業醫者頗便行之。

本草從新六卷

武原吴儀洛遵程輯。按本草自古經以下，注家代有增訂，至李氏綱目而集其大成。徵引該洽，足補爾雅、詩疏之缺，而醫家則病其稍繁。踵之者有繆氏經疏，多所發明。最後新安備要一編，彙集羣言，頗得要領。至辨譌考異，則非其所長。遵程精岐黃，著有醫學述十種，此第三種也。因汪氏之舊，重加增損參訂，所録凡六百七十種，視備要增三之一。常用之品，庶幾備矣。其所删者，預知子之類是也。其所增者，如草部之落得打、開金鎖鎮、冬蟲夏草、孀酣草、元寶草、雪裏青、萬年青、雀梅葉、企星草，木部之八角金盤，禽獸部之燕窩之類是也。其所引前人之書極富。如李杲東垣用藥法象，陳嘉謨本草蒙筌，張機仲景傷寒論、金匱要略，喻昌嘉言寓意草、醫門法律，皇甫嵩本草發明，薛新甫廿四種，李聞言痘疹證治，月池人參傳，朱震亨丹溪本草通遺，李時珍本草綱目，陶宏景明醫別録，甄權藥性論，胡洽百病方，王好古海藏湯液本草，日華大明本草，王機本草會編，許叔微本事方，宋太宗太平聖惠方，錢乙小兒直談，張光素潔古珍珠囊機要，繆仲醇廣筆記，繆希雍本草經疏，蘇恭訂注唐本草，蘇頌本草圖經，王冰注黃帝素問作，沈括夢溪筆談，劉禹錫傳信方，楊士贏直指方，曾世榮話幼心書，李士才本草元通藥性解，孫真人忱中記、卜金方，劉河間原病式宣明方，許慎説文解字，周弼説文字原，雷教雷公炮，劉宋時人，非黃帝時雷公也。寇宗爽本草衍義，白飛霞韓氏醫通，劉松石保壽堂經驗方，郭佩蘭本草匯，景煥牧豎間談，王編綸節齋汝言本草集要、明醫雜著，吴綬傷寒藴要，陳言三因方云，趙嗣真傷寒論，成無已傷寒明理論，惠明和劑局方，皇甫謐甲乙經，張子和儒門事親，洪邁夷堅志，蘇沈良方，瀕湖集簡方，葉廷器通一要法，危氏得救方，鄧筆峰衛生雜典，李當之藥林，王貺是齋指迷方，嵩陽子威靈仙傳，王履溯洄集，戴原禮金匱鈎元證治要設，沈括存中。本事方，劉純玉機微義，葛洪肘後百一方，王惠外臺祕要聖劑總録，袁子益奇疾方，韓保升蜀本草，蘇鶚杜陽編，方勺泊宅編，戴起宗脈没決刊誤，劉伯良多能鄙事，段成式酉陽雜俎，洪皓忠宣松模紀聞，王安貧武陵記，王謬百一選方，李迅一組方論，陳祈暢異物志，杜寶大業拾遺録，屈翁山廣東新語，張華博物志，李廷飛三元延壽書，陳士良食性本草，鄭元禮記注疏，孫思邈千金食治，孟説食療本草，葛洪西京雜記，吴瑞日用本草，孫炎爾雅正義，羅願爾雅異，周憲王救荒本草、袖珍方，郭璞爾雅注疏，李珣南海藥譜，方孝孺遜志齋集，汪穎食物本草，萬表積善堂經驗方，羅天益衛生寶鑒，張耒粥記，倪惟德原機起微集、十全博救方，李先知活人書括，俞琰席上腐談，王隱君養生主論，虞摶醫學正傳，孫柔之瑞應圖記，胡仔漁隱叢話，陸羽茶經，朱真人靈驗篇，劉跂錢乙傳，王世懋閩部疏，陳懋永仁泉南雜記，周四園閩小記，李仲南永類鈐方，崔行功纂要方，龔云林醫鑒，范汪東陽方，張文仲隨身備急方，歐陽修歸田録，嚴用和濟生方，唐德宗貞元廣利方，婁金善醫學綱目，陸文量菽園雜記，劉敬叔異苑，許洪本草指南，陸佃埤雅，仇遠稗史，沈云將食物本草會纂，屠本峻閩中海錯疏，劉恂嶺表録等一百三十余種參考之，功可謂勤矣。今海内風行此書，即非岐黄家亦人置一編，非以其簡要而明備乎？

藝苑名言八卷

吾鄉蔣瀾云會所纂輯也。于歷朝説詩諸書詳加採擇，雖未足爲學詩者之津航，亦騷壇參既之助也。

楊果勇公羊譜四卷

楊軍門芳所自撰也。公貴州松桃廳人，起家伍籍，官至固原提督，累功封一等果勇侯，名亞楊忠武公遇春，爲邇年名將。譜中所叙，平定黔楚叛苗、三省教匪及張格爾滋事，頗具首尾。雖所言未盡紀實，然當時軍情瞭若指掌，非身列行間，不能若斯之明白也。惜詞氣之間，不免有自負意，尚難與退不言功者較優劣耳。

三國志六十五卷

晉陳壽承祚撰。凡六十五篇爲一卷，魏國志三十卷，蜀國志十五卷，吴國志二十卷。高簡有法，前人論之詳矣。書以志名，而未嘗有志，則名違其實也。裴松之注雖病其繁，然壽志所□略者採輯甚廣。考時徵事，頗有賴焉。所借閲者係琹川毛氏汲古閣本，崇禎十七年開雕。

存吾文集

長沙余廷燦卿雯撰。不分卷數，凡雜著四十篇，傳十篇，論三篇，書九篇，記十篇，序二十三篇，行狀、墓誌銘六篇，祭文七篇，表一篇，賦二篇。其以「存吾」名集者，取「存吾真」之意。集中「存吾説」，其自言甚明也。其言道學，則推程、朱而不是王，集中書王學質疑後一篇，論文甚暢，則其學所宗固甚正矣。言經學，則疏通鄭注，折衷羣言，尤長于禮。言天文，則頗精西士之説，則其學亦甚富矣。其他書序傳記，調凶之中，時爲穠麗，亦楚人之傑出者也。其論荀子，謂性惡一篇可剷燒之，殊爲痛快。其于先儒分窮經者，江慎修永則爲作小傳，戴東原震則爲作事略。固其表章古學之深心，亦可見其孜孜于此矣。至其論揚雄，謂其篤于信古，見莽以元公自居，以經文空遂致受其牢籠。竊以雄果篤于信古，豈未聞隱見之大經乎？篤信、好學、守死、善道，聖人之至論也。其甘心仕莽，至爲劇秦美新，極口獻諛，實畏死之，一念中之，至喪其耻心耳，豈僅膠固迂疏，老不曉事哉？至寂寞投閣之謡興，雄亦應爽然自失矣。存吾之論，未愜蓬心，坿論于此。

補過山房詩草四卷

古越潘畯愛農著。詩有根原。余愛其良鄉次壁間七絶云：「滿腔離恨誰能識，輸與官橋楊柳知。」謂合語近情遥之旨。愛農老幕，其子名清，官湖南司馬。

慕耕草堂詩鈔三卷

遵義黎庶燾魯新著。五言學選體，如秋夜讀書「暮投天池寺，晚步至湘川」，講舍訪莫九莖「云門囤下老，君關渡烏江」諸作，頗清越可誦。七律、七絶俱未入妙。五言近體亦雅秀，如「水際墮纖月，烟中飛暗禽，菡萏一叢外，蜻蜓無數飛，雨花常卧檻，烟鳥不離山，竹徑無人候，蘿風送我歸，客坐暮山碧，風摇鐙影青，諸峰叠螟色，一水抱寒煙」，皆佳句也。五絶如子午山雜詠十八首樂安溪雜詠，乃學王、裴唱和，雖未盡淡宕有神，亦云俊逸。其懷從兄伯庸詩有「官知亂後輕」之句，最爲沉痛。蓋自納粟踵秦，仕途聲雜，章程日減，名器日輕。賞罰不足以示勸懲，得失不足以爲榮辱。牛屠狗盗濫厠官常，商販庸奴肆居人上，世變之極，豈偶然哉？魯新以孝廉隱居鄉里，具高尚之志。其弟庶昌于同治元祀上中興策，由烏臺代達，兩宫頗採其言。朝命以知縣發往曾經略節相營中試用，嗣庶昌辭知縣之命，願以諸生效力行間，復蒙優旨，仍申前命入曾營。後未知能實行其言否。

陶園詩集二十二卷

湘潭張九鉞度西著。度西先生號紫峴，以詩鳴乾隆間。集爲長白法時帆、陽湖劉芙初、江寧蔡芷衫、元春。萊陽姜杜薌、晟□水陳秋舫諸先生評校，分二嶺集、江帆集、都講集、豫章初集、滇游集、吴越一集、再鼉集、豫章二集、豫章三集、吴越二集，如粤集、粤游集、海南集、萍舫集、游粱集、太行集、嵩游集、洛中集上、下。志餘吟倦游集而終之以歸湘，蓋行踪所至恰爲一集也。末坿補遺一卷。共計詩一千九百五十七首，亦云富矣。詩以少陵爲宗，氣味古魄力，洵是天才，非率爾摻觚者所能望其項背也。江帆集中登採石謫仙樓放歌長篇，乃先生十三歲時作，純學李翰林。時人驚其才，呼爲太白後身。□簡齋太史亦極愛之。其秦淮殘柳詞三十首，蒼凉蘊藉，至今讀之如居秋風蕭槭之中。廣陵楊開鼎跋「氣以森沈而跌宕」，句因蕭瑟而風流，蓋英雄感慨之情，非兒女婀娜之恨，非謬譽矣。漁洋秦淮諸詠，安得專美於前？滇游集中有桃源洞行及清浪灘、甕子洞諸作。桃源洞距桃源縣六十里，并以陶記得名。假寓言爲遺睛，知柴桑高風，千載下猶令人遐思也。洞在巖足，余三過其地。辛酉癸亥之夏，均因水漲，洞没於江。辛酉之冬，又以下水迅駛、不及艤舟一訪。豈真與此中人無緣耶？誦右丞「不辨仙源何處尋」之向，輒低徊久之。清浪灘、甕子洞并屬沅陵縣。清浪俗稱神灘，長四十里，由燒紙鋪至洞庭溪十里尤爲險惡。三冬水涸，則怪石矗立江身，□砑駭人。春夏盛漲，水勢斗迅，怒濤狂浪牽百丈而上，十步九退，時有篙斷之虞。危巖上有伏波將軍宫。蓋由武陵而上，爲五溪舊地，居人無不敬禮將軍者，而行人尤誠奉不懈。下水船經其處，有神鴉千百飛翔篷背，舟子飼之以肉或以採米，其詩所謂「□有□□鳥，翩翩導帆檣。岸有新息侯，靈旗紛飄颺」也。俗傳鴉自洞庭湖還巢於此，捕之有毗。然上水船持篙上篷，鴉即不集，尚云神乎？甕子洞長六里，岸無埼路。好善者貫錢索於巖腰，并鑿置足之坎。舟人攀緣匍匐而登，最爲艱苦。詩所謂「錢索苦攀牽，匍匐乞性命」也。昔過其地并繫以詩，今讀先生詩，筆力奇警，不覺瞠手然若失矣。因憶舊游，坿綴其略于此，并以見詩有根抵，非末學所能學步云。

説文解字韻譜二卷

明餘姚陳鉅輯篆。其父名塏，官湖廣布政司右參政。爲作序言：「李斯作蒼頡篇，趙高作爰歷，胡毋敬作博學篇，而斯篆獨行，文體雖變，六法具存。至漢許叔重慎博採通入，質于賈逵，集古籀斯、雄之迹，作説文解字十四篇，以理羣類，解謬誤。後世宗之，幾于金科玉條矣。然説者以爲許氏止得象形、諧聲二書，而穿鑿坿會、强説曲解者爲多。若夫「考老爲轉注」，尤爲人所非。唐李陽冰篆迹殊絶，于是刊定説文，修正筆法，自謂篆籀中興矣。然説者以爲用師心之見，破先儒之祖述，戾聖人之意，而古體益壞。宋鄭夾漈樵作六書略，證象類等書，自謂入書之奥室矣。然説者以爲夾漈所得，不過加慎假借而已，至説轉注之義，則謬以千里。元周伯琦温伯作説文字原、六書正譌，自謂辨析古今，訂别是非矣。然説者以爲琦知轉注爲文字之變矣，而云轉注者「仙側山爲自，倒之屮爲帀」何哉？「仙山爲自」亦是象形，「倒之屮爲帀」亦是會意，非所以解轉注也。國初吾姚趙撝謙古則作六書本義、聲音文字通，以母統子，以子該母，子復能母，孫復孕孫，生生相續，各有次第，固足以中夾漈之膏，而起叔重之廢疾矣。然説者謂趙云雙音并義不爲轉注，又云旁音叶音不在轉例者，又非也。楊升庵慎作轉注古音略，于經有裨于古，有考扶微廣異，得轉注之極則矣。吾又不知其果無遺義否也。然六書以假借、轉注爲難，夾漈得其假借，升庵得其轉注，則六書之義似無餘藴。非後人之智獨加于前人，前人發其緒，後人益致其思，夫是以功因于前，妙臻于後如此也。吾兒鉅以庠生假總□幕祗□海之役，暇日纂輯篆爲韻而自書之。義本説文而參之諸家，以求其是。韻本諸洪武正韻，叶且釋之。其有古無篆文者，補之以楷書，不敢以俗篆攙入云云。其自跋謂：許氏説文、徐鍇説文六書統之類，其釋史太繁。夏竦古文、張有復古編、周伯琦六書正譌、趙考古六書本義篆字偏旁之類，其篆文不全，亦爲太簡。今宗許氏説文篆字爲主，以洪武正韻爲韻，參之以籀文、古篆奇字通釋類釋復古編、正譌、本義、書學正譌、韻府諸書有一篆字而數字可通用者，有一篆字而篆法一二不同者，有篆文與楷書殊異者，有楷字而無篆字者，輯爲二卷，分上、下、平及上去、入五聲，列七十六韻，共計一萬零二百九十五文，重一千三百三十九字。其有楷無篆者，則具楷字百二十二字坿焉，以備全韻云云。余按此書已詳自跋，簡明便閲，亦學者之嚆矢也。書刊于萬歷五年。所借看者，尚是當時原本。

廿一史約編

吴興鄭元慶芷畦述。書分金、石、絲、竹、匏、土、革、木八卷，復撮象緯、輿地、歷朝、方域以及禮、樂、經、籍、食貨之大凡，冠諸卷首，别爲一卷，共爲九卷。書誠約矣。其金部爲前編，蓋仿金仁山之書，取五帝、三代、列國，次其世系以便流覽。其木部爲後編，則以明史尚未頒行，勝代不可缺略，據吾學編、紀事本末等補輯成篇，則所約又不僅廿一史矣。夫以諸史浩如烟海，區區若干卷，烏足以盡之。然以俗尚趨時，史書有束置高閣而不一涉者，故前人有漢武、秦皇不知是那一朝皇帝之譏。其有志者，或苦于汗漫不能盡讀，或僻在鄉隅而不獲讀，或累于貧寒而無力讀，使得是編則千古治亂興衰亦可得其大概矣，誠學者之梯航也。編中于歷代帝王世紀，咸舉其要，有約爲論，斷限以尺幅，凡一百三十餘篇，可作史斷讀。作書之深意，其萃于此乎。芷畦先生博學能文，曾作石柱記，見賞于竹垞老人。又有今水學等書。是編之刊，則在康熙之丙子年。按建文遜國事爲千古疑案，是編據紀事本末等書，以爲實蹟，且于序言中辨之甚詳。而國初如竹垞、可大諸宿老均辨其誣，謂諸野文所載、乃明人憫建文、思故君坿會成之。曝書亭、西河等集中所言又甚詳也。竊謂明人野史不下數十種，使爲坿勇會之詞，安得若斯之不謀而合，矧建文遺迹，其見滇、黔者至今日猶在一皆是，使其思故君而云，然則滇、黔乃邊旁之地，豈人心若是之淪浹四百數十年，猶稱之不置乎？惟野史所載。多屬傳聞、未能盡實，往往與實録諸書不符，不得不啓人疑。故明史及綱目言不知所終闕疑也，慎也。郭公夏五。筆削昭無，其得春秋之微意乎？

全五代詩一百卷

羅江李調元雨村編。其自序言：五代詩向無全本，編詩者率皆坿之唐末宋初之間，并少專輯。惟新城王尚書漁洋有五代詩話，而所載者，事蹟詩或缺焉。竊嘗論之，梁、唐、晉、漢、周歷五代十三君，共五十二年。其間或紳或隱逸，代不乏人。然各事其主，判若町畦，如梁初或可附之唐末矣，晉、漢、周則去唐較遠，周末或可附之宋初矣。唐、晉、漢則距宋稍遥，況兼以十國各據疆土，即五代之君，亦不能隸其版土而屬之，而況乎唐、宋所謂風馬牛不相及者？以之附入，豈不謬乎？夫讀古人書，貴知古人之世事。君之義從一而終，此天經地義也。而五代年間易姓僭竊，如翻鮭上餅，以致官爵益濫，小人□君子之器，富貴出于非意，視國家安危如秦越不相謀。故其時將相大臣有一人而事一二朝者，有一人而事四五朝者。如後唐之馮道所向稱臣，後梁之王易簡幾遍五代，後漢之王仁裕歷事八君，似處處皆可攔闌入，當附入何代乎？惟于其人核其生平，將受知必有最深之地，功名必有最顯之時。本其時其事以定其爲何代之人，亦愧其不安之意也。故數年來，于趨署直宿之餘，輒坐擁諸書，詳加繙核。有五代詩而爲前人附入唐末宋初者，俱一一歸還之。或應入某代，或應入某國，各按其時其事。而更于每人姓氏之下，綴以小傳。皆據各書採録非臆説也。蓋不如是，則不足以成五代之詩也。更于五代後附以十國，凡有斷章摘句靡不收入，統名之曰全五代詩，共計九十卷。自乙未春二月至戊戌春正月，積三年而始成。雖草創經營不無坦率，而獺祭之下，頗自信捃拾無遺云云。按詩以唐爲極盛，至唐末五代則盛極而衰，詩道不振。當時之以詩名者，今閲其詩，率皆粗淺俚率，褻嫚纖弱。如杜荀鶴「閑坐細思量」，陶穀之「是箇碑文念得全」，貫休之「余亦如君也，詩魔不敢魔，一餐兼午睡，萬事不如他」，寄赤松舒道士「區終不下島，島亦不多區」，讀賈區賈島集。羅隱之「裴王氣力大于牛」，齋乙己之「念念念兮入惡難，念念念兮入善難」，并皆惡劣竟不成詩。又如貫休之「搔首復搔首，索索復索索，得力未得力」，黄滔之「杳杳復霏霏」，當時以爲新奇句法，其實率爾無味，真惡調也。更如盧延讓之「栗爆燒氈破，猫跳觸鼎翻，牒高身上職，盤大背邊瘡。狗觸店門開，饑猫臨鼠穴，饞犬舐魚砧」，李貞白之「行似鍼氈動，卧若栗毬圓」，詠蝟「八月十五夜，一似没柄扇，」詠月、「與虱都來不較多，㩧挑筋斗大嘍囉。忽然管著一藍子，有甚心情那你何」，包賀之「苦竹筍抽青橛子，石榴樹挂小瓶兒」，「霧是山巾子，船爲水靸鞋。棹搖船掠鬢，風動竹搥胸」，鄭準之「護犢横身立，逢人揭尾跳」，水牛。尤堪噴飯。揚用修以下里優人詆之，不爲過矣。然五言古如聶夷中田家詩，言簡意足，可備採風，七言古如張佖春晚謡、春江雨二首均幽秀，裴羽仙寄夫征衣詩自然入情。五律如張喬之「夜火山頭市，春江樹抄船」，齋已之「前村深雪里，昨夜一枝開。聞君與琴鶴，終日在漁船」，□韵并佳。杜荀鶴春宫怨渾雅有神，其「字人無異術，至論不如清一隅」，可爲千古守令之規。齋已又有劍客詩，神情豪邁。秋夜聽業上人彈琴詩氣味淵灝，直可嗣響盛唐。七律如羅隱登夏州城，韋莊贈邊將，沈彬塞下詩、入塞四首之一，均棱棱有骨，不同凡靡。張佖之呈「青草浪高三月渡，緑楊花撲一溪烟」，張蠙「水面回風聚落花」，則爲晚唐名句。五絶則崔道融班婕妤詩可稱絶調。七絶則李洞繡嶺宮詞，高蟾下第後上永崇高侍郎，盧弼塞上四時詞，陳陶隴西行，韋莊古離別金陵圖，杜常華清宮，李拯退朝望終南山，并藴藉有神韻，未可一概抹然也。夫自梁迄周五十二年，風華雖卑，而苦吟力索，其精神各有所寄。闒茸之内風雅時存，在識者别而觀之耳。此編于五朝十國吴、南唐、前蜀、後蜀、南漢、楚、吴越、閩、荆、南、北漢。之詩，旁稽博採，片鱗隻羽亦入，搜羅數十年之文獻賴以不墜，誠有助于藝林。惟編中亦略有錯謬處，如卷六聶夷中田家詩「父耕原上田」與「二月賣新絲」本爲一首，今分爲二。一在八頁，一在四頁。公子家詩「種花滿西園」第八頁。與「花樹出墻頭」第三頁。亦本爲一首，今亦分爲二。二詩合之則言意并佳，分之則文氣不足。此一誤也。卷十二鄭遨詩第十頁之末，有「因賣丹砂下白雲」云云一首，招友人游春一首，至第三句「任堆金璧磨星斗」止，而第十一頁之首又有「因賣丹砂」至「磨星斗」四行。此二誤也。卷十七第十五頁其前三行爲「僧緘示□處厚偈」，第四行以「度世古元歌」起，第二十行以「治順樂」止，而第十六頁第三行亦以「度世古元歌」起，第二十行亦以「治順樂」止。首二行則爲「生成盞里水丹青，巧畫功夫學不成，欲笑當年陸鴻漸，煎茶贏得好名聲」二十八字，考此乃沙門福全幻茶詩，見陶穀清異録，今人名題目均闕。而第三行與上頁同。此三誤也。卷三十六第十四頁第一二行爲刁衎漢武詩，後半「猶使將軍誤犬戎」至「共盡千齡五柞宫」五句，第二十行爲詩題「潘妃」二字，而第十五頁之第一二行與前頁同，此殆脱去潘妃七絶一首，而謬以前頁之首二行入之也。此四誤也。卷六十五第十頁前三行爲龍山翫月絶句，第四行以後十七行以「何仙姑」起，以漢湘漁父絶句「半夜起秋聲」止。而第十一頁自一行起至十七行與之同，必有脱簡，此爲衍丈。此五誤也。卷八十八第三頁第十七行爲採蓮之第二首「船動湖光灔灔秋」云云，又八拍蠻一首，頁末以第三句「越女沙頭爭拾翠」止，第四頁以「相呼歸去背斜陽」，與上頁相接不誤。其第二十行爲抄春寄友人題，而第五頁自一行起至五行又是「船動湖光」云云，并八拍蠻一首，與上頁不接。此必脱抄春寄友人詩一首，并不知何題詩一首而誤衍此也。此六誤也。凡此數條，其傳刻之脱衍與？抑當時校訂之未精與？書刻于乾隆四十五年，至今將及百年，則傳刻之咎居多，他時得善本當爲校之。序言九十卷，而今書計一百卷，其非原本明矣。又接卷九十一，莫問詩標目十首，自序言十首，一本作十五首，而今詩計十二首，數不符，似宜從一本作十五首爲是。今亡其三耳，五字或二字之譌亦未可知，不敢臆斷。標目及内序言十首則誤也。

明詩綜一百卷

長蘆朱彝尊録。其卷一、卷十五、卷十八、卷十九、卷二十七、卷六十九、卷八十、卷八十一、卷九十五均分上下。統計連典禮樂章、其目十。名氏、其目五十二。神鬼、其目二十二。歌謠里諺，其目一百三十三千四百六十四家，一萬零二百六十九首，其選存可謂富矣。聞之先達，詩至有唐而極盛。明詩則步趨三唐，軼宋超元，洗盡早靡之習。然歸愚先生别裁集僅十卷，非故約也。蓋欲予學人以梯航，樹詞壇之準的，不必多多益善也。竹垞老人自序云：合洪武迄崇禎詩甄綜之，上自帝后，近而宫壺宗潢，遠而蕃服，旁及婦寺僧尼道流，幽索之鬼神，下徵諸謠諺，入選者三千四百餘家。或因詩而存其人，或因人而存其詩。綴以詩話，述其本事，期不失作者之旨。明命既訖，死節封疆之臣、亡國之大夫、黨錮之士暨遺民之在野者，概著于録焉。析爲百卷，庶幾成一代之書。竊取國史之義，俾覽者可以明夫得失之故矣。觀此，則編詩微意已自言之。豈僅爲吟風弄月者示之準哉？書爲先生手編，而評語詩話則輯自衆人。卷一上爲休陽汪森，卷一下爲錢唐龔翔麟，卷二爲武陵胡期恒，卷三爲舊吴何煜，卷四爲練川張大受，卷五爲歙州汪與圖，卷六爲柘湖陸大業，卷七爲半邏錢炌，卷八、卷九爲海昌馬思贊，卷十、卷二十三爲長水杜庭珠，卷十一爲濡須朱端，卷十二爲武林周崧，卷十三爲錫山秦道然，卷十四爲茶院朱逢源，卷十五上、卷四十一爲毗陵徐永宣，卷十五下爲震澤席永恂，卷十六、卷四十五爲中吴徐惇復，卷十七爲錫山秦實然，卷十八上爲吴都陸秉鑑，卷十八下爲淮陰陸志謹，卷十九上爲白洋朱□，卷十九下爲震澤席前席，卷二十爲新安朱從延，卷二十一爲吴郡范濂，卷二十二、卷七十四爲海昌馬翌贊，卷二十四爲秣陵胡任輿，卷二十五爲吴郡陸稹，卷二十六爲射陂喬崇烈，卷二十七上爲吴都陸賜書，卷二十七下爲雪□江發，卷二十八、卷一百爲查山張士俊，卷二十九爲雪苑宋至，卷三十爲雪苑宋致，卷三十一爲吴洲顧嗣立，卷三十二爲白田喬崇修，卷三十三爲西湖湯右曾，卷三十四爲具區徐德夏，卷三十五爲雪苑宋筠，卷三十六爲暨陽蔣國祚，卷三十七爲淮浦楊雯，卷三十八爲吴趋黄昌淳，卷三十九爲雪苑宋韋金，卷四十爲西湖馮念祖，卷四十二爲清淮丘迴，卷四十三爲海陽金成棟，卷四十四爲疁城陸廷燦，卷四十六爲武陵胡期真，卷四十七爲梅會李宗渭，卷四十八爲安宜張易忬，卷四十九、卷七十一爲歙州汪立名，卷五十爲率水程道原，卷五十一、卷七十八爲廣陵楊文鐸，卷五十二爲小湖高不騫，卷五十三爲休陽汪文楨，卷五十四爲射襄周來，卷五十五爲胥浦姚弘緒，卷五十六爲角里曾安世，卷五十七、卷五十八爲休陽程岳，卷五十九爲西谿高興，卷六十爲休陽汪文柏，卷六十一爲雷山秦祖然，卷六十二爲桐鄉金樟，卷六十三爲桐鄉金栻，卷六十四爲秀州汪繼熺，卷六十五爲陽平成文昭，卷六十六爲琴川邵士禎，卷六十七爲魏塘朱岸登，卷六十八、卷八十九爲休陽吴元鉉，卷六十九上爲宛陵程元愈，卷六十九下爲鉅鹿胡范，卷七十爲越來徐如玉，卷七十二爲虎林王泰來，卷七十三爲淮陰楊開沅，卷七十五爲西泠□□□，卷七十六爲南屏顧之珽，卷七十七爲海昌查克建，卷七十九爲黄海汪弘度。卷八十上爲武林裘潤生，卷八十下爲於越傅景俞，卷八十一上爲義和吴寶庚，卷八十一下爲義和吴寶芝，卷八十二爲月潭朱明儀，卷八十三爲龍眠程仕，卷八十五爲西庵顧以安，卷八十六爲南屏吴焯，卷八十七爲吴趨孫起範，卷八十八爲廣陵張師孔，卷九十爲玉峰徐炯，卷九十一爲長水胡瑛，卷九十二爲吴下淩云翼，卷九十三爲於越王錫，卷九十五爲錫山秦敬然，卷九十五下爲龍眠方世舉，卷九十六爲雅山張友直，卷九十八爲越來江王鳳，卷九十九爲梅會沈翼其。卷八十四則弟彝爵，卷九十四則從孫丕戩，卷九十七則從子甫田，并任校刊之責。良以卷軸較繁，不得不資夫衆力，計與斯役者不下百人。古今裒書無斯之盛，亦可以見當日從游之云集矣。

資治通鑑綱目五十九卷

宋朱子編。作書之由已詳自序，其指歸詳凡例中。至於書之得失，則前人已詳言之矣。是書取元汪克寬之考異，徐昭文之考證，王幼學之集覽，陳濟之正誤，劉友益之書法，尹起莘之發明，附綴于各卷之末。明弘治中，江西提學黄仲昭更取各書，并載於各條之下，尤便披閲。是本乃嘉靖甲午江西按察司重刊黄本，尚是當時原刻也。

羅斛志書一卷

不著纂者姓名，無刊本，吏于官履任時録送一册而已。書甚簡略，蓋以地新設官，官斯土者又鮮文人也。羅斛本廣西泗城府土司，雍正五年改土歸流，割紅水江以西隸貴州之貞豐。乾隆十五年始改隸定番，并割定番地益之，設州判一員。地氣煗無霜雪。志載無名氏仲冬即事詩云：「和風日煗歲將雯，閒步山前玩落英。楊柳舒青無臘意，桃花如醉曉春情。牀頭紡織聲猶切，草裹流螢焰尚明。兒女不知霜雪樣，牽衣頻向凱旋兵。」詩雖不馴，亦可見其氣候矣。土民漢少於苗，苗多岑姓者，志言乃岑彭之後。因漢帝薄待功臣，懼族，令子避居粤中，後流爲苗。按舞陽侯卒于刺客手，世祖痛惜之。且古今來待功臣者，趙宋之前無厚于東漢者矣。懼族避居胡爲乎？此殆後人附無會之談。志中載補籠苗俗爲詳，且通志所略，今節録於此。補籠苗城内及沿江一帶皆有之。男易本朝裝，女仍苗服，長裙短衣。勤耕織，尚鬼。春入山耕，初聞雷則負鋤而歸，杜門七日。繼聞則三日，三則不禁，思雷鬼也。五月播種後，于六月六日率婦女以長竿與鄰寨隔溪互毆，名曰叫牛魂。謂牛力田勞苦，今得休息，恐其魂在外也。勝者爲魂歸則喜。七月十五日過年，亦杜門不出。謂鬼節，亦思鬼也。卒歲亦隨漢人過年。苗民聚集以擊球爲樂，相籌還擊爲勝，負則褫衣一襲，至有裸體歸者。親死，宰牛以分親鄰。相傳舊俗人死則臠其肉以給衆，有一苗不忍其親，請以牛代，遂爲俗例云。亦行弔奠禮，族鄰代款客，主不顧也。婦不爲舅姑服，謂之外姓。父母乃一體，嫁亦服重服。居喪不茹葷，然與釋氏異。王姓以白牛，岑姓以犬，黄姓以豕，賁姓以魚，羅姓以牛，各隨其姓忌之，餘腥則否。惟李姓不齋。柩停于家，或夢見亡者，謂其冷索安埋，出柩而焚之。貯骨于罈，小不能容，則分貯而埋焉。冢上建房，高約三二尺，號曰鬼房。此補籠喪葬之禮也。男女以物授贈，名曰换帶。亦有媒，媒必以婿家族人，允則遺釧飾以文定。餘多從漢俗，惟不親迎。女之姑姊送女至婿家，仍偕以歸。三日新婦至婿家，餧牲畜一次，汲紅一挑以執婦道，仍歸母家。女與婿相悦，妃同衾不歸。如與人通，覺，有口亦歸婿家。若爲婿家及親族所知，必詢究，索包羞銀若干，足欲而後已。然黔中苗女，趕場及觀劇無不結隊馳逐，而補籠種山外，閉户紡織，不事游嬉，爲苗欲之善云。

貴州通志四十六卷

乾隆間督臣張廣泗表進，蓋因舊志修飾之，益以闢新疆諸用兵事。其目八，曰天文，曰地理，曰營建，曰食貨，曰秩官，曰武備，曰人物，曰藝文，較舊志爲詳矣。然亦有未及檢者。如玉武備門載高宗伐鬼方事。鬼方非西南夷，大定府志中載有考一篇，此誤之未正者也。營建門載省城有陽明書院，而今制有貴山、正本、正習三書院，而無陽明。今銅仁有銅江書院，安順有鳳棲書院，黔西有獅峰書院，其餘府廳州縣大都皆創立書院，而志皆不載。殆省中已易舊制，而外郡則當時未有此舉乎？未可知矣。平越今爲州，而是時爲府。南籠今曰興義，而當時尚稱南籠。改制在何年，當俟考。

隨園詩話十六卷補遺四卷

倉山居士著。倉山居士，錢唐袁子才枚也。山在江南省治城内，先生卜居於斯，因以自號，名其齋曰「小倉山房」，即以名其全集。山其得先生而增輝矣。近時作家必推先生，然先生有吏才，宰廣東有政聲。集中句云：「可惜匡時好才調，被天强派作詩人。」先生非自欺，亦不欺我後人也。然使先生以吏治稱于時，飛騰仕路，未必能獲此大名。先生之自居，亦可謂考矣。先生詩專尚惟性靈，由其天分卓越，非尋常所能概見。在唐與太白，在宋與東坡，頗相髣髴。惟不善學之，將或流于率易，或流于膚淺，或流于卑弱。戲蟹而去其箝，是在有識者。

資治新書十四卷

湖上李漁笠翁編次。今世之選詩古文詞者，指不勝屈矣，未有薈案牘簿書而成一編者。笠翁此著，其□彩領異乎？夫以今之學士，萃精于制科詩文，即以公移文告條議讞詞，往往不能舉其式，識其體。因鄙爲俗吏之事，絶口不道□乎？登仕版，馳書檄，不得不假手于他人。知前日之鄙棄爲不足訓，且俗吏之事亦安可鄙哉？澤民利國之猷，易俗移風之訓，咸在于斯。學術、治術原非二致也。笠翁此書，其亦有裨于官常乎。卷首載祥刑未議及慎獄芻言數則，乃笠翁手筆，故附并于首，臨民者當奉爲箴□，無笑其言之紆也。

斯文精華

滇黔粵使者尹繼善元長選定。蓋仿昭明太子文選之例，而首冠以制藝百五十篇，亦自來選家創例。其于唐宋八大家，獨不録半山、南豐。南豐文□敦厚，固未易學。半山之文峭悍，頗能益人筆力，似不宜因人廢言。此書大内盛行。豈當時刊成後曾進御覽，以其簡括，故上書房奉爲定本乎？

查城偶録二卷

永寧州拔貢生吴寅邦序刊。咸豐紀元辛亥，吴縣周竹樓夔莅是州甫半歲，州人德之，爲立碑于道左，頌其善政。竹樓見而不悦，亟命磨去碑文，并作磨碑詩以示意。詩出，一時和章盈册。彭於蕃太守毓崧適過其地，聞其事，作留碑詩以示竹樓。真詞壇一□新話也。州人吴清臣明經因與同人，薈四□詩付之手民，裒然成集。較之古人一官一集者，又成別調矣。

香蘇山館古體詩鈔十四卷今體詩鈔十六卷

東鄉吴嵩梁蘭雪著。蘭雪以詩鳴乾、嘉間，猶及見袁隨園、蔣藏園、趙雪松諸詩老。當時蘭雪年最少，而名幾與諸人亞。翁覃溪方綱尤器重之。唱和之下，至韓、孟爲擬。法梧門式善、王蘭呂泉昶、秦小峴瀛諸公莫不盛相推譽，交游遍海内。朝鮮侍郎申緯推爲詩佛，吏部判書金魯敬父子以梅花一龕供其像及詩。道光丙戌三月二十五日，集其國之名宿，置酒梅龕，爲蘭雪遥祝六十初度，好事傳爲畫圖。琉球使臣向邦正等，以嘉慶十年奏請入監肄業，出蘭雪門下。及學成歸國，奉使來朝者，皆取欲得其贈詩爲榮。覺雞林賈人至長安購白樂天，不得專美于前矣。劉大令松嵐大觀。姬人周湘花性慧麗，蘭雪爲賦湘花詞。湘花繡蘭雪伉儷石溪看花詩卷供于樓，所以報也。王夢樓文治。作繡詩樓歌以咏其事。可云太平佳話。然蘭雪名雖盛，而領鄉薦後屢上春宫不第。後以貲爲學博，又改中書，入黔爲刺史。刺黔西州終于官。蘭雪之遇亦屯邅矣。性不長于吏治，詩之外無所好。喜談經濟，或疏闊而遠于事情，其不遇殆以是乎？詩集乃未入黔時刊行，故無黔詩。惜其後人不振，未能續付手民也。其詩已醇，王蘭泉謂如夫天風海濤，蒼蒼浪浪，足以推倒一時豪傑，子才謂如一匹雪錦，滿目妍華，却尋不出一縷跳絲，王夢樓謂音節之妙，可被管弦，秦小峴謂聲色樂味具足，其推重如此。

漁洋山人精華録十卷

新城王士正著，門人侯官林結佶于康熙庚辰編次刊行者也。時公方爲大司寇，親見剞劂之成。其以精華名者，則門人輩于公諸集中，擇其尤者纂録故也。夫漁洋以詩名國初，海内奉爲宗師。其集有漁洋集、漁洋續集、南海集、蠶尾集、蜀道集、雍益集，不下三四千篇。此所存者，不過四之一。了未規全豹，究屬恨事。然挹此精華，已可識廬山真面矣。其全集亦有箋釋梓行者，當訪而購之。

蘇文忠公詩編註集成

仁和王文誥見大甫撰。計編年古今體詩四十五卷，帖子口號詞一卷，編年總案四十五卷。前冠諸家弁言一卷，王施註諸家姓氏考一卷，墓志銘注一卷，恭録仁純二廟御評一卷，詩目一卷，後附兩宋雜綴一卷，蘇海識餘四卷，牋詩圖一卷。全書體例詳自撰凡例三十則，前有阮芸臺、韓桂舲、梁山舟諸先生序，則著書之本末暨其精妙詳焉。而前此之施註、王註、查註、邵註，均可捐之廢簏矣。

隨園精蔬四卷

亦倉山居士著。口腹之欲似末矣，然其中物理存焉，未可以瑣瑣鄙之也。須知單數則頗能格物，或單數則尤好其戒暴殄、戒縱酒、戒强讓三則，直可爲食筵律令。

廣名將傳二十卷

古閩黄道周石齋注斷。舊有名將傳，頗簡略，石齋先生擴而充之，加以論斷。自周迄明約一百七十余人，亦曰詳矣。然于晉遺祖逖，于唐遺劉仁軌，于宋遺楊業、王德用、虞允文諸人，于元則遺脱□，明則馮勝、湯和諸人，均未立傳，似宜補焉。夫鐸鏑之中，勝負分于俄頃。膠柱鼓瑟而不知□運于一心，鮮不爲僨事之趙括，與古爲新則庶幾矣。然石齋先生此書，蓋有慨於當時熊、楊諸公庸迂誤國，而欲以此相規焉。吁！可哀也。

讀史鏡古録三十二卷

吴縣潘世恩芝軒輯，爲目六十三。自漢迄明，專取正史，參以涑水通鑒。惟聽察救災門搜採較廣，間取稗史及康濟録諸書。其余稗史，概不闌入。同鏡古以自鏡也，嘉言懿行，如籌古人置之座右，當日三復之，勝誦感應篇陰隲文也。

紀文達公遺集三十二卷

河間紀昀撰，計文詩各半，昀孫樹馨付梓者也。公名盛乾隆，學博詞宏，允稱無愧。然雅不行著述，謂多被前人説盡，强爲曉舌，非復即贅矣。此集經進爲多，披而讀之，豈真前人説過耶？

山谷老人刀筆二十卷

刊於前明宏治中，當與東坡手筆同作臨池涉玩也。

困學紀洞〔聞〕集證二十卷

黄岡萬承希槐蔚亭綴輯。深寧叜此書向有何、閻兩先生坿注，余家珍藏一部，爲汪氏原刻，頗明劃無譌字。余嘗檢誦之，旋讀旋忘，輒自恨也。蔚亭此書較何、閻舊注增十之七，可云詳備，大有功於此書。好學者宜日置之案頭。

楊忠愍公垂範集

乃椒山先生劾嚴嵩疏及獄遺囑也。近人刊行，與感應篇諸書同爲勸善文。

文獻通考一百卷

宋鄱陽馬端臨貴與輯。書成於宋，刊於元。王厚齋所未及見也，故所校訂每每與玉海相岐，蓋厚齋諸著作皆入元後□風行也。書居之通之一，久爲藝林珍賞。然亦有複沓處，議論偏執處，參稽未酌處，蓋大醇而小疵。

耕織全圖仁廟御制圖各二十三

耕曰浸種，曰耕，曰耙耨，曰耖，曰碌碡，曰布秧，曰初秧，曰游蔭，曰拔秧，曰插秧，曰一耘，曰二耘，曰三耘，曰灌溉，曰收刈，曰登場，曰持穗，曰春碓，曰簏，曰簸揚，曰龍石，曰入倉，曰祭神。織曰□蠶，曰大起，曰捉績，曰二眠，曰三眠，曰分箔，曰採桑，曰上簇，曰炙箔，曰下簇，曰擇繭，曰窖繭，曰練絲，曰蠶蛾，曰祝謝，曰緯，曰織，曰絡絲，曰經，曰染色，曰攀華，曰翦帛，曰成衣。每圖一幅，題絶句一。皆宵旰余暇，御翰親揮，恭誦之下，覺當年仁民之意，隱約在楮墨間。

學治臆説二卷佐治藥言一卷續佐治藥言一卷夢痕録節鈔一卷

山陰汪輝祖焕曾纂。原本尚有學治説贅二卷，夢痕録本爲二卷，此乃同里後學何士祁竹香校録刊行者也。然莊先生以名法起家，而其宰湖南寧遠也，有循良聲。今之讀此書者班班矣，爲優優布政有如龍莊者乎？有則某必識之。

牧令書二十三卷

安肅徐棟致初輯，皆國朝名公循吏箴言至論也。凡入輯者一百三十七家，中有行之而獲效者，有言之而未獲行者。致初此編，其可爲一代臨官者步趨乎？若今之從政者，只知弄錢耳。凡伺候□走營緣鑽刺，無一非爲弄錢起見，此等書直束之高閣。苟有手一編者，正如蜀月嶺雪，無不爭吠矣。吁！可怪也。

保甲書四卷

亦徐棟輯，體例與前書同，惟首卷乃載功令耳。保甲仿於周官，比閭族黨，法良意美，古有行之而治者。然袁子才嘗論其弊，則亦有治人無治法矣，近來詔誥不啻三令五申，而實力奉行者極少。虚文相當，徒爲胥吏肥私橐，官縱聞之亦不禁也。汪龍莊集内有行保甲法，新而不離乎宗。有心世道者，可踵而行之。

六書分類十二卷

汝南傅世堯賓石輯纂，依康熙字典分門別類，甚便撿閱。較六書統、六書精蘊諸書爲明析矣。前弁序言皆工，紀文達公一首尤精博。

閲微草堂筆記五種灤陽消夏録六卷如是我聞四卷槐西雜志四卷姑忘聽之四卷續灤陽消夏録六卷

觀奕道人撰。道人不喜著作，而獨成此書。書近小説家，仿聊齋志異，而宗旨不同。彼止紀奇怪，而此頗談因果。彼近誨淫，而此獨寓懲勸。不僅筆墨，蹊逕與留仙迥然也。自題二絶云：「平生心力坐銷磨，紙上烟雲過眼多。擬築書倉今老矣，只應説鬼似東坡。」「前因後果驗無差，瑣記蒐羅鬼一車。傳語洛閩門弟子，稗官原不入儒家。」是道人固以稗官自居矣。然其發論親切明通，用筆空靈超妙，能令學士解頤，才人頫首，不同陳腐善言，安得以體例近卑而忽視之哉？

重刊張太岳先生全集四十八卷

安化陶澍雲汀閲定詩六卷，古文雜著四十卷，行實一卷，原集序例一卷，太岳尚有召籌紀事一卷，帝鑑圖説六卷，奏對稿十卷，均載明史藝文志。帝鑑圖説係衆手所成，奏對稿則太岳手自編定，一生相業具載其中。因採訪未獲，故未刊入。夫明政至嘉、隆間，綱紀廢馳〔弛〕，非江陵起而振作之，恐壽皇亭之慘不俟甲申年也。惟奪情一事爲一生大疵，致招後人之譏貶。明者別而觀之，其過未容諱，其功亦烏可没耶？

周易折中二十二卷

仁廟御纂。按易自鄭、王麗彖、象、文言、五傳於經，千古混亂。至朱子本義出，復見廬山真面矣。乃明永樂間纂大全者，轉割裂本義附於程傳後，復去程存朱，而經傳文則不從朱而從程。至訂正之書失其舊觀，殊爲恨事。御纂經傳文一從本義，得復周孔原本。實足契古人而□世惑。然今坊間本義本尚未遵行，蓋未經功令申明，故相沿不悟，安得請於朝而使遵御纂本乎？御纂本注以本義爲經，而列諸家於下，其有不合者則取諸家而折中之。聖學高深，義文再世，誠足令淺識之士望洋而歎也。

日知録三十二卷

東吴顧炎武著。亭林以勝國遺民，布衣没世。其學通貫古今，尤喜談世事，正不當僅以考訂精詳相許也。然執論或失之拘迂，或鄰於拗僻。詆之者至謂亭林用世，是安石復生，則過矣。

考古類編十二卷

仁和柴紹炳虎臣纂。習策學者頗喜此書，以其括百氏之精華，諸書之要，簡而該也。

餖飣吟十二卷

貴筑石贊清襄臣集唐集古人成句爲詩，黄山谷所笑爲百家衣也。然必自然入妙，如自已出，乃爲金璧。宋、元以來效顰者衆，終未有成集者。湯海秋最長集杜，不下百數十首，然未能成集也。此書共得千首，集句之富，無踰是者。華亭黄痦，名之雋堂宮允唐香屑集，集唐九百四十二首，足與此集相埒。

左海文集十卷絳跗草堂詩集六卷

福州陳壽祺葦仁著。葦仁太史曾游阮文達公之門，故長于經學。一宗于漢儒，尤推重許叔重、鄭康成二君。集中説經之文居多，精確過毛西河，而無矜張之態。高雨農舍人澍然序其文謂浩如淵海，純如金玉，精實如布帛菽粟，其推重如此。集中義利辨、科舉論、知耻説三篇，是太史主講鰲峰書院示諸生者。切中邇時風氣之病，三復斯言，爲之浩歎。其治南獄事録一篇，紀□州晋江械鬥事。聞近日此風尤熾。官愈貪，民愈悍，往往決裂不可收拾。安得一芥不取，如史必大晋江令。者，遍置全郡乎？太史于詩，導源少陵。國初諸老，則心□于水□竹垞老人、梅村祭酒，故其于二公頗有水乳之契。

東觀存稿一卷

陳壽祺著。此蓋在木天時應制作也。頌賦有已見文集卷一者，則刊梓時未删校也。

左海文集乙編三卷

陳壽祺著。此編悉駢體文，故別爲集。

尚書大傳定本五卷

陳壽祺著。自序云，尚書大傳四十一篇，見漢書藝文志，鄭康成序謂出自伏生，至康成詮次爲八十三篇。隋書經籍志、唐書藝文志、崇文總目、郡齋讀書志并著録三卷。唐志別出暢訓一卷，疑即略説之譌。舊唐志直云尚書暢訓三卷伏勝〔注〕，繆甚。自葉夢得、晁公武皆言今本首尾不倫，直齋書録解題言印板□闕〔刓闕〕，宋世已無完本，迄明遂亡。近人編輯，有仁和孫本，德州盧雅雨本，曲阜孔叢伯本。孫、盧本多聲□殽舛，孔氏善矣。而分篇强復漢志之舊非也，其他譌漏猶不免焉。今覆加稽核，揭所據依，稍參愚管而爲之案。三卷首爲序録一卷，其所□除別爲訂誤一卷云云。今考四庫全書簡明目録，尚書大傳四卷，補遺一卷，舊本題漢伏勝撰，鄭元注。據元序，文乃勝之遺説，而張生、歐陽生等録之也云云。按四庫本五卷，□知與孫、盧各本同異若何。據目録，四庫有元序。此本載卷一序録中注云，見玉海卷三十七，疑目録亦據玉海云。然太史于此書頗費鉤稽，雅稱善本，其每條下必注見某書某卷，異同是否，悉加案語，尤爲精核。末附辨譌一篇，已見文集中。蓋以坊間盛行盧氏雅雨堂本，故摘其謬之甚者著于篇。

洪範五行傳輯本三卷

陳壽祺輯。按隋書經籍志有尚書洪範五行傳論十一卷，劉向注，唐人如孔穎達尚書正義、李善文選注，徐堅初學記徵引頗多。太平御覽尚採其語，則宋猶未亡也。迨後散佚，莫爲採輯。四庫全書未列其目。漢書五行志蓋本大傳，兼取董仲舒、劉向父子之説，□傳春秋。故太史即取班書加以案語，條列各書所引，附載于下，以著異同。間有數條無可附麗者，綴之于末。雖未能復劉氏舊規觀，亦足備一家之學矣。此書本附尚書大傳後，蓋連類而及也。

東越儒林後傳一卷東越文苑後傳一卷

陳壽祺著。恭甫在史館時著此上之，以備國史採擇。其所傳皆閩人，故曰東越。夫經生文士□□□于風□，或困頓于場屋，知多零落没世無稱者，蓋不可僂指矣。安得有心人若恭甫者，悉爲之傳乎？

五經異義疏證三卷

陳壽祺著。自序言，五經異義，漢許慎撰，鄭元駁。隋唐經籍著録十卷。宋時已佚。近人編輯勵存百有餘篇。聚珍板外，有秀水王復本，陽湖莊葆琛本，嘉定錢大昭本，曲阜孔廣林本。大抵攟拾叢殘，以意分合。孔本條理差優，而强立區類，欲還十卷之舊，非所敢從也。嘉慶戊辰夏，余養痾京邸，取而參訂之。每舉所徵録尤詳者，若文多差互，仍兩載之。其篇題可見者二十五事，第五田税、第六天號、第八疊制之三事，篇次尚存。其它以類相從，略具梗概。復剌取諸經義疏、諸史志傳、説文、通典及近儒著述與許、鄭相發者，以資稽覈。間附蒙案，疏通證明，釐爲上中下卷。踰五年，侍太宜人里節弟。暇日質之吾友甌寧萬世美，而及門僊游王捷南爲鋟諸板云云。按此書久佚，故四庫本亦止一卷，并補遺一卷，爲後人采輯而成。零圭斷璧，亦足珍也。經太史疏通證明之，嘉惠後學不淺。中亦附萬君説，蓋此書之成，萬君與有力焉。至其條理，自序詳矣。

左海經辨兩卷

陳壽祺著。太史説經之文已見文集中，此二卷則專解經者也。其論伏生尚書二十九篇，惟有堯典、咎繇謨、禹貢、甘誓、湯誓、般庚、高宗肜曰、西伯戡黎、微子、牧誓、鴻範、金縢、太誥、康誥、酒誥、梓材、召誥、洛誥、多士、毋逸、君奭、多方、立政、顧命、鮮誓、甫刑、文侯之命、秦誓，凡二十八篇。其一篇乃書序，蓋古書序總爲一篇，置卷末，今之逸周書猶可見。至大誓一篇，乃武帝時獻自民間。或云河内女子壞老屋得古文大誓三篇。總之，太誓乃後得，非伏生書也。其論商八遷五遷，則以契居蕃、水經卷十九注引世本。昭明居砥石、書帝告、釐沃疏引世本。昭明復居商、路史後紀十注引世本。相土居商邱左傳、竹書紀年。子亥遷殷、竹書紀年止云商侯，徐文靖竹書統箋以商侯爲子亥，世本亦云子亥，遷殷可證。孔甲復歸商邱、紀年止云殷侯，世本言是孔甲。履復遷於亳、紀年。太甲居鄛即桐也。續漢志魏郡鄛，劉注引帝王世紀，又路史國名紀三。爲八遷，以仲丁遷囂、紀年。河亶甲遷相、紀年。祖乙遷耿、紀年，史紀殷本紀，耿作阱，索隱曰阱音耿，是阱即耿。祖乙自耿遷庇紀年。南庚遷奄紀年、爲五遷。其解九拜：一稽首，拜頭至地也。鄭注。稽，稽留之字，頭至地多時，則爲稽首。賈政疏。臣拜君及拜神、拜尸皆然。二頓首，拜頭叩地不停留也。鄭注此無「不停留也」四字。見禮記檀三引。蓋頭不至地，暫一叩之而已。左氏僖五年傳孔疏。凡禮相敵之拜，皆頓首。凌氏禮經釋例。三空首，拜頭至手，所謂拜手也。鄭註。君拜臣，下拜。四振動，即拜稽顙成踊也。問喪曰稽顙觸地無容。凡喪之祭有踊無拜，蓋以踊爲拜也。五吉拜，六凶拜，皆喪拜也。喪有吉凶，拜亦如之。小功以下爲吉，大功以上爲凶。吉拜尚左手，凶拜尚右手。惠民棟。七奇拜，謂一拜也。鄭大夫。頓首空首皆有之，凌氏。略也。八褒拜，再拜以上也，凌氏。備也。凡拜，有答拜，有不答拜。不答拜爲略，答拜爲奇拜。褒拜以不答拜與答拜別，亦不專以一拜再拜別也。九肅拜，拜不低頭，鄭注。但俯下手。今時擡是也。鄭司農。其論禮記王制非文帝使博士所作之書，劉向別録史記索隱。文帝所造書，有本制、兵制、服制篇，今并無之。祝説與何屺瞻同。其論樂記非河間獻王所作，據獻王書有道五均事，漢書食貨志。而今書無之爲據。其論王肅家語，據春秋左氏傳序正義引沈氏云：嚴氏春秋引觀周篇云：孔子將修春秋，與左邱明乘如周，觀書于史，歸而修春秋之經，邱明爲之傳，共爲表裏。與今家語觀周篇之文不類。知嚴氏所引乃真孔子家語，而肅作僞之迹瞭如。嚴氏，公羊先師彭祖。以上諸條，精確無比。太史説經大率類此。惟祭感生帝解一篇，依阿鄭氏，似未可從。太史于諸經，蓋于書禮尤精，故説書、禮者居多。其于訓詁小學亦有所得，故下卷多係訓釋字義。太史于書不信古文，閻百詩古文尚書疏證、惠定宇古文尚書考皆攻擊古文者也，太史甚推重之。

漢魏叢書

舊爲何氏鏜匯刊本，此則金谿王氏謨重刊本也。校舊增多，計分四類，共八十六種。經翼門二十種：易林、易傳、關氏易傳、易略例、古三墳、汲冢周書、子貢詩傳、詩説、韓詩外傳、毛詩草木疏、大戴禮、春秋繁露、白虎通德論、獨斷、忠經、孝傳、小爾雅、方言、博雅、釋名。別史門十六種：竹書紀年、穆天子傳、越絶書、吴越春秋、西京雜記、漢武内傳、飛燕外傳、雜事秘辛、華陽國志、十六國春秋、元經、羣輔録、英雄記鈔、高士傳、蓮社高賢傳、神仙傳。子餘門二十二種：孔叢子、新語、新書、新序、説苑、淮南鴻烈解、鹽鐵論、法言、申鑒、論衡、潛夫論、中論、中説、風俗通義、人物志、新論、顔氏家訓、參同契、陰符經、風後握奇經、素書、心書。載籍二十八種：古今注、博物志、文心雕龍、詩品、書品、尤射、拾遺記、述異記、續齋諧記、搜神記、搜神後記、還冤記、神異經、十洲記、洞冥記、枕中書、佛國記、伽藍記、三輔黄圖、水經、星經、荆楚歲時記、南方草木狀、竹譜、禽經、古今刀劍録、鼎録、天禄閣外史。今按易林、易傳，四庫目録入子部術數類，蓋以其爲占驗之書，而非解經，故不附經也。白虎通、獨斷二書，目録在子部雜家雜考之屬。然二書所論均多古義，附之于經亦可。忠經、孝傳，目録不收。馬氏既由譌託，陶宜附子餘，陶傳雖本孝經成，然以傳名，體例迥與經別。隋志孝子傳入雜傳類，似宜從之，改附別史。穆天子傳，舊入起居類，隋志已然。然書既僞託，詳其體例，實小説之鼻祖，故目録入子部小説家，似宜從之。西京雜記，目録亦在小説家。然此書所記不同無稽，并有可補正史之闕者，附之史類未爲不允。漢武内傳所言殊誕，宜從目録，亦入小説家。神仙傳，目録入道家爲得其實，與史無與也。其載籍門惟文心雕龍、詩品二種可一集類。目録在集部詩文評類。古今注、博物志、尤射亦子之餘。書品舊歸藝術。拾遺記以下十種，則小説之流。地理舊屬史部，佛國記以下四種，均于地理有資。星經則屬天文，亦宜附子。歲時舊屬時令，亦宜附史。南方草木狀以下五種，目録入譜録類，屬子部。天禄閣外史係謁書，其體例亦子之流也。因閲四庫全書簡明目録一過，適復閲此書，見其比類未安，故妄爲辨别如此。每種之末，王君并附以跋。頗見考訂之功云。

易林四卷

漢焦贛撰。隋志以下均作十六卷，今四庫目録亦然。而汲古閣本亦作四卷，未詳其卷數分合若何。贛字延壽。目録謂易之流爲術數，實始此書，故與京房易傳同入子部術數類。

易經三卷

漢東郡京房撰。漢書儒林傳有二京房。前京房爲梁邱賀師宣帝以前人，後京房則焦延壽弟子，元帝時爲魏郡太守，皆傳易學。王君謂後京房善言災異，漢書五行志所引可證。而此書專言卜筮，不及災異，疑係前京房書。按易學專言占筮，焦氏傳其學，而後京房受之。前京房爲楊何弟子，其言易必不專以占筮。故四庫目録定爲後京房作，可從也。又按隋志易類有京房章句十卷，五行類京氏書凡十四種。疑作章句者，元帝時之京房。今章句既亡，而所謂十四種者，又祇存此書，遂無從分别矣。餘詳王跋及晁公武讀書志。又按今世錢卜之法，實出於此，知變古由來久矣。

關氏易傳一卷

舊題北魏關朗著，蓋依託也。朱子謂既阮逸作，吴草廬疑爲王通之徒。今四庫目録不收。餘詳王跋。

易略例一卷

晉山陽王弼著。言易舍象數而談義理，實□於弼，前人所謂輔嗣易行，無漢學也。此一卷又爲其注易之大凡。舊本本附易注後，單行不知始於何時。餘詳王跋。

古三墳一卷

蓋宋元豐中張天覺僞託者也。王跋詳矣。

秘書二十一種

不著撰人，亦不著傳何人作。而此本題晉阮咸注，又不知何據。

汲冢周書十卷

晉孔晁注。按汲冢所出之書，無周書。周書自西漢以來有之，隋、唐志并題汲冢，其誤由來久矣。今四庫目録改題曰逸周書，蓋從郭璞爾雅注，當從之。餘詳困學紀聞。又按隋志在史類，四庫目録因之。然其文與尚書無異，體例與史不同。舊本亦入别史。王君改從經翼，似得其實。是書頗爲駁雜，夫克殷解所言尤爲悖理。然先王遺訓間有存焉，未可盡非也。祕書本譌脱殊甚，有可句讀。此本經王君校籌，誤謬已少，可爲善本。

子貢詩傳一卷

自漢迄宋，志藝文者皆不録。嘉靖中忽出於鄞人豐道生之家，蓋即豐氏所僞撰也。毛西河、朱水竹垞并辨其誣，王跋又引伸之，其説詳矣。

申培詩説一卷

亦豐坊僞撰者也，與詩傳同爲謬妄，朱氏經義考詳辨之。最可笑者，魯詩佚説漢、魏人書中徵引尚多，而絶不一見，徒欲以作僞欺人，何不自量也？餘詳王跋。

韓詩外傳十卷

漢燕人韓嬰著。考漢書藝文志有韓詩經二十八卷，韓故三十六卷，韓内傳四卷，韓外傳六卷，韓詩説四十一卷。隋、唐志有詩韓嬰注二十二卷，當即韓故及内傳，而外傳有十卷，疑并詩説於中，故增多其卷數，與漢志不符。則不知爲殘缺，爲合并矣。漢時詩學盛行齊、魯、韓三家。迨毛傳盛行，而三家漸廢。故齊詩亡于魏，魯詩亡于西晉，韓詩則至趙宋亦亡，惟存此書。後漢書注、李善文選注、藝文類聚、太平御覽所引此書，多有今本所無者，則卷數雖符，隋、唐志亦非完書矣。王伯厚嘗輯韓詩佚説爲韓詩故，而不及外傳，蓋爾時外傳尚無殘缺。王君輯有韓詩拾遺十六卷，于內、外傳數見諸書者，採獲頗多，可云好古。又按毛氏津逮祕書本首卷第三章漢有游女幾數百言，此本乃寥寥數語單行，明新都唐琳點校本亦然。此又新佚，宜取毛本補之。

毛詩草木鳥獸蟲魚疏二卷

吴陸璣撰。璣字元恪，吴太子中庶子、烏程令，見陸氏釋文序録。隋志題作陸機，而後人遂以士衡當之，誤矣。此書尚近古，故孔氏正義時引其説以參互考訂，邢昺爾雅疏亦頗採之。叢書原本不收，王君補入，蓋取陶氏説郛本也。經義考載姚士粦言所藏本，草之類八十，木之類三十有四，鳥之類二十有三，獸之類九，魚之類十，蟲之類十有八，數與此本不符，未詳其故。趙鹿泉先生有校正本，頗精。

大戴禮十三卷

漢梁人戴德撰。曰大戴者，以別于聖也。總四十篇，而無篇第檢單行。高安朱氏重刊宋淳熙本，起主言第三十九，終易本命第八十一。按德書本八十五篇，是首闕三十八篇，末闕四篇，中又闕四十三、四十四、四十五、六十一四篇，重七十三篇。文王官人、諸侯遷廟皆題七十二。蓋卷數雖與隋、唐志合，而殘缺多矣。隋志夏小正別爲卷。則邇時夏小正自有單行本，未必十三卷中無此篇也。考諸書所引，有盛德記、許慎五經異義。政穆、詩靈臺疏。曲禮、漢書儒林傳。諸篇名，當在逸書之□。王君謂篇數分合當考，亡書篇名當考，亡篇逸文當考，篇目次第當考，説詳原跋中。王君嘗箋注夏小正，考定公符篇，于此書用力頗深。又按重刊宋本，題漢九江太守戴德撰。考德事孝宣，爲信太傅。爲九江太守者，聖也。隋志題漢信都王太傅，蓋舊題誤。舊有盧辯注，今宋本有注者止八卷，則亦散佚久矣。

春秋繁露十七卷

漢董仲舒撰。本作「蕃露」，改「蕃」爲「繁」，隋志已然。崇文總目頗疑其僞，程大昌尤極力排之，説詳朱氏經義考中。四庫目録謂精言奥義往往而在，未敢云盡出仲舒手，亦決非唐以後書也。此本爲宋樓攻媿所得潘景憲本。

白虎通德論四卷

漢扶風班固撰，凡四十四篇。其曰白虎，蓋肅宗建初中，詔羣儒考定五經同異于北宮白虎觀，裒其議奏爲白虎通德論。後命固撰定成此書，因以命名。隋志作白虎通者，省文也。此本卷與四庫本同。隋、唐志作六卷，中興書目、崇文總目作十卷，蓋卷數離合不同矣。

獨斷一卷

漢蔡邕撰。四庫本作二卷，與通考同。考後漢書本傳，原止一篇，或分爲上下，故亦作二卷。餘詳王跋。

忠經一卷

舊題漢扶風馬融撰。其文不類漢人語意，亦未□，至隋、唐志皆不載。通志藝志略始載有忠經，既云海鵬撰，又云失其名氏。崇文總目則云馬融忠經，鄭元注，疑北宋人僞作也。文獻通考不録，則邇時尚未盛行，馬氏不及見，故遺之耳。

孝經一卷

晉陶潛撰，北齊陽休之本作五孝傳，蓋此書依孝經中天子、諸侯、卿大夫、士、庶人章次，分爲五篇，故謂之五孝傳。舊附陶公全集，何氏採入叢書。

小爾雅一卷

漢魯人孔鮒撰。蓋即孔叢第十一篇也。凡廣詁、廣言、廣訓、廣義、廣名、廣服、廣器、廣物、廣鳥、廣獸十章，乃推廣爾雅而作。廣度、廣量、廣衡三章，則又爾雅所未及。并題曰「廣」者，蒙上文也。郭璞注方言，省文稱小雅，李善注文選因之。隋志有李軌解略一卷，蓋已散佚。此本間有注文，未知是李説否。

方言十三卷

漢成都揚雄撰。或作輶軒絶代語，即此書也。容齋隨筆力辨其非雄作，四庫目録亦疑之。然自後漢應劭已稱雄作，許叔重説文引方言，雖不明言雄作，亦可見此書之出，在説文之前矣。餘詳王跋。

博雅十卷

魏張揖撰，隋曹憲音釋。揖字稚讓。字乃「揖讓」之「揖」，或作「舟楫」之「楫」誤也。其書本名廣雅，因爾雅舊目採漢儒箋注，及三蒼、説文、方言諸書以補所未及，隋時曹憲爲之音釋，避煬帝諱改名博雅，至今二名并稱矣。前人謂叔重之後，集小學之大成，久推稚讓。其著述頗多，惜并亡失，上存此種耳。

釋名八卷

漢劉熙撰，凡二十篇。熙字成國，北海人，漢末公車徵士，後爲安南太守。此本首卷自序稱劉熙成撰，蓋脱一「國」字也。卷與隋志同。王跋謂不見隋經籍志，偶失考耳。四庫目録作四卷。又按舊本或題安南太守劉熙撰，考據家謂漢無安南郡。洪亮吉曉讀書齋初録云：考晉書循吏傳，魯芝當魏時行安南太守。又吴志薛綜傳，避地交州從劉熙學。安南郡正屬交州，則舊本所言不誤。

竹書紀年二卷

梁沈約附注。按此書出汲冢，詳晉書束晰傳及杜預春秋左傳後序。然皆謂紀年夏始，而今本則起黄帝。又經傳謂有益千夏位事，而今本無之。此大可疑者。四庫目録謂證以諸書所引，與今本多不相符。註文亦多剿取宋書符瑞志，蓋又依託之僞本。

穆天子傳六卷

晉郭璞注。按此與紀年同出汲冢，紀周穆王西行之事，與列子周穆王篇相出入，疑戰國時人依託者也。觀其稱帝王曰穆滿，加謚名，上古無此例。矧生而稱謚，其紕繆尚待詰耶？隋志冠起居注篇，然事既子虚，難附史類，故四庫目録改隸小説家。其第六卷載盛姬事，前人據爲娶同姓之妃，王跋則又詳辨。竊謂書非實録，此書亦無容致辨矣。

越絶書十五卷

無撰姓名，隋志題子貢者非也。其叙外傳記篇云，以去爲姓，得衣乃成。厥名有米，覆之以庚。又曰：以口爲姓，承之以天，楚相屈原與之同名。前人謂以隱語離合姓氏，經義考據之謂撰人爲袁康、吴平。四庫目録亦用朱説，定爲漢袁康撰，其友吴平同定分考。其書雜記吴、越事，下至建武二十八年，則爲東漢人。原本二十五篇，今佚其五。所紀事與吴越春秋相出入，而文之博奥偉麗則過之。

吴越春秋六卷

漢趙曄撰，記吴越興亡始末。隋志十二卷。今四庫所收爲元初本，作十卷。此作六卷，彌失其舊。曄字長君，會稽人，通韓詩，見漢書儒林傳。一作趙景撰，疑非。注爲元徐天祐作。

西京雜記六卷

題漢劉歆撰。唐志題葛洪撰。據段柯古酉陽雜俎之説，則梁吴均撰，非歆，亦非洪也。隋、唐志作二卷，今四庫本與此同。所記頗有可補正史之闕者，不得因其近于小説，遽爾廢之。

漢武内傳一卷

題漢班固撰，蓋僞託也。隋、唐志作二卷，不著撰人，而别有班固漢武故事二卷。故事出王儉手筆，托之于固，後人因之，并此書亦歸之固耳。四庫目録云證以諸書所引，其文蓋出于魏、晉之間。又接三輔黄圖引内傳，有華山魯女生事，而今本首尾止叙西王母與上元夫人下降事，無所謂魯女生者。蓋原本亦殘缺，故隋、唐志并作二卷，而今本止一卷。

飛燕外傳一卷

題漢伶元撰。陳氏書録題解稱漢河東郡尉伶元撰。自言與揚雄同時，于史無所見。隋、唐志并不録，疑亦依託也。

雜事祕辛一卷

題漢亡名氏撰。楊用修跋謂得之云南土知州董氏，爲義烏王子充遺書。疑即出用修手筆，託之子充也。至欲據此證弓足之始，益妄矣。末附胡震亨、姚士粦二跋，援據精博，益見此書之僞。

華陽國志十二卷

晉常璩撰，述巴蜀之事，始開辟，終永和三年。此本頗殘缺，四庫本以世所行本取影寫宋本補足，卷數仍同外，取明人張佳允所補爲附録一卷，當較爲完好也。目録稱其文辭典雅，具有史裁。

十六國春秋十六卷

魏崔鴻撰。考鴻書本百卷，然崇文總目已不著録。晁説之云司馬温公修通鑑所考十六國春秋，非鴻全書，則北宋時已散佚矣。今世所傳一百卷本，乃明屠喬孫、項琳僞作，蓋取諸書所引鴻書，排比而成者也。若此本，十六國各爲一録，與原本卷數亦不合，故四庫目録疑即崇文總目所謂十六國春秋略。通鑑考異、河汾王氏諸書、中説之外，皆唐志所無。其傳出阮逸。晁公武疑此書即逸作，似爲近之。通考本十五卷，此本止十卷。第九卷已書陳亡，爲通原書。第十卷終文中子卒，爲收續文，多脱誤難讀。第八卷于元嘉二十二年後即按入三十年事，脱誤尤甚。

羣輔録一卷

晉陶潛撰。陽休之本作聖賢羣輔録，則以所述皆古聖賢也。舊附全集，故隋志不録。

英雄記鈔一卷

魏王粲撰。隋志八卷，題曰漢末英雄記，下注云殘缺。唐志作十卷，其亡失不知在何時。此本則從裴松之三國志注中所引掇拾成者，故謂之鈔。其脱誤則王跋已略言之矣。又按粲卒于建安二十一年，此題魏王粲誤。粲雖心乎魏，然身故漢人也。

高士傳三卷

晉皇甫謐撰。據李石續博物志，原書止七十二人，而此本自被衣至焦先九十一人。考晁公武謂所載凡九十六人，陳振孫自被衣至管寧八十七人，皆與李説不合。今汪氏祕書本，前有自序一篇，云自堯至魏九十餘人，而所録止九十人，疑自序非謐原文也。四庫本作九十六人，與晁氏合。蓋原書散佚，後人取太平御覽所引鈔合成篇，而益以所引稽康高士傳十條，後漢書隱逸傳十條，真僞參半，故人搏多于原本，而諸家所據本亦不能盡符也。

蓮社高賢傳一卷

晉無名氏撰。所叙十八高賢□宋時，人則曰晉人撰者已謬。隋、唐志、晁、陳二家均不録。原跋謂自昔出于廬山。

神仙傳十卷

晉葛洪撰。所録九十二人，據目四庫目録，則此本乃後人自太平廣記鈔合并勦取他書以足數，非洪原書也。四庫本所録止八十四人，乃古本。

孔叢子上下二卷

題漢魯人孔鮒撰。前人疑爲依託，然隋志已著録，其來已久。四庫目録作三卷，凡二十一篇。末爲連叢子上、下二篇，别題漢孔臧撰，與此本不同。餘詳王跋。

新語二卷

漢楚人陸賈撰，凡十二篇。四庫目録云道基篇末引穀梁傳語，非賈所及見，蓋依託也。今按賈之卒，史不著何時，計在文帝之世。由文帝元年上溯秦妃始皇燔書之年三十四年止，三十五年耳，安知未燔書之前，賈竟未見穀梁傳哉？書之大旨，崇王黜霸而歸之用人修身，一依聖賢之道。其才不在賈生下也，世顧祗以辨士目之？起賈于九京，得無齒冷？

新書十卷

漢洛陽賈誼撰。本五十八篇，四庫目録云今佚其三，而此本凡五十六篇，與四庫本又不同。餘詳王君跋矣。至其説經，多有異義，如禮篇云「騶者天子之囿也，虞者囿之司獸者也」，與毛詩不合，而與魯詩同。魯詩傳云梁鄒，天子之田也，見後漢書班固傳、李善文選西都賦注。

新序十卷

漢沛郡劉向撰，所録皆春秋至漢初軼事可爲法戒者。四庫目録云唐以前本皆三十卷，宋以後本皆十卷，不知爲合并，爲殘缺也。今考晉、唐人所引，有今本所無者，疑殘缺之説是矣。雖傳聞異詞，姓名、時代往往與春秋傳牴牾，然其大旨則不失爲儒者之言。

亦劉向撰。與新序體例既同，大旨亦類，其牴牾之處在所不免，且有與新序互異者。

淮南鴻烈解二十一卷

漢淮南王劉安撰，河東高誘注。按安書有内、外篇，此其内篇也。曰「鴻烈」者，鴻，大也；烈，明也，以爲大明道之言也。今本或竟題淮南子矣。誘注或題許慎者，蓋此書原有慎、誘二注，當時各行。隋志尚兩録之，慎注不知何時散佚。今雜見誘注中者，尚可辨别也。書中避「長」爲「修」，如「長短」作「修短」，「長蛇」作「修蛇」，以厲王諱長故耳。

鹽鐵論十二卷

漢汝南恒寬撰，明云間張之象注。寬字次公，汝南人。書本六十篇，蓋記始元六年郡國所舉賢良文學之士，與桑弘羊等議鹽鐵榷酤事也。今四庫本作十卷，與隋、唐志及通考同。此本增多二卷，則張氏注釋後所分者。

法言十卷

漢揚雄撰，宋宋咸注。原本十三篇。雄意以比論語者也，持論近正，而文則貌似而無足取。四庫所録爲司馬光集注本。此本具載宋咸序、注，似在司馬本之前。小序一篇，舊附十三篇之末。其散置卷首，亦自咸始也。

申鑒五卷

漢潁川荀悦撰，明黄省曾注。悦字仲豫，儉之子也。獻帝時侍講禁中，見政移曹氏，志在獻替，而謀無所用，因著此書。其所論説，通見政體。原本儒術，足與所著漢紀并傳。全書無甚誤脱。盧學士抱經堂本據他書多所修改，雖未盡精當，于此書亦有小補云。

論衡三十卷

漢會稽王充撰。凡二十餘萬言。周、秦、漢、魏諸子文字之富，未有過于此書者。高似孫譏乏精覈而小少肅括者，尚是詞繁之弊。至于問孔、刺孟無所畏忌，則愈不可訓矣。自紀篇著其家世，而極詆其親，其悖理尤甚。原本八十五篇，今佚招致篇。

潛夫論十卷

漢安定王符撰。凡三十五篇，又叙録一篇。四庫目録稱其明達治體，所敷陳多切中得失。

中論二卷

漢北海徐幹撰。凡二十篇。乃曾子固校本。晁氏謂李獻氏民言别本有復三年、制役二篇，而今闕之。幹以才名，厠建安七子仲中。顧諸子祇以文華相高，而幹此書獨原本經訓，一宗聖賢之道，豈諸子所能及哉？觀魏文與吳季重書，則當時亦推重此書矣。又考幹没在建安二十一年，是四年之後，魏乃受禪也，本或題魏人者誤。

中説上下二卷

隋龍門王通撰。凡十篇。通考篇爲一卷，題曰文中子。前人論其得失，略見于王跋中。至因此書而并疑通爲烏有先生，則武斷矣。此本卷首有阮咸序。序中言爲引注以翼斯文，而今本無注，蓋久佚矣。四庫本作十卷，與通考同。目録云核以事實，多相牴牾，蓋其字福郊、福畤等所依託也。自漢以來，僭擬聖人自通始，聚徒講學之風亦自通始。録之以著儒風變古，其所由來者漸也。

風俗通義十卷

漢泰山太守汝南應劭仲遠撰。原本三十卷。卷爲一篇，分子目一百三十四。其以風俗通義名者，則自序所謂通于流俗之過謬，而事該之于義理也。其姓氏一篇，宋時已佚，四庫本于永樂大典中採輯，爲附録一卷。然他書所引，尚有今本所無者，則十卷究非全書也。

人物志三卷

魏廣平劉劭撰。凡十二篇。大旨主于論辨人材，分别流品，故隋、唐均入名家。唐志又有劉炳注人物志三卷，晁氏言是僞涼燉煌劉昞，而非炳。今四庫本題北魏劉昞注。目録疏通大義，文詞簡括。此本亦題劉昞釋篇，而所釋止各卷篇名，蓋非原本。

新論十卷

舊題梁劉勰撰。唐志始著録之，題曰劉子。通考同作五卷。晁氏云齊劉晝字孔昭撰。今考此書或題劉歆，或題劉孝标。此題劉勰與唐志同。據袁孝政序，則是劉晝作。晝，後齊人。隋志載有劉晝高才不遇卷四卷，唐志亦然。四庫簡明目録云其書晚出，九流一篇全襲隋書經籍志之文，疑即孝政所僞作，而自爲之注也。然雜採古籍，融貫成篇，雖風格稍卑，而詞採秀□，即出孝政之手，亦唐代古書也。

顏氏家訓上下二卷

舊題北齊顏之推撰。按之推後仕隋，則題北齊誤也。凡二十篇，隋志、通考并作七卷。其書多辨正時俗之失，以戒子弟，爲古今家訓之祖。所論切中世故利害，頗足取法。惟歸心等篇崇尚釋氏，爲不足訓。

參同契三十四章

漢魏伯陽撰。通考本作三卷，題曰周易參同契。今四庫本卷數同，題曰周易參同契通真義，蓋後蜀彭曉注本也。按此丹經之最古者。葛洪云，魏伯陽作參同契、五行相類，凡三類，其說似解周易，其實假借爻象以論作丹之意。儒者不知神丹之事，多作陰陽注之，殊先失其旨。洪此論見神仙傳。四庫目録云唐志列于五行，固爲失當；朱彝尊經義考列之易類，則又不倫，惟葛洪所云得作書本旨，若預睹陳摶以後牽異學以亂聖經者。是此書本末，道家原了了，儒者反憒憒也。今仍列之道家，庶可知丹經自丹經，易數自易數，不以方士之說，亂羲、文、周、孔之大訓焉。

陰符經之三篇

題漢張良注。王跋詳矣。四庫本作一卷，題黄帝撰，太公、范蠡、鬼谷子、張良、諸葛亮、李筌六家注。朱文公嘗作考異一卷。以其時有精語，非深于道者不能作。

風后握奇經一卷

題漢公孫弘解。晉馬隆述讚。漢、隋、唐志皆不載，宋志始著録之。四庫目録云詳考其文，蓋因唐獨孤及八陣圖記而依託爲之。然其言具有條理，流傳四五百年，爲談兵者所祖。

素書一卷

題黄石公撰。隋、唐志不録。通志藝文略□載之，與黄石公之三略并題吕惠卿注。此本注不詳何人。四庫本題張商英注，目録謂書即商英所僞託也。王跋疑此與三略爲一書。今四庫目録尚兩存之，其爲二書無疑。

心書一卷

題漢諸葛亮注。既不見録于隋、唐志，而蜀志本傳陳壽所上諸葛氏集中亦無此書目。通志藝文略有武侯十六策，其目見通考中，與今書異，則亦非此書也。陳氏以爲依託是矣。今四庫目録亦不載於兵家。

古今注三卷

晉崔豹撰。豹字正熊，燕國人，惠帝時官至太傅丞。見世説注。此書隋志入子類，其經類有論語集義八卷，下注晉尚書左中兵郎崔豹撰。考晉志，尚書郎秩四百石，太傅丞秩千石，則豹先爲郎，後爲丞也。唐志又有漢順帝侍中伏無忌伏侯古今注三卷，後漢書天文、五行志引之，在豹前，唐志誤列于豹後。至後唐馬縞中華古今注，則廣豹者也，然增者僅十之一二，故四庫本附馬于崔，并兩爲一，以便參考。

博物志十卷

晉張華撰。王跋詳矣。四庫目録云原書已佚。此後人裒集本耳。

文心雕龍十卷

梁東莞劉勰撰，分上、下二篇。上篇二十五，論體裁之列。下篇二十四篇，論工拙之由；末一篇爲序志，亦得二十五。篇末各係以贊。四庫目録謂論文之莫古于是，亦莫精于是，良然。晁氏摭小疵譏之，無當也。勰字彦和。

詩品三卷

梁記室參軍潁川鍾嶸仲偉撰。南史本傳謂嶸報沈約而作此書，然其妙解文理，不減劉勰也。分上、中、下之三品，品冠小序，人係一評。凡自漢迄梁，計一百三人。其謂某人詩源出某人，四庫目録亦譏其武斷云。

書品一卷

梁散騎常侍新野庾肩吾慎之撰。分三品，品之中又區爲之，蓋倣班固古今人物表□也。真草不分，而每品有論有序。原序稱所列一百二十八人，今止一百二十三人，則已失其舊矣。下之上品，有魏徵名，時代邈不相及，最屬可疑。豈原書已佚，唐初人哀成之故，缺五人而誤入徵名耶？張彥遠法書要録所載全同，是唐時本亦與今同。

尤射一卷

魏繆襲撰，此書始見于陶氏説郛第一百一，殆亦依託者與？其文辭古奥，頗可流覽。餘詳王跋。

拾遺記十卷

晋王嘉撰，梁蕭綺録。蕭序云嘉字子年，晋隴西安陽人。書本十九卷，二百二十篇，綺搜檢殘遺，合爲一部，凡十卷。考隋志卷數同。又有拾遺録二卷，下注僞秦姚萇方士王子年撰，未知此書否？爲王記遺説，抑蕭綺所謂録者與？是無可考。嘉蓋晋人，而後官于秦，故四庫本題曰秦王嘉。此本仍曰題曰晋，紹蕭序也。所記上起三皇，下訖石虎。事迹多涉怪異，而詞藻則艷發矣。

述異記二卷

梁任昉撰。隋、唐志並以爲祖冲所作，而晁氏以爲是昉書。南史本傳載昉所撰雜傳二百四十七卷，此記疑即在雜傳中。藝文類聚、太平御覽所引祖記，往往爲今本所無，故王跋疑當時任、祖各有記，隋、唐志偶遺之耳。此本較稗海本又不全，中有北齊武成何河清年事，并多唐時州名，蓋亦如張華博物志由哀合，真僞參半也。

續齊諧記一卷

梁朝吴均撰。本或題唐吴筠，誤也。隋志有宋散騎侍郎東陽無疑齊諧記七卷，故此書曰續。莊子所云志怪者，乃寓言耳。東陽書今不傳，李善文選注屢引之。

搜神記八卷

晋干寶撰。考晋書本傳，書有二十卷，隋、唐志作三十卷，既非其舊，此本止存八卷，殘缺尤多。其中有後魏時人，宋元嘉、齊永明中事，及唐代州名，最爲可疑。毛氏津逮祕書作二十卷，較爲完善。然考水經注所引張公直事，云出干寶感應篇，荆楚歲時記又引干寶變化篇，是原書各有篇目，以類而從。毛本無此體例，則亦非原書。四庫所録本亦二十卷，蓋即毛氏本。目録云證以古書所引，或有或無，其第六、第七卷乃全鈔續漢書五行志，一字不更，殆亦出于依託。然猶爲多見古書之人，聯綴舊文，傳以他説。故核其體例，儼然唐以前書，非諦審詳稽，不能知其僞也。

搜神後記二卷

題晉陶潛撰。本十卷，見毛氏津逮祕書。此則唐宋叢書本也。四庫所採，殆即毛本。目録云考潛卒于宋元嘉四年，而書中有元嘉十四年、十六年事，其僞可不待辨。然其書文詞古雅，體例嚴整，實非鈔撮補綴而成，亦非唐以後所作，故隋志著録，而唐人所引文，亦一一相合，蓋猶隋以前之完帙也。今陶令全集不採此書。

還冤記一卷

題北齊顔之推撰，誤與家訓同。所記上起春秋，下訖晉、宋，無北齊事。文獻通考作北齊還冤志，亦非也。此爲唐宋叢書本，止一卷，中脱第七、第八兩葉，第九葉又脱去數行。四庫本作三卷，與隋志合，當爲完本。

神異經一卷

舊題漢東方朔撰，晉張華注。考隋志所載亦符，則其依託久矣。四庫目録云所記皆八荒以外之言，不可窮結，而文採縟麗，詞賦家恒所引用，亦六朝文士所爲。

海内十洲記一卷

舊題漢東方朔撰，亦依託也。然隋志著録，李善文選注、陸德明莊子音義已屢引之，其由來亦久矣。此與神異經，隋志入地理類，唐志入神仙家，惟文獻通考列于小説家爲得其實，故四庫目録亦沿其例云。

别國洞冥記四卷

舊題漢光禄勳郭憲撰。蓋因憲有潠酒厭火一事，而依託爲之者也。隋志有漢武洞冥記一卷，下注郭氏注，闕憲名，而卷不合。今四庫本卷與此同，而題曰漢武洞冥記。通考又載洞冥拾遺一卷，陳氏謂從御覽抄出，則此四卷亦非全書矣。其言荒誕不可詰，則神異經、十洲記類也。

枕中書一卷

題晉葛洪撰。陶氏説郛始載之。唐志神仙家有枕中素書一卷，不詳撰人，未知即此書否。要其説神仙事，怪誕不經，真僞可不辨矣。

佛國記一卷

晉釋法顯撰。王跋所叙顛末詳矣。其所記山川道里，足資考核，故四庫目録列入地理類外記之屬，正不必以其多尊釋教而廢之也。通典引作法明撰者，避中宗諱耳。

洛陽伽藍記五卷

後魏撫軍府司馬楊衒之撰。卷數與隋志合，通考本作二卷。所記則後魏都洛陽時造佛□也。蓋以永熙亂，城郭丘墟，衒之行役故都，追述成書，其有黍離之感乎？「楊」或作「羊」，未詳孰是。

三輔黄圖六卷

不著撰人名姓。前人論説，見王跋者詳矣。四庫本卷數同。

水經三卷

漢桑欽撰。宋王伯厚、元歐陽圭齋多有論辨，已弁於篇端。其説之可以參稽者，亦詳于王跋矣。其書爲桑所作與否，正難臆斷。或以爲郭璞作者，則璞注山海經，所引水經凡八條，豈得云經出璞手？隋志云郭璞注，通典謂郭注疏略多迂怪，李善文選注尚引水經郭璞注，必爾時郭書尚存，故云然也。此本無注，故止三卷。今單行本爲後魏酈道元注，凡四十卷。四庫目録云自明以來，傳刻舛誤，經注混淆，今以永樂大典所載舊本重爲校正，補其佚脱者二千一百二十八字，删其妄補者一千四百四十八字，正其臆改者三千七百一十五字。雖宋本原佚之五卷不可復補，較諸明刻亦可謂還其舊觀矣。又考酈注本卷十一易水注有云：故桑欽曰易水出北新城城北，東入滱，自下滱、易互受通稱矣。卷十四濡水注有云：桑欽説盧子之書言晉既滅肥，遷其族于盧水，盧水有二渠，號小沮、大沮，合而入于玄。

夫道元既注欽書，何以別引欽説。豈欽別有論水之書耶？

星經一卷

舊題漢甘公、石申著。王跋所論詳矣。甘公名德，楚人，石申魏人，均戰國時人，題曰漢亦非也。

荆楚歲時記一卷

晉宗懔撰。懔實梁人，題曰晉誤也。通考本尚有四卷，今多缺佚，如初學記、歲華記麗諸所引，頗有今本所無者，殆其遺説與？此書之注，舊以爲隋杜公瞻，通志亦云然，然注中有「按杜公瞻云云」云，則非出公瞻手筆可知。唐志所録荆楚歲時記有宗懔、杜公瞻兩本，疑杜別有記，今不傳，而注者之姓名則無從考究矣。

南方草木狀三卷

晉譙國嵇含撰。分草、木、果、竹四類，共八十種，皆嶺南土産也。其顛末已詳于王跋。四庫目録云叙述簡雅，非唐以後人所能僞，不得以隋、唐志皆不著録爲疑。李善文選注屢引之。

竹譜一卷

宋戴凱之，字慶預，武昌人。前廢帝時人，曾爲南康相，見宋書鄧琬傳。或題曰晉非也。所記竹類七十餘種，皆叙以四言韵語，頗似讚頌。其注亦自作，詞義並古，足資考證。

禽經一卷

舊題師曠撰，晉張華注，皆依託也。華死在惠帝永康元年，而注中引郭景純注爾雅、李膺蜀志、顧野王符瑞圖，其贋顯然。四庫本作七卷，未知與此本詳略若何。目録云陸佃埤雅以下所引禽經，今本仍皆不載，又僞本中之僞本。以左圭百川學海所收即是此本，知其僞在南宋之末，既以流爲丹青，今亦不能遽廢也。

古今刀劍録一卷

梁陶宏景纂。所記古來刀劍，起夏啓，訖梁武，凡四十事。李綽尚書故實所引亦合。惟考宏景卒于梁武大同二年，而書中稱其謚，並斥其諱，殊不可解。又蜀注主劉備採金牛山鑄劍一條，內有「房子容曰」云云，是説唐事，不應笄入。或是後人細注於旁，而刊校時混入者。又稱「元」當作「蒲元」，乃人姓名。藝文類聚載有蒲元傳，是武侯掾屬，善鑄刀。又關羽採都山鐵鑄刀一條之前，脱去「蜀將刀」一行，此並是傳寫之訛也。

鼎録一卷

題梁虞荔纂，然荔已仕陳，則題梁者誤也。所記鼎事凡六十二，前三十五爲古帝王鼎，後二十七爲古卿大夫鼎。體例與刀劍録略同。並不録于隋志，至宋吴淑事類賦始徵引之。考荔卒于陳武帝天嘉二年，乃書中有陳宣帝太極殿鑄鼎事，其可疑亦與陶録預書梁武謚同也。

天禄閣外史八卷

舊題漢汝南黄憲著，前有明王鏊序，皆僞託也。憲卒于安帝延光元年，而書中猶次及董卓之亂。范史憲與周燮、徐穉、姜肱、申屠蟠同傳，而序云范氏不立傳，其謬妄固不待攻而自破矣。序言作于嘉靖二年，則此書嘉靖時始出于世云。

龍威祕書

石門馬俊良嵰嵰山輯。共十集：一集曰漢魏採珍，二集曰四庫論録，三集曰詩話集雋，四集曰晋唐小説，五集曰叢説拾遺，六集曰麗體奏章，七集曰説鈴攬勝，八集曰西河經解，九集曰荒外奇書，十集曰説文繫傳。其間略有去取。故自漢迄國朝而所收止此也。

甲集漢魏叢書採珍

按何氏原書七十六種，王氏刊本增爲八十六種。此集凡已入祕書廿一種及有專刻者不録，故所採止小爾雅、群輔録、南方草木狀、西京雜記、十洲記、搜神記、神仙傳、神異經、穆天子傳、漢武内傳、飛燕外傳、雜事祕辛、述異記、枕中書、洞冥記、詩品、鼎録、竹譜、刀劍録，凡十九種。其略已具于前漢魏叢書中，不復贅，其本則叢書原本也。

乙集四庫論録十三種

蓋自四庫全書中採取者也。耕織圖詩四庫目録不收，或附見攻媿集中。至離騷集傳、故宫遺録二種，則並無其目，未詳何故。

江淮異人録一卷

宋丹陽吴淑纂。其體例乃齊諧，集異之流，其事則道流術士居多，而俠客與焉。所記雪〔鋋〕化銀、落葉爲魚諸事，亦屬旁門幻術。近世尚有傳之者，理所必無而事所或有也。耿先生事則馬令，陸游並採入南唐書中。凡唐書代二人，南唐二十三人。淑字正儀，在江南時，曾官祕書郎直内史，後隋隨後主入宋，故所記多南唐事。陳氏直齋書録解題作二卷，此乃鮑氏知不足齋叢書本。延博跋謂是録明嘉靖中伍光忠，本尚未失真。近刻首列明皇游月色事，展卷即知其僞，則此是明本也。四庫全書收入小説家異聞之屬。目録謂原本久佚，從永樂大典録出，則非伍本矣。其卷爲二，與陳氏同。

離騷集傳一卷

宋晉陵錢杲之著。四庫集部楚詞類不録此書。錢遵王曾讀書敏求記曰其旨一禀於王叔師，旁採爾雅、山經諸書，而分離騷三百七十三句爲十四節。蓋謂古詩有節有章，賦則無章有節耳。杲之不曉昭明置騷於詩後之義，妄認騷即爲賦，侏儒之隅見如此。

離騷草木疏四卷

宋通直郎行國子録河南吴仁傑撰。蓋因劉杳疏亡而補之也。前三卷皆香草，末卷爲惡草。自跋謂「離騷以薌草爲忠正，蕕草爲小人。蓀芙蓉以下凡四十又四種，猶青史氏忠義獨行之有全傳也。薋菉葹之類十一種傳著卷末，猶佞幸姦臣傳也。彼既不能流芳後世，姑使之遺臭萬載云云」云。按書成于慶元丁巳歲，刊于庚申歲。爾時正韓平原專政，嚴禁僞學之秋，則其纂訂也，非徒示考究也。鮑廷博跋云前三卷首列名銜，末卷缺而不署，隱然寓不屑與小人爲伍之意。四庫入集部楚詞類。此則知不足齋校刊宋本也。

唐闕史二卷

題參寥子述，蓋五代高彦休撰也。自叙稱甲辰歲編次，是爲唐僖宗中和四年，而其間有書「僖」號者，或由異日續改故耳。四庫入子部小説類異聞之屬。目録云五代高彦休撰，舊本題唐人誤也。凡五十一篇。所記怪妄諸事，如丁約劍解一條，王士禎斥其導逆，所説良是。然其中如李可及説三教一條，頗有正論。劉悅、畢長鳴諸條，亦頗資考證。此是知不足齋本。書名上有御題字，則編首有純廟御筆七律一章故也。

農書三卷

宋陳旉撰。書録解題作陳芳，蓋傳寫之譌也。上卷十四篇，言農事十有二宜。起以財力之自量，終以念慮之貴專。而初祈報篇、善根苗篇附焉。中卷三篇，言養牛之法。下卷五篇，則治蠶之事也。所言多發揮事理，頗似文論。與齊民要術等書詳載其法者不同。四庫目録入子部農家類。此則知不足齋所雕仁和趙氏小山堂鈔本也。

蠶書一卷

題秦觀撰誤也，書實秦湛撰。湛字處度，少游之子。所言治蠶之事，較陳旉爲詳，四庫目録本即附于農書之末。

耕織圖詩

宋紹興中于潛令樓璹上諸高宗者也。耕之事二十一，織之事二十四，各爲一圖，并繫一詩。從子鑰爲刊石以傳。當時圖詩並行，此本則有詩無圖矣。璹集不傳，故四庫目録不收此書。璹字壽至玉，一字國器，官至朝議大夫。事詳樓鑰此圖後序。

江南餘載二卷

不著撰人姓名。宋史藝文志入霸史類。文獻通考、戚光南唐書音釋並作「館載」，字之譌也。書録解題載其原序，略以徐鉉、王舉、路振、陳彭年、楊億、龍袞六家記江南事者，悉不足稱，而有取于鄭君之書，因删取百九十五段，以類相從，而成此編。所謂鄭君，蓋指鄭文寶也。文寶有南唐近事二卷，江表志三卷。原本久佚，此國朝纂輯四庫書時，從永樂大典録出，所存不及百條。然江南遺事，未□不籍以考證。四庫目録入史部載記類，各段下間附按語，亦纂輯館臣手筆。

五國故事二卷

不著撰人姓名。分紀吴楊氏、南唐李氏、蜀王氏、孟氏、南漢劉氏、閩王氏六國事，而末附以朱文進等六人。以地論則爲四國，以人論則爲六國，豈以前、後蜀建號名同而云五國耶？此爲鮑氏知不足齋所梓明代劍光閣鈔本。據書中所述，作者當是宋初人也。

故宫遺録一卷

明盧陵蕭洵撰。蓋方洪武革命初年，洵以工部郎中隨大臣至北平毁舊都，因得徧歷故宫而記之者也。千門萬户曲折如畫。前有洪武丙子松陵吴節伯度序。丙子，洪武二十九年也。四庫目録收入史部地理類存目一，朱竹垞日下舊聞全載之。

赤雅三卷

明鄺露纂。露□南海令黄恭庭，亡命粤西，游山令岑藍諸土司，爲猺女執兵符者云娘書記，歸述其見聞，成此編。上卷雜記猺人事，中卷述山川地理，下卷述鳥獸草木之屬。露字德湛若，南海人，負奇才，頻不得志于有司，而所爲文益奇，即此可見其一班矣。露後以鳫擢中書舍人，抗王師死難。子鴻亦以抗□命，殉于廣州。其人奇，其節亦奇；其父奇，其子亦奇。此書四庫入史部地理外紀之屬。目録云序述簡雅，不在桂海虞衡志下。

平臺紀略一卷

國朝漳浦藍鼎元玉霖著。紀康熙辛丑平定臺灣逆寇朱一貴始末，起是年四月，迄雍正元年四月。鹿洲山人是時在其兄忠毅公廷珍軍中，總兵官。故兩年之事□悉具備。鹿洲喜講經濟，觀其鹿洲全集，可以知其人矣。

雲仙雜記

舊題唐馮贄撰，或以爲王銍鋞僞作也。此本不分卷數。四庫書作十卷，入子部小説家類雜事之屬。目録云皆雜記古人逸事，各注其所出之書，而其書皆古來史志所不載，依託顯然。然工於造語，詞賦家轉相引用，知其贋而不能廢焉。

丙集古今詩話集雋八種

二十四詩品一卷

唐司空圖撰。圖論詩謂譬諸梅酸鹽鹹，而味在酸鹹之外。是書以四言韻語寫其意境，平奇濃淡，無體不備。漁洋山人摘其「不著一字，盡得風流」二語，爲詩家祕鑰，不免執一之見，且非表聖之意也。

本事詩一卷

唐孟棨撰。取歷代緣情之作，著其事迹始末，分情感、事感、高逸、怨憤、徵異、徵咎、嘲戲七類。其中樂昌公主、宋武帝二則爲六朝事，餘皆唐事也。徵異類中所記駱賓王續成宋之問靈隱寺詩事，前人多辨其非。又韓吏部作軒轅彌明傳一則，似以彌明實有其人。然觀石鼎聯句一篇，亦屬寓言，未來借以諷刺，未必當時真有此老道士也。

雲溪友議

唐范攄編。云溪者，攄所居若耶溪，一名五云溪也。與孟棨本事詩相似，而所記不盡緣情之事，間涉評論，亦有數則僅記事，此與孟作體例少異者也。四庫入小説家雜事之屬。目録作三卷，謂其書凡六十五條，各以三字標題，而此本止四十一條，不分卷，亦不見有三字標題。蓋非全本也。

本朝名家詩鈔小傳四卷

國朝閩鄭方坤荔鄉撰。蓋荔鄉纂鈔國初至雍正、乾隆間名家詩集，每人爲作小傳，馬氏删訂成編，而刊入叢書者也。其詞多排比縟麗，與史傳體不同。而國初暨中葉以來，諸以詩名者搜羅略徧，評騭亦頗允云。

蓮坡詩話三卷

國朝宛平查爲仁心穀撰。蓮坡者其號，後亦稱蓮坡居士，因此名此書也。居士爲吾浙海寧人，僑居帝里已三世。于康熙辛卯科舉鄉試第一，年纔十九。乃以匪人與主試者有隙，鈎致成獄，當時遠近喧傳爲不識一丁字。長繫八年，始邀矜釋寃矣。張得天尚書歎其有才無命，稱爲唐子畏後身。讀蔗塘詩鈔，含酸茹歎，而才藻横溢，其真艱苦而益工耶？此書則其酒邊燭外，議論唱酬所及，誌其顛末，詮次成編。自序謂得于見者七八，得于聞者二三。

歸田詩話

已見前七子詩話中矣。佑詩，竹宅老人嘗譏其徒綺艷而無骨幹。若此編所論，則自有可取者也。

臨漢隱居詩話

見前七子詩話中。

滹南詩話

見前七子詩話中。

丁集晋唐小説暢觀五十九種

蓋從陶氏説郛中採輯者，大都語怪言情。嵰山自識謂如看全部傳奇，雖婦人童稚，咸知情節，不至如雜齣之茫無頭緒。斯言了了矣。

酉陽雜俎兩〔二十〕卷

唐段成式撰。酉陽者，取梁元帝訪酉陽之逸典語。指二酉山。雜俎者，則自序云：「詩書之味太羹，史爲折俎，子爲醯醢」。蓋以此小説之書不足以當折俎，而取古樂府五雜俎語也。今單行明毛氏津逮祕書本，計二十卷，又續集十卷。此十卷，胡應麟筆叢謂自太平廣記録出。四庫本亦同此，系删本，不過十之二三，字句間有小異處。

諾皋記一卷

此已在全本酉陽雜俎中，蓋其第十四、第十五兩卷也。另出單行，不知始于何時。字句多有删削，惟第四頁舊儺詞曰云云一段，及吐火羅國云云一節，爲毛本所無，殆偶逸也。

博異志一卷

此題唐鄭還古撰，廿一種祕書本題唐谷神子纂。前有自序，末云何必標名，是稱谷神子，是作者本自隱其姓名。

晁氏曰序稱其書頗箴規時事，故隱姓名，不知晁氏指何人之序。或又以馮廓撰，然并無證據也。所記十條，多唐初及中世鬼神靈迹。觀自序粗顯箴規云云，則此書固有寄諷，非侈言詫異也。『志』，他本多作『記』。

李泌傳一卷

唐李蘩撰。所記多爲正史所無，頗雜見唐人小説中。其賦黄臺瓜辭諫肅宗事，則唐書本傳亦採之矣。

英雄傳一卷

唐雍陶撰。所記止郭子儀、於頔、張説、裴度四人，凡四則。於郭，記其赴魚朝恩章敬寺之招、盗掘公先墓、將吏出入閨闥三事。于于，記與鄭太穆錢絹及戴山人錢百萬、歸婢崔郊三事。于張，記其以侍□與書生事。于裴，記其返參軍妻黄娥事。前一則則度量闊略，後三則則俠士豪舉也。其掇拾成編者，殆亦有所感耶。

仙吏傳一卷

唐太上隱者輯。太上隱者，人莫知其姓名何從，問之不答，留詩一絶，所謂「偶來松樹下，高枕石頭眠。山中無曆日，寒盡不知年」是也。此所記止東方朔、陶宏景、顔真卿三人。而東方朔事與郭憲朔傳同，不易一字，陶事則南史及梁書本傳亦載之。

劍俠傳一卷

題唐段成式撰。考汪氏廿一種祕書所録，此傳凡四卷，闕撰人名。自三卷末條乖崖劍術後，皆宋事，則非唐人手筆可知。此本較汪本僅五之二。自虬鬚叟一則皆唐事，則題段著，必另有據。

柳毅傳一卷

唐李朝威著。記毅遇洞庭君事，描寫有神。

虬髯客傳

題唐張説撰。新城章柱田天謬崖脞説云傳稱煬帝幸江都，以司空楊素守西京，李衛公遇紅拂、虬髯事並在此年。按南唐史，文皇以大業十四年起義兵，時年十八。而帝幸江都爲元年，文皇纔五歲，傳乃云年二十而有天子相。若謂此辛在十二年，則楊素之死久矣。又衛公嘗上唐公急變，必無預識真主之事。燕公蓋故謬其辭，以見其非實也。今考此傳與汪本劍俠傳第一卷第二則扶餘國王事全同，則此傳是説所撰與否未可懸斷。觀卷末人臣之謬思亂者，乃螳臂之拒走輪云云，則此傳固非徒作侈語。

馮燕傳一篇

唐沈亞之撰。記燕殺張嬰罌妻自首事。

蔣子文傳一篇

唐羅鄴撰。子文即蔣侯，金陵蔣山□由因得名。此記其靈迹。

杜子春傳一篇

唐鄭還古撰。記子春遇老人録藥事。

龍女傳一卷

唐薛瑩撰。所記止三則。第一則記梁武帝得珠于龍女事，第二則記蕭曠遇洛神，是從感甄記演出，第三則記鄭德麟遇洞庭老叟事。

妙女傳一篇

唐顧非熊撰。妙女宣州崔氏婢，自然言爲仙女謫墮。此記其顛末。

神女傳一卷

唐孫頠輯。記太真夫人、宛若、康王廟女、蠶女、紫姑、張女郎六人事。

楊太真外傳二卷

題唐史官樂史著。按樂史北宋人，此同唐史官，豈别一樂史耶？所叙瑣屑之事，太率正史所無。而元、宋之惑，亦可見矣。

長恨歌傳一篇

唐陳鴻傳，白居易撰歌。鴻先作傳，居易依之作歌。末附元虛子考異一則。元虛子不知何人，所言與傳稍歧，大意言明皇之始終不悟耳。

梅妃傳一篇

唐曹鄴著。梅妃名江採蘋，此記其始末。今俗所演搜閣一劇，從此演出也。

紅線傳一篇

此汪本劍俠傳第二卷第四則也。設色濃，至與虬髯傳並爲劍俠傳中出色之篇。

劉無雙傳一篇

唐薛調撰，記無雙與王仙客爲夫婦事。

霍小玉傳一篇

唐蔣防撰。記小玉嫁李益，益負約事。

牛應貞傳一篇

唐宋若昭撰。應貞，牛肅女，聰穎能文章。此記其事，並取魍魎問影賦著于篇。

謝小娥傳一篇

唐李公佐撰。小娥父與夫爲盗申蘭、申春所殺，易男子服，作傭保，□殺蘭擒春以復仇，爲尼以終。公佐目睹其事，故記之悉。展誦一過，令人生敬心。

李娃傳一篇

唐白行簡撰。娃先爲長安倡女，滎陽生惑焉，資盡而見，逐瀕於乞食。娃憐而引之歸，勉之讀書，遂獲科名，官至列郡，娃封汧國夫人。今俗所演繡襦記傳奇，全譜其事。

章臺柳傳一篇

唐許堯佐撰。記韓翃、柳姬事。

非煙傳一篇

唐皇甫枚撰。非煙，步氏，武大業妾。此記其遇趙象始末也。

會真記一卷

唐元稹撰。蓋微之嘗□亂其表妹而不遂，作此以蠛之。所謂張生者，即微之也。末附王性之辨證一篇，引據頗詳。然事既子虛，何必巧爲遷就，以證實之耶？朱子嘗爲之辨。近新城章苧田柱天云：始既儼容責數，何忽無因至前？既云潛賦羞郎，試問誰爲傳示？子矛子盾，誣罔顯然。

黑心符一篇

唐於義方撰，蓋其家訓一則也。先言懼内情狀，令人失笑；後痛言其害，則令人悚然矣。

南柯記一篇

唐李公佐著。記淳於棼蟻夢事。今戲劇中所演南柯夢也。

枕中記一篇

唐李泌撰。記盧生邯鄲道上黄（梁）粱夢事。今戲劇中所演邯鄲夢也。

高力士傳一篇

唐太原郭湜撰，記力士首末。湜與力士同爲李輔國所逐，所言雖與正史不盡同，當非妄語。

白猿傳一篇

唐無名氏撰，記歐陽紇妻被白猿掠去事。紇，詢父也。詢面似猴，長孫無忌嘗嘲之曰：誰于麟閣上畫此一獮猴，同時因作此傳。

任氏傳一篇

唐沈既濟撰。任氏，狐妖也，鄭子惑之。此記其事。

袁氏傳一篇

唐顧夐撰。袁氏，猿妖也，孫恪惑之。此記其事。

揚州夢記一篇

唐於鄴撰。牛僧孺鎮揚州，杜牧爲之書記。此記其事。所謂「三十年一覺揚州夢，贏得青樓薄幸」名也。末綴其刺湖州事，則連類而及。後附後人跋語及詩，王穉登作亦厠，殆馬氏取録于此，非説郛原本也。

妝樓記一卷

唐張泌纂。凡七十一則，皆涉于閨閫者。

雷氏傳一卷

唐沈既濟撰。首一則記雷州人奉雷及陳義事，後五則皆紀雷異也。傳言雷豕首鱗身，而流俗相傳爲雞首人身。塾師陳子裳先生□理嘗言十數歲時，有戚族産兒，雷墮于其家，其家供之廳事。三日後，風雨交作，飛騰去。爾時隨衆往觀之，乃雞首人身也。

離魂記一篇

唐陳元祐撰。記張鎰幼女倩娘離魂事。後附齊推女一則，不知何人手筆。

再生記一卷

唐閻選撰。凡九則，皆再生事。

夢游録一卷

唐任蕃撰。凡六則，皆記夢中遇美事。櫻桃青衣一則，是從黃粱夢演出。邢鳳一則，即鄭還古博異記沈亞之一則也。

三夢記一卷

唐白行簡撰。所記三則，一爲彼夢有所往而此遇之者，一爲此有所爲而彼夢之者，一爲兩相通夢者，故曰之夢。末附張女之夢，亦連類而及也。

幽怪録一卷

唐王惲撰。凡四則，其第二則即謝小娥事也。

續幽怪録一卷

唐李復言撰，凡二則。

幻戲録一卷

唐蔣防撰。所記殷七七、陳休復、馬自然、葉法善四人事。

幻異志一卷

唐孫頠撰，凡十五則，與幻戲録相似。

靈應傳一篇

題唐無名氏撰。而總目則標孫頠，未詳其故。所記九娘子乞師事，從龍女傳幻出。

才鬼記一卷

唐鄭蕡纂，凡十三則。

靈鬼志一卷

唐常沂撰，凡十五則。

元怪記一卷

唐徐炫撰，凡七則。

續元怪録

闕撰人姓名，凡二則。

昌黎雜説

唐韓愈撰。凡四篇，見韓集。然于此體例不同，未識録之者何意。

録異記一卷

唐杜光庭撰，凡十五則。

飛燕遺事一卷

闕撰人姓名，凡七則。

趙后遺事一篇

宋秦醇撰。此與飛燕遺事所記並多伶元外傳所無。

搜神後記

見前漢魏叢書矣。此本止一卷，較叢書尤略。

窮怪録

闕撰人姓名，止三則。

幽怪録一卷

唐牛僧孺撰，凡十七則，與王惲書名偶同。

古鏡記一篇

隋王度撰。侯生贈度古鏡，能照見妖魅。此記其始末也。

楊娼傳一篇

唐房千里撰。

戊集古今叢説拾遺三十四〔五〕種

自漢至國朝。其本取之説郛爲多，故并非全本也。

輶軒絶代語

即方言也，已見漢魏叢書矣。此説郛本，止六頁，不知何人摘録另編者。

臆乘一卷

題宋楊伯嵒著。凡四十條，多考證辨正之事。如謂柳花與柳絮爲二物，漢書士張空拳爲張空弓，非手拳，並足據也。

桯史

宋岳珂著。「桯」或作「程」非。曰桯史者，蓋襲李德裕之故史，取晏子藏書于楹之意。「桯」音「盈」，與「楹」同見集韻。原本十五卷，所記南、北宋事一百四十餘條。雖諧辭瑣語雜厠其中，而詞寓勸懲，并足補正史之缺。此本止十一條，亦删本也。珂，忠武孫，震之子。

仇池筆記

題宋蘇軾著。四庫本作二卷，此不分卷數，殆删本也。目録云勘驗其文，蓋後人集其雜帖爲之，非所手著。以頗資考證，故至今傳之。中有不類軾語者，疑或以僞迹□入歟？

吉凶影響録

宋岑象求著，凡八則。

東齋記事

宋許觀著，凡二十四則。多所考訂，與臆乘相似。

漁樵閒話

宋蘇軾著，凡三則。皆漁立事而樵論之，蓋以詆世也。以上七種並説郛原本。

廬陵雜説

宋歐陽修著，凡三則。似從集中摘録者。

遺史紀聞

宋詹玠著，凡七則。衣錦將軍見五代史，令狐綯金蓮燭事見唐書，餘多見唐、宋人雜説中。

摭青雜説一卷

宋王明清著，凡六則。並宋時逸事，足資勸懲者。

折獄龜鑑

宋鄭克著，凡十四則。並宋時良有司折獄事，足資則傚者。

搜神祕覽

宋章炳文著，凡二則。

玉溪編事蜀

撰人闕，凡五則。第四則即黄崇嘏事也。

乘異記

宋張君房著，凡四則。

睽車志

宋郭彖撰。睽車者，取易睽卦載鬼一車之意，蓋所記皆涉奇異也。原本六卷，此止六則。

近異録一則

宋劉質著。記鄴鄱陽氏民生子六臂事。

甄異記

題戴祚著。祚是晉、宋時人，嘗著西征記，水經注引之。此書止五則，皆異事。

旌異記

宋侯君素著，凡九則，皆宋事。

廣異記

題戴君孚著，凡六則。

雞肋一卷

宋趙崇絢撰。惟羊侃膂力諸條記奇能，婦人有鬚諸條記異相。餘皆古事之相似者，如累世有列傳之類。事屢見者，如千里駒知囊之類。古今人同姓名者，如兩張禹、兩劉毅之類。其體例非類書而似類書，故四庫目録入子部類書類。以上十一種，並説郛原本。

虎口餘生記一卷

國朝邊大綬撰。記其崇禎十五年爲米脂令，掘李自成祖墓事。前録塘報稿，詳掘墓事，並附汪喬年手札。後記一篇，則詳其爲賊所得幾死，□幸免事。大綬入本朝曾爲太原守，記則順治元年秋作于長安者也。

陶説六卷

國朝海鹽朱琰述。卷一曰説今，叙饒州今窯，並陶冶圖説二十則。陶冶圖説者，乾隆八年管理九江關務員外郎唐英遵旨，由内廷交出陶冶圖二十幅，次第編明，作爲圖説進呈。自採石礱泥至祀神酬願，其事悉具。此則録其大略，附以所見，誌陶之盛所由盛也。卷二曰説古，原作陶之始，並備考唐、宋古窯。卷三曰説明，則詳有明一代諸窯，并言造法。卷四、卷五、卷六並曰説器，而分上中下，則採録唐虞道明諸陶器，尊彝盆盎莫不詳述。夫宣和博古圖、宣德鼎彝譜諸書，金石併詳，皆非專叙陶事。此書于古窯、今窯、古器、今器，咸所甄録，考證頗精。其造礱之顛末，以及形狀採色，犁然其備，可謂集陶事之大成矣。

鬼董五卷

不著撰人姓名。卷尾有元泰定時臨安錢孚跋，云得之毗陵楊道芳家。此祇鈔本，後有小序，零落不能詳。其可考者，云太學生沈，又云孝光時人，而闕解元之所傳也。今此本又無所謂小序。卷四記嘉定戊寅事，卷三記紹定已丑事。嘉定，寧宗改元年號；紹定，理宗改元年號，則作者當爲爾時人也。所言鬼事，多涉因果，寓勸懲，而不以釋道爲是，還當爲吾輩中人。

説郛雜著十種

皆採自説郛者。

乾𦠆子

唐温庭筠撰。凡八則，多涉詼諧。末綴云：不爵不觥，非炮非炙，能説諸心，庶乎乾𦠆之義。

志　林

題宋蘇軾撰。四庫本作五卷。目録云一名東坡手澤，後編入東坡大全集中，改題此名。核其文義，亦蒐輯墨迹所編也。

金樓子

題梁湘東王繹撰，繹即孝元帝也。此本止三十二條，蓋後人摘録本。原本十五篇，雖久散佚，而四庫書所録六卷，從永樂大典録出者，尚有十四篇，不止此數十條也。徵引多周、秦古書，非今所及見。目録謂其綜括古今，兼資勸戒。而此所録又止其字實之新穎者耳。

五色線

宋人撰，闕姓名。凡二十七則。與前所録金樓子相類，蓋類書之流也。

雲齋廣録

宋李獻民撰，凡三則，似詩話。

田間書

宋林芳撰。凡十三條，並格言及警世語。雖寥寥短簡，足醒心。

席上腐談

宋俞琰撰。原本二卷。上卷有考證數條，餘皆闡容成之術及論褚氏遺書胎孕之説。下卷則備述丹經，而終以黄曰爲戒。此所録二十一條，並其考證之語。

王烈女傳

記武生王某繼室方氏殉夫事，撰人則未詳。此自幕鑑採録者也。

平定交南録一卷

明邱濬撰。記張輔永樂四年帥師伐安南，平黎李犛，迄十一年擒陳季擴事。濬蓋即輔家所藏前後奏啓，並參考交趾郡志所載露布榜文，及胡廣平南蠻碑、楊士奇東平武烈王定遠忠敬王神道碑次第成編，故所言頗詳。惟分設州縣之數，與今明史年月亦小有參差，未詳其故。

西北域記一卷

不著撰人姓名。所紀山川道里以至鳥獸草木，凡三十五條，西北風土已略可見。以文考之，作者疑是明人。

考槃餘事四卷

明東海屠隆撰。曰書，曰畫，曰帖，曰紙，曰墨，曰筆，曰硯，曰琴，曰香，曰茶，曰盆玩，曰魚鶴，曰山齋，曰起居器服，曰文房器具，曰游具，凡十六類，依類分箋。以誌山家之清供，以寫藝苑之間情。每當幾淨窗明，展誦一過，令人作出塵想。

巳集名臣四六奏章

蓋馬氏採輯國朝駢體文，附以前代，分爲六集：曰拜颺、奉揚、雲樹、臺菜、絮酒、侯鯖，總曰麗體金膏。此所録則拜颺集，計八卷，並表疏序頌。前五卷並國朝人手筆。第六卷則自漢迄梁，採自文選，後周則獨採庾子山。第七卷唐、宋人而全附之。卷八則前七卷補遺也。

庚集吴氏説鈴攬勝説

吴青壇震方。所纂國朝諸家雜説，于山川土俗尤備。此所録二十五種，並方輿名勝也。

金鼇退食筆記二卷

高士奇撰。澹人學士供奉□南齊〔齋〕八閲寒暑，其賜第在太液池之西，金鼇玉蝀橋朝夕策馬過之。退食餘暇，訪羅故迹。明時老阿監猶有存者，因得紀其大概。其詳於西而略於東，則其賜第在苑西故也。

京東考古録一卷

崑山顧炎武寧人著。辨證精確，足正歷來之譌。

山東考古録一卷

顧炎武著。其體例與京東考古録同，精確亦如之。

泰山紀勝一卷

闕里孔貞瑄璧六纂。紀泰峰峪寺觀之勝，涉筆多句外意，不僅以模範之工，令山靈首肯。

隴蜀餘聞一卷

濟南王士正貽上著。記唐、宋以來隴、蜀逸事遺蹟，黔、滇、兩粵附焉。瑣綴□拾，足備考證。其記死事諸臣數則，可以輔正史之缺。

板橋雜記三卷

三山余懷澹心著。上卷雅游，中卷麗品，下卷軼事。蓋一册南部煙花也。

揚州鼓吹詞序一卷

廣陵吴綺園次著。園次取揚州勝地，遍作詩歌，此其小引也。

匡廬紀游一卷

武進吴闡思道賢著。繙誦一過，如識廬山真面。

游雁蕩山記一卷

毘陵周清原蓉湖著。浙東名勝，雁蕩爲尤。閲此益增吾入山之思。

甌江逸志一卷

石門勞大與宜齋著。記宋以來東甌足資法□者。

湖壖雜記一卷

錢唐陸次雲雲士著。記西湖勝迹，間述逸事，足繼西湖志餘後哉。

山同谿纖志一卷

陸次雲著。記滇、蜀、黔、粤諸山，同苗番、獞、猺種類，並詳其風土人情。展閲一過，如有瘴煙蠻風生紙墨間。

坤輿外紀一卷

極西南懷仁敦伯著。懷仁西洋人，所著坤輿圖志，四庫目録採入史部地理類。此則記西洋諸國逸事及草木鳥獸之類。

嶺南雜記二卷

吴震方著。上卷記山水及逸事，其言粤中弊政暨鹽政諸條，可備史館採擇。下卷多鳥獸草木。

封長白山記一篇

遂安方象瑛渭仁著。康熙十六年遣内大臣覺羅武某〔默訥〕、侍衛費耀色、塞護禮往探長白山，成而歸，特錫封號。此摭原疏爲記也。

使琉球紀一卷

三韓張學禮著。學禮于康熙時偕副使王垓航海往琉球册封，歸而紀其始末。後附中山紀略一篇，則紀其山川風俗也。

閩小紀二卷

櫟下周亮工櫟園著。記閩中土風物産，間及瑣事遺聞。其辨造萬安橋，「醋」字之譌傳，考亭不可以稱朱子，則涉于考據矣。四庫目録稱其名僞。惟作四卷，與此本分合不同。

臺灣紀略一卷

長樂林謙光芝嵋著。記臺灣形勢沿革以及山川城郭地理天時，澎湖附焉。

臺灣雜記一篇

梁谿季麟光蓉洲著，雜記臺灣山水，暹羅國附焉。

安南紀游一卷

晉江潘鼎珪子登著。子登游安南，紀其聞見如此。

粵述一卷

黄山閔叙崔鶴瞿輯。記廣西山川郡縣以及土風蠻俗，而不及粵東。

粵西偶記一卷

當湖陸祚蕃武園著。視粵述爲簡，而所記近奇，體例微不同。

滇黔紀游二卷

江陰陳鼎子重著。記二省風土也。

滇行紀程一卷

雲間許纘曾鶴沙著，起彭澤縣。又續抄一卷，則康熙九年纘曾起滇臬任所，記起京師並起于滇所，記沿途遺迹逸聞，而黔、滇爲詳。

東還紀程一卷 續抄一卷

許纘曾著。乃其東還時所記也。滇、黔爲略，而于楚獨詳。于楚則他處略，而洞庭獨詳。

辛集西河經義存醇十三種

蕭山毛奇齡著。國初朱、毛並稱。考據精核，朱氏爲長，而博識縱横，如風雨分飛，懸河不斷，則應讓西河先生。徒以排擊朱文公不遺餘力，故爲識者所非。若其説之精確者，即文公復生，當亦首肯，謂可廢哉。西河合集四百餘卷，可云繁重。此所録三十餘卷，則馬氏之所謂醇者也。推易始末四卷，推者，取繫傳剛柔相推之義，即仲氏易所謂移易也。西河既述其兄之口授，〔潤飾〕，爲仲氏易三十卷，復採漢以來卦變之説，詳爲辨覈，而自爲一圖曰折衷，謂諸儒所圖未盡合推易之義也。春秋屬辭比事記四卷，仿沈棐、宋人，撰春秋比事二十卷。趙汸、元人，撰春秋屬辭十五卷。之例，以春秋經分列二十二門。原本十卷，今止四卷者，則因屬稿未竟，復亡佚。雖所存止改元、即位、生子、立君、朝聘、盟會、侵伐七門，侵伐又僅存其半，而體例已具，大旨可覩。至其□胡氏攘夷狄之説，以爲不通，則詳于所作春秋傳中。蓋據一偏之見，而未識胡氏因時立説之深意也。朝聘門來朝類：「桓公十五年夏四月，邾人、牟人、葛人來朝。」注云：「經例，諸侯之卿稱名，大夫稱人，附庸之君與諸侯卿等可稱名，則附庸之卿當稱人，此必遣卿來朝也」。今按：卿來當書「聘」，不得書「朝」。此經應如杜氏之説，附庸世子，以九年曹射姑例之，降等稱人，其説最確。盟會門：「襄公十五年春二月，己亥，及向戌盟於劉」注云：「他皆不地而此書地，以他盟於國，而此獨盟于城外邑也。」今按：此沿正義之説。然左氏傳不言地，杜氏無注，故萬□宗謂「於劉」二字爲衍文，因下文劉夏字而誤。其説似可從。二傳並無傳無注。春秋占筮書三卷，門人張文彬、文楚、文黼等輯録。大旨以易爲占筮之書。周人占法不傳，左氏傳所記占驗，後人嗤爲傳會，莫明其義。因取傳所載占筮，詳爲之説。其書仍爲易作也。然世之妄議左氏，謂其筮詞多不可信者，讀此亦可爽然矣。卷内間附文彬諸人説，亦與其師之論相發明。韻學指南一卷，即古今通韻中括略、韻論二篇也。西河言韻學，取一「通字」。四庫目録謂其紛糾亦在一「通」字，此二篇，一辨平水韻之非沈韻，最爲明簡。一言通轉之法，則通韻全書之大略也。竟山樂録四卷，竟山，西河父字也。西河作是書，托于其父口授之説，因以題名，一名古樂復興録。四庫目録云，據明寧王權唐樂笛色譜，申明其七調九聲之説，以考駁古人，□爲逐末而遺本。然言樂者，既有此一家，亦可以資考核。李氏學樂録二卷，蠡吾李塨〔恕〕谷著。四庫目録云，塨當學樂于毛奇齡，因以其師五音、七聲、十二律器色相配之論，演爲七圖，而各爲之説。其法以四、上、尺、工、五六字，除一領調字，餘字自領調一聲遞高，又自領調一聲遞低，圓轉爲用，大旨與笛色譜相出入。論語稽求篇七卷，皆詰難集注者。其精確之處，固朱子諍臣也。大學證文，原本四卷，此其第一卷也。大學自程、朱以後，改本日增，聚訟紛如，古義轉隱。西河參校諸本，共得九家，一一斷制，分明其有源委，其作書本旨，總不滿于朱文公也。明堂問目一卷，取歷來言明堂之説，設爲問答而條辨之。白鷺洲主客説詩一卷，設爲甲乙問答以暢其旨，大旨攻擊朱子詩傳之非。其辨鄭風諸篇都非淫詩，朱子復生，恐亦心折。續詩傳鳥名三卷，大旨亦以攻朱。每條列朱傳於先，而詳辨於後。四庫目録謂其有意吹求，自生轇轕，而大致終爲博洽。

編次之意也。繫傳，南唐徐鍇撰，反切則朱翺作。首通釋三十卷，取許氏原本十五篇，每行爲二，鍇語列于慎後，題名以別之。次部叙二卷，通論三卷，祛妄類聚、錯綜疑義各一卷。末系述一卷。此本則歙縣汪氏所校刊也。

尚書今古文注疏三十卷

國朝孫星衍撰。蓋因純廟鑒定，四庫書採梅鷟、閻若璩之説，以梅賾所上爲非真古文，孔傳爲僞託，故唐孔氏雖有疏於後，而復作之也。兼疏今古文者，則以漢代傳是學者。今古文授受不同，倣詩疏之例，毛、鄭異義，各如其説以疏之也。尚書古注散佚，此書所採升爲注者，五家三科。一司馬氏遷從孔安國問，故是古文説。一書大傳伏生所傳，歐陽高、大夏侯勝、小夏侯建是今文説。一馬氏融、鄭氏康成，雖有異同，多本衛氏宏、賈氏逵，是孔壁古文説。至先秦諸子所引書説及緯書白虎通等漢、魏諸儒今文説，許氏説文所引孔壁古文説，附載疏中。所引古傳記，自漢、魏迄隋、唐，而不取宋人。又近代王光禄鳴盛、江徵君聲、段古大令玉裁諸君書説並採録之。書成于嘉慶二十年。佐其搜詩者，台州洪明經頤煊、文登畢孝廉以田、上元管秀才。

海山仙館叢書

番禺潘德畬彙刊。凡經前人彙選及書肆通行者不採，共五十六種，刊成于道光二十八年。

遂初堂書目

宋尤袤撰。四庫目録史部目録類云，一名益齋書目，所分四部，與諸家小有出入，而不甚相遠。惟一書兼載數本，則體例獨異。諸書皆但有書名，不作解題，蓋從鄭樵之説。然並卷數及撰人名氏删之，未免太略。或傳寫者佚脱與？

易大義一卷

國朝惠棟撰。蓋以易義注中庸也。原注謂子思傳其家學，著爲此書。非明易不能通，故釋其辭，而以易理闡發之。考松厓先生所著周易述三十八卷，久刊行世。其易大義三卷，中庸二，禮運一，目録云闕，此則新刊本也。門人江君藩跋云，易大義世無傳本，嘉慶二十三年春，客游南昌，陽城張孝廉子絜出此見示，爲艮庭先師手寫本，云係徐

壬集荒外奇書六種

八紘譯史四卷

陸次雲著。蓋繼大荒經而作也，分東西南北四部，多自史傳採輯。考究核而可信，窮幽極渺，豈侈言奇？怪哉，亦同殊方絶域覽，斯編者如親歷其地云爾。

八紘荒史一卷

陸次雲著。譯史取其可徵，其荒渺無稽者則掇拾成此編，亦存而不論之意也。

譯史紀餘四卷

陸次云著。卷一紀諸海，卷二記外國詩篇。卷三紀外國錢，卷四紀外國書，皆譯史所未及者。

西番譯語二卷

不著撰人姓名。分天文、地理、時令、人物、身體、宮室、器用、飲食、衣服、聲色、經部、文史、方隅、花木、鳥獸、珍寶、香藥、數目、人事、通用二十門。其字旁行，自左而右，蓋外域諸國皆然。字形非隸非篆。其譯語或二字成一字，或三字成一字，殆自來好奇者所未問津。

外國竹枝詞一卷

長洲尤侗撰，一百十首。悔庵纂明史外國傳，以餘暇譜之爲詞，凡百首，附以土謡十首，則詠苗、獞風俗也。

西藏記二卷

不著撰人姓名。其書成乾隆間。記西藏輿圖、事蹟、風俗、物産，並詳由蜀入藏程途，萬方遐荒盡歸版籍，用以見我國家教之暢被宏矣。

癸集説文繫傳四十卷

自識云龍威。前五集玩物適情，後五集詞章考訂。始于小爾雅，訖于説文繫傳，皆游藝資也，而道存焉。此馬氏述卿學士所贈。藩手録一帙，知非易大義。以推廣其説，當時著于目而實無其書。嗣君漢光先生即以此爲大義耳。是注雖徵君少作，然七十子之微言，亦具在是矣。

尚書注考一卷

明陳泰交撰。泰交字同倩，或作泰來誤。其書訂蔡傳之謬，謂有引經、注經不照應者三條：一曰若稽古帝堯引越若來爲證，一德懋懋官引時乃功懋哉爲證，一凡厥正人引惟厥正人爲證。又同字異解者三百二十三條，皆直録注語，不加論斷。蓋以矛攻盾，無無事繁辭也。其不照應三條，矛盾顯然，誠爲疏略。至同字異解，則訓詁之辭，本難執一，其抉摘嚴而未必盡允也。

讀詩拙言一卷

明閩中陳第季立著。由詩三百篇下迄六朝，略辭義而詳音韻。謂音因時，三百篇當求古秦以前之音，漢、魏六朝當求漢魏、六朝之音，引説文之諧聲，潘、顔、曹、陸之詩以證之。并謂老子亦有韻，如「無名，天地之始，有名，（天地）萬物之母」；「母」讀「米」也；「（窃）〔窈〕兮冥分，其中有精。其精甚真，其中有信」，「信」讀「伸」也之類皆是。

讀者敏求記四卷

國朝錢曾道皇撰。經史子集各爲一卷。述古堂書目所録三千餘種，而此止六百種者。義門何氏謂專記宋板元鈔及書之次第、完闕、古今不同者也。相傳此書未刊之先，得見者罕。朱竹垞太史典試江南，向遵王借觀不得，因預集書手數十人，張盛筵宴遵王，而以黄金翠裘賂其侍書小史，胠以篋得之，半宵鈔成而歸之。遵王初不知也，可見當日錢氏祕不示人，而名公都傾倒此書矣。雍正丙午，吴興趙氏孟升始付手民鐫壬子刻沈氏炎又校刊於乾隆之六十年，潘子氏於道光丁未刊入叢書。無漫漶之病，已云善本矣。

四書逸箋六卷

國朝程大中撰。採諸書之文與四書相發明者，或集注所已有而語有舛誤，或集注所未發而義可參訂，皆爲之箋其出處。其與集注小異者，則爲附録。其他書中所載四字書文與今本異者，則爲附記。第六卷則專考四書人物遺事。又雜事數十條，別爲雜記，其援據頗極詳明。至如卷一子産一條，誤以公孫爲氏。集注，子産，公孫僑也。春秋卷四，時公子之子並稱公孫，非氏也。夫里之布一條，集注止引載師職，而此不引閭師職凡無職者，出夫布之文以補之。卷五舜弟妻兄妹一條引列女傳，舜女弟「繫」爲「擊」字之誤，而分「擊」與「敤手」爲二人。「擊」實「敤手」之合體，師古注漢書已辨之。此本「敤手」作「敤首」，與説文同。曾氏劍跋云，于光華本作「敤手」與漢書人物表、史記正義、初學記合。黎民一條，引四書辨疑，「黎」本訓「衆」，駁集注「黑髪」之訓，并謂文公詩傳東萊讀詩記，解「民靡有黎」亦皆訓「黑」，是「民靡有黑」，不知「黑」爲何物云云。然「民靡有黎」訓爲「民靡有衆」，于詞不順。既入其笠一條，引宋王勉夫説，「笠」訓「香草，豚之所甘」，不必改學。然如此解，則入字無著。王勉夫云：笠，香草，白芷之類，豚之所甘。既枚放之得所，又從而招之，非善治邪説者也。孫穀祥野老紀聞亦持此説。家梅村先生寄傲軒讀書隨筆曾辨之。且『笠』是『香草』，于前未聞。卷六四書人物遺事，自注緯書不録。而後所引論語陰嬉、書刑德放攷、演孔圖、論語讖，非緯書乎？宰予一條，引宏明録予族事，不知其出史記仲尼弟子列傳。凡此並其疏略也。他如朋友死無所歸一節〔條〕，舍檀弓而引白虎通，則以彼處明言出論語之故，不得以此非之。此書四庫全書雖採入，而世間尚少流傳。初刻于於氏光華增訂雜録中，名四書識遺，不載卷數。此乃張海鵬墨海金壺本。大中字拳時，號是庵，應城人，乾隆丁丑進士。

一切經音義二十五卷

唐釋元應撰。唐書藝文志題爲衆經音義，即此書也。自唐迄今鮮有徵引此書。蓋舊存釋藏中，學士都未及覽故也。前有終南太一山釋氏序，言元應博聞强記，以貞觀末捃摭藏經，爲之音義注釋訓解，援引群籍，證據卓明云云。其所引經則有三家：詩鄭康成。尚書、論語、賈逵、服虔。春秋傳、李巡、孫炎。爾雅等注引字書，則有倉頡三倉、衛宏古文、葛洪字苑字林聲類、服虔通俗文、説文音隱及漢石經之屬，并近世所不經見單詞隻義賴以傳述。故好古之士，每樂得而觀之。此本乃乾隆壬子年武進莊炘、嘉定錢坫、陽湖孫星衍同校正者。其誤謬之説，辨證于後。間採洪太史亮吉、程君敦之説，各冠以名。惜潘氏翻雕未工，譌脱句頗多，蓋校箋不精故也。咸豐間，遵義鄭珍暨其子知同撰説文逸字一書，採用此書獨多。惟所引與此本往往大同小異。不識其所據何本也。

古史輯要六卷

不著撰人姓名。輯史事之要，起三皇、終明崇禎十七年明亡。前冠皇輿圖各一。其帝統圖以正統遞傳而下，僭僞旁附焉。蜀爲正統，吴、魏分載，南朝爲正統，北朝旁行。其建元年號，亦附注於各帝之下。一目瞭如數掌上腡紋，頗便簡閲。

史記短長説二卷

不著撰人姓名。記戰國訖秦、漢事，凡四十則。前有王元美跋，言耕于齊之野者，地墳得大篆竹册一袠，曰短長，其文無足取。按劉向叙戰國策，一名國事，一名長短，一名長書，一名修書。所謂短長者，豈戰國逸策與？然多載秦及漢初事，意亦文、景之世好奇之士假託以傳者云云。今考此書，隋志不録，唐、宋以來亦鮮稱説其事，與國策、史記往往牴牾。其記寒泉子説荆卿客謂丞相斯等，所論頗中事理。蜀君惲見譖事出華陽國志，韓生烹於項王、大公請於侯生，略見史記，特衍暢之故。疑此書乃後之好事者假設事端，自抒己論耳。其言多得間而入，時有奇勃之致，持論每右項而左劉。其記淮陽侯事，言吕后謀殺之，而無反狀，則公論也。前萬曆丙子吴興凌氏以楝。刊史記評林，以此冠其端，其書始行於世，然亦稀見。此尚是稚隆校正本，裔人覺甫鳴喈。重刊問世者。

順宗實録五卷

唐史臣韓愈撰。文公于元和七年由職方員外郎改比部郎中史館修撰，奉勅纂次，八年告成。起於藩邸以叙其端，即位後始以日月紀事，迄于山陵廟號。順宗在位不及一年，故所録止此。獨是列朝實録多以事具史書，不傳於世，而此獨傳者，非以人重乎？文公與柳子厚最善，而實録中絶不爲之□，則以直筆之不可撓，而公論之不容没也。

九國志十二卷

宋路振撰。前十卷記吴、南唐、吴越、前蜀、後蜀、東漢，即北漢。南漢、閩、楚九國事，而吴爲詳。並振撰。第十二卷記北楚高季興事，則張唐英所補也。雖事迹尚多疏略，而筆次簡質，人各一篇，蓋紀傳之體也。惟此北漢爲東漢，與五代史不同。

靖康傳信録三卷

宋李綱撰。自記其宣和七年冬，金人敗盟入寇，時建議内禪，及靖康元年充親征行營使，迄是年十月建昌軍安置，先後設施，去就大概。書編於靖康二年二月，時在長沙。因邇時復召復官，領開封府事，道出長沙，路梗留滯，旅中無事所叙録也。忠定公一代偉人，性剛，持論多切直。其叙迎太上皇事，極詳委曲，處置又何婉也。惟叙姚仲平劫金營事，言出自上意，與通鑑綱目贊成之之説不符。餘亦與通鑑相出入。其辭安撫兩路之命，所記其甚詳。世或以時丁甚下艱險，大臣臨事不當推諉若此。不知當時叙宗信任弗專，耿南仲輩正假此爲擠排之地。忠定心知此行必無成功，故再三辭命，以免債事之誅。迨聞杜郵之言，奉命出征，未及兩月，而台赴闕矣，改知揚州矣，建昌安置矣，公不成先見及此哉？夫公知有君而不知有身，使其遇事退葸，安在其爲公也。獨是以公之才，始擠于耿、唐而不充展於靖康之時，繼擠於汪、黄而不充用于紹興之□。公沈淪終老，而宋室亦爲小朝廷矣，哀哉！此書已編入全集，故四庫總目不列，見于集部梁溪集條下。

洛陽名園記一卷

宋李格非撰。格非字文叔，山東人。或題李薦者誤也。記當時洛陽名園，自富鄭公而終於吕文穆，凡十有九處。四庫目録程其叙述□。今觀其自叙，謂天下之治亂候於洛陽之盛衰，候於園圃之廢興。何其言之徵也，嗚呼，趙欽庸才，蒙塵北虜。金人一炬，可憐進士銅駝荊棘，英雄淚墮，豈獨名園也哉？

庚申外史二卷

明葛溪權衡以制編。記元順帝三十六年事。曰庚申者，順帝于仁宗延祐七年生，大歲在庚申也。今四庫目録不收此書。錢遵王讀書敏求記所録本題曰庚申帝史外聞見録。此本卷後有宋景濂先生跋，云葛溪先生隱漳德府黄華山，二十八年不仕。洪武辛亥偶在海陵鹽船中相見云云。是景濂固與葛溪相識，而手訂此録者也。世傳順帝爲瀛國公子，實載於此。云國初宋江南歸附時，瀛國公幼君也，入都自願爲俗白塔寺中，已而奉詔居甘州山寺。有趙王者嬉游至其寺，憐國公年老且孤，留一回回女子與之。延祐七年女子有娠，四月十六夜生一男子。明宗適自北方來，早行，見其寺上有龍文五彩氣，即五色得之，乃瀛國公所居室也。因問子之居，得無有重室乎？瀛國公曰無有。固問之，則曰今早五更後，舍下生一男子耳。明宗大喜，因求爲子并其母載以歸。明寧王臞仙史略中所述與此略異。其以爲瀛國公男，則曰元史不著其事。雖元史明宗納沙爾斯蘭女生帝，元史告成倉□，疏略殊多，而景濂實董其事，既見此編，何以修史時不一及之，豈以傳聞之詞爲未足信耶？抑事涉秘密而未由徵耶？且洪武時距順帝未遠，修史諸人又多生長順帝之世者，使當時有此説，何竟一無同知也？令吾不得不疑。又考至順時，文宗因順帝乳母□言詔天下，言明宗在時，素謂托歡特穆爾順帝名本作妥懽帖睦爾，國朝改正。非己子，因遂移於廣西之静江。是爾時實有此説，不知是文宗猜忌之，除而奸人附會成之，抑帝實瀛國子，而即位後諱言之，未敢以臆斷。

二十二史感應録二卷

蘇州彭希涑蘭臺輯。希涑，詠莪相國之尊人也。其家素持誦太上感應篇，因舊時注釋多採取稗官説部，轉使學士文人以文不雅馴而不信，因輯二十二史感應事成此編。未知閲此者，惕然知愳否。

廣名將傳

見前。

高僧傳十四卷

梁會稽嘉祥寺沙門慧皎撰。起漢明帝永平十年，終梁天監十八年。凡四百五十三載，二百五十七人。又傍出附見者二百餘人。分爲十例：曰譯經，上、中、下。曰義解，一、二、三、五。曰神異，上、下。曰習禪，曰明律，曰遺身，曰誦經，曰興福，曰經師，曰唱導，共十三卷，并序録爲十四卷。考隋志所録，高僧傳二本，一虞孝敬撰，六卷；一釋僧祐撰，十四卷，而無皎書。皎序言僧祐撰三藏記，止三十餘僧，而不言其撰高僧傳。今僧祐與孝敬之傳並不傳。四庫所録有僧祐宏明集十四卷，是論佛法之文，而皎此傳亦不録。所録高僧傳乃趙宋釋贊寧撰，或爾時未見此本也。

四朝宫史酌中志二十四卷

明宦官劉若愚撰。卷一、卷二憂危竑議前紀、後紀，記萬曆時妖書案始末也。卷三恭紀先帝誕生，記熹宗始生，玉升遐事也。卷四恭紀今上瑞徵，記毅宗即位事也。卷五三朝典禮之臣紀略，記神、光、熹三朝掌司禮監印及掌東廠璫臣大略也。卷六大審平反，記陳太監矩熱審會勘時，奉請釋放擬斬之奏事御史曹學程事也。卷七先監遺事，記陳矩始末。若愚在矩名下，故云先監也。卷八兩朝椒難，記魏忠賢害裕妃、慧妃事也。卷九正監蒙難，記王安始末，及被忠賢陷害事也。卷十逆賢擅政，記忠賢竊柄事也。卷十一外來（綏）〔線〕索，記外廷魏廣微、崔呈秀等助虐諸人也。卷十二各合家經營，記爾時用事璫臣手下諸人也。卷十三本章經手次第，記璫臣經手本章日行事也。卷十四客魏始末，記客魏、出身迄事敗事也。卷十五逆賢羽翼，記忠賢腹心諸璫人也。卷十六內臣職掌，記內府衙門所司各職及一切事例也。卷十七大內規制，記宮殿及臨御事也。卷十八內板經事書，記爾時司禮監經廠庫所貯板籍也。卷十九內臣佩服，記璫臣巾帽服佩制度也。卷二十飲食好尚，記中官節令相沿故事及一切飲食也。卷二十一遼左棄地，記萬曆時巡撫趙楫棄鴉谷關外地事。若愚之父應祺，曾官遼陽副總兵，故知其略也。卷二十二見聞瑣事，記洪武以來宮中軼聞瑣語也。卷二十三累臣自叙，則自記其出身顛末也。卷二十四黑頭爰立，則附記馮銓夤緣逆賢事也。若愚雖閹人，然叙逆賢事絶無回護。卷二十內指斥閹人惡習亦頗著，亦庸中佼佼者也。本朝纂明史多採其說。

火攻挈要三卷

明焦勗撰述。泰西人湯若望所授也。前列各銃或各彈式圖二十七頁，中詳載制造施放之利弊。其大旨以當時火器不能因時制宜，推陳出新以求必勝之道，故詳述如此。書編於崇禎癸未年。

慎守要録九卷

國朝韓霖著。兵家言守之衛略備於此。

明夷待訪録一卷

國朝黃宗炎梨洲著。明夷待訪者，言當明夷之世，而冀當局者如箕子之見訪也。所條并爲治大法，欲革百王之弊，以復三代之盛。□端冠以顧亭林先生書，其推服良深。惟建都一條，亭林先生亦非。蓋天下形勢在關中，而秣陵偏據一隅且違近寶，乃貪之戒也。

考古質疑六卷

宋葉大慶撰。其書久佚，僅散見于永樂大典中。國朝纂輯四庫書時，特爲録釐成六卷。其書自六經而下迄于宋世諸家著述，譌謬之處，悉扶摘允當，考證詳明。其有徵引古書及疏通互證之處，則各於本文之下用夾注以明之，使讀者一覽了然，於體例尤爲盡善。惜其全書已不可得，然解璧零圭亦足珍也。

隱居通義三十一卷

元南豐劉壎起潛著。壎雖宋室遺民，然嘗仕于元，隱居非實也。書分理學、三。古賦、二。詩歌、七。文章八、駢儷二、經史、三。禮樂、造化、地理、鬼神、雜録十一門。四庫目録云論學墮虛無，改古亦頗餖飣，卒無（無）可取。惟論詩説文之二十卷，則壎生於宋末，舊集多存，其所稱迷，今或莫識，其姓名又多備録，全篇首尾完，足可以補諸家總集之遺。

洞天清禄集一卷

宋開封趙希鵠著。分古琴、古硯、古鐘鼎彝器、怪石、研屏、筆格、水滴、古翰墨真蹟、古今石刻、古畫十門，各爲之辨。曰洞天清録者，蓋以此爲吾輩之樂，身居人世，受因清福無踰此也。此爲何義門先生所校本，知不足齋所重刻者。義門先生謂近時刻本皆爲譌『清禄』爲『録』，且去『集』字，又謬分十一門，似未詳讀本序者也。古畫辨中，次第亦多錯亂，當以此本爲正。則此本可寶審矣。四庫所收本亦作清録，分十一門。

調燮類編四卷

不著撰人姓名。分總綱、乾棟、坤維、時令、宮室、身體、器用、衣服、寶玩、文苑、秘方、粒食、清飲、蔬供、葷饌、果品、花竹、草木、鳥獸、蟲魚、雜著二十一門。所記雖涉瑣屑，實足資聞見也。

菰中隨筆一卷

國朝顧炎武著。此亦何義門先生手藏本也。隨筆劄記，故無次第。所述多有關于治道學術，足資省覽。

雲谷雜記四卷

宋張淏撰。四庫目録謂原本久佚，從永樂大典録出。此殆即四庫本也。所述多析疑正謬，與考古質疑體例相似，精審亦不思大慶。其第二、三卷多叙宋朝故事，則又非考據類也。首載徐邦憲帖，末附奏狀四篇，題跋四篇。

龍筋鳳髓判四卷

唐張鷟撰，明武定劉元鵬敬虛原注，國朝蕭山陳春爲補正。鷟以調露初舉進士，有青錢學士之稱，其文爲當時推重如此。

桂苑筆耕二十卷

唐高麗都統巡官侍御史内供奉崔致遠撰。致遠字海夫，號孤云，新羅之湖南沃溝人。十二入中國，十八舉進士，調漂水尉。嗣值黄巢之亂，高駢爲諸道行營都統。致遠爲都統巡官，凡表狀書檄一出其手，其討黄巢檄書一時傳誦。後數年東歸故國。此編皆在駢幕府所作，歸國時奏上其國王者也。表狀書檄，爲詩亦附于其中。致遠又有詩賦集八卷，今不見。

敬齋古今黈注八卷

元李治撰。治字仁卿，自號敬齋。真定欒城人。金末登進士第，辟知鈞州。金亡後，元世祖屢加禮聘，最後以學士召就職，復以老病辭去，事詳元史本傳。此書原目四十卷，其以『黈』名者，取黈纊充耳，示不外聽之義，言其專精覃思以成是書也。『黈』，或作『難』，形近而譌。或題作宋人，亦非也。全書久佚。國朝乾隆間，館臣紀昀等自永樂大典中録出，以經史子集分類，各二卷，編輯成書。書多爲考訂而作，漢、唐諸經説，馬、班以下史録以及子集各種，其譌謬處無不條分縷析，犂然各當。四庫全書提要謂宋、元説部中，典核可比孫奕、王觀國、博贍可比洪邁、王應麟。

晁具茨詩集十五卷

宋澶淵晁冲之叔用著。冲之，公武父，當時稱具茨先生。此集存古今詩一百六十七首注，不知何人所輯。卷末跋語言與西亭先生讐校數過而加箋焉云云，亮國書云云。西亭、亮國姓名並未詳。前有紹興初俞汝礪序，而跋云迄今六百年，則國初人也。

揭曼碩詩集三卷

元揭傒斯撰。文安公詩，虞伯生所謂時花美女者也。此毛氏晉所校本，四庫目録所録文安全集十四集，詩附其中。

青藤書屋集三十卷

明山陰徐渭文長著，公安袁宏道中郎編。文長奇才不遇，抱憤而卒。其詩文亦一往□放奇爵，而疵□則所不免。絶句諸作時涉恢諧，近于張打油、胡釘鉸。文長自知之，亦不屑也。茲集詩居其三之一，餘皆雜作，各體俱備。

婦人集一卷

國朝宜興陳維崧其年撰，如皋冒褒無譽注。所集皆鼎革之際，閨閣爲多。長平公主思宗女。冠其端，下及青樓亦與焉。佚事好詞，述叙雋妙。末附補四頁，則冒丹書青若著也。

苕溪漁隱叢話前集六十卷後集四十卷

宋胡仔纂集。苕溪漁隱，其自號也。其書實繼阮閲詩話總龜而作。又因阮著書時，適當文禁方嚴，致元祐諸公隻字不及，故所録元祐群賢詩話爲詳。又阮書頗採小説，更患冗□。此集體例秩然，比事屬辭悉以類從，洵足備藝苑之雌黄也。自序云阮所已採者不録。二書互相補苴，北宋以前之詩話已略備矣。

四溟詩話四卷

明臨清謝榛茂秦撰。一作詩家直説。四庫目録四溟全集摘其迂謬而删去。以今觀之，固未有刊之論也。

宋四六話十二卷

國朝南昌彭元瑞芸楣定本。文勤公先輯宋四六選一書，嗣復捃拾群書成此編。所引書凡一百六十九種，以文體詮次，片詞隻句蒐括無遺。自叙謂意在集狐，非供祭獺也。

詞苑叢談十二卷

國朝吳江徐釚電發編輯，分體製、音韻、品藻、紀事、辨證、諧謔、外編七類，採摭頗祥。惟所引不注原書，竹垞、迦陵嘗非之，虹亭亦自病之。雖間有補注之處，已不能詳矣。

竹雲題跋四卷

國朝金壇王澍虛舟著，苕上錢人龍壽泉訂。竹雲先生嘗著有淳化閣帖考正十二卷行世。其於書也，蓋好之樂之。此其臨摹評隲之語，考據精博，品定審當，非好古而工書者不足以語此。先生有竹雲圖跋云，余于雍正丙午夏，以假南還，道經淮陰，友人邊頤公同泛珠湖，仰見天際，白云如竹者十百，根枝柯葉皆具，下有凝云數片，狀若怪石，儼然畫圖，久而不變。江皋沈凡民曰此先生退老之徵也，爲刻印文曰『竹云越章』。凡民過九龍山齋，復爲作圖云云。按此書本題虛舟，此易同竹云，殆先生歸休後重訂本也。

讀書録四卷

國朝周亮工撰。所記明末國初善畫者七十六人，既爲之品評，復略言其事迹，間及吟詩。

續三十五舉一卷

國朝曲阜桂馥冬卉撰。元吾丘衍學古編三十五舉，夙稱博綜。未谷明經復取其未備者增之，□步漢法，訂正俗體。未谷精研六書，嘗集印文爲謬篆分韻五卷行世。此所説摹印條件，密心冥索，並堪壽棗梨云。

酒顛補三卷

明茸城眉公陳繼儒採輯。上卷七十二則，叙酒人。中卷四十一則，叙酒品。下卷叙漢晋迄唐詩文也。

茶董補二卷

陳繼儒輯。體例與酒顛同，殆一時之作。上前十八則叙嗜尚，次十則叙産植，次八則叙製造，次六則叙焙瀹，次卷則唐、宋人詩歌也。末有闕文。四庫總目入子部譜録類，存目稱夏樹芳撰，陳繼儒補。

尺牘新鈔十二卷

周亮工輯，並明末國初人手筆。以人分系而不分世次，以隨選隨録，不及詮叙也。前取劉彦和書記篇爲弁首，不易一字，亦屬創格。所録凡二百四十七人。

顏氏家藏尺牘四卷

曲阜顏考功先生所藏故人尺牘，曾孫崇椝集成册卷者也。考功先生名光敏，字遜甫，更字修來，别號字樂圃。康熙六年進士，後官吏部考功司郎中，以文名康熙中，及從國初諸名公宿學游，故此刻多名人手筆。秀水錢侍郎載。跋謂：此當題同未信堂故人尺牘，而下署曾孫顏某藏。未信堂者，考功先生所作之堂也。此尚仍其故名，則刊行時未及更正故耳。末附姓氏考一卷，不知何人所輯，得此相附以行。庶讀此書者，可以知其人，論其世矣。運生觀察係集諸札裝潢成册，得三十五，付手民則不知何人。顧亭林一人之詩札，而分載卷一末、卷二首，其校勘未精也。亭林先生姜元衡獄事，詳于所載手札中。

圜容較義一卷

明西海利瑪竇授，國朝浙西李之藻演。四庫目録天文算法類云：自序謂昔從利公研窮天體，因論圜容，拈出一義，次爲五界十八題，借平面以推立圜，設角形以徵渾體云云。蓋其從四周取一面，即從一面以例四周，割圜形爲衆角，以成圜形也。此本無李自序。

測量法義一卷測量異同一卷句股義一卷

明徐光啓撰。測量法義受于西士利瑪竇而衍之。首造器，次論量景，次設十五題以明測望之法。測量異同皆取古法九章句股測量與新法相較，設爲六題。蓋古有測量之法而無其義，故推求同異著於篇。句股義凡十五題，以測量僅句股之一端，而九章舊法尚語焉而不詳，故條列如此。

羽異〔翼〕梅八卷又續一卷

國朝婺源江永慎修著。其目八，曰歷學補論，曰歲實消長辨，曰恒氣注歷辨，曰冬至權度，曰七政衍，曰金水發微，曰中西合法擬草，曰算牘。續卷曰正弧三角疏義。本朝宣城梅勿菴文鼎。先生歷算之法，近世推爲絶學，此就其歷算全書衍繹之。自序謂補所未言，發所未竟，信者闡明，疑者詰難。四庫目録謂愈推愈密，可與梅書相輔而行。此本續卷有目無書未知是漏刊，是未見也。

女科二卷産後編二卷

陽曲傳山青主著。青主先生鼎革後晦於醫，應薦不起而以醫名。女科爲證八十，爲方八十三。産後編爲證四十三。其立論不泥古，不徇俗，蓋有神明於法之外者。

幾何原本六卷

西洋歐四庫目録作薩。几里得撰，利瑪竇譯，明徐光啓筆受。利序言：幾何家者，專察物之分限者也。其分者若截以爲數，則顯物幾何衆也。若完以爲度，則指物幾何大也。原本者，明幾何之所以然，凡爲其説者，無不由此出也。其書爲歐羅算學之祖。元書十三卷，後有丁先生即利瑪竇所從學者復續補二卷，共爲十五卷。利瑪竇譯其最要者六卷，光啓刊之。卷一論三角形四十八題，卷二論線十四題，卷三論圜三十七題，卷四論圜内外形十六題，卷五論比例三十四題，卷六論線面之比例三十三題。

同文算指前編二卷通編八卷

利瑪竇譯，李之藻演。四庫目録云：前編言筆算定位加減乘除之或式及約分通分之法。通編則以西術易九章，分十六目，其論三率比例，較古法方田、粟米、差分爲詳，少廣則略，而未備盈朒、方程。梅文鼎謂之藻取古法以傳之，非利氏本意存之，亦見古法西法互有短長也。按之藻字振之，仁和人。自序二編之外，尚有别編言測圜諸術，此本删去，四庫目録亦未採。

海録一卷

國朝嘉應楊炳南秋衡撰。自序言：其鄉有謝清高者，從賈人走海南，遇風覆其舟。拯□番舶，遂隨之徧歷海中諸國。所至輒習其言語，記其島嶼、阨塞、風俗、物産。十四年而後反。嘉慶庚辰春，秋衡遇之於澳門，談西南洋事甚悉。向來志外國者得之傳聞，證之謝君所見，或合或不合。蓋海外荒遠無可徵驗，而復佐以文人添績也。謝君屬秋衡條記之如此，所述，國名悉添西洋土音，或有音無字，止取近似者名之，不復强附載籍以失其真云。内記崑甸國沙喇蠻，皆華人淘金之所。乾隆中有粤人羅方伯者，貿易於此。其人豪俠善技擊，頗得衆心。是時嘗有土番竊發，商賈不安其生，方伯屢率衆平之。又鱷魚暴虐爲害，王不能制。方伯爲壇於海旁，陳列犧牲，取韓昌黎文宣讀而焚之，鱷魚遁去。華夷敬畏，尊爲客長，死而禮之云云。夫大筆淋漓，能驅異類于當時，千載而下猶知感懼，益以見我文公之真誠，百世不朽云。

新釋地備考全書十卷

大西洋瑪吉士輯譯。西人以地體爲圓，故首述地球之説。以天下爲五州，而述歐羅巴州爲最詳。其所説諸國先代事，荒渺難稽，至所記山川風俗物産之類，亦足備志乘也。書刊於道光二十五年，沿海各口通商處有之，内地未行也。

全體新論十卷

泰西合信民譯述。意謂中土所説臟腑、經絡、骨節，形狀未得其真。西人多剖骸看驗，故所論形真理確，與靈樞、素問往往刺謬，蓋亦信其所信也。然彼多由剖視而知，未必所見並可以廣新聞。咸豐二年，潘君刊入叢書。

池北偶談二十六卷

濟南王士慎阮亭著。談故四，凡國家典章沿革、政事之修舉，以及詞臣際遇、外域朝貢皆屬之。談献六，凡勝朝昭代名公卿之嘉言懿行，以及遺聞軼事，故老流傳者皆屬之。談藝九，凡經籍詩辭，析疑義，賞奇文，以及評論紀述皆屬之。談異七，凡天地灾祥，以及神仙狐鬼足貴嘔噱者皆屬之。池北，先生家圃名也。

易居録三十四卷

王士慎著。大致與偶談同，第排日紀，序不分類耳。此是先生官都下所著。訖于退休之日，故取顧况語名書。

甘泉鄉人稿二十四卷

嘉興錢泰吉輔宜著。卷一、卷二友人書。卷三議、論各一篇，餘皆書後語。卷四至卷六則跋所見宋、元各本書籍及各家詩文集暨校訂之語，卷七至卷九爲曝書雜記上、中、下，則皆記其所藏各種異本經書子集，間附校訂考證之語。警石先生天性好書，尤善校讐，故此六卷最耐流覽。校書家叚不可少也。卷十至卷十三皆跋語、書後語。卷十四至卷十七皆記、序、述、銘、贊各體。卷十八則其自撰大父母及父母行述，文端公遺事、封翁遺事附焉。卷十九、卷二十則事狀行小傳、墓志銘、表、祭文。卷二十一讀舊書室古今體詩。卷二十二、二十三、二十四可讀書齋古今體詩上、中、下。讀舊書室，先生里第齋名可堂，自號讀舊書生。可讀書齋，則官海昌學博時，偶讀仇山村金淵集，有『官冷身閒可讀書』之句，因名學廨之室曰可讀書齋。末附可讀書齋校書譜，海昌唐兆榴撰，則譜先生官海昌後校書之歲月，類及他是，亦不離乎文字。先生所爲文，以明白曉暢爲宗，不可模仿。古今體詩，則未能嚌唐人之胾。茂午孝廉所撰譜，足見先生校讐之勤，令人企仰不能置。先生校書，于史記、兩漢書尤精。其所見史記有明本，有吳興凌稚隆評林本、嘉靖乙酉震澤王氏本、王延喆莆田柯氏本、柯維熊，正德進士，從宋紹興本翻刻。北監本、南監汲古閣本。國朝本有武英殿校本文瀾閣本。宋本有彙集。本凡四種。一本俱但有集解，每葉二十八行，二十四字或二十五、六、七字不等。注文每行三十一、二字。『敬』字、『殷』字避缺，『愼』字不避，當是南渡以前本。一本亦但有集解，每葉二十行，每行正文十九字，注文二十五字或二十六字，『桓』字不避缺。每葉中心有刻書人姓名，中有郭敦，不避光宗嫌名，當亦是北宋刻本。一本兼有集解、索隱，無述贊。每葉二十四行，二十五字或二十四字，『恒』字、『愼』字避缺，當是南宋本。一本兼有集解索隱，有述贊，每葉二十四行，二十二字，注文行二十八字。『殷』、『元』、『匡』、『讓』、『恒』、『愼』、『樹』多避缺。元本有中統本，又有素秦藩本，明嘉靖時鑒抑道人所刊定王惟焯。也。漢書有宋槧殘本、吳氏拜經樓所藏。元□十行本、武英殿本、汲古閣本，何義門評校本、何小山煌。校本。甘泉鄉在海鹽縣十四都，明初先生始祖居焉。□中歲自號甘泉鄉人，即以名其稿。

寄傲軒讀書隨筆十卷續筆六卷

仁和沈赤然梅村著，原籍德清。抉經之源，窮史之竇，旁及風雅、蟲魚瑣屑。其析疑似，定是非，議論風生，多出人意表。

忠雅堂詩集二十七卷補遺兩卷銅弦詞二卷

鉛山蔣士銓定甫撰。共計詩二千五百九十六首，詞二百七十一闋。太史一字清容，又號心餘。起寒畯，四齡母授書，斷竹篾爲波磔點畫，攢簇成字教之。十一父縛之馬背游太行。十五完九經，乃就傅，甫冠而歸。二十二以詩古文辭見賞于文宗，金檜門德瑛先生補博士弟子員，明年食餼登賢書，乾隆丁丑成進士，入詞林。嗣以足疾甚，不得已歸。名其園曰藏，取善刃而藏之意也。同時袁子才、趙云松均以詩文雄于世，先生與之齊名。余最愛其五古，如遠游到家諸什，情真語摯，想見其人。

南疆繹史勘本三十二卷摭遺十八卷卹謚攷八卷

國朝雲川温氏原本，吴郡李瑶勘定。温氏故輔體仁族孫，名睿臨，字鄰翼，一字哂園。康熙初舉于鄉，與萬季野交最善。明史局開，季野與編纂。哂園以赴試在都，多所參論。季野因以故明南渡而下三朝事迹，屬其自成一史，因成南疆佚史四十卷。鄭餘慶湖録作『温睿撰、蓋偶佚『臨』字也。初值文禁令方嚴，遂至散佚。世所得見之本，僅二十卷。李氏惜其脱略，因爲攷證得失，綴補周祥，别署其名曰繹史，凡三十卷。卷首恭録聖諭御製書事，御製詩並序並□。四庫全書提要諸篇並目録、凡例分爲二卷，其餘忠賢義烈與夫關中方外之卓卓然有大節者，别作摭遺十八卷，並附卹謚攷八卷，共成五十八卷。道光庚寅，蕭山蔡遂籛椽孝廉聘珍倣聚珍版法，鳩工排版，遂壽梨堂棗。李瑶字子玉，性好游，有俠名云。

明季北略二十四卷

錫山計六奇用賓編輯。起神宗丙辰，止懷宗甲申。六奇身丁鼎革，就所目擊耳聞者記之。其體例則排年條記，與南疆佚史不同，書于康熙初年，其時明史尚未開局纂修，故所記頗有異同。即如袁崇焕一事，書中極詆其謬妄無用。攷之明鑑，崇焕之死由於我朝之用間，則崇焕因我朝所除忌者。自關外千里赴援，無罪而處之極刑，長城自壞，實懷宗一大失著也。其後任事諸臣，才都不及崇焕。洪亨九頗負重名，終爲國家奴僕，外御强敵，力既不支，以至李、張内訌，社稷丘墟，是誰之過與？

右記一册，起壬戌，時浮厲星沙，訖乙丑之冬，時以應試返里。前後四年之中，所見悉具于此。中有略繙一過者，有細讀一過者，有讀三四過者，有舊日曾見而復獲觀者。閉目思之，不過十之二三，模糊記其大凡，餘僅舉其名而已。性鈍稟弱，既限于天賦，境迫事牽，復累于人事，遂致馬齒日增，光陰虚擲，新知極鮮，舊學轉荒。子夏氏曰：『日知其所無，月無忘其所能，可謂好學也已。』曩哲遺訓誦之，覺夢魂亦惡也。書此以志吾過，並以自勵云。

同治乙丑嘉平月下澣六日自識。